Norman Davies/Roger Moorhouse
Die Blume Europas

Norman Davies / Roger Moorhouse

Die Blume Europas
Breslau – Wrocław – Vratislavia

Die Geschichte einer
mitteleuropäischen Stadt

Aus dem Englischen
von Thomas Bertram

Droemer

Originaltitel: Microcosm
Originalverlag: Jonathan Cape

Besuchen Sie uns im Internet:
www.droemer.de

Die Folie des Schutzumschlags sowie die Einschweißfolie sind
PE-Folien und biologisch abbaubar.
Dieses Buch wurde auf chlor- und säurefreiem Papier gedruckt.

Copyright © 2002 by Norman Davies & Roger Moorhouse
Copyright © 2002 der deutschsprachigen Ausgabe bei Droemersche Verlagsanstalt
Th. Knaur Nachf., München
Alle Rechte vorbehalten. Das Werk darf – auch teilweise –
nur mit Genehmigung des Verlages wiedergegeben werden.
Redaktion: Thomas Menzel
Umschlaggestaltung: ZERO Werbeagentur, München
Umschlagabbildung: AKG, Berlin
Gestaltung und Herstellung: Josef Gall, Geretsried
Satz: Setzerei Vornehm GmbH, München
Druck und Bindung: Ebner & Spiegel, Ulm
Printed in Germany
ISBN 3-426-27259-8

Für alle Vratislavier, die in der Vergangenheit lebten,
in der Gegenwart leben oder in Zukunft leben werden,
und für Oscar

Inhalt

Vorwort 9

Einleitung 15

Prolog
Götterdämmerung – die Vernichtung der Festung Breslau 1945 .. 29

Kapitel 1: Die »Insel-Stadt«
Archäologie und Frühzeit bis 1000 n. Chr. 61

Kapitel 2: Wrotizla
Zwischen polnischer, tschechischer und deutscher Krone,
1000–1335 89

Kapitel 3: Wretslaw
Stadt im Königreich Böhmen, 1335–1526 143

Kapitel 4: Presslaw
Unter der Habsburger Monarchie, 1526–1741 197

Kapitel 5: Bresslau
Die Stadt im Königreich Preußen, 1741–1871 253

Kapitel 6: Breslau
Im Deutschen Kaiserreich, 1871–1918 333

Kapitel 7: Breslau
Die schlesische Metropole in der Weimarer Republik
und im Nationalsozialismus, 1918–1945 403

Kapitel 8: Wrocław
Wie Phönix aus der Asche, 1945–2000 505

Die Blume Europas

Anmerkungen	613
Bildnachweis	642
Anhang	645
Verzeichnis der Ortsnamen	670
Register	677

Vorwort

Die Konzeption dieses Buches geht auf den Anfang des Jahres 1996 zurück, als ich dem Stadtpräsidenten des heutigen Wrocław, Herrn Bogdan Zdrojewski, vorgestellt wurde. Damals hatte ich gerade *Europe: a history* fertig gestellt, und ich sprach über meine langjährigen Bemühungen, die künstliche Teilung der europäischen Geschichte in Ost und West zu überwinden. Meiner Ansicht nach bildete die vorherrschende Mode, Europas Vergangenheit ausschließlich durch die westliche Brille zu betrachten und jeden Ort östlich der Elbe als fremd und fern liegend zu behandeln, ein wesentliches Hindernis für zeitgenössische Bestrebungen, Europa in der Epoche nach dem Ende des Kalten Krieges wieder zu vereinigen. Der Stadtpräsident seinerseits sprach über Wrocławs eigene Probleme hinsichtlich seiner Geschichte und Identität. Er war das Verwaltungsoberhaupt einer Stadt, die 50 Jahre lang vollständig polnisch, vor 1945 aber über Jahrhunderte hinweg in ihrer Kultur und Zusammensetzung überwiegend deutsch gewesen war. Er erzählte von den zahlreichen deutschen Besuchern, unter ihnen viele ehemalige Breslauer, die er regelmäßig in der Stadt begrüße, deren Vorstellung von der Vergangenheit jedoch erheblich von derjenigen ihrer gegenwärtigen Bewohner abweiche. Anschließend meinte er, dass zur weiteren Förderung des Aussöhnungsprozesses ein neuer historischer Überblick überaus wünschenswert sei, und fügte etwas überraschend hinzu, dass der Autor »weder ein Deutscher noch ein Pole« sein dürfe. Er schloss mit dem Vorschlag, ich selber solle dieses Buch schreiben.

Wie ich mich erinnere, reagierte ich zunächst zurückhaltend. Mir war wohl bewusst, dass die Aufgabe gewaltig war, und trotz meines anerkannten Rufs als Historiker Polens wusste ich um meine eigenen Unzulänglichkeiten. Kurz, ich fühlte mich geschmeichelt und war fasziniert, aber vorsichtig. Also antwortete ich, dass die Idee zwar verlockend sei, jedoch nicht ohne Unterstützung eines Experten für deutsche Fragen zu realisieren sei. Offen gesagt, erwartete ich, dass der Vorschlag damit vom Tisch wäre. Aber der Stadtpräsident erwies sich als äußerst beharrlich. »Wie könnte eine solche Hilfe aussehen?«, fragte er. »Und wie viel könnte sie kosten?« Mit diesem Gespräch nahm das Projekt seinen Anfang. Zu gegebener Zeit wurde ein Vertrag zwischen der Stadt Wrocław und dem Ossolineum-Institut unterzeichnet, das sich einverstanden erklärte, die Schirmherrschaft zu übernehmen. Ein kleines Team lokaler Mitarbeiter wurde zusammengestellt und einer meiner ehemaligen Studenten, Roger Moorhouse, zum Chef der Forschungsgruppe berufen.

In den folgenden Monaten nahm das Projekt auf mannigfache Weise Gestalt an. Die Robert-Bosch-Stiftung bewilligte im Jahr 1997, als die Ressourcen der Stadt Wrocław durch die großen Überschwemmungen arg beansprucht wurden, finanzielle Mittel in einer Notlage. Weitere großzügige Unterstützung kam von der British Academy, dem Leverhulme Trust und besonders von der Alfried-Krupp-von-Bohlen-und-Halbach-Stiftung. Zahlreiche Diskussionen mit potenziellen Verlegern halfen, unsere Absichten präziser zu umreißen und drei getrennte Ausgaben desselben Buches – in Englisch, Polnisch und Deutsch – ins Auge zu fassen, die gleichzeitig erscheinen sollten. Nach etlichen Bemühungen wurden Verträge mit Random House Ltd. in London, Znak SIW in Krakau und Droemer-Knaur in München unterzeichnet. An der intellektuellen Front erkannten wir bald, dass wir es mit einem multinationalen, nicht bloß mit einem binationalen Projekt zu tun hatten. Man würde sich bemühen müssen, die tschechische und die jüdische Sichtweise ebenso zu untersuchen wie die polnische und die deutsche. Die österreichische Geschichtsauffassung wäre von der preußischen zu unterscheiden, die Kaiserzeit von der Weimarer Zeit und vom Dritten Reich abzusondern, die stalinistisch-sowjetische Lesart der Geschichte von der des späteren »Volkspolen« zu trennen. Nicht weniger interessant wären die Verbindungen der Stadt zu einer stattlichen Anzahl von internationalen Persönlichkeiten – zu der Tochter eines schottischen Königs beispielsweise oder zu einer Königin von Frankreich, zu einem künftigen Präsidenten der USA, einem verfolgten mazedonischen Flüchtling oder einem berühmten australischen Professor. Aus diesem Grund wurde uns bald bewusst, dass wir die Erfahrungen einer einzigen Stadt in einen sehr viel umfassenderen Rahmen einbetteten und in Wirklichkeit einen »Mikrokosmos Mitteleuropas« rekonstruierten (siehe auch »Einleitung«).

Meine Zusammenarbeit mit Roger Moorhouse war äußerst fruchtbar. Im ersten Stadium konzentrierte er sich ganz auf Forschungen in Deutschland und auf deutsches Quellenmaterial. In einer zweiten Phase konnte er unter meiner Leitung den ersten Entwurf vieler Kapitel abfassen und deshalb einiges mehr beisteuern, als ursprünglich vorgesehen war. In den abschließenden Phasen vermengten sich seine und meine eigenen Beiträge so sehr miteinander, dass ihr Anteil am Ende, wie die Polen sagen würden, bei »feefty, feefty« lag. Folglich stand für mich außer Frage, dass Roger Moorhouse vom federführenden Forscher zum Koautor befördert werden musste.

In einer Untersuchung dieser Art spielen Namen eine außerordentlich wichtige Rolle. Sie leisten sehr viel mehr, als lediglich Menschen und Schauplätze zu identifizieren. Sie enthüllen die Standpunkte und Vorurteile derer, die sie benutzen. Hier lag ein Problem, auf das ich in vollem Umfang schon bei der Abfassung von *The Isles* gestoßen war. Es ist, um ein Beispiel zu geben, nicht möglich zu sagen, dass Julius Cäsar in England landete. Im Jahr 55/54 v. Chr. existierte England noch gar nicht. Ebenso wenig kann man sagen, dass er in Britannien oder gar in Britannia landete. »Britannien« ist eine moderne englische Bezeichnung, die auf das 1. Jahrhundert v. Chr. nicht passt, während »Britannia« der lateinische Name für eine römische Provinz ist, die *nach* der römischen Eroberung geschaffen wurde und nicht davor. Wo genau landete Cäsar also? Um ehrlich zu sein, wir wissen es nicht. Wir können nur vermuten, dass er bei keltischen Stämmen landete, die des Lesens und Schreibens unkundig waren und die ihr Land wahrscheinlich mit einem Namen bezeichneten, der dem modernen walisischen »Prydain« ähnlicher war als irgendeinem bekannten englischen oder lateinischen Wort. Und Wilhelm der Eroberer, der ein französisierter Wikinger war, nannte sich selber weder »Wilhelm« noch »Eroberer«, sondern »Guillaume le Batârd«.

Ebenso hat die Stadt, die heute »Wrocław« heißt, ihren Namen im Laufe der Geschichte viele Male geändert. Was ihr ursprünglicher Name gewesen sein könnte, kann man nicht einmal raten. Über 50 Varianten sind überliefert, jede durch eine Zeit, einen Ort und einen Benutzer beeinflusst. »Breslau« kam erst ab 1770 durchgehend in Gebrauch; und sofern man nicht zufällig polnisch dachte, setzte sich »Wrocław« erst 1945 durch. Für dieses Problem haben wir keine definitive Lösung gefunden. Durch die Verwendung unterschiedlicher Namensformen in fast jedem Kapitel – Wrotizla, Wretslaw, Presslaw, Bresslau und Wrocław – hoffen wir zumindest, auf die Existenz des Problems aufmerksam zu machen.

Natürlich ist unsere »Insel-Stadt« in dieser Hinsicht alles andere als ein Einzelfall. Europa ist voll von Städten, die ihre ethnischen und kulturellen Zugehörigkeiten im Laufe der Jahrhunderte geändert haben. Und es ist voller Menschen, die stärker an ihren kollektiven Mythen als an der historischen Realität festhalten. In meinem eigenen Buch *Europe: a history* habe ich auf die parallelen Erfahrungen von Strasbourg, Wrocław, Lwów und Kiew hingewiesen. Oder hätte ich Straßburg, Breslau, L'viv und Kyyiv sagen sollen? Der Dichter und Literaturnobelpreisträger Czesław Miłosz, ein Pole aus Litauen, beschrieb sein heimatliches Wilno-Vilnius-Wilna als Stadt »semantischer Missverständnisse«.[1] Er räumt ein, wenig vom jüdischen Erbe der Stadt, dessen Bedeutung für das moderne Litauen oder über ihre weißrussischen Beziehungen gewusst zu haben, als er als junger Mann in Wilno lebte. »W pewnym sensie mógłbym służyć za przykład deformacji umysła przez wychowanie w duchu nacjonalistycznym, z czego musiałem później sam wyzwalać się trudem.«[2] Ähnlich schrieb der deutsche Schriftsteller Günter Grass, der im Danzig der Vorkriegszeit geboren wurde, aber enge Verbindungen zum Gdańsk der Nachkriegszeit hat, über seine eigenen Erfahrungen und betont die emotionalen Komplikationen des Erinnerns. Als er im Jahr 1958 erstmals nach dem Krieg in seine Geburtsstadt zurückkehrte, flüsterte eine Tante, die zurückgeblieben war, ihm ins Ohr: »Ech waiss, Ginterchen, em Wästen is bässer, aber em Osten is scheener.«[3] Atmosphäre, Mentalität und Gefühle, die sich hinter einer solchen Feststellung verbergen, kann man nicht übersetzen – nicht einmal ins Deutsche. Sich der ganzen Realität der Vergangenheit zu erinnern ist mehr, als Historiker zu leisten vermögen.

Von Beginn an entschieden wir uns dafür, einen engen, beschränkten Ansatz zu vermeiden und in der vorliegenden Studie alle nur möglichen Verästelungen und Blickwinkel zugänglich zu machen. Es schien uns nicht sinnvoll, die Erzählung strikt auf Ereignisse zu beschränken, die sich innerhalb der Stadtmauern zutrugen. Wir haben, zumindest in Umrissen, versucht, die Entwicklung des Gebiets zu schildern, dessen Zentrum unsere »Insel-Stadt« bildete: den wechselnden politischen, kulturellen und ökonomischen Kontext zu skizzieren, der sie umgab, sowie die wichtigsten Triumphe und Katastrophen aufzuzeichnen, denen die Vratislavier in schier unendlicher Vielfalt begegneten. Diese Aufgabe führte uns in Zeiten und zu Schauplätzen und Menschen, die vielleicht weit von der Stadt entfernt, aber gleichwohl auf die eine oder andere Art eng mit ihr verbunden waren. Shakespeare stellte einst die berühmte Frage: »Nun, was gibt es Neues auf dem Rialto?«* Hätte im vergangenen Jahrtausend irgendjemand gefragt: »Nun, was gibt es Neues an den Ufern der Oder?« – die Antwort wäre von nah und fern gekommen: aus den Städten und Dörfern Niederschlesiens, aus den Hauptstädten Krakau, Prag, Wien, Berlin, Paris, Moskau oder Warschau; von Auswanderern in Australien, von Soldaten, die in Frankreich oder in den Weiten Russlands kämpften,

---

* *Der Kaufmann von Venedig*, III, 1 (A. d. Ü.).

von Schottland- oder Amerika-Reisenden, von Opfern der nationalsozialistischen Konzentrationslager und des sowjetischen Gulag, von Künstlern, Gelehrten und Schriftstellern, denen der Name Wrotizla (oder Wretslaw oder Presslaw oder Bresslau oder Wrocław) sehr viel bedeutete. Die Wahl des Titels für dieses Buch bereitete beträchtliches Kopfzerbrechen. In Anbetracht des multinationalen Ansatzes war es offenkundig, dass es weder »Geschichte Wrocławs« noch »Geschichte Breslaus« heißen durfte. Zudem gab es keine ins Auge springende Alternative. Die »Stadt der vielen Namen«, war korrekt, aber ein wenig farblos. Die »Blume Europas« – von dem Vratislaver Dichter Nikolaus von Hennenfeld aus dem 17. Jahrhundert entlehnt – war farbig, bezeichnete aber die Stadt nicht genau. Die »Geschichte Vratislavias – Breslaus – Wrocławs« wäre etwas umständlich erschienen. Was lag da näher, als die Vorschläge zu kombinieren? So fanden wir schließlich den endgültigen Buchtitel: »Die Blume Europas. Breslau – Wrocław – Vratislavia. Die Geschichte einer mitteleuropäischen Stadt«.

*

Nachdem unsere Arbeit beendet ist, kann ich von drei unterschiedlichen Empfindungen berichten, die die Veröffentlichung dieses Buches begleiten. Da ist zunächst einmal das Staunen über die außerordentlichen menschlichen und kulturellen Reichtümer, die unsere Forschungen zutage förderten. Ferner ist eine starke Zuneigung nicht nur zu der Stadt, die Gegenstand unserer Untersuchung war, sondern auch zu dem breiten Spektrum an Menschen unterschiedlicher Nationalität, die an unseren Blicken vorüberzogen und die oftmals die gleichen bittersüßen Erinnerungen teilen, entstanden. Schließlich hat sich zweifellos auch eine gewisse Furcht ausgeprägt, dass die weltweite Gemeinschaft von Vratislaviern mit unserem Porträt nicht immer in allem übereinstimmen wird.

Wir sind sehr vielen Personen und Institutionen zu Dank verpflichtet. Persönliche Verpflichtungen einmal beiseite gelassen, möchte ich folgenden meine Anerkennung ausdrücken:

- Dr. Adolf Juzwenko, mit dem ich seit über 30 Jahren eng befreundet bin und der das erste Treffen mit dem Stadtpräsidenten in die Wege leitete;
- Präsident Bogdan Zdrojewski, dessen Tatkraft und Unternehmungsgeist die Tugenden des modernen Wrocław verkörpern;
- unseren vielen Sponsoren, die sich engagiert für das Projekt einsetz-

ten: Urząd Miasta Wrocław, der Robert-Bosch-Stiftung, der British Academy, der Alfried-Krupp-von-Bohlen-und-Halbach-Stiftung und dem Leverhulme Trust;
- dem Ossolineum-Institut in Wrocław, das sich freundlicherweise bereit erklärte, als gastgebende Institution des Projekts in Polen zu fungieren;
- unserem Team aus Forschern, Beiträgern und Mitarbeitern, darunter Roman Aftanazy, Dr. Heinz Wolfgang Arndt, Dr. Joachim Bahlcke, Dr. Jaroslav Bakala, Gillian Beeston, Katarzyna Benda-Pawłowska, Andrzej Biernacki, Dr. Ulrich Bopp, Dr. Karl Brokstad, Mark Burdajewicz; Professor Norbert Conrads, Dr. Rebecca Cox-Brokstad, Beata Długajczyk, Dr. Mariusz Dworsatschek, Wojciech Hrabia Dzieduszycki, Dr. Cyril Edwards, Professor Robert Evans, Ulrich Frodien, Dr. Dan Gawrecki, Józef Gierowski, Zbigniew Gluza, Dr. Ted Harrison, Denis Healey, Ewa Huggins, Henry Kamm, Piotr Kendziorek, Agnieszka Klimczewska, Dr. Beata Konopska, Maria Korzeniewicz, Dr. Jakub Kostowski, Ute Krebs, Dr. Karen Lambrecht, Professor Walter Laqueur, Irene Lipmann, Dr. Horst Dieter Marheinecke, Dr. Alison Millett, Dr. Rudolf Muhs, Jane Neal, Hanna Nyman, Prof. Hartmut Pogge von Strandmann, Daša Rohelova, Joanna Schmidt, Paul Schmidt, Sabine Schulenburg, Evelyn Smellie, Dr. Melissa Smellie, Dr. Paul Smith, Dr. Beate Störtkuhl, Rupert Graf Strachwitz, Krysztof Szwagrzyk, Dr. Jacek Tebinka, Michaela Todorova, Magdalena Turczyn, Dr. Jakub Tyszkiewicz, Wanda Wyporska, Dr. Roman Wytyczak, Małgorzata Ziemilska-Dzieduszycki;
- meinem Agenten David Godwin, der die Zusammenarbeit mit den Verlagen koordinierte;
- unseren verschiedenen Lektoren und Übersetzern, vor allem Will Sulkin und Jörg Hensgen bei Random House, Henryk Wozniakowski bei Znak sowie Thomas Bertram und den Droemer-Mitarbeitern;
- Brigadegeneral Alan Gordon, dem Finanzverwalter des Wolfson College Oxford, der die Buchführung des Projekts überwachte;
- allen, die unser Vorhaben wohlwollend begleiteten.

Ich bin mir sicher, sie alle werden unseren Wunsch teilen: »Floreat Vratislavia«.

Norman Davies

Einleitung

Niemand kann mit Sicherheit sagen, wann der Begriff Mitteleuropa entstand. Aber wahrscheinlich ist das Jahr 1897 ein ebenso gutes Datum wie jedes andere. In jenem Jahr bestimmte Sir Halford John Mackinder, Gründer der Oxford Geography School und »Vater der Geopolitik«, den Autor für einen Schlüsselband der von ihm herausgegebenen Reihe »The Regions of Europe«. Der Band trug den Titel *Central Europe* und erschien im Jahr 1903 in London.* Der Autor hieß Joseph Partsch.

In früheren Zeiten war den zentralen Gegenden Europas keine besondere Aufmerksamkeit zuteil geworden. Generationen studierter Altphilologen dachten vornehmlich an die Trennungslinie, die den Süden vom Norden schied: die antike Mittelmeerwelt von der Welt der Barbaren jenseits des römischen *Limes*. Andere betonten die langjährige Unterscheidung zwischen dem zivilisierten Westen und dem angeblich weniger zivilisierten Osten. Sowohl die Nord-Süd- als auch die Ost-West-Wasserscheide fiel mit wichtigen kulturellen Grenzen zusammen – zwischen Protestanten und Katholiken und zwischen Katholiken und Orthodoxen. Beide untergruben die Vorstellung, dass die Länder der Mitte viel miteinander gemein hatten. Natürlich hatte es verschiedene politische Gebilde gegeben, wie das Heilige Römische Reich oder die Habsburger Monarchie, welche das Gebiet über lange Zeit beherrscht hatten und daher mit ihm identifiziert worden waren. Und Metternich, der österreichische Kanzler, sprach gern vom »Donauraum«. Aber Mitteleuropa war kein feststehender Begriff. Referenzwerke des 19. Jahrhunderts enthielten Einträge zu Mittelamerika, Mittelasien und sogar zu Mittelafrika, aber keinen zu Mitteleuropa.

Doch im letzten Jahrzehnt des 19. Jahrhunderts zwang der Aufstieg des vereinigten und außerordentlich dynamischen Deutschen Reiches zu

---

* Eine deutsche Ausgabe erschien 1904: *Mitteleuropa. Die Länder und Völker von den Westalpen und dem Balkan bis an den Kanal und das Kurische Haff*, Gotha 1904 (A. d. Ü.).

neuerlichem Nachdenken. Deutschlands neu gefundene politische, ökonomische und kulturelle Macht erschütterte die herkömmliche Ordnung Europas. Denn Deutschland gehörte weder zum Westen, der lange Zeit unter dem beherrschenden Einfluss Frankreichs gestanden hatte, noch zum Osten, der größtenteils dem unstillbaren Appetit Russlands zum Opfer gefallen war. Es war genauso wenig Teil Skandinaviens, wie es zu Italien oder zum Balkan gehörte. Das Deutsche Reich wirkte vielmehr zunehmend wie das Schlüsselelement in einer zentralen Region, die sich von allen anderen unterschied.

Mackinders unmittelbares Anliegen war es, die westlichen Mächte vor einer möglichen Verbindung Deutschlands und Russlands zu warnen. Als diese Gefahr vorbei war, ging es ihm insbesondere darum, Deutschland und Russland auseinander zu halten, wenn nötig durch die Schaffung eines Kordons starker, unabhängiger Staaten. In diesem Zusammenhang prägte er seine berühmte Formel:

»Wer Osteuropa beherrscht, beherrscht das Kernland;
wer das Kernland beherrscht, beherrscht die Weltinsel;
wer die Weltinsel beherrscht, beherrscht die Welt.«

In jedem Fall folgte die entscheidende Verwerfungslinie in der europäischen Politik der Grenze zwischen dem Deutschen und dem Russischen Reich. Es war deshalb nicht überraschend, dass Mackinder für den Band über Mitteleuropa Partsch als Autor auswählte. Denn Partsch war der Professor für Geografie in Breslau; und Breslau lag weniger als 65 Kilometer von der Verwerfungslinie entfernt.

Partschs Mitteleuropa-Studie war eine unbedeutende *tour de force*. Sie begann mit einer bemerkenswerten Umrisskarte Mitteleuropas (siehe »Anhang«), und sie endete nach einem systematischen Überblick über Geologie, Klima, Ethnografie und kultureller Entwicklung mit einer Analyse der aktuellen strategischen Denkschulen. Besonders beeindruckt war Partsch, wie auch Mackinder, von der durch Russland errichteten Herrschaft über das eurasische Kernland und der daraus folgenden Gefahr für Deutschland. Deutschland werde niemals begierig auf einen Quadratkilometer russischen Bodens sein, erklärte er ziemlich fromm, jedoch könne niemand sich dafür verbürgen, dass nicht vielleicht eines Tages das unablässig expandierende Russland wieder einmal versuche, seine Westgrenze vorzuschieben.[1] Ebenso besorgt war er, dass sich Frankreich bei seinen Bemühungen zur Wiedergewinnung Elsass-Lothringens mit dem Riesenreich des Ostens zusammentun könnte, um das Deutsche Reich zu vernichten.² Zur Lösung des heraufziehenden Problems eines möglichen Zweifrontenkrieges befürwortete er in Anbetracht der Verteidigungsverhältnisse an der östlichen Reichsgrenze einen Präventivschlag gegen Russland.³ Es ist gut möglich, dass Partsch durch die Lage seines Wohnortes Breslau beeinflusst war. Denn er hatte sich genau für das Gegenteil dessen entschieden, was dem Chef des deutschen Generalstabs, Alfred von Schlieffen, als Lösung vorschwebte. Dessen strategischer Plan zur Verteidigung Deutschlands wurde zwei Jahre nach dem Erscheinen der Studie Partschs enthüllt. Nach diesem Plan sollte der Präventivschlag Frankreich gelten.

Man muss allerdings hinzufügen, dass Partsch kein Kriegstreiber war. Seine strategischen Spekulationen wurden auf dieselbe Art dargeboten wie die vieler Militärtheoretiker in anderen Ländern auch, die wollten, dass der große europäische Friede ewig währte, die jedoch auch die Möglichkeit eines bewaffneten Konflikts berücksichtigen wollten. Partsch wollte vor allem die Solidarität der Völker Mitteleuropas wecken, deren Zwangslage er so genau beschrieben hatte. Sein Buch schloss mit dem leidenschaftlichen Appell, sich eingedenk der Kriege und des Leids der Vergangenheit gemeinsam für eine friedliche Zukunft des Kontinents einzusetzen.⁴

Während des Ersten Weltkrieges, als sich Deutschland und Russland an der Ostfront blutige Schlachten lieferten, wurde der drohende Konflikt, den Partsch vorausgesehen hatte, Wirklichkeit. Im September 1914 veröffentlichte das Außenministerium des Zaren in Russland eine offizielle Karte mit dem Titel *Die Zukunft Europas*. Sie zeigte, dass Russlands territoriale Ziele ein wiederhergestelltes und russisch verwaltetes Königreich Polen einschlossen, das sich bis zur Oder und zur Lausitzer Neiße erstreckte. Im Wesentlichen kündigte sie die expansionistischen Pläne an, die von Stalin 30 Jahre später wieder belebt wurden. In Deutschland hatte man allen Grund, beunruhigt zu sein, denn der voraussichtliche Verlust an Gebieten und Menschen im Osten wäre größer als der im Westen. Tatsächlich richtete sich die Bedrohung gegen den größeren Teil des historischen Preußen. Und da Österreich-Ungarn als Verbündeter feststand, bestand wenig Hoffnung, weitere Alliierte zu finden. Sowohl hinsichtlich militärischer Schritte als auch mit Blick auf die strategische Konzeption war äußerste Eile geboten. Die militärische Reaktion erfolgte denn auch umgehend durch Generaloberst von Hindenburg mit seinen vernichtenden Siegen in den Schlachten von Tannenberg und an den Masurischen Seen. Das strategische Denken übernahm Friedrich Naumann.

Deutschlands Gegner empfanden Naumann weithin als gefährlichen Imperialisten. Und da Deutschland den Krieg verlieren sollte, wurde sein negativer Ruf allgemein nicht in Zweifel gezogen. Der frühere lutherische Pastor und Freund Max Webers war seit langer Zeit ein Gegner des Britischen Empire. Wie viele seiner Zeitgenossen war er »Darwinist«, der sich nicht genierte, Deutschland als fähigstes Land der Epoche zu betrachten. Er neigte dazu, von »Rassen« statt von Staaten und Völkern, gar vom deutschen »Herrenvolk« oder der deutschen »Herrenrasse« zu sprechen. Und da er sich für eine enge Allianz Deutschlands und Österreichs stark machte, wurde sein Buch *Mitteleuropa* (1915) im Westen mit großem Argwohn betrachtet und in Frankreich offen als »ein aus dem Krieg geborener Gedanke« angeprangert.[5] In Wirklichkeit war dieser eher sanfte Preuße kein Extremist; und sein Ruf nach einer Föderation der Völker Mitteleuropas hatte nichts mit späteren nationalsozialistischen Forderungen nach Lebensraum gemeinsam. Von seiner Herkunft her war er christlicher Sozialist und ein Pionier des modernen deutschen Liberalismus. Sein einstiger Mitarbeiter, Theodor Heuss, sollte sein wichtigster Biograf und der erste Präsident der Bundesrepublik Deutschland werden.[6] Dem Bismarck'schen Drang nach Germanisierung widersprach Naumann entschieden; er war ein unerschütterlicher Kritiker des Antisemitismus, und sein Programm hatte keinerlei Einfluss auf die militärischen Führer, die in den Jahren nach dem Erscheinen seines Buches eine Ostpolitik der Eroberung verfolgten. Er machte sich zwar der semantischen Verwirrung schuldig, indem er verschiedentlich einen »Staatenbund« und einen »Oberstaat« vorschlug; und wahrscheinlich übertrieb er den Begriff Mitteleuropa, wenn er es zu einem Reservat deutscher Interessen erklärte. Doch er war kaum der Unmensch, als der er von seinen Gegnern dargestellt wurde. Es hätte offensichtlich sein müssen, dass deutsche Macht und deutsche Kultur in einer Neugruppierung der Völker in der Region Mitteleuropa dominieren mussten; Naumann, der ein energischer Gegner jeder Annexionspolitik war, bemühte sich jedoch um einen Platz für alle in dieser Region.

Paradoxerweise machten diejenigen am meisten Reklame für Naumanns Mitteleuropa-Konzept, die es ablehnten. Persönlichkeiten wie T. G. Masaryk, der künftige Präsident der Tschechoslowakei, sahen Naumann als die Verkörperung all jener finsteren Kräfte, welche der Befreiung ihres Landes im Wege gestanden hatten. Doch indem sie die Aufmerksamkeit auf die Ablehnung des Naumann'schen Programms lenkten, schenkten sie unweigerlich der Vorstellung Glauben, dass ein anders gestaltetes Mitteleuropa existieren sollte oder tatsächlich existierte.

In Großbritannien beispielsweise ging es dem Kreis von Autoren und Politikern, die im Jahr 1917 die Zeitschrift *The New Europe* aus der Taufe hoben, in erster Linie um die Probleme Österreich-Ungarns und die Unterstützung der dortigen nationalen Bewegungen. Ihre Anführer waren Robert Seton Watson, Verfasser zahlreicher Werke über Mitteleuropa, und Henry Wickham-Steed, vormals Korrespondent der *Times* in Wien. Sie setzten auf den künftigen Präsidenten der tschechoslowakischen Republik und unterhielten feste Beziehungen zu den Konstitutionalisten in Russland, mit dem Großbritannien verbündet war. Folglich konnten sie anfangs nicht viel Begeisterung für die parallelen nationalen Bewegungen im russisch beherrschten Polen oder Finnland zeigen. Trotzdem war ihre Haltung zur Zukunft Mitteleuropas klar und konsequent. Sie sah eine Zone kleiner demokratischer Nationalstaaten voraus, die Deutschland und Russland auf Distanz halten und sich in natürlicher Abhängigkeit von den Westmächten befinden würden. Diese Haltung deckte sich großenteils mit französischen Vorstellungen, die nach 1918 die Idee eines *cordon sanitaire* gegen den Bolschewismus ins Spiel brachten.[7]

In der Zwischenkriegszeit, als Deutschland in der politischen Versenkung verschwunden war, wurde der Ausdruck Mitteleuropa politisch inkorrekt. Er weckte Assoziationen an deutsche Vorherrschaft und kam neuen oder wiederhergestellten Ländern wie der Tschechoslowakei oder Polen ebenso wenig gelegen wie den siegreichen Westmächten. An seiner Stelle kamen deshalb andere Begriffe in Gebrauch. Einer davon lautete »Zwischeneuropa«, ein Begriff, dessen Bedeutung in der englischen Übersetzung »the lands between« (die Länder dazwischen) besonders deutlich wurde. Er bezog sich auf eine aus zahlreichen Staaten bestehende Gruppe, die weder Deutschland noch Russland einschloss. Ein anderer lautete »Ostmitteleuropa«.

Obwohl der neue Begriff Ostmitteleuropa sich bis zu einem gewissen Grad mit dem Mitteleuropa von Partsch und Naumann deckte, hatte sich der Schwerpunkt weit nach Osten und Süden verlagert. Prag, Wien und Budapest gehörten dazu, Berlin und Breslau aber nicht. Polen im Norden und Jugoslawien im Süden waren die mittelgroßen Grundpfeiler; zwei Gruppen kleinerer Staaten – deren eine von Finnland um den Rand des ehemaligen Zarenreiches nach Georgien reichte, während die andere auf dem Balkan lag – bildeten eine brüchige Peripherie.[8]

Für die auf Expansion bedachten totalitären Nachbarn stellten »die Länder dazwischen« eine verlockende Beute dar. Sowjetrussland begann die unabhängigen Republiken, die sich jenseits seiner Grenzen gebildet hatten, anzugreifen und zu schlucken, sobald die Rote Armee den russischen Bürgerkrieg überstanden hatte. Finnland, die baltischen Staaten und Polen widersetzten sich zunächst den sowjetischen Angriffen. Aber ein von Weißrussland bis Armenien reichender Verband von Ländern wurde der mit der Verfassung von 1923 neu geschaffenen Sowjetunion gewaltsam einverleibt. Ein von dem polnischen Staatsführer, Marschall Piłsudski, vorgeschlagenes Verteidigungsbündnis von Grenzstaaten kam nicht zu Stande. Immerhin wurde mit französischer Unterstützung eine »Kleine Entente« demokratischer Staaten gebildet. Der zerbrechliche Friede dauerte indes nicht lange. Im August 1939 teilten Hitler und Stalin im geheimem Zusatzprotokoll des deutsch-sowjetischen Nichtangriffspaktes »die Länder dazwischen« in Einfluss-Sphären auf, innerhalb derer jeder ungestraft schalten und walten durfte. In einem Zeitraum von zwei Jahren wurde die gesamte Region verschlungen. Hitler besetzte acht Länder, Stalin nur fünf. Staaten, die eigentlich unabhängig blieben, wie Ungarn oder Rumänien, wurden durch Druck aus Berlin gezwungen, eine eigentümliche Haltung prodeutscher Pseudoneutralität einzunehmen. Ihre Souveränität wurde extrem eingeschränkt.

Während des deutsch-sowjetischen Krieges wurden alle Überlegungen hinsichtlich Mittel- oder Ostmitteleuropas von den grenzenlosen Expansionsgelüsten der beiden Kriegsgegner überholt. Dem Dritten Reich galten sämtliche Gebiete im Osten Deutschlands als der »Lebensraum«, zu dem deutsche Kultur und Siedlung ungehinderten Zugang haben sollten. Für die Sowjetunion waren dieselben Gebiete der unaufhaltsamen Ausdehnung der von Moskau kontrollierten kommunistischen Herrschaft vorbehalten. Der einzige unabhängige Plan für die Zukunft der Region, eine Mitteleuropa-Föderation unter Führung Polens und der Tschechoslowakei, wurde von den Exilregierungen beider Länder während des Krieges in London ausgearbeitet. Das 1944 geschriebene Werk einer Autorin, die sich als Flüchtling aus der von ihr so genannten »Mittelzone« bezeichnete, kam hingegen zu dem Schluss, dass es für die zwischen Deutschland und Russland in der Falle sitzenden Völker die beste Lösung sei, sich als assoziierte Mitglieder dem Britischen Empire anzuschließen.[9] Doch dank des totalen Triumphes der Sowjets konnten beide Vorhaben nicht verwirklicht werden. Vielmehr setzte sich die kommunistische Herrschaft in der Region durch.

Nach 1945 schien der Begriff Mitteleuropa für immer verschwunden zu sein. Der Ausbruch des Kalten Krieges teilte Europa entlang des Eisernen Vorhangs in zwei kämpfende Parteien. Es gab ein Westeuropa und ein Osteuropa. Doch abgesehen von den drei kleinen neutralen Staaten Österreich, Liechtenstein und Schweiz existierte keine starke Mitte. Allerdings war »Ostmitteleuropa« ein Begriff, der *wirklich* wieder auflebte. Er bezeichnete nun Staaten, die durch ihre politischen und ökonomischen Charakteristika vom demokratischen Westeuropa getrennt

Einleitung 21

waren und zum sowjetischen Block, nicht aber zur Sowjetunion gehörten; und er kopierte in hohem Maße die Zugehörigkeit zum »Zwischeneuropa« der Vorkriegszeit. Die Folge war, dass viele politische Kommentatoren ihn allmählich als dauerhafte Kategorie akzeptierten.

Die Erinnerungen an eine europäische Einheit schwanden bis zu den achtziger Jahren rasch. Vielerorts begann man, den Status quo als unveränderlich zu betrachten. Im Westen wurde es zunehmend geläufig, dass die Mitglieder der Europäischen (Wirtschafts-)Gemeinschaft oder später der Europäischen Union den Terminus »Europa« als exklusives Etikett für sich verwendeten, damit aber gleichzeitig andeuteten, dass der Rest Europas irgendwie nicht wirklich europäisch sei. Im Osten bedienten sich die kommunistischen Machthaber ideologischer Wendungen wie »sozialistisches Lager« oder »sowjetischer Block«, die unterstellten, dass die unter sowjetischer Herrschaft stehenden europäischen Länder mehr mit China oder Kuba gemeinsam hätten als mit ihren westeuropäischen Nachbarn.

In diesem äußerst bedrückenden Kontext begannen einige unabhängige Schriftsteller und Intellektuelle innerhalb des sowjetischen Blocks, dem Begriff »Mitteleuropa« für ihre eigenen Zwecke neues Leben einzuhauchen. Angeführt von dem tschechischen Romancier Milan Kundera (Jahrgang 1929) bildeten sie eine sehr heterogene Gruppe die eine Vielzahl unterschiedlicher Ansichten und Beweggründe zum Ausdruck brachte. Doch alle fürchteten sie um die traditionelle Kultur ihrer Heimatländer; alle hassten sie die künstliche ideologische Identität, welche die kommunistische Herrschaft ihnen aufgezwungen hatte, und alle sehnten sie sich danach, erneut enge Verbindungen mit dem kulturellen Leben des Westens zu knüpfen. In den Schriften Kunderas, seines tschechischen Landsmannes Václav Havel, des Ungarn György Konrád, des Polen Adam Michnik und anderer[10] wurde eine geistige Zone beschrieben, die auf keiner Landkarte zu finden war, die sich jedoch auf alle früheren Spielarten »Mitteleuropas« stützte, um solcherart die Ansichten der Autoren über die Vergangenheit, ihre Ablehnung der Gegenwart und ihre Hoffnungen für die Zukunft festzuschreiben. Ihre Ideen waren nicht unbedingt neu, obwohl die bekanntesten Werke erst in den achtziger Jahren erschienen. Einige waren schon seit Jahrzehnten im »Samisdat« in Umlauf gewesen, häufig in Form von Witzen und Anekdoten mit ernstem Hintergrund. »Über Mitteleuropa«, erklärte eine tschechische Sammlung aus den siebziger Jahren, »steigt der strenge Geruch gekochten Kohls, abgestandenen Biers und der seifige Duft überreifer Wassermelonen auf... Die Grenzen sind verschwommen und irrational, und lediglich der Geruch erlaubt es, (die Region) mit absoluter Sicherheit zu identifizieren.«[11]

In der Welt draußen gab es durchaus das Bestreben, das neue Phänomen und dessen unklare Werte zu definieren. »Der Begriff Mitteleuropa ist wieder auferstanden«, schrieb ein Analytiker. »Nach 1945 war der Begriff drei Jahrzehnte lang eins mit Ninive und Tyrus... aber in den letzten paar Jahren haben wir angefangen, wieder von Mitteleuropa zu reden, und zwar in der Gegenwart.«[12] Doch »der Begriff« entzog sich der Definition. Keiner seiner Bewunderer konnte seine Geografie beschreiben, und niemand konnte seinen Inhalt festlegen. Es gab eine spürbar nostalgische Stimmung; es gab viel Zuneigung zu einer neuen Form regimekritischer Politik oder »Antipolitik«, welche die Rolle der Kultur pries, den Staat verachtete und Gewaltlosigkeit predigte; und es gab eine standhafte Weigerung, die Welt so zu akzeptieren, wie sie war. Darüber hinaus begannen alle Diskussionen mit der Frage: »Gibt es ein Mitteleuropa?«[13]

Als sich im Jahr 1989 schließlich der Eiserne Vorhang öffnete, verschwanden Europas dialektische Teilungen, und Mitteleuropa konnte als Region mit neuem Leben erfüllt werden. Doch schon bald entstand ein neues kompliziertes Netz von Verbindungs- und Trennungslinien. Der »Westen«, der vier Jahrzehnte lang größenteils deckungsgleich mit NATO und EU gewesen war, streckte seine Fühler weit nach Osten aus. Die EU beispielsweise nahm Finnland auf und errichtete eine lange Grenze unmittelbar zu Russland. Der NATO traten Polen, die Republik Tschechien und Ungarn bei, und die Liste weiterer Anwärterstaaten ist lang. Der »Osten«, der lange Zeit von der UdSSR dominiert worden war, stellte fest, dass die UdSSR sich verflüchtigt hatte. Genau genommen war er auf die so genannte GUS reduziert worden, das heißt auf die Russische Föderation und den Kreis ehemaliger, am Hungertuch nagender Sowjetrepubliken, die Russland als sein »nahes Ausland« betrachtete. Die wie stets zwischen West und Ost gelegene Mitte umfasste nun eine Gesellschaft von Nationen, die von Polen bis Bulgarien reichte. Diesen Ländern stand es frei, sich ihre eigene Identität zu wählen. Wenngleich sie viele der Ideale und Träume der achtziger Jahre zunächst beibehielten, die den sowjetischen Monolithen so in Misskredit gebracht hatten, besaßen sie doch jetzt demokratische Systeme, Programme der freien Marktwirtschaft und gute Zukunftsaussichten, die sie sowohl von ihren ehemaligen sowjetischen Partnern als auch von ihren durch Krieg zerrissenen Nachbarn in Jugoslawien abhoben. Die ehemalige DDR, einst die Heimat eines kommunistischen Hardliner-Regimes, trat im Kontext eines wieder vereinigten Deutschland im Jahr 1990 der EU bei. Das neutrale Österreich folgte Schweden und Finnland im Jahr 1995 auf demselben Pfad. Polen, die Republik Tschechien, Ungarn und Slowenien führten die Liste gleich gesinnter Kandidaten an. Nach der berühmten Formulierung des tschechischen Präsidenten Vacláv Havel arbeiteten sie alle an der »Rückkehr nach Europa«. Denn die Mitteleuropäer standen nicht nur im Mittelpunkt der Zukunftspläne. Zum ersten Mal seit zwei oder drei Generationen konnten sie stolz auf ihr gemeinsames europäisches Erbe sein.

*

Ungeachtet wechselnder Grenzen und konkurrierender Vorstellungen besitzt Mitteleuropa eine Reihe von charakteristischen Eigenschaften, die das natürliche Produkt einer Transitregion zwischen Ost und West sind. Eine davon ist die Tatsache, dass während der gesamten überlieferten Geschichte und wahrscheinlich schon zuvor die Region wiederholt Schauplatz der Einfälle von Nomadenvölkern, unterschiedlichen Besiedlungen und militärischen Eroberungen war. Zu den Nomaden kann man die Skythen, die Sarmaten, die Hunnen, die Magyaren und die Mongolen zählen. Unter den dauerhafteren Siedlern bemerkt man zahlreiche Völker mit keltischen, germanischen, slawischen und semitischen Verbindungen. Bei den flüchtigen Eroberern könnte man unter anderen Gustav II. Adolf, Johann III. Sobieski, Karl XII., Peter I. den Großen, Friedrich II. den Großen, Napoleon, Hitler und Stalin anführen. Die Bevölkerung Mitteleuropas hat folglich eine Überfülle von Sprachen, Kulturen, Religionen und Nationalitäten erlebt. Das ethnische Kaleidoskop ist seit undenklichen Zeiten die Norm gewesen. Doch im Zeitalter des Nationalismus, als jede moderne Nation das Recht auf ihr eigenes Land beanspruchte, erwies sich die erwähnte Vielfalt als Störfaktor. Mitteleuropa wurde zwangsläufig zur Heimat nationalistischer Fehlentwicklungen.

Ferner waren in dem geschichtlichen Auf und Ab zwei Besiedlungswellen für Mitteleuropa besonders wichtig. Auf eine Ära nach Westen gerichteter Wanderung erfolgte im Mittelalter eine Flut deutscher Siedler, die sich ostwärts über Elbe und Oder ergoss, wobei sie tief in Länder wie Polen und Böhmen eindrang, die einige Zeit Domäne der Slawen gewesen waren. Dieser »Drang nach Osten« war allerdings keine isolierte Bewegung. Schließlich stießen im selben Zeitraum die Polen tief nach Litauen und in die Ukraine vor, während ein wenig später die Russen mitten durch Eurasien zur Pazifikküste, nach Alaska und sogar nach Kanada »drängten«. Mehrere Jahrhunderte lang flutete der menschliche Siedlungsstrom Richtung Osten. Im 19. und 20. Jahrhundert wurde er jedoch umgedreht. Die slawischen Völker machten sich nun, einzeln oder unter dem Einfluss des Panslawismus auch kollektiv, bemerkbar. Nach dem Ersten Weltkrieg gründeten die Polen, die Tschechoslowaken und die Jugoslawen im Gefolge der deutschen und österreichischen Niederlage Nationalstaaten. Nach dem Zweiten Weltkrieg beschlossen die alliierten Regierungen, alle östlich der neu gezogenen Grenzen Deutschlands und Österreichs lebenden Deutschen zu vertreiben.

Eine weitere charakteristische Eigenschaft Mitteleuropas ist die Tatsache, dass es *die* große Zufluchtsstätte für das europäische Judentum wurde. In den Jahrhunderten, als die Juden aus England deportiert, in Deutschland verfolgt und aus Russland ausgeschlossen wurden, versammelten sie sich in den »Ländern dazwischen«. Eine relativ schwache Bewegung stellte der Zuzug von Juden chasarischen Ursprungs aus dem Süden und Osten nach Mitteleuropa dar. Eine sehr viel bedeutendere, die ihren Höhepunkt während der Verfolgungen erreichte, die sich Mitte des 14. Jahrhunderts aus dem Schwarzen Tod ergaben, bildete die Flucht von Aschkenasim Richtung Westen, wo sie in Böhmen, Ungarn und besonders in Polen-Litauen Zuflucht suchten. Diese jiddisch sprechenden Juden verstärkten nicht nur in Städten wie Wilna, Krakau, Prag und Budapest bereits blühende Gemeinden, sondern auch in zahllosen »Schtetl« oder kleinen Landstädten, in denen sie als das wichtigste mittelständische Element und häufig als die beherrschende ethnische Gruppe in Erscheinung traten. In jüngerer Vergangenheit wanderten sie in großer Zahl noch weiter, zuerst nach Wien, Berlin und Moskau und später nach Frankreich, Großbritannien und in die USA. In allen Ländern, in die sie zogen, bildeten sie eine stark assimilierte, wirtschaftlich bedeutende Elite und Teile der Intelligenz. Aber zu Hause in Mitteleuropa ging das traditionelle jüdische Leben weiter bis zur Shoah der Jahre 1941–45. In manchen Augen war das jüdische Element in Mitteleuropa sogar eines seiner bestimmenden Merkmale.

Darüber hinaus ist es auch ein bestimmendes Element der Geschichte Mitteleuropas, dass sich die offene Geografie mit dem ethnischen Kaleidoskop zur Bildung einer politischen Arena verband, in der Nationalstaaten zwangsläufig klein und schwach blieben, während dynastische Reiche groß und stark wurden. Schon im 15. Jahrhundert kündeten die Königreiche der Jagiellonen, zu denen Böhmen und Ungarn ebenso gehörten wie Polen und Litauen, von den Dingen, die da kommen sollten. Nach dem schicksalhaften Tod Ludwigs II. im Jahr 1526 wurden die Jagiellonen durch die Habsburger ersetzt, die die Herrschaft über das Heilige Römische Reich mit ihren weit auseinander gezogenen dynastischen Ländereien im mittleren Donaubecken verknüpften. Als Vorkämpfer der Gegenreformation schufen die Habsburger eine römisch-katholische Zivilisation ganz eigener Prägung, die mancherorts als das Wesen Mittel-

Einleitung

europas aufgefasst wurde. Doch im 18. und 19. Jahrhundert wurde ihre Vorherrschaft von zwei neuen Konkurrenten herausgefordert. Die Hohenzollern Brandenburg-Preußens, deren ursprüngliche östliche Machtbasis außerhalb des Heiligen Römischen Reiches lag, schwangen sich erfolgreich zur Vormacht in Deutschland auf. Und in Russland begann der Aufstieg der Moskauer Romanows, die als selbst ernannte Zaren Territorien in einem Tempo zusammenrafften, das Berechnungen zufolge 150 Jahre lang etwa 140 Quadratkilometer pro Tag betrug. Im Jahr 1900 herrschten sie über ein Reich, das sich über 8000 Kilometer von der Beringstraße bis zu den Grenzen Deutschlands und Österreichs erstreckte. Im schlesischen Myslowitz (Mysłowice) gab es einen berühmten Grenzpunkt, der als »Dreikaiserreichsecke« bekannt war. Besucher konnten dort mit einem Fuß im Reich der Hohenzollern stehen, mit dem anderen im Habsburgerreich und ihre Finger im Reich der Romanows haben. Die langjährige Rivalität dieser drei Dynastien fand in den Jahren 1917/18 ein plötzliches Ende, als alle drei gestürzt wurden.

Schließlich musste Mitteleuropa im 20. Jahrhundert die schlimme Erfahrung machen, gleich zwei Formen von Totalitarismus ausgesetzt zu werden. Im Gegensatz zu Westeuropa, das nur ein kurzes faschistisches Zwischenspiel erlebte, und im Gegensatz zu Russland, das unter dem Kommunismus eine sehr viel längere Knechtschaft erduldete, litten alle »Länder dazwischen« nacheinander sowohl unter dem Faschismus als auch unter dem Kommunismus Ein riesiger Streifen Europas, von Berlin zu den baltischen Staaten, von Wien zur östlichen Ukraine, von Zagreb und Tirana zum Schwarzen Meer, wurde zuerst von der einen oder anderen Sorte Faschisten und sodann von der einen oder anderen Sorte Kommunisten überrannt. Alle Nationalitäten und alle gesellschaftlichen Gruppen wurden Opfer der einen oder anderen Seite. Genozid Massenmord, »ethnische Säuberung«, Zwangsarbeit und soziale Zwangsmaßnahmen wurden weithin praktiziert. Tapfere Menschen, die es wagten, gegen Hitler und gegen Stalin zu opponieren, wurden ausgelöscht. Das Martyrium währte im Durchschnitt 50 Jahre – im Falle Ostdeutschlands 57 Jahre. Die Periode der Genesung musste zwangsläufig lange dauern.

*

Die Geschichte Mitteleuropas ist aus den genannten Gründen alles andere als einfach. Sie ist sogar ziemlich kompliziert; und sie lässt sich einem breiteren Publikum nicht leicht erklären. Spezialuntersuchungen und Teilstudien gibt es in Hülle und Fülle, aber Überblickdarstellungen, die die

Atmosphäre des Ganzen vermitteln, sind, wie die Polen sagen, »weiße Raben« – seltene Vögel.

Natürlich besteht eine mögliche Untersuchungsmethode darin, die Geschichte einzelner Städte zu untersuchen und auf dem Wege der lokalen Schilderung einen Abriss des weiteren Panoramas zu präsentieren. Für die meisten bedeutenden Städte Mitteleuropas – Wien, Prag, Berlin, Krakau, Budapest usw. – sind wohl auch fundierte historische Darstellungen verfügbar. Doch deren Mängel sind zahlreich. Zum einen werden Lokalgeschichten bis heute gewöhnlich von einem extrem nationalistischen Standpunkt aus verfasst, der künstlich von dem notwendigen multinationalen Kontext geschieden wird. Zum anderen beschränkt sich das traditionelle Genre der Stadtgeschichte auf ein behagliches, verengtes Blickfeld, das alle Ereignisse und Zusammenhänge jenseits des unmittelbaren Bereichs der Stadtmauern ausklammert.

Zudem liegt auf der Hand, dass die großen Städte kaum repräsentativ für das Ganze sind. Beispielsweise dürfte man sich nicht auf eine isolierte Studie Wiens beschränken, wollte man die gewaltige Reichweite des habsburgischen Einflusses über viele Länder hinweg untersuchen. In diesem Sinne könnte es sehr viel ergiebiger sein, einen Blick auf die Orte und Gegenden zu werfen, die gewöhnlich eher zu denen gehörten, die regiert wurden, als zu denen, die regierten.

Aus all diesen Gründen spricht sehr vieles für das historische Porträt eines mittleren provinziellen Zentrums. Natürlich kann man sich auf den Standpunkt stellen, die Geschichte der Hauptstadt Schlesiens sei selber schon – besonders für die heutigen Bewohner oder für die Menschen, die früher dort lebten – ein faszinierender Gegenstand. Aber sie ist weit mehr als das. Sie bündelt in verdichteter Form all jene Erfahrungen, die so kennzeichnend für Mitteleuropa sind – das reiche Gemisch aus Nationalitäten und Kulturen, der deutsche »Drang nach Osten« und die Rückkehr der Slawen; die jüdische Präsenz von außerordentlichem Rang; die turbulente Abfolge kaiserlicher Herrscher und in neuester Zeit die verheerende Herrschaft von Nationalsozialisten und Stalinisten. Kurz, die Hauptstadt Schlesiens ist ein mitteleuropäischer Mikrokosmos.

*

Der vorliegende Band verfolgt drei Zielsetzungen. Erstens gilt es die historiografische Rivalität zu überwinden, die zu den zwei konkurrierenden Vorstellungen eines »deutschen Breslau« und eines »polnischen Wrocław« geführt hat. Zu diesem Zweck werden nicht nur tschechische, österreichische und jüdische Themen in den Vordergrund gerückt, sondern auch Porträts von schillernden Einzelpersönlichkeiten, von Matthias I. Corvinus und Lennert Torstenson bis zu Elisabeth Stuart, John Quincy Adams und Marschall Konew, die zu keiner Seite der deutsch-polnischen Dichotomie gerechnet werden können. Zweitens soll gezeigt werden, in welcher Weise die politischen und kulturellen Beziehungen der Stadt viele Male umgestaltet wurden. Drittens liegt ein großes Augenmerk darauf, den beschriebenen beschränkten Ansatz zu vermeiden und folglich die Ereignisse und Persönlichkeiten der Stadtgeschichte in ihren größeren regionalen und kontinentalen Kontext einzubinden.

Man könnte diese drei Zielsetzungen auch auf ein einziges vorrangiges Ziel reduzieren – die unterschiedlichen Formen selektiver Amnesie zu bekämpfen, die historische Beschreibungen so häufig beeinträchtigen. Früher ignorierten deutsche Historiker regelmäßig die polnischen Verbindungen der Stadt oder beschränkten sie auf die entlegene Epoche der Piasten. Seit 1945 scheinen sie der gegenläufigen Tendenz verfallen zu sein, indem sie Breslau aus allen bedeutenden Untersuchungen über die Vergangenheit ihres Landes wegretuschierten. Zumindest in jüngster Zeit ist es keine Übertreibung, Breslau als »die verlorene Stadt der deutschen Geschichte« zu bezeichnen.

Polnische Historiker ihrerseits erlagen allzu oft den Forderungen des kommunistischen Nachkriegsregimes nach Minimierung oder gar Eliminierung des gesamten deutschen Anteils der Geschichte. Nach 1945 suchte eine nie nachlassende offizielle Propaganda, das Bild einer genuin polnischen Stadt zu verstärken, die von niederträchtigen Ausländern unaufhörlich brutal »besetzt«, übel »usurpiert« oder schlau »infiltriert« worden sei. Nach dem Ende des Kommunismus ist dieses falsche Bild weder notwendig noch wünschenswert. Inzwischen steht es jedermann frei, sich an den Leistungen der anderen zu erfreuen und die gemeinschaftlichen Katastrophen zu beklagen. Und viele polnische Historiker der jüngsten Generation haben diesen Weg eingeschlagen

Wie bei den meisten europäischen Städten sind auch hier die Namen ein heikles Problem. Wenn eine Stadt von jeder Nationalität, die sie beansprucht, einen anderen Namen erhalten hat, kommt die Bevorzugung der einen Variante vor einer anderen einem politischen Statement gleich. Der Chronist läuft Gefahr, Beleidigungen und Streit zu provozieren. Trotzdem ergibt sich eine saubere Lösung, wenn man erkennt, dass die Namenswahl nicht zwischen den starren Alternativen Breslau oder Wrocław, sondern vielmehr zwischen vielen Varianten, die sich in den historischen Quellen finden, zu suchen ist. In Wirklichkeit kann der Historiker aus mindestens 50 Namen wählen. Also ist es nicht zu schwer, unvoreingenommen zu sein. Das Nächstliegende ist, für jeden Abschnitt der Stadtgeschichte einen anderen, aber passenden Namen zu verwenden. Auf diese Weise können wir eine grundlegende historische Erkenntnis betonen – dass die Vergangenheit und Gegenwart nicht ein und dasselbe sind. Für die prähistorische Periode beispielsweise, von der niemand weiß, welchen Namen oder wie viele Namen die Stadt eigentlich hatte, nennen wir sie die »Insel-Stadt«. Für die frühmittelalterliche Periode der Piasten nennen wir sie »Wrotizla«, für die böhmische Periode sprechen wir von »Wretslaw« und für die österreichische von »Presslaw«. »Breslau« bleibt der Kaiserzeit und dem Dritten Reich vorbehalten und »Wrocław« dem Nachkriegspolen seit 1945. Damit soll nicht geleugnet werden, dass tatsächlich eine noch größere Vielfalt von Namen und Schreibweisen existiert, noch bestritten werden, dass moderne Formen zweifellos in früheren Zeiten unter bestimmten Umständen auch schon benutzt wurden. Wir rufen mit diesem Verfahren lediglich eine selbstverständliche Wahrheit ins Gedächtnis – dass die Zeiten sich ändern. Doch wann immer wir in Verlegenheit geraten, benutzen wir den Namen, den gebildete, lateinisch sprechende Geistliche erstmals vor mehr als 1000 Jahren einführten und den wir nach wie vor zur Verfügung haben – VRATISLAVIA.

Norman Davies
Roger Moorhouse

Prolog

Götterdämmerung – die Vernichtung der Festung Breslau 1945

Am Morgen des 20. Januar 1945 brachte eine Breslauer Zeitung, die *Schlesische Tageszeitung*, einen beruhigenden Bericht über die militärischen Entwicklungen an der Ostfront. Obwohl der Zweite Weltkrieg in Europa seinen Höhepunkt erreichte, heuchelte das NS-Regime Normalität. Die Rote Armee habe im zentralen Frontabschnitt eine weitere Offensive gestartet, und die Wehrmacht züge sich in Stellungen zurück, die besser zu verteidigen seien. Der Artikel versprach: »Wenn die gleichen Maßnahmen [Evakuierung] für Breslau erforderlich werden, wird... die entsprechende Anweisung rechtzeitig ergehen.«[1] Tatsächlich waren im vergangenen September grob umrissene Evakuierungspläne ausgearbeitet worden, ohne dass man ihnen in irgendeiner Weise Priorität eingeräumt hätte. Der fanatische NS-Gauleiter Karl Hanke hatte sich geweigert, zu akzeptieren, was er für Defätismus erachtete. Für den normalen Bürger Breslaus stand die Rote Armee noch weit entfernt mitten in Polen. Eine unmittelbare Gefahr schien nicht zu bestehen.

Doch um 10 Uhr an diesem Januarmorgen trat das unerwartete Unglück ein. Lautsprecher verkündeten die Neuigkeit in der ganzen Stadt:

> »Achtung! Achtung! Bürger der Festung Breslau! Der Reichsverteidigungskommissar und Gauleiter von Schlesien gibt bekannt: Breslau wird ortsgruppenweise evakuiert. Es besteht kein Grund zu Aufregung und Panik. Frauen und Kinder verlassen zuerst die Stadt. Kleines Handgepäck ist mitzuführen. Frauen mit Kleinkindern sorgen für Spirituskocher; Kochstellen und Milchausgabestellen richtet die NSV [NS-Volkswohlfahrt] ein. Nähere Anweisungen erteilen die einzelnen Ortsgruppen. Wir wiederholen...«[2]

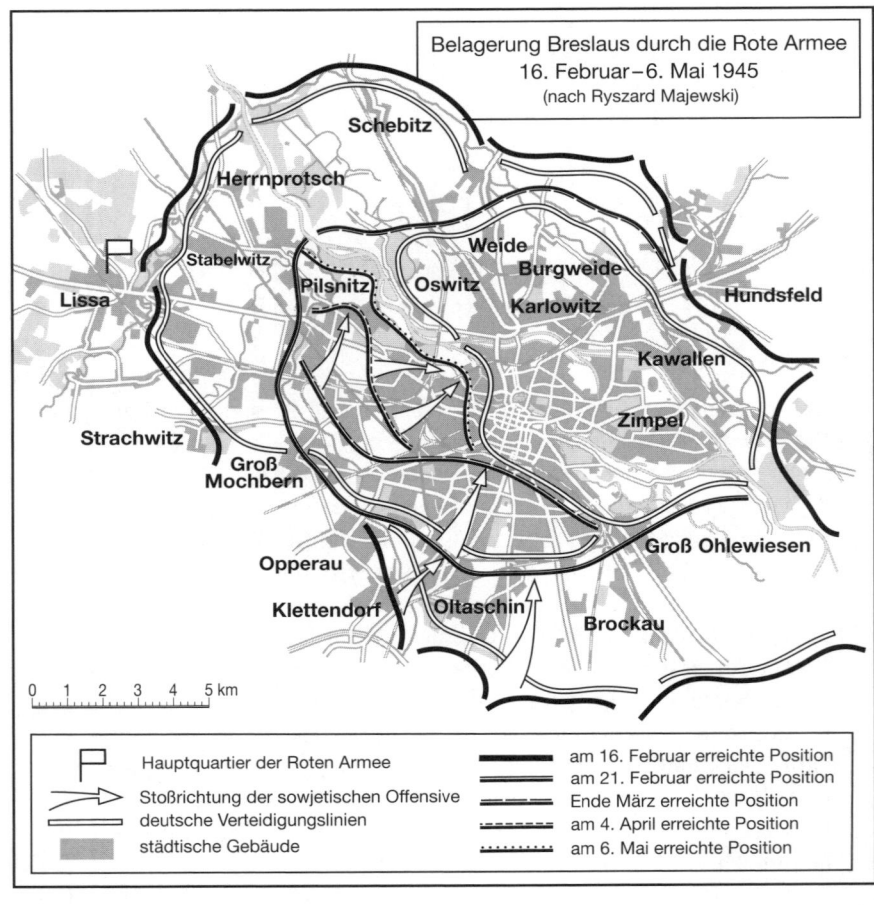

Eine spätere Bekanntmachung war noch drängender:

»... Frauen und Kinder verlassen sofort die Stadt! Geht in Richtung Opperau und Kanth. Dort stehen Fahrzeuge bereit! Frauen und Kinder verlassen sofort die Stadt!...«[3]

Der Parteiapparat der NSDAP war in Panik geraten. Breslau beherbergte zu diesem Zeitpunkt fast eine Million Menschen. Man musste den Versuch unternehmen, innerhalb weniger Tage mehr als zwei Drittel von ihnen aus der Stadt zu entfernen. Das Resultat schilderte der Pfarrer Paul Peikert in seinem Tagebuch. Es herrschte Chaos:

»Eine förmliche Panik und Kopflosigkeit ergriff die Massen. Die Bahnhöfe sind tagelang so überfüllt, daß ein Durchkommen der Massen kaum möglich ist. Alles drängt sich auf die Züge, die nur in beschränktem Maße die Fliehenden aufnehmen können, der größte Teil muß zurückbleiben und es ein anderes Mal versuchen. So nehmen die meisten ihre Kinderwagen und notdürftiges Gepäck und gehen ins Ungewisse der Landstraße.«[4]

Bei Temperaturen von ungefähr 20 Grad minus verließen an diesem Tag schätzungsweise 60 000 Frauen und Kinder Breslau in Richtung Kanth. Sie stießen zu den 600 000 schlesischen Flüchtlingen, die bereits die Straßen nach Westen und Süden verstopften. Die Parkanlagen begannen sich langsam in improvisierte Friedhöfe zu verwandeln. Am Morgen des 21. wurden die Leichen von 40 Kindern zum Neumarkt gebracht, während der Südpark die Gräber von weiteren 48 aufnahm.[5] Bis zum darauf folgenden Tag hatten die städtischen Behörden die Leichen von 400 Evakuierten geborgen. Man schätzt, dass der Todesmarsch nach Kanth etwa 18 000 Menschenleben forderte[6], hauptsächlich unter den Gebrechlichen und sehr Jungen. Insgesamt sollten etwa 90 000 Breslauer während der Evakuierung umkommen.

Im Laufe der folgenden Tage spielten sich immer wieder die gleichen Szenen ab, wenn verschiedene Gruppen den Befehl zum Abmarsch erhielten. Am 21. Januar verließen Staatsbeamte, die nicht für den Volkssturm in Frage kamen, die Stadt, vier Tage später folgten alle verbliebenen Einwohner, die für den Militärdienst untauglich waren. Elisabeth Erbrich war besser vorbereitet als die meisten:

»Die Nachricht kam so plötzlich, daß sich furchtbare Szenen abspielten. Viele Frauen, die ihre Kinder auswärts zur Ausbildung oder in Kinderland-Heimen hatten, bekamen Weinkrämpfe. Die Menschen liefen in den Straßen völlig verwirrt und kopflos herum. Die Straßenbahn war überfüllt, und jeder fuhr in den letzten Tagen kostenlos. Auf dem Hauptbahnhof lagerten Tag und Nacht Flüchtlinge mit ihrer letzten Habe und warteten auf eine Gelegenheit zur Fahrt in das Innere des Reiches. Es war ein herzzerreißender Anblick, den ich nie vergessen werde.
Am Montag, den 22. 1. 45, meinem 20jährigen Dienstjubiläum, kam früh um 10.00 Uhr der Wehrmachtsbefehl, die Stadt zu Fuß zu verlassen, weil keine Fahrgelegenheit mehr vorhanden war. Dieser Tag wurde der schwerste meines Lebens. Mit wehem Her-

zen nahm ich Abschied von meiner geliebten Heimatstadt. In meinem Rucksack das Notwendigste, auf dem Leibe Unterwäsche und Kleider, soviel ich anziehen konnte, ein Paar feste Stiefel an den Füßen, in einer großen Handtasche ein gekochtes Huhn und Eßbares für die nächsten Tage, so trat ich meine Flucht an. Lotti, meine treue Berufskollegin, begleitete mich ein Stück des Weges bis zur Gabitzstraße. Pioniere standen an den Oderbrücken, alles zur Sprengung bereit gemacht. Hoch oben in den Lüften, kaum sichtbar, flogen russische Schlachtflieger, Zettel abwerfend: ›Deutsche ergebt Euch, es passiert Euch nichts.‹

Es war eisiges, sonnenklares Winterwetter und 16° Kälte. Bei Lotte stärkte ich mich noch einmal, und nach einem tränenreichen Abschied marschierte ich gegen 12.30 Uhr mittags Richtung Zobten ab. Ich schloß mich einer Gruppe Frauen an, die dieselbe Richtung hatten. Wie eine Karawane zogen die Flüchtlinge zu Fuß, auf kleinen Wägelchen und Kinderwagen ihre letzte Habe, sowie Autos und Pferdegespanne wie eine schwarze Schlange im leuchtendweißen Schnee. Hunderttausende waren unterwegs, darunter auch Trecks aus den Dörfern links der Oder, die schon tagelang unterwegs waren. Sie hatten infolge der großen Kälte und des unaufhaltsamen Marsches viele Tote in den Wagen, die sie an den Wegrändern niederlegen mußten, weil die steinhart gefrorene Erde die Toten nicht aufnehmen konnte. Ich kam um 16.00 Uhr todmüde und mit wunden Füßen in Rößlingen [22 km von Breslau entfernt] an.«[7]

Eine der privilegierteren Evakuierten war Ilse Braun, die Schwester von Eva, der Geliebten Hitlers, die seit einer Reihe von Jahren in Breslau lebte. Am 20. Januar fand sie Platz in einem Zug, der in die Hauptstadt gehen sollte. Am folgenden Morgen wurde sie in Berlin am Schlesischen Bahnhof von einer SS-Limousine abgeholt und in das am Brandenburger Tor gelegene berühmte Hotel Adlon gefahren, wo sie ihre Schwester sehen sollte. Beim Abendessen in der Reichskanzlei sprachen beide über die jüngsten Ereignisse. Es wurde bald klar, dass Eva kaum eine Ahnung von der Katastrophe hatte, die den deutschen »Osten« verschlang. Sie plauderte fröhlich von der Zeit, wenn Ilse nach Breslau »heimkehren« könne. Ilses Wahrnehmung der Ereignisse war eine völlig andere. Sie sprach mit heftiger Gemütserregung über die Flüchtlinge, den Schnee und den Schrecken der russischen Besetzung. Als sie bemerkte, Hitler ziehe das Reich in den Abgrund, wurde die Unterhaltung hitzig. Eva war wütend über die Undankbarkeit ihrer Schwester und sagte, sie verdiene, erschossen zu werden.

Das Martyrium der durchschnittlichen Zivilisten wiederholte sich bei den Bediensteten der Verwaltungs- und Regierungsstellen Breslaus. Am 21. Januar brachte der Fürstbischof von Breslau, Kardinal Adolf Bertram, sich nach Jauernig in Böhmen in Sicherheit. Der Inhalt der meisten Kirchen wurde ins sächsische Kamenz abtransportiert. Am folgenden Tag wurden die Post- und Telegrafenämter sowie die Bahnverwaltung nach Westen verlagert. Am 23. wurden alle örtlichen Konzentrationslager nach Groß-Rosen in der Nähe von Schweidnitz evakuiert. Die Kranken und Verletzten des KZ Fünfeichen blieben zurück und wurden ihrem Schicksal überlassen, jene aus Dyhernfurth wurden erschossen.[8] Breslaus Militärkrankenhäuser wurden zusammen mit vertraulichen SS- und SD-Archiven verlegt. Das Breslauer Finanzamt kam nach Liegnitz, und die Stadtverwaltung wurde nach Waldenburg geschickt. Universität und Technische Hochschule siedelten nach Dresden über, ebenso wie Radio Breslau, das am Abend des ersten Angriffs der britischen Royal Air Force ankam.[9]

Die Stadt wurde auf den Endkampf vorbereitet. Als sowjetische Vorausabteilungen am 22. Januar bei Steinau nordwestlich von Breslau die Oder erreichten, wurden alle in der schlesischen Hauptstadt verbliebenen Männer zu den Waffen gerufen. Gauleiter Hanke schrieb: »Ich rufe die Männer Breslaus auf, sich in die Verteidigungsfront unserer Festung einzureihen! Die Festung wird bis zum Äußersten verteidigt!«[10]

*

Die deutsche Strategie in diesen letzten verzweifelten Kriegsmonaten ist oft in Anlehnung an Wagner als Götterdämmerung bezeichnet worden. Als die Kämpfe sich unaufhaltsam näher an das Zentrum des Reiches schoben, nahm die deutsche Verteidigung Züge von Selbstopferung an. Der Todeskampf des Nationalsozialismus riss das Land und die ihm verbliebenen Verbündeten in den Abgrund. Doch obwohl Hitler und die NS-Hierarchie zweifellos zu großen Opfern bereit waren, waren die deutschen militärischen und politischen Vorstellungen in den letzten Kriegsmonaten nicht gänzlich irrational. Möglich, dass Hitler der Realität zunehmend entrückt war. Doch seine kritischen Fähigkeiten hatten ihn nicht vollständig verlassen. Er erkannte die grundsätzlichen Gegensätze der gegen ihn zusammengeschlossenen Alliierten, und seine Strategie der Festungen suchte Kapital daraus zu schlagen. Der Führerbefehl Nr. 11 vom 8. März 1944 über »feste Plätze« skizzierte deren Zweck:

»Die ›festen Plätze‹ sollen die gleichen Aufgaben wie die früheren Festungen erfüllen. Sie haben zu verhindern, daß der Feind diese operativ entscheidenden Plätze in Besitz nimmt. Sie haben sich einschließen zu lassen und dadurch möglichst starke Feindkräfte zu binden. Sie haben dadurch mit die Voraussetzung für erfolgreiche Gegenoperationen zu schaffen.

Die ›Ortsstützpunkte‹ sollen bei feindlichen Gegenangriffen zäh verteidigte Stützpunkte in der Tiefe der Kampfzone sein. Bei ihrer Einbeziehung in die HKL [Hauptkampflinie] sollen sie den Rückhalt der Abwehr und bei feindlichen Einbrüchen die Angelpunkte und Eckpfeiler der Front und die Ausgangspunkte für Gegenangriffe bilden.«[11]

Wenngleich es keiner der drei anfänglichen »Festungen« Mogiljow, Bobruisk und Witebsk[12] gelungen war, den sowjetischen Vormarsch aufzuhalten, sollte die Taktik später in diesem Jahr ihren Höhepunkt finden. Eine nach der anderen wurden die größeren Städte Ostdeutschlands – Breslau, Danzig, Frankfurt/Oder, Kolberg, Königsberg, Küstrin, Glogau, Graudenz, Oppeln, Posen, Ratibor und Thorn – zu »Festungen« ernannt. Im Idealfall sollten sie die Plattform für einen künftigen deutschen Gegenangriff abgeben. Im schlimmsten Fall sollten sie geopfert werden, um Berlin Zeit zu erkaufen und die latente Antipathie zwischen den Gegnern Deutschlands zu fördern, denn es schien denkbar, dass diese die Allianz lähmte. Für Hitler war jede Verzögerung von vitalem Interesse.

In der nachträglichen Betrachtung erscheint die Festungspolitik als schrecklicher Fehler. Aber man darf nicht vergessen, dass Deutschlands missliche Lage zum Jahreswechsel 1944/45 noch nicht unumkehrbar war. Tatsächlich gab es Gründe für vorsichtigen Optimismus. Während die Westalliierten sich noch vom Schock der Ardennenoffensive erholten und den Rhein noch nicht überschritten hatten, hatten die Sowjets einige Monate in ihren Weichsel-Brückenköpfen verharrt, und sie wurden noch immer vor Budapest aufgehalten. Obwohl hoffnungslos in der Unterzahl, kämpften die deutschen Verbände im Osten jetzt mit verkürzten Kommunikationslinien gegen einen Feind, der seinerseits Gefahr lief, sich zu übernehmen. In diesem Licht gesehen, erscheint die Festungspolitik nicht mehr ganz so unrealistisch. Der spätere sowjetische Erfolg stand nicht von vornherein fest.

*

Prolog 35

Die sowjetische Weichsel-Oder-Offensive war am Freitag, dem 12. Januar 1945, um 5.00 Uhr morgens eröffnet worden. Ein anderthalbstündiges Artillerie-Sperrfeuer zerstörte alles, was in seiner Bahn lag Gegen Mittag begannen Panzer sich von den Weichsel-Brückenköpfen aus in Bewegung zu setzen. Die dort stehenden sowjetischen Streitkräfte wurden in vier »Fronten« aufgeteilt. Die 3. Weißrussische Front unter Tschenjachowski stieß auf die Ostsee vor. Die 2. Weißrussische Front unter Rokossowski rückte parallel vor; die 1. Weißrussische Front unter Schukow hielt die Mitte, während die 1. Ukrainische Front unter Konew aus dem Sandomierz-Brückenkopf im Süden abrückte. Es war Konew, der Schlesien im Fadenkreuz hatte.

Die zahlenmäßige sowjetische Überlegenheit an der Weichsel wurde vom deutschen Oberkommando bei der Mannschaftsstärke und der Panzerwaffe auf das Fünffache, bei der Artillerie auf das Siebenfache und bei der Luftwaffe auf das Siebzehnfache geschätzt.[13] Konew und Schukow konnten acht Infanteriearmeen, zwei Panzerarmeen und eine Luftarmee in die Schlacht werfen, die zusammen knapp 2,25 Millionen Mann umfassten. Ihnen gegenüber stand Harpes Heeresgruppe A, die aus der 9. und 17. Armee sowie der 4. Panzerarmee bestand – alles in allem bloß 400 000 Mann.

Obwohl schlechtes Wetter die Ausnutzung der sowjetischen Luftüberlegenheit verhinderte, war der Bodenfrost im Verein mit nur wenig Schnee ideal für den schnellen Panzervormarsch. Bereits am ersten Abend hatte Konew die deutsche Verteidigungslinie entlang eines 40 Kilometer langen Frontabschnitts auf einer Tiefe von 20 Kilometern durchbrochen. Kielce fiel am 15. Januar und Tschenstochau drei Tage später. Von da an war offenkundig, dass Konews Ziel in Schlesien Breslau sein sollte.

»Geheimdienst-Einschätzungen bestätigten, dass jeder sowjetische Vorstoß direkt nach Westen auf starke deutsche Gegenwehr an gut verteidigten Linien stieße. Um den raschen Erfolg der Durchbruchsoperation und der nachfolgenden kraftvollen westlichen Offensive zu garantieren, schlug Schukow vor, seine Armeen sollten zuerst Richtung Łódź (Lodsch) zuschlagen und sich anschließend gegen Poznań (Posen) wenden. Stalin war einverstanden... und die revidierten Angriffsweisungen für die 1. Weißrussische Front wurden dem Gesamtplan rechtzeitig hinzugefügt. Nachdem diese Entscheidung erst einmal angenommen war, entfiel die Notwendigkeit, Konews Angriff nach Norden zu lenken, und statt Kalisz [Kalisch] wurde Breslau zum Hauptziel der 1. Ukrainischen Front.«[14]

Gegen Ende Januar beendeten die Sowjets die Weichsel-Oder-Offensive erfolgreich. Ihre Verbände waren tief hinter die Grenzen des alten Reiches vorgedrungen. Königsberg, Posen und Thorn wurden eingeschlossen, Oberschlesien war überrannt worden. In Niederschlesien waren bei Steinau und Brieg zwei Brückenköpfe über die Oder zu beiden Seiten Breslaus gesichert worden. Das nur knapp 50 Kilometer weiter nordöstlich gelegene Militsch wurde schon am 23. Januar besetzt, und die Stadt selbst geriet von sowjetischen Stellungen auf den Trebnitz-Hügeln aus unter Artilleriefeuer.

Doch der sowjetische Vormarsch hatte sich beträchtlich verlangsamt. Nachdem sie die 300 Kilometer vom Sandomierz-Brückenkopf in acht Tagen bewältigt hatten, brauchten die Sowjets weitere acht Tage, um die schlesische Hauptstadt unter Druck zu setzen. Die Gründe dafür sind klar. Die sowjetischen Planungen für den nächsten Abschnitt des Vormarsches waren noch nicht abgeschlossen. Aber das Tempo des Vorrückens gefährdete die Nachschublinien. Beispielsweise gingen den Vorauseinheiten, die bei Namslau die schlesische Grenze überschritten hatten, Munition und Treibstoff aus.[15] Überdies begann die »Rollbahn aus Eis«, die die Offensive erleichtert hatte, zu schmelzen. Der Widerstand der deutschen Verteidiger verstärkte sich, kämpften sie doch nun um ihre eigenen Städte und Dörfer. In Berlin und vielleicht auch in Breslau wäre es durchaus vorstellbar gewesen, dass die Festungstaktik doch Ergebnisse zeitigte.

*

Der erste Festungskommandant von Breslau, General Johannes Krause, war Ende September 1944 eingetroffen, aber zur Vorbereitung auf eine Belagerung war vergleichsweise wenig unternommen worden. Nur eine Division stand direkt zur Verfügung. Und die ungleichen Gruppierungen – Wehrmacht, Luftwaffe, Waffen-SS und Volkssturm – sollten sich nur im Notfall einem gemeinsamen Kommando unterstellen. Wie um die Dinge noch weiter zu verkomplizieren, mischte sich Gauleiter Hanke, der den Titel Reichsverteidigungskommissar annahm, beharrlich in Krauses Vorbereitungen ein. Erst als sowjetische Verbände am 20. Januar in der Nähe von Namslau die Grenze nach Niederschlesien überschritten, wurde man sich der drohenden Gefahr bewusst.

Breslau sollte zunächst einmal durch einen hauptsächlich aus Schanzwerken bestehenden äußeren Ring verteidigt werden, der Trebnitz, Oels,

Ohlau und Kanth einschloss. Er gehörte zu einem umfassenderen Verteidigungsnetz, das in den vorausgegangenen Monaten unter dem Kodenamen »Operation Bartold« von Zwangsarbeitern gebaut worden war.[16] Ende Januar errichtete man Barrikaden, für die unter anderem auch Grabsteine und Straßenbahnen verwendet wurden. Im Botanischen Garten, am Neumarkt und im Garten des erzbischöflichen Palastes wurden Flak- und Artillerie-Batterien in Stellung gebracht, und in Kirchtürmen postierte man Maschinengewehrnester.[17] An den Oderbrücken wurden Sprengladungen angebracht.

Die regulären Truppen in der Stadt beliefen sich auf ungefähr 30 000 Mann, die in acht Regimenter eingeteilt waren.[18] Drei Infanterieregimenter (»Hanf«, »Sauer« und »Mohr«) bestanden hauptsächlich aus Reservisten und Kadetten von der Militärakademie in Frankenstein. Das Regiment »Besslein« setzte sich aus Reservisten der Waffen-SS aus Deutsch Lissa zusammen, und das Regiment »Wehl« bestand aus Bodentruppen der Luftwaffe. Die 609. Division umfasste weitere drei Infanterieregimenter unter den Kennzeichnungen »Kersten«, »Reinkober« und »Schulz«. Dabei handelte es sich aber lediglich um eine zusammengewürfelte Formation, die erst ein paar Wochen zuvor in Dresden aufgestellt worden war. Nur zwei ihrer Stabsoffiziere hatten Erfahrung im Dienst auf Divisionsebene.[19] Zusätzlich verfügte die Festung über etwa 200 in deutsche Dienste gepresste italienische Soldaten, verschiedene Hitlerjugend- und Volkssturmtrupps und ein Pionierregiment. Bezeichnend war indes, dass die Stadt zwei Fallschirmjägerbataillone erhielt. Diese Truppen, das 2. und 3. Bataillon des 25. Fallschirmjägerregiments, insgesamt fast 4000 Mann, wurden Ende Februar über eine Luftbrücke in die Stadt gebracht. Sie sollten die letzte Gruppe der im Zweiten Weltkrieg berühmt gewordenen Fallschirmjäger sein, die einen Kampfeinsatz erlebte. Insgesamt verfügte die Festung damit über ungefähr 45 000 Soldaten unterschiedlicher Einsatzfähigkeit.

Frontverstärkung wurde von einem Artillerieregiment mit etwa 32 Artilleriegeschützen verschiedenster Art, einer Panzerjägerabteilung mit 19 motorisierten Geschützen unterschiedlicher Typen und einer Zugladung ferngesteuerter, unbemannter »Goliath«-Kleinstpanzer bereitgestellt. Militärische und zivile Vorräte waren seit einigen Monaten gehortet worden und hätten, zumindest theoretisch, kein Problem darstellen sollen. Ob der Festungskommandant sie liefern könnte, wenn sie gebraucht wurden, war natürlich eine andere Frage.

Auf dem Papier zumindest war Breslau eine gewaltige Festung. Doch die Qualität der Garnison war sehr unterschiedlich. Zähe SS-Veteranen wurden unter unerfahrene Rekruten gemischt. Fehlende Grundausbildung war selbst bei regulären Einheiten alltäglich. Der im September 1944 im Alter von 42 Jahren eingezogene Hugo Hartung notierte die Mängel:

»Befehle werden von Gegenbefehlen abgelöst. Unterricht über Panzerbekämpfung, den wir bisher noch nie gehabt haben, wird angesetzt und gleich danach wieder abgesagt. Dafür heißt es, wir sollten packen und uns für das sofortige Abrücken bereithalten. Aber auch dieser Befehl wird abgeändert. Wir empfangen scharfe Munition und müssen den nördlichen Straßenrand vor dem Flughafen besetzen. General Wirrwarr kommandiert.«[20]

Der Volkssturm war das Ziel ätzender sowjetischer Propaganda. Ein im Dezember 1944 über Schlesien abgeworfenes Flugblatt machte Himmlers »letzte Wunderwaffe« mit einem beißenden Vers lächerlich:

Heraus denn, was da kreucht und fleucht
im Schulhof und Kindergarten!
Das Höschen naß, das Näschen feucht
Der Volkssturm ruft und kann nicht warten.[21]

Deutsche Einschätzungen des Volkssturms waren kaum positiver. Otto Rothkugel führte im Volkssturm-Kampfbataillon 46 Tagebuch:

»Wie ich mich bei der Kompanie meldete, sah ich, daß das ein undefinierbarer Haufen war. Ich bekam ein altes italienisches Gewehr und 10 Stück Munition. Ich wußte gar nicht, wie man damit umgehen sollte. Es sah alles so unorganisiert aus. Und auf der anderen Seite der Oder waren die Russen... Jedenfalls war ich nun ein Volkssturmmann bei dem Batl. Peschke, Nr. 46. Ich war froh, daß es hieß, wir kommen da weg, denn in der Verfassung, wie wir waren, hätten uns die Russen einfach überrumpelt.«[22]

Die Gesamtstärke der deutschen Streitkräfte ist schwer einzuschätzen. Breslau war alles andere als schutzlos. Aber das militärische Potenzial würde durch die große Anzahl Zivilisten, die sich noch in der Stadt befanden, behindert werden. Deutsche Statistiker hatten die Zahl der verbliebenen Zivilisten, einen Tag bevor der sowjetische Umklammerungsring sich schloss, auf etwa 80 000 geschätzt. Dies war, gelinde gesagt, eine vorsichtige Schätzung; andere Kommentatoren gingen von eher 200 000 aus.[23] Angesichts dieser Umstände registriert man mit Überraschung, dass ein britischer Militärhistoriker zu dem Schluss kommen konnte, Breslau habe sich in kurzer Zeit in »eine Festung von erstaunlicher Widerstandskraft und außerordentlicher Zähigkeit« verwandelt.[24]

Im Februar 1945 war die Weichsel-Oder-Operation der Sowjets abgeschlossen. Die Heeresgruppe Mitte der Wehrmacht war zusammengebrochen, und Berlin schien zum Greifen nahe, doch der sowjetische Vormarsch hatte sich beträchtlich verlangsamt. Einige sowjetische Kommandeure wollten weiter vorrücken und den Krieg zu einem raschen Ende bringen. Aber Stalin mahnte widerwillig Zurückhaltung an. Die breite Ausbuchtung der sowjetischen Frontlinie sollte durch die systematische Reduzierung der Inseln fortgesetzten deutschen Widerstands – in Königsberg, Küstrin, Posen und Breslau – begradigt werden. Der Preis der Eroberung Berlins sollte zwischen der 1. Weißrussischen Front unter Marschall Schukow und der 1. Ukrainischen Front unter Marschall Konew erkämpft werden. Zwischen den beiden Befehlshabern bestand seit langem eine scharfe Rivalität. Nachdem er über weite Strecken seiner Laufbahn hinweg im Schatten Schukows gestanden hatte, war Konew wild entschlossen, Berlin als Erster zu erobern. Doch jeder Vorstoß auf Berlin hing davon ab, dass die linke Flanke Schlesien hielt und die Gefahr eines deutschen Gegenangriffs neutralisierte.

Konews Plan war kompliziert. Ursprünglich hatte er gehofft, die Verteidiger aus den städtischen Gebieten zu locken und sie in offener Schlacht zu vernichten. In Oberschlesien war seiner Taktik ein gewisser Erfolg beschieden gewesen. Doch die Einrichtung von Festungen wie Breslau zwang ihn, seine Strategie zu überdenken. Nach Konsolidierung der Oder-Brückenköpfe Ende Januar hatte er nun vor, weiter nach Westen vorzustoßen und dabei, wann immer erforderlich, Zentren feindlichen Widerstands einzukreisen. In seinen Erinnerungen machte er seine Strategie und die zentrale Bedeutung Breslaus deutlich:

»Mir war vollkommen klar, dass unsere drei Armeen, die einen Bogen von beinahe 200 Kilometern bildeten, so lange festgenagelt wären, bis wir Breslau vollkommen eingeschlossen hätten. Auf der anderen Seite würde die Einschließung der Stadt es der 5. Gardearmee und der 21. Armee sofort ermöglichen, die Höhe der rechten Flanke der Front zu erreichen. Wenn uns nicht nur eine schnelle Einschließung gelänge, sondern auch die Einnahme Breslaus, könnte die komplette 6. Armee in der Frontreserve stationiert werden und anschließend je nach Situation eingesetzt werden.«[25]

Als der deutsche Widerstand am Steinau-Brückenkopf aufgegeben wurde, ging die sowjetische Offensive folglich gleich am nächsten Tag weiter. Erneut wurden rasche Geländegewinne gemacht. Ohlau und Brieg waren am 7. Februar gefallen, denen am 9. Kanth und Neumarkt sowie am 11. Liegnitz und Haynau folgten. Breslau wurde unterdessen von zwei sowjetischen Armeen in einer von Nordwesten und Südosten beginnenden Zangenbewegung eingeschlossen. Die ersten T-34-Panzer wurden am 9. Februar vom Flughafen Schöngarten aus gesichtet. Dies bedeutete, dass die letzte Eisenbahnlinie, die Breslau in westlicher Richtung mit der Außenwelt verbunden hatte, nun durchschnitten war.

Als die Gefahr wuchs, wurden die deutsche 8. und 19. Panzer- sowie die 254. Infanteriedivision in den Kampf geworfen.[26] Die verzweifelte Verteidigung reichte jedoch nicht aus. Die sowjetische Zange unterbrach die nur noch schwachen Kommunikationsfäden, über welche die Garnison der Festung Kontakt mit der Heeresgruppe Mitte in Böhmen aufrechterhielt. Am 13. Februar trafen sich die beiden Arme der Zange in Domslau. Zu diesem Zeitpunkt erhielten die nicht der Festung zugeteilten deutschen Haupteinheiten den Befehl zum Rückzug. Am 15. Februar eroberten sowjetische Truppen die Bergpässe der Sudeten und blockierten damit die Marschroute einer möglichen Entsatzeinheit. Breslau war abgeschnitten.

Die Belagerung Breslaus besiegelte das Schicksal Dresdens, das bis dahin weitgehend unbehelligt von den Kämpfen geblieben war. Dresden diente als Hauptbasis für die Verstärkung der schlesischen Front. Folglich stand es auf der Liste der Bombardierungsanforderungen, die Moskau den Westalliierten unterbreitete, ganz oben. Am Vorabend der Konferenz von Jalta fanden die Alliierten es erforderlich, einen Luftangriff auf die Stadt als notwendige Demonstration der Zusammenarbeit zwischen ihnen durchzuführen. Folglich fragte Churchill den Luftfahrtminister Sir Archibald Sinclair am 25. Januar, welche Pläne das RAF Bomber Command ausgearbeitet habe, um »den Deutschen beim Rückzug aus Breslau das Fell zu gerben«.[27] Das Ergebnis sollte die Operation »Donnerschlag« sein – die völlige Zerbombung Dresdens. Dieser Angriff sollte den verheerendsten Feuersturm des Krieges in Europa auslösen und Opfer in derselben Größenordnung wie die Atombombe auf Hiroshima fordern. Er fand am 13. und 14. Februar statt, just zu dem Zeitpunkt, als die Fluchtwege aus Breslau geschlossen wurden. Dresdens Straßen waren voll von schlesischen Flüchtlingen. Churchills Metapher sollte sich als nur allzu passend erweisen.

Konew ließ Breslau von drei Armeen belagern: Gluzdowskys 6. Armee,

Schadows 21. und der 5. Gardearmee. Um auf Nummer sicher zu gehen, stellte er zur Stärkung des Rings noch die 3. Garde-Panzerarmee unter Rybalko ab. Mit seiner solcherart gesicherten linken Flanke konnte er jetzt seine mittlere und rechte Flanke entbinden und sie nach Sachsen und in Richtung auf die Zufahrtswege nach Berlin vorantreiben. In Breslau wechselte unterdessen der militärische Oberbefehl. General Krauses schlechte Gesundheit und sein Versagen bei dem Versuch, die Einkesselung zu verhindern, kosteten ihn seinen Posten. Er wurde durch Generalmajor Hans von Ahlfen ersetzt.

Auf den ersten Blick könnte man glauben, die Lage an der Westfront ähnele der Situation im Osten. Die Grenzbezirke Deutschlands rings um Aachen waren bereits in alliierter Hand. Britische und amerikanische Truppen strömten ein. Doch in vielerlei Hinsicht war der Kontrast zwischen West und Ost groß. Während die Sowjets an der Oder die letzten natürlichen Hindernisse vor Berlin überwunden hatten, waren die Westalliierten am Rhein noch einen Monat davon entfernt, den ersten der großen deutschen Flüsse zu überqueren. Überdies trafen sie nicht auf das gleiche Ausmaß an verzweifeltem Widerstand. Obwohl das Gesamtgleichgewicht der Kräfte im Westen recht ausgeglichen war – 78 alliierte Divisionen waren gegen 79 deutsche Divisionen aufmarschiert[28] –, täuschten die nackten Zahlen. Alle drei deutschen Heeresgruppen im Westen waren bis aufs Äußerste ausgedünnt worden, um Reserven in die Entscheidungsschlacht um Berlin werfen zu können. Alle lagen erheblich unter der Sollstärke.[29] Und keine Einheit war bereit, bis zum letzten Mann zu kämpfen. Die deutschen Soldaten im Westen wussten, dass sie vernünftig behandelt würden, sollten sie sich ergeben. Im Osten hatten sie eine solche Sicherheit nicht. Dort standen sie einem unerbittlichen Feind gegenüber, der sich um das Wohlergehen seiner eigenen Männer nicht scherte und der kaum Lust verspürte, Gefangene zu machen. Die Natur des Krieges im Osten war unendlich viel grausamer als alles, was die Westalliierten sich vorstellen konnten.

Nachdem der Ring um Breslau einmal geschlossen war, verlief die Front in einer ovalen Linie von Nordwesten nach Südosten. Von der Linie des Flusses Weistritz, wo das Regiment »Besslein« den 181. und 294. sowjetischen Garden gegenüberstand,[30] verlief sie durch Lohbrück, Opperau und Klettendorf, wo die Regimenter »Hanf« und »Wehl« mit den 359. und 309. Garden konfrontiert waren. Im Osten wurden Herzogshufen und Brockau von den Regimentern »Kersten«, »Reinkober« und »Schulz« gegen die 218. und 273. Garden gehalten. Im Norden verlief die Front mehr oder weniger an dem Fluss Weide entlang von Weidenhof nach Burgweide. Sie wurde von den Regimentern »Sauer« und »Mohr« gegen die Angriffe der sowjetischen 294. Garden verteidigt. Innerhalb der Festung vermittelten die ersten 14 Tage der Belagerung einen bitteren Vorgeschmack dessen, was noch kommen sollte. Der Stellvertretende Bürgermeister Dr. Wolfgang Spielhagen, der am 26. Januar in die Stadt zurückgekehrt war, nachdem er seine Familie in die relative Sicherheit Berlins gebracht hatte, wurde auf dem Ring von einem Exekutionskommando öffentlich hingerichtet. Es war bekannt, dass er ein beharrlicher Kritiker Hankes und der Festungstaktik gewesen war, und es scheint, als habe er eine Übergabe angestrebt. Der Gauleiter beglich damit eine persönliche Rechnung und entfernte seinen einzigen potenziellen Rivalen. Vier weitere Exekutionen von Beamten folgten. Am 2. Februar wurden fünf Männer angeblich wegen Diebstahls und Plünderei erschossen. Vier von ihnen, Kowalenko, Korban, Bratulin und Schagraf, wurden als »Ausländer« beschrieben.[31] Es handelte sich mit ziemlicher Sicherheit um Zwangsarbeiter. Ende Februar wurden dann die ersten Erschießungen von Zivilisten gemeldet.

Am 3. Februar ging die letzte in der Sandkirche abgehaltene Messe einer Nacht mit beinahe pausenlosem sowjetischen Artilleriefeuer voraus. Das Ausmaß der physischen, aber auch der psychologischen Schäden war gewaltig. An den ersten drei Februartagen belief sich die Zahl der Beerdigungen auf dem Friedhof Gräbschen auf 25, 68 und 57.[32] Innerhalb von zehn Tagen wurden 60 Selbstmorde registriert.[33] Schauergeschichten über das Schicksal deutscher Zivilisten in Ostpreußen trugen wenig zur Beruhigung der Nerven bei, obwohl manch einer solche Geschichten für nationalsozialistische Propaganda hielt.

Der erste sowjetische Angriff, der von Süden vorgetragen wurde, löste Panik aus. Er widerlegte auf dramatische Weise die allgemein gehegte Überzeugung, dass die Sowjets sich darauf konzentrieren würden, Berlin einzukesseln. Er warf aber auch militärische Berechnungen über den Haufen, die davon ausgegangen waren, dass der nördliche Bezirk Hundsfeld die Hauptlast der sowjetischen Operationen trüge. Der Festungskommandant hatte die Umsiedlung von Zivilisten aus den nordöstlichen Vororten in die südlichen befohlen. Das Erscheinen sowjetischer Panzer im Südpark bedeutete, dass diese Flüchtlinge gezwungen waren, zum zweiten Mal eine Notumsiedlung mitzumachen. Diese wurde in der für die SS typischen Art ausgeführt.

Anfangs rückten die sowjetischen Angreifer schnell vor. Sie hatten den Raum, um ihre zahlenmäßige Überlegenheit wirkungsvoll ins Spiel zu bringen. Die Frontlinie im Süden gab rasch nach. Am 24. Februar bereits war der Hindenburgplatz, nur vier Kilometer vom Stadtzentrum entfernt, Schauplatz erbitterter Häuserkämpfe. Der Fall der äußeren Dörfer und Vororte Breslaus führte den Einwohnern die Realität einer sowjetischen Besetzung deutlich vor Augen. Die sowjetische Soldateska war nach vier Jahren Krieg gründlich brutalisiert worden. Angespornt durch Propaganda und die Mittäterschaft ihrer Vorgesetzten, begingen sie zahllose Greueltaten. Alexander Solschenizyn, damals Offizier in Ostpreußen, erinnerte sich an die vorherrschende Einstellung:

»Wären die Mädchen Deutsche gewesen – jeder hätte sie vergewaltigen, danach erschießen dürfen, und es hätte fast als kriegerische Tat gegolten; wären sie Polinnen oder unsere verschleppten Russenmädel gewesen – man hätte sie zumindest nackt übers Feld jagen dürfen und ihnen auf die Schenkel klatschen... ein Spaß, nichts weiter.«[34]

Einige Zeugen würden diese Unterschiede bestreiten, denn offensichtlich wurden auch sowjetische Bürger nicht verschont. Die Behandlung der sowjetischen Staatsangehörigen, die 1945 im Reich »befreit« wurden, ist ein Thema, das im Sowjetblock der Nachkriegszeit nicht erörtert werden durfte. Aber gewiss interessierte es die Politoffiziere, die die rückwärtigen Gebiete kontrollierten Ein im Februar von einem gewissen Tschiganow, dem stellvertretenden Chef der Polit-Abteilung der 1. Ukrainischen Front während der Belagerung Breslaus, verfasster ausführlicher Bericht wurde dem Zentralkomitee des Komsomol in Moskau übersandt. Er listet die nächtlichen Gruppenvergewaltigungen und Erschießungen auf, die im Bezirk Bunzlau an ehemaligen Zwangsarbeitern begangen wurden. »Ich wartete tage- und nächtelang auf meine Befreiung«, klagte eine junge Frau namens Maria Schapowal, »und nun behandeln unsere Soldaten uns schlimmer als die Deutschen. Ich bin nicht froh, am Leben zu sein.«

Bei einem Einsatz am 14./15. Februar umstellte eine sowjetische Strafkompanie unter dem Befehl eines Oberleutnants ein Dorf, in dem beschlagnahmtes Vieh zusammengetrieben wurde, erschoss die Posten der Roten Armee, brach in das Schlafzimmer einer Frau ein und begann eine organisierte Massenvergewaltigung.[35] Theoretisch sollten befreite Zwangsarbeiter in Prüf- und Filtrationslager geschickt werden, wo ihre Loyalität getestet werden konnte. In Krakau war sicherlich ein solches Lager in Betrieb. Doch in der Praxis schafften es viele der angehenden Überprüfungskandidaten niemals. Am 7. März beispielsweise erfuhr der schwedische Militärattaché, dass 250 befreite sowjetische Arbeiter vom

NKWD zu einer politischen Versammlung in Oppeln gerufen und dann von ihren Landsleuten einfach niedergeschossen worden seien.[36] Die generelle Beschuldigung, die in einer früheren Phase des Krieges vom NKWD als Antwort auf die Welle der Desertionen erhoben worden war, lautete, daß jeder Sowjetbürger, der als Zwangsarbeiter oder als Kriegsgefangener nach Deutschland verbracht worden sei und der sich nicht umgebracht oder den Partisanen angeschlossen habe, ipso facto ein »Verräter der Heimat« sei. Laut Solschenizyn war dieser Verrat die größte »Niedertracht« in der russischen Geschichte.[37]

Unter solchen Umständen durften deutsche Zivilisten kaum Gnade erwarten. Ein Bericht aus Opperau im Südwesten Breslaus bestätigte das harte Vorgehen:

> »Plötzlich hörten wir im Flur des Hauses lautes Schreien, und zugleich kam ein Russe mit einem Mädchen, auf das er brutal einschlug. In einen Nebenraum brachte der Russe das weinende Kind, immer wieder hörten wir von nebenan Schreien und flehende Stimmen, aber alles Flehen und Bitten nutzte nichts, immer leiser wurde das Wimmern – dann war alles still. Kurze Zeit darauf verließ der Russe den Raum. Einige beherzte Frauen von uns gingen nebenan in den Raum, um nachzuschauen. Es soll ein Anblick des Grauens gewesen sein. Ein etwa 13jähriges Mädchen lag verblutet auf dem Boden – völlig nackt – es war tot.«[38]

Andere sowjetische Soldaten plünderten die Toten aus. Derselbe Bericht aus Opperau bemerkte, dass niemand gefeit war:

> »Unzählige deutsche Soldaten lagen dicht an dicht. Und immer wieder mußten wir beobachten, daß nicht einmal die Russen verschont blieben. Ihre Uniformen wurden aufgerissen, Uhren und Brieftaschen wurden ihnen weggenommen, ja selbst die Ringe wurden von den Fingern gerissen. Wir waren alle starr vor Schreck, wie grausam war doch dieser Krieg. In den letzten Stunden hatten wir alle das Weinen verlernt, zuviel Schreckliches hatten wir erlebt.«[39]

Am selben Tag erreichte die Nachricht vom Fall der Festung Posen die Festung Breslau. Trotzdem kam der sowjetische Angriff bald zum Stehen. Die Linie des Bahndamms, welche die Stadt im Südwesten umfaßte, bildete ein beachtliches Hindernis. Bis zum 12. März hatte sich die Frontlinie lediglich ein paar hundert Meter auf ein Gebiet in der Nähe des Höfchenplatzes vorgeschoben. Einmal am Stadtrand, änderten die Deutschen ihre Taktik. Reserveeinheiten wurden aufgestellt, um jedes Bataillon an der Front zu unterstützen, während andere Einheiten »tote Räume« zu schaffen suchten, die ein freies Schussfeld für die Verteidiger bildeten. Sentimentalitäten spielten keine Rolle. Kirchen und historische Gebäude wurden geopfert. Doch für die Zivilbevölkerung lag das Verhalten der »Entrümpelungskommandos« des Pionierregiments, die jeden Häuserblock räumten, bevor er abgerissen wurde, auf einer Ebene mit dem »Werk« der Sowjets:

> »Ohne die Zwangsevakuierten ... zu benachrichtigen, dringt man in die Wohnungen ein, wirft alle noch vorhandenen Möbelstücke, Gefäße und anderen Hausrat auf die Straße hinunter. Auch religiöse Gegenstände, Familienandenken, die dem einzelnen so teuer sind, alles wird auf die Straße geworfen. Wie oft berichten mir die Menschen, weinend und schluchzend, daß ihnen nun alles genommen wird.«[40]

Anschließend rückten die Kämpfe in den Vororten buchstäblich Zimmer für Zimmer, Stockwerk für Stockwerk und Block für Block vor. Die zahlenmäßige sowjetische Überlegenheit wurde auf ein Minimum reduziert. Die Sowjets änderten ihre Taktik und brannten nun entweder jeden umkämpften Block nieder, um die Verteidiger ins Freie zu treiben, oder stürmten das Erdgeschoss, bevor sie sich nach oben vorkämpften. Ein Angehöriger des SS-Regiments »Besslein« schrieb einen erklärenden Brief an seinen Sohn:

> »... Dann brachten wir das Sturmgeschütz hinter einer Mauer 30 m vom Russen in Stellung ... und nun hagelten 9 Schuß in die Iwanstellung, welcher im 1. Stock in 3 Häusern saß. In die Keller konnten wir nicht hinein, um ihn hochzujagen, da dieselben noch brannten. Als der Stoßtrupp doch vorging, mußte ich einfach mit. Aus 2 Häusern war durch das Granatfeuer der Iwan gewichen. Aus dem drüben aber feuerte er immer noch. Nun warfen wir unsere Handgranaten durch die Fensterluken, er aber auch wieder. Hierbei hatten wir einen Ausfall (Verwundeten). Ich erhielt auch einen leichten Kratzer an der rechten Hand ... und ein starker Splitter prallte Gott sei Dank an meiner Eierhandgranate in meiner rechten Hosentasche ab. Aber so etwas macht einen nur noch

wütender. Als wir die Schweinehunde auch mit Panzerfaust aus den hinteren Räumen nicht herausbekamen, gab das Sturmgeschütz nochmals 6 Schuß Feuer, und ich stürmte mit meinen Männern auf Leitern die Parterreräume mit Handgranaten und Revolver. Die nicht erledigten Iwans, noch 7, türmten dann über die Straße, 2 wurden aber noch von einem flankierenden M.G. umgelegt. Die Stellung war wieder gereinigt.«[41]

Die Wirksamkeit der deutschen Taktik wird durch die Tatsache bestätigt, dass die Verteidiger einige bemerkenswerte Erfolge erzielten. Im März vertrieben sie die Sowjets aus den Städten Striegau und Lauban westlich von Breslau. Goebbels war hocherfreut und verteilte großzügig Eiserne Kreuze. Deutschen Gegenangriffen gelang es unter Einsatz von Elitetruppen (Waffen-SS und Fallschirmjäger), den Flugplatz Gandau zu halten, wo die der Garnison noch verbliebenen Sturmgeschütze einen entscheidenden Beitrag leisteten:

»Mit meinem Richtschützen kroch ich bis zu einem umgestürzten Baum. Vorsichtig durch die Äste lugend, sahen wir einen Panzerkoloß in einer Schneise auf 150 bis 200 m stehen... Wir bestiegen eilends wieder unser Geschütz und fuhren so weit vor, bis die Schneise vor uns lag. Übers Kehlkopfmikrophon befahl ich dem Fahrer: ›links anziehen‹. Geladen war vorher schon, das Anrichten war das Werk weniger Sekunden. Der Richtunteroffizier rief: ›Fertig‹. ›Schuß‹, sagte ich. Da hatte uns der Russe auch schon bemerkt und begann sein Rohr, das vorher in die Bäume gerichtet war, herunterzukurbeln. Aber es war für ihn zu spät. Mit dem Knall unserer Kanone, der für das Ohr fast schmerzhaft, aber doch immer irgendwie beruhigend war, sah ich drüben dicht links neben dem Rohr einen feurigen Blitz einschlagen. Der erste Schuß saß bereits. Da knallte es wieder und wieder rechts neben mir... Aber der Russenpanzer brannte bereits lichterloh.«[42]

Der sowjetische Vormarsch am südlichen Stadtrand wurde ebenfalls aufgehalten. Ein typisches Beispiel für solch hartnäckigen Widerstand war der Häuserblock, der von Höfchenplatz, Grabitzstraße, Opitzstraße und Hohenzollernstraße begrenzt wurde. Obwohl relativ klein, wurde dieser einzelne Block acht Tage lang erbittert umkämpft, bevor er am 13. März schließlich an die Sowjets fiel. In der Intensität und Brutalität der Kämpfe stand die Schlacht um Breslau Stalingrad kaum nach.

Die internationalen Konventionen zur Kriegsführung wurden an der Ostfront von beiden Seiten routinemäßig ignoriert. In letzter Verzweiflung scheint die Wehrmacht die Grenzen indes bis zum Äußersten verschoben zu haben. So soll sie Anfang März auf Handwagen montierte Torpedos in die sowjetischen Linien gefeuert haben. Außerdem brachte sie so oft wie möglich den kleinen ferngesteuerten Sprengpanzer »Goliath« zur Anwendung, der während des ganzen Krieges verfügbar gewesen, aber nicht oft eingesetzt worden war Am 29. März wurde ein Gegenangriff deutscher Fallschirmjäger in Breslau-Schmiedefeld sogar mit chemischen Waffen durchgeführt. Behälter, die die deutschen Soldaten »Pissbeutel« nannten, wurden mit einer grüngelben Flüssigkeit gefüllt[43] und in einen vom Feind gehaltenen Keller geschleudert. Die Nachwirkungen dieses »Tränengas[es]«, das »die Lunge zerstört«[44], waren so stark, dass die Stellung noch Tage danach nicht ohne Gasmasken betreten werden konnte.

Trotz aller Grausamkeit gab es aber auch menschliche Episoden. Ein holländischer Gruppenführer im SS-Regiment »Besslein« bemerkte, dass an einem Frontabschnitt deutsche und sowjetische Soldaten zusammen getrunken hätten, bevor sie den Kampf fortsetzten. Der Schriftsteller Hugo Hartung erzählte die Geschichte einer Gruppe deutscher Soldaten, die während einer Kampfpause im Häuserkampf auf einem liegen gelassenen Grammofon Platten abspielte, woraufhin die Rotarmisten eine Etage tiefer Beifall klatschten und Plattenwünsche äußerten[45] Das Leben ging trotz der Kämpfe weiter. Ein SS-Soldat, der zu einer Rot-Kreuz-Station geschickt wurde, schrieb:

> »Über Berge von rauchenden Trümmern und unter immer anhaltendem feindlichen Artilleriebeschuß begaben wir uns auf den Weg... Im rückwärtigen Gebiet [fand ich] mit meinen drei Begleitern eine Art Kneipe, die noch halbwegs in Betrieb war. Dort tranken wir ein dünnes Bier und wurden von einem Mädchen bedient. Es war seltsam – hier saßen einige Landser friedlich bei einem Umtrunk, und einige Straßen weiter mußten wir im ›Sprung auf Marsch‹ eine Straße überqueren, die unter Beschuß von russischer 17/2 Artillerie lag. Tote Soldaten und Zivilisten lagen in und um den Granattrichter der Straße und hier trank und lachte man.«[46]

Auch die Zivilisten dachten nicht nur an das Kämpfen. Ein Bericht[47] aus dem Kletschkauer Gefängnis erzählte von einer neuen Häftlingskategorie, dem Bunkerliebchen. Diese Frauen, denen gewöhnlich Prostitution vorgeworfen wurde, trügen Blumen im Haar und gingen zu den Soldaten an die Front, wo sie kurz mit ihnen zusammenträfen. Bei diesen Anlässen würde auch Schnaps getrunken. Selbst zurückhaltendere Einwohner wurden vom Gefühl des *carpe diem* angesteckt. Am 15. März wurde in einem der Lager für ausländische Zwangsarbeiter, einem ehemaligen Schulgebäude in der Clausewitzstraße, ein Gottesdienst abgehalten, bei dem zwölf Ehen geschlossen und zwei Taufen durchgeführt wurden.[48] Am darauf folgenden Tag wurde während eines sowjetischen Artillerieangriffs im Zoo eine Giraffe geboren.

Das »Ausländer-Auffanglager« in der Clausewitzstraße beherbergte ungefähr 3000 ausländische Häftlinge – Tschechen, Franzosen, Ukrainer, Serben, Bulgaren und vor allem Polen. Ebenso wie die 15 anderen Lager, die während der Belagerung weiter in Betrieb waren, war es formell ein Außenlager des KZ Groß-Rosen, zu dem die Verbindung verloren gegangen war. Diese Häftlinge machten mehr oder weniger ein Viertel der nichtmilitärischen Einwohnerschaft aus, obwohl die Unterscheidung bei anderen Zivilisten nach Mitte März stark verschwamm, als alle gesunden und kräftigen Personen verpflichtet wurden, sich zum Arbeitseinsatz in paramilitärischen Brigaden zu melden. Es herrschte scharfe Disziplin. Da die Festung Frontgebiet war, wurden alle Fälle im Schnellverfahren von militärischen Standgerichten abgeurteilt. »Drückebergerei« war ein Kapitalverbrechen. Und die Gestapo hatte nach wie vor Zeit, Bewohner zu verhören, die im Besitz eines unerlaubten Fitzelchens Wurst erwischt worden waren. Tägliche Listen der Hingerichteten erschienen in der einzigen noch erhältlichen Tageszeitung, der *Frontzeitung der Festung Breslau*.

Angesichts der Tatsache, dass Breslau auf dem Landweg abgeschnitten und nicht zu erreichen war, kam der Transport- und Nachschubfrage entscheidende Bedeutung zu. Die Aufgabe, die schätzungsweise 200 000 Soldaten und Zivilisten der Festung zu versorgen, fiel der 6. Luftflotte der Luftwaffe zu. In den 76 Tagen der Luftbrücke, vom 15. Februar bis zum 1. Mai, flogen Maschinen vom Typ Junkers Ju 52, Heinkel He 111 und Messerschmitt Me 109 beinahe 2000 Einsätze, hauptsächlich über die Start- und Landebahn in Gandau.[49] Sie brachten etwa 1638 Tonnen Nachschub, überwiegend Munition, in die Festung und evakuierten ungefähr 6600 Verwundete. An einem typischen Tag wie dem 22. März starteten 40 Ju 52, 24 He 111 und sechs Me 109 von Stützpunkten in Böhmen und Bayern. Von diesen Maschinen gingen 16 Ju 52 und eine He 111 verloren, aber die Festung erhielt 53,25 Tonnen Nachschub.[50] Die materielle und psychologische Wirkung der Luftbrücke war immens. Ein Tagebuchschreiber notierte stolz: »Deutschland [hat] seine eingeschlossene Festung Breslau nicht vergessen.«⁵¹

Die Luftverteidigung der Festung wurde dem 2. Nachtjagdgeschwader (II/NJG) übertragen. Die schon lange bestehende Einheit, die überwiegend Maschinen des Typs Messerschmitt, Me 109 und Me 110, flog, war in den Niederlanden und in Frankreich im Einsatz gewesen und hatte das Jagdfliegerass Heinz-Wolfgang Schnaufer zu seinen Piloten gezählt. Doch die Anwesenheit des Geschwaders über Breslau sollte nur von kurzer Dauer sein. Denn es wurde aufgrund der Forderungen, die Zugänge nach Berlin zu schützen, am 23. Februar nach Görlitz verlegt. An diesem Tag erfuhr der britische Geheimdienst, dass die Operationen von Nachtjägern über Breslau offiziell eingestellt worden seien.⁵²

Als es so aussah, als geriete Breslaus wichtigster Flugplatz in Gandau in Gefahr, wurde eine neue Start- und Landebahn als Ersatz benötigt. General Hans von Ahlfen beurteilte die Chancen Breslaus zu diesem Zeitpunkt bereits pessimistisch. Es widerstrebte ihm, weitere Eliteeinheiten zur Verteidigung von Gandau abzustellen, und er war nicht bereit, Hankes Plan zu unterstützen, eine Start- und Landebahn mitten durch das Stadtzentrum zu sprengen. Von Ahlfens fehlende Begeisterung veranlasste Hanke, ihn am 5. März durch General Hermann Niehoff zu ersetzen. Was seine Verantwortlichkeiten betraf, wurde Niehoff nicht im Ungewissen gelassen. Sein Vorgesetzter, der fanatische Oberbefehlshaber der Heeresgruppe Mitte, Ferdinand Schörner, warnte ihn, er und seine Familie stünden persönlich für die fortgesetzte Verteidigung Breslaus gerade. Sollte er versagen, so wurde ihm beschieden, werde es ihn den Kopf kosten.⁵³

Später in diesem Monat erhielt Niehoff aus Berlin Befehle für den Bau einer Start- und Landebahn durch die Kaiserstraße, vom Scheitniger Stern bis zur Kaiserbrücke. Die Straße, die von zahlreichen Verwaltungs- und Universitätsgebäuden sowie von der Canisius- und der Luther-Kirche gesäumt wurde, sollte mit Sprengstoff niedergerissen und von Arbeitstrupps geräumt werden, zu denen schon zehnjährige Kinder gehörten. Als die Arbeit erst einmal begonnen hatte, reagierten die Sowjets, indem sie die Arbeiter unter Beschuss nahmen – vor allem von Flugzeugen aus. Den sowjetischen Flugzeugen vom Typ Iljuschin 2, von den deutschen Soldaten »Schwarzer Tod« genannt, und Polikarpow, wegen des sonderbaren Surrens ihrer Motoren als »Nähmaschine« bekannt, fielen schätzungsweise 3000 Menschen zum Opfer. Ein Arbeiter auf der Flugpiste fasste die Situation zusammen: »Wir schlafen wie die Hasen. Mit offenen Augen. Und warten auf den Tod.«⁵⁴

Gegen Ende März stießen 90 000 Mann der Zweiten Polnischen Armee von General Karol Świerczewski (1897–1947) zu den sowjetischen Belagerern und wurden im Norden Breslaus in der Nachbarschaft von Trebnitz und Oels stationiert. Im Gegensatz zur Ersten Polnischen Armee, der so genannten »Berling-Armee«, die 1943 von den Sowjets in Russland aus Polen gebildet worden war, war die Zweite Polnische Armee 1944 in Polen unter der Schirmherrschaft des Lubliner Komitees (PKWN)* aufgestellt worden. Man könnte sie durchaus als den militärischen Hauptarm jener politischen Kreise beschreiben, die begannen, die Herrschaft in Polen an sich zu reißen. Natürlich hätte sie nur mit sowjetischer Billigung und unter höherem sowjetischen Kommando operieren können, aber ihre politischen Aktivitäten standen nicht direkt unter sowjetischer Überwachung. Die Tatsache, dass diese zweite Polnische Armee vor Breslau aufmarschiert war, hatte ganz offenkundige, wenngleich unausgesprochene politische Konnotationen. Świerczewski selber (Pseudonym »Walter«) war ein in hohem Maße politischer Soldat, der sowohl im russischen Bürgerkrieg als auch in den Internationalen Brigaden in Spanien gekämpft hatte. Das Schicksal wollte es, dass er in dem schmutzigen Nachkriegsfeldzug gegen den ukrainischen Untergrund getötet wurde. Seine Befehle im März 1945 deuteten jedenfalls eindeutig darauf hin, dass er und seine Männer an der Befreiung Breslaus teilnehmen sollten. Doch die Befehle wurden in letzter Minute geändert, und die Zweite Polnische Armee erhielt die Order, neue Stellungen an der Lausitzer Neiße zu beziehen.[55]

Die Umstände, die dieser Änderung des Operationsplans zugrunde lagen, sind nie geklärt worden. Natürlich ist es absolut möglich, dass Marschall Konew aus rein militärischen Gründen entschied, es sei wichtiger, jeden verfügbaren Mann in die Schlacht um Berlin zu werfen, als den Fall Breslaus zu beschleunigen. Andererseits wäre es ein sehr seltsamer Zufall, wenn die Entscheidung nicht irgendwie mit einer wichtigen politischen Entwicklung verbunden gewesen wäre. Denn am 14. März 1945 hatte der Ministerrat der Provisorischen Regierung in Warschau (RTR) eine Resolution verabschiedet, welche die Einsetzung von Verwaltungskadern für Niederschlesien genehmigte.[56] Mit anderen Worten, das neue polnische Regime bereitete sich – mit oder ohne Zustimmung Moskaus – darauf vor, Breslau zu übernehmen, sobald die Stadt fiele. Tatsächlich erkundete kurz nach dem Abmarsch der Zweiten Armee eine von Bolesław

---

* Polski Komitet Wyzwolenia Narodowego, Polnisches Komitee für die Nationale Befreiung (A. d. Ü.).

Prolog

Drobner angeführte Vorhut von Verwaltungsbeamten die Außenbezirke Breslaus. Man kann nur vermuten, dass die Sowjets kein Interesse daran hatten, ihre militärischen Operationen durch einen verfrühten Handstreich verkompliziert zu sehen. Zu einem Zeitpunkt, als die Schlacht um Berlin noch nicht gewonnen und keine alliierte Entscheidung über die Zukunft des deutschen Territoriums getroffen worden war (siehe S. 56f.), konnte Stalin keine Politik der vollendeten Tatsachen gebrauchen, die seinen westlichen Verbündeten ernsten Grund zur Klage gegeben hätte.

Am Osterwochenende 1945 wurden die Kämpfe nochmals intensiviert. Am Abend des 31. März um 18.00 Uhr begann die sowjetische Artillerie ein sechsstündiges Sperrfeuer. Es war auf die westliche Peripherie gerichtet und zielte unmittelbar auf die Eroberung des Flugplatzes Gandau. Eine groß angelegte Luftoffensive, die sich auf die Bombardierung des Stadtzentrums konzentrierte und die Arbeiter an der Start- und Landebahn Kaiserstraße unter Beschuss nahm, unterstützte die Artillerie. Als Anfang April die Nachricht vom Fall der Festung Glogau eintraf, erlebte Breslau seine schlimmste Bombardierung. Am 9. April waren mehr als 90 sowjetische Flugzeuge im Einsatz, und am nächsten Tag waren es sogar 160. Die Kathedrale, die Sandkirche und die Mauritiuskirche fielen ihr zum Opfer. Leichen lagen überall verstreut in den Parks und auf öffentlichen Plätzen. Kommandant Niehoff verließ seinen Befehlsbunker auf der Liebichshöhe und gesellte sich zu Hanke in den Keller der Universitätsbibliothek. Die wenigen Menschen, die nicht bereits in Kellern lebten, wurden durch den Bombenregen unter die Erde gezwungen. Wie ein Volkssturmmann in seinem Tagebuch vermerkte, war es schier unmöglich, sich oberirdisch fortzubewegen:

> »Ostersonntag... Wir verlassen den Matthiasplatz in einer Feuerpause. Aber schon nach wenigen Minuten bricht die Hölle los. Wir rennen geduckt, mit eingezogenen Köpfen, dicht an den Häusern entlang, verschwinden immer wieder in Kellern. In einem Schulkeller eine wie irrsinnig schreiende Frau. Draußen ungeheures Getöse. Das gegenüberliegende große Mietshaus stürzt ein.«[57]

Das Auftauchen deutscher Flugzeuge am Himmel brachte für einen kurzen Augenblick neue Hoffnung, die jedoch bald zunichte gemacht wurde. Denn es handelte sich um eroberte deutsche Maschinen – auch sie wurden eingesetzt, um die Verteidiger zu bombardieren und unter Feuer zu nehmen. Hugo Hartung ließ alle Hoffnung fahren:

52   *Die Blume Europas*

»Nun fallen ... aus deutschen Maschinen deutsche Bomben auf die unglückliche Stadt, vernichten ihre Menschen, ihre Häuser, Kirchen, Brücken, ihre Altäre, Bibliotheken und Kunstschätze. Wie in der Bibel fällt das Feuer vom Himmel.«[58]

Doch noch sahen die Verteidiger auch »freundliche« Flugzeuge. Denn trotz sowjetischer Luftüberlegenheit und des Verlusts von Gandau bestand die deutsche Luftbrücke weiter. Friesen- und Oderwiese dienten als behelfsmäßige Start- und Landebahnen, während am 10. April eine Ju 52 auf der Piste in der Kaiserstraße landete[59] und 22 Verwundete ausflog.[60] In den ersten beiden Wochen der wieder aufgenommenen sowjetischen Offensive wurden täglich fast 50 Tonnen Munition nach Breslau transportiert. Wie viel davon die deutschen Truppen erreichte, ist nicht bekannt.[61]

Bis Ende April hatte sich der sowjetische Umklammerungsgriff noch erheblich verstärkt. Geländegewinne im Westen, darunter Gandau und die Linke-Hoffmann-Werke, schoben die Frontlinie zum Striegauer und zum Tschepiner Platz vor, knapp einen Kilometer vom Ring entfernt. Trotz der Ermahnungen Hankes zum Geburtstag des Führers am 20. April wurde allmählich klar, dass aus dem versprochenen Entsatz nichts werden würde. Als die Luftbrücke am 1. Mai schließlich zum Stillstand kam, verbreitete sich die Nachricht von Hitlers Tod. Der Berliner Rundfunk präsentierte das Ereignis ebenso als letzten heroischen Akt wie einen Tag später die Sonderausgaben der Tageszeitungen:

»Führerhauptquartier, 1. Mai 1945
Der Führer Adolf Hitler ist heute nachmittag auf seinem Befehlsstand in der Reichskanzlei, bis zum letzten Atemzuge gegen den Bolschewismus kämpfend, für Deutschland gefallen.«[62]

Hanke, der in Hitlers Testament Himmler als Reichsführer SS nachfolgen sollte, verlangte fortgesetzte Opfer, »um so viel deutsche Menschen vor dem Bolschewismus zu retten, wie noch gerettet werden können«.[63] Aber die zivile Moral verfiel, wie Hermann Nowack beobachtete:

»Ging mal über Trümmerhaufen nach der Kaiserbrücke. Alles Wüste. Garve- bis Stanetzkistraße: Ruinen; Mauritiusplatz: Ruinen; Brüder-Kloster stark beschädigt, Brüderstraße viel ausgebrannt, Tauentzienstraße restlos ausgebrannt, von meinem Sohn das Haus 101 ausgebrannt bis in die Keller. Nicht ein Brettchen, nur die schwarzen Mauern. Goebbels sagte: ›Wir müssen hart werden.‹ Nun stehe ich hier. Wie versteinert, wie ein Fels.«[64]

Mit wachsender Unzufriedenheit nahm auch der Terror des NS-Regimes zu. Der Apparat der NS-»Justiz« hatte zwar während der gesamten Belagerung funktioniert. Doch jetzt wurden die Strafen drastisch verschärft: Jedes geringfügige Vergehen oder alles, was Verdacht erregte, konnte tödliche Folgen haben.

Eines der vielen Opfer war der britische RAF-Sergeant und Kriegsgefangene Cyril Harlestrap, der zu einem Arbeitssondertrupp aus dem Ohlewiesen-Lager gehört hatte. Er hatte sich Mitte Dezember 1944 davongemacht und war Ende Januar in der Wohnung einer gewissen Martha Gessner wieder aufgetaucht, die ihm in ihrem Keller Zuflucht anbot. Als deutsche Soldaten in dem behelfsmäßigen Luftschutzraum zu ihnen stießen, behauptete Harlestrap, als er mit dem deutschen Offizier trank und Karten spielte, er sei Grieche. Seine Verstellung flog am 27. Februar auf, als man ihn beim Abhören britischer Rundfunksendungen ertappte. Er wurde zur Vernehmung ins Gestapo-Hauptquartier in der Tauentzienstraße gebracht und am 4. März im Hof der Polizei-Hauptwache »bei einem Fluchtversuch« erschossen.[65]

Schließlich steigerte sich die Unzufriedenheit zu aktivem Widerstand. Mitte März kam die Existenz einer geheimen antifaschistischen Gruppe ans Licht, als eine Untergrundzeitung, *Der Freiheitskämpfer*, verteilt wurde. Flugblätter tauchten auf, die das Werk der Brandkommandos und den Abriss von Gebäuden anprangerten. General Niehoff wurde als Nero von Breslau verhöhnt. Auf zwei Büros der NSDAP, in den Vororten Gneisenau und Elbing, wurden von Saboteuren Bombenanschläge verübt. Der Pfarrer Paul Peikert verlieh dem Hass, den auch normale Bürger empfanden, beredt Ausdruck:

> »Keine Staatsführung hat wohl das Wort ›Volk‹ mehr im Munde geführt. Aber niemals sind die Rechte dieses Volkes mehr zertreten worden von diesen Gewaltmenschen, auch hier in Breslau. In ihrem Blickfeld sind nur sie und der Feind da. Das Volk ist Luft. Das Volk wird schikaniert und drangsaliert. Für sie ist es nur Objekt gewesen und darum die sinnlose Zerstörungswut gegen alles, was dem Volk teuer ist...«[66]

Cilli Steindörfer erlebte die Willkür des NS-Terrors am eigenen Leib. Nachdem ihr Haus von sowjetischen Soldaten überrannt worden war, wurde die

16-jährige Cilli von einem Major der Roten Armee aufgenommen. Als sie bei einem deutschen Gegenangriff erneut in deutsche Hände geriet, unterstellte man[67], dass sie eine sowjetische Spionin sei. Am 25. März wurde sie im Garten des Gefängnisses der Sicherheitspolizei von der Gestapo hingerichtet.[68] Am selben Tag wurde ein weiterer 16-Jähriger erschossen, diesmal wegen angeblicher Desertion. »Horst«, der im Volkssturm diente, war während eines sowjetischen Angriffs zusammengebrochen und hatte seinen Posten verlassen.[69] Einen Monat später brach in den Vororten Zimpel, Carlowitz und Bischofswalde ein richtiggehender Aufstand aus. Mit wehenden weißen Fahnen belagerten schätzungsweise 1500 Zivilisten, überwiegend Frauen, die Parteibüros, bewarfen Militärposten mit Steinen und forderten ein Ende der Kämpfe. Von den 100 Festgenommenen wurden 17 angebliche »Rädelsführer« durch den Sicherheitsdienst hingerichtet.

Einer jungen Polin, die das Glück hatte, in einem Lebensmittellager zu arbeiten, gelang es, Tagebuch zu führen:

> »Mittwoch, 28. März: Deutsche Soldaten errichten Quartiere in unserem Keller, der in ein Lazarett verwandelt wird...
> Freitag, 30. März: In unserem Hof wird eine so genannte Versorgungsbombe gefunden: ein roter Fallschirm mit weißen Schnüren und Munition drin.
> Samstag, 31. März: Ein großer russischer Angriff von Osten. Das Gebäude zwanzigmal getroffen. Unser Chef musste aus seinem Bad flüchten...
> Ostersonntag, 1. April: Bombardierung beginnt um 9 Uhr morgens. Verwundete werden ins Lazarett gebracht... Matthiasplatz in Flammen.
> 2. April: Den ganzen Tag Luftangriffe.
> 3. April: Wieder Luftangriffe. Ich versuchte, Witek zu besuchen. Aber sein Haus war nur noch ein Trümmerhaufen. Auf den Straßen tote Pferde und improvisierte Gräber... Eine Granate tötet gegenüber von uns sechs Personen. Ich sah die Leichen, verstümmelt und staubbedeckt...
> 4. April: Ein gewöhnlicher Karren sammelte die Toten von gestern ein. Sie werden hineingeworfen wie Klumpen Fleisch. Nachmittags Bombardierung.
> 5. April: Auf Feuerwache mit Frau Vogt. Die Russen fordern die deutschen Soldaten über Megafone auf, sich zu ergeben.
> 6. April: Soldaten, die in unserem Haus wohnen, machen ein Foto von mir.

Mittwoch, 11. April: Eine Nähmaschine warf im Überflug Brandbomben ab.
Freitag, 13. April: Ich bin enttäuscht. Jeder glaubte, die Kämpfe würden heute aufhören. Aber es geht immer weiter.
Samstag, 14. April: Erfuhr aus der Zeitung, dass Roosevelt tot ist.
Sonntag, 15. April: Mit unseren Jungs getanzt.
19. April: Schreckliches Schießen. Witek hatte Glück. Das Schrapnell traf einen Füllfederhalter in seiner Brusttasche, durchbohrte also nicht sein Herz...
Donnerstag, 20. April: Flüchtlinge auf der Universitätsbrücke rennen mit ihren Habseligkeiten bepackt hierhin und dorthin. Es erinnerte mich an 1939, als wir Polen vor den Deutschen fliehen mussten. Ein Flugzeug über ihren Köpfen spielte mit ihnen und jagte sie hin und her... Auf Nachtwache höre ich aus den russischen Lautsprechern, dass Berlin gefallen sei...«[70]

Berlin war nicht gefallen. Aber das Ende war offensichtlich nahe, als die SS vorbeikam und den ausländischen Arbeitern sagte: »Vergesst nicht zu sagen, dass wir euch gut behandelt haben.«

Nach dem Tod Hitlers fand der weit verbreitete Widerstand gegen die Festung allmählich Anklang unter den Militärs. Am 4. Mai, als ihm das Ritterkreuz mit »Eichenlaub und Schwertern« verliehen wurde, wurde Niehoff zu weiterem Widerstand angespornt. Denn an diesem Tag erhielt er Besuch von einer gemeinsamen Abordnung der verbliebenen Geistlichen, die ein Ende der Kämpfe verlangten. Pfarrer Ernst Hornig stellte die entscheidende Frage: »Können Sie es vor Ihrem ewigen Richter verantworten, die Verteidigung Breslaus noch länger fortzusetzen?«[71]

Während der vergangenen vier bis sechs Wochen waren die militärischen Argumente zur Verteidigung Breslaus obsolet geworden. Nachdem die Panzerreserven der 17. Armee erst einmal abgezogen worden waren, um Lücken in der Verteidigung Südostböhmens zu schließen, hatte Breslau absolut keine Hoffnung mehr. Deshalb wurde die Frage gestellt, was genau die Verteidiger in ihrer Entschlossenheit bestärke. Der katholische Geistliche Johannes Kaps hat sie später so beantwortet:

»Dass die Besatzung und Bevölkerung noch weitere sechs Wochen durchhielt, war wohl nicht das Ergebnis nationalsozialistischen Wollens und Terrors, sondern eine andere tiefere Erkenntnis in den Seelen dieser gequälten Menschen, die sich darüber in der Not dieser Tage vielleicht selbst gar nicht bewusst geworden sind. Es war vielleicht das Wissen darum, dass diese Stadt, über die täglich und stündlich der Feuersturm des Angreifers aus den weiten Ebenen Asiens dahinraste, seit 700 und mehr Jahren deutsch war und geblieben ist, dass diese Stadt schon einmal in der grauenvollen Umschließung der asiatischen Horden des Dschingis-Khan ihr Deutschtum bewahrte und trotzig erkämpfte, dass diese Stadt und Festung der erste große zentrale Mittelpunkt europäischer Kultur und des Christentums an der Schwelle des großen asiatischen Tieflandes war.«[72]

Die Beobachtungen des Geistlichen mögen zutreffend gewesen sein. Er kannte seine Herde. Aber kulturelle Geografie war nicht seine Stärke. Ohne es zu wissen, enthüllte er die fehlerhafte mentale Karte, die Deutsche so oft auf Abwege geführt hatte.

Als Soldat hätte General Niehoff keiner Erinnerung an die umfassende militärische Katastrophe bedurft, die Deutschland erlitt. Denn während der 14 Wochen dauernden Belagerung Breslaus war die Gesamtlage der stolzen Wehrmacht Deutschlands unaufhaltsam unterminiert worden. Hatte sie noch Mitte Januar eine Haltung stoischen Trotzes einnehmen können, so war sie Anfang Mai in den endgültigen Zusammenbruch geschlittert. Die militärischen Aussichten waren für Breslau immer erheblich schlechter gewesen, als das NS-Kommando zugegeben hatte. Sowohl Krakau als auch Warschau waren bereits verloren, bevor Breslau zur Festung erklärt worden war. Die schreckliche Zerstörung Dresdens, einer Stadt etwa von der Größe Breslaus, machte deutlich, dass die überlegene Luftherrschaft der Westalliierten nicht mehr wirkungsvoll angefochten werden konnte. Die außerordentliche Schnelligkeit der Offensive Schukows gegen Berlin zeigte, dass die Überlegenheit sowjetischer Bodentruppen weit größer war, als man es sich vorgestellt hatte. Das Treffen der »Großen Drei« in Jalta, bei dem die Forderung nach der bedingungslosen Kapitulation Deutschlands wiederholt wurde, signalisierte zudem, dass aus den Differenzen innerhalb der alliierten Koalition kein Kapital zu schlagen war. Der Fall von Budapest am 13. Februar, nachdem Hitler der Stadt den Löwenanteil der verbliebenen Reserven geschickt hatte, machte offenkundig, dass die strategischen Prioritäten der Wehrmacht falsch gewesen waren. Die Folge war, dass man im März die westlichen Armeen über den Rhein branden sah, während die Sowjets ihre Positionen für den letzten, vernichtenden Angriff auf Berlin aufbauten. Am 13. April ging Wien verloren, womit der Anschluss, den das Großdeutsche Reich geschaffen hatte, durchtrennt wurde. Drei Wochen später, am 25. April, vollbrachte Marschall Konew, dessen Ruf in Breslau nur allzu bekannt war, binnen eines einzigen Tages zwei militärische Leistungen, die die Hoffnungslosigkeit der Lage illuminierten. Zum einen vereinigten sich seine Truppen im Westen Berlins mit Schukow und vollendeten damit die Einschließung des Nervenzentrums des Reiches. Zum anderen trafen sie bei Torgau an der Elbe mit den vorrückenden Amerikanern zusammen und schnitten das Reich dadurch in zwei Teile. Diese Fakten dürften über den Rundfunk zu den Verteidigern in Breslau durchgesickert sein. Doch ob sie auch wussten, dass ebenfalls am 25. April in San Francisco die Gründungsversammlung der Vereinten Nationen zusammengetreten war, wobei Voraussetzung für die Gründung der alliierte Sieg in Europa war? Berlin kapitulierte am 2. Mai vor den Sowjets; Hamburg am 3. vor den Briten. Am 4. Mai, dem Tag an dem General Niehoff die Kapitulation erwog, trafen amerikanische Truppen aus Bayern auf dem Gipfel des Brenner-Passes auf amerikanische Truppen, die aus Italien kamen. Mit einer Ausnahme waren jetzt alle Hauptstädte Europas in alliierter Hand. Die durch einen Volksaufstand und durch die sowjetische Einschließung gefährdete deutsche Garnison in Prag war die allerletzte, die noch aushielt. Obwohl nicht weit entfernt, hatte sie keine Möglichkeit, Breslau Hilfe anzubieten.

Die militärische und politische Lage, in der General Niehoff gezwungen war, seine Entscheidung zu fällen, war also eindeutig. Obwohl er sich davor hütete, Schörner (inzwischen Oberbefehlshaber der Wehrmacht) oder Hanke (inzwischen Reichsführer SS) entgegenzutreten, traf Niehoff folglich Vorkehrungen für einen Waffenstillstand. Die Verhandlungen begannen am Morgen. Ungeachtet einer neuerlichen zivilen Demonstration in Zimpel waren sie nicht ohne Schwierigkeiten, denn nicht alle Militärs waren einverstanden. Während an der Frontlinie schon ein kurzes Fußballspiel zwischen sowjetischen und deutschen Soldaten improvisiert wurde[73], verbarrikadierten sich bestimmte SS-Elemente lieber in der Jahrhunderthalle, als der Kapitulation ins Auge zu sehen.[74] Andere versuchten vergeblich, nach Südwesten auszubrechen. Der Kommandeur des Volkssturms, General Otto Herzog, beging Selbstmord. Sowjetische Drohungen, die Stadt unverzüglich zu schleifen, wenn sie nicht kapituliere, waren überdies nicht sehr hilfreich. Am Ende trat Niehoffs Unterhändler, Herbert von Bürck, auf eine Mine, als man ihn mit verbundenen Augen durch die Frontlinie führte, und wurde schwer verletzt.

Hanke war wütend. Spätabends am 5. Mai suchte er Niehoff im Befehlsbunker auf. Er wetterte über Verrat und drohte, furchtbare Strafen gegen Defätisten zu verhängen. Als Niehoff jedoch ruhig die Entscheidung zur Kapitulation wiederholte, verebbte sein großes Geschrei. Er fragte, was er tun solle. Den Vorschlag, Selbstmord zu begehen, wehrte er ab; auch verweigerte er das Angebot falscher Papiere aus Furcht, dass man ihn verriete. Dann fand er seine eigene Lösung. Noch in derselben Nacht beorderte er einen Piloten samt einer Maschine vom Typ Fieseler Storch zu sich und ließ sich ins Sudetenland ausfliegen.[75]

Vor dem Abflug des neuen Reichsführers SS gab Niehoff eine Erklärung an die Soldaten ab:

> »Hitler ist tot, Berlin ist gefallen, die Verbündeten von Ost und West haben sich im Herzen Deutschlands die Hand gereicht. Damit sind die Voraussetzungen für eine Fortführung des Kampfes um Breslau nicht mehr gegeben. Jedes weitere Opfer ist ein Verbrechen. Ich habe mich entschlossen, den Kampf einzustellen und dem Gegner die Übergabe der Stadt und der Besatzung unter ehrenvollen Bedingungen anzubieten. Die letzte Patrone ist verschossen – wir haben unsere Pflicht getan: wie das Gesetz es befahl.«[76]

Um 7.00 Uhr am Morgen des 6. Mai stellte Breslaus Artillerie das Feuer ein. Ein allgemeiner Waffenstillstand durch deutsche Truppen folgte um 13.00 Uhr nachmittags. Anschließend war ihnen nur noch gestattet, gegnerisches Feuer zu erwidern:

> »Um neun Uhr rummst es noch ein paarmal an der Front. Pessimisten meinen, es geht noch mal los. Dann Stille. Waffenruhe. Gottlob.«[77]

Über Funk ging eine Mitteilung aus dem Hauptquartier der 17. Armee in den Sudeten ein, in der die Standhaftigkeit der Garnison und die aufopferungsvolle Haltung der Bevölkerung Breslaus gepriesen wurden.[78] Die Festung war gefallen.

Die Niehoff von Gluzdowsky zugesicherten »ehrenvollen Bedingungen« beinhalteten eine Garantie freien Geleits, medizinische Versorgung, die Zusicherung, dass Garnison und Zivilbevölkerung ihr persönliches Eigentum behalten dürften, sowie die unmittelbare Repatriierung von Kriegsgefangenen am Ende des Krieges.[79] Keine dieser Bedingungen sollte erfüllt werden.

Die sowjetischen Truppen betraten die Stadt bei Einbruch der Dunkelheit. Die deutschen Verteidiger waren aufgefordert worden, die Waffen niederzulegen. Sie strömten zusammen, um in die ehemaligen NS-Konzentrationslager in Fünfteichen und Hundsfeld getrieben zu werden. Im Laufe der Zeit wurden sie als Nachschub für den Gulag in die Sowjetunion abtransportiert. Weniger als ein Viertel sollte jemals zurückkehren.

Die meisten Kulturdenkmäler Breslaus hatten schreckliche Narben davongetragen. Fast alle Kirchen waren stark beschädigt worden. Von den 104 Universitätsgebäuden waren 70 zerstört. Taktische Stützpunkte wie das Palais Hatzfeld (Hankes Oberpräsidium), die Sternloge (Hauptquartier der SS), die Universitätsbibliothek (Festungskommandantur) und der Neumarkt (Stellung einer großen Flugabwehrbatterie) lagen in Schutt und Asche. Aber die Verwüstung war allgemein. Schätzungsweise 20 000 Häuser waren verschwunden. Die zentralen, südlichen und westlichen Vororte waren entstellt von den brüchigen, geschwärzten Ruinen der Wohn- und Geschäftshäuser, die hier einst gestanden hatten.

Die Bevölkerung war auf einen Rest von Flüchtlingen, Häftlingen und Invaliden zusammengeschmolzen. Obwohl man die genauen Zahlen niemals kennen wird, erscheint es glaubhaft, dass die militärischen Opfer auf deutscher Seite 60 Prozent überstiegen, nämlich ungefähr 6000 Tote und 23 000 Verwundete. Schätzungen der zivilen Opfer schwanken zwischen 10 000 und 80 000, darunter auch 3000 Selbstmorde.[80] Die Zahl der sowjetischen Opfer wird auf bis zu 65 000 geschätzt, darunter etwa 8000 Tote. Wenn dies zutrifft, dann hatten die Sowjets in Breslau im Verhältnis weniger Opfer zu beklagen als bei anderen Kämpfen an der Ostfront.

Die überlebenden Breslauer, die aus ihren Kellern auftauchten und eine Welt aus Granattrichtern und Schuttbergen betraten, die kaum wieder zu erkennen war, sahen einer ungewissen Zukunft entgegen. Sie hatten ihre Pflicht getan. Sie hatten gehofft, ihr Opfer würde den sowjetischen Vorstoß ins Herz des Reiches verzögern. Aber die Sowjets waren zu stark gewesen, um sich ablenken zu lassen. Die Belagerung hatte 80 Tage gedauert und etwa sieben sowjetische Divisionen gebunden.[81] Breslau hatte ungefähr vier Tage nach Berlin kapituliert und war somit die letzte Festung des Reiches, die fiel. Mehr noch: Die Stadt war eines der allerletzten Gebiete Deutschlands, die sich ergaben. Um dieser zweifelhaften Ehre willen hatte sie die Götterdämmerung zur Gänze erleben müssen. Im Mai 1945 war es praktisch unmöglich, sich vorzustellen, dass »die Blume Europas« jemals wieder erblühen würde.

Kapitel 1: Die »Insel-Stadt«
Archäologie und Frühzeit bis 1000 n. Chr.

Die Stadt war ein Abkömmling des Flusses und der Ebene. Sie wurde an einer Stelle angelegt, an der Menschen, die flussaufwärts und flussabwärts fuhren, andere trafen, die Wegen quer durch die Ebene folgten. Historiker erkennen zwar kein Ereignis an, für das es keinen definitiven Beweis gibt. Aber man kann aus dieser Lage durchaus folgern, dass irgendwann, lange vor Beginn der schriftlich belegten Geschichte, eine kleine Siedlung an dem Flussübergang entstand. Viele Anzeichen deuten nämlich darauf hin, dass das Gelände schon seit frühester Zeit wiederholt, wenn nicht dauerhaft bewohnt gewesen war. Außerdem gibt es gute Gründe für die Annahme, dass die ersten Siedler in keiner Weise mit den slawischen und germanischen Stämmen verbunden waren, die später vorherrschen sollten. Die älteste Spur einer steinzeitlichen Niederlassung, etwa eine halbe Stunde zu Fuß vom linken Flussufer entfernt, wurde auf mehr als 300 000 Jahre zurückdatiert.[1] Die erste bedeutende prähistorische Ansiedlung, die auf dem rechten Flussufer identifiziert wurde, stammt dagegen aus dem 8. Jahrhundert v. Chr.[2] Zwei reiche prähistorische Schätze haben bei den gelehrten Grübeleien eine wichtige Rolle gespielt. Einer von ihnen aus dem 1. Jahrhundert v. Chr., der ungefähr fünf Kilometer südwestlich entdeckt wurde, enthielt nicht weniger als 2,75 Tonnen baltischen Bernsteins.[3] Der andere, etwa drei Kilometer weiter nordöstlich aufgefundene stammte aus einem fürstlichen Grab des 4. Jahrhunderts n. Chr. Er enthielt eine außerordentliche Sammlung von Gerätschaften und Schmuck, die aus Gold, Silber, Bronze und feinem Glas gearbeitet waren.[4]

Archäologen haben aus der verfügbaren bruchstückhaften Informationen äußerst widersprüchliche Schlüsse gezogen. Doch die meisten würden zustimmen, dass es um die Mitte des 1. Jahrtausends unserer Zeitrechnung zu einem merklichen Rückgang menschlicher Aktivität kam. In der Region insgesamt fiel die Bevölkerung auf vielleicht ein Vier-

Die Blume Europas

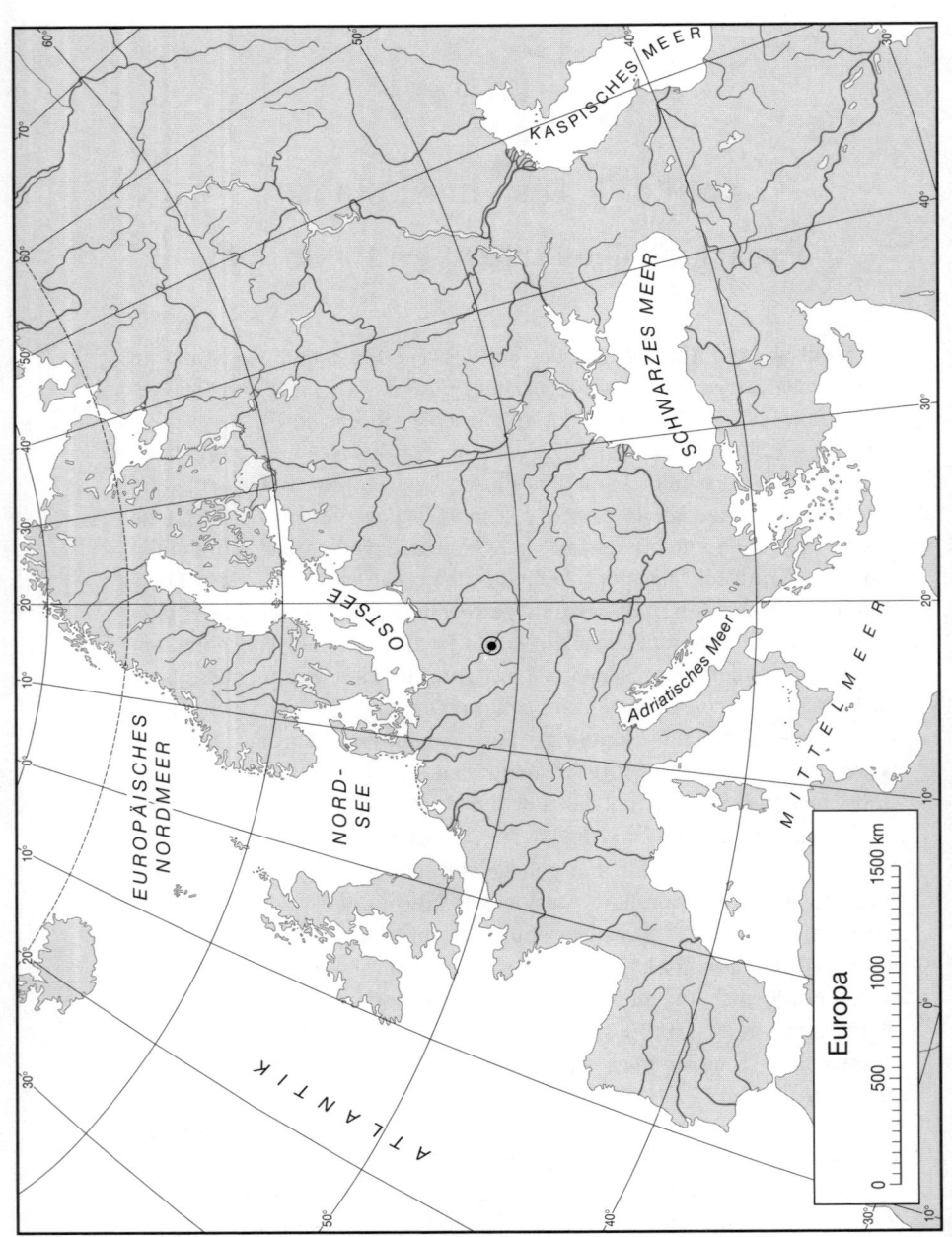

Kapitel 1: Die »Insel-Stadt« (bis 1000 n. Chr.) 63

tel des vormaligen Standes. Jüngst wurde die Ansicht vertreten, dass das Leben am Mittellauf des Flusses »praktisch zum Stillstand kam«.[5] Wenn dies zutrifft, muss man akzeptieren, dass die neue Welle von Siedlern, die im 6. und 7. Jahrhundert n. Chr. allmählich in Erscheinung trat, mit ihren vielen Vorläufern nur wenig gemein hatte. Ebenso könnte die städtische Gemeinschaft, die sich fortan einer ungebrochenen Geschichte erfreuen sollte, nicht als einfache Fortsetzung früherer Ansiedlungen an derselben Stelle betrachtet werden. Es wäre nicht unangebracht, von einem »Neuanfang« zu sprechen.

*

Die historische Geografie unterstreicht bei den frühen Entwicklungsstadien der Stadt zwei entscheidende Faktoren. Der erste bezieht sich auf den Schnittpunkt zweier uralter Handelsrouten – eine auf der Ost-West-Achse der Ebene, die Westeuropa mit dem Schwarzen Meer verbindet, und eine andere, die dem Nord-Süd-Verlauf des Flusses von der Wasserscheide des Donaubeckens bis zur Ostsee folgt. Der zweite Faktor bezieht sich auf ein sehr viel spezifischeres und lokales Merkmal. Unmittelbar oberhalb eines langen, sumpfigen und unpassierbaren Flussabschnitts lieferte eine Gruppe von etwa einem Dutzend Flussinseln eine natürliche Übergangsstelle und eine natürliche Zuflucht für die Viehzüchter und Fischer, die häufig zu den Flussufern kamen. Natürlich kann man unmöglich entscheiden, ob der Übergang seit den Tagen des Bernsteinschatzes bis zur Zeit der frühesten mittelalterlichen Ansiedlungen ununterbrochen von Fährleuten besetzt war. Aber undenkbar ist es nicht. Sicher ist indes, dass die Flussinseln sich als attraktiver erwiesen haben dürften als andere Plätze in der Nachbarschaft. Die Anlage von Paris auf den Seine-Inseln ist nur eine von zahlreichen Parallelen, die dies belegen.

Die Gegenwart der nahe gelegenen Berge übt einen mächtigen Einfluss aus. Von ihrem Charakter her subalpin, steigt der höchste Kamm des Riesengebirges[6] beim Gipfel der Schneekoppe[7], etwa 100 Kilometer südwestlich, auf eine Höhe von 1602 Metern an. Die Hälfte des Jahres vereist, bildet der Kamm eine gewaltige Barriere, die nur über ein oder zwei Pässe ohne Schwierigkeiten überwunden werden kann. Gleichzeitig begünstigt er die für Leben aller Art wichtigen Regen- und Schneefälle in der unterhalb gelegenen Ebene. Ebenfalls von Bedeutung ist, dass die Felsmassive eine ungewöhnliche Vielfalt wertvoller Mineralien enthalten. Zu Eisenerz-Lagerstätten, die zuerst die Kelten anlockten, gesellen sich ein reiches Kohlebecken und zahlreiche Minen, die Blei, Zinn, Kupfer, Gold und Silber abwerfen. Zusätzlich gibt es mehrere berühmte Mineralquellen, deren

Wasser für einen nicht abreißenden Besucherstrom von prähistorischen Zeiten bis in unsere Tage sorgten. All diese Attraktionen liegen nicht mehr als 80 Kilometer oder zwei bis drei Tagesmärsche von der Stadt entfernt, die natürlich zum Brennpunkt des damit zusammenhängenden Handels und Transports wurde. In ähnlicher Entfernung erstreckt sich im Westen eine niedrigere Kette von Kalksteingipfeln, das Bober-Katzbachgebirge[8], die im Zeitalter permanenter Bautätigkeit zum wichtigen Fundort hochwertigen Steins wurde. Am interessantesten jedoch ist der merkwürdig isolierte Gipfel des Zobten (poln. Ślęża; 718 m), der weniger als 40 Kilometer von der Stadt entfernt großartig aus der umliegenden Ebene aufsteigt und der der Provinz ihren Namen gab. Seit frühester Zeit heiliger Berg und Kultzentrum, gab er dem Gebiet, über das er präsidiert, eine spirituelle Note.

Die mitteleuropäische Tiefebene, Europas größtes geografisches Charakteristikum, erstreckt sich über eine Entfernung von vielen tausend Kilometern von der Meeresküste bis ins Herz Eurasiens, unterbrochen nur von wogenden Hügeln und breiten Flüssen. Einer dieser Flüsse, die Oder (poln. Odra), entspringt in den Gebirgen Mitteleuropas in einer Höhe von 640 Metern und fließt anfangs nordöstlich durch die Mährische Pforte, bevor er sich nach Nordwesten wendet und die Hauptschlagader der Provinz Schlesien bildet. Wenn die Oder sich der Ostsee nähert, nimmt sie einen nördlichen Verlauf und durchquert dabei die niedrigste und flachste Ausdehnung der Ebene, bevor sie durch die Arme und Lagunen des Deltas schließlich die Küste erreicht.

Angesichts der Tatsache, dass der Fluss über den größten Teil seiner Länge durch Schwemmebenen fließt, ist er im Großen und Ganzen langsam und seicht, mit einer Durchschnittsgeschwindigkeit von nur 3,6 Kilometern pro Stunde und einer durchschnittlichen Tiefe von nur einem Meter. In seinem 866 Kilometer langen Verlauf wird er an beiden Ufern von zahlreichen Nebenflüssen gespeist, darunter der Malapane (Mała Panew), die Glatzer Neiße (Nysa Kłodzka), die Ohle (Oława), die Weistritz (Bystrzyca), die Weide (Widawa), die Bartsch (Barycz), der Bober (Bóbr), die Warthe (Warta) und die Lausitzer oder Görlitzer Neiße (Nysa Łużycka). Mit ihrem Standort in der Nähe des Zusammenflusses dreier wichtiger Nebenflüsse liegt die »Insel-Stadt« nur 110 Meter über dem Meeresspiegel, obwohl das Meer über 400 Kilometer entfernt ist. Der Fluss hat an dieser Stelle erst die Hälfte seiner Strecke zurückgelegt, dabei aber 80 Prozent seines Gesamtgefälles überwunden. Die Folge ist, dass im Frühjahr plötzlich einsetzendes Tauwetter in den Bergen einen Hochwasserschwall bringen kann und schwere Niederschläge in den oberen Abschnitten des Oderbeckens Fluten von katastrophalen Ausmaßen verursachen können. In historischer Zeit wurden in den Jahren 1179, 1454, 1464, 1501, 1515, 1595, 1729, 1736, 1785, 1804, 1813, 1829, 1834, 1854 und 1903 schwere, zerstörerische Fluten verzeichnet – zuletzt 1997 (siehe S. 608f.). Im Gegensatz dazu kann der Wasserspiegel in heißen Sommern so niedrig werden, dass der Schiffsverkehr lahm gelegt wird.

Über Jahrhunderte hinweg haben sich die Menschen damit beschäftigt, dem Lauf der Oder zuzuschauen. Ob sie nun ein reißender Strom war oder träge dahinfloss – immer regte sie zu Reflexionen über die *conditio humana* an. Eine Dichterin beobachtete die Schwäne, wie sie gleichmütig zwischen den Inseln umherschwammen, und verlieh ihrem tiefen Gefühl der Ruhe Ausdruck:

> patrzę jak zabitą rzeką odpływają dwa łabędzie
> jakby unosiły moją wiarę i ludzkie milczenie
> znów nie wierzę że się nauczyłam tylko rozstawania
> dyktowanego ludziom przez ich naturalną śmierć
> pozwól mi trochę nad tym brzegiem pobyć
> nie czuję się wygnańcem ani tułaczem
> ani panem czasu ani niewolnikiem
> zdążę gdy zawołasz
> jak ongiś matka
> przed nocą by zasnąć w szczęśliwym śnie.[9]

(Ich sehe zu, wie ein Schwanenpaar den leblosen Fluss hinuntergleitet,
Als trügen sie inmitten menschlichen Schweigens meinen Glauben mit sich fort.
Einmal mehr kann ich nicht glauben, dass ich von der Trennung nur gehört habe,
Zu der die Menschen durch ihren natürlichen Tod verurteilt sind.
Lass mich also nur für eine Weile hier an diesem Ufer verweilen.
Ich fühle mich weder als Verbannte noch als Wanderin,
Weder als Herrin noch als Gefangene meiner Zeit.
Ich werde kommen, wenn du rufst,
So wie meine Mutter einst mich rief
Vor der Nacht, mich in einen glücklichen Schlaf zu schicken.)

Ein anderer Dichter, der in der Mittagshitze eines Sommertages dieselbe Stelle beobachtet hat, hatte das Gefühl, die Erde stünde still, als ein verliebtes Paar sich weltvergessen umarmt:

Die Kirchen haben sich ausgestreckt
im breiten Mittagsschlaf.
Die Oder steht reglos um diese Zeit.
Ein Liebespaar auf der dritten Bank.
Im Sonnenbruch flimmert die Luft.[10]

Leider weiß man nichts über den ursprünglichen Namen der Stadt. Man kann lediglich annehmen, dass der gegenwärtige Name, der sich von einem Herrscher aus dem 10. Jahrhundert ableitet, kaum der Ursprungsname gewesen sein dürfte. Schließlich kommen Städte gewöhnlich erst in den Genuss königlicher Schirmherrschaft, wenn sie bereits eine gewisse Entwicklung durchlaufen haben. In dieser Situation stehen Historiker vor einem akuten Dilemma. Sie können entweder den späteren Namen für die frühere Epoche benutzen, zu der er nicht passt, und sich deshalb dem Vorwurf des Anachronismus aussetzen. Oder sie können ihre Fantasie zu Hilfe nehmen und einen Namen erfinden, der, was in der Natur der Sache liegt, unhistorisch ist, aber dennoch der historischen Realität näher kommen mag. In diesem Sinne könnte man wagen, von der »Insel-Stadt« zu sprechen.

Von Flussnamen ist im Gegensatz dazu allgemein bekannt, dass sie in jeder Landschaft zu den ältesten Elementen der Toponomie gehören; die Oder (Odra) macht da keine Ausnahme. Eine endgültige Lösung kann es natürlich nicht geben. Aber neuzeitliche Versuche, entweder germanische oder slawische Ursprünge nachzuweisen, müssen mit einem gewissen Argwohn betrachtet werden. Dasselbe gilt auch für die schlaue Idee, der heutige Name sei eine germanisch-slawische Mischform. Die früheste schriftliche Erwähnung stammt von Ptolemaios aus dem 2. Jahrhundert v. Chr. Doch sein $Οὐιαδον$[11] enthüllt kaum mehr als die Tatsache, dass es eine erkennbare Form des modernen Namens bereits vor 1800 Jahren gab. Zwei Hypothesen scheinen der Wahrheit am nächsten zu kommen. Die eine unterstellt, dass Oder/Odra sich aus iranisch-sarmatischen Wurzeln herleite. Das altiranische Wort *adu*, das »Wasserfläche« oder »Wasserstrecke« bedeutet, hat einen entsprechenden Begriffsinhalt in dem Wort Adriatisches Meer. Die andere schlägt eine keltische Ableitung vor. Sie fand in jüngster Zeit keinen Anklang, obwohl Wissenschaftler zu Beginn des 20. Jahrhunderts dazu geneigt haben, die Toponomie Schlesiens in keltischen Bezügen zu erklären.[12] Schließlich waren die frühesten Bewohner, deren ethnische Verbindungen verifiziert wurden, Kelten; und das Gebiet im Süden und Südwesten hat zahlreiche keltische Namen. Das übliche protokeltische Wort für »river« (Fluss) spiegelt sich in dem modernen walisischen Wort *dŵr* wider, das »water« (Wasser) bedeutet. Es taucht quer durch Europa überall dort in Flussnamen auf, wo eine alte keltische Siedlung gegründet wurde, und darüber hinaus in so unterschiedlichen Formen wie Douro (Portugal), Dordogne (Frankreich) und Derwent, das heißt »White Water« (Weißes Wasser), in England. Somit ist die Annahme nicht übertrieben, dass Odra vielleicht in dieselbe Reihe gehört. Auch sollte man der sonderbaren Gestalt in der keltischen Mythologie Beachtung schenken, die Odras heißt. Die prähistorischen Kelten verschmähten jede Form der Schriftlichkeit. Doch in Irland hat sich die Legende von Odras erhalten. Dort wird sie als unberechenbare Nymphe präsentiert, die, nachdem sie Morrigan, die rachsüchtige Königin und Gottheit, beleidigt hat, in eine Wasserlache verwandelt wird.[13]

Dank der wechselnden Kanäle und ausgedehnten Sümpfe des Talgrundes lag das beste bebaubare Land immer schon auf den umliegenden Hügeln, besonders im Westen. In der Neuzeit wurde der durchgängige Streifen guten Ackerlandes, der parallel zu den Bergen und zum Fluss verläuft, unter dem Namen »Langental« bekannt. Er wird durch die von den Bergen gespeisten Ströme hervorragend bewässert und erfreut sich eines Mikroklimas, das merklich milder ist als an weiter östlich gelegenen Orten und wärmer und feuchter als in den Gebieten weiter im Norden, die darüber hinaus durch weite Flächen sandigen Bodens unfruchtbar gemacht werden. Trotzdem ist ein gut Teil der ursprünglichen Waldbedeckung intakt geblieben; häufig anzutreffen sind weite Strecken Heideland und Gestrüpp, und bis heute fließt der Strom an seinem Mittellauf zwischen einer abwechslungsreichen Landschaft aus bebauten Feldern und dichter, einsamer Wildnis.

Mit 51 Grad 7 Minuten Nord liegt die »Insel-Stadt« in der Mitte des Breitengrads, der Brüssel mit Kiew verbindet, und mit 17 Grad 2 Minuten Ost auf halbem Wege auf dem Längengrad zwischen Uppsala und Tarent. Sie befindet sich deshalb innerhalb des kontinentalen nord- und osteuropäischen Klimagebietes, dessen Kennzeichen vier klar unterschiedene Jahreszeiten sind, zu denen Winter mit starkem Frost und heiße, sonnige Sommer gehören. Aber sie ist weit entfernt von den extremsten Wetterverhältnissen Eurasiens, und sie liegt auf der richtigen Seite der »Weingrenze«* an einer Stelle, an der viele Obstsorten, wenn auch kein Wein, in Hülle und Fülle reifen können. Ihre tiefe Lage im Odertal kann Dunst- und Nebelbildung fördern. Doch vor den schlimmsten

---

* Eine fortlaufende Weinbauzone erstreckt sich über ein ca. 2000 Kilometer breites Band vom 30. bis zum 50. Breitengrad über die nördliche Erdhalbkugel (A. d. Ü.).

Auswirkungen westlicher Tiefdruckgebiete ist sie ebenso gut geschützt wie, trotz kalter Winter, vor den eisigsten Winterwinden aus dem Osten.

Die Bedeutung der »Insel-Stadt« als Flussübergang wird durch die Tatsache unterstrichen, dass sie am Schnittpunkt einiger der ältesten Handelswege Europas lag. Die wichtigste, von der Ostseeküste nach Süden verlaufende Bernsteinroute kreuzte die Oder, bevor sie die Mährische Pforte überwand und in Aquileja am oberen Ende der Adria endete. Es war eine von ungefähr vier Routen, welche die östliche Ostsee mit dem Mittelmeer verbanden. Tacitus äußerte sich im 2. Jahrhundert n. Chr. verwundert über die Stämme seiner eigenen Zeit:

> »... und als einzige von allen sammeln sie Bernstein, den sie selber ›glaesum‹ nennen, im Watt und an der Küste selber. Aber was sein Wesen ist oder was für ein Grund ihn entstehen lässt, ist nicht untersucht oder in Erfahrung gebracht worden, wie eben bei Barbaren; lange lag er sogar unter dem übrigen Auswurf des Meeres da, bis unsere Verschwendung ihm einen Namen gab. Ihnen selber ist er zu nichts nütze: roh wird er gesammelt, ungestaltet gebracht, den Preis nehmen sie mit Verwunderung entgegen.«[14]

Mit der für einen Römer typischen Verachtung für die »barbarischen« Stämme im Osten irrte Tacitus sich mit ziemlicher Sicherheit gewaltig. Bernstein war seit der Altsteinzeit weithin zur Verzierung und als Heilmittel für eine Vielzahl von Krankheiten, darunter Asthma und Rheumatismus, verwendet worden. Er wurde sowohl in Stonehenge als auch in Mykene gefunden. Sein Wert wurde von den Völkern der östlichen Ostsee gewiss anerkannt, und seine Verwendung lange vor der »römischem Verschwendung« ist sicher.

Der Handel aus den skythischen Steppen wurde entlang der so genannten »Salzstraße« Richtung Westen ausgedehnt und überquerte auf dem Weg nach Germanien und Gallien die Oder. Salz wurde im prähistorischen Europa zum unschätzbaren Gut, als beim Übergang von der nomadischen zur Agrargesellschaft seine Verwendung als Konservierungsmittel für Nahrung erkannt wurde. Es wurde in den Salzpfannen an der Mündung des Boristhenes (Dnjepr) hergestellt und später in großen Mengen in Wieliczka an den Ausläufern der Karpaten abgebaut. Der lukrative Salzhandel beflügelte den wachsenden Austausch vieler anderer Waren.

Viele solcher Handelswege bildeten bis 1500 v. Chr. bereits ein ausgedehntes Netzwerk. Und obschon es sich nicht um Straßen im modernen Sinne handelte, wurden sie in feuchten und sumpfigen Gebieten doch

Kapitel 1: Die »Insel-Stadt« (bis 1000 n. Chr.) 69

häufig mit Hilfe von Baumstämmen und primitiven Entwässerungssystemen verbessert. Wie die »Bernstein«- und »Salz«-Straßen in der Nachbarschaft der Insel-Stadt genau aussahen, ist nicht bekannt; aber mittelalterliche Straßen in der Gegend wurden mit Balken befestigt, die mit Eisenstangen verankert wurden. Ähnliche Techniken waren auch schon sehr viel früher bekannt.

Die Reihe der namenlosen prähistorischen Völker, die sich in der Umgebung der »Insel-Stadt« niederließen oder sie lediglich durchquerten, ist lang. Sie beginnt in der Jungsteinzeit und setzt sich mehrere Jahrtausende bis in die ersten Jahrhunderte unserer eigenen Zeitrechnung fort. Neolithische Stätten im Süden der Stadt[15] und die »Schnurkeramik«-Fundstätten im Osten und Westen der Stadt[16] sind Belege für eine steinzeitliche Besiedlung. Eine der jüngeren Stätten[17], ein Komplex aus 57 Einzelgräbern mit reichen Funden an prall gefüllten, schwarzbraunen Tongefäßen mit primitiven Henkeln und diagonaler Ornamentik[18], gab einer eponymen archäologischen Kultur ihren Namen.

Im Anschluss an das Neolithikum durchlief die Region zwei bronzezeitliche Kulturen – die Aunjetitzer (Únětice-)Kultur (ca. 1800–1400 v. Chr.) und die Lausitzer Kultur (ca. 1300–400 v. Chr.). Die Aunjetitzer Kultur, die ihren Namen von einer Stätte im benachbarten Böhmen erhielt, ist als das »klassische Abbild der Bronzezeit« beschrieben worden.[19] In Schlesien hinterließ sie Gruben mit Schutt und Hügelgräber, demonstrierte die Bedeutung von Metallurgie und individueller Ornamentik und lieferte Belege für eine patriarchalische Gesellschaft von Sonnenanbetern. Obwohl sie vor allem im Gebiet zwischen der Oder und dem 30 Kilometer südlich gelegenen Berg Zobten verbreitet war, gab es sie auch in der Weichselniederung und in Mähren.

Die Lausitzer Kultur war eine ähnliche Mischform aus Weichsel- und böhmischen Einflüssen und herrschte etwa 800 Jahre lang in der Gegend vor. Mit Schwergewicht auf Viehzucht und Metallurgie und mit innovativen bemalten und verzierten Keramikformen erstreckte sie sich nordwärts bis ins Tal der Netze, wo ihre berühmteste, aus dem 4. Jahrhundert v. Chr. datierende Hochburg aus einer ovalen Insel mit mehr als 100 nach Süden weisenden Häusern bestand, die auf kunstvollen Wällen aus Balken und Pfahlwerk errichtet war.[20] Einiges spricht für die Annahme, dass etwas Ähnliches durchaus auch auf den Oderinseln hätte erbaut werden können.

Mit dem Fortschreiten der Eisenzeit gerieten um 700 v. Chr. erneut böhmische Einflüsse ins Blickfeld. Die späte Lausitzer Zeit war stark von der so genannten Bylaner Kultur aus Zentralböhmen geprägt, und viele symbolische und ornamentale Elemente mit Ursprung in Bylany wurden in die Lausitzer Keramikmuster übernommen. Um 350 v. Chr. wurde aus dem Rinnsal eine solche Flut, dass man einst davon ausging, die mittlere Oder sei Schauplatz einer »Invasion« keltischer Krieger, Handwerker und Bauern gewesen. Heutige Historiker ziehen den Begriff der kulturellen Expansion dem der militärischen Invasion vor.

Die Anwesenheit vieler keltischer Gruppen im prähistorischen Schlesien steht außer Frage. Numismatische, archäologische und toponymische Belege sprechen eindeutig dafür. Obwohl sie von Ideologen der Nationalsozialisten und des kommunistischen Regimes, die nicht abgeneigt waren, sie mit Hilfe staatlicher Zensur zu unterdrücken, stets geleugnet wurde, haben seriöse Wissenschaftler unterschiedliche Einschätzungen von Dauer und Ausmaß ihrer Präsenz diskutiert. Begeisterte Keltophile behaupten, dass die keltische Zivilisation von der Mitte des 4. Jahrhunderts bis zum ausgehenden 2. Jahrhundert v. Chr. in dem Gebiet vorherrschend gewesen sei und dass ihr Einfluss danach noch längere Zeit angedauert habe. Skeptiker nehmen dagegen an, dass die Kelten und ihre Kultur bei den langjährigen ursprünglichen Besitzern des Territoriums »vorübergehende Besucher« gewesen seien. Bestimmt hatten die Kelten unter den Forschern, die in der Neuzeit als Erste versuchten, die Vorgeschichte Schlesiens zu rekonstruieren, relativ wenig Freunde. Weder die Preußische Schule, die von circa 1850 bis 1945 führend war, noch die polnische Autochthone Schule, die in den Jahren 1945–1990 ins Blickfeld geriet, wollten viel Zeit und Energie auf die Kelten verschwenden. Doch trotz alles politischen Drucks ist die keltische Frühgeschichte nie ganz aus dem Blickfeld verschwunden, und unter ihren Anhängern gibt es einige sehr seriöse Namen.[21]

Die keltische Zivilisation erstreckte sich von Böhmen aus, das an ihr Hauptverbreitungsgebiet in Mitteleuropa zwischen dem mittleren Rhein und der mittleren Donau angrenzte, bis nach Schlesien hinein. Die so genannte Hallstatt-Kultur der ersten Phase breitete sich kaum nordwärts aus. Aber die La-Tène-Kultur der zweiten Phase erreichte sowohl die Oder als auch die Weichsel. Ihren frühesten Ausdruck in der Nähe der »Insel-Stadt« fand sie auf einer Hügelstätte, die sehr alte Exemplare der typischen gedrehten Halsringe sowie Glasschmuck und handgearbeitete Keramik zum Vorschein brachte.[22] Eine viel größere Fundstätte näher am Fluss offenbarte 23 reichlich mit eisernen Waffen versehene Kriegergräber.[23] Schätze keltischer Goldmünzen wurden auch ein gutes Stück westlich des Flusses ausgegraben,[24] während mehrere wichtige Grabstätten mit Skeletten die Fortdauer der keltischen Bevölkerung noch bis zum 2. Jahrhundert v. Chr. beweisen.[25] Nicht weit von dem heiligen Berg Zobten entfernt hält nach wie vor eine hohe keltische Steinsäule Wache.[26]

Kapitel 1: Die »Insel-Stadt« (bis 1000 n. Chr.)

Die Hauptaufmerksamkeit der Wissenschaft zog zweifellos der Zobten auf sich. Niemand bezweifelt, dass der Gipfel des Berges für prähistorische Rituale oder religiöse Zwecke benutzt wurde. Die Frage ist nur: »von wem« und »wann«? Älteren deutschen Forschern widerstrebte die Vorstellung einer keltischen Kultstätte weniger als polnischen Historikern aus der Zeit des Stalinismus. Letztere neigten dazu, die Präsenz der Kelten glatt zu leugnen. Natürlich ist es zweifellos möglich, dass die steinernen Wälle, wie der zum Gipfel führende Fußweg, vorkeltischen Ursprungs waren. Aber diese Schlussfolgerung würde lediglich darauf hindeuten, dass die schlesischen Kelten ihr Heiligtum von nicht näher bestimmten Vorfahren erbten. Und sie spräche gegen die Möglichkeit, dass die Stätte nachkeltischen, gar slawischen Ursprungs war. Inzwischen wird das Heiligtum von allen Forschern übereinstimmend den Kelten zugeschrieben. Ein Komplex steinerner Kultkreise steckt den geweihten Bereich eines keltischen *nemeton* oder »Tempels« ab, von dem aus in etwa 3 Kilometer Entfernung auf einem benachbarten Gipfel ein weiterer Kreis sichtbar ist. Im Jahr 1938 wurden dort fünf rätselhafte Steinfiguren – heute als »Bär«, »Eber«, »Mönch«, »Pilz« und »Mädchen mit einem Fisch« bekannt – ausgegraben, und alle tragen sie das eingemeißelte Zeichen des gekrümmten Kreuzes. Es wurde sogar der Vorschlag gemacht, dass der spätere slawische Name des Zobten, Ślęża, sich von einem keltischen Wort für »Sonne« ableite.[27]

Nach ungefähr 300 Jahren neigten die Tage der Kelten sich ihrem Ende zu. Manche Experten behaupten, dass man noch heute in der neuzeitlichen polnischen Folklore wie dem Krakauer *lajkonik*, einem traditionellen Umzug, bei dem ein in prächtige Gewänder gehüllter Reiter auf einer Pferdeattrappe durch das Stadtzentrum zieht,* Spuren keltischer Kultur wahrnehmen könne.[28] Dies ist zwar höchstens ein ferner Anklang an keltische Kultur, aber in den zuerst von Haunold (1634–1711) gesammelten Münzen und in jenen rätselhaften Steinfiguren, zu denen es Parallelen in mehreren ehemals keltischen und so weit entfernten Ländern wie Spanien und Portugal gibt, ist sie durchaus noch spürbar. Die Vorstellung, dass keltische Sitten und Gebräuche fortdauerten, lange nachdem die Kelten ihren Nachfolgern weichen mussten, wird ferner von dem mittelalterlichen Chronisten Thietmar gestützt. Der im frühen 11. Jahrhundert in Latein schreibende Bischof von Merseburg (975–1018) erwähnte nicht nur, dass der »Mons Silensis« der umliegenden Provinz, die

---

* Dieser Umzug ist eine Erinnerung daran, dass im 13. Jahrhundert angeblich ein Weichselfischer die Tataren vor der Stadt vertrieb (A. d. Ü.).

er als *pagus Silensis* bezeichnete, ihren Namen gegeben habe, sondern auch, dass in seiner eigenen Zeit auf »dem heiligen Berg« nach wie vor »verfluchte heidnische Kulte« praktiziert würden.

*

Inzwischen brach für das Oderbecken die Zeit der Venedi, Venethi (oder Wenden) an (ca. 200 v. Chr. – 600 n. Chr.). Sie besaßen ebenfalls eine Kultur mit keltischen Elementen. Die an zahlreichen Orten rings um die »Insel-Stadt« ausgegrabenen Zeugnisse dieser und der nachfolgenden Przeworsk-Kultur[29] enthüllten eine rapide Entwicklung in der Eisenverarbeitung und Waffenherstellung. Die Veränderungen fielen zeitlich mit dem Anbruch einer langen Epoche der Unruhen und Wirren zusammen.

In den Werken des Geografen Strabon und der römischen Historiker Plinius des Älteren und Tacitus taucht Mitteleuropa ein wenig aus dem Dunkel der Vorgeschichte auf. Sie zeichneten ein verschwommenes Bild relativ sesshafter Völker, die das Kommen und Gehen oftmals brutaler fremder Stämme überstanden. Die ersten dieser Migranten waren die Skythen. Als halbnomadisches Volk zentralasiatischen Ursprungs zogen sie im 8. Jahrhundert v. Chr. in die Steppengebiete des Schwarzmeergebietes. In der berühmten Schilderung von Herodot treten sie uns als Furcht erregende Rasse von Reitern entgegen, die ihre Opfer skalpierten, ihre Sklaven blendeten und ihre Frauen in demütiger Unterwürfigkeit hielten. Sie waren erstmals um 400 v. Chr. in Schlesien eingefallen, wobei sie den Niedergang der Lausitzer Kultur beschleunigten. Zu einer zweiten Phase skythischer Expansion mit diesmal dauerhafteren Niederlassungen kam es um 100 n. Chr.

Die Sarmaten, ein kaukasisches Volk, begaben sich in die Fußstapfen der Skythen. Tacitus schrieb mit unverhülltem Widerwillen über sie und ihren Einfluss auf die einheimischen Venethi:

> »Ob ich die Stämme der Peukiner, Veneter und Fennen den Germanen oder Sarmaten zuschreiben soll, schwanke ich, obwohl die Peukiner, die manche Bastarner nennen, in Sprache, Lebensweise, Wohnsitz und Häusern wie Germanen leben.«

Bissig fügte er hinzu:

> »Schmutz bei allen, Stumpfsinn bei den Vornehmen. Durch Mischehen sind sie etwas nach dem Aussehen der Sarmaten verunstal-

tet worden. Die Veneter haben viel von ihren Sitten angenommen; denn was sich zwischen Peukinern und Fennen an Wäldern und Bergen erhebt, durchstreifen sie in ihren Raubzügen.«[30]

Für den späteren Anspruch des polnischen Adels auf sarmatische Abstammung war dies keine gute Werbung. Doch die sarmatischen Stämme hatten viel zu bieten. Eine im Jahr 1886 im Nordosten der »Insel-Stadt« entdeckte Begräbnisstätte enthielt drei von Steinen eingefasste Grabkammern, die mit Balken abgedeckt und etwa zwei Meter unter der Erdoberfläche verborgen waren. Obwohl die Körper selber (man glaubte, es handele sich um einen örtlichen Fürsten, seine Frau und sein Kind) zerfallen waren, machten die Grabbeigaben die Stätte zu einem der archäologischen Funde, die in der damaligen Zeit am meisten Aufsehen erregten. Neben Gold- und Silberschmuck kamen Bronzegefäße und Buntglas, römische Münzen, Spangen sarmatischen Typs und Gegenstände nordpontischer Herkunft ans Licht. Da die deutschen Archäologen der Kaiserzeit darauf erpicht waren, Beweise früher germanischer Besiedlung zu finden, ist es nicht weiter überraschend, dass der tote Fürst und seine Familie anfangs als Wandalen klassifiziert wurden.[31]

Die Einfälle germanischer Stämme begannen bereits im 4. Jahrhundert v. Chr. Waffenfunde und verbrannte Dörfer deuten auf erheblichen lokalen Widerstand hin.[32] Zur Jahrtausendwende waren Goten und Burgunder an der mittleren und unteren Oder ebenso anzutreffen wie die Markomannen Böhmens. Wie vor ihnen die Sarmaten wanderten die germanischen Stämme sporadisch über einen langen Zeitraum hinweg, wobei sie friedliche Ansiedlung mit Räuberei und Plünderung verbanden. Die Markomannen, die selber Flüchtlinge vor der Westexpansion Roms waren, unterwarfen im 1. Jahrhundert n. Chr. wahrscheinlich die untere wie die mittlere Oder. Ein paar Jahrzehnte später traf ein Stamm ein, der für die Frühgeschichte der Stadt von überragender Bedeutung war.

Nach allgemeiner Übereinstimmung stammten die Wandalen aus Nordjütland, aus einer Gegend, die noch heute *Vendsyssel* heißt. Bis zum 3. Jahrhundert n. Chr. waren sie über die untere Weichsel in das mittlere Odertal gewandert, wo römische Autoren sie unter den Stichworten der *Silingi* und *Asdingi* verzeichnen. Sie hatten ihre »Hauptstadt« in Nimptsch (Niemcza) und entwickelten Sitten und Gebräuche, die ihren Ruf als heidnische Zerstörer Lügen straften, fiel doch ihr Aufenthalt in Schlesien zeitlich mit der Phase der maximalen ökonomischen Einflussnahme Roms zusammen. Im Austausch gegen Sklaven und Bernstein erwarben die Wandalen große Mengen an römischem Glas, römischen

Münzen und Glasperlen. Dieser partielle kulturelle Anpassungsprozess wurde durch den Zustrom »barbarischer« Hilfstruppen ins römische Heer weiter beschleunigt. Die Zartheit des in örtlichen Grabstätten gefundenen Filigranschmucks zeugt vom Geschick der wandalischen Goldschmiede[33], während die Menge römischer Münzen aus der Zeit der Herrschaft Hadrians (117–138) bis zur Regentschaft Claudius' II. Gothicus (268–270) auf einen lukrativen Handel »jenseits der kaiserlichen Grenzen« hindeutet.

Doch auch der Aufenthalt der Wandalen sollte nicht endlos dauern. Im Jahr 406 n. Chr. schlossen sie sich unter dem Druck der nächsten Migrationswelle den Goten, Sweben und Alanen an, die in einem kühnen winterlichen Einfall über den zugefrorenen Rhein bei Mainz ins Römische Reich eindrangen. Nach einem längeren Aufenthalt auf der Iberischen Halbinsel und der Gründung eines Königreichs in Nordafrika plünderten sie im Jahr 455 n. Chr. Rom und wurden etwa 80 Jahre später von dem byzantinischen General Belisar vernichtet. Dem byzantinischen Geschichtsschreiber Prokop von Caesarea zufolge suchte der Überrest der Oder-Wandalen im 6. Jahrhundert Kontakt zu den nordafrikanischen Stammesbrüdern aufzunehmen, jedoch ohne Erfolg.[34] Danach verschwanden sie und wurden von den nächsten Elementen des schlesischen Kaleidoskops verdrängt oder absorbiert.

Die Hunnen waren erstmals im Jahr 370 n. Chr. in Südosteuropa eingefallen. Sie dehnten ihre Macht über zahlreiche slawische und germanische Völker Osteuropas aus und griffen schließlich das Römische Reich an. Vor ihrer endgültigen Niederlage im Jahr 455 n. Chr. versetzten sie ganz Europa durch die Kombination aus blendender Reitkunst und beispielloser Wildheit in Angst und Schrecken. Auf ihre mögliche Anwesenheit in Schlesien wies die Entdeckung eines hunnischen Bronzekessels am Rand der »Insel-Stadt« hin. Wichtiger aber ist die Annahme, dass die von den Hunnen hervorgerufene Zerrüttung die bereits erwähnte weit verbreitete Entvölkerung beschleunigte. Diese Theorie wird durch einen Bericht Prokops über die Wanderung des Stamms der Heruler im Jahr 512 n. Chr. gestützt: »[Die Heruler durchzogen] zunächst sämtliche Gebiete der Sklavenier«, schrieb er, »[wanderten] dann durch viel unbesiedeltes Land... und [gelangten] schließlich zu den so genannten Warnen...«[35] Obwohl die Identifizierung nicht sicher ist, könnte dieses ›unbesiedelte Land‹ durchaus Schlesien gewesen sein.«

*

Kapitel 1: Die »Insel-Stadt« (bis 1000 n. Chr.)

An dieser Stelle ist zum besseren Verständnis eine kurze Zusammenfassung angebracht. Um die Mitte des 1. Jahrtausends n. Chr. umfasste die Liste der Kulturgruppen, Stämme und verschiedenartigen Völkerschaften, von denen bekannt ist, dass sie in der »Insel-Stadt« oder in ihrer Nähe lebten, beinahe 20 Namen. Die Schnurkeramiker gehörten ebenso dazu wie die Jordansmühler, die Aunjetitzer, die Lausitzer, die Bylaner, die nicht spezifizierten Kelten, die Veneti (Wenden), die Przeworsker, die Skythen, die Sarmaten, die Markomannen, die Silingi und Asdingi (die Wandalen), die Goten, die Hunnen, die Gepiden, die Heruler und die nicht näher bestimmten Slawen. Wären die Quellen reichlicher, wäre die Liste gewiss noch länger. In jeder Phase vermengten und vermischten die Neuankömmlinge sich mit ihren Vorgängern und löschten diese am Ende aus. Die Bevölkerung des Odertals wird im 5. Jahrhundert nach einer Schilderung von einer »Mischform hunnisch-alanischer-gotisch-gepidischer und skandinavischer Elemente«[36] gebildet. Obwohl die Einzelheiten oft strittig sind, ergibt sich allgemein ein Bild unablässiger Evolution und beständiger Vermischungen. Es ist kaum zu glauben, dass seriöse Forscher Darstellungen unterstützen können, die diese Gebiete ausschließlich im Namen nur einer einzigen Nation beanspruchen. Doch ebendies ist wiederholt geschehen und geschieht noch immer. Deutsche Historiker der Kaiserzeit blickten mit Vorliebe auf germanische Goten und Wandalen zurück und unterschlugen die anderen. Polnische Historiker der nationalistischen »Autochthonen Schule« behaupteten nicht nur, dass die prähistorische Lausitzer Kultur von »Protoslawen« geschaffen worden sei, sondern auch, dass die Nachfahren dieser angeblich slawischen Lausitzer die einzigen »Eingeborenen« der Region seien. Natürlich ist der menschliche Geist instinktiv zur Stärkung der eigenen gegenwärtigen Identität durch Verfolgung und, falls erforderlich, Erfindung uralter eigener Wurzeln bereit, aber diese Bereitschaft fördert genau die Art von historischer Betrachtungsweise, deren erste Opfer Unparteilichkeit und historischer Realismus sind.

Es ist leicht aufzudecken, mit welchen selektiven Mechanismen verunsicherten modernen Gemeinschaften Abstammungstheorien nahe gelegt wurden. Entscheidend ist jedoch die Erkenntnis, dass diese Art der Geschichtsbetrachtung von allen interessierten Parteien betrieben werden kann. Die polnischen Autochthonen stellen sich vielleicht vor, dass ihr Glaube an den protoslawischen Charakter der prähistorischen schlesischen Besiedlung irgendwie die Rückkehr polnischer Herrschaft Mitte des 20. Jahrhunderts rechtfertigen könne. Doch wenn dies so ist, könnten sie schwerlich Einwände erheben, wenn die böhmische Herrschaft über Schlesien vor 990 die Rückkehr böhmischer Herrschaft nach 1335 rechtfertigen sollte. Ebenso könnte von deutscher Seite der mittelalterliche »Drang nach Osten« unter Hinweis auf die Züge der Goten und Wandalen gutgeheißen werden. Keltophile unserer Tage könnten sich sogar Ansprüche im Interesse der Waliser oder der Iren einfallen lassen. Es ist jedoch weit besser, sich mit der Tatsache abzufinden, dass die Vorstellung »historischen Rechts« eine fragwürdige Fiktion ist.

Ohne Zweifel weniger fragwürdig sind die Hervorbringungen der Dichter und Volkskundler der Romantik, die die Vorgeschichte ohne jeden Anschein von Objektivität oder wissenschaftlicher Genauigkeit wahllos nach Geschichten und Legenden durchforsteten, die sie fesselten. So konnte ein in der »Insel-Stadt« geborener moderner Dichter fast zwei Jahrtausende nach dem Durchmarsch der Goten noch immer seine wahre Freude an ihren Heldentaten haben:

> Erschlagen lag mit seinem Heer
> Der König der Goten, Theodemer.
>
> Die Hunnen jauchzten auf blut'ger Wal;
> Die Geier stießen herab zu Tal.
>
> Der Mond schien hell; der Wind pfiff kalt;
> Die Wölfe heulten im Föhrenwald.
>
> Drei Männer ritten durchs Heidegefild,
> Den Helm zerschroten, zerhackt den Schild.
>
> Der erste über dem Sattel quer
> Trug seines Königs zerbrochenen Speer.
>
> Der zweite des Königs Kronhelm trug,
> Den mittendurch ein Schlachtbeil schlug.
>
> Der dritte barg mit seinem treuen Arm
> Ein verhüllt Geheimnis im Mantel warm.
>
> So kamen sie an die Donau tief,
> Und der erste hielt mit seinem Roß und rief:
>
> »Ein zerhauener Helm, ein zerspellter Speer –
> Vom Reiche der Goten blieb nicht mehr!«

Kapitel 1: Die »Insel-Stadt« (bis 1000 n. Chr.)

Und der zweite sprach: »In den Wellen dort
Versenkt den traurigen Gotenhort!

Dann springen wir nach dem Uferrand –
Was säumest du, Vater Hildebrand!«

»Und tragt ihr des Königs Kron' und Speer,
Ihr treuen Gesellen, ich habe mehr!«

Auf schlug er seinen Mantel weich:
»Hier trag' ich der Goten Hort und Reich.

Und habt ihr gerettet Speer und Kron',
Ich habe gerettet des Königs Sohn.

Erwache, mein Knabe, ich grüße dich,
Du König der Goten, Jungdieterich!«[37]

Auf dieselbe Weise warfen polnische Autoren des 19. Jahrhunderts oft einen romantischen Blick zurück auf die prähistorische Zeit der frühen heidnischen Piasten als eines verlorenen goldenen Zeitalters. In seinem mystischen Epos *Król-Duch* (»König Geist«) erinnerte sich der unvergleichliche, aber schier unübersetzbare Juliusz Słowacki an den legendären Piast, den Begründer von Mieszkos Geschlecht, und die Reize von Schlesiens magischem Berg. Piast wurde als eines einfachen, gutmütigen Bauern gedacht, frei von all dem Neid und den Ansprüchen, mit denen die »Zivilisation« spätere Generationen belasten würde:

Kmieć Piast, przed chatą dobrego wieczora
Używał, stary kmieć, pehi dobroci:
A wtem skrzypnęła domowa zapora
I weszli do wrót Aniołowie złoci...[38]

(Eines schönen Abends sonnte der alte Bauer Piast sich
Voll guten Willens vor seiner Hütte,
Als die Türen des Hauses knarrend sich öffneten,
Und die goldenen Engel auf die Tür zugingen...)

Falls Piast mehr war als eine Gestalt der Sage, dann hätte er im 9. oder frühen 10. Jahrhundert gelebt. Und als Słowacki mit der Schilderung des

Berges Zobten (Ślęża) und seiner gespenstischen Besucher in jener Zeit fortfährt, stellt er interessanterweise fest, dass der historische Schauplatz korrekterweise einen fürstlichen Pilger erwartet, der kein Pole, sondern ein Přzemyslide ist:

> Zober nazwana – czarodziejska góra:
> Skalny szczyt miala – na buków ramiona
> Włożony – w chmurach wisiała – jak chmura.
> Na niej pustelnia stała postawiona,
> Ubrana w osty – i w paproci piora;
> I trzej mięszkali, mówią pustelnicy
> Pod strażą – orła, gadziny i lwicy.
>
> Swiętopelk, niegdyś – król Czech i Morawy,
> Po stracie wojska – zniknąwszy cudownie,
> Gdy wiatr go porwał w oczach – za hełm krwawy
> I uniosł jako palącą się głownię...
> Ow król bez grobu, człowiek wielkiej sławy.
> Mówią... nawiedzał skały tej lodownie
> I pustelnicze groty... i las wonny
> Odwiedzał – jako mieszkaniec pozgonny.[39]

(Damals gab es, berühmt im ganzen Slawenreich,
Einen magischen Berg namens Zober,
Ein felsiger Gipfel ragte über seine buchenbewachsenen Schultern hinaus,
Und wie eine Wolke hing er zwischen den Wolken.
Auf dem Gipfel war eine Einsiedelei erbaut worden,
Bedeckt von Disteln und zartem Farn,
Drei Einsiedler lebten dort, so heißt es,
Bewacht von einem Adler, einer Eidechse und einer Löwin.

Einmal verschwand auf mysteriöse Weise
Eine hoch angesehene Persönlichkeit,
Sventopelk, König von Böhmen und Mähren,
Nachdem er seine Armee verloren hatte,
Vom Wind fortgerissen an seinem blutenden Helm,
Emporgehoben direkt vor seinen Augen wie eine lodernde Fackel.
Der Monarch ohne Grab, so heißt es jedenfalls,
Spukte in den Felsen dieses eisigen Ortes und wohnte

Nach dem Tod in der Einsiedler Grotte und den duftenden Wäldern...)

Słowackis literarische Fantasien sind vielleicht nur von fortgeschrittenen Exegeten zu entschlüsseln. Aber keinem Historiker kann entgehen, dass der große polnische Barde den Ślęża bei seinem germanischen Namen – »Zober« – nannte.

Die frühesten slawischen Migranten scheinen gegen Ende des 5. oder zu Anfang des 6. Jahrhunderts n. Chr. das schlesische Becken erreicht zu haben. Sie werden wohl vereinzelt im Zuge eines begrenzten Wanderungsprozesses von Stämmen gekommen sein, wie es bei früheren Phasen der Völkerwanderung der Fall gewesen war.

Eindeutiger ist die Anwesenheit von »Weißkroaten« im Odertal seit der ersten Hälfte des 6. Jahrhunderts festgestellt worden. Es mag überraschen, dass die ersten erkennbar slawischen Bewohner vielleicht Kroaten und keine Polen waren. Doch die Existenz eines »Weißkroatien« im 6. Jahrhundert, das, wenngleich geheimnisumwittert, die nordwestlichen Karpaten, Galizien, Schlesien und Ostböhmen umfasste, wird nicht nur von zeitgenössischen arabischen Historikern bestätigt, sondern auch von dem byzantinischen Kaiser Konstantin VII. Porphyrogennetos und sogar von dem englischen König Alfred dem Großen.[40] Um 635 n. Chr. wurden diese »Weißkroaten« von Kaiser Herakleios ins Byzantinische Reich eingeladen, um die Avaren zu vertreiben, die damals die adriatische Küste beherrschten. Es gibt Spekulationen, wonach sie versklavte Sarmaten gewesen sein könnten.[41] Dies wäre ein weiterer Beleg für den Wahrheitsgehalt der Legende vom sarmatischen Ursprung der Polen.[42]

Der Abzug der »Weißkroaten« bereitete den Weg für die verstärkte Wanderung anderer slawischer Stämme. Innerhalb ungefähr eines Jahrhunderts wurde das Oderbecken von sieben oder acht solcher Stämme okkupiert, deren Namen sich entweder in lateinischer oder in slawischer Form erhalten haben. Die neuen Siedlungen wurden oft an alten Plätzen angelegt, wobei man auf natürliche Gegebenheiten wie Hügelkuppen und Inseln zur Verteidigung zurückgriff. Sie waren häufig von Holz- und Erdwällen umgeben. Das zentrale Gebiet, das sowohl die »Insel-Stadt« als auch den Berg Ślęża umfasste, wurden von den Ślężanie (Slenzanen) übernommen. Spuren ihrer mutmaßlich ursprünglichen Befestigungsanlage wurden im Jahr 1875 bei Ausschachtungsarbeiten in der Nähe des Botanischen Gartens gefunden. Rings um eine Gruppe von Pfahlbauten fand man neben dem Flussufer Knochen und Überreste von Tieren. Wann auch immer sie genau gegründet wurde, errichtet wurde diese slawische *gród* rings um eine Burg, ihre Form war mehr oder weniger oval, und sie maß ungefähr 70 m x 50 m.

Doch die schlesischen Stämme sollten nicht ohne Gegner bleiben. Eine erste Herausforderung ihrer Vormachtstellung stellte sich mit dem Aufstieg eines »Großmährischen Reiches« im 9. Jahrhundert ein. Mähren, das anfangs unter seinem von 830 bis 846 regierenden Fürsten Mojmir I. in Erscheinung trat, wurde für kurze Zeit zur beherrschenden Kraft in Mitteleuropa. Zur Zeit der Herrschaft von Mojmirs Nachfolgern – Rastislaw und Swatopluk – hatte es sich bis nach Böhmen, in die Slowakei, nach »Ungarn« und in die Länder nördlich der Karpaten ausgedehnt.[43]

Obwohl das Reich durch die im Jahr 895 n. Chr. beginnenden Einfälle der Magyaren zerstört wurde, währte es lange genug, um christianisiert zu werden, und es hinterließ ein christliches Erbe. Die byzantinische Mission der Heiligen Kyrillos und Methodios, die von Konstantinopel ausging, hatte im Jahr 863 n. Chr. Mähren erreicht. Zahlreiche Schüler wurden in die umliegenden Landstriche entsandt, unter denen sich auch ein gewisser »Oslaw« befand, der nach Schlesien geschickt wurde.[44] Slawische Fürsten von jenseits der Karpaten wurden in der mährischen Hauptstadt, in Neutra, empfangen, wo sie die Taufe erhielten. Doch der entscheidende Schritt zur allgemeinen Anerkennung des Christentums in diesen Landesteilen sollte nicht von Konstantinopel, sondern von Rom aus erfolgen. Allerdings spricht einiges für die Annahme, dass der anfängliche Impuls von der orthodoxen Mission ausging und orthodoxe Einflüsse sich ein paar Jahrhunderte lang hielten. Natürlich waren die orthodoxen Christen in der Insel-Stadt 1000 Jahre später eifrig darauf bedacht zu behaupten, dass sie – und nicht die römischen Katholiken – die Gründerväter des Glaubens seien.[45]

Nach dem Zusammenbruch des Großmährischen Reiches wurde das entstandene Machtvakuum teils von den Magyaren und teils von der böhmischen Dynastie der Přemysliden gefüllt. Politisch konsolidiert wurde Böhmen unter Herzog Boleslaw I. (935–967), dem jüngeren Bruder und Mörder Wenzels I., des Heiligen. Eng verbunden mit dem noch in den Anfängen steckenden Heiligen Römischen Reich und folglich mit dem römischen Katholizismus, fungierte Böhmen als natürlicher Erbe des großmährischen Staates. Nach der Niederlage der Magyaren auf dem Lechfeld im Jahr 955, wo Boleslaw an der Seite Ottos I. des Großen, Kaiser des Heiligen Römischen Reiches, focht, wurde die böhmische Herrschaft auf viele ehemalige mährische Länder ausgedehnt, darunter die Slowakei, Schlesien und Mähren selber. Der älteste böhmische archäologische Fund in der »Insel-Stadt«, der aus Münzen mit der Aufschrift *Vratsao* besteht und auf die Herrschaft Boleslaws I. datiert wurde, entspricht dieser Chronologie. Aller Wahrscheinlichkeit nach begann die böhmische Präsenz jedoch zwei oder drei Jahrzehnte früher während der Herrschaft Fürst Wratislaws I. (ca. 915–921), der sich das Potenzial der slenzanischen Burg auf der Oderinsel als Wache an seiner nördlichen Grenze gesichert haben dürfte. Der Name dieses Fürsten, Wratislaw, ist der wahrscheinlichste Ursprung für den modernen Namen der »Insel-Stadt« in einer uralten, schriftlich nicht fixierten Form.

Obwohl die böhmische Herrschaft gewöhnlich nur als Form einer lockeren politischen Hegemonie betrachtet wird, sollte sie einige tief greifende Konsequenzen haben, vor allem das zunehmende Gewicht der deutschen Machtposition und die Konsolidierung des Christentums. Der deutsche Einfluss in Mitteleuropa strahlte von dem im 10. Jahrhundert unter den sächsischen Kaisern gefestigten Heiligen Römischen Reich aus. Die Christianisierung wurde im Wettstreit zwischen den Missionaren Deutschlands, Byzanz' und des Papsttums betrieben. Während das Beispiel Mährens zeigte, dass die Byzantiner in Reaktion auf die Schwerfälligkeit ihrer deutschen Vorgänger freudig begrüßt worden waren, hoffte der Papst, sich die slawischen Länder jenseits der Karpaten als unmittelbare päpstliche Einflusssphäre sichern zu können. Denn hinter der Rhetorik von der Rettung heidnischer Seelen stand die sehr reale Gefahr eines christlichen Kreuzzuges und gewaltsamer Bekehrung. Wie Methodios einst selber vermerkt hatte, war es »besser, das Christentum freiwillig anzunehmen und die eigene Unabhängigkeit zu behalten als in fremder Gefangenschaft mit Gewalt getauft zu werden«.[46]

Böhmen hatte lange Zeit zwischen lateinischem und griechischem Christentum geschwankt. Doch nach dem Ende Mährens und der anschließenden Ermordung des heiligen Wenzel im Jahr 935 erlangte der deutsche religiöse Einfluss eine beherrschende Position, die im Jahr 973 in der Schaffung eines Bistums in Prag kulminierte, das dem Erzbistum Mainz unterstellt wurde. Diesem Schritt entsprachen weitere im politischen Bereich. Im Jahr 950 war Herzog Boleslaw I. gezwungen, die kaiserliche Suzeränität anzuerkennen. Germanisierung und Christianisierung gingen Hand in Hand. Christ zu werden war der einzige Weg, von den Nachbarn als zivilisierter Herrscher akzeptiert zu werden. Aber deutscher Christ zu werden bedeutete auch, die Unabhängigkeit zu verlieren.

Vor eben diesem Dilemma stand zweifellos auch der nächste slawische Herrscher. Mieszko I., Herzog der Polanen (poln. Polanie) an der Warthe, hielt in Poznań (Posen) Hof. Nur indem er den Papst direkt umwarb und das Christentum aus Böhmen empfing, konnte er hoffen, die ungewollte logische Folge einer Unterordnung unter das Reich zu vermeiden. Mieszko, der erste überlieferte Fürst des Geschlechts der Piasten, zählt zu den Helden der populären polnischen Geschichte. Aus den Nebeln der Geschichte steigt er um 950 durch seine Missachtung des deutschen Kaisers Otto I. und durch seine Heirat mit Dubrawka, Tochter Boleslaws I. von Böhmen, ein Jahrzehnt später auf. Die katholische Taufe war ihm das Anhängsel einer politischen Allianz. Glaubt man jedoch dem spätmittelalterlichen Geschichtsschreiber Jan Długosz, dann nahm Mieszko die neue Religion sehr ernst und erlegte sie seinen Untertanen mit Gewalt auf.[47] Der deutsche Chronist Thietmar von Merseburg sah in ihm allerdings wenig mehr als einen verherrlichten Heiden.[48] Trotzdem ist klar, dass Mieszko aus dem Schicksal des heiligen Wenzel gelernt hatte und niemals daran dachte, seine kriegerischen Tugenden abzulegen. Das polanische Fürstentum blühte unter seiner Herrschaft und war eifrig auf seine Unabhängigkeit vom Reich bedacht, während es sich gleichzeitig viele der umliegenden Territorien einverleibte. Die Eroberung Pommerns war im Jahr 979 abgeschlossen. Bis 991 waren sowohl Krakau als auch Schlesien eingegliedert worden. Polska (Polen), das ursprünglich nur aus dem Territorium der Polanen bestand, verwandelte sich allmählich in ein größeres und mächtigeres Gebilde. Besonders folgenschwer für die Zukunft war die Übernahme Krakaus. Wie die »Insel-Stadt« hatte auch Krakau vor dem Jahr 990 im böhmischen Machtbereich gelegen und war vermutlich denselben keltischen, germanischen und tschechischen Einflüssen unterworfen gewesen. Doch von 990 an sollte die Stadt zum wichtigen Partner des polanischen Posen (Poznań) und zum künftigen Zentrum von Małopolska (Kleinpolen) werden, einer Provinz, deren Name die Unterordnung unter Mieszkos eigene Heimat ausdrückte, die ihrerseits den Namen Wielkopolska (Großpolen) annahm. Zusammen bildeten beide Gebiete den dauerhaften Kern eines vereinigten polnischen Staates.

Im Jahr 991 setzte Mieszkos Kanzlei ein Schriftstück auf, das *Dagome iudex,* um den Heiligen Stuhl über die Grenzen seines ausgedehnten Reiches zu informieren und sie unter den Schutz des Papstes zu stellen. Die Grenzen wurden wie folgt definiert:

> »... alle von einer *civitas* mit Namen SCHINESGHE [Gnesen, Gniezno], mit allem, was zu ihr gehört, innerhalb von Grenzen, die mit der Küstenlinie beginnen, entlang der Grenze Preußens bis zu der Gegend mit Namen Rußland verlaufen, dann der Grenze Rußlands bis nach CRACCOA [Krakau, Kraków] folgen, von CRACCOA weitergehen bis zum Fluss ODDERE [Oder, Odra], direkt zu der

Kapitel 1: Die »Insel-Stadt« (bis 1000 n. Chr.) 83

Gegend mit Namen ALEMURE, dort von ALEMURE zum Land der MILZE [Milziener] und ab der Grenze der MILZE innerhalb der ODDERE bleiben, dann dem Fluß ODDERE zurück bis zur *civitas* SCHINESGHE folgen.«[49]

Eine neue Regionalmacht war entstanden. Auch wenn durch Mieszkos böhmische Bekehrung zunächst brüderliches Einvernehmen unter Slawen zu herrschen schien, bedrohte der Aufstieg der Polanen von allem Anfang an die Vorherrschaft Böhmens.

Trotz der sich abzeichnenden Konflikte gedieh die böhmisch-polanische Allianz dank der Person des heiligen Vojtěch eine Zeit lang. Als Mitglied der Herrscherfamilie verfügte Vojtěch – der gleichermaßen unter seinem Taufnamen Adalbert bekannt ist – über beste Verbindungen sowohl in Böhmen als auch in Deutschland. Als Bischof von Prag jedoch wandte er sich von allen politischen Intrigen ab und machte die Mission der heidnischen Prußen (Preußen) zu seiner Aufgabe. Auf seiner Reise durch die polanischen Lande, die ihn mit großer Wahrscheinlichkeit über die »Insel-Stadt« führte, erreichte er bei Danzig (Gdańsk) die pommersche Küste und schiffte sich nach Prußen ein. Binnen kurzer Zeit war er tot, brutal ermordet – ein Märtyrer des Glaubens. In Anbetracht seiner hohen Stellung wurde er rasch heilig gesprochen. Seine Kanonisierung setzte Entwicklungen in Gang, von denen die »Insel-Stadt« in besonderem Maße profitieren sollte.

Das Jahr 1000 n. Chr. erweckte gewaltige Ängste und Erwartungen. In der gesamten Christenheit glaubten die Menschen, es würde den Tag der zweiten Ankunft Christi bescheren. Die Frömmsten beichteten ihre Sünden und erwarteten mit Zittern und Zagen das Ende der Welt. Mieszkos Nachfolger, Bolesław I. Chrobry (»der Tapfere«), der von 992 bis 1025 regierte, nutzte die Gelegenheit, seine eigene und die Position seines im Entstehen begriffenen Königreiches zu stärken. Inzwischen Herr über das gesamte Gebiet zwischen den Bergen und dem Meer, fehlte ihm nur noch eines: Anerkennung. Der Märtyrertod von Vojtěch (oder Adalbert) sollte ihm die Mittel liefern, sie zu erlangen. Denn dieser war einst Hauslehrer des neuen Kaisers, Ottos III., gewesen; und in der Macht des Kaisers als höchster weltlicher Autorität der westlichen Christenheit lag es, Bolesław in den inneren Kreis der katholischen Fürsten zu bitten.

Fürst Bolesław verstand es, den Boden zu bereiten. Im Jahr zuvor hatte er die Gebeine des ermordeten Heiligen von den Prußen zurückgebracht und ihn vor dem Hochaltar seiner neuen Kirche in Gnesen (Gniezno) begraben. »St. Wojciech« war zum Schutzheiligen seines Wahllandes ernannt worden, so dass im Frühjahr des Jahres 1000, als der junge Kaiser auf Pilgerfahrt in Begleitung seiner byzantinischen Kaiserin nach Gniezno kam, alles für eine Zeremonie von weitreichender Bedeutung vorbereitet war. Der Kaiser begrüßte Bolesław als seinen »Bruder«; er bestätigte den Text des *Dagome iudex*; und er verkündete die Erhebung Gnieznos zum Erzbistum. Darüber hinaus gab er die Schaffung von drei Suffraganbistümern bekannt – eines im Süden, in Krakau, eines in Kolberg (Kołobrzeg) im Norden und eines in »Vratislavia« im Westen. Auf diese Weise trat die »Insel-Stadt« genau in dem Moment in die schriftliche Überlieferung ein, als »Polen« in die anerkannte Gemeinschaft christlicher Fürstentümer aufgenommen wurde. Jetzt fehlte nur noch die Erhebung eines vereinigten Polen in den Rang eines Königreichs. Auch in diesem Punkt war der Kaiser entgegenkommend: »Einen so bedeutenden und mächtigen Mann wie irgendeinen anderen Fürsten Herzog oder Graf zu nennen wäre unwürdig, sondern man muss ihn auf einen königlichen Thron erheben und mit der Krone zieren.«[50] Bei diesen Worten setzte Otto seine eigene Krone Bolesław aufs Haupt und übergab ihm einen Nagel des Kreuzes Jesu Christi und die Lanze des heiligen Mauritius. Im Gegenzug erhielt er den Arm des heiligen Adalbert. Bolesław musste jedoch noch 25 Jahre warten, bis er seine eigene Königskrone erhielt. Aber schließlich wurde sie ihm von Papst Johannes XIX. im letzten Jahr seiner Herrschaft gewährt.

Nach seiner Gründung umfasste das Bistum Vratislavia den größten Teil der späteren Provinz Schlesien mit Ausnahme einiger südöstlicher Gebiete von Glatz (Kłodzko) bis nach Pless (Pszczyna), die bei dem mährischen Bistum Olmütz (Olomouc) verblieben. Es wurde in 17 Verwaltungsbezirke eingeteilt, die jeweils von einem Kastellan geleitet wurden. Mancherorts, wie in Ottmachau (Otmuchów), teilte der Bischof von Vratislavia sich seine geistliche Rolle mit der weltlichen des Kastellans.

In der feudalen Ordnung des Jahres 1000 n. Chr. war die Herrschaft des Bischofs weit unmittelbarer spürbar als die des bischöflichen Lehnsherrn, des Königs. Die Treue eines durchschnittlichen Untertans zu seinem König rangierte ganz unten auf einer langen Liste sehr viel dringenderer Verpflichtungen – gegenüber seiner Familie, seinem Lehnsherrn, seinem Bischof und seinem Stamm. Von einem polnischen »Staat« im modernen Sinne kann man kaum sprechen, eher von einer Verpflichtung zum Gehorsam gegenüber dem polnischen König. Die nüchterne Erklärung »Schlesien wurde im ausgehenden 10. Jahrhundert Teil des piastischen Polen« verlangt eine gewisse Einschränkung. Das mittelalterliche Königtum war unsicher und unbeständig. Seine Autorität erstreckte sich

Kapitel 1: Die »Insel-Stadt« (bis 1000 n. Chr.)

bloß sporadisch über die Grenzen des Hofes und der Kernlande hinaus. Die mitteleuropäischen »Staaten« des Frühmittelalters – darunter das Großmährische Reich, Böhmen und das Polen der Piasten – nahmen je nach militärischer Stärke, Geografie, internen Streitigkeiten, dynastischem Geschick und willkürlichen Einfällen von Nomaden an Gewicht zu oder ab. Letztlich sollte sich der Zugriff der Piasten auf Schlesien als ebenso vergänglich erweisen wie der ihrer Nachfolger. Tatsächlich sollte die Vergänglichkeit politischer Herrschaft eines der Hauptmerkmale der Geschichte der »Insel-Stadt« werden.

Angesichts der späteren Turbulenzen hat die ethnische Herkunft der ersten Vratislavier natürlich viele Forscher beschäftigt. Doch die Archäologie kann bekanntlich Kulturen, die so wenig ethnische Anhaltspunkte hinterlassen, keine nationalen Etiketten anheften. Trotzdem wurden die archäologisch nachweisbaren kulturellen Spuren Schlesiens immer wieder, und gewöhnlich aufgrund sehr schwacher Beweise, als Zeugen für die Auseinandersetzungen zwischen der deutschen und der polnischen »nationalen« Archäologie bemüht. In diesen Auseinandersetzungen wurde etwa die Lausitzer Kultur verschiedentlich als »präslawische«, germanische oder »illyrische« Kultur beschrieben[51] und einmal sogar für eine thrakische gehalten[52], während der Kultur der Venethi gleichzeitig »ostgermanische« und »slawische« Merkmale zugeschrieben wurden. Doch ein einfaches zweipoliges Verfahren, das nur »germanisch« oder »slawisch« kennt, kann die Komplexität der Archäologie Schlesiens nicht einmal ansatzweise beschreiben. Stets waren auch andere Elemente präsent und in einigen Fällen sogar dominant. So steht die späte Przeworsk-Kultur im Verdacht, einen explizit sarmatischen Charakter gehabt zu haben[53], während die eisenzeitlichen Kulturen einen mehr oder weniger deutlichen keltischen Beigeschmack verraten. Am typischsten für die Vielfalt ist vielleicht die spätere Dobrodzień-Kultur, die eine derart reiche Mischung disparater kultureller Signaturen offenbart, dass die Adjektive »germanisch« und »slawisch« lediglich zwei unter vielen sind.

Der Kontrast zwischen dieser evolutionären Sichtweise der schlesischen Geschichte und der Auffassung der nationalistischen Schule der polnischen Historiografie ist bemerkenswert. Wenn man mit dieser annimmt, dass Schlesien seit 2500 v. Chr. kontinuierlich von Protoslawen und Protopolen, denen das alleinige Besitzrecht zustand, bewohnt gewesen sei, dann muss jedes Ereignis aus prähistorischer Zeit so zurechtgestutzt werden, dass es sich der Grundannahme fügt. Folglich werden die Protoslawen zu einem nicht näher bestimmten Zeitpunkt auf wunderbare Weise in echte Slawen verwandelt. »Ein ›Schleier des Geheimnisses‹, so heißt es bequemerweise oft, umgebe die Periode [der Verwandlung].«[54] Danach sind die Slawen werdende Polen, und alle Nichtslawen oder Nichtpolen, die auf den Schauplatz drängen, müssen als Räuber und Plünderer betrachtet werden. Die Großmährer des 9. Jahrhunderts und die Böhmen im 10. Jahrhundert hatten kein Recht, in Schlesien zu sein. Mieszko I. dagegen, der im Jahr 990 die Macht übernimmt, erlangt nur zurück, was ihm ohnehin gehört. Doch wenn die Tschechen von 1037 bis 1050 und auf dauerhafter Basis im 14. Jahrhundert die Macht erobern, ist die Vorstellung undenkbar, dass auch sie lediglich das früher Verlorene wiedergewinnen.

Glücklicherweise lehnt die jüngste Generation von Wissenschaftlern die starren Positionen ihrer Vorgänger ab. Wie ein vratislavischer Spezialist kürzlich feststellte, entsprangen die alten polnisch-deutschen Konfrontationen nicht so sehr wissenschaftlichen Diskussionen als vielmehr »einer Form politischer und ideologischer Kriegführung«. »Der springende Punkt ist, dass sich nur im Frühmittelalter Beweise dafür finden lassen, dass es eine slawische Bevölkerung in den polnischen Ländern gab.«[55]

Die Folgerung liegt also nahe, dass die ethnische Etikettierung prähistorischer Kulturen wenig hilfreich und letzten Endes bedeutungslos ist. Moderne Untersuchungen zeigen, dass Kulturen wandern können, ohne dass es zu einer Wanderung von Menschen in großem Stil kommen muss. Es gibt keinen Grund, an die ethnische Reinheit prähistorischer Gemeinschaften oder an die Fiktion »nationaler territorialer Rechte« zu glauben, die angeblich einem einzigen Volk ein einziges Stück Land zum ewigen und ausschließlichen Gebrauch reserviert haben. Die alte deutsche »Blut und Boden«-Idee ist ganz und gar überflüssig. Die überzeugendste Interpretation der Frühgeschichte geht vielmehr davon aus, dass die prähistorischen Völker sich ständig untereinander mischten und so eine Folge vielschichtiger Mischkulturen geschaffen haben. Die starren nationalistischen Archetypen müssen zugunsten eines wechselnden multikulturellen Kaleidoskops abgelehnt werden.

Auch die frühen Chronisten und Geschichtsschreiber werfen übrigens wenig Licht auf die Frage der ethnischen Zugehörigkeit. Tacitus beispielsweise war der Ansicht: »Die Veneter ... bringt man doch lieber unter den Germanen unter, weil sie feste Häuser haben, Schilde führen und sich am Gebrauch und der Schnelligkeit der Füße freuen.«[56] Zwar ist der Vergleich mit den überwiegend nomadischen sarmatischen Völkern in dieser Feststellung durchaus zulässig, aber zu einer genaueren Identifizierung trägt er kaum bei. Auf dieser Grundlage wären alle nichtrömischen Europäer mit Ausnahme der Nomaden als Deutsche klassifiziert worden!

Kapitel 1: Die »Insel-Stadt« (bis 1000 n. Chr.)

Darüber hinaus kann nur davor gewarnt werden, die Geschichte rückwärts zu lesen und den Westslawen des 10. Jahrhunderts dieselben Besonderheiten zuzuordnen, die heutige slawische Nationen aufweisen. So sind kaum Einzelheiten über die vorliterarische Phase der slawischen Sprachen bekannt. Aber es scheint nachvollziehbar, dass die Divergenz zwischen, sagen wir, dem Tschechischen, Polnischen, Sorbischen und Pommerschen bei weitem nicht so groß war, wie sie in späteren Jahrhunderten wurde. Genau genommen gibt es keine wie auch immer gearteten Hinweise darauf, dass das Tschechische oder das Polnische um 1000 n. Chr. weit genug voneinander abwichen, um als getrennte Sprachen betrachtet zu werden. Aller Wahrscheinlichkeit nach war der slenzanische Dialekt Vratislavias dem böhmischen Dialekt Prags wohl ebenso nahe wie dem polanischen Dialekt Posens (Poznańs). Sollte Bischof Vojtěch Zwischenstation in der »Insel-Stadt« gemacht haben, dann hätte er weniger Schwierigkeiten gehabt, sich verständlich zu machen, als ein tschechischer Tourist unserer Tage.

Allerdings haben die früher Chronisten tatsächlich verdeutlicht, dass Schlesien, wie alle Orte der mitteleuropäischen Tiefebene, den periodischen Massenwanderungswellen offen ausgeliefert war. Vielleicht waren es deutsche Historiker, die den ausdrucksvollen Begriff »Völkerwanderung« erfanden. Diese Wanderungen von »Völkern« betrafen Kelten, Slawen, Germanen und viele andere. Obwohl die ersten erkennbar slawischen Migranten möglicherweise in ein relativ leeres Land kamen, kann man vernünftigerweise davon ausgehen, dass die »Insel-Stadt« selbst relativ kontinuierlich bewohnt war. Die Nachfahren jener Einwohner aus der Mitte des 1. Jahrtausends, deren Ahnenreihe bereits sehr vielfältig war, werden in den kommenden Jahrhunderten wohl erneut von vielen aufeinander folgenden Wellen von Neuankömmlingen überrollt worden sein. Als die Stadt gegen Ende des 10. Jahrhunderts an Mieszkos Fürstentum abgetreten wurde, dürfte es sich deshalb bei den Bewohnern Vratislavias, wie bei den meisten Einwohnern Europas, zum größten Teil um »fremde Misch-Einwanderer«[57] gehandelt haben.

Kapitel 2: Wrotizla

Zwischen polnischer, tschechischer und deutscher Krone, 1000–1335

Lokalgeschichten werden gewöhnlich kaum mit Rücksicht auf den größeren politischen Rahmen, innerhalb dessen eine bestimmte Stadt oder ein bestimmtes Gebiet sich entwickelt haben, geschrieben. Doch der größere Rahmen ist eine entscheidende Determinante. Die Geschichte Schlesiens und seiner Hauptstadt in dieser Zeit ist untrennbar von der Bühne, auf der die polnischen Piasten, die tschechischen Přzemysliden und die deutschen Kaiser miteinander konkurrierten.

In dieser Hinsicht ist der Augenblick, als die Insel-Stadt zum ersten Mal urkundlich erwähnt wurde, recht aufschlussreich. Im Frühjahr des Jahres 1000 n. Chr. führten wie berichtet ein polnischer König und ein deutscher Kaiser in der neu erbauten Basilika von Gniezno (Gnesen) den Vorsitz, als die Gebeine des böhmischen Märtyrers Vojtěch (oder Adalbert) geweiht wurden. Eine päpstliche Bulle verfügte, dass das frisch gegründete polnische Erzbistum mit Bistümern in Krakau, Kołobrzeg (Kolberg) und Wrotizla (Breslau) ausgestattet wurde.

> »Dann errichtete er [Otto III.] unverzüglich dort ein Erzbistum; hoffentlich war er dazu befugt, denn es fehlte doch die Zustimmung des Bischofs [Erzbischof von Magdeburg], dessen Diözese das ganze Land unterstellt ist; er vertraute es Radim, dem Bruder des Märtyrers, an und setzte ihn über Reinbern, den Bischof der Kolberger Kirche, Poppo von Krakau und Johannes von Breslau; ausgenommen blieb Unger von Posen. Auch ließ er dort einen Altar errichten und feierlich in ihm heilige Reliquien bergen.«[1]

Unsere »Insel-Stadt« wurde in einem Bericht über das Ereignis für eine Chronik, die Bischof Thietmar von Merseburg etwa im Jahr 1013 verfasste, mit dem Namen »Wrotizla« verewigt. An der Wende zum zweiten

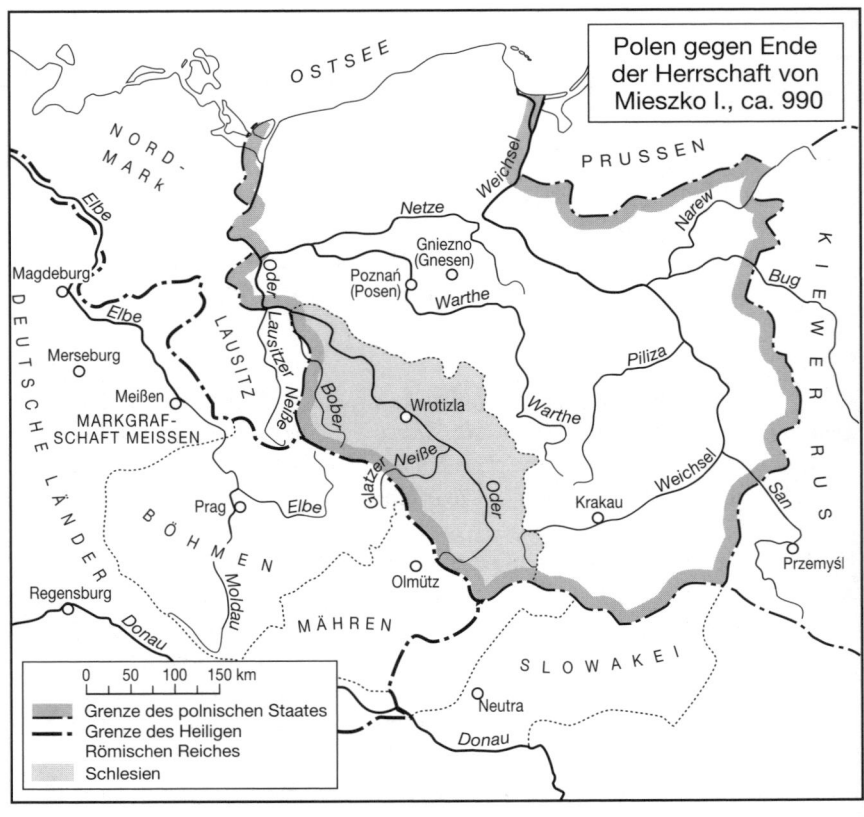

Jahrtausend gehörte sie seit einem Jahrzehnt zu Bolesławs Reich. Dieses Reich wies bemerkenswerte Ähnlichkeiten mit dem polnischen Staat an der Wende zum dritten Jahrtausend auf. Zusätzlich zum polnischen Kernland Wielkopolska umfaßten beide Gebilde Pommern, Masowien, Małopolska und Schlesien und nahmen in groben Zügen das Gebiet zwischen Ostsee und Karpaten, Oder und Bug in Anspruch. Im Westen grenzten ebenfalls beide an ein vereinigtes Deutschland, im Süden an die böhmischen Länder und im Norden und Osten an die zerstückelten Länder der Balten und der Ostslawen.

Doch solche geografischen Übereinstimmungen besagen wenig. Nur ein paar Jahre vor oder nach dem Jahr 1000 n. Chr. hätte die Karte ein ganz anderes Polen gezeigt. Wie die meisten mittelalterlichen Staatswesen war auch das Piastenreich ständig im Fluss. Je nach Zu- und Ab-

Kapitel 2: Wrotizla (1000–1335)

nahme der militärischen Macht des Herrschers veränderten sich die Grenzen des Herrschaftsgebietes von Jahr zu Jahr. Bolesław I. Chrobry markierte das polnische Territorium angeblich, indem er Eisenstangen in die Saale bei Halle und in den Dnjepr bei Kiew trieb. Aber das war lediglich ein symbolischer Akt. Nur ein Jahrzehnt früher, im Jahr 990, hatte Schlesien noch der böhmischen Krone gehört, zu der es im Jahr 1039 zurückkehren sollte. Bolesław selber drang tief nach Sachsen ein, und im Jahr 1003 gelang es ihm sogar, sich vorübergehend Prags zu bemächtigen. Ein nationalstaatliches Territorium im heutigen Sinn gab es damals noch nicht.

Vieles von dem, was über das piastische Schlesien bekannt ist, stammt von dem Krakauer Chronisten und Geschichtsschreiber Jan Długosz (1415–80), auch »Longinus« genannt. Obwohl auch frühere Chronisten wie Gallus Anonymus (gest. 1115) wertvolle Beiträge leisteten, richtete Długosz seine besondere Aufmerksamkeit nicht zuletzt deshalb auf Schlesien, weil er es als Teil des polnischen Erbes erachtete, der Polen entrissen worden sei. Überdies besaß er als bedeutender Sammler von Urkunden, Schriftrollen und Rechtsdokumenten konkurrenzlosen Zugang zu Originalquellen und ein bemerkenswertes erzählerisches Gespür. Außerdem besteht die Möglichkeit, dass Długosz sich auf umfangreiches schlesisches Material aus einer oder mehrerer heute verlorener Chroniken stützen konnte.[2]

Die kirchliche Diözese »Polen« erwies sich als weit dauerhafter denn das Königreich von Bolesław I. Chrobry. Der im Jahr 1000 in Gniezno (Gnesen) errichtete polnische Primat erfreut sich einer bis auf den heutigen Tag ununterbrochenen Existenz. Die Diözesanstruktur blieb bis zum 19. Jahrhundert intakt und wurde wiederhergestellt, sobald Polen im Jahr 1918 seine Unabhängigkeit wiedererlangte. Das Suffraganbistum »Wrotizla« behielt seinen Platz innerhalb des polnischen Erzbistums bis zum Jahr 1821 und wahrte damit die kirchliche Verbindung zu Polen, lange nachdem die politische Verbindung zerbrochen worden war. Nach dem Zweiten Weltkrieg kehrte es in den Schoß der polnischen Kirche zurück.

Die Probleme feudaler Lehnstreue verstärkten oftmals territoriale Unsicherheiten. Die politische Struktur des mittelalterlichen Europa bestand theoretisch aus einer Pyramide von Loyalitäten und Pflichten, die vom Bauerntum über Adel, Klerus und Fürsten bis zu den gekrönten Monarchen, zu Kaiser und Papst an der Spitze verliefen. Doch die Huldigung an den feudalen Herrscher war nur insoweit wirksam, als Ansprüche geltend gemacht werden konnten. Die polnischen Herrscher, die sich in relativer

Abgeschiedenheit sowohl von Rom als auch vom kaiserlichen Hof befanden, konnten sich deshalb innerhalb des Lehnssystems relativ großer Freiheit erfreuen. Wie die englischen Herrscher am anderen Ende des Kontinents huldigten sie Papst oder Kaiser nur, wenn sie dazu gezwungen waren oder wenn sie sich einen Vorteil versprachen. Die genaue Beziehung des piastischen Polen zum Reich war Gegenstand vieler Dispute und ist auch von Historikern häufig erörtert worden. Tatsächlich war sie sehr vielschichtig und wechselte von Jahrzehnt zu Jahrzehnt zwischen Partnerschaft, Unterwürfigkeit und Unabhängigkeit.

Der formelle Titel der frühesten Piasten ist für viele Deutungen offen. Die traditionelle Kennzeichnung *Dux* wird manchmal so verstanden, als entspreche sie einem Rang in der Feudalhierarchie, was auch Unterordnung unter den Kaiser impliziert. Man könnte sie aber ebenso gut bloß als »Befehlshaber« oder »Kriegsführer« interpretieren. In keinem zeitgenössischen Schriftstück findet sich eine Erklärung für den Titel. Entsprechend mehrdeutig muss er bleiben.

Also musste Bolesław I. Chrobry, obwohl er sich im Jahr 1000 n. Chr. in Gniezno einer Krönungszeremonie unterzog, etwa 25 Jahre auf eine offizielle, sowohl vom Papst als auch vom Kaiser gebilligte Krönung warten. Im Jahr 1032 huldigte sein Nachfolger Mieszko II. in Merseburg Kaiser Konrad II. und machte Polen damit, zumindest theoretisch, zu einem Lehen des Heiligen Römischen Reiches. Im Jahr 1076 krönte Bolesław II. Szczodry (»der Freigebige«) oder Śmiały (»der Kühne«) sich eigenmächtig zum König von Polen, wobei er die Abwesenheit des in Canossa weilenden Kaisers Heinrich IV. geschickt ausnutzte.

Die unzureichend definierte Natur der Beziehungen Polens zum Reich förderte den Ausbruch zahlreicher Kriege, die Schlesien unweigerlich in die vorderste Frontlinie rückten. Kaiserliche Einfälle im Jahr 1005 verwüsteten sowohl Głogów (Glogau) als auch Wrotizla, während die Invasion des Jahres 1109 am Widerstand derselben Städte scheiterte. Głogów wehrte eine Belagerung ab, während Wrotizla Zeugin der Niederlage der kaiserlichen und böhmischen Truppen in der Nähe der Stadt auf dem Ostufer der Oder wurde. Der polnische Chronist Jan Długosz berichtet voller Stolz von dem Sieg Bolesławs III. Krzywousty (»Schiefmund«) über Kaiser Heinrich V.:

> »Bolesław hat die größte Streitmacht versammelt, die er aufbieten kann, und lässt sie noch größer erscheinen, indem er ihre Reihen mit Bauern auffüllt. Damit setzt er dem Kaiser in einem Gewaltmarsch nach, der Tag und Nacht andauert. Als er dessen Lager

etwa eine Meile vor der Stadt erreicht hat, formiert er eine Schlachtenlinie, richtet einen Appell an seine Truppen, um ihnen Mut zu machen und ihre Kampfeslust anzustacheln, und greift an. Mit ungeheurem Gebrüll gehen die beiden Heere aufeinander los. Es ist Morgen, und die Schlacht dauert bis zum Nachmittag an. Viele fallen, und es gibt Augenblicke, da denken die Polen beinahe daran, die Flucht zu ergreifen, aber Bolesław ist stets da, wenn die Not groß ist, spricht Mut zu und kämpft an der Seite seiner Männer. Als die Schlacht auf dem Höhepunkt ist, wirft Bolesław die sächsische Einheit in den Kampf, die er bis jetzt in Reserve gehalten hat. Diese greift einen Flügel der kaiserlichen Linie an, bricht ihn auf und schlägt eine Bresche, damit die anderen sich unter den Feind mischen können, der von Furcht ergriffen wird, als er bemerkt, was geschieht. Der Kaiser selber wendet sich beim Anblick seiner ins Wanken geratenden Truppen zur Flucht, wobei er zuerst die kaiserlichen Insignien wegwirft, damit diese ihn nicht verraten. Der Kampf wird nun zum Gemetzel. Die Deutschen fliehen in alle Richtungen. Viele werden gefangen genommen und zu Bolesław gebracht, der wie immer rücksichtsvoll ist und ihnen das Leben schenkt. Auf dem Schlachtfeld liegen so viele Leichen, dass jeder Hund im Umkreis mehrerer Meilen angelockt wird. Wer sich nicht in einer großen Gruppe befindet, sollte nicht mehr herumlaufen.«[3]

Der Ort, an dem die Schlacht geschlagen wurde, ist seitdem als Psie Pole bekannt, »Hundsfeld«.[4] Skeptiker glauben, dass Długosz ein Geplänkel in eine große Schlacht verwandelt hat. Einige bestreiten sogar, dass sie überhaupt stattgefunden hat.

Obwohl die kaiserlichen Interessen in Schlesien vorübergehend einen Dämpfer erhielten, waren die Ambitionen der Böhmen nicht vereitelt. Schlesien wurde zum Prüfstein der polnisch-böhmischen Beziehungen und beim leisesten Anzeichen polnischer Schwäche überfallen. So wurde es zwischen 1039 und 1054 erneut böhmisch. Im Frieden von Quedlinburg dagegen fiel es gegen einen jährlichen Tribut an Polen zurück. Nachfolgende böhmische Einfälle in den Jahren 1062, 1093 und 1133 wurden durch polnische Zahlungsversäumnisse verursacht.

Polens piastische Monarchie wurde immer wieder durch interne Streitigkeiten geschwächt. Ein kraftloser Herrscher, der Tod eines Erben oder ein konkurrierender Anwärter genügten, um Chaos und Bürgerkrieg zu verursachen. Die erste von mehreren solchen Episoden begann im Jahr

1034 beim Tod Mieszkos II. Der augenscheinliche Wahnsinn des Königs und anhaltende Auseinandersetzungen mit dem Reich führten zu einem zeitweiligen Zusammenbruch der Monarchie und einem heidnischen Aufstand, der die im Entstehen begriffene kirchliche Organisation in Polen bis in ihre Grundfesten erschütterte. Für die Böhmen boten diese Wirrnisse eine günstige Gelegenheit. Der Überfall Břetislaws I. führte sie bis nach Gniezno, wo sie, als sie die Kirchen zu plündern versuchten, wie durch ein Wunder mit Blindheit geschlagen wurden und nicht imstande waren, die Reliquien des heiligen Adalbert an sich zu reißen. Der Bischof von Wrotizla scheint während der 15-jährigen Besetzung Schlesiens durch die Böhmen seine Zuflucht in Smogorzów und später in Ryczyn auf dem rechten Oderufer gesucht zu haben, die in polnischer Hand verblieben waren.

Im Jahr 1037 wurde der Königssitz Polens von Posen nach Krakau verlegt. An der Art und Weise, wie Wrotizla regiert wurde, änderte sich nicht viel. Aber Krakau war weiter entfernt als Posen, und Małopolska hatte andere Prioritäten als Wielkopolska. Krakau lag weniger im Schatten des Heiligen Römischen Reiches, und sein südlicher Nachbar war nicht Böhmen, sondern Ungarn. Schlesiens politische Zuordnung erfuhr deshalb im Laufe der Jahre einige feine Verschiebungen. Eine bestand in der wachsenden Neigung, sich königlicher Kontrolle zu entziehen. Die zweite wurde – mit einiger Verzögerung – in der wieder zunehmenden Anlehnung Schlesiens an Böhmen sichtbar.

Trotz der Bemühungen von Kazimierz Odnowiciel (Kasimir I. der Erneuerer; reg. 1034–58) geriet die Einheit des Piastenreiches im späten 11. Jahrhundert einmal mehr in Gefahr. Im Jahr 1093 provozierten die Machenschaften eines königlichen Pfalzgrafen, Sieciech von Krakau, eine Erhebung, deren Ausgangspunkt Wrotizla war. Sie wurde vom Kastellan der Stadt, Magnus, angeführt. Die Revolte zielte darauf, König Władysław I. Hermann durch seinen illegitimen Sohn Zbigniew zu ersetzen, doch sie schlug fehl, als der König eine Streitmacht zu ihrer Unterdrückung entsandte:

> »Władysław... versammelt eine Streitmacht und... rückt [auf die Stadt] vor... All jene, die am Stadtrand leben, wetteifern in ihren Treuebekundungen, und als er die Stadt selber erreicht, wird er von einer Prozession aus Geistlichen, Mönchen und Bürgern, angeführt von einem Bischof, empfangen... und mit allem gebührenden Respekt in die Stadt geleitet. Die Burgtore stehen offen, und Magnus und seine Ritter empfangen den Fürsten demütig und mit aller gebührenden Achtung.«[5]

Trotz des Unwillens der Stadt zu kämpfen, hatten sich die ersten Regungen eines regionalen Partikularismus gezeigt. Im Testament Bolesław III. aus dem Jahr 1138 sollten sie ihren Höhepunkt finden.

Die von Magnus gespielte Rolle kündigte das Aufkommen einer mächtigen Klasse von Magnaten an, die durch die Unterstützung wohlhabender und alter Geschlechter zunächst zu provinzieller und dann zu nationaler Bekanntheit aufstiegen. Die Forschung ist sich nicht einig, ob Magnus zu den Powała oder zu den Turzynitas gehörte, mit denen der heilige Stanisław, Bischof von Krakau, verbunden war. Aber die Ausdehnung seiner Autorität als *Comes Vratislaviae* war offensichtlich, was auch für die königliche Gunst gilt. Als *Comes* (Graf) von Masowien tritt Magnus im ersten Jahrzehnt des 12. Jahrhunderts erneut in Erscheinung. Andere Geschlechter, die Macht in Schlesien hatten, waren die Żabędź, zu denen Peter Wlast gehörte, und die Odrowąż, von denen die Heiligen Jacek und Czesław abstammten. Viele von ihnen unterhielten auch Verbindungen mit Mähren. In diesem Zusammenhang ist das Geschlecht der Rawita insoweit besonders interessant, als sie tschechischer Herkunft waren, aber Polen wurden.

Die Herrschaft von Bolesław III. »Schiefmund« (reg. 1102–38) bedeutete nach stürmischem Beginn eine lange Periode der Ruhe. Anfangs stand sie ganz im Zeichen der wiederholten Intrigen des verbannten Bruders des Königs, Zbigniew, die das Land in häufige Kämpfe mit Böhmen und dem Reich verwickelten. Aber der Sieg in Psie Pole sicherte die polnische Unabhängigkeit für ein Vierteljahrhundert, und in dieser Zeit konnte der König sich auf die Unterwerfung und Bekehrung der heidnischen Stämme Pommerns konzentrieren. Gegen Ende seiner Herrschaft waren die Beziehungen Polens zu Böhmen effektiv geregelt. Im »Pfingstfrieden von Kłodzko« (Glatz) wurde im Jahr 1137 die gemeinsame Grenze festgelegt, und diese südliche und westliche Grenzlinie Schlesiens wurde zu einer der stabilsten in Europa.

Eine zweite bedeutende Neuerung der Herrschaft Bolesławs – das System des Seniorats – sollte weniger erfolgreich sein. Długosz zufolge[6] war es erstmals im Jahr 1097 erörtert worden, um streitende Erben zufrieden zu stellen. Tatsächlich war die Idee des Seniorats uralt und in vorchristlichen Gesellschaften relativ weit verbreitet. Die Arpaden Ungarns beispielsweise hatten die Senioratsfolge vor der Thronbesteigung König Stephans im Jahr 1000 n. Chr. praktiziert. Das besondere System, das Bolesław sich ausgedacht hatte, sollte jedoch ein Kompromiss zwischen Majorat (Primogenitur oder Erstgeburtsrecht) und einer gleichen Verteilung unter allen männlichen Erben sein. Es zielte darauf ab, allen Erben gerecht zu werden und gleichzeitig die notwendige Einheit des Königreiches zu bewahren. Nach diesem Kompromiss sollten die jüngeren Söhne des Königs jeweils Wielkopolska, Masowien und Sandomierz (Sandomir) als Erbgüter behalten, während dem ältesten Sohn Małopolska, Schlesien und Pommern zufallen sollten und er als Großfürst regieren sollte. Im Gegensatz zur ursprünglichen Intention sollte das Seniorat jedoch genau jene Rivalitäten und Eifersüchteleien begünstigen, die es zu beschwichtigen suchte. Die Folge war, dass es eine Epoche einleitete, die allgemein als die »Zeit der Zersplitterung« bekannt ist. In wenig mehr als 150 Jahren wurde das piastische Polen an seinen Ausgangspunkt zurückgeführt.

Die zentrifugalen Kräfte wurden schon bald nach Bolesławs Tod immer stärker. Der älteste Sohn Bolesławs, Władysław, geriet mit seinen Brüdern in Streit. Bis 1146 hatte die so genannte »Revolte der Jüngeren« ihn ins Exil gezwungen. Seine Anwesenheit am deutschen Hof lenkte die kaiserliche Aufmerksamkeit noch einmal auf Polen, kaiserliche Offensiven in den Jahren 1146, 1152 und 1157 zwangen Bolesław IV. Kędzierzawy (»Kraushaar«), den Bruder des Vertriebenen, schließlich, die Oberherrschaft des Kaisers anzuerkennen. Doch die Turbulenzen dauerten an. Der nächste piastische Älteste, Mieszko III. Stary (»der Alte«; reg. 1173–77, 1194–1202), suchte seine Position gegenüber seinen Rivalen zu stärken, provozierte aber bloß seine eigene Vertreibung. Seine Rückkehr auf den Thron im Anschluss an die 17-jährige Herrschaft eines jüngeren Bruders, Kazimierz Sprawiedliwy (Kasimir II. »der Gerechte«), führte zu weiteren blutigen Konflikten. Zum Zeitpunkt seines Todes im Jahr 1202 war das Senioratssystem praktisch außer Kraft. Die piastischen Fürsten verspürten wenig Drang zur Wiederbelebung einer vereinten Krone, und es folgte eine weitere Runde territorialer Spaltung.

*

Schlesien blieb in der Anfangsphase dieser Wirren zunächst unversehrt. Aber im Anschluss an die kaiserliche Invasion des Jahres 1157 wurde es unter den Söhnen Władysławs aufgeteilt: Bolesław I. Wysoki (»der Lange«) wurde Herzog von Wrotizla, und Mieszko II. Pląskonogi (»der Plattfüßige«) übernahm das benachbarte Herzogtum Opole (Oppeln). Doch ihre unablässigen internen Machtkämpfe führten bald zu einer zweiten Vertreibung, und Friedrich I. Barbarossa sah sich genötigt, im Jahr 1163 eine zweite Unterwerfung zu erzwingen und seine Schützlinge erneut in ihre Ämter einzusetzen. Unter solchen Umständen entstand schließlich die getrennte Linie der schlesischen Piasten. In den Augen

Kapitel 2: Wrotizla (1000–1335) 97

einiger deutscher Historiker war dies auch der Moment, an dem Schlesien ein getrenntes kaiserliches Herzogtum wurde, womit sein Status als integrale Provinz Polens beendet worden war. Unnötig zu betonen, dass nur wenige polnische Historiker dem zustimmen würden.

In den zwei Jahrhunderten zwischen 1138 und 1335 sollten, angefangen mit der Regierung Władysławs II., des Vertriebenen, elf piastische Fürsten in Wrotizla residieren. Sie beanspruchten das Recht, ganz Schlesien zu regieren, selbst als das Territorium des Herzogtums Wrotizla schrumpfte. Sie wichen den üblichen feudalen Familienfehden nicht aus, und sie wurden wiederholt in endlose Streitereien um das Seniorat verwickelt. Doch ihr Geschlecht legte eine bemerkenswerte Hartnäckigkeit und Kontinuität an den Tag. Acht Generationen lang ging der herzogliche Palast in Wrotizla vom Vater auf den Sohn über oder, bei drei Gelegenheiten, vom regierenden Fürsten auf dessen Bruder. Die durchschnittliche Amtsdauer betrug fast 18 Jahre.

Mehrere dieser schlesischen Piasten hatten eine besonders lange Regierungszeit und waren sehr einflussreich. Bolesław I. (reg. 1163–1201), der als jugendlicher Ritter in Ruthenien (der späteren Ukraine) und in Italien gedient hatte, dominierte die letzten Jahrzehnte des 12. Jahrhunderts. Sein Sohn, Henryk I. Brodaty (Heinrich I. der Bärtige; reg. 1201–38), herrschte beinahe 40 Jahre lang und war mit der späteren Heiligen Jadwiga (Hedwig) verheiratet. Er war der Begründer der so genannten »Henrizischen Monarchie«, welche die meisten Gebiete Polens beherrschte und praktisch ein wiedervereinigtes Königreich schuf. Sein Ururenkel, Henryk IV. Probus (»der Rechtschaffene«; reg. 1267–90), unternahm den letzten Versuch der schlesischen Piasten, die Kontrolle über ganz Polen zu erlangen. Nachdem er eine breite Fürstenkoalition gebildet hatte, die im Jahr 1288 Krakau eroberte, verhandelte er mit dem Papst um die Anerkennung seines Königstitels, als er im besten Alter durch Gift ums Leben kam. Sein Leichnam wurde in der Heilig-Kreuz-Kirche in Wrotizla, die er selbst gestiftet hatte, bestattet und ruhte dort in einem herrlichen Sarkophag, bis er 650 Jahre später von den Nationalsozialisten zum Zwecke »rassischer Vermessung« im Institut für Anthropologie ausgegraben wurde. Bis das Institut und sein gesamter Bestand durch die sowjetische Bombardierung im Jahr 1945 in Schutt und Asche gelegt wurden, war noch keine Entscheidung über Probus' »Deutschtum« gefallen.

Mehrere andere Herzöge sind weniger glorreich in die Geschichte eingegangen. Henryk II. Pobożny (Heinrich II. der Fromme; reg. 1238–41) wurde am 9. April 1241 beim großen Sieg der mongolischen Goldenen

Horde in Legnica (Liegnitz) getötet. Sein Kopf wurde auf einer mongolischen Lanze fortgetragen, und seine Mutter war gezwungen, die übel zugerichtete Leiche an ihren sechs Zehen zu identifizieren. Bolesław Łysy (»der Kahle«; reg. 1241–66) tat sich als Unruhestifter und Anführer von Räuberbaronen hervor. In der polnischen Geschichte erinnert man sich an ihn als den Urheber eines schändlichen Handels, bei dem im Jahr 1249 das Gebiet Lubusz (Lebus) den Brandenburgern abgetreten wurde und damit der deutschen Expansion Tür und Tor geöffnet wurde. Der erbenlose Henryk VI. (reg. 1311–35) übertrug das Herzogtum Wrotizla im Jahr 1327 formell dem König von Böhmen, wobei er sich die Regierungsgewalt auf Lebenszeit vorbehielt. Obwohl andere piastische Fürsten weiterhin andere schlesische Herzogtümer behielten, war er der letzte Piast aus der Vratislavischen Linie.

In der »Zeit der Zersplitterung« Polens wurde auch Schlesien in immer kleinere territoriale Einheiten zerteilt. Im Laufe der Jahrzehnte wurde das Prinzip des gleichen männlichen Erbteils eingeführt, das die Provinz unaufhaltsam spaltete. Beim Tode Herzog Henryks II. von Wrotizla im Jahr 1241 gab es zwei schlesische Herzogtümer: Wrotizla und Opole (Oppeln); eine Generation später gab es vier. Bis 1289 waren es neun: Głogów (Glogau), Żagań (Sagan), Legnica (Liegnitz), Jawor-Lwówek (Jauer), Wrotizla (Breslau), Opole (Oppeln), Koźle-Bytom (Cosel-Beuthen), Racibórz (Ratibor) und Cieszyn-Oświęcim (Teschen-Auschwitz). Zwei Jahrzehnte danach, weniger als 100 Jahre nach Beginn des Prozesses, war die Zahl auf 18 angewachsen, später wurde auf 17 reduziert. Angesichts solch chronischer Instabilität hätte niemand vorausgesagt, dass die schlesischen Piasten ihre älteren polnischen Cousins um ungefähr 300 Jahre überleben sollten.

Der Mongoleneinfall vom April 1241 unterbrach die dynastische Nabelschau der Piasten kurz. Für damalige Christen waren die Mongolen des Batu-Khan die »Reiter der Apokalypse«, die »Soldaten des Antichrist«. Nachdem sie Kiew zerstört und Krakau belagert hatten, rückten sie auf Schlesien vor. Üblicherweise sandten sie Stoßtrupps aus, um die Stärke der gegen sie aufgebotenen Truppen zu testen, eine kluge Strategie, da mongolische Armeen in einer ausgedehnten Karawane Frauen, Kinder, Vorräte und Beute mit sich führten. Auch so eilte ihnen ihr Ruf, brutal und zerstörerisch zu sein, voraus, und sie gefielen sich darin.

Wrotizla bereitete sich auf das Armageddon vor:

> »Als er Krakau verlässt, setzt Batu sich Richtung [Wrotizla] in Bewegung. Als die Tataren feststellen, dass die Brücken zerstört sind,

durchschwimmen sie den Fluss, wie sie es immer tun, wenn sie ihn nicht durchwaten können... [Der Herzog von Opole] greift eine einzelne Tatareneinheit an... aber als der Rest der Tatarenarmee herankommt, flüchtet er nach Legnica... Die Tataren marschieren rasch nach [Wrotizla]. Sie finden die Stadt verlassen vor, weil sämtliche Einwohner mit ihren Reichtümern und Vorräten geflohen sind. Die Ritter haben alles, was übrig war, in die Burg geschafft, bevor sie die Stadt in Brand setzten, um die Tataren der Beute und Zuflucht zu berauben. Die Tataren belagern die Burg: Während der Belagerung rettet Czesław, der Prior des Dominikanerklosters zu St. Wojciech, ein Pole, die Burg mit seinen Tränen und Gebeten: Denn über seinem Kopf erscheint eine Feuersäule und taucht die ganze Stadt in eine unbeschreibliche Helligkeit. Dies jagt den Tataren eine solche Angst ein, dass sie die Belagerung abbrechen und den Rückzug antreten.«[7]

Trotz der wundersamen Anstrengungen Czesławs war die Horde über die Vorstädte auf dem linken Flussufer hergefallen. Dann ritten sie in Richtung Westen, die schwelenden Trümmer hinter sich lassend. Außerhalb von Legnica sammelte Henryk II. seine hastig zusammengestellte Koalition aus polnischen, schlesischen und Deutschordensrittern, um sich den Eindringlingen entgegenzustellen. Doch als der Herzog von Opole mit seinem Gefolge mitten im Kampf floh, gab es am Ausgang der Schlacht keinen Zweifel mehr. Henryk selber soll gemurmelt haben: »Gorze się nam stało« (»Jetzt sind wir erledigt«). Seine Männer wurden abgeschlachtet, er selber enthauptet. Seinen Kopf brachte man zum Beweis des Sieges vor den Befehlshaber. Die Mongolen verschwanden so schnell, wie sie gekommen waren. Schlesiens Adel lag tot danieder; seine Hauptstadt war zerstört worden.

Die Schlacht von Legnica (Liegnitz) bietet einen jener seltenen Augenblicke, in denen lokale Ereignisse eine paneuropäische, um nicht zu sagen welthistorische Perspektive gewinnen. Denn die Mongolen, die siegreich von Mittelasien nach Mitteleuropa galoppiert waren, wären zweifellos imstande gewesen, weiter westwärts vorzurücken. Man hat spekuliert, dies sei nur durch den Tod des Groß-Khans Ögädäi verhindert worden, der alle untergeordneten Khans gezwungen habe, nach Karakorum zurückzukehren, um einen neuen obersten Führer zu wählen.[8] Allerdings darf man sich mit Fug und Recht fragen, ob diese Entscheidung, über das Donaubecken nach Osten zurückzukehren, nicht die im Entstehen begriffene »westliche Zivilisation« vor der Auslöschung gerettet hat (eine wunderbare Frage für alle, die gern über »Wenn« und »Aber« in der Geschichte diskutieren). Auf jeden Fall gibt es keinen Beweis dafür, dass die Mongolen weitergehende Absichten gehabt hätten, als den Herrschern Polens und Ungarns einen vernichtenden Schlag zu versetzen und sie davon abzuhalten, sich in die mongolischen Kämpfe weiter östlich einzumischen.

Die Beschreibungen der Schlacht enthalten viele lokale Gesichtspunkte. Abgesehen von den Fürsten und ihrem Gefolge waren unter den christlichen Kombattanten *cruesignati* oder »Kreuzritter«, wahrscheinlich Johanniter*, freiwillige Goldgräber aus Złotoryja (Goldberg) und ein großes Kontingent »Vratislavischer« Barone. Das auf die Schlacht folgende Gemetzel muss schrecklich gewesen sein. So wird überliefert, dass ein einziges Geschlecht, das auf dem Gut Strachowice in der Nähe von Wrotizla beheimatet war, nicht weniger als 14 seiner Ritter verlor. Es gab nur einen einzigen männlichen Überlebenden, von dem im Übrigen die Familie abstammte, die von 1285 an den Namen »von Strachwitz« annahm. Sie spielte auch in den nächsten 700 Jahren eine hervorragende Rolle in der Gesellschaft Niederschlesiens.[9]

Der Verlauf des Feldzugs ist darüber hinaus für Militärhistoriker von großem Interesse. Der Ausgang der Schlacht scheint in erster Linie durch die Überlegenheit der tatarischen Bogenschützen über die polnischen Armbrustschützen verursacht worden zu sein. Beträchtliche Spekulationen ranken sich um den angeblichen Einsatz eines wundersamen »Feuerballs« in Wrotizla durch den heiligen Czesław. Sie konzentrieren sich auf die Möglichkeit, dass die Mongolen eine Ladung Griechisches Feuer mit sich geführt haben könnten, das verfrüht explodierte. Denn Długosz zufolge hatten die Mongolen die Möglichkeit, ein niederträchtiges Gemisch aus Chemie und Hexerei zu benutzen:

> »Unter den tatarischen Standarten befindet sich eine riesige mit einem gewaltigen aufgemalten X. Sie wird von einem hässlichen schwarzen Kopf mit einem von Haar bedeckten Kinn gekrönt. Als die Tataren sich einige hundert Schritt zurückziehen, beginnt der Träger heftig den großen Kopf zu schütteln, aus dem plötzlich eine Wolke mit einem üblen Geruch hervorbricht, welche die Polen einhüllt und sie fast ohnmächtig werden lässt, so dass sie unfähig sind zu kämpfen. Wir wissen, dass die Tataren in ihren Kriegen immer die Künste der Weissagung und Hexerei verwendet haben... Als sie sehen, dass die beinahe siegreichen Polen durch die Wolke und

---

* Ritterlicher Orden des hl. Johannes vom Spital zu Jerusalem (A. d. Ü.).

den üblen Geruch entmutigt werden, erheben die Tataren ein großes Geschrei, kehren in den Kampf zurück und zerschmettern die polnischen Reihen, die bis dahin standgehalten haben, und es folgt ein großes Gemetzel.«[10]

Sowohl der »Feuerball« des heiligen Czesław wie auch die Geheimwaffe, die in Legnica eingesetzt wurde deuten darauf hin, dass die Schlesier die ersten Abendländer gewesen sein könnten, die die Folgen des militärischen Einsatzes von Schießpulver am eigenen Leibe erfuhren.

Die so genannte »Vinland-Karte« war eine indirekte Folge der mongolischen Invasion. Sie ist noch immer Gegenstand wissenschaftlicher Kontroversen, doch man glaubt, dass sie um 1440 gezeichnet und in die Enzyklopädie *Speculum Historiale* des Dominikaners Vincenz von Beauvais aufgenommen worden ist. Sie stellte den ersten kartografischen Versuch dar, den Umfang der damals bekannten Welt zu dokumentieren, und zeigt ein überdimensioniertes Europa in der Mitte, die japanischen Inseln im Osten und ein gestutztes Afrika im Süden. Am bemerkenswertesten jedoch ist, dass sie im fernen Westen unter der Überschrift »von Bjarne und Leif entdeckt« die Insel »Vinland« zeigt – ein Beweis für die Entdeckung der Neuen Welt durch die Wikinger, falls man die Karte als gültig akzeptiert. Ein Großteil des Materials, das für die Karte Verwendung fand, wurde dem Werk des Franziskanermönchs Johannes de Plano Carpini über seine diplomatische Mission zu den Mongolen im fünften Jahrzehnt des 13. Jahrhunderts entnommen *(Historia Mongalorum quos nos Tataros appellamus)*, die in der schlesischen Hauptstadt begann. Entsprechend verzeichnet die Karte, obwohl sie erst etwa zwei Jahrhunderte später konzipiert wurde, die Namen von nur zwei europäischen Städten: Rom und »Breslauia« – Wrotizla.[11]

Für Schlesien hatte der Mongoleneinfall unmittelbarere Auswirkungen. Er bedeutete das Ende der »Henrizischen Monarchie« und, damit einhergehend, der Herrschaft Schlesiens über Polen. Er signalisierte aber auch das Erstarken eines neuen Faktors in der schlesischen Politik – der germanischen Siedlung (siehe S. 123ff.).

*

Die Erneuerung des böhmischen Einflusses war ein entscheidender Aspekt der Entwicklung Schlesiens und Wrotizlas. Natürlich hatte Böhmen als Schutzgebiet des Heiligen Römischen Reiches und als potenzieller Nutznießer kaiserlicher Großzügigkeit während der gesamten piastischen Epoche eine mehr oder weniger konstante Rolle in den schlesischen Angelegenheiten gespielt. Auf diese Weise erlangten die böhmischen Herrscher mehrmals eine partielle Kontrolle über Schlesien. Allerdings mussten sie die Erfahrung machen, dass ihre langfristigen Ambitionen bezüglich der Provinz durch die polnischen Loyalitäten des schlesischen Adels und durch das Misstrauen der kaiserlichen Politik blockiert wurden. Um die Mitte des 13. Jahrhunderts änderte sich daher die Taktik. An die Stelle der früheren, eher ungeschickten Diplomatie trat nun der Versuch, die sich vergrößernden Meinungsverschiedenheiten zwischen den piastischen Fürsten auszunutzen und die Schutzlosen zu umwerben, um so schließlich Schlesien durch List abzutrennen.

Der Architekt dieser neuen Politik war Otakar (Ottokar) II. Přemysl, König von Böhmen und seit 1253 Markgraf von Mähren. Einen seiner ersten Feldzüge führte er 1255 in Preußen durch, wo er den Rittern des Deutschen Ordens half, ihre von den Prußen eroberten Gebiete an der Ostsee zu befestigen. Ihm zu Ehren tauften sie ihre Festung und Stadt »Königsberg«, obwohl er, wie Długosz verdrießlich anmerkte, nicht ihr König war. Otakar war der aufsteigende Stern am mitteleuropäischen Firmament. Nachdem er sich eine Reihe von Territorien gesichert hatte, die sich von der schlesischen Grenze bis zur Adria erstreckten, versuchte er seine schlesischen Nachbarn für sich zu gewinnen. Władysław (den jüngeren Bruder Henryks III. von Wrotizla) machte er zum Erzbischof von Salzburg, während er den künftigen Herzog Henryk IV. an seinem Hof in Prag unterrichtete. Die Vormundschaft über den jungen Herzog wurde durch Otakars Ernennung zum Erben Henryks und durch dessen Versprechen, ihm bei seinen Feldzügen gegen die österreichischen Truppen Rudolfs von Habsburg zu helfen, belohnt.[12] Henryk seinerseits profitierte im Jahr 1278 vom Ableben seines Mentors, als seinem Herzogtum das Gebiet Kłodzko (Glatz) zufiel.

Die aufkommende »besondere Beziehung« zwischen Schlesien und Böhmen überstand auch den Tod Otakars. Einen gewissen Rückschlag erfuhr sie, als zwölf Jahre später Henryk IV. Otakars Nachfolger Václav (Wenzel) II., dem das Herzogtum Wrotizla versprochen worden war, die Treue brach, indem er den Ansprüchen des Herzogs von Głogów (Glogau) den Vorzug einräumte. Václav rächte sich durch die Rückeroberung Kłodzkos. Doch Otakars Werben trug bereits Früchte. Im Jahr 1289 erkannte Kazimierz (Kasimir) II. von Koźle-Bytom (Cosel-Beuthen) als erster schlesischer Fürst die böhmische Oberherrschaft an. Elf Jahre danach gelang es Václav, sich in Gniezno (Gnesen) als Wacław I. zum König von Polen krönen zu lassen.

Kapitel 2: Wrotizla (1000–1335)

Der eindrucksvolle Erfolg der Böhmen wurde durch den vorzeitigen Tod des Königs im Jahr 1305 und durch die Ermordung seines 16-jährigen Nachfolgers Václav III. (Wacław II. von Polen) ein Jahr später untergraben. Beide Ereignisse dämpften zweifellos die Begeisterung der schlesischen Herzöge für die böhmische Verbindung. Doch nachdem das einflussreiche Haus Luxemburg im Jahr 1310 die Prager Thronfolge angetreten hatte, bekamen die Argumente für eine Anlehnung an Böhmen neues Gewicht, während das Wiederaufleben eines abermals vereinten polnischen Reiches ihre Dringlichkeit verdoppelte.

Das gesamte 13. Jahrhundert hindurch war die Herrschaft der Herzöge von Wrotizla durch Intrigen und kriegerische Abenteuer geprägt. Im Jahr 1213 erhielt der Dom eine goldene Krone aus dem Testament der Königin Gertrude von Ungarn. Gertrude war die Schwester der heiligen Jadwiga (Hedwig) und von einem der Barone ihres Ehemannes heimtückisch ermordet worden. Sie war außerdem die Mutter der heiligen Elisabeth von Thüringen, der »Fürstin der Wartburg«. Durch diese familiären Verbindungen kamen die herrschenden Kreise in Wrotizla auch mit der Welt der deutschen Minne in Berührung. Die Krone der Königin Gertrude wurde eingeschmolzen, um einen goldenen Kelch daraus herzustellen.

Als Herzog Henryk (Heinrich) I., der Bärtige, im Jahr 1238 starb, hatten er und seine Frau, die heilige Jadwiga, seit 30 Jahren ein getrenntes, keusches Leben geführt. Bei seinem Begräbnis in Trzebnica (Trebnitz) »ist Jadwiga die einzige anwesende Frau, die ihm die letzte Ehre verweigert und deren Augen trocken bleiben«.[13]

Zehn Jahre später brach unter den Angehörigen der herzoglichen Familie der erste von mehreren Kriegen aus. Bolesław von Legnica (Liegnitz) heuerte eine Streitmacht sächsischer Söldner an, erklärte seinem Bruder Henryk III. von Wrotizla den Krieg und fiel in das Herzogtum ein. In Środa Śląska (Neumarkt) wurden 500 Männer und Frauen, die in der Kirche Zuflucht gesucht hatten, bei lebendigem Leibe verbrannt. Obwohl Wrotizla nach der Mongoleninvasion neu aufgebaut worden war, hielt es erfolgreich einer dreimonatigen Belagerung stand.

Im Jahr 1254 gab der andere Bruder Herzog Henryks III., Konrad, seine kirchliche Laufbahn auf und griff im Verein mit seinen angeheirateten polnischen Verwandten aus Posen und Kalisz (Kalisch) Wrotizla an. Sie vermieden die Stadt, verwüsteten jedoch die Dörfer rund um Oleśnica (Oels). Als sie nur gut anderthalb Kilometer von Wrotizla entfernt eine Furt durch die Oder fanden, trieben sie ungehindert eine große Menge Vieh weg. Herzog Henryk wurde aus dem Hinterhalt überfallen, festgenommen und gezwungen, einer Neuaufteilung der brüderlichen Erbteile zuzustimmen.

Diese Fehde dauerte auch 23 Jahre später noch an, wobei sich nun eine neue Generation von Herzögen in den Kampf stürzte. Der Krieg zwischen Legnica (Liegnitz) und Wrotizla brach aus, als Herzog Henryk erneut als Geisel genommen worden war, nachdem die Männer seines Bruders ihn aus dem Bett gezerrt hatten. Dieses Mal riefen beide Seiten Verbündete herbei – Legnica aus Deutschland und Wrotizla aus Polen –, und eine blutige Schlacht zwischen den Parteien endete ohne einen Sieger. Die Bürger von Wrotizla wandten sich an Otakar von Böhmen, der zwar eine Einigung vermittelte, sich dabei aber Stadt und Burg Kłodzko (Glatz) aneignete.

Der Tod Henryks IV. Probus im Jahr 1290 veranschaulicht die extreme Kurzlebigkeit politisch-militärischer Erfolge im Mittelalter. Der Herzog hatte durch die Erlangung Krakaus, des Schlüssels zu ganz Polen, soeben seinen größten Erfolg errungen. Er hatte den Bischof von Krakau gefangen genommen und den künftigen König von Polen nur deshalb nicht ergreifen können, weil Łokietek als Franziskanermönch verkleidet geflüchtet war. Auf der Höhe seiner Macht wurde ihm jedoch ein langsam wirkendes Gift verabreicht, und er kehrte zum Sterben nach Wrotizla zurück. Doch Henryks Tod in Wrotizla bildete lediglich den Auftakt zu einem weiteren Konflikt. Während eine Gruppe von Bürgern den designierten Erben, Konrad von Głogów (Glogau), unterstützte, stand eine andere Gruppe hinter Konrads Neffen, dem jungen Henryk V. von Legnica (Liegnitz). Es erwies sich, dass der jüngere Anwärter unter den Rittern des Herzogtums eine stärkere Gefolgschaft hatte, und er konnte eine Übergabe erzwingen. »Konrad fürchtet, gefangen gesetzt zu werden, und verlässt die Stadt durch das eine Tor, als Henryk... sie an der Spitze der Ritter und Bürger, die ihm vor der Stadt entgegengekommen sind, durch ein anderes betritt.«[14]

Es überraschte niemanden, dass auch dieser Sieg nicht von Dauer war. Konrad von Głogów rächte sich mit Hilfe eines jungen Mannes namens Lutek, den der Herzog in seine Dienste nahm, obwohl er zu einem früheren Zeitpunkt Luteks Vater hatte hinrichten lassen. Der Angriff erfolgte, als der Herzog in der Nähe der Burg Wrotizla im Fluss badete:

> »Luteks Männer umzingeln das Zelt des Herzogs... und zerren ihn nackt aus dem Bad. Die Angreifer setzen ihn auf ein Pferd und lassen ihn einen Tag und eine Nacht nach Sadowel reiten, wo er Herzog Konrad übergeben wird, der ihn auf der Stelle in den Ker-

ker werfen lässt, angekettet in einem eisernen Käfig mit nur zwei winzigen Öffnungen, einer, durch die er atmen und Nahrung aufnehmen, einer anderen, durch die er sich entleeren kann. In diesem Käfig kann er weder sitzen noch stehen oder liegen; seine Schultern und Oberschenkel eitern, und sein Körper ist bedeckt von Ungeziefer... Als er nach Ablauf von sechs Monaten sieht, dass keine Anstrengungen unternommen werden, seine Freilassung zu erreichen, schließt er einen Pakt mit Konrad...«[15]

Zur endgültigen Zersplitterung des Herzogtums Wrotizla kam es durch eine gütliche Einigung. Statt einander zu bekämpfen, beschlossen die drei Söhne des verstorbenen Herzogs, drei getrennte Herzogtümer für sich zu schaffen und sich bei der Verteilung ergebende Unterschiede durch finanzielle Entschädigungen zu regeln. Einer von ihnen erhielt Brzeg (Brieg) und eine Summe von 80 000 Mark. Der zweite erhielt Legnica (Liegnitz) zum Preis von 32 000 Mark. Der dritte, der sich 48 000 Mark von seinen Rittern und Bürgern leihen konnte, ging mit dem Titel des Herzogs und als Henryk VI. von Wrotizla aus dem Handel hervor.

An dieser Stelle muss ergänzt werden, dass der Schwerpunkt der Interessen Polens sich nach Norden und Osten zu verlagern begann. Zwei Entwicklungen waren dafür verantwortlich. Im Norden hatte der Deutsche Ritterorden einen dynamischen neuen Staat gegründet, der sich unbeirrt zur führenden Kraft an der Ostseeküste entwickelte. Im Jahr 1308 eroberten die Deutschordensritter Gdańsk (Danzig), womit sie Polen seines wichtigsten Seehafens beraubten und eine kommende große Auseinandersetzung ankündigten. Im Osten begann das Großfürstentum Litauen, das letzte bedeutende heidnische Land Europas, einen Kurs massiver Expansion zu verfolgen. Ausgehend vom heimatlichen Kernland am Njemen (Memel) und unter Ausnutzung des durch die Mongoleneinfälle verursachten Chaos verleibten sich die Litauer die ruthenischen Fürstentümer ein, die Polen vom Moskowiter Reich trennten. Minsk, L'viv (Lwów, Lemberg) und Kiew sollten Teil eines litauischen Reiches werden, das den gewaltigen Raum zwischen Ostsee und Schwarzem Meer ausfüllen sollte. Die polnischen Könige konnten dem kaum tatenlos zusehen. Nachdem Władysław I. Łokietek [»der Ellenlange«; reg. 1320-33) wieder ein starkes Polen hergestellt hatte, stand der nächste Monarch, Kazimierz III. Wielki (Kasimir III. der Große; reg. 1333-70) vor einer strategischen Wahl von größter Bedeutung: Er konnte sich erneut dem Wettbewerb mit Böhmen und dem Heiligen Römischen Reich stellen oder sich auf die neuen Herausforderungen konzentrieren, die der Deutschordensstaat und Litauen darstellten. Kazimierz III. entschied sich für Letzteres. Also wandten die Polen sich nach Osten. Dass die polnische Macht im Westen schwand, war eine natürliche Folge. Schon bald nach seiner Thronbesteigung sollte Kazimierz in einem wohl überlegten politischen Akt Schlesien aufgeben.

Das Schicksal zweier Städte verkörperte die Auswirkungen dieser neuen Konstellation. Die polnischen Piasten richteten ihren Blick auf die Stadt L'viv (Lwów, Lemberg), die Hauptstadt Rotrusslands, die im Jahr 1349 dauerhaft in polnische Hände überging. Als Lwów sollte es sich zur Bastion des Polentums im Osten entwickeln. Wrotizla durfte sich zur selben Zeit in eine andere Richtung entwickeln. Unter dem Namen Breslau war die Stadt ausersehen, sich zu einer Bastion des Deutschtums zu entwickeln. Es war nicht das letzte Mal, dass die Geschicke von Lwów und Breslau eng miteinander verknüpft waren (siehe Kapitel 8).

Manche Historiker haben sich überrascht darüber gezeigt, dass Schlesien im Allgemeinen und Wrotizla im Besonderen ein wieder auflebendes Polen nicht positiver begrüßten. Doch die Zurückhaltung ist eigentlich ganz leicht zu begreifen. Zum einen hatte Władysław I. Łokietek sich seinen Weg auf den polnischen Thron zuerst auf Kosten der schlesischen Piasten und dann auf Kosten der Böhmen erkämpft, und seine besiegten Rivalen waren gegen ihn eingenommen. Zum anderen fühlte sich die zunehmend germanisierte Elite Schlesiens wahrscheinlich stärker zu den ebenfalls germanisierten herrschenden Kreisen Böhmens als zum polnischen Hof in Krakau hingezogen. Mehrere Jahre bevor der Herzog von Wrotizla sich dem König von Böhmen annäherte, begannen die Bürger der Stadt damit, eine engere Verbindung herzustellen. Die Beziehungen Kirche – Staat spielten ebenfalls eine wichtige Rolle. Schlesien gehörte weiterhin zum polnischen Erzbistum, und ein tatkräftiger polnischer König behauptete die Rechte der Kirche und des Papsttums. Es kann kaum ein Zufall gewesen sein, dass die Entscheidung des Herzogs von Wrotizla, die böhmische Suzeränität anzuerkennen, inmitten scharfer Spannungen zwischen den Bürgern und dem Bischof getroffen wurde. Im selben Jahr 1327 reagierten die Bürger wütend auf die Ankunft eines päpstlichen Legaten, Piero d'Alverni, und dessen Versuch, erneut die traditionelle kirchliche Steuer des Peterspfennigs zu erheben. Der Legat wurde aus Wrotizla verjagt. Der Dom wurde geplündert. Mehrere Gefolgsmänner Bischof Nankers wurden ermordet, und der Bischof selbst floh nach Nysa (Neisse). Der Anschluss an Böhmen ging deshalb Hand in Hand mit der Abneigung, sich den Forderungen der polnischen Kirche zu fügen.

Kapitel 2: Wrotizla (1000–1335)

Das Schlesien des frühen 14. Jahrhunderts hatte sich in eine Landschaft kleiner und unbedeutender Herzogtümer verwandelt. Während sie ihren eigenen Streitigkeiten nachgingen und mit wachsendem Druck aus Krakau konfrontiert wurden, wandten viele von ihnen sich um Schutz an den neuen böhmischen König, Johann von Luxemburg, und wechselten nacheinander die Seite. Nachdem die Herzöge von Wrotizla und Opole (Oppeln) die böhmische Suzeränität im Jahr 1327 anerkannt hatten, folgten im Jahr 1329 Legnica-Brzeg (Liegnitz-Brieg), Oleśnica (Oels), Żagań (Sagan) und Śinawa (Steinau) ihrem Beispiel. Głogów (Glogau) wurde zwei Jahre danach abtrünnig und Ziębice (Münsterberg) 1336. Die formale Anerkennung der böhmischen Herrschaft in Schlesien erfolgte im Jahr 1335 im Vertrag von Trencin (Trentschin).

»Im Namen des Herrn, Amen... Wir... geben allen öffentlich durch den Wortlaut dieser Urkunde zur Kenntnis, dass der erhabene Fürst und Herr König Johann von Böhmen und sein Erstgeborener, der erlauchte Herr Karl, Markgraf von Mähren... frei und ungezwungen entsagt haben allem Recht... und Rechtstitel auf das Königreich Polen, die ihnen daran zustanden... Sie nahmen dabei aber aus und nehmen aus die edlen Fürsten, die unten genannten Herren Herzöge, ihre Vasallen mit ihren Herzogtümern, Ländern, Gütern, Herrschaften und allem Zubehör... Sie nahmen auch aus die Länder [Wrotizla] und Glogau mit allen zugehörigen Gebieten und allen zugehörigen Herrschaftsrechten. Die Herren Herzöge und die erwähnten Herzogtümer sind diese: Herzog Boleslaus von Liegnitz und Brieg, Heinrich von Sagan und Crossen, Konrad von Oels, Johann von Steinau... Bolko von Oppeln, Bolko von Balkenberg, Albert von Groß-Stehlitz, Wladislaus von Cosel und Beuthen... Leszko von Ratibor, Johann von Auschwitz und Wladislaus von Teschen.
Da wir ebenfalls wollen, dass die Gunst und eine unlösbare Freundschaft in Liebe die genannten Herren... umschließt, versprechen wir... dass ebenderselbe König von Polen dem Herrn König von Böhmen und dem Herrn Markgrafen von Mähren aufs Höchste wohlgesinnt sein wird in Bezug auf alles Recht, alle Herrschaft und alles Eigentum, das sie haben oder zu haben versichern an den vorgenannten Herrschaften, Herzögen und Herzogtümern... Überdies verzichten wir für den König von Polen und seine Erben auf jede Handlung, Ausnahme und jeden Einwand auf Grund des Gewohnheits- oder faktischen Rechts... an

den oft genannten Herrschaften, Herzögen oder ihren Herzogtümern.«[16]

Das Haus Luxemburg hatte in einem Vierteljahrhundert erreicht, was den Přzemysliden in drei Jahrhunderten nicht gelungen war. Zum ersten Mal seit den Tagen des heiligen Adalbert war Schlesien definitiv in den Schoß der böhmischen Gemeinde zurückgekehrt. Und Wrotizla hatte die Führung übernommen. Am verblüffendsten war, dass Polens Verzicht auf Schlesien, wiewohl lange bedauert, vollkommen freiwillig erfolgt war.

*

Die Wirtschaft Wrotizlas entwickelte sich in drei getrennten, aber untereinander verbundenen Bereichen: Hof, Kaufmannschaft und Kirche. Seit den Tagen der allerersten Herzöge benötigte die Stadt eine Dienstleistungs- und Versorgungsinfrastruktur zur Befriedigung der Bedürfnisse des Hofes. Dem Neuaufbau der Stadt nach dem Mongolensturm 1241 ging die Gründung zahlreicher umliegender Siedlungen voraus, um der Nachfrage gerecht zu werden. Das Dorf Sokolnice im Westen war zu Beginn eine Siedlung von Falknern, und Nabitin weiter westlich war eine Ansiedlung von Oder-Fischern. Einer Quelle zufolge hatten die Ursprünge von Psie Pole (Hundsfeld) im Nordosten nichts mit der Schlacht von 1109 zu tun, sondern könnten auf den Standort des Zwingers der herzoglichen Jagdhunde zurückgeführt werden.[17]

Je mehr sich die Stadt herausbildete, desto mehr wuchs auch die Gemeinschaft der Kaufleute als Knotenpunkt sowohl des Lokal- als auch des Fernhandels. Das Händler-»Viertel« der mittelalterlichen Stadt lag im Süden des Flusses in der Nähe des heutigen Stadtzentrums. Hier unterhielten polnische, deutsche, ruthenische und jüdische Händler Speicher und Stände für einheimische und Importwaren, darunter Leder, Wachs, Hanf und Felle. Im Jahr 1214 wurde der Stadt ihr erstes Privileg gewährt – einmal jährlich während des Johannisfestes im Juni einen achttägigen Markt abzuhalten. Ein Großteil des Fernhandels lag in den Händen jüdischer Kaufleute, die die Kluft zwischen den wichtigsten Kaufmannsstädten in Deutschland, besonders im Rheinland, und jenen in Polen wie Krakau und Lublin überbrückten. Im Jahr 1247 berichtete ein Franziskanermönch, dass er in Kiew einen Landsmann aus Wrotizla getroffen habe.

Der ökonomische Einfluss der Kirche darf jedoch nicht unterschätzt werden. Sie bildete den Kern der regionalen Wirtschaft. Einige der frü-

Kapitel 2: Wrotizla (1000–1335)

hesten Ordensimmigranten wie die Prämonstratenser und die Benediktiner betätigten sich in Landwirtschaft und Handel und häuften auf diesem Wege ein beträchtliches Vermögen an. Mit der Zeit lockten sie neue Bewohner an. Die Wallonen wurde Mitte des 12. Jahrhunderts von Bischof Walther herbeigerufen. Sie kamen mit einer Anzahl Augustiner aus Walthers Heimatstadt Lüttich und ließen sich rings um die Kirche St. Mauritius in einiger Entfernung vom Stadtkern nieder. Obwohl sie lange Zeit als abgesonderte Gemeinschaft vor Ausländern angesehen wurden, setzten sie alles daran, in ihrer neuen Heimat zu Wohlstand zu gelangen – und dies durchaus mit Erfolg. Ihr wichtigstes Handwerk, die Braukunst, wurde zu einer schlesischen Spezialität und zur Grundlage des Vermögens so mancher Familie.

Auch bei der Vergabe von Bergbauregalen in Schlesien war die Kirche aktiv.[18] Schon im Jahr 1136 verlieh Papst Innozenz II. dem Erzbischof von Gniezno (Gnesen), »*item villa ante Bitom*«, vermutlich das Recht zur Ausbeutung von Bodenschätzen. Aber es waren die großen Klöster, die oftmals die Führung übernahmen. Die Zisterzienser-Abtei in Lubiąż (Leubus) beispielsweise erhielt als erste vom Herzog die Erlaubnis, in der Umgebung von Złotoryja (Goldberg) nach Gold und Kupfer zu graben. Klösterliche Schafhaltung lieferte den Anreiz für die Entwicklung der Textilherstellung, die von Lwówek Śląski (Löwenberg) ihren Ausgang nahm. Kleine Städte wie Złotoryja und Lwówek Śląski verdankten ihre Blüte diesen spezialisierten Wirtschaftsaktivitäten, die sie förderten und die auch zur frühen Entwicklung der Zünfte und gesetzlichen Körperschaften beitrugen. Die in Lwówek Śląski produzierten feinen Textilien wurden auf dem prächtigen Tuchmarkt ausgestellt, einem architektonischen Schmuckstück, das bis 1945 überlebte. Ein angeblicher Aufruhr unter dem Pöbel von Złotoryja während der Herrschaft Henryks des Bärtigen war ein Ereignis, das Jahrhunderte später die Fantasie marxistischer Historiker beschäftigte. Anfänglich wurde die Gemeinschaft der Handwerker, Händler und Kaufleute in Wrotizla, die Hof und Kirche dienten, von der Ankunft neuer Immigranten kaum berührt. Die Neuankömmlinge brachten der Stadt eiserne Pflugscharen, die Dreifelderwirtschaft, forstwirtschaftliches Know-how und ein stetiges Bevölkerungswachstum ein. Gleichzeitig bereicherten sie die existierende Wirtschaft und verhalfen ihr zu mehr Effizienz. Der Mongolensturm leitete eine weitere wichtige Stufe der Stadtentwicklung ein.

Das an neuer Stelle neu gegründete und teilweise auch neu besiedelte Wrotizla trat beinahe augenblicklich in eine neue Phase seiner Geschichte ein. Bald schon gab es dort nicht eine, sondern drei Städte, und die Vorstädte begannen sich auf je eigene Dinge zu spezialisieren. Kurz, schon bald forderte die Stadt neue Handelsprivilegien, die ihrem Status entsprachen. Das »Bannmeilenrecht« von 1272 verfügte, dass innerhalb von einer Meile im Umkreis der Stadt keine unabhängigen Märkte abgehalten werden durften. Es bedeutete, dass die Abtei von Trzebnica (Trebnitz) den Markt aufgeben musste, den sie lange Zeit innerhalb der Stadtmauern veranstaltet hatte. Das »Stapelrecht« von 1274 stellte sicher, dass alle Waren für den Weitertransport mindestens drei Tage lang in der Stadt zum Verkauf angeboten werden mussten. Um den angewachsenen Handel zu erleichtern, wurden drei getrennte Marktplätze – Ring, Salzmarkt und Neuer Markt – angelegt.

Doch der kontinuierliche Zustrom von Kolonisten hatte weitreichende Folgen. Deutsche Siedler gründeten im 13. Jahrhundert zahlreiche neue Siedlungen und vergrößerten unzählige bereits existierende Dörfer in der Gegend rings um Wrotizla. Die Stadt musste auf die Bedürfnisse der blühenden Region, deren Mittelpunkt sie nun war, reagieren.

*

Vom Bistum Wrotizla zur Zeit seiner Gründung im Jahr 1000 n. Chr. ist über den Namen des frühesten Amtsinhabers hinaus – eines Johannes oder Jan – nur wenig bekannt. Man könnte vermuten, dass es sowohl geistig als auch materiell von seiner Lage am Wallfahrtsweg von Böhmen zum Reliquienschrein des heiligen Adalbert in Gniezno (Gnesen) profitierte. Aber seine Anfälligkeit war offensichtlich, und sie sollte durch den heidnischen Aufstand der Jahre 1035–47 anschaulich unter Beweis gestellt werden. In jenen Jahren wurde die Diözese entweder in die Zuständigkeit Prags überwiesen, oder man ließ sie vollständig verfallen. Natürlich ist es eine offene Frage, ob die Bekehrung Schlesiens und die Gründung seines Bistums »einvernehmlich« oder »zwangsweise« erfolgt waren. Allerdings gibt es kaum Hinweise darauf, dass das gemeine Volk an den Entscheidungen beteiligt war. Alles deutet darauf hin, dass es sich bei dem Bistum Wrotizla um eine Gründung handelte, die aus Gründen fürstlicher Machtpolitik erfolgte. Man muss sich außerdem mit der Möglichkeit abfinden, dass Bischof Johannes seine Diözese tatsächlich niemals übernahm. Die älteste lokale Quelle, das *Liber Fundationis* aus Henryków (Heinrichau), stellt im 12. Jahrhundert eindeutig fest, dass Hieronymus, der nach dem heidnischen Aufstand für Wrotizla bestimmte Geistliche, »der erste Bischof« gewesen sei. Dies würde darauf hindeuten, dass die frühere Existenz des Bistums in der Gegend nicht bekannt oder nicht anerkannt war.

Kapitel 2: Wrotizla (1000–1335)

Was auch immer zuvor geschehen war, von da an erfreute sich das Bistum einer kontinuierlichen Entwicklung. Bischof Hieronymus (1051–62) erbaute dort, wo später ein größerer Nachfolger stehen sollte, einen kleinen hölzernen Dom. Dass diese positive Entwicklung nicht selbstverständlich war, zeigt das Beispiel von Kołobrzeg (Kolberg) an der pommerschen Ostseeküste, das zur selben Zeit wie Wrotizla einen Bischof erhalten hatte. Aber aufgrund fehlender königlicher Unterstützung scheiterte das Experiment bald, und Mitte des 12. Jahrhunderts musste in Wołiń (Wollin) ein neues pommersches Bistum eingerichtet werden.

Das Vratislaver Christentum gewann mit der allmählichen Ausbreitung des Glaubens über die Grenzen von Hof und Dom hinaus jedoch bald an Festigkeit. Im frühen 12. Jahrhundert war in der Nähe des Doms die St.-Ägidius-Kirche errichtet worden, und jenseits der Inseln wurde im Jahr 1112 die Kirche St. Adalbert geweiht. St. Mauritius wurde um 1130 erbaut. Auch das Mönchstum erschien jetzt. Eine Gruppe von Benediktinern, die von Köln aus über Tyniec in der Nähe Krakaus in die Stadt gelangt war, errichtete Mitte des 12. Jahrhunderts auf dem Ołbin (Elbing) eine Abtei. Ihnen folgten die Prämonstratenser und die Augustiner-Chorherren (Canonici Augustiniani); Erstere zogen in die Kirche St. Martin, Letztere in die Abtei St Maria auf dem Sande. Die Benediktiner auf dem Ołbin wurden im Jahr 1193 durch die Zisterzienser ersetzt.

Die Epoche, in der mit größtem Enthusiasmus Kirchen gebaut wurden, ist gleichbedeutend mit den Namen Peter Wlast. Als Kastellan von Wrotizla soll Wlast angeblich insgesamt etwa 77 religiöse Einrichtungen gestiftet haben, von denen sich 19 in der Stadt befanden, darunter St. Wojciech (St. Adalbert), St. Maria auf dem Sande und das St.-Vinzenz-Kloster, in dem sein eigener Sarkophag stehen sollte. Die Gesamtzahl scheint übertrieben, und es bleibt fraglich, wo er die Gelder für all diese Bauten auftrieb. Einigen Quellen zufolge hatte Wlast die dänischen Kronjuwelen »geerbt«[19], andere unterstellen, er habe von seiner Heirat mit der ruthenischen Prinzessin Maria Swyatopolkowna profitiert.[20] Wo auch immer das Geld herstammte, jedenfalls war er ein äußerst großzügiger Schirmherr.

In Walther de Malonne besaß Wrotizla eine weitere Persönlichkeit von ähnlicher Berühmtheit. Geboren um 1120 in der Nähe von Lüttich und erzogen in Frankreich, hatte Bischof Walther im masowischen Płock gearbeitet und sprach bereits fließend polnisch, als er im Jahr 1149 nach Wrotizla berufen wurde. Seine 20-jährige Amtszeit erlebte die Bestätigung der territorialen Besitzungen des Bistums durch den englischen Papst Hadrian IV. und eine machtvolle Kampagne gegen die Verfehlungen seiner geistlichen Brüder. Am bemerkenswertesten war die Grundsteinlegung eines neuen Doms im Jahr 1158. Wie sein hölzerner Vorgänger Johannes dem Täufer geweiht, war der dreischiffige Bau der Kathedrale von Lyon nachgebildet, verfügte über eine halbrunde Apsis und eine unterirdische Krypta.

Dass der Dom Johannes dem Täufer geweiht war, passte nicht nur gut zum Taufnamen des ersten Bischofs, sondern auch zum Pionierauftrag der schlesischen Kirche. Die Weihe legte den symbolischen Grundstein für die Identität Wrotizlas. Prag hatte den heiligen Wenceslas (Wenzel), Krakau sollte den heiligen Stanisław (Stanislaus) haben, Wrotizla jedoch hatte Johannes den Täufer. Für Generationen von Vratislaviern sollte fortan im Evangeliumsbericht über die *Vox in desertibus* folgende zentrale Stelle Bedeutung haben:

> »Es ist eine Stimme eines Predigers in der Wüste:
> Bereitet den Weg des Herrn und macht seine Steige eben!
> Alle Täler sollen erhöht werden, und alle Berge und Hügel sollen erniedrigt werden; und was krumm ist, soll gerade werden, und was uneben ist, soll ebener Weg werden.«
> (Lukas 3, 4–5)

Die heilige Jadwiga (Hedwig), die Gemahlin Herzog Henryks I. von Wrotizla, war vielleicht die berühmteste kirchliche Schirmherrin in Schlesien. In das Haus Andechs-Meranien hineingeboren, war sie 1186 im Alter von zwölf Jahren mit Henryk verheiratet worden. Im Anschluss an dessen Thronbesteigung im Jahr 1202 widmete sie sich ganz dem Seelenleben der Provinz. So stiftete sie die nach ihrem Gemahl benannte Zisterzienserabtei Henryków (Heinrichau), die Augustiner-Priorate in Nowogród (Naumburg am Bober) und Kamieniec (Kamenz) sowie das Zisterzienserinnenkloster in Trzebnica (Trebnitz), wo sie selber im Jahr 1243 beigesetzt werden sollte. Bald nach ihrer Heiligsprechung im Jahr 1267 wurde Hedwigs Grab zum Wallfahrtsort und sie selbst zur Schutzpatronin Schlesiens.

Die heilige Hedwig war persönlich mit drei weiteren Personen bekannt, die später heilig gesprochen wurden. Die heilige Elisabeth war ihre Tante, der heilige Czesław (Ceslaus) war ihr Beichtvater, und der heilige Jacek (Hyacinth) war der Bruder Czesławs. Jacek und Czesław stammten aus dem schlesischen Geschlecht der Odrowąż (Odrowaz) im Bezirk Opole (Oppeln), und beide hatten den Habit des frisch gegründeten Predigerordens (Dominikaner) vom heiligen Dominikus höchstpersönlich

Kapitel 2: Wrotizla (1000–1335)

empfangen. Sie wurden mit der Missionsarbeit in Polen, Preußen und Litauen beauftragt. Jacek – bekannt als »der Apostel des Nordens« – gründete Priorate in Prag, Krakau, Sandomierz (Sandomir) und Kiew und leitete Missionen in Preußen, Russland und Skandinavien. Czesław kam über Krakau und Prag nach Wrotizla, gründete ein Priorat und wurde zum Provinzial von Polen befördert. Als er im Jahr 1241 außerhalb der Tore Wrotizlas im Alleingang die Mongolen besiegt hatte,[21] stand er zudem in dem Ruf, vier Menschen von den Toten auferweckt zu haben[22] und über die Fähigkeit zu verfügen, auf der Oder zu laufen.[23]

Wrotizlas Verbindung zu den Dominikanern war überraschend ausdauernd. Der allererste Provinzial des Ordens in Polen – Czesławs Vorgänger – war gebürtiger Vratislavier: »Frater Gerardus, nacione Wratislaviensis, studens Parisius«. Es war Bruder Gerard, der Czesław, Jacek und andere bis ins weit entfernte Gdańsk (Danzig) und Kamien Pomorski (Cammin) in Pommern entsandte, damit sie das erste Netz von Prioraten gründeten. Er war wahrscheinlich auch der erste lateinische Bischof Rutheniens. Spätere Ordensprovinziale aus Wrotizla waren Gosław de Breslau (1275–79, 1291–93), Piotrus de Chomiąża (1354–70, 1382) und Jean de Brzeg, Frater Iohannes Bregensis (1370–82).[24]

Die militärischen Orden folgten den Bettelmönchen bald nach.[25] Zuerst kamen die Kreuzherren vom Roten Stern. Ursprünglich neben dem Deutschen Orden und dem Templerorden im Heiligen Land gegründet, kehrten sie nach dem Fall des Königreichs Jerusalem nach Europa zurück und ließen sich im Jahr 1217 in Prag nieder, wo die selige Agnes zwei Hospitäler ihrer Obhut anvertraute. Von dort aus ermöglichte die Herzogin Anna, die eine Schwester von Agnes war, ihren Umzug nach Schlesien. Bis 1247 waren sie in Wrotizla etabliert, und zwar unter einem gewissen Merotonius[26] oder Merboto, der ein Hospital und ein Kloster gründete und die Kirche St. Elisabeth als Tochterkirche des Ordens übernahm. Da sie sich herzoglicher Protektion erfreuten, dehnten sie ihre Aktivitäten später bis nach Kluczbork (Kreuzburg), Bolesławiec (Bunzlau), Ziębice (Münsterberg), Świdnica (Schweidnitz) und Legnica (Liegnitz) aus.[27]

Nach ihnen fanden sich die Johanniter ein – der Ritterliche Orden des heiligen Johannes vom Spital zu Jerusalem. Graf Vinzenz von Pogarell war als Johanniter mit dem Dritten Kreuzzug nach *Outremer* – ins Heilige Land – gereist. Seine Familie und andere hatten auf ihren Besitztümern Ordenshäuser eingerichtet, die der Orden im Laufe der Zeit in Besitz genommen hatte. Dann hatten die Johanniter die Pfarrkirchen von Lwówek (Löwenberg), Złotoryja (Goldberg), Brzeg (Brieg) und Dzierżoniów (Reichenbach) erhalten, konnten jedoch in Wrotizla erst im Jahr 1273 Fuß fassen, als sie sich auf einem Gelände in der Nähe des Świdnica- (Schweidnitzschen) Tores im Süden der Altstadt niederließen. Dort gründeten sie das Hospital St. Trinitas, ein Kloster, und um 1320 die Corpus-Christi-Kirche, in deren Mauerwerk immer noch das »Malteserkreuz« zu sehen ist. Dieser eindrucksvolle Gebäudekomplex mit einer die Fahrbahn überspannenden erhöhten Galerie beherrschte den südlichen Zugang zur Stadt.

Der Deutsche Ritterorden war ebenfalls in Wrotizla präsent. Er war im Jahr 1198 in Akko zur Versorgung deutscher Kreuzfahrer und Pilger im Heiligen Land gegründet worden. Doch im Anschluss an den Zerfall der Kreuzfahrerstaaten hatte er eine neue Mission gesucht und nach einem gescheiterten Aufenthalt in Ungarn im Jahr 1230 einen Auftrag des Herzogs Konrad I. von Masowien angenommen, die heidnischen Prußen zu unterwerfen. Die Verbindung dieses Ordens zu Wrotizla war sehr eng, denn schon Herzog Henryk I. nahm an den Kreuzzügen des Ordens gegen die Prußen teil[28], und viele Ordensritter fochten im Jahr 1241 an der Seite von Henryks Sohn in Legnica (Liegnitz). Fast ein Jahrhundert später, im Jahr 1329, wurden alle Herzöge Schlesiens als *confratres* des Ordens aufgenommen, anscheinend in Anerkennung ihrer feindseligen Haltung gegenüber dem König von Polen.[29] Der Deutsche Ritterorden unterhielt ein Haus in Wrotizla. In der Altbüßergasse gelegen, war das Gebäude als der »Preußischen Herren Steinhaus« bekannt und diente wahrscheinlich als Hospiz.

Wrotizla erlebte also im 12. und 13. Jahrhundert eine rege Ausweitung kirchlicher Aktivitäten und verfügte im 13. Jahrhundert über ein regelrechtes Netz von Pfarrbezirken. Funktionierende Pfarrkirchen gab es offensichtlich sogar schon vor 1226, jenem Jahr, in dem Bischof Laurentius als Ersatz für die Pfarrkirche St. Wojciech (St. Adalbert), die er dem Dominikanerorden übergab, die Kirche St. Maria Magdalena gründete. Diese mittelalterlichen Pfarreien sind auch Gegenstand einer wissenschaftlichen Kontroverse. Es wird nämlich behauptet, die Pfarreien seien von den Bischöfen, und zwar in erster Linie durch Stiftung des Zehnten, geschaffen worden.[30] Tatsächlich erwies sich die Zuteilung des Zehnten als ein häufiger Quell des Streits zwischen dem Bischof und den Empfängern der Zuwendung. Die erbitterte Auseinandersetzung zwischen Bischof Laurentius und Herzog Henryk dem Bärtigen entzündete sich an einem solchen Streit. An einem weiteren waren im Jahr 1255 Bischof Tomasz (Thomas) I. und die Johanniter beteiligt.

Macht und Einfluss der Kirche beschränkten sich allerdings nicht auf religiöse Angelegenheiten. Im 14. Jahrhundert erwarben die Bischöfe von

Wrotizla, dem Beispiel der Erzbischöfe von Gniezno (Gnesen) folgend, schlesische Fürstentümer in der näheren Umgebung, um ihre Einkünfte zu mehren und ihren Status zu festigen.[31] Mit diesem Verhalten schürten sie einen wachsenden Konflikt zwischen den weltlichen und den geistlichen Autoritäten. Die Auseinandersetzungen, dem Investiturstreit zwischen Kaiser und Papst nicht unähnlich, waren tief greifend und langwierig. Sie entzündeten sich häufig an einem finanziellen Streit, entweder über die Zahlung des »Peterspfennigs« oder über die Besteuerung des Kirchenbesitzes. Noch bedrohlicher war, dass sie angesichts der wachsenden Germanisierung der Bürger und der fortgesetzten Verbindung des Bistums mit Polen einen zunehmend nationalen Unterton annahmen.

Die ultimative Waffe der Kirche in diesem Konflikt war die Exkommunikation, und die Bischöfe scheuten sich nicht, sie anzuwenden. Herzog Henryk IV. wurde im Jahr 1284 mit dem Interdikt belegt, zwischen 1319 und 1321 traf es die ganze Diözese. Man vermutet sogar, dass Herzog Henryk I., der Gemahl der heiligen Hedwig, bei seinem Tod im Jahr 1238 exkommuniziert war.[32]

Der Streit zwischen Herzog Henryk IV. Probus und Bischof Tomasz II. in den Jahren 1284–85 hatte mit den anmaßenden Forderungen des Herzogs nach finanzieller Unterstützung bei seinem Griff nach dem Seniorat begonnen. Als der Bischof ablehnte, wie es sein Recht war, wurden seine Burg in Otmuchów (Ottmachau) und seine Stadt Nysa (Neisse) umgehend beschlagnahmt. Überdies befahl der Herzog, dass alle Zehnten im Herzogtum künftig an ihn zu entrichten seien. Der Bischof beschwerte sich daraufhin beim Primas von Polen, Erzbischof Jakób Świnka, der eine Synode nach Łęczyca einberief, um die Klagen anzuhören:

»Das Ergebnis ist... dass der Erzbischof Herzog Henryk und allen, die ihn unterstützt haben, schwere kirchliche Strafen auferlegt und ein Interdikt über die Stadt [Wrotizla] und alle anderen Orte im Herzogtum verhängt. Dieses wird von allen Kirchen und Klöstern in der Diözese eingehalten mit Ausnahme der Minoriten des Franziskanerordens, die es öffentlich missachten. Der Herzog und die Stadtväter, die den Herzog unterstützen, vertreiben den Bischof und die gesamte Geistlichkeit einschließlich der Dominikaner... die sich alle in andere polnische Diözesen begeben, bis der Sturm sich legt. Bischof Thomas reist derweil nach Lyon, um an einer Synode teilzunehmen, findet dort aber keine Unterstützung... weil die Bevollmächtigten Herzog Henryks vor ihm eingetroffen sind... und die Aufhebung des Interdikts erreicht haben.

Weder entschädigt der Herzog also den Bischof noch stellt er einen Ausgleich für die erlittene Kränkung bereit. Der Bischof kehrt als betrübter Mann nach Polen zurück und lebt in Racibórz (Ratibor) als Gast Kasimirs, des Herzogs von Opole (Oppeln).«[33]

Mit der Ernennung von Oksa Nanker zum Bischof von Wrotizla im Jahr 1326 erreichte der Konflikt einen Höhepunkt. Als energischer Verteidiger polnischer Interessen in der Stadt sollte Nanker mit Schlesiens neuem böhmischen König, Johann von Luxemburg, in Konflikt geraten.

Über 300 Jahre lang hatte sich das Christentum in Wrotizla prächtig entfaltet. Die letzten heidnischen Überreste waren verschwunden. Die Kirche war zu einer Organisation von gewaltiger finanzieller und politischer Macht herangewachsen. Ob die Prälaten dem demütigen Evangelium Christi folgten oder nicht, stand auf einem anderen Blatt.

*

Im mittelalterlichen Christentum teilte sich das kulturelle Leben in eine religiöse und eine weltliche Sphäre. Die religiöse Sphäre könnte man in die universale und die lokale, die weltliche in eine höfische, eine patrizische und eine Sphäre des einfachen Volkes unterteilen. In der historischen Überlieferung haben die unterschiedlichen Formen sich nicht im gleichen Maße erhalten. Aber vertreten sind sie alle.

Wrotizlas Dom St. Johannis, seine Kirchen und Klöster waren Denkmäler des orthodoxen römischen Katholizismus. Ihre Architektur, die religiöse Einrichtung und der lateinische Ritus wären auch einem Besucher aus England, Frankreich oder Italien vollkommen vertraut gewesen. Das St.-Vinzenz-Kloster auf dem Ołbin (Elbing) galt als die größte Abtei Polens. Lokale Akzente wurden erstmals durch den Kult um den heiligen Adalbert (Wojciech) und später durch den Kult um die heilige Jadwiga (Hedwig) gesetzt.

Andererseits war die Stadt auch kulturellen Einflüssen aus Westeuropa – besonders den Niederlanden und Norditalien – ausgesetzt. Vor allem Schlesiens Studierende, die reisten, um an ausländischen Universitäten zu lernen, brachten Elemente fremder Kulturen mit sich zurück. Da die Entfernungen groß und die Kosten hoch waren, war die Zahl der Schlesier, die in Frankreich oder Italien studierten, stets gering, aber sie repräsentierten die kulturelle Elite. Die Mehrzahl derjenigen, die im 12. und 13. Jahrhundert im Ausland studierten, standen in Verbindung zum Bistum. Zwei der städtischen Geistlichen, der Stiftsherr Jakob und

Bischof Tomasz I., hatten, möglicherweise in Rom, ihren Doktor in Kanonischem Recht gemacht. Bischof Tomasz I., der das Amt von 1232 bis 1268 bekleidete und der der 15. Bischof Wrotizlas war, könnte als Abkömmling des Geschlechts der Rawita seinen »christlichen« Namen durchaus angenommen haben, als er die Weihen empfing, da die Verehrung des heiligen Thomas Becket zu jener Zeit in Krakau populär war. Bestimmt war er ein geschickter Jurist, der auch von Wrotizla aus engen Kontakt mit päpstlichen Bevollmächtigten pflegte. Eine Serie von Bullen aus dem Jahr 1249, die in mehreren, binnen weniger Tage erlassenen Varianten erhalten geblieben ist, lässt das Geschick und die Gerissenheit erkennen, mit denen die Stadt am päpstlichen Hof agierte.[34]

Religiöse Anlässe waren willkommene Unterbrechungen des harten mittelalterlichen Alltags. Ganz abgesehen von ihrem religiösen Inhalt bildeten sie eine Form öffentlichen Vergnügens. So versammelte sich beispielsweise nach der Heiligsprechung Jadwigas eine ungeheure Menschenmenge vor dem Konvent von Trzebnica (Trebnitz), um der Überführung des Leichnams der Heiligen zuzusehen, die von den Äbten von Lubiąż (Leubus) und Kamieniec (Kamenz) und den Kanonikern und Priestern Wrotizlas durchgeführt wurde:

> »[Sie] heben die Gebeine der Heiligen aus ihrem Sarkophag und waschen sie in Wein. Die wichtigeren werden in eine eigens vorbereitete Vitrine gelegt und dem Dom [von Wrotizla] und anderen polnischen Kirchen vermacht. Als der Schädel herausgehoben wird, erweist sich das Gehirn als völlig unbeschädigt... Sie entdecken drei vollständig erhaltene Finger der Heiligen, die eine winzige Elfenbeinfigur der heiligen Jungfrau umklammern, die sie... immer bei sich getragen hatte. Einmal ließ sie sie fallen und konnte sie zu ihrem großen Kummer nicht wieder finden; aber ein Schwein entdeckte die Figur und brachte sie ihr in seiner Schnauze, als sie in der Kirche betete. Danach hielt sie sie immer fest in der Hand, selbst beim Essen und bei der Arbeit.«[35]

Im frühen 13. Jahrhundert wurden in Wrotizla Schulen eröffnet, um die Söhne der Kleriker und Bürger zu unterrichten.[36] Den Anfang machte die erstmals im Jahr 1212 erwähnte Domschule St. Johannis. Schon ein paar Jahrzehnte später standen Latein, Griechisch, Hebräisch, Grammatik, Logik, Philosophie und Physik auf dem umfassenden Lehrplan. Eine zweite Schule wurde im Jahr 1267 auf dem linken Flussufer gegründet, was den Schülern zwei tägliche Flussüberquerungen ersparte. Die von dem päpstlichen Legaten Guido von Lucina sanktionierte Schule von St. Maria Magdalena bereicherte die erzieherische Standardkost um Rhetorik und Dialektik. Eine dritte Pfarrschule, die von St. Elisabeth, wurde im Jahr 1293 gegründet.

Neben die Erziehung trat die Bereitstellung einer elementaren Versorgung der Kranken und Alten. Da die internationalen Hospitaliter* in ihren europäischen Besitzungen normalerweise keine Hospitäler unterhielten, musste die Lücke entweder vom Stadtrat oder den Pfarreien gefüllt werden. Die älteste Gesundheitsfürsorge in Wrotizla stellten die Klöster St. Vinzenz und St. Maria auf dem Sande bereit. Von 1214 an richtete Letzteres das Heiliggeisthospital ein, das sich um die Nöte der Armen kümmern sollte. Sowohl der in Böhmen sitzende Orden der Kreuzherren mit dem roten Stern als auch der in Polen beheimatete Orden von Miechów engagierten sich in Schlesien, aber wie dieses Engagement im 13. Jahrhundert in Wrotizla aussah, ist nicht bekannt. Das Lazarushospital jedenfalls nahm ab 1312 Aussätzige auf. Der Johanniterorden, der eine Reihe von Gebäuden in der Stadt erworben hatte, beteiligte sich erst ab ungefähr 1330 an der Gründung von Hospitälern. Obwohl diese um das Seelenheil ihrer Patienten mindestens ebenso besorgt waren wie um ihre körperliche Gesundheit, förderten sie nach und nach die medizinischen Kenntnisse. Der Laden des ersten Apothekers in Wrotizla – ein Geschäft unter dem Namen »Heinrich« – öffnete im Jahr 1331 seine Pforten.

Die Fortschritte in der Entwicklung von Theologie, Philosophie und Naturwissenschaften des 12. Jahrhunderts erreichten Schlesien mit einiger Verspätung. Allerdings kann sich Wrotizla auf dem Feld der Naturwissenschaften eines der bedeutendsten Gelehrten der Epoche rühmen. Geboren in der Nähe von Legnica (Liegnitz) und erzogen in Wrotizla, Paris und Padua, beschrieb Witeło (Vitellio, um 1230–1280) sich selber als »Sohn Thüringens und Polens«.[37] Wahrscheinlich war er das Kind eines deutschen Vaters und einer polnischen Mutter. Von Hause aus Philosoph, Mathematiker und Naturwissenschaftler, wurde er von König Otaker II. von Böhmen als Diplomat beschäftigt. Eine Zeit lang war er Kanonikus des Doms von Wrotizla, und mit dem Sohn Herzog Henryks III. reiste er kreuz und quer durch Italien. Am besten in Erinnerung ist er jedoch für seine Darstellung der Optik, die *Perspectiva*, die sich auf das

---

* Während der Kreuzzüge entstandene Ordensgemeinschaften wie die Johanniter, der Deutsche Orden, die Heiliggeistbrüder, die sich besonders der Krankenpflege widmeten (A. d. Ü.).

Werk des arabischen Gelehrten Alhazen stützte und die Ideen von Robert Grosseteste weiterentwickelte. Verfasst um 1270, wurde der Traktat etwa 300 Jahre lang nicht veröffentlicht. Ein philosophischer Brief über das Wesen von Teufeln, den sein Freund Ludwik aus Lwówek Śląski (Löwenberg) an Witeło schrieb, ist ebenfalls erhalten.

Den internationalen Charakter der gebildeten Elite Wrotizlas verkörpert beispielhaft der Werdegang Władysławs (um 1237–1270), jüngster Sohn Herzog Henryks II. des Frommen. Von Kindheit an zum Geistlichen bestimmt, beteiligte er sich nicht an den Streitigkeiten seiner Brüder – Bolesławs des Kahlen und Henryks III. – und stieg in der kirchlichen Hierarchie rasch auf. Er wurde Vikar des Vyšehrad, Bischof von Passau und Erzbischof von Salzburg. Doch er wandte seiner Geburtsstadt niemals den Rücken. Im Jahr 1261 verband er sich mit seinem Bruder, als er die Verleihung des Magdeburger Stadtrechts an Wrotizla bestätigte; und in seinen vier letzten Lebensjahren, als er sowohl Vormund seines minderjährigen Neffen als auch Stellvertreter des verbannten Bischofs war, regierte er das Herzogtum und die Diözese Wrotizla in Personalunion. Er ist im Salzburger Dom begraben.

Die Kultur des Adels war in jener Zeit von den Idealen des Rittertums wesentlich geprägt. Niemand verkörperte diese besser als Herzog Henryk IV., der als »eine der glänzendsten Rittergestalten seiner Zeit« beschrieben wurde.[38] Aufgezogen von König Otaker in Prag, war die höfische Dichtung des Minnesangs und deren Vorstellung von »Minne« und Rittertum Teil seiner Erziehung. Der Minnesang hatte sich im 12. und 13. Jahrhundert, ausgehend von den Troubadouren der Provence, über ganz Europa verbreitet. In den deutschen Ländern inspirierten sie die so genannten »Minnesänger«, Ministerialen und oftmals fürstliche Angehörige des Ritterstandes, deren Lieder von reiner, unerfüllbarer Liebe und ritterlichen Taten kündeten. Herzog Henryk IV. wurde, zu Recht oder zu Unrecht, mit jenem »Heinrich von Pressela« identifiziert, der Autor zweier Minnelieder aus der späten Blütezeit der höfischen Kultur war. Sie finden sich in einer zeitgenössischen Sammlung, der *Manessischen Handschrift* oder *Großen Heidelberger Liederhandschrift*:

> Ich klag' dir, Mai, ich klag' dir, Sommerwonne,
> Ich klag' dir, lichte Heide breit,
> Ich klag' dir, augenblendender Klee,
> Ich klag' dir, grüner Wald, ich klag' dir, Sonne,
> Ich klag' dir, Venus, sehnend Leid,
>   Daß mir die Liebe thut so weh.

Wollt ihr mir helfen streben,
So hoff' ich, daß die Liebe mög ergeben
Sich einem minniglichern Wesen.
Nun laßt euch fein verkünden meinen Kummer,
Bei Gott, und helfet mir genesen.[39]

Falls Herzog Henryk IV. und Heinrich von Pressela ein und dieselbe Person sind, so bleibt festzuhalten, dass Polen ebenso wie Wrotizla kurzzeitig von einem, wenn auch nicht einem der bekanntesten deutschen Minnesänger regiert wurden. Sollte die Identifizierung des Verfassers falsch sein, können wir uns immerhin vergegenwärtigen, von welcher Art die künstlerische Unterhaltung am Hof von Wrotizla im ausgehenden 13. Jahrhundert gewesen war.

*

Wenn man versucht, die ethnische Zusammensetzung des von den Piasten regierten Wrotizla zu bestimmen, müssen zuerst bestimmte Missverständnisse ausgeräumt werden. So ist die Annahme falsch, alle Untertanen der Piasten seien Polen gewesen, und ebenso falsch ist die Vorstellung, eine homogene polnische Nation im modernen Sinne sei bereits formiert gewesen. Auf der anderen Seite ist die Auffassung, alle Untertanen des Heiligen Römischen Reiches seien Deutsche gewesen oder die verschiedenen deutschen Landschaften hätte eine gemeinsame Identität verbunden, ebenso von der Hand zu weisen. Der Ausdruck *regnum Teutonicum* wurde vom kaiserlichen Hof seit dem 12. Jahrhundert nur zögernd übernommen[40], und die Einwohner dieses *regnum* betrachteten sich selber eher als Sachsen, Schwaben, Friesen und Bayern denn als Deutsche. Aus diesen Gründen ist es ebenso wenig statthaft, das Königreich Böhmen als homogene Einheit zu betrachten. Angesichts der Tatsache, dass es bis zum Jahr 990 sowohl Krakau als auch Wrotizla sowie bis in die neuere und neueste Zeit zahlreiche deutschsprachige Gebiete umfasste, ist offenkundig, dass mittelalterliche »Böhmen« weit davon entfernt waren, die Ahnen moderner »Tschechen« gewesen zu sein. »Die Vergangenheit ist ein fremdes Land« – nirgends passt die kluge Warnung besser.

Zur Jahrtausendwende waren die Vratislavier beinahe ausschließlich ethnische Slawen. Weil jedoch jegliche Aufzeichnungen über die Alltagssprache der Stadt fehlen, kann man unmöglich entscheiden, ob der lokale slawische Dialekt stärker zum Tschechischen, zum Polnischen oder zum

Kapitel 2: Wrotizla (1000–1335) 121

Wendischen tendierte. Heutige Behauptungen, dass die Straßen des frühen Wrotizla vom »schlesischen Dialekt des Polnischen« widerhallten, basieren auf den anachronistischen Mutmaßungen von Romantikern des 19. Jahrhunderts. Eigentlich weiß es niemand. Vermutlich hat jedoch die lokale Variante des Westslawischen im 11. Jahrhundert, als böhmische und polnische Einflüsse sich gleichermaßen stark behaupteten, dieselbe Mischung von Merkmalen aufgewiesen, die auch andernorts im tschechisch-polnischen Grenzgebiet vorherrschte. Und wahrscheinlich ist ferner, dass die polnische Färbung der Bürger und ihrer Sprache sich in den Jahrzehnten nach 1050, als Schlesien zur piastischen Herrschaft zurückkehrte und enger mit der neuen Hauptstadt in Krakau verbunden war, verstärkte.

Im 12. Jahrhundert wird das polnische Element Wrotizlas durch die erfolgreichen Kriege gegen das Heilige Römische Reich weiter gestärkt worden sein. Unter Peter Wlast (siehe unten), über dessen Muttersprache ebenfalls zahlreiche Spekulationen angestellt werden, war Schlesien eine voll integrierte Provinz des polnischen Königreichs. Die polnische Kirche jedoch war zur selben Zeit mehreren Fremdeinflüssen unterworfen. Wie der zeitgenössische Chronist, der Gallus Anonymus, war auch Bischof Walther de Malonne ein Kleriker, der Französisch sprach und der die Verbindungen zum Westen stärkte, indem er die Verehrung der heiligen Genoveva von Paris und des heiligen Remigius von Reims förderte. Von Bischof Heymo (reg. 1120–26) wird ebenfalls vermutet, dass er französischer Herkunft war oder ursprünglich Französisch sprach. Ohne Zweifel waren sie nicht die Einzigen. Die Besiedlung durch Weber aus Wallonien – einer nichtdeutschen Provinz des Heiligen Römischen Reiches – beispielsweise war lange ein prägendes Merkmal.

Nichts veranschaulicht den im Fluss befindlichen Zustand der ethnischen Landschaft besser als der Werdegang des Jaksa von Kopanica, auch bekannt als Jaxa von Köpenick, der um 1150 lebte. Wahrscheinlich war Jaksa ein Lausitzer Wende oder Sorbe, ein Mitglied der einstmals ausgedehnten slawischen Nation, die in der Region Bautzen in Sachsen noch immer fortbesteht. Er lebte zu einer Zeit, als die slawische Lausitz sich weit nach Norden ausdehnte, als ihre Bewohner sich der Christianisierung noch widersetzten und als die Gegend, in der später Berlin gegründet wurde, noch auf wendischem Gebiet lag. Wie das nahe gelegene Spandau war auch Jaksas Heimatstadt Kopanica (oder Köpenick) eine von zwei slawischen Befestigungen an der Stätte des künftigen Berlin, die die vorrückenden Sachsen in Schach hielten. Eine im Jahr 1150 geprägte Silbermünze trug die Inschrift »Jacza de Copnik« und zeigte ihn in seiner

Festung sitzend, einen Helm auf dem Kopf und ein gewaltiges Schwert umklammernd.[41] Die Überlieferung behauptet, dass er das Christentum persönlich von dem polnischen Bischof von Lubusz (Lebus) – einer unmittelbar nördlich von Wrotizla gelegenen Diözese – annahm und dass zu seinem Heer ein großes Kontingent Polen gehörte. Auf jeden Fall entriss er, wie die Chronisten bestätigen, im Jahr 1154 Brandenburg den Sachsen und wurde erst nach einem erbitterten dreijährigen Krieg von Albrecht dem Bären vertrieben. Albrecht nahm den Titel Markgraf an und gründete als Hauptstadt der Mark Brandenburg die Stadt Berlin. Der besiegte Jaksa nahm Zuflucht in Wrotizla.

Jaksas Abenteuer sind oft als farbenfrohe Legende abgetan worden. Von Historikern, die sich für die Ursprünge Berlins interessierten, wurden sie, ob in feindlichem oder freundlichem Gewand, regelmäßig wieder ausgegraben. Aus Jaksa wurde der »edle Wilde« – der Caratacus der Grenzmark* –, dem die zivilisierende Mission der Brandenburger gegenübergestellt werden konnte. Sogar seine Identität ist von einem Schleier des Geheimnisses umgeben.[42] Für Długosz war er ein Herzog der Sorben; der Chronist Heinrich von Antwerpen beschrieb ihn als Polen; andere Quellen porträtieren ihn als Pommer, als Schlesier oder gar als Serbe. Überdies wird er gewöhnlich als Schwiegersohn von Peter Wlast in Wrotizla geführt.[43] Was die Sache weiter kompliziert, ist die Existenz eines zweiten Jaksa. Jaksa von Miechów (gest. 1178) war einer der ersten polnischen Pilger im Heiligen Land und Kastellan von Köpnitz in Małopolska (Großpolen). Für manche handelt es sich bei beiden um ein und dieselbe Person.

Jaksas Aufenthalt in Wrotizla ist gleichfalls rätselhaft. Ihm wurde die Stiftung des St.-Vinzenz-Klosters zugeschrieben, das aber bekanntlich von Peter Wlast gestiftet wurde. Wissenschaftler sind in diesem Zusammenhang zu einigen sehr merkwürdigen Schlussfolgerungen gelangt. Vielleicht seien Wlast und Jaksa ein und dieselbe Person gewesen. Oder in Wrotizla habe es zwei dem heiligen Vinzenz geweihte Klöster gegeben. Oder St. Vinzenz sei von Wlast gestiftet und von Jaksa neu gestiftet worden. Die größte Überraschung ereignete sich im Jahr 1962, mehr als 800 Jahre nach Jaksas rätselhafter Existenz. Bei Renovierungsarbeiten im Arsenal wurde ein Tympanon aus dem 12. Jahrhundert freigelegt, das von seinem ursprünglichen Platz über einem Portal in dem Kloster auf dem

---

* Britannischer König des 1. Jahrhunderts n. Chr.; Führer des keltischen Widerstands gegen die römische Eroberung Britanniens unter Claudius (A. d. Ü.).

Ołbin (Elbing) versetzt worden war. Und hier fand sich, in Stein gemeißelt, der Name Jaksa.[44]

Die radikalste Veränderung erfuhr die Bevölkerungsstruktur jedoch durch den Zustrom deutscher Siedler und die sich daraus ergebende Ausbreitung deutscher Kultur. Die ersten Anzeichen werden sich wahrscheinlich schon in den höfischen Kreisen Władysławs II., des Vertriebenen, gezeigt haben, dessen Söhne bereits deutsch erzogen wurden. Aber der entscheidende Wandel kann auf das letzte Viertel des 12. Jahrhunderts datiert werden. Die Zisterzienser von Lubiąż (Leubus) waren sächsische Mönche, die aus Pforta in der Nähe von Altenburg, dem einstigen Exil Bolesławs I. des Langen, hergebracht worden waren. Anfangs waren sie eine isolierte deutsche Gemeinde in Schlesien, aber im Jahr 1175 erhielten sie das Recht, landwirtschaftliche Kolonisten auf ihren Ländereien anzusiedeln. Überdies wurden die polnischen Benediktiner des St-Vinzenz-Klosters auf dem Elbing in Wrotizla im Jahr 1180 angeblich durch Prämonstratenser aus dem Heiligen Römischen Reich ersetzt. Ihr neuer Abt, Cyprian, war in Deutschland geboren. Im darauf folgenden Jahrzehnt wurde er Wrotizlas erster deutscher Bischof.

Im 13. Jahrhundert beschleunigte sich der Prozess der Germanisierung. In Wrotizla wird er häufig mit der Herrschaft Herzog Henryks I. in Verbindung gebracht, der im Jahr 1201 die Nachfolge von Bolesław I. als Herzog von Wrotizla antrat. Als Sohn, Enkel und Ehemann deutscher Fürstinnen ist er immer wieder als »blonder polnischer Herzog mit deutschem Herzen«[45] beschrieben worden. An seinem Hof wurde sowohl Polnisch als auch Deutsch gesprochen. In seiner Gesellschaft befanden sich seine Gemahlin, die spätere heilige Jadwiga (Hedwig), und deutsche Verwandte, deutsche Berater, Ritter, Mönche und Nonnen. So legte er, bewusst oder unbewusst, die Grundlagen für die spätere deutsche Provinz Schlesien. Auch die deutsche Ansiedlung in der Stadt Wrotizla datiert aus der Zeit der Herrschaft Herzog Henryks I., da sie um das Jahr 1214 begann.[46]

Manche halten Schlesien für das Musterbeispiel deutscher Ostexpansion.[47] Die Siedler, vornehmlich aus Sachsen, Thüringen und Bayern, wurden durch Vorzugsbedingungen beim Grundbesitz, durch die Aussicht auf fruchtbares Land und durch Chancen auf wirtschaftlichen Wohlstand angelockt. Man siedelte sie in einem Netz von Städten an, das sich in Intervallen von annähernd 20 Kilometern über das Land ausbreitete.[48] Wo zwischen den Siedlungen der Kolonisten bereits slawische Dörfer existierten, wurden Gesetze und Sitten jenen der Neuankömmlinge angepasst. Entscheidend ist, dass es kaum Hinweise auf eine feindliche Haltung der einheimischen Schlesier gibt.[49] Schlesien, einst ein Bollwerk gegen »deutschen« Einfluss, wurde so bald zu einem wichtigen Verbreitungsgebiet.

Die Zerstörung Wrotizlas im Mongolensturm von 1241 verstärkte nur den Veränderungsdruck, und deutsche Kaufleute erlangten allmählich die Oberhand in der schlesischen Hauptstadt. Da sie eine weitere Runde dynastischer Streitigkeiten fürchteten, suchten sie sich durch die Übernahme deutscher Stadtrechte und anderer Maßnahmen zu schützen. Auf ihr Betreiben hin wurde die Stadt von Anna, der Witwe Herzog Henryks II., neu errichtet. Wiederaufbau und Verwaltungsreform förderten den stetigen Zustrom von Immigranten, der für den Rest des Jahrhunderts nicht nachlassen sollte. Nachdem erst einmal das Magdeburger Stadtrecht eingeführt war, wurde Deutsch zur offiziellen Amtssprache. Die Folge war, dass immer größere Teile der eingeborenen slawischen Bevölkerung germanisiert wurden. Auf ähnliche Weise gewannen die Deutschen in der polnischen Kirche an Einfluss. Nach Lubiąż (Leubus) und St. Vinzenz wurden auch die Klöster von Henryków (Heinrichau) und Kamieniec (Kamenz) zu Bastionen deutscher Kultur. Der Konvent von Trzebnica (Trebnitz) wurde von deutschen Nonnen aus Bamberg übernommen, und im Jahr 1274 versetzte man die Franziskaner von Wrotizla in die sächsische Provinz ihres Ordens. All diese Prozesse sollten am Ende zum Entstehen des deutschen Breslau führen.

In der neueren deutschen Geschichtsschreibung ist es nicht ungewöhnlich, das Jahr 1163, das Datum der Aufteilung Schlesiens unter den aufsässigen Söhnen Władysławs, als Datum der Trennung Schlesiens von Polen[50] und seines effektiven Übertritts zum Heiligen Römischen Reich vermerkt zu finden. Dieser Interpretation zufolge suchten die am kaiserlichen Hof erzogenen und durch Friedrich I. Barbarossa wieder in ihre Rechte eingesetzten schlesischen Piasten dem rückständigen und tückischen Leben im Königreich Polen zu entkommen, indem sie sich mit dem Reich verbündeten. Im Großen und Ganzen wird diese Deutung mit Hinweis auf den Germanisierungsprozess gerechtfertigt, der von Bolesław I. dem Langen begonnen wurde, hauptsächlich jedoch mit seinem Sohn – Henryk I. von Wrotizla – verbunden war. Diese Sichtweise unterstellt, dass die andauernden Germanisierungsaktivitäten der Nachfolger Henryks natürlicherweise zur Neugründung der Stadt nach deutschem Recht und schließlich zur Abtretung der Provinz an den böhmischen Verbündeten des Heiligen Römischen Reiches geführt hätten.

Obwohl auf den ersten Blick überzeugend, enthält diese Argumentation ein paar fragwürdige Behauptungen. Denn selbst wenn die schlesi-

Kapitel 2: Wrotizla (1000–1335)   125

schen Piasten eine bewusste Germanisierungspolitik verfolgten, zielten sie nicht notwendigerweise darauf ab, sich dem Reich anzuschließen. Der polnische Staat war, obwohl in der »Epoche der Zersplitterung« zerbrochen und schwach, keineswegs für immer verloren. Sowohl die dynastische Treue der Fürsten als auch die vereinheitlichte kirchliche Struktur des Königreichs gaben ihm weiterhin Zusammenhalt. In der Tat war die enge Beziehung zwischen Wrotizla und der polnischen Kirche offensichtlich. Wrotizla spielte oft die Gastgeberin für polnische Synoden und diente den Erzbischöfen von Gniezno (Gnesen) als Zweitresidenz.[51] Außerdem steht die angebliche Absicht der Herzöge, sich von Polen abzuspalten, in merkwürdigem Gegensatz zu der ungebrochenen Verwicklung in polnische Angelegenheiten, denn die schlesischen Piasten waren nach wie vor eng mit ihren polnischen Verwandten verbunden. Dreimal zierten im 13. Jahrhundert schlesische Fürsten in der Person Henryks I., Henryks II. und Henryks III. den Thron des regierenden Fürsten (Senior) in Krakau.

Aus diesem Blickwinkel muss die Germanisierung nicht unbedingt Ausdruck eines Sezessionswunsches von Polen sein. Viel wahrscheinlicher ist, dass mit ihrer Hilfe die Ambitionen der schlesischen Piasten *innerhalb* Polens gefördert werden sollten. Die bewusst ins Land geholten deutschen Siedler dienten nicht allein der Stärkung Schlesiens, sondern sollten auch die Notwendigkeit erhöhen, dass schlesische Piasten als oberste Fürsten Polens in Krakau herrschen. Erst als diese Absicht in Krakau definitiv vereitelt worden war, wechselte die Flugbahn der Provinz tatsächlich die Richtung. Die polnische Krone verlor die schlesischen Herzöge erst, als die schlesischen Herzöge ihre Herrschaft über die polnische Krone verloren hatten.

Die Germanisierung schritt im Großen und Ganzen ruhig voran. Sie wurde als »friedliche Durchdringung... ohne ernsthafte Reibungen oder Blutvergießen... [und] ohne rassischen oder nationalen Antagonismus« beschrieben.[52] Dieser Kommentar erscheint freilich doch etwas übertrieben, denn tatsächlich kam es zu Konflikten, besonders innerhalb der Kirche. Mitte des 13. Jahrhunderts wurden deutsche Siedler in Schlesien kollektiv exkommuniziert, weil sie einer anderen Version des religiösen Kalenders folgten. Ein halbes Jahrhundert später wurde Bischof Heinrich von Werben (reg. 1302–19) vom Erzbischof von Gniezno (Gnesen) wegen Begünstigung des deutschen Interesses exkommuniziert. Auch beschränkte sich der Konflikt nicht auf Polen und Deutsche. Im Jahr 1314 wurden Kämpfe in der Stadt zwischen Polen und Tschechen verzeichnet.

Besonders deplatziert wäre auch die Annahme, das polnische Element sei dezimiert worden. Die Dörfer auf dem rechten Ufer der Oder blieben geschlossen polnisch, und polnische Namen wie Baran oder Cebula fanden sich regelmäßig selbst unter den Patriziern der Stadt. Die Geistlichen wie auch einige der geistlichen Orden, vor allem die Dominikaner, blieben polnisch.

Als Anhaltspunkt für die fortschreitende Germanisierung wurde von Historikern einst die Häufigkeit deutscher Namen in den Dokumenten genannt. Ab Mitte des 13. Jahrhunderts sind die Namen sämtlicher Amtsinhaber und führender Bürger Wrotizlas bekannt, und in ihrer großen Mehrheit sind sie in der Tat deutsch. Doch die Gleichsetzung von ethnischer Zugehörigkeit mit bestimmten Namen ist offenkundig sehr unzuverlässig. Deutsch sprechende Schreiber konnten durch Transkription polnischer Namen in die deutschen Entsprechungen leicht den Eindruck erwecken, es handele sich um deutsche Namen. Untersuchungen, die sich auf deutsche Patrizierfamilien stützen, enthüllen wenig über wichtige Fragen wie Zweisprachigkeit oder die Identität der des Lesens und Schreibens unkundigen unteren Schichten.

Einige Hinweise auf den komplizierten ethnischen und sprachlichen Charakter von Stadt und Herzogtum ergeben sich aus dem *Liber fundationis* der etwa 65 Kilometer südlich von Wrotizla gelegenen Zisterzienserabtei Henryków (Heinrichau). Niedergeschrieben in zwei Teilen, einen für die Jahre von 1268–73, den anderen für die Zeit ab circa 1310, besteht das Buch aus einer Sammlung von Dokumenten der Abtei, in die ausführliche Kommentare eingestreut sind. Die Sammlung vermittelt ein vielschichtiges Bild der Beziehungen zwischen den größtenteils deutschen Mönchen und der polnischen Bauernschaft des Umlandes. An einer Stelle enthält der lateinische Text den, wie behauptet wurde, allerersten jemals in polnischer Sprache aufgezeichneten Satz: »DAJ, AĆ JA POBRUSZĘ A TY POCZYWAJ.« Die Wendung stellt Gelehrte seit ihrer Veröffentlichung im Jahr 1854 vor Rätsel. Sie bedeutet etwa: »Überlass mir das Drehen (oder Rühren), und ruh du dich aus.« Was genau gedreht (oder gerührt) werden sollte, ist unklar. Aber die Dreher (oder Rührer) sprachen Polnisch.

Die jüdische Gemeinde von Wrotizla ist zweifellos älter als die frühesten Dokumente ihrer Existenz. Jüdische Kaufleute waren seit der Zeit der Chasaren in Mittel- und Osteuropa tätig gewesen. Eine der ersten Beschreibungen der slawischen Länder wurde um 960 von Ibrahim ibn Jakub verfasst, einem Juden aus Córdoba im muslimischen Spanien, der sich zweifellos in Prag und möglicherweise auch in Krakau aufgehalten hatte. Auch wurde behauptet[53], dass es in Polen vom 10. Jahrhundert an eine jüdische Gemeinde gegeben habe, die auf die jüdische Präsenz im

Osten, im ehemaligen Chasarenreich, zurückging. Es ist durchaus denkbar, dass die jüdische Gemeinde von Wrotizla auf das späte 11. Jahrhundert zurückgeht, als jüdische Flüchtlinge während einer Serie von Zwangsbekehrungen Prag verließen.[54] Stichhaltige Beweise gibt es für die Zeit vor dem ausgehenden 12. Jahrhundert jedoch nicht. Einige Quellen erinnern an einen Grabstein, der einem gewissen Rabbi Ahron gehört habe, der 1177 gestorben sei.[55] Jüngere Fachleute verlassen sich auf den ältesten erhaltenen Grabstein in Wrotizla, der in die Mauer des alten Friedhofs einzementiert wurde und ungefähr 30 Jahre jünger ist:

»Dieser Stein ist / das Grabmal Davids / mit der lieblichen Stimme / Sohn des Sar Shalom / der sich am 2. Tag der Woche / und am 25. Tag des Monats Aw / im Jahr 4000 und 800 / und 163 seit der Erschaffung der Welt / zu [seinen Ahnen] begab. / Seine Seele wurde in den Knoten des Lebens eingebunden.«[56]

Davids »liebliche Stimme« deutet darauf hin, dass er von Beruf Kantor war. Der Name seines Vaters, Sar Shalom, deutet auf einen orientalischen Ursprung. Davids Todestag, der 25. Aw 4963, entspricht dem 4. August 1203.

Im selben Jahr verkauften zwei Juden, Joseph und Haskiel, die Pacht des vorstädtischen Dorfes Sokolniki an Herzog Henryk I. den Bärtigen. Man nimmt an, dass die Pacht als Sicherheit für ein Darlehen gewährt worden war und dass der Pachtvertrag gekündigt wurde, sobald das Darlehen zurückgezahlt war. Dieser Vorgang bestätigt, dass ein wichtiger Broterwerb der Juden Wrotizlas – oder vielleicht der am besten dokumentierte – der Geldverleih war.[57]

Gleichermaßen zahlreich waren jüdische Metzger. Im frühen 14. Jahrhundert befanden sich nicht weniger als zwölf der 92 Schlachthäuser der Stadt in jüdischem Besitz. Dies bedeutet nicht, dass 13 Prozent der Einwohnerschaft jüdisch waren, da jüdische Metzger auch christliche Kunden mit bestimmten Fleischkategorien beliefert haben könnten.

Das judaische Gesetz verbot Juden jedoch, in unmittelbarer Nähe von Nichtjuden zu leben. Also dürfte die räumliche Trennung die Regel gewesen sein. Obwohl in Polen niemals formelle Ghettos eingeführt wurden, werden jüdische Familien wohl ein eigenes Viertel mit unmittelbarem Zugang zu Synagoge, rituellem Badehaus und koscherem Lebensmittelmarkt bewohnt haben. Im 13. Jahrhundert lag die jüdische Gemeinde in der Nähe der herzoglichen Burg im Nordwesten der Stadt. Der Name Rabbinergässel hielt sich bis in die Neuzeit. Kurz nach dem Mongoleneinfall wurde außerhalb der Stadtmauern im östlich der Stadt gelegenen Bezirk Oława ein dauerhafter jüdischer Friedhof angelegt. Ein Privileg, das den Juden Wrotizlas feste Rechte zugestand, das so genannte »Schutzprivilegium«, wurde im Jahr 1267 gewährt. Es folgte unmittelbar auf ein ähnliches Privileg, das zwei Jahre zuvor im nahe gelegenen Kalisz (Kalisch) erlassen worden war und das vielen Städten unter polnischer Herrschaft als Präzedenzfall diente. Im frühen 14. Jahrhundert verfügte die jüdische Gemeinde Wrotizlas im Stadtzentrum über eine Schule *(yeshiva)*, einen Talmud-Lehrer und einen offiziellen Vorsteher.

Natürlich passte die räumliche Trennung gut zu den Vorurteilen der christlichen Mehrheit. Juden wurden nicht zu den Zünften der Stadt zugelassen, die die üblichen christlichen Qualifikationen verlangten. Folglich blieben die Juden in ihren eigenen Handels- und Handwerksorganisationen. Es war ihnen nicht erlaubt, städtische Ämter zu bekleiden, Christen koscheres Fleisch zu verkaufen, Ammen zu stellen oder sich bei christlichen Prozessionen auf der Straße aufzuhalten. Ebenso wie in anderen Städten, in denen deutsches Recht galt, wird man von ihnen wohl verlangt haben, den Judenfleck zu tragen (einen gelben Flicken, der einen Juden kennzeichnete). Zudem waren sie sporadischen Feindseligkeiten und sogar Gewalttätigkeiten ausgesetzt. Obwohl ein angebliches Pogrom im Jahr 1219 in Wrotizla widerlegt worden ist, kann es bezüglich der intoleranten Haltung einiger Bevölkerungsteile, insbesondere unter den Bürgern und den Geistlichen, kaum einen Zweifel geben. Eine Reaktion auf das Privileg von 1267 wurde von einer im selben Jahr abgehaltenen Diözesansynode zum Ausdruck gebracht:

> »Da die Polen eine neue Pflanzung im Boden der Christenheit sind, müssen wir beständig auf der Hut sein, damit die christliche Bevölkerung hier, wo die christliche Religion noch nicht tief verwurzelt in den Herzen der Gläubigen ist, nicht dem Einfluss des falschen Glaubens und der bösen Gewohnheiten der in ihrer Mitte lebenden Juden erliegt.«[58]

Die kirchlichen Autoritäten ließen nichts unversucht, die beiden Gemeinschaften auf Distanz zu halten, nicht zuletzt, indem sie Mischehen und unstatthafte sexuelle Verbindungen verboten. Hierbei unterschieden sich die restriktiven Einstellungen der christlichen Kirche nicht von denen der jüdischen Ältesten.

Theoretisch waren die Juden unmittelbar dem Herzog untertan. Aber mit der Zeit erließ der Stadtrat eigene Edikte. Im Jahr 1302 beispielsweise versuchten die Ratsmänner, den jüdischen Pferdehandel einzuschränken, indem sie darauf beharrten, dass jeder Verkauf von einem Juden und einem Christen bezeugt werden müsse. Sie führten außerdem neue Steuern unter dem Vorwand ein, die Juden beteiligten sich nicht an der städtischen Bürgerwehr. Und es gab Versuche, die Geschäfte jüdischer Bäcker zu begrenzen und im Tuchhandel ein christliches Monopol zu errichten.

1319 eskalierten die Spannungen aufgrund eines Jahres allgemeiner Hungersnot und infolge eines Großfeuers, was zur vorübergehenden Vertreibung der Juden aus Wrotizla führte. Das traditionelle Engagement von Juden in Handel und Finanzen machte sie in Zeiten wirtschaftlicher Not besonders verwundbar; und abergläubische Menschen gaben häufig den Juden die Schuld an natürlichen Katastrophen. Nicht zum ersten und auch nicht zum letzten Mal wurden sie zu Sündenböcken für allgemeine Notlagen gestempelt. Den Steuerlisten zufolge war die Anzahl der Juden in Wrotizla innerhalb von sieben Jahren auf den Stand der Zeit davor zurückgegangen.

Allerdings muss einschränkend erwähnt werden, in welcher Weise sich die jüdische Gemeinde mit den fragmentarischen Gerichtsbarkeiten der mittelalterlichen Zeit arrangierten. Die Vertreibung aus der Stadt bedeutete nicht totale Verbannung. Dekrete wie *De non tolerandis Judaeis* waren nicht gleichbedeutend mit umfassender Verfolgung. Vom Stadtrat vertriebene Juden konnten gewöhnlich in einem benachbarten Gerichtsbezirk Zuflucht nehmen. Häufig suchten sie zum Beispiel den Schutz wohlwollender Adliger, die die restriktiven Praktiken der Stadt missbilligten, die selber nicht in der Stadt wohnen durften oder die sich freuten, jüdische Dienste in Anspruch zu nehmen und jüdischen Händlern Zutritt zu Land in unmittelbarer Nähe der Stadttore zu verschaffen. In der Zeit vor der Vereinheitlichung der Zuständigkeitsbereiche in Wrotizla konnten sie einfach über die Oława (Ohle) von der Altstadt in die Neustadt ziehen. Trotz gelegentlicher Spannungen war das ständige Nebeneinander von Christen und Juden im piastischen Wrotizla und in der Umgebung also ein unverrückbarer Grundzug des Lebens.

*

Die Verwaltung des piastischen Schlesien und seiner Hauptstadt durchlief mehrere Phasen. Im 11. und frühen 12. Jahrhundert herrschte der Stellvertreter des Königs unangefochten über alle weltlichen Angelegenheiten. Dieser war entweder ein älterer *wojewoda* (Woiwode) oder Palatin, auch

Comes Palatinus (Pfalzgraf) genannt, oder ein jüngerer *kasztelan*. Nach dem heidnischen Aufstand konnte die königliche Herrschaft in Wrotizla ihre direkte Macht über etwa 17 *castellani* in den umliegenden Gebieten festigen. Die meisten dieser Stellungen verwandelten sich im Laufe der Zeit in erbliche Ämter und bestärkten dadurch das Entstehen eines regionalen Adels. Innerhalb der Stadt kam es vorläufig zu keiner parallelen Entwicklung.

Peter Wlast, auch bekannt unter dem Namen Piotr Włostowic oder Peter von Dänemark (gest. 1155), diente sowohl unter Bolesław III. Krzywousty als auch unter Władysław II., dem Vertriebenen, als Palatin in Wrotizla. Abgesehen von Magnus zählt er zu den sehr wenigen hohen Beamten der Epoche, über die etwas bekannt ist. Während man ihn einst für einen Dänen oder gar Wikinger hielt,[59] war er mit größerer Wahrscheinlichkeit ein Ritter dänischer Abstammung, der während der Pommernkriege in königliche Dienste trat. Polnische Quellen betonen seine Verbindung zum Geschlecht der Łabędz, während seine ruthenische Ehefrau Maria eine enge Verwandte von Krzywoustys eigener Gemahlin, Fürstin Zbysława, war. Dank zahlreicher Heldentaten für seinen Herrn, etwa der Gefangennahme von Fürst Wolodar Rostislawowitsch in Kiew, wurde er mit riesigen Ländereien in verschiedenen Teilen Polens belehnt. Folglich verfügte er über die Mittel, zum bedeutenden Stifter kirchlicher Einrichtungen zu werden (siehe oben). Sein politischer Sturz erfolgte im Jahr 1145, als er auf Befehl Władysławs II., des Vertriebenen, geblendet wurde. Als Palatin hätte er den für beide Seiten verlustreichen Kriegen zwischen dem »Vertriebenen« und seinen Söhnen nicht aus dem Weg gehen können, und man nimmt deshalb allgemein an, dass er für einen nicht näher bezeichneten verräterischen Akt verurteilt wurde. Eine lokale Quelle deutet indes in eine andere Richtung. In dem lateinischen Gedicht *Carmen Mauri*, das einige Zeit nach dem Tode Wlasts in Wrotizla entstand, wurde die Blendung des Palatins als Ergebnis eines unbedachten Scherzes dargestellt. Während er mit dem »Vertriebenen« im Wald jagte, hatte Wlast angeblich abfällige Bemerkungen über die Tugend der eifersüchtigen Gattin seines Fürsten, Agnes von Babenberg, gemacht. Also sei die Ehre der Gemahlin mit den Augen des Palatins gerettet worden.

In der »Zeit der Zersplitterung« erlangten die Herzöge von Schlesien de facto die Unabhängigkeit, obwohl sie die nominelle Oberhoheit der regierenden piastischen Fürsten in Krakau niemals förmlich leugneten. In der Tat richteten sich sowohl Henryk II. als auch Henryk IV. in Krakau und in Wrotizla ein und herrschten kurzzeitig praktisch über ganz Polen. Nach 1202 weigerten die schlesischen Piasten sich jedoch, die Inbesitznahme des Seniorats durch Leszek Biały (»den Weißen«) anzuerkennen. Fortan betrachteten sie alle Krakauer Senioren bis hin zu Łokietek als Usurpatoren.

Der lang andauernde Konflikt zwischen den Herzögen und den Bischöfen von Wrotizla verlieh den zentrifugalen Kräften weiteren Ausdruck. Die erste Auseinandersetzung deutete sich im Jahr 1155 an, als Bischof Walther de Malonne sich wegen des Schutzes seiner Besitztümer an den Papst wandte. Die bei dieser Gelegenheit an Wrotizla gesandte päpstliche Bulle zählt zu den ältesten erhaltenen Dokumenten der Stadt. Sie diente als Ausgangspunkt für die auf der Synode von Łęczyca (1180) erreichte allgemeine Übereinkunft zwischen Kirche und Staat in Polen, in der die Kirche anerkannte, dass Krakau dem regierenden Fürsten gehöre, und der Staat im *ius spolii* das Recht der Kirche anerkannte, nach dem Tod eines Bischofs das Diözesaneigentum einzubehalten. Tatsächlich wuchs die Macht der Bischöfe rapide. In Wrotizla führten die Spannungen zwischen dem Herzog und dem Bischof mehrfach zum Ausbruch offener Feindseligkeiten. Henryk I. Brodaty, der auf der Beibehaltung der traditionellen Kontrollen über die Kirche beharrte, trieb Bischof Tomasz I. (1232-68) ins Exil. In den Jahren 1256-57 sah derselbe Prälat sich durch Bolesław den Kahlen in den Kerker geworfen. Unter Henryk IV. Probus weigerte Bischof Tomasz II. (1270-92) sich, etwa 70 Ansiedlungen, welche die Kirche auf herzoglichem Land gestiftet hatte, aufzugeben, und wurde entsprechend vertrieben. Unter Zustimmung eines Großteils der polnischen Geistlichkeit aus der Stadt antwortete er mit der Exkommunizierung des Herzogs. Eine langjährige politische Spaltung hatte begonnen, bei welcher der Herzog auf die deutschen Bürger zählen konnte, während der Bischof - und hinter ihm der polnische Primas und der Papst in Rom - vom polnischen Bevölkerungsteil unterstützt wurde.

Diese Brüche innerhalb der bestehenden Ordnung schufen allmählich den Raum für die Entfaltung städtischer Selbstregierung. Auch dieses Thema war Anlass einer historischen Kontroverse von einiger Delikatesse. Als es vor mehr als 100 Jahren zum ersten Mal untersucht wurde, betonten deutsche Historiker fast ausschließlich die rechtlichen Aspekte und vor allem die verschiedenen Stadtgründungsakte. Sie erweckten den Eindruck, dass keine Stadt vor ihrer Gründung eine erwähnenswerte Geschichte durchlaufen habe, und beschrieben die Entwicklung so, als seien alle schlesischen Städte mit dem Tag ihrer Gründung mit voll ausgeprägten Institutionen versehen gewesen - bewohnt von Deutschen, deutsches Recht praktizierend und deutschen Normen folgend. Zahlreiche Untersuchungen haben seitdem gezeigt, dass die städtischen Institutionen sich jedoch über einen sehr viel längeren Zeitraum langsam und ungleichmäßig entwickelten. Ein simples Schema ist jedenfalls nicht anwendbar. Mit der möglichen Ausnahme von Złotoryja (Goldberg) 1211 und Lwówek Śląski (Löwenberg) 1217 wurde keine schlesische Stadt durch einen bewussten Gründungsakt in die Wildnis gesetzt. Fast alle hatten bereits eine lange Geschichte vor der Ankunft deutscher Siedler, und die wichtigsten Organe der Selbstverwaltung übernahmen sie nur stufenweise.

Der *Bayerische Geograph*, eine aus dem 9. Jahrhundert stammende Beschreibung Osteuropas »am nördlichen Ufer der Donau«, hatte beispielsweise 15 Festungen allein im Lande der Slenzanen (Ślężanie) erwähnt. Die päpstliche Bulle von 1155 führt 20 schlesische Städte auf, die alle fast ein Jahrhundert oder mehr vor der Hauptgründungswelle bestanden hatten. Dazu gehörten Bytom (Beuthen/Oberschl.), Głogów (Glogau), Legnica (Liegnitz), Milicz (Militsch), Niemcza (Nimptsch), Otmuchów (Ottmachau) und Strzegom (Striegau). Der Gallus Anonymus, der um 1100 schrieb, unterschied *castra* (Festungen) von *urbes* und *civitates*. Wrotizla ordnete er zusammen mit Posen und Krakau in die letzte Kategorie ein.

Im Falle Wrotizlas wird die Entstehungsgeschichte sowohl durch das Fehlen einer Gründungsurkunde als auch durch die sehr unklare Chronologie der Ereignisse verkompliziert. Früher glaubte man, die Gründung der Stadt sei durch den Mongoleneinfall des Jahres 1241 angestoßen worden und unmittelbar darauf erfolgt. Zahlreiche Beweisstücke deuten heute darauf hin, dass die Mongolen lediglich eine Entwicklung unterbrachen, die zehn oder 15 Jahre früher begonnen hatte. Im Jahr 1229 betritt ein Stadt-Praetor (Schultheiß/soltys) die Szene, was darauf schließen lässt, dass ein solcher Justizbeamter durchaus Teil einer umfassenderen Organisation gewesen sein könnte. Ebenso beschreibt ein Dokument der Abtei von Trzebnica (Trebnitz) aus dem Jahr 1242 das nahe gelegene Wrotizla als eine Stadt, in der bereits früher eine Form von Gründung stattgefunden haben muss. Weil der große Marktplatz, der Ring (Rynek), um 1240 angelegt wurde, könnte man auch argumentieren, dass Pläne für ein derart wichtiges Unternehmen bestimmt schon zehn Jahre zuvor, also um 1230, entworfen worden sein dürften. Aus diesen Gründen war wahrscheinlich der angeblich von Herzog Bolesław dem Kahlen im März 1242 autorisierte Gründungsakt nicht der Anfang der Stadtgeschichte. In dem maßgeblichen Neugründungsakt von 1261 gibt es Anspielungen sowohl auf die Annullierung früherer Privilegien als auch auf »Unregelmäßigkeiten«, zu denen es in der Kindheit Herzog Henryks III. gekommen sei. Zwischen 1260 und 1270, als Herzog Henryk zusammen mit seinem als bischöflicher Verwalter fungierenden Bruder Władysław regierte, erhielt man aus Magdeburg einen systematischen Kodex, das *ius municipale* oder Weichbild, und Wrotizla wurde zweifellos Teil eines weit auseinander gezogenen Netzes ähnlicher Stadtgemeinden.

In dieser Epoche übte Wrotizla beträchtlichen Einfluss auf andere Städte in Schlesien und darüber hinaus aus. Professionelle »Lokatoren« aus der Stadt waren an der Gründung von Bochnia (1253), Krakau (1257) und Lwów (Lemberg, 1356) beteiligt. Eine Sammlung von *ortyli* oder »Gerichtsurteilen« aus Wrotizla und Kraków lieferte eine Anleitung zur Interpretation und Praxis der Stadtrechte. Doch diese waren keineswegs einheitlich. Die Stadt Środa Śląska (Neumarkt) beispielsweise, die nur 30 Kilometer nordwestlich von Wrotizla lag, erhielt ihr Recht nicht direkt aus Magdeburg, sondern aus Halle, das seine eigene Variante des Magdeburger Rechts entwickelt hatte. Neumarkts Kontakte mit Halle gingen auf das Jahr 1210 zurück, und seine rechtliche Eingliederung schient vor 1223 vollendet gewesen zu sein. Das Neumarkter Recht *(Jus noviforense)* sah nur eine begrenzte städtische Autonomie vor, bei der die Amtsgewalt entweder durch einen *scultetus* (Schultheiß/Soltys) oder durch einen erblichen *advocatus* (Vogt/wójt) samt seiner begleitenden Schöffenbank ausgeübt wurde. Es eignete sich gut für kleine Siedlungen und wurde deshalb von über 500 städtischen wie ländlichen Orten im gesamten mittelalterlichen Polen übernommen. Tatsächlich glich die Praxis in Wrotizla, wie sie vor der Neugründung von 1261 bestanden hatte, diesem Recht so sehr, dass man geneigt ist zu fragen, ob Wrotizla sich nicht zuerst Środa Śląska (Neumarkt) zum Vorbild nahm, bevor es sich dem Magdeburger Recht zuwandte. Środa Śląska selbst stieg im Jahr 1362 auf die vratislavischen Normen um.

Mehrere Jahrzehnte lang wurde Wrotizla daran gehindert, seine Institutionen der städtischen Verwaltung vollständig zu entwickeln. Der Stadtrat, den es seit den sechziger Jahren des 13. Jahrhunderts gab, genoss nicht von Anfang an unbeschränkte Vollmachten. Aber im Jahr 1326 kaufte er für die bescheidene Summe von 40 Mark die Rechte des erblichen *advocatus* auf. Danach wurden die exekutiven und legislativen Funktionen der Stadt einschließlich jener des Vogts allmählich von dem gewählten Stadtrat (rada) und, mit einiger Verzögerung, von einem durch den Rat gewählten Bürgermeister übernommen. Zur selben Zeit wurden den Juden der Stadt spezielle Privilegien gewährt, und man errichtete das wichtige Handelsmonopol des Stapels (1274).

Herzog Henryk IV. Probus hatte der Stadt bereits früher das Recht zur Einführung eines Zunftsystems gewährt. Von 1272 an war jeder ansässige christliche Kaufmann oder Handwerker verpflichtet, einer entsprechenden Gilde oder Zunft anzugehören, deren Älteste die Aktivitäten ihrer Mitglieder regelten und dem Stadtrat Gehorsam schworen. Im Jahr 1327 gab es 29 separate Gilden und Zünfte, obwohl die Spezialisierung ihre Zahl noch vergrößern sollte. Die wichtigsten umfassten die Tuchhändler, die Schneider, die Metzger, die Bäcker, die Schmiede, die Gerber und die Brauer. Jede hatte ihren eigenen Versammlungsort, ihre eigene Kirche oder Kapelle, ihre eigene Straße oder ihr eigenes Viertel sowie eigene Regeln und Vorschriften. Binnen sehr kurzer Zeit bildeten die prominenteren Ältesten eine dauerhafte patrizische Elite. Ihre Familien heirateten untereinander und vermischten sich mit dem ländlichen Adel. Sie beherrschten die Schöffenbank und den Stadtrat, wobei sie ihre städtischen Ämter häufig in lebenslange oder erbliche Positionen verwandelten. Obwohl sie niemals vollständig dominieren konnten, sollte das von ihnen begründete System bis zum 19. Jahrhundert intakt bleiben.

Es ist beinahe unmöglich, die genaue Abfolge der Ereignisse in der langsamen Entwicklung der Selbstverwaltung Wrotizlas zu rekonstruieren. Einige Anhaltspunkte finden sich in den bekannten Veränderungen und Anbauten am Gebäude des Rathauses, das bei seiner Entstehung, in den vierziger Jahren des 13. Jahrhunderts, lediglich eine Tuchhalle auf dem neuen großen Markt (Rynek) gewesen war, der bald weitere Kaufhallen angegliedert wurden. Das *consistorium*, der »Sitz der städtischen Verwaltung«, wird zum ersten Mal im Jahr 1299 erwähnt. Um dieselbe Zeit wurde die »Vogteistube« angefügt, während die »Ratsstube« erst im Jahr 1328 Gestalt annahm. Die früheste Erwähnung des Schweidnitzer Kellers, der nach und nach vom Kontor des städtischen Wein- und Biermonopols in die wichtigste Schatzkammer der Stadt umgewandelt wurde, datiert aus dem Jahr 1331. Sicherlich wurde das ganze System der städtischen Verwaltung bis zum Ende der piastischen Herrschaft zu einer Struktur verfestigt, die bis zum Beginn der preußischen Herrschaft etwa 400 Jahre später Bestand haben sollte. Wahlen und Neuwahlen zum Stadtrat fanden alljährlich am Aschermittwoch statt. Die Zahl der Ratsmänner schwankte zwischen sechs und zwölf. Entweder einzeln oder gemeinsam überwachten sie die Gerichte der Stadt und die Schöffen, regulierten Handel sowie Maße und Gewichte und kontrollierten die Finanzen. Das Große Siegel der Stadt, das ein Bildnis des städtischen Schutzpatrons, Johannes des Täufers, und die Worte WRATISLAVIAE SIGILLUM CIVITATIS zeigte, wurde spätestens seit 1292 regelmäßig verwendet. Zuvor war ein älteres Siegel, das ein Bild des kronenlosen piastischen Adlers trug und zweifellos vom Stadtvogt benutzt wurde, in Gebrauch.

Kapitel 2: Wrotizla (1000–1335)

Viele Einzelheiten der frühen mittelalterlichen Verwaltung Wrotizlas sind überliefert. Die Namen der obersten Beamten wurden, zumindest teilweise, bereits seit 1214 notiert:

1214 Godinus scultetus
1229 Alexander scultetus de Wratislavia
1248 Advocatus noster Henricus Wratislaviae
1257 Heinrich, Vogt von Breslau
1261 Advocatus Henricus et Alexander filius eius.[60]

Der Eintrag für das Jahr 1261 scheint anzuzeigen, dass das Amt des Vogts erblich geworden war. Die Reihe endet 1326 mit dem lakonischen Kommentar »vendidit« (er hat es verkauft).

Die Namen der Stadträte wurden von 1266 an aufgezeichnet:

Consules Wratislaviensis
1. Albertus de Banz
2. Godefridus Albus
3. Herdegnus
4. Albertus de Ciraz
5. Siffridus de Gorliz
6. Helevicus de Bolezlaw[61]

Trotz mehrerer früher Unterbrechungen setzte diese Reihe sich bis ins Jahr 1741 fort.

Wrotizlas großes Geschäftsbuch ist dank der Unterschrift seines ersten, bescheidenen Buchhalters als *Henricus Pauper* oder »Armer Heinrich« bekannt. Es verzeichnet penibel die Einnahmen und Ausgaben der Stadt. Der früheste erhaltene Eintrag bezieht sich auf das allerletzte Jahr des 13. Jahrhunderts:

»Anno domini 1299 prime mee collecte magistri Petri. Et illo anno fuerunt tantum quattuor collecte, et fuit tota summa de omnibus his collectis:
– Summa de prima collecta quam collegit Gothscalcus ante me 3 centum marc et 15 marc
– Summa de secunda collecta 200 marce et 70 minus 1 marc...«[62]

»Meister Peter« berichtet laut diesem Eintrag, dass in jenem Jahr vier Steuersammlungen stattgefunden hätten, von denen eine sein eigener

Einstand war. Die von seinem Vorgänger Gottschalk gesammelte Gesamtsumme belief sich bei der ersten Runde auf 315 Mark. Der Gesamtbetrag der zweiten Runde betrug 269 Mark. Es folgt eine lange Liste von Steuerzahlern. Von ihnen *Judei dederunt 16 marc* (gaben die Juden 16 Mark). Am Schluss folgt eine Erklärung zur verantwortungsbewussten Verwaltung:

> »Residua pecunia posita est ad universos usus civitatis, videlicet ad pontes, ad murum, ad propugnacula, et ad alia necessaria.«
>
> (Das Überschussguthaben wurde den allgemeinen Zwecken der Stadt zur Verfügung gestellt, sei es für die Brücken, die Stadtmauer, die Vorwerke oder andere Notwendigkeiten.)«[63]

Was das Neumarkter Recht betrifft, so wurde das gesamte kodifizierte Verbrechens- und Strafregister in einer Reihe von Bänden aufgezeichnet, die lange Zeit im Stadtarchiv von Głogów (Glogau) aufbewahrt wurden. Zu den damals üblichen drakonischen Strafen gehörte die Enthauptung für Vergewaltigung.[64] Wahrscheinlich brachte man diese Bände Mitte des 14. Jahrhunderts dorthin, als Neumarkt zum Magdeburger Recht übertrat.

Insgesamt gesehen kann man festhalten, dass die Zuständigkeiten der städtischen Selbstverwaltung sich ausweiteten. Je mehr die Autorität der piastischen Herzöge verschwand, desto mehr lernten die schlesischen Städte langsam, aber stetig, ihre Angelegenheiten selber in die Hand zu nehmen und auf eigenen Füßen zu stehen.

*

Von seinem alten Zentrum auf den Oderinseln weitete Wrotizla sich im 11. und 12. Jahrhundert zu einem Komplex aus fünf getrennten Siedlungen aus. Die Ostrów Tumski (Dominsel) beherbergte sowohl die ursprüngliche Königsfestung als auch den Dom St. Johannis. Die hölzerne Burg, in der Bolesław I. Chrobry im Jahr 1017 gewohnt haben dürfte, wurde um 1220 vergrößert und von einer steinernen Palisade eingefasst. Der erste Dom aus Stein begann Mitte des 11. Jahrhunderts in die Höhe zu wachsen. Unter Henryk dem Frommen wurde die Burg doppelt erweitert und mit einer neuen achteckigen Kapelle (heute die Kirche St. Martin) verbunden. Während des Mongoleneinfalls von 1241 suchten viele Einwohner Wrotizlas hier erfolgreich Zuflucht.

Die nahe gelegene Wypsa Piaskowa (Sandinsel), aus mittelalterlichen Quellen als »Arena« bekannt, war der Platz des wichtigsten Oder-Übergangs und durch Brücken, die im Jahr 1149 zum ersten Mal erwähnt werden, mit beiden Flussufern verbunden. Peter Wlast errichtete dort zusammen mit der prächtigen St.-Marien-Kirche das Augustiner-Chorherrenstift, womit er den Kanonikern die Einkünfte aus benachbarter Schenke und Schlachthaus verschaffte. Seit 1229 erscheint in den Dokumenten ein Nonnenkloster der Augustiner.

Die auf dem rechten Ufer gelegene Siedlung Ołbin (Elbing) wurde ebenfalls von Peter Wlast ausgebaut, der dort seinen eigenen Palast und die Benediktinerabtei St. Vinzenz erbaute, die im Jahr 1139 die angrenzende St.-Michaels-Kirche integrierte. Im Jahr 1195 an die Prämonstratenser übertragen, wurde der Gesamtkomplex von Verteidigungsmauern umgeben und blieb bis zu seinem Abbruch im Jahr 1529 eine der Hauptsehenswürdigkeiten Wrotizlas.

Die Gegend auf dem linken Ufer sollte zum Kern des spätmittelalterlichen Wrotizla werden, blieb aber bis zur Mitte des 13. Jahrhunderts relativ frei. Die aus dem 12. Jahrhundert stammende Pfarrkirche St. Adalbert (Wojciech) wurde im Jahr 1226 den Dominikanern übergeben. Zur Übernahme von Gemeindeaufgaben wurde im selben Jahr die Kirche St. Maria Magdalena gestiftet. Zweifellos waren hier seit Urzeiten inoffizielle Märkte abgehalten worden, und deutsche Quellen sprechen von einem im frühen 13. Jahrhundert erbauten »deutschen Kaufhaus«.

Die Zerstörung Wrotizlas im Jahr 1241 löste eine regelrechte Bauwut aus. Zusammen mit dem kleineren Salzmarkt im Südwesten wurde der Hauptmarktplatz (Ring, Rynek) angelegt. Die Errichtung eines einstöckigen Steingebäudes mit einem langen, niedrigen Keller markiert den Anfang des Rathauses. Auch der Neue Markt wurde, weiter östlich, angelegt, während im Jahr 1263 eine separate Neustadt gegründet wurde. Auf einer von Oder (Odra) und Ohle (Oława) eingerahmten Insel gelegen, wurde sie anfangs von Tuchmachern besiedelt und behielt bis zu ihrer Vereinigung mit dem Rest der Stadt im Jahr 1327 eine eigene Verwaltung und ein eigenes Rathaus.

Auch der Kirchenbau nahm stark zu. Die Kirchen St. Adalbert, St. Nikolaus, St. Maria Magdalena, St. Elisabeth und der Dom St. Johannis wurden aus Stein wieder aufgebaut. Die späteren Jahrzehnte des 13. Jahrhunderts erlebten die Errichtung der Kirchen St. Christophorus, St. Barbara und ab 1288 der großartigen Kirche zum Heiligen Kreuz. Im Anschluss an einen Brand im Jahr 1272 auf dem linken Flussufer hatte Herzog Henryk verfügt, dass alle Häuser künftig aus Stein erbaut sein müssten.

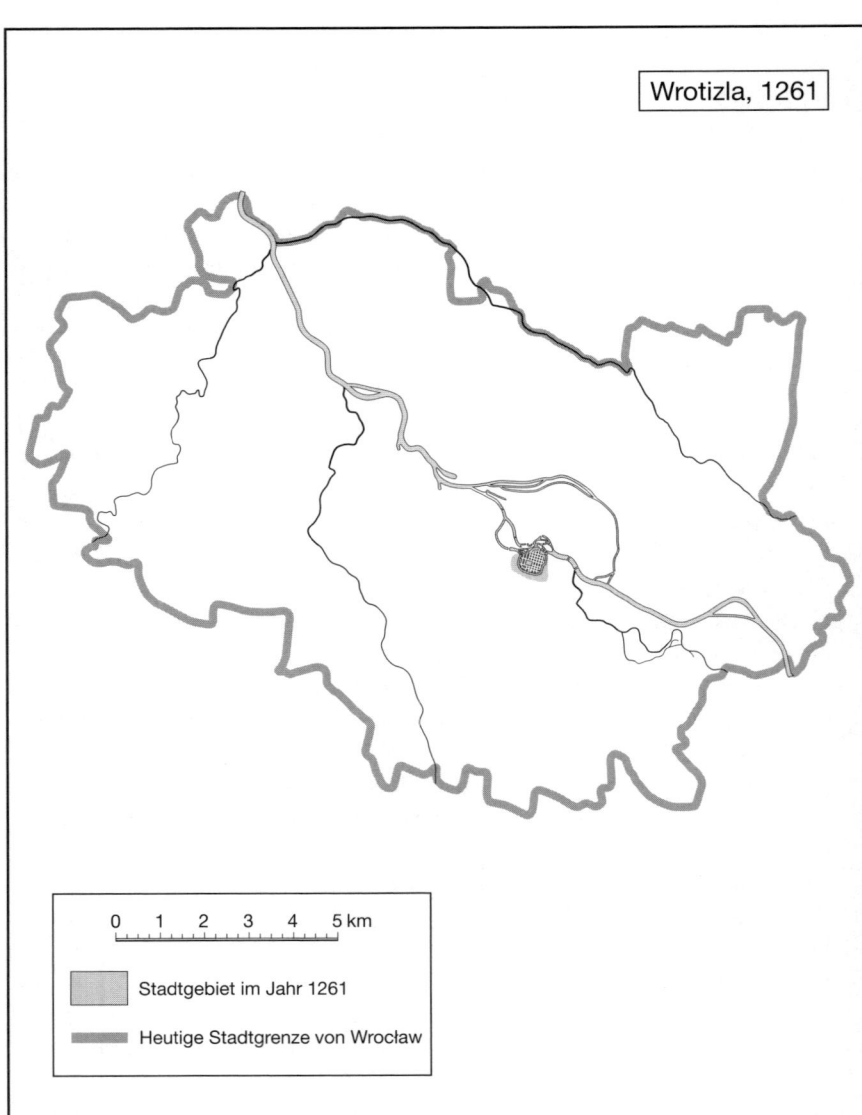

Kapitel 2: Wrotizla (1000–1335)

Neue Befestigungen wurden geplant, um Entwicklung und Ausbau der Stadt zu schützen. Anfangs bestanden sie lediglich aus einem doppelten Palisadenring, der die Stadt südlich des Flusses umschloss, aber in den sechziger Jahren des 13. Jahrhunderts wurden sie durch acht Meter hohe Mauern und Türme weiter verstärkt.[65] Die Zugänge zur Stadt wurden von fünf hölzernen Toren bewacht. Sie sollte bald die am besten befestigte Stadt im ganzen Königreich Polen sein. Diese kostspieligen Baumaßnahmen wurden durch eine im Jahr 1274 erhobene Sondersteuer finanziert. Besonders hart getroffen war die jüdische Gemeinde, da sie gezwungen wurde, als Mittel für das Bauvorhaben auch Grabsteine zu spenden. Im Jahr 1291 wurden die Palisaden und Mauern durch einen Stadtgraben ergänzt. Dazu leitete man die »Weiße Ohle«, einen Nebenfluss der Oder, um die Mauern herum, bis sie sich im Westen wieder mit dem Hauptarm des Flusses vereinigte. Obwohl die Neustadt und das wallonische Viertel außerhalb der Mauern verblieben, waren die Früchte fünfzigjährigen Wiederaufbaus nun gesichert.

Natürlich mussten auch mehrere neue Brücken gebaut werden. Die ersten Brücken waren noch mit Knüppeldämmen verbunden gewesen, welche Sandinsel und Dominsel auf Pfählen überquerten. Im späten 13. Jahrhundert gesellte sich ihnen ungefähr an der Stelle der späteren Universitätsbrücke die so genannte »lange Brücke« hinzu. Die Umleitung der Weißen Ohle erforderte ebenfalls den Bau zahlreicher zusätzlicher hölzerner Übergänge, um die Stadt mit ihrem südlichen Hinterland zu verbinden. Mikołaj Mikora (gest. um 1175), ein Magnat, dessen Residenz einst neben derjenigen von Peter Wlast auf dem Ołbin (Elbing) stand, war verantwortlich für den Bau einer Brücke über den Fluss Widawa (Weide). Großzügig ausgestattet mit Backsteinkirchen, Steinhäusern, regulierten Wasserwegen und festen Brücken, verwandelte Wrotizla sich allmählich in ein »Venedig des Nordens«.

Mehrere unabhängige Dörfer entstanden in der Nähe der Stadt. Im Südosten, jenseits der Oława (Ohle), lag die wallonische Ansiedlung St. Mauritius, von der frühe Quellen verschiedentlich als *platea gallica* oder *vicus b. Mauritii* berichten. Im Westen, an der Straße nach Legnica (Liegnitz), lag das Dorf Sokolniki. Weiter draußen lag Szczepin (Tschepine), ein Fischerdorf, das sich um die Kirche St. Nikolaus gruppierte.

Doch auch in der weiteren Umgebung wurde die Landschaft umgestaltet. Allerorts schossen Klöster und Burgen aus dem Boden, die jeweils als Brennpunkt für die Urbarmachung der umliegenden Wildnis fungierten. Unter den Ordenshäusern war Lubiąż (Leubus, 1175) das älteste, Trzebnica (Trebnitz, 1202) lag Wrotizla am nächsten, und Henryków

(Heinrichau) führte zu den meisten abhängigen Gründungen. Das am Fuße des Riesengebirges gelegene Benediktinerkloster in Krzeszów (Grüssau) beispielsweise wurde im Jahr 1242 gestiftet. Im Jahr 1292 wurde es von den Zisterziensern aus Henryków übernommen, die dort 518 Jahre lang bleiben sollten.

Viele der Burgen Niederschlesiens wurden im 11., 12. und 13. Jahrhundert von örtlichen Herren auf beherrschenden Höhen erbaut und blieben für Generationen in der Händen der Gründer. Die Burg Świny oder Schweinhaus zum Beispiel wurde im Jahr 1108 in der *Chronica Boemorum* des Cosmas von Prag (gest. 1125) als »Zwini in Polonia« erwähnt. Sie war das ganze Mittelalter hindurch der Stammsitz der Familie Schweinichen.[66] Die Geschichte von Siedlęcin oder Boberröhrsdorf verlief ähnlich.

Doch mit dem Zerfall der piastischen Autorität in Schlesien wurden andere Burgen zu Stützpunkten der zahlreichen neuen Herzogtümer. Die piastischen Burgen in Legnica (Liegnitz), Strzegom (Striegau), Jelenia Góra (Hirschberg) und Bolków (Bolkenhain) gehören in diese Kategorie. Dies gilt auch für das spektakulär gelegene Książ – Schloss Fürstenstein –, das anfangs, im 13. Jahrhundert, der Wohnsitz der Herzöge von Świdnica (Schweidnitz) war und das Tal des Flusses Pełcznica beherrscht. Einst als *clavis ad Silesiam* oder »Schlüssel für Schlesien« beschrieben, wurde es wiederholt verändert und restauriert, am auffallendsten im 16. Jahrhundert durch die Hochbergs und im Jahr 1941 durch Adolf Hitler – der freilich nie einzog.[67]

Gegen Ende der piastischen Herrschaft hatte Wrotizla Gestalt angenommen. Das Stadtzentrum mit dem Marktplatz (Ring) im Kern war auf das frisch erschlossene Gelände am linken Ufer gerückt. Ołbin (Elbing) im Norden, Platea Gallica im Südosten, das Nikolausviertel im Westen und die Neustadt im Osten waren durchweg etablierte Satelliten, die Teile des Ganzen bildeten. Die Stadt trug bereits den Stempel ihrer unverwechselbaren Gestalt, eingerahmt auf der einen Seite vom Fluss und auf der anderen vom Stadtgraben (Stadtohle). Diese Grenzen sollte sie bis zum 19. Jahrhundert nicht wesentlich überschreiten. Und überdies war Wrotizla das Dienstleistungszentrum einer blühenden Region geworden, deren Bewohner Wurzeln geschlagen hatten, die nicht schwächer waren als die ihrer neuen Heimatstadt.

*

Viele Jahre sollten vergehen, bevor Polen sich mit dem Verlust Schlesiens vollständig abfand. Doch die polnischen Monarchen waren mit anderen Angelegenheiten zu sehr abgelenkt, um ihre früheren Ansprüche geltend

Kapitel 2: Wrotizla (1000–1335) 141

zu machen. Łokietek war in seinen letzten Jahren vollauf mit Feldzügen gegen die Deutschordensritter beschäftigt, während sein Sohn Kazimierz (Kasimir) III., der Große (reg. 1333–70), sich immer tiefer in Ruthenien und in Ungarn verstrickte. Im Vertrag von Trencin (Trentschin), der zeitlich mit dem Tod Herzog Henryks IV. von Wrotizla zusammenfiel, willigte Kazimierz widerstrebend ein, als Gegenleistung für die Aufgabe böhmischer Ansprüche auf den polnischen Thron auf seine Rechte in Schlesien zu verzichten. Aber diese Zusage erfolgte nur mündlich, der Vertrag wurde formell erst 1339 ratifiziert. Zwei Jahre später fielen polnische Truppen von Wielkopolska aus in Schlesien ein und besetzten Wołczyn (Konstadt), Kluczbork (Kreuzburg/Oberschl.) und Byczyna (Pitschen). Ein ausgedehnter polnisch-böhmischer Krieg, in dem die Tschechen in der Nähe von Krakau plünderten und die Polen bis vor die Tore Wrotizlas ritten, wurde erst 1348 durch den Vertrag von Namysłow (Namslau) beendet. Und auch dann sollte der Frieden nur langsam folgen. Als es gegen Mitte des 14. Jahrhunderts zu weiteren polnisch-böhmischen Spannungen kam, wurden Waren aus Wrotizla von der Schwarzmeerroute ausgeschlossen. Dies wurde erst rückgängig gemacht, als die Polen im Gegenzug für das Herzogtum Płock ihre Ausgangspositionen in Schlesien aufgaben. In den sechziger Jahren heiratete König Kazimierz zum dritten Mal und nahm eine schlesische Prinzessin, Jadwiga von Żagań, zur Gemahlin. Gleichzeitig traf er Vorbereitungen für eine neuerliche Konfrontation mit Böhmen im Falle seines Todes. Erst 1372 wurde die schlesische Frage beigelegt, als der neue König von Polen, Ludwig I. der Große, von Anjou (reg. 1370–82), sich formell verpflichtete, den Status quo zu wahren.

Letzten Endes war Wrotizlas Schicksal durch den stark reduzierten Umfang des Herzogtums und die daraus folgende Verwundbarkeit seines letzten, erbenlosen Herzogs besiegelt worden. Doch es lohnt durchaus, die Alternativen zu erwägen, die zum entscheidenden Zeitpunkt um 1320 existierten. Wenn es Herzog Henryk IV. Probus gelungen wäre, das Seniorat in Krakau zu behalten, dann hätte Wrotizla ohne jeden Zweifel eine Entwicklung als eines der bedeutenden politischen und wirtschaftlichen Zentren des wieder vereinigten Polen nehmen können. In diesem Fall wäre es absolut möglich gewesen, dass die Dominanz der deutschen Kultur in Schlesien hätte aufgehoben werden können, wie es im spätmittelalterlichen Krakau und Poznań (Posen) geschah. Doch Polen wurde nicht von den schlesischen Piasten wieder vereinigt, sondern von einem ihrer grimmigsten Rivalen, Władysław Łokietek, Herzog von Kujawy. Die Folge war, dass Herzog Henryk VI. dazu getrieben wurde, Schutz bei einem anderen mächtigen Souverän zu suchen. Zunächst versuchte er, sich an das Heilige Römische Reich zu binden. Im Jahr 1324, vier Jahre nach der Krönung des Kujawiers in Krakau, huldigte der Vratislavier dem deutschen Kaiser Ludwig IV., dem Bayern, der das Dekret erneuerte, das Wrotizla als kaiserliches Lehen anerkannte. Doch die Strategie funktionierte einfach nicht. Vom Papst abgelehnt und durch seine Interessen in Deutschland gebunden, konnte der Wittelsbacher keine praktische Hilfe anbieten. Łokietek machte sich in dem nahe gelegenen Kleinstaat Namysłów-Oleśnica (Namslau-Oels) zu schaffen, während die meisten anderen schlesischen Herzogtümer an Johann von Luxemburg fielen. Unter diesen Umständen hatte Herzog Henryk VI. kaum eine Wahl. Er konnte sich schwerlich mit Łokietek verbünden, da eine solche Allianz ihn in eine exponierte Lage gebracht hätte, umgeben von böhmisch kontrolliertem Gebiet. So fuhr er am 6. April 1327 nach langwierigen Verhandlungen das beste Abkommen ein, das zu haben war. Er trat all seine Rechte im Herzogtum Wrotizla formell an Johann von Luxemburg ab und erhielt als Gegenleistung Regierungsgewalt und Einkünfte des Herzogtums auf Lebenszeit. Dieses Mal hielt die Vereinbarung. Beim Tode Henryks VI. übernahm der König von Böhmen die direkte Herrschaft über das Herzogtum, das er nach feudalem Recht bereits in den vergangenen elf Jahren besessen hatte.

In der Praxis hatte Wrotizla deshalb nach 1327 seine politischen Verbindungen mit Polen durchtrennt. Die Stadt behielt enge Handelsverbindungen mit ihren polnischen Nachbarn, besonders mit Krakau, beschützte weiterhin eine eigenständige, aber schrumpfende polnische Gemeinschaft, und sie pflegte ihre Verbindung mit der polnischen Kirche. Doch Polen vergaß den verlorenen Sohn nicht. Der im 15. Jahrhundert wirkende Geschichtsschreiber und Chronist Jan Długosz wagte eine kühne Prophezeiung: Wrotizla, schrieb er, »war früher ein Teil des Königreichs Polen und wird zu ihm zurückkehren, wenn Gott sich des polnischen Volkes erbarmt«.[68] Seine Weitsichtigkeit kann man nur bewundern.

Kapitel 3: Wretslaw

Stadt im Königreich Böhmen, 1335–1526

Im Spätmittelalter wurde Mitteleuropa zur Arena für die rivalisierenden Ambitionen mehrerer mächtiger internationaler Dynastien. Im 14. Jahrhundert hatte noch kein einzelnes Herrscherhaus eine erbliche Herrschaft über das Heilige Römische Reich errichten können, während die einheimischen Dynastien Ungarns, Böhmens und Polens ausstarben – das Geschlecht der Arpaden im Jahr 1301, die Přzemysliden im Jahr 1306 und die ältere piastische Linie im Jahr 1370. Das Ergebnis war, dass der Hochadel der verwaisten Königreiche, der das Recht hatte, die königliche Thronfolge zu bestätigen, mit den Anwärtern auf den Königsthron »eine komplizierte Gavotte tanzte«. »Sie ähnelten nur allzu sehr den Anteilseignern alteingesessener Unternehmen, die eine Zusammenarbeit mit einem oder mehreren stärkeren multinationalen Konglomeraten suchen.«[1] Diese »international tätigen« Königshäuser ihrerseits verfolgten, nachdem sie sich in einem Königreich eine Ausgangsposition verschafft hatten, eine Politik der schrittweisen Ausweitung ihrer Macht über die anderen Reiche. Das Haus Luxemburg beispielsweise, das Böhmen im Jahr 1310 erhielt, übernahm von 1347 an die Macht im Reich und ab 1387 in Ungarn. Das Haus Anjou, das durch die Erlangung des ungarischen Throns im Jahr 1308 seinen Fuß nach Mitteleuropa setzte, vergrößerte seinen Einflussbereich durch den Einschluss Polens in den Jahren 1370–86, konnte sich in Mitteleuropa jedoch nicht dauerhaft etablieren. Das ganze 15. Jahrhundert hindurch sah es so aus, als trüge das litauische Haus Jagiello den Sieg davon. Nachdem die Jagiellonen im Jahr 1386 die Herrschaft in Polen übernommen hatten, übernahmen sie 1440 Ungarn und 1453 Böhmen. Doch es war das Haus Habsburg, das am Ende den meisten Machtzuwachs verbuchte. Die Habsburger stammten ursprünglich aus dem heute in der Schweiz liegenden Tal der Aare. Ihr erster Versuch, sich des Reiches zu bemächtigen (1273–1308), schlug fehl. Aber der zweite Versuch, der 1438 begann, hatte mehr Erfolg. Und

im Jahr 1526 übernahmen sie von den Jagiellonen sowohl Böhmen als auch Ungarn. Bis 1918 sollten sie die beherrschende Kraft in Mitteleuropa bleiben (siehe die Übersicht im Anhang, S. 655).

Schlesien, das sich im Jahr 1327 mit Böhmen zusammentat, war von allen Wechselfällen Böhmens betroffen. 200 Jahre lang wurde es, mit einem hussitischen und einem ungarischen Zwischenspiel, zuerst von den Luxemburgern und dann von den Jagiellonen regiert. Schließlich fiel es an die Habsburger. Schlesiens Hauptstadt, die 1327 mit dem Namen »Wretslaw« dokumentiert wurde, war ebenso allen Launen der Geschichte ausgesetzt.

Kapitel 3: Wretslaw (1335–1526)

Der Wechsel Schlesiens unter böhmische Herrschaft verwickelte Wretslaw nicht nur in das politische und kulturelle Leben Böhmens, sondern auch in das des umfassenderen Heiligen Römischen Reiches. Während der ersten beiden Jahrzehnte wurde das von Herzog Henryk VI. abgetretene Herzogtum zu einem persönlichen Lehen des böhmischen Königs. Doch ab 1355 war es in die Länder der böhmischen Krone eingegliedert und wurde dadurch zu einem ihrer vier Bestandteile – Böhmen, Mähren, Schlesien und die Lausitzen. Formal sollte es diesen Status bis 1741 behalten – über einen Zeitraum von 386 Jahren.

Das Reich, zu dem das Königreich Böhmen gehörte, war einst das größte politische Gebilde in Westeuropa gewesen. Es bestand aus einem Flickenteppich von Ländern, weltlichen wie kirchlichen, großen wie kleinen, und umfasste einen Großteil Mitteleuropas. Es erstreckte sich von der Provence, vom Elsass und von Holland im Westen bis nach Pommern und Mähren im Osten. Seine frühen Kaiser, darunter die Ottonen und die Hohenstaufen, waren als Nachfolger der Kaiser von Rom angesehen worden und hatten an der Spitze des stärksten Staates und prachtvollsten Hofes der Epoche gestanden. Doch von dieser früheren Größe blieb nur wenig bis zum Spätmittelalter erhalten. Das Reich war zu einer Ansammlung von Territorien geworden, die den Vorrang des gewählten Kaisers oftmals nur nominell anerkannten. Es war dezentral und ungeordnet.

Die starren Regelungen zur Wahl des Kaisers schwächten die Zentralgewalt des Reiches. Im Jahr 1338 wies das Wahlkollegium den langjährigen päpstlichen Anspruch, die Einsetzung eines Kaisers zu bestätigen, endgültig zurück, und in der Goldenen Bulle[2] von 1356 wurde das Wahlverfahren bis zum Ende des Reiches festgeschrieben. Der Kaiser sollte fortan der Gefangene seiner Untertanen und insbesondere derjenigen sein, die ihn wählten. Frankfurt am Main sollte der Ort sämtlicher Kaiserwahlen sein. Eine Stimmenmehrheit unter den sieben Kurfürsten *(electores)* sollte den Ausschlag geben. Diese sieben Kurfürsten sollten die Erzbischöfe von Köln, Mainz und Trier sowie der König von Böhmen, der Markgraf von Brandenburg, der Pfalzgraf bei Rhein und der Herzog von Sachsen sein. Kaiser Karel (Karl IV.), der die Goldene Bulle formulierte, beugte sich der Realität. Nach einem Bonmot von Lord Bryce legalisierte er die Anarchie und nannte es Verfassung.[3]

Böhmen hatte sich unterdessen zu einer der führenden Mächte in Mitteleuropa entwickelt. Seine Beziehung zum Reich war zutiefst ambivalent. Obwohl die früheren Herzöge dem Kaiser gehuldigt hatten und im Jahr 1212 zu Erbkönigen gemacht worden waren, war das Land dem Reich nicht direkt untertan. Der Kaiser besaß keine souveränen Rechte in

Böhmen, durfte keine militärischen Aushebungen verlangen und keine Steuern erheben. Die Kernlande Böhmen und Mähren einschließlich der Stadt Prag, die sich bald eines Erzbistums und einer Universität rühmen sollte, bildeten mit Städten wie Kutná Hora (Kuttenberg), Pilsen, Olomouc (Olmütz) und Brünn die Mitte des traditionellen tschechischen Heimatlandes. Die Lausitzen waren die Heimat der slawischen Sorben. Doch als die Luxemburger im Jahr 1310 den Thron bestiegen, hatte der Zustrom germanischer Zuwanderer bereits einen durch und durch multiethnischen Staat geschaffen. Wie in Schlesien hatten Deutsche und Flamen fortschrittlichere Ackerbaumethoden mitgebracht, hatten angefangen, Bodenschätze auszubeuten und das Königreich ökonomisch gestärkt. Ihre Ankunft hatte aber auch die Saat ethnischer Unruhen gesät. Trotzdem besaß Böhmen eine der am besten organisierten und effizientesten staatlichen Verwaltungen des mittelalterlichen Europa.

Vom dynastischen Standpunkt aus war das Reich der böhmischen Přemysliden von seinem tschechischen Kern aus so sehr gewachsen, dass es nun nicht nur die österreichischen Herzogtümer, sondern auch die Königreiche Ungarn und Polen umfasste. Obwohl dieses Konglomerat mit dem Aussterben der Dynastie im Jahr 1306 auseinander fiel, sollten die Luxemburger eine neuerliche Ausweitung des böhmischen Reiches bewirken. Zur Zeit seiner größten Ausdehnung, unter der Herrschaft Karls IV., umfasste es Böhmen und Mähren, Ober- und Niederlausitz, die Oberpfalz und Brandenburg einschließlich der kleinen Provinzstadt Berlin (siehe Karte S. 144). Das Juwel in der Krone indes sollte Schlesien sein.

Im Anschluss an die von König Jan (Johann) in die Wege geleitete Abtretung der schlesischen Herzogtümer begann Schlesiens Zeit als böhmische Provinz. Es wurde von Polens westlicher Peripherie zum nordöstlichen Außenposten der Krone des heiligen Wenceslas (Wenzel), und Wretslaw entwickelte sich, nach Prag, zu Böhmens zweitgrößter Stadt. Aber die Abtretung hat immer wieder für Kontroversen gesorgt. Während spätere deutsche Historiker sie als »Heinrich[s] VI. größtes Verdienst«[4] beschreiben sollten, klagte Jan Długosz: »Kein Nachbar Polens war jemals so neidisch oder feindselig wie die Schlesier.«[5] Doch die Herrschaft des Luxemburgers wurde auch von den Bürgern Wretslaws nicht begrüßt. Zur ersten Demonstration von Unzufriedenheit kam es 1333, als die Tuchmacher sich erhoben. Vier Jahre später kam weiterer Widerstand vom Dom zu Wretslaw – die Eröffnung einer langwierigen kirchlichen und politischen Auseinandersetzung (siehe unten). Wretslaw war dazu bestimmt, genauso viel Einfluss auf Prag auszuüben wie umgekehrt.

Kapitel 3: Vratislaw (1335–1526)

Die Luxemburger stammten ursprünglich, was nicht weiter überrascht, aus der kaiserlichen Grafschaft Luxemburg. Ins Zentrum der Geschichte gelangten sie im Jahr 1308 mit der Erhebung Graf Heinrichs VII. zum Kaiser des Heiligen Römischen Reiches. Solchermaßen ermächtigt, war Heinrich in der Lage, für seinen Sohn Johann den böhmischen Thron zu sichern, und Johann kam im Jahr 1310 als König nach Prag und beendete ein längeres und blutiges Interregnum. Mit Johanns Ankunft wurden die Luxemburger zu den führenden Tänzern in der oben erwähnten »dynastischen Gavotte«, die Mitteleuropa während des 14. und 15. Jahrhunderts beherrschen sollte. Sie traten erst im Jahr 1437 von der Bühne ab. Der Schlussakt des Dramas kam 1526, als der vorzeitige Tod Ludwigs II. Jagiello dazu führte, dass sowohl die böhmische als auch die ungarische Krone an das Haus Habsburg fielen.

Die böhmischen Könige aus der luxemburgischen Dynastie waren Regenten mit sehr unterschiedlichen Qualitäten. König Johann (Jan; reg, 1310–46) weilte meist außer Landes. »Eitel, lasterhaft und vergnügungshungrig«[6], empfand er wenig für Böhmen und war verantwortlich für die allgemeine Vernachlässigung des Landes. Durch Konzessionen gegenüber dem tschechischen Adel handlungsunfähig gemacht, wurde er 1318 zum Abkommen von Domažlice (Taus) gezwungen, in dem er zustimmte, alle ausländischen Ratgeber zu entlassen und alle ausländischen Truppen auszuschließen. Er war von den Idealen der Ritterschaft förmlich besessen und führte das Leben eines »fahrenden Ritters«, begab sich mit dem Deutschen Orden auf Kreuzzüge in Litauen oder half dem französischen König im Languedoc. Nach Böhmen kehrte er nur zurück, um Steuern einzutreiben und Ritter um sich zu scharen. Dennoch profitierte Böhmen territorial von seinen Abenteuern. Über seine schlesischen Erwerbungen hinaus trug ihm die Hilfe für den Kaiser in der Schlacht von Mühldorf im Jahr 1322 die strategisch wertvolle Landschaft Chebsko (Egerland) ein. Eine umstrittene Nachfolge bescherte ihm darüber hinaus die Länder Bautzen (1319) und Görlitz (1329), aus denen die Markgrafschaft Oberlausitz bestand; Tirol wurde durch Heirat im Jahr 1335 erworben.

König Johann sollte im Jahr 1346 für die Franzosen im Kampf gegen die Engländer in der Schlacht von Crécy fallen. Den Niedergang der europäischen Reiterei sollte der blinde und alternde »fahrende Ritter« am eigenen Leib erleben. Eine spätere Darstellung für Schulkinder beschreibt seinen Tod so:

»Der blinde König von Böhmen wurde mit seinem Pferd, das an den Pferden zweier tapferer Ritter, seiner Vasallen festgebunden war, in die Schlacht geführt. ›Ich bitte euch inständig‹, rief er, ›mich so weit in den Kampf zu geleiten, dass ich mit diesem meinem alten Schwert einen einzigen guten Streich führen kann!‹ Und mit eifrigen Rufen stürzten sie sich gemeinsam ins Kampfgetümmel und fielen inmitten des Haufens Verwundeter, Sterbender und Toter.«[7]

Obwohl wenig ritterlich von den massierten Reihen walisischer Bogenschützen und englischer Infanteristen niedergestreckt, wurde ihnen die größte Ehre erwiesen. Johanns zerfetzter Leichnam wurde im Zelt des »Schwarzen Prinzen«, Eduard, Prinz von Wales, zur letzten Ruhe gebettet. Zum Zeichen der Achtung wurden sein Wappen und sein Motto »Ich dien« von allen künftigen Prinzen von Wales übernommen. Sie sind bis auf den heutigen Tag im Londoner St. James' Palace zu besichtigen.

Angesichts seiner langen Abwesenheiten muss man als König Johanns größten Beitrag zu seinem Wahlkönigreich wohl seinen Sohn Karl IV. (reg. 1346–78) bezeichnen. Karl war bereits vor dem Tod des Vaters im Jahr 1334 mit dem Titel eines Markgrafen von Mähren zum Statthalter von Böhmen eingesetzt worden und herrschte seit 1341 als eigentlicher Regent. Als König wachte er über die Erneuerung des böhmischen Königreiches, das nach seiner Wahl zum Kaiser zum Mittelpunkt des Reichslebens wurde. Eine Zeit lang wurde Deutschland von der in der Nähe Prags gelegenen Burg Karlštein (Karlstein) aus regiert. Karl IV., vielsprachig und gelehrt, wurde als deutsch von Geburt, französisch durch Erziehung und böhmisch durch Neigung beschrieben. In seiner Autobiografie *Vita Karoli** stellte er ziemlich unbescheiden fest: »Durch Gottes Gnade haben wir außer dem Böhmischen auch das Französische, das Italienische, das Deutsche und Lateinische so zu sprechen, schreiben und lesen gelernt, dass wir die eine wie die andere dieser Sprachen geläufig schreiben, lesen, sprechen und verstehen konnten.«[8] Die Folge war, dass seiner Herrschaft etwas stark Kosmopolitisches anhaftete, da er einen mittleren Kurs zwischen dem beherrschenden Deutschtum des Reiches und dem überwiegend tschechischen Charakter des Königreiches zu steuern suchte. Das Banditentum, das die Herrschaft seines Vaters gekennzeichnet hatte, unterdrückend, sorgte er für den Frieden und die Stabilität, die seinem Königreich eine wirtschaftliche und kulturelle Blüte ermöglichten. Darüber hinaus war er ein leidenschaftlicher Bauherr und begann im Jahr 1344 mit der Errichtung des Veitsdoms in Prag. Zudem war er ein

---

* Der vollständige Titel lautet: *Vita Karoli Imperatoris ab ipso Karolo conscripta;* dt. Übers.: *Kaiser Karls IV. Selbstbiographie*, Berlin 1954 (A. d. Ü.).

Kapitel 3: Wretslaw (1335–1526)

häufiger Besucher Wretslaws, das er als seine »schönste Stadt« beschrieb.[9] Aus einem Eintrag des Chronisten Nikolaus Pol für das Jahr 1353 spricht der ganze Stolz auf diese Tatsache:

> »Kaiser Karl war der Stadt [Wretslaw] sehr günstig; nennete sie seine und seines Vaters Lebe und getreue, als die bei ihm und seinem Vater alle Zeit treulich gestanden. Er hielt von ihr so viel, daß er auch mit seiner eigenen kaiserlichen Hand an den Rath geschrieben und zu wissen begehrete, wie es ihnen gehe; denn er ihrenthalben bekümmert sei.«[10]

Nach Prag und Nürnberg war Wretslaw das dritthäufigste Reiseziel des Kaisers.[11] Schätzungsweise 31 Besuche in 32 Jahren stattete er der schlesischen Metropole ab. Während der Herrschaft Karls erlebte die Stadt einen enormen Ausbau, und viele der schönsten Beispiele gotischer Architektur in Wretslaw datieren aus dieser Zeit.

Karls ältester Sohn Václav (Wenzel) IV. (reg. 1378–1419) war wesentlich weniger erfolgreich. Im Ruf eines Sadisten und Trunkenbolds stehend, spricht die deutsche Geschichtsschreibung von ihm häufig als von »Wenzel dem Faulen«. In der Tat setzten die Kurfürsten des Heiligen Römischen Reiches den »unnützen König«[12] im Jahr 1400 wegen Trägheit ab. Seine Leistungen im Königreich Böhmen waren kaum besser. Durch Untätigkeit im Angesicht des wachsenden ethnischen Antagonismus begünstigte er die ständige Einmischung seitens seiner übermächtigen Verwandten, wurde von den tschechischen Adligen periodisch gefangen gesetzt und ertrug schließlich zwischen 1396 und 1402 die Herrschaft eines Rates der Barone. Sein langwieriger Kampf um die Kontrolle der Kirche brachte den böhmischen Schutzpatron, den heiligen Johannes von Nepomuk, hervor, der im Jahr 1393 angeblich von des Königs eigener Hand gefoltert wurde, bevor man ihn in einem Sack in die Moldau warf.

In Wretslaw steuerten die Unsicherheit und Gesetzlosigkeit der Herrschaft Václavs ihren Teil zum »Bierkrieg« (1380–1382) und zu einem langwierigen Verfassungskampf bei, der 1418 in einem umfassenden Aufstand der Zünfte seinen Höhepunkt fand. Am Ende von Václavs Herrschaft war das politische Kapital, das sein Vater so sorgfältig angehäuft hatte, gründlich verspielt worden. Václav war unfähig, mit der politischen Herausforderung des Hussitismus fertig zu werden, den er anfänglich unterstützt hatte. Im Jahr 1419 versuchte er die Unzufriedenheit durch Stärkung des deutschen Elements im Prager Stadtrat zu zügeln. Die tschechische Bevölkerung erhob sich und stürmte das Rathaus der Prager Neustadt, wobei zehn deutsche Ratsherren aus dem Fenster auf die Piken des unten stehenden Mobs gestürzt wurden. Václav war derart schockiert, dass er einen Schlaganfall erlitt und starb, woraufhin sein Halbbruder Zikmund (Sigismund) die Nachfolge antrat.

Umgänglich, großzügig und hoch gebildet, war Zikmund (reg. 1419–37) ein Mann von ganz anderem Schlag. Als Veteran der Türkenkriege, Kaiser des Heiligen Römischen Reiches seit 1410 und König der Lombardei seit 1431, war er ein Mann von beachtlichen Talenten. Aber seine Herrschaft fiel zeitlich ziemlich genau mit dem Aufstieg der Hussiten zusammen. Als Kaiser war er im Jahr 1415 auf dem Konzil von Konstanz in den Verrat an Jan Hus verwickelt gewesen, und als König von Böhmen sollte er nach 1419 die Kreuzzüge gegen die Hussitenrevolte anführen. Die Aussichten für eine frühe Lösung der Auseinandersetzung waren gering. Die Hussiten hätten sich Zikmund gebeugt, wenn er ihre »Vier Prager Artikel« gebilligt hätte, aber er war kein Mann des Kompromisses. Stattdessen zog er sich in seine zweitgrößte Stadt, Wretslaw, zurück, berief einen Reichstag ein und plante die Rückeroberung seines Königreichs. In der schlesischen Hauptstadt signalisierte er seine Entschlossenheit auf brutale Weise. Im März 1420 ließ er nach einer kurzen Gerichtsverhandlung 24 – manche Quellen behaupten 23 – Anführer des Zunftaufruhrs auf dem Obstmarkt enthaupten. Doch seine Härte fand keinen Beifall. Als er bei einem Spaziergang in die Stadt inkognito die Ratsstuben im Schweidnitzer Keller betrat und den Gesprächen lauschte, kamen ihm wenig schmeichelhafte Bemerkungen über seine Person zu Ohren. So sah er sich veranlasst, mit Kreide quer über den Tisch zu schreiben: »Wenn mancher Mann wüsste, wer mancher Mann wär, gäb mancher Mann manchem Mann manchmal mehr Ehr.«

Während desselben kaiserlichen Besuchs in Wretslaw verhörte die kirchliche Obrigkeit einen gewissen Johann von Prag, bekannt als Krasá, und verurteilte ihn zum Tode. In den Augen seiner Bewunderer war Krasá ein »großer Liebhaber der Wahrheit«, der auf »gottlose, ungerechte und ungerechtfertigte Weise« verfolgt wurde. Er verriet sich, als man ihm zu bedenken gab, das Konzil von Konstanz sei rechtmäßig zusammengerufen worden und habe Jan Hus auf anständige und gottgefällige Weise hingerichtet:

> »Nicht gewillt, den ihm gegenüber von jenen unwürdigen Pharisäern, das heißt den Bischöfen, Doktoren und Mönchen, vorgebrachten Erklärungen zuzustimmen, wurde er in den abscheulichsten Tod geschickt. Er wurde gequält und gefoltert, von

Pferden durch die Straßen geschleift, mit Dung durchtränkt und schließlich auf dem Scheiterhaufen verbrannt. Trotz der Aufforderung, die Wahrheit zu leugnen, stand er treu zu unseren Überzeugungen, ein wahrhaft starker Mann Gottes, der für seine Feinde betet und ungebeugt ihre Beschimpfungen, ihre Flüche und das Gelächter erträgt...«[13]

Von seinem Standort in Wretslaw aus führte Zikmund vier Kreuzzüge des Reiches gegen die Hussiten an. Sie scheiterten auf der ganzen Linie und erreichten wenig mehr, als die Saat tiefer Feindschaft zwischen den Tschechen und den Deutschen des Königreichs zu säen. Gräueltaten wurden alltäglich, als der Konflikt eine zunehmend »nationale« Färbung annahm. Die Mehrheit der deutschen Einwohnerschaft Prags wurde vertrieben, während die deutschen Einwohner von Kutná Hora (Kuttenberg) ungefähr 5000 Tschechen ermordeten, von denen etwa 1600 einfach in die Schächte der Silberminen gestürzt wurden. Trotzdem besiegten die hussitischen *tabory*, geschützbestückte Wagenburgen, unter der mitreißenden Führung von Jan Žižka von Trocnov und Andreas Prokop nicht nur Zikmunds Kreuzritter, sondern trugen ihre Revolution auch durch die Slowakei, die Lausitzen und Schlesien bis zur Ostseeküste. Aber ihr offenkundiges Ziel war Schlesien und vor allem Wretslaw. Im Frühjahr 1428 starteten sie eine Offensive. Opava (Troppau) und Ctmuchów (Ottmachau) wurden belagert und geplündert, bevor die Eindringlinge den Grund und Boden ihres Erzfeindes, des Bischofs von Wretslaw, Konrad von Oleśnica (Oels), betraten. Die Festung Brzeg (Brieg) wurde kampflos genommen. Anschließend schlugen die Hussiten einen Bogen nach Westen, um Sinawa (Steinau/Oder) und die Festung Głogów (Glogau) einzunehmen. Ende März standen sie vor den Toren Wretslaws selbst. Nikolaus Pol notierte:

»... Hain, dann Neumarkt, vier Meilen von [Wretslaw], überfallen, geplündert, die Klöster, Kirchen und Häuser mit Feuer verderbet. Eben an demselben Tage haben sie auch das Städtlein Kanth verwüstet. Sind auch ... in die Vorstadt vor [Wretslaw] gekommen, haben die Kirche und den Pfarrhof zu St. Niklas und die Häuser ausgebrannt, den Bildern an der steinernen Brücke die Häupter abgeschlagen und verstümmelt, alleine das Kruzifix verschonet, wie noch daran zu sehen ist. Zwischen [Wretslaw] und Strehlen, auch um Schweidnitz, haben viel Pfarren, Kirchen Dörfer beraubet, geplündert und verbrannt und die Heiligen zerschlagen.«[14]

In jenen Wochen war die Stadt tatsächlich zu einem überfüllten Flüchtlingslager geworden, doch die in aller Eile fertig gestellten Befestigungen wollten nicht nachgeben. Den auf einen Belagerungskrieg nicht vorbereiteten Hussiten widerstrebte es, die Mauern anzugreifen, und sie begnügten sich damit, den Heiligenbildern in ungeschützten Kirchen die Köpfe abzuschlagen, bevor sie, mit Beute beladen, abzogen.

Nach diesem anfänglichen Fehlschlag folgten fünf weitere Hussitenzüge, aber Wretslaw blieb unversehrt. Der Konflikt trat allmählich auf der Stelle. Doch weil die Hussiten im Besitz von Festungen wie Otmuchów waren, gingen die Scharmützel und sporadischen Überfälle noch viele Jahre weiter. Schließlich gestattete ein Kompromiss Zikmund, als König nach Prag zurückzukehren. Aber er sollte sich nur noch sehr kurzer Zeit des Throns erfreuen, für den er so hart gekämpft hatte. Der letzte Luxemburger starb ohne männlichen Erben am 9. Dezember 1437.

Wie alle religiösen Konflikte mobilisierten auch die Hussitenkriege die hässlichsten Elemente der menschlichen Natur. Die grausamen Strafen, die »Häresiarchen«, den Begründern einer häretischen Bewegung, zuteil wurden, erzeugten als Reaktion neue Grausamkeit. Mit ausgesuchter Wut griffen die Hussitenbanden katholische Kirchen und Klöster an, besonders wenn sich ihnen betrunkene Bauern auf der Suche nach Beute angeschlossen hatten. Im Jahr 1425 verbrannten sie zum Beispiel das Kloster von Bardo (Wartha) in Niederschlesien mitsamt dem Prior. Als sie 1428 die Mauern Wretslaws erreichten, besetzten sie auch den Berg Ślęża (Zobten), von dem sie nur unter äußerst verlustreichen Kämpfen verdrängt werden konnten. Im Jahr 1432 brannten sie sowohl die Abtei von Lubiąż (Leubus) als auch den Konvent von Trzebnica (Trebnitz) nieder, aus dem sie die Glocken und das Blei vom Dach stahlen. Die Vratislavier ihrerseits zeigten jedoch auch wenig Erbarmen. Als sie im Januar 1429 in einem nächtlichen Überfall Oława (Ohlau) zurückeroberten, »füllten sie die Brunnen mit toten Ketzern«. Gefangene Häresiarchen wie Henryk Peterswalder wurden der Inquisition übergeben. Im Jahr 1430 wurde ein schlesischer Beamter, Mikołaj Halcław, den man des Verrats am Bischof von Wretslaw verdächtigte, weil er dessen Burg in Otmuchów (Ottmachau) nicht aufopferungsvoll verteidigt habe, enthauptet. Die Kämpfe in der Gegend von Wretslaw gingen bis 1433–34 weiter. Am 13. Mai 1433 errangen die katholischen Truppen unter Herzog Mikołaj von Racibórz (Ratibor) in der Nähe von Trzebnica (Trebnitz) einen entscheidenden Sieg, und im darauf folgenden Mai wurde der rührigste Hussitenführer der Gegend, »Peter der Pole«, *starosta* von Niemcza (Nimptsch), gefangen genommen und in Ketten nach Wretslaw gebracht. Doch ein Ausgleich

Kapitel 3: Wretslaw (1335–1526)

war in Sicht. Im Dezember jenes Jahres traf Alesz, der königliche Statthalter von Böhmen, in Begleitung des Bischofs, Konrad von Oleśnica (Oels), in Wretslaw ein. Peter der Pole wurde freigelassen. Tschechen und Vratislavier setzten sich zu einem herzhaften Mahl nieder, für das der Dekan des Doms gesorgt hatte.

In den Jahren nach den Hussitenkriegen versank Böhmen noch weiter im Chaos. Verwüstet, verarmt und entvölkert, erreichte das einst stolze Königreich einen historischen Tiefpunkt. Jahrzehnte internationaler Isolierung hatten seinem kosmopolitischen Charakter geschadet und das Gleichgewicht in der Innenpolitik zugunsten des tschechischen Adels erschüttert. Die Jahre hussitischen Aufruhrs hatten die »äußeren« Länder hervorgebracht: Mähren, Schlesien und die Lausitzen wurden sich selbst überlassen. Es war schwer, die politische Stabilität wiederherzustellen. Die Thronbesteigung von Zikmunds Schwiegersohn, Albrecht V. von Habsburg, wurde von den tschechischen Adligen nicht anerkannt, und er starb, bevor sein Anspruch durchgesetzt werden konnte.

Die Tschechen akzeptierten dann Albrechts unmündigen Sohn, Ladislav Pohrobek (Ladislaus Postumus; reg. 1453–57), als Nachfolger. Bis zu seiner Mündigkeit sollte ein tschechischer Regentschaftsrat herrschen, der von 1448 an unter die Kontrolle von Jiří z Poděbrad (Georg von Podiebrad) geriet, einem ehemaligen gemäßigten Hussitenführer. Als der junge König am 23. November 1457 im Alter von nur 17 Jahren starb, argwöhnten viele von Poděbrads Gegnern, Ladislav Pohrobek sei vergiftet worden. Wretslaws Chronist, Peter Eschenloer, schrieb: »Wer will glauben, daß eine natürliche Krankheit einen solchen starken Jüngling in der besten Komplexion also in einer kurzen Zeit möchte töten?«[15] Andere Chronisten brachten den durchaus verdächtigen Tod des Königs mit seinen häufigen Bordellbesuchen in Verbindung, wobei der »Venusberg« in Wretslaw offenbar häufiger aufgesucht wurde.[16] Doch die Wahrheit war viel prosaischer. Mehr als 400 Jahre später wies eine wissenschaftliche Analyse von Ladislavs Skelett nach, dass er an Leukämie gestorben war.

Poděbrad (reg. 1458–71), dem vormaligen Regenten, gelang es, sich im März 1458 zum König krönen zu lassen. Er beeilte sich, internationale Befürchtungen mit einer Reihe von Abkommen und Heiratsverträgen zu zerstreuen, und wurde sogar als möglicher Kandidat für die Kaiserkrone ins Spiel gebracht.[17] Doch innenpolitisch war ihm kein solcher Erfolg beschieden. Er herrschte über ein Königreich, das sich erheblich von dem Reich unterschied, das 50 Jahre zuvor bestanden hatte. Als Hussit fiel es ihm sehr schwer, sich als Führer all seiner ungleichen Untertanen – Tschechen, böhmische Deutsche, Katholiken, Schlesier und Lausitzer – zu verstehen. Die Liste seiner Gegner bei der Thronbesteigung war entsprechend lang und die Stabilität in seinem Königreich stets prekär. Überdies waren seine Beziehungen zum Papsttum voller Spannungen. Der Balanceakt, den er zwischen äußerer Konformität mit dem Katholizismus und den eigenen unorthodoxen Neigungen auf Dauer zu vollführen hatte, führte schließlich zum Bann und im Jahr 1466 zur Proklamation eines Kreuzzugs gegen ihn.

Mähren, die Lausitzen und ein Großteil Schlesiens weigerten sich von Anfang an, Poděbrads Thronfolge zu akzeptieren. Ihr Zaudern wird häufig als katholische Reaktion auf seine hussitischen Überzeugungen erklärt. Doch es steckte mehr als Religion dahinter. Die nationale Frage spielte ebenfalls eine Rolle. Die frühen Jahrzehnte des 15. Jahrhunderts waren für die deutschen Siedlungsgebiete nicht eben gute Jahre gewesen. Im Jahr 1410 waren die Deutschordensritter von den Heeren Polen-Litauens in Grunwald gründlich besiegt worden, während die Hussitenkriege von 1419–37 viele der deutschen Städte Böhmens und Schlesiens zerstört hatten. Fast schien es, als sei die Zeit des deutschen Einflusses schon wieder vorbei. Als größte und wohl am stärksten germanisierte Stadt Schlesiens konnte Wretslaw die Gefahr leicht spüren. Ihre Abneigung gegen Poděbrad grenzte an Fanatismus.[18]

Wretslaws Antihussitismus lieferte den Hintergrund für den jüdischen Pogrom von 1453 (siehe unten). Aber nach Poděbrads Thronbesteigung im Jahr 1458 sollte er sich auch auf andere Weise Luft machen. Der Widerstand gegen den neuen König war so groß, dass Wretslaw sich genau genommen im Krieg mit dem Rest des Königreichs befand.[19] In einer Atmosphäre wachsender Reibereien wurde viel Druck auf die Gegner Poděbrads ausgeübt, klein beizugeben. Am Ende wurde die Stadt zum Gehorsam überredet und versprach, im Februar 1463 zu huldigen. Doch angestiftet durch die Kirche, brach der Stadtrat seine Versprechungen und suchte nach Hilfe, um den »Ketzerkönig« abzusetzen. Poděbrad seinerseits hatte kaum daran gedacht, Vergeltung zu üben. Zunehmend enttäuscht, sah er in der Hoffnung, dass die Vertreter der harten Linie müde würden, von einer Konfrontation ab. Aber sie wurden keineswegs müde. Angestachelt von dem päpstlichen Legaten Hieronymus Landi, dem Erzbischof von Kreta, und dem Stiftsherrn Johannes Kitzinger, steigerte sich ihre Feindseligkeit. Im Frühjahr 1463 übermittelten sie König Kazimierz von Polen eine Aufforderung, den Thron zu übernehmen. Gleichzeitig schickten sie Gesandte an den Papst, die um Poděbrads Absetzung ersuchen sollten. Obwohl alle anderen schlesischen Herzogtümer durch Einschüchterung gefügig gemacht worden waren, weigerte Wretslaw sich störrisch nachzugeben. Die daraus resultierende Pattsituation dauerte mehr als ein Jahrzehnt an.

Im Herbst 1462 stellte Papst Pius II. Wretslaw unter seinen besonderen Schutz. Vier Jahre später exkommunizierte sein Nachfolger, Paul II., Poděbrad und verlangte nach einem Kreuzzug. Die schlesische Hauptstadt kam der Forderung sofort nach. Im Mai 1466 trat ein Heer von fast 3000 Mann zur Schlacht gegen das Fürstentum Ziębice (Münsterberg) an, das Poděbrad gehörte. In rascher Folge wurden Stadt und Burg Ziębice sowie das Kloster in Kamieniec (Kamenz) eingenommen. Die Sache des Königs begann sich zu wenden. Schon bald danach folgten bedeutendere Mächte dem Aufruf des Papstes. Poděbrads eigener Schwiegersohn, Mátyás (Matthias) I. Corvinus, König von Ungarn (1443–90), schloss sich dem Kreuzzug mehr aus territorialer Gier denn aus religiöser Überzeugung an. Er fiel im Jahr 1467 mit einer gemischten Streitmacht von 20 000 Ungarn und Kroaten in Böhmen ein und besiegte nach ein paar vereinzelten Gefechten die gegen ihn aufgebotenen Truppen. Im Mai 1469 wurde er in Olomouc (Olmütz) von tschechischen und schlesischen Katholiken gekrönt, bevor er nach Wretslaw eilte, um sich zum Retter der Stadt zu erklären. In den Augen der Hussiten war er nicht besser als ein fremder Usurpator.

Mátyás (Matthias) I. Corvinus, der seit 1458 in Ungarn herrschte, zählt zu den schillerndsten Gestalten des spätmittelalterlichen Europa. Er sicherte seinem Land eine machtvolle und glänzende Position, die diejenige Böhmens weit übertraf. Als Förderer der schönen Künste und der Gelehrsamkeit machte er aus seinem Hof eine Zufluchtsstätte humanistischer Kultur. Er war der Gründer der Universität von Preßburg und einer großen Bibliothek in Buda, der *Bibliotheca Corviniana*, deren Schätze nur noch von jenen in Florenz und im Vatikan übertroffen wurden. Militärisch behauptete er sich mit seinem gefürchteten Söldnerheer, der »Schwarzen Legion«, gegen das Heilige Römische Reich, bekämpfte die Türken, führte einen Kreuzzug in Böhmen und vertrieb im Jahr 1485 die Habsburger aus Wien, das er umgehend zu seiner Hauptstadt erklärte (siehe Karte, S. 156).

In Wretslaw herzlich empfangen, wurde Corvinus mit den besten Speisen und Weinen und mit großartigen Gottesdiensten geehrt. Doch schon bald wurde klar, dass es keine politischen Flitterwochen geben würde. Als er der Stadt eine zu begleichende Rechnung über die Kosten ihrer Befreiung präsentierte, bewies er seine kompromisslose Haltung. Außerdem war er als Oberhaupt eines stark zentralisierten ungarischen Staates keinesfalls gewillt, Wretslaws Autonomieansprüche hinzunehmen oder dem

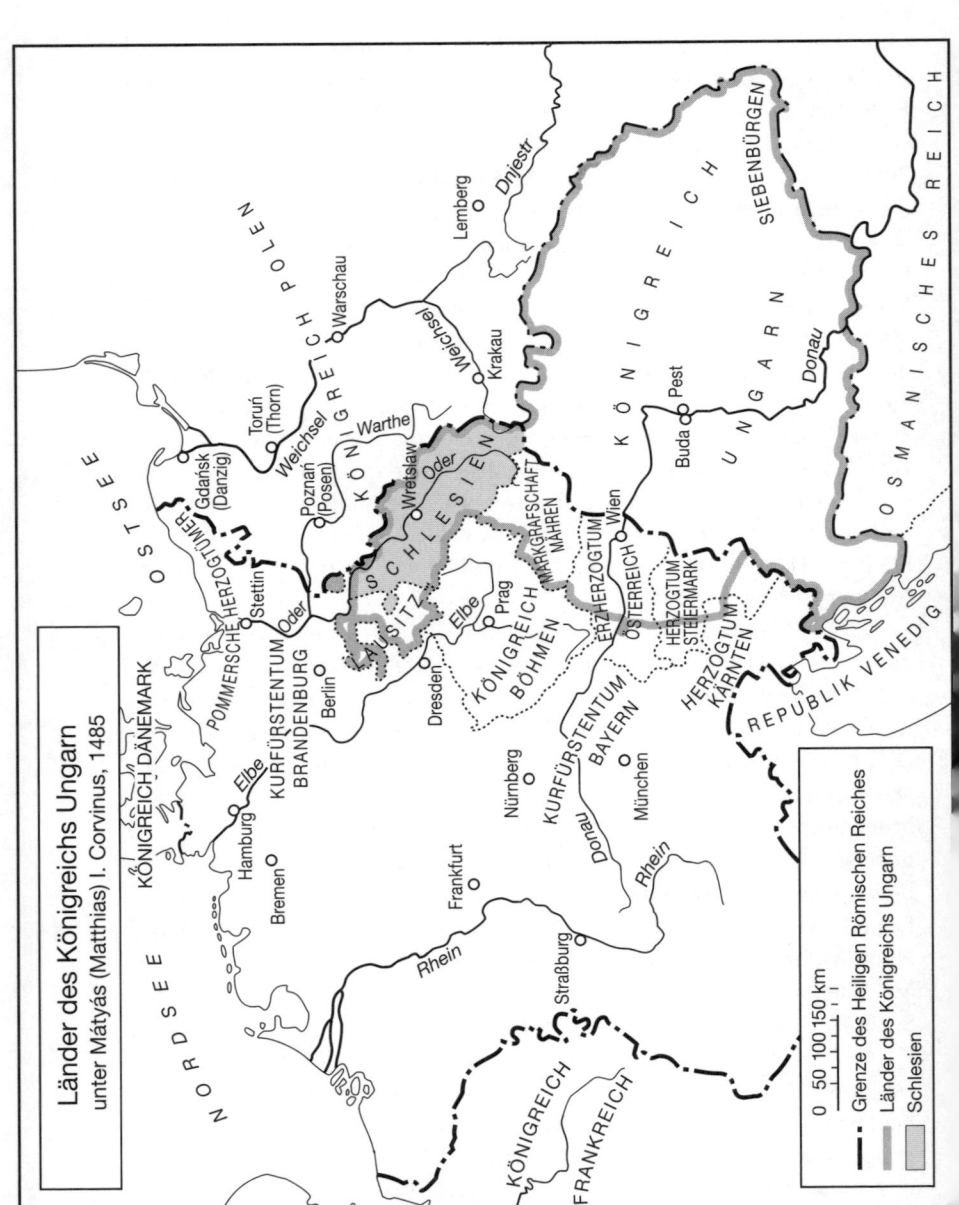

Rat eine Teilhabe an der Stadtverwaltung zu erlauben. Sein persönlicher Berater, Georg von Stein, machte deutlich, was Corvinus und er von der eigenmächtigen Politik Wretslaws hielten:

> »Man muß euch anrichten, daß ihr fort mehr solche Türstigkeiten nicht an euch nehmet, mit Königen zu kriegen, Königen nicht gehorsam zu sein, Könige Ketzer zu heißen. Dem Papst gebühret, Ketzer zu erkennen, und nicht euch Bauern von (Wretslaw).«[20]

Mit dem Tod Poděbrads im Jahr 1471 schien Corvinus endgültig die Oberhand gewonnen zu haben. Aber seine Position war keineswegs gesichert. In Wirklichkeit war er durch den Umstand, dass Poděbrad den Sohn König Kazimierz' von Polen, Władysław, zu seinem Erben bestimmt hatte, überlistet worden. Statt nur den Tschechen wie zuvor sah er sich nun einer tschechisch-polnischen Allianz gegenüber, die seine Neuerwerbungen bedrohte. Im Anschluss an einen polnischen Vorstoß nach Schlesien im Jahr 1474 kehrte er mit seiner »Schwarzen Legion« nach Wretslaw zurück und traf dort auf eine vereinte tschechisch-polnische Streitmacht, die die schlesische Hauptstadt belagerte. Er sollte bald erfahren, dass seine Männer innerhalb der Mauern genauso viele Feinde hatten wie außerhalb. Der Ruf seines Heeres, grausam und disziplinlos zu sein, war ihm durch ganz Mitteleuropa vorausgeeilt und hatte die Stadträte bewogen, sich auf das *Ius praesidii* zu berufen und die Bürgerwehr zu alarmieren. Corvinus' Männer mussten sich auf das Nordufer der Oder beschränken, wo sie gezwungen waren, den Belagerern im freien Felde entgegenzutreten. In jenem Winter wurden sie sogar daran gehindert, sich Zutritt zu der Stadt zu verschaffen, die sie verteidigten, da die Vratislavier das Eis auf dem Fluss aufhackten.

Corvinus selber verbrachte die Belagerung in angenehmerer Umgebung. Angeblich verliebte er sich in die Tochter eines Ratsherrn, eine Maria Krebs. Drei Jahrhunderte später brachte ein Dramatiker, der im Übrigen längst vergessen ist, die Romanze auf die Bühne. In der Schlussszene verlässt Corvinus Wretslaw und nimmt Abschied von seiner Geliebten:

MATHIAS:
Marie! Wir wollen uns trennen – irdisch trennen –, ich will nicht der Feind deiner Ruhe, der Zerstörer jener kostbaren Tage werden, die du noch hoffen darfst – so heb' ich meine Hand empor, und weih' dich dem Himmel! Freundschaft! Bis die Seelen sich dort wieder finden!

MARIE:
Freundschaft bis zum Tode! Freundschaft bis das Grab uns trennt, du edler Mann![21]

Die raue Wirklichkeit sah Matthias Corvinus weniger edel: Er nahm Maria Krebs kurzerhand mit, als er nach Buda zurückkehrte. Da er sie nicht heiraten konnte, hütete er sie für die Dauer ihrer sechsjährigen Affäre in einem abgelegenen Flügel des Königspalastes. Sie sollte ihm seinen einzigen Sohn und Erben gebären: János (Johannes).

Das polnische Heer vor Wretslaw wurde derweil zur Annahme eines Waffenstillstands veranlasst, nachdem es unter Hunger, Krankheit und einem Feuer, das den größten Teil des Lagers zerstörte, gelitten hatte. Bei den nachfolgenden Verhandlungen war die gegenseitige Abneigung zwischen Corvinus und Władysław so groß, dass sie sich, wie verlautet, weigerten, einander anzusehen. Aber schließlich einigte man sich im September 1478 in Buda. Die böhmischen Länder wurden geteilt. Corvinus erhielt Schlesien, die Lausitzen und Mähren. Władysław behielt Böhmen.

Die Vereinbarung sollte zwölf Jahre halten, bis Corvinus' Tod es Władysław III. Jagiello (reg. 1490–1516) ermöglichte, die geteilten Länder wieder zu vereinigen. Władysław war bekannt für seine Unentschlossenheit. Seine Angewohnheit, jedem Vorschlag mit den Worten »bene, bene« (»gut, gut«) zuzustimmen, führte dazu, dass er als »König bene« in die Geschichte einging. Im Laufe seiner langen Herrschaft konnte er die tschechischen Adligen nicht daran hindern, Macht, Besitz und Privilegien anzuhäufen. Er nahm den vakanten ungarischen Thron an und verlegte seinen Hof nach Buda. In Schlesien führte der Verlust eines starken Herrschers und das Schwinden zentralisierter Macht zu einer dramatischen Eskalation der Gesetzlosigkeit. Mit einer gewissen Sehnsucht erinnerte man sich nun des »Despotismus« von Corvinus.

Auf Władysław folgte sein zehnjähriger Sohn Ludwig II. Jagiello (reg. 1516–26). Da er sich als Minderjähriger unsicher fühlte, stimmte Ludwig, um die Position seiner Dynastie zu stärken und das Haus Habsburg aus seinen Allianzen zu lösen, einem doppelten Ehepakt zu. Im Jahr 1522 wurde er mit Maria von Österreich verheiratet, der Schwester Kaiser Karls V., während Ferdinand von Habsburg mit Ludwigs Schwester Anna verheiratet wurde. Trotz dieses außenpolitischen Meisterstücks verlor er durch die fortgesetzte Dominanz des böhmischen Adels an Macht und Ansehen. Schließlich wurde der junge König an seinem eigenen Hof der Lächerlichkeit preisgegeben und war gezwungen, seine Juwelen zu versetzen, um Essen und Kleidung des Hofes bezahlen zu können. Nachdem

Kapitel 3: Wretslaw (1335–1526)

die Türken in Ungarn eingefallen waren, führte er am 29. August 1526 in Mohács eine schwache und unmotivierte ungarische Streitmacht gegen den Sultan in die Schlacht:

> »In dieser jämmerlichen Niederlage floh der unglückselige König mit seinem schweren Gaul, kam bei Mohatz in ein Gesümpfe, darein die Donau ausgeschlagen, und in dem er versuchte aufs Ufer zu sprengen, bleibt das Roß mit den Hinterfüßen stecken, überschlaget mit ihm, daß er in voller Rüstung in dem kmetichten und sumpfigen Ort ganz elendiglich ohne einige Hülfe erstickt und erdrücket wird.«[22]

Die Folgen dieses unerwarteten Todes sollten das Haus Habsburg auf den Weg zur Hegemonie über Mitteleuropa führen.

*

Als die Luxemburger den böhmischen Thron bestiegen, war Wretslaw bereits ein Handelszentrum von internationalem Rang. In den nächsten beiden Jahrhunderten konsolidierte und verbesserte die Stadt ihre Stellung noch. Es gab zwar fette und magere Zeiten, doch nach Ablauf von 200 Jahren hatte sich die Bevölkerung nahezu verdoppelt – von geschätzten 12 000 im Jahr 1327 auf circa 22 000 im Jahr 1526. Die Einwohner lebten vornehmlich vom Handel, dem lokalen wie dem Fernhandel, und erfreuten sich regelmäßiger Kontakte mit zahlreichen Städten und Ländern. In seiner Beschreibung Wretslaws im Jahr 1512 vermerkte Barthel Stein die Anwesenheit von Kaufleuten aus ganz Mittel- und Osteuropa: »Reußen, Walachen, Litauer, Preußen, Masuren und die Bewohner Groß- und Kleinpolens«.[23]

Wretslaw hatte seit dem ausgehenden 13. Jahrhundert zahlreiche Handelsprivilegien genossen, die seinem Wohlstand einen soliden gesetzlichen Rahmen verschafften. Zweimal wöchentlich wurden Märkte abgehalten, donnerstags und samstags. Und die jährliche Handelsmesse, die am Johannistag öffnete, konkurrierte mit ähnlichen Ereignissen in Leipzig, Poznań (Posen) und Lublin Im Jahr 1337 kam eine zweite St.-Elisabeth-Messe hinzu und ab 1374 eine dritte, im Oktober. Kaufleute aus dem Osten mischten sich unter ihre Gegenüber aus Flandern, Westdeutschland und Italien. Die drei Marktplätze boten riesige Freiflächen für den Tausch östlicher Rohstoffe wie Pelze und Hanf gegen westliche und lokale Erzeugnisse wie Fertigtextilien und Luxuswaren. Nach Barthel Stein entwickelte sich eine Tradition, nach der Kaufleute aus Ost oder West selten den Fluss mit den Waren überquerten, sondern diese einfach in der Stadt zum Verkauf anboten, bevor sie nach Hause zurückkehrten.[24]

Von 1387 bis 1515 gehörte Wretslaw zur Hanse. Allerdings profitierte die Stadt nicht allzu viel von ihrer Mitgliedschaft. Die Hanse befand sich im 15. Jahrhundert im spürbaren Niedergang, und nach 1474 stellte Wretslaw seine aktive Teilnahme ein. Zum Ausgleich wurden in der Stadt mit Mitgliedern aus Leipzig, Nürnberg und Augsburg Kaufmannszirkel gebildet. Auch einzelne Bankhäuser traten hervor – vor allem die Fugger aus Augsburg und in den Jahren 1515–21, zusätzlich zu ihrer Anwesenheit im Dom, die Thurzós aus Krakau. Auch die Herrschaft König Johanns brachte der Wirtschaft Schlesiens und Wretslaws keine Vorteile. Er war der erste von mehreren räuberischen Monarchen, die mehr nahmen als sie gaben. Obwohl die wachsende politische Stabilität und intensivere Kontakte zum Heiligen Römischen Reich langfristig von Nutzen sein sollten, erwiesen sich die häufige Abwesenheit des Königs und seine schwerfälligen Methoden als verunsichernde Faktoren.

Unter Karel oder Karl IV. hingegen erlebte das Königreich Böhmen einen wirtschaftlichen Aufschwung. Weinbau und Obstanbau wurden intensiviert, und die einheimischen Branchen blühten. Die Silberminen von Kutná Hora (Kuttenberg) beispielsweise erlangten zentrale Bedeutung. Man richtete große Münzen dort ein, und die Stadt begann Wretslaw als zweitwichtigste Stadt des Königreichs Konkurrenz zu machen. Es gibt in der Tat Schätzungen, wonach gut ein Drittel der Silberproduktion des mittelalterlichen Europa aus den Minen von Kutná Hora stammte.[25]

Doch auch Wretslaw erlebte ein ähnliches Wachstum. Die Stadt entwickelte enge Handelsbeziehungen mit Krakau und Thorn und wurde mit Verbindungen in die Niederlande und zur Republik Venedig neben Prag und Nürnberg zu einem bedeutenden Zentrum im Handelsnetz des Heiligen Römischen Reiches. Angesichts der weniger günstigen Lage Prags ist sogar behauptet worden, Wretslaw sei die wichtigste Handelsstadt der böhmischen Krone gewesen.[26]

Am 29. Februar 1360 verlieh Kaiser Karl IV. Wretslaw das Recht zur Prägung kaiserlicher Goldmünzen (obwohl offensichtlich während seiner Herrschaft keine solchen Münzen geschlagen worden sind). Zwei Jahre später bewilligte er das zusätzliche Recht zur Prägung von Silberhellern. Diese Privilegien mehrten das Prestige der Stadt außerordentlich und wurden von Václav (Wenzel, ab 1416), unter Zikmund (Sigmund, ab 1422) und unter Poděbrad in den Jahren 1460–62 bestätigt. Minderwertige Heller mit der Inschrift MONETA WRATISLAVIENSIS wurden das ganze

15. Jahrhundert hindurch geschlagen, manchmal zusammen mit der Stadt Świdnica (Schweidnitz). Die Qualität städtischer Groschen, Halbgroschen und Heller verbesserte sich ab etwa 1470 unter Corvinus spürbar. Das mittelalterliche Wretslaw besaß zwei Münzstätten. Die Hauptmünze östlich des Neuen Marktes hatte früher dem Herzog gehört und wurde von 1360 bis 1662 vom Stadtrat betrieben. Eine kleinere, die vor 1550 schloss, befand sich in der heutigen Ulica Mennicza (Münzstraße).

Die schlesische Braukunst entwickelte sich von einem begrenzten und meist vom Klerus betriebenen Unternehmen zu einem äußerst gewinnträchtigen bürgerlichen Wirtschaftszweig. Eines der bemerkenswertesten Produkte Wretslaws aus spätböhmischer Zeit war eine Biersorte namens »Schöps«. Erstmals erwähnt im Jahr 1392, trat Schöps im späten 15. Jahrhundert an die Stelle des beliebten Schweidnitzer Bieres und war einem Kommentator zufolge nicht nur in jeder örtlichen Schenke zu finden, sondern wurde auch nach Dresden, Nürnberg und Leipzig exportiert.[27]

Theoretisch lag Wretslaw sehr günstig, um aus den politischen und religiösen Umwälzungen des frühen 15. Jahrhunderts ökonomisch Nutzen zu ziehen. Da der Hussitenkonflikt zunächst auf Distanz gehalten werden konnte, profitierte die Stadt in gewissem Umfang von dem Handel, der eigentlich für Prag bestimmt war. Andererseits zeigte sich nach dem Übergreifen der Hussitenkriege auf Schlesien, dass Wretslaw nicht weniger verwundbar war wie die Hauptstadt selber. Die in dieser Zeit erlittene schwere Zerrüttung führte dazu, dass die böhmischen Länder von anderen, stabileren Handelszentren in den Schatten gestellt wurden.

Im späteren 15. Jahrhundert hatte der Widerstand Wretslaws gegen Jiří z Poděbrad zur Folge, dass der Wiedereintritt der Stadt in lukrative Handelsnetze verzögert wurde Unter Mátyás Corvinus brachten eine Währungsreform und eine Neuorientierung des Handels Richtung Ungarn einigen Wohlstand. Doch Corvinus' unersättliche territoriale Ambitionen brachten es mit sich, dass all seine Untertanen unter Steuern stöhnten, die alle Vorteile, die seine Thronbesteigung gebracht hatten, wieder ausglichen.

Gegen Ende des 15. Jahrhunderts stellte der Aufstieg konkurrierender Handelszentren wie Leipzig, Krakau und Thorn eine zunehmende Herausforderung für Wretslaw dar. Auf dem Hansetag von 1469 beschwerten Abgesandte der Stadt sich über die von der Gemeinschaft verhängten Beschränkungen, wobei sie feststellten, dass »jene in der Hanse gefesselt und zum Niedergang verurteilt werden, während jene außerhalb der Hanse ruhig gedeihen können«.[28] Doch die Unabhängigkeit barg auch ihre Gefahren. Die wachsende Spannung mit Polen führte nach 1485 zu einem dreißigjährigen Zollkrieg mit Krakau und 1511 zu einem vom polnischen König Jan I. Albrecht (Johann I. Albrecht) angeordneten allgemeinen Boykott vratislavischer Waren. Für Wretslaw war der Handel mit Polen der Schlüssel zum Wohlstand, aber die Stadt lief nun Gefahr, die goldene Gans zu schlachten. Sie hatte nicht nur versucht, ihr gesetzlich verbrieftes Stapelrecht nach eigener Rechtsprechung durchzusetzen, sondern diese auch auf alle polnischen Städte auszuweiten, mit denen Wretslaw Handel trieb. Dieser ehrgeizige Anspruch hätte eine wirksame Kontrolle der zur Ostseeküste, nach Litauen und zum Schwarzen Meer führenden Handelsrouten bedeutet. Aber der Plan ging ins Auge. Der polnische Handelsboykott und die Errichtung von Speichern in Kalisz (Kalisch), Krakau und Posen mit der Absicht, den Ausfall der Geschäfte mit der schlesischen Hauptstadt zu kompensieren, zwangen die Stadt zu einem demütigenden Rückzieher. Anscheinend hatte der Handelskrieg mit Krakau das Ende des Wohlstands der Stadt angekündigt. Unter diesen Umständen verfasste Stein 1512 die *Descriptio Vratislaviae* beinahe als Abgesang auf eine seiner Ansicht nach sterbende Stadt. Traurig stellte er fest, dass Wretslaw früher solch große Macht ausgeübt habe, dass es die ganze Provinz beherrschte und Könige und Herren gegeneinander ausspielte.[29] Drei Jahre später wurde Steins Alptraum Wirklichkeit. Wretslaw war gezwungen, sein Stapelrecht aufzugeben.[30]

Zu den Bemühungen um eine Wiederbelebung des Wretslawer Wirtschaftslebens gehörte im Jahr 1494 die Ausbaggerung der Oder, um den Schiffsverkehr auf dem Fluss zu erleichtern, und 1517 die Einrichtung einer Lotterie zur Aufbesserung der städtischen Finanzen. Nach fast einem Jahrhundert der Rückschläge begann eine Epoche wirtschaftlicher Erholung. Zur Zeit der Schlacht von Mohács erlangte sie ihren Platz als eine der führenden Städte des Heiligen Römischen Reiches zurück.

*

Die spätmittelalterliche Kirche erlebte eine langwierige und lähmende Krise, die nur als institutionelle Sklerose beschrieben werden kann und die sie zur Strecke zu bringen drohte. Sie war von vielfältigen häretischen Bewegungen heimgesucht, litt unter den Exzessen der Geistlichkeit und vor allem unter der Unfähigkeit, Missstände zu beseitigen, die viele Gläubige als skandalös erachteten. Von 1309 bis 1377 flohen die Päpste vor der Politik Roms in die »Babylonische Gefangenschaft« Avignons. Während des »Großen Schismas« von 1378 bis 1419 kämpften Päpste und

Gegenpäpste in einem jahrzehntelangen Machtkampf um die Oberhoheit. Beinahe zwei Jahrhunderte lang suchte die konziliare Bewegung die Probleme der Kirche anzugehen, indem sie sich an die Autorität von Generalkonzilen wandte. Aber nur wenige derartige Konzilien wurden einberufen, und keines erreichte das grundlegende Ziel der Harmonie. Bei der Wiederherstellung des Papsttums war das Konstanzer Konzil (1414–17) erfolgreich, aber bedeutendere Reformen konnte es nicht verwirklichen. Mit dem Befehl zur Hinrichtung des Reformators Jan Hus fügte es seinem Selbstverständnis als Forum christlicher Prinzipien schweren Schaden zu. Bis zum großen Konzil von Trient (1545–63) erhielt keine weitere Kirchenversammlung mehr allgemeine Unterstützung. Dank dieser Unfähigkeit, die anstehenden Probleme zu lösen, fand im frühen 16. Jahrhundert die protestantische Reformation großen Zulauf und fügte der Kirche eine Wunde zu, die bis heute nicht geheilt worden ist.

Das Elend im Herzen der römischen Kirche spiegelte sich auf allen Ebenen wider. Der Parteienstreit und die Auseinandersetzungen, die das kirchliche Zentrum völlig in Anspruch nahmen, vervielfachten sich überall in der Christenheit. Hinzu kam, dass religiöse Differenzen eine zunehmend »nationale« Färbung annahmen. In den ethnisch gemischten Städten Mitteleuropas war dies potenzieller Zündstoff.

In Schlesien brach ein erster derartiger Konflikt im Jahr 1337 zwischen König Johann und dem polnischen Bischof von Wretslaw, Oksa Nanker, aus. Er wurzelte in einem Streit über die Zahlung des Peterspfennigs, einer päpstlichen Steuer, die in den polnischen, nicht hingegen in den böhmischen Bistümern erhoben wurde. Sein unmittelbarer Anlass war die Besetzung der strategisch bedeutsamen Burg in Milicz (Militsch) nördlich von Wretslaw, die Eigentum des Bischofs war, durch den König. Bischof Nanker begegnete dem König anschließend mutig und exkommunizierte ihn, was Letzteren lediglich zu dem Kommentar veranlasste, der Bischof wolle, dass ihn jemand zum Märtyrer mache.[31] Die bischöfliche Residenz wurde nach Nysa (Neisse) verlegt und Wretslaw mit dem Interdikt belegt. Vier Jahre lang wurden keine offiziellen Gottesdienste abgehalten. Im Jahr 1339 ließ Bischof Nanker den Dominikaner und »Inquisitor ketzerischer Verderbtheit« Johann von Schwenkenfeld kommen, der den Stadtrat zum Nachgeben zu bewegen suchte. Długosz zufolge »verließ [der Inquisitor], verfolgt von Flüchen, Beleidigungen und dem Knirschen von Zähnen, das Rathaus« und »hatte Glück, dass man nicht über ihn herfiel«.[32] Johanns Bemühungen waren fruchtlos, und er wurde bald darauf ermordet. Erst bei Nankers eigenem Tod im Jahr 1341 kehrte die Stadt in den Schoß der Kirche zurück. Der König behielt die Burg in

Milicz, die Kirche ihr Recht auf den Peterspfennig und ihre Unterstellung unter das polnische Erzbistum Gniezno (Gnesen).

Im frühen 14. Jahrhundert fanden die Lehren der Waldenser Eingang nach Böhmen und Schlesien. Zum ersten Mal traten sie im Zusammenhang mit der Inquisition in Świdnica (Schweidnitz) im Juli 1315 auf. Ausgehend von den Tälern Savoyens, setzten die waldensischen Lehren sich vornehmlich in deutsch bewohnten Gegenden fest. Die Waldenser lehrten das »wahre« Leben nach dem Evangelium und warfen der Kirche dogmatische Trägheit vor. Die Bewegung verebbte schnell wieder, doch ihr folgten die ernsthafteren Bedrohungen durch die Lollarden und die Hussiten.

Die Lollarden waren Anhänger des englischen religiösen Reformers John Wyclif (um 1330–84). Sie protestierten gegen die Weltlichkeit der etablierten Kirche und predigten eine Rückkehr zur Askese der frühen Christenheit. Ferner glaubten sie, dass die Bibel auf göttlicher Eingebung beruhe und daher jedem in der Landessprache zugänglich sein müsse. Obschon in England unterdrückt, hatte der Lollardismus auf die böhmischen Länder übergegriffen. Die Ausbreitung in Böhmen war durch den Königshof selbst, nämlich durch die Heirat zwischen König Richard II. von England und Anna von Böhmen, einer Schwester König Václavs (Wenzel), begünstigt worden. Immerhin gab es so viele Anhänger in Böhmen, dass bereits im Jahr 1409[33] die Ankunft eines Lollardenpredigers namens Peter Payne in Prag und die noch frühere Anwesenheit eines gewissen »Stefan« in Wretslaw, der sich selber als Lollarde und ehemaliger Student Wyclifs in Oxford bezeichnete, nachgewiesen ist. Peter Payne wird in anderen Schilderungen auch als »militanter, armer Priester«[34] und »Häresiarch« beschrieben:

>»Zu ebender Zeit, als Pater Ludolf Abt von Sagan war, wurde ein gewisser Häresiarch namens Stefan im Gefängnis in [Wretslaw] festgehalten. Von ihm war bekannt, dass er in 50 oder mehr Glaubensartikeln irrte... Erstens wagte er zu beteuern, dass er den Heiligen Geist besäße, obwohl er Laie war... oder ebenso, dass tote Kinder ohne Taufe erlöst würden... oder wiederum, dass jeder aufrechte Laie Sünden vergeben und das heilige Abendmahl feiern könne... Die Gesetze der römischen Kirche hätten ihm gleichgültiger nicht sein können, [als er behauptete], dass sündige Prälaten keine Autorität hätten und dass die Exkommunizierung nicht erlaubt sein dürfe... da er sich weigerte, irgendwelche Argumente zuzulassen, die nicht den biblischen Texten entnommen

waren, machte er vielen gelehrten Männern Schande... Ich denke, er war wohl ein Bauer, da seine Rede grammatisch wenig geschliffen war... Eber dieser Stefan behauptete, in Oxford drei Jahre wegen Ketzerei inhaftiert gewesen zu sein, dass sie aber die ganze Zeit nicht habe bewiesen werden können... doch als Pater Ludolf und Meister Jan ihn in die Enge trieben und er ihren Vorschlägen nicht zustimmte, wurde er vom Inquisitor für häretische Vergehen verurteilt und im Jahr 1398 verbrannt.«[35]

Es war der Beginn einer Zeit tief greifender Konflikte: Katholiken waren nur allzu bereit, Widersacher und Kritiker als »Ketzer« zu brandmarken, und viele »Ketzer« hielten die Katholiken für die wahren Ketzer. Es folgte ein grausames Jahrhundert gegenseitiger Verfolgung.

Jan Hus (um 1370–1415), Dekan der philosophischen Fakultät der Universität von Prag, den die Lehren von Wyclif beeinflusst hatten, stellte für die etablierte Kirche in Böhmen die größte Herausforderung dar. Er entfesselte einen Aufruhr, der sich zu einer der schwersten Krisen des mittelalterlichen Mitteleuropa auswachsen sollte. Bald schon wurde der Hussitismus Teil eines Machtkampfes zwischen deutschen und tschechischen Gruppen innerhalb der Prager Universität. Religiöse und ethnische Fragen verquickten sich, als die deutsche Fraktion der Universität eine Verurteilung des Lollardismus verlangte, was die tschechischen Anhänger von Hus nicht hinnehmen konnten. Im Jahr 1410 exkommuniziert, wurde Hus fünf Jahre später vor das Konstanzer Konzil geladen und aufgefordert, seinen fortgesetzten Protest zu erläutern. Dort wurde er, trotz einer Garantie sicheren Geleits von Seiten Kaiser Zikmunds (Sigismund), als Ketzer verurteilt. Natürlich bestritt er standhaft die Beschuldigungen, aber es half ihm nichts. Seiner Priesterschaft entkleidet, verunstaltet und gekrönt mit einer Narrenkappe, die drei Dämonen zeigte, wurde er den weltlichen Gewalten mit den Worten übergeben: »O verfluchter Judas...wir überantworten deine Seele dem Teufel.«[36] Dann wurde er auf einem Scheiterhaufen festgebunden und angezündet. Er starb singend, und sein Tod bestätigte auf fürchterliche Weise seine Worte: »Wenn du die Wahrheit sprichst, bricht man dir den Hals.«[37] Wahrheit war seine Losung. »Deshalb, getreue Christen«, hatte er seine Anhänger ermahnt, »sucht die Wahrheit, hört auf die Wahrheit, lehrt die Wahrheit, liebt die Wahrheit, steht zur Wahrheit, haltet an der Wahrheit fest und verteidigt die Wahrheit bis in den Tod!«[38]

Es gab mehr als nur eine Spielart des Hussitismus. Die zentrale Frage betraf die Forderung, dass es dem Laienstand erlaubt sein müsse, der

Praxis des Klerus zu folgen und die heilige Kommunion in beiderlei Gestalt, das heißt Brot *und* Wein, zu sich zu nehmen. Folglich nahmen die gemäßigten Anhänger von Hus den Namen Utraquisten* an. Ihr Wahrzeichen war der Kelch, und ihr Motto lautete: »Pravda vítězí« (»Die Wahrheit setzt sich durch«). Doch es gab weitere Forderungen. Als es 1419–20 in Böhmen zum Krieg kam, übernahmen die Hussiten die »Vier Prager Artikel«:

- Kommunion in beiderlei Gestalt für Klerus und Volk
- Freie Predigt des Gotteswortes
- Abschaffung der weltlichen Besitztümer und des Vermögens der Geistlichkeit
- Öffentliche Anprangerung und Bestrafung sündigen Verhaltens[39]

Die radikaleren Forderungen führten außerhalb Prags zur Entstehung eines bewaffneten Lagers von Militanten, das den biblischen Namen Tabor erhielt. Ein drittes Zentrum wurde in Oreb errichtet. Ein Zweig der Hussiten, die Adamiten, waren Nudisten. Es waren die Taboriten, die die kompromisslosesten »Krieger Gottes« hervorbrachten – den einäugigen Jan Žižka (gest. 1424), Prokop Holý (Andreas Prokop, gest. 1434) und Jan Roháč z Dube (gest. 1437) – und die bald sowohl mit den Katholiken als auch mit den Utraquisten in Streit gerieten. Nach dem Tod Žižkas ging aus ihren Reihen die extrem militante »Bruderschaft der Waisen« hervor. Die Taboriten lehnten den in den Baseler Kompaktaten (1433) beschlossenen Kompromiss ab, der eine leicht modifizierte Version der Vier Artikel darstellte und in Böhmen bis Mitte des 16. Jahrhunderts Gesetzeskraft erlangen sollte. In ihrem Stützpunkt Tabor hielten sie bis 1452 durch. Da die Utraquisten Prag und die Taboriten weite Teile Böhmens beherrschten, wurde die zweitgrößte Stadt des Königreiches, Wretslaw, zum natürlichen Hauptquartier der Katholiken und der Luxemburger Königstreuen.

Doch Wretslaw sollte auch in einer anderen Kontroverse eine gewichtige Rolle spielen, die sich lang hinzog und mehrere Jahrzehnte für Unruhe sorgte. Auf dem Konzil zu Konstanz beschuldigten Abgesandte des Königs von Polen die Deutschordensritter Preußens, ihre Unternehmungen auf eine Weise durchzuführen, die mit christlichen Prinzipien unvereinbar sei. Der polnische Advokat Professor Paweł Włodkowicz (Paulus Wladimiri, um 1370–1435), Rektor der Jagiellonischen Universität, war

---

* Abendmahl »sub utraque«, in beiderlei Gestalt (A. d. Ü.).

Philosoph, Theologe und Jurist. Sein wichtigster Anklagepunkt betraf die brutalen Beschlagnahmungs- und Ausrottungsaktionen, die angeblich die Mission der Ordensritter zur Bekehrung der Heiden des Nordens begleiteten. Aber er stellte auch grundsätzliche Fragen hinsichtlich der Rechte von Nichtchristen auf ihr Land und Eigentum, ihr Recht auf Widerstand und der Notwendigkeit eines internationalen Tribunals zur Regelung der daraus resultierenden Streitigkeiten. Die hochgeistigen Argumente von Paulus Wladimiri waren zweifellos von der Politik der langjährigen Kriege Polens mit den Ordensrittern inspiriert. Sie stellen aber auch einen frühen Beitrag zur Theorie des internationalen Rechts dar. Und sie verdienten kaum die harsche Antwort, die sie hervorriefen. Denn der Hauptgegenspieler von Paulus Wladimiri, der Dominikaner Johann Falkenberg, begnügte sich nicht mit einer durchdachten Widerlegung. Er veröffentlichte außerdem eine wilde Satire, in der die Polen als »verabscheuungswürdige Ketzer«, »schamlose Hunde«, Frevler und »Götzendiener Jagels« präsentiert wurden. »Unter gleichen Umständen«, so sein Kommentar, »ist es lobenswerter, Polen und ihren König zu töten als Heiden zu töten.« In diesem Klima standen die Chancen schlecht für eine unparteiische Anhörung. Polens Beschwerden wurden bis zur Schlichtung durch den Reichstag zurückgestellt.

Der Reichstag versammelte sich im Winter 1419–20 in Wretslaw. Paulus Wladimiri war erneut zugegen. Doch das am 6. Januar vom Kaiser erlassene Dekret über die territorialen Aspekte des Streits untermauerte den Status quo. Sowohl die Ordensritter als auch der polnische König legten sofort Einspruch ein, und die Anhörungen gingen in den nächsten vier Jahren in Rom ergebnislos weiter. Es sollte keine befriedigende Lösung geben. Im Jahr 1431 nahmen die Ordensritter ihren Krieg gegen Polen wieder auf, womit sie den »immerwährenden Frieden« brachen, der ausgerufen worden war, solange die Anwälte stritten. Paulus Wladimiri starb, ohne eine greifbare Belohnung für seine Mühen erlebt zu haben. Dennoch erinnert man sich an ihn nicht bloß als Advokaten der polnischen Sache, sondern auch als Meister in der Kunst der Vermittlung. Die Argumente, die er 1420 in Wretslaw vorbrachte, hinterließen keine Spur in der lokalen Überlieferung. Doch seine Schriften verdienen zweifellos die nachdenkliche Aufmerksamkeit der Vratislavier einer späteren Epoche:

> »Um die Gefahr der Kriegstreiberei unter dem Deckmantel hochfliegender Prinzipien zu bannen, trug Wladimiri die Idee eines internationalen Strafgesetzbuches vor, dessen Gegenstand ... Ver-

brechen sein sollten, die ein Staat gegen einen anderen verübe. In dieser Hinsicht war er der Erste, der das Unmenschliche und Unchristliche der Ermordung, Ausrottung, Vertreibung oder Versklavung eines Volkes oder einer Volksgruppe aus ideologischen, rassistischen oder anderen Gründen demonstrierte.«[40]

Der Reichstag zu Wretslaw ist aus mehreren Gründen bemerkenswert. Es war die einzige derartige Versammlung, die jemals östlich der Elbe stattfand. Einen Winter lang stand Wretslaw im Mittelpunkt der europäischen Diplomatie, im Brennpunkt kaiserlicher und päpstlicher Politik. Dieser Reichstag markiert aber auch einen Wendepunkt in der europäischen Geschichte. Zwar konnte Sigismund Europa noch einmal überzeugen, einen Kreuzzug zu unternehmen und ihn gegen die Hussiten zu unterstützen, doch die Politik hatte sich längst gegen die Kreuzzugsidee gewandt. Die von Papst Urban II. 1095 in Clermont begonnene Bewegung war moralisch bankrott. Wretslaw erlebte ihr letztes Aufflackern.

Die Gegenmaßnahmen der Kirche gegen die sich häufenden Herausforderungen ihrer Autorität nahmen unterschiedliche Formen an. Zum einen wurde die Inquisition gestärkt. Schon im Jahr 1420 befahl der Erzbischof von Gniezno (Gnesen) allen Pfarrern, alle Personen mit ketzerischen Neigungen zu melden, gleich ob Mann oder Frau, Kleriker oder Laie; und in Wretslaw wurden verschiedene Einzelpersonen aufgefordert, schriftliche Zeugnisse ihres rechten Glaubens vorzulegen.[41] Darüber hinaus wurde die Verehrung von Märtyrern wie Johannes von Nepomuk gefördert, die die moralische Überlegenheit der Kirche betonten. Doch nichts hatte eine größere Wirkung als die direkte Ansprache der Menschen in leidenschaftlichen Predigten. So hat etwa Johannes Capistrano (1386–1456) in Wretslaw eine sehr merkwürdige und beunruhigende Begeisterung bei der Bevölkerung ausgelöst.

»Bruder Johannes«, wie Capistrano genannt wurde, war ein 67-jähriger Franziskaner und ehemaliger Statthalter von Perugia, der als »Generalinquisitor« nach Böhmen entsandt worden war, um die Ketzerei auszumerzen. Er war lange Zeit in Mähren tätig gewesen, war aus Prag vertrieben worden und wurde im Jahr 1453 nach Wretslaw eingeladen. Man bereitete ihm einen stürmischen Empfang. Da er praktisch keine Hussiten in der Stadt vorfand, richtete er seine Schmähungen gegen den aufdringlich zur Schau gestellten Reichtum der Bürger. Er predigte in der St.-Elisabeth-Kirche und sah anschließend vom Fenster seiner Unterkunft am Salzring 2 zu, wie seine Gemeinde ihre Luxusgüter zum Verbrennen auf die Straße schleppte. Dem Chronisten Nikolaus Pol zufolge hielt der mit einem einfachen grauen Umhang und hölzernen Sandalen bekleidete, ausgezehrte Mönch am 22. Februar auf dem Salzring eine Predigt unter freiem Himmel, bei der er »die Laster und Übermaß an Kleidern, Essen und Trinken hart gestraft«. Das Ergebnis war, dass »die Spiegel, Larven, Brettspiel, Würfel und Karten... mit großen Haufen verbrennet« wurden. Pol schloss, dass Capistrano an jenem Tag »sonderliche Andacht im Volke erwecket« habe.[42] Es war eine Vorstellung, die eines Savonarola in Florenz würdig war. Man sollte ihn später als Schutzpatron der Juristen verehren. Die Bewunderung für ihn stieg weiter, als behauptet wurde, er habe 30 Personen von den Toten auferweckt sowie 370 Taube, 36 Stumme, 123 Blinde und 920 Lahme und Verkrüppelte von ihren Gebrechen geheilt.[43]

Zwischen dem 14. Februar und dem 27. April predigte Capistrano in Wretslaw dreimal täglich. Wahrscheinlich sprach er Latein und bediente sich der Hilfe eines deutschen Übersetzers. Zweifellos wurde seine Leidenschaft durch das Wissen gesteigert, dass die osmanischen Türken Konstantinopel, den letzten Überrest des Römischen Reiches, eingeschlossen hatten und die Nachricht vom Fall der Stadt tagtäglich zu erwarten war. In Wirklichkeit eröffneten die Türken ihren entscheidenden Angriff auf die Stadt erst am Ostermontag, dem 2. April, als Capistrano »Über die Wiederauferstehung« predigte. Die Nachricht von ihrem Sieg konnte noch nicht bis Wretslaw vorgedrungen sein. Der Inhalt von Capistranos Predigten, deren Texte vollständig erhalten sind, war nicht sonderlich überraschend. Sie enthielten die üblichen Themen einer christlichen Erneuerungskampagne: »Über das Jüngste Gericht«, »Über die Stufen der Vollkommenheit«, »Über die Buße«, »Über die Beichte«, »Über die Glaubensartikel« und so weiter.[44] Katholische Wertungen haben sich auf die aus ihnen folgende »Erneuerung der religiösen Moral der Stadt«[45] konzentriert. Doch die Predigten bewirkten noch etwas anderes.

Capistrano prangerte nämlich regelmäßig drei Gefahren an – die türkische, die hussitische und die jüdische. Da es aber nur wenige Türken oder Hussiten in der Stadt gab, konzentrierten sich die Vorwürfe auf die Juden. Im Mai wurden die Juden Wretslaws zusammengetrieben, und man beschlagnahmte das jüdische Eigentum. Unter anderem beschuldigt, die Brunnen zu vergiften und »die Hostie zu entweihen«, wurden die Gefangenen so lange gefoltert, bis ihnen die passenden Geständnisse entlockt worden waren. Es hieß, dass Capistrano lebhaftes Interesse an ihren »Verhören« zeigte. Nach ihrer Verurteilung zum Tode wurden 14 Opfer auf dem Ring auf Bretter gebunden. Das Fleisch wurde ihnen mit rot glühenden Zangen von den Knochen gerissen und in Pfannen voll brennender Kohle geworfen. Dann wurden sie bei lebendigem Leibe geviertelt. Der Rest der Verurteilten stand vor der Wahl, sich taufen oder verbrennen zu lassen. Ein paar, darunter der Rabbiner, begingen Selbstmord. Weitere 41 Personen wurden am 4. Juli auf dem Salzring verbrannt. Nach mittelalterlichen Maßstäben waren die Strafen für religiöse Abweichler, wie Hus festgestellt hatte, streng. Nach heutigen Maßstäben enthüllen sie eine eher pathologische Vorstellung von christlicher Evangelisation.

Capistranos Exzesse entfachten Wretslaws zählebigen Antihussitismus. Dieser, durch weitere Moralpredigten verstärkt, gipfelte in der Weigerung, König Jiří Poděbrad anzuerkennen. Er untergrub sogar den Bischof. Der tschechische Prälat Jodok z Rožmberka (Jost von Rosenberg, 1430–1467) wurde im Jahr 1456, kurz vor Poděbrads Thronbesteigung, nach Wretslaw berufen. Trotz seiner untadeligen katholischen Referenzen und späteren Rolle als Gründer der antihussitischen Liga von Grünberg verzieh man ihm nicht, dass er Poděbrad akzeptierte, und über ihn ergoss sich eine Flut antitschechischer Empfindungen. Im Verlauf eines Wortwechsels kam es zwischen ihm und dem päpstlichen Legaten, dem Erzbischof von Kreta, Hieronymus Landi, zu einem handgreiflichen Streit, nachdem Jost die Worte des heiligen Paulus an Titus zitiert hatte: »Die Cretenser sind allezeit Lügner, böse Tiere und träge Bäuche.«[46] Die Folge solcher Spannungen war, dass Jost ein seltener Gast in Wretslaw war, dem er die Sicherheit seines Familiensitzes in Český Krumlov (Krumau) vorzog, von wo aus er zu vermitteln und Mäßigung zu predigen suchte. Obwohl ein unermüdlicher Gegner des Hussitismus, wurde sein Tod im Jahr 1467 in seinem Bistum gefeiert:

> »Ein Wolf beißt keinen anderen; die Böhmen sind Schurken.
> Die christlichen Böhmen heißen nicht Christen, sondern Ketzer.
> Bischof Jost, der alte Wolf, lehrte die anderen Wölfe, Gänse zu fressen.«[47]

30 Jahre nach Bischof Jost bekam Wretslaw einen Prälaten von ganz besonderem Rang. Geboren in Krakau, stammte Jan Thurzó (Johannes Turzo, 1466–1520) aus einer bekannten ungarischen Familie, die es in Polen zu etwas gebracht hatte. Ihre Verbindungen erstreckten sich von Krakau zu den Bistümern Olomouc (Olmütz) und Oradea (Großwardein) und bis zu den Fuggern nach Augsburg. Wie Kopernikus, der zuerst in Krakau und dann in Padua studiert hatte, war Thurzó nach einem Studium an der Domschule zu Gniezno (Gnesen) als Rektor an der Jagiello-

Kapitel 3: Wretslaw (1335–1526)

nischen Universität tätig gewesen. In der Nähe von Javorník (Jauernig) auf der böhmischen Seite des Riesengebirges, erbaute er ein Sommerpalais, doch am besten ist er für die Aufgeschlossenheit, mit der er die intellektuellen und religiösen Neuerungen seiner Zeit begrüßte, in Erinnerung. Er korrespondierte mit Erasmus, Melanchthon und Luther und sammelte Bilder von Cranach, Dürer und anderen. Er nutzte seinen Reichtum und Einfluss aus, um viel versprechende Akademiker zu fördern oder gelehrte Lehrer anzulocken. Auch half er mit, den ersten Drucker in Wretslaw anzusiedeln, und in der Folge waren ihm zahlreiche Veröffentlichungen gewidmet. Von manchen als »Sonne des Humanismus« beschrieben, sollte er beim Transfer des neuen Denkens nach Schlesien als Katalysator fungieren.[48] Gern unterschrieb er mit »Johannes Turzó, Episcopus Vratislaviensis, Polonus«.

Bis zum frühen 16. Jahrhundert hat die Kirche im Königreich Böhmen die aufeinander folgenden Stürme von Häretikern und Hussiten relativ unbeschadet überstanden. Doch die aufkommende Lehre des Humanismus warf den Schatten neuer Kämpfe voraus. Die kommenden Jahrzehnte sollten die bis heute größte Erschütterung bringen, der die Kirche jemals ausgesetzt war – die protestantische Reformation. Mit der beherzten Verteidigung der Kirche gegen den Hussitismus hatte Wretslaw eine Führungsposition übernommen. Doch in der Folgezeit sollte die Stadt bei der Propagierung der Überzeugungen Luthers eine wichtige Rolle spielen und zu einer Bastion des protestantischen Glaubens werden. Es ist eine Ironie der Geschichte, dass Wretslaw in dem Abschnitt seiner Geschichte überwiegend protestantisch wurde, den es unter der Herrschaft des allerkatholischsten Hauses zubrachte – in der Zeit der Habsburger Herrschaft.

*

Die spätmittelalterliche Kultur blieb im Wesentlichen eine theozentrische, und religiöse Belange beherrschten sämtliche Aspekte der Wissenschaften und der schönen Künste. Obwohl mit der Zunahme landessprachlichen Schrifttums und mit dem Aufkommen der Renaissancekunst wichtige Veränderungen eintraten, blieben auch die neuen Tendenzen größtenteils dem Primat der Religion untergeordnet. Dante Alighieri schrieb seine großartige *Divina Commedia* im Dialekt seiner Geburtsstadt Florenz. Doch benutzte er ihn, um eine zwar unorthodoxe, doch zutiefst religiöse Vision menschlichen Fortschreitens durch Hölle, Fegefeuer und Paradies zu schildern. Die Renaissance, so muss man betonen, war noch nicht die Aufklärung.

Wie überall änderte sich auch in Schlesien das kulturelle Leben sehr langsam. Malerei, Bildhauerkunst, Architektur, Musik – alles blieb fest in der religiösen Sphäre verwurzelt. Die meisten literarischen Werke wurden nach wie vor in Latein verfasst und gingen religiöse Themen an. Die weltliche Kultur war im Gegensatz dazu von drei konkurrierenden Einflüssen bestimmt, die von Böhmen, Deutschland und Polen ausgingen. In Böhmen beispielsweise wehrte sich der tschechische Adel sehr erfolgreich gegen die Form deutscher Kultur, wie sie die Luxemburger Dynastie ins Land brachte, und errang bemerkenswerte Siege wie das Abkommen von Domažlice (Taus, 1318), das ausländische Einflüsse begrenzte.

Das Zeitalter Karls IV. signalisierte eine wichtige Phase in diesem Wettstreit. Karls strikte Unparteilichkeit sorgte dafür, dass landessprachliches Schrifttum auf breiter Front vordrang. Am meisten profitierten die Tschechen. Nachdem sie dem kirchlichen Einfluss des Erzbistums Mainz entkommen waren, wurde Prag im Jahr 1348 eine Universität bewilligt, der erste Sitz höherer Gelehrsamkeit östlich des Rheins. Ihr Auftrag lautete, die »vier Völker« der Böhmen, Schlesier, Bayern und Sachsen zu bilden.

Das neue Selbstvertrauen spiegelte sich in der Aufwärtsentwicklung der tschechischen Sprache wider. Die *Dalimil-Chronik* (1308–14), die allegorischen Verse von Smil Flaška z Pardubic (1350–1403) und die späteren philosophischen Schriften von Tomáš ze Štítného (um 1335–1405) zeigten, dass Tschechisch bereits eine gefestigte literarische Sprache war. Eine um 1360 erschienene tschechische Übersetzung der Bibel ging den ersten französischen und englischen Übersetzungen zeitlich voran, lediglich die italienische Übersetzung war noch älter. Tschechisch-lateinische Wörterbücher erschienen, gefolgt von einer Enzyklopädie mit Einträgen von Karl IV. höchstpersönlich. Das Tschechische fand seinen Weg in die anderen Länder der böhmischen Krone, insbesondere nach Oberschlesien, was, wie verlautet, durch die relative Nähe zum Polnischen erleichtert wurde.[49]

Doch parallel zum tschechischen begann sich in Prag ein rivalisierendes deutsches Nationalbewusstsein zu entwickeln. Eine führende Figur in dieser Entwicklung war Johannes von Neumarkt (1315–1380). Als Kanzler Karls IV. reformierte er sowohl den Gebrauch der lateinischen wie auch den der deutschen Sprache am böhmischen Hof. Seine Bemühungen zur Reform von Syntax und Wortschatz des Deutschen waren von großer Bedeutung bei der Entwicklung der frühneuhochdeutschen Schriftsprache.[50] Bald nach seinem Tod trugen seine Anstrengungen Früchte. Der von Jan z Teplé (Johannes von Tepl, um 1350–1414), dem Stadtschreiber von Žatec (Saaz), verfasste bemerkenswerte Prosadialog *Der Ackermann aus Böhmen* (um 1400) ist als ein wichtiges Werk des Spätmittelalters ein anerkannter Teil deutscher Literatur und die erste frühneuhochdeutsche Prosadichtung.

Ganz ähnlich ist die Entwicklung in Schlesien verlaufen. Die Verbindung mit dem Heiligen Römischen Reich, die Stellung vieler Schlesier an Karls Hof und die von der Universität in Prag gebotenen Chancen trugen zweifellos zur Herausbildung einer spezifisch schlesischen Identität bei. Des Kaisers eigene literarische Bemühungen, die *Vita Karoli*, spiegelten sich in Wretslaw im *Schlackenwerther Kodex* wider, einer großartigen Verherrlichung des Lebens der heiligen Hedwig (Jadwiga), der im Jahr 1353 für Herzog Ludwig I. von Legnica (Liegnitz) geschrieben wurde, dessen Illustrator jedoch in Prag ausgebildet worden war.[51]

Die heilige Hedwig lieferte eine der wichtigsten kulturellen Quellen der Epoche. Im Jahr 1267 heilig gesprochen, wurde sie bald Gegenstand allgemeiner Verehrung, und ihr Grab in Trzebnica (Trebnitz) wurde zu einem Wallfahrtsort ersten Ranges. Sie inspirierte zu zahlreichen Werken von Bedeutung. Das *Hedwig-Triptychon*, eine Szenenfolge aus dem Leben der Heiligen, das einst die Bernardinkirche in Wretslaw zierte, wurde im Jahr 1430 gemalt. Die *Freytagshandschrift* von 1451, die aus einer Sammlung von 60 Illustrationen zum selben Thema besteht, wurde von dem Stadtrat Anton Hornig in Auftrag gegeben.

Schlesien und besonders Wretslaw wurden in dieser Zeit stark von Böhmen beeinflusst. Schließlich war Wretslaw die zweitgrößte Stadt des Königreichs Böhmens, und zwischen der schlesischen Hauptstadt und Prag bestand ein konstanter Austausch. Böhmen hatte sich zu einem der kulturellen Zentren Europas entwickelt. Um die Wende zum 15. Jahrhundert verlief Wretslaws wichtigste kulturelle Kommunikationsleitung Richtung Westen über die Straße nach Prag.

Sichtbar ist die böhmische Verbindung in Werken wie der *Madonna von Kłodzko* (»Glatzer Madonna«) und der Vratislaver Dreifaltigkeit (um 1350). Einer der berühmtesten böhmischen Künstler war Petr Parléř (Peter Parler, 1332–99). Geboren in Schwäbisch Gmünd, stieg er aus dem Nichts zum Hofarchitekten Karls IV. auf. Viele der spätgotischen Meisterwerke Prags wurden von ihm geschaffen: der Veitsdom, die Karlsbrücke und das Alte Stadttor. Sein Einfluss verbreitete sich im ganzen Königreich. Dass er Wretslaw besuchte, ist wahrscheinlich. Zweifellos erkennt man seinen Stil in der Kirche St. Dorothea (um 1381) und, wie manche glauben, im Grabmal des Bischofs Przecław von Pogarell (1341–76).[52]

Nach dem Ausbruch der Hussitenkriege wurden neue kulturelle Signaturen offenkundig. Experten bemerken im *Hedwig-Triptychon* einen einheimischen schlesischen Stil, während der Altar der Kirche St. Barbara von 1447 holländische Elemente enthüllt. Deutsche Handwerker und deutsche Stilrichtungen dominierten nun. Der Nürnberger Hans Pleydenwurff (1420–72) lieferte das Altarbild (1462) für die Kirche St. Elisabeth in Wretslaw, und der ebenfalls aus Nürnberg stammende Bildhauer Peter Vischer (1460–1529) schuf im Jahr 1496 das Grabmal von Bischof Johannes IV. Roth.

Viele der mittelalterlichen Kunstwerke Wretslaws befinden sich nicht mehr an ihrem Platz. Die wechselnden Zeitläufe, Plünderungen, aber auch Veränderungen des Geschmacks, sie alle richteten ihre Zerstörungen an. In dieser Hinsicht führte der Zweite Weltkrieg nicht nur zu gewaltigen Verlusten durch Vernichtung und Beschädigung, sondern auch durch die Abfolge zweier Systeme. Heute besitzt das Warschauer Nationalmuseum mehrere Meisterwerke aus dem böhmischen Wretslaw, die jetzt, wie das Altarbild aus der Barbarakirche, als herausragende Beispiele mittelalterlicher polnischer Handwerkskunst vorgeführt werden. Doch immer noch kommen Entdeckungen ans Licht, zum Beispiel die bemerkenswerte Serie spätmittelalterlicher religiöser und weltlicher Wandmalereien, die bei Restaurierungsarbeiten in den neunziger Jahren freigelegt wurden. Es handelt sich zumeist um Blumenmotive, und sie sind nicht von höchstem künstlerischem Wert, aber sie helfen dem heutigen Besucher, sich eine Vorstellung von der reichen Farbgebung mittelalterlicher Interieurs zu machen, da sie ihre Bemalungen seit langem verloren haben.[53]

Wretslaw beeilte sich, die neu aufkommende Druckkunst heimisch zu machen. Die erste Druckerei wurde von Caspar Elyan (um 1435–1486) im Jahr 1475 gegründet, ein Jahr nachdem die Druckkunst in Krakau Einzug gehalten hatte. Geboren in Głogów (Glogau), hatte Elyan das Druckerhandwerk in Köln erlernt. In seinen späteren Lebensjahren wurde er zum Stiftsherrn am Dom zu Wretslaw ernannt. In dem Jahrzehnt nach 1473 stellte er neun bekannte Inkunabeln (»Wiegendrucke«) her, alle in Latein. Der erste war ein religiöser Text über die Geschichte der Verklärung Jesu. Der zweite, exakt auf den 9. Oktober 1475 datiert, war ein eindrucksvoller Band von 64 Seiten, die *Synodalstatuten der Bischöfe von Wretslaw*, in dem sich die ältesten Beispiele gedruckter polnischer Texte finden, darunter das Vaterunser, das Ave Maria und das Glaubensbekenntnis. Spätere Stücke enthielten sowohl Gedichte als auch Prosa. Elyan war nicht allein. Seit 1480 gab es eine Druckerwerkstatt in Legnica (Liegnitz), seit 1521 eine in Nysa (Neisse). Es folgten weitere in Wretslaw. Conrad Baumgarten von Rotenburg, der in Venedig und Olomouc (Olmütz) gearbeitet hatte, traf

1503 in Wretslaw ein. Sein kupfergedrucktes Exemplar der vierten Holzschnittauflage der *Legende der heiligen Jadwiga* (1504), ein Meisterwerk seiner Art, markierte die Gründung einer »Stadtbuchdruckerey«, die über 300 Jahre in Betrieb sein sollte.⁵⁴ Vor allem aber bot sich den ersten Geschichtsschreibern Wretslaws eine Möglichkeit, im Druck zu erscheinen. Der Stadtschreiber Peter Eschenloer (um 1420–1481) veröffentlichte im Jahr 1472 seine *Historia Wratislaviensis*, und Barthel Stein (1476–1522) folgte diesem Beispiel im Jahr 1512 mit seiner *Descriptio totius Silesiae et civitatis regie Vratislaviensis*.

Eine Folge der Hussitenkriege war, dass Wretslaw seine kulturellen Kontakte mit Krakau erneuerte. Nachdem die Karlsuniversität erst einmal von den Utraquisten übernommen worden war, wurde gewöhnlich die Jagiellonische Universität in Krakau von jungen Männern aus Wretslaw, die eine höhere Bildung anstrebten, ausgewählt. Besonders eng waren die Bande zwischen 1433 und 1510. Hunderte junger Vratislavier studierten in Krakau, und viele wollten Lehrer, Priester oder Professoren werden. Hunderte von Krakauern, wie Bischof Thurzó, kamen im Gegenzug, um in Wretslaw zu leben und zu arbeiten. Mikołaj Tempelfeld beispielsweise, ein berühmter Prediger an der Kirche St. Elisabeth in Wretslaw, war nach Wladimiri ein weiterer Rektor der Jagiellonischen Universität, der im Leben Schlesiens eine Rolle spielte. Sein berühmter Zeitgenosse Mikołaj Kopernik (Nikolaus Kopernikus, 1473–1543), der in Krakau seinen Abschluss gemacht hatte, bekleidete am Heilig-Kreuz-Kollegiatstift in Wretslaw 30 Jahre lang das Amt eines Stiftsherrn als eine Art Stipendium für weitere Studien. Man vermutet, dass er im Jahr 1501 auf dem Weg nach Italien dort Zwischenstation machte.

Im Jahr 1505 wollten die Stadtväter von Wretslaw eine eigene Universität gründen. Sie erhielten eine Gründungsurkunde von König Władysław und nahmen mehrere Gebäude in Besitz, die sich um das Heilig-Kreuz-Kollegiatstift gruppierten und die Neugründung beherbergen sollten. Doch die Billigung des Papstes war nicht zu erhalten. Viele vermuteten eine Intrige durch Krakauer Agenten hinter dieser starren Haltung.

Im späten 15. Jahrhundert verbreitete sich der Humanismus in ganz West- und Mitteleuropa und förderte die Rückkehr antiker Kultur. In Anbetracht ihres Bildungsgrades war es ganz natürlich, dass viele der wichtigsten Vermittler Geistliche waren. In Wretslaw hatten die Bischöfe Rudolf von Rüdesheim (1468–82), Johannes IV. Roth (1482–1506) und Jan (Johannes) V. Thurzó (Turzo) allesamt vom Studium in Italien profitiert und fungierten als Katalysatoren beim Transfer des neuen Denkens nach Schlesien.⁵⁵

Einer der glänzendsten Schützlinge Thurzós war Caspar Ursinus Velius (1493–1539). Geboren in Świdnica (Schweidnitz), hatte er im erstaunlichen Alter von zwölf Jahren mit dem Studium an der Universität von Krakau begonnen. Mit 15 war er bereits ein bedeutender Dichter und hatte die Aufmerksamkeit des Bischofs in Wretslaw erregt. Im Jahr 1517, immer noch erst 24, wurde er von Maximilian I. in Wien zum *poeta laureatus*, zum »lorbeergekrönten Dichter« gemacht. Heute fast vergessen, wurde er damals einer der bekanntesten deutschen Humanisten und ein Freund von Erasmus; dennoch überdauerte die Beziehung zu seinem Mentor Thurzó die Jahre. So fanden sich nach dem Tod des Bischofs im Jahr 1520 viele Gedichte von Velius unter den Wertsachen des Verstorbenen.[56]

Zwei weitere Vratislaver Humanisten hatten enge Verbindungen zu Krakau. Lorenz Rabe, besser bekannt als Laurentius Corvinus (1460–1527), wurde in Środa Śląska (Neumarkt) geboren, studierte und arbeitete an der Jagiellonischen Universität, kannte Kopernikus und gilt generell als einer der Pioniere des literarischen Humanismus in Polen. Er verfasste lateinische Poesie, ein Lehrbuch der Poetik und Studien über polnische Monarchen. Nach 1503 kehrte er für 20 Jahre nach Schlesien zurück und amtierte als Stadtsekretär in Wretslaw. Seine Gedichte besangen sowohl seine Wahlheimat Polen wie auch die Provinz seiner Geburt. Sein *Hortulus Elegantarum*, das »Gärtchen der Kultiviertheiten« (1512) beispielsweise ist eine Lobeshymne auf Krakau:

> Hibi tibi Sarmaticum: doctissima Craca sub arem
> Corvinus iero mittit ab orbe notas
> Hinc ubi bella potens in edibus inclyta saeria
> Menia preruptis tollit ad astra iugis
> Scilicet alma meum rude pectus mater alebus
> Enati primitas excipe quaeso tui.
> Duas mens et bereo non sat madefactus ab ymba
> Sole nec Apbrico parturit rustus ager:
> Dum mihi castellani sunder plus roris Apolli
> Et mea sub tepida rura calore coquet.
> Ipse sub autumni tibi sidere vitibus hortum
> Plenas maturis setibus arura dabo.[57]

> (Hier ist mein sarmatischer Garten, gelehrtes Krakau,
> Corvinus verbreitet nun deine rhythmischen Weisen,
> Hier, wo die eng geschlossenen Reihen mächtiger Bauwerke

Zusehen, ihre Grenzen zu sprengen und zu den Sternen zu drängen.
Ich bitte dich, meine Alma Mater, nimm jetzt und behalte
Diese ersten Früchte. Denn du warst es, die
Meiner rauen Brust Flügel wachsen ließ.
Und gewiss bin ich doppelt gesegnet, denn ein Feld,
Weder übermäßiger Sonne ausgesetzt noch in Schatten getaucht,
Wächst golden. Meines Hüters Gemahl, die Lebenskraft Apolls,
Sie ließen mein Feld in mäßiger Wärme gedeihen.
Mir ist es zur Erntezeit zugefallen,
Die Frucht der Rebe darzubieten, einen reifen Jahrgang.)

Im Gegensatz zu Corvinus verließ Michael Falkner (1460–1534) seine Geburtsstadt Wretslaw und lehrte ein Leben lang Philosophie in Krakau. Unter dem Namen Michael Wratislaviensis veröffentlichte er zahlreiche Werke zur Scholastik, Mathematik und Astronomie und tauschte Polemiken mit Martin Luther aus. Außerdem schrieb er Kirchenlieder, legte Psalmensammlungen an und demonstrierte so, dass das neue Denken der Renaissance keinesfalls unvereinbar mit religiöser Hingabe war.

Möglicherweise war die kulturelle Landschaft des Wretslaw der Jagiellonen vielfältiger als die der vorhergehenden oder der folgenden Epoche. Die Dominanz deutscher Kultur, wie sie im 14. Jahrhundert begründet worden war, war zuerst vom tschechischen und dann auch vom polnischen Bevölkerungsteil durch eigene kulturelle Leistungen verringert worden. Nach der Reformation und unter der habsburgischen Herrschaft sollte das deutsche Element jedoch wieder in den Vordergrund rücken.

*

Wretslaw war im Mittelalter eine multiethnische Stadt. Seine ethnische Zusammensetzung befand sich unaufhörlich im Fluss und änderte sich mit den politischen und kulturellen Gezeiten, denen die Stadt ausgesetzt war. Die erste Woge brachte seit Beginn des 14. Jahrhunderts deutsche Siedler, die Mitteleuropa durchströmten, sich in neuen Gebieten wie Kleinpolen und der westlichen Slowakei ausbreiteten und frühere Zuwächse in Gegenden wie dem Böhmerwald festigten. In Ländern wie Böhmen wurde der Germanisierung erfolgreich die Stirn geboten. In einigen Gegenden, wie in Niederschlesien, drohte sie das einheimische Element vollständig zu verschütten.

Die Polen Wretslaws hatten langjährige Wurzeln, zählten um 1400 aber wahrscheinlich nicht mehr als ein paar tausend Köpfe. Durch die Auseinandersetzung Bischof Nankers mit König Johann war ihr Status in Frage gestellt worden, was in gewisser Hinsicht als Nachhutgefecht des im Rückgang befindlichen Polentums der Provinz angesehen werden kann. Im Anschluss daran dauerten die Spannungen zwischen Polen und deutschen »Bürgern« fort, bis Kazimierz (Kasimir) der Große und Karl IV. im Jahr 1351 die Stadt besuchten und zum Zeichen der Versöhnung die Kirche St. Dorothea stifteten. Doch schon gab es neue Probleme. Im Aufstand von 1418, der von der »polnischen« Clemenskirche in der »Neustadt« seinen Ausgang genommen hatte, spielten die Polen eine führende Rolle. Und im Jahr 1462 waren sie anscheinend so verarmt, dass eine Stiftung gegründet wurde, um für den Unterhalt der polnischen Geistlichkeit zu sorgen. Trotzdem blieben sie. Bestimmt waren sie auch im Jahr 1493 noch in Wretslaw, als *Schedels Weltchronik* die Stadt als »edle und bei dem deutschen und sarmatischen Volk... namhafte Stadt« beschrieb.[58]

Wretslaws Polen waren deshalb größtenteils in den Reihen der katholischen Geistlichkeit anzutreffen, deren Berufungen letztendlich immer noch von Gniezno (Gnesen) kontrolliert wurden, unter den Armen und unter der wachsenden Zahl ländlicher Zuwanderer. Im 16. Jahrhundert finden sich unter den Zunftmeistern und den Besitzern von Vermögen häufiger als früher polnische Familiennamen. In den Straßen Wretslaws waren polnische Adlige ein alltäglicher Anblick.

Trotzdem muss man sich fragen, wie weit moderne Vorstellungen wie die der »Nationalität« auf das spätmittelalterliche Schlesien angewendet werden können. Deutschtum und Polentum waren keine sich ausschließenden Kriterien. Besonders im mündlichen Bereich dürfte etwa Zweisprachigkeit weit verbreitet gewesen sein, und Latein war das normale Kommunikationsmedium zwischen allen gebildeten Leuten. Mehrfache Identitäten waren daher die Regel. Welcher Nationalität gehörten beispielsweise Bischof Thurzó oder Laurentius Corvinus an? Und in welcher Sprache unterhielten sich der Bischof und der Stadtsekretär, wenn sie sich trafen? Einfache Antworten kann es nicht geben.

An anderen Orten der Provinz gibt es sogar Hinweise auf eine allmähliche Repolonisierung. Mit Ausnahme der städtischen Hochburgen wurde die deutsche Mehrheit Oberschlesiens durch eine konzertierte polnische »Rekolonisierung« untergraben. Zum Beispiel fiel der deutsche Bevölkerungsanteil Bytoms (Beuthen) zwischen 1350 und 1500 auf nur noch 53 Prozent.[59] Die Veränderung wurde von Barthel Stein bestätigt, der 1512 erwähnte, dass Schlesien durch die Oder in zwei »nationale Hälften« – eine deutsche und eine polnische – geteilt werde. Wretslaw saß rittlings auf der Trennlinie.

Kapitel 3: Wretslaw (1335–1526)

Als zweitgrößte Stadt des Königreichs Böhmen ernährte Wretslaw auch eine beträchtliche tschechische Gemeinschaft. Obwohl in der historischen Überlieferung nur wenige tschechische Einwohner dokumentiert sind, belegen zahlreiche Beispiele ihre Anwesenheit. So bestätigen die Quellen, dass in der zweiten Hälfte des 14. Jahrhunderts ein Viertel der Stiftsherren des Domkapitels böhmischer Herkunft war.[60] Auch Jan Krasá lebte in der Stadt. Der unglückliche Tscheche, der auf dem Höhepunkt der antihussitischen Hysterie in Wretslaw ermordet wurde, ist verschiedentlich als Kaufmann, als Mitglied des Prager Senats und als fanatischer Hussit beschrieben worden. Ferner ist die Familie Rožmberk (oder Rosenberg) zu erwähnen. Ursprünglich aus der Gegend von Český Krumlov (Krumau) in Südböhmen stammend, waren aus ihren Reihen bereits Generationen königlicher Kleriker und Verwaltungsbeamter hervorgegangen, bevor sie ihren Einfluss im 15. Jahrhundert nach Schlesien ausdehnten. Zwei Brüder, Jindřich (gest. 1457) und Jan (gest. 1472) von Rožmberk amtierten nacheinander als Hauptmänner oder königliche Bevollmächtigte in Schlesien. Ihr Bruder Jodok wurde im April 1456 zum Bischof von Wretslaw ernannt.

Der Austausch mit Böhmen fand in beiden Richtungen statt. Die 1348 gegründete Universität von Prag war bis zur Neugründung der Jagiellonischen Universität in Krakau im Jahr 1400 die Schlesien am nächsten liegende akademische Einrichtung. Unter ihren Studenten machten Schlesier mit einem Anteil von zehn Prozent die drittgrößte Gruppe aus. Karl IV. nahm viele Schlesier in seine Dienste. Sein Ratgeber und Erzbischof von Prag, Arnošt von Pardubice (um 1300–1364), hatte enge Verwandte in Glatz (Kłodzko), wo er auch begraben ist. Johann von Neumarkt, fast zwei Jahrzehnte lang Kanzler des Kaisers, war aus Środa Śląska (Neumarkt) in der Nähe von Wretslaw gebürtig. Er wurde zu einer der wichtigsten Persönlichkeiten in Karls Kreis, begleitete den Kaiser auf seinen Auslandsreisen und korrespondierte mit Petrarca. Er wurde nacheinander zum Bischof von Naumburg, Litomyšl (Leitomischl) und Olomouc (Olmütz) ernannt, bevor man ihn in seinem letzten Lebensjahr zum Bischof von Wretslaw machte – wenngleich er sterben sollte, bevor er das Amt antrat.

Karls dritte Gemahlin Anna von Świdnica (Schweidnitz) war das einzige Kind Herzog Heinrichs von Jawor und Erbin des einzigen noch bestehenden unabhängigen schlesischen Herzogtums. Solche Persönlichkeiten demonstrierten auf plastische Weise Schlesiens neue Loyalität.

Eine Familie veranschaulicht Wretslaws mitteleuropäische, kosmopolitische Verbindungen besser als die meisten anderen. Johannes Thurzó (1437–1508), ein ungarischer Unternehmer aus Levoča (Leutschau), hatte sich im Jahr 1463 in Krakau niedergelassen. Obwohl er dort als Stadtrat etabliert war, galt sein geschäftliches Hauptinteresse dem Bergbau. Zusammen mit den Fuggern aus Augsburg hatte er das Monopol für die Lieferung von Kupfer aus den Karpaten inne. Sein daraus resultierender Wohlstand brachte ihm den Titel »Herr von Bethlenfalva« ein und ermöglichte ihm, mehreren seiner Verwandten beruflich den Weg zu ebnen. Von diesen wurden zwei Söhne zu schlesischen Grundbesitzern, die Herren von Pszczyna (Pless) und Wołów (Wohlau), einen dritten machte man zum Bischof von Olomouc (Olmütz), und Johannes wurde zum Bischof von Wretslaw ernannt (siehe oben). Ein Neffe wurde Bischof von Oradea (Großwardein) in Transsylvanien (Siebenbürgen). Diese einflussreichen Ämter und eine doppelte Einheirat in die Familie Fugger machten die Thurzós zu einer der mächtigsten und einflussreichsten Familien Mitteleuropas.[61]

Von ihren Ursprüngen in der ersten Hälfte des 12. Jahrhunderts war die jüdische Gemeinde Wretslaws bis zur Mitte des 14. Jahrhunderts auf etwa 70 Familien angewachsen, die ihre eigene Schule, zwei Synagogen und einen Friedhof jenseits der Stadtmauern besaß. Unter König Johann wurde sie im Allgemeinen in Frieden gelassen, und im Jahr 1327 wurde ihr ein neues Schutzprivileg verliehen, das 1345 erneuert wurde. Doch danach traten die uns bekannten Übel sporadischer Verfolgungen und übereifriger Besteuerung wieder auf. Der Gemütswandel des Königs scheint zeitlich mit der Unfähigkeit seines jüdischen Doktors zusammenzufallen, den Monarchen von seiner Blindheit zu heilen. Der glücklose Arzt wurde im Stadtgraben ertränkt.

Im Zeitalter des Aberglaubens genügten wiederholt natürliche Erscheinungen, um Feindschaft gegen die Juden zu wecken. Im Jahr 1337 wurden, wie Nikolaus Pol berichtete, Ausbrüche von Gewalt durch den Anblick eines Kometen am nächtlichen Himmel ausgelöst:

»Im Monat Juni entstand ein Komet, in eines Schwerdts Gestalt, gegen Mitternacht, zu Abends, bald nach der Sonnen Untergang. Stand bis auf den Augustmonat. Welchem, neben vielen andern Trübsalen, auch dies erfolget, daß die Juden viel böse Stücke fürgenommen, sonderlich aber die Brunnen vergiftet, daß viel Menschen davon gestorben sind. Ehe dieser Monat vergangen, ist noch ein anderer (Komet) erschienen, welcher drei Monat gewähret.«[62]

Wie vielschichtig die missliche Lage der Juden indes war, ersieht man am besten aus den Entwicklungen des Jahres 1345, als der König erst jüdische Freiheiten bestätigte und dann dem Rat erlaubte, die jüdische Gemeinde mit einer Sondersteuer zu belegen. Der König hatte von der Gemeinde kurz zuvor eine »freiwillige Anleihe« erhoben, und die Judensteuer scheint ein Kniff gewesen zu sein, um dem Rat zu »Zinszahlungen« für das geliehene Geld zu verhelfen. Der Vorgang ist ein gutes Beispiel für die mittelalterlichen Praktiken, mit denen die Juden auf inhumane Weise darauf reduziert wurden, das bloße Objekt finanzieller Operationen zu sein.[63] Überdies wurde die Steuer mit dem Vorbehalt geplant, dass, wer nicht zahlte, sich am Bau der Stadtmauern beteiligen sollte und dass zwecks Verwendung bei den Befestigungs- und Bauarbeiten jüdische Grabsteine beschlagnahmt werden sollten.[64] 50 Arbeiter brauchten zehn Tage, um den Ohlauer Friedhof abzuräumen. Nur die jüngsten Bestattungen wurden unversehrt gelassen.[65]

Der Schwarze Tod von 1349 sollte solche Maßnahmen noch in sehr mildem Licht erscheinen lassen, denn in ganz Deutschland wurden die Juden für die Seuche verantwortlich gemacht. In Wretslaw löste sie einen groß angelegten Pogrom aus, der nur einen Bruchteil der Gemeinde verschonte. Der unmittelbare Anlass scheint ein Feuer gewesen zu sein, das am 28. Mai ausbrach. Die jüdischen Häuser und Synagogen wurden systematisch angegriffen. Nur fünf oder acht von über 60 jüdischen Familien überlebten. Der Kaiser verlangte die Bestrafung der Mörder, aber in einem Brief an den Herrscher gab der Rat einer Gruppe umherziehender Flagellanten (Geißler) die Schuld an dem Vorfall.[66]

Am Ende des nächsten Jahrzehnts, entweder 1359 oder 1360, entfachte ein weiteres Feuer den nächsten Pogrom. Diesmal retteten sich mehrere der Opfer durch Annahme der Taufe, darunter »Elze, die getuufte Jodinne«.[67] Długosz, der 100 Jahre später schrieb, war sich der Irrationalität und Verderbtheit solcher Reaktion wohl bewusst:

»Am 25. Juli bricht in [Wretslaw] Feuer aus, und weil die Bürger zu faul sind, es auf der Stelle zu ersticken, breitet es sich aus und wird zu einem Brand, den niemand löschen kann. Fast alle Wohnhäuser in der Stadt werden zerstört, und die Stadt selber wird in Schutt und Asche gelegt. Die Bürger reagieren ihre Wut an den Juden ab, die damals recht zahlreich waren, und schlachten sie grausam ab, ohne Rücksicht auf Alter, Geschlecht oder Position, als hätten sie das Feuer verursacht, wobei sie sie ihrer Besitztümer berauben und die Überlebenden vertreiben...«[68]

Ein jüdischer Dichter fasste die Gräuel in Wretslaw mit ähnlichen Ereignissen in Salzburg zusammen:

Salzburg und [Wretslaw], und die es bewohnt,
Hat der Freche verheert und keinen geschont;
So hat er uns Treue und Tugend belohnt.[69]

Weder der König noch der Rat machten irgendwelche Anstalten, die Täter festzunehmen. Gemessen an heutigen Empfindsamkeiten sind die Grausamkeit der Bürger, aber auch die Beharrlichkeit der Juden, die regelmäßig aus ihren Zufluchtsorten zurückkehrten, schwer zu begreifen.

Nach 1364 war es nur einer einzigen Familie offiziell gestattet, in Wretslaw zu wohnen. Aber um 1400 wurden neue jüdische Freiheiten gewährt, und neue jüdische Zuwanderer kamen an. In den Jahren 1446 und 1450 wurden neue Toleranzedikte erlassen. Mit Rabbi Salomo als »Judenmeister« an der Spitze wurde die jüdische Gemeinde formell wiederhergestellt. Doch die Zeit der Toleranz war von kurzer Dauer. Im Februar 1453 erschien nämlich besagter Johannes Capistrano. Und als Capistrano sein Werk vollendet hatte, hatte man die gesamte jüdische Bevölkerung Wretslaws bekehrt, vertrieben oder verbrannt (siehe oben S. 169f.). König Ladislav bestätigte anschließend die Vertreibung der restlichen Juden und befahl, alle jüdischen Kinder unter sieben Jahren in christlichen Heimen in Pflege zu geben. Im Jahr 1452 verlieh er Wretslaw das »Privileg« *De non tolerandis Judeis*, das bestätigte, dass kein Jude jemals wieder innerhalb der Mauern leben sollte.[70] Auf dem Salzring, an der Stelle, wo die Scheiterhaufen gestanden hatten, wurde ein Kreuz errichtet. Es blieb 400 Jahre an seinem Platz, bis es durch ein Standbild Blüchers ersetzt wurde.

*

Wie die meisten mittelalterlichen Städte war Wretslaw zahlreichen natürlichen Katastrophen ausgesetzt. Feuer waren an der Tagesordnung, und im 14. Jahrhundert wurden weite Teile der Stadt mindestens viermal zerstört – 1344, 1349, 1360 und 1379. Fluten waren eine immerwährende Bedrohung. Die Überschwemmung des Jahres 1464 verursachte weit und breit starke Schäden. Der Wretslawer Stadtschreiber Peter Eschenloer berichtet, dass das Wasser in Leśnica (Lissa) drei Meter über der Brücke gestanden und das Hochwasser der Oława (Ohlau) und aller anderen Flüsse der Gegend Häuser und Mühlen in den Dörfern mitgerissen habe. Alle Teiche seien übergelaufen; viele Menschen habe die Flut zugrunde gerichtet, und noch viel mehr Tiere seien in den Fluten verendet. In Środa Śląska (Neumarkt) habe man die Leute mit Booten aus ihren Häusern holen müssen. In Świdnica (Schweidnitz) sei die steinerne Brücke fortgespült worden und in Strzegom (Striegau) das Hospital in den Fluten versunken. In Bolkow (Bolkenhain) seien viele Menschen ertrunken, in Legnica (Liegnitz) sei ein großer Teil der Stadtmauer niedergerissen worden. So viel Wasser hätten die Flüsse geführt, dass selbst die an Überschwemmungen gewöhnten Bewohner erstaunt gewesen seien.[71] Am Weihnachtstag des Jahres 1384 erschütterte sogar ein Erdbeben Wretslaw.

Aussatz war im Mittelalter eine ständige Geißel. Er veranlasste in Wretslaw sowohl die Einrichtung des anscheinend 1312 gegründeten Lazarushospitals als auch des Elftausend-Jungfrauen-Hospitals im Jahr 1400. Eine medizinische Behandlung der Krankheit gab es nicht, und die Kontrollmaßnahmen entsprachen häufig den in der Bibel angeordneten. Die Geplagten wurden einer symbolischen Bestattung unterzogen, ihre Kleidung pflegte man zu verbrennen, und die Opfer selber wurden geächtet. Ihnen war verboten, öffentliche Gebäude zu betreten, aus Wasserläufen oder Brunnen zu trinken oder Kinder zu berühren.

Die Pest suchte Wretslaw wiederholt heim. Nach 1349 kam es etwa in Abständen von zehn bis 15 Jahren zu Ausbrüchen, wobei diejenigen der Jahre 1456 und 1516 die schlimmsten waren. 1456 kamen 3000 Menschen ums Leben, 1516 2000. Wenn die Pest in der Stadt wütete, trat der Rat nicht zusammen, Handel und Geschäfte wurden ausgesetzt, die Schenken schlossen, und Gottesdienste fanden, wenn überhaupt, unter freiem Himmel statt. Die Seuche traf wahllos alle Gruppen der Gesellschaft, aber besonders anfällig waren Geistliche und Ärzte. Mit Masken aus Bibernelle (Pimpernell) gegen die Ansteckung angetan, konnten sie für die Leidenden wenig tun. Jenseits der Stadtmauern wurden Massengräber ausgehoben. Viele prominente Opfer forderte der Ausbruch von 1464. Unter ihnen befanden sich der Landeshauptmann, der Vorsitzende der Schöffen und ein führendes Ratsmitglied. Peter Eschenloer war gleichermaßen schockiert wie verblüfft. In Wretslaw, berichtet er, seien hauptsächlich junge Leute und Frauen gestorben, und alle am dritten Tag, bei guter Gemütsverfassung. Er wisse nicht, was er über diese Pestilenz sagen solle; viele seien geflohen und gestorben. Viele seien aber auch geflohen und hätten überlebt. Eschenloer hielt die Pest für eine Strafe Gottes. Alle müssten sterben, denen er es bestimmt habe. Aber die Seuche werde aufhören, sobald sie alle tot seien.[72]

Kurz darauf trat auch die »Französische Krankheit« auf – die Syphilis. Ihre historischen Ursprünge sind dunkel, aber es wird häufig angenommen, dass sie mit Kolumbus aus der Neuen Welt zurückkehrte. In Wretslaw wurde sie zum ersten Mal bei einer Frau diagnostiziert, die im Jahr

1496 von einer Pilgerfahrt nach Rom heimgekehrt war. Die Angst vor der Ausbreitung, vor allem über die Bordelle der Stadt, führte zu einer raschen Reaktion. Bereits bis zum Jahr 1500 waren zahlreiche Hospitäler zur Versorgung der Opfer eingerichtet worden, unter anderem das Hiobshospital und das Lazarushospital, das zuvor Aussätzige behandelt hatte.

Aber es gab neben Naturkatastrophen und Seuchen eine weitere mittelalterliche Heimsuchung, der Wretslaw nicht entging: die Hexenjagd. Obwohl die Verfolgungen erst im 16. Jahrhundert ihren Höhepunkt erreichen sollten, ereignete sich der früheste Vorfall in der schlesischen Hauptstadt im Jahr 1456. Er endete damit, dass zwei Frauen in der Oder ertränkt wurden.[73] Bis zum Ende des Jahrhunderts sollten sich noch fünf weitere Fälle zutragen. Zahlreiche Volksmärchen über Hexerei entstanden in dieser Zeit. Die Legenden von den »Kottwitzer Jungfrauen« und den »Zwölf tanzenden Schönheiten« illustrierten die Gefahren, denen junge Frauen sich aussetzten, die nicht zur Kirche gingen. Die wahrscheinlich berühmteste Hexe Wretslaws war jedoch die so genannte »Arme Sünderin«. Man sagte, sie lebe zusammen mit dem obligatorischen Besenstiel auf der Brücke, welche die beiden Türme der Kirche St. Maria Magdalena verband und die zu fegen sie auf alle Ewigkeit verurteilt sei – zur Strafe für ihr zügelloses Leben. Die normale Strafe für Hexerei war in Wretslaw entweder Ertränken oder Verbannung. Anders als viele andere deutsche Städte verbrannte Wretslaw seine Hexen offensichtlich nicht auf dem Scheiterhaufen.[74]

Im Gegensatz dazu waren die Strafen, die bei Mord verhängt wurden, grausam. Die Geschichte einer untreuen Ehefrau kann dies veranschaulichen.[75] Die Frau eines Wretslawer Gastwirts schlief mit den Servierburschen und verschwor sich mit ihnen zur Ermordung ihres Ehemanns, dem insgesamt achtmal Gift verabreicht wurde:

> »Das Weib ward um den Ring geführet, ihr die rechte Faust vor ihrem Hause, da die Mordthat geschehen, abgehauen, [sie] lebendig begraben und ein Pfahl durch sie geschlagen. Der Schenke und Bauersmann wurden um den Ring geschleift, ihnen die rechte Faust abgehauen, auf allen Kreuzen mit glühenden Zangen gerissen, und nach Zerstoßung der Glieder aufs Rad geleget.«[76]

Die Leichen dürften als grimmige Erinnerung an die Gerichtsbarkeit Wretslaws auf den städtischen Zufahrtsstraßen zur Schau gestellt worden sein.

Doch zumindest ein Mörder scheint auch Sympathien bei den Bürgern erweckt zu haben. Es war der städtische Glockengießer, der im Jahr 1386

Kapitel 3: Wretslaw (1335–1526)

einen Lehrjungen tötete, weil der in das schwierige Gießverfahren einer Glocke für die Kirche St. Maria Magdalena eingegriffen hatte. Der Legende zufolge stellte der Meister, nachdem er sein Verbrechen gestanden hatte, fest, dass die Glocke vollendet gegossen war. Als letzte Bitte vor der Hinrichtung äußerte er den Wunsch, sie läuten zu hören. Der Dichter Wilhelm Müller machte die Geschichte des Glockengießers berühmt:

> War einst ein Glockengießer zu Breslau in der Stadt,
> Ein ehrenwerter Meister, gewandt in Rat und Tat,
> Der hatte schon gegossen viel Glocken, gelb und weiß,
> Für Kirchen und Kapellen, zu Gottes Lob und Preis.
> Doch aller Glocken Krone, die er gegossen hat,
> Das ist die Sünderglocke zu Breslau in der Stadt...
>
> »Laßt mich nur einmal hören der neuen Glocke Klang!
> Ich hab' sie ja bereitet, möcht wissen, ob's gelang.«
> Die Bitte ward gewähret, sie schien den Herrn gering.
> Die Glocke ward geläutet, als er zum Tode ging.[77]

Danach läutete man die »Sünderglocke«, wie sie genannt wurde, um die Verurteilung von Verbrechern bekannt zu geben, und ab 1526 vor allen Hinrichtungen.

Die Verurteilten ereilte ihr Schicksal gewöhnlich um 10 Uhr am Morgen auf dem »Alten Schafott« im Süden des Rathauses. Andere Hinrichtungsstätten waren der »Rabenstein« in der Nähe des Schweidnitzer Tores und der »Ketzerberg« östlich der Stadt. Diejenigen, die wegen geringerer Vergehen verurteilt wurden, pflegte man am Pranger zu bestrafen, der im Jahr 1492 im Osten des Rathauses errichtet wurde. Die Gesamtzahl der Opfer ist unklar, da nur wenige genaue Aufzeichnungen erhalten sind. Doch man hat ausgerechnet, dass in den acht Jahrzehnten zwischen 1445 und 1525 454 Personen wegen Ketzerei oder Hexerei ihr Leben verloren.[78] Dies bedeutet, dass in Wretslaw durchschnittlich alle zwei Monate eine Hinrichtung stattfand.

Die Identität der Henker ist häufig geheimnisumwittert. Gewöhnlich wurden sie überall in Deutschland »Meister Hans« genannt. In Wretslaw ist nur ein einziger Name historisch überliefert, der von Niklas Pucker. Er soll sein grausames Amt um 1350 ausgeübt haben. Ein Jahrhundert später war Wretslaw Schauplatz einer Kuriosität. Die Stadt war zum Ort einer Zusammenkunft von Scharfrichtern aus ganz Deutschland ausgewählt worden, die auf eine höhere Anerkennung ihrer Arbeit drängen wollten. Die Versammlung von 14 Scharfrichtern löste indes die weit verbreitete Besorgnis aus, dass eine Massenhinrichtung abgehalten werden solle. Ein wütender Mob stürmte die Versammlung, und die Henker, darunter Wretslaws eigener »Meister Hans«, wurden auseinander gejagt. Für den größten Teil des späten 15. Jahrhunderts war die Stadt dann ohne Scharfrichter und sah sich gezwungen, auf die unfachmännischen Leistungen begnadigter Verbrecher zurückzugreifen.[79]

Auch die Drangsale der Hussitenzeit zeitigten ihre Legenden. Eine behauptet, dass Jiří Poděbrads Spitzname »Jirsik« »Schwarzer Mann« bedeutet habe. Wretslaws ungezogene Kinder pflegte man jedenfalls mit der Warnung »Jirsik kommt!« einzuschüchtern und so zum Schweigen zu bringen.[80]

*

Der Stadtrat – Rada oder Rat – beherrschte die Verwaltung Wretslaws während der gesamten böhmischen Periode. Er trat periodisch und unter Ausschluss der Öffentlichkeit zusammen und war verantwortlich für Handel und Gewerbe, Besteuerung und städtische Gerichtsbarkeit. Den Vorsitz führte ein gewählter erster Ratsmann oder Ratsältester, der einem Oberbürgermeister vergleichbar war und die Schlüssel des Stadtsäckels verwahrte. Die anderen Stadträte, zwischen fünf und zehn an der Zahl, bekleideten weniger wichtige Positionen und verwahrten beispielsweise das Urkundenarchiv oder das Stadtsiegel. Obwohl theoretisch jeder Bürger Wretslaws in den Stadtrat gewählt werden konnte, waren in der Praxis bloß die bekanntesten und wohlhabendsten Patrizierfamilien vertreten. Die Liste der Ratsmänner, die von 1287 bis 1742 geführt wurde, weist häufig aufeinander folgende Generationen derselben Familien auf – wie die Borgs, die Dompings und die Rehdigers. Die offensichtliche Vetternwirtschaft und das Image des Rates als eigensüchtige, geschlossene Gesellschaft waren die Hauptgründe für weit verbreitete Unzufriedenheit, vor allem von Seiten der Zünfte. Im Mittelpunkt des juristischen Arms der Verwaltung standen die *jurati* (Przysięgli, Schöffen), denen die Rechtspflege oblag, und der *advocatus* (Wojt, Vogt), ein Beamter, dem die niedere und höhere Gerichtsbarkeit zustand und der zum Schutz sowie zur Vertretung der Bürgerschaft ernannt wurde. Die Schöffen (zwischen acht und zwölf) mussten häufig an den Ratssitzungen teilnehmen und hielten ihre eigenen Versammlungen öffentlich ab. Der *advocatus*, gewöhnlich ein erbliches Amt, unterhielt Amtszimmer im Innern des Rathauses.

Im 14. Jahrhundert entwickelte sich Wretslaws Verwaltungssystem ständig weiter. Aus dem Ratsältesten wurde allmählich ein repräsentatives Stadtoberhaupt, und auch die Kompetenzen des Rates erfuhren eine Ausweitung. Die Beteiligung der *advocati* am Rat war zunehmend umstritten. Nachdem das erbliche Amt gekauft werden konnte, wurde es fortan mit einem willfährigen Mitglied des Rates besetzt. Im Jahr 1350 wurde der Stadt das Befestigungsrecht verliehen, und ein Jahrzehnt später folgte das Recht zur Prägung von Münzen. Doch vollendet war Wretslaws tatsächliche Unabhängigkeit erst im Jahr 1434, als die Verleihung des *Jus praesidii* es der Stadt erlaubte, die Belegung mit auswärtigen Garnisonen abzulehnen.

Die schlesischen Stände agierten neben dem Stadtrat. Sie bildeten eine typische Provinzialversammlung, die in unregelmäßigen Abständen zusammentrat, um Fragen von allgemeinem Interesse zu erörtern. Sie waren in drei »Kurien« unterteilt – Fürsten, Ritter und Städte – und zählten insgesamt etwa 40 Mitglieder. Als bevölkerungsreichste Stadt Schlesiens erhielt Wretslaw in dieser Konstellation eine Sonderstellung. Nach 1357, als die Stadt die Verantwortung für das Amt des Landeshauptmanns des Herzogtums übernahm, verwandelte sie sich in einen veritablen Stadtstaat, der vom Rat regiert wurde und dessen Stimme neben den schlesischen Fürsten zu einer der stärksten in den Ständen zählte.

Im selben Zeitraum stärkten auch die Zünfte ihre Position. Die Mitgliedschaft war obligatorisch für jeden, der ein Handwerk ausüben wollte, und Gesellenprüfungen durften nur unter ihrer Schirmherrschaft abgenommen werden. An der Spitze jeder Zunft stand eine kleine Anzahl von Meistern, die für die Zunftvorschriften und deren Durchsetzung verantwortlich waren. Obwohl sie dem Rat einen Treueid schwören mussten, ärgerten sie sich über ihre Unterordnung, und der latente Konflikt war ein andauernder Bestandteil der mittelalterlichen Politik Wretslaws. Im Jahr 1418 entluden sich die schwelenden Spannungen in einem offenen Aufstand.

Die Schwierigkeiten des Stadtrates begannen schon im Jahr 1380 als Streit mit der Kirche über den Bierverkauf, eine Auseinandersetzung, die als »Wretslawer Bierkrieg« in die Geschichte einging. Traditionell importierte der Rat ein beliebtes Bier aus Świdnica (Schweidnitz) und verkaufte es im »Schweidnitzer Keller«. Doch wurde es im Preis zunehmend von nicht sanktionierten Bierverkäufen durch Bevollmächtigte des Bischofs unterboten. Der Rat führte Klage beim Bischof, aber ohne Erfolg. Daraufhin ordnete er an, eine Ladung des bischöflichen Biers zu beschlagnahmen, bis die Angelegenheit zufriedenstellend gelöst sei. Im Zuge der sich daraus ergebenden Konfrontation wurde die Stadt mit dem Interdikt belegt. Bei diesem Stand der Dinge blieb es bis zum Sommer 1381, als der neue König, Václav (Wenzel) IV., eintraf, um die Huldigung der Stadt entgegenzunehmen. Er ersuchte den Bischof darum, das Interdikt für die Dauer des königlichen Aufenthalts aufzuheben, so dass die erforderlichen Gottesdienste ihm zu Ehren abgehalten werden könnten. Als seine Bitte jedoch abschlägig beschieden wurde, befahl er in seiner Wut seinen Soldaten, den Dom, die bischöfliche Residenz und verschiedene Ordenshäuser zu plündern. Angetan mit erbeuteten geistlichen Gewändern, zog die betrunkene königliche Soldateska anschließend durch die Stadt und versuchte, ihre Beute zu verkaufen, aber der Bischof blieb ungerührt. Der Konflikt endete, als ein Kompromiss gefunden wurde, der dem Bischof gestattete, die Angehörigen des Domkapitels mit Bier zu beliefern, während der Rat sein lukratives Monopol auf den öffentlichen Ausschank und Verkauf behielt. Der Streit hatte Václavs unberechenbares Naturell lebhaft demonstriert, aber auch das Selbstbewusstsein des Stadtrats insofern unter Beweis gestellt, als er sich der Macht der Kirche relativ ungestraft widersetzen konnte.

Im frühen 15. Jahrhundert richtete sich die Unzufriedenheit in wachsendem Maße gegen den Stadtrat. Sie war das Produkt andauernder verfassungsmäßiger Unsicherheiten, kombiniert mit der höheren Besteuerung unter Václavs Herrschaft und einem allgemeinen Verfall von Gesetz und Ordnung. Besonders benachteiligt waren die Handwerker, die das Gefühl hatten, bis an die Grenzen der Zahlungsfähigkeit getrieben zu werden, während ihnen andererseits eine Stimme in der Stadtverwaltung beharrlich verweigert wurde. Nach einem gescheiterten Aufstand im Jahr 1406 griffen sie zwölf Jahre später erneut zu gewaltsamen Mitteln. Im Morgengrauen des 18. Juli 1418 versammelte sich eine Gruppe verärgerter Zunftgenossen, hauptsächlich Fleischer und Tuchmacher, in der Neustädter Clemenskirche. Im Voraus von den Sünden losgesprochen, die zu begehen sie im Begriff standen, stürmten sie das Rathaus, wo der Stadtrat tagte. Nikolaus Pol erlebte die Revolte so:

> »Einer, mit Namen Jakob Kreuzberg, ein Büttner, hat den Rathsthurm aufgehauen, Matthes Hengesweib, ein Braumeister, die Rathsglocke zum Sturm geläutet. Auf dem Ringe, vor dem Pranger, haben sie enthaupten lassen, aus dem Rath: Nikolaus Freiburger, den Bürgermeister, Hanns Sachsen, Heinrich Schmieden, Johann Stille, drei Schöppen. Sonsten aus der Gemeinde: Nikolaus Fäustling und Nikolaus Neumarkt. Georg Rathburg, ein Schuster, hat seinen eigenen Gevatter, Johann Megerlin, vom Rathsthurm, darin er, sein Leben zu fristen, entwichen und sich oben unterm Dache, in einem Winkel, versteckt, ohne alle Erbärmde herfürgezogen,

Kapitel 3: Wretslaw (1335–1526)

auf den Fischmarkt herabgewurfen in die Spieße der aufrührerischen Gemeinde.«[81]

Der Ratsälteste und sechs weitere Ratsmänner wurden mit dem zeremoniellen Schwert Karls IV., einem Geschenk des Kaisers persönlich, hingerichtet, und in dem Chaos gingen Kunstwerke und Dokumente von unschätzbarem Wert verloren. Es folgte ein fünftägiges Hin und Her, bevor die Ordnung wiederhergestellt wurde. Als Zugeständnis an die Aufrührer wurde ein neuer Rat gewählt, der den Zünften eine Vertretung zugestand. In Wirklichkeit verblieb die Macht jedoch fest in den Händen der Patrizierfamilien, und es dauerte fast zwei Jahrzehnte, bis man sich der Frage einer echten Zunftvertretung zuwandte. In der Zwischenzeit ließ Kaiser Zikmund (Sigismund) 30 Rädelsführer des Aufstands hinrichten, als er zum Reichstag des Jahres 1420 nach Wretslaw kam. Aus Furcht vor der Reaktion der Bevölkerung ließ er die Straßen, die zu den Galgen führten, absperren. Während er den Hinrichtungen zuschaute, äußerte er seine Bewunderung für die Unerschrockenheit der Verurteilten und ihre tapfere und unbeugsame Haltung.[82] Wie es üblich war, wurden die Köpfe der Rebellen gekocht, geteert und auf Spieße auf die Stadtmauern gesteckt. Die kopflosen Leichen begrub man in namenlosen Gräbern auf dem Kirchhof St. Elisabeth.

Die Liste der Verurteilten, wie sie im Dekret des Kaisers vom 26. März 1420 veröffentlicht wurde, nennt den Namen des Betreffenden und in manchen Fällen sein Handwerk:

Johann Schultheiß (Fleischer)
Kaspar Münchof (Gastwirt)
Bartosz Wigandsdorff
Nikolaus Kastner
Jan Donin
Peter Bursnicz
Hackenteufel (Bleiarbeiter)
Francis Döring
Nikolaus Kolkamer
Nikolaus Seder (Steinmetz)
Bartosz (Steinmetz)
Polkewitz (Fleischer)
Esscher
Jan (Scherenschleifersjunge)
Mikołaj Polan

Nicolas Stelczner (Fuhrmann)
Arnold (Pflüger)
Red Jorge (Scherenschleifer)
Maler Hecklers Sohn
Egrer (Steinmetz)
Burkhard (Nadelmacher)
Heinrich Steynmüller
Nikolaus Schönbrücke (Gerber)
Feyngenest
Joh. Polan
Pawel (Fleischer)
Brumhoz
Teufel (Schneidersjunge)
Johann, der stotternde Weber
Jörge

Eine fast gleich große Anzahl von Beteiligten wurde lebenslang verbannt; ihnen war es untersagt, sich den Reichen des Kaisers auf weniger als fünf Meilen zu nähern: Stewel (Weinverkäufer), Taschner (Gerber), Wojciech (Schankwirt), Mönch (Geselle), Quittenberg (Weber), Mertin (Schildmacher), Thomas (Handschuhmacher), Johann Muhlheim (Kürschner), Frankenstein (Mälzer), Hugwicz (Stellmacher).[83]

Da der »Aufstand« oder die »Erhebung« zeitlich mit dem Beginn der Hussitenkriege zusammenfiel, sollte die spätere marxistisch orientierte Geschichtsschreibung ihr große Bedeutung beimessen. Danach sei das deutsche konservative Establishment royalistisch und prokatholisch gewesen, während der Hussitismus nur die städtischen Armen, die Bauern und den niederen Klerus angezogen habe. In Wirklichkeit war das Bild nicht so simpel. Sowohl der Landadel als auch die Patrizier zerfielen in einander sich bekriegende Gruppierungen. Mindestens einer der schlesischen piastischen Fürsten, Bolesław Głogówek, bekannt als Wołosko (gest. 1461), machte aus seiner hussitischen Gesinnung keinen Hehl, genauso wenig wie der litauische Herzog Bolesław Swidrygiełło. Es ist zweifelhaft, ob die Bauern, die sich den hussitischen Banden anschlossen, oder der Mob, der den Stadtrat angriff, dies aus ideologischen Motiven taten. Als sich die Bevölkerung von Wretslaw dem »Ketzerkönig« Jiří Poděbrad widersetzte, hat das jedenfalls die einfachen Leute ebenso aufgerüttelt wie die besser gestellten Bürger.

Natürlich waren die patrizischen Familien stärker in die höhere Politik eingebunden als gewöhnliche Bürger. Im zweiten Jahrzehnt des 15. Jahrhunderts wurde Wretslaws Haltung größtenteils durch die Tatsache bestimmt, dass Bischof Konrad von Oleśnica (Oels) 1422 zum königlichen Statthalter in Schlesien ernannt worden war und dass die Mehrheit des Patriziats hinter ihm stand. In den dreißiger Jahren dieses Jahrhunderts unterstützte Wretslaw nach dem Tod Zikmunds von Luxemburg zuerst Albert von Habsburg und dann Alberts Witwe, Elisabeth von Luxemburg. In der späteren Phase dieses Kampfes stellte der Bischof fest, dass er seinem eigenen Bruder, Herzog Konrad I., dem Weißen, von Oleśnica, gegenüberstand. 20 Jahre später, 1459, weigerte sich in Schlesien einzig Wretslaw, Poděbrad anzuerkennen. Doch die solidarische Entschlossenheit der Bürger war bemerkenswert. Als zwei der Räte es wagten, einen Kompromiss mit Poděbrad anzudeuten, wurden sie des Verrats beschuldigt und mussten fliehen. Sie wurden durch zwei Führer der antitschechischen Partei ersetzt. Als Poděbrads Streitmacht sich am 1. Oktober den Stadtmauern näherte, eilten die Bürger herbei, um die Verteidigungsanlagen zu bemannen. Zu einer ähnlichen Situation kam es im Jahr 1467.

Kapitel 3: Wretslaw (1335–1526)

Die militärische Niederlage des katholischen Heeres bei Ząbkowice (Frankenstein) überzeugte ein paar Ratsmänner Wretslaws davor, dass sie um Frieden bitten sollten. Sie wurden auf der Stelle entfernt. Diesmal ersetzte man sie nicht. Ein »Zehnerkomitee« wurde ernannt, das ein Auge auf die Politik des Rates haben sollte. Die Bürger kontrollierten den Rat nicht weniger, als der Rat die Bürger kontrollierte.

Der schwerwiegendsten Prüfung wurde der Rat durch Mátyás (Matthias) Corvinus ausgesetzt. Nachdem er Wretslaw im Jahr 1468 von Poděbrad »befreit« hatte, nahm er eine Reihe wichtiger Veränderungen in der Verwaltung vor. Die revidierte Verfassung von 1475 befolgend, verfügte er, dass er persönlich künftig den Ratsvorsitzenden ernennen werde, während der Rat von einem Bürgerkomitee gewählt werden sollte. Die Instrumente seiner Herrschaft in Wretslaw sollten Heinz Dompnig und Georg von Stein sein. Sie verschafften dem königlichen Machtanspruch Geltung, wobei sie in die eigene Tasche wirtschafteten und mit ihrer harten und rücksichtslosen Herrschaft allerorten Wut hervorriefen. Ihr Ende kam nach Corvinus' plötzlichem Tod im April 1490. Stein floh klugerweise nach Brandenburg. Aber Dompnig ersuchte den Rat lediglich darum, ihn von seinem Amt zu entbinden. Dann richtete er sich in einem kurzen und unbehaglichen Ruhestand ein, bevor man ihn dabei erwischte, wie er belastende Dokumente aus dem Rathaus schmuggelte. Seine Folter und Hinrichtung folgten im Juli 1490, nur zwei Monate nach dem Tod seines Herrn. Corvinus' Verfassung starb mit ihm. Zur Zeit der Abtretung Wretslaws an das Haus Habsburg war der Rat wieder unangefochten Herr der Lage.

*

Das Wretslaw des Jahres 1335 bestand aus der »Altstadt« und der separaten »Neustadt«. Die Stadt beanspruchte eine Fläche von etwa 133 Hektar und war eine der größten im damaligen Mitteleuropa, von der Größe her Prag beinahe ebenbürtig. Im Norden von den Oder-Armen und im Süden durch den schützenden Stadtgraben, die innere Oława (Ohle) begrenzt, verfügte sie an der Südseite zusätzlich über einen Ring aus Ziegelmauern mit sieben befestigten Toren. Jenseits der inneren Ohle lag ein weiterer Stadtgraben, die äußere Ohle, der im frühen 14. Jahrhundert angelegt worden war. Das Land dazwischen bot Raum zur Erweiterung. Es war die Heimat der Malzhändler. Nikolaus Pol zufolge war Kaiser Karl IV. persönlich für die Entwicklungen verantwortlich:

»Er hat die Stadt mit schmucken und zierlichen Häusern und Gebäuden gebessert, sie über die Ohlau hinaus, um ein großes Revier, gegen Mittag, erweitert und mit Häusern besetzet; denn die Stadt zuvor bis an die Ohlau nur gegangen; die Gassen so ordentlich abgetheilet, dass sie an schönen Häusern keiner Stadt in Deutschland etwas nachgiebet, an zierlichen, graden Gassen aber sie mehrentheils übertrifft.«[84]

Die »Neustadt«, die sich im Jahr 1337 mit der Altstadt vereinte, lag gleichsam auf einer Insel im Osten und war überwiegend von Tuchmachern bewohnt. Das jenseits des äußeren Stadtgrabens im Süden gelegene Mauritius-Viertel hingegen beherbergte noch immer die Nachfahren der wallonischen Einwanderer des 12. Jahrhunderts. Nördlich des Flusses lag die so genannte »polnische Seite«, wo sich die polnische Bevölkerung in einem weitläufigen Bezirk konzentrierte, dessen Straßen zur etwa 50 Kilometer entfernten Grenze des Königreichs Polen führten.

Während der Herrschaft Kaiser Karls wurden offizielle Unterteilungen verfügt, in erster Linie, um die Steuereintreibung zu erleichtern. Wretslaw wurde in vier »Viertel« eingeteilt – das »reußische oder Kaufmannsviertel« im Südwesten, das »Oder- oder Fleischerviertel« im Nordwesten, Neumarkt oder »großes Viertel« im Nordosten und das »Ohlauische- oder Kürschnerviertel« im Südosten. Ein fünfter Bezirk – der »Venusberg« – sollte ebenfalls nicht unerwähnt bleiben. Nördlich der Altstadt gelegen, verfügte er über zahlreiche Schenken und »Badehäuser«, in denen Prostituierte ihrem Gewerbe nachgingen. Wie auch anderswo im mittelalterlichen Europa wurden die Prostituierten nicht nur geduldet, sondern vom Gesetz ausdrücklich geschützt, konzessioniert und kontrolliert, weil sie für eine beträchtliche öffentliche Einnahmequelle sorgten. Erst das Auftreten von Syphilis und die Reformation sollte die ihnen bezeigte Nachsicht beenden.

Das Wretslaw des frühen 14. Jahrhunderts war überwiegend aus Holz erbaut. Trotzdem verfügte es bereits über etwa 14 steinerne Kirchen und über die von den Johannitern, den Franziskanern, Dominikanern und Augustiner-Chorherren unterhaltenen geistlichen Häuser. Im Laufe des Jahrhunderts sollte sie weiter gedeihen. Die Feuerkatastrophen in den Jahren 1342 und 1360 trugen dazu bei, dass der Wiederaufbau in Stein statt in Holz erfolgte. Ein beträchtlicher Teil der schönsten gotischen Architektur stammt aus der nachfolgenden Epoche. Unter dem Einfluss Karls IV. und seines Hofbaumeisters Petr Parléř (Peter Parler) entfaltete sich eine rege geistliche Bautätigkeit. Zu den bedeutenden Ergänzungen gehörten die 1351 gestiftete Kirche St. Dorothea, die Vergrößerung der Kirchen Zum Heiligen Kreuz und Maria auf dem Sande und der Wiederaufbau der Kirche St. Maria Magdalena.

Auch das Rathaus wurde erweitert.[85] Nach 1328 wurde auf das einstöckige *consistorium* ein oberes Stockwerk aufgesetzt. Drei Jahrzehnte später kam ein weiteres Stockwerk hinzu. Dann wurde der Turm errichtet und im Jahr 1367 zur Zierde mit einer mechanischen Uhr versehen. Das Erkerfenster an der Südwestecke wurde 1483 eingebaut, und der mittlere Erker an der Südfassade folgte zwei Jahre später. Um 1500 wurde der dekorative Ostgiebel vollendet. Im Inneren wurde die ursprüngliche Balkenkonstruktion der Decken in der zweiten Hälfte des 16. Jahrhunderts überall durch Wölbungen ersetzt. Um 1526 besaß Wretslaws berühmtestes Gebäude eine Form, die jeder seiner heutigen Bewunderer sofort erkannt hätte.

Die Häuser auf dem Ring, dem Hauptplatz, dürften ähnliche, wenngleich weniger überbordende mittelalterliche Ausschmückungen gezeigt haben. In der Tat dienten sie, da der alte herzogliche Palast an der Flussseite bereits heruntergekommen war, häufig als vorübergehende königliche Residenzen. Kaiser Albrecht V. wohnte 1438 im »Haus zum Goldenen Becher«. Offenbar fiel er dort die Treppe hinunter, weshalb er für den Rest seines Lebens hinkte.[86] Das ursprüngliche »Haus zur Goldenen Sonne« an der Westseite des Platzes beherbergte König Władysław Jagiello, als er sich 1511 in der Stadt aufhielt. Das »Haus zur Goldenen Krone« an der Ostseite des Platzes gehörte Bischof Jan (Johann) Thurzó.

Im Bereich der öffentlichen Versorgung wurden viele praktische Verbesserungen durchgeführt. Eine städtische Wasserversorgung wurde eingeführt, und innerhalb des äußeren Stadtgrabens begann man mit dem Bau einer neuen Befestigungsmauer. Auch um den Zustand der Straßen und Plätze kümmerte sich die Stadt. Eine von König Johann 1331 erhobene Sondersteuer, das »Pflastergeld«, musste von jedem Wagen, der in die Stadt kam, entrichtet werden. Mit diesem Steueraufkommen wurden städtische Straßenbauarbeiten finanziert. Bis 1450 waren die Hauptdurchfahrtsstraßen fertig gestellt und die alten schlammigen Wege durch so genannte Knüppeldämme beziehungsweise -brücken ersetzt worden. Dieses Merkmal hielt sich bis in die Neuzeit in den Namen zweier bekannter Straßen – der Schuhbrücke (Szewska) und der Schmiedebrücke (Kuźnicza).

Im 15. Jahrhundert wuchs Wretslaw weiter. Bis 1403 war seine Einwohnerschaft auf schätzungsweise 17 000 gestiegen und bis 1470 auf 21 000. Die Ausdehnung in den Landgürtel zwischen den Stadtgräben war weit fortgeschritten. In der Tat begann die Übervölkerung zu einem Problem zu werden. Schon im Jahr 1404 verfügte der Rat, dass über dem inneren Stadtgraben keine Abtritte mehr gebaut und keine Abwässer mehr in den Fluss geleitet werden dürften. Offensichtlich erfreuten sich die Bürger der gleichen nicht allzu hygienischen Umgebung, wie sie auch anderswo im mittelalterlichen Europa vorherrschte.

Zu den Neustiftungen innerhalb der Mauern gehörten die Kirche St. Christophorus (um 1400), die Corpus-Christi-Kirche (um 1450), die Dominikanerkirche St. Katharina (um 1459) und die Kirche St. Berhardin, die von 1453 an in der »Neustadt« für die Anhänger Johann Capistranos errichtet wurde. Jenseits der Mauern entstand nördlich des Flusses im Jahr 1400 das Hospital für aussätzige Frauen und die Elftausend-Jungfrauen-Kirche[87], während die Kirche St. Nikolai in Szczepin (Tschepine), nachdem sie 1428 von den Hussiten zerstört worden war, wieder aufgebaut wurde.

Die Städte und Dörfer im ehemaligen Herzogtum Wretslaw veränderten sich nicht weniger als die Stadt selber. Świdnica (Schweidnitz) beispielsweise verlor, ebenso wie Wretslaw, seinen ehemals unabhängigen Status, als die letzte Erbin 1353 Kaiser Karl IV. heiratete. Doch während der nächsten beiden Jahrhunderte wetteiferte die Stadt, sowohl was Wohlstand als auch was Größe anging, mit der schlesischen Kapitale. Świdnica war auch ein bedeutendes Handelszentrum und konnte es sich leisten, sich mit einigen schönen Bauwerken zu schmücken. Die klugerweise den Schutzheiligen Polens *und* Böhmens geweihte gotische Stadtpfarrkirche St. Stanisław (Stanislaus) und St. Václav (Wenzel) wurde 1330 gestiftet, blieb aber das ganze 15. Jahrhundert hindurch im Bau. Ihr Altarbild war das Werk von Veit Stoß, und ihr 104 Meter hoher Turm war der höchste in Schlesien. Der aus dem frühen 16. Jahrhundert stammende Markt in Świdnica mit seinem Renaissance-Rathaus und den robusten Bürgerhäusern spiegelte in kleinerem Maßstab die Schönheiten seines vratislavischen Gegenstücks wider.

Weiter entfernt brachte die Umgebung Wretslaws zahlreiche architektonische Schätze religiöser und weltlicher Art hervor. Viele der repräsentativsten gotischen Kirchen aus böhmischer Zeit sollten während der Gegenreformation eine Umgestaltung erfahren. Aber einige hervorragende Beispiele sind erhalten geblieben, so die aus dem 14. Jahrhundert stammende Pfarrkirche St. Peter und Paul in Strzegom (Striegau), die Kirche St. Nikolai (1390–1410) in Brzeg (Brieg) und die Kirche St. Jakobus und St. Agnes in Nysa (Neisse) aus dem 15. Jahrhundert. In Grodziec (Gröditzburg) und Hermsdorf (heute ein Vorort von Jelenia Góra, Hirschberg) wurden spätmittelalterliche Burgen erbaut. Zeugnisse städtischer Kraft und städtischen Stolzes sind immer noch in den befestigten Mauern und Toren Paczków (Patschkau), dem »schlesischen Carcassonne«, in der bemerkenswerten Brücke über die Nysa (Neiße) in Kłodzko (Glatz), die stark an die Prager Karlsbrücke erinnert, oder im Rathaus von Lwówek (Löwenberg) zu bewundern. In Wojnowice (Wohnwitz) im Westen Wretslaws wurde 1513 von Nikolaus Schebnitz, dem späteren Landeshauptmann des Herzogtums Wretslaw, ein eindrucksvolles Renaissance-Wasserschloss erbaut. Doch die im eigentlichen Sinne attraktivsten Anlagen aus böhmischer Zeit stellen die Heilbäder in den Bergen dar. Die Blüte von Cieplice Zdrój (Bad Warmbrunn) begann nach 1288. Lądek Zdrój (Bad Landeck) folgte um 1400.

Zur Zeit der Thronbesteigung der Habsburger im Jahr 1526 füllte Wretslaw die gesamte Fläche innerhalb der Stadtgräben und Mauern. Der etwa 40 Jahre später von Weihner angefertigte, hervorragende Plan zeigt eine Stadt, die vollkommen von Wasser umgeben ist, und veranschaulicht ihre ausgezeichnete Verteidigungsposition. Obwohl die osmanischen Heere auf dem Vormarsch waren, würde kein Feind Wretslaw mit Leichtigkeit erobern.

*

Die meisten Menschen sind ihr Leben lang von lokalen Angelegenheiten und ihren persönlichen Problemen in Anspruch genommen. Im Mittelalter, als die Kommunikationswege schlecht und langsam waren, gehörte ein solch enger Horizont zu den Grundkonstanten des alltäglichen Lebens. Doch trotz der Schranken gab es zweifellos Menschen, deren Interessen weiter gespannt waren und die sich Gedanken über den Lauf der Dinge machten. Einige von diesen werden sich zur Zeit des letzten Herzogs anlässlich des Jubiläumsjahres 1300 zur Pilgerfahrt nach Rom aufgemacht und dort über die Schönheiten der Ewigen Stadt gestaunt haben. Aber auch die besser informierten Menschen dieser Zeit haben über das Exil der Päpste in Avignon in den darauf folgenden Jahrzehnten ungläubig den Kopf geschüttelt und nicht verstanden, warum Papst und Kaiser die harmonische Vereinigung der »zwei Schwerter« nicht herzustellen vermochten. 100 Jahre später, nach dem Ende der Hussitenkriege, werden die Vratislavier bestimmt ähnliche Klagen geäußert haben. Da sie sich mit der katholisch-kaiserlichen Partei zusammengetan hatten, wären auch sie über die Wiederherstellung eines vereinigten Papsttums wohl hocherfreut gewesen. Aber die Unfähigkeit der Kirche, ihre christlichen Prinzipien in die Praxis umzusetzen, und das Unvermögen des Kaisers, die Hussiten entweder zu bekehren oder zu besiegen, müssen sie zur Verzweiflung gebracht haben. Der Vormarsch der Türken, die Katastrophe des Kreuzzugsunternehmens in der Schlacht von Varna (10.11.1444) und der Fall von Konstantinopel, der das letzte Bindeglied zu jener römischen Welt, in der Christus gelebt hatte, zerschnitt, dürfte allen Zeitgenossen besonders bedrohlich erschienen sein.

In den Tagen Bischof Thurzós im ersten Viertel des 16. Jahrhunderts befanden sich die Jagiellonen auf dem Höhepunkt ihrer Macht. Aus vratislavischer Sicht herrschte der König, Władysław III. Jagiello, sowohl über Böhmen als auch über Ungarn, während sein Bruder Zygmunt Stary Jagiello, der einstige Statthalter Schlesiens, Polen und Litauen regierte, von den Zufahrtsstraßen nach Wretslaw bis zum fernen Kiew und darüber hinaus. In jenen Jahren kam es indes auch zu folgenschweren Veränderungen, die sicher die Aufmerksamkeit der nachdenklichen Stadtbewohner erregt haben. Erstens wurde im Jahr 1517 in Wittenberg in Sachsen, dem Schlesien benachbarten Kurfürstentum, Martin Luthers »Protestantische Revolution« in die Wege geleitet, und »Bruder Tetzel« hatte immerhin schon in der Nähe Wretslaws, in Görlitz, Ablässe verkauft. Zweitens wählten die Kurfürsten im Jahr 1519 einen weiteren Karl zum Kaiser, Karl V. von Habsburg, der zusätzlich zu seinen mitteleuropäischen Titeln auch noch König von Spanien und Herr des neu entdeckten amerikanischen Kontinents war. Zum ersten und letzten Mal in seiner langen Geschichte fand Wretslaw sich in einem riesigen, weltumspannenden Reich wieder,»in dem die Sonne nicht untergeht«. Drittens huldigte im Jahr 1525, nachdem er den Deutschordensstaat im Gefolge der Lutherischen Reformation säkularisiert hatte, der letzte Hochmeister und erste Herzog von Preußen, Albrecht von Hohenzollern, dem König von Polen, um seinen preußischen Besitz als Lehen zu behalten. Niemand konnte sich zum damaligen Zeitpunkt die Konsequenzen dieses Ereignisses vorstellen. Allen aber muss klar gewesen sein, dass ein neuer Rivale der Habsburger und der Jagiellonen die historische Bühne betreten hatte. Schließlich marschierten die osmanischen Türken nach Überquerung der mittleren Donau nun durch Ungarn – nur etwa 400 Kilometer südlich von Wretslaw. Und sie kamen näher.

Jedes dieser Ereignisse hätte für sich genommen schon ausgereicht, auf den Plätzen und in den Schenken Wretslaws für Gesprächsstoff zu sorgen und das Gefühl hervorzurufen, dass die alte Welt sich rapide verändert. Alle Ereignisse zusammen mussten Anlass zu ernsthafter Sorge geben.

Kapitel 4: Presslaw

Unter der Habsburger Monarchie, 1526–1741

Die Politik der Habsburger Monarchie kann unter den bekannten Wahlspruch gestellt werden: *Bella gerant alii, tu, felix Austria, nube.* (»Andere führen Kriege, du aber, glückliches Österreich, heirate.«) Den Habsburgern war auch durchaus bewusst, dass die erstaunliche Wende ihres Geschicks im frühen 16. Jahrhundert größtenteils ihrer Fruchtbarkeit geschuldet war. Sie wussten, dass sie die Jagiellonen bei dem Bestreben um die Vorherrschaft in Mitteleuropa niemals hätten überholen können, wäre da nicht die Tatsache gewesen, dass eine Linie der Jagiellonen ohne Erben war. Kurzfristig dürfte der erste Vorstoß der osmanischen Heere vor die Tore Wiens als die wichtigste Folge der Schlacht von Mohács erschienen sein. Langfristig wurde offensichtlich, dass Mohács den Habsburgern jene günstige Gelegenheit eröffnet hatte, von der sie in den nächsten 400 Jahren profitieren sollten.

Das Habsburgerreich umfasste um die Wende zum 16. Jahrhundert so entfernte Weltgegenden wie die Philippinen und Peru und in Europa so unterschiedliche Länder wie Spanien, die Niederlande und Österreich. In sehr kurzer Zeit war das Reich der Habsburger zur ersten »Weltmacht« geworden. Hauptnutznießer dieses glücklichen Schicksals war Kaiser Karl V. (1500–58), ein frommer Katholik und polyglott gebildeter Mann, der auf famose Art »spanisch mit Gott, französisch mit Frauen, flämisch vorzugsweise und deutsch mit seinem Pferd« parlierte. Im Jahr 1520 war er bereits König von Aragon und Kastilien, Kaiser des Heiligen Römischen Reiches und Herzog von Burgund. Zwei Jahre später, im Anschluss an die Wahl eines verbindlichen Papstes, schien sein Ideal einer christlichen Universalmonarchie zum Greifen nahe. Doch geplagt von den Ablenkungen durch Türken, Protestanten und Franzosen sowie bestrebt, sich auf seine lukrativeren spanischen Besitzungen zu konzentrieren, teilte er sein Reich im Jahr 1522 und überließ seinem jüngeren Bruder Ferdinand I. die Habsburger Erblande Ober- und Niederösterreich, Steiermark, Kärn-

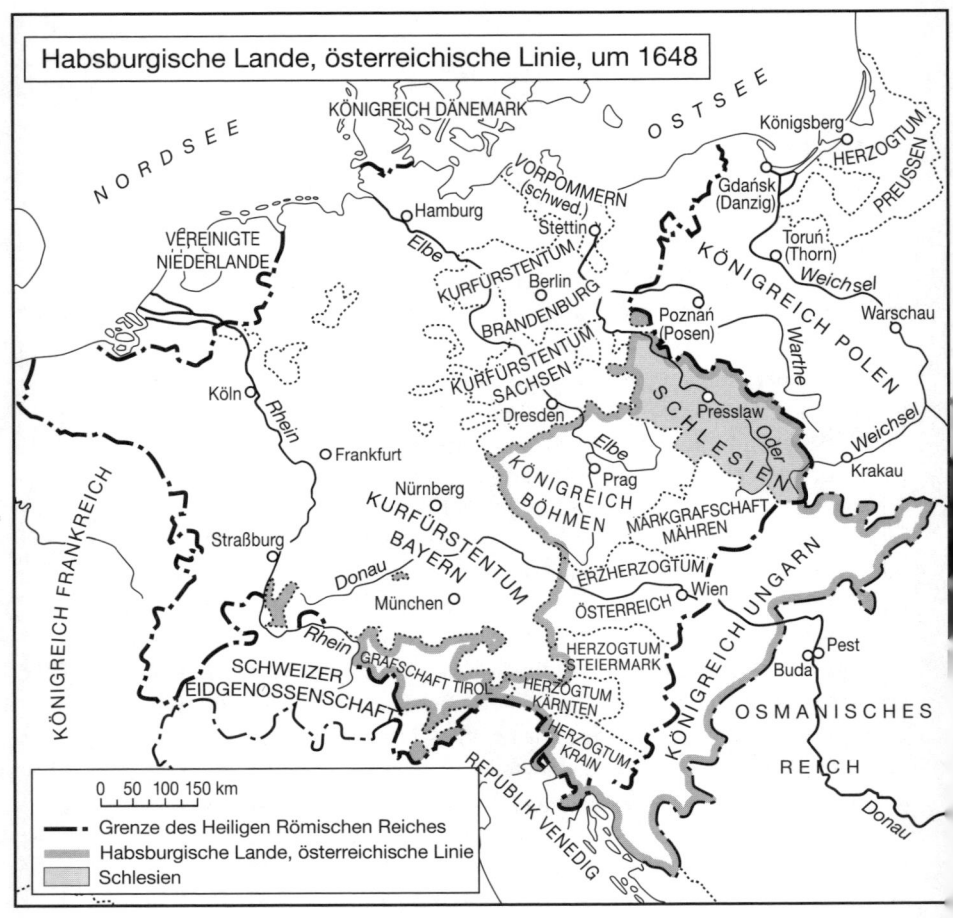

ten, Krain und Tirol. Die spanische und die österreichische Linie des Hauses Habsburg sollten danach, obwohl man Mittel und Wege suchte, die Teilung aufzuheben, für alle Zeiten getrennt bleiben, und das Ideal eines universalen Habsburgerreiches war verloren. Es war deshalb Ferdinand, an den die ungarische und die böhmische Krone nach dem Tod Ludwigs II. Jagiello in Mohács im Jahr 1526 fielen.

Obwohl in Spanien geboren und großgezogen und obwohl er anfangs kein Deutsch sprach, war es Ferdinand beschieden, zum eigentlichen Begründer der mitteleuropäischen Habsburgermonarchie zu werden. Mit dem Erwerb Böhmens und Ungarns sowie der Trennung der österreichischen Linie der Habsburger von der spanischen entstand ein erkennba-

Kapitel 4: Presslaw (1526–1741)

res österreichisches Habsburgerreich, das bis zum Ersten Weltkrieg Bestand haben sollte. Am Beginn jedoch stand die neue Dynastie auf schwankendem Boden. Mit seinen streng katholischen spanischen Ratgebern und den Versuchen, die Macht der Fürsten in seinen neuen Ländern einzuschränken, schuf sich Ferdinand viele Feinde. Obwohl er seine Neuerwerbungen rechtmäßig durch Vertrag und Erbfolge über seinen Schwager Ludwig II. Jagiello beanspruchte, wurde er vom Adel Böhmens und Ungarns nur widerstrebend anerkannt. Überdies werden ihm der Vormarsch der Türken, die Ausbreitung des Protestantismus in Deutschland und die tiefen Spaltungen in der böhmischen und ungarischen Gesellschaft viele Probleme bereitet haben.

In Schlesien änderte die Herrschaft der Habsburger wenig. Die Provinz bestand immer noch aus ungefähr 16 Fürstentümern. Nach 1526 wurden nur sechs von ihnen direkt von Wien aus regiert. Die übrigen erfreuten sich unterschiedlicher Grade von Autonomie. Schlesien war zuvor bereits zweimal unter habsburgische Herrschaft gefallen – 1306 und 1437 –, und keine dieser Angliederungen hatte dauerhafte Folgen gezeitigt. Außerdem war Ferdinand, da er seine böhmische Krone auf der Basis von Wahl und Erbfolge erlangt hatte, verpflichtet, die althergebrachten Privilegien seiner neuen Untertanen zu bestätigen.

Die schlesische Hauptstadt, deren Name im Jahr 1620 mit »Presslaw« angegeben ist, betrachtete die Zukunft unter den Habsburgern wahrscheinlich mit sehr viel weniger Sorge als den fortgesetzten Vormarsch der Türken. In der Praxis wurde diese Gelassenheit bestätigt. Die traditionellen Privilegien der Stadt wurden ordnungsgemäß bestätigt und erweitert. Sogar im religiösen Bereich traten nur wenige der erwarteten negativen Folgen zutage. Immerhin war Presslaw eine protestantische Stadt unter einem katholischen König geworden, und dies hätte durchaus zu Unruhen führen können.

Tatsächlich existierte in den habsburgischen Ländern eine wachsende Glaubensvielfalt. Alle Schattierungen reformierter Christenheit waren vertreten: schlesische Lutheraner, böhmische Utraquisten und mährische Wiedertäufer sowie, zu gegebener Zeit, ungarische Calvinisten und Siebenbürger Unitarier. Angesichts der türkischen Bedrohung war Ferdinand jedoch nicht bereit, religiöse Verfolgungen zuzulassen, die die Loyalität und den Kampfgeist seiner Untertanen gefährden könnten. Folglich war er ungeachtet seines tief sitzenden Argwohns gegen den Protestantismus gezwungen, ihn zu tolerieren. Der böhmische Adel hatte Ferdinand das Zugeständnis abverlangt, den Gottesdienst nach eigenen Vorlieben abzuhalten. Diese »Clementia Austriaca«, die »österreichische

Milde«, war nicht ideologisch, sondern pragmatisch gedacht. Sie wurde nicht aus Sympathie geboren, sondern aus echter Besorgnis um die Einheit der habsburgischen Reiche. Obwohl er später die Wiedertäufer aus Mähren vertreiben und in all seinen Ländern die Betätigung der Jesuiten erlauben sollte, machte Ferdinand vor allen Maßnahmen Halt, die auf die gewaltsame Unterdrückung der Protestanten zielten.

Presslaw verwandelte sich von dem fanatischen Konformismus des 15. Jahrhunderts in eines der lebhaftesten Zentren der Lutherischen Reformation. Im Frühjahr 1518, nur Monate nach Bekanntmachung der 95 Thesen Luthers, erlebte die Stadt, wie der Bischof, Johann Turzo, höchstpersönlich den Ablasshandel untersagte. Danach sollte Presslaw neben Nürnberg, Magdeburg und Bremen zu den frühesten reformierten Städten in Deutschland zählen. Das katholische Bistum, das sich einer größtenteils lutherischen Einwohnerschaft und einem entschlossenen Stadtrat gegenübersah, wurde fast auf die Rolle eines machtlosen Zuschauers reduziert.[1] Der katholische König wurde mit dem neuen Glauben bei seinem ersten Besuch im Frühsommer 1527 konfrontiert. Zum Schluss eines großartigen Empfangs wurde ihm vom Rat ein Gesuch vorgelegt, er möge das Festhalten an der reformierten Religion anerkennen. Obwohl die Bitte nicht ausdrücklich gewährt wurde, wurde sie auch nicht abgelehnt.

Im Anschluss an die Thronbesteigung von Ferdinands Sohn Maximilian II. im Jahr 1564 erlebte das Habsburgerreich, wie sich der Protestantismus weiter ausbreitete. Die Erblande waren nun größtenteils protestantisch, und der Glaube fand rasch seinen Weg in die anderen Territorien. In Ungarn drohte die Kraft des neuen Glaubens die Kirche zu zerstören. In Böhmen begünstigten die antirömischen Traditionen der Hussiten den Wechsel. Auch Schlesien erwies sich als fruchtbarer Nährboden für den Protestantismus.

Der neue Kaiser, Maximilian II. (reg. 1564–76), hat den Protestantismus möglicherweise befördert. Er war ein zaudernder Katholik, von dem der spanische Hof (wo seine Gemahlin Maria erzogen worden war) als dem »Ketzergatten«[2] sprach. Über die genaue Natur seiner Anschauungen ist lange diskutiert worden. Obwohl er sich nach außen hin katholischer Praxis unterwarf, beschrieb er selbst sich als weder »papistisch noch evangelisch, sondern ein gläubiger Christ«.[3] Es heißt, er habe auf dem Sterbebett die Letzte Ölung verweigert und sei sogar zum Protestantismus übergetreten. Seine schlechte Gesundheit brachte es mit sich, dass auch seine Ärzte, von denen einige wie Johann Crato von Krafftheim dem humanistischen Kreis Presslaws angehörten, großen Einfluss auf ihn ausübten. So verlieh er indirekt dem neuen Experimentier- und Forschergeist das Siegel der Ehrbarkeit (siehe unten). Unter Maximilians Nachfolger, Rudolf II. (reg. 1576–1612), wurden die humanistischen Tendenzen weiter gefördert, obschon nicht von religiöser Toleranz begleitet. Rudolf II. gehört zu den faszinierendsten Monarchen der frühen Neuzeit. In gewissem Sinne existierten drei Persönlichkeiten in ihm – der schwache, unsichere Monarch, dessen Erbe sich in seinen späteren Lebensjahren auflöste; der großzügige Wohltäter der schönen Künste und Naturwissenschaften, der Tycho Brahe und Johannes Kepler förderte, und der besessene Okkultist, der sich nebenbei mit Alchemie, Magie und der Kabbala beschäftigte und der selbst eingestand: »Ich weiß, ich bin tot und verdammt; ich bin vom Teufel besessen.«[4] Den Protestantismus hätte er gern ausgerottet. Er förderte die Jesuiten und suchte die politische Macht der Protestanten einzuschränken. Doch die allgegenwärtige türkische Bedrohung zwang ihn, bei seiner Religionspolitik Mäßigung walten zu lassen. Seine religiöse Toleranz verhielt sich direkt proportional zum Ausmaß der türkischen Bedrohung. Denn wenn sich die Anschauung verbreitet hätte, dass die Türken dem Protestantismus gegenüber möglicherweise toleranter hätten sein können, als die Habsburger es waren, wäre dies einer entschlossenen Verteidigung des habsburgischen Territoriums kaum dienlich gewesen. Also gewährte Rudolf in den siebziger Jahren des 16. Jahrhunderts in mehreren habsburgischen Provinzen religiöse Freiheiten und bestätigte alte Privilegien, auch wenn dies seinen Preis hatte.

Solche Erwägungen mögen im Vordergrund gestanden haben, als die schlesische Hauptstadt im Jahr 1577 den Empfang ihres neuen Kaisers vorbereitete. In einer Ecke des Rings wurde ein kunstvoller Torbogen im Stil des römischen Konstantinsbogens errichtet, reichlich versehen mit Statuen, Putten, Inschriften und mechanischen Figuren (Rudolf begeisterte sich für Automaten). Durch ihn marschierte der schlesische Adel und der Klerus, bis am Ende, nachdem 2073 Reiter den Bogen passiert hatten, Rudolfs Gefolge aus 660 Mann zu Pferde Einzug hielt.

Die Rechnung für den Empfang des Kaisers war denn auch beträchtlich. Die Schätzungen des Stadtrates allein für die Verköstigung beliefen sich auf 21 Ochsen, 900 Hühner, 240 Gänse, 240 Enten, 1888 Karpfen, 584 Hechte, 8 Fässer Butter, 14 Pfund Mandeln und 14 Pfund Rosinen.[5] Dennoch verlangte Rudolf vom Rat noch 200 000 Taler, die ihm die Bestätigung der städtischen Privilegien erleichtern sollten.

Rudolf förderte auch weiterhin Presslaws überwiegend protestantischen Humanistenkreis. Intellektuelle wie Johann Crato von Krafftheim,

Johann Jessenius von Jessen, Peter Monau und Johann Wacker von Wackenfels sollten den kaiserlichen Hof in Prag zieren – ein willkommenes Gegengewicht zur wachsenden Intoleranz des Zeitalters. In Rudolfs späteren Jahren begann sein Regime zu zerfallen. Er war in zunehmendem Maße einsiedlerisch und offensichtlich geistig labil. Es heißt, er persönlich habe nach 1590 jegliche religiöse Andachtsübung aufgegeben und in Furcht vor der heiligen Kommunion gelebt.[6] Er blieb sowohl dem Katholizismus als auch dem Protestantismus gegenüber abweisend und beteiligte sich nicht direkt an der Verfolgung der Protestanten. Doch andere Familienmitglieder waren nicht so maßvoll. Sein Bruder Matthias und sein Cousin, der Erzherzog Ferdinand, begannen in den letzten Jahren des Jahrhunderts, ermutigt durch ein Nachlassen der türkischen Feindseligkeiten, mit der Unterdrückung des Protestantismus. Danach führten die sich verschärfenden politischen und religiösen Spannungen im Verein mit der augenscheinlichen geistigen Unzurechnungsfähigkeit des Kaisers zum so genannten »Bruderzwist«. Offenbar suchte Rudolf sich seines Rivalen mittels Magie und Zauberei zu entledigen. Matthias griff zu konventionelleren Mitteln – er versicherte sich der Unterstützung seiner Verwandten. Im Jahr 1608 schaffte er es, als König von Ungarn anerkannt zu werden, indem er, wenn auch widerwillig und nur aus politischen Gründen, religiöse Toleranz gewährte. Drei Jahre später erhielt er auch den Titel eines Königs von Böhmen. Nach Rudolfs Tod wurde er im Jahr 1612 zum Kaiser gekrönt.

Doch nun bereute der neue Regent Matthias (reg. 1612–1619) sein voreiliges Eintreten für religiöse Toleranz. Als strenger Katholik hatte er sie wie Ferdinand I. immer nur als notwendiges Zugeständnis verstanden. Doch einmal an der Macht, empfand er sie als Plage, wenn nicht gar als Sünde, und suchte die Gegenreformation zu fördern, wo immer er konnte. Bei seinem Empfang in Presslaw im Jahr 1611 wurde er ostentativ an die religiösen Zugeständnisse seines Vorgängers erinnert. Er logierte im »Haus zu den Sieben Kurfürsten«, reiste aber im Oktober, kurz nachdem er die Huldigung der Stadt entgegengenommen hatte, wieder ab. Matthias mag in einem Klima sich verschärfenden religiösen Widerstreits regiert haben, doch es sollte seinem Nachfolger, Ferdinand II., überlassen bleiben, über offenen Aufruhr zu herrschen.

Ferdinand (reg. 1619–37), ein von den Jesuiten erzogener Anhänger der Gegenreformation, hatte einst beteuert: »Lieber eine Wüste als ein Land voller Ketzer regieren.«[7] Nachdem er den böhmischen Thron im Jahr 1617 mit dem Versprechen religiöser Duldung bestiegen hatte, brach er dieses Abkommen unbekümmert, indem er die im Majestätsbrief von 1609 niedergelegten religiösen Freiheiten verletzte. Die Folge war, dass zwei seiner Statthalter, Wilhelm Slawata und Jaroslaw Martinitz, sich einem hastig improvisierten Verfahren vor den Böhmischen Ständen gegenübersahen. Zusammen mit dem Sekretär des königlichen Rates wurden sie in bewusster Wiederholung der Tat, die 200 Jahre zuvor die Hussitenrevolte ausgelöst hatte, aus den Fenstern der königlichen Kanzlei in der kaiserlichen Burg auf dem Hradschin geworfen. Im Gegensatz zu ihren Vorgängern blieben die drei unverletzt. Ihre Anhänger aber hoben hervor, Engel seien vom Himmel herabgestoßen, um ihren Fall zu bremsen. Ihre Gegner aber behaupteten, sie seien auf einem Misthaufen gelandet. In jedem Fall war mit diesem Fenstersturz das Signal zum Ausbruch der böhmischen Rebellion gegeben und damit letztlich der Dreißigjährige Krieg begonnen worden.

Das unaufhörliche Nacheinander von Feldzügen und Kämpfen, die zwischen 1618 und 1648 fast alle Gegenden des Heiligen Römischen Reiches verwüsteten, dezimierte eine ganze Generation. Von seinem Ursprung in der Prager »Defenestration« bewegte sich der Konflikt, als fremde Mächte den Kampf gegen die katholisch-habsburgisch-kaiserlichen Truppen aufnahmen, durch dänische, schwedische und französische Phasen, bevor er im Westfälischen Frieden ein Ende fand. Schlesien, das von den katholischen Habsburgern regierte und größtenteils protestantische Territorium, sollte eine wichtige Rolle in diesem Krieg spielen. Nachdem es während der politischen und religiösen Revolte Böhmens im 15. Jahrhundert eine Festung von Loyalität und Rechtgläubigkeit gewesen war, erhob es sich nun. Schlesien unterstützte den protestantischen Kurfürsten Friedrich V. von der Pfalz als Rivalen des Königs von Böhmen, stellte Truppen für die Schlacht am Weißen Berge 1620 und musste später die Folgen dieses Engagements in Form der Gegenreformation erleiden.

Auch Presslaw teilte die anfängliche Begeisterung für den neuen König von Böhmen. Im Februar 1620 spielte die Stadt Gastgeberin für Friedrich V. und seine schottische Königin, als die beiden zu der nunmehr protestantischen Elisabethkirche ritten, um die Huldigung der Stadt entgegenzunehmen. Etwa zehn Monate später, nach der katastrophalen Niederlage am Weißen Berge, sollte das königliche Paar zurückkehren. Über die schneebedeckten Berge von Prag her reisend, trafen beide Anfang Dezember ein. Elisabeth Stuart, die »Winterkönigin«, die schwanger war, schrieb ihrem königlichen Vater, Jakob (James) VI., einen Brief, in dem sie um seine Hilfe in ihrem Elend bat:

»Sire,
ich möchte Euer Majestät nicht mit einem sehr langen Brief belästigen. Der Baron de Dona wird nicht versäumen, Euer Majestät über das Missgeschick zu informieren, das uns widerfahren ist und das uns gezwungen hat, Prag zu verlassen und an diesen Ort zu kommen, wo wir, Gott weiß wie lange, werden bleiben können. Ich bitte Euer Majestät deshalb demütigst, den König und mich selbst zu beschützen, indem Ihr uns Beistand schickt, sonst werden wir völlig zugrunde gerichtet werden. Es ist Euer Majestät allein, nächst dem Allmächtigen Gott, von dem wir Hilfe erwarten. Ich bitte [Euer Majestät] demütigst... uns ausreichend Beistand zu schicken, um uns gegen unsere Feinde zu verteidigen, sonst weiß ich nicht, was aus uns werden soll. Ich bitte Euer Majestät deshalb abermals demütigst, Mitleid mit uns zu haben und den König nicht im Stich zu lassen in dieser Stunde, wo er in so großer Not ist. Was mich betrifft, so bin ich entschlossen, ihn nicht allein zu lassen, denn sollte er umkommen, werde auch ich umkommen, mit ihm. Doch niemals werde ich, was auch immer geschehen mag, etwas anderes sein,
Sire,
als Euer Majestät
demütigste und gehorsamste
Tochter und Dienerin
ELISABETH
Bresslau, 22. November«[8]

Wie sich herausstellte, verließ sie ihn doch, als sie Ende November von Presslaw abreiste, während der König die Weihnachtstage in der Stadt verbrachte. Ende Januar war das Paar in der Festung Küstrin in Brandenburg wieder vereint, wo im Februar ihr gemeinsamer Sohn Maurice geboren wurde.[9] Ihnen stand ein Leben im Exil bevor, aber sie sollten ihre Genugtuung bekommen, denn ihre jüngste Tochter Sophia wurde die Stammmutter des Hauses Hannover und die Keimzelle der britischen Königsfamilie.

Trotz des anfänglichen Engagements für Friedrich V. gelang es Presslaw, den schlimmsten Folgen des kaiserlichen Zorns zu entgehen. Die Stadt versuchte einen schwierigen Balanceakt, bekundete ihre Neutralität und wurde periodisch von der einen oder anderen Seite, oder gar von beiden, belagert. Obwohl Schlesien an der Peripherie der Hauptkriegsschauplätze lag, eignete sich das Land für die protestantischen Mächte aus dem Norden als Durchmarschroute zum Angriff auf die südlichen

Hochburgen der Habsburger. So kamen im Jahr 1626 die Heere des Dänenkönigs Christian IV. und des Grafen von Mansfeld auf ihrem Weg nach Siebenbürgen durch Schlesien. Im darauf folgenden Jahr leitete der sächsische Feldmarschall Hans Georg von Arnim einen erfolgreichen Vorstoß in die Provinz, woraufhin eine schlesische Delegation in Wien um größeren Schutz ersuchte. Im Jahr 1632 wiederholte er das Manöver, wobei er diesmal seine neuen schwedischen Verbündeten mitbrachte und die Lausitzen, Sagan und Glogau eroberte sowie Presslaw belagerte. Obwohl vergleichsweise neu auf der europäischen Bühne, hatten die Schweden hochfliegende Ambitionen. Das in jenem Jahr in Frankfurt erscheinende *Inventarium Sveciae* präsentierte Schlesien bereits als schwedischen Besitz.[10] Ihre Anwesenheit in Presslaw war jedoch von kurzer Dauer. Sie funktionierten die Kirchen zu Ställen für ihre Pferde um und beeilten sich mit der Plünderung der Vorstädte, bevor sie von kaiserlichen Truppen verjagt wurden. Aber sie sollten wiederkommen.

Im Jahr 1642 steuerten schwedische Heere erneut Schlesien an. Unter ihrem einfallsreichen Befehlshaber Lennert Torstenson nahmen sie ihren Vormarsch wieder auf. Inzwischen waren sie perfekte Plünderer geworden. Ihre »Wolfsstrategie« bedeutete, dass das aus Söldnern bestehende Heer unterwegs plünderte und Marktflecken und Städte, Dörfer und Bauernhöfe verwüstet zurückließ. Wenn dort nichts mehr zu holen war, fielen sie über Klöster her, zerschlugen die Grabmäler der Äbte und schnitten den Leichnamen die Ringfinger ab.[11] Wie ein Heuschreckenschwarm fraßen sich die Soldaten durch das Land, aber sie lebten in ständiger Furcht vor ihrem Befehlshaber. In einer Sänfte getragen, sorgte Torstenson mit Peitsche und Schlinge dafür, dass der lärmende Haufen spurte. Er war verhasst, doch da er seinen Männern das Recht zu plündern beließ, schenkten sie ihm Siege. Er sollte als Schwedens größter militärischer Taktiker gepriesen werden:

>»Torstenson geht hin, seine Aufgabe zu vollenden... Schweden braucht seine Dienste, und alles wird dem Vaterland geopfert... Der Feind glaubt ihn noch in den Armen des Todes, aber schon ist er in Schlesien, Glogau wird belagert und in drei Tagen genommen. Der Feind, zur Verzweiflung gebracht... durch die Klugheit Torstensons, vereinigt sich und rückt vor, ihm zu begegnen... Die Mauern von Schweidnitz sind Zeugen seines Sieges. Der Feind, bezwungen und in die Flucht geschlagen, überlässt das Schlachtfeld dem Eroberer und lässt seinen verwundeten Befehlshaber darauf zurück, verwundet und ein Gefangener...«[12]

Trotz einer Behinderung durch Gicht verfolgte Torstenson das besiegte kaiserliche Heer bis nach Wien. Seine Truppen konnten sich sechs Jahre lang in Schlesien behaupten. Von Anfang an belagerten sie Presslaw.[13] Nach einem Angriff auf die Vorstadt St. Mauritius und einem Scharmützel mit der Bürgerwehr entschied sich Torstenson dann jedoch, die von den Verteidigern erklärte Neutralität zu akzeptieren. Da seine Truppen das gesamte linke Oderufer kontrollierten, störte ihn die nominelle Unabhängigkeit Presslaws nicht. Doch schließlich war er gezwungen zu handeln. Im Jahr 1647 halfen die Vratislavier Kavalleristen aus der kaiserlichen Garnison in Elbing und gefährdeten ihre Neutralität. Also wurden sie erneut belagert und Artilleriebeschuss sowie einer entschlossenen Blockade unterworfen. Doch sie weigerten sich nachzugeben. Im folgenden Jahr wurde eine Übereinkunft erzielt. Schwedischen Soldaten wurde erlaubt, in den Vorstädten zu handeln, aber Presslaws Neutralität sollte respektiert werden. Torstenson zog sich zurück, und seine vormaligen Gastgeber wurden der Pflege ihrer Wunden überlassen.

Im Westfälischen Frieden kehrte Schlesien zum Status quo ante zurück. Es kam erneut unter habsburgische Herrschaft, behielt aber das wichtige Recht des protestantischen Gottesdienstes. In 30 Jahren Krieg war Schlesiens Bevölkerung um ein Drittel dezimiert worden. Presslaws Einwohnerschaft hatte um 40 Prozent abgenommen und erreichte erst um 1700 wieder den Stand von 1618. Auch die Bevölkerung von Glogau war dezimiert worden. In Schweidnitz waren nur 118 Häuser stehen geblieben. Der schlesische Dichter Friedrich von Logau, dessen Familienbesitz in Nimptsch von feindlichen Truppen zerstört worden war, resümierte die Sinnlosigkeit des Krieges:

> Die Welt hat Krieg geführt weit über zwanzig Jahr,
> Nunmehr soll Friede sein, soll werden, wie es war.
> Sie hat gekriegt um das, o lachenswerte Tat!
> was sie, eh sie gekriegt, zuvor besessen hat.[14]

Trotz aller Opfer beseitigte der Dreißigjährige Krieg nicht alle Gefahren. Die Möglichkeit religiöser Konflikte bestand auch weiterhin, und die Osmanen an der Donau stellten, besonders in den Jahrzehnten nach der Schlacht von Mohács und der ersten Belagerung Wiens im Jahr 1529, aber auch später, eine ständige Bedrohung an Österreichs südöstlicher Flanke dar. Doch die Habsburger blieben, abgesehen von ein paar vorübergehenden Gewinnen unter Rudolf II., in der Defensive. Presslaw, obwohl nicht direkt in die Kämpfe verwickelt, teilte ihre Leidensgeschichte.

Kapitel 4: Fresslaw (1526-1741)

Bei den osmanischen Angriffen des frühen 17. Jahrhunderts und abermals, als die vereinten türkischen und ungarischen Heere Imre Tőkőlys 1682 raubend und plündernd in Mähren und Schlesien einfielen, wurde die Stadt bedroht, aber niemals angegriffen. Dennoch grassierten Ängste vor einer allgemeinen osmanischen Invasion. Sie wurden durch Furcht erregende Berichte von Reisenden und Soldaten, die über Massaker an Christen und sogar vor Kannibalismus sprachen, verstärkt. Also wurden die Verteidigungsanlagen der Stadt gründlich modernisiert und die »Türkenglocken« eingeführt, die vor den anrückenden Ungläubigen warnen sollten. Wenn die Glocken ertönten, wurde die Bürgerwehr zusammengerufen. Die Bürger mussten die Arbeit einstellen und zur Kirche eilen, wo sie um Erlösung beteten. Nikolaus Pol hat dieses »Alarmsystem« beschrieben:

> »Wenn die Türkenglocken läutet, so musten Bäker und Schuster einräumen, die Kräuter-Weiber durften nichts verkauffen, sondern alles stehn lassen und wie andere in die Kirche gehn. Die Bauern wo sie der Glockenklang betraf, musten vom Rosse absitzen, die Hüte abziehn und beten. So jemand an der Arbeit von Stadtdienern ergriffen ward, muste er Strafe leiden.«[15]

Die höchste Gefahr bestand 1683, als die Osmanen einen neuen Vorstoß auf Wien wagten. In diesem Jahr kamen die Heere des polnischen Königs Jan Sobieski (Johann III.) durch Schlesien, um in Wien das Kommando über die kaiserlichen Truppen zu übernehmen und die Belagerung aufzuheben. Kopien der so genannten »Sobieski-Madonna«, der Ikone, die ein dankbarer Papst dem siegreichen König zum Geschenk machte, wurden daraufhin unter den schlesischen Katholiken zum Gegenstand besonderer Verehrung. Die Erlösung kam schließlich im Jahr 1699, als die Osmanen im Frieden von Karlowitz ihre Niederlage eingestanden. Österreich erhielt ganz Ungarn, Siebenbürgen, Kroatien und Slawonien. Schlesien konnte aufatmen, und die Türkenglocken verstummten.

Doch die Habsburger quälte weiterhin das Problem des Protestantismus. Kaiser Leopold I. (1658–1705), ein gelehrter, kultivierter und zutiefst frommer Mensch, war die Personifizierung der *pietas Austriaca*. Er verabscheute den Protestantismus und lehnte jeden Kompromiss in der Frage der Religion ab, ja er betrachtete den Glauben als Kriterium für die Treue zur Monarchie. Unterstützt von den Jesuiten, ging es ihm darum, in den habsburgischen Landen konfessionelle Einheitlichkeit durchzusetzen. Die Heiligenverehrung wurde gefördert. Reformkommissionen wurden in die protestantischen Gebiete entsandt, und die calvinistische Geistlichkeit Ungarns wurde vor die Wahl gestellt: Exil oder Tod. Auf Schlesien hatte man es besonders abgesehen. Obwohl teilweise durch Bestimmungen des Westfälischen Friedens geschützt, blieb die Provinz nicht von einer katholischen Offensive verschont, deren Speerspitze mehr als 30 geistliche katholische Orden bildeten. Das protestantische Presslaw schwamm gegen den Strom.

Zu allem Überdruss sah sich das Haus Habsburg auch noch einer langwierigen Nachfolgekrise gegenüber. Unter Leopolds Söhnen Joseph I. (reg. 1705–11) und Karl VI. (reg. 1711–40) zeichnete sich immer bedrohlicher ab, dass die Zukunft der Habsburger ungesichert war. Nach Josephs vorzeitigem Tod war Karl VI. gezwungen, von seinen Bemühungen zur Sicherung des spanischen Throns abzulassen und nach Wien zurückzukehren. Fortan war er hauptsächlich damit beschäftigt, das ungeteilte österreichische Erbe zu hüten. Immer noch kinderlos, bereitete er die »Pragmatische Sanktion« von 1713 vor, die die weibliche Thronfolge sichern sollte. Vier Jahre später wurde ihm eine Tochter geboren – Maria Theresia. Nun verdoppelte er seine Anstrengungen. Im Jahr 1724 wurde die »Pragmatische Sanktion« erneuert und von den Ständen der Monarchie formell anerkannt. Im Jahr 1731 wurde sie durch einen Reichstag garantiert. Die Zustimmung der europäischen Mächte war gewonnen. Aber die Krise konnte dennoch nicht verhindert werden. Karls Tod im Oktober 1740 enthüllte das Fadenscheinige seiner Bemühungen. Die unglücklichen Habsburger wurden von Preußen angegriffen. Die sich daraus entwickelnden Kriege sollten sie nicht nur die Stadt Presslaw kosten, sondern sehr viel mehr.

*

Im 16. Jahrhundert war die schlesische Wirtschaft vollkommen in die Ökonomie des böhmischen Reiches integriert. Die Provinz lag günstig, um uneingeschränkt von den reichen natürlichen Ressourcen, dem Kupfer- und Silberbergbau, von den Textilwaren und der Landwirtschaft Böhmens zu profitieren. In die Wirtschaft des größeren Heiligen Römischen Reiches war die Provinz jedoch, hauptsächlich aufgrund geografischer Faktoren, weniger gut eingebunden. Sämtliche schlesischen Flüsse begünstigten den Handel mit Sachsen, Brandenburg und Polen. Der relativ leichte Transport von Gütern nach Posen, Krakau, Berlin oder Dresden stand in scharfem Gegensatz zu den Schwierigkeiten, Wien oder Mitteldeutschland zu erreichen. Mit Ausbruch des Dreißigjährigen Krieges sollten sich solche

Schwierigkeiten verschärfen. Dennoch brachte die Herrschaft der Habsburger auch Vorteile: Sie bot einen großen Markt. Und die Auseinandersetzung mit den Osmanen lieferte einen langfristigen Anreiz, Schlesien als starken und sicheren landwirtschaftlichen Standort auszubauen.

Diese Erwägungen trugen nicht nur bei der Erweiterung der Landwirtschaft im Allgemeinen Früchte, sondern speziell bei der Produktion von Flachs und Krapp. Seit dem frühen 16. Jahrhundert lieferte schlesischer Flachs eine der Hauptzutaten für die Leinenherstellung im gesamten Reich. Obwohl er häufig als Rohfaser nach Westeuropa exportiert wurde, wurde er zunehmend auch im einheimischen Gewerbe weiterverarbeitet. Die Folge war, dass Presslaw zu einem wichtigen Zentrum der Leinwandweberei wurde, die das Wasser der Oder zum Waschen und Färben nutzte. Krapp war ein weiteres Erzeugnis, auf das Presslaw sich spezialisierte. In der Gegend als »Breslauer Röte« bekannt, wurde Krapp wegen des roten Farbstoffs Alizarin angebaut, der aus den Wurzeln gewonnen wurde. Man legte sie nach dem Ernten in Räumen, die von einem Darrofen erhitzt wurden, auf Holzrahmen zum Trocknen; anschließend zerstampfte man sie zu einem feinen Pulver. Dieser Vorgang ist für das Jahr 1504[16] in Presslaw zum ersten Mal belegt, denn es wurden Vorschriften für das Trocknungsverfahren genehmigt. Die Produktion blühte das ganze 16. und 17. Jahrhundert hindurch. Weitere Standorte waren Liegnitz, Ohlau und Strehlen. Zwar hielt man die einheimische Sorte für minderwertiger als die in den Niederlanden angebaute Pflanze, doch im Vergleich mit östlicheren Erzeugnissen schnitt sie gut ab.[17] Nach anfänglichen Erfolgen auf den deutschen Märkten wurde Krapp meist für den Export nach Russland aufbereitet, hauptsächlich für die Messen in Nowgorod. Er entwickelte sich zu einem der wichtigsten Produkte der regionalen Wirtschaft. Die wachsenden landwirtschaftlichen Erträge und der allgemeine Wohlstand Schlesiens im frühen 16. Jahrhundert könnten sogar die Entscheidung Wiens beeinflusst haben, den verfassungsmäßigen Status der Provinz nicht anzutasten. Gegen Ende der habsburgischen Periode ging die Produktion jedoch zurück. Im Jahr 1737 zwang Konkurrenz aus Sachsen die Behörden in Presslaw, den Export von Krapp-Schößlingen zu verbieten.

Betrachtet man den Wirtschaftsraum Europas insgesamt, so hatte der Aufstieg der atlantischen Küstenlinie zu einer führenden Position und der Zustrom peruanischen Silbers weit reichende Auswirkungen auf Mitteleuropa. Obwohl der europäische Handel im 16. Jahrhundert weiter wuchs, wurde mit der Verschiebung zu neuen Zentren an der Nordsee- und Atlantikküste ein allmählicher Abwärtstrend offensichtlich. Für einige Länder war die Verschiebung, da sie zeitlich mit dem Verlust traditioneller östlicher Märkte infolge der Türkenkriege zusammenfiel, verhängnisvoll. Die böhmischen Silberminen beispielsweise wurden marginalisiert und viele Besitzer ruiniert. Die Inflation war ebenfalls nachteilig. Im Durchschnitt stiegen die Preise im Laufe des Jahrhunderts um das Vierfache, während die Kaufkraft stagnierte.

In Presslaw konnte der Abwärtstrend bis zu einem gewissen Grad durch verbesserte Kontakte zu den Niederlanden ausgeglichen werden, aber vollständig vermieden wurde er nicht. Man kann ihn an der relativen Stärke verschiedener Zünfte ablesen. Historiker haben gezeigt[18], dass die Zünfte im 16. Jahrhundert die meisten Mitglieder hatten, die Nahrungsmittel, Metalle und Textilwaren lieferten. Sie schlossen daraus, dass die Kaufleute der Stadt sich in erster Linie darum kümmerten, den regionalen und einheimischen Bedarf zu decken, während dem Fernhandel sekundäre Bedeutung zugewiesen wurde.

Zweifellos war zu Beginn des 17. Jahrhunderts eine kapitalistische Ökonomie im Entstehen begriffen. In Schlesien zeigte sie sich in einer Textil-Heimindustrie, die Waren für den Export nach Deutschland und Ungarn produzierte, und durch die weitere Entwicklung des Bergbaus. Aber der Fortschritt sollte durch den Dreißigjährigen Krieg und die durch ihn angerichtete gewaltige Verwüstung zunichte gemacht werden. Zwei Jahrzehnte nach dem Westfälischen Frieden hatten viele schlesische Städte sich immer noch nicht erholt. Schweidnitz zählte nur 350 seiner ehemals 1800 Einwohner, Löwenberg hatte von 1700 Einwohnern noch ganze 200.[19] Die wirtschaftliche Erholung sollte durch dauernde Veränderungen in den Handelsstrukturen verzögert werden. Dass die Wirtschaft sich überhaupt regenerierte, war größtenteils einer kontinuierlichen Nachfrage nach Schlesiens traditionellen Erzeugnissen Flachs und Leinen und nach Bodenschätzen geschuldet.

Dank ihrer Einbindung in das internationale Handelsnetz konnte die Stadt die Umschwünge der regionalen Wirtschaft gut kompensieren. Zwar hatten die geschäftlichen Verbindungen zum Osten durch das osmanische Vordringen gelitten, aber aus einer lukrativen Umorientierung Richtung Hamburg und Antwerpen floss reichlich Entschädigung. Durch den Import von westeuropäischen und zunehmend auch von Kolonialwaren blieb Presslaw ein Marktplatz für ganz Mitteleuropa.[20] Außerdem konnte sich die Stadt an die Spitze der wirtschaftlichen Erholung Schlesiens stellen. Als um 1670 viele Nachbarstädte noch daniederlagen, hatte Presslaw die Bevölkerungszahl vor dem Dreißigjährigen Krieg beinahe zurückerlangt und begann, die Führungsrolle bei der Wiederbelebung des lokalen Woll- und Leinenhandels zu übernehmen.

Es war ein Zeichen für die überragende Bedeutung der Stadt, dass das städtische System der Maße und Gewichte weit und breit übernommen wurde. Von 1630 an wurde beispielsweise die »Presslawer Meile« in ganz Schlesien eingeführt. Diese Längeneinheit wurde ermittelt, indem man ein hölzernes Rad über die Straßen und die acht Brücken rollte, die das Sandtor und die Vorstadt Hundsfeld trennten. Die Distanz und somit eine Presslawer Meile betrug 11,666 Kilometer.

Auch Presslaws Währung fand weithin Anerkennung. Von 1517 bis 1578, 1611 bis 1622 und 1630 prägte die Stadt ihre eigenen Goldduka-ten. Sie zeigten das städtische Wappen mit dem Kopf Johannes des Täufers deutlich sichtbar in der Mitte. Silbermünzen wurden ebenfalls hergestellt. Nach dem Dreißigjährigen Krieg setzten die habsburgischen Behörden jedoch das Monopol der Reichsmünze durch.

Der Merkantilismus entwickelte sich als Reaktion auf die Ausbildung eines europäischen Handelsraumes. Nach dieser Wirtschaftslehre bedeutet Handel Macht, und der internationale Handel ist insgesamt ein »Nullsummenspiel«. Wenn also der Handel eines Landes expandieren will, so kann er dies nur auf Kosten seiner Konkurrenten, denn was der eine zulegt, wird beim anderen abgezogen. Besonderes Gewicht wurde auf die Ausbeutung von Bodenschätzen gelegt. Kostbare Metalle galten als unentbehrlich für den Wohlstand einer Nation. Handelsbilanzen sollten »positiv« sein, die Exporte sollten die Importe übertreffen.

In den frühen Jahren des 18. Jahrhunderts führte die Regierung in Wien in den habsburgischen Ländern diese merkantilistischen Grundsätze sehr schnell ein. Die Währungen wurden reformiert und die Verbrauchssteuern auf einheimische Produkte aufgehoben. Dagegen wurden Importe stark besteuert. Um den industriellen Unternehmungsgeist zu fördern, wurden in Prag und Presslaw Handelskommissionen eingerichtet. Schlesien profitierte von einer erneuten Hinwendung zum Bergbau. Schlesiens Gold-, Silber- und Bleiminen wurden vergrößert, mittels Dampfkraft entwässert und rationalisiert. Auch die Wollproduktion stieg. Die Erträge verbesserten sich um mindestens 100 Prozent. Die Provinz wurde rasch zur wohlhabendsten und produktivsten der ganzen Monarchie, aber die Einwohner unterlagen auch den höchsten Steuern: Etwa eine Million Schlesier trugen 22 Prozent der gesamten habsburgischen Steuerlast[21], repräsentierten aber nur elf Prozent der Steuerzahler in der Monarchie. Dieser wirtschaftliche Erfolg erweckte schnell den Neid benachbarter Mächte, die begehrlich nach Schlesien schielten.

*

Die wichtigste religiöse Entwicklung der frühen Neuzeit war die Wandlung Presslaws von einer Zitadelle des militanten antihussitischen Katholizismus in eine Bastion des antikatholischen Luthertums. Dafür gab es viele Gründe. Erstens war die Stadt seit dem späten 15. Jahrhundert ein Zentrum humanistischen Denkens. Zweitens hatte sich eine stark antiklerikale Gesinnung herausgebildet. Barthel Stein bemerkte im Jahr 1512, dass auf 50 Einwohner ein Geistlicher komme. Presslaw unterhielt etwa 40 Kirchen und elf Klöster. Drittens profitierte das Luthertum zweifellos davon, dass es allgemein mit der »deutschen« Religion gleichgesetzt wurde. Schließlich hat vielleicht gerade auch der frühere antihussitische Fanatismus zu dieser Wandlung beigetragen.[22]

Der wichtigste Initiator der Reformation in Presslaw war Johannes Heß. Der frühere Sekretär des Bischofs Turzo hatte in Bologna und Wittenberg studiert, wo er mit Luther und vor allem mit Melanchthon in Berührung gekommen war. Am 2. August 1520 empfing er vom Bischof die priesterlichen Weihen und wurde als Prediger an den Dom berufen. Er selber bekannte sich Anfang 1522 öffentlich zu den Lehren Luthers, als er in seiner Heimatstadt Nürnberg predigte. Bald darauf erhielt er einen Brief von dem Wittenberger Reformator, in dem dieser erklärte: »Ich bin glücklich zu hören, dass Ihr ein Prediger des Evangeliums geworden seid.«[23] Wie Luther wollte auch Heß anfänglich nur die im Namen der Kirche entstandenen Fehlentwicklungen enthüllen und »mit Behutsamkeit und Verantwortung modernisieren, ohne dabei einen Bruch mit der Kirche zu provozieren«.[24] Aber der Riss zeichnete sich bereits ab. Seine Berufung zum Priester der vakanten Pfarrei St. Maria Magdalena im Juni 1523 war der entscheidende Schritt. Als er im darauf folgenden April aufgefordert wurde, sich in der Dorotheenkirche – bei der so genannten »Presslawer Disputation« – für seine Überzeugungen zu verantworten, vollzog er den Bruch, den zu vermeiden er getrachtet hatte. Im September dieses Jahres forderte der Stadtrat alle Prediger auf, dem Beispiel von Heß zu folgen. Zahlreiche lutherische Berufungen folgten. Ambrosius Moibanus wurde als Pfarrer an St. Elisabeth berufen und Andreas Winkler zum Rektor der einflussreichen St.-Elisabeth-Schule ernannt. Von diesem Zeitpunkt an sollte es bis 1707 keine katholischen Gemeinden mehr im Stadtzentrum geben.

In den folgenden Jahrzehnten profitierte Schlesien von der bereits erwähnten »Clementia Austriaca« – der Abneigung der Habsburger, religiöse Disziplin zu erzwingen. Dies ermöglichte den größtenteils friedlichen Ablauf der schlesischen Reformation. Mit Berufung auf Melanchthon wurde sogar für die friedliche Koexistenz von lutherischem und katholischem Glaubensbekenntnis geworben. Beide Glaubensrichtungen sollten bei den sonntäglichen Gottesdiensten abwechselnd von den Kirchen Gebrauch machen.²⁵ Die »Presslawer Disputation« begann mit einer Messe und endete mit einem *Te Deum*. Heß verband die evangelische Predigt mit katholischem Ritus. Er und seine Kollegen förderten eine »leidlich harmonische Mischung aus einem katholischen Bischof, lutherischem Bürgertum und einer eher calvinistischen, wenn nicht durch und durch unorthodoxen Intelligenz«.²⁶ Auch die örtlichen Katholiken vertraten eine gemäßigte Linie. Sie widersetzten sich lange der Einführung der Jesuiten. Und während sie die Loyalitätserklärung der Lutheraner gegenüber den Habsburgern begrüßten, konnten sie mit kaiserlicher Unterstützung ihre militanteren Glaubensgenossen zurückhalten.

Doch ausgerechnet in dieser toleranten Atmosphäre wurden 1528 Einzelheiten einer geheimen Allianz zur gewaltsamen Auslöschung des Luthertums bekannt. Als Unterzeichner wurden Ferdinand, Kaiser des Heiligen Römischen Reiches, die Kurfürsten von Mainz und Brandenburg, der Erzbischof von Salzburg, die Bischöfe von Bamberg und Würzburg sowie die Herzöge von Sachsen und Bayern aufgeführt.²⁷ Obwohl alle mutmaßlichen Beteiligten sich eilig distanzierten, brachte der Pakt das Reich an den Rand eines Krieges. Aber das Ganze war eine Fälschung, deren Urheber ein gewisser Otto von Pack war, ein Gehilfe Herzog Georgs von Sachsen, der die Geschichte erfunden hatte, um sich zu bereichern. Nach Jahren auf der Flucht wurde Pack schließlich in Brüssel festgenommen und hingerichtet.

Wie um seine Toleranz zu bekräftigen, wurde das protestantische Presslaw zur Heimat von Johannes Cochläus (1479–1552), Luthers führendem Widersacher und erstem katholischen Biografen. Cochläus, einer der scharfzüngigsten katholischen Theologen der Epoche und einst ein bekannter Humanist, war auf dem Reichstag von Augsburg zugegen gewesen und hatte sich in mehreren Disputationen mit Luther bewährt. Aus Sachsen vertrieben und vom Voranschreiten der Reformation zunehmend beunruhigt, fand er 1539 als Stiftsherr in Presslaw Zuflucht, von wo er seinen ganz persönlichen Kreuzzug durchführte. Zum letzten Mal trat er 1546 in Regensburg öffentlich in Erscheinung. Seine besonders gallige *Historia de actis et scriptis Luthericis* verfasste er 1549, bevor er sich nach Presslaw zurückzog. Es hieß, dass die Stille der Dominsel ihn nach einem Leben aus Kampf und Schmähungen sehr viel ruhiger gemacht habe.²⁸

Der Werdegang des katholischen Bischofs Martin Gerstmann (reg. 1581–85) spiegelt beispielhaft die paradoxe Koexistenz von Lutheranern und Katholiken wider. Der Bischof war der Sohn einer protestantischen Bürgerfamilie, der zum Katholizismus übergetreten war. Trotz der Dekrete des Trienter Konzils lehnte er es standhaft ab, seine protestantischen Nachbarn zu attackieren oder sich einzumischen, wenn protestantische Fürsten ihre katholischen Untertanen verfolgten. Ein eklatanter Fall derartiger Verfolgung ereignete sich in Brieg in der Nähe von Presslaw, und durch seine Untätigkeit zog der Bischof sich den Zorn der eigenen Bevölkerung zu.

Man darf in diesem Zusammenhang nicht verkennen, dass das Zusammenleben von Lutheranern und Katholiken in dieser Zeit ziemlich außergewöhnlich war. Der konfessionelle Ausgleich im Heiligen Römischen Reich, der 1555 im Augsburger Religionsfrieden erreicht wurde, begründete keineswegs eine universelle Gewissens- oder Glaubensfreiheit, sondern im Gegenteil das berühmte Prinzip: *cuius regio eius religio*. Danach hat jeder Staat oder jede Stadt das Recht, innerhalb der eigenen Grenzen konfessionelle Einheitlichkeit einzuführen. Die Regel war, dass katholische Herrscher ein Monopol für den Katholizismus und lutherische Herrscher ein Monopol für das Luthertum beanspruchten. Eine Stadt wie Presslaw, in der die lutherische Mehrheit die katholische Minderheit nicht vertrieb, muss als glückliche Abweichung von der Regel betrachtet werden. Allerdings wäre es eine Illusion zu glauben, dass Katholiken oder Lutheraner der Stadt von moderner religiöser Toleranz und ökumenischen Gedanken beherrscht gewesen wären. Vielmehr waren sie in der halsstarrigen Überzeugung vereint, dass außer den eigenen keine weiteren religiösen Bekenntnisse zugelassen werden dürften. Folglich duldete das Presslaw der frühen Neuzeit den Calvinismus ebenso wenig wie die radikale Sekte der Wiedertäufer, und natürlich duldete es den Judaismus nicht.

50 Jahre nach der Reformation war die halbherzige Toleranz der Habsburger zu einem Ende gekommen und wurde durch intensive Bemühungen um die Rekatholisierung ersetzt. In Schlesien wurde der Wandel zuerst in Oppeln, Ratibor und vor allem in Neisse, das als »schlesisches Rom« bekannt wurde, sichtbar. In Presslaw signalisierte die Einsetzung des Bischofs Andreas von Jerin (reg. 1585–96) eine Einschränkung der religiösen Zusammenarbeit. Auf der anderen Seite des Flusses, in der kleinen Holzkirche St. Michael auf dem ehemaligen Gelände der Abtei auf dem Elbing, wurde eine katholische Pfarrei gegründet. Klöster sollten reformiert, verheiratete Priester entlassen werden. Für die Dauer der Rekatholisierung wurden die Jesuiten ins Land geholt. Bald verbreitete sich die Ansicht, die Türken seien dem Protestantismus

gegenüber toleranter als die Habsburger. »Lieber türkisch als päpstisch«, lautete das Motto.²⁹ Die kurze habsburgische Eroberung Siebenbürgens und die folgende brutale Erzwingung des Katholizismus im Jahr 1604 schien diese weit verbreitete Meinung zu bestätigen.

In Presslaw kam es im Jahr 1608, als Erzherzog Karl von Habsburg zum Bischof ernannt wurde, zu protestantischen Protesten, die den neuen Bischof zwangen, auf seine weltlichen Befugnisse zu verzichten. Im selben Jahr griff ein lutherischer Mob am Tag nach Weihnachten das Dominikanerpriorat von St. Wojciech (Adalbert) an und zwang den Prior unter angeblich unsittlichen Rufen zum Verlassen des Klosters.

Die Spannungen konnten erst beigelegt werden, als Kaiser Rudolf am 9. Juli 1609 einen »Majestätsbrief« für Schlesien erließ. Darin erkannte er an, dass dem lutherischen Augsburger Bekenntnis der gleiche Rang zukommen solle wie dem Katholizismus. Nach 86 Jahren rechtlicher Unsicherheit hatten die Lutheraner Schlesiens endlich die offizielle Anerkennung erreicht.

Martin Luther schuf für die Protestanten ein Gesangbuch, das den Grundstein für einen Korpus von Kirchenliedern und Kantaten legen sollte, der in den erhabenen Werken Johann Sebastian Bachs gipfelte. Den Kern der Tradition bildeten einfache metrische Melodien von großer Kraft und Würde. Eine von ihnen wurde 60 Jahre vor Bachs Geburt zum ersten Mal aufgezeichnet und in Leipzig in einer Sammlung gedruckt, die den Titel trug: *As hymnodus sacer* (1625). Die Weise war langsam und gemessen, und sie hieß »Breslau«. Mitte des 19. Jahrhunderts wurde sie von Felix Mendelssohn-Bartholdy wieder belebt und überarbeitet.

Nachdem Schlesien bei der Verteidigung der Religionsfreiheit fest hinter den Böhmischen Ständen gestanden hatte, hätte die Provinz nach der Schlacht am Weißen Berge erwarten können, die volle Wucht der Gegenreformation zu spüren zu bekommen. Aber sie wurde nachsichtig behandelt. Am 28. Februar 1621 erhielt Schlesien im so genannten »Dresdner Akkord« eine Garantie religiöser Freiheit als Gegenleistung für eine Loyalitätsadresse an die Habsburger und eine Zahlung von 200 000 Gulden. Damit blieb den Schlesiern der an anderen Orten angewendete Zwang erspart. Presslaw wurde eine *cause célèbre*.

Die im »Dresdner Akkord« festgeschriebene religiöse Dualität Presslaws wurde im Prager Frieden von 1635 und noch einmal im Westfälischen Frieden von 1648 wiederholt, als sowohl Sachsen wie auch Schweden auf einer Bestätigung früherer Zugeständnisse bestanden. Dank dieser mächtigen Verbündeten konnte sich die Stadt gegen die Macht des katholischen Reiches erfolgreich verteidigen.

Der Westfälische Friede berücksichtigte auch den Bau der hölzernen protestantischen »Friedenskirchen«, die außerhalb der Mauern von Schweidnitz, Jauer und Glogau errichtet werden sollten. Doch er ging nicht so weit, religiöse Freiheit für alle zu verkünden. Somit verhinderte er nicht die Wiedereinführung des Katholizismus in jenen Gegenden, die nicht ausdrücklich geschützt waren. Sobald die Schweden sich zurückzogen, war Schlesien also erneut dem Vorstoß der Gegenreformation ausgesetzt. Von 1653 an wurden protestantische Geistliche systematisch ersetzt. Binnen eines Jahres hatten die Schließungen und Vertreibungen 650 Kirchen ereilt.[30] Bis 1660 war Oberschlesien vollständig von protestantischen Kirchen und Geistlichen gesäubert worden.[31] Insgesamt erlebten in der Provinz nur 200 von 1500 reformierten Kirchen das Ende des Jahrhunderts.[32]

Das wichtigste Instrument der katholischen Offensive stellte die »Societas Jesu« dar. Im Jahr 1534 von Ignatius von Loyola gegründet und 1540 vom Papst bestätigt, legten die Mitglieder des Jesuitenordens Wert auf Erziehung und Missionsarbeit und förderten eine militante Frömmigkeit. In Schlesien errichteten sie überall auf dem Lande Mariensäulen, während sie in den Städten Schulen und Kollegien gründeten. Die Presslawer Jesuitenmission ist von besonderem Interesse, weil die Missionare nach eigener Überzeugung »in einem Meer des Protestantismus« auf Seelenfang gingen. Die Mission agierte in zwei getrennten Perioden – von 1581 bis 1595 und von 1638 bis 1776. Vor 1659 fehlte ihr die institutionelle Basis. Sie beschränkte ihre Tätigkeit auf den Katechismus, private Unterweisung und auf Predigten, zu denen sie in den Dom, in die beiden verbliebenen katholischen Konvente St. Klara und St. Katharina und in die Kirchen St. Vinzenz und St. Matthias einlud. Die Patres waren sowohl theologisch als auch sprachlich gut vorbereitet. Viele von ihnen waren an den Jesuitenkollegien in Dillingen und Ingolstadt in Bayern geschult worden, die regelmäßig polnische Schüler von hoher Geburt anlockten und gut ausgebildete, zweisprachige Absolventen entließen. Ihren eigenen Aufzeichnungen zufolge waren sie stolz auf Siege, die sie in »Kanzelduellen« über örtliche Pastöre errungen hatten. Im Jahr 1591 beispielsweise habe ein lutherischer Pastor damit geprahlt, dass er »den Katholiken das Fegefeuer genommen« habe. Am nächsten Sonntag habe ein Jesuitenprediger einen derart brillanten Vortrag zum Thema Fegefeuer gehalten, »dass der Pastor seine Fegefeuerpredigten einstellte«.[33]

Nach kurzer Abwesenheit kamen die Jesuiten 1638 nach Presslaw zurück. Der Bischof schmuggelte Johannes Wazin und Heinrich Pfeilschmid, die falsche Perücken trugen, in die Stadt. Das Hauptziel der Jesuiten war nun die Rekatholisierung der protestantischen Kirchen St. Maria Magdalena und St. Dorothea. Allmählich verstärkten sie ihre Präsenz, besonders nach Erteilung kaiserlicher Zustimmung im Rezess von Linz 1645. Im Jahr 1659 wurde der »Societas Jesu« die Kapelle der alten kaiserlichen Burg zur Nutzung überlassen. Sonntägliche Predigten fanden um 9 Uhr morgens in Deutsch, um 13 Uhr in Polnisch und nachmittags, für Studenten, in Latein statt. Etwa 400 Predigten wurden im Durchschnitt jedes Jahr gehalten. Schließlich öffnete in der Schuhbrücke im Jahr 1698 die Jesuskirche ihre Pforten, und im Jahr 1702 folgte das Jesuitenkolleg, aus dem die Universität hervorgehen sollte (vgl. Kapitel 5). In all diesen Jahren waren die Jesuiten Presslaws auch publizistisch tätig. Eine ihrer frühesten Veröffentlichungen war ein 24-seitiger Canisius-Katechismus* im Taschenformat. Zu den späteren Publikationen gehörte der dem Kaiser gewidmete *Leopoldus Auster Austriae Salutaris* (1674) und im Jahr 1740 ein Band zum 100. Jahrestag der Marianischen Kongregation, der in einer Auflage von 4000 Exemplaren gedruckt wurde.[34]

In protestantischen Gebieten veranstalteten die Jesuiten Prozessionen unter dem Leitspruch:

Dieses Jahr heißt es zusehn,
Nächstes Jahr stillestehn,
Über zwei Jahr mittegehn.[35]

Im Jahr 1662 fand in Presslaw zum ersten Mal seit 140 Jahren wieder eine Fronleichnamsprozession statt. Angeführt wurde sie von dem bekannten schlesischen Spiritualisten und katholischen Konvertiten Johannes Scheffler (1624–77), besser bekannt als »Angelus Silesius«. Scheffler, Sohn eines polnischen lutherischen Adligen, war im Jahr 1653 zum Katholizismus übergetreten und trat in das Kloster der Kreuzherren vom Roten Stern ein. Als er über seine Motive schrieb, gestand er:

»Ich will das Creutz tragen durch die Stadt mit einer Cron auf dem Haupte, damit ich Christo gleichförmig werde, der das Creutz durch die Stadt getragen, mit der dörnenen Cron auf seinem allerheiligsten Haupt... Damit ich verdiene die Bekehrung der Stadt (Presslaw) und aller derer, so mich werden auslachen.«[36]

---

* Petrus Canisius (gest. 21.12.1597), Konzilstheologe, Theologieprofessor, erster deutscher Jesuit und Verfasser eines Katechismus. Inbegriff der katholischen Reform des 16. Jahrhunderts (A. d. Ü).

Die Rekatholisierung, auf die Scheffler hoffte, war jedoch noch ein gutes Stück entfernt.

Die aktivste Phase der Gegenreformation begann im Jahr 1664 mit der Berufung Sebastian von Rostocks als Bischof von Presslaw. Durch die erstmals seit 1608 erfolgende Kombination des Bischofsamtes mit dem politischen Amt des Oberlandeshauptmanns brachte er neues Leben in die Religionspolitik Schlesiens und stärkte die katholische Sache beträchtlich.[37] Angefangen mit den Kapuzinern im Jahr 1669 und endend mit den Barmherzigen Brüdern im Jahr 1711, wurden im späten 17. und frühen 18. Jahrhundert alle großen katholischen Orden in Presslaw angesiedelt.

Doch angesichts eines drohenden Zweifrontenkrieges und aus Furcht vor einer schwedischen Intervention stimmte Kaiser Joseph I. am 1. September 1707 dem zweiten Vertrag von Altranstädt zu. Darin versprach er, die Religionsfreiheit in Schlesien zu respektieren und jene protestantischen Kirchen zurückzugeben, die seit 1648 rekatholisiert worden waren:

> »Von Seiten Ihro Käyserl. Majest. wird versprochen
> (...)
> Die Kirchen und Schulen in den Fürstenthümern / Liegnitz / Brieg / Münsterberg und Oelße / wie auch in der Stadt [Presslaw] / und den übrigen Städten / Vorstädten und Dörffern / welche nach dem Westphälischen Frieden weggenommen worden / sie mögen entweder schon denen Catholischen eingeräumet / oder nur gesperret seyn / sollen in den Stand / wie sie zu Zeit ietztgedachten Friedens=Schlusses gewesen / wieder gesetzet / und denen Augspurgischen Confessions=Verwandten mit allen darzu gehörigen Rechten / Freyheiten / Einkünfften / liegenden Gründen und anderen Güttern / binnen 6. Monathen auffs längste / oder noch ehender / wieder eingeräumet werden.«[38]

Der Vertrag verhinderte Zwangsbekehrungen und Vertreibungen, stellte über 100 protestantische Kirchen wieder her und berücksichtigte die Errichtung von sechs »Gnadenkirchen«. Doch er wurde nicht immer vollständig eingehalten. Unter Karl VI. wurden alte Pläne für eine erzwungene religiöse Einheit entstaubt, und es kam erneut zu Beschränkungen des protestantischen Gottesdienstes.

In den nachfolgenden Jahrzehnten stabilisierte sich das religiöse Klima, und der interkonfessionelle Konflikt schwächte sich zu einem Zustand widerwilliger gegenseitiger Akzeptanz ab. Dennoch ist unschwer einzusehen, dass die große Mehrheit der schlesischen Protestanten die preußische Invasion des Jahres 1740 als Befreiung empfand.

*

Im 16. Jahrhundert erwarb sich Presslaw einen Ruf als kulturelles Zentrum. Dank der Bemühungen Bischof Turzos und anderer erfreute die Stadt sich einer starken humanistischen Tradition, und Persönlichkeiten wie Johann Crato von Krafftheim und Laurentius Scholz führten dazu, dass sie mancherorts als »der Wohnsitz der Humanität«[39] beschrieben wurde. Im Jahr 1557 sah Philip Melanchthon sich zu überschwänglichem Lob veranlasst:

> »Die größte Zierde der Stadt [Presslaw] sind die Gelehrsamkeit und die Bildung ihrer Bürger, die Sorgsamkeit und die Gerechtigkeit im Regiment der Stadt, die Sorgfalt und Humanität in der Regelung der Sitten.«[40]

Wie Melanchthon andeutete, waren Erziehung und Unterricht von zentraler Bedeutung. Presslaw verfügte über eine Generation von Lehrern, die voller Begeisterung die neuen Ideen des Humanismus verbreitete. Zu ihnen zählten Laurentius Corvinus, der Rektor der Elisabethschule, und Ambrosius Moibanus vom Magdaleneum, wo zuerst Griechisch und Latein unterrichtet wurden.[41] Eine führende Rolle nahm die Elisabethschule ein, die vor allem dank der Rektoren Andreas Winkler und Petrus Vincentius, eines Studenten Luthers in Wittenberg, schnell den Protestantismus übernommen hatte. Sie erhielt auch als Erste im Jahr 1562 den Status eines Gymnasiums. Die Domschule hingegen, an der Barthel Stein lehrte, blieb unerschütterlich katholisch.

Thomas Rehdiger (1540–76), der sowohl in Wittenberg als auch in Padua studiert hatte[42], führte ein rastloses Leben, indem er zwischen Norditalien und den Niederlanden hin- und herpendelte. Doch als er vorzeitig starb, vermachte er Presslaw seine Münz- und Büchersammlung. Nach seinem letzten Willen sollte seine Familie die wertvolle Bibliothek unter der Bedingung erhalten, dass sie der Öffentlichkeit zugänglich gemacht werde. Sie enthielt 300 Dokumente und 6000 Bücher. Ihr Transport von Köln nach Presslaw beanspruchte fünf Jahre. Die formelle Gründung als öffentliche Einrichtung wurde durch behördliche Streitigkeiten wiederholt verzögert. Schließlich öffnete sie im Jahr 1661 ihre Pforten für das Publikum – 85 Jahre nach Rehdigers Tod. Trotz der langen Verzögerung hatte Presslaw nun eine hervorragende Bibliothek. Einer ihrer größten Schätze war ein Originalexemplar der zweiten Auflage im Quartformat von Shakespeares *Hamlet*.

THE
Tragicall Historie of
HAMLET
Prince of Denmarke
By William Shakespeare
Newly imprinted and enlarged to almost as much
againe as it was, according to the true and perfect Coppie
AT LONDON
Printed for I (James) R(oberts) for N(icholas) L(ing),
And are to be sold at his shoppe under Saint Dunstan's Church in
Fleetstreet 1605[43]

Dieser Druck von 1605, der irgendwie seinen Weg nach Presslaw gefunden hatte, war am Ende des 20. Jahrhunderts ein Vermögen wert. Nicht einmal die Bodleian Library in Oxford konnte sich rühmen, ein Exemplar dieser Ausgabe zu besitzen.

Die gebildete Elite Presslaws hatte Zugang zu mehreren Universitäten. Zwar war der Stadt bisher eine eigene höhere Bildungsstätte verweigert worden, doch an den Universitäten von Krakau (gegründet im Jahr 1400) und Frankfurt an der Oder (gegründet im Jahr 1498) war sie besonders gut vertreten. Von 1526 bis 1530 besaß Liegnitz kurzzeitig eine eigene protestantische Universität, die erste in Europa, aber sie schloss aufgrund religiöser und finanzieller Differenzen nach nur vier Jahren.[44] Obwohl Presslaw nun eine protestantische Stadt geworden war, bildete nach wie vor die Jagiellonische Universität in Krakau die Mehrzahl der Schulmeister des 16. Jahrhunderts aus.[45]

Der humanistische Kreis, der sich in Presslaw um Crato von Krafftheim (1519–85) scharte, übte weit reichenden Einfluss auf den Habsburger Hof aus. Dass er im Ruf calvinistischer Neigungen stand, war nicht mehr als ein Gerücht. Seine Stärke lag in der Offenheit gegenüber kühnen Ideen und Experimenten aller Art. Ihm gehörten die Dichter Jakob Monavius und Andreas Calagius, der Astronom Andreas Dudith, der Philanthrop Thomas Rehdiger (siehe oben) und der Botaniker Carolus (Karl) Clusius, offizieller Pflanzensammler Maximilians II., an. Der Hofgeschichtsschreiber Maximilians II. und Rudolfs II., Johannes Sambucus, und Rudolfs Ratgeber Johann Wacker von Wackenfels (1550-1619) spielten ebenfalls eine bedeutende Rolle. Die versammelte Konzentration von Talent und Gelehrsamkeit war beeindruckend. Der holländische Philosoph Justus Lipsius beschrieb denn auch seine drei Freunde Crato, Monavius und Dudith als *tres stella in una iam urbe* (»drei Sterne in dieser einen Stadt«).[46] Aber trotzdem beruhte der Ruhm der Gruppe in erster Linie auf ihren Ärzten. Drei Vratislavier dienten den Habsburgern fast 50 Jahre lang als Hofärzte. Crato von Krafftheim studierte bei Luther in Wittenberg und vollendete in Padua eine Doktorarbeit, bevor er 1550 nach Presslaw zurückkehrte, um an einer Untersuchung über die Übertragung der Pest zu arbeiten. Seine Studie *Ordnung oder Präservation zur Zeit der Pest* (1555) war ein Meilenstein der medizinischen Wissenschaft. Ab 1560 wurde er nacheinander zum Leibarzt Ferdinands, Maximilians und Rudolfs ernannt, eine Stellung, die er bis zum Ruhestand und der Rückkehr nach Presslaw im Jahr 1580 beibehielt. Ihm folgte ein weiterer Vratislavier, Peter Monavius, der Bruder des Dichters, der die Position acht Jahre lang innehatte. Der Letzte der drei war Johann Jessenius von Jessen (1566-1621), der im Jahr 1600 an den kaiserlichen Hof in Prag berufen wurde, um den Astronomen Tycho Brahe zu behandeln. Er amtierte von 1602 bis zu Rudolfs Tod 1612 als Leibarzt.

Natürlich hatte die medizinische Wissenschaft im 16. Jahrhundert einen sehr weiten Aufgabenbereich. Ganz im Sinn von Paracelsus ging es ihr um den »ganzen Menschen«, ohne dass sie mit genauen Kenntnissen körperlicher Mechanismen hätte aufwarten können. Alle Ärzte des Presslawer Kreises glaubten, dass Astrologie und Alchemie für ihren Beruf ebenso wichtig seien wie Naturheilkunde und Anatomie.

Trotz vieler neuen Ideen trugen die Renaissance und der Aufstieg des Humanismus wenig zur Eindämmung des in der mittelalterlichen Welt weit verbreiteten Aberglaubens bei. Europäer des 16. Jahrhunderts glaubten wirklich häufig an Magie, Hexerei und übernatürliche Phänomene. Ein typischer Fall war »der Junge mit dem Goldzahn«. Im Jahr 1593 stellte man bei einem siebenjährigen Jungen aus Weigelsdorf in der Nähe von Reichenbach, einem gewissen Christoph Müller, fest, dass er im linken Unterkiefer einen Backenzahn hatte, der anscheinend aus Gold bestand.[47] Der Junge wurde wiederholt untersucht, zuerst von den Ärzten des Bischofs Jerin, von Laurentius Scholz, dann von einem Gastprofessor der Medizin, der ihm etwas zu essen gab, um zu sehen, ob der Zahn seinen Dienst verrichtete. Schon bald war der Junge zu einer reisenden Kuriosität geworden, über die nicht nur in Schlesien, sondern auch in weit entfernten Städten wie Prag, Frankfurt und London berichtet wurde. Im Jahr 1595 publizierte Jakob Horst von Helmstedt die seltsame Geschichte.[48] Bekannte Ärzte, Hochschullehrer und Alchemisten debattierten anschließend darüber, wobei der Goldzahn verschiedentlich als Falschmeldung oder gar als Teufelswerk bezeichnet wurde. Die Nachricht von dem Phänomen verbreitete sich rasch in ganz Mitteleuropa, bis 1599 der Alchemist Andreas Libavius die Pigmentierung für natürlich erklärte. Danach ebbte die Kontroverse ab. Historiker der Zahnmedizin haben darüber spekuliert, ob sie es hier mit dem frühzeitigen Beispiel einer Goldkrone zu tun haben. Der interessanteste Aspekt der Episode liegt indes zweifellos im Zusammentreffen neuer empirisch-wissenschaftlicher Untersuchungen und alter abergläubischer Vorstellungen. Müller hatte trotz allem Glück, dass er nicht als Hexer verbrannt wurde.

Der Dreißigjährige Krieg nach 1618 unterbrach für lange Zeit den kulturellen Austausch des Reiches. Schlesien brachte in dieser Zeit eine derart beeindruckende Menge an Dichtern hervor, dass man in der deutschen Literaturgeschichte von dieser Epoche auch als dem »schlesischen Jahrhundert« spricht. Ihr führender Repräsentant war Martin Opitz (1597–1639). Obwohl in Bunzlau geboren, besuchte Opitz das Magdalenen-Gymnasium in Presslaw und kehrte nach zahlreichen Reisen 1623 als Geheimer Rat im Herzogtum Liegnitz nach Schlesien zurück. 1624 veröffentlichte er das *Buch von der deutschen Poeterei*, das zum grundlegenden Lehrbuch der deutschen Dichtkunst dieser Epoche wurde. Ein Jahr später wurde er von Ferdinand II. zum *poeta laureatus* ernannt. Obwohl Protestant, setzte er seine berufliche Laufbahn als Sekretär des für seinen Fanatismus berüchtigten katholischen Präsidenten der königlichen Kammer, Karl Hannibal Graf von Dohna, fort, der in Presslaw wirkte. Später sicherte er sich die Stellung eines königlich polnischen Hofhistoriografen und persönlichen Sekretärs König Wladysławs IV. Vasa in Warschau. Opitz starb am 20. August 1639 in Danzig an der Pest. Seine wunderbare Ode an die Unschuld *Ein rein Glas* (1632) ist bezeichnend für seinen Stil:

> Freylich, freylich ist ein Glas
> Edle Jungfraw alles das,
> Was in ewrer besten Zier
> Als die Sonne leuchtet für
> Schaut wie schön die Sternen all
> Leuchten auß des Himmels Saal
> Wie der Mond sein bleiches Haar

Kapitel 4: Presslaw (1526–1741)

Außgebreitet gantz vnd gar
Wie die große weite Welt
Schläfrig in die Bethe fellt
Wie die Wasser stehen still
Wie sich nichts bewegen will
Eh der Vögel Lobgesang
Wiederthönt mit hellem Klang
Eh der liechte Venus Stern
Sich läst sehen weit vnd fern
Eh die schöne Morgenröth
Auß dem süssen Schlaf vrsteht
Vnd entdecket jhren Schein
Wirdt das Glas zerbrochen sein.[49]

Literaturwissenschaftler sehen in Opitz den Begründer der »Ersten Schlesischen Dichterschule«, die seinen Stil nachahmte. Unter seinen Anhängern waren die katholischen Vratislavier Angelus Silesius (1624–77) und Andreas Scultetus (1623–47), der Epigrammatiker Friedrich von Logau (1604–55) und allen voran Andreas Gryphius (1616–64).

Gryphius wurde in Glogau geboren und ist als Kind Waise geworden. Er unternahm als Schüler und Lehrer weite Reisen, bis die Großzügigkeit eines Gönners ihm den Besuch der Universität von Leiden ermöglichte. Im Jahr 1647 kehrte er nach Schlesien zurück und wurde bald darauf in seiner Heimatstadt zum Syndikus der Landstände des Fürstentums Glogau ernannt. Obwohl er bis zu seinem Tod in Glogau blieb, machte er sich einen Namen als Dichter und Dramatiker. Voller Melancholie und inbrünstiger Frömmigkeit reflektiert sein Werk die Tiefen, zu denen Deutschland durch die Verheerungen des Dreißigjährigen Krieges herabgesunken war. Das Gedicht *Vanitas* (»leerer Schein«) ist typisch für sein Schaffen:

Die Herrlichkeit der Erden
Muß Rauch und Asche werden,
Nicht Fels, nicht Erz bestehn.
Das, was uns kann ergötzen,
Was wir für ewig schätzen,
Wird als ein leichter Traum vergehn.[50]

Der Dramatiker Gryphius beschäftigte sich mit den Themen Stoizismus und Märtyrertum. Sein bekanntestes Drama, das Trauerspiel *Carolus Stuardus,* porträtierte den kurz zuvor hingerichteten König Karl I. von

England als frommen Christen, der für die Märtyrerkrone dem irdischen Leben entsagt. Es enthielt auch den denkwürdigen Auftritt eines Chors der ermordeten Könige Englands:

> Erscheine Recht der großen Himmel!
> Erschein' und sitze zu Gericht,
> Und hör ein seufftzend Wehgetümmel,
> Doch mit verstopfften Ohren nicht.
>
> Willst du die Ohren ferner schließen
> Siehst du nicht wie man Throne bricht;
> So laß doch dieses Blutvergissen,
> Gerechter ungerochen nicht.[51]

Gryphius' Vielseitigkeit beschränkte sich jedoch nicht auf die Literatur. Im Jahr 1658 wurde er aufgefordert, eine Autopsie an drei ägyptischen Mumien vorzunehmen, die einst zu der Sammlung des Humanisten Laurentius Scholz gehört hatten und ihren Weg zu einem Presslawer Apotheker gefunden hatten.[52] Angeblich hatte Gryphius in Leiden Anatomie studiert. Seinen Befund dokumentierte er in *Mumiae Wratislaviensis* (1662).

Die »Zweite Schlesische Dichterschule« rekrutierte eine nachfolgende Generation von Vratislaviern, darunter Christian Hofmann von Hofmannswaldau (1617–79), Johann Christian Hallmann (1640–1704) und Daniel Casper von Lohenstein (1635–83). Wie Gryphius amtierte auch Lohenstein als Syndikus, diesmal in Presslaw, und schrieb in seiner Freizeit Dramen. Obwohl er nur sechs Stücke, sämtlich zu historischen Themen, hervorbrachte, wurde er als bester deutscher Dramatiker vor Schiller bezeichnet.[53]

Christian Hofmann von Hofmannswaldau war ein Zögling der St.-Elisabeth-Schule in Presslaw und hatte in Danzig studiert, wo er Opitz begegnet war. Nach ausgedehnten Reisen kehrte er 1646 nach Hause zurück und wurde Präsident des Ratsherrenkollegiums. Seine Dichtung, die der Erotik und stilistischen Extravaganz des Barock freien Lauf lässt, erntete später wegen ihrer schwülstigen Sprache das Attribut »niedrigstes Niveau, auf das die deutsche Lyrik jemals herabgesunken ist«.[54] Seine Zeitgenossen hätten bestimmt widersprochen, und auf seiner Beerdigung begann Lohenstein seine Grabrede mit den Worten: »Der große Pan ist tot...«

Das Werk des Philologen Valens Acidalius (1567–95) erregte ähnliche Kontroversen. Nach einer Ausbildung in Padua und Bologna fand Acidalius in Johann Wacker von Wackenfels aus Presslaw, dem Ratgeber Ru-

Schlesiens zeitlose Landschaft

Jenseits der Stadt: *Schlesische Landschaft* (1841) von Carl Friedrich Lessing.

Jenseits der Ebene: *See im Riesengebirge* (1839) von Ludwig Richter.

Fürst Wratislaw I. von Böhmen (reg. um 930).

Bolesław I. Chrobry (reg. 922–1025), König von Polen.

Henryk (Heinrich) VI. (reg. 1311–35), letzter Piasten-Herzog von Wrotizla.

Der heilige Czesław (um 1200–42), wundertätiger Dominikaner.

Karl IV. von Luxemburg (reg. 1346–78), König von Böhmen, Kaiser des Heiligen Römischen Reiches.

Jiří z Poděbrad (Georg von Podiebrad; reg. 1458–71), König von Böhmen.

Mátyás (Matthias) I. Corvinus (reg. 1458–90), König von Ungarn, Eroberer Böhmens.

Ludwig II. Jagiello (reg. 1516–26), König von Böhmen und Ungarn.

Zeitalter der Heiligen

Hochzeit der heiligen Jadwiga (Hedwig) um 1186.

Der Mongoleneinfall: Schlacht von Liegnitz (Legnica), 9. April 1241.

Troubadoure und Ritter

Herzog Henryk (Heinrich) IV. von
»Pressela« als Minnesänger.

Tod des blinden Johann von Luxemburg: Crécy, 26. August 1346.

Durch Schwert und Wort

Böhmische Hussiten gegen kaiserliche Kreuzfahrer (um 1430).

St. Johannes von Capistrano: Scheiterhaufen der Eitelkeiten (1453).

Intra et extra mures

Vinzenzkloster auf dem Elbing, 1529 zerstört.

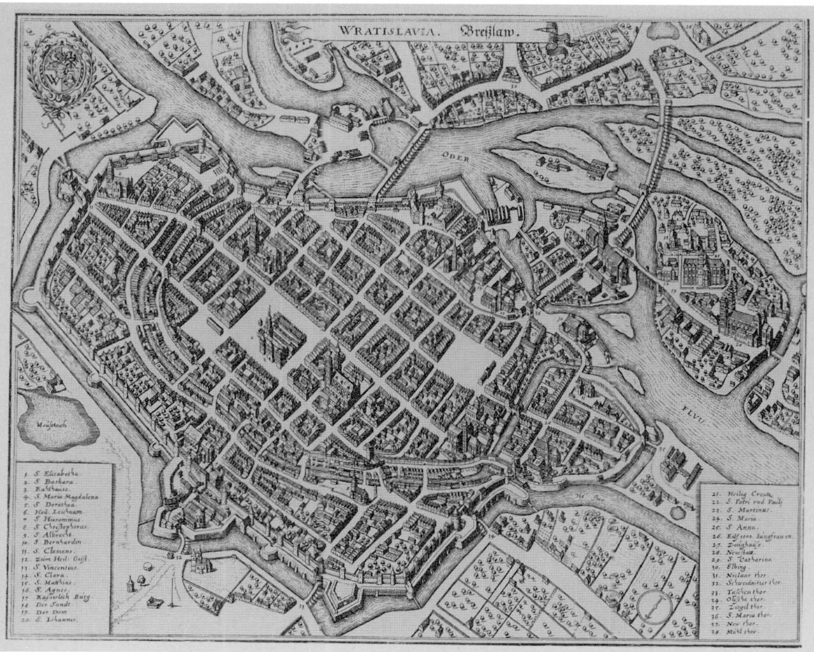

Stadtplan von Matthäus Merian, 1650.

Johannes Cochlaeus (1479–1552), Theologe.

Johannes Hess (1490–1547), Reformator.

Crato von Crafftheim (1519–85), Humanist.

Rudolf II. von Habsburg (1576–1612) Kaiser.

Elisabeth Stuart (1596–1662), die »Winterkönigin«.

Lennart Torstenson (1603–51), schwedischer General.

Andreas Gryphius (1616–64), Dramatiker.

Angelus Silesius (1624–77), Dichter.

STRASSENSZENE UND STADTPANORAMA

Der »Naschmarkt«: Nordseite des Rings (18. Jh.).

Sebastian Münsters *Cosmographica* (um 1550).

Auszüge und Einzüge

Prager Fenstersturz, 1618, von Wenzel von Brozik.

Einzug des Kaisers Matthias
in Presslau (um 1612).

Christian Wolff (1679–1754), Philosoph.

Maria Leszczyńska (1703–68), Königin von Frankreich.

Friedrich II. der Große (reg. 1740–86), König von Preußen.

Philipp Gotthard Graf von Schaffgotsch (1716–95), Bischof von Bresslau.

Carl von Clausewitz (1780–1831),
Kriegstheoretiker.

August Borsig (1804–54),
Industrieller.

Heinrich Graetz (1817–91),
Historiker des jüdischen Volkes.

Ferdinand Lassalle (1825–64),
Vorkämpfer des Sozialismus.

Verlorene Aussichten

Nikolaitor und Nikolaibrücke, 1820 abgerissen.

Ohle-Elendsviertel, 1866 saniert.

Erhaltene Stätten

Jesuitenkolleg (1738 fertiggestellt), heute Universität.

Jüdisches Viertel am Karlsplatz (um 1700).

SCHLESISCHE KRIEGE

Preußischer Angriff: Schlacht von Leuthen (Lutynia), Dezember 1757.

Österreichische Niederlage: Belagerung Bresslaus, Dezember 1757.

Kapitel 4: Presslaw (1526–1741)

dolfs II., einen Gönner und wurde Rektor des Preslawer Gymnasiums. Im Laufe seines kurzen Lebens erwarb er sich einen beachtlichen Ruf als Philologe und Poet in lateinischer Sprache. Allerdings kam er im Jahr 1595 zu trauriger Berühmtheit, als man ihn als Herausgeber der *Disputatio nova contra mulieres, qua probatur eas homines non esse* (»Eine neue Disputation gegen Frauen, die beweist, dass sie keine Menschen sind«) entlarvte. Zu seiner Verteidigung beteuerte er, er habe die scherzhafte Disputation für harmlos gehalten. Die tatsächliche Autorschaft des Traktats, die Acidalius hartnäckig leugnete, wurde nie ermittelt.

Auch die Malerei erlebte eine Blütezeit. Die Restaurierung vieler Klöster und Kirchen nach der Rekatholisierung Schlesiens führte zu einem gewaltigen Bedarf an Malern von Wandgemälden und Fresken. Der bedeutendste war Michael Willmann (1630–1706). Geboren in Königsberg, hatte Willmann sein Handwerk in den Niederlanden erlernt und in Berlin und Prag gearbeitet. Nach einem kurzen Aufenthalt in Presslaw im Jahr 1650 wurde er beauftragt, die Abtei von Leubus zu restaurieren. Die nächsten 40 Jahre widmete er den Abteien von Leubus und Grüssau, die von den Schweden im Dreißigjährigen Krieg zerstört worden waren. Seine berühmtesten Werke sind die noch erhaltenen Fresken in der Kirche St. Joseph in Grüssau. Gemälde von ihm zierten den Dom St. Johannis in Presslaw und die Kirchen St. Elisabeth, St. Anna und St. Ursula. Sein *Urteil Salomos* (1664) hängt bis auf den heutigen Tag im Rathaus von Wrocław. Willmann verdiente sich den Ruf, »der berühmteste Barockmaler Schlesiens« zu sein [55]

Wie der Werdegang Willmanns zeigt, wurde ein gut Teil der zeitgenössischen Kunst von der Gegenreformation hervorgebracht. Dies gilt besonders für die Bildhauerei. Die Schaffung von Mariensäulen in Schlesien beschäftigte viele namenlose Bildhauer und Steinmetze. Der Schöpfer der Mariensäule auf dem Vorplatz des Doms beispielsweise ist unbekannt. Albrecht Siegwitz (1700–66), Johann Georg Urbanski (Blütezeit um 1725) und Franz Joseph Mangoldt (Blütezeit um 1731) schufen einen Großteil der barocken Plastik Presslaws. Von den zwei erhaltenen Nepomuksäulen stammt die vor der Matthias-Gymnasialkirche von Urbanski, während die andere vor der Kreuzkirche von Siegwitz nach einem Entwurf von Tausch ausgeführt wurde. Von Siegwitz weiß man, dass er die Figuren der V*ier Kardinaltugenden*, die das Hauptportal der Universität zieren, schuf. Mangoldt werden die Skulpturen zugeschrieben, die im Innern der Aula Leopoldina (1731/32) der Universität zu schweben scheinen.

Die Naturwissenschaften wandten sich in dieser Zeit vermehrt der Vernunft und dem Betreiben empirischer Forschung zu. Ein meisterhafter

Vertreter dieser neuen Wissenschaft in Schlesien war Philipp Jakob Sachs von Löwenheim (1627–72). Ausgebildet in Leipzig, Paris und Padua, hatte er sich bereits einen Namen gemacht, als er kurz vor seinem Tod in seine Heimatstadt Presslaw zurückkehrte, um dort die Stellung des Stadtarztes zu übernehmen. Er war Mitglied der 1652 in Schweinfurt gegründeten Deutschen Akademie und Begründer der wissenschaftlichen Zeitschrift mit dem umständlichen Titel *Miscellanea Curiosa Medico-Physica oder Ephemerides Academiae Naturae Curiosum*, die in Presslaw erschien.[56] Es hieß, dass die Presslawer Gruppe der Akademie, die allein 35 Mitglieder hatte, unter seinem Einfluss zur einflussreichsten Sektion wurde.

Caspar Neumann (1648–1715) gehörte dieser Gruppe an. Geboren in Presslaw und ausgebildet in Jena, war er als Prediger und Hauslehrer tätig gewesen, bevor er 1678 zum Diakon der Pfarrei St. Maria Magdalena ernannt wurde. Doch er war nicht nur protestantischer Geistlicher, sondern auch ein bedeutender Wissenschaftler. Er korrespondierte mit Leibniz und führte detaillierte Statistiken über die Bevölkerung der Stadt. Bald wurde er in Kontakt mit der »Royal Society« in London gebracht, die seine Daten in einer Untersuchung zur Lebenserwartung benutzen wollte. Seine Statistiken erschienen 1693 in einer von dem Astronomen Edmond Halley verfassten Studie mit dem Titel *An estimate of the Degrees of Mortality of Mankind, drawn from curious Tables of the Births and Funerals at the city of Breslau*. Neumann wurde darin zur »Genauigkeit und Ernsthaftigkeit« seiner Arbeit beglückwünscht. Seine Daten stellten einen der ersten Versuche dar, Sterblichkeit in Zusammenhang mit präzisen Altersberechnungen zu bringen. Man kann ihn ohne Übertreibung als den Vater der Demografie bezeichnen.

Im 16. Jahrhundert gab es noch keine öffentlichen Theater. Dennoch gelangten verschiedene Formen des Dramas zur Aufführung. Seit langem gab es die Tradition der Passionsspiele, und das Humanistendrama wurde auf Bühnen der neu gegründeten Gymnasien gespielt. Insbesondere auch die Jesuiten sollten ihre Schüler dazu anregen, Stücke zu schreiben und sie in der Schule zu inszenieren. Die Aufführung eines »Singspiels« von Gryphius, als der Sohn des Kaisers im Jahr 1653 gekrönt wird, wird als das erste dramatische Ereignis in Presslaw außerhalb schulischer Räumlichkeiten angeführt. Der erste Theaterbau, das Ballhaus, öffnete 1677 auf dem Elbing unter der Schirmherrschaft von Graf Herberstein seine Pforten. Er wurde bald durch ein anderes, zweckmäßigeres Gebäude in der Albrechtstraße ersetzt, das 1703 nach einem Brand wieder aufgebaut wurde. Dieses Theater wurde von Wanderbühnen bespielt, die ungefähr seit 1650 durch die wichtigsten Städte

Deutschlands zogen. Ein aus dem Jahr 1692 erhaltenes Programm präsentiert die Schauspieltruppe von Johann Veltheim, die eine Reihe von Stücken anbietet, darunter Shakespeares *König Lear* und eine musikalische Persiflage mit dem Titel *Die getreue Olympia*. Das Theater bot Vorstellungen jeder Art, von Tragödien bis hin zu Akrobatik. In mageren Zeiten, wenn die Engagements ausblieben, wurde es als Lagerhaus für Salz benutzt. Im Jahr 1727 ging es in den Besitz des Stadtrates über.[57]

Das Musikleben hatte seine Ursprünge in den Kirchen, in denen während der gesamten habsburgischen Zeit Chöre, Orgel- und Instrumentalmusik einen festen Platz hatten. Vor allem die Protestanten besaßen eine sehr starke musikalische Tradition, doch zeigte sich auch die Gegenreformation in dieser Hinsicht unübertroffen. Presslaws italienische Oper wurde hingegen erst im Jahr 1725 auf Initiative des kaiserlichen Statthalters in Böhmen, Franz Anton Graf von Sporck, gegründet, dessen Residenz in Karlsbad im ganzen Reich berühmt für seine Oper war.[58]

»Freizeit« gehörte nicht zum städtischen Leben. Aber mit wachsendem Wohlstand kam auch das Bedürfnis nach volkstümlicher Unterhaltung auf. In Presslaw sorgten Wettkämpfe im Bogenschießen und bis in die frühe Neuzeit auch ritterliche Turniere für populäre Formen von Unterhaltung.

Zudem hatte die Stadt eine Vorliebe für Paraden. Diese resultierte teilweise aus der Rivalität zwischen städtischer und kirchlicher Obrigkeit und teilweise auch aus der Konkurrenz zwischen Protestanten und Katholiken. Die Stadt fühlte sich regelmäßig bemüßigt, für jeden staatlichen Anlass eine Parade zu veranstalten, gleich ob es sich um die Krönung eines Kaisers, den Amtsantritt eines hohen Beamten oder den Besuch einer ausländischen Berühmtheit handelte. Jede Zunft inszenierte darüber hinaus alljährliche Paraden für ihre Mitglieder. Kirchliche Prozessionen fanden das ganze Jahr über statt. Die Lutheraner veranstalteten sie an den wichtigsten kirchlichen Feiertagen, während die Katholiken zusätzlich noch die Heiligenfeste bemühten. Kunstvolle Kostüme, ernste Musik und farbenprächtige Requisiten verstärkten die Wirkung. Die der Fastenzeit vorausgehenden Karnevalstage waren eine Zeit allgemeiner Ausgelassenheit.[59]

Welche Verbindungen hatte das habsburgische Presslaw zur polnischen Kultur? Polnische Historiker haben hervorgehoben, dass »die politische Grenze... Presslaw nicht daran hinderte, ein integraler Bestandteil der literarischen und wissenschaftlichen Welt Polens zu sein«.[60] Sie verweisen auf die große Anzahl polnischer Bücher, die auch unter den Habsburgern in Presslaw gedruckt wurden, auf die ungebrochene Präsenz der gesprochenen polnischen Sprache und auf die sehr starken Bande des katholischen Doms und des Domkapitels zur polnischen Kirche. Sie führen außergewöhnliche polnische Geistliche auf, von Erazm Ciołek bis Bernard Wapowski oder Wacław Grodecki, die auf der Oderinsel gearbeitet und gewohnt hätten. Doch sie ignorieren dabei drei grundlegende Fakten: Das Luthertum, dem mindestes 75 Prozent der Bürger anhingen, hat die Stadt von ihren vorreformatorischen Wurzeln abgeschnitten. Die große Mehrheit der Vratislavier hatte, da sie nur Deutsch sprach, kaum Zugang zu polnischer Kultur. Die Oderinsel war im wahrsten Sinne des Wortes eine winzige Insel polnischen Einflusses in einer überwiegend deutsch geprägten Kulturlandschaft. Allerdings kann man konstatieren, dass Presslaws gebildete Elite ein sehr viel größeres Wissen über alles Polnische hatte als ihre Nachfolger in den folgenden Jahrhunderten. Schließlich hatten viele Mitglieder der Oberschicht eine klassische Bildung genossen, und die auf dem Lateinischen beruhende Kultur, die auch in den oberen Rängen der polnischen Gesellschaft blühte, war ihnen gemeinsam. Viele waren zudem in Krakau ausgebildet worden. Sie werden bei ihren Studien an der Jagiellonischen Universität in enge Berührung mit polnischer Kunst, Wissenschaft und Literatur gekommen sein. Allen dürfte bewusst gewesen sein, dass die Union Polen – Litauen immer noch ein sehr großes Land war – größer als das Heilige Römische Reich –, das in der Lage war, mit den vielfältigen Bedrohungen fertig zu werden. Mindestens ein Drittel aller Nachrichten in der Presslawer Presse des späten 17. und frühen 18. Jahrhunderts widmeten sich polnischen Angelegenheiten. Weder Polen noch die polnische Kultur waren schon die belagerten Wesen, die sie bald werden sollten.

Trotz jahrzehntelanger Kriege hatte Schlesien sich aus den genannten Gründen zu einem kulturellen Zentrum der Habsburger Monarchie entwickelt. Seine Wissenschaftler und Dichter hatten internationales Ansehen erlangt. Was wäre wohl aus dieser Kultur geworden, hätte die Provinz nicht die Aufmerksamkeit Berlins erregt?

Vielleicht war es gerade die religiöse und kulturelle Vielfalt Schlesiens, die Presslaw unter den Habsburgern seine Dynamik verlieh. Immerhin stand der protestantische Dichter Martin Opitz im Dienst eines fanatischen Katholiken. Sowohl Angelus Silesius als auch Michael Willmann waren ehemals lutherische katholische Konvertiten, und Caspar Neumann war ein protestantischer Priester, der mit den Jesuiten auf Kriegsfuß stand. Presslaws Kultur bezog ihre Dynamik aus vielen verschiedenen und vermischten Elementen. Keine einzelne Gruppe dominierte: »Niedergang und Wiederbelebung der städtischen Wirtschaft, strenges Luthertum und die triumphierende Gegenreformation, Wiener Absolutismus und patrizische Selbstverwaltung, der Pomp von in den Adelsstand erhobenen Kaufleuten und die Armut der einfachen Arbeiter, deutsche, polnische und böhmische Elemente sowie paneuropäische Einflüsse – alles war miteinander verwoben.«[61] Und doch war die Provinz in gewissem Sinne bereits halb von Österreich losgelöst.

*

Unter habsburgischer Herrschaft verstärkte sich das deutsche Übergewicht in der ethnischen Zusammensetzung Presslaws merklich. Die Habsburger waren selber eine deutschsprachige Dynastie, die in den tschechischen Ländern Böhmens das deutsche Element gefördert hatte. Obwohl ihr Umgang mit Schlesien relativ tolerant war, wurden deutsche Normen durch den Hof, den Adel und das städtische Patriziat bevorzugt. Als Prag sein Schicksal nicht mehr selbst bestimmte, wurden eher deutsche Adlige aus Böhmen als Verwaltungsbeamte nach Schlesien entsandt als Tschechen. Nach 1648 verlor auch Polen seinen Einfluss im Ausland, der in der Ära der Jagiellonen noch weit verbreitet gewesen war. Die Intensität der Beziehungen Schlesiens zu Polen nahm ab, und mit Ausnahme politischer Flüchtlinge (siehe unten) ging die Zahl der Polen, die nach Presslaw kamen, zurück. Der jüdische Bevölkerungsteil war fast ganz verschwunden. Im Grunde war das habsburgische Presslaw eine durch und durch deutsche Stadt.

Doch die Einwohner bildeten keine homogene Masse. Denn die Katholiken Presslaws fühlten sich eher mit Wien und einem immer stärker germanisierten Prag verbunden, die Protestanten stärker mit Norddeutschland und den Niederlanden. Menschen wurden dabei ebenso ausgetauscht wie Ideen. Drei Presslawer Bischöfe der Epoche waren Habsburger Erzherzöge. Presslaws lutherische Geistliche wurden eher aus Sachsen oder dem Rheinland importiert. Darüber hinaus wurde Schlesien in der Habsburger Periode »erschlossen«. Die Berührung mit Westeuropa im Rahmen der »Bildungsreise« oder einer Universitätsausbildung wurde zur Regel für die gebildete Elite der Provinz. Zwischen 1597 und 1740 studierten rund 800 Schlesier an der Universität von Leiden, darunter als bedeutendster Andreas Gryphius. Schlesier wie Martin Rehdiger oder Laurentius Scholz gingen nach Westen, und Westeuropäer wie Johann Wacker von Wackenfels oder Valens Acidalius kamen nach Osten.

Überdies lebte die Bevölkerung »Deutschlands« im 16. und 17. Jahrhundert in vielen, teilweise sehr kleinen untergeordneten Fürstentümern, die durchaus auch Krieg untereinander führten. Alle diese Bewohner als »Deutsche« zu bezeichnen impliziert ein Gemeinschaftsgefühl und eine Einmütigkeit der Absichten und Zwecke, die weithin fehlten. Deutsche, die wie Johannes Heß aus Franken kamen oder wie Michael Willmann aus Preußen, fühlten sich nicht nur gegenseitig fremd. Auch die »Altdeutschen« Schlesiens und die germanisierten Slawen, auf die sie bei ihrer Ankunft trafen, empfanden sie sicher nicht als Landsleute.

Es ist sehr schwierig, eine exakte Schätzung der polnischen Einwohnerschaft Presslaws vorzunehmen, da dieses Zeitalter weder Volkszählungen noch ein modernes Nationalbewusstsein kannte. Aber zweifellos gingen die Zahlen, ausgehend von dem bereits in spätböhmischer Zeit erreichten niedrigen Niveau, weiter zurück. Zwar kamen durch den unablässigen Strom von Durchreisenden, Kaufleuten und Arbeitsuchenden aus den benachbarten polnischen Provinzen ständig neue Polen an, doch durch den unaufhaltsamen Prozess der Germanisierung wurde die polnische Bevölkerung gleichzeitig ständig reduziert. Im 16. und 17. Jahrhundert pflegten nur wenige Familien aus der Ober- und Mittelschicht der vratislavischen Gesellschaft ihr Polentum, selbst wenn sie polnische Vorfahren hatten. Erfolgreiche Immigranten, die sich in der Stadt niederließen, übernahmen gewöhnlich die Sprache und die Gebräuche der deutschen Mehrheit. Hinzu kommt, dass die erneuerte Autorität der katholischen Kirche in Presslaw seit Mitte des 17. Jahrhunderts die Germanisierung durchaus begünstigte, indem sie Mischehen zwischen polnischen und deutschen Katholiken förderte. Es ist schlichtweg falsch, die vratislavische Gesellschaft als eine zwischen deutscher lutherischer Mehrheit und polnischer katholischer Minderheit geteilte Gesellschaft darzustellen. Im Laufe der Zeit bildeten die Polen sogar innerhalb der katholischen Minderheit eine klar erkennbare Minderheit.

Das Ergebnis war eine kleine polnische Gemeinschaft, die sowohl geografisch als auch kulturell an den Rändern Presslaws lebte. Ihre Angehörigen blieben auf der »polnischen Seite« am rechten Flussufer in Verbindung miteinander. Mit der katholischen Geistlichkeit auf der Dominsel hatten sie weniger Kontakt als mit ein oder zwei bescheidenen Gemeinden an der Peripherie, in denen die Polen sich versammelten und die lateinische Messe mit polnischen Kirchenliedern und polnischen Gebeten gespickt war. Ihre Gemeindevorsteher waren Priester wie der Dominikaner Stanisław Bzowski (1567–1637) oder Pater Michał Kusz (1600–54), die sich in ihrer Muttersprache an ihre Herde wandten, um den Fortbestand ihrer winzigen Schulen kämpften und deren Existenz in den vergoldeten Kammern des Rathauses wohl kaum wahrgenommen wurde.

Trotz ihrer fortdauernden Unterordnung unter Gnesen verlor sogar die geistliche Gemeinschaft der Dominsel ihren polnischen Charakter. Karol Ferdynand Vasa (reg. 1625-55), der Sohn des polnischen Königs, blieb bis 1956 der letzte Pole, der den Bischofssitz von Presslaw besetzte.

Die jüdische Gemeinde von Presslaw existierte nach der Vertreibung im Jahr 1455 nicht mehr. Das gesetzliche Verbot der Ansiedlung in der Stadt sollte drei Jahrhunderte in Kraft bleiben. Trotzdem wurde es verschiedenen privilegierten Juden gestattet, sich niederzulassen. Anderen erlaubte man, für eine begrenzte Zeit oder zu einem bestimmten Zweck in die Stadt zu kommen. Die Reichsbehörden waren im Großen und Ganzen daran interessiert, die Beschränkungen zu lockern, während der Stadtrat auf Druck der Zünfte entschlossen war, sie aufrechtzuerhalten.

Seit der ersten Zeit der habsburgischen Herrschaft arbeiteten jüdische Münzmeister mit einer Sondererlaubnis in Presslaw. Aus der Zeit um 1540 ist ein Jude aus Prag, Isaak Meyer, als der »Breslauer Münzer« überliefert. Eine seiner Münzen, der so genannte »Judenheller«, löste wegen seiner Größe und des schwachen Metallgehalts einen Sturm der Entrüstung aus.[62] Mit der Zeit scheinen die jüdischen Münzer für die Reichsmünze – im Gegensatz zur städtischen Münze – gearbeitet und sich vor allem als Importeure des benötigten Münzsilbers betätigt zu haben. Ein Nachfolger Meyers im 17. Jahrhundert, Lazarus Zacharias, traf 1657 gemäß den Bedingungen eines kaiserlichen Patents in der Stadt ein. Sein Privathaus wurde zur ersten Stätte jüdischen Gottesdienstes in Presslaw seit dem Mittelalter.

Jüdischen Kaufleuten stand es während der drei jährlichen Messen in Presslaw stets frei, in die Stadt zu kommen und Handel zu treiben. Allerdings wurden sie streng überwacht. Im Jahr 1577 verlangte man von ihnen, zur Identifizierung eine gelbe Plakette zu tragen. Zur Einziehung der städtischen Steuern wurden jüdische *Parnasei ha-Yarid* oder »gerechte Schatzmeister« ernannt, und ein *Va'ad ha-Yarid* oder »gerechtes Komitee« kümmerte sich um die erforderliche Verpflegung und Unterkunft der Besucher.[63] Die Strafen für nicht rechtzeitige Abreise konnten hart sein.

Ein Großteil des schlesischen Handels mit Polen verblieb in jüdischen Händen. Den Reichsbehörden war bewusst, dass die widerspenstige Haltung Presslaws dem Handel Schaden zufügte. Im 17. Jahrhundert wurden deshalb Schritte zur Aufhebung der strengeren Beschränkungen unternommen. Von 1630 an erhielt eine Anzahl jüdischer Familien schließlich eine befristete Aufenthaltsgenehmigung für Presslaw. Von 1637 an entsandte der »Rat der Vier Länder« – die autonome Körperschaft, die die jüdischen Angelegenheiten in Polen regelte – zur Pflege der Beziehungen zum Stadtrat und zur Leitung des Judenamtes einen ständigen Beamten nach Presslaw. Weitere Beamte folgten. Im Jahr 1696 vertraten sie die Städte Prag, Krotoschin, Krakau, Lemberg, Glogau, Zülz, Posen und Lissa. Diese *szamesi* oder »Schamessen« bildeten im Laufe der Zeit den Kern, um den herum sich die allmählich wiederhergestellte jüdische Gemeinschaft zu formieren begann.

Im späten 17. Jahrhundert sammelten sich immer mehr Juden unter Missachtung der Vorschriften in oder in der Nähe von Presslaw. Einige von ihnen lebten jenseits der Stadtgrenzen in den Pfarreien St. Matthias oder St. Vinzenz, wo koschere Fleischer ihre Geschäfte betrieben. Andere verhalfen dem Karlsplatz zu seinem volkstümlichen Namen – »jüdischer Markt«. Um 1700 gab es wieder 500–600 Juden in der Stadt. In Privathäusern waren mehrere Synagogen wie die Lissaer und die Kalischer eingerichtet worden.

Die städtische Judenordnung von 1702, der 1713 ein kaiserliches Toleranzedikt folgte, billigte nachträglich die bestehenden Zustände. Aber die Beschränkungen dauerten fort. Ohne vorherige Registrierung konnten Juden immer noch nicht legal in Presslaw wohnen. Und ebenso wenig konnten sie dort beerdigt werden. Stattdessen fanden sie ihre letzte Ruhestätte auf den Friedhöfen von Dyhernfurth, Krotoschin oder Zülz. Als die Zahlen weiter stiegen, bekam der Rat der Stadt es mit der Angst zu tun. Im Jahr 1738 befahl er allen »nichtprivilegierten Juden« unter Androhung einer Pro-Kopf-Geldbuße von 1000 Dukaten, unverzüglich fortzuziehen. 100 Familien gingen weg.

Die Juden Presslaws waren sowohl eine gesonderte ethnische Gruppe wie auch eine religiöse Gemeinschaft. Gewiss waren sie nicht die assimilierten oder halb assimilierten Juden, die wir aus späteren Zeiten kennen. Die meisten von ihnen kamen aus Polen. Sie sprachen zu Hause Jiddisch, in der Synagoge Hebräisch und auf dem Marktplatz sowohl Polnisch als auch Deutsch. Sie praktizierten einen orthodoxen Judaismus, dessen 613 Verhaltensregeln, besonders das absolute Verbot der Mischehe, dafür sorgten, dass sie strikt abseits von ihren nichtjüdischen Nachbarn blieben.

*

In der zweiten Hälfte des 17. und im frühen 18. Jahrhundert beherbergte Schlesien zahlreiche prominente polnische Flüchtlinge. Politiker, die sich der Unterstützung Habsburgs erfreut hatten, setzten sich gewöhnlich in habsburgisch kontrolliertes Territorium ab, wenn die Ereignisse daheim

Kapitel 4: Presslaw (1526–1741)

sich gegen sie wendeten. Im Jahr 1655 beispielsweise floh der polnische König Johann II. Kasimir Vasa (1609–72), einstiger spanischer Admiral, portugiesischer Vizekönig, französischer Gefangener und römischer Kardinal, nach Schlesien, um der schwedischen Invasion Polens zu entkommen. An Stelle einer unbezahlten habsburgischen Mitgift wurden ihm nun die früheren piastischen Herzogtümer Ratibor und Oppeln verliehen, und er richtete seinen Hof in Oberglogau ein. Von Oppeln aus erließ er 1656 die »Universal-Deklaration«, in der er alle seine treuen Untertanen dringend aufforderte, den schwedischen Eindringlingen bis zum Schluss Widerstand zu leisten.

Ein Jahrzehnt später errichtete der berühmte *Rokoszanin** oder aufständische »Konföderierte« Georg Sebastian (Jerzy) Fürst von Lubomirski (1616–67) seine politische Operationsbasis im Exil gleich zweimal in Presslaw. Lubomirski, Kongressmarschall und Oberbefehlshaber des Heeres, war ein erbitterter Gegner der profranzösischen Tendenzen der polnischen Monarchie, und im Jahr 1664 wurde er wegen der hochverräterischen Planung einer Königswahl, während der alte König noch am Leben war, offiziell verbannt. Lubomirskis Bevollmächtigte und Anhänger nutzten erstmals 1664/65 und erneut 1666/67 ihre Zuflucht in Presslaw, um französische Pläne in Polen zu vereiteln, den Sejm zu sprengen und die Bemühungen der königlichen Reformpartei der »Regalisten« zur Wiederherstellung der Einheit zu untergraben. Diplomatische Gesandtschaften wurden mit Hilfsgesuchen nach Wien und Berlin geschickt. Mit Moskau und sogar mit den Krimtataren wurde Kontakt aufgenommen. Rekrutierungsmannschaften wurden in sämtliche abgelegenen Provinzen Polens entsandt, um Adlige für die konföderierte Sache zu mobilisieren. Er stellte ein Heer auf, um sich dem König zu stellen. Am 13. Juli 1666 fand das blutige Gemetzel in der Schlacht bei Mątwy an der Netze statt. Trotz der symbolischen Versöhnung mit dem König kehrte Lubomirski nach Presslaw zurück, um seine Ränke zu erneuern. Er starb schließlich unerwartet an einem Schlaganfall, der durch unpassende medizinische Behandlung verschlimmert worden war. Ein profranzösischer Gegenspieler kommentierte trocken: »Trois médecins ignorants ont plus fait que toute les armées du Roi de Pologne« (»Drei unwissende Ärzte haben mehr ausgerichtet als alle Armeen des Königs von Polen«). [64]

Einer der vielen in Presslaw tätigen Emissäre Lubomirskis war sein Sohn, Stanisław Herakliusz Lubomirski (1642–1702). Der junge Lubo-

---

* *rokosz*, poln. Aufstand (A. d. Ü.).

mirski, Dichter, Dramatiker und Diplomat, war sehr stolz auf den Widerstand seines Vaters. »Cała Rzeczpospolita«, erklärte er, »na koniu przy moim ojcu« (»Die ganze Union sitzt mit meinem Vater im Sattel«). Ein paar Jahre zuvor war er in einer diplomatischen Mission nach Versailles geschickt worden. Im Februar 1665 reiste er von Presslaw aus an den kaiserlichen Hof nach Wien. Er schrieb viele Gedichte und Briefe, aber am besten in Erinnerung ist er für zwei Verse aus seinem Werk *De Vanitate* (»Über den leeren Schein«):

> Żyłem źle, żyłem dobrze, dałem przykład z siebie
> To sztuka: zażyć zycia, a przecie być w niebie.

> (Ich habe böse gelebt, ich habe gut gelebt, ich habe mich zum Beispiel gemacht.
> Aber es ist eine Kunst – das Leben bis zur Neige zu leben und trotzdem in den Himmel zu gelangen.)

Im Jahr 1675 starb der letzte der Piastenfürsten, Georg Wilhelm von Liegnitz-Brieg an seinem Sitz in Ohlau. Es war das Ende eines Geschlechts, das bis in das vorige Jahrtausend zurückreichte. Ohlau fiel nach seinem Tod an die Habsburger und wurde mit einiger Verspätung einer anderen Familie habsburgischer Vasallen aus Polen übergeben. Zwischen 1691 und 1737 gehörte das 15 Kilometer südlich von Presslaw gelegene Barockschloss in Ohlau Jakob (Jakub) Ludwig Sobieski, dem Sohn des polnischen Königs.

Jakub Sobieski erhielt Ohlau dank seiner Ehe mit der Schwägerin Kaiser Leopolds I. Doch abgesehen von seinen Verbindungen stand er auf der Verliererseite des Lebens. Er versuchte häufiger vergeblich, eine Königskrone zu erlangen, als sein Vater Schlachten ausfocht. Viele Jahre brachte er erfolglos damit zu, die Herrschaft über Moldawien zu erringen. Und im Jahr 1697 war er der chancenlose, von Österreich unterstützte Kandidat bei der polnischen Königswahl. Vier Jahre danach wurde er von Karl XII. von Schweden ausgesucht, den von Russland unterstützten Kurfürsten von Sachsen aus Polen zu vertreiben. Mit diesem Plan war es im Februar 1704 plötzlich vorbei, als ein Trupp sächsischer Kavalleristen unter einem Offizier namens Kospoth in Ohlau erschien, dessen Besitzer am helllichten Tage entführte und ihn für längere Zeit auf der Festung Königstein in der Nähe von Dresden einkerkerte.

Maria Leszczyńska, bekannt als »Marynka« (1703–68), war die Tochter eines Rivalen von Jakub Sobieski. Diesem Rivalen gelang es tatsächlich, den polnischen Thron zu erklettern, während Sobieski in Königstein schmachtete. Über den Ort ihrer Geburt sind die Historiker sich nicht einig. Eine Variante lautet jedoch, ihre schwangere Mutter sei von Posen nach Presslaw gereist, um einen Arzt zu konsultieren, »der sich weigerte, Presslaw zu verlassen«. Eine andere wiederum meint, sie sei in der Nähe von Presslaw geboren worden – »im Polnischen Dorf«, das als das Dorf Polska Wieś identifiziert wurde und das der Abtei Trebnitz gehörte, in der die Tante des Kindes Nonne war. Auf jeden Fall wurde Marynka erwachsen und reiste weiter und stieg höher als alle ihre Zeitgenossen. Nach Jahrzehnten der Wanderschaft durch Schweden, Preußen und das Elsass wurde sie, wider alle Erwartungen, die Braut Ludwigs XV., »Reine de France et de Navarre«. Ihr Vater, Stanislaus (Stanisław) Leszczyński, Exkönig von Polen, wurde »Le Bon Roi Stanislas«, Herzog von Lothringen. Ihr Enkel war Ludwig XVI., der ein Opfer der Französischen Revolution werden sollte.

Leszczyńskas Glück war eine gesellschaftliche Sensation der Epoche. Indem er den jungen Ludwig XV. überredete, sie dem Dunkel der Geschichte zu entreißen, vervollkommnete der Regent von Frankreich, Philipp II., Herzog von Orléans, den Traum eines jeden armen Mädchens:

> Par l'avis de son Altesse
> Louis fait un beau lien;
> Il épouse une princesse
> Qui ne lui apporte rien
> Que son mirliton...[65]

> (Auf den Rat seiner Hoheit hin
> Macht Ludwig eine gute Partie
> Er heiratet eine Prinzessin
> Die ihm nichts bringt
> Als ihren Unterrock...)

Allerdings haben es ihre französischen Untertanen nie gelernt, ihren Namen richtig zu schreiben. Gelegentlich wurde sie Leczinska, Lezczynska oder gar als Leckzinska genannt.

Auch Maria Clementina Sobieska (1701–35), die in Ohlau aufwuchs, war für ein außergewöhnliches Schicksal auserkoren. Mit 17 Jahren erfuhr sie, dass der Chevalier de St. George, der »Alte Prätendent« der Jakobiten* auf den britischen Thron, um ihre Hand anhalte. Ein Jahr spä-

---

* Anhänger des vertriebenen Königs Jakob I. von England, die die Rückkehr der Stuarts nach England erwirken wollten (A. d. Ü.).

ter wurde sie im italienischen Ferrara per Ferntrauung zwar nur nominelle, aber legitime »Königin von Großbritannien« und »Königin von Irland«. Auf ihrer Reise nach Italien konnte sie den Fängen von Spionen Hannovers gerade noch entkommen. Ihr Gemahl, Jakob (III.) Eduard Stuart, Chevalier de St. George, konnte die rechtmäßige Position seiner Familie niemals wiederherstellen. Und ebenso wenig sein Sohn, Karl Eduard Stuart, »Bonnie Prince Charlie«, der, ohne dass seine britischen Untertanen es gewusst hätten, ein in Frankreich geborener Prinz war, dessen Muttersprache Polnisch war.

Der Augenblick, da Clementina von ihrem Schicksal erfuhr, wurde von einem der Anwesenden für die Nachwelt beobachtet. Schauplatz war das Schloss in Ohlau. Zeitpunkt war der Februar 1718. Der Beobachter war Charles Wogan, ein irischer Söldner, der sich einst dem Todesurteil durch Ausbruch aus dem Londoner Newgate-Gefängnis entzogen hatte und der jetzt vom Oberkommando der Jakobiten in Paris ausgeschickt worden war, die Neuigkeit mitzuteilen. Sein Bericht wurde vier Jahre später in London in einem Werk veröffentlicht, das den Titel trug: *Female Fortitude: Exemplify'd in an Impartial Narrative of the Seizure, Escape and Marriage of the Princess Clementina Sobieska... now published for the Entertainment of the Curious.* Nachdem er im »schlesischen Ohlau« herzlich empfangen worden war, sah Wogan seine Chance:

> »Es scheint, dass die junge Prinzessin, als sie ein Kind war, eine Schwäche dafür hatte, von ihren Spielkameradinnen Königin von England gerufen zu werden, und dass die Hofdamen, als sie sahen, wie außerordentlich ihr der Titel gefiel, fortfuhren, sie so zu nennen. Was Mr. Wogan, als er es bemerkte, raffiniert ausnutzte... und ihr sagte, bisher habe sie sich nur an einem imaginären Titel erfreut, aber er sei nun geschickt worden, ihr einen echten anzubieten.«[66]

Zumindest war dies Wogans eigene Version. Das Ergebnis war, dass Clementina ein paar Wochen später von Ohlau aus zu ihrer geheimen Reise nach Italien aufbrach, nur um auf britisch-hannoversche Anweisung hin in Innsbruck abgefangen und in einem Kloster gefangen gehalten zu werden. Der schneidige Wogan musste ein zweites Mal losgeschickt werden, um eine mitternächtliche Befreiung ins Werk zu setzen und seinen Schützling über den verschneiten Brenner zu schmuggeln. Er wurde vom Papst mit dem Titel eines römischen Senators und dem Rang eines Obristen in der spanischen Armee belohnt.

Während der »Sachsenzeit« Polens von 1697 und 1763, als die Wettiner gleichzeitig als Kurfürsten von Sachsen und als Könige von Polen herrschten, füllte Schlesien die territoriale Lücke zwischen den beiden Teilen ihres gemeinsamen Reiches (siehe Karte S. 238). Die Folge war, dass ein steter Strom von Bevollmächtigten für die Königswahl, Diplomaten und Höflinge auf dem Weg von Dresden nach Warschau oder von Warschau nach Dresden durch Presslaw kam. Die strategische Begründung für die polnisch-sächsische Personalunion war natürlich, dass die dynamischen Ambitionen Preußens überlistet werden sollten. Wäre die Union gediehen, hätte Preußen durchaus kontrolliert werden können. Tatsächlich stand die Verbindung aber auf tönernen Füßen. Russland etablierte sich als herrschende Macht in Polen. Sachsen zog sich in sein Schneckenhaus zurück. Und Schlesien wurde von Preußen eingenommen.

*

Trotz zweier Jahrhunderte des Fortschritts war Presslaw zu dieser Zeit noch immer den Unbilden der Natur ausgeliefert. Überschwemmungen traten periodisch auf, die schwersten 1729 und 1736. Brände blieben eine alltägliche Gefahr. Der Südturm des Doms brannte zweimal ab – 1540 und 1633. Das »Westende« der Altstadt brannte 1584 aus, und der Neue Markt wurde 1628 zerstört. Die Kirche St. Dorothea brach 1686 zusammen, St. Maria auf dem Sande 1730.

Auch die Pest wütete in periodischen Abständen noch immer in vielen europäischen Städten – so auch in Presslaw. Die schlimmsten Epidemien trafen die Stadt 1542 (5913 Todesopfer), 1568 (9251 Tote), 1585 (ca. 9000 Tote) und 1599 (3000 Tote). Eine Chronik hielt das Geschehen im Jahr 1585 für die Nachwelt fest:

»Viele Breslauer gaben die Flucht, wurden hin und wieder verstreuet und so verachtet, daß man zehen Breslauer um einen kleinen Pfennig gekauft hätte, litten großen Hunger und Kummer, in Summa, es waren verachtete Leute, man flohe vor ihnen, wie vorm Türcken...«[67]

Pestepidemien traten bis weit ins 17. Jahrhundert hinein auf. Die Jahre 1613, 1623, 1625 und 1668 waren allesamt Pestjahre. Die Epidemie von 1633 forderte gar 13 231 Opfer. Der Tod muss den Bewohnern allgegenwärtig erschienen sein. In einer Legende aus dem Jahr 1680 reitet der

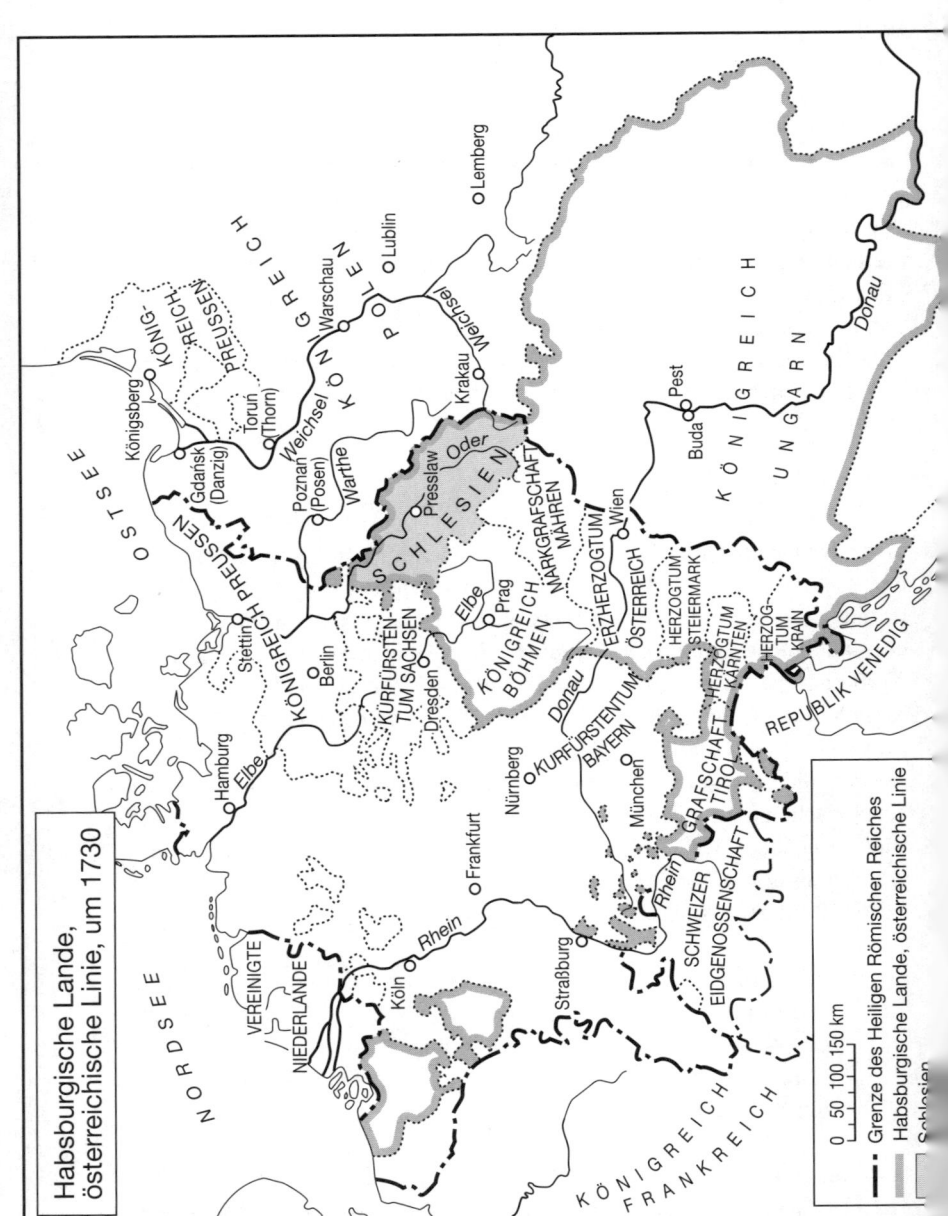

Habsburgische Lande, österreichische Linie, um 1730

Tod tatsächlich auf einem weißen Pferd durch die Stadt und hält auf den Plätzen und Straßen, um die Leichen einzusammeln:

> Er kam auf den *Ring,* da hieß es:
> Heran, heran, krank und gesund,
> Ihr Jungen mit den Alten!
> Der Platz allhier ist groß und rund
> Den Totentanz zu halten.
> Er kam auf die *Schmiedebrücke,* da hieß es:
> Schlagt wacker mit dem Hammer zu!
> Mein Pferd braucht auch Hufeisen.
> Ich reite jetzt ins Grab zur Ruh,
> Ihr sollt bald mit mir reisen.
> Er kam auf die *Judengasse,* da hieß es:
> Kein Unterschied macht Jud' und Christ,
> Moses und die Propheten.
> Denn was vom Weibe geboren ist,
> Das kommt der Tod zu töten. [68]

Zum letzten Mal besuchte »Gevatter Tod« die Stadt im Jahr 1709.

Sowenig es der Medizin gelang, die Menschen vor der Pest zu schützen, sowenig gelang es der Philosophie, sie vor dem Aberglauben zu bewahren. Auch das Aufblühen des Humanismus änderte dies nicht: Beinahe zeitgleich begann die Zunahme der Verfolgungen wegen Hexerei. Während die Werke von Erasmus den einheimischen Buchmarkt belebten, erlebte die Bibel der Hexenjäger, der *Malleus Maleficarum* (»Hexenhammer«) ungefähr 28 Auflagen. Presslaw war gleichermaßen empfänglich für beides. Schon im späten 15. Jahrhundert hatte es sich gezeigt, dass die Stadt nicht vor dem Hexenwahn gefeit war. Doch wo Schuldige früher ertränkt oder des Landes verwiesen worden waren, schlossen die nach 1532 verschärften Strafen auch die Verbrennung auf dem Scheiterhaufen ein. In Fällen, in denen Milde angezeigt war, wurde die frühere Enthauptung praktiziert. Bei Personen, die verdächtigt wurden, Hexerei gelehrt oder mit Hexen Umgang gehabt zu haben, empfahl das Strafgesetzbuch des Heiligen Römischen Reiches* die Anwendung der Folter. Für alle Hexen, die tatsächlich Verletzungen oder Schäden verursacht hatten, schrieb es den Tod durch Verbrennung vor. Die Haltung der Protestanten unterschied sich in dieser Hin-

---

* Die von Kaiser Karl V. auf dem Reichstag zu Regensburg 1532 erlassene *Constitutio Criminalis Carolina*, die »Peinliche Halsgerichtsordnung« (A. d. Ü.).

sicht nicht von der der Katholiken. Der protestantische Großmeister der Hexenjagd, der Pfarrer Benedikt Carpzov (1595–1666), der im nahe gelegenen Sachsen sein Unwesen trieb, soll für den Tod von 20 000 Frauen verantwortlich sein. In Presslaw ging die Zahl der Prozesse gegen Ende des 16. Jahrhunderts allmählich zurück, allerdings kam es noch zu ein paar spektakulären Verfahren. Eines betraf die so genannte »Zuckelhese«, eine 97-jährige Frau, die im August 1559 vor Gericht gestellt wurde. Nach »alter Tradition« wurde sie zum Tod durch Ertränken in der Oder verurteilt. Als sie nicht unterging – ein sicheres Indiz für ihre Schuld –, wurde sie vom Henker erschlagen.[69] In einem anderen Fall, der sich um das Jahr 1580 zutrug, wurde eine in der Katherinengasse wohnhafte ältliche Jungfer der Sodomie mit ihrer Englischen Dogge beschuldigt. Nach Denunziation und Verhör wurde sie vorschriftsmäßig enthauptet und verbrannt. Der unglückliche Hund landete zusammen mit ihr auf dem Scheiterhaufen.[70]

Dämonen und Teufel waren für die Menschen dieser Zeit Tatsachen des Lebens. Sie waren überall. In dunklen Nächten erhaschte man einen kurzen Blick auf sie und hörte sie im Wind flüstern. Sie waren das Thema gelehrter Abhandlungen, zu deren Verfassern auch König Jakob I. von England (der als Jakob VI. auch König von Schottland war) gehörte. Eine andere, der *Homo diabolus* (1617), wurde von Caspar Dornavius (1577–1632) geschrieben, einem Geschichtsschreiber und sehr fruchtbaren Autor, der in Beziehung mit dem Kreis um Crato von Krafftheim stand. Seltsame und unaufgeklärte Ereignisse pflegte man üblicherweise dämonischem Einfluss zuzuschreiben. Geisteskrankheit, Epilepsie oder auch nur übermäßige Körperbehaarung reichten gewöhnlich aus, den Unschuldigen vor die Inquisition zu bringen. Selbst Kinder blieben nicht verschont. Im Jahr 1580 ließ eine Bäuerin ihren acht Tage alten Säugling schlafend zurück, während sie am Stadtrand von Presslaw die Ernte einbrachte. Als sie zurückkehrte, schrie das Kind ununterbrochen und war partout nicht zu beruhigen. Natürlich war die Bäuerin besorgt und suchte um Rat nach. Ihr wurde mitgeteilt, dass das Neugeborene ein Wechselbalg sei – ein Kind des Teufels, das gegen ihr eigenes ausgetauscht worden sei – und dass eine kräftige Tracht Prügel die Rückkehr ihres eigenen Kindes garantieren würde. Sie willigte ein und schlug den Säugling mit Birkenruten. Der Sage nach soll daraufhin der Teufel höchstpersönlich erschienen sein und die Babys mit vernichtendem Blick und den Worten »Da hast's« ausgewechselt haben.[71]

Mit Beginn des 17. Jahrhunderts scheint Presslaw der Hexenjagden müde geworden zu sein. Das städtische Verzeichnis der Verbrechensfälle, die Malefizbücher *(libri proscriptiones),* weist keine Beispiele für die Zeit nach 1609 auf und enthält nur einen einzigen Fall von Hexerei im Jahr 1612.[72] Aber im ländlichen Schlesien und vor allem in den Gebirgsausläufern im Süden fand die Inquisition weiterhin Bösewichter. Im Jahr 1639 wurden in den Städten Neisse, Ziegenhals und Freiwaldau 242 Frauen verbrannt. 15 Jahre später geriet die Gegend besonders in Verruf:

»In der schlesischen Stadt Neisse machte der Scharfrichter sich die Mühe, einen riesigen Ofen zu bauen, in dem er über einen Zeitraum von neun Jahren hinweg über 1000 Hexen röstete, von denen manche erst zwei Jahre alt waren; allein im Jahr 1651 wurden 42 Frauen und Mädchen auf diese Weise zu Tode gebracht.«[73]

Natürlich muss man nicht belegten oder übertriebenen Berichten mit einer gewissen Skepsis begegnen. Die Untersuchung der Hexerei wurde auch erst im 20. Jahrhundert Gegenstand historischer Beschäftigung. Trotzdem ist offensichtlich, dass das Ausmaß der Hexenjagden im frühneuzeitlichen Europa horrend war und dass die polnische Gesellschaft nicht weniger als die deutsche tief darin verwickelt war.

*

Anfangs änderte die Thronbesteigung der Habsburger am städtischen Leben Presslaws nur wenig. Traditionelle Rechte und Freiheiten wurden bestätigt, und dem Wunsch Kaiser Ferdinands nach Beschränkung der Befugnisse seiner neuen Provinzen konnte man sich weithin entziehen.[74] Nur sechs der 16 schlesischen Fürstentümer regierten die Habsburger unmittelbar. Die restlichen Territorien, die unterschiedliche Grade von Autonomie genossen, wurden von den früheren feudalen Oberherren regiert, unter denen sich auch die verschiedenen Geschlechter der Piasten, die Poděbrads und die Hohenzollern befanden. Das politische Leben Presslaws regelte die von den Luxemburgern gebilligte Verfassung, und die städtischen Privilegien wurden eifersüchtig gewahrt. Zu Beginn waren die Habsburger gezwungen, die bestehende Verwaltungsstruktur des Königreichs Böhmen zu übernehmen. Das Schlüsselorgan für die Verwaltung Schlesiens war die »Deutsche Kanzlei«, die in der königlichen Burg in Presslaw zusammentrat und sowohl für Schlesien als auch für Ober- und Niederlausitz amtierte. Obwohl den Böhmischen Ständen und der »Böhmischen Kanzlei« in Prag untergeordnet, bot sie, bis zu ihrer Abschaffung im Jahr 1616, einen zusätzlichen Grad an Autonomie.

Mit der Zeit jedoch suchte Wien seine Kontrolle über die Provinzen auszuweiten. Das Ergebnis war die »Schlesische Kammer«, die 1558 gegründet wurde. Sie trat ebenfalls im Presslawer Königsschloss zusammen, war aber direkt dem Habsburger Hof verantwortlich. Diese Maßnahmen wurden durch das Amt des Oberlandeshauptmanns verstärkt, das gewöhnlich der Bischof von Presslaw innehatte, der die Verwaltung der Provinzen beaufsichtigte. Damit war die höchste geistliche und weltliche Autorität in Schlesien in den Händen eines einzigen vom Kaiser ernannten Mannes vereint. Doch als die Anforderungen an die Provinzialverwaltung stiegen, wurde das Amt des Oberlandeshauptmanns 1629 in das Oberamt integriert. Die Befugnisse all dieser Körperschaften erstreckten sich nicht auf Territorien, die Wien unmittelbar untergeordnet waren.

Also behielten die halb unabhängigen Herzogtümer beträchtliche Handlungsfreiheit, bis die Umwälzungen des Dreißigjährigen Krieges dem Reich die Möglichkeit boten, einzugreifen. Zwar wurde Schlesien nicht der Böhmen 1627 zur Strafe auferlegten »Verneuerten Landesordnung« unterworfen, aber die verbliebenen autonomen Inseln wurden annektiert. Die »Böhmische Kanzlei« wurde nach Wien verlegt. Im Jahr 1621 wurde das Herzogtum Jägerndorf eingezogen. Münsterberg folgte diesem Beispiel, als die Poděbrad-Dynastie ausstarb. Nach einiger Zeit war Wien geneigt, seine Erwerbungen erneut zu übertragen. Münsterberg beispielsweise wurde 1654 der Familie Auersperg verliehen, während die Herzogtümer Ratibor und Oppeln zwischen 1645 und 1666 dem König von Polen verpfändet wurden. In diesen Fällen wurde die restliche Autonomie strikt begrenzt. Interessanterweise legten die Habsburger mit dieser Praxis den Grundstein für die kommenden Auseinandersetzungen. Denn als sie im Jahr 1675 die Herzogtümer Liegnitz, Brieg und Wohlau einzogen, verletzten sie einen privaten Vertrag, demzufolge die drei Territorien beim Aussterben der einheimischen Piasten an das Haus Hohenzollern fallen sollten. 65 Jahre später sollte ihre Annexion durch Wien Friedrich II. dem Großen den Rechtsanspruch verschaffen, auf dem der Einfall des Jahres 1740 angeblich beruhte (vgl. Kapitel 5).

Presslaw war zwangsläufig in diese Veränderungen verwickelt. Die Konzentration von Institutionen der Provinz in der Stadt, die unter Matthias Corvinus begonnen hatte, setzte sich unter den Habsburgern fort. Im Jahr 1535 verfügte der Stadtrat, dass alle Versammlungen der Schlesischen Stände ausschließlich in Presslaw stattfinden dürften. Zwei Jahrzehnte später wurde eine oberste Finanzbehörde für die Provinz eingerichtet. Mit anderen Worten: Presslaw begann sich seiner Macht bewusst zu werden. Immer häufiger sprach die Stadt von sich als *Vratislavia, Sile-*

Kapitel 4: Presslaw (1526–1741) 243

siae metropolim – »Presslaw, Hauptstadt Schlesiens«. Der Stadtrat konnte seine Wünsche rivalisierenden Zuständigkeitsbereichen aufzwingen. Während der Reformation demonstriert er diese Stärke denn auch sehr deutlich. Johannes Heß wurde gegen den ausdrücklichen Widerstand des Bischofs berufen. Die Stadtväter behaupteten:»Haben wir vns auß der heyligen schrifft lernen lassenn, das wir schuldig seyn, so viel an vns gelegenn, dy heylig Christlich kirche, so durch manigfeldig mißbrauch, vnd vnglawben in ein abnemen kommen, widerumb zubawen vnd aufftzurichtenn.«⁷⁵ Ähnlich energisch ginger sie beim Abbruch des Vinzenzklosters im Jahr 1529 zu Werke, als sie verfügten, dass einem einfallenden türkischen Heer kein potenzieller Stützpunkt überlassen werden dürfe. Der Bischof protestierte, war aber nicht in der Lage, sich zu widersetzen.

Ein Merkmal der habsburgischen Herrschaft war das Vertrauen der Monarchie auf die militärische und politische Unterstützung durch den Grund besitzenden Hochadel. Die unbedingt erforderliche Verbindung zwischen dem Hof in Wien und seinen Untertanen in den Provinzen wurde durch ein dichtes Netz von untereinander verheirateten, loyalen Familien adliger Großgrundbesitzer aufrechterhalten. Die mächtigsten unter ihnen behaupteten ihre Macht und ihren Einfluss sowohl in den zentralen staatlichen Ämtern als auch in der örtlichen Verwaltung, und ihre feudalen Landsitze fungierten als Mittelpunkt des gesellschaftlichen Lebens in der Provinz. Da die Losung der Habsburger Katholizismus hieß, blieb die große Mehrheit dieser Aristokraten katholisch, selbst wenn die protestantische Reformation die Bewohner ihrer Länder überrollte. Schlesien machte da keine Ausnahme. Selbst als die wichtigsten Städte, wie Presslaw, zu großen Teilen zum Luthertum übergegangen waren, lebten die großen Fürsten, Grafen und Barone wie die Hohenlohes aus Waldenburg, die Dohnas aus Wartenberg oder die Hatzfelds aus Trachtenberg weiter ihr gewohntes katholisches Leben.

Ein besonderer Aspekt des schlesischen Adelslebens hatte überdies eine besondere Wirkung auf Presslaw. Die Schlesischen Stände hatten unter dem Druck des Stadtrates beschlossen, dass die Provinzialstände nur noch in Presslaw zusammentreten sollten. Die Folge war, dass die prominentesten Familien der Provinz es sich zur Gewohnheit machten, einen Teil des Jahres in Wien bei Hofe, einen Teil auf dem Lande und einen Teil in Presslaw zu verbringen. Zu diesem Zweck kauften oder bauten sie sich ihre eigenen Stadthäuser, die sich in Größe und Stil allmählich den Statusanforderungen ihrer Besitzer anpassten. Mit der Zeit wetteiferten die Paläste katholischer Adliger mit denen protestantischer Patrizier, und es fanden sich wohlhabende Gönner zur Finanzierung der

Schulen, Kirchen und Klöster, die der katholischen Gemeinschaft der Stadt zuvor gefehlt hatten. Dieser Prozess sollte bis weit ins 19. Jahrhundert andauern. Doch war er einer der Gründe dafür, warum der Presslawer Stadtrat trotz seiner starken protestantischen Bindungen niemals in der Lage war, religiöse Einheitlichkeit herbeizuführen. In diesem Sinne war die Stadt, wie auch die Provinz, einer Art Doppelherrschaft unterworfen, bei der keine Partei die absolute Kontrolle ausüben konnte.

Bis ins 16. Jahrhundert hatte sich ein ausgeprägter »Bürgerstolz« entwickelt.[76] Er fand seinen Niederschlag sowohl in der Geschichtsschreibung als auch in der Dichtkunst. Die frühesten Stadtgeschichten von Eschenloer und Stein waren zwar bereits um 1500 geschrieben worden. Aber bis zur Zeit der habsburgischen Thronfolge hatte sich das Genre beträchtlich weiterentwickelt. Franz von Köckritz' *Origines Wratislaviensis*, die als Sammlung wichtiger rechtlicher Dokumente und Privilegien in Auftrag gegeben worden waren, wurden 1555 fertiggestellt. Der Beitrag Crato von Krafftheims, seine *Historiae urbis Vratislaviae synopsi*, wurde 1584 vorgelegt. *Die Schlesische und der herrlichen Statt Breßlaw General Chronica* von Heinrich Rättel wurde im darauf folgenden Jahr in Frankfurt am Main veröffentlicht.

Neben den Stadtgeschichten wurden auch »Lobgedichte« verfasst. Der Stadtrat zögerte nicht, einheimische Talente zu mobilisieren und passende Werke in Auftrag zu geben.[77] Ein typisches Beispiel für diese Art der Dichtung ist die *Breslographia* des Nikolaus Henel von Hennenfeld aus dem Jahr 1613. Darin pries der Verfasser die Stadt: »Wenn dieser Teil Deutschlands ein Ring wäre, dann wäre Vratislavia sein Edelstein.« An anderer Stelle beschrieb er Presslaw als »Auge des Lichts«, »Sonne Schlesiens« und »Blume Europas«.

Wie gespreizt uns Heutigen die Sprache dieser damals durchaus üblichen Auftragsarbeiten vorkommt, beweist Valens Acidalius mit *Ad Solem* (»An die Sonne«):

> Phoebus (Apollo), Vater, liebe Augen der Welt,
> Deine Rundreise erhellt die äußersten Enden der Erde.
>
> Hast du unterhalb deiner schimmernden Achse jemals
> eine lieblichere Stadt gesehen als Breslea?
>
> Was sagst du, Vater? Liegt so eine unter deinen Lichtern,
> wenn du die Nacht beiseite fegst, da, wo ich nicht sehen kann?

Ich verstehe! Wie könntest du urteilen, wessen Licht das hellste ist,
Und doch unberührt von Eifersucht bleiben?

Sieh, Phoebus! Dein uraltes Licht, dein Heiligenschein, brennt um dich,
Doch deine Speichen könnten das Leuchten unserer Stadt nicht aushalten.

Ihre glänzenden Strahlen sind deine Rivalen, die ausgreifen, die Sterne zu ersetzen,
Und einen Dreschflegel zu schwingen, so stark, dass er deinen züchtigt.

Und ist es nicht unfreundlich, beinahe könnten wir sagen ein eifersüchtiger Akt,
Wenn du, erbleichend, eine Wolkenmaske vor dein Gesicht ziehst?

Also, stolzer Ahn der goldköpfigen Gottheit, befreie dich
Aus dem beengenden Käfig Westindiens, deine uralte Lebensweise zu suchen,

Neige deine Flügel hierher, und hier endlich beginne zu steigen:
Im Wissen um Ort und Zeit, bringe herbei den prachtvollen Tag![78]

Es ist nicht überliefert, ob die Stadträte mit diesem Lob zufrieden waren.
Die absolutistischen Ambitionen der Habsburger stießen auf das Selbstvertrauen der Stadt und anderer Untertanen. Die unerschrockene Verteidigung traditioneller Privilegien durch ihre Untertanen zwang sie, Begrenzungen ihrer eigenen Macht hinzunehmen. Im Jahr 1720 forderten sie die schlesischen Fürsten und Stände auf, die »Pragmatische Sanktion« zu ratifizieren, weil sie hofften, dadurch die Einheit der habsburgischen Lande und die Thronfolge Maria Theresias zu sichern. Am 25. Oktober wurde ihrem Wunsch im Presslawer Rathaus feierlich stattgegeben. Der Vertrag wurde unterschrieben und mit rotem Wachs gesiegelt. Aber er erfüllte seinen Zweck nicht. Zwei Jahrzehnte später sollte einer der Unterzeichner der »Pragmatischen Sanktion« in offener Missachtung ihrer Bestimmungen auf Presslaw marschieren. Die lange verteidigten Privilegien der Stadt sollte er mit ähnlicher Geringschätzung behandeln.

*

Aus einer Vielzahl von Gründen erfuhr Presslaw in der frühen Neuzeit relativ wenig städtische Ausbreitung. Tatsächlich betrafen die auffallendsten Umgestaltungen des frühen 16. Jahrhunderts den Abriss bestehender Stadtteile entweder aus Verteidigungs- oder aus medizinischen Gründen. Eingeschlossen hinter ihren alternden Mauern und Wassergräben, dazu besessen von der osmanischen Gefahr, verspürte die Stadt wenig Ansporn, über ihre mittelalterlichen Grenzen hinauszuwachsen. Als die Türken 1529 Wien belagerten, waren die Vratislavier sogar derart beunruhigt, dass sie sich an den Bau von Befestigungen machten. Gleichzeitig wurden auf dem Gebiet auf dem nördlichen Flussufer Gebäude abgerissen. Das Kloster St. Vinzenz und die Kirche St. Michaelis auf dem Elbing sowie die Elftausend-Jungfrauen-Kirche wurden zerstört, um zu verhindern, dass sie bei einem möglichen Angriff dem Feind in die Hände fielen. Angesichts der Tatsache, dass alle verschwundenen Einrichtungen katholisch waren, erblickten einige Historiker in diesen Entscheidungen eine religiöse Motivation. Aber das ist fraglich. Andere bauliche Opfer waren weniger umstritten. So führten Ängste vor der Verbreitung von Geschlechtskrankheiten 1551 zur Schleifung des Venusberges, dessen Bewohner indes lediglich in die Straßen hinter dem Dom zogen, wo sie, unbeeindruckt von den Protesten der Geistlichkeit, ihr Gewerbe wieder aufnahmen.

Presslaw galt als sehr schöne Stadt, was kein Geringerer als Ferdinand I. von Habsburg bereits 1538 zum Ausdruck brachte: »Wer Breslau nicht gesehen hat, der hat keine schöne Stadt gesehen!«[79] Als sie 1561 vermessen wurde, zeigte sich außerdem, dass sie größer war als die Hauptstadt der Habsburger, Wien. Zahlreiche Karten wurden ihr zu Ehren gezeichnet, von denen die bemerkenswerteste der Stadtplan von Barthel Weihner aus dem Jahr 1562 ist, der noch immer im Rathaus hängt. Im Jahr 1558 wurde Presslaw durch einen der ersten botanischen Gärten Europas in der Reuschegasse westlich des Rings verschönert. Laurentius Scholz legte wenig später, zwischen 1585 und 1590, im Südosten der Altstadt einen neuen botanischen Garten an, der Kuriositäten aus der Neuen Welt und Exotika aus dem Osten enthielt.

Auch das Rathaus erhielt den letzten Schliff. Der Turm wurde 1559 mit einem Helm verziert, und ein Jahrzehnt später kamen die Uhrenzifferblätter hinzu. Die astronomische Uhr an der Ostfassade wurde 1580 fertig gestellt. Mit diesen Ergänzungen waren die Anstrengungen von beinahe drei Jahrhunderten vollendet. Weitere An- und Umbauten sollten keine einschneidenden Veränderungen mehr bringen.

Ein Großteil des Rings fand in dieser Zeit seine endgültige Ausgestal-

Kapitel 4: Presslaw (1526–1741)   247

tung. Das spektakuläre »Greifenhaus« wurde 1589 von Stadtbaumeister Friedrich Gross vollendet und war das größte Bürgerhaus in der Stadt. Das Haus »Zu den Sieben Kurfürsten« folgte mit der Anbringung der Fresken an seiner Fassade im Jahr 1672. Das Haus »Zum Goldenen Adler« datiert aus den ersten Jahrzehnten des 18. Jahrhunderts. Häufig waren berühmte Gäste in solchen stattlichen Gebäuden untergebracht. Das Haus »Zu den Sieben Kurfürsten«, lange Zeit inoffizielle Residenz, beherbergte 1563 Kaiser Maximilian II. Rudolf II. stieg 1577 im Haus »Zur Goldenen Sonne« ab. Das Haus »Zur Blauen Sonne«, Ring Nummer 5, besaß eine der eindrucksvollsten Gästelisten. Es wurde 1574 fertig gestellt und diente lange als Remise. Zweimal beherbergte es König Wladysław IV. von Polen – im Jahr 1619 und erneut 1624. Sigismund III. Vasa soll mit seiner künftigen Gemahlin, Anna von Österreich, ebenfalls dort gewohnt haben. Die Folge war, dass man es schließlich »Polnischer Hof« nannte. Haus Nummer 21 war viele Jahre lang die Residenz der Fugger.

Die Renovierung der Verteidigungsanlagen Presslaws wurde größtenteils zwei späteren Militärbaumeistern überlassen, Hans Schneider von Lindau (1550–1608) und Valentin von Säbisch (1577–1657). Lindau hatte die Befestigungswerke Danzigs wieder aufgebaut, bevor er nach Presslaw kam, wo er die Bollwerke im Süden und Osten erneuerte. Säbisch wurde um 1606 zum Meister der Befestigungen ernannt. Er begann mit einem grundlegenden »Reglement«, das ausführlich die Arbeiten auflistete, die von jeder Zunft auszuführen waren. Selbst die Geistlichkeit wurde nicht ausgenommen. Als Vorlage für die Befestigungen diente ihm Palma Nova in der Nähe von Udine, eine Festung, die als Maßstab für Anlagen dieser Art galt. Bald hatte Säbisch ein beeindruckendes Verteidigungssystem aus Bollwerken, Gräben, »Raveiins« – V-förmigen Außenwerken – und Kasematten geschaffen. Sie sollten schon bald einem Test unterzogen werden.

Der Kriegsausbruch 1618 dämpfte die Ausweitung der Stadt weiter. Sporadisch von kaiserlichen und schwedischen Heeren belagert, zog Presslaw sich hinter seine Verteidigungsanlagen zurück. Die Stadt hatte Glück: Sie wurde nie geplündert, was ebenso sehr geschickten Verhandlungen wie ihrer Uneinnehmbarkeit zugeschrieben werden sollte. Als man die Inseln schließlich von den Schweden wiedererlangte, stellte man fest, dass die Kirchen und die Dombibliothek geplündert und als Ställe benutzt worden waren. Verglichen mit den Ereignissen anderswo war das keine große Katastrophe. Ein Gedicht von Andreas Scultetus aus dem Jahr 1641 betont die glückliche Situation Presslaws im Vergleich zum Umland.

O herbes Schlesien, du liebes Vaterland,
Mein Leben, wie dich noch der blinde Kriegsbrand
Nicht hatte so verzehrt; Mein Tod zu diesen Zeiten.
Wer feindet dich nicht an? Wer steht auf deiner Seiten?
Man sucht dich in dir selbst. Wo deiner Väter Lust
Und Aufenthalt geprangt, liegt jetzt lauter Wust.
Bloß Presslaw blüht noch auf. Hier find ich was zu lieben.
Hier ist ein Schlesien fast einzig überblieben.[80]

Nach dem Westfälischen Frieden wurde das städtische Wachstum durch demografische Verluste erschwert. Bereits vorher, im Jahr 1633, wurde die Bevölkerung Presslaws durch einen Ausbruch der Pest um mehr als ein Drittel reduziert, und man hat geschätzt, dass der Bevölkerungsstand sich 50 Jahre lang nicht vollständig erholte. Trotzdem löste die Gegenreformation nach 1659 einen neuen Bauboom aus. Vor allem die Jesuiten verloren bei der Verstärkung der katholischen Präsenz wenig Zeit. Im letzten Jahrzehnt des 17. Jahrhunderts wurden dem Stadtbild Presslaws drei Kirchen hinzugefügt, allesamt Meisterwerke des Barock. Die Kirche St. Anna wurde 1687 erbaut, um die Augustiner-Chorfrauen der Kirche St. Maria auf dem Sande aufzunehmen. Die Antoniuskirche entstand 1685 nach dem Entwurf des Baumeisters Matthias Biener. In den Jahren 1689–98 wurde Biener erneut beauftragt, um die später als Universitätskirche St. Matthias bekannte Kirche des Namen Jesu zu erbauen. Gestaltet nach dem Vorbild von »Il' Gesu« in Rom, handelte es sich um ein archetypisches Bauwerk zum höheren Ruhme des Jesuitenordens. Das gewaltige Deckengemälde ist eine Schöpfung des Freskospezialisten Johann Michael Rottmayr. Weltliche Gebäude etwa aus derselben Zeit sind das Matthias-Hospital (1675), das Orphanotropheum (1702–15) und die von den Jesuiten geführte Universität (1728–40).

Ganz oben auf der Liste barocker Meisterleistungen stehen zwei Kapellen im Dom – die dem Fürstbischof Kardinal Friedrich von Hessen-Darmstadt (reg. 1671–82) gewidmete Elisabeth-Kapelle (1680–86) und die großartige, von Borromini inspirierte Kurfürsten-Kapelle (1716–24), erbaut von dem Wiener Hofarchitekten Johann Bernhard Fischer von Erlach für Franz Ludwig von Neuburg, Pfalzgraf bei Rhein, den Kurfürsten von Mainz und Bischof von Presslaw (reg. 1683–1732). Letztere wurde mit illusionistischen Kuppelfresken von Carlo Carlone, Stuckarbeiten von Santino Bussi und Skulpturen des böhmischen Meisters F. M. Brockhoff ausgeschmückt. In den Jahren 1693–99 wurde das mittelalterliche Grabmal Herzog Heinrichs VI. in der Ursulinenkirche St. Klara zum prachtvollen Mausoleum der Presslawer Piasten erweitert und vergrößert. Im Jahr 1715 wurde der alten Dominikanerkirche St. Adalbert die prunkvolle Grabkapelle des heiligen Czeslaus von Benedikt Miller hinzugefügt. Der Zustrom adliger Großgrundbesitzer nach Presslaw führte zur Errichtung mehrerer großartiger Paläste. Zu den älteren Beispielen gehörten das Haus der Oppelner Piasten von 1532 und das Haus der Piasten aus Liegnitz-Brieg, das in verschiedenen Phasen bis 1675 entstand und eine eindrucksvolle Renaissance-Fassade besaß. Unter den neueren Beispielen verdienen vier eine Erwähnung. Das Spaetgen-Palais wurde 1710 für den Freiherrn Heinrich Gottfried von Spaetgen erbaut und war dazu bestimmt, zum Stadtschloss Friedrichs des Großen zu werden. Ein Jahrzehnt später wurde für den Wiener Bankier Christian von Schreyvogel das Schreyvogel-Palais erbaut. Im Jahr 1760 sollte es General von Tauentzien bei der Verteidigung gegen die Österreicher als Hauptquartier dienen. Das ursprüngliche Palais Hatzfeld wurde 1722 von dem Wiener Hofarchitekten Christoph Hackner für Herzog Franz Philipp von Hatzfeld-Trachenberg erbaut. Acht Jahre später ordnete der kaiserliche Bevollmächtigte in Presslaw, der Herzog von Lamberg, den Bau des Lamberg'schen Palais an, wieder im Wiener Stil.

Inmitten solchen Prunks wurden die Mauern der baufälligen kaiserlichen Burg schließlich im Jahr 1728 abgerissen. Ein neues Bauwerk wurde in Angriff genommen, dessen barockes Meisterstück die »Aula Leopoldina« werden sollte (1731). Schließlich wurde im Jahr 1732, kurz vor dem Ende der habsburgischen Herrschaft, auf dem Neuen Markt der Neptunbrunnen errichtet. Die Presslawer tauften ihn »Gabeljürge«. Er erinnerte auf passende Weise an die strahlendere Seite der habsburgischen Zeit.

Die protestantischen Kirchenbauten auf dem Lande rings um Presslaw waren in ihrer baulichen Gestaltung sehr viel ausdrucksvoller als die in der Stadt selbst, wo die Lutheraner meist einfach die bestehenden Gotteshäuser übernahmen. In Reimswaldau in der Nähe von Waldenburg beispielsweise findet sich heute noch ein seltenes Beispiel einer »Schrotholzkirche« aus dem Jahr 1557. Erbaut aus roh behauenen Balken, mit einem frei stehenden Glockenturm und rustikalen Gemälden im Innern, beschwört sie äußerst eindrucksvoll die schlichte Frömmigkeit der frühen protestantischen Landgemeinden. Mitte des 17. Jahrhunderts wurde den Protestanten Schlesiens durch eine spezielle Klausel des Westfälischen Friedens das Recht eingeräumt, eine Anzahl von »Friedenskirchen« zu errichten, die außerhalb der Städte und vollständig aus Holz oder Lehm ohne Nägel erbaut werden sollten. Ein schönes Beispiel von 1654/55 nach

Plänen des Militärtechnikers Säbisch steht in der Nähe von Jauer an der Straße nach Schweidnitz. Ein weiteres Beispiel ist die Friedenskirche zur Heiligen Dreifaltigkeit (1657/58) in Schweidnitz selber. 50 Jahre später musste der habsburgische Kaiser seinen protestantischen Untertanen in Schlesien im Vertrag von Altranstädt von 1707 das Recht zugestehen, »Gnadenkirchen« zu erbauen. Ein zur Hälfte aus Holz errichtetes Exemplar ist in Militsch, 50 Kilometer nordöstlich von Wrocław, erhalten.

Die katholische Kirche schwelgte im Gegensatz dazu in barocken Gebäudekomplexen von kolossaler Größe und Theatralik. Die meisten mittelalterlichen Abteien der Gegend – Trebnitz, Leubus, Heinrichau und Grüssau – wurden komplett verändert. Leubus zum Beispiel wurde im 18. Jahrhundert nach Art der Barockklöster Österreichs umgestaltet und stellte danach vermutlich eine der größten kirchlichen Anlagen Europas dar. Ein anderes Wunder der Gegenreformation wurde im Heuscheuer Gebirge in Albendorf in der Nähe von Glatz geschaffen. Dort wurde in den Jahren 1716–21 nach Instruktionen von Daniel Paschasius von Osterberg ein vielschichtiger Kreuzweg errichtet. Den Mittelpunkt dieses »Schlesischen Jerusalem« bildete eine Wunder wirkende Figur der Heiligen Jungfrau, und Albendorf wurde zum meistbesuchten Wallfahrtsort Niederschlesiens. Die Altarbilder in den Kapellen, zu denen man über eine breite Treppenflucht emporsteigt, sind das Werk von Michael Willmann.

Die kleineren Städte der Provinz spiegelten in vielerlei Hinsicht die Entwicklungen in Presslaw – wenngleich in kleinerem Maßstab. Nach dem Dreißigjährigen Krieg war viel Wiederaufbauarbeit zu leisten. Einer Stadt wie Striegau an der Straße nach Liegnitz zum Beispiel wurde erst wieder richtig auf die Beine geholfen, als sie 1713 von Veteranen aus dem Spanischen Erbfolgekrieg neu besiedelt wurde. Liegnitz selber wurde in der ersten Hälfte des 18. Jahrhunderts mit vielen Denkmälern und Bauwerken verschönert, die an eine kleinere Hauptstadt erinnern. Der Chor der früheren Kirche St. Johannes wurde von Carlo Rossi zu einer achteckigen Kapelle für das Mausoleum der Liegnitzer Piasten umgestaltet. Die herzoglichen Sarkophage sind umgeben von historischen Gemälden. Daneben wurde von 1714–21 für die Jesuiten die neue Pfarrkirche St. Johannes des Täufers erbaut. Die reich ausgeschmückte Klosterkirche St. Hedwig außerhalb der Stadt wurde im Auftrag des Benediktinerabts Othmar Zinke aus dem böhmischen Brunau von Kilian Ignaz Dietzenhofer errichtet. Das ovale Gewölbe, die Zwillingstürme und das sechseckige Kirchenschiff sind ebenso bemerkenswert wie die Malereien von Cosmas Damian Asam, Franz de Becker und Wenzel Reiner. In der Liegnitzer Innenstadt erlebte die Schlussphase der habsburgischen Herrschaft die

Kapitel 4: Præsslaw (1526–1741)

Entstehung der Ritterakademie (1708), des Palais der Äbte von Leubus (1735–45) und, auf dem Marktplatz, des spätbarocken Rathauses (1737–41).

Neben der Kirche vergab der Landadel die meisten Bauaufträge. Als dessen mittelalterliche Burgen militärisch überflüssig wurden, wurden sie umgebaut oder durch Landschlösser ersetzt. Auf diese Weise haben die Hochbergs in Fürstenstein, die Talkenbergs in Plagwitz und die Piasten von Liegnitz-Brieg in Ohlau im 16. Jahrhundert großartige Renaissance-Häuser erbaut. Doch nichts überstrahlte den barocken Glanz von Groß-Peterwitz in der Nähe von Trebnitz, das nach 1693 von Graf Colonna erbaut wurde, der in den lokalen Adel eingeheiratet hatte. Ebenso beeindruckend ist Goschütz in der Nähe von Wartenberg, das in den Jahren 1730 bis 1740 für den Grafen Heinrich I. Leopold von Reichenbach errichtet wurde.

Das frühneuzeitliche Schlesien besaß zwar keine Bauten, die mit den Schlössern der Loire, den Villen der römischen Campagna oder mit den fürstlichen Bauwerken Polens oder Litauens vergleichbar gewesen wären. Doch seine Architektur strebte sowohl innerhalb wie außerhalb Presslaws nach Maßstäben, die weit über provinziellem Mittelmaß lagen. Sie war das Werk alter Architekten-, Künstler- und Handwerkerschulen und zeigte in Entwurf und Ausführung hohes Niveau.

*

Die Bürger des habsburgischen Schlesien dürften kaum eine Ahnung von dem gehabt haben, was ihnen die Zukunft bringen sollte. Wie die verschiedenen piastischen Mausoleen bestätigt haben, war ihre spezielle Art von Deutschtum auf slawischen Fundamenten errichtet worden. Hunderte von Jahren hatten sie zum Königreich Böhmen gehört. Sie waren stolz auf den hohen Grad an Selbstverwaltung, den die habsburgischen Herren ihnen nicht genommen hatten. Es ist sehr zweifelhaft, ob viele von ihnen die »Barbaren aus Berlin«, die neu in der Nachbarschaft waren, als ernsthafte Herausforderer der Macht Österreichs angesehen hätten. Die Optimisten hätten vielmehr gehofft, dass die lange vorbereitete »Pragmatische Sanktion« eine glatte Thronfolge und eine Verlängerung des Status quo gewährleisten würde. Die Pessimisten hätten sich auf Schwierigkeiten, möglicherweise auf eine Anfechtung der habsburgischen Gewalt über das Reich eingestellt. Doch niemand konnte voraussehen, was tatsächlich geschehen sollte.

Kapitel 5: Bresslau

Die Stadt im Königreich Preußen, 1741–1871

Der Aufstieg Preußens war eine der wichtigsten politischen Entwicklungen des frühen 18. Jahrhunderts. Zur Zeit der Krönung Friedrichs I. zum »König in Preußen« (1701) wurde das Land, dessen Herrschaftsgebiet kaum mehr als die Kernländer Brandenburg, Ostpommern und Ostpreußen umfasste, nicht zu den Großmächten gerechnet. Doch schon beim Ausbruch des Siebenjährigen Krieges 1756 stand praktisch der gesamte europäische Kontinent unter Waffen gegen ein preußisches Gebilde, das zur beherrschenden Kraft in Nordeuropa geworden war. Der Baumeister dieses kometenhaften Aufstiegs war Friedrich II. (reg. 1740–86). Seine Dynastie, die Hohenzollern, war dazu bestimmt, den Führungsanspruch der bisherigen Vormacht unter den deutschen Fürsten – den der Habsburger – in Frage zu stellen.

Friedrich war ein fähiger Flötenspieler und geistreicher Briefpartner Voltaires, doch nach zeitgenössischen Schilderungen galt er auch als rücksichtslos, arglistig und misanthropisch. Er folgte seinem Vater, Friedrich Wilhelm I., im Alter von 28 Jahren auf dem preußischen Thron nach. Zu dieser Zeit blickte er bereits auf ereignisreiche Jugendjahre zurück. Von seinem Vater wegen scheinbar fehlenden Interesses an allem Militärischem drangsaliert, hatte der junge Friedrich 1730 in Gesellschaft zweier Freunde, der Leutnants Katte und Keith, dem Hof entfliehen wollen. Im Anschluss an seine Festnahme war er gezwungen, die Hinrichtung Kattes mit anzusehen, und während seiner Einzelhaft in der Festung Küstrin an der Oder musste er mit der Aussicht auf die eigene Exekution leben. Etwa 15 Monate schmachtete er in der Festung und befasste sich mit Militärtheorie und der Arbeitsweise der preußischen Verwaltung. Bis 1733 hatte er die Wertschätzung seines Vaters wiedergewonnen. Friedrich sollte der »vielleicht fähigste Taktiker der Militärgeschichte«[1] werden.

Es heißt, Friedrich habe bei seiner Thronbesteigung im Jahr 1740 erkannt, dass Preußen nicht auf der Stelle treten könne, weil es entweder zu Größe aufsteigen oder eine zweitrangige Macht bleiben werde. Also beschloss er, gestützt auf solide Finanzen und eine gut ausgebildete Armee von etwa 100 000 Mann, die vorsichtige Politik seines Vaters fahren zu lassen. Die Gelegenheit zum Handeln sollte bereits fünf Monate nach seinem Regierungsantritt gekommen sein. Als die russische Zarin Anna Iwanowna und der Letzte aus der männlichen Linie der Habsburger, Karl VI., beinahe gleichzeitig starben (17.10. und 20.10.1740), spürte Friedrich die verwundbare Position der jungen Maria Theresia in Wien und die Verwirrung in St. Petersburg. Trotz der »Pragmatischen Sanktion« (siehe S. 245) sah er seine Chance, die reichste der habsburgischen Provinzen – Schlesien – an sich zu reißen.

Die Hohenzollern hatten seit langem ein Auge auf die schlesischen Herzogtümer geworfen. Der so genannte Erbverbrüderungsvertrag von 1537 zwischen Friedrich III. von Liegnitz-Brieg-Wohlau, Schlesiens mächtigstem Fürsten, und Kurfürst Johann II. von Brandenburg hatte den Hohenzollern im Falle des Aussterbens der einheimischen Piasten die Nachfolge in den Herzogtümern Liegnitz, Brieg und Wohlau gesichert. Der Große Kurfürst hatte 1648 auf diesen Ansprüchen bestehen wollen und 20 Jahre später militärische Maßnahmen in Erwägung gezogen.[2] Doch als die Piasten dann im Jahr 1675 tatsächlich ausstarben, wurden ihre Herzogtümer vom Haus Habsburg eingezogen. Also hatte Friedrich einen rechtlichen Anlass zur Unzufriedenheit. Allerdings hatte seine Handlungsweise im Jahr 1740 weniger mit juristischen Feinheiten, sondern mehr mit Machtpolitik zu tun. Er sah im Überfall auf Schlesien sein persönliches »Rendezvous des Ruhms«[3] und – auf einer anderen Ebene – den ersten Schritt für Preußens Aufstieg zur Größe. Wie er in seinen Erinnerungen offen zugeben sollte, war das Eingreifen in Schlesien »ein Mittel, einen Ruf zu erwerben und die Macht des Staates zu mehren«.[4]

Der erste schlesische Feldzug von 1740 könnte durchaus als Vorläufer des »Blitzkrieges« bezeichnet werden. Vor dem Überfall wurde Geheimhaltung gewahrt, und das Unternehmen wurde durch eine diplomatische Strategie unterstützt. In einer ausgeklügelten Finte wurden mehrere Regimenter in den Südwesten Berlins verlegt. Am Vorabend des Einmarsches wurde dort sogar ein Maskenball veranstaltet. Der König verbrämte seinen Vorstoß, der am 14. Dezember begann, als Präventivmaßnahme, indem er behauptete, Österreich stehe am Rande des Zusammenbruchs. Doch in Wahrheit riskierte er alles, denn Preußen selbst war noch nicht die bedeutende, respektierte Macht, zu der Friedrich es machen sollte:

Kapitel 5: Bresslau (1741–1871)

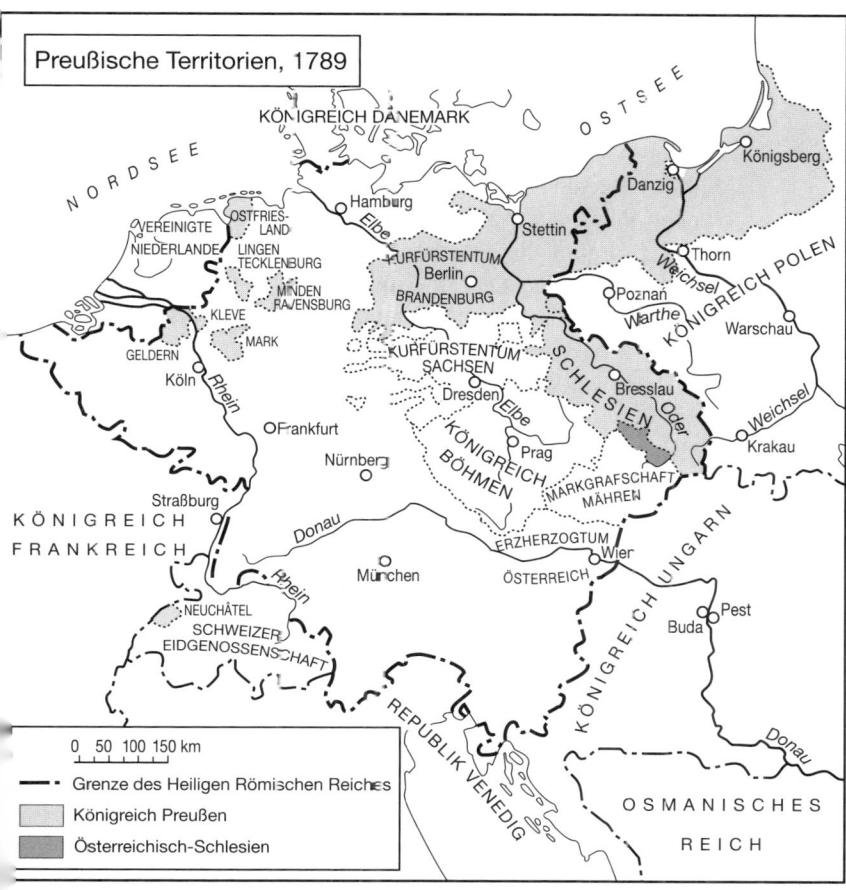

»Seine Offiziere galten als bloße Abenteurer ... seine Soldaten als üble Söldner, und der Name ›preußisch‹ fiel selten ohne einen beleidigenden Scherz ... Das Land selber bildete eine unbeschreibliche Art hermaphroditer Monarchie, die mehr von der Schäbigkeit eines Kurfürstentums an sich hatte als von der Würde eines Königreichs.«[5]

Überdies war das Ergebnis des Vormarsches, obwohl alle Vorsichtsmaßnahmen getroffen wurden, nicht mit absoluter Sicherheit vorhersehbar:

»Am Mittag des 14. Dezember erreichte Friedrich Crossen, die letzte Stadt in Brandenburg ... Die abergläubischen Stadtbewohner befanden sich in einem Zustand beträchtlicher Beunruhigung, denn die Ankunft des Königs erfolgte gleichzeitig mit dem Sturz der Glocke in der großen Kirche. Aber Friedrich versicherte sie, das Omen sei günstig, da es den Zusammenbruch des Hauses Habsburg bedeute.

Am 16. Dezember marschierten Friedrich und die führenden Truppen durch ein Waldgebiet und überquerten die schlesische Grenze... Kaum auf österreichischem Territorium, wurde der König von zwei Gestalten in schwarzen Umhängen abgeholt, die wie Krähen am Straßenrand standen. Es waren protestantische Geistliche aus Glogau, die gekommen waren, Friedrich zu bitten, die ketzerischen Kirchen im Falle der Bombardierung zu verschonen. Der König begrüßte sie als die ersten seiner schlesischen Untertanen.

Die Nacht verbrachte Friedrich in einem feudalen Hause in Schweidnitz und schrieb nach Berlin: ›... Ich habe den Rubikon mit fliegenden Fahnen und Trommelwirbel überschritten. Meine Truppen sind voller Begeisterung... und unsere Generäle sind süchtig nach Ruhm.‹

... Am 18. Dezember setzte schlechtes Wetter ein. Tross und Artillerie hinkten weit hinterher, und die Soldaten marschierten bis zu den Knien in Schlamm und Wasser, wobei sie sich ihre weißen Gamaschen ruinierten. Glogau erwies sich als weit besser verteidigt denn... erwartet, und... der preußische Einfall drohte stecken zu bleiben... Umso mehr war Friedrich darauf aus, auf [Bresslau] vorzustoßen, weil er wusste, dass die städtische Obrigkeit Gespräche über die Zulassung einer österreichischen Garnison führte. Folglich verließ er Glogau im Blockadezustand... und brach am 28. Dezember mit der Vorhut nach [Bresslau] auf...«[6]

Während des Vormarsches durch Schlesien verhandelte Friedrich mit Wien. Er bot an, die »Pragmatische Sanktion« zu unterstützen und für den Ehemann von Maria Theresia, Franz, Großherzog von Toskana, als Kaiser zu stimmen, falls Wien auf seine Bedingungen einginge. Er erhielt die Weigerung der Habsburger am Neujahrstag des Jahres 1741 vor den Toren Bresslaus. An jenem bitterkalten Tag

»langten Friedrich und seine Grenadiere außerhalb der massiven Schutzwälle [Bresslaus] an. Die Haupttore waren vor ihnen verschlossen, aber die Pforten waren geöffnet, und ein Strom von

Kaufmannsburschen hielt auf die Reihen der Preußen mit ihren messingbeschlagenen Helmen zu. Sie schleppten Wein, Brot, Fisch und Fleisch und zogen auf kleinen Schlitten Bierfässer hinter sich her.«[7]

Im Innern der Festung war die Spannung greifbar. Bereits mit Flüchtlingen belastet, hatten die Einwohner den preußischen Vormarsch mit einem Unbehagen beobachtet, das Unruhen ahnen ließ. Obwohl nicht offen für die Preußen, war die Mehrheit von ihnen auch nicht nachweislich für Österreich. Eine aus wirtschaftlichen und religiösen Missständen herrührende Unzufriedenheit war weit verbreitet.[8] Als am 10. Dezember eine Order eingetroffen war, aus der hervorging, dass Reichstruppen geschickt werden sollten, hatte man keineswegs erfreut reagiert. Wenn das lang gehegte Privileg der Selbstverteidigung, das *Ius prcesidii*, unmittelbar gefährdet war, dann fürchtete die Bevölkerung auch um ihre anderen Privilegien, nicht zuletzt um die Freiheit der Religionsausübung. Also hatte die vom Rat vorgeschlagene Annahme der Order am 14. Dezember einen Massenaufruhr entfacht. Etwa 600 Männer unter der Führung eines Flickschusters namens Johann Döblin[9] hatten das Rathaus gestürmt und zudem symbolisch die Befestigungsanlagen bemannt. Ihre Aktion verhinderte den Einzug von Reichstruppen. Doch ihre Verwegenheit brach zusammen, sobald Ende des Monats die preußische Vorhut erschien.

Der Angriff Friedrichs II. auf Schlesien inspirierte eines jener wundervollen Beispiele dramatischer Geschichtsschreibung, die man einst jungen Historikern als leuchtendes Vorbild hinstellte:

»Doch der König von Preußen, der Anti-Machiavel, hatte bereits unwiderruflich beschlossen, das große Verbrechen zu begehen, seinen Treueschwur zu brechen, den Verbündeten, den er verteidigen sollte, auszuplündern und ganz Europa in einen langen, blutigen und zerstörerischen Krieg zu stürzen, und das alles zu überhaupt keinem anderen Zweck als dem, vielleicht sein Herrschaftsgebiet auszuweiten und seinen Namen in den Gazetten zu sehen. Er beschloß, schnell und im Geheimen, bevor Maria Theresia von seiner Absicht in Kenntnis gesetzt würde, eine große Armee zusammenzuziehen, Schlesien zu überfallen und diese reiche Provinz seinem Königreich hinzuzufügen... Es war mitten im tiefsten Winter. Es herrschte strenge Kälte, und die Straßen versanken im Morast. Aber die Preußen machten weiter. Widerstand war unmöglich. Die österreichische Armee war damals weder zahlreich noch besonders schlagkräftig. Der kleine Teil dieser Armee, der in Schlesien lag, war auf Feindseligkeiten nicht vorbereitet. Glogau wurde eingeschlossen, [Bresslau] öffnete seine Tore, Ohlau wurde evakuiert. Ein paar verstreute Garnisonen hielten noch durch, aber das ganze offene Land wurde unterworfen, kein Feind wagte, dem König im Feld zu begegnen.«[10]

Drei Tage lagerten die Preußen auf den Oderinseln, während königliche und städtische Beamte verhandelten. Dann einigte man sich darauf, dass der Stadt keine preußische Garnison auferlegt würde, solange die Neutralität gewahrt und den Österreichern der Zutritt zur Stadt verwehrt bliebe. »Unter den gegenwärtigen Umständen und solange sie vorherrschen« gab Friedrich seine Zustimmung. Die Umstände sollten sieben Monate lang vorherrschen. Am selben Morgen des 3. Januar 1741 verständigte man sich außerdem darauf, dass Schlesiens neuer Herrscher feierlich Einzug in die Stadt halten sollte:

»Kurz vor der Mittagsstunde an diesem 3. Januar ritt der preußische König mit seinem Stab durch das Schweidnitzer Tor nach Breslau hinein. Friedrichs silbernes Tafelgeschirr hatte das Stadttor als Erstes passiert. Es wurde von Packpferden transportiert, die blausamtene Schabracken trugen, prunkvoll verziert mit goldenen Quasten und Glöckchen. Friedrich saß auf einem feurigen Ross. Sein Umhang aus blauem Samt war mit Schneeflocken bedeckt, die an diesem kalten Tag unablässig vom Himmel fielen. Immer wieder entblößte der König sein Haupt, um sich für den Jubel der Menge erkenntlich zu zeigen. Er stieg im Hause des Grafen Schlangenberg in der Albrechtstraße ab und zeigte sich der begeisterten Bevölkerung zweimal vom Balkon des Palais.«[11]

Die königliche Gesellschaft verweilte drei Tage, und in dieser Zeit trug das gute Benehmen der Soldaten viel dazu bei, die Annexion erträglicher zu machen. Ein an den Kriegsminister abgesandtes Kommuniqué verriet jedoch einen weniger friedlichen Ton. »Ich habe Breslau«, schrieb Friedrich, »morgen werde ich gegen den Feind vorgehen«.[12] Er schloss die österreichischen Festungen Glogau und Brieg ein, begann Neisse zu beschießen, brachte seine Truppen in den Städten und Dörfern in Winterquartieren unter, und dann ritt er nach Hause. »Über die Zukunft erlaube ich mir keine Voraussagung«, äußerte der dänische Gesandte in Berlin,

Kapitel 5: Breslau (1741-1871)

»aber sicherlich sinnt dieser Monarch auf eine große Unternehmung und wird sich nicht mit der Eroberung einer Provinz begnügen, sondern trachten, der Schiedsrichter des Deutschen Reiches zu werden«.[13] Zu Beginn des Jahres 1741 kam es in Schlesien nur sporadisch zu Kriegshandlungen. Ungarische Husaren in österreichischen Diensten, die auf Überfälle und Hinterhalte spezialisiert waren, begannen schlesische Adlige zu entführen, die den Preußen einen freundlichen Empfang bereitet hatten. Im März überquerte eine österreichische Armee unter General Neipperg die Berge, überrannte die Gebiete im Süden und stellte die Verbindung mit der Festung Brieg her. Diesmal war es Friedrich, der überrascht worden war. Er eilte zurück nach Breslau, sammelte seine weit verstreuten Truppen und rückte aus in die Schlacht. Der bewaffnete Zusammenstoß fand am Nachmittag des 10. April 1741 auf den schneebedeckten Feldern bei Mollwitz in der Nähe von Brieg statt. Die Kontrahenten waren einander ebenbürtig. Die Österreicher waren bei der Reiterei im Vorteil, die Preußen bei der Infanterie. Friedrich überließ das Kommando dem altgedienten Feldmarschall Schwerin, der an der Seite von Marlborough in Blenheim und an der Seite Karls XII. in Bender gefochten hatte. In der Hitze des heftigen Gefechts, als eine Niederlage unmittelbar bevorzustehen schien, befahl Schwerin dem König, das Schlachtfeld zu verlassen. Friedrich schnappte sich einige Staatspapiere, bestieg einen kräftigen englischen Grauschimmel und galoppierte weit weg vom Schlachtfeld. Aber die Angst war unbegründet, denn die gut gedrillte preußische Infanterie hatte sich gesammelt und den Sieg ohne ihn davongetragen. Der Ausgang war aber denkbar knapp gewesen. Um ein Haar hätten die Österreicher die Preußen zur Kapitulation und zur Rückgabe Schlesiens gezwungen. Nie wieder würde Friedrich ein noch umkämpftes Schlachtfeld verlassen.

Die Folgen von Mollwitz waren mannigfaltig. Das Pferd, das Friedrichs Haut gerettet hatte, der Mollwitzer Schimmel, erhielt ein ehrenvolles Gnadenbrot im Lustgarten in Potsdam, wo er noch 20 Jahre lebte. Auf internationaler Ebene schlossen sich Frankreich, Spanien und Bayern mit Preußen zu einer Allianz gegen Österreich zusammen, was der Auftakt zum Österreichischen Erbfolgekrieg war. Auf regionaler Ebene verlor Breslau seine Autonomie. Im Sommer 1741 hatte die politische Agitation preußischer Agenten in Verbindung mit einer außerordentlichen Besteuerung Verwirrung gestiftet, und Friedrich entschied sich schließlich zum Handeln. Um 6 Uhr am Morgen des 10. August rückten preußische Truppen in Breslau ein, begleitet von der städtischen Bürgerwehr, wie das Neutralitätsabkommen es vorschrieb. Doch sprengten sie rasch vor, um sich in den Besitz von Befestigungsanlagen und Rathaus zu bringen, und gegen Mittag hatten sowohl die Bürgerwehr als auch der Rat den Treueid geleistet. Wie verlautet, war ein aufsässiger Wachtposten am Ohlauer Tor, der zwei Ohrfeigen einstecken musste, der einzige Verletzte der Aktion. Diese »Eroberung« hat ein gewisser Johann Steinberger in seinem Tagebuch festgehalten:

> Glogau bei Nacht,
> Brieg mit Macht
> [Bresslau] mit Lachen,
> Neisse mit Donnern und Krachen.[14]

Nach 480 Jahren relativer Unabhängigkeit war die schlesische Hauptstadt nun einem zentralisierten Staat eingegliedert worden. Noch immer hatte sich keine verbindliche Schreibweise des Stadtnamens durchgesetzt. Aber die Form »Bresslau«, die aus dieser Zeit überliefert ist, bezeichnet eine passende Zwischenstufe zwischen dem »Presslaw« der Vergangenheit und dem »Breslau« der Zukunft und soll deshalb hier Verwendung finden.

Aller Wahrscheinlichkeit nach waren die Absichten Friedrichs II. bei seinem Feldzug ziemlich begrenzt. Dennoch hatte er ausgelöst, was als »der erste Weltkrieg« bezeichnet worden ist, denn der Österreichische Erbfolgekrieg und der Siebenjährige Krieg – die beiden Schlesischen Kriege sollten nur einen Teil dieser Kriege ausmachen – sollten weltweite Auswirkungen haben. Lord Macaulay fand keine Worte, die stark genug waren, seiner Empörung Ausdruck zu verleihen:

> »Wäre die schlesische Frage bloß eine Frage zwischen Friedrich und Maria Theresia gewesen, wäre es unmöglich, den preußischen König von ungeheuerlicher Perfidie freizusprechen. Aber wenn wir die Auswirkungen betrachten, die seine Politik... unweigerlich zeitigen musste, sind wir gezwungen, eine noch viel härtere Verurteilung auszusprechen... Der Raub des großen österreichischen Erbes war in der Tat eine große Versuchung... Aber die selbstsüchtige Habgier des Königs von Preußen war das Signal für seine Nachbarn. Sein Beispiel beruhigte ihr Schamgefühl... Die ganze Welt eilte zu den Waffen. Auf das Konto Friedrichs geht all das Blut, das in einem Krieg vergossen wurde, der während vieler Jahre und in jedem Winkel des Globus wütete, das Blut der Kolonne von Fontenoy, das Blut der Bergbewohner, die in

Culloden niedergemetzelt wurden. Diese seiner Verderbtheit entsprungenen Übel wurden in Ländern verspürt, in denen der Name Preußens unbekannt war. Und damit er einen Nachbarn berauben könnte, den zu verteidigen er versprochen hatte, kämpften Schwarze an der Küste von Coromandel, und Rote skalpierten sich gegenseitig an den Großen Seen Nordamerikas.«[15]

Man fragt sich, wie viele Menschen in Bresslau die Kraft der Schockwellen erkannten, die von dem politischen Erdbeben ausstrahlten, in dessen Epizentrum sie sich befanden. Im nächsten Jahr fanden die Schlesier sich mit ihrem neuen Status ab. Die militärischen Operationen verlagerten sich nach Böhmen, wo zwei weitere Niederlagen im Mai 1742 die Österreicher veranlassten, um Frieden zu bitten. Der am 11. Juni 1742 vom Balkon des Hauses »Zur Goldenen Sonne« am Ring verkündete Sonderfriede von Bresslau brachte den Ersten Schlesischen Krieg zum Abschluss. Österreich erkannte die preußische Annexion Schlesiens an, und Preußen verpflichtete sich, die Rechte der schlesischen Katholiken zu wahren.

Doch eingedenk der Erfolge Maria Theresias an anderen Fronten stürzte Friedrich sich erneut in den Kampf. Mit einem abermaligen Einfall in Böhmen und der Einnahme Prags begann er im August 1744 den Zweiten Schlesischen Krieg. Ein österreichisches Gegenmanöver zwang ihn jedoch, sich nach Schlesien zurückzuziehen. Im Frühling 1745 hielt Friedrich sich im Kloster von Kamenz auf, wo er die Österreicher und Sachsen von den Bergen herablocken wollte. Als sie endlich in der Nähe von Striegau in die schlesische Ebene hinabstiegen, wusste ihr Oberbefehlshaber, Herzog Karl von Lothringen, nicht, wie nahe die preußische Hauptarmee stand. Friedrich konnte deshalb am 4. Juni in Hohenfriedberg im Schutz der Dunkelheit vorrücken. Er überraschte die gegnerische Flanke am frühen Morgen, besiegte Sachsen und Österreicher getrennt und brach anschließend jeden Widerstand mit einem couragierten Sturmangriff der Bayreuther Dragoner – »die berühmteste Episode der Schlesischen Kriege«. Um 9 Uhr morgens war die Schlacht vorbei. Die österreichischen Verluste waren dreimal so hoch wie die preußischen. Weitere preußische Siege bei Soor und bei Kesselsdorf zwangen Maria Theresia, einmal mehr um Frieden nachzusuchen. Der am ersten Weihnachtstag des Jahres 1745 unterzeichnete Vertrag von Dresden bekräftigte die österreichische Anerkennung der Annexion Schlesiens durch Preußen. Friedrich, der sich in (mit Unterbrechungen) fünf Jahren Krieg den Beinamen »der Große« verdient hatte, bemerkte, er würde in Zukunft

»nicht einmal eine Katze«[16] angreifen. In Wirklichkeit pressten seine Unteroffiziere sächsische Gefangene brutal in preußische Dienste. Über den Dragoner Nikolaus Stepahn vom Maffeischen Regiment, der flüchtete, vermerkte ein sächsischer Kompanieschreiber: »Gedachter Carabinier ist zu Leistung fernerer Dienste willig, und will lieber Ihro Königl. Majestat in Pohlen 20 Jahre als dem Könige von Preußen 1 Jahr dienen...«[17] Das ausgelaugte Preußen begrüßte das Friedensintervall. Doch der Frieden war nur allzu flüchtig. Im Jahr 1756 brach die dritte Runde im Kampf um Schlesien, der Siebenjährige Krieg, aus. Im Anschluss an die Bildung einer neuen antipreußischen Allianz, die Frankreich, Österreich, Russland, Schweden und Sachsen umfasste, war Friedrich gezwungen, zum Krieg zurückzukehren. Er führte einen Präventivschlag gegen Sachsen und marschierte in Böhmen ein. Aber Niederlagen bei Kolin im Juni 1757 und bei Moys im September führten dazu, dass die Operationen sich nach Schlesien zurückverlagerten. Am 22. November trafen die Armeen vor den Toren Bresslaus zwischen den Dörfern Kosel und Gräbschen aufeinander. Die zahlenmäßig stark unterlegenen Preußen unter dem Herzog von Braunschweig-Bevern verloren ein Viertel ihrer Soldaten und wurden vertrieben. Zwei Tage später kapitulierte die Garnison der Stadt.

Doch Friedrich war nicht bereit, die Niederlage hinzunehmen. Indem er Braunschweigs Überlebende der kleinen Abteilung eingliederte, die mit ihm von Berlin abmarschiert war, schuf er eine kombinierte Truppe von 33 000 Mann. Bei Parchwitz in der Nähe von Liegnitz richtete er – entgegen seiner sonstigen Gewohnheit auf Deutsch – eine Ansprache an seine Offiziere und appellierte an ihren Patriotismus:

> »Der Feind hält das befestigte Lager von [Bresslau] besetzt, das meine Truppen ehrenvoll verteidigt haben; ich breche morgen auf, um ihn anzugreifen... Ich kenne die Schwierigkeiten... aber in der Situation, in der ich mich befinde, handelt es sich um Sieg oder Tod! Alles ist verloren, wenn wir unterliegen! Denken Sie daran, meine Herren, daß wir bei diesem Anlaß für unseren Ruhm, für den Erhalt unserer Heime, für unsere Frauen und unsere Kinder kämpfen werden! Diejenigen unter Ihnen, die wie ich denken, können versichert sein, daß ich, falls sie getötet werden, für ihre Frauen und Kinder sorgen werde, doch diejenigen, die es vorziehen, ihren Abschied zu erhalten, werden ihn auf der Stelle erhalten, müssen sich jedoch im klaren darüber sein, daß sie auf keinerlei Wohltaten meinerseits zählen können...«[18]

Kapitel 5: Bresslau (1741–1871)

Dann rückte er ab, um einer mehr als doppelt so starken österreichischen Armee von 82 000 Mann gegenüberzutreten. In der Nähe des Dorfes Leuthen etwa 15 Kilometer westlich von Bresslau stieß er auf den in breiter Front aufmarschierten Gegner.

Die Schlacht von Leuthen am 6. Dezember 1757 fand Eingang in alle militärischen Lehrbücher. Abgesehen davon, dass sie über das Schicksal Bresslaus für die nächsten zwei Jahrhunderte entschied, war es Friedrichs »berühmtester Tag«. Napoleon sollte seine Taktik ein »Meisterstück taktischer Bewegung«[19] nennen, das zeige, wie Geschwindigkeit, Überraschung und strategisches Geschick den schwächeren Bataillonen zum Sieg verhelfen könne. Als Friedrich am Sonntagnachmittag auf die Stadt Neumarkt vorrückte, erfuhr er von ein paar Bauern, dass das Hauptkontingent der Österreicher in der Nähe im schneebedeckten Hügelland biwakierte. Sie waren nicht in Bewegung und deshalb verwundbar. Am 6. morgens erhob Friedrich sich vor Tagesanbruch, erklomm einen niedrigen Hügel, den Schönberg, von wo aus er das österreichische Lager auf einer Hochebene beobachtete und sorgfältig seinen Plan schmiedete. Er funktionierte perfekt. Die Preußen näherten sich in rechten Winkeln. Die Österreicher bildeten eine starre Schlachtordnung für einen Frontalangriff. Aber irgendwo kurz vor ihrem vermeintlichen Ziel bog die preußische Infanterie scharf in einen tiefen Hohlweg ab, der, dem Blick entzogen, für ein paar Kilometer parallel zur Front verlief. Dann tauchte sie wieder auf und wandte sich nicht gegen die gut vorbereitete österreichische Mitte, sondern gegen den verwirrten und ungeschützten linken Flügel. Von dort aus konnte sie die Flanke aufrollen, während sie dem Gegner den Vorteil seiner zahlenmäßigen Überlegenheit streitig machte. Der Widerstand war heftig. Die Österreicher fingen sich und formierten ihre Linien neu. Das Dorf Leuthen wurde erst am späten Nachmittag eingenommen. Aber die Entscheidung war unzweideutig. Als Friedrich im Dunkeln die Verfolgung Richtung Lissa anführte, fiel wieder Schnee auf die 10 000 Toten und die Reihen der Gefangenen. Er übernachtete im Lissaer Schloss bei dem Freiherrn von Mudrach. Die anwesenden verwirrten österreichischen Offiziere drängte er mit einem höflichen »Bon Soir, Messieurs!« hinaus. In dieser Nacht, während seine Armee mit dem Choral *Nun danket alle Gott* auf den Lippen in die Nacht marschierte, vertraute er seinem Gastgeber an: »Ja, weiß Er, was Vabanque ist? Das habe ich heute gespielt.«[20]

Derweil war die österreichische Garnison in Bresslau ganz und gar nicht in der Stimmung zu kapitulieren. Um mit Defätisten fertig zu werden, ließ der Stadtkommandant von Bernegg auf dem Ring einen Galgen errichten. Doch nach einem fünftägigen Bombardement musste er sich ergeben.

17 000 Österreicher, darunter 17 Generäle, stießen zu den 13 000 Gefangenen aus Leuthen. Friedrich war am 21. dort, um zuzusehen, wie sie »in einer schier endlosen Kolonne« durch das Schweidnitzer Tor strömten. Er wurde von einer kleinen Gruppe von Offizieren begleitet, ein leichtes Ziel für jeden österreichischen Heckenschützen. »Gott sei Dank«, bemerkte er, »habe ich diesen schrecklichen Dorn aus meinem Fuß entfernt.«

Trotz des Erfolges von Leuthen war Friedrichs Herrschaft über Schlesien nicht vollständig gefestigt. 1759 war sein schwärzestes Jahr. Seine Armee hatte bereits 100 000 Mann verloren und konnte ihre Reihen nicht mehr auffüllen. Im August erlitt sie bei Kunersdorf in der Nähe von Frankfurt an der Oder die größte Niederlage ihrer Geschichte, bei der sie weitere 19 000 Mann und 172 Geschütze einbüßte.

Im Sommer 1760 marschierten Österreicher und Russen daher erneut gegen Bresslau. Am 30. Juli erschienen etwa 50 000 österreichische Soldaten unter Gideon von Laudon, einem General, der einst von den Preußen abgewiesen worden war, vor der Stadt. Durch einen gefluteten Stadtgraben am Fortkommen gehindert, drohte Laudon, dass weder Kinder noch schwangere Frauen verschont würden. Verschanzt hinter altersschwachen Befestigungen, mit bloß 5000 Verteidigern, erwiderte sein Widersacher, General Friedrich Boguslaw von Tauentzien, unwirsch: »Ich und meine Soldaten sind nicht schwanger!«[21] Während er sich neben dem Bollwerk südlich des Schweidnitzer Tores befand, entging er knapp einer österreichischen Kanonenkugel. Schweigend bedeckte er sie mit seinem Hut und äußerte den Wunsch, dort begraben zu werden, wo sie zur Ruhe gekommen war. Sein beherzter Widerstand sollte freilich belohnt werden. Mit der Ankunft eines preußischen Entsatzheeres am 4. August wurde der Schauplatz für die abschließende Konfrontation der schlesischen Feldzüge bereitet.

Die Schlacht von Liegnitz am 15. August 1760 hatte eine gewisse Ähnlichkeit mit Leuthen. Eine Armee mit dreifacher zahlenmäßiger Überlegenheit wurde dank schneller und geschickter taktischer Bewegungen der Preußen unter schweren Verlusten zurückgeschlagen. Diesmal war Friedrich den Katzbach entlangmarschiert, um Verbindung mit seinen belagerten Truppen in Mittelschlesien aufzunehmen. Das Aufeinandertreffen der Heere erfolgte in den frühen Morgenstunden bei dem Dorf Panten im Nordwesten von Liegnitz. Der österreichische Feldmarschall Daun hatte während der Nacht Truppen in Marsch gesetzt, musste aber feststellen, dass Friedrich das Lager, das angegriffen werden sollte, geräumt und auf der beherrschenden Hochebene Stellung bezogen hatte, die Daun hatte besetzen wollen. In der Folge konnten die Preußen Laudons Korps einen tödlichen Schlag versetzen, ohne jemals Dauns Hauptkontingent gegenüberzutreten. Das Gefecht war so schnell vorüber, dass ein türkischer Spion, der als griechischer Bäcker getarnt im Lager der Österreicher arbeitete und einen schwunghaften Handel mit Baklava unter den Soldaten betrieb, die Schlacht verpasste und nicht imstande war, Bericht zu erstatten. Zu gegebener Zeit wurde Schweidnitz entsetzt. Bresslau musste niemals wieder einer direkten österreichischen Bedrohung widerstehen. Doch die Entscheidung des gesamten Krieges ließ noch auf sich warten. Mit dem Fall Berlins im Oktober 1760 und der anschließenden Vereinigung österreichischer und russischer Truppen Anfang 1761 war Preußen erneut unterlegen. Friedrich war in seinem befestigten Lager Bunzelwitz nördlich von Schweidnitz abgeschnitten. Am Ende schien das Glück ihn doch noch verlassen zu haben. Nur das so genannte »Wunder von Brandenburg« – der Tod der russischen Zarin Elisabeth am 5. Januar 1762, der die alliierte Koalition zerbrechen sollte – rettete Preußen vor der Zerstörung. Europa war kriegsmüde. Im Frieden von Hubertusburg willigte Österreich am 15. Februar 1763 ein, zum Status quo ante zurückzukehren. Der preußische Besitz Schlesiens wurde endgültig bestätigt.

Friedrich hatte Schlesien ein Vierteljahrhundert des Krieges beschert. Und ebenso lang musste Preußen sich der wiederholten Angriffe seiner unwilligen Nachbarn erwehren; die aneinander grenzenden Territorien Schlesiens, Sachsens und Böhmens waren immer wieder umkämpft. Zwischen 1740 und 1763 gab es nur sieben Jahre Frieden.

In den Kriegsjahren schlug Friedrich sein winterliches Hauptquartier regelmäßig in Bresslau auf. Vier der bedeutenden Schlachten – Mollwitz (1741), Hohenfriedberg (1745), Leuthen (1757) und Liegnitz (1760) – wurden in der Umgebung ausgefochten.

Friedrichs Bresslauer Winter waren Zeiten des Nachdenkens, der Korrespondenz und – manchmal – der Verzweiflung. 1757/58 schrieb er Maria Theresia und bemerkte, dass sie, wären sie Verbündete gewesen, ganz Europa hätten erschauern lassen können. 1758/59 klagte er gegenüber seinem Freund, dem Marquis d'Argens:

> »Ich habe dieses Leben recht satt... Ich habe alles verloren, was ich auf Erden am meisten liebte und achtete.« [Dem Marquis empfahl er:] »Essen Sie Austern und Taschenkrebse in Hamburg, leeren Sie die Pillenkasten der Apotheken... und vergessen Sie, wenn Sie das Glück der seligen Geister im Paradiese genießen, einen armen von Gott verwünschten Mann nicht, der dazu verdammt ist, bis in alle Ewigkeit Krieg zu führen...«[22]

Als er sich 1761/62 im Spaetgen-Palais eingerichtet hatte, ohne Aussicht auf eine Lösung und selbst ohne Feuerholz, dachte er an Selbstmord. Wieder schrieb er in diesem Winter an den Marquis d'Argens:

»Ich rette mich daraus, indem ich das Weltall im Großen betrachte wie von einem entfernten Planeten aus; dann erscheinen mir alle Gegenstände unendlich klein, und ich bemitleide meine Feinde, daß sie sich so viel Aufregung machen wegen einer so geringen Sache.«[23]

Während der restlichen Jahrzehnte von Friedrichs Herrschaft erlebte Schlesien ein Wiedererblühen der Wirtschaft, Neuansiedlungen und eine staatlich geförderte Politik der Industrialisierung und des Wiederaufbaus. Der preußische Staatsmann Karl Gottlieb Svarez (Suarez, Schwartz; 1746-98) war mit vielen dieser Entwicklungen verbunden. Er war in Schweidnitz geboren und hatte in Frankfurt an der Oder Jura studiert, bevor er für kurze Zeit in Bresslau praktizierte. Im Jahr 1771 wurde er in den Stadtrat berufen; er war der führende Kopf bei der Reform des schlesischen Kredit- und Bildungssystems, bevor er 1780 nach Berlin gerufen wurde. Seine Hauptwerke, das *Allgemeine Landrecht* und die *Allgemeine Gerichtsordnung für die preußischen Staaten*, vollendeten eine gründliche Reorganisation des antiquierten preußischen Rechtssystems. Viele Auswirkungen der Kriege waren bis zu den achtziger Jahren des Jahrhunderts bereits gelindert worden. Schlesien wurde immer stärker in den preußischen Staat integriert. Diese »Prussifizierung« beobachtend, bemerkte der Bresslauer Philosoph Christian Garve gegen Ende des 18. Jahrhunderts, »daß nun fast kein National-Unterschied... übrigbleibt... Wir sind nunmehro Kinder Einer Familie... und nur durch die zufälligen Vorzüge des Glücks, oder der angebohrnen Fähigkeiten, voneinander zu unterschieden.«[24]

Während der Herrschaft Friedrichs des Großen vergrößerte sich das Königreich Preußen von 119 000 auf 195 000 Quadratkilometer. Ohne seine rheinischen und westfälischen Besitzungen bildete es einen territorialen Komplex, der sich von Magdeburg bis nach Memel und von Stettin bis nach Beuthen erstreckte. Seine Bevölkerung war von 2,2 auf 5,8 Millionen Einwohner gestiegen. Das Land hatte vom Zusammenbruch der schwedischen Macht an der Ostsee und von der Schwäche Polens, zu der Friedrich tatkräftig beigetragen hatte, profitiert. Als Friedrich 1786 starb, stand Europa zwar wieder am Rande großer Umwälzungen. Aber Preußens Platz im Konzert der europäischen Mächte war gesichert.

Kapitel 5: Bresslau (1741-1871)

Zum Unglück für Preußen war Friedrichs Nachfolger. Friedrich Wilhelm II. (reg. 1786-1797) nicht aus dem gleichen Holz geschnitzt. Er war ein »freimütiger Polygamist«, neigte trotz hoher Intelligenz zum Mystizismus und verfügte nicht über die Eigenschaften, Preußen unbeschadet durch das Zeitalter der Revolution zu führen. Denkwürdig war der Einfluss eines Johann Christoph von Wöllner, eines Rosenkreuzers, der die Politik in ein religiöses Eifertertum zu verwandeln suchte. Trotz gut gemeinter Reformen setzte ein wirtschaftlicher Niedergang ein. Noch bedenklicher war, dass Friedrich Wilhelm wenig Sinn für militärische Belange entwickelte. Die von ihm verfügte Einrichtung eines »Oberkriegs-Collegiums« vermochte es nicht, Preußens Kriegsbereitschaft zu verbessern. Obwohl Preußen unter seiner Herrschaft bei der zweiten und dritten polnischen Teilung eine gewaltige territoriale Ausweitung erfuhr, vergrößerten die Neuerwerbungen merklich die Zahl der Katholiken und Nichtdeutschen im Königreich und versprachen von daher Instabilität. Die Annexion Warschaus im Jahr 1795 brachte Europas größte jüdische Gemeinde unter preußische Herrschaft.

Die Verbindung Friedrich Wilhelms II. mit Bresslau könnte als symbolisch für seine Unzulänglichkeiten angesehen werden. Von nur zwei Standbildern, die man in Preußen von ihm errichtete, wurde eines, im Stil der Trajanssäule in Rom, aus Anlass des königlichen Besuchs in Bresslau im Jahr 1786 im neu angelegten Scheitniger Park aufgestellt. Aber es war so hoch, dass die meisten Menschen die Persönlichkeit an der Spitze nicht erkennen konnten. Jedermann kannte das Standbild nur als den »Alten Herrn Scheitnig«.[25]

Dabei hatte Friedrich Wilhelm III. (reg. 1797-1840) die Voraussetzungen für eine mustergültige Herrschaft gehabt. Er fing auch viel versprechend an, kürzte die Ausgaben, entließ Minister und korrigierte Missstände. Doch das revolutionäre Frankreich und Napoleon wurden ihm zum Verhängnis. Weder seine Diplomatie noch seine Generäle konnten Preußen verteidigen. Nach den Niederlagen bei Jena und Auerstedt und dem drückenden Frieden von Tilsit (1807) verlor Preußen seine früheren territorialen Gewinne. Französische Forderungen strapazierten darüber hinaus die Wirtschaft bis zum Äußersten.

Vor Bresslau erschienen französische Truppen zum ersten Mal im November 1806. Sie standen vor einer gewaltigen Aufgabe:

> »Von jeher eine der beträchtlichsten Festungen des Landes, hatte [Bresslau] durch die Bemühungen Friedrichs II. an Festigkeit gewonnen. Seine Straßen und Märkte bargen sich hinter drei mäch-

tigen Wällen, von denen der Hauptwall... in der Ferne schon Ehrfurcht gebot. Seine breiten und tiefen Gräben füllten die Ohlau und die Oder. Rings umher kein Berg, welcher die Stadt beherrschen konnte; nur die lang gestreckten Vorstädte konnten den Belagerern einen Vorteil gewähren.«[26]

Die Belagerung begann am 6. Dezember mit der Zerstörung sowohl der Oderbrücken als auch der Nikolai-Vorstadt. Vier Tage später wurde die Ohle-Vorstadt niedergerissen. Von diesen Stellungen aus sollte die Festung sturmreif geschossen werden. Der knapp elfjährige Karl von Holtei erlebte die Beschießung der Stadt in den Kellern des Hatzfeld'schen Palais:

> »Der ganze Keller war bewohnt; wer sich nur hatte einschleichen können, war mit einem Gebündel Betten eingerückt. Nun ging ein lustiges Leben an: es war ein Biwak unter der Erde. Jeder richtete seine Haushaltung ein; Bretter bildeten die Grenzen, Fässer und Tonnen waren Stühle und Tische, eine Laterne der Kronleuchter. Der Freund besuchte den Freund in seinem Verhau; zum Tee, zum Kaffee lud dieser jenen ein. Wo alle Lebensmittel herkamen, weiß ich nicht zu erklären; aber solange ich lebe, habe ich nicht soviel Speise und Trank vertilgen sehen wie damals. Im tiefsten Hintergrunde entdeckten kühne Wanderer den Weinkeller des Ministers, der nur durch Lattenverschläge gedeckt war. ›Wer weiß, ob wir morgen noch leben? Ob morgen die Stadt noch steht?‹ Zwei Nägel wichen, und die Flaschen gingen von Hand zu Hand.«[27]

Als einem preußischen Entsatzkontingent der Durchbruch nicht gelang, wurden Verhandlungen aufgenommen. Die Kapitulation erfolgte am 5. Januar 1807. Die Belagerung hatte mehr als 160 Menschenleben gekostet und etwa 150 Gebäude in der Altstadt zerstört. Die Vorstädte waren fast vollständig in Schutt und Asche gelegt worden. Die von Jérôme Bonaparte, Napoleons jüngstem Bruder und König von Westfalen, angeführte französische Garnison blieb fast ein Jahr in der Stadt. In dieser Zeit ersetzten Boulevards die Befestigungswerke, die abgetragen wurden, und der Tauentzien-Platz wurde angelegt.

Die finsteren Jahre preußischer Demütigung erlebten die Auflage eines Reformprogramms in Berlin. Unter der Leitung von Stein, Hardenberg, Gneisenau und Scharnhorst wurde der Verwaltungs- und Militärapparat des preußischen Staates restauriert. Nach dem Rückzug Napoleons von

Kapitel 5: Bresslau (1741-1871)

Moskau im Jahr 1812 ermöglichten die Reformen Preußens, die Führung in den Befreiungskriegen Deutschlands zu übernehmen.

Am 3. Februar 1813 wurde König Friedrich Wilhelm III. geraten, Berlin Richtung Bresslau zu verlassen, um der Ergreifung durch französische Soldaten zu entgehen. Dort angekommen, geriet er unter den Einfluss der »Kriegspartei« und stellte sich widerstrebend an die Spitze der sich immer stärker abzeichnenden öffentlichen Stimmung, die Krieg forderte. Seine zaudernde Haltung brachte der Volksmund zum Ausdruck. Aus der Redensart »Der König rief, und alle, alle kamen« wurde: »Als alle, alle riefen, kam endlich auch der König.«[28]

Professor Henrik Steffens von der Universität Bresslau gehörte zu denjenigen, die am lautesten nach Krieg riefen. Seine Ansprache am 10. Februar fand viele Befürworter. Später fasste er die örtliche Stimmung zusammen:

»Wie oft hast du dich beklagt... daß du hier in diese Ecke von Deutschland hingeschleudert wurdest: und sie ist jetzt der alles ergreifende, begeisternde Mittelpunkt geworden; hier fängt eine neue Epoche der Geschichte an, und was diese wogende Menschenmenge bewegt, darfst du aussprechen.«[29]

»... Es steht ja, dachte ich, bei dir, den Krieg zu erklären, deine Stellung erlaubt es dir, und was der Hof beschließen wird, wenn es geschehen ist, kann dir gleichgültig sein.«[30]

Der König reagierte endlich mit einem Aufruf zur Bildung freiwilliger Jägerabteilungen (3. Februar) und mit der Aufhebung aller Befreiungen von der Wehrpflicht (9. Februar) und der Verkündung der Mobilmachung (12. Februar). Außerdem genehmigte er seinen Kommandeuren Lützow, Sarnowski und Petersdorf die Aufstellung irregulärer Freikorps, um dadurch nichtpreußische Deutsche für Einheiten zu gewinnen, die den Kern eines neuen deutschen Heeres bilden sollten. Die gleichzeitig stattfindenden Verhandlungen mit den Russen schleppten sich über Wochen hin, und erst am 10. März brach Friedrich Wilhelm alle Brücken hinter sich ab. Er verkündete aus seiner Residenz in Bresslau das Dekret *An Mein Kriegsheer*, worin er seine Truppen nachdrücklich aufforderte, für die Unabhängigkeit des Vaterlandes zu kämpfen. In Bresslau stiftete er am selben Tag als Auszeichnung für den kommenden Krieg den Orden des Eisernen Kreuzes. Am 17. März folgte sein Aufruf *An Mein Volk*, worin er die Abschüttelung des napoleonischen Jochs forderte:

»Brandenburger, Preußen, Schlesier, Pommern, Litthauer! Ihr wißt, was Ihr seit fast sieben Jahren erduldet habt; Ihr wißt, was Euer trauriges Los ist, wenn wir den beginnenden Kampf nicht ehrenvoll enden... Es ist der letzte, entscheidende Kampf, den wir bestehen, für unsere Existenz, unsere Unabhängigkeit, unsern Wohlstand. Keinen andern Ausweg gibt es, als einen ehrenvollen Frieden, oder einen ruhmvollen Untergang.«[31]

Dem Ansturm von Freiwilligen auf das Lützow'sche Freikorps, den dieser Appell auslöste, schlossen sich neben Steffens auch der glühende Nationalist Ernst Moritz Arndt, die Dichter Joseph von Eichendorff und Karl Körner sowie »Turnvater« Friedrich Jahn an. Auch jene, die nicht kämpfen konnten, wie Ferdinande von Schmettau, waren von Opfergeist beseelt. Sie verkaufte ihr Haar für die gute Sache, was ihr zwei Taler einbrachte, die sie der Kriegskasse spendete. Als die Behörden die Adlige als leuchtendes Vorbild echten Patriotismus hinstellten, verarbeitete sie ihr Haar zu kleinen Schmuckstücken, mit deren Verkauf sie weitere 196 Taler auftrieb.[32] Doch Napoleon zog sich unter Zurücklassung isolierter Nachhuten in Danzig, Thorn, Stettin, Küstrin und Frankfurt an der Oder bis zur Elbe zurück.

Der Feldzug von 1813 musste Schlesien zwangsläufig berühren. Napoleon war in Russland geschlagen worden und marschierte von Polen aus westwärts. Aber noch standen ihm große Kontingente zur Verfügung, und er erwies sich bei jedem Zusammentreffen als der überlegene Taktiker. Die unvorhersehbaren Bewegungen seiner Truppen und ihrer Verfolger stürzten sämtliche östlichen Gebiete Deutschlands in Aufruhr. Im Mai beispielsweise wandte sich Napoleon, nachdem er Russen und Preußen tief nach Sachsen gelockt hatte, zweimal gegen sie und warf sie nach Schlesien zurück. Am 21. Mai griff er das russisch-preußische Lager bei Bautzen von der Flanke an, tötete in einem heftigen Kampf 18 000 Mann und trieb den Rest in ungeordnetem Rückzug über die Glatzer Neiße. Als er dem fliehenden Gegner nachsetzte, verlor er einen seiner engsten Freunde, Michel Duroc, der seit der Belagerung von Toulon vor 20 Jahren mit ihm gekämpft hatte.

»Dem Kavalleriegeneral Bruyère wurden beide Beine weggerissen, und er starb an der schrecklichen Verwundung, aber das traurigste Ereignis des Tages war die Folge einer Kanonenkugel, die, nachdem sie den General Kirgener getötet hatte, Marschall Duroc tödlich verwundete, Napoleons ältesten und besten Freund... Der Kaiser, der an seiner Seite war, zeigte Zeichen

Kapitel 5: Bresslau (1741–1871) 271

größter Trauer [und] schied in Tränen von ihm, nachdem er ihm ein Rendezvous ›in einer besseren Welt‹ versprochen hatte.«[33]

Schon bald standen die Franzosen wieder vor den Toren Bresslaus. Am 31. Mai kam es zu einem Scharmützel, und die preußische Garnison wurde zum überstürzten Rückzug veranlasst. Daraufhin traf eine Abordnung, angeführt von Bürgermeister August von Kospoth, bei Neukirch in der Nähe von Goldberg mit Napoleon zusammen, um Milde zu erbitten. Der Kaiser erwiderte:

»Es würde meinem Herzen sehr wehe tun, wenn ich nicht imstande wäre, Ihnen die an mich gerichtete Bitte zu erfüllen. Der Krieg ist ein fürchterliches Übel und führt schreckliche Leiden und Jammer mit sich. Ich werde diese, soviel es in meiner Kraft steht, zu mindern bemüht sein, besonders in einem so schönen Lande wie Schlesien ist.«[34]

Ungeachtet der Versicherungen Napoleons durchlebte Bresslau im Juni 1813 einige bange Tage, als die französischen, russischen und preußischen Heere in der Gegend operierten und eine große Schlacht zwischen ihnen wahrscheinlich schien. Napoleon hatte mit 40 000 Soldaten sein Lager in Neumarkt aufgeschlagen, und die Russen waren nur knapp einen Kilometer östlich der Stadt in massiven Linien in Stellung gegangen. Die Franzosen, deren Truppen in den Straßen biwakierten, hielten gute Disziplin und verhinderten mit Ausnahme der äußeren Vorstädte Plünderungen. Sie trieben keine finanzielle Unterstützung ein, allerdings beschlagnahmten sie Reis für die Summe von 10 000 Talern. Vor den nach Osten weisenden Toren bauten sie Palisaden, die sie mit Kanonen bestückten, weil Kosakenpatrouillen direkt bis vor die Mauern gestürmt waren:

»Die schrecklichste Nacht war die, als die Leute, die in den Vorstädten wohnten, von den Franzosen angewiesen wurden, ihre Habseligkeiten zusammenzupacken und in die Stadt zu bringen. Es hieß, die Vorstädte würden demnächst in Brand gesetzt und eine große Schlacht sei in Vorbereitung. Ein Waffenstillstand beendete all diese [falschen Gerüchte]...«[35]

In Bresslau sah man die Franzosen erst als Kriegsgefangene wieder.
Das Jahr 1813 verschaffte Bresslau gewaltiges Prestige. Die Stadt hatte nicht nur als Sprungbrett für die Befreiungskriege gedient. In Bresslau

hatte das Eiserne Kreuz, das berühmteste militärische Ehrenzeichen Deutschlands, das Licht der Welt erblickt, und die deutschen Nationalfarben Schwarz, Rot, Gold wurden vom Freikorps Lützow zum ersten Mal verwendet.[36] Wie Steffens behauptet hatte, wurde Bresslau wirklich »der alles ergreifende, begeisternde Mittelpunkt«.

Die Herrschaft Friedrich Wilhelms III. sollte noch einige Jahrzehnte währen. Allerdings folgte sie nach den Befreiungskriegen dem politischen Beispiel, das der österreichische Kanzler Metternich gab, der verlangte, dass die von den Befreiungskriegen entfesselten Volkskräfte gezügelt würden, wenn nötig mit Gewalt. Also brach der preußische König sein Versprechen einer Verfassung für Preußen und forderte stattdessen die Einberufung von »Provinzialständen« (Landtage der acht Provinzen). Diese waren jedoch von den Grundbesitzern dominiert. Wie ein deutscher Beamter einräumte, war ihre Einrichtung »der sicherste Weg, den Untertanen des Königs Ruhe und Zufriedenheit zu bringen«.[37] Nationalliberale Hoffnungen waren so zunichte gemacht worden. Der erste schlesische Provinziallandtag trat am 2. Oktober 1825 in Bresslau zusammen.

Auch Friedrich Wilhelm IV. (reg. 1840–58) wurde den in ihn gesetzten Hoffnungen nicht gerecht. Zwar lockerte er die Pressezensur, leitete eine Wende in der Kirchenpolitik seines Vaters ein und stoppte die Germanisierungskampagne in den östlichen Provinzen Preußens, doch auch er weigerte sich, die lange aufgeschobene Verfassung zu verkünden. Er rechtfertigte seine Entscheidung mit den Worten, kein Stück Papier solle sich zwischen ihn und sein Volk schieben. Überzeugt vom Prinzip des göttlichen Rechts seiner Macht, begriff er wenig von den politischen Realitäten. Die Folge war, dass der »Vereinigte Landtag«, der 1847 in Berlin eröffnet wurde, nicht mehr als eine Versammlung der nicht repräsentativen Provinzialstände war, die von seinem Vater initiiert worden waren. Um diese Zeit verbanden sich liberale Enttäuschungen mit akuten ökonomischen und gesellschaftlichen Problemen und erzeugten revolutionäre Spannungen.

Die »preußische Revolution« von 1848 deutete sich durch anhaltende Unruhe an. Im Jahr 1843 hatte der radikale Journalist Wilhelm Wolff (1809–64) in der *Breslauer Zeitung* einen beunruhigenden Artikel veröffentlicht, der sich ausführlich mit den miserablen Zuständen befasste, unter denen die städtischen Gefangenen zu leiden hatten. Ein Aufstand der Weber im darauf folgenden Jahr fand ein gewaltiges Echo, besonders als preußische Truppen, die unterwegs waren, um den Aufruhr zu unterdrücken, in Bresslau von einem aufgebrachten Mob attackiert wurden.

Kapitel 5: Bresslau (1741–1871)

Die Ereignisse der Jahre 1848/49 wurden in Preußen durch die Nachricht von der Pariser Februarrevolution ausgelöst. Bresslau reagierte sogar noch vor Berlin. Am 17. März berichtete die *Schlesische Zeitung* von einem »blutigen Zusammenstoß«,[38] und die Truppen wurden vorübergehend zurückgezogen. Die Einwohner wurden vollständig bewaffnet. Weder Soldaten noch Polizei erschienen auf dem Schauplatz. Später in diesem Monat, als die Aufständischen mit der üblichen Brutalität angegriffen wurden, setzten sie sich zur Wehr. Wiederholte Konfrontationen führten zum Rücktritt sowohl des Polizeipräsidenten Heinke als auch des Oberpräsidenten von Wedell. Bis zum Herbst hatte die Bürgerwehr alle städtischen Ämter besetzt und blockierte die Steuerzahlungen an Berlin. Der Gegenschlag erfolgte schließlich im Frühjahr 1849. Am 7. März entfachte die Auflösung einer öffentlichen Versammlung ausgedehnte Unruhen. Eine Gruppe von Aufrührern überfiel das Rathaus und errichtete Barrikaden, denen mit Bajonettangriffen und Musketensalven begegnet wurde. An diesem Abend verhängte der Militärkommandant eine Ausgangssperre und erklärte den Belagerungszustand.[39] 19 Tote und 65 Verwundete lagen danach in den Straßen. Ein Ausbruch der Cholera forderte weitere 3000 Menschenleben.

Das wichtigste Ereignis der Jahre 1848/49 fand ab dem 18. Mai 1848 in der Frankfurter Paulskirche statt. Ein neu zusammengetretenes deutsches Parlament sollte als verfassunggebende Versammlung die Grundlage für einen vereinigten deutschen Staat schaffen, konnte allerdings die wichtigsten Ziele nicht erreichen. Aber in zwölf Monaten leidenschaftlicher Debatte wurden alle Fragen diskutiert, die in den folgenden Jahrzehnten ins politische Blickfeld geraten sollten. Schlesien entsandte insgesamt 55 Parlamentarier nach Frankfurt, darunter vier Vertreter Bresslaus – Bruno Abegg, Edouard von Reichenbach, Wilhelm Wolff und den Leiter der Bresslauer Sicherheitskommission, Heinrich Simon (1805–60). Der Bresslauer Historiker Gustav Stenzel (1792–1854) war als Mitglied des konfessionell-katholisch bestimmten rechten Zentrums ebenso vertreten wie der Fürstbischof von Bresslau, Melchior von Diepenbrock, als Vertreter Oppelns. Der Bischof fand die Diskussionen in Frankfurt nicht nach seinem Geschmack und kehrte prompt nach Hause zurück. Aber die anderen, vor allem Wolff, Simon und Stenzel, waren äußerst aktiv. Im Gegensatz zu den Repräsentanten des benachbarten Herzogtums Posen, dessen Zugehörigkeit zu Deutschland nicht unumstritten war, ging es den Bresslauern weniger um die nationale Frage als um Verfassungs- und gesellschaftliche Belange. So unterstützte Stenzel die Forderung nach einer konstitutionellen Monarchie seines Historikerkollegen Richard Roepell (1808–93) und widersetzte sich als Befürworter der kleindeutschen Lösung, die Österreich ausschloss, polnischer Souveränität mit der Begründung, dass sie den russischen Einfluss stärken würde. Simon verlangte die Abschaffung des Adels und wollte im Gegensatz zu Stenzel die Wiederherstellung eines unabhängigen Polen sehen. Nachdem das »Parlament der Paulskirche« aufgelöst war, wurde er im Juni 1849 eines der fünf Mitglieder der vom Rumpfparlament in Stuttgart eingesetzten provisorischen »Reichsregentschaft«. Bald darauf verurteilten die preußischen Gerichte ihn in Abwesenheit, und er begab sich ins lebenslange Exil in die Schweiz.[40] Wolff war ein radikaler Lehrer und Journalist, der Simons demokratische Ansichten teilte und sich dessen Forderung nach einer deutschen Republik anschloss. Er folgte Marx und Engels ins Exil nach England, wo er 1864 starb. Engels schrieb später über ihn: »Mit ihm verloren Marx und ich den treuesten Freund, die deutsche Revolution einen Mann von unersetzlichem Werth.«[41] Marx widmete Wolff, dem »unvergeßlichen Freunde, dem kühnen, treuen, edlen Vorkämpfer des Proletariats«, den ersten Band des *Kapitals*.[42]

Die Jahre nach 1848 verliefen für die Liberalen und die Einigungsbewegung relativ enttäuschend. In der verbleibenden Regierungszeit Friedrich Wilhelms IV. kam es zwar zu wirtschaftlicher Erholung, und die Anfänge der wirtschaftlichen Einigung Deutschlands wurden sichtbar. Aber Friedrich Wilhelm unterwarf sich in der »Olmützer Punktation« von 1850 den österreichischen Plänen und gab Preußens Vorhaben einer deutschen Union auf. Innenpolitisch ergriff er nun entschieden Partei für die Kräfte des Konservatismus und der Reaktion. Überdies wurde er durch eine schwere geistige Erkrankung regierungsunfähig, so dass sein Bruder Wilhelm 1858 die Regentschaft übernahm und drei Jahre später die Thronfolge antrat.

Unter Wilhelm I. (reg. 1861–88) und dem »Eisernen Kanzler« Otto von Bismarck ergriff Preußen die Initiative, und Deutschland gelangte schließlich doch noch zur politischen Einheit. Drei Kriege wurden ausgetragen, gegen Dänemark (1864), Österreich (1866) und Frankreich (1870/71), die Preußen rasch die unangefochtene Vormachtstellung unter den deutschen Staaten sicherten.

Im österreichisch-preußischen Krieg von 1866 war Bresslau unmittelbar betroffen, denn als der Konflikt sich im Mai zusammenbraute, war bekannt, dass die Wiedergewinnung Bresslaus ein »primäres Kriegsziel« Kaiser Franz-Josephs I. war.[43] Der Stadtrat schickte eine Loyalitätsadresse nach Berlin, worin die Stadtväter in den glühendsten Wendungen ihre Bereitschaft erklärten, für Preußen zu kämpfen. In seiner Antwort bemerkte König Wilhelm mit Befriedigung, dass der »Geist von 1813«

noch lebendig sei, und versprach volle Unterstützung. Das Ergebnis war, dass die stärkste der drei preußischen Armeen, die Österreich entgegentraten, nach Schlesien entsandt wurde. Am 28. Mai schlug Kronprinz Friedrich Wilhelm in Bresslau sein Hauptquartier auf. Während der Kämpfe, die im Sommer stattfanden, waren die Österreicher infolge ihrer zeitgleichen Operationen gegen Italien gezwungen, alle Pläne einer Invasion Schlesiens aufzugeben. Trotzdem kam die II. Armee des Kronprinzen bei der Überquerung des Gebirges nach Böhmen nur langsam voran. Bei strömendem Regen konnte sie jedoch in der Schlacht von Königgrätz in der Nähe des Dorfes Sadowa (3. Juli 1866) die Österreicher entscheidend schlagen. Am Ende des Feldzuges standen König und Kronprinz zusammen in Bresslau, um bei einem Vorbeimarsch des Schlesischen 6. Armeekorps die Parade abzunehmen und den Bürgern für ihre unerschütterliche Treue zum preußischen Staat zu danken.

Keine fünf Jahre später begleitete Gustav Freytag den Kronprinzen während des deutsch-französischen Krieges. Mit einer gewissen Bedrückung nahm er die wachsende Leidenschaft der Hohenzollern für die Idee des Reiches und die Insignien der Macht zur Kenntnis. Das Deutsche Reich, so sein Gedanke, würde Preußen korrumpieren:

»Eine gewisse spartanische Einfachheit und Strenge hat Beamtentum, Heer und Volk in Zucht gehalten. Die neue Kaiserwürde wird das schnell ändern... Aller Glanz der Majestät, die Staatsaction bei vornehmen Besuchen, die Hofämter, die Schneiderarbeit in Costüm und Decorationen werden zunehmen und, wenn sie erst einmal eingeführt sind, immer größere Wichtigkeit beanspruchen... Und wie im Heer und Civildienst, so wird auch im Volke ein höfisches und serviles Wesen sich einschleichen.«[44]

Diese Dinge, glaubte er, hatten im »alten Preußen« keinen Platz gehabt, und er fürchtete, dass sie es zerstören könnten. Am Ende dieses Feldzuges, nach der Niederlage Frankreichs, wurde Freytag im Spiegelsaal von Versailles Zeuge, wie König und Kronprinz wieder einmal zusammenstanden, diesmal, um das Deutsche Reich zu proklamieren.

*

Nachdem Bresslau wie auch Schlesien an Preußen gefallen waren, verbesserten sich seine langfristigen ökonomischen Aussichten beträchtlich. In der Anfangsperiode, als die Stadt sich an den Verlust der traditionellen

Märkte in Österreich und im Reich anpassen musste und als der Krieg für viel Zerrüttung sorgte, sah es allerdings weniger rosig aus.

In den Jahrzehnten nach 1741 machte Preußen gewaltige territoriale Gewinne. Der preußische Markt wuchs für jeden, der in der Lage war, ihn zu nutzen. Die polnischen Teilungen verschafften Preußen riesige neue Provinzen. Der Erwerb Großpolens (das in »Südpreußen« umbenannt wurde) und des so genannten »Neuschlesien« im Jahr 1793 war für Bresslau besonders vorteilhaft. Preußens Militär war ein dankbarer Abnehmer für die Waren, die Bresslau bereits produzierte, und Schlesiens rasche Industrialisierung erschloss neue Produktions- und Gewerbezweige. Im Jahr 1815, unmittelbar am Vorabend des Eisenbahnzeitalters, erwarb Preußen zudem ungeheuer wertvolle Länder in Westdeutschland.* Der Güterumsatz in Ost-West-Richtung erreichte eine neue Dimension.

Bresslau stieg deshalb von einem provinziellen Wirtschaftszentrum mit internationalen Verbindungen zu einem Zentrum von nationaler und kontinentaler Bedeutung auf. Doch der Erfolg kam nicht über Nacht. Jede Besserung schien zunächst mit einem Rückschlag einherzugehen. Im Jahr 1740 hatte Schlesien etwa eine Million Einwohner, für deren Ernährung die eigene landwirtschaftliche Produktion ausreichte. Mit extensiver Schafzucht sowie mit Spinnerei und Weberei gedieh das wirtschaftliche Juwel in der habsburgischen Krone prächtig, und es verfügte über einen unternehmerisch denkenden Adel. In Oberschlesien wurden Zink, Eisenerz, Blei und Silber abgebaut, allerdings hatte die Förderung des wichtigsten Bodenschatzes der Region – der Steinkohle – noch nicht richtig begonnen. Friedrich II. hatte ehrgeizige Pläne. Dem Bischof von Bresslau schrieb er 1741: »Ich habe mir vorgenommen, aus Schlesien die blühendste und glücklichste meiner Provinzen zu machen.«[45]

Schlesien wurde nun als integrierte Wirtschaftseinheit behandelt, und das alte Wirtschaftssystem der Habsburger wurde schnell beseitigt. Das obskure Besteuerungssystem wurde abgeschafft, ebenso das Generalsteueramt in Bresslau (29. Oktober 1741). Die Steuerlast für die Mehrzahl der Schlesier wurde sogar reduziert. Doch die durch die Kriege verursachten Zerstörungen und die von Österreich und Sachsen eingerichteten Strafzölle ließen den Handel zunächst stagnieren. Wieder kamen schwere Zeiten. Schlesien hatte seine traditionellen Absatzmärkte eingebüßt, war aber noch nicht imstande, die Vorteile des preußischen Systems wahrzu-

---

* Die Rheinprovinz und Westfalen fielen mit der Wiener Kongressakte 1815 an Preußen (A. d. Ü.).

nehmen. Folglich waren neue Wachstumsanreize gefragt. Die Provinz förderte die Zucht von Merinoschafen, den Kartoffelanbau, experimentierte mit Tabak, Wein und Maulbeerbäumen, kam in den Genuss einer neuen staatlichen Ansiedlungspolitik und öffnete staatliche Getreidemagazine. Auch der einheimische Adel war sehr rührig. Graf Heinrich von Reichenbach beispielsweise hatte 1727 die freie Herrschaft Goschütz geerbt. Er gründete Dörfer, richtete Papiermühlen ein und förderte die Weberei. Sein Sohn, Carl Heinrich, fügte »Glashütten, Kalköfen, Ziegeleien, Pottaschesiedereien« hinzu.[46] In den Jahren 1748/49 erwirtschaftete Schlesien einen Handelsüberschuss von 4,722 Millionen Talern.

Der Ausbruch neuer Feindseligkeiten im Siebenjährigen Krieg machte die Erfolge jedoch wieder zunichte. Auch die Obstruktionspolitik Wiens und Dresdens hemmte das Wirtschaftswachstum. Um 1770 war Schlesien wahrscheinlich in einer schlechteren ökonomischen Situation als 30 Jahre zuvor.[47] Zum Glück beugte die Regierung in Berlin vor. Der Steinkohlenbergbau wurde gefördert und eine sechsmonatige Steuerbefreiung gewährt. Der König stellte drei Millionen Taler aus seinem eigenen Staatsfonds zur Linderung von Hunger und Elend zur Verfügung. Solche Maßnahmen wurden auch dringend benötigt, denn im Jahr 1765 waren im oberschlesischen Leobschütz massive Bauernunruhen ausgebrochen, die sich an einem Streit über Frondienste entzündet hatten. Sie drohten auch auf Niederschlesien überzugreifen. Die Anwesenheit des Königs und eine starke Abteilung Husaren reichten jedoch aus, die Ordnung zu wahren.

Bresslau erging es besser als den ländlichen Bezirken seiner Umgebung. Zusätzlich zur Erzeugung traditioneller Waren wie Krapp und Bier arbeitete die Stadt weiterhin der regionalen Wirtschaft zu. Ihre vier jährlichen Märkte wurden um eine schlesische Handelsmesse erweitert. Mit einer Bevölkerung, die nach einem Menschenalter Krieg und Stagnation wieder wuchs, wurde sie zu einer der größten Städte des Königreichs und erlangte den offiziellen Status einer »Residenzstadt«. Zum Ende des 18. Jahrhunderts war sie die Hauptstadt der dynamischsten Provinz Preußens, die 45 Prozent der Exportgüter des Landes produzierte und 44 Prozent seiner Importe verbrauchte.[48]

Trotzdem brachen erneut Unruhen aus. In Oberschlesien waren die Zustände besonders schlimm. Im Jahr 1780 wurden in Pless Frondienste verweigert. Zwei Jahre später traf ein ausgedehnter Streik Neustadt. Im Jahr 1784 lagen 76 Dörfer in der Grafschaft Glatz in Streit mit ihren Herren. Aus Angst, einen allgemeinen Aufstand zu entfesseln, mied Friedrich bei einem Besuch die unruhigen Gebiete.[49] In den folgenden Jahren sollten die Spannungen durch die Französische Revolution und die versprochene Abschaffung der Leibeigenschaft in Polen, wohin viele schlesische Bauern flüchteten, weiter verschärft werden. Im Jahr 1793 erhoben sich die Schneider Bresslaus aus Protest gegen ihre Arbeitsbedingungen. In dem folgenden Chaos wurden 37 Menschen getötet und 78 verletzt. Auch während der Napoleonischen Kriege erlitt Schlesiens Wirtschaft wiederholt Erschütterungen, wenngleich die Nachfrage aus Preußen selbst ausreichte, um die einheimische Industrie zu erhalten. Im Jahr 1807 wurden Bauernrevolten in Trebnitz und Striegau von der französischen Armee brutal unterdrückt. Vier Jahre später brach in Ratibor und Pless »ein regelrechter Bauernkrieg« aus. Die Aufständischen griffen mit Sensen an, wurden aber mit schweren Verlusten zurückgeschlagen. 300 von ihnen wurden festgenommen und ausgepeitscht.[50] Die größten ökonomischen Probleme bereitete freilich die Nachkriegszeit. Besonders hart getroffen wurde die schlesische Textilindustrie. Ein Rückgang der Nachfrage und mechanische Konkurrenz aus dem Rheinland und aus Großbritannien stürzten sie in eine Dauerkrise. Ein Hoffnungsschimmer in der Krise waren landwirtschaftliche Innovationen. Rapssamen und Hopfen wurden ausgesät, und 1802 wurde in Wohlau die erste Rübenzuckerfabrik der Welt gebaut.

Nach den Kriegen trieben die Provinzialbehörden den Ausbau der Infrastruktur voran: Der Unterricht, die Kommunikationswege und die Gewerbeförderung wurden verbessert. Von 1818 an wurde das Straßennetz gepflastert, während in Bresslau eine Gewerbe- und eine Landwirtschaftsschule ihre Pforten öffneten. Diese Initiativen trugen bald Früchte. Im Jahr 1819 begann die Heckmann-Fabrik mit dem Bau von Anlagen zur Zuckerraffinierung. Im Jahr 1832 gründeten die Königliche Seehandlungs-Sozietät und der spätere Geheime Kommerzienrat Gustav Heinrich von Ruffer die »Maschinenbauanstalt Breslau«, die innerhalb von drei Jahren 200 Arbeiter beschäftigte und Einrichtungen für Berg-, Hütten- und Walzwerke, für Zement- und Zuckerfabriken sowie für Papiermühlen und Webereien herstellte. Um 1844 lieferte die 1839 von dem Stellmacher Gottfried Linke gegründete »Waggonfabrik von Gottfried Linke« erste Kohlewagen für die Strecke Bresslau – Deutsch Lissa der Oberschlesischen Eisenbahn-Gesellschaft und konstruierte für die schlesische Eisenbahn den allerersten im Inland gebauten Holzbrenner. Der Bau von rollendem Material sollte sich zu einer der wichtigsten Branchen Bresslaus entwickeln.

August Borsig (1804–54) war ein Repräsentant der neuen Zeit. Nach einer Tischlerlehre in Bresslau gründete er mit 8500 geliehenen Talern Kapital am 20. Dezember 1837 in Berlin-Tempelhof eine Eisengießerei. Vier Jahre später produzierte seine Fabrik die ersten Lokomotiven Preußens. In 17 kurzen Jahren stellte er in der größten Lokomotivfabrik Kontinentaleuropas etwa 500 Lokomotiven her und schlug die britische Konkurrenz in Deutschland erfolgreich aus dem Feld. Borsigs Biograf konnte seine Bewunderung für »das größte und erfolgreichste Unternehmergenie..., das Deutschland je hervorgebracht hat«,[51] nicht verhehlen.

Beinahe könnte man sagen, Deutschlands Eisenbahnzeitalter habe in Bresslau begonnen. Schon 1816 fast zehn Jahre vor der Eröffnung der Stockton-Darlington-Railway in England (1825), wurde eine Eisenbahnverbindung zwischen Bresslau und Hindenburg (Zabrze) in Oberschlesien vorgeschlagen. Sie wurde nicht verwirklicht, und die Ehre der ersten deutschen Eisenbahn ging 1835 an die Strecke zwischen Nürnberg und Fürth. Aber Bresslau folgte dichtauf. Am 22. Mai 1842 um 10.30 Uhr vormittags verließ die »Silesia« Bresslau auf einem 26 Kilometer langen Schienenstück Richtung Ohlau. Im Jahr 1843 kam eine zweite Strecke in die entgegengesetzte Richtung bis nach Freiburg hinzu und 1844 folgte eine dritte Strecke nach Liegnitz. Um diese Zeit besaß Bresslau drei Bahnhöfe, einen für jede Linie – den Freiburger, den Niederschlesisch-Märkischen und den Oberschlesischen. Im Jahr 1846 wurde die Verbindung nach Berlin fertig gestellt. Im darauf folgenden Jahr konnte man von Bresslau aus Wien, Dresden und Krakau erreichen. Die fünfziger Jahre erlebten die Verbindung nach Posen und den Bau des ersten »Hauptbahnhofs« in Deutschland in Bresslau. Bis 1871 hatte er sich zu einem der verkehrsreichsten und wichtigsten Eisenbahnknotenpunkte Mitteleuropas entwickelt.

Bresslaus Handel wurde durch die Annäherung an Großpolen außerordentlich gestärkt, und aus dem Osten, sogar aus Russland und aus Rumänien, trafen weiterhin zahlreiche Gütertransporte ein. Doch politische Veränderungen in Polen schufen neue Zollschranken. Die Schaffung »Kongresspolens« im Jahr 1815 war für den Handel nicht von Vorteil, obwohl man energisch das Schlupfloch der unabhängigen Republik Krakau ausnutzte, die als wichtiger Umschlagplatz sowohl für Kongresspolen als auch für Galizien fungierte. Als die Freie Stadt Krakau 1847 ohne viel Federlesens abgeschafft wurde, schickte Bresslau eine Protestdelegation nach Berlin, und der Bürgermeister von Bresslau machte sich vergeblich nach Wien auf.

Eine Quelle des Wohlstands fand man im Wollhandel, der in den ersten Jahrzehnten des 19. Jahrhunderts einen bemerkenswerten Aufschwung erlebte. Er verdankte sich sowohl der Ausweitung der Schafzucht in Schlesien und Großpolen als auch den außerordentlich verbesserten Möglichkeiten für den Import von Rohwolle aus Österreich und Ungarn. Der Jahresumsatz auf dem Bresslauer Wollmarkt schnellte von circa 20 000

Zentnern im Jahr 1810 auf 43 000 Zentner im Jahr 1823 und 88 000 Zentner im Jahr 1836. Mit 132 000 Zentnern im Jahr 1862 erreichte er sein größtes Volumen. Wollstoffe ersetzten allmählich die frühere Bresslauer Spezialität im Textilsektor, das Bedrucken feiner Percale, reiner gekämmter Baumwolle.

Auch das Bankwesen entwickelte sich in dieser Zeit rasch. Vor den Napoleonischen Kriegen waren die einzigen Banken Bresslaus die in staatlichem Besitz befindliche Königliche Bank und die beiden Privatbanken Eichborn & Co. und Molinari gewesen. Nach 1815 gesellten sich ihnen mehrere dynamische Neugründungen hinzu, vor allem das Haus Heimann, das dazu ausersehen war, alle Konkurrenten hinter sich zu lassen. Die Bankiers investierten in großem Stil in den Wollhandel und später in Eisenbahnen. Unterstützt wurden ihre Börsenmakler nach 1834 durch die Gründung des Deutschen Zollvereins.

Trotz dieser Fortschritte war die preußische Wirtschaft des frühen 19. Jahrhunderts noch überwiegend agrarisch geprägt und abhängig von Bedingungen, die weder vorausgesagt noch kontrolliert werden konnten. Die Missernten von 1816/17 führten zu Knappheit, während die Rekordernten der zwanziger Jahre des 19. Jahrhunderts einen Zusammenbruch der Getreidepreise verursachten. Die Ungewissheiten schürten eine wachsende Unzufriedenheit, die mit politischen Repräsentationsforderungen verschmolz und eine beinahe revolutionäre Atmosphäre schuf. Zu offenen Unruhen kam es im berühmten Aufstand der schlesischen Weber von 1844. Die Revolte, die Gerhart Hauptmann mit seinem Drama *Die Weber* unsterblich gemacht hat, konzentrierte sich auf das Dorf Peterswaldau in der Nähe von Reichenbach. Eine der Figuren Hauptmanns bringt die große Armut der Weber zum Ausdruck:

> ANSORGE:
> Mir kenn d'r nich leben und nich sterben hier oben. Uns geht's leider beese, kannst's glooben. Eener wehrt sich bis ufs Blutt. Zuletzt muß man sich dreingeb'n. De Not frißt een's Dach ieberm Koppe und a Boden unter a Fießen. Frieher, da man noch am Stuhle arbeiten konnte, da hat man sich halbwegens mit Kummer und Not doch kunnt aso durchschlag'n. Heute kann ich m'r schonn ieber Jahr und Tag kee Stickel Arbeit mehr erobern. Mit der Korbflechterei is ooch ock, daß man sei bissl Leben aso hinfristen tutt. Ich flechte bis in de Nacht nein, und wenn ich ins Bett falle, da hab‹ ich an Beehmen und sechs Fenniche derschind't. Du hast doch Bildung, nu da sag amal selber, kann da woll a Auskommen sein bei

der Teurung? Drei Taler muß ich hinschmeißen uf Haussteuer, een'n Taler uf Grundabgaben, drei Taler uf Hauszinse. Vierzehn Taler kann ich Verdienst rechen. Bleib'n fer mich sieben Taler ufs ganze Jahr. Dadervon soll ma sich nu bekochen, beheizen, bekleiden, beschuhn, ma soll sich bestricken und beflicken, a Quartier muß ma hab'n und was da noch alles kommt. – Is's da a Wunder, wenn man de Zinse ni zahln kann?[52]

In den Augen der Staatsmacht hatten die Weber mit ihrer Forderung nach einer besseren Bezahlung ihrer Arbeit auf wohlhabende Kaufleute abgezielt. Der Oberpräsident der Provinz sah sie kurzerhand als Teil eines »universellen Angriffs der Armen gegen die Reichen«. Eine brutale »Befriedung« durch das Militär war die unvermeidliche Folge, bei der elf Personen getötet und 20 verletzt wurden.

Der Aufstand der Weber und ein ähnlicher Ausbruch in Hirschberg 1845 können auch als Vorspiel zu den europaweiten Revolutionen des Jahres 1848 gesehen werden. Interessant ist dabei das Ausmaß rein ökonomischer Motive bei den schlesischen Unruhen. Wachsende Industrialisierung und Urbanisierung waren sicherlich dafür verantwortlich, dass die sozialen Zustände in Bresslau zu den schlimmsten in ganz Deutschland zählten. Die Wohnungsnot beispielsweise war sehr viel akuter als in Berlin. So haben einige Historiker[53] behauptet, Bresslaus relativ fortgeschrittene Industrialisierung habe den Hintergrund für eine radikale Bewegung abgegeben, die von Arbeitern gegründet worden sei. Diese hätten sich gegen die »bürgerlichen Revolutionäre« gestellt und auf Forderungen bestanden, die stärker sozial als national oder liberal motiviert gewesen seien. In der Tat bestätigen die Berichte der *Schlesischen Zeitung* die Existenz proletarischer Protestierer, die später als »marxistische Elemente« bezeichnet werden konnten. Beispielhaft für ihren Radikalismus waren die Aktivitäten der »Katzenmusiker«, eine Gruppe »mobiler Streikposten«, die ein Gebäude zu umstellen pflegten und anschließend so lange Sprechchöre anstimmten und sangen, bis sie das gewünschte Resultat erzielten, wie den Rücktritt eines Beamten oder den Widerruf eines Gesetzes. Auf dem Lande plünderten Bauern Herrenhäuser und Steuerämter.

Die wirtschaftliche Erholung nach 1848/49 hatte ambivalenten Charakter. Zwar profitierte die schlesische Industrie von ihrer stetigen Integration in die preußische Wirtschaft, doch die soziale Unzufriedenheit rumorte trotz des Wachstums weiter. Die dramatische Ausweitung des preußischen Eisenbahnnetzes brachte gewaltige Vorteile. Besonders Oberschlesien hatte auf die Eisenbahn gewartet. Als ein dichtes Schienennetz angelegt wurde, öffnete das Land sich auch auswärtigen Investoren und erhielt Zugang zu einem viel größeren Markt. Die Oder blieb vorläufig noch ein zweitrangiger Transportweg. Lediglich ein bescheidener Handelsdampfer verkehrte seit 1856 zwischen Bresslau und Stettin. Gegen Ende des 19. Jahrhunderts förderte Schlesien fast 40 Prozent der deutschen Steinkohle und ein gutes Viertel der Zinkproduktion des Landes.

Im Jahr 1852 fand in Bresslau die erste Schlesische Industrieausstellung statt, die einen gewissen Lokalstolz hervorrief. Ein Reporter der Londoner *Times* indes war ganz und gar nicht beeindruckt:

> »In Schlesien will man dem Beispiel des Kristallpalastes folgen, wird es dort doch bald unter einem Glasdach eine Ausstellung schlesischer Erzeugnisse geben. Das ist sehr viel treffender, als ihre Planer wahrscheinlich erkannt haben, ist doch die gesamte Leinenfabrikation Schlesiens, die auf der Handweberei beruht, eine Treibhauspflanze, die nur durch hohe Importzölle auf die weit überlegenen Erzeugnisse Manchesters vor dem Aussterben bewahrt wird ... Schlesien bleibt das Irland Preußens.«[54]

Salomon Kaufmann, ein Baumwollproduzent aus Schweidnitz, teilte diese Empfindungen. Er war im Jahr zuvor zu der Großen Weltausstellung nach London gereist und von der spürbaren Überlegenheit der Konkurrenz durch neue Maschinen schockiert gewesen. Nach dem er sich längere Zeit in Manchester umgesehen hatte, sammelte er so viele Muster und Proben wie möglich und kehrte nach Hause zurück, um die neuen Methoden in seinen eigenen Fabriken einzuführen.[55] Die Industrialisierung hatte in Schlesien gerade erst begonnen.

*

Als Preußen Schlesien annektierte, wandte Europa dem religiösen Fanatismus der vorausgehenden Epoche den Rücken zu und trat in das so genannte »Zeitalter der Vernunft« ein. Preußen selbst war durchaus zu den toleranteren deutschen Staaten zu zählen. Es ließ zwar nicht denselben Grad an religiöser Freiheit zu, der bis zum späten 17. Jahrhundert im benachbarten Polen praktiziert worden war, doch es war auch nicht so katholisch ausgerichtet wie die Habsburger. Die Berliner Hohenzollern hatten hugenottische Flüchtlinge aus Frankreich willkommen geheißen und einen Modus Vivendi zwischen Lutheranern und Reformierten (Calvinisten) gefunden.

Kapitel 5: Breslau (1741–1871) 283

Dennoch sollte die Annexion einer überwiegend katholischen Provinz durch ein mehrheitlich protestantisches Königreich Probleme mit sich bringen. Als Friedrich II. im Januar 1741 nach Bresslau kam, befahl er 30 preußischen Kavalleristen, das Jesuitenkolleg vor dem Zorn des protestantischen Mobs zu schützen. Es geht die Sage, dass die preußischen Soldaten, als sie sich einem stillen Winkel außerhalb des Jesuitenkollegs näherten, ein jammerndes Geräusch vernommen und nach fruchtlosen Nachforschungen beschlossen hätten, die Mauer einzureißen. Drinnen fanden sie einen grauhaarigen Mann mit einem Stück Brot und einem Krug Wasser vor, die ihm offensichtlich durch ein Loch in der Mauer gereicht worden waren. Er lebte in seinem eigenen Schmutz, und auf die Frage, wer er sei, antwortete er, dass er der Prediger Jakob Sturm aus Liegnitz sei und dass er eine Reihe von Traktaten gegen die Jesuiten verfasst habe. Seit seiner Verhaftung habe er 26 Winter gezählt. Er starb zehn Tage nach seiner Freilassung.[56] Das war natürlich eine preußische Geschichte. Aber sie verrät einiges über die herrschenden Spannungen.

Obwohl selber ein religiöser Skeptiker, erkannte Friedrich die gesellschaftliche Bedeutung der Religion. Anfangs wahrte er zu beiden Konfessionen in Schlesien Distanz. Die Beschränkungen des protestantischen Gottesdienstes in einigen katholischen Gegenden wurden aufgehoben, und in protestantischen wiederum wurden die katholischen Rechte respektiert. Im Jahr 1742 gestattete er dem Bischof von Bresslau, Kardinal von Sinzendorf, unter der Bedingung auf seine Stelle zurückzukehren, dass der Vatikan auf Distanz gehalten und er ein »preußischer Papst« würde.[57] Doch eingedenk der geteilten Loyalität der schlesischen Katholiken konnte der König einer Einmischung auf Dauer doch nicht widerstehen. Sein Werkzeug sollte Philipp Gotthard Graf von Schaffgotsch (1716–95) sein, ein von den Jesuiten erzogener Schlesier, der in Wien ins Priesteramt aufgenommen worden war. Im Jahr 1740 war er abtrünnig geworden, um Preußen zu dienen, und mit Beförderung belohnt worden. Drei Jahre später wurde er Friedrichs Kandidat für den Posten des Koadjutors in Bresslau – ein eklatanter Verstoß gegen das alleinige Ernennungsrecht der Kirche. Auf eine seinem Selbstbewusstsein entsprechende Art vermittelte der König dem Bischof von Bresslau, Kardinal von Sinzendorf, am 17. Dezember 1743 seinen Wunsch:

> »Der Heilige Geist und ich sind übereingekommen, daß der Prälat Schaffgotsch Koadjutor von [Bresslau] sein soll, und die von Ihren Domherren, die sich dem widersetzen, sollen als Leute betrachtet

werden, die dem Wiener Hofe und dem Teufel ergeben sind und den höchsten Grad der Verdammnis verdienen, weil sie dem Heiligen Geist Widerstand leisten.«[58]

Liebenswürdig schrieb der Bischof acht Tage später zurück:

»Das große Einvernehmen zwischen dem Heiligen Geiste und Eurer Majestät ist eine große Neuigkeit für mich; ich wußte nicht einmal, daß die Bekanntschaft gemacht war. Ich wünsche, daß er dem Papste und den Domherren Eingebungen schicke, die unsern Wünschen entsprechen.«[59]

Dieses Mal konnte sich der König nicht durchsetzen. Es musste eine Kompromisslösung gefunden werden, wodurch der päpstliche Nuntius in Warschau mit schlesischen Angelegenheiten betraut wurde. Aber im Jahr 1747 versuchte der König es erneut, und der erst 31-jährige Schaffgotsch wurde ordnungsgemäß zum Bischof von Bresslau ernannt. Die Demarche sollte von kurzer Dauer sein. Mit dem Kriegsausbruch im Jahr 1756 wechselte Schaffgotsch erneut die Seiten und reiste ab, um Maria Theresia zu dienen. Als er 1763 nach Schlesien zurückkehrte, wurde ihm der Zugang nach Bresslau verwehrt, und man verbannte ihn in die bischöfliche Residenz Johannisberg in Jauernig in Österreichisch-Schlesien. Die Angelegenheiten des Bistums wurden von zwei Suffraganbischöfen geregelt, vor allem von Johann Moritz von Strachwitz (1721–81).

Im späten 18. Jahrhundert begann für den Katholizismus in Preußen eine Zeit geistiger Krise. Die Auflösung der Gesellschaft Jesu im Jahr 1774, die demütigenden Teilungen des katholischen Polen und die Dynamik von protestantischen Universitäten wie Halle bewirkten ein gesteigertes Ansehen Preußens. Niemand verkörperte diese Überlegenheit besser als der bedeutendste Theologe der Epoche, Friedrich Daniel Ernst Schleiermacher (1768–1834). In Bresslau geboren und erzogen, wurde Schleiermacher Dekan der Theologischen Fakultät der Universität Berlin. Durch seine Bemühungen zur Gewinnung der gebildeten Klassen und seine Betonung von »Anschauung und Gefühl« als Fundamente des Glaubens sollte er einen tief greifenden Einfluss auf protestantisches Denken ausüben. Als Befürworter der Union der protestantischen Kirchen in Preußen war er auch politisch wirksam. Zu seinen Hauptwerken zählen *Der christliche Glaube, nach den Grundsätzen der evangelischen Kirche im Zusammenhange dargestellt* (2 Bde., 1821/22) und seine philosophische *Dialektik* (postum hrsg. 1839). Es hieß, dass bei seinem Tod

Kapitel 5: Bresslau (1741–1871)

30 000 Menschen an dem Leichenzug durch die Straßen Berlins teilnahmen. Die durch eine Kabinettsordre Friedrich Wilhelms III. vom 17. September 1817 verwirklichte Union der preußischen protestantischen Kirchen schloss Lutheraner und Reformierte Preußens zur »Evangelischen Kirche der altpreußischen Union« zusammen. Der Gebrauch des Wortes »Protestant« wurde verboten. Im Jahr 1822 wurde eine neue, gemeinsame Liturgie eingeführt. Abweichler durften als ketzerisch bezeichnet werden. Für die Lutheraner Bresslaus war die Neuorganisation nicht unbedeutend. Fast drei Jahrhunderte waren sie eine selbst verwaltete Gemeinschaft gewesen. Im Gegensatz zu den meisten Lutheranern in Deutschland waren sie unter habsburgischer Herrschaft weder den staatlichen Behörden noch den religiösen Neigungen der regierenden Dynastie unterworfen gewesen. Nun jedoch zwang man sie, auf alle Aspekte ihrer Autonomie zu verzichten. Der König von Preußen war der *summus episcopus* der staatlichen Kirche, so wie Heinrich VIII. sich selber zum »Supreme Head«, zum Oberhaupt der anglikanischen Kirche von England gemacht hatte. Von den protestantischen Untertanen des preußischen Königs, die sich nicht mehr Protestanten nennen durften und die keine ganz normalen Lutheraner mehr, sondern gemischte Lutherisch-Reformierte waren, wurde Gehorsam erwartet. Sie waren aufgefordert, sich einem bedeutenden konfessionellen und liturgischen Wandel anzupassen.

Nicht überall wurde dieser Wandel klaglos hingenommen. Eine bekannte Gruppe von Abweichlern, die »Altlutheraner«, trat vor allem in Bresslau in Erscheinung. Ihr Führer Johann Gottfried Scheibel (1783–1843),[60] ein waschechter Vratislavier und Professor für Theologie an der hiesigen Universität, hatte die Proteste gegen die Union angeführt. Nachdem er sowohl dem Stadtrat als auch dem König Bittschriften eingereicht hatte, gelang es ihm, die offizielle Anerkennung der Union in Bresslau zu verzögern und dadurch eine 5000 Köpfe starke Gemeinde um sich zu scharen. In den folgenden Jahren litt die Bewegung unter beharrlicher Verfolgung. Viele ihrer Mitglieder emigrierten und gründeten Gemeinschaften an so weit entfernten Orten wie Adelaide in Südaustralien. Im Jahr 1845 wurde den Altlutheranern Schlesiens die Anerkennung als geduldete nichtkonformistische Kirche gewährt.

Auch der Katholizismus hatte seine Abweichler. Die deutsch-katholische Bewegung (»Deutschkatholizismus«), die 1845 gegründet wurde, protestierte gegen ihre Einstufung als abergläubisch und fanatisch. Die Gründung erfolgte durch Johannes Ronge (1813–87), der in Grottkau Kaplan gewesen war, in Bresslau. Nachdem Ronge öffentlich mit dem Bistum Bresslau gegen den Kult um den »Mantel Christi« in Trier polemisiert hatte, wurde er exkommuniziert. Befreit von kirchlicher Kontrolle, verschärfte er seine Attacken. In einem offenen Brief an den Bischof von Trier schrieb er: »Schon ergreift der Geschichtsschreiber den Griffel und übergibt Ihren Namen Arnoldi der Verachtung der Mit- und Nachwelt und bezeichnet Sie als den Tetzel des 19. Jahrhunderts.«[61] Seine Anhänger standen ihm in nichts nach. Sie lehnten den Primat des Papsttums ebenso ab wie Beichte, Zölibat, Ablässe, Fasten, Wallfahrten sowie die Heiligen- und Reliquienverehrung. Von den preußischen Behörden freudig begrüßt, stieg ihre Zahl in Schlesien rasch an und belief sich um 1848 auf ungefähr 259 Gemeinden mit 100 000 Mitgliedern. Ronge wurde eine von Protestanten und wohlwollenden Katholiken gleichermaßen gepriesene Berühmtheit und konzentrierte sich ganz auf ausgedehnte Vortragsreisen.

Im 19. Jahrhundert änderte sich in Bresslau auch das Leben der gemäßigten Katholiken. Im Jahr 1811 beispielsweise, mitten in den Napoleonischen Kriegen, führten die staatlichen Behörden in Preußen ihren Plan aus, alle religiösen Orden aufzulösen und deren Vermögen zu beschlagnahmen. In Schlesien wurden auf einen Schlag 56 Klöster und 17 Konvente, viele davon in Bresslau, geschlossen und unter Treuhänderschaft gestellt. Die katholische Gemeinschaft wurde nicht allein der erzieherischen, medizinischen und seelsorgerischen Dienstleistungen der Orden beraubt, sondern verlor auch viele Orte frommer Andacht. Bewunderer der staatlichen Macht Preußens nannten dies Modernisierung. Viele Gläubige kritisierten den Schritt jedoch als herzlos. Erlaubt waren nur noch religiöse Einrichtungen, die sich um unheilbar Kranke oder Geistesgestörte kümmerten, alle anderen mussten verschwinden. Aus dem Matthias-Hospital wurde eine weltliche Schule, aus der Bibliothek der Dominikaner eine staatliche Bücherei. Die uralte Abtei von Trebnitz wurde in eine Fabrik umgewandelt.

Zu einer weiteren wichtigen Neuorientierung kam es infolge des Konkordats von 1821, als die katholische Diözese Bresslau aus ihren historischen Bindungen an das Erzbistum Gnesen gelöst wurde. Die Maßnahme war in starkem Maße eine natürliche Konsequenz aus den Teilungen Polens. Gnesen selber lag innerhalb des Territoriums, das Preußen erhalten hatte, während der größte Teil seiner Kirchenprovinz unter russische oder österreichische Herrschaft gefallen war. Der polnische Primas in Gnesen war nicht imstande, seine Pflichten auszuüben. Die Lösung in Preußen bestand darin, zur Verwaltung der ehemals polnischen Provinzen ein neues Erzbistum Posen-Gnesen zu schaffen und das Fürstbistum Bresslau zu einem unabhängigen, unmittelbar Rom untergeordneten

Bischofssitz zu erheben. Der Status der vratislavischen Diözese wurde dadurch zweifellos verbessert, nicht zuletzt, weil ihre Autorität sich jetzt von der Ostsee bis nach Böhmen erstreckte und Berlin einschloss. Zur selben Zeit wurde sie – zum ersten Mal seit 800 Jahren – gänzlich in die Sphäre deutscher Kultur einbezogen. Sämtliche Bresslauer Fürstbischöfe der nachfolgenden Epoche waren Deutsche:

1747–1795	Philipp Gotthard Graf von Schaffgotsch
1795–1817	Joseph Christian, Fürst zu Hohenlohe-Waldenburg-Bartenstein
1824–1832	Emanuel Schimonski
1836–1840	Leopold Sedlnitzky
1843–1844	Josef Knauer
1845–1853	Melchior Baron von Diepenbrock
1853–1881	Heinrich Förster

Die polnischen Namen auf der Bischofsliste sind irreführend. Der einzige Prälat mit polnischen Sympathien war Bernard Bogedain, Bresslauer Suffraganbischof in den Jahren 1858–60, der für den Erhalt polnischer Volksschulen eintrat und der heute als »gemäßigter Germanisierer« bezeichnet wird.

Der Judaismus kehrte mit der jüdischen Gemeinschaft zurück, die nach fast 300-jähriger Abwesenheit (siehe unten) offiziell im Jahr 1744 wieder zugelassen wurde. Aber auch die Juden hatten ihre religiösen Konflikte. Sie zogen in ein Bresslau, in dem die Industrialisierung im Gange war und in denen sie rasch einen Teil der gebildeten Mittelschicht bildeten. Mit anderen Worten, sie trafen auf Bedingungen, welche die mit dem Reformjudaismus verbundenen Tendenzen begünstigten. In diesem Kontext verhärtete sich die Rivalität zwischen dem Rabbiner Abraham Geiger und dem Oberrabbiner Salomon Tiktin. Nach Tiktins Tod 1843 führte sein Sohn Gedaliah die Fehde weiter. Zur Zeit der Gründung des Bresslauer Jüdischen Theologischen Seminars im Jahr 1854 war die Teilung von Reformisten und Orthodoxen zu zwei getrennten Gemeinden mit je eigenem Rabbiner, eigener Schule und eigener Synagoge fortgeschritten.

Die Ideen Abraham Geigers (1810–74) und ihre Rolle bei der Formierung des Reformprozesses hatten Auswirkungen auf Ereignisse weit jenseits der Grenzen Bresslaus, ja sogar weit jenseits der Grenzen Deutschlands. Zum ersten Mal wurden sie in einer Reihe von Vorträgen formuliert, die Geiger im heimischen Frankfurt hielt. Ausgearbeitet und in verschiedenen Werken veröffentlicht wurden sie jedoch, als er zwischen 1838 und 1866 in Bresslau arbeitete. Die englische Übersetzung seiner Studie *Das Judentum und seine Geschichte* (»Judaism and its history«, New York 1866) hatte große Wirkung auf die Entwicklung des amerikanischen Judentums. In der praktischen Sphäre teilte Geiger sich als einer der Mitorganisatoren der drei rabbinischen Konferenzen – Braunschweig (1844), Frankfurt (1845) und Bresslau (1846) –, auf denen der Reformjudaismus aus der Taufe gehoben wurde, die Lorbeeren mit Samuel Holdheim. Geiger verfolgte zwei Hauptinteressen. Zum einen wollte er den jüdischen Ritus modifizieren, damit praktizierende Juden uneingeschränkt am politischen, gesellschaftlichen und kulturellen Leben des Landes teilnehmen könnten. Er spielte sogar mit dem Gedanken, den jüdischen Sabbat auf den Sonntag zu verlegen. Zum anderen wollte er den Judaismus der ganzen Strenge der intellektuellen und theologischen Debatte öffnen. Er war fest davon überzeugt, dass viele Spannungen zwischen Christen und Juden aus gegenseitiger Unkenntnis erwuchsen und dass beide Seiten miteinander in einen Dialog treten müssten. Hinsichtlich des Überlegenheitsgefühls vieler Christen und der Ambitionen des Christentums, eine »kirchliche Weltmacht« zu sein, gab er sich keinen Illusionen hin. Auf der anderen Seite sah er Zeichen der Hoffnung:

> »Das Christentum hat die alte Welt negiert, ihren Bestand wie die ganze Berechtigung ihres Daseins in Abrede gestellt. Ja, das Judentum... wurde nicht bloß mit irdischen Waffen, mit Feuer und Schwert, mit Vertreibung und Druck bekämpft, sondern auch mit geistigen Waffen... Das Judentum hat sich dennoch erhalten, hat seine ewigen Güter sich gewahrt und sich nicht trüben lassen. Das Drama ist noch nicht zu Ende... Die Zeit wird kommen, das Judentum hat seine Mission noch nicht beendet.«[62]

Im Jahr 1866 verließ Rabbi Geiger Bresslau, um in Berlin das Amt des Oberrabbiners anzutreten.

Das Jüdische Theologische Seminar, das erste seiner Art in Europa, verdankte seine Gründung der Zusammenarbeit von Rabbi Geiger mit dem bekannten jüdischen Theologen Zacharias Fränkel (1801–75) und Geldern, die der Bresslauer Geschäftsmann Jonas Fraenkel (nicht verwandt mit Zacharias) gestiftet hatte.[63] Seine Gründer erkannten nicht nur, dass die traditionelle Rabbinerausbildung einer Modernisierung bedürfe, sondern auch, dass die Grundsätze des Judaismus kritischer Prüfung nicht ausweichen konnten. Als das Seminar im August 1854 seine Pforten öffnete, waren die Vorzeichen nicht günstig – eine Choleraepidemie wütete, und nur 21 Studenten und vier Dozenten waren anwesend. Doch unter Fränkels Leitung entwickelte es sich rasch, die Studentenzahlen verdoppelten sich innerhalb von vier Jahren, und das Seminar wurde zu einem der weltweit bedeutendsten Zentren jüdischer Gelehrsamkeit. Seine berühmte Bibliothek und seine Zeitschrift, die *Monatsschrift für Geschichte und Wissenschaft des Judentums* (MGWJ), sollten mit jenen von Berlin, Paris und Wien konkurrieren.

Dennoch beruhte eine der wichtigsten religiösen Entwicklungen im Bresslau des 19. Jahrhunderts auf dem dynamischen Wachstum der katholischen Bevölkerung. Zwischen 1817 und 1849 stieg der Anteil der Katholiken im Raum Bresslau von 26 auf 39 Prozent der Gesamtbevölkerung, wodurch der protestantische Anteil gleichzeitig von 72 auf 59 Prozent sank. Obwohl die jüdische Gemeinschaft in absoluten Zahlen wuchs, nahm sie proportional von 1,3 Prozent auf ein Prozent ab. Man kann durchaus annehmen, dass der Anstieg des katholischen Bevölkerungsteils in erster Linie von der Zuwanderung aus anderen Gegenden Schlesiens, aus Böhmen oder aus Polen herrührte. Zum Zeitpunkt der Proklamation des Deutschen Reiches im Jahr 1871 war das alte protestantische Bresslau auf dem Wege, den Charakter einer kosmopolitischen, multikonfessionellen Metropole anzunehmen.

Die Koexistenz dreier Religionen, jede noch dazu mit abweichlerischen Fraktionen, machten Bresslau zu einer Stadt der theologischen Kontroversen. Liberale und Konservative fochten sie an allen Fronten aus. Von 1811 an besaß die Universität Bresslau zwei getrennte theologische Fakultäten. Die größere, vom alten Jesuitenkolleg ererbte, war katholisch, die andere, durch die Fusion mit der Universität von Frankfurt an der Oder importierte, protestantisch. Jede stritt mit den anderen, und beide stritten mit den Angehörigen des Jüdischen Seminars. So entwickelte sich ein vielfältiges religiöses Leben.

Besonders intensiv wurde die Debatte, als um 1860 die damals neue und Aufsehen erregende Evolutionstheorie Darwins debattiert wurde. Die katholische Kirche bemühte sich natürlich, die Reinheit der christlichen Lehre zu bewahren. So ist in der *Schlesischen Zeitung* vom 28. April 1860 zu lesen, dass der Fürstbischof von Bresslau zwei Mitgliedern der Theologischen Fakultät die Lehrerlaubnis entzogen hat. Dr. Baltzer, ein Stiftsherr vom Domkapitel, hat vorübergehend das Recht der *missio canonica* (kirchenamtliche Beauftragung zur Wortverkündung in Predigt und Unterricht) eingebüßt, während Dr. Bittner seine *venia legendi* (die Lehrbefugnis an wissenschaftlichen Hochschulen) auf Dauer verloren hat. Am schwarzen Brett der Fakultät fanden sich folgende Bekanntmachungen:

»Ich erlaube mir, meine Kollegen und Studenten davon in Kenntnis zu setzen, dass ich als Folge einer Entscheidung Seiner Fürstbischöflichen Eminenz vorübergehend außerstande bin, meine Vorlesungen anzubieten, solange wie die in meinem Pro Memoria an den Heiligen Stuhl enthaltene wissenschaftliche Sachlage hinsichtlich anthropologischer Dogmen nicht entschieden worden ist. Prof. Dr. Baltzer.«

»Ich erlaube mir, den Besuchern meiner Vorlesungen an der Katholischen Theologischen Fakultät zu berichten, dass ich gemäß einem Dekret des Fürstbischofs vom 8. d. M., das meine erwiesene Treue zur Kirche nicht in Zweifel zieht, keine weiteren Vorlesungen anbieten werde. *Veritatem laborare nomis saepe aiunt, extingui nunquam* (Livius XXII, 39). Bresslau, 26. April 1860. Prof. Dr. Bittner.«[64]

Der Stiftsherr Johann Baptist Baltzer (1803–71) wurde vom Vatikan im Jahr 1862 suspendiert und schloss sich ein Jahr vor seinem Tod den »Deutschkatholiken« an.

*

Bresslau wurde nach 1741 unmittelbar in das kulturelle Leben des preußischen Königreichs einbezogen. Besonders die Philosophie erfreute sich großer Beliebtheit. Der in Bresslau geborene Christian Freiherr von Wolff (1679–1754) lehrte hauptsächlich an der Universität Halle. Der als »deutsches Sprachrohr der Aufklärung« bekannte Philosoph behauptete in seinen *Vernünftigen Gedanken*, dass jedes Ereignis einen entsprechenden Grund für sein Auftreten haben müsse. Wolffs Philosophie sollte in Deutschland vorherrschen, bis sie im späten 18. Jahrhundert von der Lehre Kants verdrängt wurde. Im Gegensatz zu Wolff studierte Christian Garve (1742–98) in Frankfurt und Halle, verbrachte aber den Großteil seines späteren Lebens in Bresslau. Seine Hauptinteressen galten Ethik und Psychologie, und er zählt zu den Pionieren bei der Erforschung der Rolle des Einzelnen in der Gesellschaft. Garve, ein Gelehrter, der mit Goethe und Schiller korrespondierte, hatte großen Anteil an der Popularisierung der deutschen Aufklärung.

Das Schulwesen wurde in Preußen stark gefördert. Trotz der nominellen Einführung obligatorischer Elementarschulen im Jahr 1717 war der Unterricht in Qualität und Umfang sehr unterschiedlich gewesen. In der

Kapitel 5: Bresslau (1741–1871)

zweiten Hälfte des 18. Jahrhunderts erfuhr er jedoch durch erhöhte Ausgaben und eine stärkere Regulierung staatlicherseits eine deutliche Verbesserung. In Bresslau und anderswo wollte der Staat die pädagogischen Fähigkeiten der Jesuiten nutzen. Nach der Auflösung des Ordens 1773 wurde ihnen bedeutet, Kleidung und Namen zu wechseln, ihre Tätigkeit im pädagogischen Bereich sollten sie jedoch fortsetzen. Eine solche Institution war etwa die »Gesellschaft der Priester des Königlichen Schulinstituts«. Im 19. Jahrhundert brachte man mehrere städtische Schulen in ehemaligen Klostergebäuden unter.

Die aus solchen Maßnahmen resultierende Zunahme der Lese- und Schreibfähigkeit sorgte für eine Leserschaft, die begierig auf Neuigkeiten war. Der von den Jesuiten finanzierte *Schlesische Nouvellen-Courier* war seit 1708 in Bresslau herausgegeben worden. Im Jahr 1742 wurde sein Platz jedoch durch die staatlich sanktionierte *Schlesische privilegirte Staats-, Kriegs- und Friedenszeitung* eingenommen, allgemein bekannt unter dem Namen *Schlesische Zeitung*. Ihr Verleger war Johann Gottlieb Korn (1702–56), ein Brandenburger, der sich 1732 in Bresslau niedergelassen hatte. Korn wurde das Privileg zur Herausgabe der *Schlesischen Zeitung* bewilligt, und er erhielt unter dem Pseudonym »ein hochrangiger preußischer Offizier« von königlicher Hand geschriebene Artikel zum Abdruck. Korns Unternehmen gedieh, und gegen Ende des Jahrhunderts hatte er auch mit der Herausgabe von Büchern begonnen. Auf der Liste der Veröffentlichungen standen die Werke von Garve und Svarez neben zahlreichen Ausgaben deutscher Werke in polnischer Sprache.

Die Familie Langhans, die tiefe Wurzeln in Schlesien besaß, erlangte Berühmtheit im Zusammenhang mit der Entwicklung deutscher Baukunst. Der ältere Langhans, Carl Gotthard (1733–1808), begann seine Laufbahn mit dem Entwurf des neuen Palais Hatzfeld, dessen Bau er zwischen 1766 und 1774 beaufsichtigte. Als Chef des Bauamtes der Bresslauer und Glogauer Kriegs- und Domänen-Kammer wird ihm auch die Erbauung einer Reihe weiterer Bresslauer Wahrzeichen zugeschrieben, darunter die Preußische Garnison auf dem Bürgerwerder und das Bresslauer Schauspielhaus. Nach seiner Ernennung zum Direktor des preußischen Oberhofbauamtes in Berlin im Jahr 1786 beendete er seine Laufbahn nach dem Entwurf und Bau des Brandenburger Tores.

Dem jüngeren Langhans, Carl Ferdinand (1781–1869), war es bestimmt, neben Gottfried Semper zu einem der führenden Architekten der nächsten Generation zu werden. Wie sein Vater arbeitete auch er zunächst in Bresslau, wo nach seinen Plänen die neue Kirche der Elftausend Jungfrauen (1821) und die Synagoge »Zum Weißen Storch« (1827–29) gebaut wurden. In Berlin entwarf er die elegante Residenz König Friedrich Wilhelms III., den Palast »Unter den Linden« (1828).

Die preußische Armee brachte Soldaten und Verwaltungsbeamte in großer Zahl nach Bresslau. Einer von ihnen war der Militärtheoretiker Carl Philipp Gottfried von Clausewitz (1780–1831), der 1830 eintraf. Er hatte eine spektakuläre Karriere durchlaufen. Zunächst diente er als militärischer Erzieher des preußischen Kronprinzen, trat 1812 in russische Dienste und kämpfte in Borodino. Außerdem war er an der Aushandlung der Konvention von Tauroggen (Dezember 1812) beteiligt, durch die Preußen seiner Allianz mit Frankreich untreu wurde. Nach Berlin zurückgekehrt, wurde er wieder eingestellt und zum General befördert. Im Jahr 1830 ernannte man ihn zum Chef des Generalstabes einer in Bresslau stationierten Observationsarmee zur Beobachtung der Grenze während des Novemberaufstandes in Polen. Obwohl es ihm gelang, eine Absperrung zu organisieren, um ein Übergreifen der Cholera auf Schlesien zu verhindern, erlag er 1831 selber der Krankheit in seinem möblierten Zimmer in der Schweidnitzer Straße und wurde auf dem Besitz seiner Familie in der Nähe von Magdeburg begraben. Seine berühmte Studie *Vom Kriege* (1832–34), eine Bibel für Militärtheoretiker, wurde von seiner Witwe herausgegeben.

Militärische Aufgaben brachten auch die Familie Lessing nach Bresslau. Gotthold Ephraim Lessing (1729–81) traf 1760 als Sekretär des Generals Tauentzien ein. In seiner Freizeit beschäftigte er sich in den Bibliotheken der Stadt mit Philosophie und Ästhetik und verfasste die Abhandlung *Laokoon oder Über die Grenzen der Malerei und Poesie* (1766), in der er sich mit Winckelmann auseinander setzte. Während seiner Stationierung in den Kasernen auf dem Bürgerwerder schrieb er *Minna von Barnhelm*, ein Sittendrama aus der Zeit des Siebenjährigen Krieges, das die Geburtsstunde der klassischen deutschen Komödie markierte. Als Lessing 1765 nach Berlin abreiste, blieb seine Familie. Sein jüngerer Bruder Karl Gotthelf wurde Direktor der Bresslauer Münze, und dessen Enkel, Carl Friedrich Lessing (1808–80), wurde ein bekannter Künstler des 19. Jahrhunderts (siehe unten).

Johann Wolfgang von Goethe (1749–1832) kam im Herbst 1790 auf Einladung seines Gönners, des Herzogs Karl August von Sachsen-Weimar, dessen Kürassierregiment in Schweidnitz stationiert war, nach Bresslau. Goethe besuchte einen von König Friedrich Wilhelm II. veranstalteten Ball im königlichen Schloss, und im Laufe seiner Reisen stieg er zweimal im »Roten Haus«, einem Gasthof in der Reuschestraße, ab. Auf dem Rückweg nach Weimar nahm er Zwischenaufenthalt in Hirschberg, bestieg die

Kapitel 5: Bresslau (1741–1871)

Schneekoppe und trank in Warmbrunn das Heilwasser. Goethe mochte Bresslau nicht besonders. In einem Brief vom 11. November 1790 beschrieb er es als »lärmend, schmutzig und stinkend«.

Einer der großartigsten Lyriker Deutschlands, Joseph Freiherr von Eichendorff (1788–1857), war von 1801 bis 1804 Schüler des Bresslauer Matthias-Gymnasiums. Der Sitz seiner Familie lag in Lubowitz in der Nähe von Ratibor, aber er behielt viele Verbindungen nach Bresslau. So war er eine Zeit lang, von 1816 bis 1819, in der schlesischen Provinzialverwaltung tätig. Eichendorffs einfache melodische Zeilen inspirierten Franz Schubert, Robert Schumann und Hugo Wolf zu zahlreichen Liedern. Seine bevorzugten Themen Sehnsucht, Heimat und Waldeinsamkeit drückten das Lebensgefühl der Romantiker aus:

> In einem kühlen Grunde
> Da geht ein Mühlenrad,
> Meine Liebste ist verschwunden,
> Die dort gewohnet hat.

> O Täler weit, o Höhen,
> O schöner grüner Wald,
> Du meiner Lust und Wehen
> Andächt'ger Aufenthalt!

> Im Walde steht geschrieben
> Ein stilles ernstes Wort
> Vom rechten Tun und Lieben,
> Und was des Menschen Hort.

> Bald werd' ich dich verlassen,
> Fremd in die Fremde geh'n,
> Auf buntbewegten Gassen
> Des Lebens Schauspiel seh'n.[65]

Im Jahr 1811 wurde die von den Jesuiten gegründete Bresslauer Universität, die »Universitas Leopoldinae Wratislaviensis«, säkularisiert und mit der Universität Viadrina in Frankfurt an der Oder zur »Friedrich-Wilhelms-Universität zu Bresslau« oder »Academia Viadrina Wratislaviensis« verschmolzen. Ihre Studenten, inspiriert von der nationalistischen Erweckung, organisierten sich in Burschenschaften, die fast überall wie Pilze aus dem Boden schossen. Bis 1817 waren in Bresslau drei derartige

Gruppen gebildet worden: die deutschen »Raczek« und »Germania« und die polnische »Polonia«. Trotz der von Metternich ins Leben gerufenen politischen Restauration waren sie ein Hort des nationalistischen Geistes. In den vierziger Jahren des 19. Jahrhunderts war die Generation, die sich dem Freikorps Lützow und den Burschenschaften angeschlossen hatte, allerorten als Journalisten, Universitätsdozenten und Schullehrer tätig.

Der Künstler Adolph von Menzel (1815–1905) stand stellvertretend für diese Zunahme des Nationalgefühls. Der gebürtige Bresslauer wurde zum besten Illustrator seiner Zeit, und seine Arbeiten zielten oft auf politische Themen ab. Bevor er zahlreiche illustrierte Werke über die Soldaten und Uniformen der Frederizianischen Zeit herausgab, war er aufgefordert worden, Franz Kuglers *Geschichte Friedrichs des Großen* (1842) zu illustrieren. In Malerei war er fast vollständiger Autodidakt, erwarb sich aber dennoch einen Ruf als berühmter Maler und fand seinen Platz neben Caspar David Friedrich als einem der bedeutendsten deutschen Künstler des 19. Jahrhunderts. Die Bandbreite seines Schaffens zeigt sich in der ätherischen Schönheit des *Balkonzimmers* (1845), im *Flötenkonzert Friedrichs II. in Sanssouci* (1852) und in dem monumentalen Gemälde *Krönung Wilhelms I. in Königsberg* (1861–65).

Ganz andere Interessen hatte der vratislavische Künstler Philipp Hoyoll (1816 bis ca. 1875). Er hatte an der Düsseldorfer Akademie studiert, bevor er 1839 nach Schlesien zurückkehrte, um sich seinen Lebensunterhalt als Porträtmaler zu verdienen. Hoyoll war in den Vormärz verwickelt, den Auftakt zum »Völkerfrühling«, und malte 1846 sein Meisterwerk *Zerstörung eines Bäckerladens* (siehe Bildteil). Die Szene, die Erschießung hungernder Aufrührer, spielt offensichtlich auf dem Neuen Markt in Bresslau, tatsächlich handelt es sich jedoch um ein Pastiche von Ereignissen während der Weberrevolte zwei Jahre zuvor. Nichtsdestoweniger ist es ein kraftvolles Symbol für das Bresslau der Jahre 1848/49. Hoyoll selber wurde zum bekannten Verfasser von Druckschriften und Flugblättern, die er unter dem Pseudonym »Kilian Raschke« veröffentlichte. Wie viele Veteranen von 1848 starb er im englischen Exil.[66]

Carl Friedrich Lessing (1808–80) war ein Zeitgenosse Hoyolls. Als Vratislavier, der in Berlin studiert hatte, bevor er sich der Düsseldorfer Malerschule anschloss, war er stark von Caspar David Friedrich beeinflusst und spezialisierte sich auf historische Szenen und schlesische Landschaften. Sein späteres Werk schöpfte aus seiner Begeisterung für hussitische Themen, woraus eine Reihe von Gemälden entstand: *Die Hussitenpredigt* (1836), *Johann Hus auf dem Konstanzer Konzil* (1842) und *Johann Hus*

Kapitel 5: Bresslau (1741–1871)

auf dem Scheiterhaufen (1850), die Bresslaus böhmische Vergangenheit beschworen. Im Gegensatz zu Hoyoll mied Carl Friedrich Lessing die Politik und starb im Ruhestand in Karlsruhe.

Der Schriftsteller Willibald Alexis, dessen richtiger Name Georg Häring lautete, teilte mit Menzel das kulturelle Milieu und die Begeisterung für Friedrich den Großen. Er stammte aus Bresslau, verbrachte aber einen Großteil seines Lebens in Thüringen. Sein Werk bestand vor allem aus historischen Romanen und Erzählungen, er veröffentlichte aber auch einige Frederiziana:

> Friedericus Rex, unser König und Herr,
> der rief seine Soldaten allesamt ins Gewehr,
> zweihundert Bataillons und an die tausend Schwadronen,
> und jeder Grenadier kriegte sechzig Patronen.[67]

Zwei mittelmäßige schlesische Dichter des frühen 19. Jahrhunderts, die beide bereits in jungen Jahren starben, hatten enge Verbindungen zu Bresslau. Friedrich von Sallet (1812–43), geboren in Reichau, geriet mehr als einmal in die Schlagzeilen. Im Jahr 1830 kam er als Armeeoffizier wegen einiger satirischer Gedichte vor ein Kriegsgericht, wurde unehrenhaft entlassen und vom König anschließend begnadigt. Zehn Jahre später veröffentlichte er eine höchst exzentrische Interpretation des Christentums, das in Blankversen verfasste *Laienevangelium*. Nachdem er den Dienst in der Armee quittiert hatte, lebte er in Bresslau und schrieb mehrere Gedichtbände über so unterschiedliche Themen wie junge Liebe oder Pantheismus. In einer Zeit, als das Gefühl des Deutschtums sich verstärkte, fragte Sallet, was Deutschsein eigentlich bedeute. Und er antwortete mit beißender Satire:

> (...)
> Wir wollen auch echtdeutsch erzittern
> Vor jedem Polizei-Gendarme
> Echtdeutsch uns krümmen vor den Rittern
> Und vor dem Bureaukratenschwarm.
> (...)[68]

Moritz Graf von Strachwitz (1822–47), der auf dem Familiensitz von Peterwitz geboren wurde, war Student in Bresslau, bevor er nach Berlin ging und sich dem literarischen Kreis »Tunnel über der Spree« anschloss. Seine historischen und patriotischen Balladen, wie *Richard Löwenherz'*

Tod oder *Das Herz von Douglas*, waren in ihrer Zeit sehr populär. Strachwitz war ein Preuße, für den die Vorstellungen von »Heimkehr« und »Vaterland« unauslöschlich mit Schlesien verbunden waren:

> Sei mir gegrüßt am Straßenrand
> Mein alter Wartenstein!
> Ich fahre in mein Vaterland
> Mein Vaterland hinein.
> (...)
> Du aber bist noch, herziger Schatz,
> Wie immer schön und süß,
> Und alles steht am alten Platz,
> Da, wo ich's stehen ließ.[69]

Strachwitz besang aber auch die »Germania«:

> Land des Rechtes, Land des Lichtes
> Land des Schwertes und Gedichtes
>   Land der Freien
>   Und Getreuen,
> Land der Adler und der Leuen
>   Land, du bist dem Tode nah'
>   Sieh dich um, Germania![70]

František Ladislav Čelakovský (1799–1852), der den größten Teil der vierziger Jahre des 19. Jahrhunderts als erster Professor für slawische Sprachen in Bresslau zubrachte, steht beispielhaft für die großen Schwierigkeiten, denen sich die nichtdeutschen Kulturen in dieser Zeit gegenübersahen. Als führender Dichter der tschechischen nationalen Wiedergeburt war er von der Universität in Prag verwiesen worden. In Bresslau mussten jedoch viele seiner Vorlesungen mangels Studenten ausfallen. Seine Hingabe an die tschechische Nationalbewegung trug ihm wenig Sympathien der deutschen Kollegen ein, und seine Unterstützung des Panslawismus entfremdete ihn auch den polnischen Kreisen. Im Jahr 1848, als auch in Prag die nationale Frage auf der Tagesordnung erschien, war Čelakovský in Bresslau umgeben von Menschen mit völlig verschiedenen Interessen. Prag war räumlich nahe, aber kulturell weit entfernt.

    Bresslau trat um diese Zeit als Grundpfeiler der liberal-nationalen Bewegung* Deutschlands in Erscheinung. Ihre Vordenker, Politiker und die

Kapitel 5: Breslau (1741–1871)

Verfasser von Flugschriften griffen stark auf die Symbole von 1813 zurück und suchten die nationale Solidarität aus dem Kampf gegen Napoleon wieder zu erwecken. Zu ihren Protagonisten gehörte August Heinrich Hoffmann von Fallersleben. Vor seinem erzwungenen Exil 1842 war er Professor für deutsche Sprache und Literatur in Jena und ein vielseitiger Autor. Er verfasste einige bis heute beliebte Kinderreime:

> Alle Vögel sind schon da,
> Alle Vögel, alle!
> Welch ein Singen, Musizieren,
> Pfeifen, Zwitschern, Tirilieren!
> Frühling will nun einmarschieren,
> Kommt mit Sang und Schalle.

Von ihm stammt auch der Text der deutschen Nationalhymne, des *Deutschlandlieds,* das er auf der zur britischen Krone gehörenden Insel Helgoland schrieb:

> Deutschland, Deutschland über alles,
> Über alles in der Welt.
> Wenn es stets zu Schutz und Trutze
> Brüderlich zusammenhält.
> Von der Maas bis an die Memel,
> Von der Etsch bis an den Belt –
> Deutschland, Deutschland über alles,
> Über alles in der Welt!

Allen Vratislaviern mit einem Sinn für Geschichte muss es wie eine Ironie erschienen sein, dass Hoffmanns Hymne am Ende zu der 1797 entstandenen Melodie der »Kaiserhymne« *(Gott erhalte Franz den Kaiser)* von Joseph Haydn gesungen wurde.

Der Romancier Gustav Freytag (1816–95) war ein früherer Schüler und als Dozent Kollege Hoffmanns. Als Herausgeber der führenden Zeitschrift des deutschen Liberalismus, des *Grenzboten,* schrieb er *Soll und*

---

* Otto von Bismarck, zu dieser Zeit preußischer Gesandter in Russland, sprach 1861 in einem Brief an Minister von Schleinitz erstmals von der »liberal-nationalen Partei« (siehe: Otto Brunner/Werner Conze/Reinhart Koselleck (Hg.): *Geschichtliche Grundbegriffe. Lexikon zur politisch-sozialen Sprache in Deutschland,* Bd. 3, Stuttgart 1995, S. 779) (A. d. Ü).

Haben, einen Gesellschaftsroman aus dem 19. Jahrhundert. In diesem *opus magnum* bediente er sich der Bresslauer Erfahrungen seiner beiden Hauptfiguren, des Nichtjuden Anton Wohlfart und des Juden Veitel Itzig, um die Vorteile von Verfassungsliberalismus, bürgerlichen Werten und aufgeklärtem Protestantismus zu preisen:

> »Schon stand die Sonne niedrig am Himmel, als die beiden Wanderer bei den ersten Häusern der [schlesischen] Hauptstadt ankamen. Erst einzelne kleine Gebäude, dann zierliche Sommerwohnungen mitten in blühenden Gärten; dann rückten die Häuser dichter zusammen, die Straße schloß sich auf beiden Seiten, und mit dem Staube und dem Wagengerassel legte sich bange Sorge um die Brust unseres Helden.«[71]

Adolf Anderssen (1818–79), ein weiterer Absolvent der Universität, kam als Schachmeister zu Ruhm, ja ihm wird allgemein die Verbreitung des Spiels in ganz Deutschland zugeschrieben. Von der Berliner Schachgesellschaft 1851 zum internationalen Turnier nach London entsandt, überraschte er die Schachwelt mit seinem Sieg über den Favoriten, den Engländer Howard Staunton, und dem Turniergewinn. Eine Zeit lang galt er als stärkster Spieler der Welt. Trotz seines internationalen Rufs unterrichtete er weiter am Friedrichs-Gymnasium Mathematik und Deutsch.[72]

In Bresslau entstanden alle kulturellen Institutionen, deren eine moderne Großstadt bedurfte. Im Jahr 1811 wurde auf einem trockengelegten Flussbett östlich der früheren Dominsel der Botanische Garten angelegt. Der »Zwinger« bot eine Stätte für Musikveranstaltungen und Bälle; 1830 gab Frédéric Chopin hier ein Konzert. Das von Carl Ferdinand Langhans entworfene Stadttheater wurde 1841 fertig gestellt und machte sich später als Haus für Wagnerabende einen Namen. Die Kunstgalerie wurde 1853 eröffnet, und fünf Jahre später folgte das Schlesische Museum für Kunstgewerbe und Altertümer. Im Jahr 1862 wurde der alte Scheitniger Park von dem deutschen Gartenbaumeister Peter Josef Lenné restauriert, der bereits den Garten von Sanssouci in Potsdam entworfen und den Berliner Tiergarten umgestaltet hatte. Im darauf folgenden Jahr wurde der benachbarte Zoologische Garten gegründet.

Zeichen außerordentlicher Dynamik zeigte das Universitätsleben. Die damals noch in den Kinderschuhen steckende naturwissenschaftliche Forschung blühte. Im Jahr 1840 wurde in Bresslau das erste physiologische Institut in Deutschland unter der Leitung des angesehenen tschechischen

Arztes Johannes Purkinje eröffnet. Der Chemiker Robert Wilhelm Bunsen lehrte in den fünfziger Jahren an der Universität, bevor er einen Lehrstuhl in Heidelberg übernahm, wo er seinen internationalen Ruf begründete. Der Physiker G. R. Kirchhoff wirkte zwischen 1850 und 1854 in Bresslau, während der Vater der deutschen Zoologie, Karl Siebold, dort von 1850 bis zu seiner Emeritierung unterrichtete. Die Historiker Theodor Mommsen (1817–1903), Gustav Stenzel (1792–1854) und Richard Roepell (1808–93) führten eine glanzvolle Liste von Dozenten an. Mommsen kam nach seiner leidenschaftlichen Unterstützung der Revolution von 1848 1854 nach Bresslau, um römische Geschichte und römisches Recht zu unterrichten, bevor er nach Berlin zog und zu einem bekannten Mitglied des Preußischen Abgeordnetenhauses (1863–66 für die Deutsche Fortschrittspartei, 1873–79 als Nationalliberaler) und des Deutschen Reichstages (1881–84 als Sezessionist) wurde. Stenzel, der 1820 nach Bresslau gekommen war, hatte der Frankfurter Nationalversammlung von 1848 angehört und war die führende Autorität des 19. Jahrhunderts in schlesischer Geschichte. Von 1841 an besetzte Roepell den Breslauer Lehrstuhl für Slawistik, der erste seiner Art in Deutschland. Begonnen hatte er seine Laufbahn 1839 als Autor der ersten Geschichte Polens in deutscher Sprache. Als Spezialist für polnische Geschichte war er einer der wenigen deutschen Gelehrten, die sich dem Studium des unmittelbaren östlichen Nachbarn Deutschlands widmeten, die Ausnahme von einer bedauerlichen Regel, mit der niemals richtig gebrochen worden ist. Stenzels Ruf zog zahlreiche Studenten aus dem geteilten Polen an und diente der Stärkung der polnischen Präsenz sowohl an der Universität als auch in der Stadt.

Das von Roepell ins Leben gerufene Seminar für Slawistik war unter mehreren Gesichtspunkten eine bemerkenswerte Einrichtung. Es war nicht einfach nur ein Institut für Polonistik. Der schon erwähnte František Čelakovský gehörte zu seinen großen Geistern. Am Seminar herrschte ein ausgeprägtes Interesse an Philologie, vergleichender Literaturwissenschaft und Geschichte. Als Roepell zum Rektor der Universität aufstieg, fiel das Amt des Seminarleiters an den Posener Professor und Mickiewicz-Spezialisten Wojciech Cybulski (1808–67), der sich der damaligen Konvention widersetzte und seine Vorlesungen auf Polnisch hielt. Eine »Slawische Literarische Gesellschaft« diente dazu, die Türen der Universität auch dem nichtakademischen Publikum zu öffnen. Vor allem aber waren die Professoren der Abteilung tief in die Kulturpolitik verstrickt. Čelakovský hatte seine Stelle an der Prager Universität verloren, weil er gegen die zaristische Politik in Russland protestiert hatte. Cybulski hatte als patriotischer Rebell, der im Novemberaufstand gekämpft hatte, die Verbannung im arktischen Russland überlebt und war von den preußischen Behörden sicherheitshalber in Schweidnitz inhaftiert worden. Der Hauptinitiator der »Slawischen Literarischen Gesellschaft«, der damalige Medizinstudent Teodor Matecki (1810–86), wurde zweimal wegen polnischer verschwörerischer Umtriebe eingesperrt. Er gehörte zu den Angeklagten im Berliner Prozess von 1846 und entkam 1848 aus dem Moabiter Gefängnis, als der Mob es stürmte.

In dieser Hinsicht darf man die vielen Widrigkeiten nicht vergessen, mit denen die polnische Kultur zu kämpfen hatte. Mitte des 19. Jahrhunderts war jeder europäische Staat fest entschlossen, nur eine Landessprache zu fördern. Trotz der Bevölkerungsgruppe, deren Muttersprache Polnisch war, liebte die preußische Bürokratie die polnische Kultur ebenso wenig wie die britische Bürokratie die walisische oder gälische liebte oder die französische die bretonische. Multikulturelle Städte oder Länder waren damals noch undenkbar. Außerdem hatten die Teilungen Polens ein Klima geschaffen, in dem alles Polnische weithin als verloren galt. Es gab keinen polnischen Staat. Also hatte es keinen Sinn, die polnische Sprache und Kultur zu bewahren. Wie die Anglisierung der Britischen Inseln oder die Russifizierung im Zarenreich wurde auch der Weg der Germanisierungspolitik in Preußen nicht von »Reaktionären«, sondern von »Progressiven« eingeschlagen. In einer Epoche, in der sich verschiedene Formen des Vulgärdarwinismus festsetzten, glaubte man, die Welt sei unterteilt in »historische Nationen«, die ein natürliches Recht auf politische und kulturelle Unabhängigkeit hätten, und »unhistorische Nationen«, denen dieses Recht nicht zustünde. Von Polen dachte man im Allgemeinen, es habe sein Recht verspielt, zu den historischen Nationen zu zählen. Die Polen mussten beinahe zwei Jahrhunderte lang kämpfen, um dieses Fehlurteil zu korrigieren.

Manifestationen polnischer Kultur in Bresslau gingen deshalb sehr viel eher von Besuchern und vorübergehenden Bewohnern aus als von den Einheimischen. Besonders die Preußen, die sich durch das Ende des alten Polen bereichert hatten, waren den Polen weniger wohlgesinnt als andere Deutsche, die durchaus Sympathien für die polnische Nationalbewegung aufbrachten. In den dreißiger Jahren des 19. Jahrhunderts beispielsweise hielten die Bürger von Dresden und Leipzig im benachbarten Sachsen Versammlungen zur Unterstützung der Flüchtlinge aus dem russisch-polnischen Krieg ab und komponierten ihnen zu Ehren »Polenlieder«. Aus Bresslau wurden nur wenige solcher Episoden berichtet. Aber trotzdem gab es zahlreiche polnische Kontakte, und man darf auch die polnische Unterströmung nicht außer Acht lassen.

Józef Wybicki (1747-1822) lebte von 1802 bis 1806 in Bresslau. Zu dieser Zeit näherte sich sein durch die dritte polnische Teilung verursachtes, langwieriges Exil dem Ende. Wybicki war ein bemerkenswerter Reformer, Konstitutionalist und Publizist, aus dessen Feder mehrere Theaterstücke und Opern stammten. Am wichtigsten aber war, dass er mehrere Jahre in Napoleons polnischen Legionen gedient hatte und bereits Autor der berühmten Freiheitshymne *Pieśń Legionów* (1797) war, des Kampfliedes für die erste polnische Legion unter dem Kommando des Generals Jan Henryk Dąbrowski:

Jeszcze Polska nie zginęła
Póki My żyjemy
Co nam obca przemoc wzięła
Szablą odbijemy.
Marsz, marsz, Dąbrowski!
Z ziemi włoskiej do Polski!
Pod Twoim przewodem
Złączym się narodem.

(Noch ist Polen nicht verloren,
Solang wir noch leben.
Was uns fremde Mächte nahmen,
Mit dem Säbel holen wir's wieder.
Auf, marsch, marsch, Dombrowski,
Von Italien bis Polen;
Unter deiner Führung
Vereinen wir uns mit dem Volk.)

Gegen Ende des Jahres 1806, als Napoleon Mitteleuropa nach Austerlitz neu organisierte, verließ Wybicki Bresslau Richtung Berlin, um den Kaiser zu treffen und sich der von Napoleon eingesetzten Regierungskommission für die von Preußen abgefallenen beziehungsweise von französischen Truppen besetzten ehemals polnisch-preußischen Gebiete (das spätere Herzogtum Warschau) anzuschließen.

Maria Czartoryska, Gräfin von Württemberg-Montbéliard (1768-1854), eine hochgebildete Adlige aus der Zeit der Napoleonischen Kriege, nimmt in der polnischen Literatur einen besonderen Platz ein. Sie war eine der wenigen Frauen ihrer Zeit, die es als Schriftstellerin zu Ruhm brachte, und sie unterhielt während der französischen Besatzung einen bekannten literarischen Salon in Warschau. Als Autorin von *Malwina* (1816) machte sie Polen mit der literarischen Strömung der Empfindsamkeit bekannt, die, ausgehend von Laurence Sterne, im 18. Jahrhundert starken Einfluss auf die zeitgenössische europäische Literatur ausübte. Es war eine Strömung, bei der selbst die trivialsten Gefühle und Reaktionen *ad nauseam* analysiert wurden. Die Czartoryska kam auf dem Weg zur Kur in Karlsbad auch durch Bresslau:

> »Lidia und ich plauderten so herrlich, es war eine Schande, dass niemand sonst uns hören konnte und dass der Anblick von [Bresslau] eine so schöne Unterhaltung unterbrach.
> [Bresslau] vertrieb alle anderen Gedanken. Ich erwartete, meine Mutter dort zu finden. Wir halten vor unserer altbekannten Herberge. Ich steige aus [aus der Kutsche] und laufe zur Treppe. Oh, wie mein Herz vor Freude schlägt!
> ›Warum weinst du, Malwina?‹, fragte Lidia beim Anblick des Briefes, den ich in der Hand hielt.
> ›Meine Mutter fühlt sich schwach und ist noch in Warmbrunn. Sie wird nicht kommen; ich werde sie nicht sehen können...‹
> ›Dann lass uns nach Warmbrunn fahren‹, erklärte Lidia... ›Wir fahren morgen bei Tagesanbruch.‹
> Lidias Worte schienen von einem Schutzengel gesprochen worden zu sein, und sie nahmen mir die Last von der Seele. Warum konnte ich nicht von allein auf eine so einfache Lösung kommen? Ich weiß es einfach nicht. Es muss einen guten Grund geben, warum meine guten Absichten scheinbar immer von ungewollter Zerstreutheit zunichte gemacht werden. Doch davon später mehr. Jetzt fahren wir nach Warmbrunn.«[73]

Juliusz Słowacki (1809–49), der romantischste der romantischen Dichter Polens, verbrachte im Frühsommer 1848 zwei Monate in Bresslau. Słowacki, ein ruheloser und tuberkulöser Vertriebener, war zuvor von Paris nach Posen gegangen, um die revolutionäre Bewegung zu unterstützen, und er war in der Hoffnung nach Bresslau gekommen, seine Mutter zu treffen. In acht enttäuschenden Wochen des Wartens im Mai und Juni, während derer er unter falschem Namen in der Neuen Schweidnitzer Straße wohnte, erwartete er täglich, von der preußischen Polizei ausgewiesen zu werden. Seine Zeit verbrachte er mit Gängen aufs Postamt, um sich vergeblich nach Post für ihn zu erkundigen. Er arbeitete weiter an der erst nach seinem Tod veröffentlichten Fassung des *Król Duch* (»König Geist«) und schrieb Anweisungen an seine Freunde und seine

Familie in Polen, wie sie ihn finden könnten. Seine Mutter sollte in ihrer Kutsche von Lemberg nach Krakau fahren und von Krakau aus mit dem von ihm so genannten *cug* (Zug) nach Bresslau weiterreisen:

» 1. Wenn Du aufbrichst, schicke mir einen Brief, damit ich ein paar Abende auf dem Bahnsteig der Eisenbahn warten kann.
2. Adressiere alle Deine Briefe an Madame Sophie Mielęcka, Tauentzienstraße Nr. 69.
3. Solltest Du mich durch Zufall auf dem Bahnsteig verpassen, hole jemanden, der Dich zum Hotel »Weißer Adler« bringt, dann schick den Mann dort, der meine Visitenkarte hat, dass er mich abholen kommt.
4. Schicke ihn in die Neue Schweidnitzer Straße Nr. 3 (zweiter Stock, Klingel rechts) und sage ihm, er soll Deine Karte dalassen, falls ich nicht da bin.«[74]

Sogar Romantiker müssen sich um Details kümmern. Słowackis Mutter traf Anfang Juli als Reisende im allerersten Betriebsjahr der Linie Bresslau – Krakau ein. Er reiste am 8. ab und sah sie niemals wieder.

Auch viele weniger bedeutende polnische Persönlichkeiten waren durch Geburt oder Ausbildung mit Bresslau verbunden – Bandtkie, Elsner und General Langiewicz, andere wie Mniszek, Skarbek, Kościuszko, Kollątaj, Kraszewski und Lenartowicz machten in Bresslau Station. Słowackis Konkurrent Zygmunt Krasiński (1812–59) übernachtete nicht weniger als acht- oder neunmal in Bresslau. Romantische Schriftsteller und Publizisten begannen auf der Suche nach *Staropolska* oder »Altpolen« über ihre »polnischen Brüder« in Schlesien und den »schmerzlichen Verlust« Bresslaus zu schreiben. Autoren wie Stanisław Staszic und Julian Ursyn Niemcewicz trugen zu einem wachsenden Berg von Literatur bei, die von poetischen Elogen auf Polens verlorene Länder bis zu wissenschaftlichen Untersuchungen zu regionalen Dialekten reichte. Typisch ist Wincenty Pols *Pieśń o ziemi naszej* (»Lied unseres Landes«, 1843):

A od ruskich rzek wybrzeży
Aż po Tatrów pierś jałową,
Po dziedzinie Krakusową
Tam po Odrę, po Żuławy,
Stara ziemia Piasta leży -
I lud gnieździ starej sławy.
A w pośrodku Wisła bieży![75]

(Und von den Ufern der ruthenischen Flüsse
Zur kahlen Wölbung der Tatra,
Durch das Reich des Fürsten Krakus,
Dort, an der Oder und in Żuławy,
Liegen die alten Länder der Piasten –
Wo die seit altersher berühmten Menschen wohnen
Und die Weichsel durch ihr Herz fließt.)

Interessant ist auch zu sehen, wie viele Polen beschlossen fortzugehen. Jerzy Bandtkie (1768–1835), der am Elisabeth-Gymnasium lernte und lehrte und der ein führender Vertreter der schlesischen Kultur wurde, zog es vor, nach Krakau zu ziehen. Der Komponist Józef Elsner (1769–1854), der das Matthias-Gymnasium besuchte und Chopins Klavierlehrer wurde, verbrachte praktisch sein ganzes Berufsleben in Warschau. Der Schauspieler und produktive Dramatiker Karl von Holtei (1798–1880), ein Deutscher mit einer außerordentlichen Schwäche für alles Polnische, verbrachte seine Kindheit und seinen Lebensabend in Bresslau, nicht jedoch den größten Teil seines Berufslebens.

Carl Maria von Weber, Komponist des *Freischütz*, der von 1804 bis 1807 drei Jahre in Bresslau verbrachte, trug zum Ansehen des Musiklebens in der Stadt bei. Darüber hinaus besuchten prominente Musiker die Stadt wie etwa der Geiger Paganini im Juli 1829:

»Während seines achttägigen Aufenthalts gab er zwei Konzerte in der Aula und auf allgemeinen Wunsch zwei im Theater. Er wurde begeistert und mit anhaltendem Beifall empfangen. Bei einer der Proben rannte eine Gruppe von Studenten die Tür ein und verschaffte sich mit Gewalt Zutritt, nur um den Meister spielen zu hören. Ihrem ungebührlichen Betragen wurde von der Polizei ein Ende gemacht. Mehrere Kritiken erschienen, die wichtigste von Panoffski in der *Breslauer Zeitung* Nr. 180. Das größte Lob lautete sinngemäß, daß Paganinis Spiel von unübertroffenem Reiz und voller Zauberkunststücke gewesen sei... Nie hat jemand gespielt wie er, niemand spielt zur Zeit so und niemand wird je wieder so spielen.«[76]

*

Das Preußen des 18. und 19. Jahrhunderts war ein dynastischer Staat, der seinen Untertanen Loyalität abverlangte, sich aber nicht allzu sehr für nationale oder ethnische Angelegenheiten interessierte. Bis zu dem radi-

Kapitel 5: Bresslau (1741–1871)

kalen Gesinnungswandel kurz vor der Reichsgründung war er sogar ein entschiedener Gegner der deutschen Nationalbewegung. Noch war Preußen ein übernationales Gebilde, in dem der Dienst für die Krone der einzige wichtige Faktor war. Friedrich der Große vermerkte 1752:

»Daran habe ich gearbeitet und während des Ersten Schlesischen Krieges mir alle mögliche Mühe gegeben, den gemeinschaftlichen Namen Preußen in Aufnahme zu bringen, damit die Offiziere lernen, daß sie alle, aus welcher Provinz sie auch stammen, als Preußen zu gelten haben und daß aus dem gleichen Grunde alle Provinzen, obwohl voneinander getrennt, doch nur ein einziges Staatsgebilde ausmachen.«[77]

Die Vorstellung von »Deutschland« war im 18. Jahrhundert derart vage, dass sie beinahe bedeutungslos war. Sowohl das Heilige Römische Reich, das bis 1806 existierte, wie auch die habsburgischen Lande als Teil davon waren keine Nationalstaaten. Welche der habsburgischen Länder konnten als deutsch gelten? Die radikale Lösung, sie alle auszuschließen wie in der späteren so genannten »kleindeutschen« Lösung, war in der Zeit des Heiligen Römischen Reiches undenkbar. Erst als Napoleon intervenierte, änderte sich die grundlegende Struktur. Es war Napoleon, der entschied, das Heilige Römische Reich müsse verschwinden, die habsburgischen Kronlande müssten in ein völlig neues »österreichisches Reich« verwandelt werden und das Königreich Preußen müsse als völlig neues, gesondertes Gebilde wieder aufgebaut werden. Vor 1806 waren Habsburger und Hohenzollern nervöse Partner in demselben, alles überwölbenden Gebilde. Nach 1806 waren sie unabhängige Konkurrenten um die Kontrolle eines künftigen »Deutschland«, das erst noch konzipiert werden musste.

Auch die Frage der Sprache war größtenteils irrelevant. Friedrich der Große sprach am liebsten Französisch und meinte, obwohl er Deutsch verstand, dass es im Vergleich zum Wiehern seines Pferdes schlecht abschneide.[78] In den siebziger Jahren des 18. Jahrhunderts, als die erste polnische Teilung seinem Königreich eine beträchtliche polnische Bevölkerung verschaffte, verfügte er, dass sein Neffe, Friedrich Wilhelm II., Grundkenntnisse des Polnischen erwerben solle. Diese besondere Tradition bestand geradewegs fort bis zu Wilhelm II. 100 Jahre später.[79] Für kurze Zeit, zwischen 1795 und 1806, als Warschau in Preußen lag, erreichte der polnische Bevölkerungsanteil sogar 40 Prozent. Bei flüchtigem Hinsehen entstand der Eindruck, als würde Preußen ein deutsch-slawischer Staat.

In Bresslau konnte sich deshalb jeder zu Hause fühlen, der ein guter Preuße war. Deutsch und Polnisch waren überall in den Straßen geläufig, Latein und Hebräisch waren als geistliche Sprachen präsent, und Französisch war die Sprache des königlichen Hofes. Lokale und religiöse Zugehörigkeiten waren zwar bereits stark ausgeprägt, doch die krassen nationalen Scheidelinien, die sich später in Schlesien zwischen Deutschen und Polen herausbildeten, wären kaum verstanden worden.

Um 1815 nahm der deutsche Nationalismus zu, doch darf sein Einfluss nicht überschätzt werden. Im Aufruf Friedrich Wilhelms III. *An Mein Volk* war von »Deutschen« keine Rede gewesen. Er sprach von den Völkern Preußens ausschließlich als von »Brandenburger[n], Preußen, Schlesier[n], Pommern und Litthauer[n]«.[80] Erst die Enttäuschungen der Jahrzehnte nach 1815 bestärkten die nationale Identität, und erst mit der Ausrufung des Deutschen Reiches 1871 in Versailles war der Triumph der deutschen nationalen Sache vollständig.

Da eine gültige Erhebung fehlt, ist die Größe der polnischen Einwohnerschaft Bresslaus sehr schwer zu ermitteln. Aber sicher nahm sie zu. Die Arbeits- und Studiermöglichkeiten machten die Stadt nicht nur für Polen aus dem nahe gelegenen Oberschlesien und dem Herzogtum Posen, sondern auch aus weiter entfernten Gegenden des geteilten Landes attraktiv. Im Jahr 1817 waren etwa 16 Prozent der Studenten an der Bresslauer Universität Polen[81], von denen viele an der Juristischen Fakultät eingeschrieben waren. Gerüstet durch ihr Studium bei Roepell und anderen oder durch die Mitgliedschaft in der »Slawischen Literarischen Gesellschaft«, sollten viele eine bedeutende Rolle in den polnischen Aufständen von 1848 und 1863 spielen.

Offensichtlich war Bresslau von seiner Natur her vielschichtig und kosmopolitisch. Die rasche Industrialisierung lockte allmählich Wirtschaftsmigranten sowohl aus dem Süden – aus Kroatien, Serbien, der Slowakei und Rumänien – als auch aus dem Osten an. Mehrere Augenzeugen haben ihre Eindrücke hinterlassen. Eine Schilderung von 1840 ist besonders aufschlussreich:

»[Bresslau] ist eine merkwürdige Stadt: aus verschiedenen Elementen zusammengesetzt. Es waltet das preußisch-schlesische vor, neben diesem gibt es noch ein polnisches und ... ein österreichisch-schlesisches. Unter 15–20 Paaren, denen man hier begegnet, spricht gewiß eins polnisch. An der Wirtshaustafel saßen mit mir 7 Männer und Frauen (wir waren kaum 30 Personen), die polnisch sprachen, und zudem haben sie eigene Gasthöfe: ›Weißer

Adler‹... ›Wiżianowsky‹... Die österreichische Sympathie gibt sich vor allem in der Mundart kund... gewisse Gerätschaften und Gerichte führen österreichische oder gemodelte böhmische Namen. Seit 14jähriger Entfernung war mir Österreich fast aus dem Gedächtnis verwischt, der Dialekt, der charakteristische, gutmütige Ton der Rede war mir fremd geworden; hier wurde ich wie mit einem Zauberschlag daran erinnert. Freilich: Nach wenigen Tagen verwischte sich dies; das Idiom erschien mir weniger österreichisch, alles nahm einen mehr preußischen Charakter an – es war wie ein Übergang von beiden. Das häufige Vorkommen der deutschen und polnischen Sprache erinnerte mich wieder an Prag... aber [Bresslau] ist eine durch und durch deutsche Stadt; die Polen sind hier nur Gäste...«[82]

Die Haltung der deutschen Bresslauer gegenüber ihren polnischen »Gästen« war nicht einheitlich. Ein paar waren unverhohlen fasziniert von allem Polnischen. Karl von Holtei schrieb 1829 eine Operette über Tadeusz Kościuszko mit dem Titel *Der alte Feldherr*. Andere begrüßten die Präsenz der Polen nicht ganz so enthusiastisch. Während die Polen sich in früheren Zeiten lange über eine »Germanisierung« der Stadt beklagt hatten, beschwerten die Deutschen sich nun noch vernehmlicher über eine »Polonisierung«. In der Tat hatte sich seit den Tagen Friedrichs des Großen, dessen Gedanken zum Thema alles andere als freundlich waren, ein hochnäsiger Zug im preußischen Charakter der Stadt festgesetzt:

> La même encore qu'à la création,
> Brute, stupide et sans instruction.
> Staroste, juif, serf, palatin ivrogne,
> Tous végétaux qui vivaient sans vergogne.«[83]

> (Heute dasselbe wie bei der Schöpfung,
> Ungehobelt, dumm und ohne Kenntnisse,
> Starost, Jude, Leibeigener, betrunkener Paladin,
> Alles Gewächse, die ohne Scham leben.)

Im Jahr 1848 hielt die preußische Regierung es für angebracht, alle polnischen Migranten aus Bresslau auszuweisen, angeblich aus Furcht vor revolutionären Sympathien. Ein Pole, der nur als »Stanisław S...i« bekannt ist, fühlte sich im Demokratischen Klub zu einer leidenschaftlichen Antwort veranlasst:

»Die polnische Nation ist schon zu sehr an Leiden und Trübsale aller, jedweder Art gewöhnt, als daß sie die ihr heute angethane Schmach mit Ungeduld ertragen sollte ... [Sie] schaut mit Verachtung auf die letzten Todeskrämpfe einer Regierung, die durch Vernichtung eines Häufleins Flüchtlinge ihr elendes Dasein, das schon der Hölle verfallen, zu verlängern sucht. Meine Herren! Sie haben die heut an uns vollbrachte Greuelthat gesehen ... Und was ist die Missethat, die wir verübten? Es ist die heiße Liebe zu unserem unglücklichen Vaterlande, das nach Erlösung seufzet. Sie ist es, die uns durch Kanonendonner aus unsrer heiligen Heimatherde verjagte ... in Eure gastliche Stadt führte, um hier in Eurer Mitte unser kummervolles, von Stürmen bewegtes Haupt niederzulegen, und die Stunde unsrer Wiedergeburt abzuwarten. Der Gewaltstreich Ihrer Regierung hat in einem Augenblicke alle unsere Hoffnungen vernichtet.«[84]

Das Verbot währte nicht lange. Trotzdem beklagte sich der Schriftsteller Gustav Freytag 1857 über die polnische Präsenz. »Im ganzen betrachtet«, schrieb er einem Freund, »liegt Breslau noch sehr in der Polakei und entbehrt sehr der wünschenswerthen Reinlichkeit u. einiger ähnlicher Symptome von Bildung.«[85] Seine Skepsis gegenüber den Polen zeigt sich anschaulich in dem 1845 erschienenen Gedicht *Der polnische Bettler*:

In [Bresslau] vor dem Dome stand einst ein Bettelmann
In grauem, leinenem Kittel, mit vielen Lappen dran.
Die Rechte hielt ein Säckchen, die Linke den Knotenstab,
Das weiße Haar hing zottig ihm über die Stirn hinab,
Und traurig sah'n die Augen in's Gotteshaus hinein,
Er legte Stock und Ranzen bedenklich auf einen Stein
Und wischte mit schmutzigem Ärmel sich ab der Tränen Thau:
O heilige Mutter Gottes, du braune von Czenstochau!
Hier steh' ich in fremden Landen, ein elender armer Wicht,
Und wenn ich polnisch bitte, verstehn mich die Leute nicht,
Und wenn ich polnisch bete, hier hören die Heiligen nicht,
Du braune Mutter von Polen, hilf deinem armen Sohn,
Du liebe heilige Mutter, ich zittre vor Hunger schon!...«[86]

Im Laufe der Zeit schienen die polnischen »Gäste« stärker akzeptiert zu werden. Ein zeitgenössisches Lexikon stellte jedenfalls fest: »Die Bewohner sind theils Deutsche, theils Slaven. Sie sprechen auf dem rechten

Kapitel 5: Bresslau (1741-1871) 309

Oderufer grösstentheils polnisch, und im Glatzer Gebirge böhmisch.«[87] Der polnische Autor von Historienromanen J. L. Kraszewski (1812-87), der sich zwischen 1858 und 1879 regelmäßig in Bresslau aufhielt, war noch entschiedener.»Bis heute«, schrieb er 1860,»ist es der Germanisierung nicht gelungen, die Spuren der slawischen Ursprünge Bresslaus zu tilgen. Man könnte sogar behaupten, dass die Stadt noch immer halb polnisch ist. Man kann unsere Sprache direkt vor den Toren der schlesischen Hauptstadt hören, und die Gegend unmittelbar jenseits des Flusses ist [ihren Bewohnern] überhaupt nur als ›Polen‹ bekannt.«[88] Wenn das stimmte, dann hatte sich seit den Tagen Barthel Steins vor 350 Jahren nicht viel geändert.

Juden bildeten im 19. Jahrhundert die zweite hervorstechende Minderheit im preußischen Bresslau. Nach der preußischen Annexion waren die Vorschriften über den jüdischen Aufenthalt gelockert worden. Friedrich II. verkündete im Jahr 1744 seine »Allergnädigste Deklaration«. Zwölf jüdischen Familien wurde gestattet, auf Dauer in Bresslau zu wohnen. Nur ein Sohn aus jeder Familie durfte heiraten und sich niederlassen. Allen anderen Kindern war es erlaubt, gegen Entrichtung einer Gebühr für einen Aufenthalt von drei Tagen zurückzukehren. Allzu großzügig war das Zugeständnis nicht.

Dennoch war Bresslaus jüdische Gemeinde unter der Führung von Rabbi Benedix Reuben Gomperz aus Wesel gediehen. Im Jahr 1761 erhielt sie in der Claasenstraße im Süden der Stadt ihren eigenen Friedhof. Doch Friedrich II. teilte trotz seiner aufgeklärten Weltsicht viele Vorurteile der Epoche. Als ihn 1779 eine jüdische Delegation aufsuchte, die größere Freiheiten forderte, erwiderte er schroff:

»Was [von den Freiheiten] wegen ihres Handels ist, behalten sie. Aber dass sie ganze Völkerschaften von Juden zu [Bresslau] anbringen und ein ganzes Jerusalem draus machen wollen, das kann nicht seyndt.«[89]

Beim Tode Friedrichs zählte die jüdische Einwohnerschaft Bresslaus etwa 2500 Köpfe. Im Jahr 1790 beschränkte ein neues Dekret die Zahlen auf 24 privilegierte und 160 halb privilegierte Familien. Zur selben Zeit wurde im jüdischen Viertel im Südwesten der Altstadt die »Neue Königliche Wilhelms-Schule« gegründet. Wie die spätere »Mädchenschule für arme Töchter« orientierte sie sich an den Grundsätzen der jüdischen Aufklärung oder »Haskalah« und warb energisch für die Assimilation. Zwangsläufig stieß sie auf den Widerstand der orthodoxen Juden.

Im Jahr 1812 gewährte Preußen den Juden die Gleichheit vor dem Gesetz, womit ein weiterer Anstieg der jüdischen Bevölkerung begünstigt wurde. Die Juden Bresslaus erwarben bald das gesamte Rüstzeug der Sesshaftigkeit. Von 1827 bis 1829 wurde im Herzen des jüdischen Viertels die Synagoge »Zum Weißen Storch« erbaut. 15 Jahre später wurde das Fraenckel-Hospital zur Krankenpflege eröffnet. Es folgten weitere Schulen. Im Jahr 1856 wurde ein neuer Friedhof in der Lohestraße angelegt. Bis 1871 war die jüdische Bevölkerung Bresslaus auf 13 916 Personen gestiegen, ungefähr 7 Prozent der Gesamteinwohnerschaft.

Am blühenden kulturellen Leben Preußens nahm die jüdische Gemeinschaft uneingeschränkt teil und brachte drei Wissenschaftler hervor, die besondere Erwähnung verdienen. Der Botaniker Ferdinand Julius Cohn (1828–98), ein gebürtiger Bresslauer, wurde 1859 als Professor an die Universität Bresslau berufen und schließlich als Vater der Mikrobiologie anerkannt. Der Astronom Johann Galle (1812–90), Entdecker des Planeten Neptun, leitete seit 1851 das Bresslauer Observatorium. Heinrich Graetz (1817–91), seit 1853 Professor in Bresslau, war der führende jüdische Historiker des 19. Jahrhunderts. Seine elfbändige *Geschichte der Juden von den ältesten Zeiten bis auf die Gegenwart* (1853–75), von der es heißt, sie sei mit ihm begraben worden, setzte Maßstäbe für die künftige Erforschung der Thematik. Obwohl Graetz vielleicht widersprochen hätte, waren Männer wie er ebenso sehr Deutsche, wie sie Juden waren. Die Assimilierung schritt voran.

*

Die vratislavische Gesellschaft machte während der preußischen Periode einen beträchtlichen Wandel durch. Eine neue herrschende Klasse etablierte sich, die eher auf das protestantische Berlin als auf das katholische Wien blickte. Sie brach mit der alten Tradition städtischer Selbstständigkeit, indem sie die Stadt sehr viel enger als früher an den Staat anschloss. Zur selben Zeit sorgte eine lang anhaltende Agrarkrise in Schlesien für einen dauernden Zuwandererstrom vom Lande, aus dem sich die Arbeitskräfte für die frühe Phase der Industrialisierung rekrutierten und der sowohl demografisches Wachstum als auch soziale Umwälzungen ankündigte. Zum Ende des 18. Jahrhunderts hin blieb die Bevölkerung Schlesiens jedoch ziemlich stabil, und die Einwohnerzahl Bresslaus stieg nur bescheiden, von 49 000 zum Zeitpunkt der preußischen Übernahme auf 55 000 im Jahr 1790. Die Erklärung ist wohl, dass weder die staatliche Neuansiedlungspolitik in den letzten Jahrzehnten des 18. Jahrhunderts

Kapitel 5: Bresslau (1741–1871)

noch der Zustrom ländlicher Migranten die sehr hohen Sterblichkeitsraten infolge Armut, Krankheit und Unterernährung beeinflusste. Bresslau begann erst Mitte des 19. Jahrhunderts dynamisch zu wachsen. Für die Mehrheit der Landbevölkerung waren die Lebensbedingungen im 18. Jahrhundert schlecht. Obwohl die königlichen Domänen ihre Bauern im Allgemeinen vor übertriebener Ausbeutung schützten, blieb staatliche Intervention auf den übrigen Rittergütern die Ausnahme. Dort war der Gutsherr noch immer allmächtig. Er konnte seine Bauern kaufen und verkaufen, unbegrenzte Frondienste von ihnen verlangen und ihnen die Heiratserlaubnis verweigern. An »Gestellungstagen« waren die Bauern gezwungen, ihm ihre Kinder zu präsentieren, damit er sich seine neuen Bediensteten aussuchen konnte.[50] Unstimmigkeiten wurden selten zugunsten des Bauern geregelt. In Fällen von Pflichtversäumnis war die Prügelstrafe die Norm. Die Peitsche war üblich. Auf einem Gut in Schlesien wurden Aufsässige »mit bloßen Füßen in ein zwei Ellen (1,35 m) hohes und ebenso langes und eine Elle breites Behältnis eingesperrt..., das mit scharfkantigen Latten gedielt war und in dem sie weder stehen noch liegen konnten«.[91] Die massenhafte Flucht schlesischer Bauern über die Grenze nach Polen oder in die Städte war nicht überraschend. Der industrielle Sektor konnte bis dahin nur begrenzt Beschäftigung bieten. Viele Bauern tauschten lediglich ein Leben der Unterdrückung im Dorf gegen ein gleichermaßen trostloses Leben der Ausbeutung in der Stadt.

Für die Mittel- und Oberschicht war das Leben erheblich angenehmer. Doch auch hier blieb die Kindersterblichkeit während des größten Teils der preußischen Periode hoch. Mangelhafte Hygiene förderte endemische Krankheiten wie Tuberkulose ebenso wie Choleraepidemien. Der Besitz von Vermögen garantierte indes eine kultiviertere Existenz in relativer Behaglichkeit. Neue gesellschaftliche Bewegungen begannen zudem, traditionelle Verhaltensweisen im Rahmen von Kirche und Familie abzulösen. Die aufkommende Freimaurerei beispielsweise wurde ebenso durch das Aufbegehren gegen lähmende gesellschaftliche Sitten wie von neuen geistigen Entwicklungen gefördert. Die erste Freimaurerloge in Bresslau, »Aux trois squelettes« (»Zu den Drei Skeletten«), wurde im Mai 1741 gegründet. Ihr folgte im späteren 18. Jahrhundert eine Reihe rivalisierender Logen, als die Bewegung den Gipfel ihrer Popularität und ihres Einflusses erreichte. Einige Logen waren gesellschaftlich exklusiv und politisch konservativ, manche waren offener. Doch alle verbreiteten das Gedankengut der Aufklärung und sprachen »das Große und Gute« der Bresslauer Gesellschaft an. Ihre Anziehungskraft wird durch die Tatsache demonstriert, dass zwei Bresslauer Bischöfe nacheinander, Philipp Gotthard Graf von Schaffgotsch (reg. 1748–95) und Joseph Christian Fürst zu Hohenlohe-Waldenburg-Bartenstein (reg. 1795–1817), Freimaurer waren, obwohl sie durch ihre Mitgliedschaft die Exkommunizierung riskierten.

Die Leibeigenschaft wurde in Preußen stufenweise zwischen 1811 (der Zeit der französischen Besatzung) und 1850 abgeschafft. Der Wandel vollzog sich in den allermeisten Fällen in Form einer »Verpachtung«, das heißt, private Pachtverhältnisse traten an die Stelle der traditionellen Dienstpflichten.* Da die Pachten auf hohem Niveau festgesetzt wurden und die Einkünfte der Landarbeiter oder Pachtbauern sehr niedrig waren, erwies die »Bauernbefreiung« sich häufig, insbesondere für die ärmsten der Bauernfamilien, keineswegs als ein Segen. Sie löste eine neue »Landflucht« aus, die dann wieder Marktflecken und Städte wie Bresslau unter Druck setzte, Landflüchtige mit Arbeit und anständiger Unterkunft zu versorgen. In sehr vielen Fällen konnte man der Not nicht angemessen begegnen. In dem an Bresslau angrenzenden, unter russischer Herrschaft stehenden »Kongresspolen« wurde die Leibeigenschaft erst 1864 abgeschafft. Doch dank der komplizierten Politik der polnischen Aufstände ging sie unter relativ günstigen Bedingungen vonstatten, welche die Bauern in der Regel im Besitz ihres Landes beließen. Trotzdem löste sie eine weitere Welle ländlicher Migranten aus, die sich zuerst als Saisonarbeiter oder Dienstboten auf Zeit, später jedoch mit dem Ziel dauerhafter Niederlassung in die preußischen Städte aufmachten.

Bresslau war bis zum frühen 19. Jahrhundert noch durch die Grenze seiner alten Mauern gebunden. Um 1830 jedoch wurde aus dem Rinnsal der Urbanisierung ein reißender Strom. Während sich die Gesamtbevölkerung Schlesiens zwischen 1800 und 1871 auf 3,5 Millionen verdoppelte, wuchs die Einwohnerschaft der schlesischen Hauptstadt im Jahr 1849 auf mehr als 100 000 und stieg bis 1871 um mehr als das Doppelte auf 207 000 an. Die Masse der Neuankömmlinge lebte in ärmlichen Verhältnissen, und in den Elendsqua0rtieren der Weißgerberstraße oder in den

---

* Kern der »Bauernbefreiung« in Preußen (Edikt vom 9. 10. 1807) war das »Regulierungsedikt« vom 11. September 1811, wodurch das feudalrechtliche Verhältnis Gutsherr–Bauer in ein privatrechtliches Vertragsverhältnis umgewandelt wurde. Die aufgrund der Ablösungspflicht der Bauern gegenüber den Gutsherren anfallenden Entschädigungszahlungen führten wegen des Fehlens von finanziellen Mitteln und Darlehenskassen in der Folge zu einer Vermehrung des Großgrundbesitzes und zur Entstehung einer besitzlosen Landarbeiterschicht. Das Ablösungsgesetz von 1850 dehnte die »Bauernbefreiung« auf die gesamte Landbevölkerung aus (A. d. Ü).

ärmeren Vierteln der Nikolai- und Oder-Vorstädte im Norden und Westen nahm die Überfüllung bedenkliche Ausmaße an. Über 20 Prozent der Bresslauer lebten zu fünft in einem Zimmer, und mehr als 10 Prozent von ihnen hausten in Kellern. Krankheiten grassierten, Lungenentzündung, Tuberkulose und Diphtherie waren eine ständige Bedrohung. Die Cholera forderte 1831 und erneut 1837 weit über 1000 Todesopfer. Sie kehrte 1848, 1849 und 1855 wieder. Im Jahr 1866 erlagen über 4000 Vratislavier der Krankheit. Die Zahl der »Cholera-Friedhöfe« stieg stark an. Doch die Migranten ließen sich nicht abschrecken. Städte wie Bresslau »töteten ihre Einwohner in solcher Zahl, dass sie auf einen ständigen Migrationsstrom aus den umliegenden Regionen angewiesen waren«.[92] Der Reiz eines neuen Lebens in der Stadt verblasste nicht so leicht. Doch viele Unglückliche wurden zur Verzweiflung getrieben. Im Jahr 1854 tötete eine gewisse Caroline Reichelt ihre beiden kleinen Kinder »aus Verzweiflung über ihre Noth«.[93]

Seit Mitte des 19. Jahrhunderts entstand in Deutschland eine neue Mittelschicht. Häufig assoziiert mit der beschaulichen Kultur des »Biedermeier«, bestand sie aus Bankiers, Kaufleuten, Unternehmern und Fabrikbesitzern. In Bresslau wohnten sie in den eleganten Straßen um den Tauentzien-Platz oder in der Schweidnitzer Vorstadt. Ihre Angehörigen waren kultiviert, gebildet und über die aus Paris oder Berlin kommenden kulturellen und künstlerischen Trends auf dem Laufenden. Manche waren außerdem als Mitglieder von Diskussionsgruppen oder Berufsverbänden politisch aktiv. Verbunden waren sie durch ihren gemeinsamen Glauben an Besitz, Fleiß und die Herrschaft von Recht und Gesetz.

Trotzdem trug das Nebeneinander von Arm und Reich zu einem merklichen Anstieg des Verbrechens bei. Die Zahl der Raubüberfälle und Körperverletzungen nahm zu. In Bresslau kam es zu einigen Aufsehen erregenden Mordtaten. Um 10 Uhr am Morgen des 21. Januar 1853 tötete August Langer seine Frau mit einer doppelläufigen Pistole. Sie hatte sich nach einem häuslichen Streit geweigert, zu ihm zurückzukehren, und er hatte sie in aller Öffentlichkeit mitten auf dem Buttermarkt erschossen. Er versuchte, sich das Leben zu nehmen, wurde aber verhaftet, vor Gericht gestellt und zum Tode verurteilt.[94]

Hinrichtungen von Verbrechern galten als populäre Unterhaltung. In Bresslau lockten sie angeblich bis zu 15 000 Schaulustige an.[95] Die Aussicht, eine missglückte Hinrichtung zu sehen, machte wohl einen Teil des Nervenkitzels aus. So trug im Jahr 1811 eine stümperhafte Enthauptung in Bresslau sogar zu einer Änderung des preußischen Rechts bei. Dabei galt der Scharfrichter aus Liegnitz als ein Meister des Schwertes:

Die Blume Europas

»Sein erster Hieb ist zu hoch gegangen und hat nur wenig Blut fließen gemacht; der zweite ist ihm völlig mißlungen, dabei dem Delinquenten die Augenbinde abgefallen, und indem sich Letzterer umsehen wollen, ist der dritte Hieb geschehen und wieder mißlungen. Nun hat der [Bresslauer] Scharfrichter jenem das Schwerdt entrissen und einen 4ten Hieb vollführt, der endlich das Haupt soweit vom Rumpf getrennt hat, daß doch noch ein fünfter Hieb dazu gehört hat, um die Durchschneidung zu vollenden.«[96]

Es hieß, der Liegnitzer Henker habe vor einem wütenden Mob geschützt werden müssen. Im selben Jahr wurde die Hinrichtung mit dem Schwert im preußischen Strafrecht durch die Enthauptung mit einer acht Pfund schweren Axt ersetzt.

1848 war das Jahr des *Kommunistischen Manifests*, und marxistische Historiker sollten später immer wieder die revolutionäre Stimmung jener Jahre hervorheben. Gewiss verdichtete sich die berauschende Mischung aus sozialer, konstitutioneller und nationaler Unzufriedenheit so weit, dass sie eine Serie von Ausbrüchen überall auf dem europäischen Kontinent auslöste. In Schlesien kündeten die wiederholt gewalttätigen Proteste von Webern von tiefer Verzweiflung, während unterschiedliche Forderungen nach einer mehr oder minder radikalen Verfassungsreform und nach deutschen oder polnischen Einigungsbestrebungen laut wurden. Tatsache ist jedoch, dass die verschiedenen Fäden des Protests niemals zusammenliefen und die Krise unter Kontrolle gebracht wurde. Es gab 1848/49 keine schlesische Revolution. In Bresslau kam es als Reaktion auf Nachrichten aus Paris oder Berlin zweimal zu Ausbrüchen, die aber wirksam unterdrückt wurden. An der sozialen Front fand die Arbeiterklasse keine einheitliche Haltung. Im Gegenteil, die Repräsentanten der alten Heimgewerbe wie die Handweber wurden einfach von den Vertretern der neuen Manufakturen überholt, in denen weder die Unternehmer noch die Fabrikarbeiter ein Interesse an langwierigen Protesten hatten. Der Aufstieg des industriellen Bresslau sollte neue, ganz eigene soziale Probleme mit sich bringen. Aber die Dynamik der Industrialisierung war zu groß, als dass sie hätte aufgehalten werden können. Sie ging nach 1848 mit Riesenschritten voran, während die Erinnerungen an den »Völkerfrühling« zurückgelassen wurden.

*

Bis zur Mitte des 18. Jahrhunderts war Bresslau ein halbwegs unabhängiger Stadtstaat, der sich uralter Privilegien und Freiheiten erfreute. Die politische Ausrichtung der Stadt war stets im Konsens zustande gekommen. Die Stadt war nie von feindlichen Truppen erobert worden. Ein Stadthistoriker hat diese hoch geschätzte »Jungfrauenschaft« gepriesen, obwohl er einräumte, dass »in Wahrheit... die Verführungen nie besonders groß und gefährlich gewesen waren«.[97] Friedrich der Große sollte Bresslau dieser Unschuld berauben.

Schon im Januar 1741, noch bevor die Preußen Schlesien formell annektiert hatten, wurde die Verwaltung der Provinz neu organisiert. Die alten habsburgischen Körperschaften, das Oberamt und die Schlesische Kammer, wurden durch ein Feldkriegskommissariat abgelöst. Im folgenden Jahr wurde das Kommissariat selber durch zwei Kriegs- und Domänenkammern ersetzt, eine in Bresslau und eine in Glogau. Diese Kammern ihrerseits waren einem Provinzialminister für Schlesien untergeordnet, der unmittelbar dem König unterstellt war und als »Auge und Ohr« des Monarchen fungieren sollte. Die Schlesischen Stände traten im Bresslauer Rathaus zusammen und leisteten am 7. November 1741 ihren Treueid. Auch die städtische Verwaltung wurde neu organisiert. Friedrich erwähnte besonders, dass er die schlesischen Städte ihres traditionellen Wahlrechts beraubt habe: »In Schlesien habe ich ihnen das Wahlrecht genommen, damit sie die Schöffenstühle nicht mit Leuten besetzen, die dem Hause Österreich ergeben sind.«[98] Binnen zwei Jahren nach der preußischen Eroberung wurde Bresslau vollständig von preußischen Beamten regiert. Die alte »Republik Bresslau« wurde abgeschafft und durch ein vollständig von ernannten königlichen Bevollmächtigten geleitetes System ersetzt. Eine königliche Verordnung vom Januar 1748 bestätigte die Regelungen. Der geschäftsführende Magistrat sollte aus 21 Personen bestehen, aus einem Stadtdirektor, einem stellvertretenden Stadtdirektor, einem Bürgermeister, zehn Stadträten, vier Zunfträten, zwei Rechtsberatern und zwei Sekretären. Die drei führenden Köpfe sollten vom König persönlich anhand einer von der Kriegs- und Domänenkammer erstellten Auswahlliste benannt werden. Die Gesamtaufsicht sollte beim Minister für Schlesien liegen.

Trotz einiger willkommener Veränderungen wie der Einführung des preußischen Postsystems im Jahr 1743 verflüchtigte sich die allgemeine Begeisterung, die mit der preußischen Besetzung verbunden gewesen war. Der wirtschaftliche Abschwung warf lange Schatten, und Bresslaus geschmälerter politischer Status wurmte. Als besondere Belastung erwies sich die Einführung des preußischen Militärsystems. Die Einquartierung von etwa 35 000 Soldaten in Privathaushalten überall in Schlesien erregte viel Zorn, und man schätzt, dass die Einführung des preußischen Kantonalsystems mit seinen Rekrutierungsquoten (von dem Bresslau ausgenommen wurde) etwa 10 000 Schlesier über die Grenze nach Böhmen und Sachsen trieb.[99]

Erst mit dem langen Aufenthalt des Grafen Karl von Hoym als Provinzialminister für Schlesien ab 1770 wurde die preußische Herrschaft uneingeschränkt akzeptiert. Hoym (1739–1807), von sächsisch-preußischer Abstammung, war 1762 in preußische Dienste getreten und hatte rasch die Aufmerksamkeit des Königs erregt. Er war kultiviert, eifrig und umgänglich, wobei Status oder Rang ihn nie von seiner höflichen Grundhaltung abbrachten. Unter seiner Leitung blühte Schlesien. Auch Bresslau fand sein Lächeln wieder und liebte seinen König allmählich. Friedrich war skeptischer. Bei seinem letzten Besuch im Jahr 1785 wurde ihm ein stürmischer Empfang zuteil. Doch als ein Höfling äußerte, wie sehr die Vratislavier ihn doch liebten, entgegnete er: »Setze Er einen alten Affen aufs Pferd und lasse Er ihn durch die Straßen reiten, so wird das Volk ebenso zusammenlaufen.«[100]

Die kurze französische Besetzung Bresslaus im Jahr 1807 kündigte mehrere neue Entwicklungen an. Eine Folge war die zumindest teilweise Wiederherstellung der städtischen Selbstverwaltung. Gemäß der preußischen Städteordnung vom November 1808 wurde eine 200-köpfige, gewählte Stadtverordnetenversammlung eingerichtet. Ein 15-köpfiger Magistrat übernahm die Befugnisse einer lokalen Exekutive. An seiner Spitze stand ein »Oberbürgermeister«, dessen Stellvertreter den weniger gewichtigen Titel »Bürgermeister« trug. Das Stadtgebiet wurde in Bezirke eingeteilt, die der Verwaltung von Beamten unterstanden. Ihre Tätigkeit wurde wiederum von der Stadtverordnetenversammlung beaufsichtigt. Fragen der Gesundheit, Bildung und Erziehung, Religion sowie die städtischen Finanzen wurden in die lokale Zuständigkeit überwiesen. Der Staat behielt sich die Oberaufsicht vor. Die Vermögensvoraussetzungen, um wählen zu können, blieben absurd hoch. Trotzdem wurde den Bürgern ein Gefühl ihres eigenen Wertes vermittelt, und die Stabilität war durch eine geplante Amtszeit von zwölf Jahren für den Oberbürgermeister garantiert.

Die nachnapoleonische Reformära zeitigte in Schlesien zwei bemerkenswerte Ergebnisse. Erstens wurde der letzte Überrest regionaler Autonomie abgeschafft, als der Minister für Schlesien zu einem bloßen Rädchen im Getriebe der preußischen Bürokratie wurde, ohne fürderhin dem König persönlich unterstellt sein zu müssen. Zweitens wurden durch Auflösung zahlreicher religiöser Einrichtungen in den Jahren 1810/11 Schlesiens soziale Verbindungen nach Berlin gestärkt. Viele der ehemals

Kapitel 5: Bresslau (1741–1871)

kirchlichen Güter wurden prominenten preußischen Beamten und Generälen verliehen, wie Krieblowitz an Blücher und Klein Oels an Yorck von Wartenburg, die auf diese Weise schlesische Grundherren wurden. Nach den napoleonischen Umwälzungen wurde die preußische Staatsverwaltung erneut umorganisiert. Schlesien wurde 1815 eine von elf Provinzen und in vier Regierungsbezirke mit den Zentren Oppeln, Liegnitz, Reichenbach und Bresslau aufgeteilt (Reichenbach wurde 1820 aufgelöst). Getreu dem früheren Versprechen des Königs wurde 1825 ein schlesischer Provinziallandtag einberufen, der im folgenden Jahr in Bresslau zusammentrat. Er wurde nach einem beschränkten Zensuswahlrecht gewählt, und deshalb dominierten in ihm die Großgrundbesitzer, während Vertreter der Mittelschicht oder der Städte eine verschwindend geringe Minderheit ausmachten. Angesichts der beginnenden Industrialisierung sollte der Landtag immer weniger repräsentativ für die Gesellschaft werden, aber den Schauplatz wachsender Proteste abgeben. Er erhielt etwa 300 Petitionen, die die Schaffung repräsentativerer Körperschaften forderten. August Heinrich Hoffmann von Fallersleben resümierte in seinen *Unpolitischen Liedern* die offensichtliche Widersprüchlichkeit preußischer Politik:

> Das Beten und das Bitten ist erlaubt,
> Ja, und erlaubt ist alles überhaupt,
> Was niemals nützt den armen Untertanen –
> Wenn wir an ein Versprechen etwa mahnen,
> Gesetzlich bitten, was wir fordern können,
> Da will man uns das Bitten auch nicht gönnen,
> Man weist uns ab mit kaltem Hohn zuletzt:
> Ihr habt die Form verletzt.[101]

Der Verfasser sollte seinen Sarkasmus mit seiner beruflichen Laufbahn bezahlen. Aber andere haben seinen Platz eingenommen. Wie das Rheinland gewann auch Bresslau bald einen Ruf als Brutstätte liberalen und sogar sozialistischen Denkens. Die Stadt sollte Heinrich Simon und Wilhelm Wolff hervorbringen, zwei Radikale der Frankfurter Nationalversammlung (siehe oben), und sie sollte zu einem der Ausgangspunkte des deutschen Sozialismus werden.

Die massive Präsenz der preußischen Armee fungierte als dauerndes Gegengewicht zu den einheimischen Radikalen. Von 1823 an war das 6. Armeekorps ständig in Bresslau stationiert, und mit ihm kamen etwa 10 000 Soldaten. Seine offizielle Rolle war die Bewachung der nahe gelegenen Grenze zu Kongresspolen. Nebenbei diente es auch als wirksame Dämpfung politischer Leidenschaften. Falls notwendig, war es jederzeit bereit, Unruhen niederzuschlagen.

Nach der gescheiterten Revolution von 1848/49 gab die revidierte preußische Verfassung vom 31. Januar 1850 den Liberalen des Königreichs ein klein wenig Hoffnung. Praktisch alle männlichen Erwachsenen durften nun wählen, doch das Gewicht ihrer Stimme hing von ihrer »Klasse« ab oder genauer von der Höhe der von ihnen entrichteten direkten Steuern. Demgemäß wählte jede der drei »Klassen« ein Drittel der Wahlmänner. In Wirklichkeit wogen die fünf Prozent Wählerstimmen der ersten Klasse genauso viel wie die Stimmen von 82 Prozent der Wahlberechtigten in der dritten Klasse. Die Reaktion hatte gesiegt. Trotzdem ist in dieser Zeit der zögerliche Anfang moderner Politik zu sehen. Der Aufstieg der populären »Deutschen Fortschrittspartei« führte zu einem erbitterten Hin und Her, und das bestehende System geriet zusehends unter Druck. Dann überrollten die Ereignisse die »Fortschrittspartei« selbst, als es ihr nicht gelang, die Arbeiterklasse an den Liberalismus zu binden. Das Aufkommen einer eigenständigen Arbeiterbewegung unter dem gebürtigen Bresslauer Ferdinand Lassalle konnten die Fortschrittlichen nicht verhindern.

Ferdinand Lassalle (1825–64), Sohn eines wohlhabenden jüdischen Tuchhändlers, studierte in Bresslau und Berlin, bevor er in den Aufruhr der Jahre 1848/49 verwickelt wurde. Dem Exil, das Zeitgenossen wie Karl Marx auferlegt wurde, entgehend, kam er 1849 aus dem Gefängnis – ein unerschütterlicher Vorkämpfer der Arbeiterklasse. Nach vielen Auseinandersetzungen gründete er 1863 den »Allgemeinen Deutschen Arbeiterverein« (ADAV). Lassalle, ein leidenschaftlicher Redner, Agitator und Verfasser von Flugschriften, warb fast im Alleingang überall im Lande für die neue Partei. Obwohl der ADAV zum Zeitpunkt von Lassalles Tod (er wurde am 31. August 1864 in einem Duell tödlich verletzt) nur ein paar tausend Mitglieder zählte, sollte er zum Vorläufer der heutigen Sozialdemokratischen Partei Deutschlands (SPD) werden. Lassalles Heimatstadt reagierte zögerlich auf die Avancen der neuen Partei. Bei den Wahlen von 1867 wählten die beiden Wahlkreise Bresslau-Ost und Bresslau-West die Kandidaten der Fortschrittspartei. Lassalles Grab auf dem jüdischen Hauptfriedhof, das 1948 von Bewunderern restauriert wurde, ist bis auf den heutigen Tag erhalten.

Bresslau profitierte das ganze 19. Jahrhundert hindurch von der Qualität seiner Verwaltungsbeamten. In Friedrich von Merckel (1775–1846) und Arthur Hobrecht (1824–1912) standen der Stadt qualifizierte Männer von Format vor. Merckel trat bereits im Alter von 24 Jahren als Assessor

Kapitel 5: Bresslau (1741–1871)

in der Bresslauer Justizkommission in preußische Dienste. Er durchlief die Provinzialbürokratie, übernahm 1804 die Leitung der Bresslauer Kammer und wurde 1816 schlesischer Oberpräsident. In Anerkennung seines Beitrags zur Wiederherstellung der schlesischen Verwaltung nach dem französischen Einmarsch wurde er später von Friedrich Wilhelm IV. in den Adelsstand erhoben. Der Danziger Hobrecht amtierte von 1863–73 als Oberbürgermeister von Bresslau. In dieser Zeit war ihm die Organisation des Bildungssystems ein besonderes Anliegen. Danach wurde er nach Berlin abberufen, wo er abermals das Amt des Oberbürgermeisters versah, bevor er zum preußischen Finanzminister ernannt wurde.

Die Kommunalpolitik Bresslaus machte während des 19. Jahrhunderts jedoch einen tief greifenden Wandel durch. Verwaltungsbeamte wie Hoym und Merckel waren Mitte des Jahrhunderts zu einem Anachronismus geworden. Als archetypische preußische »Staatsdiener« gehörten sie einer anderen Epoche an. Sie kamen aus einer Zeit des unangefochtenen Respekts der Staatsmacht gegenüber, in der die Politik der exklusive Tummelplatz der Reichen mit ihren guten Beziehungen war. Ihre Nachfolger agierten auf einer Bühne, auf der der Dienst am Volk den Dienst am Staat zu verdrängen begann und die Politik zu einer Angelegenheit immer breiterer Kreise der Bevölkerung wurde. Konservative Zirkel in Berlin mussten diese Entwicklung zwangsläufig mit Misstrauen verfolgen.

*

Im Jahr 1741 beschränkte sich Bresslau mit fast 50 000 Einwohnern noch immer größtenteils auf die alte ummauerte Stadt des Mittelalters. Im Zuge der preußischen Annexion erlitt sie keinen materiellen Schaden – die einzige schwere Beschädigung musste sie 1749 hinnehmen, als das Pulvermagazin vom Blitz getroffen wurde und in die Luft flog, wobei etwa 700 Menschen getötet oder verletzt wurden. Friedrich II. begann bald mit der Reparatur und dem Ausbau der Verteidigungsanlagen. Neue und verbesserte Befestigungen wurden angelegt, und auf dem nur spärlich besiedelten Bürgerwerder wurde eine ständige Garnison eingerichtet. Neben dem Gebäude des Hauptquartiers öffnete 1772 zur Vermeidung kostspieliger Importe eine Zuckerraffinerie. In der Nähe entstanden viele weitere Wohn- und Geschäftshäuser, was die Integration des Bürgerwerder ins eigentliche Bresslau beschleunigte. Um die nördlichen Befestigungen zu verbessern, wurde der äußere Oderarm, der die Dominsel umgab, trockengelegt, womit dem Dom seiner Insellage beraubt wurde und die Besiedlung des Nordostens neuen Schwung erhielt. Binnen weniger

Die Blume Europas

Jahrzehnte lagen Friedrichs Befestigungen inmitten ständig wachsender städtischer Wohnviertel und wurden militärisch entwertet.

Bis zum späten 18. Jahrhundert war Bresslau vollständig in ein internationales Netz aus Postverbindungen und Relaisstationen integriert. In einem der sehr frühen Reiseführer, der 1793 von Hans Ottokar Reichard in Weimar in französischer Sprache herausgegeben wurde, nimmt die Stadt einen hervorragenden Platz ein.[102] Tatsächlich wurde sie mit einer Bevölkerung von 60179 Einwohnern nach Wien (270000), Berlin (151000), Hamburg (120000) und Prag (84000) als fünftgrößte Stadt Deutschlands vorgestellt. Es folgten Dresden und Köln, die auch noch mehr als 50000 Einwohner aufwiesen, und München, Frankfurt und Danzig mit mehr als 40000 Einwohnern.

Mit all diesen Städten war Bresslau durch ein System von Posthaltereien und Postkutschen verbunden, durch das Passagiere, Pakete und Nachrichten mit der »unglaublichen« Geschwindigkeit von 15–18 Meilen pro Stunde reisen konnten. Preußen bestand darauf, dass Reisende Passbriefe mit sich führten, die an den Stadttoren überprüft wurden; Gesundheitszeugnisse beugten außerdem langwierigen Untersuchungen durch Sanitätsinspektoren vor. Wie in Berlin deckte auch in Bresslau die Standardgebühr von sechs Groschen pro Meile die Trinkgelder für Postillon und Wagenmeister ab. 50 Pfund Gepäck wurden kostenlos transportiert. Es gab von Bresslau aus vier Hauptstrecken, die nach Westen, Osten, Norden und Süden verliefen. Diese Strecken waren in Abschnitte unterteilt, die den am Wege liegenden Poststationen folgten, wo die Pferde getränkt oder gewechselt werden konnten:

	LEIPZIG		WIEN
12½	Görlitz	21	Prag (via Budweis)
3	Bunzlau	11	Reinertz
1½	Hayna	1½	Glatz
1	Liegnit	1½	Frankenstein
2	Neumarkt	1	Nimptsch
2	BRESSLAU	1	Jordansmühl
		1½	Domslau
		1	BRESSLAU

Kapitel 5: Bresslau (1741–1871) 321

BRESSLAU		BRESSLAU	
2	Oels	2	Neumarkt
2	Wartenberg	1½	Parchwitz
1	Kempten	1½	Luben
1	Wernscov	1	Polkwitz
1½	Naramici	2	Neustädtel
18	WARSCHAU	1	Wartenburg
		1	Grünberg
		2	Crossen
		1½	Ziebingen
		1½	FRANKFURT/ODER[103]

Reichards Reiserouten wurden durch observations locales oder lokale Beobachtungen ergänzt. Viele Orte in der Umgebung von Bresslau erhielten eine positive Erwähnung:

- BUNZLAU: ein schönes Waisenhaus; Kirche St. Dorothea; der Blumengarten von Herrn Liebner; die mechanische Fabrik der Herren Jacob & Hutting; die Töpferei für braune Tonwaren, die als »Bunzelgeschirr« bekannt sind...
- HAYNAU: Die lutherische Kirche enthält mehrere bemerkenswerte Grabmale und eine schöne Bibliothek. In Tschetschendorf, anderthalb Wegstunden von Haynau, gibt es einen herrlichen englischen Park.
- LIEGNITZ: Das Schloss ist eines der schönsten in ganz Schlesien; es wurde 1241 von den Tataren belagert... Im Benediktinerkloster in Wahlstatt, das auf dem Schauplatz der Schlacht von 1241 errichtet wurde, hängen sehenswerte Bilder.
- OELS: die Schlossbibliothek mit einer Sammlung von Altertümern und einer naturgeschichtlichen Sammlung; Kirche St. Johannes; katholische Pfarrkirche und das berühmte Gymnasium. Die Mineralquellen von Skarfin liegen drei Wegstunden von der Stadt entfernt.
- GLATZ: Die alte Festung und Befestigungsanlagen; das schöne ehemalige Jesuitenkolleg. Die Pfarrkirche hütet ein wunderbares Heiligenbild.* Man muss die Gemäldegalerie von Herrn Krause und die botanischen Gärten seines Bruders, des Apothekers, gesehen haben.
- NIMPTSCH: Die Umgebung einschließlich des Dorfes Vogelsang, des

---

* Die »Glatzer Madonna«, die sich heute in Berlin befindet (A. d. Ü.).

Parks in Iseritz und des Ausblicks vom Kassenberg ist bemerkenswert. Das Dorf Kosemitz ist berühmt für seine in der Nähe gefundenen Halbedelsteine.
- NEUMARKT: Diese kleine Stadt ist für ihren Torf und ihre Kutschen bekannt.
- GRÜNBERG: Hier gibt es ein paar ansehnliche Tuchfabriken. Über 2410 Weingärten produzieren nur sauren Wein.[104]

Reichards Beschreibung von Bresslau selbst umfasst fast drei Seiten (siehe Anhang, S. 658). Inmitten der langen Liste »bemerkenswerter Bauwerke«, literarischer Gesellschaften, Galerien, Belustigungen, Gasthäuser und Gewerbe erfährt man auch von der schlesischen Loge der Freimaurer und, völlig zu Unrecht, vom kaiserlichen Sieg in der Nähe von Leuthen 36 Jahre zuvor.[105]

Die Meinungen über Bresslau an der Wende zum 19. Jahrhundert gingen beträchtlich auseinander, aber viele waren wenig schmeichelhaft. Goethes Kommentar (siehe oben) wurde mit der Tatsache erklärt, dass er die Stadt während einer spätsommerlichen Dürre besuchte, welche die üblen Gerüche über das Normalmaß hinaus gesteigert habe. Trotzdem beschrieb er sie als Stadt, von der er zu »genesen« hoffte.[106] Ein Zeitgenosse Goethes schrieb, Bresslau sei »eine alte, düstere und enge Festungsstadt… Man fährt mit einer Schauerempfindung unter den Festungswerken über die Oderbrücke in das Stadttor…«[107] Tatsächlich wurden Reisende bereits im Voraus über die Mängel der Stadt informiert. Dem künftigen amerikanischen Präsidenten John Quincy Adams, der 1804 durch Bresslau reiste, war gesagt worden, Bresslau sei »nichts als eine große, alte und sehr schmutzige Stadt… wo es nichts gebe, was die Aufmerksamkeit Reisender verdiene«. Nachdem er sie jedoch mit eigenen Augen gesehen hatte, räumte er ein, sie besitze »Kuriositäten, die ausreichten, uns die paar Tage, die wir dem Ort widmeten, zu unterhalten und zu beschäftigen«.[108]

Einerseits erstrahlte Bresslau zu dieser Zeit bereits im Glanz einer Anzahl schöner Paläste. Das Spaetgen-Palais war 1750 von Friedrich II. erworben worden, um fortan als königliche Residenz zu dienen. Nachdem es erweitert und neu ausgestattet worden war, wurde es während der österreichischen Belagerung von 1760, als viele Räume vollständig ausbrannten, stark beschädigt. Während der dunklen Winter des Siebenjährigen Krieges war es das Zuhause des Königs, und es war der Schauplatz der gedämpften Feier seines 50. Geburtstages im Januar 1763. Das neue Palais Hatzfeld wurde 1775 als Ersatz für den Vorgängerbau, der 1760 zerstört worden war, erbaut. Es beherbergte Jérôme Bonaparte.

Das klassizistische Wallenberg-Palachy-Palais auf dem Rossmarkt wurde 1787 vollendet. Erbaut worden war es von C. G. Langhans für die Bankiersfamilie Pachaly. Gegenwärtig ist dort ein Teil der Universitätsbibliothek untergebracht.

Auf der anderen Seite wurde Bresslau auf persönlichen Befehl Napoleons seiner Befestigungsanlagen beraubt. Wie anderswo in Deutschland sollten die Stadtmauern niedergerissen und die Gräben aufgefüllt werden, obwohl die Stadttore stehen bleiben sollten. Für den Auftrag wurden 2000 Arbeiter angeheuert. Nach dem französischen Rückzug ging man den preußischen König um finanzielle Hilfe an. Doch er konnte lediglich den Grund und Boden stiften und empfehlen, wie es auch Napoleon getan hatte, die Brustwehren in Promenaden zu verwandeln. Die äußeren Vorstädte, die während der Belagerung beschädigt worden waren, erlebten unter Jérôme Bonaparte eine teilweise Restaurierung. Die Schweidnitzer Vorstadt im Süden wurde durch die Anlage der attraktiven Boulevards rund um den Tauentzien-Platz bevorzugt. Nun wurde dem Wunsch des Generals aus dem Jahr 1760 entsprochen und in der Mitte des Platzes ein von C. G. Langhans und J. G. Schadow entworfener eleganter Marmorsarkophag aufgestellt. Bald danach, im Jahr 1827, errichtete man auf dem Salzmarkt ein mächtiges neoklassizistisches Standbild des Feldmarschalls Blücher.

Tatsächlich hatte das Bresslau des frühen 19. Jahrhunderts dem interessierten Besucher eine Menge zu bieten, in seinen Bücher- und Gemäldesammlungen nicht weniger als in seiner Architektur. Eine polnische Prinzessin und Sammlerin, die ihre Eindrücke während eines Besuchs im Jahr 1816 festhielt, fand viel Sehenswertes:

»Wir kamen am frühen Morgen [in Bresslau] an, aber wegen der Wollmesse mussten wir uns mit einem mittelmäßigen Gasthaus und einer schlechten Mahlzeit begnügen. Danach machten wir uns zu einem Rundgang durch die Stadt auf und wurden von dem Buchhändler Korn auf das Wärmste begrüßt. Ich hatte weder Zeit noch Lust, seinen Laden zu durchstöbern, der viele schöne Publikationen enthält... Also nahm er uns mit in seine Privaträume, in denen ein paar wunderschöne Bilder hingen, die er von Mirabeau erworben hatte. Er macht unter anderem in Antiquitäten... und das Wort *superbe* kommt ihm niemals über die Lippen.
Am nächsten Tag lud Korn uns zum Mittagessen auf sein Gut [in der ehemaligen Abtei] in Osobowitz am Rand von Bresslau ein. Anschließend gingen wir uns die Wollmesse ansehen... Am

Abend gab es im Deutschen Theater ein Stück *[Der Wald bei Bondi]*, in dem ein Hund den Mörder seines Herrn ausfindig macht. Der Pudel, der die Rolle des treuen Hundes spielte, war so hinreißend, dass ich zu Tränen gerührt war...
Am anderen Morgen, einem Sonntag, ging ich zur Messe im Dom... Mit Respekt und Ergriffenheit bemerkte ich das uralte Gewölbe und die gotischen Säulen. Einst hatte es eine Zeit gegeben, da dies alles Polen gehörte. Ich merkte nicht, dass mir Tränen über die Wangen rollten, als ich in der Vergangenheit schwelgte... [Später] beim Betreten der Kirche zum Heiligen Kreuz vernahm ich den kraftvollen Gesang der Menschen, [der] mich so tief bewegte, lauschte ich doch denselben polnischen Refrains, die man zu Hause hört...«[109]

Dann reiste die Prinzessin zu den Kurorten im Gebirge. Aber ein paar Wochen später war sie für einen weiteren Aufenthalt von drei Tagen zurück in Breslau, und diesmal stieg sie im Gasthaus des »Redlichen Rautencrantz« ab:

»Am Abend sah ich... ein interessantes neues Stück, *Jolanda, Königin von Jerusalem*. Es ging um Rittertum, und ein großer Teil wurde von den Templern beansprucht.... [Dann] besichtigten wir Kirchen. Der gotische Stil hat mir immer schon gefallen. Doch jetzt erkenne ich, dass er am besten zum göttlichen Wesen passt...
Ich besuchte Professor Bach [in der Fakultät der schönen Künste], der eine bemerkenswerte Gemäldesammlung besitzt. Guido Reinis *Haupt Christi* brachte uns erneut zum Weinen... Ein anderes Bild, von Carracci, zeigt den Erlöser sterbend in den Armen der Heiligen Jungfrau. Ein drittes ist ein Rembrandt von großer Schönheit, das *Die Beherrschung des Scipio* darstellt... Am nächsten Tag gingen wir uns das Bibliothekshaus in der Kirche St. Elisabeth ansehen... Die Bücher, alles deutsche, nahm ich gar nicht wahr, doch ich war erstaunt über die Handschriften, vor allem über eine vierbändige Folio-Ausgabe von Froissart, [geschrieben] auf gut erhaltenem Pergament und mit ausgezeichneten Miniaturen illustriert. Napoleon... wollte ihn mitnehmen, und als das misslang, wollte er ihn kaufen und bot eine riesige Summe Geldes... Aber er blieb da [in Bresslau]. Es gibt auch eine uralte Handschrift von Ciceros *De natura deorum*, eine *Ilias* in Griechisch auf Pergament und einen sehr schönen Valerius Maximus.

Kapitel 5: Bresslau (1741–1871)

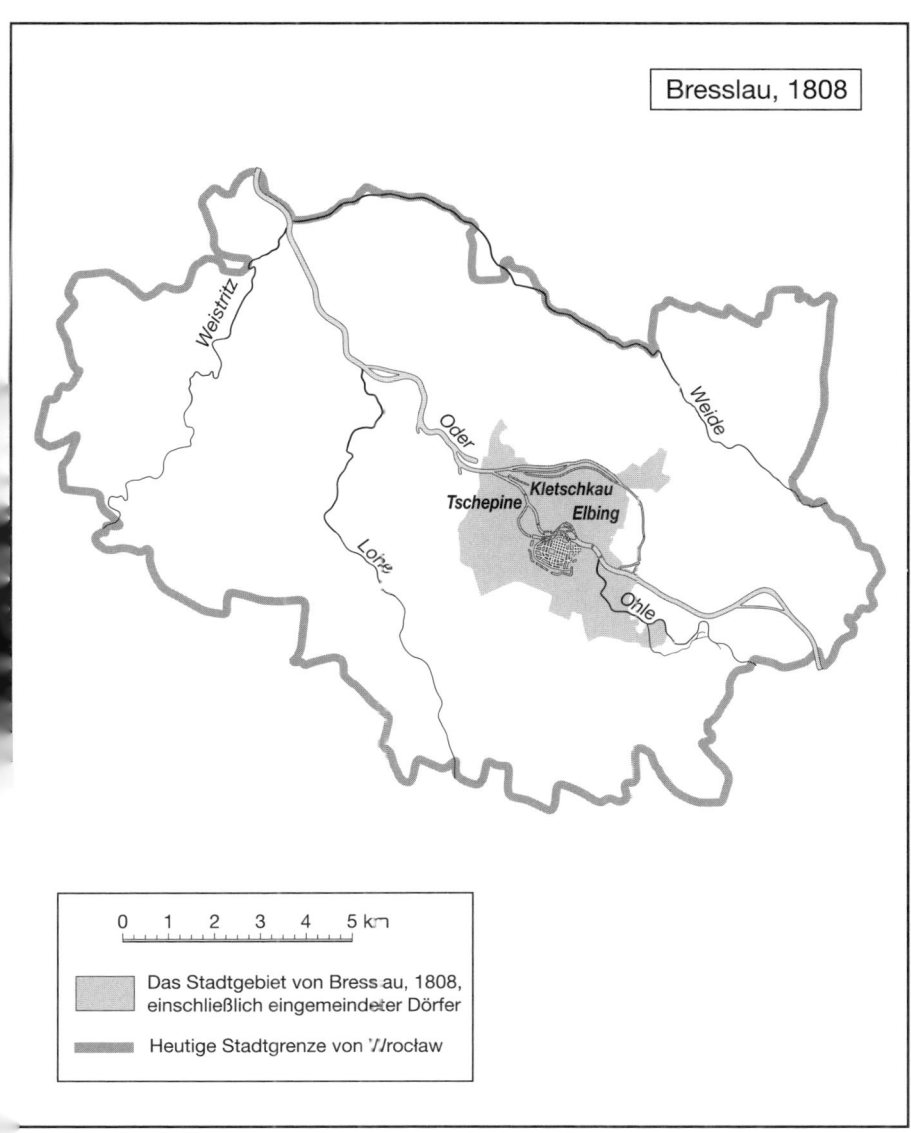

Die ältesten Stücke sind vier lateinische Evangelien aus dem 7. Jahrhundert...
Am 3. September verließen wir Bresslau nach dem Frühstück und machten uns Richtung Oleśnica [Oels] auf, wo wir in einem Gasthaus zu Mittag aßen. Danach fuhren wir nach Syców [Groß Wartenberg], das sich im Besitz des Herzogs [Gustav] Biron de Courland befindet, dessen Gemahlin die Gräfin Maltzan ist. Beide waren nicht daheim, weil sie sich in Dresden amüsierten. Also verbrachten wir die Nacht in einem vorzüglichen Gasthaus...«[110]

Es währte mehrere Jahrzehnte, bis Bresslaus ausgedehnte Brustwehren abgetragen waren. Obwohl die Mauern rasch niedergerissen wurden, dauerte es länger, den Schutt beiseite zu räumen, und der letzte Turm fiel erst 1838. Trotzdem war jenseits der mittelalterlichen Grenzen für wachsenden Raum gesorgt worden, und bis 1840 hatte die Bevölkerung gegenüber 1800 schon wieder um zwei Drittel zugenommen. Jene Jahrzehnte erlebten eine hektische städtische Bautätigkeit. Die neoklassizistische Alte Börse auf dem Salzmarkt datierte aus dem Jahr 1824, während das Neue Rathaus auf dem Ring (1863) und die Neue Börse in der Graupenstraße (1867) schöne Beispiele des neugotischen Stils sind.

Mitte des 19. Jahrhunderts entwickelte sich deshalb Bresslaus Erscheinungsbild zum Stolz der Bewohner. Menschen, die die Stadt früher gekannt hatten, erkannten sie aufgrund ihres neuen Aussehens praktisch nicht mehr wieder:

»Nur noch wenige Spuren deuten drauf hin, daß [Bresslau] einst eine mächtige Festung war. Die trostlosen Befestigungen wurden gegen grüne Gärten und lebhafte Promenaden vertauscht, die dicht mit Bäumen bepflanzt sind. Überall ist es heute heller, heiterer und weitläufiger. Die Hand der Gegenwart glättet unablässig die häßlichen Falten der Vergangenheit. Anstelle tödlicher Kanonen tragen die drei Bastionen heute die grünen Spitzen von Bäumen und unzählige Blumenkränze...«[111]

Gustav Freytag zufolge schnitt Bresslau selbst im Vergleich zur preußischen Hauptstadt günstig ab:

»Im Herbst 1836 kam ich nach Berlin. Mein großer Freund freute sich über mein Staunen und forderte Bewunderung für alles Neue

und Prächtige, das er mir vorstellte. Er war gekränkt, weil ich den
Breslauer Ring für schöner erklärte als den Gendarmenmarkt und
nicht zugeben konnte, daß die Feldherrenstatuen und die Hauptwache viel großartiger wären als unser Blücher auf dem Salzmarkt. Er räumte mir sehr ungern ein, daß Breslau in Kirchen
mehr leiste als sein Berlin mit der großen Domschachtel. Aber als
er die breiten Straßen seiner Stadt vorzeigte, wurde er unwillig,
wenn ich ihm verstockt entgegenhielt, daß sie aussehen wie ein
weites schlotteriges Kleid an einem mageren Leibe...«[112]

Die rege Ausbreitung der Stadt schuf jedoch neue Probleme. Die alte Infrastruktur war ihr nicht gewachsen. Der Zustand der Ohle war seit langem Anlass zur Sorge, doch Mitte des 19. Jahrhunderts war aus ihr mehr oder weniger ein offener Abwasserkanal geworden. Also wurde im Februar 1866 beschlossen, sie trockenzulegen, zuzuschütten und zu pflastern und damit rund um den Kern der Altstadt eine Fußgängerzone zu schaffen. Im Jahr 1870 erhielten die neuen Straßen die Namen Reußenohle, Schloßohle, Altbüßerohle und Kätzelohle.

Im selben Zeitraum erlangte die Stadt die grundlegenden Versorgungseinrichtungen einer modernen Großstadt. Neue Bürgersteige wurden 1826 angelegt, und die alten Öllampen des vorigen Jahrhunderts wurden zur selben Zeit durch neue, größere Lampen ersetzt, die über den Straßen hingen. Erst 1847 tauchten die ersten Gaslaternen auf. Viele Jahre lang gingen sie nicht über die zentralen Bereiche hinaus. Die Ersetzung der uralten hölzernen Wasserleitungen durch unterirdische Eisenrohre zog sich über 50 Jahre von 1780 bis 1830 hin. Der 1825 unternommene Versuch, den Wasserfluss durch dampfbetriebene Pumpen zu erhöhen, war nicht sonderlich erfolgreich. Große Anstrengungen wurden zur Erneuerung der Brücken, um die Jahrhundertwende meist wackelige Holzkonstruktionen, unternommen. Vor dem Ohlauer und dem Schweidnitzer Tor wurden steinerne Brücken gebaut, als die Mauern abgetragen worden waren. Und 1822 wurde an der Stelle des ehemaligen Nikolai-Tores eine Eisenbrücke errichtet, die in Einzelteilen mit einem Frachtkahn aus Gleiwitz herantransportiert worden war. Im Jahr 1844 wurde eine Brücke gespannt, um den neu erbauten Oberschlesischen Bahnhof mit den Vorstädten auf dem rechten Ufer zu verbinden, die bislang nur mit der Fähre erreichbar gewesen waren.

Mit all diesen Neuerungen bot die Fassade Bresslaus zur Jahrhundertmitte ein neues Erscheinungsbild. Ein Reisender aus Bremen schrieb damals:

Die Stadt hat kein imposantes Profil... wenngleich eng auf einen Haufen gepreßt, macht [sie] doch einen wohnlichen, angenehmen Eindruck. Sie verdüstert nicht, wie eine rein mittelalterliche, und erkältet uns nicht durch den baren Mangel an Physiognomie, wie eine moderne. Diese Mischung, diese Abwechslung gibt ihr einen besonderen Reiz... Ich kann mitfühlen, daß Maria Theresia Tränen vergossen hat, als diese Perle Schlesiens aus ihrer Krone gerissen wurde.«[113]

Eine Generation später veränderte die Ausbreitung der äußeren Vorstädte das Erscheinungsbild Bresslaus radikal:

»Die Versuchung zu bauen, wächst mit jedem Jahr, das vergeht. Im Stadtzentrum ist kein Platz mehr, also sucht man ihn außerhalb der früheren Grenze der Stadtmauern, wo ganze Straßenzüge und nicht bloß einzelne Häuser wie Pilze aus dem Boden schießen. Die neuen Vorstädte umspannen die Altstadt nun in einem weiten Bogen, so wie in Krakau, und jede hat ihren eigenen Charakter. Die Schweidnitzer Vorstadt gilt als Sitz von Wohlstand und Reichtum, während die Nikolai-Vorstadt und die anderen auf dem anderen Flussufer industrielle Fabriken aufgenommen haben. Inmitten der hohen Schornsteine und dem Brüllen der Maschinen herumzulaufen ist, als wäre man in einer Fabrikstadt in England.«[114]

Dem Blick des auswärtigen Besuchers bot sich Bresslau besonders verdrießlich dar:

»Viele Einzelheiten enthüllen, dass die Gesellschaft hier am Oderufer *oszczędność* [Knauserigkeit] zur Losung erkoren hat. Bequemlichkeit, Gewerbe und Handel sind die Wahrzeichen der Hauptstadt Schlesiens. [Aber] hier... macht man nichts ohne ein Stück Kreide in der Hand [um die Kosten auszurechnen], nicht einmal tanzen oder sich amüsieren gehen. [Arm und Reich], alle leben und kleiden sich unauffällig, mit wenig Rücksicht auf Gastlichkeit. Und wenn jemand hier Geld ausgeben will, fährt er entweder ins Ausland oder nach Berlin, um nicht in seiner Heimatstadt in Verruf zu geraten.«[115]

Als Bresslau sich ausbreitete, wurden die umliegenden Dörfer geschluckt. Im Jahr 1868 wuchs die Bevölkerung durch die Eingemeindung der

Kapitel 5: Bresslau (1741–1871)

Gemeinden Gabitz, Neudorf, Höfchen, Lehmgruben, Huben, Fischerau und Alt-Scheitnig um etwa 14 000 Einwohner. Um 1871 wurden mehr als 200 000 gezählt. Lange Zeit war Bresslau die zweitgrößte Stadt Preußens gewesen. Jetzt sollte sie als drittgrößte Stadt hinter Berlin und Hamburg Teil des Deutschen Reiches werden.

Das dynamische Wachstum Bresslaus ging Hand in Hand mit Veränderungen auch im Umland. Als die Grafen Hatzfeld beispielsweise ihr Stadtpalais wieder aufbauten, entwarfen sie auch gleich ihren Landsitz in Trachenberg neu. Wenn der Fürstbischof seinen Status mit einer prächtigen neuen Residenz auf der Dominsel unterstreichen musste, dann musste er offensichtlich auch ein passendes prächtiges neues Sommerpalais in den böhmischen Bergen finden.

Ein früheres bischöfliches Palais war von dem Bischof Franz Ludwig von Neuburg (reg. 1683–1732) in dem Dorf Popowitz in der Nähe von Bresslau erbaut worden. Doch nach seiner Plünderung und Zerstörung im Siebenjährigen Krieg wurde es nicht mehr benutzt, woraufhin sich die Räuberbande eines schlesischen »Robin Hood« namens Manduba dort einnistete. Dieser hat angeblich die Reichen terrorisiert und den Armen geholfen. Manduba stammte aus Morgenau und hatte wie Robin Hood eine Freundin namens Maria oder Marion. Es hieß, dass er in der neuen Vorstadt Scheitnig Orgien veranstalte und vom Stadtrat bestochen werden musste. Er wurde von einem Abtrünnigen seiner eigenen Bande ermordet. Noch bis ins frühe 20. Jahrhundert hinein nannten polnische Bauern in der Gegend von Morgenau die einstmals bischöfliche Residenz »Marianów«.

Die Napoleonischen Kriege gereichten dem schlesischen Erbe mehr zur Zier als zum Schaden. Ein Andenken sollte man in Bunzlau finden, wo im Jahr 1819 ein gusseiserner Obelisk zur Erinnerung an den russischen Generalfeldmarschall Kutusow aufgestellt wurde, der 1813 dort verstorben war.

Als die wahrscheinlich dramatischste Ergänzung der Landschaft sollten sich indes einige grandiose neogotische Gebäudekomplexe herausstellen, die für den einheimischen Adel errichtet wurden. Ein hervorragendes Beispiel findet sich in Fürstenstein in der Nähe von Schweidnitz, wo die mittelalterliche Burg 1794 umgestaltet wurde. Bei der so genannten »Alten Burg« handelt es sich in Wirklichkeit um eine von C. W. Tischbein entworfene künstliche Ruine in neogotischem Stil. Im August 1800 nahmen der König und die Königin von Preußen in Fürstenstein an einem dem Mittelalter nachempfundenen Turnier teil, dessen zufälliger Zeuge John Quincy Adams auf seinen Reisen wurde:

»Das Karussell war in großartiger Pracht ausgeführt... Die Treue zu den Formen, wie sie zu der Zeit üblich waren, als die Ritterschaft in voller Blüte stand; der Pomp und die Feierlichkeit der Darstellung; der Kontrast zwischen der Erhabenheit des Schauspiels und den alten zerstörten Mauern, den Überresten von fünf Jahrhunderten; und [der Kontrast] zwischen der romantischen Wildheit der weiten Aussicht ringsum und den dicht gedrängten Tausenden, die zugegen waren, um die Aufführung zu sehen; alles trug dazu bei, eine angenehme Wirkung hervorzurufen.«[116]

Mehrere der alten Güter und säkularisierten Klöster fielen der preußischen Königsfamilie zu und wurden in luxuriöse ländliche Zufluchten verwandelt. Das Kloster Heinrichau beispielsweise wurde Prinzessin Frederike, der späteren Königin der Niederlande, zum Geschenk gemacht. Es ging dann in den Besitz der Großherzöge von Sachsen-Weimar-Eisenach über. Das Gut Erdmannsdorf wurde 1832 von König Friedrich Wilhelm III. erworben, der das Schloss in Nachahmung englischer Gotik von Schinkel und Stüler umbauen ließ. Ein Teil des Gutes blieb einer Kolonie protestantischer Flüchtlinge aus dem österreichischen Tirol vorbehalten, und man baute für sie eine Gruppe von Landhäusern im Tiroler Stil. Ein ähnliches, ebenfalls von Schinkel entworfenes Schloss wurde von 1838–73 in Kamenz für Prinz Albrecht von Preußen und seine Gemahlin, Prinzessin Marianne von Nassau-Oranien, gebaut.

Natürlich hatte Schlesien mehr zu bieten als neogotische Verrücktheiten. Die Eisenbahn beförderte Reisende in die Berge und in die Heilbäder. Mehrere Kleinstädte wurden von einheimischen Gewerben mit Beschlag belegt. Das elegante Hotel »Zur Preußischen Krone« in Bad Salzbrunn war der Geburtsort des Dichters Gerhart Hauptmann. Die Stadt Habelschwerdt an der böhmischen Grenze entwickelte sich zu einem Zentrum der Streichholzindustrie. Das in der Nähe von Schweidnitz gelegene Kreisau hingegen gehörte in dieselbe Kategorie wie Fürstenstein oder Kamenz. Im Jahr 1867 wurde es Generalfeldmarschall Helmuth Graf von Moltke für seine Verdienste im Deutschen Krieg zwischen Österreich und Preußen verliehen.

*

Für Mitteleuropa hatte der Deutsche Krieg von 1866 Folgen, die weit über den rein politischen Bereich hinausgingen. Er erschütterte nicht nur das Gleichgewicht der militärischen und politischen Kräfte, sondern auch das der kulturellen und gesellschaftlichen Traditionen, die »Österreich« und

Kapitel 5: Bresslau (1741–1871)

»Preußen« verkörperten. Seit 1741 hatte Bresslau sich, obwohl von Preußen regiert, in einer Welt entwickelt, in der Preußen und Österreich gleichrangige Rivalen waren, einer Welt, in der jeder der beiden Mächte danach trachtete, sich an die Spitze eines »Großdeutschland« zu setzen, das viele Menschen für die Formation der Zukunft hielten. Doch nach 1866 zerschlugen sich alle derartigen Annahmen. Angestoßen von Bismarck, entschied Preußen sich dafür, nicht nur der österreichischen Rivalität mit Gewalt ein Ende zu setzen, sondern Österreich auch auf Dauer aus dem »Kleindeutschland« auszuschließen, das der preußische Ministerpräsident plante. Wien herrschte über ein Reich aus einem Dutzend Nationalitäten und musste notgedrungen viele Interessen miteinander in Einklang bringen. Tatsächlich schuf Wien als Folge von 1866 die »Doppelmonarchie« Österreich-Ungarn, die immerhin einen gewissen multinationalen Föderalismus bedeutete und sowohl den Ungarn als auch den kaisertreuen Polen Galiziens (wenn auch nicht den übrigen Nationalitäten) einen Platz an der Sonne neben den österreichischen Deutschen verschaffte. Berlin schlug im Gegensatz dazu den genau entgegengesetzten Weg ein. Das altpreußische dynastische Denken wurde von dem neuen deutschen Nationalismus auf den zweiten Platz verwiesen. Das »Deutschtum« sollte gestärkt und alles Nichtdeutsche verbannt werden. Für eine Provinz wie Schlesien, die teils deutsch und teils slawisch war, und für eine Stadt wie Bresslau, deren Erbe österreichische, böhmische und polnische ebenso wie preußische Schichten aufwies, verhieß der Wandel nichts Gutes. Bresslau hatte lange Zeit an den Grenzen Österreichs und Preußens gelegen. Im Jahr 1864 jedoch, als die Stadt verfolgte, wie die zaristische Armee das benachbarte Kongresspolen endgültig unterdrückte, steigerte sich die Komplexität ihrer Lage. Bresslaus Bürger sollten fortan an der Frontlinie des Deutschen und des Russischen Reiches stehen. Einerseits konnten sie Trost daraus schöpfen, mit einer größeren deutschen Gesellschaft zusammenzuwachsen und die Strenge des Preußentums durch den freundlicheren, unbekümmerteren Charakter Süd- und Westdeutschlands relativiert zu sehen. Andererseits musste sie sich darum sorgen, zu einem exponierten und ungeschützten Außenposten im Osten des neuen Deutschland zu werden. In einer Zeit des auf allen Seiten zunehmenden Nationalismus waren künftige Konflikt nicht schwer vorherzusagen.

Kapitel 6: Breslau

Im Deutschen Kaiserreich, 1871–1918

Das durch die Gewalt preußisch geführter Heere begründete Deutsche Reich wurde am 18. Januar 1871 in Versailles in einem besiegten Frankreich proklamiert. Es sollte ein phänomenales ökonomisches und demografisches Wachstum erleben, dabei Rivalen wie Großbritannien in vielen Produktionssektoren überholen und in seinen ersten drei Jahrzehnten ein Bevölkerungswachstum von beinahe 50 Prozent aufweisen [1] Scheinbar unbeeindruckt von sozialen und politischen Konflikten, strahlte das Deutsche Reich einen unerschütterlichen Glauben an die eigene Stärke aus. Doch das Kaiserreich war ein zwischen einem rachsüchtigen Frankreich und einem expansiven Russland eingeschlossenes Land und daher auch anfällig für die internationalen Belastungen der Epoche. Ungeachtet eines mehr als eine Generation währenden Friedens stürzte es sich schließlich, weil seine Führer bewusst diesen Weg wählten, in den Mahlstrom des Ersten Weltkrieges.

Das im Spiegelsaal von Versailles proklamierte Reich war kein Einheitsstaat. Zumindest theoretisch handelte es sich um eine freiwillige Vereinigung von 25 Herrschern, unter denen vier Könige, acht Fürsten, sechs Großherzöge, vier Herzöge und drei Senate der Freien Städte zu finden waren. Der König von Preußen, der den kaiserlichen Mantel anzog, war bloß der Erste unter (nominell) Gleichen. Im Rahmen dieses föderalen Systems übernahm die kaiserliche Regierung in Berlin unter anderem die Verantwortung für das Militärwesen und die Außenpolitik, für die Zoll- und Handelsgesetzgebung, die Ordnung des Maß-, Münz- und Gewichtssystems, das Bankwesen sowie für das Straf- und Zivilrecht, während die einzelstaatlichen Regierungen die Kontrolle über das Bildungswesen, über Landwirtschaft, Justiz und Angelegenheiten der Religion sowie über die lokale Regierung und Verwaltung behielten. Die Überreste einstiger Souveränität sorgten für einige interessante Eigentümlichkeiten. So behielten beispielsweise Sachsen, Bayern und Württemberg bis 1914 ihre eigenen diplomatischen Vertretungen in Wien, Sankt Petersburg und im Vatikan.

Doch wer in den Mitgliedsstaaten noch auf Unabhängigkeit pochte, machte sich Illusionen. Das deutsche politische System beruhte auf der Macht Preußens. Mit über 60 Prozent der Bevölkerung war Preußen der bei weitem größte Staat, auf dessen Territorium zudem die Reichshauptstadt Berlin lag. Preußen dominierte von Anfang an. Die von Reichskanzler Otto von Bismarck entworfene Reichsverfassung diente als Schrein für preußische Souveränität. Im Bundesrat, in dem die Bevollmächtigten der Einzelstaaten zusammenkamen, um gemeinsame Initiativen zu diskutieren, hatte Preußen mit 17 von 58 Stimmen die Schlüsselrolle inne. Angesichts der Tatsache, dass Sitzungen ausnahmslos unter Ausschluss der Öffentlichkeit und in Gegenwart des Kaisers oder des Reichskanzlers stattfanden, pflegten nur wenige Bevollmächtigte der anderen Staaten sich preußischen Vorschlägen zu widersetzen. Das Amt des Reichskanzlers leitete seine Bedeutung auch von seiner Personalunion mit dem Amt des preußischen Ministerpräsidenten ab. »Reichspolitik war in Wirklichkeit preußische Politik im Großen.«[2]

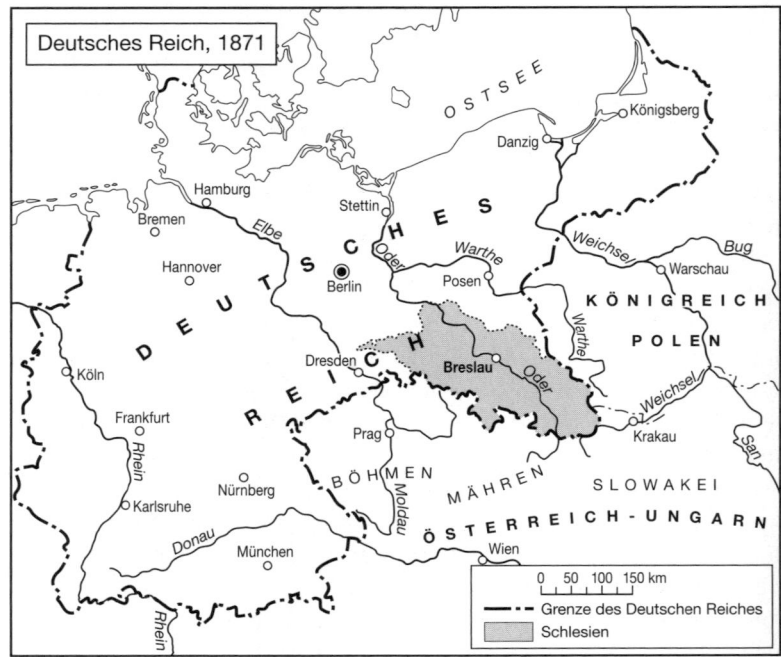

Überdies unterlag das System als Ganzes trotz der Existenz demokratischer Gremien keiner demokratischen Verantwortlichkeit. Der Reichstag wurde in freier und geheimer Wahl auf der Basis des allgemeinen Wahlrechts für Männer gewählt. Er entwickelte eine echte, aus dem Volk kommende Legitimität, aber politisch war er ziemlich kraftlos. Nur selten initiierte er Gesetzesvorhaben, und die Reichsminister mussten den Abgeordneten nicht Rede und Antwort stehen – ein Mangel an Macht, der durchaus gewollt war.[3] Andererseits geht auch die von dem Sozialisten Karl Liebknecht geäußerte Klage, der Reichstag diene lediglich als »Feigenblatt, um die Nacktheit des Absolutismus zu bedecken«,[4] an der Wahrheit vorbei. Obwohl sein Auftrag begrenzt war, besaß er die Vollmacht, alle Aspekte deutscher Gesetzgebung einschließlich des jährlichen Budgets zu debattieren. Selbst der Reichskanzler, obschon er nur vom Kaiser ernannt oder entlassen werden konnte, war für den Erfolg seines Programms auf die Kooperation und Unterstützung des Reichstages angewiesen. Mit einer Ausnahme mussten alle Reichskanzler zurücktreten, nachdem sie diese Unterstützung verloren hatten.

Der Platz Schlesiens und Breslaus in dieser Konstellation ist relativ einfach zu beschreiben. Als integraler Bestandteil des Königreichs Preußen wurde Schlesien in 34 Wahlkreise aufgeteilt, die Abgeordnete in den Reichstag wählten. Schlesiens Hauptstadt ergab zwei Wahlkreise: Breslau-Ost und Breslau-West. Außerdem war die Stadt wie zuvor mit 65 Sitzen im preußischen Abgeordnetenhaus vertreten. Dieses Gremium wurde nicht nach dem allgemeinen Männerwahlrecht gewählt, sondern nach dem so genannten »Dreiklassenwahlrecht« (siehe oben S. 318), womit es den konservativen Grundzug der preußischen Administration aufrechterhielt.

Inmitten der Begeisterung über den siegreichen Krieg und die Vereinigung Deutschlands wurden die Eigenheiten der Reichsverfassung anfangs ignoriert oder übersehen. Des Kaisers neue Untertanen schwärmten von dem neuen Staat. Die als Gründerzeit bekannten frühen Jahre des Kaiserreichs standen im Zeichen raschen Wirtschaftswachstums und eines Spekulationsbooms. Neue Unternehmen schossen wie Pilze aus dem Boden. Die Eisenbahngesellschaften vermehrten sich rasch, und öffentliche Bauvorhaben nahmen stark zu. Die Villen ihrer Anteilseigner machten sich auf den vornehmen Boulevards mit den neuen Ministerien den Platz streitig. Marion Gräfin Dönhoff hat die Gründerzeit als »Goldrausch« bezeichnet, eine Zeit, in der die alten preußischen Werte Pflicht und Ehre als Maß aller Dinge vom Geld verdrängt worden seien.[5] Doch auf den Boom folgte eine Pleite. Am 7. Januar 1873 erhob sich der nationalliberale Abgeordnete Eduard Lasker im Reichstag, um Korruption und Missmanagement bei den Pommer'schen Landesbahnen zu attackieren. Seine Äußerungen hatten einen großen Vertrauensverlust zur Folge und lösten eine Verkaufswelle aus, welche die Gewinne früherer Jahre rasch in nichts auflöste. In diesem Frühjahr kam es zum Wiener Börsenkrach. Aber erst sechs Jahre später war der Tiefpunkt erreicht. Historiker sprachen von einer »großen Depression,«[6] deren Auswirkungen umso schlimmer waren, als sie zeitlich mit dem Anstieg des Antisemitismus (siehe unten) und des als »Kulturkampf« bekannten Konflikts zusammenfielen.

Der »Kulturkampf« war im Wesentlichen eine politische Auseinandersetzung über den Einfluss des Katholizismus und der katholischen Einzelstaaten innerhalb des Reiches. Bismarck betrachtete die grenzübergreifenden Bindungen der römischen Katholiken mit Argwohn, besonders nach Verkündung der päpstlichen Unfehlbarkeit im Jahr 1870. Dieser Argwohn verstärkte sich, als die katholische Zentrumspartei, die im selben Jahr gegründet worden war, schon bald zur zweitstärksten Partei im Reichstag wurde, wobei sie viele Gegner des Kaiserreichs anzog. Bismarcks Politik war anfänglich nur darauf ausgerichtet, die Einflusssphären zu klären. Doch von 1872 an suchte er die katholische Kirche dem Staat unterzuordnen.

Der größte Teil der Kulturkampf-Gesetzgebung wurde von Adalbert Falk, der in Breslau Jura studiert hatte und seit dem 22. Januar 1872 preußischer Kultusminister war, entworfen. Die Maigesetze von 1873 verlangten von allen Kandidaten für das Priesteramt das Reifezeugnis eines deutschen Gymnasiums, ein Studium an einer deutschen Universität und machten alle Berufungen in geistliche Ämter von einem »Kulturexamen« in Philosophie, Geschichte und deutscher Literatur abhängig. Darüber hinaus sicherten sie dem Staat in Person des Oberpräsidenten, dem die Übertragung eines geistlichen Amtes angezeigt werden musste, ein Einspruchsrecht zu. Außerdem wurden die Zuschüsse für Diözesen suspendiert, in denen die Maßnahmen auf Widerstand stießen. Die Maigesetze veranlassten die päpstliche Enzyklika *Quod numquam* vom 5. Februar 1875, welche die Maßnahmen für null und nichtig erklärte und Fügsamkeit mit Exkommunikation bestrafte. Doch die Macht des Staates hatte mehr Gewicht als die päpstliche. Bis 1876 hatte die Inhaftierung oder Ausweisung ungehorsamer Geistlicher dazu geführt, dass fast ein Drittel der katholischen Pfarreien Preußens ohne Amtsinhaber waren.

Wegen ihrer katholischen Mehrheit[7] war die Provinz Schlesien vom Kulturkampf erheblich betroffen. Die Versuche des Breslauer Fürstbischofs Heinrich Förster (1799–1881), sich zu widersetzen, hatten per-

Kapitel 6: Breslau (1871-1918)

sönliche Geldstrafen, das Einfrieren seines Einkommens und im Jahr 1875 seine Absetzung zur Folge. Er wurde gezwungen, sich in Jauernig in Österreichisch-Schlesien zur Ruhe zu setzen, das, obwohl es zu seiner Diözese gehörte, jenseits der Grenzen Deutschlands lag. Der Initiator der Gesetzgebung, Dr. Adalbert Falk, war sein Patensohn.

Obwohl Försters Nachfolger sich sehr um eine Reparatur der Beziehungen zwischen Kirche und Staat bemühten, sollte der Kulturkampf bleibende Auswirkungen haben, insbesondere in Oberschlesien, wo die katholische Bevölkerung 88 Prozent der Gesamtbevölkerung ausmachte und obendrein hauptsächlich polnisch war. Er half genau jene Kräfte zu mobilisieren, die er hatte unterdrücken wollen. Bei den Reichstagswahlen von 1871 hatte nur die Hälfte der katholischen Wählerschaft Deutschlands für die Zentrumspartei gestimmt und ihr 18,6 Prozent der Stimmen verschafft. Drei Jahre später war der Stimmenanteil des Zentrums auf 27,9 Prozent gestiegen.[8] In Oberschlesien, wo 1871 nur einer von zwölf Wahlkreisen an einen Kandidaten des Zentrums gefallen war, wurden ein Jahrzehnt später in allen zwölf Wahlkreisen Zentrumsmitglieder in den Reichstag gewählt. Im selben Zeitraum stieg der Anteil der Wählerstimmen des Zentrums in Schlesien insgesamt von 17,7 auf 41,9 Prozent.[9] Die Regierung in Berlin erntete Sturm, wo sie Wind gesät hatte.

Als der Kulturkampf zu Ende ging, begann der Sozialismus Bismarck zu beschäftigen. Die Sozialdemokratie war im Aufstieg begriffen. Nachdem die Partei bei den Reichstagswahlen von 1871 nur zwei Sitze errungen hatte, gewann sie sechs Jahre später mit 9,1 Prozent der Stimmen zwölf Sitze. Nach zwei Attentaten auf den Kaiser[10] hielt man die dem neuen Glaubensbekenntnis unterstellte Bedrohung der sozialen Ordnung für offenkundig. Das daraus resultierende »Gesetz gegen die gemeingefährlichen Bestrebungen der Sozialdemokratie«, das so genannte Sozialistengesetz vom 18. Oktober 1878, war eine sonderbare Mischung aus Zwang und Freiheit. Es verbot alle »sozialdemokratischen, sozialistischen oder kommunistischen« Versammlungen, Vereine und Publikationen. Die Landespolizeibehörden erhielten Sondervollmachten, um mit sozialistischer Agitation fertig zu werden. Doch Sozialisten durften nach wie vor bei einer Wahl kandidieren und im Reichstag ungehindert sprechen. In den achtziger Jahren wurden weitere Maßnahmen eingeleitet. Die als »Staatssozialismus« bekannte Sozialgesetzgebung umfasste eine je zur Hälfte von Arbeitgebern und Arbeitnehmern finanzierte Krankenversicherung (1883), eine Unfallversicherung (1884) sowie eine Alters- und Invaliditätsversicherung (1889). Solche Programme waren seit den fünfziger Jahren geplant gewesen, und man kann ihre Umsetzung als einen Versuch ansehen, die Arbeiterschaft dem revolutionären Sozialismus zu entwöhnen.

Obwohl Bismarck das erste umfassende System sozialer Sicherung in Europa schuf, wurde seine Absicht einer Unterminierung des politischen Sozialismus nicht erreicht. Tatsächlich waren seine Bemühungen wie auch beim Kulturkampf größtenteils kontraproduktiv. Bei den Reichstagswahlen von 1878 sank der sozialdemokratische Stimmenanteil, stieg aber bei der Wahl von 1884 wieder an, so dass die Sozialdemokraten künftig 24 Reichstagssitze innehatten. Außerdem gelang es der Bewegung, weit davon entfernt, zerschlagen zu werden, ihre Disziplin und Organisation zu verbessern. Im Gothaer Programm von 1875 bewerkstelligte sie die Versöhnung der beiden rivalisierenden Gruppen der Lassalleaner und Marxisten. In Schlesien stieg der Stimmenanteil der Sozialistischen Arbeiterpartei Deutschlands (SAP) bei Reichstagswahlen von 0,6 Prozent 1871 auf 11,7 Prozent 1890. Breslau wählte 1878 seinen ersten SAP-Reichstagsabgeordneten und entwickelte sich in den folgenden Jahrzehnten zu einer festen Bastion der Sozialdemokratie. Am Vorabend des Ersten Weltkrieges kam die Sozialdemokratie, die sich seit 1890 SPD (Sozialdemokratische Partei Deutschlands) nannte, sowohl in Breslau als auch in Liegnitz auf über 35 Prozent der Stimmen, während sie in Schlesien insgesamt fast 28 Prozent erreichte.

Die Bilanz der Ära Bismarck ist also ambivalent. Zwar konnte das neue Deutschland viele außenpolitische Erfolge verbuchen, aber die Politik im Inneren war nicht nur von Erfolg gekrönt, denn Bismarcks Politik befremdete sowohl die Arbeiterschaft wie auch viele Katholiken. Darüber hinaus behinderte die autoritäre Verfassung die politische Entwicklung des Landes. Nach Bismarcks Entlassung im März 1890 geriet sein politisches Vermächtnis zudem in die Hände von Elementen, die nur allzu bereit waren, eine aggressive Außenpolitik zu benutzen, um den Dissens im Inneren zu zerstreuen.

Der neue Reichskanzler Leo Graf von Caprivi (1831–99), von Natur aus ein Mensch des Ausgleichs, weitete das soziale Wohlfahrtssystem aus und ließ das Sozialistengesetz auslaufen. Die spätere Regierung Bülow (1900–09) setzte die versöhnliche Richtung mit der Bildung eines regierungsfreundlichen Parteienblocks im Reichstag (»Bülow-Block«) fort. Solche Schritte trugen dazu bei, die Bedeutung des Parlaments vorsichtig zu erhöhen, und begünstigten die Entwicklung in Richtung auf ein konstitutionelles Regierungssystem. Doch zur selben Zeit wurde im Reich eine nationalistische Strömung immer stärker, die schließlich zur größten Gefahr für Deutschland werden sollte.

Kapitel 6: Breslau (1871–1918)

Dabei war ein gewisser Nationalismus zunächst durchaus notwendig, um starke regionale Unterschiede und den Föderalismus der Verfassung zu überwinden und um eine nationale deutsche Identität zu fördern. Aber schon bald war er so stark geworden, dass alte sächsische, bayerische oder preußische Identitäten in den Hintergrund traten und eine überschwängliche Nationalbegeisterung vorherrschte:

> Was ist des Deutschen Vaterland?
> Ist's Preußenland? Ist's Schwabenland?
> Ist's, wo am Rhein die Rebe blüht?
> Ist's, wo am Belt die Möwe zieht?
> O nein, nein, nein!
> Sein Vaterland muß größer sein.
> Sein Vaterland muß größer sein.
> (...)
> Was ist des Deutschen Vaterland?
> So nenne endlich mir das Land.
> So weit die deutsche Zunge klingt
> Und Gott im Himmel Lieder singt,
> Das soll es sein, das soll es sein!
> Das, wackrer Deutscher, nenne dein,
> Das nenne dein.«[11]

Solche »patriotischen« Lieder erfreuten sich immer größerer Beliebtheit. Im Jahr 1890 war das *Deutschlandlied*, das ähnliche Empfindungen weckte, offiziell als Nationalhymne angenommen worden. Damit hatte Deutschland nun alle Wahrzeichen einer eigenen deutschen Nationalität geschaffen: Fahne, Hymne und Währung. Schon bald schlug der begeisterte Nationalismus in Chauvinismus um.

1891 wurde der »Alldeutsche Verband« (ADV) gegründet, um Deutschlands »national-imperiale Mission« zu befördern. Obwohl von bescheidener Größe, war er die vielleicht schrillste der nationalistischen Organisationen. Der ADV, dem es in erster Linie auf politische Einflussnahme und nationalistische »Philanthropie« ankam (etwa die Versorgung von Bibliotheken mit entsprechendem Schriftgut), war im konservativen Ostdeutschland, wo koloniale Probleme kaum im Vordergrund standen, relativ schwach. Trotzdem wurde Breslau zu den drei aktiven Ortsgruppen östlich von Berlin gerechnet,[12] und im September 1913 beherbergte die Stadt die Generalversammlung der Organisation. Wie andere derartige Gruppen hatte auch der ADV ein ambivalentes Verhältnis zur Zentralregierung. Obwohl seine Extremisten verantwortungsbewussten Politikern ein Dorn im Auge waren, ermöglichten sie es der deutschen Reichsregierung, sich als Stimme der Mäßigung zu gerieren. Die Nützlichkeit des Verbandes wurde von einem Beamten der Wilhelmstraße anerkannt, der, Voltaire paraphrasierend, meinte: »Wenn es den Alldeutschen Verband nicht gäbe, müssten wir ihn erfinden.«[13]

Der »Verein des Deutschthums in den Ostmarken« war von besonderer Relevanz für die östlichen Provinzen Preußens. Nach seinen drei Gründern Hansemann, Kennemann und Tiedemann umgangssprachlich auch als »H. K. T.-Verein« oder »Hakatistenverein« bekannt, wurde der »Deutsche Ostmarkenverein« (DOV), wie er seit 1900 hieß, 1894 in Reaktion auf Caprivis vermittelnde Politik gegenüber Preußens polnischer Gemeinschaft gegründet. Trotz seiner Gewaltrhetorik wies er jede aggressive Absicht strikt von sich und zog es vor, sich als Klub von »Deutschordensrittern in Gehröcken« zu sehen.[14] Doch sein eigentliches Ziel war die Förderung deutscher Neubesiedlung, die Stärkung deutscher kultureller und wirtschaftlicher Interessen und die Schwächung der historischen polnischen Bevölkerung des Ostens. Da der Ostmarkenverein keine Zweifel hatte, dass alle Teile Preußens von Rechts wegen deutsch seien, klagte er über die fortschreitende »Polonisierung«. Obwohl er seine Aktivitäten auf die Provinz Posen konzentrierte, fand er sehr viel Unterstützung in Schlesien. Im Jahr 1914 konnte Schlesien etwa 12 000 »H. K. T.«-Aktivisten zählen, und Breslau unterhielt ein Regionalsekretariat, das von den Brüdern Fritz und Kurt Voßberg geleitet wurde. Ihrer Tätigkeit war ein eindrucksvolles Wachstum und eine gewisse Autonomie vom Hauptquartier in Berlin zu verdanken. Der populäre Romanschriftsteller und Rektor der Breslauer Universität, Felix Dahn (siehe unten), wurde zum namhaften Redner auf H. K. T.-Veranstaltungen. Aber sein Erfolg war begrenzt, denn es gelang nicht, die Grundbesitzer oder die Arbeiterschaft zu gewinnen. Deshalb konzentrierte sich der Ostmarkenverein ab 1906 mehr auf die näher liegende oberschlesische Frage und fand beträchtlichen Zulauf.

Die Verbreitung polnischen Nationalbewusstseins unter den Polen verhielt sich proportional zu den ihnen auferlegten Einschränkungen. Seit 1873 war der Gebrauch der polnischen Sprache in Preußens Ostprovinzen strengen Beschränkungen unterworfen. Eine 1886 eingesetzte staatliche Ansiedlungskommission sollte in polnischem Besitz befindliche Güter für deutsche Siedler erwerben. Als Reaktion darauf hatte sich, unterstützt von der polnischsprachigen Presse, eine wirkungsvolle polnische Nationalbewegung gegründet. Um die Jahrhundertwende lagen polnischer und deutscher Nationalismus im Dauerstreit. Manche Deutsche

Kapitel 6: Breslau (1871–1918)   341

neigten dazu, die Polen für träge und unzuverlässig zu halten und herablassend darüber zu schwadronieren, »menschliche Wesen aus ihnen zu machen«. Die Polen Preußens mussten zur Kenntnis nehmen, dass sich das Land immer mehr in einen mit Russland konkurrierenden Unterdrückerstaat verwandelte und sie selbst bei ihren Landsleuten in Verruf gerieten. Denn bei den anderen Polen waren die polnischen Bewohner Preußens wegen ihrer angeblich deutschen Eigenschaften Tüchtigkeit, Knauserigkeit und nationale Anmaßung berühmt. Sie vergrößerten ihren Grundbesitz und verstärkten die polnischen kulturellen Aktivitäten. Von 1904 an inszenierten sie eine Serie von »Schulstreiks« aus Protest gegen die Germanisierung polnischer Kinder.

Deutschland war um diese Zeit zum mächtigsten europäischen Staat geworden. Das Land erstreckte sich von Metz im Westen über 1300 Kilometer bis nach Memel an der russischen Grenze und von Emden an der Nordsee bis nach Pless in der Umgebung von Krakau. Die 65 Millionen Einwohner waren die produktivsten Arbeitskräfte Europas und produzierten jährlich 18 Millionen Tonnen Stahl und 279 Millionen Tonnen Kohle.[15] Der 1871 von Bismarck geschaffene Staat war während zweier Generationen gefestigt worden und stand im Zenit seiner Macht, als sich die außenpolitische Lage immer mehr verdüsterte. Die Forderungen nach einem »Platz an der Sonne« hatten zu einem Programm der Aufrüstung und kolonialer Expansion geführt, das nach und nach die europäischen Nachbarn auf den Plan rief. Kaiser Wilhelm II. war zudem kein geborener Diplomat und gab, beladen mit einem massiven Minderwertigkeitskomplex, durch ungeschickte Reden und politische Signale sowohl zu Hause wie auch im Ausland immer wieder Grund zur Sorge. Kurz vor dem Ersten Weltkrieg fügte Deutschlands übertriebener politischer Ehrgeiz in einem äußerst nervösen internationalen Klima einer internationalen Krise, die auf allen Seiten von einer verhängnisvollen Mischung aus Stolz und Selbstgefälligkeit gekennzeichnet war, eine gefährliche Zutat hinzu. Die Ermordung des österreichischen Thronfolgers, Erzherzog Franz Ferdinand, in Sarajewo sorgte für den Funken, der das Pulverfass entzündete. Hektische Mobilmachungen und Kriegserklärungen folgten dem Attentat.

Im Osten wie im Westen herausgefordert, hatte das deutsche Militär seine Hoffnungen in den so genannten »Schlieffen-Plan« gesetzt. Als Chef des Generalstabs vor 1905 war Graf Alfred von Schlieffen (1833–1913) damit beauftragt gewesen, militärische Vorbereitungen für einen Zweifrontenkrieg auszuarbeiten. Um das Problem des Zweifrontenkrieges zu lösen, plante Schlieffen einen raschen Sieg über Frankreich, der eine schnelle Umfassungsbewegung durch Luxemburg, Belgien und Holland notwendig machte. Daran anschließen sollte sich eine rasche Verlegung der siegreichen Heere Deutschlands von Westen nach Osten für eine konzentrierte Offensive gegen Russland. Auf diese Weise, so glaubte man, könnte das alptraumhafte Szenario eines in die Länge gezogenen Zweifrontenkrieges vermieden werden. Doch dieser Plan sollte scheitern.

Um die Jahrhundertwende wurde Deutschland immer tiefer in die Krise Europas verstrickt. Aus Berliner Sicht hatte die französisch-russische Allianz von 1890 (Zweibund) Deutschland eindeutig benachteiligt. Deshalb schien es den Verantwortlichen notwendig zu sein, die neu entdeckte industrielle Stärke des Reiches auszunutzen und ein gewaltiges Aufrüstungsprogramm zu Wasser und zu Lande aufzulegen. Breslau war, wie alle Städte, vom Ausbau der Schwerindustrie stark betroffen. Seine Beteiligung an der beginnenden Aufrüstung wurde schon durch die Tatsache deutlich, dass 1911 ein schneller, moderner Kreuzer auf den Namen »Breslau« getauft wurde. Auf diesem Schiff, das beim Eintritt des Osmanischen Reiches in den Ersten Weltkrieg eine maßgebliche Rolle spielen würde, sollte auch der spätere Großadmiral Karl Dönitz dienen.* Breslau wurde darüber hinaus 1906 Sitz des Hauptquartiers für das jährliche Manöver des Reichsheeres.

Bei letzterer Gelegenheit stattete ein junger britischer Politiker namens Winston S. Churchill Breslau einen Besuch ab. Der damals 31-Jährige war kurz vorher als Unterhausabgeordneter für Manchester-Nordwest wieder gewählt und zum Unterstaatssekretär für die Kolonien im liberalen Kabinett ernannt worden. Als Soldat, Journalist, Autor und Abenteurer, dessen Eskapaden im Burenkrieg in aller Munde waren, war er bereits damals ein bekannter Politiker. Er war persönlich mit König Eduard VII., dem Cousin des Kaisers, bekannt, verkehrte in den höchsten politischen Kreisen bei Hofe, galt als ein kommender Staatsmann und hatte Zugang zum Ohr des Königs. Also übergab ihm der deutsche Botschafter in London, Graf Metternich, eine persönliche Einladung des Kaisers, der Truppenübung in Schlesien beizuwohnen.

Churchill erhielt einen Brief vom Sekretär des Königs an Bord der königlichen Jacht in Cannes, der die »Kleiderordnung« betraf und festhielt,

---

* Im Oktober 1914 beschießen die nach einem mit Deutschland abgeschlossenen Vertrag über die bewaffnete Neutralität der Türkei formell in türkischen Besitz übergegangenen deutschen Schiffe »Göben« und »Breslau« russische Küstenstädte und provozieren damit die russische, britische und französische Kriegserklärung an die Türkei (2.–5.11.1914) (A. d. Ü.).

dass die Regimentsuniform der 4. Husaren »ganz richtig« sei. Ein zweiter Brief vom deutschen Militärattaché in London, Graf von der Schulenburg, schrieb alle Einzelheiten fest:

»11. August 1906   Deutsche Botschaft

... Sie sind vom Kaiser eingeladen worden und werden während Ihres gesamten Aufenthalts in Breslau sein Gast sein, und das Hofmarschallsamt wird für Ihre Unterkunft Sorge tragen. Sie müssen nichts weiter tun, als der Deutschen Botschaft wegen Ihrer genauen Ankunftszeit in Breslau am Nachmittag des 6. September zu schreiben. Sie werden von einem Offizier am Bahnhof abgeholt und Sie werden alles für Sie arrangiert vorfinden.

Meiner Ansicht wäre es unpassend, wenn Sie Ihren Diplomatenrock trügen... Von Ihrer Militärkleidung benötigen Sie die Empfangsuniform für die Parade in Breslau und für ein Staatsbankett, das, glaube ich, am selben Tag gegeben wird.

Während des Manövers werden Sie die Interims-Felduniform mit Degenkoppel tragen müssen. Es ist nichts dagegen einzuwenden, daß Capt. Guest von den 1. Life Gards unserem Manöver *privat* beiwohnt. Aber er muß Ihrem Militärattaché in Berlin schreiben, damit er ihm einen Paß beschafft, und ein Pferd muß er sich selber besorgen. Ich vermute, daß das Manöver weit entfernt von Breslau stattfinden wird und Sie werden täglich mit einem Sonderzug hinfahren, der nur die offiziellen Gäste des Kaisers befördert...

Ihr sehr ergebener

F. von der Schulenburg«[16]

Nachdem er sich mit ein paar eleganten Extras ausstaffiert hatte, darunter den Federbusch vom Hut Marlboroughs* und ein Gala-Leopardenfell der Queen's Own Hussars, brach Churchill zu einer geruhsamen Bahnreise via Deauville und Paris auf.

Von Churchills Aufenthalt in Breslau sind nur wenige Einzelheiten bekannt. Ein am 8. September in der Stadt geschriebener Brief war an seinen Freund Edward Marsh adressiert: »Schließlich... habe ich den Leoparden doch nicht getragen... nicht einmal ein Schnurrhaar – da die

---

* General John Churchill, Baron of Sandridge, Earl of Marlborough, englischer Befehlshaber in der Schlacht von Höchstädt während des Spanischen Erbfolgekrieges am 13. August 1704 (A. d. Ü.).

Parade zu einer Art Manöver-Aufstellung verwandelt wurde. Er (der Kaiser) traf jedoch knurrend in letzter Minute ein.«[17] Eine Woche später jedoch, als er in Wien war, übersandte Churchill seine Eindrücke einem Kabinettskollegen:

»14. September 1906
... ich fuhr wegen des Manövers nach Breslau, und es war in der Tat beeindruckend. Deutsche militärische Planungen haben etwas enorm Einfaches und Starkes, das Macht über den Beobachter gewinnt, und obwohl ich nicht glaube, daß sie sich der schrecklichen Kraft der Waffen, die sie besitzen, und moderner Feuerbedingungen bewusst waren und einige wichtige Dinge noch von unserer Armee lernen müssen, sind Zahlen, Qualität, Disziplin und Organisation doch vier gute Wege zum Sieg...«[18]

Der Brief berichtet weiter, dass Churchill bei dem Bankett aus Anlass der Parade mit dem Kaiser zusammengetroffen sei und dass sie über Südafrika gesprochen hätten. »[Der Kaiser] war sehr freundlich und ist gewiß eine äußerst faszinierende Persönlichkeit.« Ein sehr langer Bericht über das Gespräch wurde direkt an den König geschickt.

Als Churchill drei Jahre später nach Bayern reiste, um ein zweites Mal einem deutschen Manöver beizuwohnen, stellte er tiefer gehende Überlegungen an:

»Diese Armee ist ein schrecklicher Apparat. Manchmal marschiert er 35 Meilen am Tag. Zahlenmäßig ist er wie die Sandkörner des Meeres und mit allen modernen Annehmlichkeiten. Es gibt eine vollständige Scheidung zwischen den beiden Seiten des deutschen Lebens – den Imperialisten und den Sozialisten. Nichts vereint sie. Es sind zwei verschiedene Nationen... Sosehr der Krieg mich anzieht und mit seinen ungeheuerlichen Situationen meine Sinne fasziniert – spüre ich jedes Jahr tiefer... was für eine Gemeinheit, gottlose Torheit und Barbarei das alles ist...«[19]

Und bereits 1906 äußerte er, als er von Breslau nach Hause zurückkehrte. »Ich bin sehr dankbar, daß ein Meer zwischen dieser Armee und England liegt.«[20]

Breslaus konkrete Kriegsvorbereitungen begannen im Herbst 1912. Ausrüstung, um einer Belagerung standhalten zu können, wurde zusammengestellt, und Pläne zur Ernährung von mindestens 390 000 Men-

Kapitel 6: Breslau (1871–1918) 345

schen wurden ausgearbeitet. Der staatlich finanzierte Kriegerverein und der Spiel- und Sportverein suchten die Bewohner körperlich und ideologisch in Form zu bringen. Um die patriotische Begeisterung anzufeuern, wurde 1913, zur Jahrhundertfeier der Befreiungskriege, ein gewaltiger Propagandafeldzug gestartet. Der Kaiser persönlich besuchte das Herbstmanöver des 6. Armeekorps.[21]

Im Juli 1914 trieb die Nachricht von dem Attentat in Sarajewo Breslaus Studenten auf die Straße, wo sie ihre Unterstützung für den österreichisch-ungarischen Verbündeten bekundeten. Am 1. August berief der Rektor der Universität, der Historiker R. Kaufmann, eine Versammlung in die Aula Leopoldina ein, um Mitarbeiter und Studenten zu verabschieden, die vom Unterricht fort zu den Fahnen eilten. Wie 1870 sei Deutschland der Krieg aufgezwungen worden, sagte Kaufmann, aber er glaube an die Stärke der deutschen Jugend. Kräftige »Burschen heraus«-Rufe schollen ihm als Antwort entgegen.[22]

Im August 1914 wurden die deutschen Streitkräfte einschließlich des in Breslau stationierten 6. Armeekorps zu großen Teilen an die Westfront verlegt, wo sie auf die britischen und französischen Armeen trafen. Die ersten deutschen Angriffe waren erfolgreich, vor allem der Überraschungsangriff auf Lüttich. Auch die Marneschlacht, die die deutsche Armee beinahe bis auf Sichtweite an Paris heranbrachte, war ein Triumph der deutschen Streitkräfte. Aber die Front hielt stand, und der deutsche Vormarsch wurde schon bald zum Stehen gebracht. Mitte September wichen die deutschen Heere auf die Linie der Aisne zurück. Der Schlieffen-Plan wurde zusammen mit allen Hoffnungen auf einen raschen Abschluss des Krieges fallen gelassen.

Durch das Ende der deutschen Westoffensive lagen Preußens Ostprovinzen gefährlich ungeschützt da. In Breslau, das als eines der Hauptziele des russischen Vormarsches auserkoren war, wurde die Furcht durch die Abwesenheit des 6. Armeekorps und durch zahlreiche Gerüchte verstärkt, wonach der russische Generalstab im Begriff stehe, die oberschlesische Grenze zu erstürmen. Wie der französische Botschafter in Petrograd berichtete, sei »der Großherzog (Nikolaus) entschlossen, zwischen den Festungen Thorn, Posen und Breslau hindurch mit vollem Tempo auf Berlin und Wien, ganz besonders auf Berlin, vorzurücken«.[23] Die Panikstimmung in Breslau führte zur Errichtung von Stacheldrahthindernissen im Osten der Stadt und zur Evakuierung schlesischer Kinder in weniger gefährdete Gebiete. Im Winter 1914/15 kampierte die russische Armee etwa 80 Kilometer östlich von Breslau in Richtung Lodsch und hatte im Süden die Außenbezirke von Krakau erreicht. Die deutschen Stellungen an der

Grenze wurden durch eine eilends aufgestellte schlesische Landwehr unter General Remus von Woyrsch verstärkt, die zusammen mit österreichischen Verbänden während dieses ersten Winters den überlegenen russischen Truppen kühn gegenübertrat. Ein vereinzelter Vorstoß in Richtung Breslau Mitte Dezember 1914 war ein Hinweis darauf, dass die Offensive bevorstand. Aber deutsche Siege an den Masurischen Seen im September 1914 und vor allem in Tarnow und Gorlice in Galizien im Mai 1915 räumten diese Gefahr aus. Sie kehrte 30 Jahre lang nicht wieder.

Auch an anderer Stelle leistete Breslau einen außerordentlichen Beitrag zu den deutschen Kriegsanstrengungen. Die in die deutsche 6. Armee eingegliederte städtische Garnison hatte den stehenden Flügel der nach dem Schlieffen-Plan operierenden Truppen gebildet, als sie im August 1914 gegen die Franzosen kämpfte, die gegen die deutschen Stellungen in den Ardennen anstürmten. Sie sollte 1916 in Verdun und im darauf folgenden Jahr in Passchendaele zum Einsatz kommen. Ein anderes Regiment aus Breslau, die 1. Leib-Kürassiere, war an der Marneschlacht 1914 beteiligt, bevor es an die Ostfront in Polesje (Pripjetsümpfe) verlegt wurde. Etwa 10 000 Breslauer im wehrfähigen Alter verloren ihr Leben.

Zwei mit Breslau verbundene Persönlichkeiten verdienen besondere Erwähnung. Manfred Freiherr von Richthofen, der »Rote Baron« (1892–1918), bleibt einer der legendären Helden der Militärfliegerei. Er wurde als Sohn eines preußischen Majors in Breslau geboren und trat im Alter von elf Jahren in die preußische Militärakademie in Wahlstatt ein. Seine erste Liebe waren Pferde. In der Umgebung von Breslau hatte er regelmäßig an Pferderennen teilgenommen und 1914 an beiden Fronten in einem Kavallerieregiment gedient. Im folgenden Jahr wechselte er zu der im Entstehen begriffenen deutschen Luftwaffe, womit er die seinerzeit weit verbreitete Theorie bestätigte, Piloten seien die »Kavalleristen der Lüfte«. Die Fliegerei wurde seine zweite große Liebe. Nach einer nur 24-stündigen Ausbildung hob er zu seinem ersten Alleinflug ab, der mit einer Bruchlandung endete. Zu seinem ersten »Abschuss« im Luftkampf gegen das britische Royal Flying Corps kam es am 17. September 1916:

> »Ich war meinem Gegner so nahe, daß ich befürchtete, ihn zu rammen. Dann hörte sein Propeller plötzlich auf, sich zu drehen. Treffer! Der Motor war zusammengeschossen, und der Feind war gezwungen, auf unserer Seite zu landen, da es nicht in Frage kam, daß er seine eigenen Linien erreichte. Ich bemerkte, wie die Maschine schwankende Bewegungen machte, die darauf hindeuteten, daß mit dem Piloten etwas nicht stimmte. Auch der Beobach-

ter war nicht mehr zu sehen, und nur sein Maschinengewehr zeigte noch himmelwärts. Also hatte ich ihn getroffen, und er lag auf dem Boden des Flugzeugrumpfes.«[24]

Richthofen landete in der Nähe der getroffenen Maschine und eilte zu der Absturzstelle. Er kam rechtzeitig, um zu sehen, wie die Leichen von Flt. Lt. L. B. Morris und Lt. T. Rees aus dem Wrack gezogen wurden. Richthofen sollte das erfolgreichste und wahrscheinlich berühmteste Fliegerass des Ersten Weltkrieges werden, auf dessen Konto etwa 80 Luftsiege gingen. Ausgezeichnet mit dem Orden *Pour le Mérite*, wurde er zum Kommandeur des Jagdgeschwaders 1 ernannt, das im alliierten Lager als »Richthofen-Schwadron« bekannt wurde. Trotz zahlreicher Verwundungen und der Versuche deutscher Behörden, ihm Startverbot zu erteilen, flog er weiter. Aber im letzten Kriegsjahr zeichnete ihn nicht mehr die sorglose Unverfrorenheit von einst aus:

»Nach jedem Luftkampf fühle ich mich hundsmiserabel... Sobald ich auf dem Flugplatz wieder festen Boden unter den Füßen habe, gehe ich direkt in meine vier Wände, will ich niemanden sehen und nichts hören. Ich glaube, der Krieg ist nicht so, wie die Leute daheim ihn sich vorstellen, mit Hurra und Gebrüll; er ist sehr ernst, sehr grausig...«[25]

Bald darauf, im April 1918, wurde der »Rote Baron« in der Nähe von Amiens abgeschossen. Der 25-Jährige starb durch eine einzelne Kugel, die ihn ins Herz traf. Er wurde von den Briten mit allen militärischen Ehren beigesetzt, während ein unschicklicher Streit zwischen den alliierten Einheiten ausbrach, wer diesen prestigeträchtigsten aller »Abschüsse« für sich beanspruchen dürfe.

Das Geschlecht der Moltkes hat sich 1867 in der Nähe von Schweidnitz niedergelassen, als Generalfeldmarschall Helmuth Graf von Moltke für hervorragende Dienste während des Deutschen Krieges das Gut Kreisau verliehen wurde. Sein Neffe, ebenfalls Helmuth mit Namen (1848–1916), durchlief in rascher Folge die militärischen Ränge und folgte im Jahr 1906 Schlieffen als Chef des deutschen Generalstabs nach. Diesmal strafte der Name Moltke die Fähigkeiten seines Trägers Lügen. Man beschuldigte ihn später, in verhängnisvoller Weise Schlieffens Plan verändert zu haben, als er den rechten Flügel der deutschen Umfassungsbewegung durch die Niederlande schwächte, um die holländische Neutralität zu wahren, während er ohne Not die deutschen Fesselungskräfte im Osten verstärkte. Nach der Marneschlacht erlitt er einen Nervenzusammenbruch und wurde von seinem Kommando abgelöst. Er starb zwei Jahre später in Berlin. Der Ruf der Familie sollte allerdings durch seinen Sohn uneingeschränkt wiederhergestellt werden (siehe unten S. 499).

Das kriegsbedingte Leid der deutschen Zivilbevölkerung war beträchtlich. Breslaus Stadtverordnetenversammlung wurde angewiesen, die vollziehende Gewalt an das Stellvertretende Generalkommando des Korpsbezirks abzugeben. Ein Ausgangssperre von 22.00 Uhr bis 6.00 Uhr wurde verhängt. Öffentliche Versammlungen wurden verboten, die Presse wurde stark zensiert. Fast von Beginn an führte die britische Blockade zu Rohstoff- und Lebensmittelknappheit. Letztere hatte schon bald drastische Maßnahmen zur Folge. Im Jahr 1915 wurden Deutschlands neun Millionen Schweine geschlachtet, als das Land es sich nicht mehr leisten konnte, sie zu füttern. Dessen ungeachtet war Schweinefleisch bald knapp. Die Rationierung und Zwangsbewirtschaftung wurde für Brot eingeführt und auf Fleisch, Milch und Butter und sogar auf Möhren und Steckrüben ausgedehnt. Die Preise schossen in die Höhe. Der Kartoffelpreis stieg um 200, der Eierpreis um 362 Prozent. Eine der beiden Markthallen der Stadt wurde geschlossen. In vielen Städten, auch in Breslau, kam es zu Hungerunruhen. Der so genannte »Steckrübenwinter« 1916/17 war der Vorbote einer weiteren Verschlechterung. Eine Kartoffelmissernte brachte Millionen Deutsche an den Rand des Hungertodes. Im Jahr 1917 standen den Einwohnern Breslaus täglich 1132 Kalorien zur Verfügung im Vergleich mit 1750 Kalorien in München. »Ersatz« wurde zur neuen Losung; auf dem Speiseplan standen nun Schneckenfleisch und Kräutertee. Berichten der Londoner *Times* zufolge kostete die britische Blockade in Deutschland mehr als 750 000 Zivilisten das Leben.[26] Kurz vor Kriegsende stellten die städtischen Behörden von Breslau das Hamstern von Nahrungsmitteln unter Todesstrafe.[27] Breslaus Handel war während der vier Kriegsjahre um zwei Drittel gefallen. Auch die Gas- und Stromerzeugung ging zurück. Kälte und Krankheiten forderten ihren Tribut. Die Tuberkulose grassierte und brachte über 8000 Menschen den Tod. Die Gesamtbevölkerung Breslaus ging von 544 000 auf 472 000 Einwohner zurück.[28] Die erste Gruppe von circa 3500 russischen Kriegsgefangenen traf 1915 in Breslau ein. Die meisten ließ man in den großen Fabriken arbeiten. Die Linke-Hofmann-Werke profitierten von mehr als 700 Kriegsgefangenen.

Nachdem der Schlieffen-Plan gescheitert war, sah Deutschland sich mit genau dem Zweifrontenkrieg konfrontiert, den seine Staatsmänner

Kapitel 6: Breslau (1871–1918)

und Generäle so gefürchtet hatten. Obwohl größtenteils unbesiegt und im Osten sogar siegreich, konnte das Land den Krieg nun realistischerweise nicht mehr gewinnen. Nach dem Kriegseintritt der Vereinigten Staaten wurden die überlegenen Ressourcen der Alliierten deutlich spürbar. Die Unzufriedenheit richtete sich zumeist direkt gegen die Regierung und das Oberkommando. Außerdem spiegelte sie sich in der Innenpolitik wider. Im Jahr 1916 bröckelte der zu Beginn der Feindseligkeiten zwischen den politischen Parteien vereinbarte Burgfrieden. Im folgenden Frühjahr fanden die deutschen Sozialisten, angetrieben vom Sturz des Zaren, ihre Stimme wieder. Die abgespaltenen Unabhängigen Sozialdemokraten (USPD) begannen eine echte parlamentarische Regierung und einen Frieden ohne Annexionen zu fordern. Einer der vielen USPD-Überläufer war der Reichstagsabgeordnete für Breslau, Eduard Bernstein.

Von 1915 an gingen die deutsche Eroberung Russisch-Polens und die Wiederherstellung des polnischen Königreichs unter der Aufsicht der Mittelmächte (1916) Hand in Hand. Da die deutschen Behörden den polnischen Nationalfeiertag am 3. Mai 1916 in Warschau genehmigt hatten, konnten sie die Feier ein Jahr später in Breslau kaum verhindern. Die polnische Turnbewegung »Sokól« lebte wieder auf. Doch bei der Rekrutierung für die polnischen Legionen zog der Befehlshaber des 6. Korps die Grenze. Breslaus Geschäftswelt sah in dieser Entwicklung kurzzeitig Aussichten für eine Osterweiterung. Im August 1918 wurde im Scheitniger Park sogar eine spezielle Ostmesse veranstaltet. Doch die Niederlage an der Westfront machte allen solchen Plänen ein Ende.

Bis 1918 hatten vier bittere Kriegsjahre das Vertrauen zwischen Herrscher und Beherrschten in Deutschland ausgehöhlt. Im Herbst sorgte die drohende Niederlage im Westen für einen Zusammenbruch der Disziplin. Die Revolution begann am 29. Oktober in Kiel, als die Schiffsbesatzungen der Kaiserlichen Marine meuterten. Zivile Unruhen an anderen Orten, häufig angestoßen von Fahnenflüchtigen, folgten. In Breslau meuterte Anfang November die Garnison. Strafgefangene wurden aus den Gefängnissen befreit, zahlreiche Geschäfte geplündert und die Büros der *Schlesischen Zeitung* besetzt, um Einfluss auf ihren Inhalt zu nehmen, was allerdings nicht gelang. Eine Gefangene, die aus dem Breslauer Kletschkau-Gefängnis befreit wurde, war die spätere Mitbegründerin der Deutschen Kommunistischen Partei (KPD), Rosa Luxemburg. Der Kaiser verließ noch am Tag der Kieler Meuterei Deutschland, um nie mehr wiederzukehren. Sein Reich wurde für tot erklärt.

Der Erste Weltkrieg endete für Deutschland militärisch mit dem Waffenstillstand vom 11. November 1918 und juristisch mit dem Vertrag von

Versailles vom 28. Juni 1919. Ein allgemeines Gefühl der Erniedrigung machte sich breit. In Breslau wurden Versammlungen zum Gedenken an die Gefallenen abgehalten. Professor Kaufmann, der die Studenten fünf Jahre zuvor an die Front geschickt hatte, sah freilich bereits wieder in die Zukunft: Bei einer Gedenkveranstaltung am 16. Juli 1919 zur Ehrung der Opfer sagte er: »Das Vaterland wird wieder zu einer Großmacht aufsteigen.«[29]

*

Im letzten Viertel des 19. Jahrhunderts erlebte das wilhelminische Deutschland ein Wirtschaftswachstum, das dasjenige seiner Mitbewerber in den Schatten stellte. Aus einem Land im ökonomischen Mittelfeld wurde ein wirtschaftliches Kraftwerk. Der Ausstoß von Eisenerz vervierfachte sich während der Kaiserzeit, die deutsche Eisen- und Stahlproduktion stieg um das Zehnfache. Im Jahr 1914 erzeugte Deutschland ein gutes Viertel der weltweit geförderten Kohle. Darüber hinaus erlebte das Land durch die Schaffung der chemischen, elektrotechnischen und optischen Industrie eine »zweite industrielle Revolution«.

In der frühen Hochkonjunktur, den »Gründerjahren«, war Qualität zweitrangig. Während des Booms nach 1871 wurde »Deutschland« in aller Eile erbaut. Geschäfte, Häuser und Fabriken wurden im Schnellverfahren gegründet. Die Qualität litt. In Großbritannien war der Beiname »Jerry-built« (»schlampig gebaut«) zeitweise bezeichnend für die Mängel der frühen industriellen Produktion Deutschlands. Auf der Messe in Philadelphia im Jahr 1876 wurden viele deutsche Ausstellungsstücke als »billig und scheußlich« angeprangert.[30] Doch knapp eine Generation später sollte das abschätzige »Jerry-built« von den stolzen Worten »Made in Germany« abgelöst werden – fortan Synonym für Qualität und Präzision. Im Jahr 1911 vermerkte die *Encyclopedia Britannica*: »In keinem anderen Land der Welt hat die verarbeitende Industrie in den letzten Jahren so rasche Fortschritte gemacht wie in Deutschland.«[31] Aus Großbritanniens beliebtestem Absatzmarkt war der am meisten gefürchtete Konkurrent geworden.

Die Kaiserzeit hatte mit einem der Proklamation des Reiches unmittelbar folgendem Boom begonnen, der, wie bereits erwähnt, von einem herben Vertrauensverlust abgelöst wurde. Der Sieg über die Franzosen spülte fünf Milliarden Francs Reparationen in die Staatskasse, zu denen weitere 762 Millionen Mark kamen, die aus der Währungsreform stammten. Diese Riesensumme flüssigen Kapitals führten die Wirtschaft zu einem Expansions- und Spekulationstaumel, der für die Gründung von

726 Aktiengesellschaften zwischen 1871 und 1873 verantwortlich war. Im Vergleich dazu kam es während des gesamten Zeitraums von 1790 bis 1870 nur zu 276 Neugründungen.[32] In der folgenden Ernüchterung brachen allerdings viele dieser Unternehmen wieder zusammen. Das Vertrauen der Öffentlichkeit und des Aktienmarktes war erst in den achtziger Jahren wiederhergestellt. Auch Schlesien profitierte von der gewaltigen Kapitalspritze. Obwohl Oberschlesien weniger Steinkohle förderte als das Ruhrgebiet, übertraf die Produktion die Gesamtfördermenge Frankreichs[33] und stieg rasch an. Zwischen 1852 und 1913 nahm sie um das 34fache zu.[34] Die Eisenerzeugung stieg von 230 000 Tonnen im Jahr 1871 auf 963 000 Tonnen im Jahr 1910.[35] Im Rest Schlesiens war der Fortschritt jedoch langsamer. Die Wirtschaft wurde während fast des gesamten 19. Jahrhunderts durch die protektionistische Politik der natürlichen Absatzmärkte Russland und Österreich-Ungarn behindert. So war die Provinz gezwungen, ihre Anstrengungen auf den deutschen Binnenmarkt umzuleiten. Trotzdem erlebten sämtliche einheimischen Branchen – Holzbearbeitung, Landwirtschaft, Brauwesen, Tabak- und Textilindustrie – ein Wachstum. Breslau war das Zentrum dieses Aufstiegs.

Neben Oberschlesien und dem niederschlesischen Waldenburg bildete Breslau das dritte schlesische Industriegebiet. Im Jahr 1871 rangierte die Stadt mit ungefähr 208 000 Einwohnern an dritter Stelle im neuen Deutschen Reich. Bis 1910 war Breslau, obwohl die Bevölkerung der Stadt auf 512 000 angestiegen war, durch das noch stärkere Wachstum von Leipzig, München, Dresden und Köln auf den siebten Platz der Bevölkerungsstatistik zurückgefallen.[36] Die Stadtentwicklung war durch die ökonomische Integration in das Deutsche Reich vorgegeben. Die traditionelle Rolle als Marktplatz von Ost und West nahm an Bedeutung ab, aber der Stadt gelang die Ansiedlung beträchtlicher Dienstleistungs- und Gewerbesektoren.

Breslaus alte Messen spiegelten diesen Wandel wider. Obwohl sie auch zu Beginn des 20. Jahrhunderts noch abgehalten wurden, verschob sich ihr Schwergewicht. Im Großen und Ganzen blieben sie einträglich, aber mit einigen Sektoren, wie der Landwirtschaft, ging es bergab. Während 1850 beispielsweise auf Breslaus Wollmarkt 50 000 Zentner Wolle den Besitzer gewechselt hatten, war die Zahl im Jahr 1900 auf nur noch 7100 Zentner gefallen. Die Entstehung neuer Sektoren zeigte sich 1864 und 1880 in der Eröffnung großer Industrie- und Landmaschinenmärkte, aus denen sich jeweils neue Breslauer Messen entwickelten. Um diese Zeit drängelten sich in der Stadt bereits Märkte für Flachs, Honig, Leder,

352   Die Blume Europas

Keramik, Pferde und Vieh mit vier jährlichen Messen sowie ein täglicher Lebensmittelmarkt. Auch die Fertigungsindustrie boomte. Breslau profitierte von guten Verkehrswegen und von seiner Nähe zur Schwerindustrie Oberschlesiens. Firmen wie die »Archimedes AG für Stahl- und Eisenindustrie, Breslau – Berlin«, die Schrauben, Muttern, Nieten und Kleineisenteile herstellte, arbeiteten als Zulieferer für den Bergbau und die Eisen- und Stahlindustrie. Die »Eisenbahnwagenbau-Anstalt Gebrüder Hofmann«, einer der größten Arbeitgeber der Stadt, war auf den Bau von Eisenbahnwagen- und Zurüstteilen für Feuerwehren spezialisiert. Im Jahr 1856 gegründet, profitierte die Firma ebenso wie die »Waggonfabrik von Gottfried Linke« vom Ausbau des deutschen Eisenbahnnetzes. Das 1839 gegründete Unternehmen von Linke wurde zum 28. Februar 1871 in die »Breslauer Aktiengesellschaft für Eisenbahnwagen« umgewandelt. Im Jahr 1912 erfolgte die Fusion beider Unternehmen zu den »Linke-Hofmann-Werken, Breslauer Aktiengesellschaft für Eisenbahnwagen-, Lokomotiv- und Maschinenbau«. 1913 hatte die Firma die 1000. Lokomotive gebaut und Waggons an den Kaiserhof in Berlin geliefert. Die Linke-Hofmann-Werke sollten zu Europas größtem Hersteller von Eisenbahnwagen werden.

Als gewerbliches Zentrum wandte Breslau sich zu Beginn des 20. Jahrhunderts dem rasch ansteigenden Verbrauch zu. Neben anderen Firmen besaß die Stadt 162 Destillerien, 32 Brauereien, 24 Lederfabriken, 23 Tabakerzeuger, 25 Zuckerraffinerien und 31 Hersteller von Strohhüten.[37] Ihre 82 Finanzeinrichtungen drohten Berlin als Hauptfinanzzentrum des Reiches auszustechen. Die Bankiers, darunter Pachaly, Eichborn und Heimann, zählten zu den wichtigsten in Ostdeutschland. Im Jahr 1900 war ein Dutzend großer Geschäftsbanken in Breslau tätig.

Einen parallelen Fortschritt erlebte Breslau im Einzelhandel. Älteren Firmen wie dem Haus Molinari in der Albrechtsstraße gesellten sich neue Wettbewerber hinzu. Das Kaufhaus Barasch an der Ostseite des Rings mit seiner eindrucksvollen Jugendstilfassade und dem beleuchteten Globus wurde 1904 fertig gestellt und entwickelte sich rasch zu einer der Sehenswürdigkeiten der Stadt. Es war richtungweisend für eine Kombination aus Einzelhandel in großem Stil und kühner Architektur, die sich mit dem Bau der Kaufhäuser Wertheim und Petersdorff bis in die zwanziger Jahre des neuen Jahrhunderts fortsetzen sollte.

Der Erste Weltkrieg unterstrich nachhaltig die Bedeutung der oberschlesischen Schwerindustrie und die Wichtigkeit von Städten wie Breslau, die mit ihr verbunden waren. Außerdem vergrößerte er die ökonomische

Rolle des Staates. Bis 1918 wuchs Breslau »zum unbestrittenen Verwaltungs-, Wirtschafts- und Kulturzentrum im Osten Deutschlands« heran.[38]

*

Das Deutsche Reich besaß keine Staatsreligion, und der multikonfessionelle Charakter der deutschen Gesellschaft war eine alte Tradition. Der Kaiser war in seiner Eigenschaft als König von Preußen der *summus episcopus* der evangelischen Landeskirche in Preußen, doch im deutschen Reich stand er nicht an der Spitze einer Religion. Insgesamt zählte Deutschland doppelt so viele Protestanten wie Katholiken. Grob geschätzt ein Prozent der Bevölkerung war jüdischen Glaubens. Praktizierte Koexistenz war die Regel.

Die evangelische Landeskirche in Preußen genoss wie die Kirche von England nach der Schaffung des Vereinigten Königreichs alle rechtlichen und politischen Vorteile einer »etablierten Kirche«, allerdings nur in ausgesuchten Gebieten des Reiches. Sie war der geistliche Arm der Hohenzollernmonarchie und enthielt all jene patriotischen und regierungstreuen Untertöne, die nur aus der monarchischen Verbindung erwachsen konnten. In Breslau dominierte stark der lutherische Flügel der Bewegung, obwohl Mitglieder des kleineren calvinistischen Flügels in der evangelisch-reformierten Kirche traditionell vom königlichen Schutz profitiert hatten, seit Friedrich der Große ihnen 1750 die Hofkirche neben der Burg übertragen hatte. Mit Ausnahme des Doms, der katholisch blieb, beherrschten die Lutheraner die weitaus meisten der großen Kirchen und Schulen. Die Organisation der Landeskirche war zentralistisch. Das Munizipalkonsistorium, dessen Superintendent als oberster kirchlicher Verwaltungsbeamter in Breslau fungierte, war dem schlesischen Provinzialkonsistorium unterstellt, das seinen Sitz am Burgplatz hatte. Doch der vratislavische Zweig der Kirche behielt seine eigenen besonderen Ansichten und Traditionen bei. Er hatte nie starke Verbindungen zur pietistischen Bewegung gehabt, die in vielen Gegenden Deutschlands blühte. In Breslau gab es eine regelrechte Pastorendynastie, die Gerhards. Wichtige Vertreter waren vor allem D. G. Gerhard (1734–1808), Verfasser des sehr beliebten *Neuen Evangelischen Gesangbuches*, der eine liberale und aufgeklärte Haltung gegenüber der Religion gepredigt hatte, und C. T. Gerhard (1773–1841), ein Pionier christlicher Jugendklubs und der Sozialarbeit. Das Mitteilungsorgan der Lutheraner, das *Breslauer Kirchliche Wochenblatt*, erschien 125 Jahre lang, bis es von den Nationalsozialisten eingestellt wurde. Es war das älteste seiner Art in Deutschland. Bis 1888 blieb es unter der direkten Schirmherrschaft der Stadtverordnetenversammlung, die ihre juristischen und politischen Vollmachten nur widerstrebend einer örtlichen evangelischen Gemeindeunion und dem evangelischen Steueramt übertrug. Trotzdem behielten die Stadträte die Kontrolle über ein weit gespanntes Netz einflussreicher karitativer, erzieherischer und sozialer Einrichtungen. Die evangelische Militärpfarre, der alle dienenden Mannschaftsdienstgrade und Offiziere nebst ihren Familien angehören mussten, fügte eine besondere Note hinzu. St. Barbara diente als Garnisonskirche, wo viele Paraden begannen, und wurde außerhalb des Stadtzentrums von der Erlöserkirche unterstützt, die die Kavalleriekaserne des 1. Schlesischen Kürassierregiments »Großer Kurfürst« betreute. Im wilhelminischen Deutschland überlappten sich Protestantismus, Monarchismus und Militarismus.

Die katholische Kirche erlebte in dieser Zeit wahrscheinlich die größten Umwälzungen, von denen viele dem päpstlichen Infallibilitätsdogma zuzuschreiben waren, das Papst Pius IX. am 18. Juli 1870 verkündet hatte. Sowohl der Kulturkampf von 1871–77 als auch die altkatholische Bewegung wurden von dem neuen Dogma ausgelöst. Die »altkatholische« Bewegung sah in der päpstlichen Unfehlbarkeit den Kulminationspunkt einer langjährigen Tendenz in Richtung Ultramontanismus, der die Autorität der katholischen Kirche in der päpstlichen Kurie statt in den nationalen oder regionalen Kirchen konzentriert hatte. Die Bewegung ging 1870 aus der Nürnberger Erklärung von 14 deutschen katholischen Theologieprofessoren und Religionslehrern hervor. Wie die »Deutschkatholiken« Jahre zuvor lehnten sie zahlreiche katholische Praktiken ab und setzten ihr eigenes Glaubensbekenntnis, die Utrechter Erklärung, sowie ihren eigenen Bischof, Joseph Hubert Reinkens (1821–96), dagegen.

Reinkens war zwar in Aachen geboren, hatte sich aber 1850 in Breslau niedergelassen, wo er Kirchengeschichte lehrte, bevor er 1865 Rektor der Universität wurde. Er schrieb wichtige Monografien über Klemens von Alexandria und Martin von Tours. Eine Studienreise nach Rom im Jahr 1867 weckte in ihm erhebliche Vorbehalte gegen päpstliche Kreise, denen er in zahlreichen Büchern und Abhandlungen Ausdruck verlieh. Trotz erbitterten Widerstands durch Bischof Förster nahm er am Nürnberger Kongress teil und avancierte zum führenden Mitglied der altkatholischen Bewegung. Die Folge war, dass er seine religiöse Lehrerlaubnis in Breslau verlor und 1872 exkommuniziert wurde. Danach zog er es vor, mit anderen Altkatholiken wie dem Kirchenhistoriker Ignaz Döllinger in München zu wohnen. Im Jahr 1873 wurde er in Köln zum ersten Bischof der Bewegung gewählt, bevor er vom jansenistischen Bischof Heykamp von Deventer in Rotterdam die Weihen empfing. Er pflegte enge Beziehungen zur anglikanischen Kirche von England und initiierte die altkatholische Bewegung in der Schweiz. Sein Nachfolger sollte 1896 der Breslauer Philosophieprofessor Theodor Weber (1836–1906) werden. Bis dahin zählte die altkatholische Bewegung etwa 50 000 Anhänger. Dennoch war die katholische Diözese Breslau noch immer die zweitgrößte der Welt, die sich um mehr als zwei Millionen Seelen kümmerte. Sie hatte sich mit den Folgen des Kulturkampfes auseinander zu setzen. Bischof Förster starb im Exil, und ihm folgte 1881 Robert Herzog (1823–86) nach, der eng mit seinem Kanonikus und Ratgeber, dem Zentrumspolitiker Adolf Franz, zusammenarbeitete, um einen Kompromiss zwischen Kirche und Staat zustande zu bringen und das Defizit im katholischen Klerus auszugleichen.

Ein wichtiger Streiter für die Diözese war Georg von Kopp (1837–1914), seit 1887 Fürstbischof von Breslau. Als Bischof von Fulda hatte er bereits zur schrittweisen Rücknahme der Kulturkampf-Gesetze beigetragen und war als bewährter Vermittler zwischen der preußischen Regierung und dem Vatikan in Erscheinung getreten. Seine Berufung nach Breslau war ein Politikum, da sie Sitze im österreichischen Herrenhaus und im Regionalparlament von Österreichisch-Schlesien mit sich brachte. Sein neues Bistum und seine Bischöfe bekamen deshalb »eine Bedeutung weit über Schlesien hinaus, wie es in der langen Geschichte der Diözese vorher niemals der Fall gewesen war«.[39] Kopp leitete die Erneuerung der Breslauer Diözese und gründete in diesem Zusammenhang sowohl ein theologisches Seminar als auch ein Diözesanmuseum. Trotzdem wurde er in neue Kontroversen verwickelt. Im Jahr 1891 erklärte die Enzyklika *Rerum novarum* von Papst Leo XIII. soziale Gerechtigkeit zum entschiedenen Ziel der katholischen Kirche, und 1899 wurde katholischen Arbeitern das Recht zugestanden, sich christlichen Gewerkschaften anzuschließen. Zusammen mit dem Bischof von Trier stand Bischof Kopp an der Spitze der Befürworter einer ausschließlich katholischen Gewerkschaftsbewegung. Die Kontroverse zog sich bis zum Ausbruch des Ersten Weltkrieges 1914 hin. Kopps spätere Lebensjahre wurden durch seine allmähliche Entfremdung von der Hauptströmung katholischen Denkens und durch einen Disput über die Liberalisierung der deutschen Gesellschaft, die er einmal als »Ansteckung des Westens« bezeichnete, überschattet.

Es gab keinen offenen Konflikt zwischen Protestanten und Katholiken, aber bisweilen war eine feindselige Einstellung der protestantischen Mehrheit zu verspüren, die in ihren katholischen Landsleuten keine echten Patrioten sahen. In Breslau war dieser schwelende Konflikt in studentischen Verbindungen zu bemerken. Im Jahr 1889 appellierte eine der protestantischen Verbindungen, der »Gustav-Adolf-Verein«, an seine Mitglieder, »den lutherischen Glauben zu wahren, der besonders durch die katholische Kirche in den schlesischen Grenzgebieten gefährdet ist«. In den Jahren 1904/05 musste die katholische Verbindung »Winfridia« im Zuge einer Kampagne, die als »verspätetes Kind des Bismarck'schen Kulturkampfes« bezeichnet wurde, der angedrohten Schließung widerstehen. Sie konnte sich halten, und in den letzten Jahren vor 1914 stieg die Zahl katholischer Organisationen.[40]

Die protestantische Kirche kam nicht ohne Spaltungen davon. Die auf der Liegnitzer Synode beruhende »Evangelisch-lutherische (altlutherische) Kirche in Preußen« (siehe oben S. 353) wurde immer stärker, und 1883 wurde in Breslau ein altlutherisches theologisches Seminar gegründet. Die Stadt war zum Mittelpunkt der Bewegung geworden und zog zahlreiche »altlutherische« Gelehrte wie Rudolf Rocholl an, der 1885 Mitglied des Kirchenrates wurde. Im Jahr 1905 zählte die Gemeinde etwa 52 000 Seelen und 75 Pastore.

Der Riss zwischen orthodoxen Juden und Reformjuden war in Breslau durch die Bildung einer Einheitsgemeinde verkleinert worden. Während der langen Herrschaft des Reformrabbiners Manuel Joël (1826–90) schritt die Aussöhnung weiter voran. Im Jahr 1872 ging Rabbi Joël auf sein orthodoxes Gegenüber Gedaliah Tiktin zu, als sie gemeinsam Breslaus Neue Synagoge weihten. Sie stand für alle als sichtbarer Beweis der Tatsache, dass Breslaus Judentum eine geachtete Stellung erlangt hatte.

Die jüdische Gemeinde Breslaus hatte im Jahr 1871 knapp 14 000 Mitglieder, im Jahr 1910 aber bereits über 20 000; sie wurde damit zur drittgrößten Gemeinde Deutschlands. Das wichtigste Indiz ihres neu gefundenen Selbstvertrauens kann man in dem Friedhof in der Lohestraße entdecken, der 1856 öffnete und zu den schönsten seiner Art in Europa zählt. Der überwältigende Reichtum der Grabmale und Sarkophage, wie er etwa bei den Grabstätten der Familien Schottländer, Kolker und Heimann sichtbar wird, legt von ihrem Status in der Kaiserzeit Zeugnis ab. Die Tatsache, dass die überwiegende Mehrzahl der Inschriften in Deutsch statt in Hebräisch abgefasst ist, unterstreicht den hohen Grad der kulturellen Assimilierung.[41]

Und tatsächlich präsentierte sich in Breslau eine selbstsichere, pulsierende Gemeinde, die ihre Probleme tatkräftig und intelligent in Angriff nahm. Unter Rabbi Jacob Guttmann (1845–1919), der zwei Jahrzehnte lang sowohl an der Spitze des Breslauer Judentums als auch des »Allgemeinen deutschen Rabbinerverbandes« stand, wurde Breslau anderen Gemeinden als Vorbild hingestellt. Die große Anzahl sozialer, wohltätiger, kultureller und erzieherischer Einrichtungen war beeindruckend, und

Kapitel 6: Breslau (1871–1918) 357

entsprechend gab es viele Fonds und Stiftungen zur Finanzierung ihrer Aktivitäten. Älteren Organen wie dem Breslauer Theologischen Seminar oder dem Krankenhaus-Bestattungs-Ausschuss gesellte sich eine große Bandbreite an Gesellschaften hinzu, die von der Israelitischen Zuflucht für Obdachlose und dem Israelitischen Hospiz für unheilbar Kranke bis hin zu den jüdischen Jugendklubs, der Organisation »Peah«* für die Erwerbslosen (1907) und dem Jüdischen Schwesternheim (1899) reichten. Eine Gruppe jüdischer Frauen war besonders emanzipiert und einfallsreich. Unter der Leitung von Beate Guttmann (geb.1859), der Ehefrau des Rabbiners, und Paula Ollendorff (1860–1938), die als Lehrerin in England gearbeitet hatte, gründeten sie einen Jungenklub, einen Mädchenklub, einen Kindergarten, ein Kindersanatorium in den Bergen, eine Hauswirtschaftsschule und – ihrer Zeit weit voraus – ein Heim für alleinstehende und misshandelte Frauen. Diese Menschen gehörten weltweit zu den ersten, die vorführten, wozu eine moderne, assimilierte, aber trotzdem durch und durch jüdische Gemeinschaft imstande war.

Um die Wende zum 20. Jahrhundert sah der Staat den Katholizismus nicht mehr als Bedrohung und konzentrierte sich auf den Kampf gegen den Sozialismus. Bismarck räumte in den späteren Jahren seiner Kanzlerschaft ein, dass seine Besorgnisse in Bezug auf eine antideutsche katholische Liga übertrieben gewesen seien und dass der Erfolg der katholischen Zentrumspartei eine geringere Bedrohung der Stabilität darstelle als der Aufstieg der Sozialdemokratie. Folglich schaffte er die staatliche Kontrolle katholischer Seminare ab, zog das Kulturexamen als Einstellungsvoraussetzung für geistliche Ämter zurück und ließ das Verbot religiöser Orden auslaufen. Zum Ende des Jahrhunderts waren die meisten der verbotenen Orden mit Ausnahme der Jesuiten zurückgekehrt. Die neue Toleranz gestattete es dem Kaiser, einen bayerischen Katholiken zum Reichskanzler zu ernennen. Chlodwig Fürst zu Hohenlohe-Schillingsfürst (1819–1901), dessen Bruder Kardinal war, dessen Mutter und Schwestern jedoch lutherisch waren, verkörperte den religiösen Kompromiss, der im Kern des Reichsprojekts begründet war, aber seine sieben Jahre an der Macht waren hauptsächlich durch seinen Respekt gegenüber dem zunehmend reaktionären und anmaßenden Kaiser geprägt. Dieser unterstützte höchstpersönlich eine offizielle Kampagne zur Beförderung von Moral und christlichen Werten in der Öffentlichkeit. Zu dieser Politik gehörten auf der einen Seite der vermehrte Bau von Kirchen und eine Reihe »innerer Mis-

---

* »Peah«; das Gebot der Tora, die Ecke des Feldes für die Armen stehen zu lassen (A. d. Ü.).

sionen« in den benachteiligten Vierteln von Deutschlands wuchernden Städten und auf der anderen Seite ein entschlossener Versuch zur Unterdrückung von Pornografie und Homosexualität sowie der Kontrolle künstlerischen Schaffens. Sowohl die (protestantische) Staatskirche als auch die katholische Kirche wollten sicherstellen, dass neue Pfarreien geschaffen wurden, um den geistlichen Bedürfnissen der neuen Arbeiterklasse gerecht zu werden. In Breslau wurden zu diesem Zweck kurz vor und nach der Jahrhundertwende mehrere große Kirchen wie die Antonius- und die Augustinuskirche erbaut. Allerdings wurden sowohl die so genannte »Umsturzvorlage«, nach der unter anderem auch Angriffe auf die christliche Religion und die Lehren und Gebräuche der Kirche unter Strafe gestellt werden sollten, sowie die parallele »Lex Heinze« über die literarische Zensur im Reichstag abgelehnt. Zu allem Überfluss wurde die unmittelbare Umgebung des Kaisers in eine Reihe von Skandalen verwickelt, die unter dem Sammelnamen »Eulenburg-Affäre« bekannt geworden sind. Die gerichtliche Auseinandersetzung zwischen General Kuno von Moltke, Abkömmling der berühmten Soldatenfamilie und Kommandant von Berlin, und Maximilian Harden, einem jüdischen Publizisten, zog sich in drei Gerichtsverfahren zwischen 1907 und 1918 hin. Dabei gelang es General Kuno von Moltke nicht zu beweisen, dass er und sein Freund, Philipp Fürst zu Eulenburg-Hertzfeld, ein Adjutant des Kaisers, zu Unrecht einer homosexuellen Beziehung bezichtigt worden waren. Der Beklagte, Maximilian Harden, ein jüdischer Publizist, baute mit Erfolg auf die Unterscheidung zwischen homosexueller Praxis, die eindeutig illegal war, und homosexueller Veranlagung, die nicht strafbar war.[42]

Die kaiserlichen Behörden hatten befürchtet, dass die Bevölkerung zu gottlosen und deshalb unpatriotischen Menschen erzogen würde. Sie hätten sich nicht zu beunruhigen brauchen. Denn als die Soldaten in den Ersten Weltkrieg zogen, wurden sie von ihren Bischöfen und Erzbischöfen, unter ihnen auch der neue Bischof von Breslau, Adolf Bertram, gesegnet. Sie marschierten mit einem frommen *Gott mit uns,* das auf den Koppeln der Soldaten zu lesen war, und sie fielen zu Millionen ohne großen Protest. Es gab in der deutschen Armee weit weniger Meutereien als unter ihren französischen oder russischen Gegnern. Die große Mehrheit der Gefallenen waren Wehrpflichtige, die sich nicht aussuchen konnten, ob sie kämpfen wollten oder nicht. Wie ihre Gräber auf allen Breslauer Friedhöfen, den protestantischen, den katholischen und den jüdischen, zeigen, starben sie im Dienste dessen, was die meisten als ihr »Vaterland« akzeptierten.

*

Preußisch-Schlesien ist einst als Provinz in einem »künstlerischen Dornröschenschlaf« beschrieben worden.[43] Beinahe während des ganzen 19. Jahrhunderts fanden schlesische Koryphäen Ruhm und Reichtum häufig anderswo in Deutschland, gewöhnlich in Berlin. Gustav Freytag, der wahrscheinlich meistgelesene deutscher Autor seiner Zeit, zog es vor, sich in Leipzig und später in Wiesbaden niederzulassen. Andere Vratislavier wie Adolph von Menzel, Willibald Alexis und der Jugendstil-Architekt Martin Dülfer hielten es genauso. Tatsächlich galt Breslau anderen Deutschen in vielerlei Hinsicht noch immer als entlegener und unfreundlicher Ort. Als der Nationalökonom Lujo Brentano 1872 eine Professur in Breslau annahm, betrachtete er es als eine Art »Exil«.[44] Trotzdem sollte er ein Jahrzehnt dort bleiben.

In den neunziger Jahren stieg Breslaus Bedeutung als Sitz von Kultur und Gelehrsamkeit an. Die Stadt zog Künstler und Wissenschaftler von nationalem Ruf wie Theodor Mommsen, Max Bruch oder Robert Koch an. Innerhalb von zwei oder drei Jahrzehnten entwickelte Breslau sich in der Tat von einem soliden Provinzzentrum zu einer international geschätzten Kulturstadt.

Die schönen Künste gediehen prächtig in Breslau, besonders als der relative Konservatismus Berlins viele weniger konventionelle Künstler aus der Hauptstadt des Reiches vertrieb. Die 1791 gegründete alte Breslauer Kunstakademie bezog 1868 ihre eigenen Räumlichkeiten in der Ziegelbastion. Sie zog den Maler Max Wislicenus (1861–1957) und den Bildhauer Theodor von Gosen (1873–1943) an, der seit 1905 an der Akademie unterrichtete. Einer ihrer enthusiastischsten Schüler war Gerhart Hauptmann (1862–1946), der dort »Jugend, Hoffnung und Schönheit« fand und in ihren Mauern »zeichnete, bildhauerte, trank, Gedichte schrieb, Pläne machte und Luftschlösser baute«. Die Akademie entwickelte ein besonderes Gespür für Architektur, vor allem in der Zeit von 1903 bis 1916 unter der Leitung von Hans Poelzig (1869–1936). Zusammen mit Richard Plüddemann (1846–1910) und Max Berg (1870–1947) kam es in seiner Ägide zu einer wahren Explosion modernistischen Bauens, die in nicht unerheblichem Maße zur späteren Entwicklung der Bewegung »Neues Bauen« beitrug. Zu seinen eigenen Beiträgen konnte er die Pergola und die kuppelgekrönte Ausstellungshalle innerhalb des Jahrhunderthallen-Komplexes von 1913 zählen.

Im Verlauf des 19. Jahrhunderts wurden darüber hinaus zahlreiche Musikvereine gegründet, und 1861 wurde der »Breslauer Orchesterverein« ins Leben gerufen, der in den achtziger Jahren unter der Stabführung von Max Bruch und unter seinem späteren Direktor Rafał Maszkowski von sich reden machte.⁴⁵ Das Stadttheater in der Schweidnitzer Straße wurde 1871 wieder eröffnet, nachdem es zweimal durch Feuer zerstört worden war, und begann schon bald führende Künstler anzuziehen. Dem Tenor Leo Slezak, dem künstlerischen Leiter Theodor Löwe und dem Dirigenten Wilhelm Furtwängler verschaffte es ein frühes Forum, und als Haus für Wagnerabende gelangte es zu Ansehen. Die Verbindung zu Wagner begann 1871 mit einer Aufführung des *Tannhäuser*, und schon 1897 wurde die 200. *Lohengrin*-Inszenierung auf die Bühne gebracht. Später erlebten Verdis *Othello* (1893) und Mussorgskys *Boris Godunow* (1913) im Breslauer Stadttheater ihre deutsche Erstaufführung. Das musikalische Umfeld der Stadt dürfte viele Vratislavier inspiriert haben, zwei vielleicht ganz besonders: den Sänger und Dirigenten Isidor Henschel (1850–1934) sowie den Komponisten und Pianisten Moritz Moszkowski (1854–1925).

Zwei Persönlichkeiten ragen aus Breslaus musikalischer Geschichte heraus. Eine der beiden, Johannes Brahms, wird durch seine »Akademische Fest-Ouvertüre«, Op. 80, die er 1879 aus Anlass der Verleihung einer Ehrendoktorwürde komponierte, auf ewig mit der Stadt verbunden sein. Die Ouvertüre enthält eine Orchesterbearbeitung des allgemein verbreiteten Studentenliedes *Gaudeamus igitur*:

> Gaudeamus igitur
> Iuvenes dum sumus
> Post iucundam iuventutem,
> Post molestam senectutem,
> Nos habebit humus.

> (Brüder, laßt uns lustig sein,
> Weil der Frühling währet
> Und der Jugend Sonnenschein
> Unser Laub verkläret;
> Grab und Bahre warten nicht,
> Wer die Rosen jetzo bricht,
> Dem ist der Kranz bescheret.*)

Max Bruch (1838–1920) verbrachte sieben fruchtbare Jahre beim Orchesterverein in Breslau. Als er von seiner früheren Anstellung als Dirigent der

---

* Deutsche Übersetzung von Johann Christian Günther, 1717, gedruckt in Frankfurt und Leipzig 1730 (A. d. Ü.).

Kapitel 6: Breslau (1871–1918) 361

Liverpooler Philharmoniker nach Breslau kam, war er bereits ein gefeierter Komponist. Sein Violinkonzert Nr.1 in g-Moll (Op. 26), das zu den bekanntesten Werken des klassischen Repertoires gehört, war 20 Jahre früher veröffentlicht worden. Außerdem war er der Schöpfer einer Oper, *Hermione*, zweier Oratorien, zweier Sinfonien, zweier Konzerte, eines Zyklus schottischer Volkslieder und einer patriotischen Hymne auf den deutschen Kaiser. Während seines Aufenthalts in Breslau komponierte er unter anderem seine Sinfonie Nr. 3 in E-Dur (Op. 51), das Konzert Nr. 3 in d-Moll (Op. 58), eine auf Sir Walter Scotts *Die Jungfrau vom See* beruhende Kantate,»Das Feuerkreuz« (Op. 52), und ein Adagio über keltische Themen für Cello und Orchester (Op. 56). Bruch verließ Breslau 1890 zu einer ausgedehnten Tournee durch die USA, bevor er als Leiter für Komposition an die Berliner Hochschule für Musik nach Deutschland zurückkehrte.

In jenen Jahren des intensiven Musiklebens gab es in Breslau beinahe täglich ein Konzert. Die Kirchenmusik war im prestigeträchtigen Königlichen Akademischen Institut beheimatet, während die Chormusik unterschiedlicher Klangfarben von der Breslauer Singakademie oder vom beliebten Bohn'schen Gesangverein, einer Schöpfung des Professors Emil Bohn (1830–1909), repräsentiert wurde. Das Viktoria-Theater war auf Operetten spezialisiert. Natürlich war auch Militärmusik allgegenwärtig – in den Straßen, in den Restaurants, an Sommernachmittagen in den Parks und an Bord der Vergnügungsdampfer auf der Oder. An Kaisers Geburtstag, jeden 27. Januar, weckte die Kapelle des 6. Armeekorps die Bürgerschaft traditionell bei Tagesanbruch mit einem schwungvollen Marsch durch die Straßen.

Auch die Bühne erlebte eine Blütezeit. Das von dem Schauspieler und Regisseur Theodor Lobe (1833–1905) gegründete Lobe-Theater öffnete 1869 mit einer Aufführung von Lessings Komödie *Minna von Barnhelm*, die ja in Breslau geschrieben worden war. Das Deutsche Theater konzentrierte sich auf ein anspruchsvolles Repertoire deutscher Klassiker sowie Shakespeare'scher oder Ibsen'scher Stücke. Das Thalia-Theater mit seinen billigeren Plätzen und einem volkstümlichen Programm wurde 1870 eröffnet. Es sollte eine Ergänzung der anderen Bühnen sein, indem es sich auf den Geschmack und die Vorlieben der Arbeiterklasse einstellte. Die Führungsrolle hatte das Stadttheater unter der Leitung von Theodor Löwe (1855–1935) inne. In nahezu fünfzigjähriger Tätigkeit, darunter mehr als drei Jahrzehnte als Direktor des Stadttheaters, schuf Löwe ein Mekka der dramatischen Kunst.[46]

Breslau besaß auch einen Zirkus. Im Jahr 1879 erhielt der aus der Gegend von Heilbronn stammende Großzirkusunternehmer Ernst Jakob

Renz auf dem Luisenplatz eine ständige Spielstätte für seinen »Zirkus Renz«. 3000 Vratislavier fanden in dem Gebäude unter der Zirkuskuppel Platz und konnten sich an den täglichen Darbietungen von Akrobaten und exotischen Tieren erfreuen. Auch der Breslauer Zoo hielt Attraktionen bereit: Die so genannten »Völkerschauen« begannen 1874 mit der Ausstellung eines nubischen Stammes aus dem Sudan. Die Ausgestellten lebten in Einfriedungen, wo sie angehalten wurden, sich so natürlich wie möglich zu benehmen und zu kleiden sowie Stammestänze und -rituale vorzuführen. Die Schau war ein solcher Erfolg, dass zahlreiche weitere Ausstellungen folgten: 1882 australische Aborigines, 1894 sudanesische Dinka, 1897 Kalmücken aus Astrachan, 1899 Ashanti aus Guinea und 1906 Angehörige der Futa aus dem Senegal. Der Höhepunkt war 1912 erreicht, als eine Beduinenkarawane, komplett mit Scheich und Harem, die Entführung einer künftigen Braut durchspielte.[47] Die Vratislavier werden wohl erstaunt, amüsiert und vielleicht sogar abgestoßen gewesen sein, aber ihre Überlegenheitsgefühle gegenüber den nichtweißen Rassen der Welt dürften im Zeitalter des Imperialismus nicht beeinträchtigt worden sein. Der Gedanke, dass die Inszenierung solcher Vorführungen in einem Zoo demütigend sein könne, lag dem damaligen Publikum fern.

Die Körperkultur fand ihren anerkannten Platz im Leben Breslaus. Den Generationen der Kaiserzeit erschien der alte Wahlspruch *mens sana in corpore sano* als überaus vernünftig, und nach »Turnvater Jahn« war die körperliche Ertüchtigung eine Selbstverständlichkeit. In der Kaiserzeit schossen Hunderte von Organisationen wie Pilze aus dem Boden. Der »Alte Turnverein« war 1858 gegründet worden. Der »Erste Breslauer Ruderverein« (EBRV) wurde 1876 ins Leben gerufen. Der populäre »Deutsche Radfahrer-Bund« (DRB) wurde 1884 in Leipzig gegründet und richtete 1900 in Breslau im Scheitniger Park die Europameisterschaften aus. Der örtliche Breslauer Schwimmverein, der im Sommer Flusstreffen veranstaltete, nahm 1899 sein neues Hallenbad im Jugendstil in Besitz. Doch das ist längst nicht alles. Auch Breslau hatte seine Herrenreiter, Jockeys, Jäger, Taubenliebhaber, Entenjäger, Angler, Schachspieler, Kletterer und Wanderfreunde. Als natürlicher Ausgangspunkt für Ausflüge ins Riesengebirge beherbergte die Stadt im Jahr 1900 vier getrennte Sektionen des österreichisch-deutschen Alpenvereins. Schätzungsweise 40 000 bis 50 000 Menschen erreichten jedes Jahr den Gipfel der Schneekoppe – im Durchschnitt 150 pro Tag.[48]

Die beiden höheren Bildungsstätten Breslaus, die Universität und das Polytechnikum, bescherten der Stadt ein vielfältiges akademisches Leben. Das Breslauer Polytechnikum, die Technische Hochschule, erlangte im

Jahr 1910 mit dem Umzug in den prachtvollen Neorenaissancebau am Oderufer die volle Anerkennung – ein Jahr vor der Hundertjahrfeier und Namensänderung der Universität. Die Breslauer Universität war um diese Zeit mit über 2000 Studenten und 189 akademischen Lehrern die fünftgrößte Deutschlands.[49] Ihre Bibliothek beherbergte 300 000 Bände und 7000 Handschriften. Die dermatologischen, pathologischen und gynäkologischen Universitätskliniken genügten höchsten Standards. Zusammen mit München und Berlin gehörte Breslau nun zu den nur drei deutschen Städten, die sowohl über eine Universität als auch über eine technische Hochschule verfügten. Studenten aus ganz Deutschland und Mitteleuropa wurden von diesem Komplex höherer Lehranstalten angezogen, der viele später berühmte Absolventen hervorbrachte. Jedes wichtige Fach war in Breslau vertreten, und die Abschlüsse der Hochschulen waren allgemein anerkannt.

Das Studentenleben des wilhelminischen Deutschlands war von den studentischen Verbindungen geprägt, die eine Mischung aus brüderlicher Gesinnung, zweifelhaften Ehrbegriffen und praktischer Selbsthilfe anboten. Zum Leben in der Burschenschaft gehörten Uniformen, diverse Rituale und sogar Duelle. Alle führenden Burschenschaften – Borussia, Lusatia, Silesia, Markomannia und Vandalia – besaßen in Breslau ihre eigenen Residenzen. Die Verbindungen waren entweder protestantisch oder nichtkonfessionell und verbündeten sich gewöhnlich gegen die katholische Winfridia.

In dieser Zeit wurden auch erstmals Frauen zum Studium zugelassen, deren Anteil von den Anfängen im Jahr 1895 bis zum Ersten Weltkrieg auf fast zehn Prozent der Studentenschaft gestiegen war. Clara Bender, die Tochter des damaligen Oberbürgermeisters, gehörte zu den elf Pionierinnen. Clara Immerwahr, die 1900 ihren Doktor in Chemie machte, war die erste Frau, die einen höheren akademischen Grad erwarb. Ewa Remberg aus Warschau war im Wintersemester 1909/10 die erste Ausländerin, die sich einschrieb. Zu den studentischen Verbindungen wurden Frauen als »Corpsdamen« zugelassen. Doch gründeten sie rasch ihre eigenen protestantischen oder katholischen Organisationen. Ihre bevorzugten Fachrichtungen waren Philosophie und Medizin.[50]

Das akademische Milieu Breslaus brachte fast zwangsläufig Gelehrte von Rang hervor. Der Krakauer August Mosbach (1817–84) widmete seine Laufbahn als Historiker der Sammlung und Veröffentlichung lokalen Archivmaterials. Wegen der preußischen Zensur musste sein frühestes Werk, *Pomniki dziejów Polski XVII, 1840–42*, unter dem Pseudonym »A. Podgórski« erscheinen. Seine Leistungen ergänzten das Werk von Hermann Markgraf (1838–1906), der sowohl das Stadtarchiv als auch die

Stadtbibliothek leitete. Gemeinsam versorgten sie alle künftigen Historiker der Stadt mit ihrem Handwerkszeug.

Georg Kaufmann (1842–1929), auch er ein angesehener Historiker, hegte feste konservative Ansichten und verfolgte wissenschaftspolitische Ambitionen. Als Rektor in den Jahren 1905 und 1906 schmiedete er Pläne für die Hundertjahrfeier der Universität fünf Jahre später und gab die Jubiläumsfestschrift heraus.

Joseph Partsch (1851–1925), ein aus dem Riesengebirge gebürtiger Gelehrter, ging ab dem 9. Lebensjahr in Breslau zur Schule und machte mit 23 Jahren seinen Doktor in Geografie. Der Altphilologe, Althistoriker, Biograf und Geograf ist vor allem als einer der Begründer der Geopolitik in Erinnerung (siehe »Einleitung«). Sein jüngerer Bruder K. F. M. Partsch (1855–1932) war lange Jahre Direktor des Instituts für Zahnmedizin. In Erinnerung ist er aber vornehmlich als Gründer des »Akademischen Turnbundes«.

Pater Hermann Hoffmann (1878–1972), Pazifist und Kirchenhistoriker, machte 1902 die Abschlussprüfung an der Katholischen Theologischen Fakultät. Er war als Kaplan am Matthias-Gymnasium tätig und gründete die Zeitschrift *Archiv für schlesische Kirchengeschichte*, die heute noch existiert. Trotz seiner tiefen Hingabe an den schlesischen Katholizismus war es ihm beschieden, deportiert zu werden.

Der bereits erwähnte Schlesier Gerhart Hauptmann, geboren in Ober-Salzbrunn, ist für viele der wichtigste deutsche Dramatiker des 19. Jahrhunderts. Seine Grundthemen sind die realistische Darstellung der Not des Einzelnen und der proletarischen Massen, soziales Mitleid, Zerfall der Kleinbürgerwelt und der Hochmut der Bürokratie. Mit Werken wie *Vor Sonnenaufgang* (1889), *Die Weber* (1892), *Der Biberpelz* (1893) und vielen anderen sorgte er bei den Zeitgenossen für heftige Debatten. Kaiser Wilhelm II. war über Hauptmanns »Rinnsteinkunst« so erbost, dass er nach der Weber-Inszenierung seine Loge im Königlichen Schauspielhaus zu Berlin demonstrativ kündigen ließ. Heute freilich gehören die Dramen des bedeutendsten deutschen Naturalisten zum anerkannten Literaturkanon.

Unter Breslaus akademischen Autoren erfreute sich keiner größerer Popularität als Felix Dahn (1834–1912), seit 1888 Professor für Rechtswissenschaft. Dahn, ein sentimentaler Nationalist, war in jeder literarischen Gattung fruchtbar. Er verfasste Lyrik, Dramen, wissenschaftliche Studien und vor allem einige bekannte historische Romane. Sein vierbändiger Roman *Ein Kampf um Rom* (1876) ist eine heroisierende Darstellung des Ostgotenreiches in Italien im Stil eines typischen »Professorenromans«. Als Rektor 1895/96 begrüßte er den ersten Studenten-

Kapitel 6: Breslau (1871–1918)

jahrgang, zu dem auch Frauen gehörten, mit der festen Überzeugung: »Deutschlands Vergangenheit und Zukunft haben immer nach männlichen Charakteren verlangt.«

Der jüdische Schriftsteller Micha Josef Berdyczewski (M. J. Bin Gurion, 1865–1921) studierte in den neunziger Jahren in Breslau. Aus Miedzyborz in der Ukraine gebürtig, ging er später nach Berlin und schrieb auf Deutsch. Seine hebräischen Werke, darunter die Sammlung jüdischer Legenden *Me-Otsar ha-Aggada* (»Die Sagen der Juden«, 5 Bde., 1913–26; »Der Born Judas«, 6 Bde., 1916–23) und *Me-Huts le-tehum* (»Außerhalb des Schoßes«, 1922–23), schildern jüdisches Volkstum und untersuchen die aus der Assimilierung erwachsenden Zwangslagen. In seinen letzten Lebensjahrzehnten arbeitete Berdyczewski als Zahnarzt.

Jan Kasprowicz (1860–1926), ein gebildeter polnischer Bauer aus Kujawy, war ein Zeitgenosse Berdyczewskis. Kurz nach seiner Ankunft in Breslau wurde er wegen der Zugehörigkeit zu einem sozialistischen Geheimbund eingesperrt. Während er Philosophie, Geschichte und moderne Sprachen studierte, begann er einen Zyklus von Sonetten zu verfassen, und eines seiner frühen Gedichte, *Na Targu* (»Auf dem Markt«), schildert das Leben in den Straßen Breslaus. Er verließ die Stadt, um eine Professur in Lemberg in Österreichisch-Galizien anzunehmen und sich dann in seinem Schlupfwinkel in der Tatra ganz der Dichtung zu widmen. Kasprowicz versuchte sich als Übersetzer Goethes und Shakespeares und war ein Lyriker von höchstem Rang, der Natur, Liebe, Religion und soziale Gerechtigkeit besang. Er beschäftigte sich aber auch mit den Sehnsüchten, die einen an einer deutschen Universität ausgebildeten polnischen Patrioten in jener Zeit überkommen haben dürften:

Rzadko na moich wargach –
Niech dziś to warga ma wyzna –
Jawi się krwią przepojony,
Najdroższy wyraz: Ojczyzna.
...

Zboża się złocą dojrzałe,
A tam już widzimy żniwiarzy,
Ta dłoń swą na czoło mi kładzie
...

A nad tą dolą – niedolą
Poranna nieci się zorza,

Na pieśń ma, Ojczyzny pełną
Spływa promienność jej boża.
W mej piesni, bogatej czy biednej
Przyzna mi kłoś lub nie przyzna -
Żyje, tak rzadka na wargach,
Moja najdroższa Ojczyzna.[51]

(Selten kommt dieses liebste aller Worte mir -
Und mögen diese Lippen es heute beichten -
In Blut getränkt, über die Lippen:
Vaterland.

Das gereifte Korn wird zu Gold,
Schon sind die Erntearbeiter in Sicht,
[Aber] ich bette den Kopf in meinen Händen.

Doch über dem trostlosen Schauplatz
Steigen die Strahlen der Morgensonne auf,
Und mein Lied, so voll des Vaterlandes,
Ist gebadet in ihrem göttlichen Leuchten.

In meinem Lied lebt, ob reich oder arm
- von jemandem erkannt oder nicht -
was selten mir über die Lippen kommt
Mein liebstes Vaterland.)

Das Beispiel von Kasprowicz unterstreicht einen wichtigen Aspekt der Rolle Breslaus bei der Entwicklung der polnischen Kultur. Die Stadt zog Polen von außerhalb an, hatte aber als Zentrum zur Kultivierung der Sprache, Literatur und Geschichte seiner eigenen kleinen polnischen Minderheit weniger Bedeutung. Die sich daraus ergebende Symbiose deutscher und polnischer Elemente wird von jenen nicht begriffen, die »deutsch« und »polnisch« beharrlich als getrennte Kategorien betrachten. Natürlich spielte die »Slawische Literarische Gesellschaft« bis zu ihrer Schließung durch die Behörden im Jahr 1886 eine Rolle. Natürlich hatte die polnische Sprache weiterhin ihre Sprecher und Fürsprecher, darunter manch merkwürdige Protagonisten wie den protestantischen Pastor Jerzy Badura (1845-1911) aus Teschen, der in Breslau seine *Nowiny*

Kapitel 6: Breslau (1871–1918)

Śląskie oder »Schlesischen Nachrichten« herausbrachte. Natürlich fanden polnische Schriftsteller beiderlei Geschlechts wie Adam Asnyk, Teofil Lenartowicz oder Maria Dąbrowska nach wie vor aus dem einen oder anderen Grund den Weg nach Breslau. Und es ist auch richtig, dass spätere polnische Forscher die Rolle eifriger katholischer Priester wie Pater Norbert Bonczyk (1837–93) oder Pater Konstanty Damrot (1841–83) gefeiert haben, für die die Bewahrung der polnischen Kultur untrennbar von der Propagierung des Glaubens war. Diese Aktivitäten isoliert und nicht im richtigen Verhältnis zueinander zu betrachten birgt jedoch eine ernsthafte Gefahr in sich. Die entscheidende Tatsache ist, dass das wilhelminische Breslau Bastion einer in dieser Zeit sehr nationalistischen deutschen Kultur war. Und all die Tausende von Polen, die von ihr überschwemmt wurden, mussten irgendwie einen Modus Vivendi finden. Manche büßten ganz einfach ihr Polentum ein. Manche fanden ein Gleichgewicht zwischen den beiden Teilen ihrer Identität. Andere reagierten so heftig auf den deutschen Nationalismus, dass sie zu militanten polnischen Nationalisten wurden. Eine der wirklich interessanten Fragen, der sich bislang noch kein Historiker zugewandt zu haben scheint, betrifft die Entstehung des polnischen Nationalismus in Großpolen oder Oberschlesien als Reaktion einer Generation von Polen, die vor 1918 in Deutschland und besonders in Breslau gelebt und studiert hatten.

Man darf ferner nicht vergessen, dass weder die deutsche noch die polnische Kultur in Breslau homogen waren. Viele Schlesier sahen sich selber ganz einfach als Schlesier, und oftmals sprachen sie weder Hochdeutsch noch korrektes Polnisch Vielmehr existierten zwei lokale Dialekte, deren jeder seinen sozialen Einzugsbereich, seine Traditionen und Literatur hatte. Der schlesische Dialekt hatte seine eigenen Schriftsteller, und Dichter wie Gerhart Hauptmann haben ihn weit über Schlesien hinaus bekannt gemacht. Dem schlesischen Dialekt des Polnischen, den die Polen »Śląski« und die Deutschen »Wasserpolnisch« nannten, war ein starker Anteil deutschen Vokabulars und deutscher Syntax beigemischt. Auch das Wasserpolnische hatte seine Befürworter, die sich für die wahren Einheimischen oder »Autochthonen« hielten und Polen aus anderen Gegenden als Ausländer ansahen. »Nach Polen zu gehen« bedeutete für sie, die schlesische Grenze zu überschreiten und Posen, Warschau oder Krakau zu besuchen.

Breslau leistete einen großen Beitrag zur Entwicklung der modernen Naturwissenschaften. Die folgende Liste bekannter Wissenschaftler beweist, dass sie auf allen Gebieten der Naturwissenschaft herausragende Leistungen vollbracht haben:

Alois Alzheimer (1864–1905), Psychiater
Friedrich Bergius (1884–1949), Chemiker
Max Born (1882–1970), Physiker
Eduard Buchner (1860–1917), Chemiker
Ferdinand Cohn (1828–98), Botaniker
Julius Cohnheim (1839–84), Mediziner
Paul Ehrlich (1854–1915), Mediziner
Adolf Engler (1844–1930), Botaniker
Otfrid Foerster (1873–1941), Neurologe
Abraham Fraenkel (1891–1965), Mathematiker
J. G. Galle (1812–1910), Astronom
Eugen Goldstein (1850–1930), Physiker
Fritz Haber (1868–1934), Chemiker
Felix Hausdorff (1868–1942), Mathematiker
G. R. Kirchhoff (1824–87), Physiker
Robert Koch (1843–1910), Bakteriologe
Leopold Kronecker (1823–91), Mathematiker
Ernest Kummer (1810–93), Mathematiker
Philipp Lenard (1862–1947), Physiker
Otto Lummer (1865–1925), Physiker
Jan Mikulicz-Radecki (1850–1905), Chirurg
Rudolph Minkowski (1895–1976), Astrophysiker
Albert Neisser (1855–1916), Mediziner
Richard Pfeiffer (1858–1945), Bakteriologe
Ernst Pringsheim (1859–1917), Physiker
Nathan Pringsheim (1823–94), Botaniker
Wilhelm Roux (1850–1924) Embryologe
Julius von Sachs (1832–97), Botaniker
Franz Eugen Simon (1893–1956), Physiker
Otto Stern (1888–1969), Physiker
Alfred Stock (1876–1946), Chemiker
Ludwig Traube (1818–76), Pathologe[52]

Einige der Wissenschaftler Breslaus hatten allerdings auch mit Forschungen zu tun, die später Kontroversen hervorriefen. Fritz Haber beispielsweise verdiente sich den Namen eines deutschen »Doktor Tod«. Nach einem Studium der Chemie in Berlin, Heidelberg und Zürich kehrte er nach Breslau zurück, um das Geschäft seines Vaters zu übernehmen, wurde jedoch des Kaufmannslebens überdrüssig und entschied sich für eine akademische Karriere. Ab 1894 hatte er eine Assistentenstelle an der

Kapitel 6: Breslau (1871–1918)

Technischen Hochschule in Karlsruhe inne, bevor er 1898 zum außerordentlichen Professor für Technische Chemie ernannt wurde. Im frühen 20. Jahrhundert begann er nach einem Weg zur synthetischen Herstellung von Ammoniak zu suchen, ein Ziel, das er 1908 erreichte. Im Jahr 1909 entwickelte Carl Bosch das Verfahren zur industriellen Reife weiter (»Haber-Bosch-Verfahren«). Zwei Jahre später wurde Haber als Leiter an das neu gegründete Kaiser-Wilhelm-Institut für Physikalische Chemie und Elektrochemie nach Berlin-Dahlem berufen. Bei Ausbruch des Krieges 1914 stellte er seine Arbeit der Obersten Heeresleitung zur Verfügung und wurde in der Kriegsrohstoffabteilung mit der großtechnischen Durchführung des Verfahrens zur Ammoniak-Synthese betraut. Ab Ende 1914 leitete er die Zentralstelle für Fragen der Chemie im Kriegsministerium (»Büro Haber«) und war an der Entwicklung von Gaskampfstoffen beteiligt. Weniger als ein Jahr später, am 22. April 1915, überwachte Haber persönlich den deutschen Chlorgasangriff in Ypern. Seine Frau, die Chemikerin Clara Immerwahr, belastete seine Arbeit so sehr, dass sie Selbstmord beging, aber er machte unbeirrt weiter.

Besonders bemerkenswert sind die Leistungen auf dem Gebiet der Medizin. In der Stadt entwickelte sich eine beeindruckende wissenschaftliche Gemeinschaft, die über die Organisation, die Ressourcen und das geistige Klima zur Förderung hervorragender Forschung verfügte. Breslau erlebte nicht nur die Geburt von Theorien und Hypothesen, sondern auch die völlig neuer Disziplinen.

Ferdinand Cohn gilt als einer der Pioniere der Bakteriologie. Als Direktor des Instituts für Pflanzenphysiologie an der Universität begründete er 1870 die Zeitschrift *Beiträge zur Biologie der Pflanzen* und half mit, den damals noch unbekannten Robert Koch nach Breslau zu holen. Koch entdeckte in einem Breslauer Labor 1876 die Milzbrandsporen und klärte die Ursache des Milzbrandes.

Paul Ehrlich war gleichfalls ein Pionier der Immunologie. Er besuchte das Magdalenengymnasium in Breslau und die Breslauer Universität, bevor er 1878 sein medizinisches Staatsexamen machte. Er ging zuerst nach Berlin, wo er mit Robert Koch am Institut für Infektionskrankheiten arbeitete, und wechselte dann an das Institut für experimentelle Therapie in Frankfurt am Main, das er ab 1899 leitete. Er zählt zu den allerersten Forschern, die Medizin mit moderner Chemie verknüpften, und er war der Begründer der Chemotherapie.

Albert Neisser besuchte wie Ehrlich das Magdalenengymnasium und die Universität in Breslau. Im Jahr 1882 wurde er als Professor und Direktor an die dortige Dermatologische Klinik berufen. Trotz seiner Arbeiten über Lepra und Syphilis ist sein Name dauerhaft mit der Gonorrhö oder *Neisseria gonorrhoeae* verbunden, die er 1879 entdeckte. Seine Villa im Scheitniger Park bildete einen Mittelpunkt der feinen Breslauer Gesellschaft. Hier bewirtete er Gerhart Hauptmann, Gustav Mahler und Richard Strauss. Zu seinen Fachkollegen an der Universitätsklinik gehörten mehrere bedeutende Persönlichkeiten wie Alois Alzheimer, der Entdecker der Krankheit, die seinen Namen trägt, Jan Mikulicz-Radecki, Spezialist für Unterleibschirurgie und Erfinder des Oesophagoskops sowie der weltberühmte Neurologe Otfrid Foerster.

Foerster führte die Beschäftigungstherapie in die psychiatrische Praxis ein und erfand die in der Neurochirurgie seither als Foerster-Methode bekannte Chordotomie.* Er verfasste ferner ein Standardlehrbuch der Neurologie. Und von 1922 bis 1924 war er Lenins Arzt.

Der Physiker Stern hatte als Assistent Einsteins gearbeitet, während Lenard zu den unbeugsamsten Kritikern des Genies gehörte. Max Born ist im Zusammenhang mit der Entwicklung der Quantenmechanik unsterblich geworden.

Bei so viel wissenschaftlicher Prominenz verwundert es nicht, dass Breslau, als ab 1901 die Nobelpreise zur Auszeichnung hervorragender wissenschaftlicher und künstlerischer Leistung verliehen wurden, einen hohen Anteil unter den frühen Preisträgern hatte. Unter den bis heute insgesamt zehn Nobelpreisträgern der Stadt waren zwei Literaten, drei Chemiker und drei Physiker. Vier von ihnen waren gebürtige Breslauer, sechs arbeiteten entweder an der Universität oder an anderen vratislavischen Einrichtungen, und nur einer von ihnen wurde erst nach der Kaiserzeit geboren:

1902 Theodor Mommsen	Literatur	Alte Geschichte
1905 Philipp Lenard	Physik	Photoelektronen
1907 Eduard Buchner	Chemie	Fermentierung
1908 Paul Ehrlich	Medizin	Immunsysteme
1912 Gerhart Hauptmann	Literatur	Drama und Prosa
1918 Fritz Haber	Chemie	Ammoniak-Synthese
1931 Friedrich Bergius	Chemie	Synthetischer Treibstoff

---

* Chordotomie; die operative Durchtrennung der das Schmerzempfinden leitenden Vorderseitenstrangbahnen des Rückenmarks bei anhaltenden Schmerzen im Bereich der unteren Extremitäten, zum Beispiel bei inoperablen Geschwülsten (A. d. Ü.).

1943 Otto Stern	Physik	Magnetischer Impuls
1954 Max Born	Physik	Quantenmechanik
1994 Reinhard Selten (*1930)	Wirtschaft	Industrielle Spieltheorie

1913 feierte das Kaiserreich den hundertsten Jahrestag der Befreiungskriege. In Breslau wurde speziell zu diesem Zweck der Jahrhunderthallenkomplex errichtet. Die Feiern begannen mit einer Ausstellung von 7240 napoleonischen Memorabilia unter denen auch Napoleons Kutsche war. Kernstück der Jahrhundertfeier sollte das von Gerhart Hauptmann geschriebene und von Max Reinhardt inszenierte *Festspiel in deutschen Reimen* sein, das auch die Jahrhunderthalle einweihen sollte. Es enthielt einige denkwürdige Wortwechsel zwischen Blücher und Wellington inmitten der Toten und Sterbenden auf dem Schlachtfeld von Waterloo:

BLÜCHER:
    Bruder, die Arbeit ist vollbracht.
WELLINGTON:
    Ohne euch wir hätten verloren die Schlacht.
    But, my dear marshal, what is that?

Drei übermenschliche, verschleierte Frauengestalten haben sich auf dem Schlachtfeld erhoben und richten ihre Blicke empor auf die Generäle. Sie halten einander bei der Hand.

BLÜCHER:
    Das ist mir ein sonderbares Terzett.
    Heda! Weibsbilder! Seid ihr stumm?
    Auf Schlachtfeldern geht der Teufel um
    Aber seit der Korse floh,
    Schreckt uns kein Teufel von Waterloo:
    Nämlich den Wellington und den Blücher! Weiß Gott,
    Wer nicht antwortet, ist ein Hundsfott!
DIE FRAUEN *(einstimmig, laut, furchtbar):*
    Wir sind die Stimme, die durch die Welt
    nach Frieden gellt.
    Man hört uns immer – wir schweigen nie! –,
    auch mitten im Donner der Batterie.
    Du sollst nicht töten, heißt ein Gebot:
    Warum schlagen die Menschen einander tot?
    Wir schreien ins Leere, wir klagen! Wir klagen!

Daß Christenbrüder einander foltern, verbrennen,
Niederstechen und totschlagen.
BLÜCHER:
Hört Ihr das auch, Herr Bruder?
WELLINGTON:
Oh, yes.[53]

Weniger als ein Jahr vor Ausbruch des Ersten Weltkrieges betonte das *Festspiel* zwar die Bedeutung Napoleons, versäumte es aber, den König von Preußen zu erwähnen. Von der *Times* als »höchst eigenartig« beschrieben, wurde es still und leise vom Programm der Veranstaltung gestrichen.[54]

Während der Jahrzehnte des Kaiserreichs formte sich in Breslau eine intellektuelle Elite, die stolz auf ein Deutschland war, das sich so sehr von der Zeit vor dem Kaiserreich unterschied. Diese Gruppe war weltlich orientiert, nicht antireligiös, aber überzeugt davon, dass religiöse Bindungen keine große Rolle mehr spielen. Sie war sehr wohlhabend, etwas selbstgefällig und völlig ahnungslos, was die unmittelbare Zukunft anging. Dabei war sie weniger radikal im Ton als die Elite Frankreichs, weniger unsicher als englische Intellektuelle und weit weniger unzufrieden als die Intelligenz Polens oder Russlands. Am ehesten ähnelte sie der kulturellen Elite, die sich zu dieser Zeit in den USA formierte und der es bestimmt war, viele ihrer Überlebenden und ihre Werte aufzunehmen. Jene, die sich an diese Gesellschaftsschicht erinnern konnten, gedachten ihrer mit Zärtlichkeit:

> »Mein Breslauer Großvater war einer der hässlichsten Menschen, die ich je gekannt habe... Ich erinnere mich an ihn als an einen schweren Mann mit sehr großem, ziemlich kahlem Kopf, der von weißen Büscheln umrandet war, mit ein wenig vortretenden, wässerigen blauen Augen, einer Knollennase und einer herabhängenden Unterlippe.
> Jeden Nachmittag nach der Schule pflegte ich zu der nahe gelegenen Wohnung der Großeltern zu gehen und, nachdem ich gehorsam Großmamas Hand geküsst und Großpapa die Hand geschüttelt hatte, unter Großmamas Aufsicht meine Hausaufgaben zu machen und Klavier zu üben und anschließend... Gemälde aus der umfangreichen Bibliothek mit Kunstbüchern zu kopieren und mit Großpapa auf dem großen, filzüberzogenen Tisch, der... als Schreib- und Lesepult diente, Spiele zu machen. Die Spiele waren

Kapitel 6: Breslau (1871–1918)

Domino, Dame und ein deutsches Kartenspiel namens ›Sechsundsechzig‹. Für jemanden, der in allen anderen Belangen so formell war und so sehr auf guten Manieren bestand, eigentlich unpassend, ließ Großpapa jedes Mal zu, dass wir uns gegenseitig mit derben Namen neckten, ›Schweinehund‹, ›Mistvieh‹ und andere deutsche Kosenamen dieser Art.

Mein Großvater, Paul Heimann, wurde 1857 als Kind einer alten deutsch-jüdischen Familie geboren. Die Familie seines Vaters stammte aus dem Elsass an der Grenze zu Frankreich, die seiner Mutter aus Quedlinburg in der Nähe des Harz. Sein Vater hatte ein äußerst gut gehendes Geschäft aufgebaut, das in den ländlichen Provinzen im Osten Deutschlands Landmaschinen verkaufte. Paul, der das klassische Gymnasium absolvierte und ein Examen in Rechtswissenschaft ablegte – ich erinnere mich, einmal ein Exemplar seiner juristischen Doktorarbeit gesehen zu haben, ein elegant gedrucktes Büchlein von knapp 25 Seiten –, hatte keinen Sinn fürs Geschäftliche. Bald nach dem Tod seines Vaters liquidierte er die Firma und lebte danach beinahe ein halbes Jahrhundert lang von den Einkünften aus seinen Kapitalanlagen, wobei er sich auf offiziellen Formularen als ›Rentier‹ bezeichnete...

Mit Anfang dreißig, um 1890, hatte Paul ein außergewöhnlich schönes Mädchen polnisch-jüdischer Abstammung geheiratet, das etwa zwölf Jahre jünger war als er. Warum sie ihn geheiratet hatte... ich kann es nicht einmal erraten... Sie erwiesen sich gegenseitig eher Höflichkeit als Zuneigung. Sie hatten eine einzige Tochter, meine Mutter, die sie mit ostentativem Klassizismus Julia nannten. Sie überantworteten sie der Obhut ausländischer Gouvernanten, so dass sie mit sechs Jahren passabel Italienisch, Französisch und Englisch sprach, drängten sie durch eine klassische höhere Bildung, Latein und Griechisch, und schickten sie zu einem Studium der Archäologie auf die Universität, von wo sie im Alter von 22 Jahren in eine Ehe mit meinem Vater floh.

In den Tagen ihres Wohlstands vor dem Ersten Weltkrieg lebten Paul und Marie stilvoll und gaben sich als verschwenderische Gastgeber in ihrem großen Haus – genau genommen zwei Stockwerke eines dreigeschossigen, herrschaftlichen Wohnhauses, verbunden durch eine riesige Halle und eine mit einer Brüstung versehene Treppe. Sie verreisten häufig, besonders nach Italien und Frankreich, dachten sich nichts dabei, mit dem Zug 300 Kilometer nach Berlin zu fahren, um einen Abend in der Oper zu verbrin-

gen... und sammelten *objets d'art*, mit einer der besten privaten Miniaturensammlungen als *pièce de résistance* (Hauptstück). Ihr Deutsch, wie das der meisten gebildeten Deutschen der Mittelschicht das Deutsch einer früheren Generation, war durchsetzt mit französischen Wörtern wie *étui, paletot, pince-nez, parapluie, parterre*...
Ob Paul irgendwelchen ernsthaften Beschäftigungen nachging... ich weiß es nicht... Er widmete sich unbezahlten karitativen Tätigkeiten, als ehrenamtlicher Schatzmeister des jüdischen Waisenhauses und Mitglied der städtischen Wohlfahrtskomitees, und seinen beiden Hobbys, der Kunstgeschichte und der Geschichte des Papsttums. Zu beiden Gebieten besaß er eine beträchtliche Bibliothek, und er pflegte täglich mehrere Stunden mit der Lektüre dicker Bände in Deutsch, Französisch und Italienisch zu verbringen – von Burckhardt, Ranke, Taine und anderen. Ich besitze noch ein ledergebundenes Notizbuch von ihm, in das er in seiner sauberen, kleinen, schrägen Handschrift mehr als 40 Jahre lang peinlich genau, mit Datum, jedes ernste Buch eintrug, das er las.
Politisch war er, denke ich, ein liberal angehauchter Konservativer. Natürlich bezog er die liberale Lokalzeitung, die *Breslauer Neuesten Nachrichten*, während Großmama die erzkonservative *Schlesische Zeitung* las... Dass er irgendwelche religiösen Überzeugungen hatte, bezweifle ich. Sicher bin ich mir, dass er kein praktizierender Jude war, obwohl er, wenn ich mich recht erinnere, der örtlichen Synagoge regelmäßig Spenden zukommen ließ. Jeder Tag begann, wenn er sehr früh aufstand, gegen 5.30 Uhr, und mit zwei kleinen Hunden, einem kleinen weißen Spitz und einem großen, schwarzen Chow-Chow, nahm er die Straßenbahn zu einem Park am anderen Ende der Stadt, um zu frühstücken. Zwei bis drei Vormittage in der Woche wurden bei Sitzungen seiner Wohlfahrtsorganisationen verbracht. Nachmittags pflegte er zu lesen und eine Weile mit uns zu spielen. Seine einzige regelmäßige gesellschaftliche Betätigung war an jedem Donnerstagabend ein Ausflug mit seinem angeheirateten Cousin, einem Richter, den er Onkel Richard nannte, auf ein Glas Bier in ein Restaurant in der Nähe. Ich erinnere mich, dass er mich einmal zu der riesigen Jahrhunderthalle mitnahm, einer Art [Londoner] Kristallpalast aus Stahl und Glas, der im Jahr 1912 (sic) zum Gedenken an den 100. Jahrestag der Befreiung Preußens vom napoleonischen Joch gebaut worden war, damit wir uns das ›Sechstagerennen‹ ansahen, damals ein überaus beliebter

Kapitel 6: Breslau (1871–1918)

Publikumssport. Merkwürdig, wenn ich es mir recht überlege, für einen Mann mit solch esoterisch kultivierten Neigungen, aber er ging nicht bloß mir zuliebe hin; er selber genoss das vulgäre Schauspiel. Sehr selten wurden alle drei Enkelkinder in eine Konditorei eingeladen, diese seltsame deutsche Institution, die hauptsächlich Sahnetorten und Eiskrem servierte...«[55]

Wie vielen gebildeten Breslauern wird auch Paul Heimann der Schluss von Felix Dahns *Ein Kampf um Rom* vertraut gewesen sein:

»›(...) Sieh hin, mein Bruder: am Strande steht geschart der Feinde Heer – ehrerbietig senken sie die Fahnen – und glühend sinkt die Sonne dort hinter Misenum und jenen Inseln – Purpur deckt das Meer wie ein weiter Königsmantel – Purpur färbt unsre weißen Segel, und Gold schimmert auf allen Waffen – sieh, wie der Südwind das Banner Thidrekrs hebt – nach Norden weist der Wind, der da der Götter Wille weiß – auf, Bruder Harald, laß die Anker lichten! Richte das Steuer, wende des Drachen Bug! Auf, Freias kluger Vogel, flieg, mein Falke.‹ Und hoch warf sie den Falken in die Luft – ›weise den Weg nach Norden, gen Thuleland! Heim bringen wir die letzten Goten.‹«[56]

Die Deutschen jener Zeit hielten sich selbst bisweilen für die modernen Goten oder Teutonen. Ihrem Reich sollte, wie dem der Goten in Dahms Roman, ein frühes Ende beschieden sein.

*

Es wird manchmal behauptet, während der Kaiserzeit sei Breslau am kosmopolitischsten gewesen. Gewiss steigerte die Eisenbahn die internationale Mobilität in vormals ungeahnte Höhen. Die Arbeitsmöglichkeiten, die eine erblühende Industriestadt bot, übten eine gewaltige Anziehungskraft auf die übervölkerten ländlichen Regionen im Osten und Süden aus. Wirtschaftsmigranten aus dem zerstückelten Polen, aus Österreich-Ungarn und aus weniger entwickelten Gegenden Deutschlands strömten in die Stadt. Die ethnische Mischung der Zuwanderer war reichhaltig. Der »Schmelztiegel« brodelte immer heftiger.

Gleichzeitig waren die Assimilierungskräfte ungewöhnlich stark. Der soziale Aufstieg in der rasch expandierenden Wirtschaft hing größtenteils von der Annahme einer deutschen Identität ab. Und die deutsche Identität wurde Tag für Tag sowohl durch die obligatorische Volksschule als auch die allgemeine Wehrpflicht für Männer weiter gestärkt. Schulkinder durften nur in Deutsch lesen und schreiben lernen, und zum Militärdienst Einberufene durften die kaiserliche Armee erst verlassen, wenn sie über Grundkenntnisse der deutschen Sprache verfügten. Vor allem aber genoss das Deutschtum großes Prestige. Es war mit Wohlstand, Einfluss, Modernisierung, hoher Kultur und Macht verbunden. Man konnte damit rechnen, dass der Tiegel seinen Inhalt schmolz und einen Rest zurückließ, der kleiner war als jemals zuvor.

An dieser Stelle ist ein kleiner Exkurs in das Wesen von ethnischer Zugehörigkeit und nationaler Identität angebracht. Im Zeitalter des Nationalismus, zu dem das kaiserliche Deutschland einen beachtlichen Beitrag leistete, ging man größtenteils davon aus, dass die »Nationen« natürliche, ewige und im Wesentlichen unveränderliche Größen seien. Man glaubte, sie existierten seit undenklichen Zeiten in Europa – daher das Interesse an der Vorgeschichte – und seien in der Neuzeit in einen gewaltigen Überlebenskampf aller gegen alle verwickelt. Es existierte die Vorstellung, die Zugehörigkeit zu einer Nation sei vergleichbar mit der zu einer biologischen Spezies. Man sprach von »Rassen«, »Stämmen«, »Blut« und »Gattungen«, als sei »Nationalität« ein natürliches Element der genetischen Ausstattung jedes Menschen. Gelehrte Abhandlungen über den »Nationalcharakter« wurden verfasst, als besäßen alle Angehörigen aller Nationen ein vorherbestimmtes Bündel angeborener geistiger wie körperlicher Eigenschaften. Die Waliser seien musikalisch, die Schotten geizig und die Iren Trunkenbolde. Die Engländer würden mit »Haltung« geboren. Deutsche seien Deutsche, und Polen seien Polen, so wie »Rosen rot und Flieder blau« seien. Viele solcher Einstellungen hielten sich das ganze 20. Jahrhundert hindurch.

Erst in jüngerer Zeit sind Historiker, Soziologen und Psychologen zu der Erkenntnis gekommen, dass ethnische Zugehörigkeit und Nationalität gleichzeitig sehr viel komplexer und sehr viel flüchtiger sind, als einst angenommen wurde. Dabei ist zu beachten, dass nationale Identität sowohl »erfunden« als auch ersetzt werden kann. Kein Zeitgenosse Shakespeares hätte etwa vor 400 Jahren behauptet, »Brite« zu sein, und kein Bewohner Nordamerikas betrachtete sich als »Amerikaner« (außer vielleicht im geografischen Sinne). Aber dank der Schaffung des Vereinigten Königreichs und der Vereinigten Staaten wurden Millionen von Menschen dazu veranlasst, eine Identität anzunehmen, die es zuvor nicht gab. Sowohl die »britische Nation« als auch die »amerikanische Nation« wurden in der Neuzeit aus sehr ungleichen Bevölkerungsteilen erschaffen. Ebenso

Kapitel 6: Breslau (1871–1918)

war die preußische Identität vor 200 oder 300 Jahren eine unzweifelhafte Tatsache. Sie wurde von den preußischen Behörden sorgsam gepflegt. Aber heutzutage hat sie sich fast verflüchtigt. Durch die Abschaffung des Staates und der Auflösung der Gemeinschaft, die ihn erschaffen und unterhalten hat, ist auch sie verschwunden.

Darüber hinaus besitzen Menschen vielfache Identitäten, nicht bloß eine einfache. Jeder gehört in höherem oder geringerem Maße zu vielen Gruppen: zu einer Kernfamilie, zu den erweiterten Familien väterlicher- und mütterlicherseits, zu einem Geburtsort, zu einer Stadt oder einem Viertel, wo er aufwuchs, zu einer sprachlichen, religiösen oder kulturellen Gemeinschaft, zu einem politischen Staat, einer rassischen Gruppe, sogar zu einem Kontinent. In unterschiedlichem Ausmaß akzeptiert oder verwirft jeder Mensch die Beziehungen, die ihn umgeben, und versucht sich innerhalb der zahlreichen konkurrierenden Schichten, die seine Loyalität beanspruchen, seine eigene Prioritätenhierarchie zu schaffen. Manch einer passt sich gut an. Anderen gelingt dies weniger gut, und sie geraten in »Identitätskrisen«. Manchen Individuen bereitet es wenig Probleme, Bindungen an mehr als eine Nation oder an mehr als einen Staat miteinander in Einklang zu bringen. Anderen fällt die Vorstellung schwer, mehr als einem Staat, einer Nation, einer Sprache und einer Religion anzugehören. Doch wirkliche Probleme entstehen erst dann, wenn äußere Gewalten versuchen, sich einzumischen und Menschen eine starre Identität aufzuzwingen, die diese gar nicht haben wollen.

Um angemessen beurteilen zu können, was um 1900 in Europa und im kaiserlichen Deutschland geschah, müssen wir diese Mechanismen nationaler Identitäten berücksichtigen. Die meisten Regierungen (wenngleich nicht alle) setzten damals sämtliche ihnen zur Verfügung stehenden Mittel ein, um den Köpfen aller ihrer Bürger eine nationale Identität einzuimpfen. Die französische Regierung versuchte »Bauern in Franzosen« zu verwandeln. Das britische Königshaus bemühte sich emsig, Engländer, Waliser, Schotten und Iren ebenso wie Australier, Kanadier, Neuseeländer und Südafrikaner davon zu überzeugen, dass sie alle »Kinder der einen großen Familie des Empire« seien. Und die Regierung des Kaisers versuchte das Gleiche. Sie wollte, dass alle Untertanen des Kaisers sich mit Stolz als »Deutsche« betrachteten und alle anderen Bindungen auf ein Minimum reduzierten. Das war für diese Zeit also nichts Ungewöhnliches. Der Unterschied zu anderen Ländern bestand vor allem darin, dass das 1871 gegründete Deutsche Reich versuchte, in Jahrzehnten zu erreichen, wozu zum Beispiel Großbritannien Jahrhunderte gebraucht hatte und dabei nicht immer sehr rücksichtsvoll vorging. Das kaiserliche Deutschland war im

Gegensatz zum zaristischen Russland zwar ein Rechtsstaat. Es agierte nicht mit roher Gewalt oder behördlicher Zügellosigkeit. Aber das wilhelminische Deutschland erzeugte ein psychologisches Klima, in dem sich der Einzelne gegenüber der Obrigkeit oft eingeschüchtert und schikaniert fühlte. Breslaus Position in diesem Prozess war besonders heikel. Als Provinzstadt genoss es nicht das Maß an Freiheit, das in der Hauptstadt herrschte. Als Grenzstadt am Rande der slawischen Welt reagierte Breslau auf Fragen der Nationalität besonders empfindlich. Kurz, Breslau war ausdrücklicher deutsch als andere Großstädte wie München oder Köln, wo es weder Grenzen noch Minderheiten gab. Es war zu Polen und Tschechen oder zu nicht assimilierten Juden weniger freundlich als Berlin. Trotz der Nähe Breslaus zu Gegenden, die einen großen polnischen Bevölkerungsanteil besaßen, war die polnische Gemeinschaft weniger zahlreich und weniger kampfbereit als an der Spree.

Statistische Aussagen sind in dieser Hinsicht wenig hilfreich. Die konfessionellen Kategorien – 63 Prozent Protestanten, 32 Prozent Katholiken, 5 Prozent Juden – sind für die ethnische Zugehörigkeit kaum von Belang. Und fremde Einwohner wurden eher nach ihrer Staatsbürgerschaft als nach ihrer Nationalität registriert. Folglich erschienen Einwohner aus Warschau höchstwahrscheinlich als »Russen« und Menschen, die aus Krakau oder Lemberg stammten, als »Österreicher«. Doch ethnisch hätten sie sich wohl als »Polen«, »Juden« oder »Ukrainer« betrachtet.

Der tatsächliche Anteil polnischer Einwohner in Breslau war deshalb wie auch in früheren Epochen sehr schwer einzuschätzen. Im Jahr 1874 wurde festgestellt, dass in den meisten Vorstädten auf dem rechten Oderufer immer noch Polnisch gesprochen wurde, und viele der Bediensteten und Kutscher der Stadt waren Polen. Sicherlich waren polnische Namen alltäglich, wie jeder Blick auf alte Fotografien Breslaus bestätigen wird. Doch Namen sind keine Beweise für die Identität von Menschen und nur relevant, um die männliche Linie der Familie zurückzuverfolgen. Polnische Studenten waren in beträchtlicher Zahl vorhanden und machten etwa 10 Prozent der Studentenschaft aus. Aber sie waren hauptsächlich Ausländer. Zu ihren Organisationen gehörten die »Polonia« und die »Concordia« sowie der schlesische Zweig der »Sokól«-Turnorganisation, die auch außerhalb von Breslau aktiv war. Viele von ihnen sollten bald zu Mitwirkenden in der polnischen Nationalbewegung werden, vor allem in der oberschlesischen Bewegung.

Für diese oberschlesische Bewegung sollte Wojciech Korfanty (1873 bis 1939) zu einer Schlüsselfigur werden. Er stammte aus der Nähe von Kattowitz und kam 1898 als Student nach Breslau. Er studierte bei dem Nationalökonomen Werner Sombart (siehe unten), mit dem er eine dauerhafte Freundschaft anknüpfte.[57] Außerdem schloss er sich dem Oberschlesischen Klub (»Towarzystwo Akademików Górnoślązaków«) der Universität und der führenden polnisch-nationalen Geheimorganisation »Zet« an. Zusammen mit seinen Kommilitonen Jan Kowalczyk und Emanuel Twórz versuchte Korfanty, oberschlesische Studenten für die polnische Sache zu gewinnen. Nach dem Abbruch seines Studiums zu einer Zeit, als der Rektor Felix Dahn alle polnischen Studentenvereinigungen verboten hatte, wurde Korfanty Journalist und reiste häufig. Im Jahr 1903 wurde er als gewählter Abgeordneter für den Wahlkreis Kattowitz-Zabrze eines der ersten polnischen Mitglieder des Deutschen Reichstages, bevor er im folgenden Jahr auch in den Preußischen Landtag gewählt wurde. Sein späteres Wirken als führendes Mitglied der polnischen christlich-demokratischen »Partei der Arbeit« (»Stronnictwo Ludowe«), als Teilnehmer an den oberschlesischen Aufständen und Abstimmungskommissar für Oberschlesien (1919–21) sowie als Abgeordneter im Sejm (1919–30) sicherten ihm einen dauerhaften Platz in der polnischen Geschichte. Er hatte sehr großen Einfluss in Oberschlesien, in Niederschlesien hingegen blieb seine Wirkung gering.

Das wilhelminische Breslau erlebte einen steilen Anstieg der jüdischen Bevölkerung, nämlich von 13 916 (1871) über 17 754 (1890) auf 20 212 (1910) Einwohner. Doch die genaue Zahl der jüdischen Bewohner herauszufinden bereitet ähnliche Schwierigkeiten wie bei der polnischen Bevölkerung Breslaus. Juden wurden nämlich ausschließlich als religiöse Kategorie betrachtet, so dass die große Schar nicht praktizierender Deutscher jüdischen Ursprungs ebenso wenig zählte wie die jüdischen Einwohner mit ausländischer Staatsbürgerschaft.

Mit der wachsenden Zahl jüdischer Einwohner Breslaus ging die Herausbildung einer neuen Form der Diskriminierung einher. Das Wort »Antisemitismus« prägte der radikale Autor Wilhelm Marr in seiner Schrift *Der Sieg des Judenthums über das Germanenthum. Vom nicht confessionellen Standpunkt aus betrachtet* (Bern 1879). Der Begriff markierte eine Abkehr von den traditionellen Formen religiöser und kultureller Vorurteile. Er postulierte eine neue weltliche, rassistische und irrationale Form, die ein bereitwilliges Echo bei vielen fand, die von Börsensturz und Wirtschaftskrise betroffen waren. Die Assoziation des deutschen Judentums mit dem Bankwesen und der Börse hatte den im Land weit verbreiteten Glauben an eine jüdische Verschwörung wieder erweckt, der von zahlreichen nationalistischen Politikern geschürt wurde. Viele Menschen waren beunruhigt und fürchteten, dass die Juden sich nur allzu gut assimiliert hätten und nun dem Innersten des Staatswesens gefährlich werden könnten. In Marrs pseudowissenschaftlichem Rassismus und seinen primitiven Vorurteilen fanden sie Trost. Bald darauf wurde in Berlin die Antisemiten-Liga gegründet, und mehrere große jüdische Zentren wurden Zeuge antisemitischer Agitation, die in einigen Fällen zu Krawallen führte. In Breslau provozierten die vorherrschenden liberalen Sympathien der jüdischen Gemeinschaft eine feindselige Reaktion der nationalistischeren Teile der Presse. Gewaltsame Zwischenfälle waren jedoch selten. Jüdische Politiker wie Wilhelm Freund konnten sogar den prestigeträchtigen Vorsitz der Stadtverordnetenversammlung bekleiden und wurden auch von antisemitischen Stadträten akzeptiert.[58] Die Spannungen dieser Zeit spiegeln sich in einem unbeholfenen Knittelvers aus dem Jahr 1879 wider:

> O Breslau du, O Breslau,
> Du alte Bischofsstadt,
> Wo's drinnen so viel Juden
> Und Christenfeinde hat.

> Wie ist es denn gekommen,
> Was hast du denn gemacht,
> Daß du es zur Herrschaft
> Der Juden hast gebracht?
> (...)

> Sie sitzen schon im Rathe,
> Fast immer obendran
> Und haben Wort und Stimme
> Der Christ – gehorchen kann.[59]

20 Jahre später verschärfte sich die Auseinandersetzung, als die Deutsche Konservative Partei bei der Reichstagswahl 1893 antisemitische Ressentiments propagierte. Dieser schärfere Ton war teilweise eine Antwort auf die wachsende Zuwanderung größtenteils nicht assimilierter und verarmter osteuropäischer Juden. Zwischen 1870 und 1914 verließen schätzungsweise zwei Millionen Juden ihre Heimat in Österreich-Ungarn, Russland und Rumänien. Obwohl die Mehrheit in die Neue Welt auswanderte, wollte ein nicht unerheblicher Anteil sich in Deutschland niederlassen. Bei einigen handelte es sich um Studenten, die ein an den russischen Universitäten geltender Numerus clausus vertrieben hatte. Andere waren Wirtschaftsmigranten oder Opfer brutalerer Formen von

Antisemitismus. Bei Ausbruch des Krieges wurde beinahe ein Viertel der Juden Deutschlands als »östlich« oder »ausländisch« bezeichnet. Ihre Anwesenheit stellte nicht nur eine Herausforderung für die Behörden dar, sondern weckte auch die Vorurteile von Alteinwohnern – nicht zuletzt unter den deutschen Juden selbst.[60]

Für die Ostjuden war Breslau ein beliebtes Ziel. 30 Prozent von ihnen trafen aus Österreich-Ungarn kommend ein, die anderen waren Migranten aus Oberschlesien und der Provinz Posen. Nur selten wurden sie mit offenen Armen empfangen. Obwohl die Politik weiter westlich weniger streng war, mussten sie in Schlesien als Beweis ihrer Nützlichkeit für den Staat eine Genehmigung von der örtlichen Handelskammer beantragen. Im Allgemeinen waren die städtischen Behörden Breslaus weniger nachsichtig als der Oberpräsident der Provinz, und die meisten Anträge wurden auf dieser höheren Ebene abgelehnt. Nur wenige Genehmigungen wurden erteilt. Die meisten Zuwanderer wurden nach dem zweiwöchigen Aufenthalt, den man ihnen als Kaufleuten und Händlern gewährte, ausgewiesen. Zwischen 1881 und 1913 nahm die Stadt 3401 Ostjuden auf; im Jahr 1910 ließ sie bei insgesamt 20 000 jüdischen Einwohnern 1423 registrieren.

Breslaus Universität hatte einen großen jüdischen Studentenanteil, etwa 16 Prozent aller Studenten und zwei jüdische Verbindungen. Die im Jahr 1886 gegründete Viadrina[61] agierte auf der Linie der traditionellen Burschenschaften und verteidigte die jüdische Ehre, indem sie Kritiker zum Duell forderte. Ihr Motto *nemo me impune lacessit* (»Niemand provoziert mich ungestraft«) zeugte von ihrer Streitlust. Aber die christlichen Verbindungen verweigerten Duelle mit ihren Mitgliedern. Ein weiter gefächerter (und nicht schlagender) »Verein Jüdischer Studenten« wurde 1899 gegründet. Ein Jahrzehnt später waren 76 Prozent der geschätzten 1100 russischen Juden an deutschen Universitäten an nur fünf Hochschulen – Berlin, Breslau, Königsberg, Leipzig und München – eingeschrieben. In Reaktion darauf wurde 1913 ein preußischer Numerus clausus eingeführt, der die Zahl ausländischer jüdischer Studenten auf insgesamt 900 und auf nur 100 an der Universität von Breslau begrenzte.[62]

Eine Attraktion war das jüdische Theologische Seminar Breslaus. Als eine von nur drei derartigen Einrichtungen im ganzen kaiserlichen Deutschland – die beiden anderen befanden sich in Berlin und Heidelberg – band es ausländische Studenten in großer Zahl. 38 Prozent der Studenten am Breslauer Seminar zwischen 1868 und 1914 waren Ostjuden.[63] In den achtziger Jahren lag der Anteil bei fast 50 Prozent.

Die Ostjuden erhitzten die Gemüter. Für die deutsche Mittelschicht bestätigten sie häufig negative Stereotypen – man betrachtete sie als unzivilisierte oder »halbasiatische« Schnorrer. Selbst deutsche Juden wahrten Distanz. Viele verspürten nicht das geringste Bedürfnis, mit ihren Glaubensbrüdern in Verbindung gebracht zu werden, und sprachen von ihnen als »Polacken« oder »polnischen Schweinen«. Ein Absolvent des Breslauer Seminars beobachtete, wie deutsche Juden stärker als ihre osteuropäischen Mitstudenten Anklang fanden:

> »... sie wurden als die Anführer im Seminar betrachtet und von den Professoren mit besonderer Milde behandelt. Ihr Anspruch auf Anerkennung lag in ihren Pässen; schließlich waren sie Deutsche, während die anderen Ausländer waren.«[64]

Ausmaß und Einfluss der Immigration der Ostjuden nach Breslau sollten jedoch nicht überschätzt werden. Der Anteil nicht deutsch sprechender Juden in der Stadt erreichte niemals auch nur 2 Prozent der Gesamteinwohnerschaft,[65] und sowohl die Universität als auch das Theologische Seminar dienten als Motoren der Germanisierung. Die Antisemiten hatten oft auch gar keinen Sinn für die Differenzierungen innerhalb des deutschen Judentums, wie der folgende, nicht untypische Satz belegt: »Es gibt keine ostjüdische Frage, nur eine jüdische Frage.«[66]

Die hohe Assimilierungsrate bedeutete nicht nur, dass Juden in erheblicher Zahl zum Christentum, gewöhnlich zum Protestantismus, übertraten, sondern auch, dass viele von ihnen ihren Namen ändern wollten. Viele Juden legten ihren alttestamentarischen Vornamen ab und nahmen zudem einen häufig anzutreffenden deutschen Familiennamen an. In Breslau beantragte ein Katz den Nachnamen Kersten; ein Herz zog es vor, zu einem Horst zu werden; ein Kohn wollte Roland heißen, war aber bereit, sich mit Rohn zufrieden zu geben. Aus dem Jahr 1900 datiert eine Entscheidung, nach der Menschen, die aufgrund ihrer religiösen Praxis Juden waren, derselben Kategorie zuzuschlagen waren wie Menschen, die lediglich jüdischer Abstammung waren. Antragsteller, die polnische Namen loswerden wollten, stießen nicht auf solche Schwierigkeiten.[67]

Die Juden Breslaus konnten an vielen Bereichen des gesellschaftlichen Lebens teilhaben, ohne ihr Judentum über Bord zu werfen oder zu gefährden. Die jüdischen Akademiker und Literaten, zu denen Heinrich Graetz, Albert Neisser und Ferdinand Cohn zählten, gehörten zur Elite der Stadt. Die jüdische Mittelschicht war im Großen und Ganzen wohlhabend und trat zunehmend in den eleganten Vororten in Erscheinung. Ihre Politiker spielten eine bedeutende Rolle auf der kommunalen Bühne

Kapitel 6: Breslau (1871–1918) 383

und stellten das Rückgrat der örtlichen Liberalen. Kurz, Breslaus Juden waren trotz der vorhandenen antisemitischen Strömungen Teil einer relativ toleranten und alle Gruppen einschließenden Gesellschaft.[68] Es wäre infolgedessen ein Fehler, das wilhelminische Judentum durch das Prisma späterer Ereignisse als Gruppierung zu betrachten, die auf die Katastrophe zusteuerte. Die Aussichten waren ganz im Gegenteil 1914 so rosig wie seit Generationen nicht mehr. »Es hätte einer gewaltigen Einbildungskraft bedurft, sich Deutschland als den künftigen Vollstrecker des Völkermords an den Juden vorzustellen.«[69]

*

Die deutsche Gesellschaft erlebte in der Kaiserzeit einen beispiellosen Wandel. Die Bevölkerung, die in Gemeinden mit 100 000 und mehr Einwohnern lebte, stieg von weniger als 5 Prozent im Jahr 1871 auf über 21 Prozent im Jahr 1910.[70] Die Einwohnerschaft Breslaus vergrößerte sich im gleichen Zeitraum von 208 000 auf über 512 000. Die geografische Umverteilung war so groß, dass im Jahr 1907 nur knapp über die Hälfte der 60 Millionen Deutscher noch an ihrem Geburtsort lebten.

Doch die soziale Mobilität war nach wie vor begrenzt. Wenngleich die Gewitzten und Dynamischen immer Wege zum Erfolg finden konnten, war die Bewegung zwischen den sozialen Schichten nicht einfach. In Breslau blieb die Gesellschaftsstruktur während des gesamten Kaiserreichs relativ stabil, wobei 30 Prozent der Männer der Mittel- und 60 Prozent der Arbeiterklasse angehörten.[71]

Der Eindruck allgemeinen Fortschritts bedarf deshalb der Relativierung. Etwa 30 Prozent der Haushalte im Deutschen Reich lebte in bitterer Armut. Für die vielen Tausende, die in Breslaus Elendsvierteln wohnten, wurde das Leben auch durch Telefon und elektrische Straßenbahn kaum verbessert. Sie bewohnten schmutzige, verwahrloste, überfüllte und antiquierte Gebäude, oft fünf oder sechs Stockwerke hoch, mit unzulänglicher Heizung und mangelndem Licht. Ihre Kinder spielten barfuß in den engen Gassen und offenen Abwasserkanälen und Kloaken. Die Väter arbeiteten zehn bis zwölf Stunden täglich, sechs Tage die Woche, häufig unter gesundheitsschädigenden Bedingungen. Mehr als die Hälfte des Wochenlohns wurde für Lebensmittel verbraucht, ein Viertel für die Miete. Bismarcks »Staatssozialismus« sorgte für wenig mehr als das elementarste soziale Sicherungsnetz. Für diese Menschen war sozialer Aufstieg ein ferner Traum. Die meisten ertrugen ihr Los mit stoischer Ruhe. Ein paar wurden zur Verzweiflung getrieben. Zu ihnen gehörte Herr

Schäfer. Im August 1883 wurde berichtet, dass er seine fünf kleinen Kinder erhängte, bevor er sich selber das Leben nahm.[72]

Knapp einen Steinwurf von der Eleganz des Rings entfernt, lebten die Armen Breslaus mit einer der höchsten Sterblichkeitsraten in Europa. Mit 30,5 Todesfällen auf 1000 Einwohner[73] stand Breslau nur unwesentlich besser da als München oder Chemnitz, aber weit schlechter als Städte wie Manchester oder Liverpool. Die Kommunalpolitik tat wenig zur Linderung des Elends. Im Jahr 1885 hatte Breslau mit armseligen drei Mark Unterstützung, die pro Familie und Woche bewilligt wurden, in ganz Deutschland die niedrigste Armenhilfe.[74]

Die Verbrechensrate stieg mit der zunehmenden Polarisierung der kaiserlichen Gesellschaft. Die Zahl der vor den Breslauer Gerichten verhandelten Fälle stieg von Jahr zu Jahr, wobei die Diebstahls- und Körperverletzungsdelikte am meisten zunahmen. Gegen Ende des 19. Jahrhunderts wurde am nördlichen Stadtrand ein neues Gefängnisgebäude errichtet. Kletschkau sollte bis 1945 als wichtigste Haftanstalt der Stadt fungieren und ist noch heute in Gebrauch.

Eine Zeit lang war der preußische Oberscharfrichter ein Breslauer. Lorenz Schwietz hatte in der Stadt seit 1886 eine Abdeckerei betrieben und sowohl durch seine professionelle Einstellung wie durch seinen athletischen Körperbau Eindruck gemacht. Trotz einer Verurteilung wegen Tierquälerei wurde er vom Justizministerium im Juni 1900 ernannt und führte im folgenden August seine erste Hinrichtung aus. Im offiziellen Bericht wird Schwietz' Auftreten dabei gelobt: »Er selbst machte einen sehr ruhigen, sicheren Eindruck; er erschien in tadelloser Haltung und in gutem Frackanzuge.« Schwietz sollte sich einer langen Karriere im preußischen Dienst erfreuen.[75]

Kaiser Wilhelm II. war ein regelmäßiger Gast in Breslau. Im Jahr 1896 war er bei der Enthüllung einer pompösen Statue seines Großvaters, Wilhelms I., in einer Seitenstraße der Schweidnitzer Straße zugegen. Er hatte sich wegen der Herbstmanöver in Schlesien aufgehalten und nun den russischen Zaren mit nach Breslau gebracht, so dass die Stadt stark herausgeputzt war. Die Gebäude waren mit bunten Fähnchen und den Wappen des Reiches geschmückt. In den gefegten und geschrubbten Straßen waren provisorische Bögen aufgestellt, die Adler, Wimpel und das Initial »W« trugen. In der Nähe des neuen Denkmals hatte man eine kunstvolle Pergola mit Goldtroddeln drapiert und mit einer riesigen Krone gekrönt. Der Kaiser selbst trug einen silbernen Brustharnisch und einen Adler auf dem polierten Helm. Offizielle Gäste konnten das Schauspiel bequem von einer eigens errichteten Tribüne aus verfolgen. Der Rest der Bevölkerung

Kapitel 6: Breslau (1871–1918)

drängte sich an Straßenecken und auf Hausdächern, um einen Blick auf die illustren Besucher zu erhaschen.

Im Jahr 1906 kam Wilhelm II. wegen des Kaisermanövers erneut nach Breslau. Später inspizierte er auf dem Paradeplatz in Gandau eine aus den schlesischen Regimentern und der Breslauer Garnison gebildete Ehrengarde, deren Vorbeimarsch wie erwähnt auch der junge Winston S. Churchill beiwohnte. Binnen eines Jahrzehnts sollten Beobachter und Beobachtete sich im Krieg miteinander befinden.

Der Erste Weltkrieg war eine kollektive Katastrophe für die deutsche Gesellschaft, der fast keine Familie unberührt ließ. Wie unzählige andere war auch das Geschlecht derer von Richthofen betroffen. Bei Kriegsausbruch war Manfred von Richthofen bereits Leutnant im 1. Ulanenregiment, das in Ostrowo stationiert war. Sein jüngerer Bruder Lothar lag mit den 4. Dragonern in Liegnitz. Seine Schwester Ilse wurde wenige Wochen nach dem Attentat von Sarajewo Rotkreuzschwester. Neun Tage später fiel sein Cousin Wolfram im Dienst der 8. Dragoner in der Nähe von Metz. Wieder einen Monat später kehrte sein Vater, ein 55-jähriger Major im Ruhestand, in den aktiven Dienst zurück, und sein elf Jahre jüngerer Bruder Bolko trat in die Militärakademie in Wahlstatt ein. Selbst der Diener der Familie, Gustav Mohaupt, schloss sich den 5. Hirschberger Jägern an.[76]

Der Krieg veränderte das Leben jedes Deutschen, vom Frontsoldaten im rattenverseuchten Graben bis zur Hausfrau, die sich durch den »Steckrübenwinter« kämpfte. Zwei Millionen verloren ihr Leben, und Millionen weitere wurden verwundet und verstümmelt. Doch ihr Opfer schien vergeblich zu sein. Deutschland ging halb besiegt, gedemütigt und territorial zurechtgestutzt aus dem Krieg hervor. Die Blüte seiner Jugend ruhte neben den alliierten Toten von Ypern, Verdun und unzähligen anderen Schlachten. Der Feind im Osten war besiegt worden und hatte sich in die Revolution gestürzt. Aber die westlichen Alliierten konnten, nicht zuletzt moralisch, behaupten, sie seien die Sieger. Die Deutschen wurden offiziell als die Aggressoren, die Anstifter und Kriegstreiber benannt. Der Trost des *dulce et decorum est...* wurde ihnen verweigert. Das so verursachte Trauma reichte aus, die deutsche Gesellschaft in den Abgrund zu stürzen.

*

Die Politik im wilhelminischen Breslau fand auf vier Ebenen statt – der lokalen, der provinziellen, der bundesstaatlichen und der nationalen. Wahlen wurden regelmäßig für die Stadtverordnetenversammlung, für den Schlesischen Provinziallandtag, für das Preußische Abgeordnetenhaus und den Reichstag abgehalten.

In gewisser Weise spiegelte die Breslauer Politik die Angelegenheiten des Deutschen Reiches wider, besonders als mehrere Politiker einen nationalen oder sogar internationalen Status erlangten. Viele vratislavische Vertreter widersetzten sich jedoch hartnäckig der politischen Konvention und engagierten sich zugunsten sozialistischer Demokratie.

Einer von ihnen war der Liberale Max von Forckenbeck (1821–1892), ein Veteran von 1848 und ehemaliger Reichstagspräsident. Die nationale für die lokale Politik aufgebend, amtierte er von 1872 bis 1878 als Oberbürgermeister von Breslau. Zu besonderer Berühmtheit kam er 1879, als er die deutschen Mittelschichten aus Protest gegen Bismarcks antisozialistische Gesetzgebung »auf die Barrikaden« rief.[77] Obwohl seine Aufforderung auf taube Ohren stieß, bezeichnete ihn der Kanzler, sein langjähriger Widersacher, als »dunkelrot«, was Forckenbeck jedoch nicht davon abhielt, als Nächstes Oberbürgermeister von Berlin zu werden.

Georg Bender (1848–1924) amtierte von 1891 bis 1912 als Oberbürgermeister. Unter seiner Führung erlebte das wilhelminische Breslau ein rasches Wachstum, während er dafür sorgte, dass die Infrastruktur der Stadt mit der wachsenden Bevölkerung Schritt hielt. In seine Amtszeit fiel die Gründung des Schlesischen Museums im Jahr 1899 und die Schaffung zahlreicher Heime zur Pflege Armer und Kranker. Die Universität verlieh ihm nicht weniger als drei Ehrendoktorhüte.

Die Wahlen zur Stadtverordnetenversammlung fanden in der Regel alle fünf Jahre statt. Anstelle des allgemeinen Wahlrechts bediente man sich einer Einkommensschwelle, um die Wahlberechtigung des Einzelnen zu ermitteln. Die solcherart Berechtigten machten im Durchschnitt 78 Prozent der Bevölkerung aus,[78] und die Ergebnisse spiegelten diese Verzerrung wider. Obwohl die Liberalen stets gut vertreten waren, kamen die ersten sozialdemokratischen Stadträte erst im Jahr 1900 in Amt und Würden, lange nach dem Durchbruch der Partei in der nationalen Politik.

Der bekannteste Stadtratsvorsitzende war Wilhelm Freund (1831–1915). In der Nähe von Posen geboren, kam Freund als Kind nach Breslau und ließ sich nach einem Universitätsstudium 1862 als Rechtsanwalt in der Stadt nieder. Als er in die Politik ging, vertrat er von 1876–79 Breslau im Preußischen Landtag und Breslau-West von 1878–81 im Deutschen Reichstag. Am erfolgreichsten war er indes als Vorsitzender des Stadtrates und Berater von Oberbürgermeister Bender, eine Position, die er beinahe drei Jahrzehnte lang bekleidete – von 1886 bis 1915. Man hat ihn als Personifizierung der liberalen Tradition Breslaus beschrieben.

Werner Sombart (1863–1941) war weniger beständig in seinen Über-

Kapitel 6: Breslau (1871-1918) 387

zeugungen. Er kam 1890 als Professor für Politikwissenschaft nach Breslau und war ein Mann von ungewöhnlichen Gaben und großem Temperament. Als Stadtrat war er außerordentlich fleißig – er wohnte Plenarsitzungen bei, saß in Haushaltsausschüssen, nahm an Parteitagen teil und besetzte zahlreiche Nebenposten. Als Universitätslehrer vertrat er eher exotische Positionen. Er pries den Marxismus, sprach jedoch von der »Barbarei der Proletarier«[79] und liebäugelte später ohne Erfolg mit dem Nationalsozialismus. Er behauptete von sich, das Wort »Kapitalismus« geprägt zu haben, schrieb dies alternativ aber auch der Gier der Juden zu oder gar den Frauen wegen der materiellen Forderungen, die sie an ihre Männer stellten. Wie viele begrüßte er 1914 den Krieg, betrachtete ihn aber als »Psychotherapeutik der Völker im Großen« und beschrieb ihn als Konflikt zwischen »Händlern [den Briten] und Helden [den Deutschen]«.[80] Seine unkonventionellen Ansichten und sein blumiger Stil trugen ihm gewaltige Anerkennung als Autor und Redner ein.

Die Provinzialpolitik ist, obwohl mehrere Jahrhunderte lang ein Charakteristikum Breslauer Lebens, fast vollständig aus dem modernen historischen Bewusstsein verschwunden. Die alten Schlesischen Stände, die in böhmischer und habsburgischer Zeit agiert hatten, fanden einen verspäteten Nachfolger im schlesischen Provinziallandtag, der 1825 von der preußischen Regierung eingesetzt wurde und bis 1918 in Funktion blieb. Dieser Provinziallandtag wurde durch politische Persönlichkeiten von außerhalb Breslaus und vor allem durch den Landadel beherrscht. Trotzdem war er keine unbedeutende Institution und zählte zu den Einrichtungen, die Breslau nicht nur mit dem Umland, sondern mit ganz Schlesien verbanden. Im Jahr 1898 erhielt er ein großes, würdiges Gebäude in der Gartenstraße in der Nähe des Hauptbahnhofs, das noch immer praktisch unversehrt dasteht, das aber nur wenige heutige Vratislavier jemals bemerkt haben werden.

Die auf dem allgemeinen Wahlrecht für Männer basierenden Reichstagswahlen erlaubten mit Einschränkungen demokratische Politik. Vor dem Durchbruch der Sozialdemokratie 1878 behauptete die in der Mittelschicht verwurzelte Deutsche Fortschrittspartei die beiden Wahlkreise Breslau-Ost und Breslau-West. Der dritte Wahlkreis, Breslau-Neumarkt, blieb unter der Kontrolle der konservativen Parteien, deren langjährige Vorherrschaft nur 1890 durch die Wahl eines Kandidaten der katholischen Zentrumspartei kurz unterbrochen wurde. Es waren die Reichstagswahlen, die Breslaus Entwicklung zu einer nationalen Hochburg der Sozialdemokratie ermöglichten.

Obwohl 1874 der Wahlkreis Reichenbach-Neurode das erste schlesische SDAP-Mitglied* nach Berlin entsandte, sorgten Breslaus zwei zentrale Wahlkreise mit einer einzigen Ausnahme, der Periode von 1907 bis 1912, dafür, dass mindestens immer ein SPD-Mitglied gewählt wurde. Sie steuerten sogar einige der prominentesten Namen des deutschen Sozialismus bei. 1878 wurde in Breslau-Ost mit Klaus Peter Reinders (1847–79) der erste SDAP-Kandidat gewählt, der den örtlichen Geschäftsmann Leo Molinari knapp mit 9771 zu 9316 Stimmen schlug. Ursprünglich aus Emden in Norddeutschland stammend, war Reinders als Lehrling nach Breslau gekommen, um den Geburtsort seines Idols Ferdinand Lassalle zu besuchen. Da er die sozialistische Bewegung chaotisch fand, gründete er die Zeitung *Die Wahrheit*. Sein früher Tod brachte mehr als 20 000 Trauernde zu seinem Begräbnis auf die Straße.

Nachfolger von Reinders sollte der bekannte Journalist Wilhelm Hasenclever (1837–1889) werden, der als Vorsitzender des Gründungsparteitages der SPD in Gotha zu den Pionieren der Partei zählte. Als Chefredakteur des sozialdemokratischen Parteiorgans *Vorwärts* (gemeinsam mit Wilhelm Liebknecht) vergrößerte er bald die Wählerbasis. Den Reichstagssitz für Breslau-Ost behauptete er bei drei Wahlen, bevor er 1884 dem konservativen Kandidaten und schlesischen Oberpräsidenten Otto von Seydewitz unterlag. Für sein Verhalten bei Reichstagsdebatten wurde Hasenclever, der ein lebhafter und kämpferischer Politiker war, sechsmal zu einer Geldstrafe verurteilt.[81]

Im Wahlkreis Breslau-West wurde 1881 der ehemalige Sattler Julius Kräcker (1839–88) gewählt, der mit Reinders für die *Wahrheit* gearbeitet hatte. Kräcker fand einen glänzenden Weg, die Beschränkungen des Bismarck'schen Sozialistengesetzes zu umgehen. Da es verboten war, Wahlplakate herzustellen, druckte er eine Bekanntmachung, die scheinbar für Zigarren warb:

»Eine hochfeine Zigarre ZUM Preise von 5 Pfennigen deutscher REICHS-Währung verkaufe ich heute und die folgenden TAGE, soweit der Vorrat reicht. Ich erlaube mir, auf diese Sorte ganz besonders aufmerksam zu machen, und rate, dass jedermann diese Zigarre WÄHLT. KRÄCKER, Zigarren- und Tabakverkauf, Altbüßerstraße 35.«[82]

---

* Der Allgemeine Deutsche Arbeiterverein (ADAV) und die Sozialdemokratische Arbeiterpartei Deutschlands (SDAP) vereinigten sich 1875 in Gotha zur Sozialistischen Arbeiterpartei Deutschlands (SAP), die seit 1890 als SPD (Sozialdemokratische Partei Deutschlands) firmiert (A. d. Ü.).

Kapitel 6: Breslau (1871–1918)

Die Großbuchstaben enthielten die Botschaft »Zum Reichstage wählt Kräcker«. Der Verfasser behielt seinen Reichstagssitz bis zu seinem Tode.

Bruno Schönlank (1859–1901) war der nächste bekannte Sozialist, der – nach dem kurzen konservativen Zwischenspiel – Breslau-West innehatte. Wie Hasenclever war auch Schönlank ein recht bedeutender Journalist, der beim *Vorwärts* und als Chefredakteur beim sozialdemokratischen Flaggschiff, der *Leipziger Volkszeitung*, gearbeitet und damit Maßstäbe für sozialistischen Journalismus im kaiserlichen Deutschland gesetzt hatte. Er saß acht Jahre im Reichstag und half mit, den SPD-Parteitag 1895 nach Breslau zu holen.

Doch Breslaus berühmtestes Reichstagsmitglied war unbestritten Eduard Bernstein (1850–1932). Bernstein war im Jahr 1901 aus London zurückgekehrt, wo er Engels als Sekretär gedient hatte, und bei seinen Freunden für seine Umgänglichkeit und Gutmütigkeit und bei seinen Kritikern für die von ihm übernommenen englischen Manieren bekannt. Seine Bekanntheit geht auf sein Streben nach einem »revisionistischen Marxismus« zurück, den er im letzten Jahrzehnt des Jahrhunderts gefördert hatte und der eine lebhafte Debatte in der internationalen sozialdemokratischen Bewegung entfacht hatte. Bernstein vertrat Breslau-Ost von 1902 bis 1906 und wieder von 1912 bis 1918. Er wurde von manchen als Vertreter des rechten Flügels der SPD angesehen, sollte sich aber 1917 aus Protest gegen die Fortsetzung des Krieges der soeben gegründeten Unabhängigen Sozialdemokratischen Partei Deutschlands (USPD) anschließen. Als die USPD sich 1920 mit der Kommunistischen Partei Deutschlands (KPD) vereinigte, kehrte er zur Herde zurück.[83]

Bernstein vertrat die These, der Sozialismus sei das Produkt des Liberalismus und nicht das Ergebnis einer Revolte gegen die kapitalistische Mittelschicht. Stets praxisnah und undogmatisch, verwarf er seinen früheren Glauben an einen unmittelbar bevorstehenden Zusammenbruch des Kapitalismus und betrachtete die Bourgeoisie nicht ausschließlich als parasitär und repressiv. Kurz, er behauptete, dass sich das soziale und ökonomische Klima seit den Tagen von Marx radikal verändert habe und dass eine gründliche Revision marxistischer Glaubenssätze seit langem überfällig sei. 1909 bemerkte er dazu:

»Sobald eine Nation einen politischen Zustand erreicht hat, wo das Recht der besitzenden Minderheit aufgehört hat, ein ernsthaftes Hindernis für den sozialen Fortschritt zu bilden, wo die negativen Aufgaben der politischen Aktion zurücktreten hinter den positiven, da wird die Berufung auf die gewaltsame Revolution zur inhaltslosen Phrase.«[84]

Für Bernstein ist der dauerhafte politische Erfolg mithin nicht im gewaltsamen Umsturz, sondern in der stetigen Verbesserung zu finden. Sein Revisionismus markierte eine wichtige Weggabelung in der Geschichte des Sozialismus. Natürlich erregten seine Thesen Widerspruch. Er wurde von Parvus in der *Sächsischen Arbeiterzeitung* und von Rosa Luxemburg, die für die *Leipziger Volkszeitung* schrieb, heftig angegriffen und zog sich den Zorn Plechanows und sogar Lenins zu. Aber seine Kritik an der »Unvermeidlichkeit« der sozialistischen Revolution lieferte den entscheidenden Hintergrund für Lenins folgenreiche Schrift *Was tun?* (1902) und damit für die Übereiltheit des revolutionären Marxismus-Leninismus. Nach Bernstein konnte es keine Versöhnung zwischen den Sozialisten, die sich auf Demokratie, und den Kommunisten, die sich auf Gewalt festgelegt hatten, geben. Lenin glaubte, Bernstein sei ein Verräter an der Sache. Seine Bindung an eine geschlossene revolutionäre Elite, die die Arbeiterklasse führen, nicht ihr folgen sollte, war unvereinbar mit Bernsteins Vorstellungen von Demokratie und evolutionärem Sozialismus. Doch der langfristige Gewinner sollte Bernstein heißen, denn seine Absage an den ökonomischen Determinismus im Allgemeinen und den historischen Materialismus im Besonderen erwies sich als sehr zutreffend. Als er nach dem Ersten Weltkrieg enthüllte, dass Lenin im Sold des deutschen Geheimdienstes gestanden habe, diskreditierte er damit die Bolschewiki. Und nach dem Zweiten Weltkrieg, lange nach seinem Tod, sollte sein Einfluss noch einmal spürbar werden, als sich die SPD in Westdeutschland endlich auf die Übernahme der Regierungsverantwortung vorbereitete und allen klassenkämpferischen Doktrinen entsagte.

Paul Löbe (1875–1967) war ein Breslauer Sozialist, dessen Lebensspanne den Abstand zwischen Karl Marx und Willy Brandt markierte. Im Gegensatz zu vielen seiner Vorgänger war er gebürtiger Schlesier, ein Tischlersohn aus Liegnitz. Seit seinem 14. Lebensjahr war er politisch aktiv und wurde Schriftleiter der Breslauer *Volkswacht*, in der er Bernstein nach Kräften unterstützte. In seinen Erinnerungen beschreibt er die Redaktion der *Volkswacht*:

> »September 1898 trat ich als Setzer in die Breslauer Volkswacht ein... Sie war früher einmal von Liebknechts Schwiegersohn Bruno Geiser... geführt worden und blieb Jahrzehnte hindurch eine reine Arbeiterredaktion ohne Akademiker. Chef war Julius

Bruhns, einst Bremer Zigarrenmacher... Neben ihm wirkten der Schuhmacher Ernst Zahn und der Buchbinder Emil Neukirch... Ein Jahr später folgte der zweite Buchdrucker, Franz Klühs... dann der Bildhauer Richard Schiller, der Gärtner Okonski, der Maler Förster, der Schneider Reinhold Darf und der verunglückte Theologe Georg Kaul.«[85]

Löbes politische Laufbahn begann 1919 mit der Eröffnung der Weimarer Nationalversammlung. Er amtierte als deren Vizepräsident und in der Weimarer Republik von 1920 bis 1932 als Reichstagspräsident. Rosa Luxemburgs Verbindungen mit Breslau währten 20 Jahre. Sie wurde 1871 im polnischen Zamość geboren. Die »blutige Rosa« kam zum ersten Mal im Jahr 1898 nach Niederschlesien, um unter den polnischen Arbeitern für die SPD zu agitieren. Etwa zwei Jahrzehnte später sollte sie unter ganz anderen Umständen wiederkehren. Nachdem sie 1915 wegen ihrer lautstarken Opposition gegen den Krieg inhaftiert worden war, verlegte man sie im Juli 1917 aus dem vergleichsweise angenehmen Wronke in der Nähe von Posen in das strengere Regime von Breslaus Gefängnis Kletschkau. Ihre ersten Eindrücke schildert sie am 13. August 1917 Hans Diefenbach:

»Ich führe hier das regelrechte Dasein einer Strafgefangenen... Der Abrutsch nach Wronke ist in jeder Hinsicht ein schroffer, aber dies nicht als Klage, sondern nur zur Erklärung, weshalb ich Ihnen vorläufig keinen aus Rosenduft, Himmelblau und Wolkenschleiern gewobenen Brief schreiben kann, wie Sie's aus Wronke gewöhnt sind.«[86]

Und weiter bekannte sie: »Der erste Eindruck meiner neuen Behausung war so niederschmetternd, daß ich mit Mühe die Tränen zurückhielt.«[87] Trotzdem konnte sie noch Briefe an ihre Freunde im Spartakusbund herausschmuggeln und sogar eine Broschüre verfassen, in der sie die Bolschewiki und ihr Verhalten während der jüngsten russischen Revolution heftig kritisierte. In einem Brief an Luise Kautsky vom 24. November 1917 äußert sie sich pessimistisch über den Erfolg der Revolution:

»Freust Du Dich über die Russen? Natürlich werden sie sich in diesem Hexensabbat nicht halten können, nicht weil die Statistik eine zu rückständige ökonomische Entwicklung in Rußland aufweist..., sondern weil die Sozialdemokratie in dem hochentwickelten Westen aus hundsjämmerlichen Feiglingen besteht und die Russen, ruhig zusehend, sich wird verbluten lassen...«[88]

Im September 1918 verfasst sie eine Broschüre, die im Laufe der Zeit als »hellseherische Anschuldigung der Bolschewiki« verstanden wurde. Während sie zugestand, dass die Partei Lenins als einzige ihre »revolutionäre Pflicht« erfüllt habe, rechnete sie mit fast jedem einzelnen Aspekt der Lenin'schen Politik ab – hinsichtlich des Grund und Bodens, der Nationalitäten, der Verfassunggebenden Versammlung und vor allem der Diktatur:

> »Freiheit nur für die Anhänger der Regierung... ist keine Freiheit. Freiheit ist immer Freiheit des Andersdenkenden. Nicht wegen des Fanatismus der ›Gerechtigkeit‹, sondern weil all das Belehrende, Heilsame und Reinigende der politischen Freiheit an diesem Wesen hängt und seine Wirkung versagt, wenn die ›Freiheit‹ zum Privilegium wird.«[89]

Dies waren schöne Worte, die berühmt werden sollten. Rosa Luxemburg wurde schließlich am 9. November 1918 freigelassen – dem Tag des Generalstreiks, an dem der letzte kaiserliche Reichskanzler sein Amt dem Vorsitzenden der Mehrheitssozialdemokratie und ehemaligen Sattler Friedrich Ebert übergab. Weißhaarig und körperlich gebrochen, sprach Rosa Luxemburg vom Balkon des Rathauses kurz zu den versammelten Massen, bevor sie davoneilte, um einen Zug nach Berlin zu besteigen. Nur einen Monat später gehörte sie zu den Mitbegründern der Kommunistischen Partei Deutschlands (KPD), und nur zwei Monate später wurde sie ermordet und ihr übel zugerichteter Leichnam in den Berliner Landwehrkanal geworfen. Aber das sozialistische Erbe Breslaus geriet nicht in Vergessenheit, wie der folgende Kommentar aus den zwanziger Jahren beweist: »Breslau gehört unstreitig mit zu denjenigen Orten in Deutschland, deren sozialdemokratische Arbeiterbewegung neben ihrer Bedeutung für die Gegenwart auch geschichtlich ein besonderes Interesse beanspruchen darf.«[90]

*

In der Kaiserzeit erlebte Breslau die Phase seiner schnellsten städtischen Entwicklung. Der Hauptimpuls lässt sich in der demografischen Explosion des späten 19. Jahrhunderts ausmachen, als die Bevölkerung der Stadt zwischen 1871 und 1914 um mehr als 150 Prozent zunahm. Mit

Kapitel 6: Breslau (1871–1918)

wachsender Bevölkerung breitete sich die Stadt aus und verschluckte früher außerhalb liegende Dörfer. Kleinburg und Pöpelwitz im Westen wurden 1896 eingemeindet, Leerbeutel, Herdain, Dürrgoy und Morgenau im Süden und Osten 1904 sowie Gräbschen im Südwesten 1911. Dank der Regulierung des Flusses konnten 1901 Zalesie und 1904 Karlowitz in dem einstmals sumpfigen Tal als moderne Vororte angelegt werden.

Um mit der städtischen Expansion Schritt halten zu können, musste die Verkehrsinfrastruktur ausgebaut werden. Neue Brückenbauten mit großartigen Eisenkonstruktionen ersetzten altmodische oder provisorische Flussübergänge. Die Lessingbrücke östlich der Altstadt wurde 1874 erbaut. Die Königs- und die Wilhelmsbrücke, die das Bürgerwerder mit dem Norden und dem Süden verbanden, wurden 1876 errichtet. Von 1883 an verband die Gneisenaubrücke, früher die Corpus-Christi-Brücke, die Sandinsel mit dem Nordufer des Flusses. Die Dombrücke, die die Sandinsel mit der (ehemaligen) Dominsel verband, wurde sieben Jahre später fertig gestellt. Insgesamt wurden 16 neue Brücken gebaut.

Das neue Verkehrsmittel der Straßenbahn wurde im späten 19. Jahrhundert eingeführt. 1876 erhielt die »Breslauer Straßen-Eisenbahn-Gesellschaft« (BSEG) den Auftrag zur Bereitstellung einer privaten Straßenbahnlinie. Und am 10. Juli des folgenden Jahres begrüßte der faszinierende Anblick einer Pferdebahn die Menschen in den Straßen. Die Eröffnungsstrecke führte vom Königsplatz über den Ring und die Lessingbrücke nach Scheitnig im Osten. Zahlreiche weitere Strecken kamen in den Folgejahren dazu. Ungefähr 16 Jahre später verband eine kleine, in privater Hand befindliche »Elektrische«, die Elektrische Straßenbahn Breslau (ESB), das Stadtzentrum mit den aufblühenden Vorstädten. Im Jahr 1902 wurden sämtliche Strecken der Pferdebahn elektrifiziert, und 1914 besaß Breslau ein umfassendes Liniennetz, das die meisten Viertel abdeckte.

Andere Verbesserungen folgten unweigerlich. Im Jahr 1881 wurde das erste Telefon- und Telegrafenbüro mit nur 64 Teilnehmern eröffnet. Sieben Jahre später, das Netz hatte inzwischen 1200 Benutzer, wurde die Verbindung nach Berlin fertig gestellt. Am Weidendamm begann 1871 ein neues Wasserwerk mit der Lieferung von gefiltertem Flusswasser. 1904 wurde es um eine weitere Anlage ergänzt, die Grundwasser verwendete. Wiederholte Flutschäden veranlassten einen Plan für einen Entlastungskanal, der zwischen 1912 und 1917 parallel zum Schifffahrtskanal »Breitenbachfahrt« gegraben wurde. Er begann in der Nähe von Wilhelmshafen im Osten und mündete in der Nähe der Hindenburgbrücke wieder in die Alte Oder. Dadurch wurden die Vorstädte Scheitnig, Wilhelmsruh, Grüneiche und Bischofswalde in eine künstliche Insel verwandelt.

Die Blume Europas

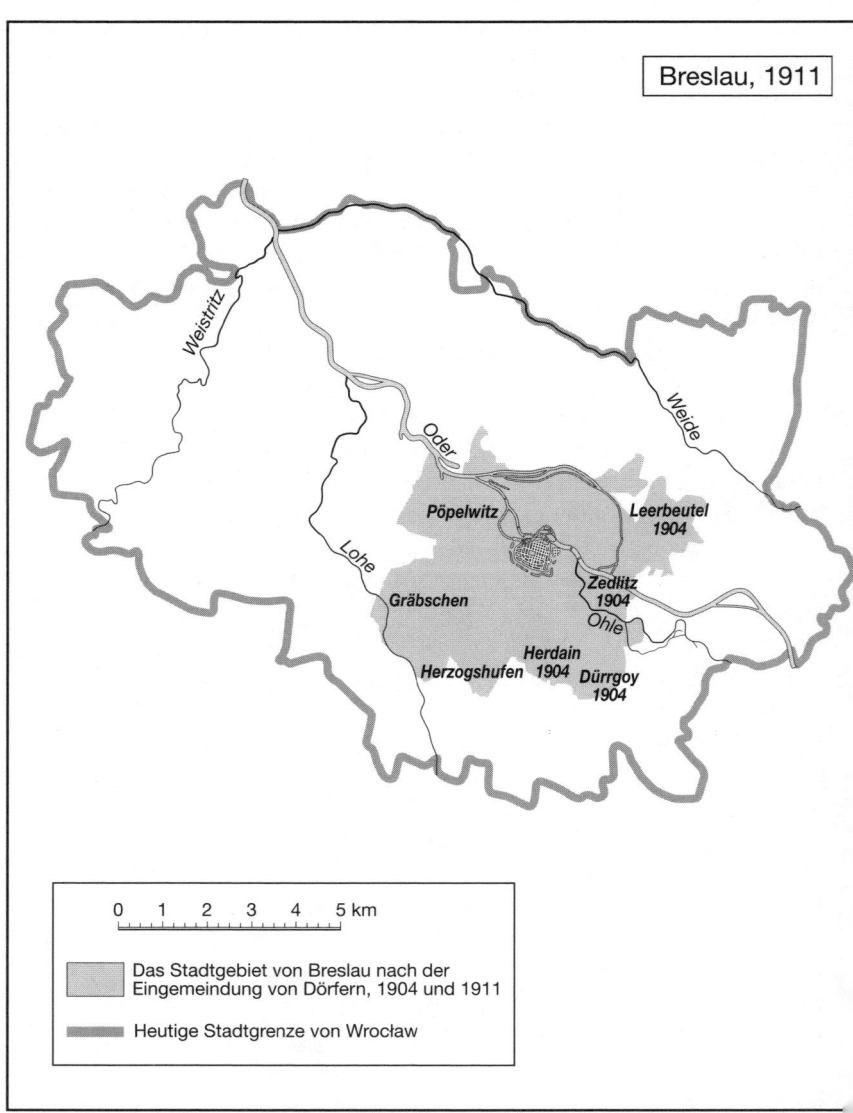

Kapitel 6: Breslau (1871–1918)

Die städtische Gasversorgung begann 1864, zwei weitere Gaswerke folgten, und 1904 wurde eine vierte Station in Breslau-Dürrgoy in Betrieb genommen, die die älteren Werke überflüssig machte. Im Jahr 1914 deckten die erweiterten Gaswerke von Dürrgoy 85 Prozent des Bedarfs. Ähnliche Fortschritte gab es bei der Stromversorgung. Eine Versuchsanlage am Lessingplatz wich 1888 einem ständigen Kraftwerk in der Kleinen Groschengasse im Süden der Altstadt. Der steigende Bedarf machte ein zweites Kraftwerk erforderlich, das 1901 im Schiebenweg ans Netz ging.

Der siegreiche Krieg von 1870/71 hatte zu vermehrter Bautätigkeit und zu einem merklichen Anstieg der öffentlichen Ausgaben geführt, die häufig in die Errichtung von Standbildern flossen. Das Denkmal der Kaiserin Auguste Viktoria war dafür typisch. Es wurde 1874 zum Gedenken an die Gefallenen des Deutsch-Französischen Krieges errichtet und als Blickfang in die gepflegten Gärten am linken Oderufer gesetzt. Es bestand aus einem eleganten gotischen Spitzturm mit einem Kanonenpaar zu seinen Füßen. Andere Denkmäler folgten, wie die Statue des preußischen Rechtsreformers Svarez auf dem Ritterplatz (1896), das Moltke-Denkmal in der Kaiser-Wilhelm-Straße (1899) und der vom Bismarckverein auf dem Königsplatz errichtete monumentale »Bismarckbrunnen« (1900). Auch viele neue Schulen und Krankenhäuser wurden eingerichtet, unter anderem das Wenzel-Hancke-Krankenhaus (1878), der Komplex der Universitätskliniken (1890–1907) und das Elisabeth-Gymnasium (1903).

Zusammen mit der Sternstraße und der Kaiserstraße war die neue Vorstadt Scheitnig eine typische Einrichtung der Gründerzeit. Hier fanden sich einige der gepflegtesten Adressen Breslaus. Im Stadtzentrum befand sich mit dem Kaufhaus Barasch ein Paradestück des Jugendstils, aber auch ein Vorläufer des Konsumzeitalters. Zahlreiche Privathäuser wie die Villen der Haases und der Neissers zeugten von dem außerordentlichen Reichtum, der in den Gründerjahren erwirtschaftet wurde. Doch solcher Wohlstand ging nicht immer mit gutem Geschmack einher. Im Jahr 1896 schenkte die Provinz Schlesien der Stadt Breslau ein Standbild Kaiser Wilhelms I. In Bronze gegossen, thronte der überlebensgroße Monarch auf einem sechs Meter hohen Sockel aus weißem Marmor in der Nähe der Schweidnitzer Straße, umgeben von Figuren, Friesen, Säulen und zahlreichen Stufen. Für Kaiser Wilhelm II. war das Standbild der Gipfel der Vornehmheit. Die Engländerin Daisy Pless, die der Enthüllung zusah, beschrieb es dagegen kühl als »mittelmäßiges Werk, sehr hoch, mit weißen Stufen, die hinaufführen, und einem großen Marmorblock, auf dem das bronzene Reiterstandbild des alten Kaisers steht«.[91]

Die Neue Synagoge von 1872 war ein prunkvoller, beeindruckender Bau. Sie wurde von dem schlesischen Architekten Edwin Oppler (1831–80) entworfen, zu dessen weiteren Werken die Synagogen in Schweidnitz und Hannover gehörten. Sie stand an Größe und Pracht nur der Berliner Synagoge nach. Der Bau war im byzantinischen Stil gehalten, und die zentrale, 60 Meter hohe Kuppel wurde durch vier kleinere achteckige Türme und ein wunderschönes Rosettenfenster über dem Haupteingang ergänzt. Die Synagoge beherrschte den südlichen Stadtrand.

Breslau erwarb sich auch einen Ruf als Heimat modernistischer Architektur. Obwohl am Kletschkauer Gefängnis (1888) oder der Technischen Hochschule (1910) wenig Innovatives zu erkennen ist, kommt zwei Stadtbauräten und Leitern des Breslauer Bauamtes das Verdienst zu, sich für die architektonische Avantgarde engagiert zu haben. Richard Plüddemann (1846–1910) wirkte zwischen 1885 und 1908. Nach der Bauaufsicht über zahlreiche öffentliche Gebäude krönte er seine Laufbahn in Zusammenarbeit mit F. A. Küster mit der so genannten Rittermarkthalle (1908), die in der Altstadt an der Stelle des früheren Sand-Zeughauses errichtet wurde. Trotz eines traditionellen Äußeren wurde im Inneren bei den Bögen die innovative Stahlbetonbauweise verwendet.

Beton sollte für Plüddemanns Nachfolger Max Berg (1870–1947) große Bedeutung erlangen. Berg stammte aus Stettin und hatte eine Ausbildung an der Technischen Hochschule in Berlin-Charlottenburg absolviert, bevor er 1909 nach Breslau kam. Am besten in Erinnerung geblieben ist er für den Entwurf der Jahrhunderthalle (1913), die das Herzstück der beschriebenen Jahrhundertfeierlichkeiten bildete. Vollkommen aus Spannbeton errichtet, standen ihre modernistischen Referenzen in scharfem Kontrast zu dem aus der gleichen Zeit stammenden Völkerschlachtdenkmal in Leipzig. Die Jahrhunderthalle bot mehr als 10 000 Menschen Platz und stützte eine Kuppel, die mit 67 Meter Spannweite größer war als die der Peterskirche in Rom. Sie sollte alle Katastrophen des 20. Jahrhunderts überstehen, die verschiedensten politischen, kulturellen und sportlichen Ereignisse beherbergen und die unterschiedlichsten Gäste empfangen – von Adolf Hitler bis zu Johannes Paul II.

Insgesamt gesehen kann man zu Recht behaupten, dass Breslau sich zu einer Stadt von beträchtlicher Schönheit entwickelt hatte. Die schlimmsten Elendsviertel waren beseitigt worden, und kein Industriegelände verunstaltete die zentralen Stadtviertel. Es gab zahlreiche weitläufige Parks, belaubte Promenaden, von Bäumen gesäumte Boulevards, Gärten voller Blumen, weite Aussichten vom Flussufer aus, monumentale Bauwerke, malerische alte Winkel und modische neue Vorstädte. Das

Kapitel 6: Breslau (1871–1918)

Neue verschmolz harmonisch mit dem Alten. 100 Türme der Stadt ragten in den Himmel. Das architektonische Spektrum reichte von Gotik über Barock bis Klassizismus und Moderne. Nur wenige hätten damals widersprochen: Breslau war ein guter Ort zum Leben.

Am Vorabend des Ersten Weltkrieges verfügte Breslau natürlich auch über gute Eisenbahnverbindungen in alle Teile Deutschlands und viele Länder Europas. In den internationalen Bahnfahrplänen war die Stadt so wichtig, dass sie in den »Abc-Routen«, die von London aus beschrieben wurden, als separater Bestimmungsort aufgeführt wurde. Drei solcher Routen wurden annonciert, jede mit einer Kanalüberquerung und einer Verbindung nach Berlin. Auf der ersten verließ der Reisende Charing Cross Station um 21 Uhr am Abend, benutzte die Nachtfähre zwischen Dover und Ostende und erreichte Breslau am darauf folgenden Tag nach 26 Stunden und gut 1400 Kilometern. Auf der zweiten Strecke wurde um 10 Uhr morgens von Victoria Station aus gestartet, dann ging es mit dem Tagesschiff nach Vlissingen in den Niederlanden und von dort 28 Stunden lang per Bahn weiter nach Breslau, wo der Reisende am zweiten Nachmittag um 14 Uhr eintraf. Auf der dritten Route wurde Liverpool Street Station um 20.30 Uhr abends Richtung Harwich verlassen, dann gelangte man mit dem Nachtschiff nach Hoek van Holland, um sodann die Ostende-Passagiere zu treffen und zusammen mit ihnen nach 26,5 Stunden mit demselben Nachtzug aus Berlin einzutreffen. Der Preis für die Fahrkarten London–Breslau war unabhängig von der gewählten Strecke. Die erste Klasse kostete £ 5,10s 6d (einfache Fahrt) und £ 10,7s 8d (Hin- und Rückfahrt). Die zweite Klasse kostete £ 3,10s 4d beziehungsweise £ 6,13s 3d.

Von Breslau aus konnten Reisende bequem für einen Tag nach Berlin, Posen oder Dresden fahren, und es blieb ausreichend Zeit für ein Mittagessen oder Geschäfte. Der Morgenzug nach Berlin über Kohlfurt ging ab Hauptbahnhof um 6.05 Uhr morgens, fuhr um 10.50 Uhr in den Schlesischen Bahnhof Berlins und um 11.29 Uhr in Charlottenburg ein. Der Zug zurück verließ Berlin am Nachmittag entweder um 16.57 Uhr oder um 17.30 Uhr und war um 21.45 Uhr beziehungsweise 23.27 Uhr zurück in Breslau. Nach Posen konnte man morgens um 7.34 Uhr fahren und in weniger als zweieinhalb Stunden, um 9.59 Uhr, ankommen. Der Zug fuhr weiter nach Stargard. Auf der Rückreise konnte man den direkten Express um 19 Uhr, der um 21.35 Uhr in Breslau eintraf, oder den Spätzug um 21.38 Uhr wählen, mit dem man Schlag Mitternacht zu Hause war. Züge mit Bestimmungsorten in Sachsen starteten ab Freiburger Bahnhof in Richtung Görlitz und von dort aus weiter Richtung Zittau oder Dresden.[92]

Passagiere, die weitere Reisen unternahmen, konnten schon damals innerhalb eines einzigen Tages überraschende Entfernungen zurücklegen. Wenn man den Frühzug nach Berlin morgens um 3.30 Uhr erwischte, hatte man nach 8 Uhr Anschluss nach Hamburg, Köln oder Kopenhagen. Internationale *wagons-lits* (Schlafwagen) brachten Reisende über Nacht etappenweise bis 8.49 Uhr am nächsten Morgen nach Stockholm, bis 11.35 Uhr nach St. Petersburg oder bis Mittag nach Christiania.[93] Auch die Verbindungen nach Süden waren gut. Es gab einen Expressverkehr über Oderberg nach Wien in 8,5 Stunden, nach Budapest in knapp zwölf Stunden und nach Misskolcz in 12,5 Stunden. Der Express nach Krakau brauchte fast genau acht Stunden. Warschau zu erreichen war schon schwieriger, da der Reisende entweder in ungefähr elf Stunden direkt über Krotoschin und Kalisch nach Lodsch und von da aus weiter nach Warschau fahren oder in etwa 15 Stunden über Kattowitz fahren konnte. Nach Kattowitz selbst benötigte der Schlesienexpress nur drei Stunden. Aber der Rest der Strecke einschließlich eines Halts in Granica an der russischen Grenze konnte weitere zwölf Stunden in Anspruch nehmen.

Der Regionalverkehr wurde durch sechs Züge pro Tag in die Berge nach Charlottenbrunn, zehn nach Waldenburg und Hirschberg und weitere neun nach Glatz und zur böhmischen Grenze in Mittelwalde bewältigt:

Breslau	6.15	7.12	10.01	10.30	2.20	3.22	6.04	7.00	12.06
Strehlen	7.15	7.45	10.34	11.20	3.14	*	6.58	7.33	12.59
Camenz	8.13	8.30	11.13	12.15	4.07	4.30	7.56	8.15	1.50
Glatz	9.03	8.57	11.40	12.49	5.09	5.07	8.30	8.38	2.23
Mittelwalde	10.12	*	12.31	2.47	6.56	*	9.51	*	*[94]

Die bei den Breslauern beliebteste Bahnlinie verlief jedoch über die 41,5 Kilometer langen Schmalspurgleise, die der Breslau-Trebnitz-Prausnitzer Kleinbahn gehörten. Am 10. Juli 1897 wurde sie eröffnet, und sie fuhr von einem eigenen gotischen Mini-Bahnhof am Roßplatz ab, überquerte den Fluss auf den Straßenbahnschienen der Görschelbrücke, bog scharf nach rechts zum ersten Halt in Karlowitz ab, um dann aus der Stadt in die offene Hügellandschaft im Norden zu gelangen. Tagsüber dampfte stündlich eine Kessellok mit hohem Schornstein über die 75-cm-Spur und zog eine Mischung aus Passagierwagen (2. und 3. Klasse), geschlossenen Güterwagen, offenen Frachtwaggons und einem Postwagen. Die Reise dauerte einschließlich 20 Zwischenstopps anderthalb Stunden:

Breslau-Kleinbahn Pb
Breslau-Karlowitz
Breslau-Rosenthal
Breslau-Lilienthal
Weide
Hunern
Hunern-Simsdorf
Kapsdorf
Paulskirch
Schimmerau

Schön Ellguth
Wiese
Hochkirch
Peterwitz
Pflaumendorf
Trebnitz-Hedwigsbad
Trebnitz-Stadtpark
Erbenfelde
Prausnitz-Ost
Prausnitz

In Prausnitz vereinigte sich die Linie mit einer anderen Lokalbahn, die bis nach Militsch fuhr. Der Fahrpreis wurde auf 3 Pf./km für die 3. Klasse, 5 Pf./km für die 2. Klasse und 8 Pf./km für die Tonne Fracht festgelegt. An Sonn- und Feiertagen verkehrten Ausflugszüge nach Hochkirch und Trebnitz. Pilger vermischten sich mit Touristen, den Bauern, die zum Markt wollten, den Pendlern und Schulkindern, den Kurgästen des Heilbades und Familienausflüglern. Der »Trebnitzer Puffer« sollte zwei Weltkriege überstehen und erst 1967 stillgelegt werden, als er wegen Vernachlässigung nicht mehr funktionsfähig war.[95]

Besuchern von Breslau stand eine große Auswahl an Reiseführern zur Verfügung. Die anspruchsvolleren werden wahrscheinlich ihren *Baedeker* mitgenommen haben (siehe Anhang, S. 663f.). Briten und Amerikaner dürften ihre Ausgabe von Bradshaws zuverlässigem *Continental Guide* mit sich geführt haben:

»Breslau – 512 105 Einw.

HOTEL MONOPOL – Erste Klasse, am Schlossplatz. Alle modernen Annehmlichkeiten. Suiten und Einzelzimmer. Zimmer ab 3 M.

VIER JAHRESZEITEN; NORD; KRONPRINZ.

Es gibt vier Bahnhöfe in Breslau – den Hauptbahnhof im Süden, den Oderthor-Bahnhof im Norden, den Niederschlesisch-Märkischen Bahnhof und den angrenzenden Freiburger Bahnhof im Westen.

TAXEN – 1 oder 2 Personen 1000 Meter 50 Pf. und 10 Pf. pro zusätzliche 500 Meter. 3 oder 4 Personen 750 Meter 50 Pf.

Breslau, die Hauptstadt Schlesiens und zweitgrößte Stadt Preußens, liegt in einer fruchtbaren Ebene auf beiden Oderufern, am Zusammenfluss mit der Ohle. Die Stadt ist eines der wichtigsten Industrie- und Handelszentren Deutschlands, der Maschinenbau

floriert besonders; es gibt viele Destillerien, während das Umland große Mengen Wolle, Getreide, Holz und Tuch liefert.
Westlich des offenen Platzes vor dem Hauptbahnhof verläuft die Gartenstraße, und aus dieser führt die erste Straße im Norden rechter Hand, die Neue Schweidnitzer Straße, mitten durch die Stadt, von Süd nach Nord, über den Großen Ring (sonst Ring), das Zentrum des Breslauer Straßenverkehrs.
Kurz nachdem man in die Neue Schweidnitzer Straße eingebogen ist und den weiten Tauentzienplatz überschritten hat, wird der alte Stadtgraben überquert, und hier stehen rechts und links öffentliche Bauten, zur Rechten das Standbild Kaiser Wilhelms I. und die Corpus-Christi-Kirche, zur Linken Behörden und das Stadttheater mit dem Schlossplatz, dem Königsschloss, dem Kunstgewerbemuseum und der Börse dahinter. Weiter nördlich mündet die Schweidnitzer Straße auf den Ring.
Das stattliche RATHAUS liegt an der Südostseite des Rings; es stammt aus dem 15. Jahrhundert; im Fürstensaal hängen Porträts. Unter dem Gebäude befindet sich der Schweidnitzer Keller, ein schönes Gewölberestaurant. An der Ostseite des Gebäudes steht die Staupsäule. Das Stadthaus schließt sich an das Rathaus an. Auf dem Ring stehen Standbilder Friedrichs des Großen und Friedrich Wilhelms III., und die Westseite des Rings bildet ein Haus (1500), in dem einst die Könige von Böhmen residierten.
Von der Südwestecke des Rings aus gelangt man zum Blücherplatz mit einem Standbild Blüchers und der Alten Börse (heute städtische Ämter). Hinter der Alten Börse, auf dem Roßmarkt, liegt die Sparkasse, in der sich die Stadtbibliothek mit 150 000 Bänden und 3600 Handschriften und das Stadtarchiv befinden. Geöffnet täglich 9–14 Uhr.
Von der Nordwestecke des Rings aus erreicht man die Elisabethkirche, protestantisch, gestiftet 1257, mit 102 Meter hohem Turm. Den Hochaltar flankieren ein Luther- und ein Melanchthon-Porträt von Cranach; mehrere interessante Grabsteine, farbige Glasfenster. Die Kirche St. Maria Magdalena, protestantisch, liegt eine Straße östlich des Rings.
Die Fortsetzung der Schweidnitzer Straße von der Nordostecke des Rings führt zu einer Häusergruppe am Fluss. Hier liegen die Universität (2000 Studenten), dann, ostwärts, das Ursulinenkloster und die Gerichte; auf der anderen Seite der Sandbrücke befindet sich die Universitätsbibliothek mit 350 000 Bänden, Hand-

schriften und Exemplaren früher Druckkunst – im selben Gebäude ist ein Archäologisches Museum untergebracht.
Die Sandkirche (Kirche Unserer Lieben Frau auf dem Sande), 14. Jahrhundert, liegt unmittelbar nördlich der Universitätsbibliothek. Auf der anderen Seite der Dombrücke, ostwärts, zur Linken der Domstraße, befindet sich die Kreuzkirche, 13. Jahrhundert; vor dem Hochaltar das Grabmal Herzog Heinrichs IV. von Schlesien. Am Ende der Domstraße liegt der DOM oder die Kathedrale St. Johannes des Täufers, 14. Jahrhundert; das ursprüngliche Bauwerk stammt aus dem 12. Jahrhundert; im Innern gibt es mehrere Denkmäler, Standbilder und Gemälde, darunter in der Kapelle St. Johannis im nördlichen Seitenschiff Cranachs *Madonna zwischen den Kiefern*. Die Residenz des Fürstbischofs liegt im Südwesten des Doms. St. Ägidius, älteste Kirche in Breslau, liegt nördlich des Doms.

Ein wenig östlich des Doms ist die Lessingbrücke, auf der anderen Seite, im Süden, zur Rechten liegen Behörden und ihnen benachbart die Holteihöhe und dahinter der Kaiserin-Auguste-Platz, wo es eine Kunstschule gibt. Nördlich des Doms liegt der Botanische Garten.

Das MUSEUM westlich des Hauptbahnhofs und südlich des Schlossplatzes enthält eine Sammlung moderner Gemälde und Kopien alter Meister. Geöffnet täglich außer Mo 10–14 Uhr, So 11–16 Uhr. Im selben Gebäude befindet sich die Sammlung der Schlesischen Kunstvereinigung, geöffnet 10–16 Uhr, So 11–14 Uhr, 1 M.

Das Hauptpostamt ist ein imposantes Gebäude am östlichen Ende der Albrechtstraße, nahe dem Stadtzentrum, direkt nördlich des Hauptbahnhofs.

H. B. M.'s VIZEKONSUL – E. Humbert, Esq.
U. S.-Kons. – H. L. Spahr, Esq.«[96]

*

Breslau gehörte 1918 zu den Regionen Deutschlands, die sich vom Ausgang des Ersten Weltkrieges am meisten betrogen fühlten. Es war natürlich, dass Westdeutschland besonders empfänglich für die Ereignisse an der Westfront war, wo die Alliierten einen klaren Vorteil errungen hatten. Doch ebenso zählten für Ostdeutschland besonders die Ergebnisse der Kämpfe an der Ostfront – und dort war der Ausgang vollkommen eindeutig gewesen. Breslau und seine Bewohner gehörten zu den Deutschen, die

1914 den Feind auf ihrer Türschwelle gesehen und ihn anschließend 1500 Kilometer zurückgetrieben und besiegt hatten. So war es nur verständlich, dass trotz des Debakels im Westen der Fall aus den Höhen des sicheren Sieges in die Tiefen von Rückzug, Revolution und Kriegsschuld Verbitterung auslöste. Die Konsequenzen dieses unheilvollen Kriegsausganges sollten nur allzu bald die Welt beschäftigen.

Kapitel 7: Breslau
Die schlesische Metropole in der Weimarer Republik und im Nationalsozialismus, 1918–1945

Breslau bis zum Zweiten Weltkrieg

Die Politik zwischen den beiden Weltkriegen ist in drei klar erkennbare Phasen zu unterteilen. Von 1918 bis 1920 machte sich nach dem Zusammenbruch des Deutschen Reiches weithin Anarchie breit. Zwischen 1919 und 1933 stellte die Weimarer Republik eine Phase der Stabilität dar. Von 1933 an herrschte unangefochten Hitler. Wie in allen deutschen Städten spiegelten auch in Breslau die Ereignisse jede dieser Phasen wider.

Das Deutsche Reich brach am 9. November 1918 zusammen. Als der Kaiser sich ins Exil in die Niederlande begab, stürzte der kopflose Staat ins Chaos – ein Zustand, der in großen Teilen Europas herrschte. Denn zahlreiche Parteien kämpften um die Überreste von vier untergegangenen Reichen. Wie Churchill schrieb, leitete das Ende des »Krieges der Riesen« einen »Krieg der Zwerge« ein. Deutschland sah sich Konflikten außerhalb wie innerhalb seiner Grenzen gegenüber. An der östlichen Grenze brachen Kämpfe aus, während verschiedene politische Gruppierungen erbittert um die Oberhand in der Regierung kämpften. Angesichts der revolutionären und nachrevolutionären Wirren in Berlin wurde eine neue Republik in der relativen Ruhe und Abgeschiedenheit Weimars geplant.

Die ersten Jahre der Weimarer Republik standen im Zeichen einer extremen politischen Instabilität. Trotz seiner untadeligen demokratischen Referenzen war der junge republikanische Baum ständig bedroht. Auf der Rechten entstand der Mythos der »Dolchstoßlegende« – der dem deutschen Militär angeblich durch die Revolution versetzte »Stich in den Rücken«. Auf der Linken bereiteten radikale Sozialisten sich auf eine durchgreifende Revolution nach sowjetischem Muster vor. In der Mitte bemühten sich Politiker wie Matthias Erzberger, ein Befürworter des Krieges und deutscher Annexionen, der sich gegen Ende des Krieges für einen Verständigungsfrieden aussprach, die Militanten auf Distanz zu halten. Erzbergers Unterschrift unter den Waffenstillstand vom November 1918 sollte ihn schließlich das Leben kosten. Er wurde 1921 von rechten Attentätern, zwei ehemaligen Offizieren, ermordet. Die junge Weimarer Republik besaß wenige eigene Anhänger und überstand die Anfangsphase vermutlich nur, weil sowohl die rechte wie auch die linke Seite verhindern wollte, dass die politische Macht ihren Widersachern zufiel.

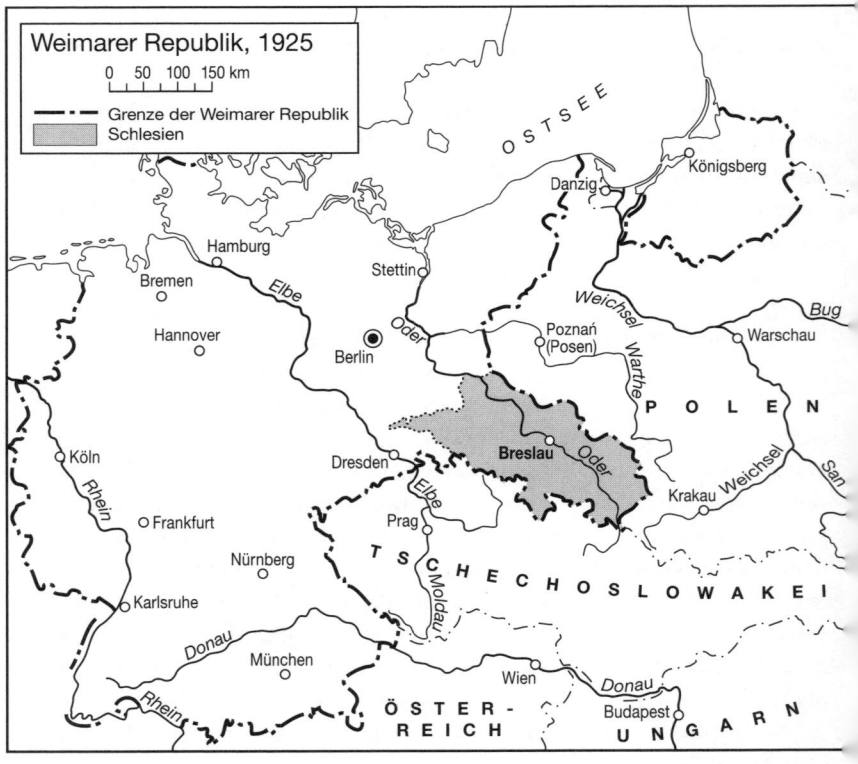

Das Rad der Gewalt begann sich zu drehen, als der »Vorsitzende des Rates der Volksbeauftragten« Friedrich Ebert am 10. November 1918 einen Pakt mit General Wilhelm Groener vereinbarte. Weil er die von den Arbeiter- und Soldatenräten, die nach sowjetischem Muster gebildet wor-

Kapitel 7: Breslau (1918–1945) 405

den waren, ausgehende Gefahr überschätzte, hofierte Ebert die Armee. Er willigte sogar ein, die Unterstützung militärischer Kreise anzunehmen, die seinen Zielen eigentlich feindselig gesinnt waren. Durch ebendiesen Schritt schmälerte er den Einfluss seiner Anhänger – der mehrheitlich sozialistischen Räte.

In Breslau ging der Sturz der kaiserlichen Autoritäten ohne große Unruhe vonstatten. Am 8. November erging im Namen von Oberbürgermeister Paul Matting, Erzbischof Bertram und anderen ein Loyalitätsaufruf an die Bürger, ihren Pflichten gegenüber dem Kaiser nachzukommen. Aber er zeigte keine große Wirkung. Doch dem Kommandeur des 6. Armeekorps, General Pfeil, war nicht nach einem Kampf zumute. Er ließ die politischen Häftlinge frei, befahl seinen Männern, die Kaserne zu verlassen, und erlaubte den Sozialdemokraten im letzten Befehl der Militärverwaltung, in der Jahrhunderthalle eine Kundgebung abzuhalten. Am Nachmittag des nächsten Tages traf eine Gruppe abtrünniger Flieger von ihrem Stützpunkt in Brieg ein. Ihre Ankunft trieb die Bildung von »Soldatenräten« in mehreren militärischen Einheiten und die Aufstellung eines 100 Mann starken Komitees für öffentliche Sicherheit durch die kommunalen Führer voran. Der Armeekommandeur war außerordentlich erleichtert, seine Vollmachten abzutreten.

Der Breslauer Volksrat wurde am 9. November 1918 aus Sozialdemokraten, Gewerkschaftsführern, Liberalen und Mitgliedern der katholischen Zentrumspartei gebildet. Er wurde von dem Sozialdemokraten Paul Löbe geleitet.[1] Die Beziehungen des Volksrates zu den Gegnern waren größtenteils friedlich. Bei den Verhandlungen mit den Beamten der vorherigen Verwaltung unterließ er jeglichen Versuch, sie zu entfernen, sondern berief lediglich Bevollmächtigte zur Erleichterung der Zusammenarbeit. Dann weitete der Volksrat seinen Aufgabenbereich aus und amtierte als zentrale Exekutive für die gesamte Provinz Schlesien. Wie Paul Löbe in seinen Erinnerungen besonders erwähnte, vollzog sich die »Revolution« in Breslau so einvernehmlich wie möglich:

»Die Inthronisation der neuen Gewalten ging in Breslau in überraschender Ruhe, ja mit Feierlichkeit vonstatten... Drei Regimenter Infanterie und Artillerie, von Soldatenräten geleitet, marschierten mit ihren Spielzügen in die [Jahrhunderthalle] ein, nachdem sie draußen das Spalier des Kürassierregiments zu Pferde passiert hatten. Dann ergoß sich der endlose Strom der Breslauer in den weiten Raum... Von der mächtigen Orgel erbrausten das Niederländische Dankgebet und die Arbeiter-Marseillaise in trautem Verein. Dann weihte der Erbauer der Halle, Pionierhauptmann Max Berg, sein stolzes Werk zum ›Dom der Demokratie‹... Fritz Voigt... sprach im Namen der Soldaten, ich für die Sozialdemokratische Partei... es ist uns gelungen, die Umwälzung in ruhigem Rahmen zu vollziehen, so daß kein Menschenleben geopfert und kein Sachschaden angerichtet wurde.«[2]

Überall in Deutschland wurden politische Balanceakte dieser Art bald durch die Rückkehr demobilisierter und häufig demoralisierter Soldaten erschüttert. In Breslau stellte der Volksrat fest, dass man mit der Rückkehr von etwa 170 000 Soldaten und Verschleppten in eine Stadt rechnete, die Notquartiere für wenig mehr als 47 000 aufbieten konnte.[3] Die daraus resultierende Übervölkerung radikalisierte die Breslauer Politik und verschärfte die sozialen Probleme.

Zu diesem Zeitpunkt hatte Ebert allen Grund, die Hilfe des Militärs anzufordern. Anfang Januar 1919 hatte der Spartakusbund sein Heil in den Straßen Berlins gesucht, wo er die kommunistische Revolution zu schüren hoffte und die Ebert-Regierung zum Feind der Arbeiterklasse erklärte. An seiner Spitze standen die Kommunisten Karl Liebknecht und Rosa Luxemburg; die Letztere war gerade erst aus der Haft in Breslau entlassen worden. Ihnen traten die Freikorps gegenüber, irreguläre und extrem antikommunistisch ausgerichtete Freiwilligenverbände, die von einem Oberkommando angefordert wurden, das die Empfänglichkeit der regulären Truppe für kommunistische Propaganda fürchtete. Im Frühjahr 1919 wurden die Spartakisten dann gnadenlos gejagt. Viele – unter ihnen Liebknecht und Luxemburg – wurden kurzerhand erschossen. Kommunistische Aufstände von Bremen bis München und von Düsseldorf bis Dresden wurden mit ähnlicher Brutalität niedergeschlagen. Die Arbeiterbewegung erhielt einen Schlag, von dem sie sich nicht mehr erholte.

Die Unruhen schienen, zumindest eine Zeit lang, den Zerfall des Staates anzukündigen. In Schlesien kamen andere Probleme hinzu: die der benachbarten Provinz Posen zugefügten Gebietsverluste und die Gefahr weiterer Verluste in Oberschlesien, die ungelöste Nationalitätenfrage, die Lage der Wirtschaft. Doch eine kommunistische Regierung war für die meisten Menschen unvorstellbar. Im November 1918 erklärte der Vorsitzende des Breslauer Volksrates, Paul Löbe, dass Schlesien gezwungen wäre, seine Unabhängigkeit zu erklären, sollte in Berlin eine spartakistische Regierung gebildet werden.[4] Ähnliche Empfindungen in Oberschlesien führten zu einer Konferenz in Breslau am 30. November 1918, auf der Vertreter der Zentralregierung und lokaler Regierung die Trennung

Kapitel 7: Breslau (1918–1945)

diskutierten, sich aber auf keine Empfehlung einigen konnten. Doch das Thema Separatismus sollte nicht verschwinden. Im Jahr 1919 gab es erneut Rufe nach schlesischer Autonomie und nach Aufnahme der Provinz in einen künftigen Oststaat, der sich, so dachte man, von der Weimarer Republik abspalten und die östlichen Provinzen mitnehmen könnte.[5] Inzwischen wurde die Forderung nach der Teilung Schlesiens wiederholt.[6] Trotz Befürchtungen in Berlin, dass Preußen sich auflösen könnte, gab die preußische Regierung dem Wunsch Oberschlesiens nach, und durch Beschluss vom 14. Oktober 1919 wurde es eine eigene Provinz. Breslau blieb die größte und wichtigste Stadt »Niederschlesiens«.

Breslaus strategische Lage wandelte sich. Während sie fünf Jahre zuvor als Vorratslager für die militärischen Befestigungen an der Grenze zum Russischen Reich fungiert hatte, war die Stadt jetzt der Vorposten eines sehr unsicheren Abschnitts der Grenze Deutschlands zu einem unabhängigen Polen. Und Polen, obwohl militärisch weniger mächtig als das zaristische Russland, war politisch gefährlicher. Denn die Polen erhoben in Übereinstimmung mit den von US-Präsident Wilson aufgestellten Prinzipien nationaler Selbstbestimmung Ansprüche auf alle Gebiete mit einer polnischen Mehrheit. Sie stellten keine Forderungen in Bezug auf die Stadt Breslau selbst, aber sie gingen gewiss davon aus, dass Oberschlesien von Rechts wegen ihnen gehörte, zusammen mit den östlichen Gebieten Niederschlesiens bis unmittelbar zu den vratislavischen Vorstädten auf dem rechten Oderufer. Außerdem schufen sie, während sie auf eine Entscheidung der Friedenskonferenz warteten, Tatsachen. Im Dezember 1918 und Januar 1919 hatten sie deutsche Truppen aus ganz Großpolen vertrieben. Polnische Soldaten besetzten nun Gräben, die noch vor kurzem von Russen besetzt gewesen waren. Posen, jetzt Poznań, wie Breslau gleichfalls Grenzstadt, lag bereits im Ausland. Das benachbarte Prag, bis vor kurzem österreichisch, war jetzt die Hauptstadt eines feindlichen und vormals unbekannten Landes namens Tschechoslowakei.

Spartakistische Krawalle im Februar 1919[7] waren der Auftakt eines langen und schwierigen Sommers. Die Unsicherheiten der Nachkriegsregelung, verbunden mit der fortgesetzten Amtstätigkeit eines Symbols des alten Regimes, des Breslauer Regierungspräsidenten Traugott von Jagow, erzeugten ein Pulverfass. In diesem Sommer wurde die Lunte entzündet. Nach einer Welle lähmender Streiks zwangen die Eisenbahnarbeiter die Behörden zum Handeln. Am 28. Juni wurde eine Ausgangssperre verhängt und eine Dienstpflicht für die Eisenbahner angeordnet. Die Reaktion bestand aus gewalttätigen Demonstrationen. Am nächsten Tag strömte eine von Matrosen und Kommunisten angeführte große Menschenmenge auf dem Hauptbahnhof zusammen. Dem Eintreffen von Soldaten gingen wütende Wortwechsel zwischen Demonstranten und der Polizei voraus. Am Ende blieben fünf tote und 19 verletzte Demonstranten zurück.

Nachdem sie die Republik vor den Spartakisten gerettet hatten, entwickelten die Freikorps sich bald zu einer Bedrohung gleichen Ausmaßes. Nach Versuchen der Regierung, zwei der bekanntesten Einheiten aufzulösen, marschierten unzufriedene Freikorps-Angehörige im März 1920 auf Berlin, um einen rechten Politiker, den Generallandschaftsdirektor Wolfgang Kapp, zu unterstützen. Die Zeit schien reif. Die Reichswehr weigerte sich, dem Putsch Widerstand entgegenzusetzen, und die Verteidigung der Republik blieb einer stark geschwächten Arbeiterschaft überlassen. Doch obwohl die Kappisten tatsächlich die Macht an sich rissen, hatten sie kaum eine Vorstellung davon, was sie damit anfangen sollten. Der Putsch wurde durch einen Generalstreik und die Verweigerung der Zusammenarbeit von Seiten der Beamtenschaft vereitelt. Es gelang den Putschisten nicht, sympathisierende Freikorps-Einheiten unter ihrem Kommando zusammenzufassen oder parallele Aufstände in den Provinzen zu koordinieren.

Nur in Breslau erhielt Kapp handfeste Unterstützung. Als die Nachricht von dem Putsch am Morgen des 13. März Schlesien erreichte, riefen die Gewerkschaften zum Generalstreik auf. Gegen Mittag stoppten die Straßenbahnen. Doch der Befehlshaber des Wehrkreiskommandos, General Graf Schmettow, erklärte sich für den Putsch, und vier der regionalen Freikorps marschierten, angeführt von der 3. Marinebrigade »Löwenfeld«, in die Stadt, »um die öffentliche Ordnung aufrechtzuerhalten«. An der Spitze ihrer Marschkolonne wehte die Reichsflagge. Sie sicherten den Bahnhof, das Hauptpostamt und das Rathaus, verhafteten anschließend die kommunale Regierung und stellten mehrere Zeitungen ein.[8] Ihre Machtergreifung verlief friedlich, bis das Freikorps Aulock sich in die Kaserne in Karlowitz zurückzog. Nun wurde das Feuer auf die Männer eröffnet und ein Brandanschlag auf die Kaserne auf der Liebichshöhe verübt.[9] Bei der Wiederherstellung der »Ordnung« gingen die Freikorps schnell und mit schonungsloser Gründlichkeit vor. Dann warteten sie auf Nachrichten aus Berlin, die niemals kamen.

Traugott von Jagow war unterdessen zum Innenminister in der Kapp-Regierung gemacht worden, und er begann sofort, alte Rechnungen zu begleichen. Er schaltete auf der Stelle seine republikanischen Gegner aus, darunter den Oberpräsidenten von Schlesien, Felix Philipp, den Breslauer Polizeichef Fritz Voigt und die SPD-Vorsitzenden von Breslau, Liegnitz

Kapitel 7: Breslau (1918-1945)

und Frankfurt an der Oder. Doch nach weniger als einer Woche brach die Kapp-Regierung zusammen und verschmolz wieder mit dem Freikorps-Milieu, aus dem sie hervorgegangen war. Am 20. März kehrte die rechtmäßige Regierung nach Berlin zurück. Breslaus Revolution fiel in sich zusammen. Inhaftierte wurden freigelassen. Die Freikorps-Einheiten zogen ab und nahmen die Kappisten-Verwaltung mit. Sie hatten sich nur wenige Anhänger erworben. Es hieß, dass sie sich in »ekelhafter Weise« aufgeführt und sogar das Offizierskorps gegen sich aufgebracht hätten. Die heftige antisemitische Propagandakampagne hatte ihren Höhepunkt in der brutalen Ermordung des jüdischen Herausgebers der *Schlesischen Arbeiter-Zeitung*, Bernhard Schottländer, gefunden.[10] Das Freikorps Aulock massakrierte zudem bei seinem Rückzug 18 Menschen und ließ Hunderte von Verletzten zurück. Sieben gefangen genommene Arbeiter verschwanden. Der Hass auf das Militär breitete sich aus.[11]

Der Vertrag von Versailles stand im Mittelpunkt der Innen- und Außenpolitik der Weimarer Republik. Unterzeichnet am 28. Juni 1919, auf den Tag genau fünf Jahre nach der Ermordung Franz Ferdinands in Sarajewo und 47 Jahre nach der Proklamation Wilhelms I. zum deutschen Kaiser, bestimmte er die Politik aller künftigen Regierungen. Er war eine Mischung aus amerikanischem Idealismus, britischem Pragmatismus und französischem Revanchismus, die Ursache für die große politische Unzufriedenheit jener Jahre und letztlich der Keim für die Zerstörung der Republik. Seine Bestimmungen hinsichtlich der militärischen »Entmannung« Deutschlands, der territorialen Beschneidung, dem Eingeständnis der Kriegsschuld und der Belastungen durch Reparationen verbitterten die deutsche Politik eine ganze Generation lang.

Am meisten schmerzten vielleicht die territorialen Verluste. Mit dem Verlust Elsass-Lothringens als Konsequenz des verlorenen Krieges hatten die Deutschen gerechnet, und die Abtretung kleiner Gebiete wie Eupen-Malmédy hatten keine großen Auswirkungen. Aber die Verluste im Osten bewirkten einen tiefer Schock. Dort, auf traditionellem Gebiet Preußens, mussten knapp 65 000 Quadratkilometer Land und über fünf Millionen Bewohner abgetrennt werden. Danzig und das Memelgebiet sollten einer internationalen Verwaltung unterstellt werden, während Westpreußen, Oberschlesien und die gesamte Provinz Posen dem wiederhergestellten Staat Polen zugeschlagen werden sollten.

Der Verlust Oberschlesiens war von besonders weitreichender Bedeutung. Ohne die oberschlesische Kohle käme ein großer Teil der deutschen Industrie zum Erliegen. Die unausweichliche Folge wären Unruhen und sogar eine Hungersnot.[12] Die politische Lage Oberschlesiens nach dem

Waffenstillstand war äußerst prekär. Schlesische Kommunalpolitiker sahen in der Zulassung von Polen zu den Stadtverordnetenversammlungen den Auftakt polnischer Agitation. Die Spannungen wurden durch paramilitärische Verbände wie dem Heimatschutz und den Freikorps verschärft, deren Aktivitäten eine Verständigung in weite Ferne rücken ließen.

Die Situation verschlimmerte sich durch den Krieg zwischen Polen und Sowjetrussland 1919/20. Was die Beurteilung der Bolschewiki anging, waren die Westmächte geteilter Ansicht. Aber in der Überzeugung, dass das Territorium des ehemaligen russischen Verbündeten unversehrt bleiben sollte, war man sich einig. »Hände weg von Russland!« – in diesem griffigen Motto drückte ganz Europa seinen Protest aus, als die Polen sich der unabhängigen Regierung der Ukraine bei der Vertreibung der Bolschewiki aus der ukrainischen Hauptstadt Kiew anschlossen. Die kommunistische Propaganda ihrerseits spielte geschickt mit deutschen Empfindlichkeiten. Die Bolschewiki standen der »bürgerlichen« Weimarer Republik nicht weniger feindselig gegenüber als dem kaiserlichen Deutschland, aber sie vermittelten den Eindruck, dass die Rote Armee auf dem Weg nach Berlin sei, um es zu befreien und das Versailler »Diktat« zu Fall zu bringen. Viele Deutsche glaubten der Propaganda. Viele machten sich im Verein mit den Bolschewiki über Polen lustig. Einige fochten an ihrer Seite. So groß war die Begeisterung, dass mehrere deutsche Zeitungen, auch einige schlesische, verkündeten, dass Warschau gefallen sei, auch wenn dies nicht stimmte.

Obwohl der Versailler Vertragsentwurf ganz Oberschlesien Polen vorbehalten hatte, wurde nach deutschen Protesten vereinbart, dass die Frage durch ein Plebiszit entschieden werden sollte. Die Spannungen waren so groß, dass die Vereinbarung ausreichte, um den ersten polnischen Aufstand vom August 1919 auszulösen, der sich auf Rybnik konzentrierte und von der Reichswehr brutal unterdrückt wurde. Ein zweiter polnischer Aufstand im August 1920 fiel zeitlich mit dem polnischen Sieg in der »Schlacht um Warschau« zusammen. Er wurde von ausgedehnten Krawallen in Breslau begleitet, die sich in erster Linie gegen die interalliierte Regierungs- und Plebiszit-Kommission, die im Februar 1920 die Macht in Oberschlesien übernommen hatte, und besonders gegen die Franzosen richteten. Das polnische Konsulat wurde demoliert, das französische Konsulat geplündert, acht der zehn Autos der Kommission wurden zerstört, und der französische Konsul M. Terver war gezwungen, um sein Leben zu rennen.[13] Der »Breslauer Zwischenfall« entwickelte sich bald zu einer internationalen Affäre mit geharnischten diplomatischen

Kapitel 7: Breslau (1918–1945)

Protesten, die zwischen Berlin, Paris und Warschau gewechselt wurden.
Der dritte polnische Aufstand erwies sich als der weitaus schwerwiegendste. In der oberschlesischen Volksabstimmung vom März 1921 votierten 59,7 Prozent der Wähler für den Verbleib beim Deutschen Reich und 40,3 Prozent für den Anschluss an Polen. Die polnische Seite zeigte sich entrüstet, da die Wahl durch den massenhaften Zustrom »externer« deutscher Stimmberechtigter, die außerhalb Oberschlesiens wohnten, verzerrt worden sei. Der polnische Abstimmungskommissar Korfanty, der die Niederlage spürte, mobilisierte seine aus etwa 40 000 polnischen Freiwilligen bestehende »Aufständischen«-Armee. Auf deutscher Seite standen ihnen die neu aufgestellten »Ostwehren« gegenüber, die einzigen nach dem angeordneten Rückzug der Reichswehreinheiten aus dem Abstimmungsgebiet verfügbaren militärischen Kräfte. Doch sie erhielten Verstärkung aus dem Reich: vom Landesjägerkorps, dem »Stahlhelm«, dem »Jungdeutschen Orden«, den Freikorps Rossbach, Reinhard und Oberland sowie von Heydebrecks »Werwölfen«. Es folgte ein zweimonatiges Geplänkel mit den polnischen »Insurgenten«, zu dem auch die Schlacht am Annaberg gehörte, bis die Freikorps zurückgezogen und im Juni von Ebert aufgelöst wurden.

Die Breslauer Studenten waren tief in die Geschehnisse verwickelt. Den Angehörigen der »Kriegsgeneration« boten sich in den Nachkriegsjahren zahlreiche Gelegenheiten, ihren soldatischen Geist wieder zu beleben. Bereits in den Jahren 1918/19 waren sie zusammengeströmt, um die Grafschaft Glatz gegen tschechoslowakische Ansprüche zu verteidigen. Im Sommer 1919 hatten Tausende an den Protestversammlungen gegen den Vertrag von Versailles und an den so genannten »Hindenburgkammern« teilgenommen. Im März 1920 hatten sich viele, besonders Mitglieder der rechten Verbindungen wie des Korps Borussia, bewaffneten Freiwilligenverbänden angeschlossen, die den Kapp-Putsch unterstützten. Im Jahr 1921 beteiligten sie sich an der Massenkampagne zur Organisation des deutschen Abstimmungsergebnisses beim oberschlesischen Plebiszit und an der nachfolgenden bewaffneten Aktion zur Verteidigung ihres Sieges. Auch die Bataillone »Guttentag« und »Gogolin« des Selbstschutzes Oberschlesien bestanden hauptsächlich aus Breslauer Studenten. Sie hielten die polnischen Insurgenten für »Banditen«. Überzeugt, die Reichswehr habe sie im Stich gelassen, während Korfantys Männer von der polnischen Armee unterstützt worden waren, waren sie nur allzu bereit, an eine Neuauflage der »Dolchstoßlegende« zu glauben.[14]

Zu den Veteranen der Kampagne zählte der nationalsozialistische

»Märtyrer« Leo Schlageter, der spätere Gauleiter von Schlesien, Helmuth Brückner (1896–1945?), und der spätere Breslauer Polizeipräsident Edmund Heines (1897–1934). Im Oktober 1921 wurde die Teilung Oberschlesiens verfügt. 61 Prozent der Provinz sollten bei Deutschland verbleiben, während vier Fünftel der Industrieanlagen, der größte Teil der Kohlenreviere und die Städte Königshütte und Kattowitz an Polen übergehen sollten.

Die Instabilität der Weimarer Republik erreichte im Krisenjahr 1923 einen neuen Höhepunkt. Der gescheiterte Küstriner Putsch von Reichswehrelementen im Februar, die Einrichtung prokommunistischer Regierungen in Sachsen und Thüringen im März und Mai und Adolf Hitlers Putsch im Münchener Bürgerbräukeller im November verdeutlichten die prekäre Lage, die durch den Niedergang der deutschen Wirtschaft komplettiert wurde. Die französische Ruhrbesetzung Ende 1922 hatte eine Spirale der Hyperinflation ausgelöst. Nimmt man das Jahr 1913 als Maßstab, dann stand der Preisindex 1918 bei 2,17, 1919 bei 4,15, 1920 bei 14,86 und 1921 bei 19,11. Nach einer kurzen Stabilisierung erreichte er 1922 den Wert 341,82, im Januar 1923 den Wert 2783, und im Dezember lag er bei 1 261 000 000 000 (1261 Milliarden).[15] Für den Durchschnittsbürger bedeutete dies den finanziellen Ruin. Die Löhne konnten mit dem beinahe stündlichen Anstieg der Inflationsrate nicht Schritt halten. Eine Welle von Streiks fegte durch das Land. In Breslaus Geschäftszentrum kam es am 22. Juli zu Krawallen. Ungefähr 50 große Läden wurden durch einen von kommunistischen Agitatoren angeführten Mob geplündert. Sechs Plünderer wurden getötet.[16] Erst die Währungsreform vom November 1923 und die Einführung der Rentenmark stoppten die Talfahrt.

Die folgenden Jahre der »Goldenen Zwanziger« brachten ein wenig politische Stabilität, die in erster Linie das Werk Gustav Stresemanns (1878–1929) war. Unter seiner Führung eröffnete eine im August 1923 gebildete »Große Koalition« aus Zentrum, SPD, Deutscher Volkspartei (DVP) und Deutscher Demokratischer Partei (DDP) der deutschen Politik erstmals die Möglichkeit einvernehmlicher Entscheidungsfindung und Problemlösung. Auf dieser Basis konnte Stresemann anfangs als Reichskanzler (August bis November 1923) und als Außenminister (August 1923 bis Oktober 1929) einige bemerkenswerte Erfolge verbuchen. Erstens erlaubte 1924 die Annahme des Dawes-Plans eine Neuregelung der Reparationsfrage auf der Basis jährlicher Ratenzahlungen ohne Festlegung einer Gesamtsumme. Der Plan, dessen Kern ein Darlehen von 800 Millionen Reichsmark zur Finanzierung der ersten Rate bildete, unterstützte eine Stabilisierung der deutschen Wirtschaft, und die neue Reichsmark

Kapitel 7: Breslau (1918–1945) 413

wurde erneut an den Goldstandard gebunden. Nach dem Rapallo-Vertrag der »Ausgestoßenen«, den Deutschland 1922 mit Sowjetrussland geschlossen hatte, trugen zweitens Stresemanns Bemühungen im Vertrag von Locarno (1925) und in der Wiedereingliederung Deutschlands in die »politische Gesellschaft« der europäischen Nationen Früchte. Er handelte die Aufnahme Deutschlands in den Völkerbund (1926) aus und unterzeichnete zwei Jahre später den Briand-Kellogg-Pakt, der den Krieg als Mittel zur Lösung zwischenstaatlicher Streitigkeiten ächtete. Doch er verfolgte keineswegs eine politische Strategie bedingungslosen Einverständnisses. Als früherer Sympathisant des Kapp-Putsches war seine Einstellung entschieden revisionistisch, obwohl er seine Ziele nicht auf dem Wege militärischer Konfrontation zu erreichen versuchte. Der Locarno-Pakt garantierte Deutschlands Grenzen im Westen und beschwichtigte dadurch Frankreich und Großbritannien, aber er bewahrte ein verhängnisvolles Stillschweigen über Deutschlands Grenzen im Osten. Den Vratislaviern dürfte es nicht entgangen sein.

In Schlesien zeigten die Wahlergebnisse der Ära Stresemann eine gewisse Rückkehr zur Normalität. Es gab drei Wahlkreise: Liegnitz und Breslau in Niederschlesien und Oppeln in Oberschlesien. Während Niederschlesien bei den Reichstagswahlen von 1924 und 1928 eine solide sozialdemokratische Mehrheit behauptete und dort etwa ein Viertel der Stimmen an die nationalistische Deutschnationale Volkspartei (DNVP) ging, dominierte in Oppeln das katholische Zentrum. Keine drei Wochen nach ihrer Wiedergründung 1925 in München wurde die Nationalsozialistische Deutsche Arbeiterpartei (NSDAP) in Schlesien eingeführt. Helmuth Brückner, ein Veteran des Weltkrieges und der oberschlesischen Aufstände, versprach in einem Brief an Hitler seine »bedingungslose Unterstützung«. Da Hitler jedoch Redeverbot in Preußen hatte, fiel es der Partei sehr schwer, Fuß zu fassen, und mancherorts wurde sie gar zum Gespött, wenn sie es sich beispielsweise nicht leisten konnte, für die erforderlichen braunen Hemden und Hakenkreuze zu sorgen. Ihre Schwäche zeigte sich in den Ergebnissen der Reichstagswahl 1928 für Schlesien, wo sie etwa ein Prozent der Stimmen erhielt und damit weit unter dem reichsweiten Durchschnitt von 2,6 Prozent lag.

Stresemann, der Architekt der kurzen Blüte Weimars, starb am 3. Oktober 1929 nur wenige Wochen vor dem New Yorker Börsenkrach, der seine Arbeit zunichte machen sollte. Durch den Kollaps der US-Börse schrumpfte die stark von kurzfristigen US-Anleihen abhängige deutsche Wirtschaft zusammen. Im Anschluss an einen Ansturm auf die Banken stieg die Arbeitslosigkeit beinahe exponentiell von 1,3 Millionen im September 1929 auf drei Millionen ein Jahr später. Anfang 1933 erreichte sie die Sechs-Millionen-Marke, womit von der erwerbstätigen Bevölkerung bereits jeder Dritte arbeitslos war. Die politische Instabilität, die dem frühen politischen Leben Weimars so zugesetzt hatte, kehrte mit Macht wieder. Im März 1930 wurde die parlamentarische Regierung zugunsten eines von Notverordnungen des Reichspräsidenten abhängigen Kabinetts aufgegeben. Danach folgten einige kurzlebige Regierungen, die zunehmend Gebrauch von den Vollmachten des Präsidenten machten, während die Sitzungen des Reichstages und die parlamentarische Gesetzgebung ihre Bedeutung einbüßten. Die Aussetzung des demokratischen Verfahrens diente letztlich vor allem dazu, das öffentliche Zutrauen in die Demokratie zu schwächen und die allgemeine Unterstützung für die antidemokratischen Parteien – allen voran die Kommunisten und die Nationalsozialisten – zu stärken.

Die Ergebnisse der Reichstagswahl vom September 1930 waren für demokratische Politiker ein Schock. Von den Parteien, die in der zwanziger Jahren die so genannte »Weimarer Koalition« gebildet hatten, ging lediglich die katholische Zentrumspartei unbeschadet aus dem Urnengang hervor. Sie verlor zwar 0,3 Prozentpunkte (11,8 statt 12,1 Prozent), konnte aber sechs Mandate hinzugewinnen. Die DDP büßte 3,8 Prozent der Stimmen und fünf von 25 Mandaten ein, während die SPD 5,3 Prozent der Stimmen verlor und nur noch mit 143 statt bisher 153 Abgeordneten im neuen Reichstag vertreten war, aber stärkste Partei blieb. Die einzigen Parteien, die Zuwächse verzeichneten, waren die KPD, deren Anteil von 10,6 auf 13,1 Prozent kletterte und die 77 Mandate errang, und die NSDAP, die von 2,6 Prozent und zwölf Sitzen auf 18,3 Prozent und 107 Sitze im neuen Reichstag anschwoll. Einen dieser Sitze gewann der nationalsozialistische Kandidat für Breslau, Helmuth Brückner, der 24,2 Prozent der Stimmen auf sich vereinigen konnte.

Weimar taumelte seinem Ende entgegen. Obwohl das Hoover-Moratorium vom Juni 1931, mit dem die USA alle Kriegsschulden der europäischen Staaten stundeten, Erfolge zeitigte, war keine der nachfolgenden deutschen Regierungen in der Lage, der Wirtschaftskrise Herr zu werden. Die Unterstützung für Nationalsozialisten und Kommunisten wuchs anscheinend unaufhaltsam proportional zu den Arbeitslosenziffern. Im Januar 1931 lieferten feindselige Proteste die Begleitmusik für den Besuch des Reichskanzlers in Breslau. Viele Wände wurden mit den Parolen *Tod Brüning* und *Tod der Hungerdiktatur* beschmiert.[17] Selbst die Nationalsozialisten waren ausgelaugt. Im Februar 1931 beklagte die SA in Schlesien sich bei ihrem Chef Ernst Röhm, dass die Breslauer Kompanie nicht zu

Kapitel 7: Breslau (1918–1945)

Inspektionen ausrücken könne, weil es ihr komplett an Schuhwerk mangele.[18] 18 Monate später bemerkte der Befehlshaber der schlesischen Sturmabteilungen, Obergruppenführer Edmund Heines, dass 60 Prozent seiner Männer Langzeitarbeitslose seien.[19]

Die Kämpfe zwischen Kommunisten und Nationalsozialisten wurden überall in Deutschlands Städten und Straßen ausgetragen. Im Juni 1931 fand in Breslau das alljährliche Reichstreffen des Veteranenbundes »Stahlhelm« statt. Es war die Gelegenheit für brutale Zusammenstöße und ebenso brutale Rhetorik. Bei seiner Ansprache versprach der Führer des »Stahlhelm«, Franz Seldte, feierlich, man werde nicht eher ruhen, bis jeder Zentimeter Boden, auf dem deutsches Blut vergossen worden sei, wieder zum Deutschen Reich gehöre. Und er versicherte, dass der »Überlebenskampf« des deutschen Volkes im Osten entschieden würde.[20]

Wie in anderen Teilen Deutschlands auch nahmen die Unruhen und gewalttätigen Aktionen in Schlesien immer mehr zu. Periodisch wiederkehrende Übergriffe kulminierten 1932 im berühmt gewordenen »Potempa-Prozess«. In den frühen Morgenstunden des 10. August drang eine Gruppe betrunkener SA-Männer in ein Bauernhaus in Potempa in der Nähe von Groß-Strehlitz ein und attackierte einen der Bewohner, Konrad Pietzuch, einen Polen, der mit den Kommunisten sympathisierte. Sie schlugen ihn mit einem Billard-Queue, traten ihn und erschossen ihn am Ende. Die Mörder wurden in Beuthen vor Gericht gestellt, und fünf von ihnen wurden zum Tode verurteilt. Doch die ganze Affäre entwickelte sich zu einer Propagandaaktion der NSDAP, wobei Hitler vollmundig erklärte: »Im nationalsozialistischen Reich werden niemals fünf deutsche Männer wegen eines Polen verurteilt werden.«[21] Nur eine Woche nach dem Mord in Potempa wurde eine Frau in Breslau festgenommen, weil sie einen SA-Mann getreten hatte. Sie wurde zu 15 Monaten Haft verurteilt.[22] Die Mörder von Potempa wurden freigelassen.

Im Sommer 1932 erlebte auch Breslau selbst mehrere Gewalttaten. Am 23. Juni wurde eine von Edmund Heines angeführte SA-Kolonne von Kommunisten angegriffen. Es gab elf Schwerverletzte. Drei Tage später wurde ein junger Angehöriger des »Reichsbanners Schwarz-Rot-Gold«, der sozialdemokratischen Selbstschutzorganisation, erschossen. Anfang August führte eine polizeiliche Razzia in einer konspirativen Wohnung der Nationalsozialisten zur Beschlagnahmung eines Maschinengewehrs, von 1450 Schuss Munition und 23 Handgranaten. Am 6. August wurden ähnliche Granaten bei Straßenschlachten zwischen Linken und Rechten geworfen. Zwei Tage später flog eine weitere Granate in das Schlafzimmer eines bekannten sozialistischen Politikers.[23]

Hitler besuchte Breslau zum ersten Mal im Rahmen seiner Wahlkampfreise für die Reichstagswahlen vom Juli 1932. Er bediente sich überraschend moderner Wahlkampftechniken, indem er zwischen Kundgebungsorten hin und her flog und zahlreiche Veranstaltungen pro Tag abhielt. Am Abend des 18. April beispielsweise hielt er vier Reden: um 18 Uhr in Beuthen, zwei Stunden später in Görlitz und dann zwei in Breslau. Die erste, in der Grüneicher Radrennbahn, zog 6000 Zuhörer an, während bei der zweiten, in der Jahrhunderthalle, den etwa 10 000 Getreuen ein Frontalangriff auf die »Weimarer Parteien« geboten wurde:

»*Meine deutschen Volksgenossen und Volksgenossinnen!*
Das, was Sie jetzt hier sehen und was sich in ganz Deutschland wiederholt, ist das Zeichen eines Aufbruchs der deutschen Nation.
14 Jahre fast herrschen heute Parteien, die einst den Himmel herunter versprochen hatten und in diesen 14 Jahren nun Deutschland bis in Grund und Boden hinein vernichteten...
14 Jahre gab ihnen das Schicksal Zeit, mehr als genügend. In 14 Jahren hat Bismarck einst Preußen aus der Niederung hinaufgeführt bis zur Einigung des Deutschen Reiches, hat Bismarck das deutsche Volk aus seiner Zersplitterung erlöst und hat das geschaffen, was wir selbst einst noch ruhmvoll miterleben durften. In 14 Jahren haben die Machthaber von jetzt nicht das zerstört, was sie aufgebaut haben, sondern was Generationen vor ihnen sowohl in friedlicher Arbeit als auch in unerhört schwerstem Kampf geschaffen und gestaltet haben...
Sie sind jetzt in diesen 13 Jahren erkannt als die größten geschichtlichen Nichtskönner und Dilettanten.
Ich weiß, was sie dabei denken; sie denken, uns mürbe zu machen, glauben, daß sie meine Bewegung und mich des Kampfes müde machen könnten. Darin täuschen sie sich. Sie können tun, was sie wollen. Sie sollen meinetwegen unsere Propaganda behindern, unsere Flugblätter beschlagnahmen, unsere Plakate herunterreißen, unsere Zeitungsauflage beschränken. Sie können mir den Rundfunk verweigern, den Tonfilm wegnehmen, sie sollen die SA und SS, meinethalben die ganze Partei auflösen, können Terrorakte verüben, uns niederschlagen und mich dazu, aber kapitulieren werden wir niemals.«[24]

Die Nacht verbrachte Hitler im Hotel Monopol. Seine Bemühungen hatten die gewünschte Wirkung. Entgegen einem reichsweiten Durchschnitt von

Kapitel 7: Breslau (1918–1945)

37,4 Prozent errang seine Partei in Breslau 43,5 Prozent der Stimmen. Es war das vierthöchste Ergebnis der NSDAP in Deutschland (nach Liegnitz mit 48, Hannover-Ost mit 49,5 und Schleswig-Holstein mit 51 Prozent) und lag weit über dem Resultat der SPD mit 24,4 Prozent.

Trotz eines Rückgangs um 4,3 Prozent und dem Verlust von 34 Mandaten bei der neuerlichen Reichstagswahl im November 1932 stellten die Nationalsozialisten Ende des Jahres mit 196 Abgeordneten immer noch die größte Fraktion im Reichstag. Die Politiker, die es hartnäckig vermieden hatten, Hitler zum Eintritt in die Regierung aufzufordern, sahen sich schließlich veranlasst, über das Unvermeidliche nachzudenken. Am 30. Januar 1933 wurde Adolf Hitler von Reichspräsident Hindenburg zum Kanzler des Deutschen Reiches berufen.

Der 30. Januar 1933 gilt gemeinhin als erster Tag des »Dritten Reiches« und letzter Tag der Demokratie. Doch sollte man nicht vergessen, dass Hitler nach der Verfassung zum Chef einer Koalitionsregierung ernannt worden war und dass die Weimarer Republik seit fast drei Jahren schon mit undemokratischen Methoden regiert wurde. Von der Position eines absoluten Diktators war Hitler im Januar 1933 noch weit entfernt. Aber der Prozess, der seine Diktatur zur Folge haben sollte, wurde beinahe sofort in Gang gesetzt. Sieben Monate später, am 1. September, wurde das »Dritte Reich« ausgerufen.

Der Sohn eines Breslauer Arztes, damals ein Junge von sieben Jahren, der in der Kaiser-Wilhelm-Straße wohnte und aus dem Fenster sah, erinnert sich an den Augenblick im Januar 1933, als Hitler die Macht ergriff:

>»Ich saß neben meiner Mutter auf der Bettkante und beobachtete, wie auf dem gegenüberliegenden Turm des Postamtes zwei Beamte sich abmühten, eine riesengroße neue Fahne am Mast hochzuziehen. Plötzlich erfaßte der Wind das Tuch und blies es zu seiner ganzen Größe auf, es war die neue Hakenkreuzfahne, und meine Mutter, die überhaupt nicht zu Sentimentalitäten neigte, nahm mich in die Arme und weinte Freudentränen. Sie sah mich an und sagte sinngemäß: ›Das ist ein wunderbarer Tag, ein Tag, den du dir merken mußt, denn ab heute beginnt für Deutschland eine neue, viel bessere Zeit. Die Not und das Elend von so vielen Menschen haben endlich ein Ende. Es wird wieder gerecht zugehen, und du wirst eine wunderbare Zukunft haben, wir alle zusammen.‹...«[25]

Damals dachte sich der Siebenjährige nichts bei der Tatsache, dass der Name seiner Mutter Jadwiga Wieczorek war oder dass sein Großvater mütterlicherseits nicht richtig Deutsch sprechen konnte. Er wusste nur, dass sein eigener Vater, ein ehemaliger Stabsarzt, vor kurzem begeistert in die NSDAP eingetreten war. Fast 70 Jahre später sollte er fragen: »... kann man das heute noch wahrheitsgemäß berichten, ohne völlig missverstanden zu werden?«[26]

In Breslau wandten sich SA-Einheiten und Polizei gegen ihre Gegner, sobald die Nachricht von Hitlers Ernennung sich verbreitete. Die Planung einer kommunistischen Kundgebung wurde durch etwa 500 SA-Männer gestört, die mit Unterstützung der Polizei an den kommunistischen Reihen vorbeimarschierten. Die unweigerliche Folge waren Gewalttätigkeiten, die von der Polizei brutal niedergeschlagen wurden. Bei den anschließenden Krawallen fielen Schüsse, und ein arbeitsloser Hilfsarbeiter wurde getötet. Alle kommunistischen Versammlungen wurden als Gefährdung der öffentlichen Ordnung verboten.

Nach dem Januar 1933 wurde die Gleichschaltung des sozialen und politischen Lebens ohne Verzug in die Tat umgesetzt. In Breslau wurde sie durch die Ernennung des NS-Gauleiters Brückner zum Oberpräsidenten von Niederschlesien und des schlesischen SA-Chefs Heines zum Polizeipräsidenten von Breslau abgeschlossen. An anderen Orten der Provinz ging man genauso gründlich vor. Alle 14 schlesischen Oberbürgermeister wurden abgelöst, und nur drei von 48 Landräten hielten sich bis März im Amt.[27] In diesem Monat wurde in der Breslauer Vorstadt Dürrgoy Schlesiens erstes Konzentrationslager errichtet. Es sollte viele prominente Sozialisten der Region aufnehmen, darunter auch den ehemaligen Reichstagspräsidenten, Paul Löbe, den ehemaligen Oberpräsidenten von Niederschlesien, Hermann Lüdemann, und den ehemalige Bürgermeister von Breslau, Karl Mache. Bei der Reichstagswahl in diesem Frühjahr 1933 war Breslau einer von nur sieben Wahlkreisen, der eine absolute nationalsozialistische Mehrheit erbrachte. Gegenüber einem reichsweiten Durchschnitt von 43,9 Prozent errang die NSDAP hier 50,2 und in Liegnitz 54,0 Prozent. Die Wahl erwies sich als das Vorspiel zur Schaffung einer formellen NS-Diktatur und zunächst als Grundlage zur Bewilligung des »Gesetzes zur Behebung der Not von Volk und Reich«, des so genannten »Ermächtigungsgesetzes«, mit dem die gesetzgebende Gewalt auf die Exekutive überging.

Überall in Deutschland kam es nun zu grauenhaften Geschehnissen. Die SA ging gegen jeden ihrer politischen Gegner vor. Ein von SA-Männern eingeschüchterter Rumpf-Reichstag in Berlin lieferte die gesetzliche

Kapitel 7: Breslau (1918–1945)

Grundlage. Die reichsweite Unterdrückung der Kommunisten wurde durch das auf den Reichstagsbrand folgende Verbot der Partei abgeschlossen. Die Gewerkschaften und die Sozialdemokraten wurden ausgeschaltet. Im März stürmten SA-Einheiten in Breslau die Büros der Gewerkschaften, wobei zwei Angestellte ermordet wurden.[28] Im Mai wurden die Gewerkschaften zerschlagen und die Verbände der Arbeiter und Angestellten in die riesige, nationalsozialistisch geführte »Deutsche Arbeitsfront« (DAF) zwangseingegliedert. Die Sozialdemokraten, die sich außerparlamentarischer Aktionen enthalten hatten, wurden im Juni als Feinde des deutschen Staates und Volkes geächtet. Bereits im April überfielen SA-Trupps mehrere Breslauer Buchhandlungen und beschlagnahmten die Werke von Stefan Zweig, Thomas Mann und Emile Zola. Drei polnische Studenten der Universität wurden ins NSDAP-Hauptquartier verschleppt und brutal misshandelt.[29] Im Mai fand auf dem Schlossplatz eine rituelle Verbrennung der Werke »jüdischer und marxistischer« Autoren statt.[30]

Trotz solcher Ausschreitungen verbesserte sich das Alltagsleben all jener, die das Regime unbehelligt ließ, tatsächlich. Die einheimische Wirtschaft erholte sich. Im Jahr 1935 erreichte die industrielle Produktion wieder das Niveau von 1928.[31] Die Zahl der Arbeitslosen sank. Reichsweit fiel die Arbeitslosigkeit von 4,8 Millionen 1933 auf 2 Millionen 1935[32] und war bis 1939 praktisch beseitigt. In Schlesien sank die Arbeitslosenziffer von fast 500000 im Jahr 1933 auf 154000 1935.[33]

Einer der allerletzten Erlasse von Reichspräsident Hindenburg veranschaulicht aber auch, dass es in den ersten Jahren von Hitlers Herrschaft noch kleinere Einschränkungen der Macht gab. Im Juli 1934 ordnete Hindenburg an, dass allen Kriegsveteranen, die aktiv an Kämpfen teilgenommen hatten, das »Ehrenkreuz der Frontkämpfer« verliehen werden sollte. Sie sollten den Orden zusammen mit einer vom Kanzler Hitler unterschriebenen Urkunde aus den Händen lokaler Beamter entgegennehmen. Viele dieser Beamten waren 1934 bereits Nationalsozialisten, doch ein Teil der Veteranen waren Juden. Aber sie mussten ihre Orden bekommen wie alle anderen. Dr. Alexander Walk beispielsweise, der Dorfarzt von Miękinia in der Nähe von Breslau, erhielt seinen Orden vom Neumarkter Landrat. Er sollte ihm das Leben retten.

Doch die dunklere Seite der nationalsozialistischen Herrschaft wurde immer offensichtlicher. Nach der Ausschaltung der Gegner kam es im Sommer 1934 zu einer parteiinternen Fehde – der so genannten »Nacht der langen Messer«-, bei der der »sozialistische« Flügel der Bewegung zusammen mit großen Teilen der SA liquidiert wurde.

Schon im April 1933 hatten SPD-Quellen[34] von einer Schießerei zwischen rivalisierenden SA-Einheiten in den Straßen Breslaus berichtet. Sie glaubten, sie spiegele den grundsätzlichen Riss, der durch die Mitgliedschaft der NSDAP gehe, und den Hitler'schen Verrat an den Interessen der Arbeiterklasse wider. Im folgenden Jahr war klar, dass die Tage der SA gezählt waren. Die Parteiführung hielt die Sturmabteilungen für einen undisziplinierten Faktor, der das »sozialistische« Element der nationalsozialistischen Ideologie zu ernst nehme. Schlesien sollte das Gemetzel aus erster Hand erleben. Udo von Woyrsch (1895–1983), SS-Oberführer und Himmlers Sonderkommissar für Schlesien, sollte die Operation leiten. Er erhielt den Befehl, bestimmte SA-Führer zu verhaften und das Hauptquartier der Breslauer Polizei zu besetzen. Tatsächlich ging er viel weiter. Seine Männer liefen Amok. Der Breslauer Polizeipräsident Edmund Heines wurde ohne viel Federlesens hingerichtet. Sein Stellvertreter Engels wurde in einen nahe gelegenen Wald geführt und mit einer Schrotflinte erschossen. Der einarmige ehemalige Freikorps-Anführer Peter von Heydebreck starb mit den Worten »Lang lebe der Führer!« auf den Lippen, offensichtlich in Unkenntnis der Tatsache, dass der Führer persönlich seine Hinrichtung befohlen hatte. Gauleiter Brückner wurde aus der Provinz ausgewiesen und seines Amtes enthoben. Eine in der Folge stattfindende ausgiebige »Säuberungs«-Operation gegen die schlesische SA wurde erst durch persönliche Intervention Görings beendet.[35]

Nachdem sie die Macht gesichert hatte, begann die NSDAP mit dem Kampf gegen die verhassten Feinde, die Juden. Strafmaßnahmen gegen Juden waren zwar von Anfang an gefördert worden, und schon im April 1933 gab es den Versuch, jüdische Geschäfte zu boykottieren. Juden wurden ferner aus der Beamtenschaft und von anderen Berufen ausgeschlossen. Aber die eigentliche antisemitische Gesetzgebung begann erst 1935. Die Nürnberger Gesetze erließen rassische und genealogische Definitionen des Judentums, während sie die jüdische Gemeinde gleichzeitig ihrer gesetzlichen Rechte beraubten. Eheschließungen zwischen Juden und Nichtjuden sowie jede Form sexueller Beziehungen wurden unter Strafe gestellt. Bereits im April 1935 wurde eine Frau aus Breslau wegen ihrer Beziehung zu einem Juden angeprangert. Viele in der jüdischen Gemeinde wurden über Nacht zu »Unpersonen«. Schließlich machte die Reichskristallnacht im November 1938 deutlich, dass das neue Deutschland keinen Platz für Juden hatte (siehe unten).

Auf welche Weise die Breslauer SS in der Kristallnacht ihre Befehle erhielt und ausführte, ist sowohl bei Nachkriegsprozessen in Deutschland als auch aus den Berichten des polnischen Konsuls Leon Koppens rekonstruiert worden. Sie sind eine bedrückende Lektüre. Und sie deuten auf ein hohes Maß an Planung hin. Aus dem Bericht des Konsuls nach Warschau geht hervor, dass er bereits um 20 Uhr am 9. November wusste, dass die SS über Befehle für eine »Aktion« verfügte. Deutsche Unterlagen belegen, dass der SS-Oberabschnitt Südost in Breslau um 1.09 Uhr am Morgen des 10. November eine Nachricht aus Berlin erhalten hat, wonach der befehlshabende Offizier Erich von dem Bach-Zelewski dringend in einem Hotel in München anrufen solle, in dem Reinhard Heydrich wohnt. Dieser hat dann wohl abschließende Anweisungen gegeben, Befehle auszuführen, die im Voraus vorbereitet worden waren. Heydrich sprach von der »Demonstration«. In Breslau waren uniformierte SS- und SA-Einheiten binnen 20 Minuten nach dem Telefonat unterwegs. Um 2 Uhr morgens brachten Pioniere der Wehrmacht die ersten Sprengladungen unter der Neuen Synagoge an. Und willfährige Journalisten waren zur Hand, um sich Notizen zu machen. Am folgenden Tag veröffentlichte die *Schlesische Tageszeitung* zwei Artikel: *Wie Breslau mit den Juden abrechnete, Demonstrationen auch in ganz Schlesien*. Ein Passant bemerkte im Gegensatz dazu: »Ich war im Mittelalter.«[36]

Während in anderen Regionen des Reiches die Kristallnacht als städtisches Phänomen beschrieben wurde, hatte es die schlesische SS offenbar auf jedes einzelne Dorf und jeden Weiler abgesehen, in dem Juden lebten. Gewaltsam bahnten sie sich einen Weg durch Brückenberg, Gottesberg und Habelschwerdt nach Sprottau, Striegau und Strehlen (siehe unten). In Trebnitz zwangen sie die Juden des Dorfes, ihre Synagoge eigenhändig in Brand zu setzen. Dann schnitten sie den Männern die Bärte ab und sperrten sie ein. Die Frauen wurden freigelassen. Ein SS-Sonderkommando aus Breslau unter Kriminalkommissar Schubert machte sich zu dem zionistischen Auswandererlehrgut in Groß-Breesen auf, wo künftige Auswanderer in Landwirtschaft und Handwerksberufen ausgebildet wurden, bevor man sie nach Palästina schickte. Das Personal wurde verhaftet, die Gebäude des Hofes demoliert und geplündert.

SS-Oberführer Katzmann berichtete über die Aktion nach Berlin. Allein in Breslau, so vermerkte er, sei eine Synagoge niedergebrannt, zwei weitere stark beschädigt, ein Gebäude der »Gesellschaft der Freude« ebenfalls beschädigt, mindestens 500 Geschäfte vollkommen zerstört, zehn jüdische Gaststätten und 35 weitere jüdische Firmen stark beschädigt und 600 Personen verhaftet worden.[37]

Historiker, die um die Taten des NS-Regimes in den vierziger Jahren wissen, werden manchmal von einer realistischen Einschätzung der dreißiger Jahre abgelenkt. Natürlich betrachtete Hitler die Jahre zwischen

1933 und 1939 als Vorbereitungsphase. Er war dabei, die Grundlagen für ein Programm zu legen, das er in *Mein Kampf* skizziert hatte, von dem er jedoch nicht erwartete, dass es während der ersten zehn Jahre an der Macht auszuführen sei. Er bereitete zwar einen allgemeinen Krieg zum Umsturz der Versailler Friedensregelung und zur Eroberung des ersehnten Lebensraums im Osten vor. Aber er glaubte, dass Deutschland frühestens 1942/43 für einen allgemeinen – im Gegensatz zu einem lokal begrenzten – Krieg bereit wäre. Somit sind viele Kennzeichen des nationalsozialistischen Terrors in den dreißiger Jahren bestenfalls latent vorhanden. In der Zeit vor dem Zweiten Weltkrieg war der Nationalsozialismus noch erheblich von den Gräueltaten entfernt, die Stalin bereits seit vielen Jahren in großem Umfang in der UdSSR beging. Wie man heute zweifelsfrei weiß, hatten die Sowjets schon bis 1939 weit mehr Menschen ermordet, als die Nationalsozialisten jemals ermorden würden. Zur »Liquidierung der Kulaken« oder zum ukrainischen Terror gab es im Deutschen Reich vor 1939 keine Parallelen. Der »große Terror«, den Stalin gegen seine eigene Partei entfesselte und der bis zu eine Million Menschenleben forderte, lässt die »Nacht der langen Messer« vergleichsweise belanglos erscheinen. Das System des Gulag, das 20 Jahre alt war, stellte das nationalsozialistische System der Konzentrationslager, das noch in den Kinderschuhen steckte, vollständig in den Schatten. Durch die Kollektivierung der Landwirtschaft, durch die komplette Verstaatlichung von Handel und Industrie und durch die Ermordung der führenden Köpfe des Offizierskorps der Roten Armee war Stalin in Regionen des Totalitarismus vorgedrungen, die Hitler niemals erreichen sollte. Diese Erwägungen sind von mehr als nur theoretischem Belang. Sie erleichtern die vergleichende Analyse. Sie ermöglichen aber auch, den Hass der Nationalsozialisten auf den »Bolschewismus« zu begreifen, der als zentrale Rechtfertigung für das Regime benutzt wurde und den viele ängstliche Deutsche teilten.

Der Rassismus trennte in Theorie und Praxis die Nationalsozialisten nicht nur von den Sowjets, sondern auch von anderen Faschisten wie Mussolini oder Franco. Der Glaube an eine rassische Hierarchie der Menschheit war für ihr Glaubensbekenntnis fundamental und hat ihnen den Ruf eingetragen, unübertroffen »böse« zu sein. Er war die Ursache für die Einteilung der Welt in die Kategorien »Übermenschen« und »Untermenschen« oder »Erwünschte« und »Unerwünschte«. Doch in den dreißiger Jahren war die praktische Umsetzung des NS-Rassismus noch in der Entstehung begriffen. Das so genannte »Euthanasieprogramm«, das im August 1939 begann und auf dessen Konto 70 000–80 000 Morde in deutschen und österreichischen Heil- und Pflegeanstalten gehen sollten, war

Kapitel 7: Breslau (1918–1945)

der einzige Bereich, in dem schon vor dem Krieg theoretische Planungen für die Vernichtung von Menschenleben das Stadium der Ausführung erreichten. Unter dem Decknamen »Aktion T 4«, nach der Adresse Tiergartenstraße 4 in Berlin, von wo aus die Aktionen koordiniert wurden, beinhaltete das Euthanasieprogramm weit mehr als den bloßen »Gnadentod« unheilbar Kranker. Es war vielmehr der auf Weisung des Führers initiierte systematische Versuch, jede Person im Deutschen Reich zu töten, die geistig oder körperlich behindert war. Dies bedeutete das Todesurteil für jeden Krüppel, jeden Epileptiker, jeden Schizophrenen, jeden Spastiker, jeden mit einer genetischen Missbildung, jeden, der am Down-Syndrom litt, jeden, bei dem Alzheimer, Arteriosklerose oder Mukoviszidose (Zystisches Fieber) diagnostiziert wurde. All diese unschuldigen Menschen waren zum unfreiwilligen Abtransport in eines der sechs festgelegten Mordzentren verurteilt, in denen sie vergast oder mit Injektionen getötet (»abgespritzt«) wurden und in denen ihnen gefälschte Totenscheine ausgestellt und sie, ohne Spuren zu hinterlassen, eingeäschert wurden.

Es kann nicht der geringste Zweifel daran bestehen, dass Breslau, wie jede andere Stadt im Reich, von der »Aktion T 4« betroffen war. In der Tat dürften die Patienten der Universitätskliniken, besonders die Insassen von Psychiatrie, Neurologie und der städtischen Nervenheilanstalt in der Einbaumstraße die Opfer gewesen sein. Die Leiter dieser Einrichtungen erhielten von der T-4-Zentrale den so genannten »Meldebogen 1«, der sie anwies, zum Zwecke »ökonomischer Planung« alle Personen in ihrer Obhut aufzuführen, die an den erwähnten Krankheiten litten, als »kriminelle Geisteskranke« eingestuft worden waren oder »sich seit mindestens fünf Jahren dauernd in Anstalten befinden«. Das ausgefüllte Formular sollte innerhalb von drei bis zehn Wochen zurückgeschickt werden. Vielfach besuchten T-4-Gutachter einzeln oder in Kommissionen Anstalten, um die Patientenmeldungen vor Ort zu überprüfen. Viele Opfer erfuhren deshalb im Voraus von ihrem Schicksal und schrieben in einigen Fällen Abschiedsbriefe an ihre Familien. Dann schickte die wie zum Hohn »Gemeinnützige Krankentransport GmbH« genannte T-4-Transportabteilung Lastwagen oder Busse, um die Patienten abzuholen. Diese brachten sie zu den vorab vorbereiteten Einrichtungen, wo »Mediziner« in weißen Kitteln sie erwarteten. Nach der Tötung folgte oft das Ziehen von Goldzähnen, die Entfernung von Körperteilen und die Einäscherung. Die nächsten Angehörigen wurden innerhalb weniger Tage gewissenhaft davon in Kenntnis gesetzt, dass ihr Verwandter leider an »Lungenentzündung«, einem »Schlaganfall« oder »Atembeschwerden« gestorben sei. Die beiden Euthanasie-Anstalten, die Breslau am nächsten lagen, befanden sich im

Zuchthaus Brandenburg in der Nähe von Berlin und auf der Festung Sonnenstein bei Pirna in Sachsen. Sowohl die protestantische als auch die katholische Geistlichkeit legten sporadisch Protest ein. Der Fürstbischof von Breslau, Kardinal Bertram, verfasste sogar am 16. Juli 1941 eine formelle Protestdenkschrift in der Angelegenheit – aber ohne Erfolg. Der »Führer« dagegen sollte später bedauern, dass bei seiner Lösung für »lebensunwertes Leben« keine größere Geheimhaltung gewahrt worden war.[38]

Gestützt vom wirtschaftlichen Aufschwung, einer gesteigerten Rüstungsproduktion und arbeitsintensiven öffentlichen Bauprojekten wie dem Autobahnbau, gewann Deutschland die Zuversicht, nach Hitlers oberstem außenpolitischen Ziel zu greifen – der Revision des Versailler Vertrages. Deutschland hatte sich 1933 aus dem Völkerbund zurückgezogen, aber die Rückkehr des Saarlandes und die Wiedereinführung der allgemeinen Wehrpflicht 1935 sowie die Remilitarisierung des Rheinlands 1936 beschleunigten den Gang der Ereignisse. Im März 1938 wurde der »Anschluss« Österreichs erreicht. Im September des gleichen Jahres konnte Deutschland in München die Abtretung der sudetendeutschen Gebiete durch die Tschechoslowakei erwirken. Im März 1939 vervollständigten der Einmarsch in Böhmen und Mähren sowie die Errichtung des »Reichsprotektorats Böhmen und Mähren«, die Einsetzung einer slowakischen Marionettenregierung und die Rückgabe des Memellandes an das Reich durch Litauen die erste Phase der außenpolitischen Kampagne Hitlers. »Großdeutschland« war, ohne einen Schuss abzufeuern, Wirklichkeit geworden.

Breslau, das unmittelbar östlich des »Sudetenlandes« lag, war vom Zerfall der Tschechoslowakei stark betroffen. Denn die Sudetendeutschen auf der böhmischen Seite des Riesengebirges waren identisch mit denen, die auf der schlesischen Seite lebten. Beide waren Teil einer regionalen Gemeinschaft. Ihr Führer Konrad Henlein stammte aus der Stadt Maffersdorf in der Nähe von Reichenberg, die keine 20 Kilometer von der schlesischen Grenze entfernt lag. Doch die Sudetendeutschen in Böhmen waren ohne jede Rücksicht auf das Prinzip nationaler Selbstbestimmung in den tschechoslowakischen Staat eingegliedert worden und von der Regierung in Prag nicht als gleichberechtigte Bürger behandelt worden. Zudem litten sie unter der höchsten Arbeitslosenquote im Lande. Für das Vorhaben der Nationalsozialisten war ihre Benachteiligung ein Geschenk des Himmels, und sie wussten diesen Hebel politisch einzusetzen. Bei allen nationalsozialistisch inspirierten Veranstaltungen der dreißiger Jahre in Breslau erblickte man auf Schritt und Tritt Sudeten-Delegationen, Sudeten-Paraden und Sudeten-Trachten.

An der Aufregung um die »Münchner Krise« hatte Breslau großen Anteil. Radio Breslau gehörte zu den drei deutschen Rundfunksendern, die Propagandaprogramme in das Sudetenland sendeten und Henleins Sudetendeutsche Partei in ein Instrument nationalsozialistischer Politik verwandelten. Breslau war das Hauptquartier der Heeresgruppe, deren Panzer und Soldaten an der Grenze zu Nordböhmen in Stellung gingen und mit dem Einmarsch drohten. Und die Stadt war der Ort, an dem sich alle Berichte, Gerüchte und Flüchtlinge aus diesem nördlichen Abschnitt sammelten. Einer der Unruheherde lag nur 25 Kilometer von Schlesien entfernt in Reichenberg. Von hier aus hatten belagerte Gegner Henleins dringend um die Mission Lord Runcimans ersucht,* und hier kam es Mitte September zu schweren Ausschreitungen. Doch in den meisten Grenzsiedlungen waren die Unruhen nicht gewalttätig. »In mindestens 15 Dörfern und Städten des Grenzgebietes«, schrieb ein britischer Reporter, »versammelten sich Menschenmassen auf den Hauptplätzen und -straßen, sangen ›Deutschland, Deutschland über alles‹ und das ›Horst-Wessel-Lied‹ und zerstreuten sich anschließend. An ein oder zwei Orten schrien die Demonstranten: ›Wir wollen eine Volksabstimmung.‹«[39] Als die tschechoslowakischen Behörden die Ordnung wiederherstellten, reagierten die Nationalsozialisten hysterisch. Die vollkommene Zügellosigkeit und der wilde »hussitische Geist« tschechischer Polizei und Soldaten könnten zu einer äußerst ernsten Situation führen, eiferte sich der *Völkische Beobachter*. »Wir wissen, wie unerträglich es ist«, brüllte Göring, »dass ein erbärmliches Volk – Gott weiß, wo es herkommt – ein hochzivilisiertes Volk unterdrückt. Wir wissen, wer hinter diesen lächerlichen Zwergen steht – es ist Moskau.« Hitler verschärfte die Krise zusätzlich mit seiner berühmten Rede im Berliner Sportpalast:

»Und nun steht vor uns das letzte Problem, das gelöst werden muß und gelöst werden wird! Es ist die letzte territoriale Forderung, die ich Europa zu stellen habe, aber es ist die Forderung, von der ich nicht abgehe und die ich, so Gott will, erfüllen werde... Wir sehen die grauenhaften Ziffern: an einem Tag 10 000 Flüchtlinge, am nächsten 20 000, einen Tag später schon 37 000, wieder zwei Tage später 41 000... Ganze Landstriche werden entvölkert, Ortschaften werden niedergebrannt, mit Granaten und Gas versucht man

---

* Der ehemalige Unterhausabgeordnete (1899–1918) und Handelsminister (1931) Lord Walter Runciman of Doxford war im August 1938 von der britischen Regierung als Vermittler zwischen der tschechoslowakischen Regierung und der Sudetendeutschen Partei nach Prag entsandt worden (A. d. Ü.).

die Deutschen auszuräuchern. Benesch aber sitzt in Prag und ist überzeugt: ›Mir kann nichts passieren, am Ende stehen hinter mir England und Frankreich.‹ Und nun, meine Volksgenossen, glaube ich, daß der Zeitpunkt gekommen ist, an dem nun Fraktur geredet werden muß...«[40]

Zwei Wochen später bekam Hitler durch ein internationales Abkommen, was er wollte. Die Wehrmacht besetzte, ohne auf Widerstand zu treffen, das Sudetenland. Die seit 198 Jahren politisch getrennten Sudetendeutschen und schlesischen Deutschen waren wieder vereint. Fünf Monate nach diesem Ereignis stand Hitler in Prag.

Ende 1938 hatte Deutschlands Aufmerksamkeit sich Polen zugewandt. Deutsche Ansprüche auf Danzig, auf den so genannten polnischen Korridor und auf Oberschlesien wurden immer lauter geltend gemacht. Der Druck war enorm. Doch die Polen weigerten sich aufzugeben. Sie wiesen alle nationalsozialistischen Drohungen und Schmeicheleien zurück und verwarfen die Idee sowjetischer Hilfe. Ermutigt durch die zögerliche Haltung des Westens, traf Hitler die Vorbereitungen für eine militärische Kraftprobe. Das geheime Zusatzprotokoll des am 23. August 1939 unterzeichneten Nichtangriffspaktes mit der UdSSR fügte die letzten Steine in das Mosaik.

Der Zweite Weltkrieg begann in Schlesien. Um 20 Uhr am Abend des 31. August führten Angehörige des Sicherheitsdienstes (SD) unter dem Kommando von SS-Sturmbannführer Alfred Naujocks einen Scheinangriff auf den deutschen Rundfunksender in Gleiwitz nahe der polnischen Grenze durch. Zu dem Trupp gehörten auch verurteilte Verbrecher, die wahrscheinlich gegen das Versprechen eines Straferlasses mitmachten. Nachdem sie in eines der Studios eingebrochen waren, verbreiteten sie über den Sender auf Polnisch eine patriotische Bekanntmachung, sangen gemeinsam ein polnisches Lied und machten sich davon. Die Gefangenen, die man umsichtigerweise in polnische Uniformen gesteckt hatte, wurden anschließend von der SS niedergemäht. Die »Provokation« war vollständig. Radio Breslau verkündete, das Reich sei von Polen heimtückisch überfallen worden. Um 4.45 Uhr am nächsten Morgen, dem 1. September, eröffnete das deutsche Linienschiff »Schleswig-Holstein« das Feuer auf die polnischen Befestigungen auf der Westerplatte im Danziger Hafen. Auf der gesamten Länge der Grenze starteten deutsche Truppen den geplanten Blitzkrieg. Polen wehrte sich. Der Zweite Weltkrieg hatte begonnen.

*

Kapitel 7: Breslau (1918–1945)

Die neue Ära, die am 9. November 1918 anbrach, stellte die deutsche Wirtschaft vor viele neue Herausforderungen. In zahlreichen Sparten der Kriegsproduktion kam es zu erheblichen Überkapazitäten, und es war abzusehen, dass dies die Massenarbeitslosigkeit beschleunigen würde. Ein großer Teil des traditionellen Netzes aus Lieferanten und Märkten war zerrissen. Am schlimmsten war, dass sich Schlesien als isolierter Landstreifen zwischen zwei feindseligen Nachbarn, Polen und der Tschechoslowakei, wiederfand. Deren brennender Wunsch nach wirtschaftlicher Unabhängigkeit bedeutete Gefahr für die Wirtschaft der Provinz.

Die erste Krise wurde durch die Abtretung Ostoberschlesiens 1921 an Polen geschaffen. Mit einem Federstrich verlor Deutschland 3000 Quadratkilometer, reiche Bodenschätze, wertvolle Industrieanlagen und etwa 400 000 Facharbeiter. Es verlor die Industriestädte Kattowitz, Königshütte, Myslowitz und Tarnowitz, 53 der 67 Steinkohlenzechen der Provinz und 75 Prozent seiner Roheisenproduktion sowie die Mehrzahl seiner Zinkbergwerke.[41] Viele dieser Betriebe waren zuvor von Breslau beliefert worden. Die Folgen waren zwangsläufig gravierend.

Die erwartete Arbeitslosigkeit trat ein. Das Jahrzehnt der Inflation, das 1923 seinen verheerenden Höhepunkt erreichte, war durch demografische Umwälzungen gekennzeichnet. Abertausende von demobilisierten Soldaten und Flüchtlingen kündigten schwere soziale Unruhen an. Im Jahr 1919 stellte Breslau allein etwa drei Fünftel der Arbeitslosen Schlesiens, während die Arbeitslosigkeit in Niederschlesien insgesamt relativ niedrig war. Überdies ließen die Legionen »inoffizieller Stellungsloser« die offiziellen Zahlen niedrig erscheinen. Im Mai 1919 registrierte das städtische Arbeitsamt 6280 Arbeitssuchende, während nur etwa 3856 Personen Unterstützung erhielten.[42] Eine Welle von Streiks erschütterte danach die Eisenbahnen und die Metallindustrie, nicht zuletzt auch die Linke-Hofmann-Werke.

Die Krise erreichte ihren Gipfel im Jahr 1923, als die Inflation, die in der deutschen Wirtschaft seit 1913 nur eingeschränkt vorhanden gewesen war, vollständig außer Kontrolle geriet. Bis zum Dezember jenes Jahres befand sich die Reichsmark mit einem Milliardstel ihres früheren Wertes im freien Fall. In Breslau kosteten ein Liter Milch 240 000 000 000 und ein Ei 246 000 000 000 Mark.[43] Die Inflation war so sehr beschleunigt, dass die Linke-Hofmann-Werke in dem vergeblichen Versuch, dem Kaufkraftverlust gegenzusteuern, frisch gedruckte Banknoten aus Berlin anliefern ließen, um zweimal am Tag Löhne auszahlen zu können.

Die politische Stabilisierung Mitte der zwanziger Jahre führte zu einer wesentlichen Verbesserung der sozioökonomischen Bedingungen, aber

Breslau lag noch immer am Ende der bedeutenden statistischen Indizes des Deutschen Reiches. Die Arbeitslosigkeit stieg weiter. Im Januar 1925 waren 6672 Personen in der Stadt ohne Arbeit und erhielten Unterstützung, ein Jahr später hatte sich die Zahl fast verdreifacht, auf 15 444. Gegen Ende 1929 hatte sie 23 978 erreicht – nur Chemnitz wartete mit noch schlechteren Zahlen auf.[44] Armut war weit verbreitet. Das Pro-Kopf-Einkommen in Breslau war nicht einmal halb so hoch wie das von Frankfurt am Main. 6,8 Prozent der Breslauer Familien lebten von Fürsorgeunterstützung, extrem viele im Vergleich zu 2,9 Prozent in Leipzig und 2,5 Prozent in Dresden. Die Gesundheit litt unweigerlich unter solchen Bedingungen. Die Kindersterblichkeitsrate beispielsweise war in Breslau mit 12,9 Prozent aller Lebendgeburten höher als in allen vergleichbaren deutschen Städten.[45] Die Stadtverwaltung tat wenig, um die Situation zu verbessern. Im Jahr 1929 sah sie nur 3,50 RM pro Kopf für die Gesundheitsfürsorge vor, während Berlin 10,10 RM beiseite legte, Frankfurt 8,60 RM und Köln 5,30 RM.[46] Der Wohnraummangel tat ein Übriges, um diese Faktoren zu verstärken. Im Jahr 1925 bestanden 17 Prozent der Wohnungen in der schlesischen Hauptstadt aus einem einzigen bewohnbaren Zimmer, wogegen es in Berlin 4,5 Prozent und in Chemnitz nur 2,4 Prozent waren. Mehr als zwei Drittel aller Breslauer lebten in Wohnungen mit weniger als drei bewohnbaren Zimmern.[47]

Die Situation der Breslauer Industrieunternehmen war entsprechend. Linke-Hofmann wechselte in den zwanziger Jahren zweimal den Besitzer. Im Jahr 1922 erfolgte die Fusion mit der »Aktiengesellschaft Lauchhammer« zur »Linke-Hofmann-Lauchhammer AG«, und 1928 wurde die »Waggon- und Maschinenfabrik AG, vorm. Busch, Bautzen« übernommen. Die Firmenbezeichnung lautete nun »Linke-Hofmann-Busch-Werke AG«. Die »Archimedes AG für Stahl und Eisenindustrie, Breslau – Berlin« schloss sich eine Zeit lang mit Linke-Hofmann zusammen, bevor sie sich mit ein paar Firmen aus Chemnitz vereinigte. Die vratislavische Industrie sah sich wiederholt veranlasst, auf Hilfe von außerhalb zurückzugreifen – 1925 aus dem Sofortprogramm und von 1930 bis 1932 aus der Osthilfe.

Zur Zeit der Weltwirtschaftskrise 1929 traten die Breslauer deshalb für radikale Lösungen ihrer Zwangslage ein. Jeder Sechste war ohne Arbeit, und die Anwerbung für die Formationen der Nationalsozialisten oder Kommunisten war entsprechend einfach. Zumindest teilweise muss man die Bekehrung einer einstmals sozialdemokratischen Stadt zur Sache des Nationalsozialismus als Reaktion auf die beispiellosen ökonomischen Schwierigkeiten der Zeit sehen.

Nach 1932 erholte sich die Wirtschaft, wenn auch langsam. Die Machtübernahme der NSDAP war dabei zweifellos ein Faktor, besonders als nach und nach Wehrmachtsaufträge abgeschlossen wurden. Die Linke-Hofmann-Werke, die jetzt FAMO (Fahrzeug- und Motorenwerke) hießen, waren mit ihren Traktoren, aber noch mehr mit ihren Panzern erfolgreich. So wurden dort unter anderem Modelle des Kampfpanzers II und III gebaut. Die Archimedes AG verdreifachte in den dreißiger Jahren ihre Belegschaft. Bis 1939 stieg die Zahl der in Breslau tätigen Fabriken, aber ihre Position aus der Zeit vor der Weltwirtschaftskrise von 1929 hatte die Stadt noch nicht wieder erreicht.

Im Jahr 1936 hatte Breslau, obwohl die Arbeitslosigkeit allmählich abnahm, mit 10,4 Prozent immer noch die höchste Arbeitslosenquote im Deutschen Reich. Im Jahr 1939 lag die Exportleistung der Stadt bei nur einem Fünftel des Niveaus von 1914, während der Verkehr auf dem Wasser um die Hälfte zurückgegangen war. Bis zum Kriegsausbruch hatte Breslau hauptsächlich vom Autobahnbau profitiert und erlangte allmählich auch seine traditionelle Rolle als Handelszentrum für Ostmitteleuropa zurück. Erleichtert wurden die Fortschritte durch die Einrichtung der Südost-Messe im Jahr 1935. Zwei Jahre später in Breslauer Messe umbenannt, wirkte sie sich deutlich auf die wirtschaftliche Lage aus. Doch erst durch den Kriegsausbruch und die konzertierten Anstrengungen von lokaler und Reichsregierung begann die Stadt tatsächlich uneingeschränkt an dem Aufschwung zu partizipieren, den der Rest Deutschlands erlebte.

*

In der ersten Hälfte des 20. Jahrhunderts erfuhr das religiöse Leben in Deutschland mehrere Umwälzungen. Nach 1918 wurden alle Kirchen für ihre unverhohlen patriotische Haltung kritisiert, die sie sich während des Ersten Weltkrieges zugelegt hatten, und häufig als Stütze der konservativen Ordnung angesehen. Nach dem Ersten Weltkrieg gaben sich die Kirchen denn auch sehr defensiv. Dennoch wurde die Weimarer Republik oft als gottlos gebrandmarkt, antisemitische Äußerungen von Seiten des Klerus waren nicht ungewöhnlich, und an den Rändern zeigte sich das »Nordische Christentum« und sogar ein Neuheidentum. Die wachsende Unterstützung sowohl für Kommunisten als auch für Nationalsozialisten in den späten zwanziger Jahren war in gewissem Ausmaß mit der antireligiösen Einstellung der konkurrierenden totalitären Gruppen verbunden. Viele hörten mehr als bereitwillig den Schimpfkanonaden über Religion als »Opium für das Volk« oder über Geistliche als »Verräter an der Nation« zu.

Das deutsche Christentum steckte deshalb bereits vor der Machtergreifung Hitlers in der Krise. Doch der Aufstieg der Nationalsozialisten warf besondere Probleme auf. In seinem Kern war das NS-Regime der traditionellen Religion feindlich gesinnt. Hitlers »Philosoph« Alfred Rosenberg war ein entschiedener Gegner des Christentums, und sein Einfluss war in vielen Gesängen der Hitler-Jugend und der SA ablesbar: »Nicht Christus folgen wir«, sangen etwa die Nationalsozialisten, »sondern Horst Wessel!« Oder noch radikaler: »Hängt die Juden, stellt die Pfaffen an die Wand.« Hitler selber war ein abtrünniger Katholik, der sämtliche Bindungen an die Religion seiner Kindheit gelöst hatte. Viele seiner Gesinnungsgenossen, wie Himmler, beschäftigten sich nebenbei mit dem Neuheidentum, und alle Symbole und Rituale der Nationalsozialisten, vom Hakenkreuz bis zum Fackelkult, waren heidnischen Ursprungs. Sie beteten nicht christliche Heilige, sondern uralte germanische Helden und wagnerische Heldinnen an.

Die Christen waren gezwungen, sich dem neuen politischen Klima entweder zu widersetzen oder anzupassen. Die große Mehrheit entschied sich für die Anpassung. Die preußische Landeskirche, die über die größte protestantische Gemeinde in Schlesien gebot, befand sich in einer außerordentlich schwierigen Lage. Auf der einen Seite zollte sie aus Tradition dem Staat Achtung und Respekt. »Thron, Altar und Nation«, so hatte ihr Motto gelautet. In Breslau war sie darüber hinaus von 1924 an eng mit der städtischen Obrigkeit verknüpft, als der Oberbürgermeister und der Stadtkämmerer *ex officio* zu Mitgliedern des Evangelischen Konsistoriums gemacht wurden. Auf der anderen Seite war die Empörung der Kirche offenkundig, als die gottlosen Nationalsozialisten über den Staat herfielen. Doch zur Auflehnung konnte sie sich nicht durchringen. Stattdessen gab sie seelsorgerischer Demut den Vorzug und überließ so den Nationalsozialisten das Gesetz des Handelns. Bei den Reformen von 1938 verlor sie ihre Rechte in den Gemeinden sowie im Protestantischen Theologischen Seminar und wurde einem Evangelischen Diakonat unterstellt. Trotz solcher Behinderungen diente die protestantische Kirche weiterhin ihrer Gemeinde. Pastor Konrad Müller (1884–1967) beispielsweise arbeitete als Pfarrer der Breslauer Kirche Johannes des Täufers ungestört von 1918 bis 1945. Er sollte später zum geistlichen Beistand der Angeklagten bei den Nürnberger Prozessen werden. Seinem jüngeren Kollegen, Pastor Joachim Konrad (1903–1979), entzogen die Nationalsozialisten die Erlaubnis zu predigen, aber er konnte trotzdem von 1940 bis 1945 als letzter protestantischer Pfarrer der Kirche St. Elisabeth amtieren. Nach dem Krieg sollte Konrad in Westdeutschland als Vorsitzender der Gesellschaft Evangelischer Schlesier (GES) fungieren.

Die »Glaubensbewegung Deutsche Christen« wurde dagegen nicht von Opportunisten, sondern von aktiven Kollaborateuren ins Leben gerufen. Gegründet 1932, übernahm sie mit der Wahl eines »Reichsbischofs« das Führerprinzip, fügte ihrer Verfassung zahlreiche »Arierparagrafen« ein und unterwarf sich vollständig der NSDAP. Einige ihrer Koryphäen wollten gar das Alte Testament aufgrund seiner jüdischen Autorschaft verwerfen. Einer der Gründer der Deutschen Christen war der Schlesier Wilhelm Kube (1887–1943), später Gauleiter der Ostmark/Kurmark und angehender Gauleiter von Moskau.

In ihrer beharrlichen Entschlossenheit, dem Regime Widerstand zu leisten und der Komplizenschaft der Deutschen Christen entgegenzuwirken, stand die Bekennende Kirche allein da. Sie wurde 1933 mit dem »Pfarrernotbund« des Dahlemer Pfarrers Martin Niemöller gegründet und nahm im Mai 1934 auf der ersten Bekenntnissynode der Deutschen Evangelischen Kirche in Barmen mit der Schaffung einer theologischen und verwaltungsmäßigen Organisation konkrete Gestalt an. Die Bekennende Kirche denunzierte unerschrocken das »Heidentum« und den »Führerkult« des NS-Regimes und widersetzte sich der von den Nationalsozialisten angestoßenen »Entkonfessionalisierung«. In Schlesien gruppierte sie sich um ein Netz aus »Bruderräten«. In Breslau jedoch machte sie eine schmerzhafte Spaltung durch. Im Jahr 1935 unterzeichnete eine Gruppe unter Bischof Otto Zänker (1876–1960), dem letzten der älteren protestantischen Führer, der sich von den Deutschen Christen fernhielt, ein Treuebekenntnis zum Dritten Reich. Diese Annäherung sprach eine Mehrheit der vratislavischen Pfarrer an, wurde aber durch den 1939 erzwungenen Ruhestand Bischof Zänkers entkräftet. Das »Neustädter Programm« der Minderheit blieb als einzige unabhängige protestantische Stimme übrig. Ihr Vorsitzender Ernst Hornig (1894–1976), Pfarrer der Kirche St. Barbara, leitete während der Münchner Krise Gebete für den Frieden und sollte die Belagerung Breslaus überleben. Eine seiner weiblichen Geistlichen, Katharina Staritz (1903–53), die es wagte, Juden auf der Flucht zu helfen, wurde ins Konzentrationslager Ravensbrück eingeliefert.

Der vratislavische Theologe Dietrich Bonhoeffer (1906–45) war einer der Märtyrer der Bekennenden Kirche und der Erfinder der Vorstellung eines »Christentums ohne Religion«. Er hatte Deutschland 1931 verlassen, um in der internationalen ökumenischen Bewegung zu arbeiten, kehrte jedoch zurück, um die nationalsozialistische »Menschenverachtung« zu bekämpfen. Obwohl er 1937 kurz verhaftet wurde und später ein Verbot zu predigen erhielt, wich er niemals von der Position ab, die er im Februar 1933 in einer Sendung für Radio Berlin vertreten hatte. Darin warnte er, dass der »Führer« zum »Verführer« würde. Bonhoeffer war im Widerstandskreis um Admiral Canaris und die »Abwehr« aktiv und wurde im April 1943 erneut verhaftet und in Berlin inhaftiert. Schriftstücke, die ihn mit den Verschwörern des Kreisauer Kreises in Verbindung brachten, führten zu seiner Hinrichtung im April 1945 im Konzentrationslager Flossenbürg. Seine Rückkehr nach Deutschland aus der Sicherheit des Exils hat später großes Aufsehen erregt, und tatsächlich hat er sie nicht bereut:

»Du mußt übrigens wissen, daß ich noch keinen Augenblick meine Rückkehr 1939 bereut habe... Das geschah in voller Klarheit und mit bestem Gewissen. Ich will nichts von dem, was sich seit damals ereignet hat, aus meinem Leben streichen... Und daß ich jetzt sitze... rechne ich auch zu dem Teilnehmen an dem Schicksal Deutschlands, zu dem ich entschlossen war. Ohne jeden Vorwurf denke ich an das Vergangene und ohne Vorwurf nehme ich das Gegenwärtige hin...«[48]

Die Mehrheit der deutschen Katholiken schaute nicht weniger ängstlich auf das Regime wie die Protestanten. Sie erkannte die Macht und die Gefahren der Propagandamaschinerie der Nationalsozialisten, zögerte jedoch, Widerstand zu leisten. Die Position, die der Fürstbischof von Breslau, Kardinal Adolf Bertram (1858–1945), einnahm, war vielleicht typisch. Als Vorsitzender der Fuldaer Bischofskonferenz seit 1919 und Oberhaupt der größten Diözese Deutschlands war Kardinal Bertram sehr einflussreich. Doch seine politischen Stellungnahmen waren oft ambivalent. Er behauptete, für die Polen in seiner Gemeinde einzutreten, machte sich jedoch während der oberschlesischen Volksabstimmung zum Anwalt der deutschen Sache. Vor 1933 kritisierte er die Demagogie der Nationalsozialisten, aber nicht ausdrücklich ihren Antisemitismus. Nach der Machtergreifung Hitlers ordnete er die öffentliche Verlesung der Zwillings-Enzykliken Papst Pius' XI. – *Mit brennender Sorge* und *Divine Redemptoris* – an, die entschieden, dass sowohl Nationalsozialismus als auch Kommunismus unvereinbar mit dem Christentum seien. Er protestierte gegen zahlreiche Maßnahmen der neuen Regierung, etwa im Bereich der Bildungspolitik, Kirchenpolitik oder Euthanasie sowie gegen die Behandlung nichtarischer Katholiken, speziell der Polen, in Berlin. Doch weiter ging er nicht. Wie ein Zeitgenosse 1935 bemerkte, fürchtete er einen Bruch zwischen Kirche und Staat, »da die Treue vieler Katholiken zur Kirche die Probe nicht bestehen könnte«.⁴⁹ Also zog er es vor, direkte Angriffe auf die Kirche zu parieren, kämpfte aber nicht prinzipiell gegen die Nationalsozialisten.

Nicht viel anders wie die Kirche versuchten viele Menschen für sich selbst, die Treue zum christlichen Glauben mit dem Dienst am Dritten Reich zu verbinden. Konflikte waren die unausweichliche Folge. Der Gauleiter und Oberpräsident Schlesiens von 1934 bis 1940, Josef Wagner (1899-1945), gehörte zu jenen, die daran scheiterten. Wagner, gebürtiger Lothringer und ehemaliger Gauleiter in Westfalen, hatte 1928 zu der ersten Gruppe von zwölf Reichstagsabgeordneten der NSDAP gehört. Doch als frommer und praktizierender Katholik wollte er der antireligiösen Gesetzgebung die Spitze nehmen und beschwerte sich häufig über die Aktivitäten der SS. Als Gauleiter in Breslau schickte er seine Tochter auf die Ursulinen-Schule und war selber häufiger Kommunikant bei den Messen im Dom. Im Jahr 1940 wurde er beschuldigt, der Laienbewegung der »Katholischen Aktion« Geheimsachen enthüllt zu haben. Nachdem er aller Ämter enthoben wurde, wurde ihm im Januar 1942 vor dem Obersten Parteigericht der Prozess gemacht, und obwohl man ihn für nicht schuldig befand, wurde er eingesperrt und in ein Konzentrationslager gebracht. Wahrscheinlich wurde er im Berliner Gefängnis Plötzensee von der Gestapo erschossen.⁵⁰

Auch der bekannte Jagdflieger Werner Mölders (1913-41) versuchte zwei Herren zu dienen. Als Veteran des Spanischen Bürgerkrieges wurden ihm die höchsten Auszeichnungen für Tapferkeit verliehen, und man ernannte ihn mit erst 28 Jahren zum »Generalinspektor der Jagdflieger«. Doch als engagierter Katholik wurde er regelmäßig von der Gestapo beschattet, die eine ausführliche Akte über ihn führte. Als er bei einer Bruchlandung in Breslau-Gandau ums Leben kam, hinterließ er in einem Versteck Briefe, die sein Entsetzen über die nationalsozialistischen Morde zum Ausdruck brachten und in denen er seiner Sehnsucht Ausdruck verlieh, auch als Katholik als vollwertiger Deutscher betrachtet zu werden. Die Gestapo verurteilte seine Briefe öffentlich als Fälschungen und setzte eine Belohnung von 100 000 Mark für Informationen über ihren »Verfasser« aus.

Die komplexen Strömungen religiösen Lebens im Deutschland dieser Jahre verkörpert niemand besser als Edith Stein (1891-1942). Sie wurde in Breslau in eine orthodoxe jüdische Familie hineingeboren und absolvierte die Breslauer Universität, wo sie Germanistik, Geschichte und

Psychologie studierte. Edith Stein war eine Frau von außerordentlicher intellektueller, spiritueller und moralischer Kraft. Da sie sich für Philosophie interessierte, zog sie nach Göttingen und promovierte nach einem Zwischenspiel als Rot-Kreuz-Hilfsschwester in einem Seuchenlazarett der österreichischen Armee 1916 in Freiburg mit *summa cum laude*. In dieser Phase betrachtete sie sich als Atheistin und arbeitete als Assistentin von Edmund Husserl, dem Begründer der Phänomenologie. Sie kehrte nach Breslau zurück, um dort Vorlesungen zu halten. Zu diesem Zeitpunkt trat sie nach der Lektüre einer Autobiografie der heiligen Theresia von Ávila zum Katholizismus über. Dies war der letzte Schritt auf einem Weg, der mehrere Jahre früher begonnen hatte. Damals hatte ihr die Witwe eines jungen Dozenten, der im Krieg gefallen war, gesagt, dass »sein Tod ihr geholfen habe, den Kreuzweg ihres Herrn zu beschreiten«. Später schrieb sie, dass sie zum ersten Mal mit eigenen Augen den aus dem erlösenden Leiden Christi geborenen Sieg der Kirche über den Tod gesehen habe. Ihr Unglaube sei gebrochen worden, das Judentum verblasst, und Christus habe weitergeleuchtet im Mysterium des Kreuzes.

Edith Steins mittlere Jahre wurden von weltlicher Gelehrsamkeit und religiösen Studien in Anspruch genommen. Die junge Universitätsdozentin befasste sich intensiv mit dem heiligen Thomas von Aquin und eilte zwischen Tagungen in Deutschland und im Ausland hin und her. Wiederholt versuchte sie, zur Habilitation zugelassen zu werden, aber mehrere Universitäten, darunter auch Breslau, lehnten sie ab, weil sie eine Frau war. Also nahm sie eine Lehrerinnenstelle an der Mädchenbildungsanstalt der Dominikanerinnen in Speyer an. Paradoxerweise kehrte ihr Interesse am Judentum zurück, und bei regelmäßigen Besuchen der Mutter in Breslau ging sie in die Synagoge.

Im Jahr 1933 trat Edith Stein in Köln in den geschlossenen Orden der Karmeliterinnen ein und nahm den klösterlichen Namen Theresa Bendicta a Cruce an. Am Gründonnerstag jenes Jahres protokollierte sie eine mystische Vision, in der sie sich mit dem Heiland unterhielt und ihm sagte, dass das jüdische Volk sein Kreuz würde tragen müssen. Die Bedeutung des getragenen Kreuzes sei ihr indes nicht klar gewesen. Von diesem Zeitpunkt an widmete sie sich der Kontemplation, dem Studium und dem Schreiben. Ihre Hauptwerke sind *Endliches und ewiges Sein* und (unvollendet) *Kreuzeswissenschaft*. Um der Verfolgung durch die Nationalsozialisten zu entgehen, zog sie 1938 in den Karmeliterinnen-Konvent von Echt in den Niederlanden.

Aus nationalsozialistischer Sicht gehörte Edith Stein in die Kategorie der »nichtarischen Christen«. Sie war jüdisch qua Rasse und christlich

Kapitel 7: Breslau (1918–1945)

nur qua Religion. Dies war ein Todesurteil. Sie hatte vor, wieder in die Schweiz zu gehen, fiel aber zusammen mit ihrer Schwester den Nationalsozialisten in die Hände, als diese holländische Juden zusammentrieben, eine bewusst inszenierte Aktion als Antwort auf einen Hirtenbrief der niederländischen Bischöfe gegen die Deportation der Juden. Am 2. August wurde sie in Echt festgenommen. Sieben Tage später fand sie in der Gaskammer in Auschwitz den Tod. Im Jahr 1987 wurde sie selig und 1998 als Schutzpatronin Europas (neben anderen) heilig gesprochen – nicht ohne damit den Protest amerikanisch-jüdischer Kreise auszulösen. In einer Broschüre mit dem Impressum des Sekretariats der Deutschen Bischofskonferenz hieß es, man könne historisch durchaus zu Recht behaupten, Edith Stein sei als Jüdin ermordet worden, ebenso recht und billig sei es aber auch, ihren eigenen Worten zu glauben, dass sie durch diesen Akt das Kreuz Jesu habe auf sich nehmen wollen.[51]

Die Nationalsozialisten waren am Judentum grundsätzlich nicht mehr interessiert als am Christentum. Für sie waren nur die falschen Rassenvorstellungen von Bedeutung. Nichtjüdische Konvertiten zum Judentum, die nicht unbekannt waren, waren durch die Nürnberger Gesetze nicht gefährdet, und solange Juden leben durften, waren sie in ihrer Religionsausübung frei. Das Jüdische Theologische Seminar arbeitete bis zu seiner Schließung im Jahr 1938. Die alte Synagoge »Zum Weißen Storch« blieb so lange in Gebrauch, wie es Juden gab, die sie benutzen konnten. Breslaus Neue Synagoge in der Nähe des Tauentzienplatzes war täglich mit Gottesdienstbesuchern gefüllt, bis sie in der Reichskristallnacht im November 1938 zerstört wurde.

Der letzte der liberalen Rabbiner Breslaus, Dr. Vogelstein, blieb auch, als die meisten seiner Gemeindemitglieder gingen. Er ahnte, was passieren würde, aber er ahnte offenbar auch, dass auch die Tage der Nationalsozialisten enden würden:

»Dr. Vogelstein war einer der gebildetsten Menschen, die ich je kannte, und einer der freundlichsten; er hatte ein kenntnisreiches Buch zur römischen Geschichte geschrieben und besaß eine der größten privaten Bibliotheken der Stadt. Manchmal sah ich ihn in der städtischen Bücherei, dann lächelte er entschuldigend: ›Ich bin sicher, dass ich das benötigte Buch irgendwo habe, doch ich kann es im Moment nicht finden.‹ Als ich ihn 1938 das letzte Mal besuchte, war er ein gebrochener Mann. Er war stets deutscher Patriot gewesen, hatte jeglichen jüdischen Nationalismus entschieden zurückgewiesen; nun lag seine ganze Welt in Trümmern.

Man schrieb die Tage von Hitlers großen Erfolgen, und wir sprachen über die ungewisse Zukunft. Er war ein milder Mann, doch an diesem Tag zeigte sich bei ihm etwas vom Feuer eines Propheten aus dem Alten Testament; er zitierte mir Jesaja, die Passage über den kommenden Tag der Rache, doch ebenso Paulus' Brief an die Römer (12,19) – ich sagte bereits, dass er ein liberaler Rabbiner war... Als ich schon im Gehen begriffen war, gab er mir, quasi als Abschiedsgedanken, noch die folgenden Zeilen des Friedrich von Logau mit auf den weiteren Weg:

Gottes Mühlen mahlen langsam,
Mahlen aber trefflich klein;
Ob aus Langmut Er sich säumet,
Bringt mit Schärf' Er alles ein.«[52]

Unnötig zu wiederholen, dass der Freiherr von Logau (vgl. S. 223), dessen Sinngedichte als Trost in den Schrecken des Dreißigjährigen Krieges geschrieben wurden, Schlesier und Stoiker war – wie Dr. Vogelstein.

*

Die kulturelle Entwicklung der Weimarer Republik war von liberalen Einstellungen und modernistischen Stilrichtungen geprägt. Viele Trends hatten ihren Ursprung vor dem Ersten Weltkrieg. Der politische Zusammenbruch von 1918 führte zu einer Erweiterung der geistigen Horizonte in einer blühenden Kulturszene, in der die konservative Kritik sich mit der Moderne vermischte. Nachdem Breslau im kaiserlichen Deutschland in den Reihen der Avantgarde zu finden gewesen war, war die Stadt auch nach 1918 bestens gerüstet, ihre kulturelle Position zu bewahren.

Das im Sommer 1918 gegründete Breslauer »Osteuropa-Institut« war ursprünglich in der Absicht eingerichtet worden, bei der Ausbeutung der durch den Vertrag von Brest-Litowsk erworbenen Länder behilflich zu sein, verlor aber durch Deutschlands Rückzug aus dem Osten seine »Existenzberechtigung«. Seine fünf Abteilungen, unter anderem für osteuropäisches Recht, osteuropäische Wirtschaft und osteuropäische Geschichte, wurden jedoch keinesfalls überflüssig. In Verbindung mit Partnerinstituten in Danzig und Königsberg kümmerte es sich um die wachsende Nachfrage nach Kenntnissen über Europas turbulente östliche Hälfte.[53] In den folgenden Jahren sollte es immer mehr mit deutschen industriellen und nationalistischen Kreisen identifiziert werden und leis-

Kapitel 7: Breslau (1918–1945)

tete den Nationalsozialisten Schützenhilfe bei der Verwirklichung ihrer expansionistischen Ziele. Wie die Fakultät für Slawistik und Osteuropastudien* an der Londoner Universität war das »Osteuropa-Institut« ein Pionier auf einem Gebiet, das man später als »Feldstudien« bezeichnen sollte.

Den Mittelpunkt der kulturellen Welt Breslaus bildete die Kunstakademie. Diese war von Hans Poelzig vor Ausbruch des Krieges reorganisiert worden und erreichte unter der Leitung von Oskar Moll (1875–1947) zwischen 1925 und 1931 ihre kreativste Zeit. In gewisser Weise kann sie aufgrund ihrer Konzentration auf die Werkstattpraxis als »Vorläufer des ersten Weimarer Bauhauses« betrachtet werden,[54] denn die Verbindungen zum Bauhaus waren eng. Poelzig hatte sich Walter Gropius als Nachfolger gewünscht, und viele Bauhaus-Künstler und -Designer lehrten auch in Breslau.

Der Maler, Bildhauer und Bühnenbildner Oskar Schlemmer (1888–1943) beispielsweise kam 1929 an die Breslauer Akademie, nachdem er neun Jahre am Bauhaus unterrichtet hatte. Georg Muche, der mit Schlemmer an der allerersten Bauhaus-Ausstellung 1923 gearbeitet hatte, kam 1931. Zusammen repräsentierten die Dozenten und Studenten der Breslauer Akademie in der Tat fast alle künstlerischen Strömungen der Weimarer Zeit. Die »Münchner Neue Secession«, ein künstlerischer Protest gegen den Impressionismus, wurde von Alexander Kanoldt, der in den späten zwanziger Jahren in Breslau lehrte, und Otto Mueller, einem gefeierten Akt- und Zigeunermaler, mitbegründet. Kanoldt wurde eine der Größen der Neuen Sachlichkeit, die wiederum als Reaktion auf den Expressionismus zu betrachten ist und die mit Namen wie Otto Dix, Georg Grosz und Carlo Mense verbunden war. Zu den Studenten der Akademie gehörten expressionistische Maler wie Alexander Camaro, Willi Jaeckel oder Ludwig Meidner und der Bildhauer Joachim Karsch. Viele Jahre später schrieb der Grafiker Johannes Molzahn, der Oskar Molls Schüler und Kollege gewesen war, aus der Sicherheit des Exils an Molls Witwe Margarethe:

> »... Alles, was ich seit jenen Breslauer Jahren gesehen und erlebt habe, hat mich in meiner früheren Überzeugung bestärkt, daß die Breslauer Akademie unter O. Moll ein Musterbeispiel einer kunsterzieherischen Institution in der zeitgenössischen Welt gewesen ist...«[55]

---

* SSEES; School of Slavonic and East European Studies (A. d. Ü.).

Zwei der berühmtesten Breslauer Künstler der Zwischenkriegszeit hatten jedoch wenig Verbindung zur Akademie. Eugen Spiro (1874–1972), der nur zwei Jahre in Breslau studierte, bevor er sein Studium 1894 in München fortsetzte, wurde neben seinem auch aus Breslau stammenden Malerkollegen Willi Jaeckel (1888–1944) zu einem der führenden Mitglieder der »Berliner Secession«. Nachdem er im Ersten Weltkrieg als Skizzenzeichner für den Generalstab gearbeitet hatte, wurde er ein bekannter Porträtmaler. Sein vielleicht berühmtestes Modell war Leni Riefenstahl (geb. 1902), die Tänzerin und Schauspielerin, die sich später einen Namen als Regisseurin der NS-Propagandafilme *Fest der Völker* und *Fest der Schönheit* (über die Olympischen Spiele 1936) sowie *Sieg des Glaubens* und *Triumph des Willens* (über Reichsparteitage der NSDAP) machen sollte. Spiro emigrierte 1935 nach Frankreich und verbrachte von 1941 an den Rest seines Lebens in den USA.

Graf Balthasar Klossowski de Rola oder »Balthus« (1908–2001) war ein Autodidakt, rätselhaft und umstritten. Balthus war für manche »der letzte große Maler des 20. Jahrhunderts.« Seine Darstellungen pubertierender Mädchen bescherten ihm Ruhm und einen schlechten Ruf. So bemerkte ein Kritiker griesgrämig, er sei »für kleine Mädchen das, was Stubbs für Pferde ist«. Trotzdem waren seine Bilder die Attraktion zahlreicher internationaler Ausstellungen und zierten sogar die Privatsammlung von Picasso, der ihn als »echten Maler« bezeichnete. Über sein Privatleben schwieg er sich aus. Obwohl er seine Kindheit und Jugend in Paris verbrachte, hat man angenommen, er sei in Breslau geboren. Die Tatsache, dass seine Muttersprache Deutsch war, könnte diese Behauptung stützen, aber der Künstler selber war in sich verschlossen: »Balthus ist ein Maler, über den nichts bekannt ist«, sagte er einmal, bevor er hinzufügte: »Lassen Sie uns jetzt die Bilder anschauen.«[56]

Zwei Breslauer Akademiker, die wir bereits kennen gelernt haben (vgl. Kapitel 6, S. 368ff.), Otfrid Foerster und Fritz Haber, machten in der Weimarer Republik von sich reden. Foerster, seit 1909 Professor für Neurologie in Breslau, wurde 1922 nach Moskau gerufen, um das Team zu beraten, das Lenin behandelte. Dass der Arzt, der einen sowjetischen Führer behandeln sollte, ausgerechnet ein Deutscher sein sollte, war ein interessanter Umstand. Man könnte darin eine Bekräftigung des »Geistes von Rapallo« sehen, des Vertrages, durch den die beiden »aussätzigen« Nationen Europas Beziehungen zueinander aufgenommen und auf Reparationen verzichtet hatten.

Habers Nachkriegsaktivitäten werfen ein bezeichnendes Licht auf Deutschlands wirtschaftliche Schwäche. Nach der umstrittenen Zuerken-

Kapitel 7: Breslau (1918–1945)

nung des Nobelpreises nahm Haber ein Projekt in Angriff, das darauf abzielte, Deutschlands Reparationszahlungen durch die Gewinnung von Gold aus Meerwasser zu erleichtern. Sein scheinbar verrückter Plan – der das Goldwaschen in Flüssen auf die Meere erweitern sollte – brachte es mit sich, dass er an einigen experimentellen Atlantiküberquerungen mit eigens umgebauten Passagierdampfern teilnahm.[57] Im Jahr 1928 war er vollkommen desillusioniert gezwungen, das exotische Vorhaben aufzugeben.

Die literarische Gemeinde der Stadt besaß nach 1918 starke Bindungen zur Vorkriegszeit. Die führende literarische Zeitschrift *Der Osten* war 1902 gestartet worden und entwickelte sich zum Sprachrohr der »Breslauer Dichterschule«. Die führende Persönlichkeit, Carl Hauptmann (1858–1921), der Bruder von Gerhart, starb Anfang der zwanziger Jahre, übte aber starken Einfluss auf jüngere Autoren aus. Zu Letzteren gehörte Walter Meckauer (1889–1965), dessen Debüt *Die Bergschmiede* (1916) sich mit der schlesischen Natur und Heimat befasste, Themen, die früher von Gerhart Hauptmann populär gemacht worden waren. Meckauers *Joschka zieht ins Feld* (1931) enthüllte Sympathien für die russische Revolution. Zwei andere Autoren dieser Zeit waren von sentimentalem »Schlesianismus« beseelt. Will Erich Peukert (1895–1969) war Ethnograf, dessen *Schlesische Volkskunde* (1928) zum Standardwerk wurde. Sein Roman *Luntross* (1924) war in derselben behaglichen Stimmung geschrieben. Paul Keller (1873–1932), der die Monatszeitschrift *Die Bergstadt* herausgab, gehörte zu den erfolgreichsten Schriftstellern Deutschlands. Sein früher Roman *Waldwinter* (1902) behandelte das Thema der Flucht moderner Stadtbewohner in die Natur. Seine kurzweiligen *Drei Brüder suchen das Glück* (1929) setzten den Schlusspunkt unter eine Karriere, in deren Verlauf er fünf Millionen Bücher verkauft hatte. Sein Grab in Breslau ist erhalten.

Breslaus Musikszene zog weiterhin bedeutende Namen an. Gustav Mahler hatte in Breslau sowohl Triumph als auch Fiasko erlebt – ein Fiasko 1903 mit der schlecht aufgenommenen vierten Sinfonie und einen Triumph mit seiner Darbietung der fünften (1905) und dritten Sinfonie (1906). Nach dem Tod des Komponisten wurde die Tradition der Mahler-Aufführungen in Breslau durch den Chefdirigenten des Breslauer Orchesters, Georg Dohrn, gewahrt, der mehr als 30 Jahre lang, bis 1933, in der Stadt wirkte. Wilhelm Furtwängler, dessen Karriere 1905/06 als Ersatzdirigent begonnen hatte, kehrte zwischen 1925 und 1940 viele Male mit seinen Berliner Philharmonikern in die Stadt zurück. Richard Strauss, dessen Oper *Salome* 1906 in Breslau uraufgeführt worden war, besuchte bis Mitte der dreißiger Jahre die Stadt immer wieder.

Die relativ glücklichen Tage der Weimarer Republik sollten nur von kurzer Dauer sein. Das Dritte Reich unterwarf sämtliche Aspekte des akademischen und kulturellen Lebens einer scharfen Kritik. Die Wirkung auf die Welt der Kunst war unmittelbar spürbar. Der Geschmack des »Führers« entsprach ganz und gar nicht dem der Breslauer Akademie. Massive Entlassungen im akademischen Bereich gingen einer nationalsozialistischen Offensive gegen die Kunst voraus, die in den Beschlagnahmungen vom Oktober 1936 gipfelte, als dem Breslauer Otto Mueller die Ehre widerfuhr, mit Kokoschka, Picasso und van Gogh auf dieselbe Liste »entarteter Kunst« gesetzt zu werden. Die daraus resultierende Münchner Ausstellung »Entartete Kunst« lockte etwa zwei Millionen Besucher an und war die populärste Ausstellung, die im Dritten Reich stattfand.[58] Das Schicksal »entarteter« Künstler war oft tragisch. Diejenigen, die in Deutschland blieben, sahen sich immer schärferen Strafen gegenüber. Die meisten, wie Schlemmer, mussten überleben, so gut sie konnten. Schlemmer wurde 1933 an der Breslauer Akademie entlassen, und seine Werke wurden aus allen deutschen Galerien entfernt. Als einer der führenden Künstler seiner Zeit war er dazu gezwungen, den städtischen Gasometer in Stuttgart zu tarnen. Es heißt, er sei 1943 aus Kummer über das gegen ihn verhängte Malverbot gestorben.[59]

Nachdem der Lehrkörper unter Kontrolle gebracht worden war, konnte das akademische Leben entschiedener an den Zwecken des NS-Regimes ausgerichtet werden. Im Jahr 1939 beispielsweise erhielt eine Gruppe Breslauer Universitätslehrer den Auftrag, die historischen Vorbedingungen für eine »umfassende Siedlungspolitik in den Ostgebieten« zu prüfen. Zu der Gruppe gehörte Walter Kuhn (1903–83), Professor für deutsche Volkskunde. Der aus Bielitz gebürtige Kuhn war Spezialist für die deutschsprachigen Enklaven in Ostpolen und hatte als Berater mit der Umsiedlung der Wolhyniendeutschen zu tun.[60] Er sollte einer der führenden Köpfe der »Ostforschung« werden.

Andere Projekte folgten. Nach dem Polenfeldzug vom September 1939 wurde eine Reihe von Professoren vom Reichsministerium für Wissenschaft, Erziehung und Volksbildung beauftragt, den »Beweis« zu erbringen, dass die vom Reich annektierten polnischen Gebiete kulturell deutsch seien. Drei Forscher aus Breslau wurden ausgewählt: der Kunsthistoriker Dagobert Frey sowie die Ur- und Frühgeschichtler Ernst Petersen und Martin Jahn. Frey lieferte 1941 seinen ersten Beitrag, einen üppigen Bildband über die Stadt Krakau. Darin brachte er es fertig, jede Erwähnung der jüdischen Gemeinde zu vermeiden, die etwa ein Viertel der Vorkriegsbevölkerung ausgemacht und eine äußerst einflussreiche

Kapitel 7: Breslau (1918–1945) 441

Rolle in der Kulturgeschichte der Stadt gespielt hatte. Darüber hinaus vermied er es, die uralte Hauptstadt des Königreichs Polen als polnische Stadt auszuweisen. Im folgenden Jahr gab er einen Lublin-Führer heraus, der einen ähnlichen Grad an Objektivität aufwies.[61] Auch die Breslauer Universität erhielt einen Auftrag. In einer Rede im November 1941 skizzierte der Präsident der Deutschen Akademie die Ansprüche der deutschen Kultur. Ein »Ostwall deutschen Geistes«, den die Universitäten in Posen, Königsberg und Breslau errichten sollten, würde slawische Einfälle für immer verhindern.[62]

Die Anthropologie war eine akademische Disziplin, die sich für die ideologischen Anforderungen der Zeit bestens eignete. Die »Breslauer Schule«[63] war 1929 gegründet worden, als Egon Freiherr von Eickstedt als Professor für Anthropologie berufen wurde und eine Reihe von Expeditionen nach Übersee entsandte. Seine Arbeit zum Nachweis einer Typologie rassischer und Verhaltenscharakteristika kulminierte in dem Werk *Die rassischen Grundlagen des deutschen Volkstums* (1934), das fünf »germanische Rassen« identifizierte – die »nordische«, die »dinarische«, die »mediterrane (westische)«, die »alpine (ostische)« und die »osteuropide (ostbaltische)« Rasse. Unterstützt von Mitarbeitern wie Ilse Schwidetzky, wurde die Schule ein führendes Zentrum zur Erforschung der von Heinrich Himmler so geschätzten nationalsozialistischen Rassentheorien. Mit der Herausgabe von Zeitschriften wie dem *Mankind Quaterly* überlebte die Schule, überraschend vielleicht, den Tod ihrer NS-Sponsoren und verwandelte sich in eine wissenschaftliche Basis moderner Rassentheorien.

Die Literatur nach 1933 war extrem politisch. Eine etablierte Persönlichkeit wie Professor Paul Merker (1881–1945), der den Lehrstuhl für Moderne Literatur in Breslau innehatte, hielt durch, indem er sich auf die Renaissance-Forschung spezialisierte und eine glatte, apolitische Fassade aufrechterhielt. Viele erlagen jedoch dem Druck, nationalistisch und lokalpatriotisch zu schreiben. Hans-Christoph Kaergel (1889–1946) beispielsweise ließ auf ein Frühwerk mit dem Titel *Volk ohne Heimat* (1922) ein Buch folgen, das *Hockewanzel* hieß (1933) und aus seiner Verachtung von Polen und Tschechen keinen Hehl machte. Als Herausgeber einer Anthologie deutscher schlesischer Dichtung qualifizierte er sich 1940 für die Wahl zum Landesleiter der schlesischen Schrifttumskammer. Gerhard Pohl (1902–66) schrieb Stücke und Romane über Themen wie das Waldenburger Revier oder die Romantik der schlesischen Eisenbahnen. Wolfgang Schwarz, dessen erste Gedichtsammlung den Titel *Das neue Lied der Heimat* (1941) trug, war Offizier in Deutschlands Kosakenbrigade.

Andere Autoren mussten für ihre Überzeugungen teuer bezahlen. Der kommunistische Schriftsteller Walter Steinberg (1913–92) verbrachte drei Jahre im Kletschkauer Gefängnis, nachdem die UdSSR ihn den NS-Behörden ausgeliefert hatte. Arthur Silbergleit (1881–1941), ein katholischer Priester jüdischer Abstammung, starb in Auschwitz.

Emil Ludwig (1881–1948) war ein Intellektueller, der sich jedem Kompromiss verweigerte. Der Sohn des Breslauer Augenspezialisten Hermann Cohn absolvierte eine Anwaltsausbildung, bevor er in den zwanziger Jahren mit seinen Biografien, unter anderem über Goethe, Napoleon und Bismarck, zu internationalem Ruhm gelangte. Im Jahr 1932 war er gezwungen, sich ins Exil in die Schweiz und anschließend in die Vereinigten Staaten zu begeben, wo er Berater Präsident Roosevelts wurde, dessen Biografie er ebenfalls schrieb. Seine überaus lesbaren Bücher waren sehr unterschiedlicher Natur: *Wagner oder Die Entzauberten* (1919); *Rembrandts Schicksal* (1923); *Hindenburg und die Sage von der deutschen Republik* (1935); *Geheimnisvoller Nil. Sechs Jahrtausende zwischen Mondgebirge und Mittelmeer* (1952); *Geschenke des Lebens* (1931, ein autobiografisches Buch). Sein Hass auf das NS-Regime machte sich in zahlreichen erbitterten antifaschistischen Broschüren für die amerikanischen Behörden Luft. In *How to treat the Germans* (1943) erläuterte er die Arroganz, Brutalität und Intoleranz seiner Landsleute:

> »Die Deutschen haben nicht einmal ein Wort für ›fair‹, so wie sie auch kein Wort für ›gentleman‹ haben. Beide wurden in ihrer englischen Form in die reiche deutsche Sprache übernommen. Den auf das Soldatsein dressierten Deutschen fehlt der angelsächsische Sportsgeist und die Freude an Spielen; sie sind ein Volk ohne Hobbies.«[64]

Nach 1932 kehrte Ludwig nicht mehr nach Breslau zurück. Aber seine Erinnerungen an das Viertel seiner Jugend war nicht bitter:

> »Am Stadtgraben war nicht viel Verkehr. Die dreißig Häuser, einige Villen in Gärten, andere zwar stockweise zu vermieten, aber seit Jahrzehnten in den Händen derselben alten Familien... Es war eine Art vornehmer Korso, auf dem zuweilen die Equipagen der reichen Leute entlangkamen... Jetzt, da die Mauer zerbrochen, der Friede angeblich stabilisiert war, da aus einer trutzigen Festung eine bequeme Handelsstadt geworden war, schien an diesem Abhang alles still, selten ertönte Musik, und selbst der Gra-

Kapitel 7: Breslau (1918–1945)

ben, breit wie ein Fluß, umgrünt von herabhängenden Weiden und dichten Erlen, wurde von keinem Kahn durchzogen und von ein paar Schwänen vollends stilisiert.«[65]

Auch in Breslau gewannen Kino, Radio und natürlich der Sport wachsende Popularität. Weimar stand an der Spitze der Revolution im Kino. Es war die Ära eines Fritz Lang, G. W. Papst und einer Kristina Söderbaum, zu der auch die von Hans Poelzig entworfenen Deli-Lichtspiele von 1926 gehörten. Im Jahr 1939 besaß Breslau immerhin 37 Filmtheater, von denen allerdings nur zehn den Krieg überstanden. Auch das Radio war ein Produkt technischer Weiterentwicklung und wurde zu einem wichtigen Bestandteil des kulturellen Lebens. Breslaus Funkturm (1925) und Berlins Haus des Rundfunks (1930) wurden ebenfalls von Poelzig entworfen. Fortan sollte »Breslau« auf den Frequenzskalen rund um die Welt als einer der stärksten Rundfunksender in Europa erscheinen.

Beliebte Freizeitbeschäftigungen waren Radsport und Fußball. Mit der Rennbahn in Grüneiche und später in Lilienthal als Austragungsort zählte der Radsport 1939 etwa 24 Vereine und verfügte über viele Stars wie Richard Scheuermann und die Brüder Heidenreich. Seine Popularität wurde nur noch vom Fußball übertroffen. Freilich erlebte Breslau in der deutschen Oberliga zwei ziemlich ruhmlose Jahrzehnte. Den führenden Vereinen der Stadt, »Schlesien Breslau«, »SC Breslau 08« und »Sportfreunde Breslau«, gelang es kein einziges Mal, ein deutsches Pokalfinale oder ein Endspiel um die deutsche Meisterschaft zu erreichen. Am weitesten kamen 1920 die »Sportfreunde Breslau« und 1929 der »SC Breslau 08« mit jeweils einer Halbfinalteilnahme. Immerhin fünf Fußball-Länderspiele wurden in Breslau ausgetragen, bei denen die deutsche Nationalmannschaft mit zwei Unentschieden und drei Siegen ungeschlagen blieb. Einer dieser Siege ist Sportfreunden noch heute in Erinnerung: Es war am 16. Mai 1937 die kolossale 8:0-Abfuhr für Dänemark. Die Mannschaft – Jakob, Janes, Münzenberg, Kupfer, Goldbrunner, Kitzinger, Lehner, Gellesch, Siffling, Szepan und Urban – gewann dann auch die nächsten zehn Spiele. Sie ist als »Breslauer Elf« bekannt geworden.

Den Höhepunkt des sportlichen Geschehens zwischen den beiden Weltkriegen markierte zweifellos das »XII. Deutsche Turn- und Sportfest«, das im Juli 1938 in Breslau stattfand. In Anwesenheit des »Führers« maßen sich die Sportler des Reiches vor insgesamt 600 000 Zuschauern an neun Tagen in allen erdenklichen Disziplinen. Hitlers Erscheinen in Breslau wurde später von einem Jugendlichen geschildert, der »seinen Führer« zum ersten und einzigen Mal im Leben erblickte und wie wohl alle Halbwüchsigen damals wie einen Gott verehrte:

»Das war an einem strahlenden Sommertag (die Deutschen nannten das damals ›Führerwetter‹) des Jahres 1938, beim ›Großdeutschen Turn- und Sportfest‹ in Breslau, als Hunderttausende aus dem ganzen Reich in unserer Stadt zu Gast waren. Im März dieses Jahres hatte Hitler mit der ›Heimholung‹ Österreichs einen seiner größten Triumphe gefeiert, er stand im Zenit seines Ansehens, und selbst erbitterte Gegner bestätigten ihm, daß er damals bei einer geheimen und freien Abstimmung über seine Regierung in Deutschland eine Zustimmung von rund 80 Prozent bekommen hätte. Die Krise um das Sudetenland hatte aber schon angefangen, der Druck auf die Tschechoslowakei, das von Deutschen bewohnte Sudetengebiet an Deutschland ›abzutreten‹, wuchs von Woche zu Woche, hatte aber noch nicht, wie dann später, zu Angst vor einem neuen Krieg geführt, denn den fürchteten die Deutschen, vor allem hier im Osten, wie Pest und Cholera. Der 1. Weltkrieg saß fast allen von ihnen noch in den Knochen.

Ich stand an diesem Tag, als zwölfjähriger Fahnenträger des Deutschen Jungvolks, schräg gegenüber der Führertribüne auf dem Schloßplatz, auf dem Hitler den Vorbeimarsch der Turnergruppe abnahm, und ich konnte ihn aus einer Entfernung von etwas über 100 Metern sehr gut beobachten. Ich ließ kein Auge von ihm. Natürlich waren wir alle sehr aufgeregt, um uns herum Hochspannung und Erwartung, freudige Erregung, dann marschierten die Turner an der Ehrentribüne vorbei, jubelnd begrüßt von der Kopf an Kopf stehenden Menschenmenge, die nach Hunderttausenden zählte. Das dauerte eine Weile, dazwischen spielten Musikkapellen Marschmusik und heizten die Stimmung an.

Auf einmal hörte man aus der Ferne, aus den zum Schloßplatz führenden Straßen, ein immer lauter anschwellendes Brausen, das ich mir erst nicht erklären konnte. Es wurde aber immer lauter, kam näher und näher, schwoll an wie ein alles zermalmender Orkan, der eine riesige Welle vor sich her treibt. Ich hatte so etwas noch nie erlebt, es war gleichzeitig erschreckend und faszinierend. Während die Menschen um uns herum eine fiebrige Erregung packte, umklammerte ich, Halt suchend, meine schwere Fahnenstange, an der das große schwarze Tuch mit dem weißen Blitz im Zentrum hing. Hitler drehte seinen Kopf mit einem gespannten

Kapitel 7: Breslau (1918–1945)

Gesichtsausdruck in die Richtung dieser immer näher kommenden Welle. Mir fiel auf, daß es da eine Gruppe von Menschen gab, die von der um sich greifenden Erregung überhaupt nicht erfaßt wurde, sondern in stoischer Ruhe auf ihren Plätzen verharrte. Das waren die schwarz uniformierten Riesenkerle unter schwarzen Stahlhelmen, die SS-Leibstandarte Adolf Hitler, seine Leibwache, jeder an die zwei Meter groß, die vor der Führertribüne eine Kette bildeten. Die wußten wohl aus Erfahrung, was jetzt gleich passieren würde.

Und dann geschah es, das Gebrüll einer unübersehbaren Menschenmasse erreichte den Rand des Schloßplatzes. Aus der Schweidnitzer Straße bog, an der Ecke, wo das Stadttheater lag und das feine Hotel Monopol stand, eine in Sechserreihen gestaffelte Marschkolonne auf den Schloßplatz ein, uniformiert in einheitliches Trachtengrau mit einer Art Jägerhut auf den Köpfen – die Spitze der großen Abordnung der sudetendeutschen Turnerschaft aus der Tschechoslowakei. Sie bildete den Schluß- und Höhepunkt des ganzen Vorbeimarsches. Die, wie nicht nur ich später vermutete, genau vorausberechnete Propagandawirkung der politischen Strippenzieher im Goebbels-Ministerium stellte sich prompt ein...

Natürlich brüllte auch ich aus Leibeskräften. Erstens war ich hingerissen vor Begeisterung, und zweitens konnte man sich dieser Massenhysterie kaum entziehen, und ich wollte ja mit dabei sein, mich als Teil dieser großen, wunderbaren Volksgemeinschaft fühlen. Auf einmal schälten sich aus diesem allgemeinen Geschrei und Gebrüll einzelne, ganz scharf akzentuierte Staccatotöne heraus, die ich erst nicht verstehen konnte, die sich aber mit Windeseile über den ganzen Platz verbreiteten. Sie wurden von Mund zu Mund weitergegeben, und schließlich von dieser ganzen riesigen Menschenmasse wie aus einem einzigen gigantischen Riesenmaul fordernd herausgeschrien: *Ein* Volk, *ein* Reich, *ein* Führer! Immer wieder, noch lauter, sich hochpeitschend an dem besoffen machenden Gefühl der grenzenlosen eigenen Kraft. Eine einzige explodierende Gefühlsbombe, ohne Ansatz von kritischem Verstand. Es war ungeheuerlich, in meinem ganzen langen Leben habe ich nichts Vergleichbares erlebt.

Es riß die Menschen völlig aus ihrem Alltag, aus ihrem gewöhnlichen Dasein, aus ihrer individuellen Vereinzelung, gab ihnen das erhebende Gefühl, Teil eines bewunderten großen Ganzen zu sein, unüberwindbar, stark und mächtig, und versprach für wenige, ganz kurze Minuten das niemals Erreichbare, einen Hauch von Unsterblichkeit... Es waren die jungen Mädchen und Frauen in ihren Dirndlkleidern, die als erste zum Fuße der Führertribüne heranstürmten und die SS-Riesen, die wohl Befehl hatten, sich zurückzuhalten, einfach beiseite fegten. Hitler beugte sich über die Brüstung und schüttelte mit fröhlichem Gesicht immer wieder die ihm entgegengestreckten Hände, während den Frauen die Freudentränen über die Gesichter liefen. Auch ein Photograph war tätig, Hitlers Leibphotograph Heinrich Hoffmann, der das Monopol auf die offiziellen Führerphotos hatte und damit zum Multimillionär wurde. Auch diese Aufnahmen erschienen in den nächsten Tagen in den meisten europäischen Zeitungen. Als ich 35 Jahre später, als Journalist für die *Süddeutsche Zeitung*, in Washington und London in den großen Archiven dokumentarisches Bildmaterial zusammenstellte, hielt ich sie plötzlich in der Hand, die Photos von Breslau an jenem Tag im Jahre 1938.«[66]

Hitler zielte darauf ab, die deutsche Jugend »zäh wie Leder, flink wie Windhunde und hart wie Kruppstahl«[67] zu machen. Auf diese Weise sollte die Überlegenheit der arischen Rasse bewiesen werden, wobei man in diesem Zusammenhang den alten polnischen Kalauer »schlank wie Göring, hochgewachsen wie Goebbels und blond wie Hitler« erinnert wird.

Mit Breslaus polnischer Kultur ging es zwischen 1918 und 1945 kontinuierlich bergab. Sie genoss weder den Rückhalt der kirchlichen Hierarchie noch den des Staates. Paradoxerweise litt sie in den zwanziger Jahren unter der Wiederherstellung eines unabhängigen Polen. Die starke Vermehrung polnischer Institutionen im nahe gelegenen Posen, von der Errichtung der dortigen Adam-Mickiewicz-Universität bis hin zum Ausbau einer polnischen kulturellen Infrastruktur mit Theatern, Schulen, Bibliotheken, Buchhandlungen und Vereinen, lockte viele Menschen an, die es vor 1918 möglicherweise nach Breslau gezogen hätte. Nach 1933, unter nationalsozialistischer Herrschaft, wurde der Niedergang immer mehr spürbar, als beispielsweise eine Gruppe von Studenten der Universität von SA-Männern überfallen und furchtbar verprügelt wurde, einfach weil sie Polnisch sprach. Da die NS-Ideologie die Polen in die Kategorie »Untermenschen« einstufte, folgte daraus, dass es keine triftigen Gründe gab, polnische Sprache, Literatur oder Kunst zu bewahren und zu respektieren. Sie galten ganz offiziell als minderwertig.

Kapitel 7: Breslau (1918-1945)

In der weit nach dem Zweiten Weltkrieg (2000) erschienenen *Wrocławer Enzyklopädie* findet sich kein einziger polnischer Autor, der in den zwanziger und dreißiger Jahren in Breslau tätig gewesen wäre. Die einzigen polnischen Bücher, die für den lokalen Gebrauch veröffentlicht wurden, waren religiöse Broschüren und Mitteilungsblätter, die vom Diözesanbüro herausgegeben wurden. Es gab keine polnische Buchhandlung. Im Jahr 1939 wurden alle polnischen Studenten von der Breslauer Universität verwiesen. In der Aula Leopoldina wurde eine Resolution verabschiedet, in der es hieß: »Wir sind zutiefst davon überzeugt, dass kein Pole jemals wieder seinen Fuß über die Schwelle dieser deutschen Universität setzen wird.«[68]

*

Zwischen 1918 und 1945 wurde Breslaus »Deutschtum« mit immer größerer Intensität manifest. Deutsche stellten nicht nur eine zahlenmäßig überwältigende Mehrheit dar. Die öffentliche Stimmung war darüber hinaus so nationalistisch geprägt, dass Anzeichen von Andersartigkeit zumindest Stirnrunzeln und schlimmstenfalls Schläge hervorriefen. In den Tagen der Hyperinflation, der Freikorps, der polnischen Aufstände in Oberschlesien und noch stärker in den dreißiger Jahren, zu Zeiten von Massenarbeitslosigkeit, der Straßenschlachten und der braunen Schlägerbanden konnte es sehr unangenehm sein, kein Deutscher zu sein. Die ethnischen Minderheiten schrumpften in dieser Zeit und waren bis 1939 kaum mehr existent. Den Polen wurde die Gefahr schon früh nachhaltig bewusst gemacht. Die Juden, die durch Sprache und Erziehung zu großen Teilen deutsch waren, ahnten vielfach nichts von der tödlichen Feindschaft, die sich gegen sie zusammenbraute.

Die polnische Gemeinde Breslaus fiel von ohnehin schon spärlichen 4000–5000 Köpfen im Jahr 1918 auf einen statistisch unerheblichen Rest zwei Jahrzehnte später. Polnische Messen wurden nach dem Ersten Weltkrieg zunächst in der Anna- und ab 1921 in der Martinikirche wieder gelesen. Am Ring wurde ein polnisches Konsulat eröffnet, und eine eifrige Lehrerin, Helena Adamczewska, richtete eine winzige polnische Schule ein. Doch die Schaffung des polnischen Staates entzog Breslau die meisten gebildeten Polen, die die Gemeinde hätten führen können. Am 26. August 1920 setzte sich ein deutscher Mob von einer Versammlung zur Volksabstimmung ab, um sowohl das polnische Konsulat als auch die polnische Schule zu demolieren. Die polnische Bibliothek wurde, zusammen mit mehreren tausend Büchern, niedergebrannt.

Mitte der zwanziger Jahre öffneten das polnisches Konsulat, die polnische Schule und die polnische Bücherei wieder. Der »Polenbund« (»Związek Polaków w Niemczech«; ZPN), der in Berlin und an der Ruhr die meisten Mitglieder hatte, eröffnete in Breslau eine Zweigstelle. Eine winzige Polnische Volkspartei gewann bei der Reichstagswahl 1924 insgesamt 250 Stimmen. Als zentrale Kultur- und Bildungsstätte wurde 1928 in der Heinrichstraße ein »Polnisches Haus« eingerichtet, und sogar eine polnische Pfadfinderschar wurde gegründet. Der polnische Gesangverein »Harmonia« unterhielt drei Chöre. Doch die Zahlen der Mitglieder entsprachen nicht der Hingabe der Akteure. Und der Ausbruch der Massenarbeitslosigkeit schnitt Breslau von dem traditionellen Strom Arbeitsuchender aus seinem polnischen Hinterland ab.

Bei Machtantritt der Nationalsozialisten fand zeitgleich ein beachtlicher Zustrom von Studenten aus den polnischen Gebieten Deutsch-Oberschlesiens zusammen, die nicht mehr in Polen studieren durften. Zusammenstöße waren deshalb unvermeidlich. Die Gründung eines polnischen Studentenbundes im Jahr 1933 erfolgte just zu dem Zeitpunkt, als die Gestapo anfing, polnische Studenten als unerwünschte Elemente zu überprüfen. Bei der obligatorischen Registrierung aller Studenten durch die Polizei wurden Polen und Juden dieselben auffälligen gelben Ausweise ausgestellt. Polnische Studenten konnten ihren gelben Ausweis später gegen einen normalen braunen mit dem Aufdruck *Polnische Minderheit* eintauschen. Doch dann begannen die Einschränkungen. 1937 wurden sämtliche polnischen Pfadfinder- und Studenten-Uniformen verboten. 1938 wurde das »Polnische Haus« von der Polizei durchwühlt, und alle Aktivitäten hörten auf. Im März 1939 wurde unter dem Banner *Wiara Ojców* (»der Glaube unserer Väter«) eine letzte herausfordernde und illegale Parade abgehalten. Die Führer der Gemeinde wurden verhaftet und in Konzentrationslager geschickt. In der ersten Hälfte des Jahres 1939, als Emigration noch möglich war, packten viele der in Breslau verbliebenen polnischen Familien einfach ihre Habseligkeiten und gingen nach Polen. Die allerletzte polnische Messe im deutschen Breslau wurde am 17. September 1939, dem Tag des sowjetischen Einmarsches in Polen, in der Martinikirche gefeiert.[69] Das Polentum schien für immer und ewig eliminiert worden zu sein.

Die Angriffe auf die Breslauer Juden durchliefen ähnliche Phasen. Nehmen wir als Beispiel die örtliche Sektion des »Alpenvereins«: 1881 hatte der Ortsverein beschlossen, Mitglieder auszuschließen, die Juden ausschließen wollten. 1921 beschloss er, Juden auszuschließen. In den Jahren 1933–35 war die Diskriminierung der Juden noch relativ unorga-

Kapitel 7: Breslau (1918–1945)

nisiert. Doch nach den Nürnberger Gesetzen von 1935 wurde sie systematisch betrieben. 1938/39, nach der Reichskristallnacht, wurde die Verfolgung lebensbedrohlich, auch wenn die Vernichtung im industriellen Maßstab wie in späteren Jahren noch nicht stattfand.

Nach 1918 veränderte sich die Einstellung zur jüdischen Gemeinde Breslaus. Es entstanden neue politische Gruppierungen wie die deutschvölkische Freiheitspartei mit klaren antisemitischen Programmen. Der Kapp-Putsch von 1920 sorgte für die ersten Opfer (siehe oben). Später in diesem Jahr wurden ein jüdisches Warenhaus und ein Hotel, in dem Ostjuden wohnten, von einer Menschenmenge attackiert. Im Juli 1923 artete eine Demonstration gegen Inflation und Arbeitslosigkeit in Ausschreitungen aus, bei denen den Juden die Schuld an allen Übeln der Nation angelastet wurde. Die Zeit der Assimilation wie im Kaiserreich war vorbei.

Trotzdem ging für viele Breslauer Juden das Leben zunächst weiter wie bisher. Im Jahr 1921 wurde eine Volksschule gegründet und zwei Jahre später eine höhere Schule. Ein Altenheim und ein Jugendheim wurden 1930 eröffnet. Die jüngere Generation von Juden erkannte, dass der Antisemitismus ein unbegreifliches Stigma war. Ihre Eltern beteten, er möge eine vorübergehende Phase sein.

Weniger als die Hälfte der sehr stark assimilierten Juden Breslaus praktizierte noch ihre frühere Religion. Die meisten sahen sich nicht einmal mehr als Juden. Der Sohn einer solchen Familie, die nach Breslau zurückgekehrt war, nachdem sie die Kriegsjahre im Ausland verbracht hatte, erinnerte sich in den zwanziger Jahren:

»Es war das Deutschland der Weimarer Republik. Ich erinnere mich, wie ich eines Nachts in der Woche des Kapp-Putsches vom Schlafzimmer in die Diele geschafft wurde, als Maschinengewehrkugeln das Fenster unserer Vorstadtwohnung durchschlugen... Ich erinnere mich, wie man mich mit Brotmarken zum Einkaufen schickte. Ich erinnere mich, wie wir mit anderen Jungs in der großen Inflation den letzten Dollarkurs diskutierten. Ich erinnere mich an die letzten Präsidentschaftswahlen 1925, als General Hindenburg, der Kriegsheld, der sich schon der Senilität näherte, die Kandidaten der zerstrittenen Linken und Mitte besiegte.
Politik spielte bei uns zu Hause nicht die Hauptrolle. Mein Vater war Naturwissenschaftler und stolz darauf, Bürger der Freien Stadt Hamburg zu sein... und bewusst anglophil. Er war weit weniger nationalistisch als die meisten seiner Universitätskollegen, teilte aber deren Klassenvorurteile... Den Sozialismus lehnte er

aus Gründen des Freihandels und die Sozialdemokraten als Partei der Ungebildeten ab. Meine Mutter war völlig unpolitisch. Schön, resolut und entschlossen, das Leben zu genießen, ... sie verließ meinen Vater, um einen alten preußischen Adligen zu heiraten, als ich zwölf war ...
Meine Großeltern waren größtenteils jüdischer Abstammung, wenn auch keine praktizierenden Juden mehr ... Doch dieser ganze jüdische Hintergrund war uns als Kindern kaum bewusst. Er berührte unser Leben in keinster Weise ... außer dass wir gelegentliche Ferien bei unserem reichen polnischen Onkel genossen ... Meine Eltern waren beide Protestanten, und ich wurde in der lutherischen Kirche getauft und konfirmiert. Aber auch das war eine Sache gesellschaftlicher Konvention ...
Meine letzten drei Jahre auf der höheren Schule waren auch die letzten drei Jahre der Weimarer Republik. Politik wurde zu etwas Unausweichlichem ... Meine Klassenkameraden traten einer nach dem anderen in die Nazi-Organisationen ein. Ich schloss mich immer stärker der kleinen Bande aktiver Anti-Nazis in der Klasse an, von denen einer ein künstlerisch begabter Junge war, der sich selber Sozialist nannte. Ein anderer wurde Geistlicher ... und war kurze Zeit Nachfolger von Willy Brandt als Regierender Bürgermeister von Berlin. Ein dritter (wurde) Dirigent der Oper von Bremerhaven. Wir machten im Januar 1933 unser Abitur und fuhren mit unserem Schulleiter auf die traditionelle Skitour der Abschlussklasse. Als wir zurückkamen, war das Dritte Reich ausgebrochen ...«[70]

Der Beginn der Kanzlerschaft Hitlers machte dem deutschen Judentum die Bedrohung deutlicher. Zwei Breslauer Chronisten, Walter Tausk (1890–1941) und Willy Cohn (1888–1941), legten Zeugnis über die zunehmende Verfolgung ab. Ersterer, ein ehemaliger Soldat, der zum Buddhismus übergetreten war, verfasste eine Chronik jüdischen Lebens zwischen 1933 und 1940. Cohns Tagebücher dokumentieren die Endphase im Jahr 1941.

Tausk war anfänglich durchaus positiv gestimmt. Noch 1935 notierte er: »Kein Judenhaß [in Breslau], vielmehr ein offen ausgesprochener Haß gegen diese Regierung.«[71] Dies ist schwer zu glauben, denn die Nationalsozialisten verhielten sich nicht passiv. Sie verbreiteten unaufhörlich Drohungen und Verleumdungen. Das Blatt von Julius Streicher beispielsweise, *Der Stürmer*, veröffentlichte 1934 eine lange Serie von Artikeln,

Kapitel 7: Breslau (1918–1945)

deren jeder die angeblichen Missetaten von Juden in einer bestimmten deutschen Stadt aufdeckte. Einer dieser Artikel war Breslau gewidmet, wo, wie es hieß, Juden den Ritualmord an deutschen Kindern praktizierten. Tatsächlich wussten nur sehr wenige Menschen, was wirklich vor sich ging. Wie jedoch erst viele Jahrzehnte später aufgedeckt wurde, rüsteten die Nationalsozialisten sich insgeheim, ihre rassischen Theorien in die Praxis umzusetzen. Vor allem suchten sie nach Möglichkeiten, jüdische Abstammungslinien in der Bevölkerung zu erkennen, unabhängig davon, ob den betroffenen Individuen ihr Stammbaum bewusst war oder nicht. Zu diesem Zweck benötigten sie dringend zwei Dinge, die sie zum Zeitpunkt der Machtergreifung noch nicht besessen hatten. Erstens brauchten sie automatisierte Maschinen, die in der Lage waren, aus Abermillionen von Zensusdaten detaillierte genealogische Informationen zu extrahieren und Querverweise zu erstellen. Zweitens brauchten sie geschickte Demografen, die die erforderlichen Methoden entwickeln konnten. Die Maschinen wurden von der amerikanischen Firma IBM geliefert, deren »Lochkartensystem« ideal für den Zweck war und deren deutsche Tochtergesellschaft Dehomag am 8. Januar 1934 einen Lizenzvertrag über die Herstellung des Systems in Deutschland unterzeichnete. Die Demografen fand man, indem man Experten anwarb:

»Am 2. Juli 1936 trafen sich mehrere Nazis in einem Gasthof in Breslau, um sich der Dienste Fritz Arlts, eines Leipziger Statistikers, zu versichern. Arlt hatte eine Kartei mit Querverweisen über alle Leipziger Juden, bis hin zu den so genannten ›Vierteljuden‹, angelegt. Seine Sachkenntnis war deshalb so interessant, weil seine Kartei auch genau auflistete, aus welchen polnischen Städten die Familien der Juden stammten. Bei dem Breslauer Treffen wurde Arlt beauftragt, mit den Sicherheitsabteilungen der NS-Auslandsorganisation zusammenzuarbeiten. Seine Kartei wurde als derart bedeutend erachtet, dass man ihn bat, nach Berlin zu reisen, um Eichmanns Referat II 112 zu unterstützen. Die Reisekosten übernahm der SD.«[72]

In der Rückschau sieht man, dass dieser Schritt bei den nationalsozialistischen Vorbereitungen für ihren Völkermord an den Juden wirklich entscheidend war. Er vermittelte ihnen die Zuversicht, nicht nur das rassische Profil jedes Juden in Deutschland zu erkennen, sondern die gewonnene Informationsbasis auch auf das Hauptniederlassungsgebiet der Juden Europas in Polen auszuweiten. Das Konzept deutschen Lebensraums im Osten bewegte sich so aus dem Reich vager Rhetorik allmählich in die Sphäre praktischer Umsetzung. Zu gegebener Zeit sollte Arlt die Leitung der Gruppe »Bevölkerungswesen und Fürsorge« im Generalgouvernement der Kriegszeit übernehmen.[73]

Nachdem die Nürnberger Gesetze erst einmal eingeführt waren, verschlechterte sich die Lage der voraussichtlichen Opfer deshalb über Nacht. Die Nürnberger Gesetze und ihre Anwendung verlangen einige Erläuterungen. Es gab zwei Hauptverordnungen, zum einen das »Gesetz zum Schutz des deutschen Blutes und der deutschen Ehre« und zum anderen das »Reichsbürgergesetz«. Jeder einzelne Deutsche hatte bei der Polizei einen Antrag einzureichen, woraufhin ihm ein Ausweis ausgestellt wurde, den er jederzeit bei sich tragen musste. »Arier« erhielten braune Ausweise. Juden als bloße »Staatsbürger« und verschiedene andere Kategorien bekamen gelbe Ausweise, um sie bei einer Überprüfung ihrer Dokumente sogleich erkennbar zu machen. Von da an wurde die Diskriminierung formalisiert und legalisiert. In der vorausgegangenen Phase hatten Juden, wie in Breslau geschehen, ihre Stellungen als Anwälte oder Ärzte verloren, wobei Nazischläger einfach in ihren Büros auftauchten und sie hinauswarfen. Aber oftmals hatten sie alternative Beschäftigungen finden oder sogar einfach still und leise an ihre Arbeitsplätze zurückkehren können. Aber nach 1935 war solche List nicht mehr möglich. Die »Arier« setzten sich selber der Verfolgung aus, wenn sie gegen das Gesetz verstießen, entweder weil sie Juden erlaubten, in verbotenen Berufen zu arbeiten, oder weil sie sich auf eine sexuelle Beziehung mit einem Juden oder einer Jüdin einließen. Wer jüdisch war, wurde ausschließlich durch die biologische Verwandtschaft bestimmt.

So wurden auf einen Schlag Deutschlands Juden die bürgerlichen Ehrenrechte aberkannt, wurden sie aus Berufen und öffentlichen Ämtern vertrieben und ihrer Staatsangehörigkeit beraubt. Alle Beziehungen zwischen Juden und Nichtjuden waren nun verboten. In Breslau wurden sechs Frauen wegen des neuen Verbrechens der »Rassenschande« in Konzentrationslager eingewiesen. Im Jahr 1939 mussten alle Juden den zusätzlichen Vornamen »Israel« und alle Jüdinnen den zusätzlichen Vornamen »Sara« annehmen. Ohne den zusätzlichen roten Buchstaben »J« waren ihre Pässe ungültig. Wer einen Auswanderungsantrag stellte, dessen Eigentum wurde beschlagnahmt. Es war zwecklos zu beteuern, man selber betrachte sich nicht als jüdisch.

Die Reichskristallnacht erwies sich als weiterer Wendepunkt. Die von Goebbels in die Wege geleitete Welle der Verwüstung sollte angeblich eine

Reaktion des Volkes auf die Ermordung des deutschen Botschaftsrats in Paris durch einen jüdischen Jugendlichen sein. Sie kostete reichsweit 91 Menschen das Leben. Tausende jüdischer Geschäfte, Wohnungen und Synagogen wurden geplündert und zerstört. 30 000 Personen wurden verhaftet, viele begingen Selbstmord. Einer der Augenzeugen in Breslau war der 14-jährige John Najmann:

> »An diesem Morgen ging ich zur Schule wie gewöhnlich. Als ich aus unserem Haus trat, sah ich meinen Lehrer mit heruntergezogenem Hut und offenem Kragen vorbeihetzen. Ich sprach ihn an, aber er flüsterte mir zu wegzugehen, ihn in Ruhe zu lassen. ›Heute ist keine Schule‹, sagte er. Ich setzte meinen Weg fort, vorbei an dem kleinen Warenhaus. Alle Fenster waren eingeschlagen, und deutsche SA-Männer warfen Kleidungsstücke und Haushaltswaren aus den oberen Stockwerken auf die Straße. Polizisten hielten sich an den Händen und bildeten eine Kette, um zu verhindern, daß die Menge von den fliegenden Gegenständen getroffen wurde. Als das Geschäft leer geräumt war, trat die Polizei zurück, und die Zuschauer griffen sich die Waren aus dem riesigen Haufen. Ich sah eine Straßenbahn vorbeifahren, und der Schaffner und Fahrgäste stiegen aus, um sich zu bedienen, so viel sie tragen konnten... Ich ging weiter und kam an den Gebetsräumen vorbei, wo meine Familie im Erdgeschoss eines Wohnhauses betete. Unsere Torarollen waren nach draußen gebracht und auf dem Bürgersteig hingeworfen worden, wo sie brannten. Ich ging später zurück und stopfte mir die Asche und verkohlte Reste in die Taschen... Als ich nach Hause kam... weinten meine Mutter und ich. Es war das erste Mal, dass ich sie weinen sah.«[74]

Ein Breslauer, der den Schrecken der Reichskristallnacht entkam, war Dr. Alfons Lasker, der Vater der berühmten Cellistin Anita Lasker-Wallfisch. Er wurde durch den Mut seines nichtjüdischen Freundes Walter Mehne verschont:

> »Walter Mathias Mehne... war Geigenbauer, kein Jude, und kümmerte sich einfach nicht darum, daß die Straßen von Gestapoleuten wimmelten, die nach Juden suchten. Er kam zu uns in die Wohnung, holte meinen Vater ab und fuhr den ganzen Tag mit ihm in seinem Mercedes herum... Der Mut eines Mannes wie Mehne ist um so beachtenswerter, als er in Breslau sehr bekannt war. Sein

Geschäft befand sich am Tauentzien-Platz, in der Mitte der Stadt... Es wurde von seinem Vater und ihm geführt und war zugleich ein Treffpunkt für Musiker, viele von ihnen überzeugte Nazis. Das hinderte die Mehnes nicht daran, kein Hitlerbild im Geschäft aufzuhängen... Sie weigerten sich auch, an den häufigen Flaggentagen die Hakenkreuzfahne aufzuziehen. Das alles machte sie verdächtig. Doch die Mehnes mißbilligten die Vorgänge und machten keinerlei Versuch, dies zu verbergen. Die Haltung dieser Menschen war vorbildlich. In der Tat gab es Deutsche – leider nicht genug –, deren Benehmen untadelig war.«[75]

Tausks Erinnerungen an die Kristallnacht sind ungleich negativer. Er notierte, die Verwüstung sei »nur mit Mühe abgestoppt worden. Sie war bereits ausgeartet in Wohnungssturm, Strangulierungen, Lynchen und Totschlag.«[76] Später in jenem Jahr schrieb er: »Verhaftete kommen nach Buchenwald, wo jetzt die Mehrzahl der verhafteten Breslauer Juden sind beziehungsweise waren«.[77] Seine Darstellung wurde von einem Mann namens Rosten bestätigt,[78] einem der rund 3000 jüdischen Männer aus Breslau von insgesamt etwa 10 000, die in der so genannten »November-Aktion« nach Buchenwald geschickt wurden. Nach wochenlangen Misshandlungen, bei denen etwa 30 Insassen täglich starben, wurde er freigelassen, weil er Veteran des Ersten Weltkrieges war und versprochen hatte, das Auswanderungsverfahren in die Wege zu leiten. Zum Ende des Jahres 1938 waren zwei Drittel der 30 000 Juden Breslaus fortgegangen.

Der Exodus vollzog sich in drei oder vier getrennten Phasen. Jede war weniger freiwillig als die vorausgegangene. In der ersten Welle stand es den Juden, die die Auswirkungen von Hitlers Aufstieg zur Macht erkannten und die über gute Kontakte im Ausland verfügten, frei, in einen Zug zu steigen und das Land zu verlassen. Im Laufe des Jahres 1933 ergriffen etwa 2000–3000 die Gelegenheit:

»Mein Vater hatte unter den ›Ariergesetzen‹ seinen Lehrstuhl an der Breslauer Universität verloren und war eingeladen worden, eine Forschungsstelle in Oxford anzutreten. Zusammen mit seiner zweiten Frau und meiner jüngeren Schwester zog er im August nach Oxford, und ich folgte sechs Wochen später nach. Am 10. Oktober 1933 überquerte ich den Kanal von Calais nach Dover und reiste direkt weiter nach Oxford. Am nächsten Morgen führte der Rektor des Lincoln College mich in das Institut ein, und der Vizekanzler vollzog in der Theologischen Fakultät die Immatrikula-

Kapitel 7: Breslau (1918–1945)

tionszeremonie. Ich war bekümmert über meine Unfähigkeit, auch nur ein Wort von dem zu verstehen, was er sagte. Erst einige Zeit später [erfuhr ich], dass es Latein gewesen war...«[79]

Ein sonderbarer Fall kam nach dem Krieg ans Licht, als eine jüdische Dame kurz nach Breslau zurückkehrte, um zu sehen, ob ihr Haus noch stand. Einem Zeugen zufolge, der ihr damals begegnete, war sie die jüdische Ehefrau eines Ingenieurs gewesen, der der NSDAP hatte beitreten wollen. Da Parteimitglieder keine jüdischen Ehegatten haben durften, brachte der Mann seine Frau im Zug zur schweizerischen Grenze, winkte ihr zum Abschied und fuhr nach Breslau zurück. Sie überlebte, er nicht.[80]

In der zweiten Welle, die nach der Umsetzung der Nürnberger Gesetze begann, sahen angehende Emigranten sich weit größeren Schwierigkeiten gegenüber. Zum einen hatten sie gewöhnlich ihre Haupteinkommensquelle verloren. Um die Kosten der Auswanderung aufzubringen, waren sie häufig gezwungen, ihre Vermögenswerte zu Schleuderpreisen zu verkaufen, und jeder Schritt des Verfahrens wurde von der Gestapo streng überwacht. Max Silberberg beispielsweise war Miteigentümer der Breslauer Firma Weissenberg gewesen, die Magnesit für die Stahlindustrie produzierte. Außerdem war er der Gründer der unschätzbaren privaten Kunstsammlung, die seinen Namen trug. Nachdem sein Unternehmen ohne Entschädigung »zwangsarisiert« worden war, beschloss er 1934, seine Bilder zu verkaufen. Er vertraute sie einem jüdischen Auktionator, Paul Graupe, an, der noch geschäftlich tätig war und der sie, vorschriftsmäßig als »nichtarisches Eigentum« gekennzeichnet, 1935 in vier Auktionen unterbrachte. Van Goghs *Olivenhain* wurde von der Berliner Nationalgalerie gekauft. Ein Cézanne fand seinen Weg nach Leningrad in die Eremitage. Und Pissarros *Boulevard Montmartre* und *Frühling* verschwanden auf dem Kunstmarkt, um erst 1997 wieder aufzutauchen. Anschließend reiste Graupe sicher nach New York. Silberbergs Sohn Alfred und seine Schwiegertochter Gerta flohen nach Großbritannien. Silberberg selber wurde in einem Konzentrationslager festgehalten, aus dem er nie mehr freikam.

Im Mai 1938 hatte der 18-jährige Walter Laqueur gerade die höhere Schule abgeschlossen und bereitete sich auf ein Studium im Ausland vor:

»Ich hatte gerade die Schule abgeschlossen, und meine Zukunft lag gänzlich in den Händen verschiedener Komitees, Organisationen und Konsulate. Ich hatte viel freie Zeit und ging fast jeden Morgen in den Südpark. Ich erinnere mich, wie ich hier Célines

Voyage au bout de la nuit las. Was mich an dieser Geschichte voller Zynismus und Verzweiflung damals faszinierte, weiß ich nicht mehr; vielleicht hatte ich eine Vorahnung, dass eine andere Reise an das Ende der Nacht gerade bevorstand? Oder ist es falsch, dem knapp Achtzehnjährigen einen prophetischen Instinkt zuzuschreiben? Ich erinnere mich, wie ich an einem dieser Vormittage im Südpark einen meiner früheren Lehrer traf. Er war kein Nazi, man hatte ihn gezwungen, noch vor Erreichen des Rentenalters seinen Beruf aufzugeben. Er zeigte sich zutiefst pessimistisch, was die Zukunft betraf, und gab mir den dringenden Rat, das Land so schnell wie möglich zu verlassen. Er sprach über bevorstehende schwere Zeiten, darüber, dass er mich um die Fähigkeit zum Weggehen beneide, und schließlich forderte er mich auf wiederzukommen, wenn das Schlimmste vorüber sein würde. Dann verabschiedete er sich, schien sich aber plötzlich an etwas zu erinnern und sagte: ›Du weißt doch, dass ich – nicht immer mit Erfolg – versucht habe, euch das Nibelungenlied zu erläutern. Schau dir dieser Tage unbedingt einmal wieder die Geschichte von Hagen an!‹

Das war das letzte Mal, dass ich Dr. U. sah, wie er da mit seinem Spazierstock aus Ebenholz aus dem Park schritt. Es gibt keine Spuren von ihm, ebenso wenig wie von den anderen Lehrern. Die Geschichte Hagens habe ich mir angesehen, doch ich bin nicht sicher, was er damals gemeint hat. Vielleicht ging es ihm um Hagens letzte Worte, bevor er in seine letzte Schlacht zieht – dass nämlich alles so gekommen war, wie er vorhergesehen hatte (›...es ist auch so ergangen, wie ich mir hatte gedacht‹). Mich hat eine Zeit lang eine andere Stelle im Nibelungenlied fasziniert: Als Hagen auf seinem Weg zum Hofe Attilas mit König Gunthers bewaffneter Eskorte die Donau überquert, erscheint eine Gruppe von Nixen und prophezeit den Männern, dass sie allesamt umkommen werden, mit Ausnahme des mitreisenden Priesters. Hagen lacht und stößt den Geistlichen in den reißenden Fluss, um die Nixen Lügen zu strafen. Doch dieser wird von der Strömung an das rettende Ufer getragen, während Hagen und seine Gefährten in der Schlacht getötet werden, die sie selbst heraufbeschworen haben.«[81]

In der dritten Welle, die mitten in der Panik der Reichskristallnacht einsetzte, flohen Tausende Breslauer Juden, die zuvor gegen die Auswanderung gewesen waren, in großer Angst. Das Beispiel einer Familie muss an dieser Stelle genügen:

Kapitel 7: Breslau (1918–1945)

»Wir wohnten in einer kleinen Stadt namens Strehlen, einer Stadt mit ungefähr 15 000 Einwohnern gut 30 Kilometer südlich von Breslau... Uns ging es recht gut... Mein Ururgroßvater war Anfang des 19. Jahrhunderts als Hausierer in die Stadt gekommen. Er brachte es zu Wohlstand, und das Geld blieb in der Familie... Meine Eltern hatten eine Ziegelei und einen Bauernhof. Wir wohnten in einem 200 Jahre alten Bauernhaus.
Es war 1936, als es meiner Erinnerung nach zu den ersten antisemitischen Vorfällen kam. Als Kind glaubte ich es eigentlich nicht. Es gab einen Jungen in meiner Klasse, der nicht mehr kommen und mich treffen durfte. Er musste ins Jungvolk der Hitlerjugend eintreten...
Schlimm wurde es im Jahr 1938... die Kristallnacht war am 9. November 1938... Sie kreuzten etwa um 6.00 Uhr morgens bei uns auf, Schwarzhemder, SA-Männer... die SA-Männer aus Strehlen schickten sie in eine andere Kleinstadt... so hätten die Burschen von hier keine Hemmungen. Sie kamen kurz vor Sonnenaufgang... Sie holten meine Mutter und meinen Vater aus dem Bett und ließen uns Kinder mit Großmutter allein... Natürlich waren wir fürchterlich durcheinander... Alles, was wir drei Jungs hören konnten, war der Lärm von zersplitterndem Glas, umkippenden Möbeln und Sachen, die zu Bruch gingen. Ungefähr um 7.30 oder 8.00 Uhr lief ich nach unten und fragte einen der Männer: ›Wann kommen meine Eltern zurück?‹ Und er sagte: ›Geh rauf oder ich gebe dir 'ne Ohrfeige!‹... [Aber] dann gingen sie zum nächsten jüdischen Haus. Wir waren die Ersten, die sie erwischten, zum Glück, denn später wurden sie betrunken.
Unser Auto nahmen sie mit. Wir gingen nach unten und sahen, dass das Erdgeschoss total demoliert war. Alle Fenster waren eingeschlagen... Mit einem Messer hatten sie alle Bilder zerschlitzt... obwohl wir ein paar Bilder von Friedrich dem Großen hatten. Die hatten sie nicht angerührt...
Am selben Nachmittag... kam ein anständiger Polizist und nahm meinen Vater mit. Meinem Vater sagte er: ›Herr Stargardter, ich schlage vor, Sie nehmen eine Menge Geld mit... Sie werden vielleicht für lange Zeit fort sein.‹ Er war Teil der etablierten Macht, nicht der Gestapo. Mein Vater nahm tatsächlich viel Geld mit. Er blieb dann etwa zehn Wochen in Buchenwald... Später an jenem Tag verwüsteten SA-Männer die Synagoge und verschütteten Kuhurin über der Tora und im Innern des Gebäudes. Doch es

wurde nicht angezündet. In Strehlen gab es nämlich keine Brandstiftungen.
Die Leute in Strehlen kamen am Tag nach der Verwüstung des Hauses, um sich das Gebäude anzusehen, als schauten sie sich einen Verkehrsunfall an... Die meisten schüttelten bloß den Kopf und sagten: ›Mein Gott, was ist hier passiert?‹ Ganz wenige gab es, die schüttelten die Fäuste und schrien ›Verdammte Juden!‹ oder so etwas. [Aber] die meisten Leute waren vollkommen gleichgültig, oder sie hatten Angst, etwas zu sagen... Sie hatten nicht genug Schneid, aufzustehen und zu sagen: ›Das ist Unrecht‹...
Mein Vater erzählte uns, dass sie, als man sie ins Lager ließ, zwischen einer Reihe von Aufsehern, oder was auch immer diese Tiere waren, hindurchgelaufen seien... und man habe sie mit Stöcken... [Doch] das Schlimmste, was ihm passierte, war, dass... er Scharlach bekam... Nach neun oder zehn Wochen kam er zurück, weil er als Soldat im Ersten Weltkrieg mit dem Eisernen Kreuz ausgezeichnet worden war. Zu der Zeit war das ein Grund, Juden aus den Konzentrationslagern herauszulassen; ich glaube nicht, dass das lange vorhielt.
Meine Mutter war damals dabei, unsere Besitztümer zu verkaufen... Wir mussten alles in einer bestimmten Zeitspanne verkaufen. Es war der November 1938... und wir blieben noch ungefähr sechs weitere Monate... Soweit ich weiß, durften wir überallhin reisen... Genehmigungen waren nicht erforderlich, Abzeichen gab es keine. Einige Geschäfte und Restaurants hatten Schilder ›Juden bleiben draußen‹. Wir gingen zwei Monate vor dem Krieg [aus Strehlen weg]. Beim Schlimmsten war ich nicht da...
Ich erinnere mich, dass mein Vater sagte: ›Sie werden uns nichts tun. Die Regierung macht Geschäfte mit uns.‹ Die Ziegeleien verkauften der deutschen Luftwaffe Ziegelsteine zum Bau unterirdischer Flugzeughallen. Sie würden uns nichts tun. Das war die Einstellung. Und natürlich kamen die Leute, die am längsten warteten, niemals raus...
Mutter machte all dies durch, und ich glaube eigentlich nicht, dass sie verbittert war. Bis zu ihrem Tod 1981 war sie mehr deutsch als jüdisch. Zwei ihrer besten Freundinnen waren [sogar] Deutsche... Tante Anita war eine Deutsche und wohnte in Strehlen, sie arbeitete bei der Reichsbahn. Sie kam an unserem Abreisetag zu unserem Haus, obwohl man ihr gedroht hatte, sie könnte ihre Stelle verlieren...

Wir waren gezwungen, alles zu verkaufen, was wir besaßen, und im August 1939 verließen meine Eltern, meine Großmutter, meine beiden Brüder und ich Deutschland auf einem deutschen Schiff, mit ungefähr 10 Dollar pro Person... Den Verkauf unserer letzten Besitztümer wickelte nach unserer Abreise ein Onkel ab. Im Jahr 1940 schrieb er einen Brief nach Guatemala, in dem er erwähnte, dass es ihm gelungen sei, eine große Summe Geldes auf eine Bank in der Schweiz zu transferieren. Trotz vieler Versuche, es von dort zurückzuholen, ist das Geld noch immer da.«[82]

Trotz aller Schrecken gehörten diese Familien zu den Glücklichen. Sie überlebten und konnten später ihre Memoiren schreiben. Sie hatten Geld und Diamanten, die sie in ihrem Gepäck verstecken konnten. Sie hatten Verwandte im Ausland. Ihre Erfahrungen kann man wahrlich weder mit den massenhaften Greueln, die sich in der Sowjetunion bereits abspielten, noch mit dem Völkermord, den die Nationalsozialisten in den kommenden Jahren begehen sollten, vergleichen.

1939, bereits im Schatten des Krieges, kam es zur letzten Ausreisewelle. Eines ihrer Kennzeichen waren die Kindertransporte. Jüdische Eltern, die selber nicht ausreisen konnten, trafen Vereinbarungen, um ihre Kinder in die Freiheit zu schicken. Sie erfuhren Hilfe von karitativen Organisationen aus dem Ausland, die es übernahmen, die Züge zu organisieren und sich um ihre Schützlinge zu kümmern. Insgesamt wurden auf diese Weise etwa 10 000 Kinder gerettet. Von Breslau kamen sie oft zunächst nach Prag, wo seit mehreren Jahren Flüchtlingslager unterhalten wurden, und von dort aus weiter in die Schweiz, nach Frankreich oder Großbritannien. Sie durften Deutschland nur verlassen, wenn sie sich verpflichteten, niemals zurückzukehren. Sie wurden in Züge verladen, häufig mitten in der Nacht und mit ganz wenigen Habseligkeiten. Ein solcher Zug verließ den Breslauer Hauptbahnhof Ende Juli 1939. In ihm saß die neunjährige Ella Feldmann:

»Ich hatte mich bereits von meinem Vater verabschiedet und stand am Fenster des Zuges, der jeden Moment abfahren würde. Plötzlich wurde die Tür von einer Frau aufgerissen, der die Tränen über das Gesicht liefen. Sie hatte zwei Kleinkinder dabei, einen Jungen und ein Mädchen, die schrien und heulten. Sie konnte gerade noch nach meinem Namen fragen und mir das Versprechen abnehmen, mich um sie zu kümmern, als die Wachtposten pfiffen und der Zug aus dem Bahnhof fuhr.«[83]

Die blinden Passagiere waren vier Jahre alte Zwillinge: Hanna und Jochi Najmann. Die beiden waren zu jung gewesen, um für den Kindertransport in Frage zu kommen, waren aber von ihrer Mutter voller Verzweiflung durch die Schlangen geschoben und in den Wagen gestoßen worden. Von da an waren sie allein.

*

Die Breslauer Kommunalpolitik spiegelte die Tendenzen der Weimarer Republik und des Dritten Reiches wider, und die Stadt durchlief nacheinander die Phasen des Zusammenbruchs des Kaiserreichs, der Demokratie, der Stagnation und des Nationalsozialismus. Ungewöhnlich war jedoch die Begeisterung der Stadt für die Revolution von 1918. Wie Paul Löbe bemerkte, wurde der Sturz des Kaisers in Breslau gefeiert und mit großer Zustimmung begrüßt. Für die Kommunalwahlen wurde das allgemeine Wahlrecht eingeführt, und der Volksrat der Stadt regierte von Anfang an mit einem stabilen allseitigen Konsens.

Zunächst gingen viele Dinge wie vor dem Krieg weiter. Die Sozialdemokraten behaupteten ihre Mehrheit und besetzten in den frühen Jahren einen überragenden Teil der städtischen Ämter. Doch die neuen politischen Kräfte brauchten nicht lange, um sich zu zeigen. Die Linksliberalen, die die Kommunalpolitik der Stadt beherrscht hatten, fielen der verbreiteten allgemeinen Ernüchterung über die demokratische Politik zum Opfer. Im Jahr 1924 hatten sie nur noch vier Sitze im Stadtrat inne. Auf der Rechten vermehrten sich die neuen nationalistischen und antisemitischen Parteien. Eine von ihnen war der von Wilhelm Kube (1887–1943) in Breslau gegründete »Deutsche Bismarckbund«. Inmitten der rechten Splittergruppen der deutschen Politik war Kube, ein ehemaliger Journalist, eine auffällige Erscheinung. Nachdem er 1927 der NSDAP beigetreten war, hatte er seinen größten politischen Erfolg, kurz bevor er 1943 von Partisanen ermordet wurde (siehe oben).

Auf der Linken erlebte die kommunistische Bewegung einen ähnlichen Höhenflug. In den Jahren 1919 bis 1924 entwickelte sie sich in Breslau von einer Randgruppe mit 60 Mitgliedern zu einer vieltausendköpfigen Massenpartei. Aus einer Fusion mit den unabhängigen Sozialdemokraten (USPD), die der weitaus stärkere Partner waren, ging sie gestärkt hervor. Ihre Presseorgan war die *Schlesische Arbeiter-Zeitung*. In den Jahren 1924/25 war die Partei verboten, und ihr Kreissekretär A. Ölsner saß im Gefängnis. Aber sie wurde rechtzeitig wieder zugelassen, um an den Straßenschlachten der Jahre 1929 bis 1933 teilzunehmen und den National-

Kapitel 7: Breslau (1918–1945)

sozialisten in der Anfangsphase als gleichwertiger Gegner gegenüberzutreten. Zu ihren lokalen Aktivisten gehörten Alfred Hamann (1882–?), der als Polizeispitzel entlarvt wurde, Erich Hausen (1900–?), der sich mit der Parteiführung zerstritt und in die USA emigrierte, Ernst Wollweber (1898–1967), der in Breslau einen sowjetischen Spionagering aufzog, bevor er in die UdSSR verschwand, und Augustin Sandner (1893–1944), der Mitglied des Preußischen Landtags war, aber immer wieder in verschiedenen Gefängnissen inhaftiert wurde. Sandner wurde im April 1933 verhaftet und nach Sachsenhausen geschickt.

Mit der zunehmenden Polarisierung der Politik auf Reichsebene wurde auch die Kommunalpolitik immer gewalttätiger. Im November 1930 wurde die Breslauer Stadtverordnetenversammlung, die seit langem durch Zwietracht zwischen den Parteien lahmgelegt war, von einer »städtischen Diktatur« abgelöst.[84] Politische Meinungsverschiedenheiten wurden immer häufiger auf der Straße ausgetragen, wo nationalsozialistische Sturmabteilungen sich Schlägereien mit Sozialisten und Kommunisten lieferten. Die Nationalsozialisten gingen 1933 als Sieger aus diesen Kämpfen hervor. Im Mai dieses Jahres wurde der schlesische SA-Führer Edmund Heines zum Polizeipräsidenten ernannt.

1934 wurde im Reichstag die demokratische Fassade fallen gelassen. Die nationalsozialistischen Reichstagsabgeordneten aus Breslau sollten aber noch von sich reden machen. Erich von dem Bach-Zelewski (1899–1972) beispielsweise hatte, obwohl in Pommern geboren, immer enge Verbindungen zu Schlesien. Er hatte im Ersten Weltkrieg beim 1. Schlesischen Infanterieregiment, anschließend bei den Freikorps und dann bei einer lokalen Grenzschutzeinheit gedient. Der NSDAP trat er 1930 und der SS 1931 bei. Im Juli 1932 wurde er für Breslau in den Reichstag gewählt und behielt das Mandat bis 1944. Nachdem er kurze Zeit den SS-Oberabschnitt Nordost (Königsberg) befehligt hatte, übernahm er von 1936 bis 1941 den SS-Oberabschnitt Südost mit Sitz in Breslau. Traurige Berühmtheit sollte Bach-Zelewski als Verantwortlicher für die »Bandenbekämpfung« an der Ostfront und später für die Niederschlagung des Warschauer Aufstandes erlangen. In Nürnberg sollte er von Göring wegen seiner Zusammenarbeit mit den Alliierten als »Schweinehund« und »Verräter« angeprangert werden, eine Taktik, die der ehemalige Reichsmarschall mit markigen Worten verurteilte: Bach-Zelewski habe »seine Seele verkauft, um seinen stinkenden Hals zu retten«.

Baldur von Schirach (1907–1974) war ein weiteres prominentes Mitglied. Der künftige Gauleiter von Wien, Leiter des »Nationalsozialistischen Deutschen Studentenbundes« und Reichsjugendführer hatte eine amerikanische Mutter und sprach fließend Englisch. Er begeisterte sich für Hitler, nachdem er ihn reden gehört hatte, und begann seine NS-Karriere als sehr jugendlicher Reichstagsabgeordneter für Breslau im Jahr 1932. Schirach »glaubte einfach [an den Nationalsozialismus]«, so sein Eingeständnis, wurde jedoch von dessen Realitäten zusehends desillusioniert. Im Jahr 1938 verbot er der Hitlerjugend jede Teilnahme an den »verbrecherischen Aktionen« der Kristallnacht.[85] In der Folge ein beharrlicher Kritiker der NS-Rassenpolitik, sagte er in Nürnberg als Zeuge aus und bezeichnete Hitler als »millionenfachen Mörder«.

Auf lokaler Ebene übte die NSDAP ihre politische Macht mithilfe von Gauleitern aus. Der erste Gauleiter in Breslau war Helmuth Brückner (1896–1945?). Geboren in Peilau in der Nähe von Nimptsch, diente er im Ersten Weltkrieg und in den Freikorps, bevor er in rechte politische Kreise eintrat. Als Mitglied der Breslauer Stadtverordnetenversammlung und Herausgeber des radikalen *Völkischen Wochenblatts für Schlesien* schuf er der NSDAP eine wirkungsvolle Basis in Schlesien. Am 25. März 1925 schrieb er an Hitler nach München:

»Hochverehrter, lieber Herr Hitler!
Die unterzeichneten Führer der durch Beschluß des heutigen Gautages aufgelösten Nationalsozialistischen Freiheitsbewegung erklären ihren Beitritt zur Nationalsozialistischen Deutschen Arbeiterpartei und stellen sich bedingungslos Adolf Hitler zur Verfügung. Hinter ihnen steht die überwältigende Mehrheit der bisherigen Anhänger der Nationalsozialistischen Freiheitsbewegung in Mittelschlesien.
Beseelt von dem felsenfesten Vertrauen in den Sieg des deutschen Freiheitswillens bringen sie dem von einem gütigen Schicksal uns geschenkten großen Führer Adolf Hitler... ein dreifaches Heil!«[86]

Brückner wurde mit dem Posten des Gauleiters belohnt, den er zusammen mit dem des Oberpräsidenten von Schlesien, des preußischen Landtagsabgeordneten und des SS-Gruppenführers versah. Doch seine Verbindung mit der Fraktion Röhms führte dazu, dass er all seiner Ämter und Ehren entkleidet wurde. Angeblich beschloss er seine Tage als Arbeiter an einem Heinkel-Produktionsband in Rostock.

Josef Wagner (1899–1945) war Brückners Nachfolger. Als Lothringer und ehemaliger Lehrer hatte er 1928 zu den ersten zwölf nationalsozialistischen Reichstagsabgeordneten gehört und hatte mitgeholfen, die

NSDAP an der Ruhr zu etablieren. Zum Gauleiter in Breslau wurde er 1935 ernannt, als er noch Gauleiter in Westfalen (Westfalen-Süd) war. Den Gipfel seiner Karriere erreichte er vier Jahre später, nachdem er inzwischen auch die zusätzlichen Titel des Stellvertretenden Präsidenten des Preußischen Staatsrates, des Reichskommissars für die Preisbildung und des Reichsverteidigungskommissars für Schlesien innehatte. Als praktizierender Katholik wurde er jedoch überwacht, und sein Sturz erfolgte rasch (siehe oben, S. 433).

Karl Hanke (1903–1945) war ein Mann von anderem Schlag. Als Protégé von Goebbels war er im Reichsministerium für Volksaufklärung und Propaganda über den Posten des persönlichen Referenten, Sekretärs und Ministerialdirektors bis 1937 zum Staatssekretär aufgestiegen. Die Frau seines Mentors, Magda, bewunderte er und lud sie privat in seine Berliner Wohnung ein. Der nachfolgende Skandal zwang ihn, sich in die Ränge der Wehrmacht zurückzuziehen. Er nahm an den Feldzügen in Polen und Frankreich teil, bevor Hitler ihn Anfang 1941 zum Gauleiter von Niederschlesien beförderte. Trotzdem war Hanke bei den Einwohnern Breslaus nicht beliebt. Im Gegensatz zu Wagner ein fanatischer Parteigänger und »Jasager«, titulierte man ihn wegen seines Bartes »Spitzbart« und mochte ihn nicht wegen seiner herrischen Art und des von ihm betriebenen Amtsmissbrauchs. Als er im November 1942 zum Reichsverteidigungskommissar ernannt wurde, weitete er seinen Aufgabenbereich auf die Verantwortung für die gesamte Rüstungsproduktion und sämtliche Verteidigungsvorbereitungen in Schlesien aus. In dieser Eigenschaft muss er die Verantwortung für die Zerstörung Breslaus am Ende des Krieges tragen. Sein blinder Glaube an die NS-Propaganda, die aussichtslose Festungstaktik und sein Zögern bei der Evakuierung der Zivilbevölkerung haben das Ende der Stadt so brutal und leidvoll wie möglich gemacht (vgl. Prolog, S. 29).

Ein typisches Kennzeichen totalitärer Machtausübung war das duale System paralleler Partei- und Staatsbehörden, das Nationalsozialisten und Kommunisten gemeinsam war. Die Partei herrschte, der Staat handelte nach Parteianweisungen als ihr untergeordneter administrativer Apparat. Auf lokaler Ebene bedeutete dies, dass die Stadtverordnetenversammlung unter der strikten Überwachung von Parteifunktionären arbeitete. Das Amt des Oberbürgermeisters existierte zwar weiterhin, war aber dem des Gauleiters untergeordnet. Die Kommunalwahl vom März 1933 verschaffte den NSDAP-Kandidaten eine beherrschende Führungsposition, und ihr Mandatsanteil im Rat schnellte von drei auf 45 Sitze empor. Die SPD erzielte 19 Mandate, das katholische Zentrum 13, und die Kommunisten kamen auf sechs. Aber auf der ersten Ratssitzung wurden die sozialdemokratischen und kommunistischen Stadträte ohne viel Federlesens ausgeschlossen. Einige von ihnen wurden geradewegs ins Lager nach Dürrgoy verschleppt. Zu diesen gehörte der SPD-Kreissekretär Karl Mache (1880–1944), der von 1928 bis 1933 als Bürgermeister amtiert hatte. 1933 in Dürrgoy eingeliefert, hielt er elf Jahre aus, bevor er kurz vor dem Ende des Krieges in Groß-Rosen starb. Sein altes Amt wurde von 1933 bis 1944 von »einem alten Parteigenossen«, Dr. Hans Fridrich, ausgefüllt.

Von da an herrschte die »neue Ordnung« ungestört. Am 10. Mai 1933 wurde die erste von mehreren Bücherverbrennungen organisiert. Öffentliche Paraden fanden unter beinahe jedem Vorwand statt – an »Führers Geburtstag«, am nationalsozialistischen »Tag der Arbeit«, am »Muttertag« und zur Feier des Besuchs von NS-Würdenträgern. Bei solchen Anlässen Polnisch zu sprechen war bei Strafe verboten.

*

Das Bevölkerungswachstum war während der Kaiserzeit der Hauptmotor der städtischen Entwicklung Breslaus gewesen. Doch im frühen 20. Jahrhundert hatte es sich erheblich verlangsamt. Zwischen 1910 und 1939 wuchs Breslau nur um 23 Prozent (auf 629 000 Einwohner), wogegen beispielsweise Dortmund ein Wachstum von 153 Prozent erlebte.[87] Dieser Verlangsamung entsprechend, wurde auch der Stadtausbau in den Zwischenkriegsjahren reduziert, obwohl urbaner Wandel und Stadterneuerung nach wie vor wichtige Themen waren.

Die wichtigste urbane Herausforderung lag in der Verbesserung der sozialen Verhältnisse und des Wohnraumangebots. Im Jahr 1921 fand ein Stadterweiterungswettbewerb statt. Die eingesandten Vorschläge fielen in zwei konkurrierende Kategorien – den Bau von Hochhauswohnblocks oder alternativ dazu die Anlage neuer Vorstädte.

Max Berg war der Leiter des Bauamtes und der wichtigste Exponent der Hochhausoption. Der Erfolg seines Jahrhunderthallen-Projekts hatte ihm großes Prestige verschafft. Berg war vom »Hochhausfieber« der Nachkriegszeit angesteckt und reichte zahlreiche Pläne für das Breslauer Stadtzentrum ein. Er war der erste deutsche Architekt, der seine Entwürfe an den Erfordernissen der Wohnungsknappheit ausrichtete. Im Jahr 1920 sprach er sich für Büro- und Geschäftsblocks aus, um die Wohngebiete der Stadt aufzulockern.[88] Das Gemeinschaftsleben in »Wolkenkratzern« war für ihn die Verkörperung der neuen demokratischen

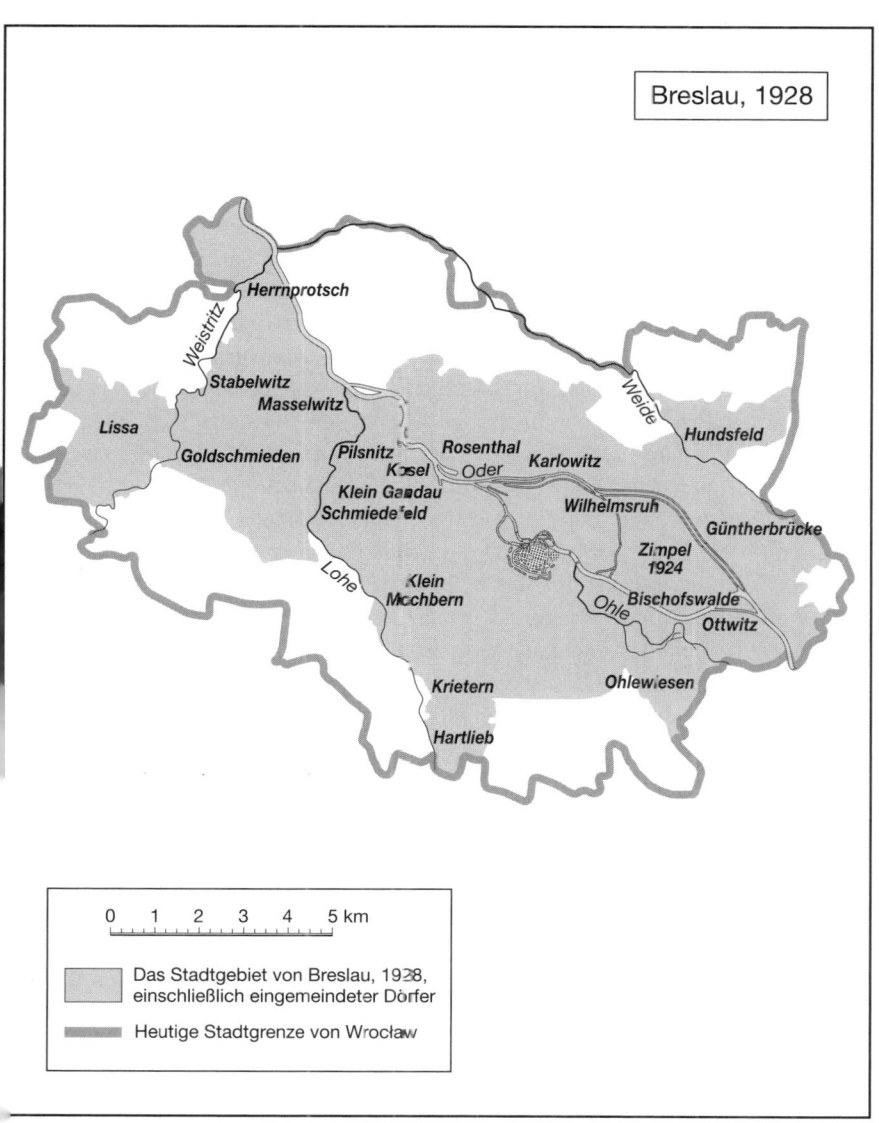

Gesellschaft. Unter seinen Vorlagen befanden sich Pläne für ein Hochhaus-Einkaufszentrum am Freiburger Bahnhof, für einen Büroblock am Lessingplatz und, am heftigsten umstritten, mehrere Planungsvarianten eines Hochhauses unmittelbar neben dem gotischen Rathaus am Ring. Bergs Pech war, dass der Rat für solche Pläne noch nicht bereit war. Die einzigen Blocks, die in dem von Berg bevorzugten Stil gebaut wurden, waren 1928 das Postscheckamt und 1929 die Sparkasse (am Ring). Doch beide stammten nicht von ihm selbst.

Die Stadtväter förderten die Entwicklung der Breslauer Vorstädte und die Eingemeindung umliegender Dörfer. Am 1. April 1928 wuchs das Stadtgebiet über Nacht um mehr als das Dreifache von 4962 auf 17 509 Hektar. Ein umfassendes Bauprogramm konzentrierte sich anschließend auf die Entwicklung von Pöpelwitz, Westend, Gräbschen und Zimpel.

Die Siedlung Zimpel ist ein interessantes Beispiel für diesen Ansatz. Sie war als Gartenstadt wie die Margarethenhöhe in Essen geplant. Nach Plänen der Breslauer Architekten Paul Heim und Hermann Wahlich wurde kurz nach dem Ersten Weltkrieg mit dem Bau begonnen. In den zwanziger Jahren wurden dann rings um eine Rasenfläche – die Zimpeler Wiese – 3000 Wohnungen und 250 geräumige alleinstehende Häuser gebaut. Im Jahr 1932 kam als Ergänzung der bestehenden katholischen Kirche Heilige Familie und der Friedrich-Ebert-Schule die protestantische Gustav-Adolf-Gedächtniskirche hinzu. Neben dem Scheitniger Park ideal gelegen, wurde Zimpel zu einem sehr begehrten Wohnort, und 1939 beherbergte das Viertel etwa 11 000 Bewohner. Die Straßen waren nach Vögeln benannt: Amselweg, Drosselweg, Falkenweg, Sperlingsweg und Elsterweg.

Progressive Projekte waren Breslau nicht fremd. Die Breslauer Akademie zog weiterhin viele der führenden Architekten der Epoche an, so wie sie auch zahlreiche ihrer Vertreter hervorbrachte. In den zwanziger Jahren zählten Adolf Rading, ein Mitarbeiter von Mies van der Rohe und Gropius am Bauhaus, Hans Scharoun, der spätere Schöpfer der großartigen Berliner Philharmonie, und Heinrich Lauterbach, der im Sommer 1920 die so genannte »WuWa« organisierte, dazu. Die in der Grüneicher Vorstadt untergebrachte Ausstellung »Wohnung und Werkraum« war als Schaustück des Modernismus gedacht. Die 37 Entwürfe, die sich vielfach innovativer Techniken wie gestützter Beton- und Flachdächer bedienten, lösten eine stürmische Diskussion zwischen konservativen und progressiven Architekten aus. Heute gilt sie freilich als Meilenstein der deutschen Architekturgeschichte.

Die innovative Arbeit von Max Berg wurde durch die Berufung seines früheren Kollegen Richard Konwiarz als Leiter des Bauamtes gefestigt.

Konwiarz, der mit Berg bei der Jahrhunderthalle zusammengearbeitet hatte, war beim größten Breslauer Bauvorhaben der Zwischenkriegszeit federführend – dem Stadionkomplex. Er wurde zwischen 1926 und 1928 in der Nähe von Zimpel und Leerbeutel erbaut, und der Komplex umfasste ein zentrales Leichtathletik- und Fußballstadion – die »Schlesier-Kampfbahn«, die 60 000 Zuschauer fasste – und die benachbarte »Jahn-Kampfbahn« mit Tennisplätzen, Schießplatz, Turnhalle, Boxring und einem 50-Meter-Schwimmbecken. Vervollständigt wurde die Anlage durch die »Friesenwiese«, ein offenes Gelände von 140 000 Quadratmetern mit Haupttribünen und etwa 20 Fußballfeldern. Das Breslauer Sportstadion erhielt 1932 bei den Olympischen Spielen in Los Angeles die Bronzemedaille für Architektur. Es bildete den Mittelpunkt eines Bezirks von etwa 30 Sportstätten, die ausreichten, um das »Deutsche Turn- und Sportfest« des Jahres 1938 und die Spiele der Hitlerjugend von 1942 und 1943 anzuziehen. Im Jahr 1938 erhielt das Gelände den Namen Hermann Görings.

Die Nationalsozialisten fügten Breslaus Schönheit wenig Neues hinzu. Das pompöse Haus der Partei wurde 1933 für die NSDAP in der Gartenstraße errichtet. Ein weiterer großer Verwaltungskomplex entstand 1937 in der Nähe der Lessingbrücke. Die Sanierung mehrerer baufälliger Viertel in der Innenstadt machte für solide Wohnhäuser, die so genannten »Volkswohnungen« Platz.

Ein Besucher Breslaus in den dreißiger Jahren hätte sich an neue Gebäude, neue Vorstädte und neue Namen gewöhnen müssen. Dazu wäre vielleicht die Befremdung durch die riesigen Hakenkreuzflaggen, mit denen die Fassade jedes größeren Gebäudes drapiert war, und die gewaltigen, quer über die Straße gespannten politischen Spruchbänder gekommen. Aber die außerordentliche Verbesserung in allen Bereichen hätte ihm vielleicht auch Stoff zum Nachdenken gegeben. Wäre er von Berlin nach Breslau gereist, hätte er den 310 Meter hohen Sendemast der Reichspost in Königswusterhausen sowie die Lang- und Kurzwellen-Sendetürme der Deutschen Welle in Zeesen passiert. Wäre er mit dem Auto gekommen, wäre er über die neue Autobahn gefahren oder hätte sie zumindest im Bau gesehen. Wäre er von Berlin aus auf dem acht Kilometer westlich des Stadtzentrums gelegenen Gandauer Flugplatz gelandet, hätte er für seine Reise nur eineinviertel Stunden benötigt und hätte bemerkt, dass Breslau tägliche Flugverbindungen zu acht deutschen Städten unterhielt, unter anderem nach Köln, Stuttgart, Gleiwitz und Stettin. Wäre er erster Klasse im Hotel Monopol abgestiegen, hätte er festgestellt, dass von den 50 Zimmern 40 mit eigenem Bad ausgestattet waren. Lästig waren die Lautsprecher an jeder Straßenecke. Aber auf den Straßen drängten sich moderne Autos – der elegante Horch, der wuchtige 12-Zylinder-Maybach, der schnittige Mercedes –, zu denen sich ab 1939 gelegentlich auch ein »Volkswagen« gesellte. Auch die Auswahl an Restaurants war groß:

Monopol, Schloßplatz	Traube, Schweidnitzer Straße
Savoy, Tauentzienplatz	Würzburger Hofbräu
Gaststätte Haase	Philippi & Co., Albrechtstraße
Pschorr-Bräu	Siechen, Junkernstraße
Schloß-Restaurant	Kissling, Junkernstraße
Ratsweinkeller, Ring	Fahrig, Zwingerplatz
Baeker & Braetz, Kaiser-Wilhelm-Straße	Schweidnitzer Keller, Ring[89]

Im Sommer wurden Touristen und Ausflügler in einer Reihe von Gartenlokalen unter freiem Himmel wie der »Liebichshöhe«, dem »Dominikaner« oder der »Terrassen-Gaststätte« bei der Jahrhunderthalle und in der »Schweizerei« im Scheitniger Park gut mit Speisen und Getränken versorgt.

Im Durcheinander des politischen Wandels in der Zwischenkriegszeit wurden Straßen, Brücken sowie ganze Städte und Dörfer umgetauft. In ihrem Eifer, die Symbole der kaiserlichen Herrschaft zu demontieren, forderten Breslaus regierende Sozialdemokraten 1920 die Umbenennung der Kaiserbrücke in Freiheitsbrücke und des Kaiser-Wilhelm-Platzes in Reichspräsidentenplatz. Binnen weniger Jahre kam es jedoch zu einer weiteren Welle von Namensänderungen. Während des Dritten Reiches wurde aus der Freiheitsbrücke wieder die Kaiserbrücke, und der Reichspräsidentenplatz wurde abermals umgetauft, in Hindenburgplatz. Dann fügten die Nationalsozialisten ihre eigene Nomenklatur hinzu. Die Kaiser-Wilhelm-Straße wurde zur Straße der SA, die Menzelstraße zur Göringstraße, der Grüneicher Weg zur Horst-Wessel-Straße und, wie vorauszusehen war, die Friedrich-Ebert-Straße zur Adolf-Hitler-Straße. Um die Expansion des Reiches anzuzeigen, wurde die Schweitzer in die Revaler Straße und die alte Piastenstraße in die Memellandstraße umgetauft. Im Jahr 1936 wurden auch die Namen vieler Städte und Dörfer im Regierungsbezirk Breslau, die man für »zu polnisch« hielt, eingedeutscht. Solchermaßen nahm, neben vielen anderen, Pawelwitz den »deutscher« klingenden Namen Wendelborn an, Boguslawitz wurde zu Schwarzaue und Wilschkowitz zu Wolfskirch. Die Breslauer Vorstädte Pöpelwitz, Karlowitz und Zedlitz überdauerten unverändert. Die ultimative Auszeichnung wurde der Stadt jedoch beim »Deutschen Turn- und Sportfest« 1938 gewährt, als Breslau offiziell zu »Adolf Hitlers treuester Stadt« ernannt wurde.⁹⁰ Es war klar, dass die Stadtplanung nicht immun gegen den übersteigerten deutschen Nationalismus sein konnte. In genau derselben Weise haben übrigens die Kommunisten nach dem Krieg ihrer Ideologie passend erscheinende Namen gewählt. Als das Nachkriegsregime die Oppelner Straße in Ulica Opolska ändern sollte, war seinen Vertretern vermutlich gar nicht bewusst, dass die Nationalsozialisten »Oppelner« als Ersatz für die Karl-Marx-Straße der Weimarer Zeit gewählt hatten.

Die bei weitem aufregendsten Pläne für das nationalsozialistische Breslau wurden allerdings nicht verwirklicht. Auf den vielen von der Partei zwischen 1933 und 1942 in der Stadt veranstalteten »Braunen Messen« und »Südostmessen« wurden zahlreiche Projekte aus der Taufe gehoben. Auf der Südostmesse 1936 zum Beispiel wurde ein Plan enthüllt, der den Bau eines Kanals zwischen der Oder in Oberschlesien und der Donau bei Bratislava ins Auge fasste, um dadurch ein Netz von Wasserwegen zu schaffen, das die Ostsee mit dem Schwarzen Meer verband.⁹¹ Andere Pläne folgten bald. Im Anschluss an das Münchener Abkommen wurde am 19. November 1938 ein Vertrag zwischen dem Deutschen Reich und der Tschechoslowakei über den Bau einer Autobahn zwischen Breslau und Wien mit deutschen extraterritorialen Rechten unterzeichnet. Ein zweiter Vertrag sah den Bau eines großen Oder-Donau-Kanals vor. Das vielleicht ehrgeizigste Projekt jedoch zielte darauf ab, Breslau zum Knotenpunkt eines Autobahnnetzes zu machen, das Calais mit Sofia und schließlich mit Istanbul verbinden sollte. Weitere Abzweigungen waren vorgesehen, die das Reich an Kiew, Odessa, Lemberg, Krakau und Bukarest anbinden sollten. Eigenartigerweise verschwieg der Plan die Souveränitätsrechte Polens, Rumäniens oder der UdSSR, jener Länder, durch die die Schnellstraße gebaut werden sollte.

*

Mit professioneller Aufmerksamkeit verfolgte ein junger polnischer Geheimdienstoffizier, der zwischen dem 10. Juni und dem 1. September 1939 in Polens Generalkonsulat in der Charlottenstraße 24 (Ulica Krucza) arbeitete, die letzten Wochen des Vorkriegs-Breslau. Vom Zweiten Büro in Warschau entsandt, um die kleine Beobachtungseinheit des Geheimdienstes zu verstärken, die den Codenamen »Adrian« trug und seit 1936 in Breslau operierte, hatte Leutnant Marian Długołęcki Befehl, über die Fortschritte der deutschen Mobilmachung zu berichten. In einem Katz-und-Maus-Spiel mit Gestapo und örtlicher Polizei gelang es ihm, die verräterischen Zeichen des nahenden Krieges zu erkennen. Er beobachtete die mit

Panzern beladenen Nachtzüge, die Richtung Süden nach Oberschlesien fuhren, und wie dieselben Plattformwaggons am Tage leer zurückkamen, um neu beladen zu werden. Er sah Truppentransporte auf der für den zivilen Verkehr gesperrten Autobahn und wie eine staubbedeckte Gruppe von Truppenoffizieren der Wehrmacht aus Westdeutschland in der Schweidnitzer Straße eintraf. Und in einer Stadt, die in paradiesischer Unschuld nichts von den Kriegsvorbereitungen ahnte, hielt er sowohl am Hauptbahnhof als auch am Flugplatz Strachwitz Ausschau nach militärischen Bewegungen.

Dann fand er sich Mitte August plötzlich mutterseelenallein in einem leeren Gebäude wieder. Einer seiner Kollegen war verhaftet worden. Sein Vorgesetzter reiste eilig nach Polen ab. Das Generalkonsulat wurde von einem Polizeikordon umstellt. Und die Konsulatsmitarbeiter erschienen nicht mehr zur Arbeit. In den letzten zehn Tagen fuhr er über Nacht mit dem Zug nach Berlin und unternahm eine letzte Kurierfahrt über die schlesische Grenze nach Rawicz in Polen, wo er die wachsenden Spannungen an der Front erlebte. Danach wartete er auf seinem Posten, bis der Tag kam, an dem er das Chiffrierbuch verbrennen und offiziell ausgewiesen werden würde:

»Freitag – 1. September 1939. Es war schon nach Mitternacht... Ich kann das stundenlange Warten nicht mehr aushalten... Ich machte im Kamin in der Küche ein ziemlich großes Feuer, hauptsächlich aus Zeitungen, weil ich lieber nicht die Chemikalien benutzen wollte, die für die Vernichtung von Dokumenten vorgesehen waren. Das Chiffrierbuch lag zusammen mit dem letzten Telegramm daneben... Ich rasierte mich... Und dann ging ich zu Bett, wobei ich das Radio leiser stellte, aber nicht ausschaltete... In den frühen Morgenstunden hörte ich eine laute Stimme und den Schluß eines Kommuniqués. Zuerst verstand ich es nicht so recht, aber als das Kommuniqué wiederholt wurde, begriff ich seine Bedeutung. Der Krieg hatte begonnen.

Ich lief schnell ins andere Zimmer und öffnete das Fenster. Vielleicht würde ich ein paar Schüsse oder so hören... [Aber] die Charlottenstraße schlief noch. Ein sanfter Luftzug strömte ins Haus, Vorbote eines weiteren heißen Tages. Es war schwer, sich damit abzufinden, daß, während an der Grenze die Kämpfe wohl schon begonnen hatten, hier [in Breslau] nichts passierte...

Um sechs Uhr war ein lautes Klopfen an der Vordertür zu vernehmen... die Polizei!... Ich machte Feuer und wartete, bis es heftig

brannte, bevor ich nach unten ging, um aufzumachen... Mein Fahrlehrer war gekommen, um das Geld für meine letzte Fahrstunde abzuholen...
Um acht Uhr klopfte es erneut an der Tür... Ich erkannte ›Grubas‹ [den Hausmeister des Konsulats], der mir etwas zu essen brachte... Wir umarmten uns herzlich, nicht ohne eine Träne... Ich sah ihm nach, wie er um die Straßenecke verschwand...
Um zehn Uhr erschien der schwedische Konsul, klein und mit schütterem Haar, um das Büro in Besitz zu nehmen.... Als ich den Tresor öffnete und er den Revolver sah, sagte er: ›Das möchte ich nicht sehen.‹ ...
Um elf Uhr hielten zwei Kraftfahrzeuge. Es war der Konsul mit zwei deutschen Polizeibeamten... Die Unterhaltung war sehr kurz... Einer der Beamten verkündete, das gesamte Konsulatspersonal würde in zwei Stunden im Konvoi abfahren, zunächst nach Dresden...
Unsere Abreise erregte nicht das mindeste Interesse. Die Straße war leer.«[92]

Beim Abendessen in einem Dresdner Hotel sollte der internierte Długołęcki die ersten Bulletins von der Front hören. »General Gąsiarowski gefangen genommen... die 7. Infanteriedivision in der Nähe von Częstochowa [Tschenstochau] aufgerieben.« Das war Długołęckis Division. Er ging zurück auf sein Zimmer und bat dann den deutschen Feldwebel vom Dienst, auf dem Flur auf und ab gehen zu dürfen. Der Feldwebel wollte sich unterhalten:

»Hören Sie, ich weiß, wie Ihnen zumute ist. Ich war Soldat im letzten Krieg. Am Anfang lief alles prima. Aber wie endete die Sache? Jetzt geht es wieder genauso los. Wir waren vier Brüder, und alle haben im Krieg gedient. Ich bin als einziger übrig und Invalide. Und sie haben mich wieder eingezogen... Heute sind meine eigenen Söhne in der Armee. Meine Frau hört nicht mehr auf zu weinen. Wir sehen sie vielleicht nie mehr wieder.«[93]

»Ich hätte nie gedacht«, schrieb Długołęcki, »daß ein Deutscher mir in diesen ersten Kriegstagen ein wenig Menschlichkeit erweisen würde.« Kurz darauf wurde er ins neutrale Schweden ausgewiesen, wo ein lebenslanges Exil begann, das er zuerst in Paris und schließlich in Edinburgh verbrachte.

Breslau im Zweiten Weltkrieg

Der Krieg, den Hitler am 1. September 1939 entfesselte, war nicht der Krieg, den er vorausberechnet hatte. Er hatte wenig Ähnlichkeit mit dem Szenario, das er seinen Generälen zwei Jahre zuvor präsentiert hatte und das im Hossbach-»Protokoll« zusammengefasst worden war. Er war eigentlich mehr ein Akt politischen wie militärischen Opportunismus in letzter Minute. Obwohl Hitler sich unentwegt über Deutschlands Lebensraum im Osten ausließ, verachtete er, wie viele Deutsche seiner Generation, Polen, ohne sich jemals die Mühe zu machen, dorthin zu fahren. Er war wütend, dass die polnischen Führer seine Vorschläge für eine antisowjetische Allianz verschmäht hatten, und da er nichts über die polnische Geschichte wusste, konnte er nicht begreifen, warum die Polen so unerschütterlich unbeeindruckt vom Nationalsozialismus blieben. In jedem Fall hoffte er vermutlich, dass die Westmächte sie fallen ließen, so wie sie kurz zuvor die Tschechen fallen gelassen hatten. Doch in einer zentralen Frage hatte er Recht. Er vermutete zutreffend, dass Stalin sich ihm bei der Zerstörung Polens und der Aufteilung Osteuropas freudig anschließen würde. Folglich glaubte er, dass die Risiken gering seien. Nachdem Ribbentrop und Molotow den deutsch-sowjetischen Nichtangriffspakt unterzeichnet hatten, zögerte er nicht lange, dann ließ er alle Vorsicht fahren. Als er die Oberbefehlshaber der drei Wehrmachtsteile und die Mehrzahl der Generäle und Admiräle am Vorabend des Überfalls auf Polen instruierte, soll er in grimmiger Stimmung gewesen sein:

> »Dschingis-Khan hat Millionen Frauen und Kinder in den Tod gejagt. SS-Totenkopf-Divisionen werden rücksichtslos zum Töten vieler polnischer Frauen und Kinder eingesetzt. Polen wird entvölkert und mit Deutschen besiedelt... Wer redet heute noch von der Vernichtung der Armenier?... Wir müssen unser Herz verschließen und uns hart machen. Wer über diese Weltordnung nachgedacht hat, ist sich klar, daß ihr Sinn im kämpferischen Durchsetzen des Besten liegt. Das deutsche Volk aber gehört zu den besten Völkern der Erde. Uns hat die Vorsehung zu Führern dieses Volkes gemacht, wir haben damit die Aufgabe, dem deutschen Volke, das mit 140 Menschen auf den Quadratkilometer zusammengedrängt ist, den nötigen Lebensraum zu geben. Größte Härte kann bei der Durchführung einer solchen Aufgabe größte Milde sein.«[94]

Die deutschen Breslauer fürchteten wie alle anderen einen weiteren Weltkrieg. Aber viele von ihnen waren auch der Ansicht, dass eine begrenze Expedition gegen Polen gerechtfertigt sei.

»(...) Auch wenn der Feldzug gegen Polen im Herbst 1939 in Ostdeutschland noch viel Zustimmung fand, weil die Generation der Erwachsenen die Niederlage von 1918 nicht verwinden konnte, nicht den Verlust der preußischen Provinz Posen und auch nicht den Griff polnischer Insurgenten unter Korfanty nach Oberschlesien im März 1921. Die meisten Schlesier mochten ihn nicht, diesen neuen feindlichen Nachbarn im Osten, diesen Staat Polen, den es, so dachten viele, früher überhaupt nicht gegeben hatte. Daß es jetzt an seiner Stelle einen deutschen ›Reichsgau Wartheland‹ und ein ›Generalgouvernement‹ gab, hatte eigentlich für viele Deutsche nur den früher so lange geltenden Zustand wiederhergestellt.«[95]

Das sagt alles, ist man versucht zu kommentieren, über das Niveau der historischen Bildung im damaligen Deutschland, soweit sie Deutschlands Nachbarn betraf.

Aufgrund der Nähe zu Polen geriet Breslau im September 1939 an die vorderste Front der militärischen Operationen. Nur 40 Kilometer von der Grenze entfernt, hinter der die polnischen Haupttruppenkontingente aufmarschiert waren, spielte die Stadt in der Offensive der Wehrmacht zwangsläufig eine größere Rolle. Sie lag im Zentrum des Gebietes, das der Heeresgruppe Süd von Rundstedts, dessen Hauptquartier sich zunächst in Glogau befand, als Sprungbrett diente. Von Blaskowitz' 8. Armee startete von Trebnitz aus, während Reichenaus 10. Armee von Schweidnitz aus marschierte. General Hoepners 16. Panzerkorps stand auf dem Sprung, um die Grenze hinter Kreuzburg zu überqueren.

Auf polnischer Seite war die Armee »Łódź« unter General Juliusz Rómmel, einem entfernten Verwandten des berühmteren deutschen Offiziers Erwin Rommel, beiderseits von Sieradz aufmarschiert. Ihre Aufgabe war es, die Linie der Flüsse Warta und Widawka zu halten. Diese Infanteriedivisionen – die 10., 18. und 30. – wurden von zwei Kavalleriebrigaden flankiert, der Grenz-Kavalleriebrigade (KrBk) im Norden und der Wolynischen Kavalleriebrigade (WBK) im Süden. Ein unabhängiges Kavallerieregiment des Grenzkorps (KOP) mit einer Artilleriebatterie war in vorgeschobenen Stellungen rings um Wieluń stationiert. Die zweite Legionärsdivision wurde hinter der Front rings um Lask zurückgehalten, während eine weitere, die 44., noch aus der zentralen Reserve herangeführt wurde. Rómmels persönliche Präferenz war ein Präventivangriff auf Breslau gewesen – ein Vorschlag, den der Chef des Generalstabs als »völlige Absurdität« bezeichnete.[96] General Rómmel befahl seinen Truppen jedoch, Stellungen weit vor der Verteidigungslinie zu beziehen, womit er sie dem heftigen deutschen Eröffnungsangriff im Morgengrauen des 1. September aussetzte.

Die Wucht des Angriffs konzentrierte sich auf den Südabschnitt und zielte darauf ab, die Verbindung zwischen der Armee »Łódź« und der angrenzenden Armee »Kraków« zu durchstoßen. In der Nähe des Dorfes Mokra fand hier die Hauptschlacht des ersten Tages statt, bei der die Wolhynische Brigade über 500 Mann und die 4. Panzerdivision über 100 gepanzerte Fahrzeuge, darunter viele Tanks, verloren. Die Polen setzten erfolgreich schwere Artillerie an, die von einem gepanzerten Zug aus feuerte, während die Deutschen Kampfflugzeuge aufboten. Am zweiten Tag überschritten andere deutsche Einheiten den südlichsten Abschnitt der Warta nahe Działoszyn und erreichten damit den entscheidenden Durchbruch. Daraufhin preschte das 16. Panzerkorps vor und bildete binnen sieben Tagen eine der vorgeschobenen deutschen Heeressäulen, die auf Warschau marschierten.

Die Armee »Łódź« war vollständig von einem Rückzugsgefecht auf ihre Verteidigungslinie gebunden, bis sie am 6. September von dem Befehl des allgemeinen Rückzugs auf eine Linie ostwärts der Weichsel überrascht wurde, den die Katastrophen an anderen Fronten erzwangen. Die deutschen 10., 11. und 13. Korps, die sich von Ausgangsstellungen östlich Breslaus in Marsch gesetzt hatten, wurden danach in die große Verzweiflungsschlacht an der Bzura verwickelt, als die Polen eine beherzte Gegenoffensive inszenierten, die erst am 17. September zum Stehen gebracht werden konnte. An diesem Tag löste Stalins Rote Armee endlich ihre geheimen Verpflichtungen aus dem Ribbentrop-Molotow-Pakt ein und machte durch rasches Überrennen Ostpolens sämtliche polnischen Verteidigungspläne zu Makulatur.

General Rómmel scheint trotz gegenteiliger Darstellung in seinen Erinnerungen[97] seine Truppe am Morgen des 6. nach einem Luftangriff auf sein Hauptquartier in Julianów verlassen zu haben und unter Zurücklassung dreier verantwortlicher Gendarmen mit seinem gesamten Stab nach Warschau abgefahren zu sein. Nachdem er für mehrere Tage verschwunden war, tauchte er in der Hauptstadt wieder auf, um den Oberbefehl über die improvisierte Armee »Warschau« zu erhalten, die weitere drei Wochen heldenhaft durchhielt. Am 27. September übernahm er persönlich die Kapitulation Warschaus vor General Johannes Albrecht Blaskowitz.

Kapitel 7: Breslau (1918–1945)

Auch für die Operationen der Luftwaffe war Breslau von großer Bedeutung.[98] Während die Stadt den Stab des Luftkreises VIII beherbergte, wurde im nahe gelegenen Reichenbach das Feldhauptquartier der 4. Luftflotte eingerichtet, die von Wien aus als Luftunterstützung für die Heeresgruppe Süd hierher verlegt wurde. Die von General Alexander Löhr befehligten 676 Maschinen dieser einen Luftflotte waren den insgesamt 398 einsatzfähigen Flugzeugen, die der polnischen Luftwaffe zur Verfügung standen, stark überlegen. Die Luftflotte flog am 24. August zu ihren vorgeschobenen Flugplätzen. Nach Görings Befehl vom 31. August startete sie am nächsten Morgen um 4.45 Uhr die Operation »Ostmarkflug«. Der Jagdverband J 676 und der Kampfverband K 676 waren in der Nähe von Breslau in Breslau-Schöngarten und Zipers-Neudorf stationiert, während ähnliche Formationen in Liegnitz, Oels, Ohlau, Brieg, Reichenbach, Oppeln, Langenau und Neisse lagen. Gutes Wetter im Süden erlaubte es der Luftflotte 4, den Luftkrieg mit einem Angriff auf Krakau im Morgengrauen zu eröffnen, der von 60 Heinkel-He-111-Maschinen des Kampfverbandes 64 aus Langenau durchgeführt wurde. Kurz danach fanden die ersten Luftkämpfe des Zweiten Weltkrieges statt. In einem dieser Kämpfe schoss der Feldwebel Frank Neubert, der mit einer Junkers Ju 87B aus Neisse kam, einen polnischen Jäger ab, der gerade vom Flugplatz Balice nahe Krakau abhob. Bei einem weiteren Luftkampf zerstörte Fliegerleutnant Władysław Grys von der 122. Schwadron der Armee »Kraków« – der später während der Luftschlacht um England unter dem Kommando der RAF dienen sollte – zwei Dornier-Do-17E-Bomber des Kampfverbandes 677, die auf dem Rückflug von Krakau nach Oppeln waren. Die beiden Dorniers stürzten auf das Dorf Żurada südlich von Olkusz – die ersten deutschen Verluste des Luftkrieges.

Natürlich machte sich die gewaltige Überlegenheit der deutschen Luftwaffe bald bemerkbar. Nach der raschen Neutralisierung der polnischen Luftabwehr im Süden spielte die 4. Luftflotte eine aktive Rolle beim schnellen Vorstoß des 16. Panzerkorps und der Eindämmung der polnischen Gegenoffensive an der Bzura. Nach der Verlegung ihrer Maschinen ins Innere Polens leistete sie darüber hinaus einen wichtigen Beitrag zu den massiven Luftangriffen am 24. und 25. September auf Warschau, das schließlich drei Tage später kapitulierte. Unterstützt wurde sie dabei, wie alle deutschen Operationen, von Funkleitstrahlen, die seit dem ersten Tag des Krieges von einer sowjetischen Station in Minsk gesendet worden waren. Insgesamt gingen 333 polnische und 258 deutsche Flugzeuge verloren. Aber zahlreiche polnische Piloten entkamen und kämpften später in Frankreich und Großbritannien für die alliierte Sache.

Sobald die Grenze des Großdeutschen Reiches weiter nach Osten vorgeschoben wurde, war Breslau keine Frontstadt mehr. Und so kam es, dass die Stadt erst in den letzten Monaten des Krieges im Jahr 1945 direkt in die Kämpfe verwickelt wurde (siehe Prolog, S. 36 ff.). In der Planung des NS-Regimes bildete Polen das Kerngebiet des Lebensraums, der für die Deutschen erobert werden sollte. Die polnische Bevölkerung bestand für das Regime größtenteils aus »Untermenschen«. Ihr war es bestimmt, rassisch »gesäubert« zu werden. Die polnische Gesellschaft sollte auf einen Restbestand analphabetischer Heloten reduziert werden. Alle gebildeten Polen, die man als ungeeignet für eine »Germanisierung« erachtete, und ausnahmslos alle Juden sollten eliminiert werden. Ihren Platz sollten deutsche Kolonisten einnehmen, die aus allen erdenklichen Orten hergebracht wurden. Einige Monate nach Beginn des Feldzuges hielt Heinrich Himmler eine Ansprache in der Breslauer Jahrhunderthalle. Seine Zuhörerschaft bestand aus ungefähr 12 000 Volksdeutschen, hauptsächlich aus der Bukowina und aus Bessarabien:

> »Ich wiederhole noch einmal: noch ist Krieg. Trotzdem – denn es gibt keinen Stillstand – soll es kein unnützes Warten geben. Trotzdem schicken wir euch, nachdem die Vorbereitungen getroffen sind, Woche um Woche, Zug um Zug in eure neue Heimat... Ihr kommt wieder in den deutschen Osten, in einen deutschen Osten, der nicht außerhalb der deutschen Grenzen liegt, sondern ein Teil des mächtigen Deutschen Reiches ist. Schon in den nächsten Wochen und Monaten könnten die Umsiedler in die neue, liebe Heimat fahren... ins Generalgouvernement... Das ist die Regelung, die mancherlei Härte mit sich bringt und trotzdem viel Freude, viel Glück für euch Deutsche...«[99]

Der Krieg in Polen stand daher von Anfang an im Zeichen größter Brutalität. Er war nicht bloß eine militärische Operation, sondern ein »Rassenkampf«. Zur Ergänzung der Kampftruppen wurden am Vorabend des Polenfeldzuges fünf Einsatzgruppen gebildet. Jede zählte etwa 500 Männer der Sicherheitspolizei und des Sicherheitsdienstes und wurde jeweils einer der deutschen Armeen zugeteilt. Die Gruppen erhielten die Nummern I–V und wurden nach den Städten benannt, in denen sie zusammengestellt wurden: Wien, Oppeln, Breslau, Dramburg und Allenstein. Ihren Zweck fasste Heinrich Himmler folgendermaßen zusammen: »radikale Niederwerfung des aufflackernden Polenaufstandes... mit allen zur Verfügung stehenden Mitteln«.[100] »Polenaufstand« war sehr umfassend definiert.

Eine der berüchtigtsten dieser Einheiten stand unter dem Kommando von Udo von Woyrsch, der Anfang der dreißiger Jahre Reichstagsabgeordneter für Breslau gewesen war und die blutige Beseitigung der schlesischen SA organisiert hatte. Im Jahr 1939 erhielt er den Befehl über eine zusätzliche Einsatzgruppe, die in Oberschlesien operieren sollte. Am 7. September 1939 rückte seine Einheit in die Gegend von Kattowitz ein. Die Berichte von seinen Aktionen waren von brutaler Knappheit: »mehrere Insurgenten festgenommen... Aufständische erschossen... eine Synagoge in Brand [gesetzt]... mehrere standrechtliche Erschießungen... Exekutionen... Verhaftungen... Niederkämpfung und Entwaffnung polnischer Banden«.[101] Die Tätigkeit der Einheit erstreckte sich bis nach Westgalizien und in den Rücken der 14. Armee, deren Befehlshaber, General List, über die Taten von Woyrschs Truppe nicht sehr begeistert war. Gegenüber seinen Vorgesetzten beklagte er sich über »illegale Aktivitäten« und »Massenerschießungen« und bemerkte auf Seiten seiner Männer »an vielen Stellen eine offensichtliche Mißstimmung... die sich in Äußerungen von Offizieren, Unteroffizieren und Mannschaften [sic!] gegenüber allen Persönlichkeiten, die SS-Felduniform tragen, ergeht«.[102] Woyrschs Einheit wurde am 22. September zurückgezogen und Ende November aufgelöst.

Die ersten Kriegsjahre verliefen günstig für Deutschland. Die schnellen Siege in Polen, Dänemark, Norwegen, den Niederlanden und Frankreich ließen das Trauma des Ersten Weltkrieges in Vergessenheit geraten. Mitte 1941, nach weniger als zwei Jahren Krieg, beherrschte Hitler den größten Teil von West- und Mitteleuropa (siehe Karte S. 478). Doch das Unternehmen »Barbarossa« sollte alles ändern. Der Russlandfeldzug, der über die Zukunft Osteuropas entscheiden sollte und mit beispielloser Grausamkeit geführt wurde, verschaffte der Wehrmacht anfänglich zwar Vorteile, aber er zog sich in die Länge. Im Jahr 1943 errangen die Sowjets in Stalingrad und Kursk erstaunliche Siege. Und in den Jahren 1944/45 rollte die Rote Armee scheinbar unaufhaltsam in Richtung Berlin.

Wie grausam die Realität der Kämpfe war, kann am Schicksal von Einheiten demonstriert werden, die in Breslau aufgestellt wurden. Im Jahr 1939 wurden etwa 10 000 Breslauer einberufen und hauptsächlich zur 8., 18. und 28. Infanteriedivision abkommandiert. Sie kämpften auf allen Kriegsschauplätzen. Doch das Schicksal der 18. Infanteriedivision ist besonders aufschlussreich. Zunächst nach Polen und dann nach Frankreich geschickt, wurde sie im Oktober 1940 als 18. Motorisierte Infanteriedivision neu formiert und kam in Jugoslawien zum Einsatz. Nach der Verlegung an die Ostfront kämpfte sie in Donez und Charkow, doch im Juli 1944 wurde sie in Bobruisk praktisch aufgerieben. Nachdem sie in aller

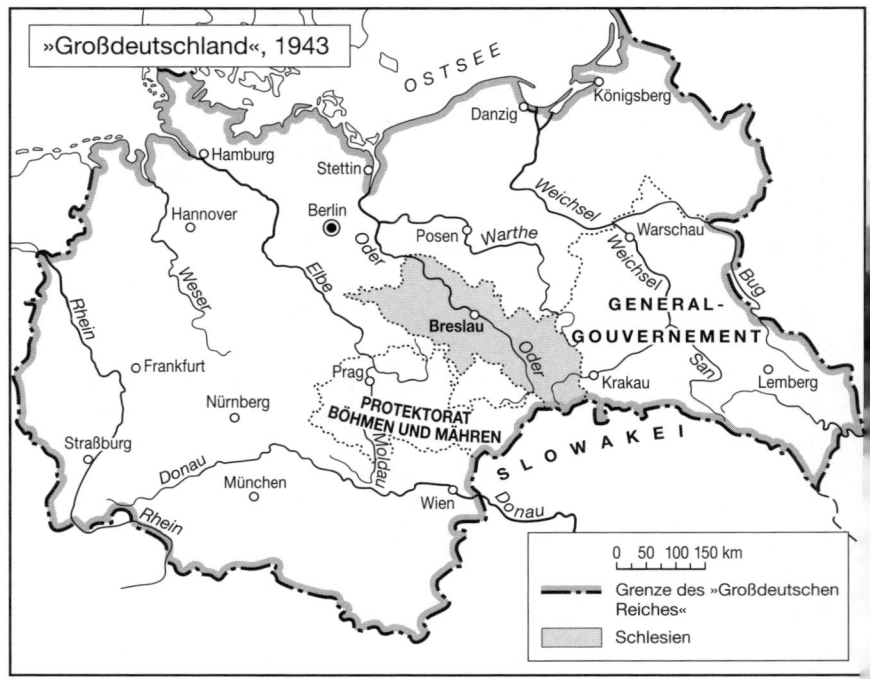

Eile neu aufgestellt worden war, verteidigte sie die Zugänge nach Ostpreußen, bevor sie abermals dezimiert wurde. In diesem Winter 1944/45 wurde sie zum dritten Mal aufgefüllt und nach Berlin verlegt, wo sie endgültig vernichtet wurde.[103] Die deutschen Verluste an Material und Menschen in diesem Krieg waren entsetzlich. Die Gesamtzahl der militärischen und zivilen Opfer belief sich auf 5,5 Millionen. Die Breslauer entrichteten ihren Anteil am Blutzoll.

In Breslau geborene oder auf andere Weise mit der Stadt verbundene Soldaten kämpften an allen Fronten, an denen deutsche Streitkräfte in den Jahren 1939 bis 1945 engagiert waren. Zwei vor allem verdienen eine Erwähnung – der eine ein hochrangiger Offizier der Luftwaffe, der andere der gefeierte Befehlshaber einer Panzertruppe.

Generaloberst Wolfram Freiherr von Richthofen (1895–1945) war ein Cousin des »Roten Barons«, in dessen Schwadron er 1917/18 geflogen war (siehe S. 346 f.). Er wurde als »intelligenter, arroganter Mann mit harten Gesichtszügen« beschrieben und war der Erfinder des »Flächenbombardements«, lange bevor die RAF das Konzept übernahm. Als Kommandeur der »Legion Condor« in Spanien war er unmittelbar für die

Kapitel 7: Breslau (1918–1945)

Zerstörung Guernicas 1937 verantwortlich gewesen, und als Kommandeur des VIII. Fliegerkorps führte er im April 1941 den Luftangriff auf Belgrad aus, bei dem 17 000 Zivilisten getötet wurden. Während des Unternehmens Barbarossa war Richthofen ab Juni 1942 (bis 1943) Befehlshaber der 4. Luftflotte an der Ostfront.

Der legendäre Hyazinth Graf Strachwitz von Groß Zauche und Camminetz (1892–1968?), der »Panzergraf«, war ein Spross des uralten schlesischen Geschlechts, dessen Wurzeln bis zur Schlacht von Legnica (siehe S. 99 ff.) zurückreichten. Er war berühmt für seinen schneidigen Mut und die unheimliche »Nase«, die ihm wiederholt aus der Klemme half. Dreizehnmal verwundet und hoch dekoriert, gehörte er zu der Hand voll deutscher Helden, die das prestigeträchtige »Ritterkreuz zum Eisernen Kreuz mit Eichenlaub, Schwertern und Brillanten« erhielten. Im September 1914 hatte er mit 22 Jahren eine deutsche Kavallerieschwadron befehligt, die nach Umgehung der französischen Verteidigungsstellungen an der Marne so weit hinter die feindlichen Linien ritt, dass sie einen Blick auf Paris erhaschte. Im August 1942 führte er als Kommandeur der 16. Panzerdivision die erste Gruppe deutscher Soldaten auf Sichtweite an die Wolga bei Stalingrad heran:

> »Die deutsche Angriffsspitze rückte die letzten paar Kilometer vor. Gegen vier am Nachmittag, gerade als das August-Sonnenlicht schwächer wurde, erreichten sie Rynok nördlich von Stalingrad, und dort starrten die Soldaten des 16. Panzerkorps auf die Wolga, die direkt vor ihren Augen dahinfloss. Sie konnten es kaum glauben. ›Wir waren früh morgens am Don aufgebrochen‹, erinnerte sich einer von Strachwitz' Kompanieführern, ›und dann waren wir an der Wolga.‹ Irgendjemand im Bataillon holte eine Kamera hervor, und sie fotografierten sich gegenseitig, wie sie hinten auf ihren Fahrzeugen standen und durch Feldstecher auf die weite Uferlinie starrten. Diese Fotografien wurden mit der Bildunterschrift ›Die Wolga ist erreicht‹ in die Aufzeichnungen des Hauptquartiers der 6. Armee aufgenommen.«[104]

Einer der jüngeren Hauptleute, der den Oberbefehl übernehmen sollte, als Strachwitz aus Stalingrad ausgeflogen wurde, erinnerte sich an die Szene, als er am westlichen Steilufer des Flusses oben auf seinem Panzer stand. »Wir blickten über die riesige, riesige Steppe Richtung Asien«, entsann er sich, »und ich war überwältigt.«[105] Sie standen 1925 Kilometer fast direkt östlich von Breslau.

Die meisten Breslauer Soldaten waren Wehrpflichtige. Sie wurden oft aus ihren Berufen herausgerissen, die sie zweifellos lieber auch weiterhin ausgeübt hätten. Einer von ihnen war ein junger Priester aus dem Seminar in Trebnitz, der zur SS eingezogen wurde. Sein besonderes Streben bestand darin, nicht gegen den Feind zu kämpfen, sondern seine Kameraden irgendwie davon zu überzeugen, dass wahre christliche Prinzipien nicht mit der NS-Ideologie verwechselt werden dürften. Er überlebte und konnte seine Geschichte erzählen.[106] Dies gelang auch einem 17-jährigen Breslauer, der direkt von der Hitlerjugend zum 13. Bataillon der (Schlesischen) Panzerbrigade einberufen wurde. Als er sich im Frühjahr 1944 zur Ausbildung in Neisse meldete, standen ihm mehrere Überraschungen bevor:

>»Es dauerte nicht lange, und wir stellten fest, daß nahezu die Hälfte des Panzergrenadierbataillons 13 aus jungen Polen der von den Nazis erfundenen ›Volksgruppe III‹ bestand. Die mußten nur deutsche Vorfahren gehabt haben, es war nicht herauszufinden, wieviel und welche, und da die deutsche Kriegsmaschinerie inzwischen mächtig anfing zu stottern, weil die Verluste an Menschen immer schlimmer wurden, zog man jetzt einfach diese ›Beutegermanen‹, wie wir sie frotzelten, zur Wehrmacht ein. Für sie war das, das stellte sich schnell heraus, eine Art Lebensversicherung für die ganze Familie zu Hause, die jetzt als Soldatenangehörige galten und damit einen gewissen Schutz genossen...
Wir wurden vereidigt: ›Ich schwöre bei Gott diesen heiligen Eid, daß ich dem Führer des Deutschen Reiches und Volkes, Adolf Hitler, dem Oberbefehlshaber der Wehrmacht, unbedingten Gehorsam leisten und als tapferer Soldat bereit sein will, jederzeit für diesen Eid mein Leben einzusetzen.‹ ... Was keinem von uns damals auffiel, wir wurden nicht auf unser Vaterland, auf unsere Heimat vereidigt, nicht auf Deutschland oder gar eine Verfassung. Wir wurden alle auf die Einzelperson Adolf Hitler vereidigt, als ob das der liebe Gott gewesen wäre. Nach diesem Eid konnte der Kerl mit uns machen, was er wollte...
[Unser Gruppenausbilder war] ein Bergbaustudent aus dem Rheinland, 23 Jahre alt, arrogant und eingebildet aus Unsicherheit, der Gefreite Schwalge. Für den waren diese polnischen Rekruten ›Dreck aus dem Osten‹, ›Beutegermanen‹, denen erst mal deutsche Ordnung und Disziplin beigebracht werden mußte. Er schikanierte und benachteiligte sie, benutzte ihre Sprachpro-

NAPOLEONISCHE KRIEGE

Die Patriotin: Ferdinande von Schmettau spendet ihr Haar, 1813.

Abmarsch der Freiwilligen von Adolph von Menzel.

Soziale Revolution

Zerstörung eines Bäckerladens (1846) von Philipp Hoyoll.

Verteidigung der Barrikaden, 7. Mai 1849

KAISERLICHE GRÖSSE

Besuch Kaiser Wilhelms II., 1906: Schweidnitzer Straße.

Eröffnung der Jahrhunderthalle, 1913.

Neuer Markt mit Neptunsbrunnen.

Rathaus.

Dom St. Johannis.

Die Neue Synagoge (1872).

Ring und Elisabethkirche.

Hauptbahnhof (1856).

Blücherplatz (sonst Salzmarkt).

Schloßplatz.

Gesichter und Gestalten

Leni Riefenstahl (1924) von Eugen Spiro.

Mädchen und Katze (1937) von Balthus.

Formen und Farben

Zigeunerpaar (1918–19)
von Otto Müller.

*Zwei Frauen am Tisch,
Variante* (1930)
von Oskar Schlemmer.

Wojciech Korfanty (1873–1939),
schlesischer Aufständischer.

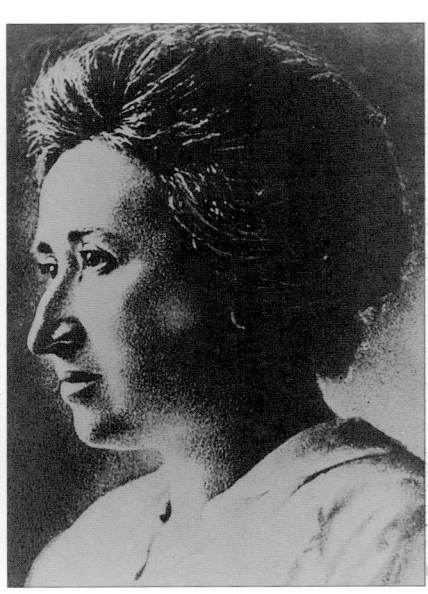
Rosa Luxemburg (1871–1919),
marxistische Revolutionärin.

Fritz Haber (1868–1934)
Chemiker; »Doktor Tod«.

Manfred Freiherr von Richthofen
(1892–1918), der »Rote Baron«.

Edith Stein (1891–1942), von der Nationalsozialisten ermordet.

Helena Motykówna (1924–46), von den Kommunisten hingerichtet.

Tadeusz Różewicz (geb. 1921), Dichter.

Władysław Frasyniuk (geb. 1954), Solidarność-Aktivist.

Nationalsozialistische Prahlerei

Das Rathaus,
geschmückt, 1938.

Adolf Hitler,
glühend verehrt, 1938.

NATIONALSOZIALISTISCHE NEMESIS

Die Belagerten: Gauleiter Hanke lässt den Volkssturm antreten.

Die Belagerer: Sowjetische Infanterie greift an.

Ruinen

Dominsel ohne Dächer, Mai 1945.

Friedrich-Wilhelm-Straße mit einem T-34, Mai 1945.

Flüchtlinge

Ankunft polnischer »Repatrianten« aus dem Osten.

Abreise deutscher »Vertriebener« nach dem Westen.

Kulturelle Veränderungen

Picasso auf dem stalinistischen »Intellektuellenkongress«, 1948.

Das aus Lwów gerettete *Panorama von Racławice* (1893–94).

Verschiedene Katastrophen

Polnische Panzer auf Patrouille zur Zeit des Kriegsrechts, 1982.

Im Schlauchboot durch die Świdnicka-Straße während der Flut von 1997.

Jahrtausendende

Renovierte Dombrücke.

Unversehrter jüdischer Hauptfriedhof.

Papst Johannes Paul II. in Wrocław, 1997.

bleme, um sie lächerlich zu machen und zu verhöhnen. Er wußte genau, daß ihm diese noch nicht Erwachsenen wehrlos ausgeliefert waren und daß er mit ihnen Schindluder treiben konnte...
Plötzlich, wir waren noch nicht fertig mit unserer Ausbildung, wurden wir als Alarmeinheit an die Front geworfen, es war Feuer am Dach, mit allen unseren Ausbildern. Da half dem Gefreiten auch seine zuckersüße Kehrtwendung, plötzlich Kamerad unter Kameraden sein zu wollen, nichts mehr. Wir wußten, was kommen würde, und er ahnte es. Unsere Kameraden aus Polen würden sich rächen. So starb der Gefreite Schwalge als einer der ersten den Heldentod. Ich habe das noch miterlebt, weil es so peinlich war, daß er den Einschuß hinten hatte, und der Ausschuß ihm vorne die Brust zerrissen hatte... Wir grinsten, als uns die Volksgruppe III von ihrer Vernehmung berichtete, sie freuten sich, und wir waren froh, den Kerl losgeworden zu sein...
Wenn ich zurückdenke, erinnere ich mich auch an die Monate vor meiner Rekrutenzeit, als ich im Winter 1943/44 zum ersten Mal polnischen Boden betrat. Gerade 17 Jahre alt geworden, das Ausbildungslager des Reichsarbeitsdienstes in Schwersenz, etwas östlich von Posen. Da gab es ein polnisches Mädchen, so alt wie ich, das in der Küche aushalf, für mich von umwerfender Schönheit...
Einmal durfte ich sie nach Hause begleiten. Ihr Vater empfing uns am Gartentor, und bis heute kann ich den Satz nicht vergessen, den er mir damals, eher traurig als anklagend, entgegenhielt: ›Junger Mann, es gibt ein sehr altes polnisches Sprichwort, das immer noch gilt, heute vielleicht noch mehr als früher: Eher fließt die Weichsel von ihrer Mündung zurück zu ihrer Quelle, als daß Deutsche und Polen Brüder sein können.‹
Das war eine herbe Lektion für mich... Aber ich beschloß auf dem Rückweg ins Lager... meinen ganz privaten Friedensvertrag mit Polen abzuschließen. Ich würde mich ab sofort im weltanschaulichen Unterricht zum Thema ›Deutscher Lebensraum im Osten – unsere Zukunft‹ nicht mehr äußern. Ich brauchte keinen, und ich würde auch nicht mehr dieses blöde, kitschige Soldatenlied von dem Polenstädtchen mit den Mädchen mitsingen, über die dummen Witze über den Dreck in Polen würde ich auch nicht mehr lachen...
Außerdem hat der unglaubliche persönliche Mut dieser polnischen Kameraden, ihre Tapferkeit und ihre Hilfsbereitschaft, ganz schnell dazu geführt, daß an der Front jeder von uns froh war,

einen von ihnen neben sich zu haben. Sie sind alle tot, alle, die Deutschen, die Polen, das ganze Bataillon starb, eingeschlossen von der Roten Armee, unter den Trümmern im Kessel von Budapest, in der furchtbaren Winterschlacht im Januar 1945. Es gab keine Überlebenden...«[107]

Hinter der Front folgte den kämpfenden Truppen rasch die gesamte Palette der NS-Repression. Das besetzte Polen wurde zum Labor für die Rassenlehre der Nationalsozialisten ausgewählt, doch das Netz aus Gestapo-Gefängnissen, Arbeitslagern, Konzentrationslagern und Todeslagern streckte seine Fangarme darüber hinaus sowohl ins »Altreich« als auch in das erweiterte Reichsgebiet aus, besonders ins Generalgouvernement. Breslau selber verfügte über sechs Zwangsarbeitslager und fünf Konzentrationslager. Die größten waren die Zwangsarbeitslager in Breslau-Groß Masselwitz, Markstädt und Rattwitz sowie die KZ in Breslau-Deutsch Lissa und Breslau-Fünfteichen.[108] Sie wurden Anfang der vierziger Jahre eingerichtet, um den wachsenden militärisch-industriellen Sektor der Stadt mit billigen Arbeitskräften zu beliefern.

Das Breslauer Kletschkau-Gefängnis diente sowohl dem Verhör und der Verwahrung lokaler Häftlinge als auch, in der Anfangszeit, als die Kapazitäten bei weitem nicht ausreichten, der Bewachung von Häftlingen, die unterwegs nach Dachau oder Buchenwald waren. Im November 1939 beispielsweise beherbergte es ein paar Tage lang den kompletten Lehrkörper der Jagiellonischen Universität in Krakau, der von der SS zusammengetrieben und ohne Gerichtsverhandlung zu KZ-Haft in Sachsenhausen verurteilt worden war.[109]

Maria (Maruška) Kuděrikova (1921–43) war eines der zahlreichen Opfer der Gestapo, das im Kletschkauer Gefängnis starb. Sie war kaum erwachsen, gehörte aber bereits zu einer kommunistischen Gruppe und wurde der Verbreitung feindlicher Propaganda im heimatlichen Mähren verdächtigt. Man hatte sie von Prag nach Breslau geschickt, und sie konnte noch ihre Erinnerungen zu Papier bringen, bevor sie am 21. März 1943 unter der Guillotine starb. Es sollte nur drei Jahre dauern, bis ihre kommunistischen Genossen eine andere junge Frau, die ebenso alt war wie sie, am selben Ort für dasselbe Vergehen ermorden würden (siehe unten, S. 550).

Zwangsarbeiter waren ein alltäglicher Anblick in Breslau. Es gab vier Kategorien. Eine vom deutschen Arbeitsdienst rekrutierte Gruppe wurde offiziell als »Freiwillige« bezeichnet. In Wirklichkeit handelte es sich häufig um die Opfer von Treibjagden und Razzien. Es waren hauptsächlich

Polen, später aber auch Balten, Ukrainer, Serben und andere, die an festgelegte Arbeitsplätze in Deutschland geschickt, in Privathaushalten oder Wohnheimen untergebracht und mit einem Hungerlohn bezahlt wurden. Die gewöhnlich jungen Männer und Frauen waren für niedrige Arbeiten als Hausangestellte, Hilfsarbeiter in Fabriken oder Landarbeiter bestimmt. Die zweite Gruppe bestand aus gewaltsam Verschleppten, und die Zwangsarbeit bedeutete eine Form der Bestrafung für tatsächliche oder vermutete Vergehen. Zwangsarbeiter dieser Kategorie waren strengster Disziplin unterworfen und wurden, mit dem Existenzminimum gerade noch am Leben erhalten, in Kasernen untergebracht. Die dritte Gruppe bestand eigentlich aus Sklaven. Untergebracht in Außenlagern des KZ-Systems, organisiert in Brigaden und vollständig der Verfügungsgewalt der SS unterstellt, arbeiteten sie, bis sie umfielen. Die vierte Gruppe umfasste ausländische Kriegsgefangene, hauptsächlich Franzosen und Belgier, die gemäß den Bestimmungen der Kapitulation von 1940 nach Deutschland gebracht wurden.

Im Laufe des Krieges stiegen die Zahlen der Arbeiter aller Kategorien in Breslau steil an. Bis zu 200 000 deutsche Arbeiter wurden zusammen mit ihren Unternehmen aus den westlichen Landesteilen verlegt. Die offizielle Anzahl von Zwangsarbeitern erhöhte sich auf 43 950 im Jahr 1943 und auf 51 548 ein Jahr später; die Zahl der (westlichen) Kriegsgefangenen stieg von 5538 (1941) auf 9876 (1944), darunter 2857 Briten. Die Bevölkerung der Stadt stieg insgesamt auf knapp eine Million. Die einheimischen Breslauer hatten das Gefühl, von Tschechen, Polen, Ukrainern, Franzosen und Sowjets überschwemmt zu werden. Nach wie vor sehr groß war der Anteil jüdischer Arbeiter in den Sklavenbrigaden aus den Lagern.

Obwohl alle Kategorien der Zwangsarbeiter zu ihrem Dasein gezwungen waren, war das Leben für die einzelnen Gruppen sehr unterschiedlich: Für die so genannten »Freiwilligen« war Unterkunft, Verpflegung und Bezahlung, wenn auch sehr dürftig, garantiert. Doch die Liste der Verbote war endlos, wie sich eine Polin aus Jarocin erinnerte:

> »Wir waren verpflichtet, ein Armband mit einem ›P‹ zu tragen, und wir durften nicht Straßenbahn fahren, weder zur Kirche noch ins Theater, in ein Restaurant, die Oper oder in den Zirkus gehen oder auch nur den Zoo oder den Botanischen Garten besuchen. Wir durften an keiner Sportveranstaltung teilnehmen, auf der Straße nicht Polnisch sprechen, weder Radio hören noch Zeitungen lesen. Wir hatten noch nicht einmal die Freiheit, auf den Parkbänken zu sitzen, die mit dem Hinweis versehen waren: FÜR

POLEN UND JUDEN SITZEN VERBOTEN. Es war uns verboten, zu studieren oder zu heiraten...«[110]

Jede Übertretung dieser Vorschriften wurde als »Vertragsbruch« behandelt, und der Betreffende riskierte die sofortige Untersuchung der Gestapo.

Unter den schlimmsten Verhältnissen litten die Sklavenarbeiter. Für sie bedeutete das Leben eine tägliche Konfrontation mit dem Tod. Ein jüdischer Lagerarzt, Hans-Werner Wollenberg, der im Zwangsarbeitslager Brande in Oberschlesien interniert war, hielt die Ankunft eines Transports von 100 kranken »Arbeitern« aus Breslau-Markstädt am 13. Januar 1943 fest. Sie seien in dichtem Schneetreiben gezwungen worden, an einem nahe gelegenen Bahnhof auszusteigen und drei Stunden auszuhalten, um auf einen Anschlusszug zu warten. Der 15-jährige Itzek Feldbaum sei trotz der Wiederbelebungsversuche seines Freundes erfroren. Zwei weitere Häftlinge, beide 16 Jahre alt, seien auf der kurzen Rückreise nach Brande gestorben. Itzek Feldbaums Bruder David sei den Verletzungen erlegen, die er in Markstädt erlitten hatte.[111] Obwohl die meisten Angehörigen dieses Transportes noch jung waren, überlebten nur wenige.

Das bei weitem größte Kontingent Nichtdeutscher im Breslau der Kriegszeit stellten die Polen. Die Nationalsozialisten, die noch 1939 damit geprahlt hatten, Breslau von Polen gesäubert zu haben, begannen sie nun wieder in großer Zahl einzuführen. Es gab polnische »freiwillige Arbeiter«, polnische »Zwangsarbeiter«, polnische »Sklavenarbeiter«, polnische Kriegsgefangene und natürlich ein großes Kontingent polnischer Juden. Als die ersten Polen der Kriegszeit in der Stadt gesichtet wurden, druckte der »Bund Deutscher Osten« (BDO) Flugblätter, auf denen Deutsche ermahnt wurden, nicht zu vergessen, dass kein Pole ihnen ebenbürtig sei. Die Polen, die sich außerhalb der Arbeitsstunden frei bewegen durften, aßen sonntags oft im Gasthaus Schubert zu Mittag oder besuchten die (illegale) polnische Messe, die an Sonntagen in der Friedhofskapelle St. Rochus hinter der Bahnstation Breslau-Nikolai abgehalten wurde. Einmal, am 11. November 1944, sangen sie die polnische Hymne *Boże coś Polską*, während sie sich der Verhaftung widersetzten. Viele von ihnen waren in dem großen Lager in Breslau-Burgweide untergebracht. Ende 1944 wurde die Zahl der Polen noch einmal drastisch (um 30 000 bis 60 000) erhöht, als Zivilisten, die während des Warschauer Aufstands zusammengetrieben worden waren, nach Breslau gebracht wurden.

Aus der Tatsache, dass ein Teil der Polen, nämlich jene mit gemischter Abstammung, als Volksdeutsche eingestuft wurden, die besondere Privi-

Kapitel 7: Breslau (1918–1945)

legien und höhere Rationen erhielten, entstanden einige Komplikationen. Natürlich waren die Beziehungen zwischen Polen, die sich in die »Volksliste« eingetragen hatten, und den übrigen gespannt. Unerfreuliche Zwischenfälle waren an der Tagesordnung. Eine Polin namens Marta Hübner beispielsweise wurde wegen ihres deutsch klingenden Namens auf die Volksliste gesetzt. Als sie hörte, wie ein anderes polnisches Mädchen sagte, dass »niemand weiß, wie der Krieg ausgehen wird«, denunzierte sie es wegen Defätismus bei der Gestapo. Zufälligerweise sprach die Beschuldigte besser Deutsch als ihre Anklägerin und erhielt Unterstützung von ihrem Arbeitgeber Georg Birk. Dieser, als »Polen- und Judenfreund« bekannt, sagte aus, die beiden törichten Frauen hätten Krach miteinander.[112] Damit konnte in diesem einen Fall Schlimmeres verhindert werden, aber er zeigt, dass Denunzianten wie Hübner leicht die Verlegung in ein Konzentrationslager erreichen konnten, und Gestapo-Denunzianten gab es in jeder einzelnen Gruppe.

Die nationalsozialistischen Konzentrationslager wurden zunächst nach dem Muster des Prototyps in Dachau eingerichtet, um politische Straftäter aus dem Verkehr zu ziehen. Ihre Insassen hatten keinerlei Rechte und keine Hoffnung, freigelassen zu werden. Sie wurden mit Hungerrationen ernährt, in zerlumpte, gestreifte Uniformen gekleidet, in verlausten Baracken untergebracht und jeder erdenklichen Form körperlicher und seelischer Misshandlung unterworfen. Sie waren die Opfer der »Vernichtung durch Arbeit«, ein Verbrechen, das auch im sowjetischen Gulag wohl bekannt war. In den von Deutschland besetzten Teilen Europas wurden Angehörige aller Nationalitäten verschleppt. Dieses Vorgehen entsprach der NS-Ideologie, wonach die »Herrenrasse« das absolute Recht über Leben und Tod minderwertiger Arten besitzt. Groß-Rosen in der Nähe von Schweidnitz war das nächst gelegene große Konzentrationslager außerhalb Breslaus. Es wurde 1940 eingerichtet und soll zeit seines Bestehens schätzungsweise 160 000 Insassen beherbergt haben, von denen vielleicht 100 000 starben. Es wurde von vielen Außenlagern gespeist, darunter mehrere Arbeitslager in Breslau selbst. Das Arbeitslager Breslau I diente der Belieferung der FAMO mit Arbeitern; Breslau II versorgte Linke-Hofmann. Das Arbeitslager Breslau-Hundsfeld war ein Lager für weibliche Häftlinge, die in den Rheinmetall-Borsig-Werken arbeiteten. Im Januar 1945 erhielt Groß-Rosen die Überlebenden des »Todesmarsches« der Evakuierten aus Auschwitz und sandte seine eigenen Kolonnen von Evakuierten auf einen anderen Todesmarsch in Richtung Buchenwald. Wojciech Dzieduszycki (geb. 1912), der im Breslau bzw. Wrocław der Nachkriegszeit eine herausragende Rolle spielen sollte, war

Häftling Nr. 7821 in Groß-Rosen. Bei einer der täglichen Hinrichtungen hatte er bereits einem Erschießungskommando gegenübergestanden, war aber vom deutschen Leiter des Lagerorchesters gerettet worden, der geschrien hatte: »Untersteht euch, meinen besten Geiger zu töten!«

Die Ansammlung von Konzentrationslagern in Auschwitz bildete den größten und berüchtigtsten Lagerkomplex im Reich. Er war die geistige Ausgeburt von Arpand Wigand, Chef des Breslauer Sicherheitsdienstes. Der Komplex lag an der alten schlesisch-galizischen Grenze, am Rande einer Kleinstadt, die auch einen Bahnhof auf der Strecke Breslau–Krakau hatte. In den Nachkriegsjahren, als genaue Informationen knapp waren, sollte Auschwitz den falschen Ruf eines Todeslagers für Juden erlangen, in dem vier Millionen starben. In Wirklichkeit bestand der Komplex aus drei verschiedenen Lagertypen. Das Stammlager Auschwitz I, das im Mai/Juni 1940 für »unerwünschte« Polen errichtet wurde, war ein »normales« Konzentrationslager. Auschwitz III (Monowitz) war eigentlich ein Arbeitsstraflager für den Bedarf des angrenzenden Buna-Werkes (Produktionsstätte für synthetischen Kautschuk) der I. G. Farben. Auschwitz II (Birkenau) war eine riesige Mischform, anfangs eine Erweiterung des ursprünglichen Konzentrationslagers, mit der Zeit jedoch ergänzt um reine Vernichtungsvorrichtungen, die den ausschließlichen »Todeslagern« Treblinka, Bełzec oder Sobibór ähnelten. Die größten Häftlingsgruppen stellten polnische Katholiken, Juden und sowjetische Kriegsgefangene, aber die absolute Mehrheit der 1,5–1,7 Millionen Opfer waren Juden, die niemals einen Fuß in das Lager setzten, sondern bei der Ankunft direkt von der Rampe weg in die Gaskammern gingen.

Durch eine seltsame Fügung sollte der erste Sträfling in Auschwitz nach dem Krieg in der Stadt wohnen, in der die Idee des Lagers entwickelt wurde. Im Jahr 1940 wurde Stanisław Ryniak (geb. 1915), ein 25-jähriger polnischer Maurerlehrling aus Jaroslaw, von der Gestapo wegen mutmaßlicher Untergrundaktivitäten verhaftet. Am 10. Juni 1940 wurde er aus dem Gefängnis in Tarnów mit dem allerersten Zug voller Gefangener nach Auschwitz deportiert und erhielt die Nummer »31« auf den Arm tätowiert. (Die Nummern 1–30 waren an deutsche Sträflinge vergeben worden, die als »Funktionshäftlinge« für die ursprüngliche SS-Wachmannschaft arbeiteten.) Ryniak gehörte zu der Arbeitskolonne, die die ersten Baracken baute und die Umzäunung errichtete. Er überlebte alles, Schläge, Typhus, den Hungerbunker und die Zeit in den unterirdischen Steinbrüchen. Er wurde nach 1691 Tagen freigelassen und schrieb sein bemerkenswertes Überleben »Glück, geistigem und körperlichem Durchhaltevermögen und der Hilfe von Mithäftlingen« zu.[113]

Kapitel 7: Breslau (1918–1945)

»Holocaust« ist ein unhistorischer Ausdruck für ein historisches Ereignis, nämlich den von den deutschen Nationalsozialisten begangenen systematischen Völkermord an etwa sechs Millionen europäischen Juden. Der Begriff wurde nach dem Krieg erfunden, um die einzige bestehende Alternative, den von dem NS-Regime geprägten Ausdruck »Endlösung der Judenfrage«, zu ersetzen. Hinter diesem Terminus verbarg sich die bewusste Entscheidung, jeden Mann, jede Frau und jedes Kind zu ermorden, die den nationalsozialistischen Kriterien des Judentums entsprachen. Der systematische Völkermord vollzog sich in den Jahren 1941 bis 1945 vornehmlich in Lagern der SS, die im besetzten Polen errichtet wurden. Er unterschied sich qualitativ von den verschiedenen Formen der Verfolgung, die bereits früher praktiziert worden waren. Dieser Völkermord gilt zu Recht als absoluter Tiefpunkt in der Geschichte menschlicher Unmenschlichkeit gegen Menschen.

Die Verwicklung Breslaus in den Holocaust war relativ gering, weil ganz einfach etwa 75 Prozent der vratislavischen Juden geflohen waren, bevor er begann. Trotzdem grenzen die Gräuel ans Unbeschreibliche. Zwar errichteten die Nationalsozialisten in Breslau kein offizielles Ghetto, aber in den Jahren 1939 bis 1941 wurden die Überreste der jüdischen Gemeinde im Viertel rund um die Synagoge »Zum Weißen Storch« zusammengepfercht, jüdische Organisationen geschlossen und in Tormersdorf, Grüssau und Riebnig spezielle Durchgangslager für die Älteren eingerichtet. Aufgrund des Zustroms von Flüchtlingen aus anderen Orten stieg die Anzahl der Juden in diesen Jahren tatsächlich von circa 6000 auf 12 000.

Für ein paar jüdische Familien, die über gute Beziehungen verfügten, war Breslau eine Zwischenstation auf dem Weg in die Freiheit. Zu diesen Familien gehörte Richard Pipes. Sein Vater war hoher Beamter im polnischen Außenministerium in Warschau gewesen, dem italienische Diplomatenkollegen geholfen hatten, einige bolivianische Pässe zu bekommen. Im Oktober 1939 reiste die Familie mit dem Zug von Warschau nach Breslau. Sie stieg im Hotel »Vier Jahreszeiten« in der Gartenstraße ab, ihr Gepäck folgte ihnen auf einem Gepäckkarren vom nahe gelegenen Hauptbahnhof aus. Am nächsten Tag fuhren sie in Richtung Schweiz und einem neuen Leben in Amerika entgegen.

Die schattenhafte Existenz der Juden in Breslau in den Jahren 1939 bis 1941 ist in den Berichten mehrerer überlebender Augenzeugen geschildert worden. Sie hatten keinen Zutritt zu öffentlichen Parks, öffentlichen Bänken und Spielplätzen, es war ihnen verboten, sich die Haare schneiden zu lassen oder Auto zu fahren, und sie durften nur bestimmte

Geschäfte zu bestimmten Zeiten betreten und nur die auf dem jüdischen Bezugsschein verzeichneten Waren kaufen. Sie waren verpflichtet zu arbeiten, zum Beispiel Schnee zu räumen oder Hausmüll zu sammeln, und erhielten 1 RM pro Tag. Dennoch wurde ihre Behandlung als »fast durchweg einwandfrei« bezeichnet.[114] Der Tagebuchschreiber Wilhelm Cohn versuchte ein so normales Leben wie möglich zu führen und setzte seine Forschungsarbeit in der Universitätsbibliothek fort. Zuerst war er optimistisch, und die Großzügigkeit und Freundlichkeit seiner nichtjüdischen ehemaligen Kollegen und Nachbarn rührten ihn. Er überlegte, dass die Haltung der Breslauer gegenüber den Juden im Allgemeinen von Sympathie geprägt sei, und bezweifelte, dass das deutsche Volk sich von der Regierung und der Presse aufhetzen ließe. Am 25. Juli 1941 jedoch informierte ihn ein Kollege, »dass in Lemberg 12 000 Juden erschossen worden sind«,[115] anscheinend von der SS. Drei Wochen später schrieb er: »50 junge jüdische Leute sind im Lager in Linz an ›Herzschlag‹ gestorben. Mord überall.«[116] Einen Monat nach diesem Eintrag erhielt er von den Behörden den Bescheid, dass er und seine Familie ihre Wohnung am 30. September zu verlassen hätten, woraufhin sie »verschickt« würden. Zwei Tage später, am 17. September, enden die Tagebucheinträge.

Die Deportation der Juden aus Breslau scheint in neun aufeinander folgenden Operationen zwischen Juli 1941 und Juni 1943 durchgeführt worden zu sein. Was die exakten Einzelheiten betrifft, so widersprechen sich die Quellen manchmal, doch sobald Gauleiter Hanke die erste »Judenwohnungsaktion« in die Wege geleitet hatte, wurden die Daten und Bestimmungsorte der wichtigsten Bewegungen gut nachgewiesen:

25. 11. 1941	Kaunas (Litauen)	2000
3. 5. 1942	Tormersdorf, Riebnig, Grüssau	517
3. 5. 1942	Izbica, Sobibór, Bełzec, Majdanek	1000
26. 7. 1942	Tormersdorf, Riebnig, Grüssau	424
27. 7. 1942	Theresienstadt	1100
30. 8. 1942	Tormersdorf, Riebnig, Grüssau	500
31. 8. 1942	Theresienstadt	1065
24. 2. 1943	Theresienstadt	102
5. 3. 1943	Auschwitz, Sobibór	1405
2. 4. 1943	Theresienstadt	277
9. 6. 1943	Theresienstadt	39
11. 6. 1943	Theresienstadt	161
16. 6. 1943	Theresienstadt	18

Kapitel 7: Breslau (1918–1945)

9. 1. 1944	Theresienstadt	73
11. 1. 1944	Theresienstadt	3
25. 4. 1944	Theresienstadt	18
8. 11. 1944	Theresienstadt	1[117]

Breslaus jüdischer Friedhof in der Lohestraße verzeichnete die letzte Beerdigung am 12. August 1942. Ein halbes Jahr später erklärte der SS-Statistiker Dr. Richard Korherr Schlesien für »judenrein«. Gleichzeitig vermerkte er, dass sich allein im Bezirk Breslau »50 570 staatenlose und ausländische Juden im Lagereinsatz« befänden.[118] Dies war kein Widerspruch, denn Menschen »im Lagereinsatz« zählten offiziell nicht zur Bevölkerung. Am 10. Juni 1943 berichtete ein Gestapo-Beamter in Breslau, dass die Vorkehrungen für die jüdische Gemeinde in der Praxis abgeschlossen seien.

Das Deportationsverfahren war von außerordentlicher bürokratischer Korrektheit und dem aberwitzigen Vokabular des NS-Regimes begleitet. Offizielle Mitteilungen sprachen von »Umsiedlung« und »Arbeitseinsatz«. Zwei Polizeireviere neben dem Bahnhof Breslau-Odertor und im ehemaligen jüdischen »Haus der Freunde« neben der Synagoge »Zum Weißen Storch« wurden als »Sammelstellen« gekennzeichnet. Deportierte wurden im Voraus und per Post korrekt informiert:

»Gemäß der Ihnen bereits gegebenen Nachricht teilen wir Ihnen im Auftrage der Geheimen Staatspolizei, Leitstelle Breslau, Abteilung II B, folgendes mit. Sie müssen sich am Donnerstag, 9. April 1942, pünktlich 7.30 Uhr vormittags unter Vorlage dieses Schreibens nebst Ihren betroffenen Familienangehörigen in dem für Ihre Wohnung zuständigen Polizeirevier mit Ihrem Gepäck zur Umsiedlung beziehungsweise zum auswärtigen Arbeitseinsatz einfinden. Sie müssen sich darüber klar sein, daß jede Zuwiderhandlung gegen diese behördlichen Anordnungen staatspolizeiliche Maßnahmen zur Folge haben würde und daß insbesondere bei Ihrem Ausbleiben Zwangsvorführung erfolgen müßte. Wir erwarten, daß Sie allen Erfordernissen mit größter Pünktlichkeit und Ruhe nachkommen werden.«[119]

An den Sammelstellen überwachten SS-Offiziere die abschließende Selektion. Ärztliche Vermerke und Bitten um Verschonung wurden ganz im Ernst geprüft, als ob sie wirklich einen Unterschied gemacht hätten. Für die Opfer konnte Unwissenheit ein Geschenk des Himmels sein:

»Als nächste stand meine Großmutter auf der Deportationsliste. Ich erinnere mich genau, wie ich ihr ihre verschiedenen Medikamente in einem Säckchen um den Hals gehängt habe, bevor ich sie zum Sammelplatz brachte. Sie hat – Gott sei Dank – überhaupt nicht verstanden, was mit ihr passierte. Sie bewahrte ihren Stolz und ihre Würde bis zum letzten Moment. Diesmal war der Sammelplatz ein Schulhof. Ich stand neben ihr, bis man ihren Namen aufrief, und wurde Zeuge einer sehr eindrucksvollen Szene: Ein Gestapomann saß an einem Tisch und rief die Namen der Opfer auf, die dann an dem Tisch vorbeigehen mußten, um registriert zu werden. Der Mann rief ›Lasker‹, worauf meine Großmutter an den Tisch ging und ›*Frau* Lasker‹ zu ihm sagte. Ich war sicher, daß er ihr einen Fußtritt geben würde – aber keine Spur, er sagte ganz einfach: ›Frau Lasker‹. Ich war sehr stolz auf meine Großmutter, als sie an dem Mann vorbeiging.«[120]

Die Erfahrungen von Millionen sind kaum greifbar. Aber Einzelschicksale können die kollektive Tragödie veranschaulichen. Laura Goldschmidt war am letzten Augusttag des Jahres 1867 in Breslau geboren worden. Die Witwe, die in der Kaiser-Wilhelm-Straße wohnte, wurde im November 1941 aufs Polizeipräsidium bestellt. Sie durfte nur mitnehmen, was sie tragen konnte, wenngleich weitere Dinge gegen eine Gebühr nachgeschickt werden konnten. Mit 74 Jahren wurde sie in einem verschlossenen Güterwaggon zu dem etwa 40 Kilometer entfernten ehemaligen Arbeitslager in Riebnig gebracht. Dort brachte man sie mit 517 weiteren Breslauer Juden in einem Lager ohne Toiletten, Kochmöglichkeiten, Wasserversorgung, Licht oder Heizung unter. Laura Goldschmidt starb am 7. April 1942. Die Kosten ihrer Einäscherung wurden durch die Beschlagnahmung ihrer Ersparnisse bei der Breslauer Stadtsparkasse gedeckt.[121]

Durch einen außerordentlichen Zufall wurde Edith Stein nachweislich zum letzten Mal in Breslau gesehen. Am 7. August 1942 nahm ein Militärzug in einem Depot in der Nähe des Hauptbahnhofs Wasser auf, als ein Güterzug mit holländischen Markierungen auf dem Nebengleis anhielt. Ein Feldpostangestellter namens Johannes Wieners beobachtete, wie die Wachen die Türen der Waggons aufrissen, die zum Bersten voll mit Menschen waren – ein Anblick unbeschreiblicher menschlicher Erniedrigung. Als eine Frau im Nonnenhabit in der geöffneten Tür erschien, konnte er sie in ein kurzes Gespräch verwickeln. Es sei furchtbar, sie hätten keinerlei Behältnisse, sagte die Frau. Dann fügte sie, während sie sich umsah, hinzu, dass dies ihre geliebte Heimatstadt sei, die sie nie mehr wiedersehen würde. Auf Wieners' Frage, ob die anderen Bescheid wüssten, erhielt er zur Antwort, dass es besser sei wenn sie nichts wüssten.[122]

Die Deportation der Juden machte den Weg frei für den Raub ihres Eigentums. Die medizinische Ausstattung des jüdischen Krankenhauses war besonders begehrt. Die örtliche Siemens-Niederlassung bot an, sie dem Stadtkämmerer für 2000 RM abzukaufen. Aber sie wurde dem schlesischen Volkswohlfahrtsamt übergeben.

Zwei »Kategorien« von Juden waren indes noch nicht fort. Es waren die mit Ariern verheirateten Juden und die so genannten »Mischlinge«. Im Jahr 1943 wurde die »Neue Jüdische Vereinigung« (NJV) gegründet, die sich um sie kümmern sollte. Ihr Vertrauensmann in Breslau war Erich Ludnowsky. Doch die Vereinigung bestand nicht einmal ein Jahr. Im Januar 1944 brachte einer der letzten Transporte 70 Juden nach Theresienstadt. Eine Dame namens Elina Struzyna ersuchte mit der Begründung um Verschonung, dass ihr Sohn als Soldat an der Front schwer verwundet worden sei. Sie wurde als »Geltungsjüdin«* eingestuft. Aus den Dokumenten geht nicht hervor, ob ihrer Bitte stattgegeben wurde, aber es ist eher unwahrscheinlich.[123]

Doch auch der letzte Transport bedeutete nicht das Ende der Judenverfolgung in Breslau. Die Gestapo war noch nicht zufrieden mit ihrer Leistung. Sie wusste, dass die eigene Dokumentation nicht perfekt war und dass immer noch ein paar Juden am Leben waren und sich versteckt hielten. Also beschäftigte sie sich weiter mit dem Problem – bis zum letzten Tag des Krieges. Karla Wolff, eine junge Krankenschwester, gehörte zu denen, die sie nie erwischte. Sie hatte nicht abgewartet, bis man sie verhaftete. Sie stahl sich mitten in der Nacht aus ihrem Zimmer und verschwand bis Mai 1945. Sie war eine von nur 160 jüdischen Überlebenden Breslaus.

Breslau spielte auch bei einer weiteren politischen Maßnahme, die aus dem NS-Rassismus erwachsen ist, eine unrühmliche Rolle – nämlich der massenhaften Entführung polnischer Kinder zum Zwecke planmäßiger Fortpflanzung. Bei seinem ersten Besuch im besetzten Polen war Himmler 1939 die Fülle blonder, blauäugiger Jungen und Mädchen aufgefallen, und er arbeitete ein System aus, um dieser menschlichen Beute habhaft zu werden. Waisenhäuser in ganz Polen wurden nach geeigneten Kindern

---

* Geltungsjuden waren als Halbjuden eingestufte Personen, die zum Stichtag der Nürnberger Gesetze entweder der jüdischen Religionsgemeinschaft angehörten, mit einem Juden verheiratet waren oder danach trotz Verbots einen Juden heirateten (A. d. Ü.).

durchkämmt. Speziell ausgebildete Teams von Frauen in braunen Blusen von der NS-Volkswohlfahrt, die gefürchteten »Braunen Schwestern«, zogen durch Städte und Dörfer, wo sie Kinder mit Süßigkeiten und Versprechungen lockten. Greifertrupps der Gestapo schwärmten aus. In den Sammelzentren warteten Rassenexperten, um die Opfer zu überprüfen. Kinder, die die Tests bestanden, wurden mit deutschen Namen und falschen Biografien versehen und anschließend entweder an deutsche Adoptionsstellen oder an die im Volksmund so genannten »Begattungsheime« der SS-Organisation »Lebensborn« weitergeleitet. Die »unbrauchbaren« wurden ihren Eltern nie zurückgegeben. Entweder erschoss man sie ohne viel Federlesens, schickte sie in die Konzentrationslager oder steckte sie, wenn sie Glück hatten, zur Arbeit auf deutsche Bauernhöfe. Zahlen sind unmöglich zu ermitteln. Eine internationale Kommission suchte jedoch mehrere Jahre lang nach schätzungsweise 200 000 vermissten polnischen Kindern, von denen man noch glaubte, dass sie im Nachkriegsdeutschland am Leben waren. Wenn diese Schätzung stimmte und wenn, wie ermittelt, nur 10 Prozent der Entführten für »brauchbar« erachtet wurden, dann dürfte sich die Gesamtzahl der gequälten Kinder auf annähernd zwei Millionen belaufen haben.[124]

Ein in der Nähe der Bahnstation Brockau am Stadtrand von Breslau gelegenes Lager fungierte als eines der Hauptsammelzentren. Die meisten Ankömmlinge kamen 1940, als das Warthegau »gesäubert«, und nochmals 1943, als die Region Zamość für die deutsche Besiedlung geräumt wurde. Im Sommer 1943 wurden einmal innerhalb von sechs Wochen 12 000 Kinder mit Lastwagen von Lublin nach Brockau deportiert. Im besten Fall konnte das Lager pro Tag mehrere hundert Kinder abfertigen:

> »Im Anschluss an diese Rasseprüfung, in der ... Schädel, Rumpf, Arme, Becken beziehungsweise Penis vermessen wurden, teilten die Rassespezialisten die Kinder wiederum in drei Gruppen ein: 1. wünschenswerte Bereicherung der deutschen Bevölkerung; 2. annehmbare Bereicherung; 3. unerwünscht.«[125]

Eines der vielen Kinder, die Brockau durchliefen, war die am 28. März 1931 in Pabjanice in der Nähe von Lodsch geborene Ilona Helene Wilkanowicz. Im Alter von zwölf Jahren wurde sie aus dem örtlichen Waisenhaus abtransportiert und in einer großen Gruppe zur Ilenau-Schule der SS im badischen Achern geschickt, wo viele der Mädchen mit einem Zeichen versehen wurden und Hormonspritzen erhielten. Sie wurde in Helen

Wilkanauer umgetauft und arbeitete bis zum Kriegsende für eine Obstbäuerin. Als sie schließlich in den siebziger Jahren aufgespürt und interviewt wurde, lebte sie, verheiratet und mit drei Kindern, immer noch in Achern:

»Ich wurde in Polen gekidnappt, in Pabjanice. Drei SS-Männer traten in den Raum und stellten uns an der Wand auf. Wir waren etwa hundert Kinder. Die blonden und blauäugigen haben sie sofort herausgesucht, das waren – mich eingerechnet – sieben... Damals war ich zwölf Jahre alt. Mein Vater, der sich meiner Abreise zu widersetzen suchte, wurde von den Soldaten bedroht... Aber ich habe keine Ahnung, was weiter geschah, denn wir wurden sofort ins Kinderauffanglager nach Brockau gebracht. Im November trafen wir hier... in Achern ein. Die ungeeigneten Kinder wurden von der Schule verwiesen und beseitigt. Bei jeder Gelegenheit drohte man uns mit dem Konzentrationslager. Ich bin irgendwie davongekommen. Vielleicht weil ich blond war, ich weiß es nicht...
Warum sind Sie nach dem Krieg nicht nach Polen zurückgekehrt?
Ich hatte Angst. Man erzählte uns hier so mancherlei über die Russen, die Kommunisten und ihr Benehmen. Damals war ich siebzehn Jahre alt, ein junges Mädchen, verstehen Sie?...
Fühlen Sie sich nach so vielen Jahren jetzt als Deutsche?
Nein, überhaupt nicht. Außerdem behandelt man mich hier immer noch als Dreckspolack. Es ist schlimm, dass man so etwas heute noch in Deutschland zu hören kriegt. Aber man bleibt eben ein Dreckspolack, wie man auch ein dreckiger Jude ist.
Gedenken Sie, eines Tages einmal nach Polen zu fahren?
Ja, in einigen Jahren, sobald wir es uns leisten können. Aber ich bin nicht gesund... Sobald ich mir eine Sekunde Ruhe gönne, beginnt alles wieder von vorne, wie vor dreißig Jahren...«[126]

Ob zu Recht oder zu Unrecht, jedenfalls entschieden die alliierten Militärbehörden im Nachkriegsdeutschland, den Rechten polnischer Eltern, denen Unrecht geschehen war, keinen Vorrang einzuräumen. Ganze 15 Prozent der vermissten Kinder wurden repatriiert.[127]

Reguläre Kriegsgefangenenlager unterhielt das Dritte Reich nur für Kriegsgefangene der Westmächte. Gefangene aus Großbritannien, Frankreich, Polen und den USA wurden anständig behandelt, sowjetische Gefangene nicht. Wehrmacht und Luftwaffe neigten dazu, ihre Kameraden von der anderen Seite zu schützen, und die Zustände waren unendlich viel besser als in den von der SS geführten Lagern. Wegen seiner Entfernung von der Westfront wurde Schlesien zu einem geeigneten Standort. Einige Lager in der Nähe von Sagan lieferten die wahre Grundlage für populäre Nachkriegsfilme, in denen die Geschichten spektakulärer Ausbrüche erzählt wurden.

The Wooden Horse bezieht sich auf eine Episode aus dem Jahr 1943, die in dem Lager Stalag Luft III, in dem mehr als 1000 alliierte Flieger interniert waren, stattfand. Viele der Insassen hielten Fluchtversuche für ihre Pflicht, und ihre Bemühungen wurden durch den sandigen Boden Niederschlesiens begünstigt, der ideal für den Tunnelbau war. Ein raffinierter Plan wurde ausgedacht, wonach ein Tunnel von einem Loch in der Mitte des Paradeplatzes gegraben wurde, wobei die Grabenden in einem hölzernen Turnpferd verborgen waren. Viereinhalb Monate lang wurde das Pferd mit seiner Fracht aus Gräbern und ausgegrabenem Erdreich täglich unter den Augen der »Dussel« hin und her zu derselben Stelle getragen. Schließlich kam der Augenblick, als man glaubte, der Tunnel sei unter der Umzäunung durch. In der Nacht vom 29. Oktober wagten zwei Männer den Ausbruch:

> »Peter streckte seinen Kopf aus dem Tunnel heraus. Er schaute zum Lager hin. Es war in strahlendes Scheinwerferlicht getaucht... Die Wachtürme lagen im Dunkeln, und er konnte nicht erkennen, ob die Posten ins Lager oder in seine Richtung blickten. Er zog seinen Seesack heraus, wand sich aus dem Loch und zog sich in voller Größe über das offene Gelände und in den Graben. Er erwartete jeden Moment das Krachen eines Gewehrs zu hören und den glühenden Einschlag der Kugel im Fleisch zu spüren. Außer Atem lag er in dem flachen Graben und schaute auf...
> Die Ablenkungsmanöver in den Baracken wurden lauter. Männer bliesen Trompete, andere sangen ›My Brother Sylvester‹, wieder andere hämmerten gegen die Barackenwände und schrien aus Leibeskräften. ›Sie übertreiben es‹, flüsterte John. ›Die verrückten Bastarde werden sich eine Kugel einfangen, wenn sie nicht aufpassen.‹...
> Sobald sie den Schutz der Bäume erreicht hatten, liefen sie langsam weiter, weg von dem Draht. Peter konnte spüren, wie ihm das Herz in der Brust klopfte. Er wollte rennen, zwang sich aber zu gehen...vorsichtig, mit den Füßen nach spröden, trockenen Zweigen und Kiefernzapfen tastend, die zwischen den Nadeln auf dem

Waldboden lagen. Seine Sachen, die er beim Tunnelgraben angehabt hatte, waren nass von Schweiß, und die beißende Nachtluft schnitt hindurch...

›Lass uns diese Kombis ausziehen‹, sagte John. ›Machen wir uns sauber und ziehen uns an wie Menschen.‹

›Noch nicht. Leg die Spur vom Bahnhof weg. Wir werden sie in der Nähe der Straße nach Breslau verstecken...‹«[128]

Die List funktionierte. Als französische Arbeiter getarnt, kauften die beiden entwichenen Gefangenen sich Zugfahrkarten von Sagan nach Frankfurt (Oder), stiegen um nach Küstrin, erreichten den Hafen von Stettin und fuhren mit Hilfe eines dänischen Seemanns als blinde Passagiere auf dem Frachter SS Norensan nach Schweden.

The Great Escape* bezieht sich auf eine Episode im folgenden Jahr, als ein sehr viel größeres Tunnelnetz namens »Tom, Dick und Harry« angelegt wurde. Der längste Tunnel, »Harry«, war mit einer Werkstatt, Luftpumpen und einer Mini-Eisenbahn zum Transport des Erdreichs ausgerüstet. Er erstreckte sich über gut 100 Meter, bevor er jenseits des Stacheldrahtes ins Freie führte. In der Nacht vom 24. März 1944 ermöglichte er die Flucht von 76 alliierten Gefangenen. Als Alarm gegeben wurde, organisierte der Chef der Breslauer Gestapo, Max Wielen, die größte Menschenjagd des Krieges. Binnen Tagen waren die meisten Ausbrecher wieder eingefangen; manche hatten es bis nach Saarbrücken, Flensburg oder Danzig geschafft. Nur dreien, einem Holländer und zwei Norwegern, gelang die Rückkehr nach Großbritannien. Der Rest wurde bestraft: Auf Befehl Hitlers wurden 50 der Ausbrecher hingerichtet. Von diesen 50 wurden 27 von der Breslauer Gestapo getötet. Wielen sollte 1946 in Hamburg vor Gericht gestellt und zu lebenslanger Haft verurteilt werden.

Fast zwei Millionen französische Soldaten gerieten 1940 in deutsche Kriegsgefangenschaft, und viele wurden zur Arbeit nach Schlesien geschickt. Marcel Neveu (1907–2001) war einer von ihnen. Der aus dem Dorf Sancheville (Eure-et-Loire) in der Nähe von Chartres stammende Funkoffizier wurde in Belgien gefangen genommen und nach Sagan transportiert, wo er interniert wurde. Er arbeitete für einen Bauern namens Henschel und für einen weiteren namens Kupke. Im Alter wiederholte er seine Kriegsgeschichten so lange, bis seine Familie beschloss, sie

---

* *Gesprengte Ketten*, USA 1962, Regie: John Sturges (A. d. Ü.).

auf Band aufzunehmen. Er wusste von dem oben geschilderten »großen Ausbruch«, obwohl er damals nicht im Lager gewesen war, und er hatte viel über die Lebensbedingungen der Gefangenen verschiedener Nationalitäten auf diesen schlesischen Gehöften zu erzählen.

Als er 40 Jahre später mit seiner Enkelin sprach, betonte M. Neveu, dass die über Sagan gedrehten Nachkriegsfilme wenig mit der Realität zu tun hätten. »Pas pareil«, pflegte er zu sagen (»nicht dasselbe«). Er schilderte sehr anschaulich den Augenblick, als die Tunnelbauer von einem Wachtposten entdeckt wurden: »Celui-ci est descendu de son mirador, et est allé pisser près de ce sapin, et il voit sortir ce type comme un tope de son trou« (»Der [Posten] kam von seinem Wachturm herunter und ging neben einer Tanne pissen, als er diesen Typen wie einen Maulwurf aus seinem Loch herauskommen sah«). Neveu brachte sich bei anderer Gelegenheit nach eigener Darstellung in größte Schwierigkeiten, als er den Bauern, der polnische Mädchen schlug, »einen dreckigen Nazi« nannte.

Als die Russen im Februar 1945 kamen, hätten die Polen Bauer Henschel gewiss den Hals umgedreht, wenn er noch da gewesen wäre.[129] Mündlich überlieferte Geschichte, wie bei M. Neveu, ist eine großartige Quelle, aber, wie alle subjektiven Quellen, mit Vorsicht zu handhaben.

Das religiöse Leben im Breslau der Kriegszeit ging im Schatten der nationalsozialistischen Gräueltaten weiter. Christliche Führer zeigten auch nach 1939 keine größere Neigung zum Widerstand. Allerdings ist Vorsicht angebracht, wenn man Menschen, die unter totalitären Zwängen lebten, beurteilen will. Denn die NSDAP beschäftigte Funktionäre, die die kirchlichen Angelegenheiten überwachten. Dennoch gab es tatsächlich Anlässe, bei denen das Gewissen zur Tat drängte. In den Jahren 1939/40 beispielsweise wurde Kardinal Bertram, dem Erzbischof von Breslau, zur Kenntnis gebracht, dass im benachbarten Warthegau der polnische katholische Klerus massiven Repressionen ausgesetzt war. In Städten wie Posen wurden Kirchenschließungen erzwungen, Priester wurden verhaftet, gefoltert und viele ermordet. 4000 polnische Priester wurden allein in Dachau inhaftiert. Also ersuchte Bertram in seiner Eigenschaft als Vorsitzender der Fuldaer Bischofskonferenz den Vatikan um Schutz.[130] Seine Bitte wurde jedoch ignoriert. Papst Pius XII. war, aus welchem Grund auch immer, nicht bereit zu intervenieren. Der Vatikan tat nichts, um den drei Millionen polnischer Katholiken zu helfen, die während des Krieges ermordet wurden. Als der Papst einige Jahre später ähnliche Bitten, etwas gegen den Holocuast zu unternehmen, ignorierte, zog er sich den Vorwurf des Antisemitismus zu. Doch Papst Pius XII. erachtete es nicht als seine Christenpflicht, die Nationalsozialisten öffentlich zu verurteilen.

Kapitel 7: Breslau (1918–1945)

Kardinal Bertram erhielt in den folgenden Jahren detaillierte Informationen über den Holocaust. Im August 1943 empfing er einen Brief von einem unbekannten Juden, der überraschend gut im Bilde war. Er behauptete, dass bereits vier Millionen Juden ermordet worden seien, und berichtete ausführlich über die Aktivitäten der Einsatzgruppen im besetzten Polen, die Einrichtung und Liquidierung der Ghettos, besonders des Ghettos von Krakau, von wo der Brief zu kommen schien. Der Absender wusste von der Existenz des Vernichtungslagers in Bełżec. Er schloss: »Das deutsche Volk, welches einen Teufel gebar, wird an ihm zugrunde gehen.«[131] Wie Kardinal Bertram reagierte, ist nicht bekannt. Auf Unwissenheit hätten er und sein Kreis sich nicht berufen können.

Die protestantische und katholische Geistlichkeit Breslaus blieb bis zur Evakuierung im Januar 1945 auf ihren Posten. Es gelang einer priesterlichen Abordnung sogar, den Gauleiter zu überreden, einigen ihrer Leute das Bleiben zu gestatten. Zu diesen gehörten Ernst Hornig und Dr. Joachim Konrad, deren inständige Bitten den Befehlshaber der Festung am Ende zur Kapitulation bewegen sollten (siehe Prolog S. 56 ff.). Paul Peikert (1884–1949) sollte dauerhafteren Ruhm erlangen. Peikert, seit 1932 Pfarrer der katholischen St.-Mauritius-Gemeinde von Breslau, war im August 1937 von der Gestapo verhaftet worden. Doch es gelang ihm, zu seiner Pfarre zurückzukehren und während der Belagerung dazubleiben. Von Anfang an beabsichtigte er, das Ende Breslaus für die Nachwelt aufzuzeichnen. Er riskierte sein Leben, um deutsche und sowjetische Propaganda-Flugblätter zu sammeln, er hielt die Ansichten seiner Gemeindemitglieder fest, und er protokollierte in seiner Chronik über die Belagerung Breslaus alltägliche Ereignisse. Als zunehmend verbitterter Kritiker des NS-Regimes lieferte Peikert einen ehrenhaften Beitrag zu einer ansonsten nicht erbaulichen Periode in der Geschichte seiner Glaubensbrüder. Er schloss: »Möge dieses Tagebuch und dieser vorstehende Bericht einmal künftigen Geschlechtern zeigen, was die Menschen unserer Zeit erdulden mußten, und möge Gottes erbarmende Güte sie bewahren vor einem ähnlichen Unheil.«[132]

*

Der Wechsel vom »Blitzkrieg« zum »totalen Krieg« stellte die deutsche Wirtschaft vor immer größere Anforderungen. Und Schlesien musste auf die alliierten Bombardements im Westen des Reiches reagieren. Im März 1942 verfügte Hitler den Bau einer Waffenfabrik in Breslau, außerhalb der Reichweite der alliierten Piloten. Später in diesem Monat trat der Baustab des riesigen Imperiums von Albert Speer in Aktion und bediente sich jüdischer Zwangsarbeiter beim Bau der als »Berthawerke« bekannt gewordenen Krupp'schen Fabrik in der Nähe von Markstädt.[133] Mit einer Grundfläche von 120 000 Quadratmetern und sieben großen Hallen sollte das »Berthawerk« mit dem Stahl der Markstädter Stahlwerke und den Arbeitskräften des Konzentrationslagers Fünfteichen Artilleriegeschütze und Panzerabwehrkanonen produzieren. Zu seiner besten Zeit beschäftigte das Werk knapp 10 000 überwiegend tschechische Arbeiter und stellte über 400 leichte Feldhaubitzen 18/40 pro Monat her. Die Werksdirektoren verfluchten den Mangel an deutschen Arbeitskräften und den erforderlichen Rückgriff auf weniger produktive Insassen von Konzentrationslagern. Die fehlende Begeisterung der Letzteren war verständlich. Die meisten wurden im Konzentrationslager Fünfteichen untergebracht. Bei ihrer Ankunft erhielten sie Kleidung und ein Paar Holzpantinen. Allmorgendlich mussten sie um 4.30 Uhr zu einem 5 Kilometer langen Gewaltmarsch zur Fabrik antreten. Dort arbeiteten sie im Schnitt zwölf Stunden am Tag an Drehbänken, Fräsen und Schleifmaschinen. Dann kehrten sie, häufig öldurchtränkt und von heißen Metallteilen verbrannt, ins Lager zurück. Ihr Essen bestand aus einer dünnen, undefinierbaren Suppe. Die medizinische Versorgung war primitiv und von schonungsloser Willkür. Nur die Jüngsten und Kräftigsten überlebten.[134]

Nach vorsichtigen Schätzungen beschäftigten die 41 militärisch relevanten Betriebe im Raum Breslau fast 60 000 Arbeiter.[135] Linke-Hofmann benötigte in Spitzenzeiten bis zu 5000 und produzierte neben den traditionellen Eisenbahnwaggons die Antriebssysteme für die V-2-Rakete.[136] Die FAMO produzierte mit einer ähnlichen Anzahl Arbeiter Panzer, motorisierte Geschütze sowie Motoren für Unterseeboote und Flugzeuge. Junkers in Gandau montierte unter anderem den Sturzkampfbomber (»Stuka«) Ju 87. In einer modernen, klimatisierten Fabrik in Hundsfeld beschäftigte Rheinmetall-Borsig 2000 Arbeiter in der Produktion von Bombenkomponenten. Der so genannte »Y«-Zünder, der eigens konstruiert wurde, um alliierte Bombenräumer zu töten, ist eines der finstersten Erzeugnisse der Werke. Er wurde in eine herkömmliche Bombe eingesetzt und bestand aus einer Kette von Schaltuhren und Quecksilber-Schaltern, die verhinderten, dass die Bombe explodierte, bevor sie auf den Boden aufgeschlagen und an ihr hantiert worden war. Um Entschärfungsversuche zu erschweren, wurde er absichtlich falsch beschriftet.[137]

Doch mit zunehmender Dauer des Krieges halfen noch so viele neue Fabriken, Zwangsarbeiter und Standortwechsel Deutschland nicht, mit seinen Gegnern Schritt zu halten. Die sowjetische Rüstungsproduktion

Kapitel 7: Breslau (1918–1945)

überholte nach anfänglichen Rückschlägen die deutsche Konkurrenz. Und mit den USA hatte Hitler sich mit einer industriellen Supermacht angelegt, die weit überlegen war. Die kleinen Fortschritte machte das alliierte Bombardement zunichte. RAF und USAAF warfen im Jahr 1944 eine Bombenlast von 650 000 Tonnen über dem Reich ab, was die insgesamt 9151 Tonnen, die die Luftwaffe in diesem Jahr absetzte, verschwindend gering erscheinen lässt. Tatsächlich übertraf der monatliche Durchschnitt der Alliierten im Jahr 1944 (76 219 t) sogar die von der Luftwaffe während der gesamten sechs Kriegsjahre über dem Vereinigten Königreich abgeworfene Bombenlast (74 172 t).[138]

Für die RAF war Breslau im Januar 1943 als »Ziel von äußerster Wichtigkeit« klassifiziert.[139] Den Verschiebebahnhöfen und dem Elektrizitätswerk wurde Priorität eingeräumt. Das Gleiche galt für Junkers, die FAMO, Rheinmetall-Borsig und die Linke-Hofmann-Werke. Da die Bomberflotten jedoch nie weit über Dresden hinausflogen, blieb Breslau verschont. Erst als die Stadt in Sichtweite der sowjetischen Artillerie am Boden geriet, kam sie unter starken Beschuss.

*

Widerstand gegen das NS-Regime gab es in den unterschiedlichsten Formen. Die Skala der Einstellungen reichte von Menschen, die sich zur inneren Emigration entschlossen und lebten, als gäbe es die Nazis nicht, bis zu jenen, die ihr Leben aufs Spiel setzten, indem sie Informationen sammelten, die deutschen Kriegsanstrengungen sabotierten oder sogar heimlich die Ermordung Hitlers planten. In Schlesien waren durch die Präsenz sowohl deutscher als auch polnischer Widerstandsgruppen die Verhältnisse noch komplizierter. Doch leider kann man nicht behaupten, dass eine dieser Gruppen erfolgreich gewesen wäre.

Der Ehrenplatz gebührt dem so genannten Kreisauer Kreis. Benannt nach dem Gut der Moltkes in der Nähe von Schweidnitz, wo die meisten Treffen stattfanden, bildete er das Zentrum des deutschen Widerstands gegen Hitler, und viele seiner Mitglieder hatten enge Verbindungen zur schlesischen Hauptstadt. Der Besitzer von Kreisau, Helmuth James Graf von Moltke, war der Sohn und Enkel zweier Feldmarschälle. Sein Freund und Mitverschwörer Peter Graf Yorck von Wartenburg stammte aus Oels im Nordosten von Breslau und hatte als Beamter bis 1938 beim Oberpräsidenten in Breslau und anschließend beim Reichskommissar für Preisbildung in Berlin gearbeitet. Ihr designierter Oberbefehlshaber war der Breslauer Generalfeldmarschall Erwin von Witzleben, siegreicher Feldherr des Frankreichfeldzuges 1940. Weitere Mitglieder der Verschwörung waren Dr. Hans Lukaschek, ehemaliger Oberpräsident von Schlesien, und Fritz Voigt, ehemaliger Polizeipräsident von Breslau und Reichstagsabgeordneter. Als der Attentatsversuch Claus Graf Schenk von Stauffenbergs im Führerhauptquartier »Wolfsschanze« in Ostpreußen im Juli 1944 fehlschlug, wurden die Verschwörer entdeckt und verhaftet. Ihre Anführer starben in einem Hinrichtungsraum der Gestapo, aufgehängt an Fleischerhaken und gefilmt zum Vergnügen des »Führers«.

Michael Graf von Matuschka (1888–1944) gehörte ebenfalls zu denen, die dem allgemeinen Aderlass jenes Sommers zum Opfer fielen. Er war ein geborener Schweidnitzer und am Breslauer Matthias-Gymnasium erzogen worden. Als Befürworter der Wiederherstellung normaler deutschpolnischer Beziehungen während des NS-Regimes hinterließ er nur wenige Spuren in der historischen Überlieferung, trotzdem wird an seiner ehemaligen Schule seiner gedacht. Auch er wurde im September 1944 im Gefängnis Plötzensee gehängt.

Rudolf-Christoph Freiherr von Gersdorff (1905–80) war ein Verschwörer, der der Vergeltung der Nationalsozialisten entging. Sein Geburtsort war Lüben, er hatte bei der Wehrmacht Karriere gemacht, war die meiste Zeit in Breslau stationiert gewesen und 1937 zum Generalstab gestoßen. Enttäuscht von den Nationalsozialisten, nutzte er seine Stellung zur Planung eines wagemutigen Attentatsversuchs. Für den 21. März 1943, als Hitler der Eröffnung einer Ausstellung russischer Beutewaffen im Berliner Zeughaus beiwohnen sollte, bereitete er einen »Selbstmordanschlag« vor. Mit zwei von den Briten gelieferten Spezialbomben am Körper wurde ihm nur durch die Tatsache ein Strich durch die Rechnung gemacht, dass der »Führer« seinen Rundgang vorzeitig abbrach. Trotzdem wahrte Gersdorff ausreichend Selbstbeherrschung, um den Sprengstoff sicher zum Haus seines Bruders in Breslau zurückzubringen und einer anschließenden Entdeckung zu entgehen. Er überlebte den Gegenstand seines gescheiterten Anschlags um etwa 35 Jahre.

Die polnische Widerstandsbewegung war die größte Europas. Ihre Hauptorganisation, die von der polnischen Exilregierung kontrollierte »Armee im Lande« (»Armia Krajowa«, AK), war ein Dach für zahlreiche kleinere Gruppen, die alle demokratischen Richtungen repräsentierten. Sie war ungefähr hundertmal größer als die entsprechende kommunistische Bewegung, die »Volksarmee« (»Armia Ludowa«, AL), die nach dem Krieg das Verdienst des Widerstands für sich allein in Anspruch nehmen sollte. Während des Krieges organisierte sie einen Untergrundstaat, versehen mit Justiz-, Erziehungs-, Propaganda- und Geheimdienst-Ressorts. Besonders effizient waren die so genannten »Diversionskommandos«

(Kedyw), die spezielle Sabotageakte durchführten und von den Briten bewaffnet und finanziert wurden. Außerdem konnte sie sich, weil die Westhälfte Polens an das Großdeutsche Reich angeschlossen war, relativ leicht in allen Teilen Deutschlands bewegen. Häufig war Niederschlesien das Ziel, aber auch ihr gelang kein größerer Erfolg. Im Jahr 1940 wurde zur Sabotage der deutschen Wirtschaft und der Transportinfrastruktur eine Gruppe mit Namen »Związek Odwetu« (»Racheunion«, ZO) gegründet. Doch ihre Zellen in Kattowitz, Warschau, Krakau und Niederschlesien wurden von der Gestapo zerschlagen. Ein Spionagenetz mit dem Namen »Stragan« (»Marktstand«) war drei Jahre lang in Schlesien, Posen und Westpreußen aktiv. Seine Agenten, die eigens vom Kommando der AK in Warschau entsandt wurden, arbeiteten in den FAMO. Sie wurden im Januar 1943 ausgehoben. Andere machten unverzagt weiter. Ende 1942 vermerkte die Breslauer Abwehr die fortgesetzte Existenz zahlreicher Widerstandsorganisationen, darunter die »Jazczurka«, die »Polska Organizacja Polityczna« und die »Siła Zbrojna Polski«.[140]

Die »Olympus-Gruppe« bestand aus geborenen Vratislaviern, die sich in der Wohnung der Familie Wyderkowski trafen. Ihre Verbindungen mit Warschau waren schwach, doch ihre Ziele waren sehr klar. Sie wollten in den Fabriken Breslaus polnische Arbeiter für ihre Sache anwerben, zu Sabotageakten oder »Bummelstreiks« anstiften und wirtschaftliche wie politische Informationen sammeln. Nach zweijähriger Arbeit wurden 58 ihrer Mitglieder am 5. Juni 1942 verhaftet. Sie wurden entweder nach Auschwitz oder nach Groß-Rosen deportiert. Ihr Verbindungsoffizier zur AK war Stanisław Grzeszewski.

Ein Großteil der Informationen über Breslau, die in den Akten des ehemaligen Geheimdienstes der polnischen Armee in London aufbewahrt worden sind, stammte ursprünglich von den »Olympiern«. Sie umfassen detaillierte Verzeichnisse aller Breslauer Industrieunternehmen, einen Überblicksplan für auswärtige Spione, eine Liste aller Funktionäre der NSDAP in Breslau, versehen mit Name, Adresse und Telefonnummer und einen bemerkenswerten (undatierten) Überblick über 296 militärische Anlagen und Einrichtungen in Breslau und Umgebung.[141] Aus Letzterem geht beispielsweise hervor, dass das Wehrkreiskommando VIII seinen Sitz in der Gabitzstraße 122–28 (Tel. 82081) hatte, dass sich das Luftgaukommando VIII in der Matthiasstraße 1 und der SS-Oberabschnitt Südost in der Ebereschen-Allee 17/19 (Tel. 82411) befanden. Die Dolmetscher-Kompanie lag in der Woyrsch-Kaserne in Breslau-Karlowitz, das Hauptwehrmachtskrankenhaus in der Werderstraße 88, das lutherische Feldkaplanamt in der Memelstraße 65, und die Hitlerjugend, Gebiet

Schlesien, hatte ihren Sitz am Ohlauer Stadtgraben 17–18 (Tel. 52241). Der Militärflugplatz in Gandau beherbergte die Flugzeugführer-Schule »E«, das Flugfeld »Strachwitz«, und, nahe dem Dorf Kuhnau, lag Stalag VIIIC.

Die britische »Special Operations Executive«* (SOE) war unablässig bestrebt, den Widerstand gegen den Nationalsozialismus zu schüren. Im November 1944 startete sie die »Operation Fleckney«.[142] Ein in Großbritannien ausgebildeter Pole namens Paul Penczok wurde per Fallschirm in Deutschland abgesetzt, um Sabotage und Subversion in Breslau zu organisieren. Über Penczoks offenbar erfolglose Tätigkeit bewahrt die SOE-Akte jedoch Stillschweigen.

Ende 1944 stiftete die Aussicht auf eine deutsche Niederlage und der fortgesetzte Vormarsch der Sowjets Unruhe in den östlichen Provinzen des Reiches. Gerüchte über eine dauerhafte Abtrennung der Ostprovinzen Deutschlands wurden als geschmackloser Witz abgetan, aber die Nähe der Roten Armee lieferte reichlich Grund zur Besorgnis. Im August 1944 hatten die Sowjets die Grenze Ostpreußens zum »Altreich« überschritten, und die Geschichten von Gräueln an der Zivilbevölkerung vervielfachten sich. Im folgenden Winter verlief die Frontlinie von Klaipeda an der Ostsee durch Warschau, wo die Sowjets die Niederschlagung des Warschauer Aufstands durch die SS zugelassen hatten, und weiter nach Budapest. Doch alle Hoffnungen auf deutscher Seite wegen des sowjetischen Halts an der Weichsel erwiesen sich als vergeblich. Sowjetische Strategen planten vielmehr, die gut 320 Kilometer von der Weichsel bis zur Oder in ganzen 15 Tagen zurückzulegen. Zum ersten Mal seit 1813 sollte Breslau sich inmitten der vordersten Kampflinie wiederfinden.

Breslaus Erfahrungen in jenen letzten Monaten des Krieges teilten zweifellos auch andere Städte Ostdeutschlands. Trotz der fehlenden Befestigungen wurde Breslau – wie Bielitz, Glogau und mehrere andere Städte in Ostdeutschland – zur »Festung« ernannt und sollte von einer bunt zusammengewürfelten Schar minderjähriger HJ-Angehöriger, älterer Volkssturmmänner und kampferprobter Veteranen der Waffen-SS gehalten werden. Die ersten sowjetischen Luftangriffe trafen die Stadt am 18. Januar 1945. Auf sie folgte zwei Tage später die Evakuierung von Zivilisten und nicht kämpfenden Truppenteilen. Wir haben im Prolog (vgl. S. 29 ff.) den Kampf der Festung Breslau in den letzten Kriegswochen detailliert beschrieben. Sie kapitulierte um 18 Uhr am Abend des 6. Mai,

---

* Im Juli 1940 auf Weisung Churchills gegründete Sonderabteilung des britischen Geheimdienstes für Sabotage und subversive Kriegführung in den von den Nationalsozialisten besetzten Ländern (A. d. Ü.).

Kapitel 7: Breslau (1918–1945) 503

einen Tag vor Unterzeichnung der deutschen Gesamtkapitulation durch Generaloberst Alfred Jodl im Hauptquartier des Oberbefehlshabers der alliierten Streitkräfte in Europa in Reims. Wie das jüdische Breslau sollte auch das deutsche Breslau für immer verschwinden. Aber die Stadt selbst überstand alles. Heute ist sie wieder eine lebendige und blühende Stadt, wenngleich unter neuem Namen – Wrocław.

*

Ein oder zwei Tage bevor die zivile Evakuierung begann, kehrte ein junger verwundeter Soldat auf Genesungsurlaub nach Breslau zurück. Seine Mutter und seine Schwestern standen im Begriff, die Stadt zu verlassen, er und sein Vater hatten jedoch, wie alle Männer im wehrfähigen Alter, Befehl zu bleiben. Ulrich Frodien war erst 18 Jahre alt. Seine bewegende Schilderung der Schrecken in einer sterbenden Stadt, aus der er unter Lebensgefahr floh, ist unübertroffen.

Als Frodien sich zu einer Erkundung der eingeschneiten Straßen aufmacht, trifft er auf verzweifelte, von panischem Schrecken ergriffene Flüchtlinge, die aus den leeren östlichen Vorstädten kommend die Lessingbrücke überquert haben und den Anweisungen aus Lautsprechern am Straßenrand folgen: »ACHTUNG! ACHTUNG! FRAUEN UND KINDER VERLASSEN DIE STADT ZU FUSS IN RICHTUNG OPPERAU UND KANTH!« Die Menge bleibt plötzlich stehen, als sie widersprüchliche Anweisungen vernimmt. Verirrte Kinder weinen. Alte Leute brechen zusammen. Als Frodien die Wohnung eines Nachbarn betritt, stellt er fest, dass der alte Mann und seine Haushälterin sich erhängt haben. Als er mit seinem Vater weggeht, um eine improvisierte Barrikade in Augenschein zu nehmen, kommen sie zu dem Schluss, dass die sowjetischen Panzer gerade einmal 15 Minuten benötigen werden, um sie zu zerstören – »14 Minuten braucht die Panzerbesatzung, um sich vor Lachen wieder einzukriegen, und eine Minute, um sie an die Seite zu schieben«. Als er um eine Ecke biegt, sieht er sich den »Kettenhunden« gegenüber, der deutschen Feldgendarmerie, und geht rasch in Deckung. »Die Feldgendarmen waren für mich gefährlicher«, erinnerte er sich, »als die ganze Rote Armee.« Sie trugen einen schweren Ringkragen aus Metall vor der Brust, schwere Metallketten, um ihre knurrenden Hunde anzuleinen, gezückte Schießeisen und waren bar jeder menschlichen Empfindung. Sie hatten strikten Befehl, ohne Vorwarnung auf mutmaßliche Deserteure und auf Plünderer, die sich in den verlassenen Häusern zu schaffen machten, zu schießen.

Der Fluchtplan der Frodiens war der Coup eines Spielers. Der Vater herausgeputzt mit seiner Stabsarztuniform aus dem Ersten Weltkrieg, geschmückt mit Orden, wie es sich gehört. Der Sohn hatte fleckige Verbände um den Kopf gewickelt und trug seinen armseligen Armeemantel. Sie hatten Revolver, aber keine gültigen Papiere. Als sie zum letzten Mal aus ihrer Wohnung in der Straße der SA traten, sagte der Vater: »Dreh dich noch mal um und sieh zurück, das ist etwas, was du in deinem ganzen Leben nie mehr sehen oder haben wirst, Heimat.« Im nächsten Moment kommandierte er wieder nüchtern: »Vergiß ab sofort, daß ich dein Vater bin! Von jetzt an heißt jede Anrede ›Herr Stabsarzt‹, und vergiß gefälligst nicht, jedes Mal Haltung anzunehmen.«

Um den Hauptbahnhof spielten sich Szenen »aus dem untersten Kreis von Dantes Inferno« ab. Trotz 18 Grad Kälte wurde er von einer aggressiven Meute belagert, die von einer Postenkette mürrisch dreinblickender Soldaten zurückgehalten wurde. Dies waren die Breslauer, die zu spät dran waren. Es fuhren keine zivilen Züge mehr ab. Aber auf dem nahe gelegenen Güterbahnhof stand ein Lazarettzug. Der Vater tauchte plötzlich mit elf Verwundeten wieder auf, die allesamt angewiesen worden waren, zu humpeln und zu stöhnen. Bei seinem Sohn angekommen, bellte er: »Gefreiter! Nimm deinen Beutel! Rechts schwenk, marsch!« Dann bahnte er sich einen Weg durch die Menge, wedelte den Militärpolizisten mit einem Stück Papier vor der Nase herum, grüßte und führte seine Schutzbefohlenen auf den Bahnsteig. »Keines dieser Schweine«, murmelte er vor sich hin, »hat auch nur einen Mucks gesagt wegen der Papiere.«

Das Warten auf die Abfahrt des Lazarettzuges erschien wie eine Ewigkeit. Die Nacht brach herein, Stunden vergingen. Es stank furchtbar nach abgestandenem Schweiß und Jod. Die Temperatur stieg. Niemand sprach. Nur Schnarchen und Schreie unterbrachen das Schweigen. Schwestern eilten über die Gänge. Taschenlampen blitzten in der Dunkelheit auf. Einige Männer starben, und Sanitäter trugen die Toten in den Leichenwaggon. Aber noch konnte die Wehrmacht saubere Bettlaken, Bohnensuppe und ein Glas Wasser verteilen. Frodien schlief auf dem Wagenboden ein. Er erwachte zum rhythmischen Rumpeln des Zuges, der über die Gleise rollte – »die herrlichste Musik der Welt«. Sie fuhren Richtung Prag. »Wir hatten Breslau verlassen und verloren«, schrieb er später.[143]

Kapitel 8: Wrocław

Wie Phönix aus der Asche, 1945–2000

Gegen 18 Uhr am Abend des 6. Mai 1945 wurde der letzte Befehlshaber der Festung Breslau, General Niehoff, zur Villa Colonia am südlichen Stadtrand gefahren, um die Kapitulationsurkunde zu unterzeichnen. Die Ruinen von Breslau kamen unter die Kontrolle der Roten Armee und ihrer Kontrolleure, des NKWD.* Am nächsten Morgen legten die verhärmten deutschen Soldaten an festgesetzten Punkten vor der Markthalle oder auf dem Königsplatz ihre Waffen nieder. Dann begannen sie ihren langen Marsch in die sowjetische Kriegsgefangenschaft, von dem viele niemals zurückkehren würden. Ihre Bezwinger, die Pelzmütze auf dem Kopf, standen in Bergen von Schutt und Trümmern mit aufgepflanzten Bajonetten Wache. Aus Fensterhöhlen hingen weiße Fahnen. Verwirrte Zivilisten krochen ängstlich aus ihren unterirdischen Verstecken. Eine junge Frau hat beschrieben, was viele Frauen in den ersten Stunden erlebten:

> »Vor dem Haus stand eine kleine Gruppe sowjetischer Soldaten mit Orden auf der Brust. Einer fragte, ob jemand übersetzen und erklären könnte, dass die deutschen Frauen mit ihnen mitkommen und Essen zubereiten müssten. Also meldete ich mich. In Begleitung mehrerer deutscher Mädchen ging ich zu den Kellern, in denen die Soldaten ihr Quartier aufgeschlagen hatten. Ich hatte gar nicht gemerkt, dass man mich von den übrigen getrennt hatte und dass ich mit einem Offizier allein war. Er sagte mir, ich solle ein paar Gläser ausspülen, füllte sie mit Wein oder Wodka und befahl mir zu trinken. Ich lehnte ab. Dann schubste er mich in eindeutiger Absicht auf eine Art Bett. Ich stand auf, aber schon hatte er mich wieder hinuntergeschubst, als drei andere Offiziere hereinkamen... Die Sol-

---

* Narodny Komissariat Wnutrennich Del; Volkskommissariat für Innere Angelegenheiten (A. d. Ü.).

daten lachten, als ich den Ausgang nicht finden konnte. Schrecklich durcheinander rannte ich nach Hause, hüllte mich in einen langen Rock und bedeckte den Kopf mit einem Tuch ... Mein Bruder sagte: ›Das wird dir auch nicht helfen.‹«[1]

Sie war nicht einmal eine Deutsche. Doch zumindest war sie einer der lebensgefährlichen Massenvergewaltigungen entgangen, die von der Roten Armee sooft begangen wurden.

Die erste Organisation, die aufgebaut wurde, sollte Jagd auf Nazi-Sympathisanten machen. Bereits am 7. Mai nahm nach einem Treffen mit sowjetischen Politoffizieren im Gefängnis in der Kletschkaustraße die deutsche »Antifaschistische Freiheitsbewegung« (Antifa) ihre Arbeit auf. Ihr Anführer war ein gewisser Hermann Hartmann. Die Antifa hatte ihren eigenen Sicherheitsapparat und war in zwölf Sektionen aufgeteilt, die alle ihre eigene Nahrungsmittelstelle hatten. Bald darauf überfiel die Antifa das Haus der zitierten Frau, die soeben den sowjetischen Soldaten entkommen war. Diese deutschen Kommunisten suchten »nach dem Schwager meines Chefs«, erinnerte sie sich, »einem glühenden Nazi. Sie brannten auf Rache, aber sie erwischten ihn nicht und zogen mit leeren Händen ab.«[2] Die Ironie des Vorfalls wurde ein paar Monate später deutlich, als sich herausstellte, dass das Personal des zentralen Antifa-Büros beinahe komplett aus Ex-Mitgliedern der NSDAP bestand.[3] Nun rückten die deutschen Sozialdemokraten ins Blickfeld der Politik – soweit man überhaupt von einer deutschen Politik sprechen kann.

Sobald sie die uneingeschränkte Kontrolle hatten, zündeten die sowjetischen Besatzer die zerstörte Stadt an. Vom 7. Mai an wurden die Ruinen Breslaus bewusst in Brand gesetzt. Banden von Plünderern zogen durch die Straßen, durchwühlten die vom Krieg beschädigten Häuser, trieben die eingeschüchterten Bewohner ins Freie, verschütteten Benzin und legten Brände, die tagelang wüteten und noch Wochen danach schwelten. Ganze Viertel loderten. Am 10. Mai ging die für die Dauer der Belagerung in der Annakirche eingelagerte unschätzbare Büchersammlung der Universitätsbibliothek in Flammen auf. Am 15. legte eine gewaltige Feuersbrunst das Museum am Schlossplatz in Schutt und Asche und löste eine Explosion aus, die die Zwillingstürme der Maria-Magdalenen-Kirche zerstörte. Zwei Tage lang flammte ein offener Kampf zwischen rivalisierenden sowjetischen Einheiten um die ehemaligen deutschen Nahrungsmitteldepots in der Sternstraße auf. Die Vorstellung, Breslau sei schon durch die Belagerung vollständig zerstört worden, muss angesichts dieser Vorkommnisse relativiert werden.

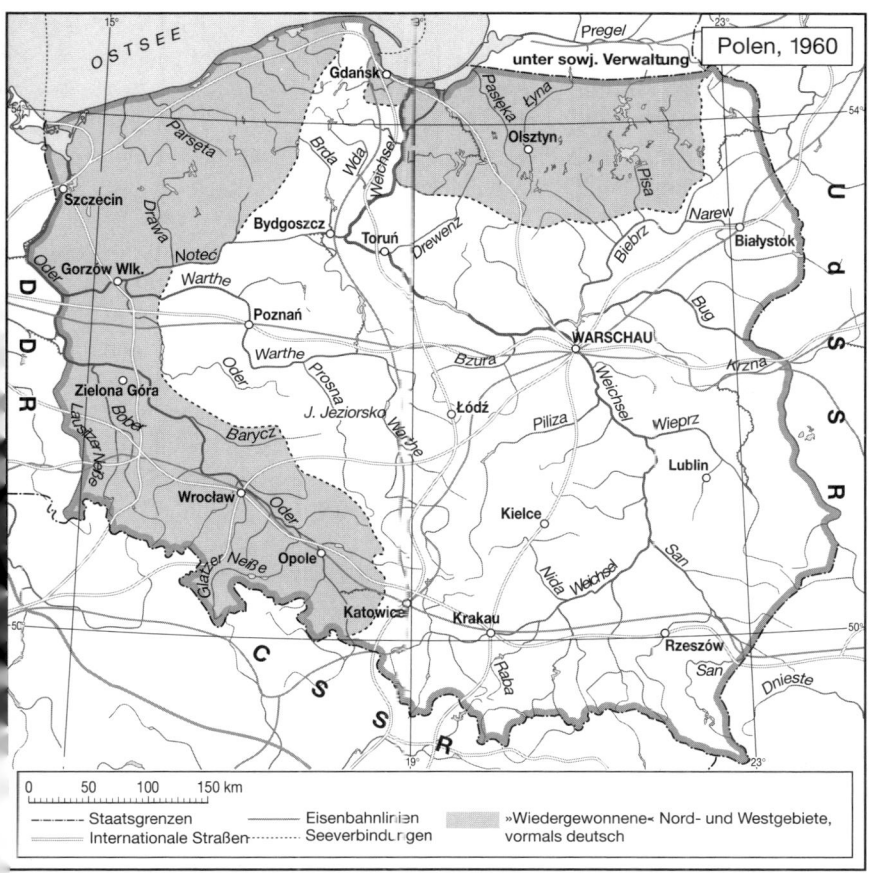

Inmitten des Chaos hielt die sowjetische Armee eine Siegesparade ab. Während Rauchschwaden über der Stadt trieben, defilierten die siegreichen Soldaten der 6. Armee Generalleutnant Gluzdowskys auf dem Flugplatz in Pilchitz an einer Ehrenformation vorbei.[4] Neben der Tribüne hing ein Transparent:

ДА ЗДРАВСТВУЕТ ПАРТИЯ БОЛЬШЕВИКОВ РУКОВОДИТЕЛЬНИЦА ПОБЕДЫ НАД ФАШИСТСКИМ ИГОМ

(»Lang lebe die Partei der Bolschewiki, Führerin des Sieges über das deutsche faschistische Joch«)

Neben Gluzdowsky nahmen seine beiden Stellvertreter die Parade ab: der oberste Politoffizier, Generalmajor Wassilj Klokow, und Generalmajor Kwashniewsky. Sowohl Gluzdowsky als auch Kwashniewsky waren sowjetische Offiziere polnischer Herkunft.

Brandstiftung, Vergewaltigung, Raub und systematische Plünderung gingen ungehemmt weiter. Nach einiger Zeit änderte sich jedoch das Muster. Sobald die größeren sowjetischen Einheiten abgezogen waren, blieben die kriminellen Verstöße einzelnen Deserteuren und Freibeutern überlassen. Die sowjetischen Behörden konzentrierten ihre ganze Energie nun darauf, jede Anlage zu demontieren, die ihnen gefiel. Am 1. Juni bauten sowjetische Soldaten Breslaus wichtigstes Elektrizitätswerk in der Vorstadt Siechnica (Kraftborn) ab. Von dort aus wandten sie sich den beiden Fabriken der FAMO zu, aus denen alle unbeschädigten Maschinen entfernt wurden, und anschließend den Linke-Hofmann-Werken, die ebenso ausgeräumt wurden. Eisenbahngleise, Straßenlaternen und Überlandleitungen wurden rücksichtslos abtransportiert. Auf dem Bahnhof Psie Pole (Hundsfeld) wurden Güterzüge bereitgestellt, um alles und jedes in die UdSSR zu transportieren. Auch private Plünderer bedienten sich der Züge:

»Hunderte von Eisenbahnwaggons jeder Form und Größe standen auf einer weiten, sumpfigen Wiese inmitten knietiefer Wasserpfützen. Sobald eine Gruppe von Passagieren aus einem Zug ausstieg, kletterte eine andere Gruppe mit ihren Säcken voller Beute, Bilder, Bettzeug und anderen Gegenständen, die sie hatten mitgehen lassen, an Bord.«[5]

Die meisten Augenzeugen betonen den unstillbaren Hunger nach Armbanduhren, Fensterrahmen und Schubkarren. Auch Fahrräder waren heiß begehrt. Aber es gab noch eine andere Obsession:

»O ja, Klaviere waren eine echte sowjetische Spezialität. Sie sind teuer, schön und elegant. Jedenfalls sind die Russen ein musikalisches Volk. In unserem Mietshaus gab es fünf Klaviere, eines für jede Familie... Dann fuhr eines Tages ein sowjetischer Laster vor. *Dawai!* (Gebt sie her!) Wir bitten sie: ›Lasst uns wenigstens eines.‹ Aber es heißt: *Njet, njet, njet.* Dann schlug mein Vater eine Tastatur an, um zu zeigen, dass sie nicht funktionierte. Also ließen sie uns dieses eine da. Und so ist es mir im Gedächtnis geblieben: ein Klavier, das inmitten der Ruinen einsam und verlassen auf der Straße steht.«[6]

Kapitel 8: Wrocław (1945-2000)

Zwar gab es auch bewaffnete Patrouillen des NKWD und später des polnischen »Korps für Innere Sicherheit« (KBW), um Plünderer und Räuber zu fangen, doch diese gingen nicht sehr streng vor.

Am 8. Mai wurde der »Friede in Europa« verkündet. In Wrocław war das irrelevant. Für die sowjetischen Besatzer ging die Ausplünderung nach Plan weiter. Die »Stunde null« war für sie ohne Bedeutung, und für die deutschen Zivilisten war keine Erleichterung in Sicht. Doch gleich am nächsten Tag geschah etwas Unerwartetes. Eine Voraustrupp von 13 polnischen Verwaltungsbeamten traf ohne Vorankündigung ein, übernahm ein unbeschädigtes Haus in der Blücherstraße 25/27 und brachte feierlich das Emblem des polnischen Staates über der Eingangstür an. Die Verwaltungsbeamten waren von dem »Marionettenkomitee«* ernannt worden, dem Stalin die Verantwortung für das sowjetisch besetzte Polen übertragen hatte, und waren beauftragt worden, Anspruch auf die Hauptstadt Niederschlesiens zu erheben. Am 10. stieß eine weitere Gruppe selbst ernannter Kollegen, unter ihnen der »Stadtpräsident« Bolesław Drobner (1883–1968) sowie eine Sondereinheit des gefürchteten, kommunistisch geleiteten Staatssicherheitsamtes (»Urząd Bezpieczeństwa«; UB), zu ihnen. Ihre Anwesenheit war, gelinde ausgedrückt, ungewöhnlich. Tatsächlich war sie nach internationalem Recht illegal. Bis jetzt hatte Polen noch keine international oder intern sanktionierte Regierung, und es war zweifellos zu keiner offiziellen Veränderung der Grenzen Deutschlands oder Polens gekommen. Bis zur Einsetzung der polnischen Provisorischen Regierung der Nationalen Einheit (TJRN), wie sie die Übereinkunft von Jalta vorsah, waren es noch sieben Wochen. Die alliierte Konferenz in Potsdam, die Deutschlands Zukunft bestimmen sollte, würde erst in knapp drei Monaten zusammentreten. Also schufen die polnischen Verwaltungsbeamten, die am 9. Mai 1945 Anspruch auf Wrocław erhoben, einen klassischen *fait accompli*. Auf Anweisung ihrer politischen Herren wollten sie gewährleisten, dass Wrocław sicher in polnischen Händen ist, bevor die siegreichen Alliierten auch nur über die Frage diskutieren konnten. Natürlich besaßen sie auch keine Genehmigung der sowjetischen Militärbehörden, doch immerhin verständigte man sich auf vorläufige Regelungen bei einem Treffen mit drei sowjetischen Obristen am 11. Mai. Aber erst als eine von Bolesław Drobner angeführte Delegation am 13. ins Hauptquartier von Marschall Konew nach Żagań (Sagan) gereist war, konnte man sich korrekt der sowjetischen Einwilli-

---

* Polnisches Komitee für die Nationale Befreiung (Polski Komitet Wyzwolenia Narodowego, PKWN), das später so genannte »Lubliner Komitee« (A. d. Ü.).

gung versichern. Vorläufig würde die polnische Verwaltung ihre Aktivitäten mit den Büros zweier paralleler, von den Kommunisten ernannter Funktionsträger koordinieren – dem »Bevollmächtigten für den Bezirk Niederschlesien« der Provisorischen Regierung Polens, Stanisław Piaskowski, und dem vorgesetzten Generalbevollmächtigten für die so genannten »Wiedergewonnenen Gebiete«, Edward Ochab. Um ihren Einfluss bei der deutschen Bevölkerung zu verstärken, erkannte sie eine der konkurrierenden antifaschistischen Gruppen, die DVA, an, an deren Mitglieder Ausweise ausgegeben wurden. Doch die prekäre Lage der polnischen Verwaltungsbeamten kann nicht genug betont werden. Als Präsident Drobner am 26. Mai auf dem Schlossplatz eine zweite Militärparade organisierte, wurde der Vorbeimarsch von Soldaten der 2. polnischen Armee, die an der Eroberung Berlins teilgenommen hatte und die nun nach Schlesien abkommandiert wurde, größtenteils von Zuschauern in sowjetischen Uniformen verfolgt. Im bewussten Nachvollzug der Siegesparaden, die von den Nationalsozialisten 1939 und 1940 dort abgehalten worden waren, marschierte polnische Infanterie, Artillerie und Kavallerie über den Schlossplatz (der nun Plac Wolności, »Freiheitsplatz«, hieß) – nur dass auf den Hakenkreuzfahnen, die einst über den Köpfen geflattert hatten, nun mit Begeisterung herumgetrampelt wurde.

Viele schlecht informierte Kommentatoren haben, wenn sie sich zu den Ereignissen jener Tage äußerten, behauptet, »die Polen« hätten Breslau an sich gerissen, und viele der Straftaten und Ungerechtigkeiten, die folgten, seien »von Polen« begangen worden. Solche Behauptungen bedürfen der Korrektur. Wichtig ist zu klären, welche Polen man beschuldigt. Natürlich kann kein Zweifel daran bestehen, dass Bolesław Drobner und die meisten seiner Kollegen Polen waren und sich selber niemals für etwas anderes hielten. Drobner hatte einst in den Legionen Piłsudskis gekämpft, hatte Jahrzehnte für den linken Flügel der Polnischen Sozialistischen Partei (»Polska Partia Socjalistyczena«; PPS) gearbeitet und sollte noch jahrelang in der lokalen Verwaltung seiner Geburtsstadt Krakau tätig sein. Auf der anderen Seite muss hervorgehoben werden, dass alle politischen Organisationen im Nachkriegspolen, die von Männern wie Drobner geleitet wurden, fast keinerlei Rückhalt in der Bevölkerung hatten. Sie wurden 1944/45 auf Anweisung aus Moskau aufgebaut und waren vollkommen von der nicht allzu feinfühligen Unterstützung der Sowjets abhängig. Sie waren Diener einer fremden Macht, die Polen ebenso überrannt hatte, wie sie halb Deutschland überrannt hatte. In den Augen der großen Mehrheit des polnischen Volkes waren sie Verräter und Unterdrücker oder bestenfalls Opportunisten. Legitime polnische Interessenvertreter waren sie nicht.

Drobner war sogar noch einige Jahre zuvor Gefangener im sowjetischen Gulag gewesen, ebenso wie sein Kollege Aleksander Zawadski, dem die Verantwortung für Oberschlesien übertragen worden war und der 1952 Präsident der Polnischen Volksrepublik wurde. Diese Männer lebten von fremden Gnaden und waren durch unsichtbare Ketten gefesselt. Sie wurden ausrangiert, sobald ihre Dienste nicht mehr gebraucht wurden. Sie waren bessere bürokratische Sklaven, die die Hauptmasse der Heloten überwachte. Ohne soliden einheimischen Rückhalt verwandelten sie sich in skrupellose Karrieristen und willige Hilfskräfte, die die Drecksarbeit erledigten. Drobner selber brachte ein Projekt an die Öffentlichkeit, das die Schaffung eines geldlosen Wirtschaftssystems und die Aufteilung der Stadt in deutsche und polnische Sektionen vorsah. Es erhielt den Spitznamen »Drobner-Republik«. Dieses Projekt war der Grund dafür, dass seine Tage in Schlesien gezählt waren.

Ebenso muss betont werden, dass niemand im Polen der ersten Nachkriegsjahre ein wirklich kommunistisches Regime hätte einrichten können. Stalin verglich die Aufgabe damit, »einer Kuh einen Sattel aufzulegen«. Zum einen war der Kommunismus den katholischen Polen immer schon zutiefst unsympathisch gewesen und war es doppelt nach den sowjetischen Verfehlungen der Jahre 1939 bis 1941. Zum anderen hatte Stalin den schlimmen Fehler begangen, praktisch alle Aktivisten der Polnischen Kommunistischen Partei der Vorkriegszeit im Rahmen der großen Säuberung 1937/38 zu ermorden. Die Folge war, dass es knapp ein Jahrzehnt später nicht einmal mehr genug geschulte polnische Kommunisten gab, um eine Fabrik zu leiten, geschweige denn ein Land von 30 Millionen Einwohnern. Es sollten drei Jahre vergehen, bevor die wieder erstandene kommunistische Bewegung Polens genügend neue Mitglieder anziehen konnte, um an die Übernahme der Macht und die Schaffung einer »Volksrepublik« nach sowjetischem Muster zu denken. In der Zwischenzeit musste Stalin sich mit unechten Frontorganisationen behelfen, die vorgaben, »polnisch«, »volksverbunden« und »demokratisch« zu sein, aber nichts von alledem waren. Es war eine Diktatur von Handlangern.

Schließlich muss man sich bewusst machen, dass der polnische Anspruch auf die so genannten »Wiedergewonnenen Gebiete«, deren Juwel Wrocław war, beinahe zur Gänze das Produkt sowjetischer Politik war. Mit den eigenen Zielen der Polen hatte er wenig zu tun. Keine verantwortungsvolle politische Partei und kein verantwortungsbewusster politischer Führer Polens hatte vor 1945 Anspruch auf Wrocław erhoben.[7] Die polnische Exilregierung hatte die Frage im Kontext einer in Vorschlag gebrachten polnisch-tschechischen Konföderation diskutiert. Aber sie wurde niemals in eine feste Form gegossen. Auch war sie von nationalistischen Kreisen im Niederschlesien der Vorkriegszeit aufgeworfen worden, so von Pater Karol Borgieł (alias Milik, 1892–1976), einem Militärkaplan, der eine berühmte Ansichtskarte herausgebracht hatte, die eine Karte mit Breslau und Stettin auf der polnischen Seite der Grenze zeigte. Aber die öffentliche Meinung machte sie sich nie zu eigen. Vor der Potsdamer Konferenz hatten sich nicht einmal die prosowjetischen Elemente, die Polen führten, offen zu dem Anspruch bekannt, für den Moskau sie insgeheim proben ließ. Wrocławs Verbindungen zum so genannten piastischen Erbe waren bis zum 20. Jahrhundert beinahe vollständig aus dem nationalen Gedächtnis Polens verschwunden. Die Idee, alte deutsche Städte und Provinzen Polen zu übertragen, hätte niemals Wurzeln geschlagen, wenn da nicht die intensive sowjetische Propaganda gewesen wäre, zu der die Erkenntnis kam, dass die sowjetische Annexion der östlichen Provinzen Polens nicht mehr rückgängig gemacht werden konnte. Wäre Polen nicht gezwungen gewesen, Wilna und Lemberg aufzugeben, hätten viele Polen trotz der durch die nationalsozialistischen Gräueltaten hervorgerufenen ungeheuren Wut wohl kaum gesteigerten Wert darauf gelegt, Wrocław oder Stettin zu beanspruchen. Danzig vielleicht schon, aber Wrocław nicht.

Unter den gegebenen Umständen war die misshandelte und doppelt besiegte polnische Nation in großen Schwierigkeiten. Denn die sowjetischen Behörden säuberten die von der UdSSR besetzten Provinzen eifrig von Volkspolen, so wie sie es schon in den Jahren 1939 bis 1941 getan hatten. Polen benötigte daher dringend eine territoriale Kompensation, und die Westmächte waren im Prinzip bereits von dem uralten Plan Moskaus, die Polen mit deutschem Land zu entschädigen, überzeugt worden. Dieser Plan war schon 1914 debattiert worden.[8] Die »Großen Drei« hatten sich 1943 in Teheran insgeheim darauf verständigt, und er war in Jalta öffentlich gemacht worden. Als Drobner und seine Leute im Mai 1945 einzogen, gab es in Wrocław außer einer Gemeinschaft ehemaliger Zwangsarbeiter, einem Trupp Eisenbahner und einer Abordnung der Sonderpolizei keine Polen, die sie hätten begrüßen können. Doch Wilna, Lemberg und viele andere ostpolnische Städte waren seit mehr als einem Jahr von den Sowjets besetzt. Polnische Vertriebene aus dem Osten waren bereits unterwegs. Es war nur eine Frage der Zeit, bis sie und Millionen anderer enteigneter Landsleute überzeugt davon waren, dass Wrocław ihnen zustand. Selbst jene, die der Propaganda nicht erlagen, mussten zugestehen, dass die Stadt notwendigerweise ihnen gehören müsse.

Die polnischen Vertriebenen aus der Sowjetunion wurden euphemistisch als »Repatrianten« bezeichnet. Der Begriff verschleierte praktischerweise, dass ihre Umsiedlung unfreiwilliger Natur war und dass ihre Bestimmungsorte eigentlich im Ausland lagen. Ihre Zahl reichte anfänglich indes nicht aus, das ethnische Gleichgewicht der Bevölkerung Wrocławs zu erschüttern. Das »Polnische Repatriierungsamt« (PUR) richtete im Mai 1945 eine Aufnahmestelle im Bahnhof Psie Pole (Hundsfeld) und im Juli eine weitere in der Stadt ein, in der Pauliner Straße. Das erste nach dem Krieg geborene polnische Kind Wrocławs – ein Junge – kam am 11. Juni gesund zur Welt. Der erste Zug voller deutscher Vertriebener, hauptsächlich Mitglieder der diskreditierten Antifa-Ausschüsse, fuhr am 6. Juli ab. Die schlesische Metropole war zudem Zwischenstation für gewaltige Flüchtlingsströme. Der größte Teil der Flüchtlinge waren polnische »Displaced Persons«, die aus Deutschland zurückkehrten, und Sudetendeutsche, die aus Böhmen flohen, wo zu dieser Zeit bereits besonders brutale Vertreibungen eingesetzt hatten.

In den drei Monaten zwischen dem Ende der Belagerung und der Potsdamer Konferenz wurden verschiedene soziale Aktivitäten, städtische Dienstleistungen und Institutionen wieder belebt:

12. Mai: polnische Messe in der Antoniuskirche;
16. Mai: das Postamt in der Matthiasstraße öffnet wieder;
18. Mai: eine chirurgische Station im Allerheiligenhospital wird in Betrieb genommen;
20. Mai: das Bezirksgericht »Sąd Grodski«) nimmt die Arbeit auf;
27. Mai: das Volkstheater in der Gartenstraße spielt;
29. Mai: erste polnische Eheschließung auf dem Standesamt;
31. Mai: das städtische Komitee der Polnischen Sozialistischen Partei (PPS) gegründet;
10. Juni: *Nasz Wrocław*, die erste polnische Tageszeitung, erscheint;
16. Juni: der Film *Majdanek* ist in den »Warschau«-Lichtspielen zu sehen;
25. Juni: die erste städtische Buslinie fährt nach Karlowitz;
29. Juni: Konzert des städtischen Sinfonieorchesters;
12. Juli: eine Zweigstelle der Polnischen Staatsbank öffnet;
19. Juli: die Widau-Eisenbahnbrücke wird in Betrieb genommen;
21. Juli: ein Vortrag von *Pan Tadeusz** im Stadttheater (Oper).

---

* *Pan Tadeusz oder Die letzte Fehde in Litauen*; Versepos von Adam Mickiewicz (1798–1855) (A. d. Ü.).

Zu diesem Zeitpunkt waren andererseits noch sämtliche Einzelhandelsgeschäfte geschlossen. Die deutsche Reichsmark war für ungültig erklärt worden, aber offiziell war noch keine polnische Währung in Umlauf.

Die gewaltige Aufgabe, die Trümmer des Krieges zu beseitigen, wurde ohne nennenswerte Beteiligung der sowjetischen Armee und ohne Hoffnung auf raschen Fortschritt in Angriff genommen. Alle deutschen Bürger erhielten die Anweisung, sich zum Dienst in Arbeitsbrigaden zu melden. Meistens arbeiteten sie mit bloßen Händen. Tausende verwesender Leichen mussten begraben werden. Tausende von Minen mussten entschärft werden. Herabgestürztes Mauerwerk musste beiseite geräumt werden, um Wege durch blockierte Straßen zu schaffen. Einsturzgefährdete Häuser mussten abgerissen werden, geborstene Abwasserrohre und Wasserleitungen, zerstörte Straßenbahngleise und Stromleitungen mussten notdürftig geflickt werden. Ein paar Fabriken waren noch in Betrieb und verfügten sogar noch über eine gemischte Belegschaft aus Deutschen, ehemaligen Zwangsarbeitern und Kriegsgefangenen. Die meisten waren von den Sowjets requiriert worden, die bis Juni warteten, bevor sie 45 wichtige Anlagen übergaben.

Der Ingenieur, der kurz darauf mit der Wiederinbetriebnahme der städtischen Kornmühlen beauftragt wurde, erinnert sich an die Absurditäten dieser Wochen. Eines Tages sei ein sowjetischer Kommandant hereingeplatzt und habe gebrüllt, er brauche Mehl. Auf die Auskunft des Ingenieurs, dass kein Mehl gemahlen werden könne, da sowjetische Soldaten vor kurzem alle Maschinen abtransportiert hätten, habe er mit den Achseln gezuckt. Die Frage, wo denn die Maschinen hingekommen seien, beantwortete er knapp: »Za Ural«, »hinter den Ural«. Ein paar Wochen später lieferte eine Abordnung des Kommandanten eine Ladung aller nur möglichen Mahlgerätschaften ab, die in anderen Orten Deutschlands geraubt worden waren.[9]

Das Schicksal Zehntausender von Kriegsgefangenen und anderer Häftlinge, die die Nationalsozialisten gezwungen hatten, während der Belagerung für sie zu arbeiten, ist noch immer nicht geklärt. Genaue Zahlen sind unmöglich zu ermitteln, aber einige, vor allem Polen, haben überlebt und über ihre schlechte Behandlung berichtet.[10] Man hört auch, dass ein erhebliches Kontingent an Ex-Gefangenen als Belegschaften für die Bergwerke des Reviers von Wałbrzych (Waldenburg) abgezogen worden sei. Trotzdem sieht es so aus, als seien viele einfach verschwunden. In den Wirren des Jahres 1945 wurden wenig Fragen gestellt. Aber heutzutage sind Nachforschungen notwendig. Hätte die SS ihre Gefangenen am Ende der Belagerung erschossen, wären Spuren eines großen Massakers in

Kapitel 8: Wrocław (1945–2000) 515

letzter Minute nicht zu verwischen gewesen. Hätte die SS sie nicht erschossen, hätten sie dem NKWD in die Hände fallen müssen. Und was dann? In Ermangelung eindeutiger Informationen muss man annehmen, dass es ihnen so ergangen ist wie allen sowjetischen Heimkehrern: Nach Kenntnis der allgemeinen Politik Stalins hat er sie entweder erschießen lassen oder sie in den beinahe sicheren Tod in die Lager geschickt.[11] Es ist deshalb absolut möglich, dass unter den deutschen Soldaten, die unter sowjetischer Bewachung aus Wrocław herausgeführt wurden, auch viele ehemalige sowjetische Kriegsgefangene waren.

Ein anderer »weißer Fleck« in dem Wirrwarr der Nachkriegstage betrifft das Schicksal von Polen aus Gebieten, die Anfang 1945 nicht Polen zugeschlagen worden waren. Zahlreiche solche Gebiete lagen in Pommern und andere sowohl in Ober- als auch in Niederschlesien. Zigtausend Männer und Frauen wurden von den sowjetischen Behörden zusammengetrieben und in den Gulag deportiert. Sie wurden Opfer der paranoiden Politik Stalins, der die »Sicherung rückwärtiger Gebiete« betrieb, indem er Spannungen in an der Front gelegenen Abschnitten verhindern wollte. Eine in den neunziger Jahren durchgeführte Erhebung erbrachte allein für Schlesien 30 000 Namen. Viele starben. Die Überlebenden wurden 1946/47 aus Russland zurück nach Frankfurt an der Oder gebracht, wo sie mit Papieren ausgestattet wurden, die (fälschlich) ihre Freilassung »aus der Gefangenschaft in Deutschland« dokumentierten. Diejenigen unter ihnen, die bereits im Besitz von Totenscheinen für Freunde und Angehörige waren, die in Russland gestorben waren, erhielten neue Bescheinigungen, die als Todesort (fälschlicherweise) einen Ort in Polen angaben.[12]

Die Spannungen verschärften sich mit dem Näherrücken der Potsdamer Konferenz. Am 9. Juni, nach genau einem Monaten im Amt, wurde Bolesław Drobner befohlen, zurückzutreten. Er wurde durch Alexander Wachniewski ersetzt, ein Mitglied der Kommunistischen Polnischen Arbeiterpartei (»Polska Partia Robotnicza«; PPR), der verkündete, seine Partei übernehme die Kontrolle. Solche Ankündigungen hatten nicht allzu viel Gewicht, da die sowjetischen Militärbehörden nach wie vor einen deutschen Stadtpräsidenten unterstützten, den sie parallel dazu ernannt hatten und der seine eigene »Ordnungspolizei« unterhielt. Die Sowjets gingen auf Nummer sicher.

Für das Schicksal Wrocławs waren drei Entscheidungen der Potsdamer Konferenz von besonderer Bedeutung. Erstens bekräftigten die drei Regierungschefs ihre Ansicht, »dass die endgültige Festlegung der Westgrenze Polens bis zu der Friedenskonferenz zurückgestellt werden soll«. Aber eine allgemeine Friedenskonferenz wurde niemals abgehalten, und ein endgültiger Friedensvertrag kam nie zustande. Zweitens sollten »bis zur endgültigen Festlegung der Westgrenze Polens die früher deutschen Gebiete östlich der Linie, die von der Ostsee unmittelbar westlich von Swinemünde und von dort die Oder entlang bis zur Einmündung der Lausitzer Neiße und von der Lausitzer Neiße bis zur tschechoslowakischen Grenze verläuft..., unter die Verwaltung des polnischen Staates kommen«. Die Oder-Neiße-Linie ließ Wrocław vollständig auf der polnischen Seite. Doch »unter die Verwaltung« beabsichtigte eindeutig, nicht bis zur »rechtmäßigen Annexion« zu gehen. Vom juristischen Standpunkt aus war die Übertragung Wrocławs unter polnische Herrschaft provisorischer Natur. Schließlich erklärte das Potsdamer Abkommen, »dass die Überführung der deutschen Bevölkerung oder Bestandteile derselben, die in Polen, der Tschechoslowakei oder Ungarn zurückgeblieben sind, nach Deutschland durchgeführt werden muss... dass jede derartige Überführung, die stattfinden wird, in ordnungsgemäßer und humaner Weise erfolgen soll«.[13]

Diese Bestimmungen des Potsdamer Abkommens sind allgemein bekannt. Was jedoch nicht immer erkannt wird, ist die Tatsache, dass Wrocław im Unterschied zum Rest der ehemaligen deutschen Gebiete lediglich als Ergebnis eines Sinneswandels in letzter Minute Polen übertragen wurde. Sowohl Churchill als auch Truman hatten eigentlich geplant, »Stettin und Breslau auf der deutschen Seite der Grenze zu belassen«.[14] Ihre Sicht der »Oder-Linie«, wie sie sie ursprünglich nannten, sah eine Grenze vor, die entlang der Oder und der Glatzer Neiße verlief. In diesem Fall wäre Wrocław eine zweigeteilte Stadt geworden, wobei der Hauptteil der Stadt in Deutschland und nur die Vorstädte auf dem rechten Oderufer in Polen gelegen hätten. Vor allem Churchill lag viel daran, Polen nicht zu überlasten. »Es wäre bedauerlich«, hatte er in Jalta angemerkt, »die polnische Gans so mit deutschem Futter voll zu stopfen, dass sie an Magenverstimmung stirbt.«[15] Truman seinerseits »mochte die Art nicht, wie die Polen dieses Gebiet besetzt hatten, ohne die ›Großen Drei‹ zu konsultieren«. Als Stalin dann am Nachmittag der sechsten Plenarsitzung am 22. Juli 1945 zum ersten Mal die Lausitzer Neiße erwähnte – unmittelbar nachdem die Amerikaner von dem erfolgreichen Atombombentest in New Mexico erfahren hatten –, wies Churchill die Vorschläge als unannehmbar zurück.

Es war Churchill, der dann vorschlug, die Führer der polnischen Regierung sollten ihren Fall persönlich vortragen. Das anschließende Treffen zwischen Churchill und einer polnischen Delegation unter Leitung von Bolesław Bierut war von Missverständnissen seinerseits geprägt. Churchill verstand nur wenig von den polnischen Realitäten, und offensichtlich

Kapitel 8: Wrocław (1945–2000)

war ihm unbekannt, dass Bierut nicht nur Vorsitzender des »Landesnationalrates« (»Krajowa Rada Narodowa«; KRN) Polens war, sondern auch sowjetischer Berufsoffizier, der durch die Komintern aufgestiegen war. Churchills Vortrag über »polnische Unabhängigkeit«, »Freundschaft mit Sowjetrussland«, »territoriale Mäßigung« und »Mehrparteienpolitik« konnte deshalb wenig Eindruck machen. »Ich bin nicht der Ansicht«, fügte er noch hinzu, »dass nur Kommunisten Demokraten sind.« Außer zur territorialen Frage erwiderte Bierut klugerweise nichts. Später beschwichtigte er Churchill, Polens Entwicklung »würde auf die Prinzipien der westlichen Demokratie« und »das englische Modell gegründet«, mehr noch, die polnischen Wahlen würden »noch demokratischer als die in England« sein. Über den NKWD, der ihn selbst kontrollierte, führte er aus: »Der NKWD spielt in Polen zur Zeit keine Rolle.« Churchill flog gleich am nächsten Tag nach London, wo er von seiner Niederlage bei den britischen Unterhauswahlen erfuhr. Die amerikanische Delegation in Potsdam stand ohne ihren britischen Partner da. Am 29. Juli schlug Truman vergeblich noch einmal die Glatzer Neiße vor. An diesem Abend wies Stalin die polnische Delegation an, den Fluss Kwisa (Queis) zu akzeptieren – ein sehr kleines Zugeständnis. Aber am Morgen des 30. Juli gaben die Amerikaner sich widerspruchslos mit der Lausitzer Neiße zufrieden. Erst da war sicher, dass Wrocław an Polen fallen würde. »Ich hätte der Lausitzer Neiße niemals zugestimmt«, schrieb Churchill später, »und sparte sie für eine abschließende Kraftprobe auf.«[16] Aber die abschließende Kraftprobe fand nie statt. War der britische Staatsmann bei seinem Eintreten für die Stadt vielleicht durch seinen 39 Jahre zurückliegenden Besuch im deutschen Breslau beeinflusst (siehe S. 343f.)?

Die detaillierten Bestimmungen zur Umsetzung des Potsdamer Abschlussprotokolls sind in einer Mitteilung des Alliierten Kontrollrats in Berlin nachzulesen:

> »(...)
>
> (2) Die gesamte deutsche Bevölkerung, die aus Polen entfernt werden soll (3,5 Millionen Personen), wird von der Sowjetischen und der Britischen Besatzungszone in Deutschland aufgenommen
>
> (4) Es wird für möglich erachtet... nach dem folgenden Zeitplan... vorzugehen:
> Im Dezember 1945 zehn Prozent der Gesamtzahl
> Im Januar und Februar 1946 fünf Prozent...

Im März 1946 15 Prozent...
Im April 1946 15 Prozent...
Im Mai 1946 20 Prozent...
Im Juni 1946 20 Prozent...
Im Juli 1946 zehn Prozent...«[17]

Der Plan musste in vielen Belangen noch verbessert werden. Aber 95 Prozent der Deutschen, die innerhalb der neuen Grenzen Polens lebten, sollten laut Zeitplan bis August 1946 vertrieben sein. Das Schicksal der restlichen deutschen Breslauer war von den alliierten Mächten per Verfügung entschieden worden.

Nachdem die Potsdamer Entscheidungen verkündet waren, konnten die polnischen Behörden in den »Wiedergewonnenen Gebieten« mit viel größerer Selbstsicherheit und – was noch wichtiger war – mit der ungeteilten Unterstützung des sowjetischen Militärs agieren. Tatsächlich verhielten sie sich, als hätte die Potsdamer Konferenz eine endgültige Regelung getroffen, und sie überließen es anderen, entsprechende Teile von Karten mit dem vorsichtigen Hinweis »unter polnischer Verwaltung« zu versehen. Sie beharrten darauf, dass von Breslau ab sofort ausschließlich als von »Wrocław« gesprochen wurde, und sie machten es zum Zentrum einer neuen Wojewodschaft, die die Städte Oława (Ohlau) Sróda (Neumarkt), Wołów (Wohlau), Trzebnica (Trebnitz) Oleśnica (Oels) und, mit einiger Verzögerung, Legnica (Liegnitz) einschloss. Legnica wurde zum Sitz der sowjetischen Militärkommandantur in Polen bestimmt. Doch nach dem Gesetz gehörten die »Wiedergewonnenen Gebiete« 46 Jahre lang in keinem endgültigen Sinne zu Polen (siehe S. 607). Wrocław sollte all diese Jahrzehnte hindurch unter dem selten erwähnten, aber greifbaren Klima der Unbeständigkeit leiden.

Die katholische Kirche reagierte schneller auf die veränderten Umstände als die polnische Regierung. Vom Vatikan mit den erforderlichen Dokumenten ausgerüstet, traf der polnische Primas, Kardinal Hlond, am 12. August 1945 unangemeldet in Wrocław ein. Er beschied der deutschen Geistlichkeit, dass er die Kontrolle über die Diözesanverwaltung übernähme – vier Tage bevor zwischen der Polnischen Republik und der UdSSR ein Abkommen über den Transfer des gesamten deutschen Staatseigentums geschlossen werden konnte. Gegen Ende des Monats hatte sich niemand anderes als Pater Karol Milik als polnischer Diözesanadministrator im Dom niedergelassen. Es sollte eine Zeit polnisch-deutscher Kohabitation in Wrocławs Kirchen und eines langen Katz-und-Maus-Spiels zwischen Kirche und Staat folgen. Unter Pater Milik verpflichtete die Kir-

Kapitel 8: Wrocław (1945–2000) 519

che sich darauf, dem Kommunismus Widerstand zu leisten, aber auch die nationalistische Trommel zu rühren.

*

In den Jahren 1945 bis 1947 wurde die ethnische Zusammensetzung der Stadt drastisch verändert. In weniger als zwei Jahren schwand das deutsche Breslau in dem Maße, wie das polnische Wrocław zum Vorschein kam. Allerdings wurde im Sommer 1945 die deutsche Gemeinschaft vorübergehend durch Rückkehrer, die ihre Vorkriegsbesitztümer ausfindig machen wollten, sogar noch vergrößert. Doch schon bald steigerte sich das Tempo der organisierten Vertreibungen der Deutschen und in gleichem Maße auch die Zuwanderung von Polen. Ende Dezember 1945 waren in Wrocław nur 33 297 Polen gemeldet, aber weit mehr als fünfmal so viele Deutsche. Neun Monate später hatten sich die Positionen beinahe umgekehrt: 152 898 Polen standen jetzt 28 274 Deutsche gegenüber. Im März 1947 zählte Wrocław 214 310 Einwohner, von denen 196 814 Polen und nur 17 496 Deutsche waren. Der Nachfrage nach Facharbeitern war es geschuldet, dass die Schlussphase der deutschen Vertreibungen wieder langsamer voranging.

Das Elend der deutschen Zivilbevölkerung war für jeden Beobachter herzzerreißend. Führerlos, schutzlos und mittellos, bestand sie hauptsächlich aus älteren Männern, Frauen und Kindern, und sie waren allen Entbehrungen und Erniedrigungen ausgesetzt. Die hungernden, kranken und abgestumpften Deutschen mussten die volle Wucht der aufgestauten kollektiven Wut und Verachtung, die Sowjets und Polen während der langen Jahre des totalen Krieges in sich getragen hatten, aushalten. Überraschenderweise gehörte auch ein beträchtliches Kontingent deutscher Juden dazu. Ein Zeuge notierte im Juli 1945 nüchtern:

»Schon sterben in [Wrocław] jeden Tag 300–400 Menschen... Jetzt werden dieselben Vernichtungsmethoden auf uns angewendet, die wir auf andere Völker angewendet haben, nur dass... die Russen und die Polen nicht besinnungslos morden wie unsere Waffen-SS und Gestapo. Aber wenn man die Absicht betrachtet, läuft es auf dasselbe hinaus.«[18]

Die extreme Verzweiflung förderte devotes Verhalten. Die meisten deutschen Zivilisten benahmen sich wie ein besiegtes Volk: passiv und jeder Konfrontation ausweichend. Aber mehr als ein Bericht sprach darüber hinaus von außerordentlicher Selbsterniedrigung. »Die Kriecherei aller Deutschen vor den Vertretern der Roten Armee ist schwer zu beschreiben«, notierte ein Funktionär, »und die Prostitution deutscher Frauen erregt nichts als Ekel. Es sind nicht deutsche Frauen, die von sowjetischen Soldaten vergewaltigt werden, sondern, im Gegenteil, sowjetische Soldaten, die von deutschen Frauen angegangen werden, die sich prostituieren.«[19] Die Frage liegt nahe, ob nicht manche enttäuschten Angehörigen einer Gemeinschaft, der beigebracht worden war, sich als die Herrenrasse zu sehen, nach ihrer Niederlage reflexhaft die Haltung von Sklaven gegenüber den Bezwingern einnahmen. Die sowjetische Armee jedoch solcherart von jeder Schuld freizusprechen ist kaum angemessen.

Die Sowjets waren manchmal sogar bereit, deutschen Zivilisten zu helfen. Manche Berichte behaupten, dass Feldküchen zur Ernährung der Hungernden eingerichtet worden seien. Ein zwölfjähriger deutscher Junge erinnerte sich, wie er für die Soldaten sang und tanzte, um etwas von ihren Rationen abzubekommen:

> »So mengte ich mich bald unter die Soldaten, die je nach Temperament fluchten und mich verjagten, oder, sich vielleicht als Väter ihrer eigenen Kinder erinnernd, mich doch annahmen. So bleibt mir unvergessen, wie ich einmal, inmitten eines solchen Soldatenhaufens sitzend, deutsche Volksweisen sang, um nach jedem Lied die Hand aufzuhalten und schnell den Inhalt in meinem Bettelsack verschwinden zu lassen.
> Die Russen schienen ihren Spaß zu haben, forderten mich heraus, die Wodkaflaschen machten die Runde, und es dauerte nicht lange, so drehte ich mich wie ein Tanzbär, torkelnd zum Klange der Balalaika. Ein paar kräftige Züge an einer Papirossi, jener selbstgedrehten Zigarette aus dem kräftigen russischen Machorka, setzten dem Ganzen ein jähes Ende. Bleich, erschöpft sank ich in mich zusammen, den Bettelsack voll Klebba, dem russischen dunklen Brot, in Zeitungsfetzen verpackte kleinere Mengen Zucker, ein Stück Speck, alles Nahrungsmittel, die zur eisernen Ration eines jeden Russen gehörten. Mit letzter Kraft schleppte ich mich nach Hause, voller Stolz, und konnte doch nicht verstehen, warum meine Mutter in Tränen ausbrach.«[20]

Auch die Polen waren erstaunt über die Unterwürfigkeit mancher Deutscher. Ein junger polnischer Zeuge sollte sich später jedoch sehr kritisch an das Verhalten seiner Landsleute erinnern:

»Die polnischen Neuankömmlinge nutzten die verbliebenen Deutschen auf widerlichste Weise aus und quälten sie. Die Not der Einheimischen ausbeutend... ließen sie keine Gelegenheit aus, sie an das zu gemahnen, was ihre eigenen Landsleute unter Nazideutschland hatten erleiden müssen. Ich war damals ein empfindlicher Bursche, aber ich erkannte, was (für ein Grauen) Kollektivschuld werden kann, selbst wenn sie für sehr reale Verbrechen verhängt wird.«[21]

Die bedenklichsten Zustände herrschten im Sommer und Herbst 1945. Unter dem neuen Rationierungssystem erhielten Deutsche nur ein Drittel bis die Hälfte der Nahrungsmittel, die anderen zugestanden wurden, und an allen Verteilerstellen zwang man sie, am Ende der Schlange zu warten. Im Juli ersetzte der Złoty die Reichsmark zu dem extrem hohen Kurs von 1 zł = 2 RM. Aber viele Deutsche wurden gezwungen, ganz ohne Bezahlung zu arbeiten, womit man sie dazu trieb, zu streiken, zu protestieren und in zunehmendem Maße von Bettelei, vom Verkauf ihrer Besitztümer oder von Prostitution und Verbrechen zu leben. Ankommende Polen zwangen deutsche Familien oft, ohne viel Federlesens ihre Häuser oder Wohnungen zu verlassen. Dies veranlasste die Behörden, die Obdachlosen in gekennzeichnete Straßen umzusiedeln, womit sie eine informelle Art von »Ghetto« schufen. Zwei oder drei deutsche Familien mussten sich eine Wohnung teilen. Die Überfüllung zog Krankheiten nach sich. Die Todesfälle durch Typhus oder Diphtherie oder durch Selbstmord vervielfachten sich. Kinder erlagen der Ansteckung am leichtesten. Polen wurden kostenlos geimpft, Deutschen wurden 100 zł berechnet. Haushalte, die von einer ansteckenden Krankheit befallen waren, mussten eine schwarze Fahne aus dem Fenster hängen. Einigen Berichten zufolge mussten Deutsche am linken Arm eine weiße Armbinde mit dem Buchstaben »N« für »Niemiec« tragen. Der erste Zug mit Vertriebenen sollte den Hauptbahnhof planmäßig am 1. Oktober verlassen und wurde ungeduldig erwartet. »Antifaschisten« wurden bevorzugt.[22]

Inmitten des allgemeinen Leids war das Schicksal des Dramatikers Gerhart Hauptmann besonders tragisch. Er wohnte seit 1902 im Haus Wiesenstein in dem Dorf Jagniątków (Agnetendorf). Seine letzten Jahre hatte er, vom NS-Regime gerade noch geduldet, in der »inneren Emigration« verbracht. Im Jahr 1945, als er sein Ende nahen spürte (er starb 1946), hatte er den Wunsch geäußert, in seiner Heimat Schlesien begraben zu werden. Aber das neue Schlesien konnte diesem Wunsch nicht stattgeben. Im Frühjahr 1946 wurde Hauptmann eine bequeme Umsiedlung nach Dresden angeboten. Er lehnte ab. Im April suchten die sowjetischen Behörden ihn erneut auf, wobei sie betonten, dass er »um seiner eigenen Sicherheit willen« gehen müsse. Doch er wollte sich mit einem letzten Appell an das deutsche Volk richten, einem Aufruf zu Optimismus, Furchtlosigkeit und Einheit, aber seine Krankheit raubte ihm das Bewusstsein. Am 3. Juni stieß er seine letzten Worte hervor. Es war nicht der beabsichtigte Appell an die Menschlichkeit, sondern ein kaum vernehmliches »Bin – ich – noch – in – meinem – Haus?« Drei Tage später starb er. Seine Worte versinnbildlichen die Tragödie seines Volkes. Doch auch der Tote durfte nicht in Schlesien bleiben. Dem Sarg des Nobelpreisträgers legte man einen Klumpen schlesischer Erde bei, und er wurde auf der Insel Hiddensee nahe Rügen zur letzten Ruhe gebettet.[23]

Für die Mehrheit der Vertriebenen fand die erzwungene Reise in den Westen in zwei oder drei Etappen statt. Gewöhnlich wurden sie kurzfristig auf dem Platz ihres Dorfes oder ihres Stadtviertels zusammengerufen. Sie durften nur mitnehmen, was sie tragen konnten. Dann brachte man sie in ein Durchgangslager. In Wrocław gab es diese Lager unter anderem am Swiebodzki-Bahnhof (Freiburger Bhf.). Anschließend pferchte man sie in verriegelte Güterwaggons und transportierte sie in eine der alliierten Zonen des besetzten Deutschland. Jede Etappe hielt ihre speziellen Schrecknisse bereit. Ein Mann aus dem Dorf Brochów (Brockau) in der Nähe von Wrocław schilderte die erste Etappe:

> »In den ersten Januartagen 1947 bei strengstem Frost mußten wir eines Tages früh am Rathaus antreten und Stunde um Stunde warten, bis schließlich am Spätnachmittag der Befehl zum Abmarsch gegeben wurde... Bei Dunkelheit kamen wir ganz erschöpft in [Wrocław] an und mußten ins Lager, eine ganz verwahrloste Schule nahe dem Postscheckamt. Nachts mußten wir unser auf dem Hof abgestelltes Gepäck bewachen und gegen plündernde Banditen verteidigen. Nach einigen Tagen mußten wir durch die ›Kontrolle‹, wo uns durch polnische Zöllner viel Habe und Geld abgenommen wurde, bis wir dann schließlich nach endlosem Warten zum Freiburger Bahnhof ziehen mußten, unterwegs dauernd belästigt und beraubt durch Gesindel. Dann wurden wir gegen Mitternacht auf dem Bahnhof in Viehwagen verladen, die dunkel und kalt waren, und traten die Fahrt nach Westen an...«[24]

Polnische Beamte räumten freimütig ein, dass sie nicht in der Lage waren, ihre Schutzbefohlenen zu schützen. Um keine Aufmerksamkeit zu erregen, wurden die Vertriebenen gewöhnlich nachts fortgeschafft. Für Transporte von mehreren hundert Personen gab es nur zwei oder drei Wachtposten. Auf dem Bahnhof beteiligten sich auch die Eisenbahner an den Räubereien, die damals selbst häufig nichts zu essen oder kein Dach über dem Kopf hatten.

Ein Bericht des Bayerischen Roten Kreuzes über das Gemeinde-Flüchtlingslager Dingolfing vermittelt ein Bild von der elenden Lage der in den westlichen Besatzungszonen Deutschlands eintreffenden Vertriebenen:

»Der Mangel an Einrichtungsgegenständen macht sich hier besonders bemerkbar. Zu zweien bzw. dreien liegen Kinder und Erwachsene in einem Bett. Federbetten sind fast nicht vorhanden... Die Holzwände der Baracken sind dünn; Doppelfenster keine vorhanden.

Die Betten werden tagsüber als Sitzgelegenheit benützt... Der größte Teil der Lagerinsassen sind Fürsorgeunterstützungsempfänger. Diese Unterstützung reicht bei weitem nicht aus, um den Lebensunterhalt für die Familie zu bestreiten. Anschaffungen können überhaupt nicht gemacht werden. Unter den Insassen sind Tbc-Kranke, Invaliden und alte Leute... Es fehlt an Bekleidung, Wäsche und Schuhwerk. Keiner hat mehr als einen Rucksack, Koffer oder ein Bündel Bekleidung aus der Heimat retten können. Die wenigen Sachen sind jedoch nach vier Jahren nicht mehr gebrauchsfähig. Die größte Not erstreckt sich aber auf Federbetten und Bettwäsche.«[25]

Die britischen Militärbehörden, die in ihrer Zone mehr als eine Million Vertriebene aufnahmen, sprachen von einer »Operation Swallow«. Im April 1946 protestierten sie gegen die herrschenden Zustände, im August korrigierten sie die Aufnahmeraten nach unten und im Dezember stoppten sie die Aufnahme ganz. Danach konnte kein Zug mehr über die Sowjetische Zone hinausfahren.

Mit der steigenden Zahl der Abgereisten nahm die Zahl der verbleibenden Deutschen ebenso ab wie ihre Sicherheit. Für die Banden in Wrocław, die inzwischen außer Kontrolle gerieten, waren sie eine leichte Beute und völlig schutzlos allen Angriffen ausgesetzt:

»Am 6. 2. 1946 um 7 Uhr morgens wurde ein 15jähriges, zur Pfarrjugend St. Maria gehöriges Mädchen, Renate B., als es die Jugendmesse in der Sebastianskapelle der Kirche St. Maria a. d.

Sande besuchen wollte, vor der Kapelle von einem polnischen Milizianten festgehalten, in die Trümmer in der Nähe des Freiburger Bahnhofes geführt und dort vergewaltigt und seiner Kleidungsstücke beraubt. – Am 10. 2., nachts 2 Uhr, drang eine bewaffnete Bande in das Domorganistenhaus, Domstraße 8, ein. Zunächst wurde der im Erdgeschoß wohnende Lehrer R. seiner letzten Habseligkeiten beraubt, so daß er seiner letzten Schuhe und Hosen verlustig ging... Sodann wurde der im gleichen Haus wohnende Studienrat L. mit seiner Familie ausgeplündert. – Am 13. 2. wurde die Domstraße 9, die Kurie des Domkapitulars Universitätsprofessor Prälat Dr. S., um 23 Uhr überfallen. Prälat S. mußte sich auf den Fußboden setzen und wurde von einem der Plünderer mit der Maschinenpistole in Schach gehalten. Sobald er sich rührte oder etwas sagen wollte, wurde er jeweils mit einer Reitpeitsche über den Kopf geschlagen... Die übrigen Plünderer raubten unterdessen die Kurie aus und luden alles, was ihnen wertvoll erschien, auf ein vor dem Hause wartendes Auto. Vergewaltigt wurde die 60 Jahre alte Gemahlin des vom Prälaten S. in seine Kurie aufgenommenen, im Januar dieses Jahres aus seiner Praxis und Wohnung vertriebenen Primär-Arztes Dr. V. – Am 15. 2. wurde Domstraße 7, die Kurie des Domkapitulars N., überfallen. Trotzdem alle Türen und Fenster verbarrikadiert waren, gelang es den polnischen Banditen, durch ein Fenster der Hofseite in das Haus einzudringen. Wie Prälat S. wurde auch Domkapitular N. bewacht und ins Gesicht geschlagen; inzwischen wurde das Haus geplündert und die im Hause befindlichen Flüchtlingsfrauen belästigt... Am 16. 2. um 22 Uhr sammelte sich vor der Kreuzkirche an der Bildsäule des hl. Johannes von Nepomuk eine Bande von etwa 30 Mann, die in das Pfarrhaus der Kreuzpfarrei eindrang und das von den verängstigten Bewohnern verlassene Haus ausplünderte. – Am 24. 2. brachen in russische und polnische Uniformen gekleidete, aber durchweg polnisch sprechende Banditen in das Haus der Caritas-Schwestern, Kapitelweg 4, ein... Außer diesen Überfällen auf Privathäuser wurde am 10. 2. die Domkirche erbrochen und beraubt sowie der Tabernakel des neben der Domkirche stehenden Ägidiuskirchleins.«[26]

Die abgedruckte Passage gibt eine unter Eid gemachte Aussage wieder. Ihre Richtigkeit ist nicht leicht zu überprüfen. Allerdings hinterlässt sie den starken Eindruck, dass die Plünderer nichts anderes als Milizionäre

Kapitel 8: Wrocław (1945–2000)

außer Dienst waren. Wenn dies zutrifft, dann spiegelt sie wider, welche Art von Menschen die kommunistische Miliz damals rekrutierte. Nach Ansicht mancher Deutscher führte sich die polnische kommunistische Miliz, die MO, noch schlimmer auf als die Russen.[27] Obwohl die Mordquote in Wrocław und Umgebung nicht die aus Oberschlesien, vor allem nicht die aus den Lagern in Lamsdorf und Schwientochlowitz gemeldete horrende Höhe erreichte[23], waren die Grausamkeiten und Misshandlungen doch offenkundig. Berichte wie den folgenden aus Trzebnica (Trebnitz) gab es zu Tausenden:

»Wir wurden im Oktober 1945 an einem Nachmittag von polnischer Miliz und einem Kommandanten der GPU abgeholt und in die Kreisstadt Trebnitz gebracht. Unsere Behausung wurde durchsucht, und was ihnen gerade noch gefiel, wurde mitgenommen. Ich kam in die Keller des Grundstücks Breslauer Straße 17, das Herrn Kantor Schitkowsky gehört. Hier ist die polnische Miliz untergebracht, und diese Keller sollten nun für sechs Wochen mein Aufenthaltsort werden... Wie die Tiere waren wir zusammengepfercht. Während der sechs Wochen gab es dort keinen Tropfen Wasser zum Waschen, kein Licht; und die Läuse liefen zu Tausenden auf den Lumpen unserer Lagerstätten herum. Nachts konnte man vor lauter Ungeziefer kein Auge schließen, und an ein Einfangen war bei der herrschenden Finsternis nicht zu denken. Zur Verrichtung unserer Notdurft stand in jedem Raum ein alter Eimer, dessen Inhalt einen fürchterlichen Gestank verbreitete. Halbwüchsige Burschen der Miliz machten sich täglich ein Vergnügen daraus, die armen Gefangenen zu peinigen, zu schlagen, zu treten und mit den Hunden zu hetzen. Es bereitete ihnen ein besonderes Vergnügen, wenn so ein Ahnungsloser in die Beine gebissen wurde.«[29]

Die Zustände in der Kleczkowskastraße in den Jahren 1945/46 erinnerten an den Gulag. Ein für 500 Insassen vorgesehenes Gefängnis beherbergte 8000 Häftlinge. Sechs Männer, Polen und Deutsche zusammen, teilten sich eine Zelle von acht Quadratmetern. Sie hatten keine Heizung, kein Geschirr oder Gefäß und keine medizinische Behandlung. Sie mussten von einem einzigen Becher wässriger Graupensuppe pro Tag leben. Schläge waren an der Tagesordnung. Ein Insasse hat geschätzt, dass ein Drittel der Männer vor der Freilassung starb. Die Toten wurden ohne Särge in Massengräbern verscharrt. Alle 14 Tage durfte jeder Mann ein Sechspfundpaket empfangen:

»Das brachten dann die Frauen im Fußmarsch, denn mit der Bahn durften sie ja nicht fahren, bis ins Gefängnis. Sie legten dabei Strecken von 100 und mehr Kilometern zurück und kamen von Lüben, Glogau, ja selbst von Hirschberg hin und zurück. Bei der Poststelle des Gefängnisses wurden sie mit Schlägen empfangen.«[30]

Häftlinge, die kein Polnisch verstanden, konnten sich auf eine besonders schlimme Zeit gefasst machen:

»Das Abzählen und Melden auf dem Gefängnishofe mußte in polnischer Sprache geschehen. Wehe dem, der sich dabei versprach, weil er der polnischen Sprache nicht mächtig war! Ein Kamerad nannte statt der Zahl 30 aus Unkenntnis eine andere. Man schlug ihn dafür 30mal ins Gesicht.«[31]

Offiziellen Zahlen zufolge wurden 27 Deutsche in der Kleczkowskastraße hingerichtet,[32] doch es waren wohl eher mehr als weniger. Die MO hatte offenbar anderes zu tun, als der Verbrechensbekämpfung oder dem Schutz der Deutschen nachzugehen:

»Das Gebiet des Breslauer Südostens hinter dem Hauptbahnhof war eine wahre Hölle. Mehrere Banden hausten in den Trümmern, so daß keine Nacht verging, in der nicht irgendwo geplündert und einer der Unsrigen erschossen wurde. Einem Mann aus der St.-Heinrich-Gemeinde durchstach man am hellichten Tage in seinem Garten mit einem Bajonett den Hals, während man seinen 16jährigen Sohn mit einem Gewehrkolben erschlug... Nacht für Nacht hörte man aus den Häusern Hilfeschreie, während man mit Kochstürzen einen Höllenlärm vollführte, um die Banditen zu vertreiben. Ja nicht einmal die Toten in ihren Gräbern ließ man in Ruhe. Auf dem in unserem Pfarrgebiet gelegenen St.-Dorotheen-Friedhof erbrach man mehrere Gräber und brach den Toten etwa vorhandene Goldzähne aus. Dazu kam, daß der Breslauer Süden stadtwärts bis zur Steinstraße Kampfgebiet gewesen und infolgedessen stark vermint war. Allein im Pfarrgebiet von St. Heinrich dürften an die 200 Menschen durch Minen ums Leben gekommen oder mit abgerissenen Gliedmaßen ins St.-Anna-Krankenhaus eingeliefert worden sein...«[33]

Kapitel 8: Wrocław (1945–2000) 527

Die letzten größeren Gruppen deutscher Heimatvertriebener reisten im Frühjahr und Sommer 1947 aus Wrocław ab. Die katholischen Schwestern vom Guten Hirten, deren Konvent in der Kaiserstraße (Plac Grunwaldzki) seit 1859 bestanden hatte und der auf die Besserung straffälliger Mädchen spezialisiert gewesen war, erhielten am 18. April ihren Marschbefehl. Sie hatten schrecklich unter Typhus gelitten, aber dennoch zahlreichen Flüchtlingen Zuflucht gewährt. Ihre Mutter Oberin war unter dem Vorwurf der Spionage ins Gefängnis geworfen und ihr Haus von Milizionären geplündert worden, bevor es von einer Gruppe ungebetener polnischer Salesianerpriester beansprucht wurde. Die Schwestern hatten ihr Kloster einigen polnischen Nonnen übergeben, um die Priester fern zu halten. Sie mussten sich einem Konvoi anschließen, der 2984 Personen transportierte:

»Gegen 5 Uhr waren wir am Bahnhof, um die uns zugewiesenen drei Waggons einzunehmen. Um 5 Uhr morgens setzte sich der Zug in Bewegung, und wir stimmten nochmals ›Großer Gott‹ an für die Befreiung aus Not und Tod! Nach drei Tagen kamen wir an der Grenze an, d. h. in Elsterhorst in der russischen Zone. Die Nacht verbrachten wir noch in den Waggons, dann wurden wir ins Lager gebracht. Der Weg dorthin war ziemlich weit. Hinter hohen Stacheldrahtzäunen befanden sich viele Baracken. Wir bekamen eine derselben zugewiesen. Frauen und Männer, alles zusammen. – Vorher jedoch war von der Lagerleitung bestimmt, daß alle Ankömmlinge zuerst geduscht werden, und zwar Frauen und Kinder in einem Raum – ohne jede Bekleidung. Nach langer Verhandlung mit der Lagerleitung wurden wir Schwestern nur mit Pulver bestreut und entkamen so der allgemeinen Dusche... Für die meisten von uns waren diese Wochen im Lager eine kleine Erholungszeit. In unserer Baracke fand auch eine Taufe statt, das Kind war auf dem Transport zur Welt gekommen. (...)
Und nun hieß es voneinander Abschied nehmen. Da die Einreiserlaubnis nicht rechtzeitig eintraf, so mußten wir nach Eisenach, und unter großen Schwierigkeiten und Ängsten, von den Russen geschnappt zu werden, kamen wir Ende Mai 1947 über die grüne Grenze in *Bebra* an... Wohl gehen meine Gedanken oft und oft ins Schlesierland, und ich hoffe und bete, daß alle lieben Schlesier ihre Heimat wiedersehen mögen...«[34]

Während die deutschen Vertriebenen gingen, trafen die polnischen Repatrianten ein. Die Provinzen Ostpolens, aus denen sie kamen – die damals

als Ost-Litauen, West-Weißrussland und West-Ukraine reorganisiert wurden –, waren von den schlimmsten Geschehnissen des Zweiten Weltkrieges verwüstet worden. Die polnischen, jüdischen, weißrussischen, ukrainischen und deutschen Bevölkerungsgruppen dieser Gebiete waren durch Kampfhandlungen, Völkermorde, ethnische und politische Säuberungen sowie blankes Banditentum auseinander gerissen worden. Von 1939 bis 1941 waren sie von der Sowjetunion annektiert gewesen. Die Landbesitzer wurden enteignet, die Bauern kollektiviert und die übrigen als bürgerliche Klassenfeinde eingestuft. Die etwa sechs Millionen Polen unter ihnen wurden mit äußerstem Argwohn betrachtet und kollektiv entweder als *pany* (Grundbesitzer) oder als Lakaien der *pany* angesehen. Tatsächlich waren sie vorwiegend Bauern. Aber die Realität zählte nicht. Über zwei Millionen wurden deportiert, um entweder als Verbannte oder als Häftlinge des Gulag und anderer Strafkolonien in den Tiefen Russlands der Vergessenheit anheim zu fallen. Die Offiziersklasse wurde durch die Massenmorde in Katyń und andernorts ausgelöscht. Von 1941 bis 1944 waren diese Territorien dann in dem gigantischen Ringen zwischen der sowjetischen Roten Armee und der deutschen Wehrmacht zweimal hart umkämpft. Die Opfer unter der Zivilbevölkerung waren enorm. Zu all dem Leid kam die angewandte Rassenlehre der Nationalsozialisten hinzu. Etwa zwei Millionen Juden wurden von den Einsatzgruppen kaltblütig ermordet, während gleichzeitig mehrere hunderttausend Polen von den terroristischen Banden der ukrainischen UPA niedergemetzelt oder verschleppt wurden. Die deutschen Siedlungen, hauptsächlich in Wolynien und Galizien, wurden ins Generalgouvernement »umgesiedelt«. Als die Sowjets 1944/45 zurückkehrten, war dies der Beginn einer neuen Schreckensherrschaft. Sie richtete sich gegen »Nationalisten«, also gegen alle, die Stalins Herrschaft nicht freudig begrüßten, gegen »Saboteure«, dies waren alle, die nicht mit Enthusiasmus arbeiteten, gegen »Rückfällige«, das waren die, die sich negativ über die vorausgegangene Zeit sowjetischer Verwaltung äußerten, und gegen »Kollaborateure«. Letztere waren alle, die dem NKWD nicht erklären konnten, wie sie der Ermordung durch die Nationalsozialisten hatten entgehen können. Es kam zu brutalen Kämpfen in den Wäldern, und wieder rollten Viehwaggons in langen Konvois ostwärts zum »Großen Weißen Bären«.

Unter solchen Umständen konnte jeder, dem es gelang, sich einem Konvoi Richtung Westen, aus der UdSSR heraus, anzuschließen, nur Gott für die Gelegenheit danken. Offiziellen Statistiken zufolge fertigten die Behörden von 1944 bis 1948 etwa 1,5 Millionen Migranten ab, obwohl die Gesamtzahl der Flüchtlinge, ob legal oder illegal, zweifellos höher war. Sie wurden nach sowjetischen Vorschriften ausgewählt, die die polnische Staatsbürgerschaft aus der Vorkriegszeit ignorierten und sich der polnischen Sprache und der römisch-katholischen Religion als Zwillingskriterien für Polentum bedienten. Ungeachtet der Tatsache, dass die überwiegende Mehrheit vor 1939 in Polen oder vor 1918 im zaristischen Russland oder in Österreich geboren worden war, erhielten sie alle Papiere mit dem Vermerk: »geboren in der UdSSR«. Juden kamen normalerweise nicht in Frage, obwohl sie häufig durchschlüpfen konnten, indem sie einer der polnischen kommunistischen Organisationen beitraten. Litauer, Weißrussen und Ukrainer waren ausgeschlossen. Polen aus Wilna wurden im Allgemeinen nach Danzig oder Thorn geschickt, Polen aus Lemberg und anderen südlichen Orten kamen nach Schlesien.

Die Reise aus dem Osten begann in Sammelzentren, in denen das Warten Wochen dauern konnte und in denen örtliche Räuber und Gangster in ihrem Element waren. Beaufsichtigt wurde sie von brutalen Soldaten und feindseligen sowjetischen Bürokraten, die ein Gesuch zum Verlassen der Sowjetunion normalerweise als Verbrechen behandelten. Haustiere, die einige der Migranten mitnehmen durften, Dreck, Hunger, Durst und die Überfüllung der Unterkünfte machten den Aufenthalt in diesen Lagern zur Hölle. Es kam zu endlosen Verzögerungen und vielen Todesfällen. Im Gegensatz zu den deutschen Vertriebenen, die im Durchschnitt drei bis vier Tage in den Viehwaggons verbrachten, mussten die polnischen »Repatrianten« durchschnittlich drei bis vier Wochen aushalten. Die Erinnerung an diese Reise sollte die Repatrianten für den Rest ihres Lebens nicht mehr loslassen. Michał Sobków gehörte zu denen, die sie überstanden haben:

> »Wir verließen unser Haus in Koropiec im September 1945 mit Angst und einem unguten Gefühl. Polen ist ein schönes Wort... aber wir fuhren ins Ungewisse. Es war nicht leicht, Abschied von den treuen Ukrainern zu nehmen, die eingewilligt hatten, sich bis zu unserer Rückkehr um alles zu kümmern... Mutter war schon eine alte Dame. Meine Schwester war seit mehreren Jahren krank... und ich war knapp 17 Jahre alt und konnte, abgesehen von den allereinfachsten landwirtschaftlichen Tätigkeiten, nichts. Der Karren wurde mit unseren wenigen Habseligkeiten beladen, hinten angebunden waren ein Pferd und eine Kuh... Ich ging in den Stall, um ein letztes Mal mein kastanienbraunes Fohlen zu sehen, und bat um Verzeihung...
> Der Sammelpunkt war in Pyszkowice, etwa 30 Kilometer entfernt. Es gab keinen Bahnhof, nur eine Eisenbahnlinie, die hier

endete... und strohgedeckte Zelte zu beiden Seiten der Gleise. Beim Evakuierungskomitee sagten sie mir, ich solle in den Wald gehen und mir einen anständigen Stock schneiden, für den Fall eines Banditenangriffs...

Wir warteten zwei Monate, aber andere warteten viel länger. Das Lager war überfüllt, die Lebensmittel gingen aus, und das Vieh starb. Unser Aufseher war ständig betrunken... Eines Tages sagte er, dass wir vielleicht eine Chance hätten, von den Sowjets einige Waggons zu bekommen, wenn wir zusammenlegten und für den maßgeblichen Würdenträger ein Paar schicker Stiefel kaufen würden. Es fing an zu regnen...

Sie gaben uns zwei Stunden, unsere Sachen in die offenen Wagen zu schaffen, die in einem tiefen Geländeeinschnitt hielten. Rufe, Schreie und Brüllen ertönten, als Menschen und Tiere zum Einsteigen den Abhang zu den Wagen hinunterrutschten. Dann setzte sich der Zug ohne Ankündigung in Bewegung, wobei er nur die Hälfte der Wagen mitnahm. Ein Pfiff der Lokomotive, und wir dankten Gott, dass wir diese Etappe hinter uns haben...

In Kopczynce gibt es eine Überraschung. Eisenbahner kommen, um die Räder abzuklopfen, geben dann Anweisung, den Waggon abzukuppeln. Sie sagen, wir seien überladen. Reden nutzt nichts, bis ich herunterspringe und ihnen zwei Flaschen Wodka gebe. ›Zu wenig...‹ Also gebe ich ihnen eine dritte. Am nächsten Bahnhof ist es dasselbe...

Viele Leute hatten seit Pyszkowice nichts gegessen. Wir hatten ein paar trockene Makkaroni, wagten es aber nicht, irgendjemanden sehen zu lassen, wie wir sie aßen. Unsere Stute hatte eine Fehlgeburt. Wasser- und Futtermangel ließ die Tiere sterben. Immer öfter kamen wir an einem Holzkreuz neben den Schienen vorbei, primitiv aus Waggonbrettern gemacht, um zu zeigen, wo ein Repatriant begraben worden war...

An einer Bahnstation lief ich zu einem Posten hinüber, der mit einem automatischen Gewehr über der Schulter dastand.

›Wo sind wir?‹, rufe ich von weitem.

›In den Wiedergewonnenen Gebieten...‹

›Und wissen Sie, wo man uns hinbringt?‹

›In die Wiedergewonnenen Gebiete‹, erwiderte er mit einem Lächeln.

Die mehr als einmonatige Reise endete für uns in Brochów [Brockau] in der Nähe von Wrocław. Viele Ankömmlinge können ihre

Sachen nicht finden... Man sagt uns, wir könnten die Nacht in einem mehrstöckigen Gebäude auf der anderen Seite der Gleise verbringen. Es ist vollkommen leer, nur nackte Wände. Aber zum ersten Mal seit Wochen schlafe ich unter einem richtigen Dach ein...
Drei Tage lang haben wir keine Ahnung, was los ist... Dann werden wir in Karren durch Wrocław gefahren, und auf der anderen Seite der Grunwaldbrücke kommen wir zu einem Platz, auf dem sich Tausende von Menschen drängen. Ich habe so etwas noch nie gesehen. Überall werden Waren verkauft. Unser Führer sagt, dies sei der Szaberplatz. Ein Transparent hängt an der Mauer: *Pionier Buduje – Szabrownik Ruinuje* [›Der Pionier baut auf, der Schabrownik zerstört‹]. Ich frage was ›Schabrownik‹ bedeutet. ›Kriminelle‹, sagt man mir...
An unserem Ziel werden wir von einem Schild begrüßt, auf dem *Groß Mochbern* steht... Wir kommen an ein paar hübschen Häusern vorbei, um zu erfahren, dass sie für Leute aus Zentralpolen reserviert worden seien...«[55]

Viele »Repatrianten« waren seit Jahren von ihrem Zuhause getrennt gewesen. Krystyna P. beispielsweise war als Vierjährige im September 1939 mit ihrer Familie aus Lodsch geflohen. Von der Roten Armee in Ostpolen gefangen genommen, wurde sie in ein Lager im arktischen Russland deportiert, das sie später in Gesellschaft anderer polnischer Entflohener verließ, die auf einem Floß entkamen. Als sie sich in Kangur im Ural erneut angesiedelt hatte, erfuhr sie, dass ihr Vater vom NKWD zum zweiten Mal verhaftet und ermordet worden war. Nach vierjährigem Besuch einer russischen Schule gelang es ihr schließlich, mit ihrer jüdischen Mutter auszureisen. An der Grenze küsste sie die polnische Erde und erreichte im April 1946 Wrocław. Sie wuchs heran und wurde später Professorin für Medizin. Ihr einziges Andenken aus dem Gulag war ein kleines hölzernes Bild von Rotkäppchen, das ein deutscher Kriegsgefangener für sie geschnitzt hatte.

Ihr zukünftiger Mann war im Zuge der ethnischen Säuberungen der UPA von seinem Zuhause in Lisowce am Dnjestr vertrieben worden. Seine polnisch-ukrainische Familie zeltete zur Sicherheit sieben Wintermonate in der Nachbarschaft eines Transportlagers der Armee und verbrachte fünf Wochen in einem der ersten Repatriierungszüge. Während dieser ganzen Reise lebten sie mit ihrer Kuh unter einem behelfsmäßigen Dach aus Zweigen und Farnkraut. Bei der Ankunft in Brochów (Brockau) im

Mai 1945 hielt man sie zehn qualvolle Tage in ihrem Wohnwagen eingesperrt, bevor sie erneut Richtung Osten nach Kluczbork (Kreuzburg) abgeschoben wurden. Sie verbrachten ein weiteres Jahr auf einem verlassenen Bauernhof, bevor ihnen im Sommer 1946 in der Nähe von Sobótka (Zobten) ein dauerhafter Aufenthaltsort zugewiesen wurde. Der Junge wurde später ein renommierter Historiker.[36]

Die Stadt Lemberg verdient eine besondere Erwähnung. Obwohl sie nun von den Ukrainern als Gebietshauptstadt der Westukraine beansprucht wurde, hatte sie seit dem 14. Jahrhundert zu den führenden polnischen Großstädten gehört. Sie war das Gegenstück des deutschen Breslau – eine Stadt, deren Identität im Begriff stand, umgestaltet zu werden. Auch während der 145 Jahre währenden österreichischen Herrschaft (1773–1918) ist sie sprachlich und kulturell unerschüttert geblieben. Die Vorkriegsbevölkerung von 318 000 Einwohnern war zu mehr als 50 Prozent polnisch-katholisch, zu etwa 30 Prozent jüdisch und zu weniger als zehn Prozent ukrainisch. Die 1661 gegründete Jan-Kasimir-Universität war eine Bastion polnischer Gelehrsamkeit. Das zur Bewahrung polnischer Kultur unter fremder Herrschaft im Jahr 1817 von Josef Graf Maksimilian Ossolinski gegründete Ossolineum beherbergte die größte Sammlung polnischer literarischer und künstlerischer Schätze. Aus nahe liegenden Gründen versuchten deshalb die polnischen Einwohner Lembergs, die der sowjetischen Herrschaft entkommen wollten, nach Wrocław zu gehen. Die Professoren zogen, soweit sie die mörderische Säuberung der Nationalsozialisten 1941 überlebt hatten, geschlossen nach Wrocław. Am 27. Juli 1946 fuhr ein Sonderzug, der eine Auswahl der Bibliothek und die Kunstsammlung des Ossolineums beförderte, in den Bahnhof von Wrocław-Brochów ein. Das ehrwürdige Ossolineum fand im Gebäude des Matthias-Gymnasiums eine neue Heimstatt. Die meisten Einwohner Lembergs konnten sich ihr Identitätsgefühl bewahren. Sie waren sehr patriotisch, haderten zutiefst mit ihrem Schicksal und waren vom Kommunismus schon abgestoßen, noch bevor sie ankamen. Zusammen mit vielen ihrer Traditionen und Institutionen brachten sie ihren singenden Grenzakzent mit. Die Kader für die Polnische Universität von Wrocław, die im September 1945 ihre Pforten öffnete, rekrutierten sich weitgehend aus ihren Reihen. Sie stellten die neuen Ärzte, Anwälte und Ingenieure Wrocławs. Mindestens eine Generation lang sollte »Lemberg« ein Name sein, dessen Klang das kommunistische Regime fürchtete.

Unter den ankommenden »Repatrianten« befanden sich auch die versprengten Überreste einer ganz besonderen Flüchtlingsgruppe, der »Familien von Katyń«. Sechs Jahre zuvor hatte Stalin den Massenmord an

Kapitel 8: Wrocław (1945–2000)

etwa 22 000 gefangenen polnischen Reserveoffizieren befohlen. Die Opfer waren die Elite des bürgerlichen »Klassenfeindes« – Professoren, Ärzte, Rechtsanwälte, Lehrer, Ingenieure –, aus deren mittellosen Witwen und Kindern über Nacht soziale Parias wurden. Viele der Familien wurden in Unkenntnis des Schicksals ihrer Männer von den Sowjets nach Zentralasien zwangsdeportiert. Viele, die ihr Zuhause in Ostpolen verloren hatten, zogen es am Ende des Krieges vor, sich in Schlesien niederzulassen. Die meisten durften nur niedrige Arbeiten verrichten, es war ihnen verboten, Pensionen zu beziehen, und die höhere Bildung blieb ihnen verwehrt. Niemandem war es erlaubt in der Öffentlichkeit über die wahren Gründe für sein Missgeschick zu sprechen.

Aleksander Rysyński beispielsweise kam im Dezember 1945 im Alter von 17 Jahren in Księżenice in der Nähe von Wrocław an. Er und sein jüngerer Bruder waren die verwaisten Söhne eines vermissten Hauptmanns der polnischen Armee, der, wie Aleksander viel später erfahren sollte, vom NKWD ermordet worden war Als Kind nach Kasachstan deportiert, hatte er sowohl seine Mutter als auch seine Großmutter in der Steppe mit eigenen Händen begraben. Die beunruhigenden Worte des NKWD-Offiziers am Tag seiner Deportation vergaß er nie. Seine Mutter hatte gefragt: »Wohin bringen Sie uns?« – »Weine nicht, Frau«, wurde ihr gesagt. »Du wirst dich deinem Mann anschließen.«[37]

Die Reaktion der polnischen Flüchtlinge, die in Schlesien eintrafen, reichte von Euphorie bis zu tiefster Enttäuschung. Jeder, der sich vorgestellt hatte, die Ruinen von Wrocław könnten Milch und Honig des Gelobten Landes liefern, erlebte ein böses Erwachen. Und trotzdem veranstaltete die kommunistische Regierung eine riesige Propagandakampagne, um Siedler aus ganz Polen anzulocken. Auf den Bahnhöfen hingen Plakate:

»FRONTEM NA ZACHÓD
To rajca stanu, to ostatni bój o dziedzictwo po Piastach
ZACHODNIE ZIEMIE
Eldorado
Żołnierz polski krwawyn trudem wyzwolił prastare ziemie polskie
Polska ziemie dla Polaków
5000 samochodów Przeznaczone dla Rozwożenia
osadników na Zachodzie.«[38]

(»DEN BLICK NACH WESTEN GERICHTET. Das ist unsere Daseinsberechtigung: der letzte Kampf um das Erbe der Piasten. WESTLICHE TERRITORIEN. Eldorado. In blutigen Kämpfen hat der polnische Soldat die uralten polnischen Lande befreit. Polnisches Land für Polen. 5000 Lastwagen stehen bereit, Siedler nach Westen zu bringen.«)

Besondere Anstrengungen wurden unternommen, um ehemalige Soldaten und Facharbeiter anzuwerben:

»JESZCZE CZAS POLEPSZYĆ
SOBIE WARUNKI BYTU
Przed zbliżającą się zimą
ZACHÓD CZEKA
Wielkie połącie ziem nad Odrą
i Nissą wzywają
rolników – na gospodarstwa wiejskie
fachowców – do przemysłu
rzemieślników – do warsztatów
pracowników umyslowych – do administracji
P. U. R. daje przejazd ulgowy i pomoc w podróży«[39]

(»NOCH IST ZEIT, DEN LEBENSSTANDARD vor dem kommenden Winter ZU VERBESSERN. DER WESTEN WARTET. Riesige Streifen Land an Oder und Neiße rufen Bauern zu den Bauernhöfen, Spezialisten in die Industrie, Handwerker in die Werkstätten und Angestellte in die Verwaltung. Das Repatriierungsamt bietet subventionierte Fahrten und Hilfe bei der Reise.«)

Doch das Volk dachte ganz anders. Die Polen sprachen von Wrocław als von der »Verbotenen Stadt«. Es hieß, sie sei ein »Banditennest«. Überall hörte man die gleichen Geschichten über »Horden von Räubern, die die Leute bei hellem Tageslicht in den Straßen beraubten« oder über den Nazi-Werwolf im Untergrund, der »jede Nacht polnische Siedler ermordete«.[40] Der Ruf Wrocławs war in der Nachkriegszeit in Warschau oder Krakau nicht besser als in Berlin oder Hamburg.

Das größte Problem bestand für alle ankommenden Migranten darin, einen Platz zum Leben zu finden. Sie konnten sich entweder wegen einer offiziellen Zuweisung an das städtische Wohnungsamt wenden und warten oder auf eigene Faust auf Häuser- und Wohnungssuche gehen. In der Anfangszeit entschieden die meisten sich für Letzteres. Es war ein sonderbares und oftmals gefährliches Unterfangen. Banden trieben ihr Unwesen. Überall gab es Hausbesetzer. Die Strom-, Gas- und Wasserversorgung war zusammengebrochen. Die Häuser waren überwiegend verfallen, ausgeplündert oder beschädigt. Oft war es unmöglich zu sagen, ob sie bewohnt waren oder nicht.

Eine Familie, die ihr Haus in Krzyki das nächste halbe Jahrhundert lang behalten sollte, suchte es aus, weil es leer stand und weil Mutter die Rosen im Garten gefielen. Vater, ein Aristokrat, hielt eine Vorortvilla irgendwie für einen Abstieg von seinem erblichen Palast im ukrainischen Jezupol. Aber da er gerade erst aus einem nationalsozialistischen Konzentrationslager freigelassen worden war, war er froh über alles. Die Vorderseite des Hauses war von einer Bombe oder Granate vollständig weggesprengt worden, und es sah unbewohnbar aus. Aber die Rückseite war unversehrt und bot Schutz, während der Rest des Gebäudes notdürftig zusammengeflickt wurde. Bald wurde klar, dass alles im Osten unwiederbringlich verloren war. Also blieben sie. Nach ein paar Wochen tauchte die Frau des deutschen Eigentümers auf. Doch sie wollte nur ein paar Andenken zusammensuchen und nach Westdeutschland aufbrechen. Mit der Familie sollte sie bis zu ihrem Tod mehrere Jahrzehnte später in Kontakt bleiben.[41]

Ein schwierige Sache war für viele Migranten das Verhandeln mit den noch ansässigen Deutschen. Natürlich hatte die kommunistische Bürokratie keine Achtung vor Privateigentum und zeigte keinerlei Gewissensbisse, deutsche Bewohner auf die Straße zu werfen. Auch polnische Plünderer und organisierte Banden waren dazu fähig. Doch es blieb auch Raum für Arrangements. Denn wenn deutsche Bewohner darauf beharrten, ihre Wohnungen für sich selber zu behalten, würden sie aller Voraussicht nach Ärger bekommen. Wenn sie dagegen eine anständige polnische Familie finden konnten, um die Räumlichkeiten zu teilen, konnten sie hoffen zu bleiben, wo sie waren – zumindest vorübergehend. Ein polnischer Flüchtling aus dem Osten, der Ende 1945 eintraf, hat beschrieben, wie das funktionierte:

> »Nach langer Suche fand ich ein kleines Haus in einer Seitenstraße mit einem brauchbaren Seitengebäude... aber ich sah dass dort Deutsche wohnten...
> Ein hochgewachsener älterer Deutscher öffnete die Tür. Ich sprach kein Deutsch, obwohl ich es ein bisschen gelernt hatte... doch zu meiner Überraschung verstanden wir einander perfekt. Eine Frau in mittleren Jahren gesellte sich zu uns.
> Bevor ich die Schwelle überschritt, erklärte ich, dass ich Pole und Repatriant aus dem Osten sei und dass ich morgen meine Familie in ihr Haus bringen wollte. Vorläufig sei eine Übernachtung alles,

was ich wollte. Sie nahmen mich ein wenig frostig auf, was kaum überraschend ist... Aber die Atmosphäre entspannte sich, und ich hörte sogar, dass sie erfreut waren, dass meine Familie einziehen würde...

(...)

Ich konnte verstehen, dass Repatrianten bei der deutschen Gemeinschaft nicht im besten Ruf standen. Doch [unsere Gastgeber] hatten sich damit abgefunden, das Geschick eines besiegten Volkes zu teilen, auch wenn ihnen, wie sie mir sagten, nicht die Schuld für die Verbrechen Hitlers gegeben werden könne... Ich für meinen Teil erkannte, dass beide Seiten irgendwie durch das gleiche elende Schicksal miteinander verbunden waren. Wir Polen waren von den [ukrainischen] Banden von unserer Heimaterde vertrieben worden, und sie [die Deutschen] zahlten für einen Krieg, den ein Teufel angefangen hatte... Trotz der Sprachbarriere gestalteten sich unserer Beziehungen auf freundschaftliche Weise.«[42]

Nach der Wohnungssuche kam die Arbeitssuche, doch Wrocław hatte genügend freie Stellen anzubieten. Antoni Zięba (1894–1986) gehörte zu denen, die in der zerstörten Stadt die Chance für einen Neuanfang erhielten. Zięba war ausgebildeter Lehrer aus Oberschlesien und Veteran sowohl des polnisch-sowjetischen Krieges als auch des Polenfeldzuges, war aus sowjetischer Gefangenschaft ausgebrochen, wurde aber von den Deutschen während des Warschauer Aufstands erneut gefangen genommen und in ein Lager geworfen. Im Juli 1946 reiste er mit seiner Frau und drei Kindern nach Wrocław, weil sie obdachlos waren. Als er am Tag seiner Ankunft den Grunwaldplatz überquerte, traf er zufällig einen Vorkriegskollegen aus Wilna, ebenfalls Lehrer:

»›Was tust du hier?‹
›Ich habe in Jędrzejów gewohnt, wo wir nach dem Warschauer Aufstand landeten.‹
›Ich bin Abteilungsleiter in der Erziehungsbehörde. Vielleicht könntest du für mich hier in Wrocław ein drittes Gymnasium aufbauen. Eines hat den Schulbetrieb schon aufgenommen, und ein zweites ist in Vorbereitung, aber ein drittes wird bald notwendig sein... Ich sollte dich darauf hinweisen, dass wir dir im Augenblick weder ein Gebäude noch Lehrer noch Finanzierungskredite garantieren können.‹
›Bagatela – ein unwichtiges Detail.‹«[43]

»Es war nicht die Zeit zu stöhnen oder die Hände zu ringen«, erinnerte sich Zięba später. »Es war die Zeit, die Ärmel aufzukrempeln.«
Für andere wie den Lehrer Cyryl Priebe zahlte sich auch Eigeninitiative aus. Priebe, der in Posen wohnte, erwog nach dem Krieg kühl seine Chancen und kam im Mai 1945 mit dem Zug nach Wrocław, um seinen Schwager zu besuchen, der bereits eine Stelle als stellvertretender *starosta* von Strzelin (Strehlen) gefunden hatte. Von dort unternahm er Ausflüge in die umliegenden Städte und Dörfer, bis er in Drezdenko (Driesen) fand, wonach er suchte. Die kleine Stadt war voll mit 6000 italienischen Kriegsgefangenen und ihren sowjetischen Bewachern. Aber es gab auch ein ausgebranntes deutsches Schulhaus. Außerdem war da ein Pole namens Ferenstein, der bereit war, die Reparatur der Schule zu organisieren. Priebe spielte gezielt seinen Trumpf aus – ein Stück Papier von der Erziehungsbehörde in Posen, auf dem stand, dass er ein geeigneter Kandidat für den Posten eines Schulleiters sei. Am 1. Oktober 1945 eröffnete er seine neue Schule.[44]

Besonders schwierig waren die Bedingungen für die »Repatrianten«, die aufs Land geschickt wurden. In vielen Fällen wurden sie Gehöften zugewiesen, auf denen noch die deutschen Besitzer saßen, die nicht immer bereit waren zu helfen. Im Gegensatz zu den neuen Bewohnern der Stadt waren sie vollkommen isoliert, konnten sich nicht verständigen und schwebten oft sogar in Gefahr. Doch es gab auch hier Möglichkeiten zur Verständigung:

In einem Dorf in der Nähe von Sobótka machte sich ein »Repatriant« praktisch mit bloßen Händen auf einem Feld an die Arbeit. Für die Bearbeitung der unwirtlichen Erde hätte er die Gerätschaften benötigt, die seine deutschen Nachbarn versteckt hatten. Diese lachten spöttisch über seine vergeblichen Bemühungen. Aber er ließ nicht locker. Und langsam dämmerte allen, dass die beiden Familien den Hof besser bewirtschaften könnten als eine. Die Atmosphäre entspannte sich auch durch den Umstand, dass beide Familien Katholiken waren. Erst gingen sie an Sonntagen gemeinsam zur Kirche, dann fingen sie an zusammenzuarbeiten. Die Deutschen holten die Geräte hervor und waren stolz auf ihre Maschinen. Bis zur Erntezeit war das Eis vollständig gebrochen, Polen und Deutsche arbeiteten zusammen und feierten zusammen. Als für die deutsche Familie die Zeit der Abreise kam, wurde sie ehrlich vermisst.[45] Doch auch 30 Jahre später wird das Grab der Großmutter der deutschen Familie noch immer mit frisch gepflückten Blumen geschmückt.

Polen, die unmittelbar nach dem Krieg nach Wrocław kamen, erinnern sich später an den Assimilierungsprozess, der eine gewisse Zeit in Anspruch nahm:

»Als ich im Juni 1946 in Wrocław ankam, erschienen mir die Stadt und ihre Bewohner, die ich durch die Scheibe einer Straßenbahn sah ... vollkommen fremd. Ich schaute auf die Gebäude, deren Architektur sich gänzlich von dem unterschied, was ich in Kielce oder Krakau gekannt hatte ... Nach einiger Zeit erkannte ich, dass die Mehrzahl dieser Gebäude fensterlose Fassaden waren, die die ausgebrannten Gemäuer hinter ihnen verbargen ... Jahrelang, vielleicht für mehr als ein Jahrzehnt, sollten diese verbrannten Gebäude die täglichen Fahrten zu meiner Wohnung in Oporów [Opperau] begleiten. Langsam jedoch lernte ich, den Charme der Dominsel, der barocken Universität und der gotischen Kirchen zu genießen. Mit der Zeit kam mir dasselbe Wrocław, das mir einst so fremd vorgekommen war, seltsam nahe ...«[46]

Derselbe Zeuge, übrigens ein ausgebildeter Historiker, wies später darauf hin, wie zweifelhaft das Vorhaben der Wissenschaftler war, das Wesen der Nachkriegszeit in Wrocław aus offiziellen Dokumenten zu rekonstruieren:

»In der Presse [der Zeit] findet man falsche Informationen über die breite Unterstützung des Volkes für die Staatsgewalt und über die Massenteilnahme an Aktivitäten, die ... in Wirklichkeit von der PZPR* veranlasst oder sogar durch Androhung von Gewalt organisiert waren. Offizielle Schriftstücke vermitteln lediglich eine parteiische Sicht der Wahrheit, da sie das ausdrücken sollten, was die Staatsgewalt hören wollte. Materialien der Partei und Berichte des Sicherheitsamtes, die die Staatsgewalt über gesellschaftliche Stimmungen und Einstellungen informieren sollten, wurden auf die gleiche Art manipuliert. Historische Werke über das Nachkriegs-Wrocław und allgemeinere über das Nachkriegs-Polen sind oft sehr weit von der Realität oder vielmehr von dem Bild der Zeit, an das Augenzeugen sich erinnern, entfernt ...«[47]

Menschen, die ihre Kindheit im zerstörten Wrocław verbrachten, bewahrten durchaus auch positive Eindrücke. Eine hohe Diplomatin im Dienste Polens entsinnt sich der Ruinen als Paradies für Kinder: »Uns

---

* Polska Zjednoczona Partia Robotnicza; Polnische Vereinigte Arbeiterpartei (A. d. Ü.).

Kindern machte es ungeheuren Spaß, in den Trümmern zu spielen.« Sie waren ein perfekter Spielplatz mit unzähligen Winkeln und Kellern zum Erkunden. Und jeden Tag fand eine Schatzjagd statt:

»Wir lebten in Furcht vor dem Krieg. Ich hatte ständige Alpträume von Deutschen, die meine Eltern ermordeten, Löcher im Wohnzimmer gruben oder Granaten in den Keller warfen... Offensichtlich lag der Krieg noch in der Luft. Jedes Haus in unserem Viertel hatte einen Bunker, und im Garten nebenan stand ein Flugabwehrgeschütz... Der Helm, den wir fanden, hatte in der Mitte ein Loch mit scharfen Kanten. Wir machten herrliche Spiele damit. Er muss zum Leichnam eines deutschen Soldaten gehört haben, für dessen Beerdigung auf dem nahe gelegenen Friedhof Mama sorgte...
Alles, was mich als Kind umgab, war ›nachdeutsch‹, denn außer ein paar Bildern hatten wir nichts aus Jezupol mitgebracht... In unserem Keller war eine Waschküche mit einem großen Messingboiler, einer Emailwanne und einer Wäschemangel... Niemand hatte so etwas... Alles von besserer Qualität war deutsch: Fahrräder, Kaffeemühlen, Fleischwölfe, Rasenmäher, elektrische Bügeleisen oder Luxus wie metallene Zigarettenetuis und Keksdosen. Wir hatten ein nachdeutsches Krocketspiel... und ein nachdeutsches Klavier, das Vater einem Deutschen in der Nebenstraße abkaufte. Für den Kauf eines Klaviers benötigte man eine Sondererlaubnis vom Kulturministerium... aber irgendwie blieb unser Klavier uns erhalten.
In der Schule wurden Deutsche nicht viel erwähnt. Offiziell wurden sie zu ›okupanci‹ erklärt, ›Okkupanten‹ der piastischen Lande... In einem Jahr, an Allerheiligen, nahm mein Geschichtslehrer die ganze Klasse zu einem deutschen Friedhof mit und befahl uns, vor Gräbern mit polnisch klingenden Namen Kerzen anzuzünden. Ich erinnere mich, starrsinnig wie ich war, dass ich meine Kerzen vor ein paar deutschen Namen entzündete, weil es nicht richtig schien, die Toten ungleich zu behandeln...«[48]

Für die wenigen deutschen Breslauer, die es irgendwie geschafft hatten zu bleiben, war die Nachkriegszeit besonders hart, denn die Zurückgebliebenen führten ein sonderbar gespaltenes Leben. Aus Angst, entdeckt zu werden, passten sie sich den politischen Normen so weit an, dass ihre wahre Identität nur noch den treuesten Freunden bekannt war. Trotz aller Entbehrungen entwickelten manche allmählich auch Stolz auf ihre polnische »Politur«:

> »Ich lebe in zwei Dimensionen
> Der Sprache:
> Die eine vertraut,
> In die Wiege gelegt,
> Die andere erkämpft
> Im Zwange des Alltags.
> Die eine – geliebt –
> Die andere – verhaßt...
> Solange ich sie nicht kannte.
> Dann stieß sie mir auf die Tür
> Zu der anderen Welt,
> Die ich staunend betrat...
> Wie anders die Sitten,
> Die Kunst, die Kultur,
> Die Geschichte –
> Wer bin ich,
> Sie zu verachten?
> Ihre Helden und Mythen,
> Die Traditionen –
> Nun so vertraut
> Im Fliehen der Jahre.
> Ich lebe in zwei Dimensionen –
> Nicht nur der Sprache:
> Hin und her schwebe ich
> Auf unsichtbarem Steg –
> Zuhause jetzt
> Hier und dort.«[49]

Für Kinder aus gemischten polnisch-deutschen Familien war das Leben besonders schwer. Eine Frau, deren deutscher Vater im Krieg dem polnischen Untergrund geholfen hatte und der seine polnische Frau in Posen geheiratet hatte, hegte hinsichtlich ihrer Nachkriegsschulzeit in Wrocław sehr zwiespältige Gefühle. Sie sprach zwar perfekt Polnisch, wurde aber trotzdem nicht von allen ihren Mitschülern akzeptiert. Sie hatte einen deutschen Namen, aber den hatten viele andere auch. Sie konnte nicht verstehen, wo der Argwohn herkam. Erst im Laufe der Zeit und mithilfe mitfühlender Freunde verstand sie ihr Dilemma schließlich besser. Denn

Kapitel 8: Wrocław (1945–2000)   541

trotz aller polnischen Äußerlichkeiten waren in der Familie viele von den Freunden als deutsch empfundene Eigenschaften anzutreffen. So fanden die anderen es recht seltsam, beim weihnachtlichen Besuch der Familie den mit silbernen Lamettastreifen geschmückten Weihnachtsbaum zu sehen oder aufgefordert zu werden, Filzpantoffeln zu tragen.

In normalen Zeiten können Zweisprachigkeit und doppelte Identität ein großer Vorteil sein. Aber die vratislavische Nachkriegsgesellschaft war nicht normal. Sie wurde von entwurzelten Menschen geprägt, die eine Heimat verloren hatten und sich noch nicht sicher waren, dass sie eine neue gefunden hatten. Diese neuen Bewohner wollten nicht nur selber unbedingt polnisch sein, sondern wollten auch glauben, dass alles und jeder um sie herum rein polnisch sei. Sie gehörten zu der Generation, die verkündete: »Jeder Stein in Wrocław spricht Polnisch.« An Nuancen waren sie nicht interessiert. Und sie waren zu Ressentiments gegen jene fähig, die sie daran erinnerten, dass die Realität bedeutend komplexer war.[50]

Vom Standpunkt des Historikers aus schwebten über der Nachkriegsmigration von Deutschen und Polen mehrere große Fragezeichen. Die erste Frage ist rein technischer Natur und betrifft die Eisenbahnfracht. Die Beförderung von circa sechs Millionen Menschen von der UdSSR nach Polen und von Polen nach Deutschland erforderte eine logistische Planung in mindestens doppelt so großem Umfang wie während des Holocausts. Wo kam in den Jahren 1945 bis 1947 das rollende Material her? Wo und von wem wurde die Operation koordiniert? Waren die beiden Teile der Operation getrennt oder miteinander verbunden? Im Falle Wrocławs könnte man die letzte Frage spezifischer formulieren. Wurden die Viehwaggons, die aus dem Osten nach Wrocław rollten, direkt wieder zurück in die UdSSR geschickt, um weitere Repatrianten zu holen? Oder wurden die Waggons, deren polnische Fracht auf einem der Bahnhöfe der östlichen Vorstädte gelöscht wurde, anschließend herübergeschickt nach Wrocław-Świebodzice, um ihre deutsche Fracht einzusammeln?

Wie die Literatur bezeugt, wurden deutsche und polnische Berichte über die Migration strikt getrennt. Deutsche entsinnen sich deutschen Leidens und geben stereotyp »den Polen« oder »den Russen« oder beiden die Schuld. Polen entsinnen sich polnischen Leidens und geben stereotyp »den Russen« oder »den Deutschen« oder beiden die Schuld. Was genau hat sowohl Deutsche als auch Polen davon abgehalten, die offensichtliche Wahrheit zu erkennen, dass all ihre Kümmernisse viel miteinander gemein haben?

Schließlich wurde die Gesamtgeschichte der größten menschlichen Migrationen in der neuzeitlichen europäischen Geschichte niemals geschrieben, obwohl die notwendigen Materialien inzwischen zugänglich geworden sind. Wie lange wird es dauern, bevor deutsche, polnische und russische Experten die Köpfe zusammenstecken, um die maßgebliche Darstellung zu erarbeiten?

Es wäre jedoch falsch anzunehmen, dass die Mehrheit der wachsenden Nachkriegsbevölkerung Wrocławs aus dem Osten kam. Der »Wilde Westen« des neuen Polen lockte alle möglichen Menschen aus vielen Gegenden an. Es lassen sich mehrere klar erkennbare Kategorien aufzählen: landlose Bauern auf der Suche nach verlassenen, ehemals deutschen Höfen; junge Menschen, besonders aus Wielkopolska (Großpolen), auf der Suche nach Arbeit in Fabriken; durch die Agrarreform von 1946 enteignete Grundbesitzer; Entwurzelte, die nach den Katastrophen des Krieges, zerbrochenen Ehen und zunichte gemachten Träumen einen neuen Anfang suchten; Ukrainer, die durch das Umsiedlungsprogramm in Südostpolen verdrängt wurden; jüdische Flüchtlinge, vor allem aus der UdSSR; politische Dissidenten, vor allem Angehörige des Widerstands der Kriegszeit, die sich auf der Flucht vor kommunistischer Verfolgung befanden; ausländische Einwanderer, deren Umsiedlung von der polnischen Regierung gebilligt worden war; schließlich auch ein gewisser Anteil von Obdachlosen, politischen Abenteurern und Kriminellen.

Im Oktober 1945 legten die Behörden von Wrocław offiziell Beschwerde bei der Regierung ein, nachdem ein Zug aus Krakau mit einem riesigen Kontingent unerwünschter Krakauer – Zuchthäusler, Spekulanten und Gewohnheitstrinker – eingelaufen war. Es gab in dieser Angelegenheit keine Antwort aus Warschau. Allerdings wurde der Versuch unternommen, verschiedene Kategorien der neuen Bewohner verschiedenen Örtlichkeiten zuzuweisen. Zgorzelec (Görlitz) an der Neiße-Grenze beispielsweise war für griechische kommunistische Flüchtlinge vorgesehen, die der Bürgerkrieg in Griechenland heimatlos gemacht hatte. Die Bergbaustadt Wałbrzych (Waldenburg) erhielt eine große Zahl polnischer Bergleute aus Belgien und Frankreich. Dzierżoniów (Reichenbach) bekam 50 000 Juden.

Die außergewöhnliche Geschichte der jüdischen Ansiedlung in Dzierżoniów ist aus vielerlei Gründen niemals richtig erzählt worden. Man kann sie jedoch in Umrissen in den Erinnerungen von Jakub Egit nachlesen, dem zionistischen Führer, der das Experiment nach seinem Dienst in der Roten Armee von 1945 bis 1948 leitete. »Der Gedanke verfolgte mich«, schrieb er, »dass die Juden hier in diesem Land, das die

Deutschen so viele Jahre entwickelt hatten, Vergeltung und Gerechtigkeit einfordern könnten... indem sie dieses ehemals deutsche Gebiet zu einer jüdischen Ansiedlung machten.« Sein Plan war, einen *yishuv* einzurichten – ein autonomes jüdisches Gebiet innerhalb Polens. Als er den Minister für die »Wiedergewonnenen Gebiete«, Edward Ochab, aufsuchte, sei ihm, behauptet er, gesagt worden: »Sie ziehen dies unter allen Umständen durch...Wir werden Sie bei Ihren Unternehmungen mit allen uns zur Verfügung stehenden Kräften unterstützen.« Drei Jahre lang ging alles gut. Anfangs nur eine kleine Gruppe von »Kazettlern«, wuchs die Gemeinde rasch an. Sie unterhielt Schulen, Krankenhäuser, Kibbuzim, Waisenhäuser und in Wrocław einen Verlag. Egit zufolge wurden Verordnungen erlassen, nach denen alle verbliebenen Deutschen weiße Armbinden tragen, vor Juden auf der Straße den Hut ziehen und den Bürgersteig freimachen mussten, wenn ein Jude sich näherte. Aber im Jahr 1948 änderte das kommunistische Regime seine Politik (siehe unten S. 553f.). Jakub Egit ging in ein kommunistisches Gefängnis, und die meisten seiner Anhänger gingen nach Israel.

Ähnliche Geschehnisse trugen sich im nahe gelegenen Bołkow – dem ehemaligen Bolkenhain – zu. In diesem Fall wurde ein Trainingscamp für Mitglieder der zionistischen »Hagana«, des Kerns der künftigen israelischen Armee, eingerichtet. Die militärischen Ausbilder wurden von der sowjetischen und der polnischen Armee gestellt. Die Rekruten kamen und gingen über den Grenzposten in Kudowa Zdrój (Bad Kudowa). Es waren bis zu 2500. Aber wie in Dzierżoniów hörte die Entwicklung 1948 auf.[51]

Die jüdische Präsenz in Wrocław war weniger konzentriert, dafür ein wenig dauerhafter. Bis zu 20 000 Juden lebten wieder in der Stadt, bevor in den fünfziger Jahren die Einwohnerzahlen erneut sanken. 1968 gab es beinahe keine jüdischen Einwohner mehr. Die jüdische Bevölkerung muss nach einer Mehrheit, die sich darauf vorbereitete, nach Palästina auszuwandern, und einer Minderheit, die vorhatte zu bleiben, unterschieden werden. Zu der zweiten Gruppe gehörten Bundisten* und Kommunisten. Ein lokales »Jüdisches Komitee« war außerdem in kulturellen und städtischen Angelegenheiten sehr aktiv. Mehrere jüdische Zeitungen waren in Umlauf. Von Mitte 1945 an spielte ein jiddisches Theater, das im April 1949 sein eigenes, neues Gebäude erhielt. Jüdische Demonstratio-

---

* Der jüdische sozialistische »Bund« propagierte einen radikalen gesellschaftlichen Wandel, von dem er sich auch ein Ende der jüdischen Problematik erhoffte (A. d. Ü.).

nen waren ein alltäglicher Anblick. Eine, am 7. Juli 1946, in der Woche des Pogroms von Kielce, sah 6000 jüdische Demonstranten, die die Inhaftierung von Zionisten in Palästina durch die Briten brandmarkten. Eine andere, am 24. Mai 1947, erlebte den zionistischen Politiker Adolf Berman – Bruder des Chefs der kommunistischen Sicherheitspolizei Polens, Jakób Berman –, wie er Polen und Sowjets seine Dankbarkeit für ihre Unterstützung der zionistischen Sache bei den Vereinten Nationen aussprach.

Wie Egits »Kazettler« hatten auch einige jüdische Zuwanderer Wrocławs im Auge des Sturms im besetzten Polen irgendwie überlebt. Maria A. zum Beispiel war kurz vor dem Krieg als Tochter einer assimilierten Familie polnischer Juden in Lemberg zur Welt gekommen. Ihr Vater war während der sowjetischen Okkupation von 1939 bis 1941 aus Furcht vor dem NKWD untergetaucht. Die Mutter hatte es während der nationalsozialistischen Besetzung vorgezogen, freiwillig als Fremdarbeiterin nach Deutschland zu gehen, statt abzuwarten, bis die Gestapo sie aufspürte. Die Tochter im Säuglingsalter wurde der Obhut einer Bäuerin anvertraut. Dann wurde sie an eine Kollegin ihrer Mutter weitergegeben, die kurz davor eine Fehlgeburt gehabt hatte und das Kind nun als eigenes ausgeben konnte. Maria A. wurde ordnungsgemäß getauft und unter dem Namen Maria Korzeniewicz bei ihren (verkannten) Adoptiveltern großgezogen. Nach dem Krieg kehrte ihre leibliche Mutter aus Deutschland zurück, ließ sich wie viele ehemalige Bewohner Lembergs in Wrocław nieder und beanspruchte ohne ein Wort des Dankes ihr Kind zurück – keine sehr vornehme Haltung, wenn man bedenkt, dass die Adoptiveltern das Kind unter Lebensgefahr aufgenommen hatten.

Ein anderer jüdischer Zeitgenosse, der später nur noch als »Jerzyk« identifiziert werden wollte, war aus Polen in die UdSSR geflohen und hatte als Schiffsheizer auf dem Kaspischen Meer gearbeitet. Er kehrte in den Reihen der sowjetisch geführten Kościuszko-Division zurück und ließ sich zuerst in Danzig und dann in Wrocław nieder. Er war Preisträger bei einem Wettbewerb für Kurzgeschichten, den der berühmte polnisch-jüdische Autor Janusz Korczak organisiert hatte. Das Thema lautete: »Wie die Welt 1950 aussehen wird.« Der von dem 14 Jahre alten Jerzyk eingereichte Beitrag war auf unheimliche Weise prophetisch gewesen:

> »Der Krieg brach aus. Wie gewöhnlich begann alles relativ trivial, doch es war kaum eine Woche vergangen, bis der ganze Planet in Flammen stand. Ich will mich damit nicht aufhalten. Nur so viel

muss ich sagen, dass fast ein Zwanzigstel der gesamten Weltbevölkerung starb, das sind einhundert Millionen. Die Menschen kehrten in die Steinzeit zurück, sie versuchten bloß so schnell wie möglich zu siegen und ihr Leben zu retten...

[Nach dem Krieg] ging alles in Scherben. Tausend Banden zogen nach Osten und ließen sich auf den schwelenden Trümmern nieder... Und obwohl der Niedergang des Lebens außerordentlich war, wurde es in viel besserer Form wieder belebt.«[52]

Die Neugründung einer lebensfähigen jüdischen Gemeinschaft im Nachkriegs-Polen wurde durch drei miteinander verbundene Faktoren gehemmt. Unter den Juden nahmen der militante Zionismus und folglich der Wunsch, nach Palästina auszuwandern, beträchtlich zu. Unter den Polen gab es starke Ressentiments gegen die Zionisten, von denen man meinte, sie hätten immer etwas an Polen auszusetzen und seien nicht bereit, beim Wiederaufbau des vom Krieg zerrissenen Landes zu helfen. Ganz offensichtlich gab es unter den mit den Kommunisten sympathisierenden Juden eine deutliche Tendenz, sich den schlimmsten Organen der stalinistischen Staatsmaschinerie anzuschließen. Die Rachsucht des Antifaschismus entwickelte unmittelbar nach dem Holocaust eine beträchtliche Anziehungskraft. Wie mehrere Untersuchungen gezeigt haben, waren Holocaust-Überlebende nicht in allen Fällen davor gefeit, die bestialischen Methoden ihrer einstigen Peiniger nachzuahmen.[53] Dieses Thema war allerdings viele Jahre lang tabu. Sowohl von den polnischen Kommunisten als auch von Juden im Ausland wurde es heftig bestritten. Bestätigt wurde es indes durch viele qualifizierte Zeugen wie Jakób Berman.[54]

Angesichts der starken Konzentration jüdischer Einwanderer im Nachkriegs-Schlesien war die Rolle neuer jüdischer Angehöriger im Wrocławer Zweig des Sicherheitsamtes (UB) besonders heikel. Sie neigten dazu, sich als Opfer nicht nur die offenkundigen Gegner des Regimes auszusuchen, wie die Bauernpartei oder die katholische Kirche, sondern auch jüdische Organisationen. Überdies hatten sie, wie Berman ebenfalls bestätigte, besondere Instruktionen, Namen und Akzent zu ändern und folglich ihre Herkunft zu verbergen; häufig besetzten sie leitende Positionen. Natürlich sollte man ihre Rolle auch nicht überbewerten. Das UB beschäftigte alle möglichen Mitarbeiter. Die veröffentlichte Liste von 337 UB-Agenten im Wrocław des Jahres 1945 enthält nur eine Hand voll Personen, die offenkundig jüdischer Herkunft waren.[55] Polizisten mit Juden und Juden mit Polizisten gleichzusetzen ist zu einfach. Allerdings ist auch nicht abzustreiten, dass es Probleme gegeben hat. Die Angelegenheit schwärte lange und ist noch immer in lebhafter Erinnerung. Als eine kleine Gruppe von Studenten beispielsweise 1946 zum öffentlichen Protest aufrief, weil die Rote Armee ein weiteres Elektrizitätswerk geplündert hatte und sie im Dunkeln lernen mussten, wurden sie von einem hochrangigen Offizier des UB, Major Rubinsztajn, angegriffen, der ihnen sagte: »Ihr seid *bydlo* (Tiere).«[56]

Der neuesten Schätzung zufolge kamen Juden bei einem Bevölkerungsanteil von weit unter einem Prozent in den oberen Rängen des Sicherheitsapparates auf 13 Prozent.[57] »Dass Juden im Sicherheitsapparat überrepräsentiert waren, ist eine Tatsache.«[58] Ein gewisser Herr D., der 50 Jahre später in Wrocław befragt wurde, bestätigte die profilierte Stellung von Juden im Sicherheitsapparat, die damals gebilligt wurde. »Man sollte diese Juden, die bei der Polizei, bei der Sicherheitsbehörde arbeiteten«, so sein Kommentar, »nicht kritisieren, denn ihnen war es zu verdanken, dass Wrocław nicht so war wie Kielce oder andere Orte. Denn die Staatssicherheit und die Polizei hatten Anweisungen, jede Form von Antisemitismus zu unterbinden. Bis 1956 hatten sie Angst.«[59] Er schilderte, wie das Gebäude des Jüdischen Komitees in der Włodkowica-Straße Tag und Nacht von bewaffneten Posten bewacht wurde:

> »Das waren angeheuerte Posten, bezahlt. Sie standen mit Schießeisen am Tor. Und es waren nicht die Deutschen, vor denen wir Angst hatten... wir hatten Angst vor Polen, die ein Pogrom veranstalten wollten. Damals ging ich weder zum Komitee noch in die Synagoge noch zur Gemeinde. Ich hielt mich abseits. Ich hatte Angst vor Versammlungen, die in einem Pogrom enden konnten... Ich arbeitete den ganzen Tag und ging abends in einer Art Versteck zu Bett, wie eine Maus. Damals fürchtete ich mich schon vor meinem bloßen Schatten. Jeder, der die Okkupation überlebt hatte, war seelisch gezeichnet.«[60]

Tatsächlich kam es zu keinem Pogrom im Nachkriegs-Wrocław.

Henryk Traller (geb. 1919) gehörte zu denen, die von der stalinistischen Polizei angeworben wurden. Nachdem er in Lodsch eine jüdische Erziehung genossen und Cheder, Talmud, Tora und Jeschiwa besucht hatte, schloss er sich der kommunistischen Jugendorganisation KZMP an. Nach dem Krieg trat er in die Partei ein, absolvierte die Parteischule und wurde anschließend ins Parteikomitee berufen:

Kapitel 8: Wrocław (1945–2000) 547

»›Ob ich nicht gern zur Sicherheit ginge?‹ Ich sagte: ›Ganz gewiss nicht.‹ – ›Wie wäre es dann mit der Polizei?‹ Nun, ich dachte, die Polizei kümmert sich um Strafsachen, lass die Finger davon... Später wurde ich wieder nach Wrocław berufen, in die Abteilung für Spezialaufgaben... Ich verabschiedete mich von ihnen [im Juni 1954]. Als Gomułka an die Macht kam, merkte ich, dass etwas nicht stimmte. 1957 reichte ich meinen Abschied ein.«[61]

In Wirklichkeit ging Traller nicht. Er blieb für den Rest des Jahrhunderts in der Włodkowica-Straße. Weder er noch Herr D. dachten daran darzulegen, was die stalinistische Polizei tatsächlich tat. Überaus sonderbar ist, dass beide glaubten, das Leben sei für sie nach 1956, als die Bedingungen für die Masse der Bevölkerung sich erheblich verbessern sollten, nicht so gut gewesen.

Die Verhältnisse in den ländlichen Gemeinden und Dörfern der Region Wrocław waren nicht besser als in der Stadt. Sie waren geprägt von Ziellosigkeit, Depression und Baufälligkeit. Soziologische Studien, die erst nach dem Zusammenbruch des Kommunismus veröffentlicht werden konnten, zeigten, dass die ersten beiden Generationen polnischer Nachkriegssiedler im ländlichen Niederschlesien keinen Erfolg gehabt hatten.[62] Die Migranten waren in eine leere, fremde und abweisende Umgebung gekommen, in der ein brutales kommunistisches Regime absolut herrschte und in der die Kollektivierungskampagne der späten vierziger Jahre ihnen und dem Land die Hoffnung geraubt hatte. Von den Naturschönheiten Schlesiens waren sie nicht im mindesten beeindruckt. Ihnen missfielen die großen deutschen Bauernhäuser aus Ziegelsteinen, die zu reparieren sie sich nicht die Mühe machten. Sie haderten mit der relativen Unfruchtbarkeit des Bodens, der für ihre traditionellen Anbaumethoden nicht geeignet war, und zumindest bis 1970 glaubten sie, ihr Aufenthalt in Schlesien sei vorübergehend. »Sie lebten auf gepackten Koffern« inmitten von Müllbergen. Sie tranken übermäßig, ließen Entwässerungs- und Heizungssysteme verrotten und litten anschließend in ihren feuchten Zimmern häufig an Rheumatismus. Sie sahen unbeteiligt zu, wie ausrangierte landwirtschaftliche Maschinen in ihren zugigen Scheunen vor sich hin rosteten. Von ihren westlichen Nachbarn waren sie durch den Eisernen Vorhang getrennt, und sie rieten ihren Kindern bei jeder Gelegenheit, nach Zentralpolen wegzuziehen. Objektiv betrachtet war ihr Schicksal genauso tragisch wie das der deutschen Heimatvertriebenen, deren Land und Besitz sie so widerstrebend geerbt hatten. Es kann nur mit den Stichworten Apathie, Alkoholismus und Entfremdung zusammengefasst werden. Das Erziehungssystem und die Zensur des kommunistischen Regimes verschärften die Entfremdung noch durch die neue Lesart der Geschichte, wonach die frühere Heimat im Osten ihnen niemals gehört habe. Ihr Lebensgefühl glich bis zu einem gewissen Grad dem der ehemaligen Breslauer, wenn sie in Westdeutschland ankamen und ihnen von Lehrern und Verwaltungsbeamten gesagt wurde, Breslau sei niemals deutsch gewesen.

*

Eine eingehende Untersuchung der Kleinstadt Lubomierz fördert soziale Bedingungen zutage, die ebenso absurd wie rau waren. Im reizenden Isergebirgsvorland etwa 100 Kilometer westlich von Wrocław gelegen, war das ehemalige Liebenthal 1946/47 größtenteils von einer Gruppe polnischer Zuwanderer aus Czortków in der Ukraine neu besiedelt worden. Erst wurde der Ort in »Miłosna«, später dann in »Lubomierz« umgetauft, denn man hätte den neuen Bewohnern niemals erlaubt, sich »Neu-Czortków« zu nennen. Die ehemalige Einwohnerzahl von circa 1500 erreichte die Stadt zwar nie wieder, doch 1946 hatte der Ort immerhin eine solide Infrastruktur besessen: sechs Bäckereien, vier Metzgereien, neun Schneider, vier Friseursalons, vier Schmieden, drei Buchhandlungen, sieben Lebensmittelgeschäfte, zwei Apotheken, sechs Restaurants, ein Kino und ein Hotel. Es gab einen Klempner, einen Automechaniker, einen Uhrmacher, mehrere Tischler, Metallarbeiter, Kürschner und Sattler. Die örtliche Landwirtschaft wurde durch eine Molkerei, eine Käsefabrik, eine Zuckerraffinerie und einen Komplex von Fischteichen ergänzt. Weitere Arbeitsplätze boten eine große Baufirma, ein Betrieb für Landmaschinen und Großhändler, die auf Seife, Haushaltswaren, Tabak und Textilien spezialisiert waren. Das Gesundheitswesen lag in den Händen von zwei praktischen Ärzten, einem Orthopäden, einem Veterinär, drei Zahnärzten und dem 44-Betten-Krankenhaus des Benediktinerinnen-Konvents. Doch innerhalb eines Jahrzehnts war der Großteil dieser Infrastruktur wieder verschwunden. Was war geschehen? Die Nachkriegskampagne gegen deutsche Kultur hatte die Vernichtung städtischer Unterlagen, darunter die Pläne des kommunalen Abwasser- und Wasserversorgungssystems zur Folge, mit dem Ergebnis, dass gebrochene Abwasserrohre nur schwer zu reparieren waren. Viele Keller standen ständig unter Wasser. Und die Fischteiche verwandelten sich in einen Sumpf. Im Jahr 1949 dann sollte der stalinistische »Kampf um den Handel« mit allen privaten Werkstätten und Geschäften Schluss machen und alle Freiberufler und nichtöffentlich Beschäftigen vertreiben. Die meisten sozialen und ökonomischen Einrichtungen wurden so mit gewaltiger Verzögerung durch sehr minderwertige »Zentren« in staatlicher Regie ersetzt. Eine Staatliche Maschinen-Reparaturstelle öffnete erst 1951. Ein Städtisches Abriss-Komitee zur Räumung der Trümmer aus der Kriegszeit wurde 1956 berufen. Der erste Industriekomplex der Nachkriegszeit, ein agrar-industrielles Kombinat, nahm erst 1976 die Produktion auf. Sein Kino, sein Hotel und sein mit einem Wohnheim verbundenes Krankenhaus erhielt Lubomierz unter kommunistischer Herrschaft nie mehr zurück.

Natürlich beeinträchtigte die Politik auch die kommunale Verwaltung. Die einzige Persönlichkeit mit echter Autorität, der Pfarrer Bernard Pylik, der mit seinen Gemeindemitgliedern aus Czortków zugewandert war, wurde 1950 wegen Widerstands gegen die Kollektivierung inhaftiert. Die Pfarrstellen wurden von nun an nur noch mit Billigung der Kommunistischen Partei besetzt. Nach den manipulierten Wahlen von 1947 konnte kein Unabhängiger mehr für ein lokales Amt kandidieren; alle Positionen wurden unter Partei-Opportunisten verteilt. Das Ergebnis war eine seltsame kommunistisch-klerikale Doppelherrschaft, durch die der Stadtsekretär der PZPR, gleichzeitig Direktor des Kombinats, de facto in Partnerschaft mit dem Gemeindepriester »regierte«.

*

In Wrocław liefen die politischen Entwicklungen dem ökonomischen Wiederaufbau weit voraus – aber nicht unbedingt in die gesündeste Richtung. In den ersten Nachkriegsjahren wurden viele miteinander konkurrierende Parteien gegründet – die Polnische Bauernpartei (PSL), die Polnische Sozialistische Partei (PPS), die Kommunistische Polnische Arbeiterpartei (PPR) und verschiedene jüdische Parteien unterschiedlicher Färbung. Die Behörden legten großes Gewicht auf symbolische Ereignisse wie eine Versammlung an Allerheiligen auf dem sowjetischen Friedhof und die Parade zum Ersten Mai. Versuche, Feiern zum polnischen Nationalfeiertag am 3. Mai zu unterbinden, wurden vorläufig nicht unternommen, obwohl die Fronleichnamsprozession von 1946 am Betreten des Stadtzentrums gehindert wurde. Doch das Regime gewann wenig Unterstützung. Die Mitgliederzahlen der PPR blieben beschämend niedrig, und die wahren Ergebnisse des gefälschten Volksentscheids vom 30. Juni 1946 waren zutiefst enttäuschend für die Staatsgewalt. Obwohl die Partei einen beruhigenden Sieg und ein »dreifaches Ja« verkündete, wusste jedermann, dass eine deutliche Mehrheit der Vratislavier entgegen den kommunistischen Parolen mit einem »dreifachen Nein« gestimmt hatte.[63] Im Hintergrund wurde gleichzeitig eine perfide Kampagne entfesselt. Unter sowjetischer Anleitung versuchten die Kommunisten zu beweisen, dass all ihre demokratischen Widersacher Nazi-Kollaborateure gewesen seien. Am 22. Januar 1946 gaben sie die Hinrichtung eines gefangenen Nazis namens Dickmann bekannt, der zwölf Monate zuvor ungefähr 90 Häftlinge ermordet hatte. Am 18. Juli erschossen sie die 22-jährige Helena Motykówna wegen der Zugehörigkeit zu einer von der nichtkommunistischen Widerstandsbewegung der Kriegszeit inspirierten Gruppe.[64] Sie war die Erste von Hunderten, die im Kleczkowska-Gefängnis auf die gleiche Weise ums Leben kommen sollten.

Nach erheblicher Verzögerung wurden beträchtliche Mühe und viel Einfallsreichtum auf die »Entgermanisierung« verwendet. Alle Hakenkreuze waren schon in den ersten Stunden nach der Belagerung entfernt worden, aber ihre gespenstischen Umrisse hielten sich hartnäckig noch so manches Jahr auf so mancher ungestrichenen Wand. Alle Straßen, Plätze und Bezirke erhielten polnische Namen, die oft nach politischen Motiven ausgewählt wurden. Die zum Hauptbahnhof führende Hauptstraße wurde nach General Świerczewski umbenannt, einem kommunistischen Helden des Spanischen Bürgerkrieges. Der Dominikanerplatz wurde mit dem Namen Feliks E. Dzierzyńskis geziert, dem Gründer der sowjetischen Geheimpolizei. Aus dem Bezirk Wilhelmsruh wurde Zacisze, wörtlich »still«. Der Bezirk Krietern wurde zu Krzyki, wörtlich »Schreie«. Alle deutschen Denkmale wurden entweder abgerissen oder ersetzt. Das Standbild Friedrichs des Großen, das 98 Jahre lang auf dem Ring gestanden hatte, wurde abgetragen. Der leere Sockel, der früher das Standbild Friedrich Wilhelms III. getragen hatte, wurde schließlich 1956 mit der Figur des polnischen Dichters Alexander Fredro gekrönt, die man aus Lemberg zurückbekommen hatte. Die Statue Kaiser Wilhelms I. wurde während einer sozialistischen Kundgebung am 21. Oktober 1945 gestürzt. »Der Sturz dieses kleinen Fritz«, verkündete ein Redner, »ist ein Symbol für den Sturz des ganzen nationalsozialistisch-preußischen Regimes, das nie wieder auferstehen wird.« Alle ehemaligen deutschen Einwohner, in erster Linie die Kinder aus Mischehen, die die polnische Staatsbürgerschaft beantragen wollten, mussten sich bis zum 1. Juli 1946 anmelden. Aber sie wurden bedrängt, ihre Namen zu ändern. Aus einem Helmut wurde also jedes Mal ein Kazimierz und aus einer Hilda eine Halina. Manchmal wurden auch die Nachnamen geändert. Die Polonisierung wurde bis in die intimsten Winkel der Identität hinein forciert.

Obwohl es seit Mai 1945 eine Einsatzgruppe der »Staatlichen Kommission für Wirtschaftsplanung« (KERM) und seit Januar 1946 einen Städtischen Plan gab, waren die Ergebnisse dürftig. Die Produktion der ersten Kohlewaggons in den Pafawag-Werken erforderte am 26. Januar 1946 den Besuch des Vizepremiers Gomułka und des Industrieministers Hilary Minc. Viele Fabriken verblieben jedoch in sowjetischen Händen. Die Trümmerberge wurden kaum niedriger. Kein großes Bauprogramm war gestartet worden, und auf dem Arbeitsmarkt herrschte Chaos. Im November 1945 legte Pater Milik Protest gegen die Gewohnheit der Sicherheitspolizei ein, während der Messe Leute zusammenzutreiben, um die Zwangsarbeitsbrigaden aufzufüllen.[65]

Der Lebensstandard war weit unter das Niveau der Kriegszeit gefallen. Offizielle Bezugsscheine bewahrten die Menschen nur knapp vor dem Verhungern. Das im September 1946 geltende Bewirtschaftungssystem erkannte vier Kategorien von Bezugsberechtigten an. Die Spitzenkategorie erhielt eine kleine Menge des Lebensnotwendigsten, darunter 8,5 Kilogramm Brot, 20 Gramm Tee und 964 Gramm Dosenfleisch pro Woche. Der vierten Kategorie standen nur 4 Kilogramm Brot, 500 Gramm Gerstenmehl und 400 Gramm Salz zu.[66] Die Wohnungsverhältnisse waren katastrophal. Es gab keine Materialien für Reparaturen. Ungewaschene Menschen wurden in den begrenzten Bestand unbeschädigter Zimmer gepfercht, oft zusammen mit Schweinen und Geflügel. Ansteckende Krankheiten wüteten, das Verbrechen blühte. Morde, besonders Kindesmorde, nahmen zu. Raubüberfälle bei Tage und Einbrüche bei Nacht waren eine ständige Bedrohung. Nur wenige Kriminelle wurden gefasst. Die *Szabrownicy* (»Plünderer«) und Schwarzhändler waren allgegenwärtig. Hauptzentrum des Handels war der *Szaberplac* (»Plündererplatz«). Jeden Tag kam es zu Stromausfällen. Von 20 Uhr abends bis 5 Uhr morgens herrschte Ausgangssperre in der verdunkelten Stadt.

In einer solchen Umgebung grenzte der Aufbau eines polnischen Kulturlebens an ein Wunder. Doch Musik und Dichtung konnten zweifellos das Herz erwärmen, selbst wenn der Magen leer war. Und der Hunger nach Bildung war nach sechs Jahren Krieg unersättlich. Eine Gruppe kulturwissenschaftlicher Experten war schon im Mai 1945 mit Präsident Drobner in Wrocław eingetroffen, und ihre Leistungen stellten die Arbeit all ihrer Kollegen in den Schatten. Quantität und Qualität der häufig in halb zerstörten Auditorien aufgeführten Theaterstücke, Sinfonien und Opern waren wahrhaft erstaunlich. Viel wurde von Gastkünstlern und -truppen aus Krakau aufgeführt, aber lokale Inszenierungen bedeuteten den Zuschauern mehr. Zur Premiere von Moniuszkos *Halka* am 8. September 1945 war die Oper ausverkauft. Bei der Premiere des *Barbiers von Sevilla* im Dezember gingen zwei Stunden lang die Lichter aus, aber niemand verließ seinen Platz. Die Schulen fingen den Unterricht mit 40 Schülern pro Klasse an. Fußballvereine, Boxkämpfe und populäre Kabaretts entstanden aus dem Nichts. Man kann jedoch nicht leugnen, dass die Leidenschaft für die polnische Kultur teilweise von dem sehr unpolnischen Charakter des Schauplatzes beflügelt wurde. Polen, die im Nachkriegs-Wrocław Mickiewicz rezitierten, fühlten sich ähnlich wie Engländer, die in Kalkutta Shakespeares *Mittsommernachtstraum* aufführten und so taten, als seien sie in Stratford. Die Dichterin Maria Dąbrowska vermerkte 1947: »Ein Grund, warum man sich in Wrocław immer so schlecht fühlt, ist, dass Nostalgie in der Luft hängt, als sei man im Exil, unendlich weit weg vom eigenen Volk.«[67]

In den Jahren 1947/48 beschleunigte sich das Tempo der politischen Veränderung. Die allgemeinen Wahlen zum Verfassungsgebenden Sejm vom 19. Januar 1947 bescherte einem von PPR und PPS geführten »Demokratischen Block« einen beruhigenden Sieg. Wie der Leiter der »Abteilung für Wahlmathematik« später zugeben sollte, waren die Ergebnisse schlicht und einfach manipuliert. In Wrocław waren sämtliche Plakate der oppositionellen PSL* abgerissen worden, alle PSL-Kandidaten wurden unter Druck gesetzt, und einzelne Wähler mussten stundenlang warten, während organisierte Gruppen von den Behörden mit Bussen herangekarrt wurden. Nach der Wahl ging die Politik in die Offensive. Die Regierung startete eine ideologische Kampagne, die teils auf »Vulgärmarxismus« und der Nacheiferung sowjetischer Normen und teils auf extremem polnischen Chauvinismus beruhte. Ansprüche auf die »Wiedergewonnenen Gebiete« beispielsweise sollten durch nationalistische und ausgeklügelte »historische« Beweisführungen gestützt werden. Parallel sollten die Zwillingsparteien des »Demokratischen Blocks« auf ihre Verschmelzung und auf die Errichtung eines Ein-Parteien-Staates vorbereitet werden. Ergänzend wurde die Opposition zunehmendem Terror unterworfen.

Die ideologische Wende äußerte sich beispielhaft in Schauveranstaltungen, die in oder in der Nähe von Wrocław stattfanden. Wrocław wurde vorübergehend zur »politischen Hauptstadt Polens«. Im September 1947 beispielsweise spielte die polnische Regierung den Gastgeber für die Gründungsversammlung des Kommunistischen Informationsbüros (Kominform), die in der merkwürdigen Umgebung des winzigen Urlaubsortes Szklarska Poręba (Schreiberhau) in den Bergen stattfand. Der Versamm-

---

* Polski *S*tronnictwo *L*udowe; Polnische Volkspartei (A. d. Ü.).

lung, die strikt auf die kommunistische Elite beschränkt war, wohnten Würdenträger aus allen Ländern des sowjetischen Blocks bei. Eines ihrer Ziele war die Koordinierung der Propaganda gegen den Marshallplan, dem beizutreten Moskau seinen abhängigen Staaten verboten hatte. Ein anderes war die Werbung für das Polentum der Provinz, in die die Delegierten eingeladen worden waren.

Die »Ausstellung der Wiedergewonnenen Gebiete« (WZO) im Jahr 1948 richtete sich im Gegensatz dazu an die Massen. Ausgedacht hatte sie sich Polens Chefideologe Jerzy Borejsza, und sie fand auf dem Gelände der Jahrhunderthalle statt – die jetzt »Hala Ludowa«, »Halle des Volkes« hieß. Sie war in etwa 50 Pavillons untergebracht und bestand aus einer fröhlichen Kirmes, verbunden mit aufdringlicher politischer Propaganda. Dazu kamen Standbilder heldenhafter Arbeiter und Bauern im Stil des »Sozialistischen Realismus«, deren Gesichter einem Himmel zugekehrt waren, den eine hoch aufragende, 96 Meter hohe Stahlnadel beherrschte. Der thematische Schwerpunkt der Ausstellung wurde in letzter Minute von Antiimperialismus auf technischen Fortschritt und polnisch-sowjetische Brüderschaft verlagert. Die riesige historische Sektion bestand weitgehend aus einer in Posen vorbereiteten, jedoch nie gezeigten Ausstellung mit dem Titel »Tausend Jahre polnisch-deutscher Kampf«. Sie konkretisierte vier Hauptthemen: den Kampf slawischer Stämme in prähistorischer Zeit, den polnisch-deutschen Konflikt über zehn Jahrhunderte, die Rückkehr Polens auf seinen »piastischen Weg« und »unser unsterbliches Recht auf die Wiedergewonnenen Gebiete«. Insgesamt begrüßte die WZO in den 100 Tagen ihres Bestehens über 1,5 Millionen Besucher. Sicherlich verschaffte die Ausstellung ihnen billiges Essen und das Zusammengehörigkeitsgefühl, das so vielen von ihnen fehlte. Bei der Eröffnung am 21. Juli war auch Bierut zugegen, der bereits Präsident der Republik war, nicht aber der Minister für die »Wiedergewonnenen Gebiete«, Gomułka, der in Ungnade gefallen war. Doch es gab auch Pannen: Eine unvollständige Tafel, die unter dem Slogan »Der rechtmäßige Besitzer kehrt auf sein Land zurück« einen polnischen Bauern abbilden sollte, zeigte tatsächlich einen behelmten deutschen Soldaten. Die Schlussfeier am 31. Oktober, zu der eine Rede über die »Übernahme der Macht durch das Volk« gehörte, endete mit einem Konzert der Wrocławer Philharmonie.[68]

Ein Pavillon war von Jakub Egit und seinem lokalen »Jüdischen Komitee« gestaltet worden. Zwei Wochen vor der Eröffnung der WZO wurde er von sowjetischen Funktionären und städtischen Beamten inspiziert. Ihnen gefiel Chaim Hanfts Standbild eines jüdischen Bergarbeiters nicht, denn sie hielten nichts davon, jüdische Leistungen getrennt von anderen zu präsentieren. »Genosse Egit, du denkst wohl, du bist in Israel...«, bemerkte einer der Inspektoren. Der Pavillon wurde schließlich der polnischen »Westlichen Gesellschaft« übergeben.[69]

Der »Internationale Kongress von Intellektuellen zur Verteidigung des Friedens« fand im August 1948 an vier Tagen im Wrocławer Polytechnikum statt. Von Berühmtheiten aus 45 Ländern besucht, darunter Irena Joliot-Curie, Graham Greene, Pablo Picasso, Ilja Ehrenburg, Michail Scholochow, Salvatore Quasimodo, Bertolt Brecht, Harold Ould, Jorge Amado, Kingsley Martin und Julian Huxley, sollte er der Außenpolitik des Sowjetblocks vor internationalem Publikum Respektabilität verleihen. Doch er geriet zum Fiasko. Die Delegierten waren durch die überdeutliche Präsenz des Geheimdienstes gereizt. Die polnische Gruppe, zu der Namen wie Tadeusz Kotarbiński, Hugo Steinhaus, Władysław Broniewski und Antoni Słonimski gehörten, war offen beschämt. »Als wir die Kongresshalle betraten«, schrieb Maria Dąbrowska in ihr Tagebuch, »wurden wir nicht weniger als siebenmal gefilzt, und die Zentrale des Kongresses war gerammelt voll mit Geheimdienstleuten.«[70] Eine Grußbotschaft von Albert Einstein wurde offenkundig verfälscht, während das sowjetische Akademiemitglied Alexandr Fadejew wahllos die moderne westliche Kultur attackierte und die Werke »eurer Millers, Eliots, Malreaux' und anderer Sartres« mit den »Schöpfungen von Schakalen und Hyänen« verglich. Huxley reiste ab, und Jakób Berman rief verzweifelt im Kreml an.

Der britische Historiker A. J. P. Taylor brachte tapfer einen einsamen Protest zum Ausdruck. Taylor war ein prominenter, wenn auch exzentrischer britischer Sozialist, der bekannteste Historiker seiner Generation und galt in den dreißiger Jahren als Sympathisant der UdSSR. Mehrere Mitglieder der britischen Delegation wie Professor J. B. Haldane und der »Rote Dekan« von Canterbury, Dr. Hewlett Johnson, baten ihn, Abstand von seinem Vorhaben zu nehmen. Er schenkte ihnen keine Beachtung:

> »Es ist eine lange Reise von London, und ich habe diese... Reise nicht unternommen, um mir Gemeinplätze anzuhören oder Slogans zu lesen, die vom Welttreffen der demokratischen Jugend übrig geblieben zu sein scheinen. Wir Intellektuellen sind keine Kinder, und die meisten von uns sind hierher gekommen... um die Zusammenarbeit zwischen den Intellektuellen aller Länder sicherzustellen... Wir können erst arbeiten, wenn wir Bewegungsfreiheit haben. (...)
> Als Intellektuelle müssen wir gemeinsame Maßstäbe haben, und ich fürchte, diese Maßstäbe fehlen noch. Meiner Meinung nach ist

es unsere Pflicht... Toleranz zu predigen, nicht Hass. In Amerika und jetzt auch in England sagen immer mehr Menschen, dass es zwischen der Sowjetunion und Nazideutschland nichts zu wählen gibt, dass beide die Welt erobern wollen. Viele Intellektuelle in Amerika ebenso wie in England haben diese Ansicht bekämpft. Und jetzt, was finden wir, wenn wir hierher kommen? Dieselben Ansichten, nur umgekehrt. Dieselben Schreckgespenster: hier heißt es ›amerikanischer Faschismus‹, dort drüben nennt man es ›russischer Bolschewismus‹. Wir Intellektuellen sollten, statt diese Schreckgespenster aufzublasen, versuchen, die Menschen auf beiden Seiten wieder zu Verstand zu bringen.

Wenn wir Intellektuellen zusammenarbeiten sollen, dann muss das auf der Basis der... Wahrheit erfolgen. Als Historiker kann ich nicht stillsitzen, wenn ich höre, wie Geschichte neu gemacht wird. Auf dieser polnischen Erde hat ein Engländer das Recht und die Pflicht, dies zu sagen; wir und die Franzosen waren die einzigen Völker, die gegen Nazideutschland in den Krieg zogen, ohne zu warten, bis wir angegriffen wurden, wir und die Franzosen allein traten in diesen Krieg ein, um Polen zu befreien. Ein eklatanteres... Beispiel dieser historischen Verzerrung war es, als Mr. Fadejew die Länder aufzählte, die Hitler Widerstand geleistet hatten... Ein Land fehlte: Jugoslawien. Doch gerade Jugoslawien kann Widerstandsleistungen vorweisen, die unübertroffen sind. Jetzt wird der jugoslawische Widerstand, um es einer politischen Partei recht zu machen, ausgelöscht. Unter diesem Banner der Unlauterkeit werde ich nicht marschieren...

Ah ja, aber wofür sind wir? Ich weiß, wofür ich bin – für eine einzige Menschheit, nicht für britische Kultur, nicht für amerikanische Kultur, nicht für sowjetische Kultur, sondern für eine einzige menschliche Kultur. Wir Intellektuellen gehören zum Land von Goethe und Voltaire, von Tolstoi und Shakespeare. Aber wenn es etwas weniger sein muss, dann Europa – das Europa, das weder kommunistisch noch amerikanisch ist...

Ich – zur Not auch allein – bin für die Freiheit des Geistes – die Freiheit des Künstlers zu schaffen, was er möchte, die Freiheit des Wissenschaftlers zu forschen, die Freiheit des Schriftstellers, seine eigenen Ideen auszudrücken. Solange wir uns auf dieser Basis nicht treffen, können wir uns auf keiner treffen... Alle Völker verlangen nach Freiheit von Unterdrückung – Freiheit von willkürlicher Verhaftung, Freiheit von einer Geheimpolizei, Freiheit, ihre

Meinung über die eigene Regierung ebenso auszusprechen wie über andere. Wenn wir dies verteidigen, dann verteidigen wir auch den Frieden der Welt und bieten den Menschen der Welt, was sie wollen. Auch wenn ich nur für mich spreche, würde ich behaupten: Ohne intellektuelle Freiheit, ohne Liebe, ohne Toleranz kann der Intellektuelle der Menschheit nicht dienen. Kurz gesagt, hier bin ich, hier sind meine Ansichten. Andere könnte ich nicht haben.«[71]

Taylor löste einen Tumult aus. Die Kommunisten waren wütend. Die Polen waren erfreut, und er wurde gefeiert. Für die Welt draußen war es nun überaus wichtig, dass eine Reporterin Polen sofort verließ und die Geschichte an die *New York Times* schickte. »Taylor wurde der Mann, der hinter dem Eisernen Vorhang für die Freiheit gesprochen hatte.«[72]

Auch die britische Presse war gebührend aufgewühlt. Der linke *Daily Herald* brachte einen Bericht auf der Titelseite. Der liberale *Manchester Guardian* nahm unter der Überschrift *Gestank nach Verwesung* eine ähnliche Haltung ein. Der Bericht der *Times* war mit *Sowjetisches Geschwafel* überschrieben. Am 4. September veröffentlichte der *New Statesman* einen langen Artikel über *Hyänen und andere Reptilien* und fügte einen Brief von Taylor und sechs Kollegen hinzu:

»Wir, die Unterzeichneten, Mitglieder der britischen Gruppe auf dem Wrocławer Kongress, bedauern, dass wir uns außerstande sehen, die dort verabschiedete Resolution als die ganze Wahrheit zu akzeptieren... Zwei Lebensarten liegen überall auf der Welt miteinander im Konflikt, und die Aufgabe von Intellektuellen sollte es sein, den Konflikt mit friedlichen Mitteln zu lösen. Die Andeutung der Resolution, dass einer Seite allein die Schuld zu geben sei, empfinden wir als Verschwendung einer großartigen Gelegenheit. Obwohl wir bei dem Kongress in der Minderheit waren, glauben wir, dass wir die Mehrheit der Männer und Frauen auf der ganzen Welt repräsentieren.

A. J. P. Taylor   *Edward Crankshaw*
Felix Topolski   *Richard Hughes*
A. G. Weidenfeld   *Denis Seurat*
Olaf Stapledon«[73]

Nur der kommunistische *Daily Worker* erwähnte die Kontroverse nicht.[74] Auch das britische Foreign Office war sehr erfreut. Die Akte des Außenministeriums über den Wrocławer Kongress beginnt mit Bemerkungen über »unsere ›Intellektuellen‹, die sich zum Narren machen«. Sie schließt mit Lob für A. J. P. Taylor, »[dessen] Ansichten so notorisch unorthodox sind, wie um klarzustellen, dass er nicht bloß ein offizieller Sprecher ist«.[75]

Trotzdem verabschiedeten 337 von 357 Teilnehmern eine Resolution, die »die Kriegsvorbereitungen einer Handvoll gieriger Profiteure in Europa und Amerika« verurteilte, »die vom Faschismus die Vorstellungen rassischer Überlegenheit übernommen haben«. Diese Farce bewies nur, dass Intellektuelle genauso formbar sind wie andere Menschen.[76]

Einen Monat später beherbergte Wrocław die Generalversammlung der polnischen »Historischen Gesellschaft« mit 600 Delegierten. Der Erziehungsminister verlangte auf dieser Veranstaltung, es sei »unbedingt erforderlich, eine marxistische historische Schule zu schaffen«.[77] Außerdem hörten die Delegierten, dass die Führer Nachkriegs-Polens »Erben der Piasten« seien und dass die verabscheuungswürdigen Jagiellonen sich nur um den Osten gekümmert hätten. Viel Aufhebens wurde auch um den 100. Jahrestag des »Völkerfrühlings« von 1848 gemacht.

Unterdessen wurde in zwei Stufen der Weg zum Ein-Parteien-Staat beschritten. Zunächst einmal mussten die Fusionswilligen innerhalb der PPS die volle Kontrolle ihrer Partei übernehmen und diese von den unabhängigen Elementen säubern. Zu diesem Zweck wurde der XXVII. Kongress der PPS mit 1300 Delegierten aus ganz Polen für den 14.–17. Dezember 1947 nach Wrocław einberufen. Arrangiert von Józef Cyrankiewicz, der in nachfolgenden Regierungen eine führende Position einnehmen sollte, wurde er auch von den prominentesten Mitgliedern der Regierung besucht – General Rola-Żymierski, Władysław Gomułka und Jakób Berman. Die Delegierten waren absolut gegen die Fusion. Sie jubelten Cyrankiewicz zu, als dieser ihnen, ohne die Miene zu verziehen, zurief: »Die Polnische Sozialistische Partei ist für das polnische Volk notwendig und *wird es immer sein*.« Die Vorschläge des Podiums »für die letztendliche Fusion« wurden dagegen schweigend angehört. Unterstützung erfuhren sie jedoch durch eine »spontane Parade« von 60 000 Arbeitern auf dem Grunwaldplatz. Am Ende mündeten die Vorschläge in die Bewilligung von Notstandsvollmachten für Cyrankiewicz, der die Fusion anschließend herbeiführen konnte, wann es ihm passte.[78]

Danach musste auch die PPR ihr Haus in Ordnung bringen. Im August wurden Gomułka und seinen Anhängern »Rechtsabweichungen« vorgeworfen – daher seine Abwesenheit auf der WZO und der Ausschluss von etwa 150 »Rechten« aus der Partei allein in Wrocław. Bolesław Bierut, der sich seit 1944 als Politiker gegeben hatte, der über den Parteien steht, tauchte plötzlich als allmächtiger Generalsekretär der Partei auf. Im Dezember 1948 führte er die gehorsamen Genossen in den Schoß der Polnischen Vereinigten Arbeiterpartei (PZPR), die Polen während der nächsten 42 Jahre regieren sollte. In Wrocław spiegelte sich die Fusion an der Spitze in der Verschmelzung der örtlichen sozialistischen und kommunistischen Presse zum Zwecke der Gründung einer vereinigten *Arbeiterzeitung* wider. Am 16. Dezember berichtete ihre erste Ausgabe:»Der erste Kongress der PZPR debattiert mit Freude und Begeisterung.« Eine Woche später, an Stalins Geburtstag, lautete der Kommentar:»Das ganze proletarische Wrocław hat Josef Stalin, dem Wächter der arbeitenden Massen der ganzen Welt, seine Aufwartung gemacht.«

Diese Politik der Manipulationen wäre ohne den gleichzeitigen Einsatz von Zwang und Terror kaum möglich gewesen. Im Jahr 1947 nahm der Druck auf alle nicht kontrollierten gesellschaftlichen Elemente kontinuierlich zu. Im Februar konnte der jüdische Bund noch eine landesweite Konferenz abhalten, und im März veranstaltete der örtliche Zweig der PSL seine letzte freie Generalversammlung. Im April verließ die letzte sowjetische Garnison Wrocław, aber sie wurde bald durch eine starke Garnison des »Korps für Innere Sicherheit« (KBW) ersetzt, das vom Einsatz bei der ethnischen Säuberung ukrainischer Gebiete während der »Operation Weichsel« zurückkehrte. Die Räumlichkeiten der PSL wurden wiederholt überfallen. Ihre Zeitung wurde geschlossen und ihr örtlicher Vorsitzender vor Gericht gestellt. Ein Großteil des Jahres verging mit der Diskussion der Amnestie – einer zweifelhaften Straffreiheit für alle bewaffneten Regimegegner, die ihre Waffen niederlegten. Predigten in mehreren Wrocławer Kirchen drängten auf Annahme der Amnestie, und etwa 2000 gaben ihre Waffen ab. Aber am 27. November 1947 wurden drei Mitglieder der Gruppe »Freiheit und Unabhängigkeit« genauso wie ein Nazimörder aus dem Ghetto Baranowicz im Kleczkowska-Gefängnis demonstrativ erschossen. Im Jahr 1948 wurde der »Dritte Mai« verboten, obwohl an diesem Maifeiertag 130 000 Menschen auf die Straße gingen.

Zur selben Zeit liquidierten die kommunistischen Sicherheitsdienste in Wrocław die Führung der »Heimatarmee« (»Armia Krajowa«, AK; »Armee im Lande«) aus der Kriegszeit, deren Mitglieder vielfach Zuflucht in Schlesien gesucht hatten. Im Juli 1948, unmittelbar vor der WZO, starteten die Sicherheitskräfte in ganz Niederschlesien die Aktion X. Sie verhafteten etwa 800 Personen, darunter viele ehemalige AK-Angehörige aus Wilna. Im folgenden Januar schickten sie den Leichnam von Stanisław Odyński, Chef der AK in Litauen, den Medizinstudenten der anatomischen Abteilung der Universität als Material für Übungen.

Nur in der Rückschau kann man den wahren Schrecken des aufkommenden stalinistischen Regimes erkennen. Die Zahl politischer Hinrichtungen stieg beständig an. Am 10. August 1948, während der WZO und kurz vor dem Intellektuellen-Kongress, der so viel Staub aufwirbelte, wurden vom Wrocławer Militärgericht drei Männer zum Tode verurteilt: Major Ludwik Marszałek, 37, war AK-Offizier aus Dębica. Władysław Cisek, 27, ein ehemaliger Student am Wrocławer Polytechnikum, war der Gruppierung »Frieden und Unabhängigkeit« beigetreten. Stanisław Dydo, 26, war Jurastudent an der Wrocławer Universität, sein Vater war in Auschwitz gestorben. Sie alle wurden am 27. September erschossen. Bevor sie starben, schrieben sie ihre Abschiedsbriefe:

> »Meine geliebte Frau, Wanuś (Wanda)! Ich habe Dich ungeheuer geliebt. Verzeih mir jedes Unrecht, das ich Dir angetan habe. Ich segne Dich und bitte Gott, dass wir uns im jenseitigen Leben wiedersehen. Ludwik.«
> »Meine kleine Tochter Marysia! Ich segne Dich. Sei vergnügt. Schau gen Himmel, auf dass wir in ewiger Glückseligkeit leben mögen. Papa.«
> »Mein kleiner Sohn Chris Ich gebe Dir meinen Segen für ein glückliches Leben. Bete, arbeite, sei ein guter Pole, und möge Gott erlauben, dass wir uns im Himmel wiedersehen. Dein Vater.«[79]

Zwei dieser drei Briefe wurden 1995 in einem Archiv gefunden – sie waren nicht aufgegeben worden.

Die Chef-Militärstaatsanwältin des stalinistischen Regimes, Helena Wolińska (Brus), kam im August 1949 nach Wrocław, um die Anklage gegen Ignacy Marczak zu beaufsichtigen, dem Spionage vorgeworfen wurde. Sie wartete seine Hinrichtung nicht ab, verschärfte aber mehrmals die Verhöre der Häftlinge. 50 Jahre später sollte sie sich in einem Prozess in Warschau wegen Justizmordes wiederfinden.[80] Aber 1949 hatte Wolińska viele eifersüchtige Kollegen und Stellvertreter. Die meisten Militärankläger im Nachkriegspolen waren als abkommandierte sowjetische Offiziere getarnt. Ein paar von ihnen hatten erstaunlicherweise der polnischen Vorkriegsarmee angehört und wurden nun auf die Unterdrückung ihrer früheren Kameraden angesetzt. Hauptmann Jan Kołodziej (1912–67) zum Beispiel hatte sich im Krieg dem AK angeschlossen und für das deutsch geleitete Bezirksgericht von Krakau gearbeitet. Im April 1945 hatte er sich freiwillig zur »Volksarmee« (»Armia Ludowa«, AL) gemeldet. In Wrocław amtierte er 1950 als Militärrichter.[81]

In den Nachkriegsjahren kamen auch zahlreiche ausländische Besucher nach Wrocław, vor allem westliche Kommunisten und linke Sympathisanten, die die »Errungenschaften des Sozialismus« besichtigen wollten. Zu ihnen gehörten Maurice Thorez, der französische kommunistische Führer, und einige Briten wie Cecily Chesterton, Connie Zilliacus, John Silkin und Denis Healey. Es ist nicht schwer herauszufinden, was sie dachten, weil die Verlogenheit sowjetischer Regime damals noch nicht allgemein bekannt war. Man zeigte ihnen die vom Krieg gezeichnete Ostrów Tumski (Dominsel) und erzählte vom piastischen Erbe, das den Kommunisten vermacht worden sei, und forderte sie auf, über die unvorstellbaren Schäden nachzudenken, an denen die Faschisten schuld seien.

Denis Healey, »der beste Premierminister, den Großbritannien nicht hatte«, war weit besser informiert als die meisten. Nachdem er sich im Zorn vom infantilen Kommunismus seiner Studentenzeit abgewandt hatte, war er 1947 Internationaler Sekretär der regierenden Labour Party Großbritanniens und unternahm eine Reise durch Ungarn, die Tschechoslowakei und Polen, um den Prozess der sozialistisch-kommunistischen »Fusionen« zu beobachten, der überall im Gange war. In London von Adam Ciolkosz, dem exilierten Vorsitzenden der echten PPR, gut instruiert, wusste er von Stalins Verfehlungen in Polen, er wusste von Katyń und was die Kommunisten beabsichtigten. Doch sein späterer Bericht macht deutlich, dass auch er, als er nach Wrocław kam, um am PPS-Kongress teilzunehmen, nicht recht begriff, was vor sich ging. Zum einen dachte er, Wrocław habe zu Ostpreußen gehört. Zum anderen erwog er eindeutig die Möglichkeit, dass Cyrankiewicz ein zähes Nachhutgefecht gegen die Aussicht einer Fusion ausfocht. Healey wiederholte sogar ein Bonmot, das ihm jemand erzählt hatte: Cyrankiewicz habe Gomułka zu der Konferenz mitgebracht, während Cyrankiewicz' Frau, eine Filmschauspielerin, mit ihrem Regisseur gekommen sei. »*A chacun son régisseur*« lautete die Pointe (»Jeder tanzt nach irgendjemandes Pfeife«). Leider war Healey nicht bewusst, wie allzu wahr dieser Witz war.[82]

Andere waren besser gerüstet, um den Gang der Ereignisse zu beurteilen. Dr. Feliks Mantel beispielsweise reiste von Wien aus, wo er als bevollmächtigter Gesandter Polens amtierte, zum PPS-Kongress nach Wrocław. Der jüdische Rechtsanwalt und lebenslange Sozialist hatte 1945 als Stellvertreter von Bolesław Drobner fungiert und war, wie er in seinen Memoiren lebhaft schildert, der Beamte, der Auschwitz vom sowjetischen Militär in Empfang genommen hatte. Wie Drobner war auch Mantel ein Kind des Gulag. Trotzdem hatte er unablässig zur Zusammenarbeit zwischen Sozialisten und Kommunisten aufgerufen. Im Jahr 1931 hatte er

Artikel im *Robotnik* (»Der Arbeiter«) verfasst, dem Organ der Vorkriegs-PPS, in denen er die Entkriminalisierung der Kommunistischen Partei Polens (KPP) forderte. 1945 hatte er seinen Namen erneut unter einen Appell gesetzt, der die Nachkriegs-PPS zur Zusammenarbeit mit Gomułkas PPR drängte. Doch gegen Ende des Jahres 1947 sah er, dass das Spiel verloren war. Was die Kommunisten unter Zusammenarbeit verstanden, war für demokratische Sozialisten nicht tolerierbar. Mantels Argwohn wurde durch den kommunistischen Coup in Prag im Februar bestätigt. Seine Reise nach Wrocław erwies sich als seine letzte Reise nach Polen. Er kehrte nach Wien zurück, setzte sich heimlich in die Amerikanische Zone ab und begann ein Leben im Exil, zuerst in Argentinien und dann in Paris.[83]

*

Der Stalinismus in Polen, der von 1949 bis 1956 dauerte, war zwar kurz, aber böse und brutal. Er beinhaltete mehr als den obligatorischen Personenkult um Josef Stalin. In der Politik verlangte er die Übernahme der marxistisch-leninistischen Ideologie und des sowjetischen Regierungssystems wie etwa den »demokratischen Zentralismus«. Die Wirtschaft musste wie in der Sowjetunion von einer landesweiten zentralen Planung gelenkt werden und vor allem auf die Rüstungsproduktion, die Schwerindustrie und kollektivierte Landwirtschaft ausgerichtet sein. Auch wenn Arbeiter und Bauern die nominelle Herrschaft innehatten und alle »Klassenfeinde« ausgeschaltet waren, bildeten doch die Genossen der Partei-Nomenklatur die Elite. Der »Sozialistische Realismus« wurde zur Richtschnur aller künstlerischen Aktivitäten. Damit all dies auch funktionierte, verließ der Stalinismus sich auf präventive Zensur, umfangreiche Propaganda, unzählige Vollzugsorgane, allgegenwärtige polizeiliche Überwachung sowie den Mythos von der ausländischen Gefahr. In Polen begann er mit der Schaffung der PZPR, geriet aber nach Stalins Tod 1953 ins Wanken und verwandelte sich in den Jahren vor Chruschtschows »Geheimrede« im März 1956 in eine bedeutend mildere Regierungsform.

Die äußeren Erscheinungsformen der Städte waren im Stalinismus überall gleich. In Wrocławs Wojciech-Cybulski-Straße wurde für das Wojewodschafts-Komitee der PZPR eigens ein Parteihaus errichtet – der neue Sitz der Macht. Die Stadtpräsidentschaft wurde abgeschafft. Alle Beschäftigten, hohe wie niedrige, wurden auf politische Zuverlässigkeit hin überprüft. Alle Arbeiter erhielten »Normen«, die sie erfüllen sollten. Die Buchläden füllten sich mit einer Million Exemplaren der »Geschichte der

Kommunistischen Partei der Sowjetunion«. Die Straßen hingegen füllten sich mit Paraden und Propagandaplakaten, gingen aber privater Geschäfte verlustig. Viele von ihnen änderten in fünf Jahren zum zweiten Mal ihren Namen. Die Stalinstraße verlief nördlich des Rings, die Stalingradstraße im Süden. Die alte Kürassierstraße, fünf Jahre lang »Benedikt-der-Pole-Straße«, wurde jetzt zur »Straße führender Arbeiter«. Für Unterhaltung sorgte im Jahr 1949 ein russischer Chor (dem ein Vortrag über Materialismus in der Musik vorausging), der Film *Lenin im Oktober*, eine albanische Volkstanzgruppe und ein chinesischer Dichter. Die Konzentration der Macht in Warschau ließ alle anderen polnischen Städte sich zutiefst provinziell vorkommen. Wrocław vermittelte den Eindruck »eines riesigen, ausgedehnten Dorfes«,[84] in dem mit billiger blauer Farbe gestrichene Straßenbahnen das einzige Zeichen städtischen Lebens waren. Die Menschen hielten Schweine und Ziegen in Kellern oder auf Balkonen. Gärten wurden in Parzellen verwandelt. »Wir wurden im provinziellen Außenposten einer sowjetischen Kolonie von Idioten regiert«, schrieb ein schlesischer Dichter.[85] Er dachte an Krakau, das den Krieg unversehrt überstanden hatte. Um wie viel bitterer musste dieser Gedanke für die Bewohner des zerstörten Wrocław sein.

Wrocław wurde nie ein fruchtbarer Boden für ideologische Indoktrination. Denn viele der zugewanderten Arbeitssuchenden vom Land waren tief religiös. Eine Parteikampagne in den Jahren 1948/49 zur Entfernung aller religiösen Embleme vom Arbeitsplatz konnte nicht durchgesetzt werden. Selbst der inzwischen hohe Prozentsatz von Parteimitgliedern unter den Arbeitern war nur erreicht worden, weil die Parteizugehörigkeit »inoffizielle Vorbedingung für Beschäftigung« war. Zudem wollte der feste Block der »Repatrianten« aus den östlichen Grenzgebieten, besonders die Gebildeten unter ihnen, die Parolen der Partei absolut nicht annehmen. In Universität und Polytechnikum beispielsweise, die miteinander verbunden waren und in denen der Lehrkörper von älteren Professoren aus Lemberg beherrscht wurde, standen sowohl Lehrpersonal als auch Studenten dem Regime feindlich gegenüber. Als ihre Institution Bolesław Bierut gewidmet wurde, jubelten sie nicht. Ein ehemaliges Universitätsmitglied erinnert sich: »Das Lehrpersonal war gespalten zwischen den von der Partei Ernannten und ihren Gegnern außerhalb der Partei...« Der Rektor der Jahre 1945 bis 1952, Professor Stanisław Kulczyński (1895–1975), ein Botaniker von internationalem Ansehen, war in den dreißiger Jahren Rektor der Universität von Lemberg gewesen, wo er wegen der Diskriminierung jüdischer Studenten ehrenhaft zurückgetreten war. Während des Krieges hatte er für die polnische Exilregierung in London gearbeitet und in der AK gedient. Jetzt gehörte er zu der Minderheit, die sich dem kommunistischen Regime in der Hoffnung anschloss, seine Ausschreitungen mäßigen zu können.[86]

In der stalinistischen Diktatur bildete das Wojewodschafts-Komitee der PZPR in Wrocław ein wichtiges lokales Rädchen. Seine geheimen Anweisungen erhielt es gewöhnlich auf telefonischem Wege vom Politbüro in Warschau und wendete sie auf alle unteren Stufen der Maschinerie innerhalb des eigenen Zuständigkeitsbereiches an. Gegenüber den Vorgesetzten nahm es eine Haltung kritiklosen Gehorsams ein. Gegenüber allen anderen benahm es sich tyrannisch. Seine Macht leitete sich unter anderem von der absoluten Kontrolle über alle Ernennungen innerhalb der Stadt her, von der Berufung wichtiger Beamter in der Stadtverwaltung bis hin zu den untersten Autoritätspositionen in Jugendklubs, Gewerkschaften oder Kulturvereinen. Vor dem Kompromiss des Jahres 1956 kontrollierte das Komitee sogar die Ernennung der Geistlichen. Sein erster Sekretär, Władysław Matwin (geb. 1916), war ein Berufskommunist, der die Kriegsjahre in der UdSSR verbracht hatte und der nach einer Zeit als Chefredakteur der *Trybuna Ludu*, Polens bedeutendster kommunistischer Tageszeitung, von 1957 bis 1963 nach Wrocław zurückkehren sollte. Seine Vertretungen in den dazwischenliegenden Jahren – Witaszewski, Kuligowski und Kowarz – waren derart inferiore Gestalten, dass sie keine Einträge in die tausendseitige *Encyclopedia Wrocławia* verdienen. Trotzdem waren sie die Herren in dem kommunistischen Netz sozialer Kontrolle und politischer Unterdrückung.

Man könnte meinen, dass Wrocław den zentralen Planern im fernen Warschau besonders am Herzen lag. Die zerstörte Stadt wäre doch ideal für einen Neubeginn gewesen. Doch die neue Gesellschaft in Polens »Wildem Westen« war stark atomisiert, die Arbeitsdisziplin war niedrig, das illegale private Unternehmertum blühte trotz aller Verbote, und der »westliche Bonus« garantierte, dass entlassene Arbeiter leicht neue Beschäftigung finden konnten. Deshalb war die Rolle, die der Sechsjahresplan 1949–55 Wrocław zuwies, weit weniger herausragend als die vielversprechenderer Regionen wie Oberschlesien. Über die Reparatur und Wiederinbetriebnahme der wichtigsten Großbetriebe – Domel, Hutman, Archimedes, WSK und vor allem Pafawag – ging sie nicht hinaus. Die WSK-Werke, die Elektromaschinen herstellten, wurden nach Feliks Dzierzyński umbenannt. Die Folge war, dass die stalinistischen Jahre in Wrocław als »Jahre der Stagnation« etikettiert worden sind. Kein der Modellvorstadt Nowa Huta in Krakau vergleichbares Großprojekt wurde versucht. Der Wiederaufbau erlahmte. Obwohl viele der städtischen Straßenbahnen nach Warschau verfrachtet worden waren, wurden erst 1954 neue Busse geliefert. Obwohl die Bevölkerung weiter zunahm – von 300 000 im Dezember 1948 auf 370 000 im Jahr 1955 –, stieg sie nicht annähernd so schnell wie die Einwohnerschaft in den Hauptzentren der Industrialisierung.

Nichts veranschaulicht Wrocławs missliche Lage besser als die traurige Geschichte von der »Nutzung der Ziegelsteine« und die daraus resultierende »Mondszajn-Affäre«. Im Jahr 1949 wurde das »Direktorium für Städtischen Wiederaufbau« (DOM) geschlossen und durch die »Städtischen Abbruch-Betriebe« (MPR) ersetzt. Den Direktoren des DOM, die man nach Nowa Huta schickte, wurde vorgeworfen, privates Unternehmertum und den Wiederaufbau von Kirchen begünstigt zu haben. Denn die Absicht war, unbeschädigte Ziegelsteine für den Wiederaufbau Warschaus zu sammeln. Das Ziel der Aktion waren nicht die Schutthaufen, sondern die Gebäude, die unversehrt überdauert hatten und die ansonsten hätten instand gesetzt werden können. Wrocław sollte also nicht wieder aufgebaut, sondern weiter abgerissen werden. Diese barbarischen Methoden deckten sich mit der Besessenheit der Partei, die letzten Spuren deutscher Kultur zu vernichten. So wurde zum Beispiel 1949 der aus der Renaissance stammende Wlast-Torbogen in der Nähe des Salzmarktes wegen seiner Ziegel abgerissen. Bald darauf folgte das großartige Hauptpostamt, zusammen mit Hunderten moderner Villen in den äußeren Vorstädten. Im Jahr 1949 waren es insgesamt 140 Millionen Ziegel, 1951 165 Millionen, die nach Warschau gingen. Zwar konnte der Wiederaufbau des Doms der Vollendung entgegengehen, aber die Arbeiten am Rathaus wurden aus Mangel an Mitteln zeitweilig eingestellt. Während Warschaus Altstadt wieder auferstand, lag Wrocławs Altstadt immer noch weitgehend in Trümmern. Mondszajn war der Direktor der MPR. Seine Aktivitäten in Wrocław wurden legendär, nicht zuletzt durch seinen Versuch, nach Israel zu fliehen, angeblich mit einer Bratpfanne aus massivem Gold im Gepäck. Er wurde nach der Stalinzeit wegen Korruption angeklagt, 1958 wanderte er ins Gefängnis.

Nicht weniger spürbar war die rückläufige Entwicklung im kulturellen Bereich. Viele Künstler gingen einfach weg. Andere wie der patriotische Bildhauer und ehemalige KZ-Insasse Antoni Mehl (1905–67) wurden fallen gelassen. Mehrere bedeutende Institutionen wie die Wrocławer Philharmonie wurden geschlossen. Angesichts der aggressiven Zensur und der Doktrin des »Sozialistischen Realismus«, die Bilder heldenhafter Werktätiger forderte, wurde es zu einem Wagnis, ein innovatives Stück zu schreiben oder ein nachdenkliches Gedicht zu rezitieren. Die Literatur erlebte einen eigentlichen Niedergang. In den schlimmsten Jahren des Stalinismus war nur die Veröffentlichung klassischer polnischer Autoren oder die Produktion klassischer Stücke relativ sicher. Ironischerweise genoss das Staatliche Jüdische Theater unter der berühmten Ida Kaminska größere Freiheit und Förderung als andere. In einem solchen Klima, in dem die breite Öffentlichkeit vollauf mit Versammlungen und Petitionen beschäftigt war, die die »angelsächsischen Aggressoren« oder »kapitalistische Machenschaften« anprangerten, mussten andere Entfaltungsmöglichkeiten gefunden werden. Eine war der Sport. Sehr populär war die internationale »Friedensfahrt« für Radrennfahrer. Kurz, in der kulturellen Szene herrschte Banausentum. Diese Einstellung demonstrierte auch ein örtlicher Parteisekretär, der die Einstampfung der unersetzlichen Sammlung deutschsprachiger Presse der Universitätsbibliothek anordnete, »die nicht gebraucht würde«. Zum Dank für seine Dienste wurde er Kultusminister der Volksrepublik.

Die katholische Kirche geriet unter direkten Beschuss. Obwohl Wrocław keine Schauprozesse erlebte, wurde die Geistlichkeit schikaniert. In den Fabriken wurden antiklerikale Versammlungen inszeniert. »Das polnische Volk hat die wahre Freiheit errungen«, donnerte die *Arbeiter-Tageszeitung* am 23. März 1949, »nicht die einer Kolonie oder die von Sklaven. Wir werden sie nicht aufgeben, nur weil die Bischöfe dies wollen.« Nachdem ein Papstbrief an die deutschen Bischöfe (1948) die neuen Grenzen nicht uneingeschränkt gutzuheißen schien, wurde eine ähnliche Kampagne gegen den Vatikan gestartet. Im Jahr 1951, wenige Wochen vor der Weihe des wieder aufgebauten Doms, wurde der apostolische Administrator, Pater Milik, ausgewiesen. Er wurde durch einen politisch willfährigen Priester ersetzt. Der erste Nachkriegsbischof von Wrocław, Bolesław Kominek (1903–74), erhielt 1954 die *sacra*, wurde aber zwei Jahre lang daran gehindert, das Bistum zu übernehmen.

Inzwischen führten die vielen Verhaftungen und Hinrichtungen zu einer systematischen Schreckensherrschaft. Die Gefängnisse füllten sich mit politischen Gefangenen. Polizeispitzel durchdrangen alle Schichten und Berufe. Und ein Bündel von Verordnungen ermächtigte Staatsanwälte, fast jeden »faschistisch-hitlerischer Verbrechen« anzuklagen. Die Zivilgerichte konzentrierten sich auf die Eliminierung so genannter »Spekulanten« und »Saboteure« – die im Allgemeinen keines von beiden waren –, während die Militärgerichte die Überreste des Widerstands aus der Kriegszeit ins Visier nahmen, die sie gewöhnlich als »Banditen« oder »Terroristen« klassifizierten. Wie in der Sowjetunion begann die Maschinerie ihre eigenen Diener zu verschlingen. Über 1400 MO- und UB-Agenten wurden verhaftet, ebenso wie General Marian Spychalski, einer der Gefährten Gomułkas, der sich 1950 in Wrocław versteckt hielt, wo er als Architekt arbeitete, als er von Bermans Stellvertreter Anatol Feigin festgenommen wurde. Als 40 Jahre später die Polizeiarchive geöffnet wurden, enthüllten sie ein skandalöses Bild der damaligen Methoden. Verhöre waren routinemäßig von Schlägen und Folter begleitet. Mit der ganzen Würde des »Volksrechts« wurde auch den abstrusten Anschuldigungen nachgegangen. Angeklagte starben ohne Erklärung, verschwanden oder begingen Selbstmord. Wenn sie verurteilt wurden, wurden in den Urteilsbegründungen Worthülsen wie diese benutzt:

> »In einer Zeit, in der die arbeitenden Massen Polens dazu übergegangen sind, die Grundlagen des Sozialismus zu errichten und im Rahmen des Sechsjahresplans ein schöpferisches menschliches Leben zu entwickeln, bemühen sich von den Agenten des amerikanischen Imperialismus geführte, aus Elementen der früheren Heimatarmee und anderer faschistischer Organisationen rekrutierte und vom Hass auf Volkspolen getriebene reaktionäre Untergrundgruppen, das polnische Volk durch terroristische Sabotageoperationen daran zu hindern, die ökonomischen und kulturellen Ziele zu erreichen...«[87]

Am Ende verkündeten die Richter fast automatisch extreme Urteile zu Zwangsarbeit, lebenslanger Haft und Tod. Berufungen wurden abgewiesen, hin und wieder auch von Bierut persönlich. Die Hinrichtungen im Kleczkowska-Gefängnis wurden lässig, manchmal nachlässig durchgeführt:

> »Einer der furchtbarsten Anblicke war der eines Offiziers, der dreimal erschossen wurde. Er hatte das Lager in Auschwitz überlebt, aber weil er die Kommunisten bekämpft hatte, wurde er verhaftet und zum Tode verurteilt. Bei der ersten Salve feuerte nur ein Gewehr, und die Kugel verfehlte ihn. [Beim zweiten Versuch] feuerten zwei Gewehre, aber die Kugeln verursachten keine tödliche Verletzung. Schließlich ging der Kommandeur auf den Mann zu, der ausgestreckt in einer Blutlache lag, zog einen Revolver und schoss ihm in den Kopf...«[88]

An speziellen Stellen auf dem Friedhof von Osobowice (Oswitz) warteten namenlose Gräber. Die geknebelte Presse sprach, wenn sie sich überhaupt äußerte, lediglich von der Ausschaltung von Verurteilten, Deserteuren und Volksdeutschen.

In ihrer paranoiden Besessenheit von politischer Konformität untersuchte die stalinistische Polizei jeden Winkel im Leben der Menschen. Ausländer waren besonders schutzlos. Petro Damovsky (1901–59) beispielsweise war ein bulgarischer Bürger mazedonischer Herkunft, der im griechischen Bürgerkrieg für die kommunistischen Partisanen gekämpft hatte und 1949 ins niederschlesische Międzygórze (Wölfelsgrund) umgesiedelt worden war. Bald danach wurde er von seinen kommunistischen Genossen als »Nationalist« und »titoistischer Provokateur« denunziert, von UB-Agenten verhaftet und formell der »Verbreitung feindlicher Propaganda« angeklagt. Er war Mitglied eines Emigranten-Komitees gewesen, und es stellte sich heraus dass sein wahres Vergehen in der Forderung bestand, mazedonische Flüchtlingskinder sollten in der mazedonischen Sprache und auch in Griechisch und Polnisch unterrichtet werden. Dies wurde zu dem Vorwurf aufgebauscht, der Angeklagte habe boshafte Lügen über den polnischen Staat verbreitet, etwa dass sich der Staat terroristischer Methoden bediene, um mazedonische Kinder zu polonisieren. Seine »Kühnheit« brachte ihm eine endlose Serie von Verhören über seine Aktivitäten in Bulgarien, Jugoslawien, Griechenland und Polen ein, zwei Prozesse – einen vor dem Gemeindegericht in Wrocław und einen anderen vor dem Obersten Gerichtshof in Warschau – und schließlich zwei Jahre Gefängnis. Seine Akte beim Wrocławer Zweig der UB quoll über vor Erklärungen von Informanten, Polizisten, Anwälten und Übersetzern, die sich alle mit den Einzelheiten der Balkanpolitik herumschlugen. Wer gab zum Beispiel 1947 den Befehl, den Vorstand des Dorfes Bukowik (Oksia) zu ermorden? Abgesehen von einem Schriftstück, das die Beendigung der Verhöre im März 1952 dokumentiert, verrät die Akte nichts über das letztendliche Schicksal des Häftlings. Aber laut Informationen seiner Familie wurde Damovsky nach Bulgarien zurückgeschickt, dort wieder verhaftet und in ein Lager verbracht, aus dem er erst zum Sterben freigelassen wurde. Sein Fall ist nur einer unter Tausenden. Aber er veranschaulicht, wie weit der politische Terror, nicht zuletzt unter Kommunisten, ging.[89] Noch gilt es die Gesamtzahl der Opfer des polnischen Stalinismus zu ermitteln, aber die Untersuchung Zehntausender von Fällen und Hunderter von Todesurteilen allein in Wrocław lassen keinen Zweifel an seiner mörderischen Natur.

Für Außenstehende womöglich noch schwerer zu verstehen ist der wohl inszenierte Betrug, wie im Fall von Major Wiktor Komorowski (geb. 1879) beispielsweise. Komorowski war der »Nestor der polnischen

Luftwaffe und ein Veteran des polnisch-sowjetischen Krieges«. Im Jahr 1939 wurde er erneut einberufen, floh ins Ausland und diente bei der RAF. Nach dem Krieg kehrte er nach Polen zurück und ließ sich in Karpacz Górny (Bierutzowice) in der Nähe von Jelena Góra (Hirschberg) nieder. Höchstwahrscheinlich hatte er eine Verbindung zum britischen Geheimdienst oder zur polnischen Exilregierung. Er wurde zusammen mit seiner Frau und seinen drei Söhnen sowie mit 55 weiteren Dorfbewohnern unter Spionageverdacht verhaftet und starb am 16. April 1951 nach dem Verhör in der Kleczkowska-Straße. Ein Sohn, Richard, erhielt eine Gefängnisstrafe. Ein anderer Sohn, Jerzy, wurde zum Tode verurteilt. Der dritte Sohn, Bogdan, entkam, stellte sich jedoch gegen die Zusage, sein Bruder und sein Vater (die bereits tot waren) würden begnadigt. Jerzy und Bogdan Komorowski wurden zusammen am 6. August 1954 erschossen.

Eines der letzten Opfer stalinistischer Justizmorde in Wrocław war Włodzimierz Pawłokowski (gest. 1955), der bei den Wahlen von 1947 Kandidat der PSL gewesen war. Von der kommunistischen Polizei verfolgt, tauchte er unter und gründete eine Untergrundgruppe mit Namen »Rzeczpospolita Walcząca«, (»Kämpfende Republik«) und konnte bis 1953 der Festnahme entgehen. Er wurde mit dem Banner der Bauernpartei erwischt, war deshalb eindeutig des Verrats schuldig und wurde 1955 hingerichtet.

Auch die Geschichte der Bergwerke in Miedzanka (Kupferberg), einer alten Stadt am Bober, 65 Kilometer südwestlich von Wrocław, ist ein Beweis für die Art, wie das stalinistische Polen mit seinen Bürgern umging. Irgendwann nach ihrer Ankunft stellte die Rote Armee fest, dass die Bergwerke ein Erz erbringen konnten, das weit wertvoller war als Kupfer – nämlich Uran. Die deutschen Bewohner wurden vertrieben. Der NKWD übernahm die ganze Stadt und sowjetische Ingenieure leiteten sämtliche Arbeitsvorgänge. Bergleute wurden zum Fünf- oder gar Zehnfachen des Durchschnittslohns eingestellt. Sie erhielten nicht die geringste Schutzkleidung, und man sagte ihnen nicht, was sie abbauten. Sie schufteten neben einem Slogan: »Pracuj, nie oszczędaj się, twoim dzieciom bądzie lepiej« (»Arbeite, zögere nicht, deine Kinder werden ein besseres Leben haben«). Und dann fingen sie an krank zu werden. Sie hatten keine richtige ärztliche Versorgung; wer den Staub einatmete oder auf den bloßen Händen beließ, der wurde schwächer und starb. Aber weder die Bergleute noch ihre Familien wagten, den Mund aufzumachen. Denn wer redete, verschwand. Denunzianten waren überall. Niemand wurde verhaftet, Verdächtige wurden einfach totgeschlagen oder in einen leeren

Kapitel 8: Wrocław (1945–2000)

Grubenschacht geworfen. Männer starben, weil sie ihren Sonderausweis verloren, weil sie einen Kommentar über Stalin murmelten oder weil sie ein Bröckchen in ihren Stiefeln ließen. Nach außen hin sah alles normal aus. Es gab keinen Stacheldraht. Einer der Überlebenden bemerkte 50 Jahre später: »Dieser Gulag war in den Leuten, in ihren Seelen, in ihren Köpfen. Jeder wusste, dass es nicht erlaubt war zu sprechen, zu denken oder sich auch nur zu erinnern.«[90] Dann hörte alles auf. Der Uranabbau wurde 1953 aufgegeben. Die Sowjets zogen ab. Truppen der Inneren Sicherheit rückten ein und wischten Miedzanka von der Landkarte. Die Stollen wurden mit Beton versiegelt, die Kirche in die Luft gesprengt, Häuser und Straßen wurden dem Erdboden gleichgemacht und verschwanden spurlos.

Es ist sehr schwierig, sich die schreckliche Atmosphäre der stalinistischen Jahre vorzustellen oder einzuschätzen, was die Menschen wussten. Doch alle Anhaltspunkte verweisen auf die Schlussfolgerung, dass er in Polen niemals in gleicher Weise Fuß fasste wie in Russland oder in anderen Ländern des Sowjetblocks. Die Polen waren trotz allen Terrors nicht in gleicher Weise bereit, sich zu unterwerfen. Die beliebte Sängerin Maria Koterbska beispielsweise würde sich an die Zeit in den frühen fünfziger Jahren erinnern, als sie über Mädchen singen sollte, die sich in Maurer verliebten. Stattdessen bestritt sie ihre nicht angemeldeten Konzerte mit gefährlichem »amerikanischem Swing«, was ihr ein totales Auftrittsverbot eintrug. Ein Pulk von Fans, der sich vor ihrem Haus in Bielsko (Bielitz) versammelte, musste von ihrem Ehemann mit den Worten zerstreut werden: »Ihr werdet uns alle ins Gefängnis bringen.« Aber Koterbska gehörte zu denen, die entschlossen waren, ihren eigenen Weg zu gehen. Zusammen mit dem Dirigenten des Schlesischen Rundfunkorchesters Jerzy Harald und dessen Frau, der Texterin und Komponistin Krystyna Wnukowska, erarbeitete sie ein Repertoire von Liedern, das sich direkt an die authentischen Gefühle der Menschen richtete. Bei einem Konzert in der »Hala Ludowa« (»Halle des Volkes« bzw. Jahrhunderthalle) in Wrocław im Jahr 1953 sang sie eine eingängige Melodie, die Beifallsstürme auslöste. Das Lied wurde zur inoffiziellen Hymne der Stadt und hieß zuerst »Straßenbahn-Lied«, später wurde es dann als »Wrocławer Walzer« bekannt. Für einen Außenstehenden müssen die Worte banal klingen:

Wieczór zapada, już noc niedaleko, już gwiazdy migocą na niebie,
Srebrzy się Odra, najmilsza ma rzeka i płynie z pioseneka do ciebie,
Mkną po szynach niebieskie tramwaje przez wrocławskich ulic sto
Tu przechodnia uśmiechem witają dzieci i kwiaty, i każdy dom
Na przystankach nucą słowiki, dźwięczy spiewem stary park

WROCŁAWSKIE TRAMWAJE

Słowa: EUGENIA WNUKOWSKA Muzyka: JERZY HARALD

Copyright 1957 by P.W.P. Printed in Poland.

Mkną po szynach niebieskie tramwaje
przez wrocławskich ulic sto.
Tu przechodnia uśmiechem witają
dzieci, kwiaty i każdy dom.
    Na przystankach nucą słowiki,
    dźwięczy śpiewem stary park,
Przez Sempolno, Zalesie i Krzyki
niesie melodie wrocławski wiatr.

Przez Sępolno, Zalesie i Krzyki niesie melodię Wrocławski wiatr
A kiedy rankiem fabryczne syreny dzieńbobry powiedzą znów miastu
Słonko jak jaskier wykwitnie z zieleni, dziewczyna zaśpiewa przy pracy
Mkną po szynach niebieskie tramwaje...

(Die Dämmerung senkt sich herab, und die Nacht naht, oben funkeln die Sterne, / Silbern fließt die Oder, der entzückendste der Flüsse bringt meiner Liebsten dieses Lied. / Die himmelblauen Straßenbahnen, sie gleiten über die Schienen auf hundert Wrocławer Straßen. / Mit einem Lächeln grüßen Blumen und Kinder sie und jedes Haus an ihrem Weg, / der Wind trägt die Melodie in die Vororte, nach Sępolno, Krzyki, Zalesie. / Und wenn an jedem heraufdämmernden Tag die Fabriksirenen der Stadt »Guten Morgen« wünschen, / bricht das Sonnenlicht butterblumengelb durch die Blätter, und ein Mädchen beginnt zu singen: / »Die himmelblauen Straßenbahnen, sie gleiten über die Schienen...«)

Aber die Vratislavier liebten die Botschaft. Denn das Parteikomitee hatte kürzlich angeordnet, all ihre Straßenbahnwagen rot zu streichen.[91]

*

In den vier Jahrzehnten zwischen Chruschtschows nicht so geheimer »Geheimrede« von 1956 und Gorbatschows Politik von Glasnost und Perestroika bewegte sich das Sowjetimperium unaufhaltsam auf den Zusammenbruch zu. Obwohl mit dem weltgrößten Arsenal (nicht einsetzbarer) Atomwaffen bestückt, war es nicht in der Lage, die Grundbedürfnisse der von ihm geknechteten Völker zu befriedigen, und taumelte immer schwankender dem Augenblick der Abrechnung entgegen. Innerhalb des sowjetischen Lagers folgte die Volksrepublik Polen, obschon sie einen immer größeren Grad an Autonomie erlangte, derselben Flugbahn. Unter Gomułka (1956–70) erreichte sie einen prekären *modus vivendi* zwischen einer trotzigen Nation und einer ehrgeizigen Partei. Unter Gierek (1970–80) riskierte sie ihren Wohlstand mit einem unorthodoxen ökonomischen Experiment, das scheiterte. Unter Jaruzelski (1981–90) der sich brutaler Gewalt bediente, um die Partei vor dem Triumph der Solidarność zu retten, erlebte sie eine halbherzige Diktatur, die sich mit abnehmendem Widerstand auf die endgültige Kapitulation zubewegte.

Wrocław spielte für einen Großteil der Zeit nach 1956 in den politischen Zeitläuften nur eine untergeordnete Rolle. Die Stadt hatte andere Prioritäten. Obwohl das Echo jeder großen Krise des Landes zu hören war – im Oktober 1956, im März 1968, im Dezember 1970 und im Juni 1976 –, trat Wrocław erst 1980 als deutlich sichtbare Kraft in Erscheinung. In der Zwischenzeit nutzte man, soweit es ging, das begrenzte »Tauwetter«, um die Stadt wieder aufzubauen, in der neuen Gesellschaft ein Zielbewusstsein zu erzeugen und vor allem auf dem kulturellen Sektor auf sich aufmerksam zu machen.

Ein städtischer Entwicklungsplan Plan für Wrocław wurde 1954 ausgearbeitet, aber am Ende des stalinistischen Regimes war wenig erreicht worden. Ein Vorzeigeviertel, das KDM, war im Vergleich zu entsprechenden Vierteln in anderen Städten winzig und erst 1958 fertig. Ein staatlicher Plan für den Wiederaufbau Wrocławs wurde erst im Juli 1956 verabschiedet. Erst jetzt, elf Jahre nach dem Krieg, konnte der systematische Wiederaufbau beginnen. Der Flughafen in Strachowice (Strachwitz) wurde 1958 eröffnet, die alte Lessingbrücke wurde 1959 endlich durch die moderne Friedensbrücke ersetzt. Der Akzent wurde jedoch notwendigerweise auf die rasche Verwirklichung eines Wohnungsbauprogramms gelegt, wuchs doch die Einwohnerschaft Wrocławs von 1957 bis 1962 doppelt so schnell wie die des Landes insgesamt. Als Erstes erstand ein Wohnkomplex in der Nähe des Neuen Marktes. Ein weiterer im Süden, in Gajowice (Gabitz), der Anfang der sechziger Jahre fertig gestellt wurde, war der Vorbote zahlreicher Hochhaus-Wohnsiedlungen in den Vorstädten. Weniger verzeihlich war der Bau der Ost-West-Tangente – einer modernen Schnellstraße, die eine groteske Kerbe in das Herz der Altstadt schlug und damit die Stadtlandschaft dauerhaft verunstaltete. Der Zweck dieser missglückten Aktion war es, eine direkte Zufahrt zum Haus der Partei zu schaffen.

Als im nahe gelegenen Posen 1956 ein offenen Aufstand ausbrach, begnügte Wrocław sich mit Straßendemonstrationen, Betriebsversammlungen und einer Meuterei in der »Kommunistischen Jugendbewegung« (ZMP). Rufe nach der Rückkehr von Wilna und Lemberg, nach einer Erklärung zu Katyń, nach Freilassung Kardinal Wyszyńskis, nach Hilfe für Budapest und nach dem Rückzug aller sowjetischen Posteninhaber in Polen einschließlich des russischen Generals, der den schlesischen Militärbezirk befehligte, wurden laut. Wrocławs Fabriken erlebten hitzige Diskussionen über Arbeiterselbstverwaltung. Eine Menge riss die Schilder *Stalinstraße* herunter und malte ihre eigenen, auf denen stand: *Straße der ungarischen Helden*. Die Behörden änderten sie schleunigst in *Straße der nationalen Einheit* um. Polens Maßnahmen, um Chruschtschows Zorn zu besänftigen, bestanden darin, Gomułka erneut an die Spitze der herrschenden Partei zu setzen, und umfassten eine gründliche Säuberung von stalinistischen Elementen, die »Repatriierung« zahlreicher sowjetischer »Berater« und eine grundlegende Vereinbarung über die Zusammenarbeit zwischen Kirche und Staat. Obwohl die Parteidiktatur andauerte, schwand der Terror.

Im Jahr 1956 fand der Stalinismus ein Ende. Doch dies hatte in den einzelnen Ländern sehr unterschiedliche Auswirkungen. Gomułkas Polen war nicht dasselbe wie Kadars Ungarn oder Chruschtschows Sowjetunion. Tatsächlich konnte das »Tauwetter« dort weiter voranschreiten als irgendwo sonst im Sowjetblock. Aber andererseits war Wrocław nicht in der gleichen Position wie Warschau oder Krakau. Wrocławs stalinistische Mannschaft wurde aufgelöst. Hilary Chełchowski (1908–83), ein politisierter Zimmermann, der Polens verheerende Kollektivierungskampagne geleitet hatte und mit der Leitung Niederschlesiens belohnt worden war, wurde nach Warschau zurückgeschickt. General Sergej Grochow alias Popławski (1902–73), ein getarnter Russe, der Befehlshaber des schlesischen Militärbezirks, Ehrenbürger von Wrocław und Abgeordneter im nationalen Sejm gewesen war, wurde nach Moskau verabschiedet. Nachdem er zum Stellvertretenden Verteidigungsminister aufgestiegen war, hatte sein letzter Auftrag vor dem Weggang darin bestanden, den Posener Aufstand niederzuschlagen. Die neue Mannschaft der Partei sandte gemischte Signale aus. Auf der einen Seite wurde sie von Władysław Matwin geführt, den man als früheren Botschafter in Moskau schwerlich als Liberalen betrachten konnte. Auf der anderen Seite war sie ernsthaft entschlossen, den »Jahren der Stagnation« ein Ende zu bereiten.

Kurz nach den Unruhen von 1956 fuhr der britische Botschafter in Warschau nach Wrocław, um »zu sehen, welche Art von Erfolg die Polen bei einer ehemals blühenden deutschen Stadt hatten«. Sir Eric Berthoud zählte nicht zu den gewieftesten Diplomaten. Sein Bericht verrät kein Bewusstsein der speziellen Schwierigkeiten Wrocławs. Aber er enthüllt den sehr schlechten Ausgangspunkt, an dem die kommende Wiederbelebung der Stadt ansetzen musste. »Die polnische Jugend«, beobachtete Sir Eric, »ist haltlos und im Grunde demoralisiert, stark antirussisch, amoralisch und allergisch gegen kommunistische Gemeinplätze.« Er erwähnte besonders, dass ein Verkehrsunfall, bei dem ein polnisches Mädchen von einem sowjetischen Militärlaster getötet worden war, beinahe einen Aufstand ausgelöst habe. In seinen Augen bot Wrocław »ein beklagenswertes und deprimierendes Bild« sowie »eine allgemeine Atmosphäre von Apathie, Schmutz und Vernachlässigung«.[92]

In den sechziger Jahren wurde Wrocławs Wirtschaft modernisiert und diversifiziert. Die Pafawag, der größte Arbeitgeber, verlagerte die Produktion von Kohlewaggons auf Elektrolokomotiven, und Domel spezialisierte sich auf Generatoren für den Export. Konsumgüter kamen in den Handel, hauptsächlich Motorräder, Kühlschränke und Waschmaschinen von Firmen wie Predom und Polar. Jelcz-Busse, die auf dem Gelände des ehemaligen Krupp-»Berthawerkes« in Laskowice (Markstädt) gebaut wurden, erschienen 1954. In einer Stadt, in der viele Straßen noch gewalzt werden mussten, kam die Fadroma-Fabrik mit einer weltberühmten Straßenwalze heraus. Im Jahr 1959 nahm in den Elwro-Werken in Verbindung mit dem Polytechnikum Polens Elektroindustrie ihren Anfang. Auf der Oder-Werft (WPR) lief im selben Jahr das erste Schiff einer Flussflotte vom Stapel, die die Wasserverbindung mit Deutschland nutzen und eine beherrschende Position in Polens Binnenschifffahrt einnehmen sollte. Insgesamt erzeugte Wrocław in den frühen siebziger Jahren 2,8 Prozent des polnischen Bruttoinlandsprodukts – ein Wert, der dem Zweifachen seines Bevölkerungsanteils entsprach. Und die Bevölkerung wuchs noch immer: von 400 000 im Jahr 1958 bis auf über 600 000 in den späten siebziger Jahren. Um diese Zeit hörte Wrocław auf, Polens »Wilder Westen« zu sein.

Nachdem die deutsche Bevölkerung die Region verlassen hatte, wurde das religiöse Leben Wrocławs in erdrückendem Maße von der katholischen Kirche und dem polnischen katholischen Klerus beherrscht. Die meisten Kirchen der Stadt, die seit der Reformation in protestantischer Hand gewesen waren, gingen wieder in katholischen Besitz über. In den sechziger Jahren, als die Reformen des Zweiten Vatikanischen Konzils Gottesdiensten in der Landessprache den Vorzug gaben, verstärkte sich der polnische Charakter des vratislavischen Katholizismus. Überdies verursachte der massenhafte Zustrom säkularer und klösterlicher katholischer Orden einen spürbaren Wandel des geistigen und intellektuellen Klimas katholischer Kreise. Der Dominikanerorden zum Beispiel, der einst eine sehr markante Rolle im Leben der Stadt gespielt hatte, seit 1810 jedoch verschwunden war, erhielt 1957 die Kirche St. Wojciech (St. Adalbert) zurück und konnte sich erneut eine einflussreiche Position aufbauen. Bis 1989 mussten die Dominikaner die Schmach ertragen, unter einer Adresse am Feliks-Dzierżyński-Platz zu wohnen. Jesuiten, Franziskaner, Kapuziner, Salesianer, Barmherzige Brüder, Ursulinen und andere kamen ebenfalls wieder in die Stadt, nicht jedoch die Benediktiner und die Prämonstratenser.

Doch die katholische Kirche hatte keineswegs eine Monopolstellung. Die kommunistischen Behörden unterstützten vielmehr jede religiöse Organisation, die die traditionellen Überzeugungen der Menschen untergrub. Aus Amerika führten sie die »Polnisch-Katholische Kirche« ein, die mit Rom gebrochen hatte, und indem sie die Organisationen »PAX« und »Caritas« unter Treuhänderschaft stellten, förderten sie die Spaltung in den römischen Reihen. In den fünfziger Jahren zogen sie Geistliche regelmäßig durch deren Einberufung zur Armee aus dem Verkehr. Ein Repräsentant der »Polnischen Evangelisch-Lutherischen Kirche« traf am 9. Mai 1945 in Begleitung von Bolesław Drobner in Wrocław ein und erhielt die vormalig evangelisch-reformierte Hofkirche, die in Kirche der Vorsehung Gottes umbenannt wurde. Eine zweite lutherische Pfarrei wurde in St. Christophorus für Methodisten, Adventisten und verschiedene fundamentalistische Sekten eingerichtet, die weder unter Deutschen noch unter Polen Verbindungen mit der Stadt gehabt hatten. Orthodoxe Christen erhielten nach 1963 die frühere Kirche der Augustiner-Chorfrauen St. Anna auf dem Sande, die zur orthodoxen Kirche der Hll. Cyrill, Method und Anna wurde. Griechisch-Orthodoxe, die unter den Repatrianten Wrocławs recht zahlreich waren, von der russischen Orthodoxie jedoch als Verräter angesehen wurden, blieb die offizielle Anerkennung versagt. Die stark reduzierte jüdische Gemeinde verblieb nach 1968 rings um die Synagoge »Zum Weißen Storch« und um das Gemeindezentrum in der Włodkowica-Straße.

Die römisch-katholische Hierarchie sah sich ständiger Schikane gegenüber, wenn sie versuchte, Bildungs- oder Seelsorgeeinrichtungen zu gründen oder zu erweitern. Der Wiedereröffnung der Theologischen Fakultät der Universität wurde wiederholt die Genehmigung verweigert. An ihrer Stelle gründete Bischof Kominek 1957 die »Polnische Theologische Gesellschaft« und 1968 die Päpstliche Theologische Fakultät. Letztere wurde vom Vatikan voll anerkannt, nicht aber von den polnischen Behörden.

In den späten sechziger Jahren erwachte das kulturelle Leben Wrocławs mit bemerkenswerter Energie zum Leben. Zwar wurden die staatlichen Kontrollen nicht aufgehoben, aber die lokalen Parteiführer übten sie mit mehr Zurückhaltung aus. Beispielsweise gab es im Film keine einheimische Tradition. Doch es gab jede Menge Platz und viele Ruinen für Kriegsfilme. Die Folge war, dass alle führenden polnischen Filmemacher nach Wrocław kamen – unter ihnen Andrzej Wajda, Wojciech Has und Sylwester Checzynski. Wajdas glühende Adaptation von Andrzejewskis *Popiol i Diamant* (»Asche und Diamant«, 1958), die das sensible Thema Nachkriegsenttäuschung und Kollaboration erkundete, passte besonders gut zur Vergangenheit Wrocławs.

Die Pantomimengruppe von Henry Tomaszewski hatte freilich nichts mit dem Kulturprogramm der herrschenden Partei zu tun. Ihr avantgardistischer Ansatz, der klassische Themen mit neuartigen Interpretationen kombinierte, gehörte keinem etablierten Genre an. Die Gruppe begann ihre Karriere im November 1956 mit den Produktionen *Der Glöckner von Notre Dame* und *Der Mantel* (Gogol). Von 1958 an unternahm sie Tourneen durch Europa, die in einem spektakulären Erfolg beim Festival am Théâtre des Nations in Paris gipfelten. Das Paris von Jean-Louis Barrault war in der Tat die geistige Heimat der Gruppe.

Jerzy Grotowskis Theaterlaboratorium, das seit 1959 in Opole (Oppeln) gespielt hatte, kam fünf Jahre später auf Einladung des Stadtrates nach Wrocław. Es war ein winziges, elitäres Ensemble, das einem ausgesuchten Publikum experimentelle Gelegenheitsproduktionen darbot. Tatsächlich gelang es überhaupt nur, drei Premieren auf die Bühne zu bringen, darunter *Akropolis* (1962) und *Apocalypsis cum figuris* (1968). Doch Grotowskis Schrift *Für ein armes Theater* (1968) trug ihm weltweite Anerkennung ein und beförderte ihn neben Stanislawski, Meyerhold und Brecht ins Pantheon des modernen Theaters. »Der Rhythmus des Lebens in der modernen Zivilisation«, schrieb er, »ist gekennzeichnet von Tempo, Spannung, einem Gefühl der Verdammnis, dem Wunsch, unsere persönlichen Motive zu verbergen, und der Übernahme einer Vielzahl von Rollen und Masken... In unserer Suche nach Befreiung landen wir im biologischen Chaos.«[93] Das Theater habe deshalb »eine therapeutische Funktion«. In einer Einführung für neue Schauspieler skizzierte er zehn Prinzipien:

- »Die Leistung des Schauspielers [die wir einen ›totalen Akt‹ nennen]... ist eine Einladung an den Zuschauer und könnte mit einem Akt aufrichtiger Liebe zwischen zwei Menschen verglichen werden...
- Durch den Schock, durch den Schauder, die uns veranlassen, unsere täglichen Masken und Angewohnheiten fallen zu lassen, sind wir, ohne etwas zu verbergen, fähig, uns etwas anzuvertrauen, das wir nicht benennen können, in dem jedoch Eros und Caritas leben.
- Die Kunst darf nicht durch die Gesetze einer gewöhnlichen Moral oder durch einen Katechismus gefesselt werden... Der Schauspieler muss den Mut haben... sich zu offenbaren.
- Der Regisseur darf, während er leitet und von den Schauspielern inspiriert wird, ihnen keine Vorschriften machen. Es ist eine Frage der Freiheit, Partnerschaft, Disziplin und Achtung vor der Autonomie anderer.

- Ein so beschaffener schöpferischer Akt wird in einer Gruppe vollbracht, und deshalb müssen wir, innerhalb bestimmter Grenzen, unseren kreativen Egoismus zügeln.
- Wir dürfen etwas mit dem schöpferischen Akt Verbundenes niemals persönlich ausnutzen.
- Ordnung und Harmonie... sind absolut notwendige Bedingungen, ohne die ein schöpferischer Akt nicht stattfinden kann... Wir verlangen Beständigkeit...
- Kreativität... ist grenzenlose, jedoch durch Zeichen disziplinierte, d. h. artikulierte Aufrichtigkeit... Denn was wir hier ›die Methode‹ nennen, ist das genaue Gegenteil jeder Art von Vorschrift.
- Ein Schauspieler sollte nicht versuchen, sich eine Art Rezept anzueignen oder sich eine ›Trickkiste‹ zu schaffen... Der Schwerpunkt unserer Arbeit drängt den Schauspieler in Richtung auf einen inneren Reifungsprozess, der sich in einer Bereitschaft ausdrückt, Grenzen zu durchbrechen, nach einem ›Gipfel‹, nach Totalität zu suchen.
- Es kann keinen totalen Akt geben, wenn der Schauspieler seinen schöpferischen Impuls, selbst abseits des Theaters... als Mittel zur Beförderung seiner eigenen Karriere verschwendet.«[94]

Das Theaterlaboratorium schloss 1982. Grotowski reiste bald danach in die USA ab und starb 1999 im Ausland.

Erfolg zog Erfolg nach sich. In den sechziger Jahren schuf Wrocław weitere kulturelle Einrichtungen – Schulen, höhere Akademien, Theater, Opern- und Musikfestivals, Museen und die Monatszeitschrift *Odra* (seit 1961), die einen landesweiten Ruf erlangte. Im Jahr 1968 ließ der Dichter, Dramatiker und Romancier Tadeusz Różewicz (geb. 1921) sich in Wrocław nieder. Er sollte zu einer der meistgeachteten Persönlichkeiten der Stadt werden. Den Widerhall der Vergangenheit verstand er gut:

Chciałem opisać
opadanie liści
w parku południowym

pięć białych łabędzi
stojących na zamglonym lustrze
wody
(...)

myslałem o poetach
krainy środka
posiedli oni wiedzę
pisania doskonałych utworów
ale swiatło ich werszy
dociera do mnie
po tysiącach lat

liść dotknał ziemi

zrozumiałem
płaczące obrazy
miczenie muzyki
tajemnicej okaleczonej poezji[95]

(Ich wollte
das fallen der blätter
im südpark beschreiben

fünf weiße schwäne
die vom reif oxydierten
schwarze chrysanthemen malen

das licht
auf den lippen
des vorübergehenden mädchens

ich dachte an die dichter
aus dem land der mitte
sie besaßen das wissen
vollkommener werke
sie sind erloschen
doch das licht ihrer gedichte
erreicht mich
nach jahrtausenden

ich begriff
die weinenden bilder
das schweigen der musik
das geheimnis der verschandelten poesie

zu hause
begann meine hand
ein gedicht zu schreiben

das taubstumme blinde
pocht auf sein recht
will ans tageslicht
aber ich will nicht
ich lasse es fallen
höre wie es langsam
aufhört zu atmen*)

Sein Werk inspirierte einen poetischen »Brief von Breslau nach Wrocław«:

Lieber Tadeusz Różiewcz, Sie leben
in Wrocław, ich bin in Breslau geboren.
Die Samenflüge, die Flockenfälle,
die Jahreszeiten, die ehrwürdigen Steine
begegnen uns, den Passanten, freundlich.
Aber die Stadt nennt uns Kinder.

Ostrów Tumski erinnert mit Glocken,
daß Codex Maioris Poloniae Deutsche
und Polen als Nächstverwandte beschworen.
Da sah ich die grausam verheerte Stadt
in neuer Würde, von Polen gerettet
aus den Trümmerwüsten des Jahrhunderts.

Sei gegrüßt, Wratislavia,
und du, grausilberne Oder,
waldbesetzte Babuschka!
Sang mit dir deutsch und polnisch,
und träumte in deinen alten Geschichten
am Feuerchen unter der Eisenbahnbrücke
. . .
Im Marmorschatten Wilhelms des Ersten
hab ich mein erstes Mädchen geküßt,

---

* »November 1982«, in: Tadeusz Różiewicz: *Überblendungen. Gedichte*. Aus dem Polnischen von Peter Lachmann, München 1987, S. 53 f. (A. d. Ü.).

Elisa, sie schmeckte nach Veilchenpastillen.
Der Mond, irissilberne Säule, schwankte
im Stadtgrabendunkel. Der alte Preuße
ist abgewrackt. Der Kuß hat gehalten.
...
Lieber Tadeusz Różewicz, wir beide
sind Cives Wratislavienses, Gott will es.
Die Stadt hat uns beide in ihre Geschichte
genommen. Die heraklitische Oder
umfriedet Ihre und meine Jahre.
Wir müssen uns leiden. Oder wir sterben.[96]

Der poetische Briefschreiber war Heinz Winfried Sabais (1922–81).

*

Das akademische Leben Wrocławs profitierte auf mehreren Feldern. Die meisten Professoren der berühmten Lemberger Fakultät für Mathematik beispielsweise hatten nicht überlebt – Stefan Banach starb an einem »medizinischen Experiment« der Nationalsozialisten –, aber in Wrocław waren noch genug übrig, um die Tradition zu bewahren, darunter Banachs Partner Hugo Steinhaus (1887–1972). Der Botaniker Stanisław Tolpa (1901–96) war eine populäre und vielfach ausgezeichnete Persönlichkeit. In den Geisteswissenschaften wurden viele potenzielle Talente in ihren Laufbahn behindert, denn die Promotion hing von der Veröffentlichung ab. Und die Veröffentlichung unterlag dem dauerhaften repressiven Einfluss der kommunistischen Zensoren. Sicherheit konnte man am leichtesten in harmlosen Disziplinen wie der Geschichte des 17. Jahrhunderts finden, dem Fachgebiet von Władysław Czapliński (1905–81).

Die Traditionen Lembergs in der Veröffentlichung historischer und geografischer Atlanten wurde wieder aufgenommen, auch die des Varietés, als Wojciech Dzieduszycki (geb. 1912), »der Graf«, nach 1956 plötzlich die Szene betrat. Dzieduszycki, ein Adliger aus dem Osten, der alles verloren hatte, war vor dem Krieg zum Geiger und Opernsänger ausgebildet worden. Seine Revue *Dymek z papierosa* (»Zigarettenrauch«) mit ihrer unnachahmlichen Mischung aus Humor, Vorkriegsmusik und dem Dialekt von Lemberg wurde sowohl in den Medien des eigenen Landes als auch im Ausland gefeiert.[97]

Der polnische Sport konnte so lange nicht erfolgreich sein, wie Sportler nicht frei reisen durften. Eine junge Bergsteigerin aus Wrocław,

Wanda Rutkiewicz (geb. Błaszkiewicz, 1943–92) wies den Weg. Aus dem lokalen Bergsteigerverband hervorgegangen, trainierte sie in den Gipfeln der Sudeten und konnte in den sechziger Jahren in die Alpen und von dort in den Himalaja umziehen, wobei sie eine überragende Begabung offenbarte. Im Jahr 1973 war sie die erste Frau, die die Eiger-Nordwand bezwang, und 1978 die erste Europäerin, die den Gipfel des Mt. Everest erreichte.

Einmal eingesetzt, erwies Bischof Kominek sich sowohl für die Kirche als auch für die größere Gemeinde als starker Rückhalt. Er war einer der beiden Verfasser des berühmten »Offenen Briefes an die deutschen Bischöfe« (18. 11. 1965), der nicht nur Polen mit Deutschland versöhnen, sondern die Polen auch überzeugen wollte, ihre Fehler einzugestehen. »Wir gewähren Vergebung und bitten um Vergebung« war jedoch nicht die Geisteshaltung, die ihn bei der kommunistischen Staatsgewalt beliebt machte. Mehrere Jahre lang wurde er daran gehindert, Rom zu besuchen. Kominek zählte sicherlich zu den wichtigsten Persönlichkeiten, die den Weg für einen Wandel in den deutschen Einstellungen und für den historischen Besuch von Bundeskanzler Willy Brandt in Polen im Jahr 1970 bereiteten. Gleichzeitig stand er fest hinter Polens Anspruch auf die »Wiedergewonnenen Gebiete«. Er überzeugte den Vatikan, die polnischen Ansprüche anzuerkennen, und veröffentlichte ein Buch: »Im Dienste der Westgebiete«, 1977.

Natürlich hatte die herrschende Partei allen Grund, Bischof Kominek mit Argwohn zu behandeln. Wie der polnische Primas Kardinal Wyszyński und sein Erzbischof Karol Wojtyła hatte Kominek die Kunst beherrscht, gegenüber dem Kommunismus eine prinzipienfeste Haltung einzunehmen, ohne jemals in die den Kommunisten eigene Sprache der Täuschungen und Schmähungen zu verfallen. Im Oktober 1970 begleitete er den Primas nach Rom. Auf ihrer gemeinsamen Mission wollten sie erreichen, dass der Vatikan die Diözesanstrukturen Polens uneingeschränkt wiederherstellt, was auch gelang. Im Juni 1972 reorganisierte die päpstliche Bulle *Episcoporum Poloniae coetus* offiziell den Status und das Gebiet des Erzbistums Wrocław. Im Jahr 1973 berief Papst Paul VI. Erzbischof Kominek ins Kardinalskollegium. Die Vratislavier erfuhren die gute Nachricht durch Radio Freies Europa, ebenso wie die Mitarbeiter des Erzbischofs, die nun verzweifelt das Birett* des verstorbenen Kardi-

---

* Vierkantige Kopfbedeckung der katholischen Geistlichkeit mit mehreren bogenförmigen Aufsätzen, aus dem Barett entstanden (A. d. Ü.).

nals Bertram suchten. Denn erst wenn er passend gekleidet wäre, sollte der Empfänger sich zeigen, um die Glückwünsche der Bevölkerung entgegenzunehmen. Kardinal Kominek hatte nur einen Nachfolger. Im Jahr 1976 ins Erzbistum Wrocław berufen, erwies sich Henryk Gułbinowicz (geb. 1928) als Hirte von außerordentlicher Wärme und Menschlichkeit. Er stammte aus dem fernen Litauen und hatte seit seiner Kindheit unter dem Schatten des Kommunismus gelebt. Er versah sein Amt, als sei die ganze große Stadt seine erwählte Gemeinde. Mit instinktiver Sicherheit führte er seine Herde von den finstern Tagen seiner frühen Jahre in die ruhigen Wasser des neuen Jahrtausends. Im Jahr 1985 wurde auch er in den Kardinalsrang erhoben. »Wrocław«, bemerkte er einmal, sei ein »miejsce pojednania« – »ein Ort der Versöhnung«.

Im Gegensatz zur Stadt erfuhr das Land keine größere Wiederbelebung. Nach 1956 gab Polen die Zwangskollektivierung auf, aber die Bauern Niederschlesiens litten nach wie vor unter Entfremdung und reagierten nicht mit der gleichen Bereitwilligkeit wie anderswo. In einer Stadt wie Lubomierz (Liebenthal) (siehe oben, S. 548) wurden der Parteisekretär und sein Partner, der Gemeindepfarrer, bei ihrer Amtstätigkeit nicht gestört. Die Chronik ihrer ökonomischen Skandale über nahezu 30 Jahre hinweg enthüllt alle Mängel einer nicht kontrollierten Bürokratie, die der Kommunismus bestärkte. Mit der Organisation luxuriöser Jagdgesellschaften im nahe gelegenen Forst sorgten der korrupte Genosse und der korrupte Kirchenmann dafür, dass die regionalen Würdenträger glücklich waren. Pfarrer A verdiente sich mit Hehlerei und der Spezialisierung auf den lukrativen Handel mit deutschen Vorkriegsbüchern den unerhörten Luxus eines VW Golf. Genosse B eröffnete auf dem Marktplatz ein modernes Fischgeschäft, reichlich ausgestattet mit weißbeschürztem Personal und einer gepanzerten Registrierkasse. Aufgrund mangelnder Zusammenarbeit mit der angrenzenden Lebensmittelkooperative scheiterte es kläglich. Denn der Fischladen hatte eine Kühltruhe, aber keinen Transporter. Die Kooperative dagegen hatte einen Kühllaster, aber keine Kühltruhe. Also traf niemals Fisch ein. Doch dem Genossen B war das gleichgültig, da alle seine Investitionen staatlich finanziert waren. Trotz aller Pleiten war er um neue Pläne nie verlegen:

> »Er gründete anscheinend eine Fasanenfarm, von der alle Vögel entkamen. Also ersetzte er die Fasane durch Merinoschafe, auf die er während einer Reise nach Bulgarien aufmerksam geworden war. Doch diese Sorte Schaf wollte sich nicht akklimatisieren, und

Kapitel 8: Wrocław (1945–2000)

alle Tiere gingen ein... [Später] erwog er angeblich die Einrichtung einer Lamazucht, da es dafür in den Bergen vielleicht passende Bedingungen gäbe. Zum Glück machten die politischen Veränderungen der späten Achtziger solch fröhlichem Treiben ein Ende.«[98]

Noch skandalöser war ein Unternehmen, das der stets erfindungsreiche Sekretär und sein priesterlicher Partner in den Jahren 1970 bis 1972 ersannen. Systematisch zerstörten sie den unbenutzten lutherischen Friedhof, um dessen wertvolle Grabsteine zu verkaufen. Als sie fertig waren, deckten sie den ehemaligen Friedhof mit einem Allwetter-Tennisplatz ab – was umso bemerkenswerter war, als niemand in Lubomierz Tennis spielte.

*

In der entspannteren Atmosphäre nach 1956 kamen die ersten deutschen Heimatvertriebenen zurück, um ihr altes Zuhause zu sehen. Einer von ihnen machte eine Fotoserie von der Stadt. Diese im Fotoarchiv des Breslauers Alois Drost enthaltenen Bilder wurden im Jahrbuch Breslau 1997 veröffentlicht.[99]

Henry Kamm, heute Sonderkorrespondent der *New York Times*, machte mehrere Besuche. Im Jahr 1966 war er in erster Linie von der Verwandlung des »deutschen Breslau« in eine »lebhafte polnische Stadt« beeindruckt. »Eine Stadt ist gestorben«, schrieb er. »An ihrer Stelle und in ihren Geschichten lebt eine andere.«[100] Viele Erinnerungen kamen wieder. Die Straßenbahnlinien 9 und 16 »fahren immer noch zum Stadion – damals Hermann-Göring-Stadion, heute Olympiastadion«. Im Jahr 1973 berichtete er über die schwachen Überreste jüdischen Lebens. Kamm gab »dem offiziell angestifteten landesweiten Ausbruch von Antisemitismus im Frühjahr 1968« die Schuld, denn er bemerkte antisemitische Wandschmierereien und antisemitische Rowdys und besuchte den vernachlässigten jüdischen Friedhof in der Legnica-Straße, auf dem ein einziges deutsches Kriegerdenkmal stand – für vielleicht 200 Juden, »die im Ersten Weltkrieg ihr Leben für Deutschland gaben«.[101] Offenbar bemerkte er nicht, dass alle deutschen Friedhöfe der Stadt verschwunden waren, während der jüdische Friedhof erhalten war.

Die Besucher aus Deutschland, die nicht direkt reisen konnten und die keine diplomatische Vertretung in Polen hatten, kamen trotzdem in immer größerer Zahl. Sie stiegen im »Monopol« ab – »dem einzigen Gebäude, das seinen Vorkriegsnamen behalten hat«. Viele Dinge verwirrten sie, nicht zuletzt das Denkmal für »Herrn Fredro«. Sie billigten zwar die Restaurierung von Dom und Rathaus, aber sie missbilligten die nicht geräumten Trümmer, die unhöflichen Ladenmädchen, den überall verbreiteten Schwarzmarkt und die Bauernkarren auf den Straßen. Der Zustand der Friedhöfe kränkte die deutschen Besucher. Sie suchten vergeblich nach deutschen Zeichen und blickten manchmal noch mit der Herablassung der Vorkriegszeit auf »typische Ostpolen« herab. Sie machten unter Schwierigkeiten die wenigen verbliebenen Deutschen ausfindig, doch deren Reaktionen waren nicht immer freundlich. Charles Wassermann, inzwischen kanadischer Staatsbürger, schrieb sogar ein Buch und provozierte eine heftige Reaktion der Lokalpresse. Einen anderen, August Scholtis, fand man objektiver. Zwei Themen waren in allen Berichten der Besucher vertreten, keines von ihnen sprach für die Entwicklung von Wrocław. Erstens wurde immer wieder erwähnt, dass vergleichbare Kriegsschäden in Westdeutschland längst beseitigt worden seien. Zweitens wurde schon nach flüchtigen Kontakten mit den Einheimischen klar, wie schlecht polnische Arbeiter entlohnt wurden. Im Jahr 1957 fragte ein Kranführer, der in Wrocław Schutt räumte, einen Besucher aus Tübingen, wie viele Monate er in Westdeutschland arbeiten müsse, um den Gegenwert eines Volkswagens zu verdienen. »Zehn Monate«, lautete die Antwort des Schwaben. Der Kranführer musste 52 Monate arbeiten, doch selbst dann hätte es keine VWs zu kaufen gegeben. Über eines waren sich alle Besucher einig: Sie besuchten den »deutschen Osten«.[102]

Als der Philosoph Günther Anders (1902–92) seine Geburtsstadt im Sommer 1966 wiedersah, war er beeindruckt von der beunruhigenden Mischung aus Vertrautheit und völliger Fremdheit, die er wie viele zurückkehrende Vertriebene empfand:

> »Sind da, ehe ich noch recht begreife, ehe ich noch die Straße, auf der wir einfahren, und die Gegend, in die wir hineinfahren, identifiziert habe ... Vor mir taucht etwas auf, was mir zwar tief bekannt ist: die Silhouette der Dominsel mit ihren diversen Kirchtürmen ... aber obwohl so bekannt, scheint etwas an der Silhouette nicht zu stimmen ... von dort aus hatte man früher den Komplex dieser Kirchen eben niemals vor Augen gehabt, zwischen dort und hier, wo es nun nur Vakua oder Schuttplätze gibt, hatte es eben Stadtviertel gegeben, die den Blick versperrt hatten. Mein Gott ...
> Erkenne nun zwar schon, wo die Innenstadt liegt, die Elisabethkirche überragt ... kann mich aber trotzdem nicht recht orientie-

ren, weiß nicht, wo ich da im Kreise herumfahre: daß ich mich nämlich (jetzt nach dem Kartenstudium ist mir alles klar geworden) genau in derjenigen Gegend herumtreibe, in der ich mich zwischen 1909 und 1915 tagtäglich herumgetrieben habe...«[103]

Der Theaterregisseur Peter Schumann (geb. 1935), der in den USA ein neues Leben angefangen hatte, verließ Breslau 1944 als neunjähriger Junge und kehrte 43 Jahre später mit seiner russischen Frau und seiner amerikanischen Tochter zurück. Auch er hatte Schwierigkeiten, sich zurechtzufinden:

»›Erkennst du irgendetwas, Peter?‹
›Nichts. Lass uns zum Bahnhof gehen. Von dort finde ich nach Hause.‹
Der Bahnhof in Brochów ist ein freundliches, sauberes kleines Gebäude, das kürzlich restauriert wurde. In der düsteren Novemberlandschaft wirkt er erstaunlich hell.
›Es ist nicht weit von hier‹, sagt Peter.
›Früher bin ich jeden Nachmittag mit einem großen Fahrrad zum Bahnhof gefahren, um meinen Vater abzuholen, der mit dem Zug in die Stadt pendelte. Ich kam kaum an die Pedale. Vater begrüßte mich jedes Mal und fuhr dann auf dem Fahrrad nach Hause, während ich hinterherlief...Geradeaus, dann rechts bis zum Ende dieser kleinen Straße zwischen der Allee mit den hohen Bäumen. Es sind Kastanien. Schade, daß du sie nicht im Frühling sehen kannst.‹
Am Ende ihres Gartens standen einige dunkle, mittelgroße Villen, jede ein wenig anders.
›Halt, hier ist es‹, befahl Peter, ›aber unser Haus ist nicht mehr da. Es steht ein anderes an seiner Stelle, aber auf jeden Fall auf unserem Fundament.‹
Wir stiegen vor einem ganz neuen Eckhaus mit hässlichem Flachdach aus dem Auto. Die meisten alten Häuser ringsum waren unversehrt.
›Unsere Nachbarn weiter unten hatten eine Katze, die uns einmal eine Ente stahl. Und der Besitzer des Hauses gegenüber hängte sich kurz vor unserer Abreise auf. Unsere Straße hieß Parkstraße. Früher haben wir im nahe gelegenen Park Cowboy und Indianer gespielt. Wenn unsere Pfeile in den Ästen hängen blieben, kletterten wir immer die Stämme der Bäume hoch...‹

›Wie war es, hier zu wohnen?‹ fragt Elke.
›Es war so deutsch und so altmodisch. Gepflegte Gärten, blank geputzte Fenster, gestutzte Hecken. Aber so viel hat sich gar nicht verändert. In dem Haus da drüben mit dem Terrassendach wohnte Kästner, der Dichter, nicht der berühmte Kästner, aber ein anderer, auf den das ganze Viertel stolz war, weil er uns gehörte...‹
Elke macht Fotos. Peter am Zaun. Peter unter dem Kastanienbaum. Weitere Bilder neben dem Obelisken zum Gedenken an die sowjetischen Soldaten... Elke übersetzt die Tafel für ihre Tochter, wobei sie die russischen Worte schön ausspricht...
... Die Straßen sind leer. Ein paar Kinder spielen in den Gärten. Einige neugierige Mädchen folgen uns zum Rand eines offenen Heidelandes, wo Peter als Kleinkind mit seinem Speer Fasane gejagt und als Neunjähriger Flugzeuge am Himmel beobachtet hatte, während Gebäude in der Nähe des Bahnhofs brannten...
... Vom Krieg hat Peter nur noch die Brände in Erinnerung und die ständige Sorge, ob sein Vater sicher nach Hause käme. An ihre Flucht jedoch erinnert er sich ganz genau. Der Zug war überfüllt mit Flüchtlingen... Sie saßen auf ihren Habseligkeiten, die sich bis zur Decke türmten. Vater sollte die Familie zu einer Tante in Hamburg bringen und dann zurückkommen. Aber er tat es nie...
Ihre Tante war in größter Sorge wegen eines Sohnes, der von der Front nicht zurückgekehrt war... und bald danach beging sie Selbstmord...
Wir kehren zurück. Eine Katze springt aus der Hecke, blinzelt mit den Augen und beobachtet uns.
›He du, Mieze!‹ schreit Peter. ›Von wem stammst du ab? War es dein Urgroßvater, der den Schumanns die Ente stahl?‹«[104]

Das Jahr 1968 gilt in Polen allgemein als Jahr der Schande. Eine Fehde innerhalb der herrschenden Partei geriet außer Kontrolle, bis aus ihr eine große Attacke nicht nur auf die demokratische Opposition, sondern auch auf die verbliebenen Juden des Landes wurde. Der Streit war einige Jahre zuvor zwischen zwei extremen und gegnerischen Fraktionen der Partei ausgebrochen, wobei die eine von ihrem Nationalismus, die andere von ihrer Nähe zu dem gerade diskreditierten Stalinismus geprägt wurde. Die erste Gruppe, die als »Partisanen« bekannt war, wurde von einem ehemaligen ukrainischen Kommunisten namens Mikolaj Diemko angeführt, der inzwischen zu General Mieczysław Moczar, seines Zeichens Innenminister, mutiert war. Die andere Gruppe, auf die Moczar es abgesehen

Kapitel 8: Wrocław (1945–2000)   587

hatte, scharte sich um ehemalige Angestellte des aufgelösten Sicherheitsministeriums. In ihr dominierten unselige kommunistische Agenten, die größtenteils 1944/45 von Beria aus Russland nach Polen geschickt worden waren, und sie umfasste einen unverhältnismäßig hohen Anteil ehemaliger Juden, ebenfalls mit geänderten Namen. Moczars Griff nach der Macht vollzog sich im Gefolge des arabisch-israelischen Sechstagekrieges von 1967, von Studentenprotesten und des »Prager Frühlings«. Dabei löste er eine Säuberungswelle aus, die, obwohl sie ursprünglich gegen reuelose stalinistische Genossen gerichtet war, bald alle Juden im Lande berührte, echte oder eingebildete, schuldige oder unschuldige. Es war eine regelrechte Hexenjagd. Paradoxerweise war es ausgerechnet Jakób Berman, der diese Säuberungen überstand. Zu offener Gewalt kam es jedoch nicht. Aber Mitte des Jahres 1968 lud Moczars Polizei jüdische Familien vor und händigte ihnen Ausreisedokumente aus, damit sie das Land verließen. Polens jüdische Gemeinde schrumpfte von ca. 30 000 auf vielleicht 5000 Mitglieder. Wrocław verhielt sich nicht anders als andere polnische Städte. Die vratislavische Presse stimmte in die »antizionistische Kampagne« ein. Das Jüdische Theater wurde unter Treuhänderschaft gestellt. Doch immerhin reichte es in der Stadt zu einer noblen Geste: Professor Edward Marczewski (1907–76) war Mathematiker, früherer Rektor und ehemaliger Kämpfer im Warschauer Aufstand. Er hieß ursprünglich Szpilrajn und wurde willkürlich aus dem Universitätsdienst entlassen. Sobald Moczar und seine Fraktion wieder verschwunden waren, wurde ihm als Zeichen der Wertschätzung seiner Kollegen die Ehrendoktorwürde verliehen.

Am 9. September 1969 wurde zum Abschluss der unter dem Kodenamen »Oder-Neiße-69« abgehaltenen Manöver der Warschauer-Pakt-Staaten eine gewaltige Militärparade in Wrocław abgehalten. Truppen aus der Sowjetunion, Polen, der Tschechoslowakei und Ostdeutschland demonstrierten stolz ihren Stechschritt vor dem Kommandeur des Militärbündnisses, Sowjetmarschall Iwan Jakubowski. In einer Rede im Olympiastadion gab ein Mitglied des Politbüros der PZPR eine Erklärung ab, wonach »die Zeit für ein gesamteuropäisches Sicherheitssystem heranreift« – eine abenteuerliche Verdrehung der Wahrheit. Denn die Truppen des Warschauer Paktes waren nur ein Jahr zuvor in die Tschechoslowakei einmarschiert, um den »Prager Frühling« im Keim zu ersticken. Und ein Jahr später sollten sie wieder zur Stelle sein, um zu gewährleisten, dass der Jahrestag nicht zu Protesten ausgenutzt würde. Der Einmarsch in die Tschechoslowakei war unter dem vollkommen falschen Vorwand gerechtfertigt worden, dass die NATO ihrerseits einen Einmarsch geplant habe. Wie gewöhnlich wurde die sowjetisch angeführte Aggression von nichts sagenden Beteuerungen der Friedensbereitschaft begleitet.

In Wrocław fand am 10. Oktober 1978 die zweite so genannte Internationale Intellektuellen-Konferenz statt. Es war der Versuch, die Farce von 1948 (siehe oben S. 554ff.) nochmals aufzuführen. Dieses Mal war der Hauptgastgeber niemand anderes als Józef Cyrankiewicz, der einen Großteil der vorausgegangenen Jahrzehnte als Ministerpräsident der Volksrepublik zugebracht hatte, nun aber als »Vorsitzender des Gesamtpolnischen Komitees der Friedensverteidiger« präsentiert wurde. Sein Partner war Ramesh Chandra, Vorsitzender des Weltfriedensrates. Was Herr Cyrankiewicz wirklich über seine Rückkehr nach Wrocław dachte, wo er die polnische sozialistische Bewegung 1947 verraten hatte, ist nicht überliefert, und es ist auch offen, ob Chandra die Hintergründe kannte. Auf jeden Fall spendeten die Delegierten den Reden, die »den Kampf gegen alle Formen der Unterdrückung und neokoloniale Ausbeutung und Rassismus« priesen, herzlichen Beifall. Dass viele nachdenkliche Vratislavier sich selber für Opfer neokolonialer Ausbeutung halten könnten, hätten die Delegierten wohl nicht vermutet.

Als in den sechziger und siebziger Jahren die PRL* mit etwas mehr Erfolg funktionierte, etablierte Wrocław sich als eine der führenden Städte Polens. Zum ersten Mal seit dem Krieg fand die Stadt einen bescheidenen Platz in der Politik der herrschenden Partei. Früher war sie ein Exil für »verbannte« Würdenträger gewesen, die aus Warschau entfernt worden waren. Doch allmählich trat sie aus dem Schatten heraus. War Władysław Gomułka in der Nachkriegszeit lange Zeit der einzige prominente Abgeordnete im Sejm auf der Wrocławer Liste gewesen, verbesserte sich diese 1957 bis 1969 nach und nach. Ihr gehörten nun sowohl Adam Rapacki an, ehemaliger Kriegsgefangener und Außenminister, als auch Tadeusz Mazowiecki, ein Mitglied der nicht parteigebundenen (aber von der Partei unterstützten) katholischen »Znak«-Gruppe, der drei Jahrzehnte später als Ministerpräsident in Erscheinung treten sollte. Von 1972 bis 1985 wurde die Wrocławer Liste von General Wojciech Jaruzelski angeführt, seinerzeit Generalstabschef, Verteidigungsminister und Chefverbindungsmann zum KGB, der 1981 zunächst Generalsekretär und dann Diktator in Polen werden sollte.[105]

Es gibt mehrere gute Gründe dafür, warum die Solidarność-Bewegung in der ehemaligen deutschen Stadt Danzig und nicht in der ehemaligen

---

* Polska Rzeczpospolita Ludowa; die Kommunistische Volksrepublik Polen (A. d. Ü.).

Kapitel 8: Wrocław (1945–2000) 589

deutschen Stadt Wrocław entstand. Wrocław besaß nicht die überseeischen Verbindungen, wie sie in den Werften von Danzig bestanden, und Wrocław hatte nicht die Traumata erlebt, wie sie mit der blutigen Unterdrückung der Streiks in den Ostseestädten im Jahr 1970 einhergegangen waren. Zu kleineren Unruhen kam es 1968 und erneut 1976, aber die Partei hatte wenig Schwierigkeiten, ihre Anhänger zu mobilisieren, damit sie gegen »Zionisten« und »Dissidenten« protestierten. Doch als im Sommer 1980 die echte Bewährungsprobe nahte, stand Wrocław Schulter an Schulter mit den Männern Lech Wałęsas in Danzig. Zu kleineren Streiks, die sich gegen die Lebensmittelknappheit und drastische Preiserhöhungen, wie man sie seit dem »Einzelhandelskrieg« von 1949 nicht mehr erlebt hatte, richteten, war es in Wrocław bereits im Juli gekommen. Am 26. August jedoch standen der Busfahrer Tomasz Surowiec und der Kfz-Mechaniker Czesław Stawicki im Busdepot VII in der Grabiszyn-Straße an der Spitze des Aufrufs, »zu streiken und so lange weiterzustreiken«, bis alle gerechtfertigten Forderungen der Danziger Arbeiter erfüllt seien. Binnen drei Tagen hatten 100 Streikkomitees in und um Wrocław ihre Unterstützung erklärt. In Grabiszyn wurde eine große Feldmesse abgehalten. Rasch kamen unzensierte Broschüren in Umlauf. Die Behörden wankten und in Danzig kapitulierten sie. Auf Initiative eines Delegierten aus Wrocław, des Historikers Karol Modzelewski, nahm die landesweite Protestbewegung am 17. September den Namen »Solidarność« (»Solidarität«) an.

In den 16 Monaten während der Jahre 1980/81, in denen Solidarność legal operierte, begeisterte der Geist der Freiheit Wrocław. Die Allianz zwischen dem intellektuellen und dem proletarischen Flügel der Bewegung fügte sich gut zusammen, und dynamische Komitees beherrschten sowohl die höheren Bildungsstätten wie auch alle großen Fabriken. Eine Viertelmillion Vratislavier, unter ihnen 86 Prozent aller Beschäftigten, traten der Bewegung bei. Auch ein Drittel der PZPR-Aktiven schloss sich an und lähmte dadurch die lokale Staatsgewalt. Örtliche Anführer traten auf: der 26-jährige Władysław Frasyniuk, Jerzy Piorkowski, Piotr Bednarz, Józef Pinior, Marek Muszynski, Tomasz Wojcik sowie Wrocławs erster Delegierter für den gesamtpolnischen Solidarność-Kongress in Danzig – der Historiker Adolf Juzwenko. In einer akuten ökonomischen Krisensituation wurde die »Solidarität« zur universalen Vermittlerin. Wrocław stand an der Spitze des »Solidaritäts«-Bezirks Niederschlesien. Um zu feiern und zu protestieren – nicht zuletzt gegen das Attentat auf den Papst –, wurden Aufmärsche und Messen abgehalten. Allerdings wurden allmählich auch die Grenzen spürbar. Im Oktober 1981 hielt die Belegschaft der

Fadroma-Werke ein Referendum ab und forderte freie Wahlen zum Sejm und ein Ende der in der Verfassung verankerten »führenden Rolle« der Partei. Der Vorsitzende des »Solidaritäts«-Komitees der Fabrik wurde sofort verhaftet.

Im Morgengrauen des 13. Dezember, einem Sonntag, verdrängten in den Straßen Wrocławs wie in allen anderen polnischen Städten Panzer die Straßenbahnen. Etwa 400 Führer der »Solidarität« wurden interniert. Sicherheitspolizisten der »ZOMO«, der kommunistischen Miliz, verwüsteten die regionale Zentrale der »Solidarität«. General Jaruzelski, dessen Stellung als polnischer Premier seine wichtigere Rolle als leitende Figur in Moskaus internationalem Netz militärischer Kommissare verdeckte, hatte den »Kriegszustand« verhängt. Drei Tage lang schlugen Jaruzelskis Truppen die Tore der Fabriken ein und knüppelten streikende Arbeiter, bis sie »Loyalitätserklärungen« unterzeichneten. Ein junger Mann am Polytechnikum überlebte eine solche Behandlung nicht. Eine Ausgangssperre wurde verhängt, aber Frasyniuk und andere waren durch das Netz geschlüpft. Im Untergrund wurde weiterer Widerstand vorbereitet. Der Slogan »Der Winter gehört euch, der Frühling wird uns gehören!« machte die Runde.

In dieser schwierigen Zeit kam es zu einer sehr bewegenden Unterstützungsbewegung. Dank der weit verbreiteten Bewunderung für die »Solidarität« in Deutschland verbanden sich viele deutsche Städte und Gemeinden inoffiziell mit einer polnischen Partnerstadt. Moralische Unterstützung, Sympathiebekundungen und später auch Lebensmittelpakete und ganze Konvois mit Vorräten flossen von West nach Ost und stärkten die spontanen Verbindungen. Deutsche Kommunen unterstützten polnische Kommunen, deutsche Kirchen halfen polnischen Kirchen, deutsche Schulen übernahmen Patenschaften für polnische Schulen. Dortmund wurde die Patenstadt von Wrocław. Es hätte nicht mehr für die deutsch-polnische Aussöhnung getan werden können.[106]

Von 1982 bis 1989 erlebte Wrocław die unwirkliche Welt der Konfrontation zwischen »uns« und »denen«. Eine Zeit lang war die Militanz vorherrschend, und der Ableger »Kämpferische Solidarität« meldete sich zu Wort. Auf dem »Gas-Platz« (eigentl. Perec-Platz) und in der »ZOMO«-Straße (eigentl. Ulica Grabiszyńska)* kam es wiederholt zu gewalttätigen Zusammenstößen. Im Jahr 1983 ließen die Streiks nach, und das Kriegsrecht wurde ausgesetzt. Aber die Untergrund-»Solidarität« machte wei-

---

* Polizei und Miliz (ZOMO) setzten bei Zusammenstößen mit Demonstranten Tränengas ein (A. d. Ü.).

ter, trotz Festnahme und Inhaftierung ihrer Führer. Das »Samisdat«-Schrifttum blühte in jenen Jahren, und die Kirche bot abweichenden Stimmen Zuflucht. Die bis in ihre Grundfesten erschütterte und ihrer tatkräftigsten Mitglieder beraubte lokale Partei versuchte mit politischen und ökonomischen Experimenten die Lage zu entschärfen, doch erreichte im Wesentlichen nur, dass immer deutlicher wurde, dass das kommunistische System keine Zukunft hat.

Im Juli 1982 besuchte Papst Johannes Paul II. auf seiner zweiten Polenrundreise Wrocław und zelebrierte im Hippodrom von Partynice (Hartlieb) vor 700 000 verzückten Menschen eine Messe unter freiem Himmel. Die lokale ideologische Abteilung der Partei bat ihre Vertreter eindringlich, sich mit den Erklärungen des Papstes auseinander zu setzen, »ohne Namen zu nennen«.

Im Juni 1985 wurde das *Panorama von Racławice* nach 40 Jahren Schikane endlich der Öffentlichkeit zugänglich gemacht. Es wurde im Innern eines eigens zu diesem Zweck errichteten Rundbaus aufgestellt, der auf die Ostrów Tumski (Dominsel) blickt. Die 1893 von Wojciech Kossak gemalte, 114 Meter lange und 15 Meter hohe Leinwand stellt den Sieg der Polen unter Tadeusz Kościuszko über die Russen in der Schlacht von Racławice dar. Das Gemälde, das nach dem Krieg aus seiner ursprünglichen Heimat Lemberg nach Wrocław gebracht wurde, war mehrmals zur Ausstellung vorbereitet, aber stets abgelehnt worden. Vom Standpunkt der kommunistischen Politik aus war seine Aussage nicht korrekt.

Zu diesem Zeitpunkt waren politisch motivierte Verhaftungen, Entlassungen und Überprüfungen an der Tagesordnung. Die staatlichen Institutionen hatten ihre Autorität verloren, aber die Opposition im Untergrund leistete keinen aktiven Widerstand mehr. Sie verweigerte kommunistischen Initiativen einfach die Zustimmung. Nach der »Amnestie« von 1984 veranstaltete die bekannteste Protestgruppe, »Freiheit und Frieden«, vor polnischen und sowjetischen Kasernen Demonstrationen. Nach Tschernobyl wandte sie sich zunehmend ökologischen Fragen zu.

Im Herbst 1987 trat zum ersten Mal Wrocławs originellster Beitrag zur Sache des Volkes in Erscheinung – die Alternative Orange. In einer Stadt, die bereits durch absurdes Theater bekannt war, kam ein kühner Student der Kunstgeschichte und selbst ernannter »Major«, Waldemar Fydrych (geb. 1953), auf die Idee, die diktatorische Staatsgewalt zu untergraben, indem er sie lächerlich machte. Er war der Verfasser des bewusst so genannten »Manifest des sozialistischen Surrealismus« (1981). Bei seinen ersten (illegalen) »Happenings« füllte sich die Innenstadt mit jungen Leuten, die als kaputte Töpfe oder Gartenzwerge zurechtgemacht waren. Bei einem anderen wurden winzige Proben des meistgesuchten Konsumartikels des Tages verteilt – Toilettenpapier. Am Tag der Armee fuhren Festwagen durch die Stadt, die von einem Panzer aus Pappmaché angeführt wurden, der mit der Aufschrift »Hitler kaputt« versehen war, gefolgt von einem Panzerkreuzer »Potemkin« und einer Truppe, die den Sturm auf das Winterpalais pantomimisch darstellte. Dies alles fand unter dem Slogan »Der Warschauer Pakt – Avantgarde des Friedens« statt. Die Polizeireviere füllten sich denn auch mit Menschen, die als sowjetische Matrosen oder Rote Kosaken verkleidet waren. Am Nikolaustag fiel ein Heer von Weihnachtsmännern in die Stadt ein. Diesmal wurde beinahe jeder, der rot gekleidet war oder einen Sack trug, auf ein Polizeirevier verfrachtet. Beim »Internationalen Tag des Kindes« spazierten Tausende von Passanten durch die Straßen, die Windeln trugen. Das Ende war wirklich nahe. Kurz danach begann die Landeskommission der »Solidarität« unter Führung eines frisch aus der Haft entlassenen Frasyniuk, ihre Tätigkeit wieder aufzunehmen.

Im Jahr 1987 wurde Wrocław von der Seligsprechung der Theresa Benedicta a Cruce, auch bekannt als Edith Stein, überrascht. Auch dies war ein Zeichen der Zeit. Denn seit 40 Jahren hatte die kommunistische Propaganda sich bemüht, das jüdische Element im Leiden Polens während des Krieges zu verheimlichen. Edith Stein wurde als Persönlichkeit betrachtet, die katholische und jüdische Erinnerung versöhnen konnte (siehe S. 433 ff.).[107]

Die Parlamentswahlen vom 4. Juni 1989 wurden in Wrocław als offener Wettstreit zwischen der Liste der herrschenden Partei und dem Bürgerkomitee (WKO) Dr. Adolf Juzwenkos gesehen. Die WKO-Kandidaten gewannen mühelos alle Sitze, die freier Wahl offen standen. Persönlichkeiten wie Barbara Labuda oder Radosław Gawlik, die bis vor kurzem Flüchtlinge gewesen waren, sollten nun Wrocławs Abgeordnete im Parlament sein. Roman Duda, der kürzlich als Dekan der Mathematischen Fakultät der Universität entlassen worden war, und Karol Modzelewski, sollten Wrocławs Senatoren sein. Sie wurden Mitglieder eines Sejm, der den ersten Ministerpräsidenten des Sowjetblocks ernannte, der keiner Partei angehörte und der auf freien Präsidentschaftswahlen bestand. Als Lech Wałęsa schließlich im November 1990 als erster rechtmäßig gewählter Präsident Polens seit 1939 aus den Wahlen hervorging, durften Polen und Wrocław endlich das Gefühl genießen, dass die Befreiung gekommen war.

*

Kapitel 8: Wrocław (1945–2000)

Während der 40 Jahre, die die Umsiedlungskampagnen der Nachkriegszeit vom Fall des Eisernen Vorhangs trennten, wurden die deutschen Heimatvertriebenen und die ehemaligen polnischen Repatrianten in mehrfacher Hinsicht entfremdet. Mit wenigen Ausnahmen kehrten sie nie mehr in ihre alte Heimat zurück. Doch während sie sich bemühten, sich in einer neuen Umgebung ein neues Leben aufzubauen, wurden sie unweigerlich als Ausländer und Eindringlinge behandelt. Die mittellosen Breslauer, die in einem vom Krieg zerrissenen Essen oder Hamburg eintrafen, mussten dieselben schweren Erfahrungen durchmachen, die auf die mittellosen *Kresowcy* warteten, die in dem zerstörten Wrocław eintrafen. Sie waren eine erkennbare Minderheit mit ihren eigenen Sorgen, ihren eigenen Bedürfnissen und ihrem eigenen Akzent, und sie waren nicht immer willkommen. Ihre Kinder wuchsen in einer vollkommen neuen Umgebung auf, mit neuen Freunden, neuen Einstellungen und neuen Bindungen, die oft genug neue Barrieren zwischen ihnen und ihren Eltern schufen.

Im Nachkriegsdeutschland gründeten sich rasch Vertriebenenverbände. Viele Gruppen entstanden im Umkreis der Kirchen, als Vereine für gegenseitige Hilfe oder als politische Lobby für die Rechte derjenigen, die durch den Verlust der Ostgebiete enteignet worden waren. In der DDR waren solche Verbände verboten, doch in der westdeutschen Politik stellten sie einen mächtigen Einfluss dar. Unter Kanzler Adenauer wurde ein »Ministerium für Vertriebene, Flüchtlinge und Kriegsgeschädigte« eingerichtet. Die politischen Aktivitäten der Landsmannschaften, wie etwa der schlesischen Herbert Hupkas, waren Gegenstand der Berichterstattung in den deutschen Medien. Die »Bundesvereinigung der Breslauer« wurde 1953 als Unterabteilung der größeren Landsmannschaft Schlesien gegründet. Offiziell beschränkten die Vertriebenenverbände ihre Aktivitäten auf den kulturellen Bereich. Dabei wurden sie durch ein System von Patenschaftsabkommen unterstützt, durch die Köln beispielsweise zur Patenstadt Breslaus und Niedersachsen zum Patenland Schlesiens wurde. Damit sicherten sie sich die Chance, das kulturelle Erbe der 1945 verlorenen Länder zu bewahren. Doch natürlich war ihre Tätigkeit eminent politisch; denn auch wenn die »Charta der Heimatvertriebenen« (1950) von der Errichtung eines freien und vereinten Europa und einer Beendigung des Rachekreislaufs sprach, hegten viele Vertriebene verständlicherweise weiterhin Hoffnungen auf eine Rückgabe ehemaligen deutschen Eigentums im Osten und auf eine Revision der Oder-Neiße-Grenze. Sie empfanden sich als die einzigen Deutschen, die für die Verbrechen Hitlers gebüßt hatten, doch vom Rest der deutschen Gesellschaft wurden sie zunehmend als rückwärtsgewandt und Entspannungsgegner angesehen. Diese Frustrationen wurden durch ein Gefühl der Entwurzelung verstärkt, das häufig sogar noch die jüngere Generation durchdrang. Heinz-Rudolf Kunze hat ihre Empfindungen musikalisch ausgedrückt:

> Ich wurde geboren in einer Baracke
> Im Flüchtlingslager Espelkamp,
> Ich wurde gezeugt an der Oder-Neiße-Grenze,
> Ich hab nie kapiert, woher ich stamm.[108]

In den frühen siebziger Jahren wurden die Vertriebenen durch die Einleitung der Ostpolitik Willy Brandts offen an den Rand gedrängt. Mit der Anerkennung der Oder-Neiße-Linie wurde das Vertriebenenministerium aufgelöst und der Dialog mit den Vertriebenen durch den direkten Dialog mit Polen ersetzt. Doch Schlagzeilen konnten die Vertriebenen nach wie vor machen. Im Jahr 1985 geriet das Jahrestreffen der Landsmannschaft Schlesien mit der umstrittenen Wahl des Mottos »Schlesien bleibt unser!« in die Schlagzeilen. Ihr Vorsitzender Herbert Hupka verletzte polnische Empfindlichkeiten, als er die Nationalhymne Polens in dem Slogan »Noch ist Schlesien nicht verloren, solange wir leben...« paraphrasierte. Ein anderer Vertriebenensprecher verkündete: »Eher nehme ich eine 4. oder 5. polnische Teilung in Kauf, als daß Breslau für immer polnisch bleibe.«[109]

Doch mit der deutschen Wiedervereinigung und dem Entstehen eines demokratischen Polen wurden die »Falken« umgänglicher. Auf dem Jahrestreffen der Landsmannschaft Schlesien in Nürnberg im Juli 2000 hörten 100 000 ehemalige Schlesier, wie derselbe Herbert Hupka, der jetzt Ehrenbürger seiner Heimatstadt Racibórz (Ratibor) war, die Einführung zweisprachiger Straßenschilder und verstärkten Deutschunterricht in den ethnisch gemischten Gebieten Schlesiens forderte. Der kulturelle und pädagogische Austausch ist an die Stelle des Austauschs von Beleidigungen getreten. Einige wenige haben sich sogar zurückgewagt, um ihren heruntergekommenen Besitz instand zu setzen und »ihre Pflicht zu tun«.[110]

Mehr als ein halbes Jahrhundert nach der Vertreibung ist die Verbindung zur »Heimat« auch gegenwärtig noch stark. Die in Bonn sitzende »Bundesvereinigung der Breslauer« hat etwa 6000 Mitglieder und unterhält ein Archiv in Köln, die Breslauer Sammlung. Die Zeitung *Der Schlesier – Breslauer Nachrichten* erscheint in einer Auflage von etwa 18 000 Exemplaren, von denen ungefähr 500 zu den unterschiedlichen schlesischen Vereinen in den USA und in Kanada gelangen.

Auch Juden verspürten den Sog der alten Stadt. Die größte jüdische Organisation war der 1200 Mitglieder starke »Verband ehemaliger Breslauer in Israel«, der von Moshe Goldstein in Tel Aviv geführt wurde. Mit dem »Verband jüdischer Ex-Berliner und Ex-Breslauer« existierte eine Schwesterorganisation in London. Bekannteste Angehörige war die Cellistin Anita Lasker-Wallfisch (geb. 1926), eine Überlebende von Auschwitz und Bergen-Belsen, die Gründungsmitglied des Englischen Kammerorchesters war.[111]

Während es den Vertriebenen in Westdeutschland freistand, sich zu organisieren, zu protestieren und zu publizieren, hatten die Deutschen im Nachkriegspolen diese Freiheit nicht. Der Rest der deutschen Breslauer, der es schaffte, in der Stadt zu bleiben, gründete erst 1957 eine »Deutsche Sozial-Kulturelle Gesellschaft« (DSKG), deren primäres Ziel die Bewahrung deutscher Sprache und Kultur war. Eine Zeit lang erfreute sie sich der Schirmherrschaft der DDR, aber das Leben zwischen Teilnahmslosigkeit und unverhohlener Feindschaft war hart. Erst 1991 besserte sich die Situation. Heute hat die größte deutsche Gesellschaft in Niederschlesien, die DSKG, über 1000 Mitglieder und führt ein reichhaltiges kulturelles und pädagogisches Programm durch.

Für die *Kresowcy* oder »östlichen Grenzbewohner« war das Leben im Nachkriegspolen nicht leichter. Es gab keinen »Verband der Repatrianten«, ganz zu schweigen von einer Landsmannschaft Galizien oder einer Vereinigung der Lemberger. Dies war ganz einfach nicht erlaubt. Es gab viele Einwohner Wrocławs, die bereitwillig die Interessen Lembergs vertreten hätten, so wie Herbert Hupka sich für die Breslaus einsetzte. Aber sie waren bei Androhung von Strafe zur Untätigkeit verurteilt. Wenn sie zusammenkamen und über »die gute alte Zeit im Osten« reden wollten, konnten sie dies nur in kleinen Gruppen und unter Ausschluss der Öffentlichkeit. Kundgebungen konnten sie nicht abhalten. Zu Rundfunk und Fernsehen hatten sie keinen Zugang. Und sie hatten keine Stimme in der lokalen oder nationalen Politik. Die »Gesellschaft der Freunde Lembergs und der südöstlichen Grenzgebiete« (TML), die 1989 in Wrocław ins Leben gerufen wurde, hätte zuvor nicht gegründet werden können. Ihre Zeitschrift hieß *Semper Fidelis*.

Roman Aftanazy (geb. 1914) war ein leidenschaftlicher Anhänger der alten Heimat. Er hatte als junger Mann in Lemberg am Ossolineum gearbeitet. Damals war Fotografie sein Hobby gewesen, und während der Ferien war er über die Landstraßen Galiziens und Wolhyniens geradelt und hatte Bilder von den großen Adelspalästen und den Häusern des niederen Adels der Gegend gemacht. Als er 1946 als »Repatriant« nach

Wrocław kam, erkannte Aftanazy, dass seine Sammlung von Vorkriegsfotografien einzigartig war. Also widmete er sich ihrer Erweiterung und Vervollständigung. Ein Großteil der Kunst und Architektur, die er in den dreißiger Jahren aufgenommen hatte, wurde während des Krieges zerstört. Die sowjetischen Behörden legten bei der Entpolonisierung ihrer »Wiedergewonnenen Gebiete« dasselbe Banausentum an den Tag wie die polnischen Kommunisten bei der Entgermanisierung ihrer Gebiete. Wo östlich des Bug noch Schlösser und Paläste standen, waren die Gebäude verwüstet, ihre Inneneinrichtung geraubt und die Bewohner vertrieben. Roman Aftanazy hatte den eisernen Willen, die Katastrophe zu dokumentieren. Während er seine Arbeit als harmloser Archivar fortsetzte, sammelte er 40 Jahre lang systematisch jedes erhaltene Bild und jeden relevanten Informationsschnipsel. Er schrieb über 40 000 Briefe – das heißt über vier Jahrzehnte hinweg täglich drei –, setzte sich mit jedem noch lebenden Bewohner oder Eigentümer in Verbindung und erstellte ein gewaltiges Register. Sobald der Kommunismus zusammenbrach, war sein Lebenswerk bereit zur Veröffentlichung. Sein vierzehnbändiges, reichlich illustriertes Werk *Dziejów rezydencji na dawnych kresach Rzeczypospolita* (1991–97)[112] trug ihm zahlreiche Auszeichnungen ein. Niemand hat jemals mit weniger Aussicht auf Erfolg mehr getan, um die Erinnerung an seine Heimat zu bewahren.

Viele Breslauer hat es in die unterschiedlichsten Orte der Welt verschlagen, und einige wurden berühmt. Ernst Cassirer (1874–1945) beispielsweise, ein Philosoph von hohem Rang, hatte Breslau als Junge verlassen. Der jüdische Flüchtling, der ins ungastliche Oxford und dann an die Columbia University (New York) floh, wurde ein prominenter Neukantianer. Sein erstes großes Werk, *Die Philosophie der symbolischen Formen* (1923–29), erschien während seiner Zeit in Hamburg. Sein letztes Werk, *Vom Mythos des Staates* (dt. 1949), kam posthum heraus.

Norbert Elias (1897–1990), einer der Pioniere der historischen Soziologie, blieb lange genug in seiner Geburtsstadt Breslau, um sein Medizinstudium abzuschließen. Ebenso wie Cassirer von den Nationalsozialisten vertrieben, hatte er das Pech, sein Meisterwerk, *Über den Prozess der Zivilisation* (1939), unmittelbar vor Ausbruch des Zweiten Weltkrieges auf Deutsch und in einer obskuren Schweizer Ausgabe zu veröffentlichen. Seine akademische Stellung in England hat er erst erlangt, als er sich dem Pensionsalter näherte, und weltweite Anerkennung fand er erst während seines überaus produktiven Ruhestands. Er gilt als Begründer der »Figurational Studies«. Eine bekannte Ausgabe seiner Werke hat er selbst so eingeleitet:

Wie seltsam diese Menschen sind
Wie seltsam ich bin
Wie seltsam wir alle sind.[113]

Es gibt noch weitere prominente Ex-Breslauer. Joachim Meisner (geb. 1933), Erzbischof von Köln. Heinz Wolfgang Arndt (geb. 1915) war emeritierter Professor für Wirtschaftswissenschaften an der A. N. U. in Canberra. Walter Laqueur (geb. 1921) ist einer der führenden Köpfe der Zeitgeschichte. Im 81. Lebensjahr hatte er 81 Titel veröffentlicht – von *Communism and Nationalism in the Middle East* (1956) und *Der Weg zum Staat Israel. Geschichte des Zionismus* (dt. 1975) über *Faschismus. Gestern – heute – morgen* (dt. 1997) bis hin zu *The Political Psychology of Appeasement* (1980) und, ebenfalls über die Sowjetunion, *The Dream that Failed* (1984). Sein bekanntestes, wiederholt aktualisiertes Werk ist *Europa aus der Asche. Geschichte seit 1945* (dt. 1970).

Fritz Stern (geb. 1926), Professor an der Columbia University – dessen Pate der vratislavische Chemiker Fritz Haber gewesen sein soll –, blieb bei der deutschen Geschichte. Stern begann mit *Kulturpessimismus als politische Gefahr. Eine Analyse nationaler Ideologie in Deutschland* (dt. 1963), fuhr mit Bismarck fort (*Gold und Eisen. Bismarck und sein Bankier Bleichröder* [dt. 1977]) und beschäftigte sich mit dem *Traum vom Frieden und die Versuchung der Macht. Deutsche Geschichte im 20. Jahrhundert* (dt. 1988). Letztere Studie enthält den bemerkenswerten Abschnitt:

> »Es ist notwendig, sich an den Nationalsozialismus zu erinnern – nicht nur in gelehrten Monographien oder in kitschigen Filmen. Vielmehr muß die Erinnerung in unser aller Bewußtsein lebendig bleiben. Es gibt eine passende Grabinschrift für den Nationalsozialismus – Nadeschda Mandelstams Aufschrei, gemünzt auf den Stalinismus: ›Schweigen ist das wirkliche Verbrechen gegen die Menschlichkeit.‹«[114]

Sonderbarerweise findet sich im Register von *Der Traum vom Frieden und die Versuchung der Macht* nicht ein einziger Eintrag zu »Breslau«. Es ist jedoch anzunehmen, dass Breslau in Sterns Werk, ebenso wie in dem Laqueurs, auf jeder Seite zwischen den Zeilen mitschwingt.

Reinhard Selten (geb. 1930) verließ Breslau als Schuljunge. 40 Jahre später war er Professor für Wirtschaftswissenschaften an der Universität Bonn. Im Jahr 1994 erhielt er zusammen mit den US-Ökonomen John C. Haranyi und John F. Nash den Nobelpreis für Wirtschaftswissenschaften in Anerkennung der gemeinsamen Arbeit zur »grundlegenden Analyse des Gleichgewichts in nichtkooperativer Spieltheorie«.

Ewa Stachniak (geb. 1952) gehört einer Generation von Vratislaviern an, die noch nicht geboren waren, als die deutschen Breslauer fortgingen. Sie studierte Englisch in Wrocław, bevor sie in den frühen achtziger Jahren nach Kanada emigrierte. Wie viele andere, die es während der Solidarność-Ära vorzogen, Polen zu verlassen, hatte sie ein starkes Schuldgefühl. Es war, als verließe man das Schiff, wenn man eigentlich der bedrängten Mannschaft hätte helfen müssen. Ihr erster Roman, *Necessary Lies* (2000), kreist um die geistigen Emigrationsprozesse. Er beginnt mit den Worten: »Peter hätte nicht gesagt, dass sie Polen verraten habe.« Peter war das Kind einer Deutschen, die 1945 das von den Nazis beherrschte Breslau verlassen hatte. Anna, die Heldin, in die er sich verliebt, ist ein polnisches Mädchen, das, wie die Autorin, das kommunistisch beherrschte Wrocław verlassen hat. Das Hauptthema heißt Vergebung:

> »Mein Roman ist kein Rezept für Vergebung, sondern ein Versuch zu definieren, was man vergeben kann und was man nur versuchen kann zu vergeben... Eine der Figuren, Peters Mutter, wählt den Weg des Schweigens, um Lügen über die Vergangenheit zu vermeiden und ihren Sohn vor ihren Erfahrungen zu schützen. Ich denke, dass Anna eine Position sucht, in der Vergebung möglich ist, auch wenn sie überzeugend erklärt, dass eine solche Position sich vielleicht als unerreichbar erweisen könne.«[115]

Mark Burdajewicz (geb. 1938) ist ein Ingenieur, der in der Gegend von Posen aufwuchs. Er emigrierte 1967 nach Australien und wurde zu einer bekannten Persönlichkeit in den Kreisen polnischstämmiger Australier. Sein Vater hatte ihm »fantastische Märchen« über »jemanden aus meiner Familie, der vor langer, langer Zeit in das am weitesten entfernte Land der Welt gegangen war«, erzählt. Aber weil während des Krieges alle Kontakte verloren gegangen waren, unternahm er nichts, bis Australien seine Zweihundertjahrfeier beging und »viele Menschen ihre Vorfahren ausfindig machten«. Auch Burdajewicz inserierte in allen großen australischen Zeitungen und erhielt sofort zwei sachdienliche Antworten. Sein Vater hatte keinesfalls fantasiert. Franciszka Balbina Burdajewicz (1814–1902), ein katholisches Mädchen aus Leszno (Lissa, Prov. Posen), hatte um 1840 Johann Gottfried Kühnel (1814–1902) geheiratet, einen Lutheraner aus Breslau, und beide entschlossen sich vermutlich aus religiösen Gründen, Schlesien zu verlassen. Im Juni 1846 schifften sie sich in

Kapitel 8: Wrocław (1945-2000) 599

Bremerhaven auf der »Paulina« ein und trafen am 27. September in Adelaide ein. Neben dem Sohn, der mit ihnen gereist war, hatten sie fünf weitere Kinder und 20 Enkel. Ihr jüngster Sohn William gründete in der Rundle Street in Adelaide ein Piano- und Orgelgeschäft, mit dem er so erfolgreich war, dass er sich mit einem Stand an der Berliner Ausstellung des Jahres 1900 beteiligte. 90 Jahre später hatten die Nachfahren der Kühnels nur eine vage Vorstellung von ihren gemeinsamen Vorfahren: »Eine Dame erzählte uns, sie habe immer gewusst, dass Balbina Polin sei oder aus einem anderen nordeuropäischen Land stamme, weil sie die wundervolle Gesichtsfarbe ihrer Großmutter geerbt habe.«[116]

*

Zehn Jahre sind keine lange Zeit, um sich von sechs Jahrzehnten Krieg, Diktatur und Vernachlässigung zu erholen. Die Schäden des Kommunismus zu beseitigen muss nach allgemeiner Auffassung ebenso lange dauern wie die Zeit des Kommunismus selbst.

Beim Übergang vom Kommunismus zur Demokratie erlebte Wrocław wie ganz Polen eine sehr unruhige Phase seiner Geschichte. So wie Mazowieckis »Solidaritäts«-Regierung 1989 in Warschau eingesetzt wurde, während die Gesamtkontrolle nach wie vor von Institutionen ausgeübt wurde, die der Präsidentschaft General Jaruzelskis unterstanden, so gingen auch die Spitzenämter der lokalen Verwaltung Wrocławs 1990 in die Hände der »Solidarität« über, bevor die kommunistische Partei ihren Einfluss auf andere Teile des Apparats aufgegeben hatte. Bei den Kommunalwahlen vom Juni 1990 gewannen die Kandidaten der »Solidarität« alle Posten. Der neue Stadtratsvorsitzende bezeichnete den Zustand der Stadt als »schlecht«, der neue Stadtpräsident, Bogdan Zdrojewski (geb. 1957), sprach von »tragisch«. Früher wären solche Beamte von einer geschlossenen Liste der Partei aufgestellt und der örtlichen Hierarchie der PZPR unterstellt worden. Tatsächlich hielt sich der letzte Parteisekretär der PZPR in Wrocław, B. Kedzia, bis 1990 im Amt, obwohl seine Stimme nicht mehr zählte. Trotzdem war die neue Ordnung erst dann vollständig installiert, als die PZPR komplett aufgegeben hatte. In Warschau klammerte sich Jaruzelski noch bis November 1990 an die Präsidentschaft. In Wrocław kam der historische Tag im Januar, als die Genossen im Haus der Partei ihre Siebensachen zusammenpackten und verschwanden. Das Haus der Partei, für das diese gar keine Eigentumsurkunde besaß, wurde bald darauf zu einem Gebäude der Universität. Danach hatte Bogdan Zdrojewski, der Verwaltungschef der Stadt, freie Bahn. Er wurde zweimal wiedergewählt und beherrschte die Lokalpolitik bis zum Ende des Jahrtausends und darüber hinaus. Er war der Hauptmotor des »befreiten« Wrocław.

Die neue Ordnung verlangte nach zwei grundlegenden Veränderungen: der Einführung der freien Marktwirtschaft und der Schaffung demokratischer Institutionen wie einer demokratischen bürgerlichen Gesellschaft. Obwohl Wrocław in einer tiefen Flaute steckte, zeigte die Stadt bei diesen Aufgaben weniger Hemmungen als viele andere vom kommunistischen System geformte Städte. Zum einen befand sie sich nicht zu sehr im Würgegriff der unprofitablen Schwerindustrie, weil sie über eine breite Palette modernerer Unternehmen verfügte, die erhöhte Investitionen rechtfertigen konnten. Zum anderen besaß sie, wie die bemerkenswerte Unverwüstlichkeit der Wrocławer »Solidarität« gezeigt hatte, den wertvollsten aller Rohstoffe – eine junge, dynamische und gut ausgebildete Bevölkerung, die nicht übermäßig belastet von der alten Funktionärskultur war. Außerdem hatte sie aufgrund ihrer Nähe sowohl zur Tschechischen Republik wie auch zum wieder vereinigten Deutschland die Aussicht, eine gewichtige Rolle beim Wachstum einer bis dahin unterentwickelten europäischen Region zu spielen.

Die wirtschaftliche Erholung hing teils von lokaler Initiative ab, insbesondere bei der Modernisierung der verfallenen Infrastruktur, und teils von der Anlockung ausländischer Investitionen. Eine wichtige Verbesserung war der Ausgleich des städtischen Haushalts, der nach dem Chaos der Hyperinflation und der finanziellen Neustrukturierung 1991/92 nun größtenteils der Kontrolle der Stadt selber oblag. Dass der Anteil der Einkünfte aus staatlichen Mitteln unverhältnismäßig niedrig blieb, bewirkte ein gewisses Maß an Disziplin und Selbsthilfe.

Die Zersplitterung der »Solidarität« war nach dem Zusammenbruch des Kommunismus unausweichlich. Eine Bewegung, die angetreten war, einem totalitären Regime Widerstand zu leisten, konnte die entstehende Vielfalt konkurrierender Interessen, die das normale demokratische Leben mit sich bringt, nicht vermeiden. In Wrocław konnte man die im ganzen Land verbreitete Entstehung kurzlebiger Gruppierungen wie Frasyniuks ROAD (die mit der Freiheitsunion fusionierte) oder der Freiheitspartei (die aus der »Kämpferischen Solidarität« hervorging) beobachten. Ein Teil der »Solidarität« wurde wieder eine rein gewerkschaftliche Organisation, während die meisten früheren Anhänger ihrer eigenen Wege gingen. Der rechte Flügel blieb bis zur Entstehung der Wahlaktion Solidarność (AWS) im Jahr 1997 gespalten. Inzwischen kam das Demokratische Linksbündnis SLD (»Wahlbündnis der Postkommunisten und Sozialdemokraten«) unter der Führung von Ex-Kommunisten in Gang.

Wichtige symbolische Veränderungen wurden durchgeführt. Bereits im Juni 1990 wurde das Stadtwappen in der Form wiederhergestellt, wie es Kaiser Karl V. der Stadt einst gewährt hatte. Wieder einmal machte sich eine Straßennamen-Kommission an die Arbeit, schaffte die Namen sowjetischer Würdenträger oder kommunistischer Unpersonen ab und ersetzte sie durch die früher verbotenen Namen von Piłsudski, Dmowski, Anders, Okulicki und der »Adlerjungen von Lemberg«.

Das Gedenken an längst vergessene Persönlichkeiten lebte wieder auf, sobald die kommunistische Zensur zusammenbrach. Die Westmauer der Elisabethkirche wurde ein beliebter Platz für solche Gedenktafeln, die Menschen gewidmet waren, die von den sowjetischen oder polnischen kommunistischen Machthabern ermordet worden waren:

- den »Jaworniacy«, jugendlichen Opfern des stalinistischen Terrors, 1944–56;
- den »von 1939 bis 1956 gequälten und getöteten Soldaten und Bergarbeitern«;
- den von 1939 bis 1956 gequälten und getöteten »Grauen Reihen« (Pfadfinder);
- den »von 1945 bis 1956 in Wrocław gequälten und ermordeten Polen«;
- den »Opfern des 27. IX. 48: Heimatarmee und WiN«*;
- den Bauernbataillonen, 1940–56;
- den polnischen Streitkräften im Westen;
- den Nationalen Streitkräften (NSZ): Opfer zweier Besatzungen;
- den Soldaten des Widerstands im Untergrund und den Gefangenen des kommunistischen Regimes;
- Maciej Kalenkiewicz-Kotowicz: zuletzt befehlshabender Offizier AK (Heimatarmee) Nowogródek;
- Aleksander Krzyzanowski (1895–1951), zuletzt OC, AK Wilna.

Ein besonders unangenehmes Problem stellte der Osobowiecki-Friedhof dar. Die namenlosen »Gefängnis-Grabstellen« von Menschen, die man in den vierziger und fünfziger Jahren wegen politischer Vergehen hingerichtet hatte, waren in unmittelbarer Nähe der für verstorbene Würdenträger der Partei reservierten *Aleje Zasłużonych* oder »Genossenreihe« angelegt worden. Die Angehörigen der hingerichteten »Politischen« verdankten es

---

* »Freiheit und Unabhängigkeit«; polnische Untergrundorganisation im Zweiten Weltkrieg (A. d. Ü.).

dem mitfühlenden Friedhofspersonal, dass sie wussten, wo die Gräber ihrer Lieben lagen. Aber als die Gefängnis-Grabstellen in den späten achtziger Jahren kurzerhand eingeebnet wurden, um Platz für eine Erweiterung der Genossenreihe zu machen, waren sie hilflos gewesen. Die Kommunisten behandelten die Toten genauso verächtlich wie die Lebenden.

Ein weiteres Problem stellte das an der Oder errichtete Denkmal zur Erinnerung an die von »ukrainischen Nationalisten« während des Krieges ermordeten Polen dar. Einige glaubten, es trage eine geschmacklose Inschrift, und seine Aufstellung sei behördlich nicht genehmigt gewesen. Es steht noch immer, aber man hat die Inschrift unleserlich gemacht.

Im freien Polen entwickelte sich ein außergewöhnliches Interesse an den vernachlässigten Bereichen seiner Geschichte. In Wrocław mit seinen speziellen Bindungen an die östlichen Grenzgebiete richtete sich ein Großteil dieses Interesses auf eine neuerliche Untersuchung der traurigen Beziehungen Polens zu Russland und der Sowjetunion. Doch es gab auch Interesse an einer unvoreingenommenen Annäherung an die multinationale Vergangenheit Schlesiens, an die Katastrophen des Kommunismus und an die sensible Frage des deutschen und jüdischen Erbes der Stadt. In einem Artikel auf der Titelseite der *New York Times* stand die historische Revision im Mittelpunkt. »Wir haben uns um 180 Grad gedreht«, kommentierte ein informierter Vratislavier. »Es gibt keine Schizophrenie mehr. Wir können die wahre Geschichte Breslaus erforschen und präsentieren ... Zwar war die Geschichte niemals ganz frei, aber in jüngster Vergangenheit gab es die direkte Einmischung der Partei ... entweder reine Lügen oder reines Schweigen.«[117]

Mehrere lokale Institutionen übernahmen energisch die Führung. Das Historische Museum, dessen Direktor Maciej Łagiewski bis heute auf den Feldern der deutschen und jüdischen Vergangenheit sehr aktiv ist,[118] stand an der Spitze der neuen Ausrichtung. Voller Energie untersuchten und analysierten die Historiker der Universität die Dokumente über weiße Flecken in der Stadtgeschichte, vor allem in der Nachkriegs- und Stalinzeit.[119] Sie erarbeiteten einen umfassenden Überblick über die großartige, aber größtenteils nichtpolnische Geschichte ihrer Universität. Das Ossolineum-Institut startete eine neue, der Lokalgeschichte gewidmete Zeitschrift, *Rocznik Wrocławski*.[120] Der führende Verlag der Stadt, *Dolnośląskie*, warb für Bücher, wie sie früher schmerzlich vermisst worden waren. Dazu gehörte ein vollständiger historischer Führer, ein ausgezeichneter Reiseführer,[121] ein Überblick über die Vergangenheit der Stadt von der frühesten Zeit bis 1997[122] und die *Encyclopedia Wrocławia* (2000). »Wir wollten«, erklärten die Autoren des historischen Überblicks,

»Wrocław als das gemeinsame Erbe derjenigen darstellen, die seine kulturelle, ökonomische und politische Struktur schufen.«[123]

Der Zusammenbruch des Kommunismus beseitigte auch die Trennung Polens von der Tschechoslowakei. Die Schließung der Grenze entlang der Sudeten im Jahr 1968 war das letzte Glied in einer langen Kette von Ereignissen gewesen, die für Distanz zwischen Polen und Tschechen gesorgt hatte. Der tschechische Schriftsteller Vladimir Macura (1945–99) versuchte die Kluft zu überbrücken. Er brachte einen Zyklus von fünf »schlesischen« Romanen heraus, die alle im Čelakovský-Kreis im Breslau der Mitte des 19. Jahrhunderts spielen. Dem ersten Roman, *Informaiór* (1993), folgten *Komandant* (1994) und *Guvernantka* (1997). Im Gespräch mit einem polnischen Kritiker erklärte Macura, der historische Rahmen sei »zweitrangig«. Breslaus »Völkerfrühling« von 1848 wurde als halb fiktionaler Ersatz für den Prager Frühling des Jahres 1968 benutzt. »Wir selber sind in meinen Romanen die historischen Gestalten.« Doch er war sich der Isolation sehr wohl bewusst, die der Eiserne Vorhang, nicht zuletzt zwischen Nachbarn innerhalb des Sowjetblocks, verstärkt hatte. »In früheren Zeiten«, bemerkte er, »war Prag näher an Wien oder Wrocław.«[124] Eine Passage in *Guvernantka* verdeutlicht dies. Die Gouvernante hat ihre Schützlinge auf einen Sommerausflug nach Leśnica (Lissa) mitgenommen:

> »Wir fahren über die offenen Felder, riechen mitten in den heißen, geschwärzten Stoppeln das geerntete Korn. Ich schaue aus dem Fenster der Kutsche auf Vratislav, das hinter uns vor Anker liegt wie ein großes Schiff mit sich blähenden Segeln. Wir laufen um den See im Park, wo Schwäne schwimmen wie im Stadtgraben... Vom Hügel des Sommerhauses blicken wir in Richtung Böhmen. Es ist klar, und wir können die Silhouette der Berge ausmachen. Wie immer fragen wir uns, ob auf der anderen Seite Böhmen liege. Aber wir haben Angst zu fragen. Man würde uns sagen: ›Nein, das Land der Tschechen liegt sehr viel weiter weg.‹«[125]

Eine Flut von Presseartikeln trug dazu bei, die Vratislavier an die nicht beglichenen historischen Rechnungen zu erinnern. Forderungen nach Rückgabe von Kunstschätzen, die von den kommunistischen Behörden zum Wohle des Warschauer Museums abtransportiert worden waren, erfreuten sich allgemeiner Zustimmung. Sie betrafen neben vielen anderen Gegenständen das aus dem Dom entfernte Wartenburg-Triptychon aus dem 15. Jahrhundert und verzierte mittelalterliche Schilde, die für die Stadtwache angefertigt worden waren.[126] Forderungen nach Rückgabe einst jüdischen Eigentums riefen demgegenüber häufig Verblüffung hervor. Schließlich stammte die Mehrheit der Vratislavier von Menschen ab, die selber während des Krieges praktisch alles verloren hatten, und sie hatten nicht die geringste Hoffnung, ihren Besitz jemals wiederzuerlangen. Doch Peter Koppenheim, 68, aus Manchester ließ sich nicht abschrecken. Die Villa seiner Familie in Breslau ging im Februar 1939 verloren, als er und seine Verwandten aus Deutschland flohen, nachdem sie von der Gestapo terrorisiert worden waren. Nach Angaben eines Wrocławer Taxifahrers wurde das Haus 1945 von den Russen zerstört. Also machte Mr. Koppenheim eine Forderung von mehreren Millionen Dollar gegen die amtierende polnische Regierung geltend, die, wie er angeblich sagte, 54 Jahre lang »eine Politik der ethnischen Säuberung betrieben ... und die Ermordung Tausender polnischer Juden« zu verantworten habe.[127]

Nicht weniger beunruhigend, wenn auch realistischer war die Forderung nach einer neuerlichen Prüfung der polnisch-deutschen Beziehungen und der Nachkriegsvertreibung unschuldiger Deutscher. Die Vertreibung war auf Beschluss der alliierten Mächte angeordnet worden (siehe S. 515f.), die Durchführung hatte jedoch in den Händen der damaligen kommunistischen Machthaber und einer großen Zahl polnischer Zivilisten gelegen.[128] Krzyżowa (Kreisau) in der Nähe von Wrocław, das ehemalige Herrenhaus der Familie Moltke und Schauplatz der Verschwörung zur Ermordung Hitlers (siehe S. 499), wurde für das Versöhnungstreffen im November 1989 zwischen Ministerpräsident Mazowiecki und Bundeskanzler Kohl ausgewählt – ein Treffen zu historischer Stunde, denn es wurde durch die Nachricht vom Fall der Berliner Mauer unterbrochen. Krzyżowa beherbergte damals eine heruntergekommene landwirtschaftliche Produktionsgenossenschaft (PGR). Nach der Restauration wurde aus dem Gut ein Jugendzentrum mit angeschlossenem Wohnheim zur Förderung der internationalen Verständigung.[129]

Ein kleiner polnisch-deutscher Zankapfel, der 1992 auftauchte, aber nicht ausgeräumt wurde, betraf ein über 700 Jahre altes historisches Dokument. Das Washingtoner State Department hatte enthüllt, dass ein der Kongressbibliothek irgendwann nach 1945 von einem US-Veteranen vermachtes »Pergament« als Bulle Bischof Anselms identifiziert worden sei, die aus dem Vinzenzkloster in Wrotizla stamme. Mit Datum vom 19. Mai 1263 ist die Gewährung eines vierzigtägigen Ablasses durch den Papst für die Gäste des Klosters dokumentiert. Amerikanische Beamte hatten das Schriftstück zuerst irrtümlich »Bratislawa« zugeordnet. Nun aber wollten sie es seinen rechtmäßigen Besitzern zurückgeben. Doch wer *waren* die Besitzer? Polnische Archivare beriefen sich auf das Prinzip archivalischer

Territorialität und sprachen sich für die Rückgabe des Pergaments an Wrocław aus. Sie konnten mit Nachdruck darauf verweisen, dass Wrotizla im Jahr 1263 in Polen gelegen habe. Doch deutschen Verordnungen zufolge hätte die Stiftung Preußischer Kulturbesitz in Berlin berechtigte Ansprüche. Die Folge war ein Patt.

Ein wichtiger Schritt war die Umwandlung des Ossoline ims von einer staatlichen Einrichtung in eine rechtlich unabhängige Stiftung. Nicht alle erfassten die Tragweite dieser Statusveränderung, und nicht alle begrüßten es, als der Direktor des Ossolineums es wagte, das Manuskript des *Pan Tadeusz,* das über 100 Jahre lang im Institut hinterlegt gewesen war, zu erwerben. Für Köpfe, die unter dem alten Regime geformt worden waren, gehörte alles allen (vor allem der Partei) und allen nichts. Natürlich hatten die Erben der Familie, die das Manuskript ursprünglich dort in Verwahrung gegeben hatte, in der neuen, auf Recht und Gesetz basierenden Gesellschaft das Recht, die Verwendung ihres Eigentums zu hinterfragen. Das Ossolineum war über ein halbes Jahrhundert lang in staatlicher Hand gewesen. Noch in Lemberg war es 1940 von den sowjetischen Behörden beschlagnahmt und an die Akademie der Wissenschaften der Ukrainischen SSR verlegt worden. Sein damaliger Direktor war Jerzy Borejsza (alias Goldberg, 1905-52), der zum kommunistischen Chefideologen Nachkriegspolens werden sollte und der Bruder von Jacek Rożański war, Bermans künftigem Stellvertreter im Sicherheitsamt (UB). Die unschätzbaren Sammlungen des Instituts wurden sowohl von den Nationalsozialisten als auch von den Sowjets geplündert. Die Folge war, dass 1946, als die Sammlung geteilt und ein Teil nach Wrocław verlegt wurde, kaum 30 Prozent der Vorkriegsbestände nach Polen überführt wurden (siehe S. 532). Der Löwenanteil, darunter das Institutsarchiv, verblieb in der Ukraine.[130] Der erste Direktor des Ossolineums unter dem demokratischen System, der »Repatriant« Adolf Juzwenko (geb. 1939) kam als Flüchtling ausgerechnet aus jenen Ländern nach Wrocław, die nach der Absicht des Kreises um Borejsza für immer bei der Sowjetunion hatten verbleiben sollen.

Die jüdische Gemeinde in Wrocław blühte wieder auf, die Zahl der Gemeindemitglieder stieg von 40 im Jahr 1993 auf etwa 200. Eine Jugendgruppe entstand, die Synagoge »Zum Weißen Storch« wurde restauriert und das Viertel um die Włodkowic-Straße zur »Zone der Toleranz« erklärt.[131]

Im Jahr 1990 wurde ein umfassender Plan zur Stadtentwicklung ausgearbeitet. Er umfasste eine allgemeine Neuorganisation der gewerblichen Strukturen, eine gründliche Ausbesserung des antiquierten Stra-

Die Blume Europas

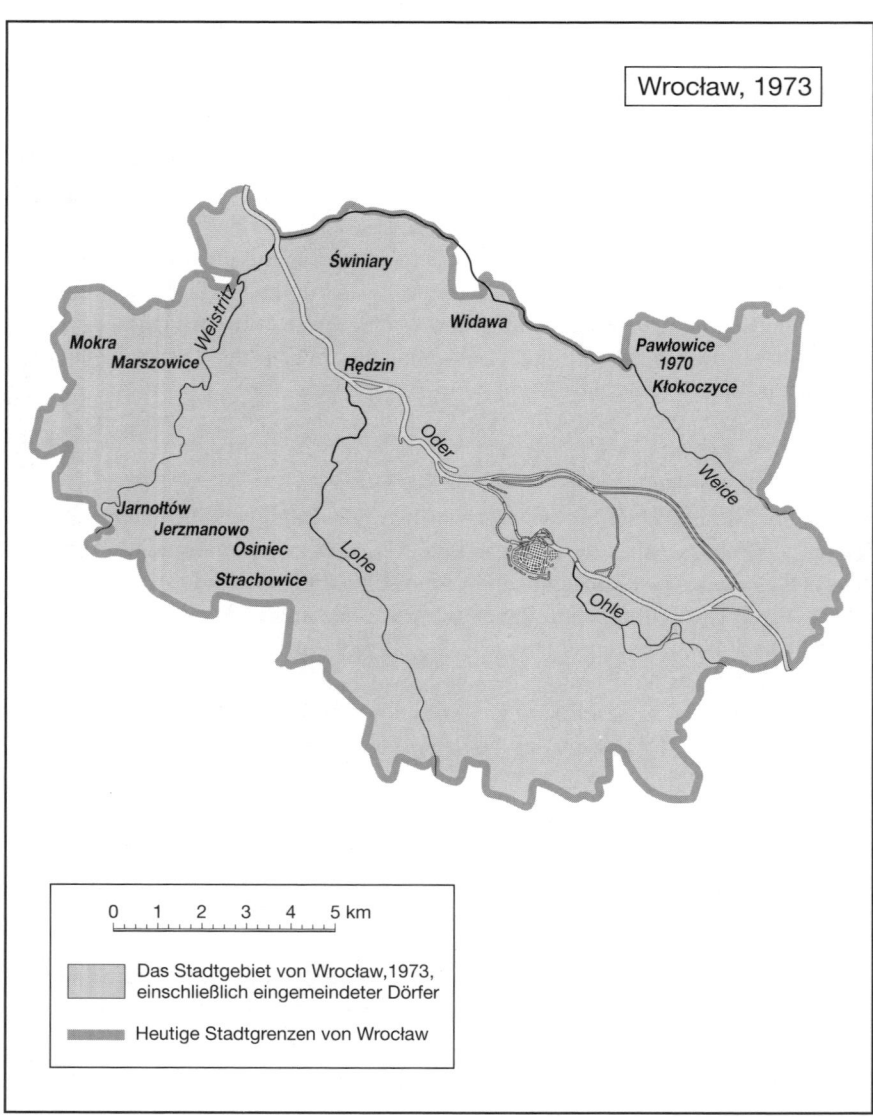

ßensystems und schließlich und endlich den Wiederaufbau und die Verschönerung des Stadtzentrums Zur gewerblichen Umstrukturierung gehörte die Trennung von Großhandels- und Einzelhandelsmärkten, die Abschaffung des »Goliath«, eines riesigen Basars in einem Zirkuszelt auf dem Grunwaldplatz, die Konzessionierung zahlreicher kleiner Privat- und Spezialgeschäfte sowie Verbrauchermärkte auf der grünen Wiese – »Marino«, »Hit« und »Billa«. Die Neuordnung der Straßen und Verbindungen begann mit der gründlichen Reparatur der Wasser-, Gas- und Stromleitungen sowie der Kanalisation und Arbeiten am Straßenbelag und strebte vor allem die Inbetriebnahme eines Autobahnnetzes an, das erstmals in den dreißiger Jahren ins Auge gefasst worden war. Die Verschönerung des Stadtzentrums konzentrierte sich auf die komplette Neupflasterung des Rynek (Rings) und die sorgfältige Renovierung aller nicht oder nur halb restaurierten Gebäude, die den Platz säumten. Gegen Ende der neunziger Jahre konnte Wrocław sich auf ein schön restauriertes Zentrum freuen, dessen Vollendung 50 Jahre in Anspruch genommen hatte, bei dem jedoch die überstürzte Modernisierung vieler deutscher Städte vermieden worden war. Wrocław konnte dem städtischen Leben nun einen weitläufigen und lebhaften Mittelpunkt bieten. Für den Touristen ist es nun eine würdige Ergänzung von Krakau und Prag.

Ein Jahr nach dem Besuch von Bundeskanzler Kohl in Krzyżowa erkannte die Bundesrepublik Deutschland offiziell die Oder-Neiße-Grenze an, womit der dauerhafte Verbleib Wrocławs bei Polen rechtlich garantiert war. Die lange aufgeschobene Entscheidung war von den USA zur Bedingung ihrer Zustimmung für ein vereintes Deutschland gemacht worden und wurde weithin dem Einfluss des US-Präsidentenberaters für polnische Fragen, Jan Nowak-Jeziorański (geb. 1913) zugeschrieben. Nowak, Kriegsheld und früherer Direktor von Radio Free Europe, hatte enge Bindungen zu Wrocław. Er war Mitglied des Ossolineum-Verwaltungsrates und der einzige Mensch, dem jemals ein akademischer Grad ehrenhalber und die Ehrenbürgerrechte der Stadt verliehen wurden.

Im Jahr 1993 wurden Wrocławs Freiheit und Sicherheit durch die Räumung des früheren sowjetischen Armee-Kommandos in Legnica (Liegnitz) weiter gestärkt. Die riesige Garnison des Stützpunkts, die als äußeres Zeichen für Polens Abhängigkeit fungierte, war 1945 auf Befehl Stalins eingerichtet worden. Beinahe ein halbes Jahrhundert lang hatte sie einen Schatten über die ganze Provinz geworfen, indem sie die Menschen an die sowjetische Vorherrschaft erinnerte, jeden freundschaftlichen Umgang mit den Einheimischen mied und den polnischen Einheiten des schlesischen Militärbezirks die Rolle von Hilfstruppen zuwies. Im

Laufe der Jahrzehnte hatte die Garnison ihre politischen Herren von Breschnew bis Gorbatschow begrüßt und von Zeit zu Zeit, wie 1969, eindrucksvolle Darbietungen militärischer Stärke veranstaltet. Aber mit dem Ende der Sowjetunion wurde sie überflüssig. Ein oder zwei Jahre lang warteten die Soldaten der nunmehrigen russischen Armee noch, dann zogen sie ab. Legnica ließen sie als ökologisches Katastrophengebiet zurück. Niemand in Schlesien vergoss eine Träne.

Wrocław besaß eine lange Tradition von Musikfestivals. 1991 trat eine neue Initiative in Erscheinung, zuerst in Brzeg (Brieg), dann in Wrocław und anderen schlesischen Städten. Unterstützt von der Stiftung »Unser Schlesien – Unser Europa«, war das Internationale Schlesische Musikfestival dazu bestimmt, »Brücken der Verständigung« zwischen den Völkern Mitteleuropas zu bauen. Es erhielt den Titel »Porozumienie« – »Verständigung«. Sein Hauptschirmherr, aus Brzeg (Brieg) gebürtig, war Kurt Masur, Chefdirigent der New Yorker Philharmonie.

Im Mai 1997 stattete Papst Johannes Paul II. Wrocław seinen zweiten Besuch ab. Anlass war die Eröffnung des »46. Internationalen Eucharistischen Kongresses«, der von 7000 Gläubigen besucht wurde, unter denen sich auch die orthodoxen Patriarchen Konstantinopels (Istanbuls) und Moskaus befanden. Alle Mitglieder des polnischen »Ökumenischen Konzils« waren vertreten, und auch eine jüdische Delegation erhielt herzlichen Beifall. Das zentrale Thema der Predigt des Heiligen Vaters über die *Statio Orbis*, den »Standort der Welt«, war »Freiheit«. »Besonders hier, in diesem Teil Europas«, erklärte er, »lässt allein schon das Wort Freiheit die Herzen heftiger schlagen. Wir kennen den Geschmack der Sklaverei, Krieg und Ungerechtigkeit«, fuhr er fort, »ebenso wie jene Länder, die wie wir die tragische Erfahrung des Verlusts persönlicher wie kollektiver Freiheit überlebt haben. Heute freuen wir uns wegen der wiedererlangten Freiheit, [die] man nicht einfach besitzen kann... Sie muss beständig durch die Erfahrung der Wahrheit gewonnen werden.«[132] Auch in Legnica wurde der Papst von einer großen Gemeinde begrüßt, die ihn auf dem ehemaligen sowjetischen Flugplatz erwartete.

Der ganze Fortschritt eines Jahrzehnts wurde jedoch durch die große Überschwemmung vom Juli 1997 gefährdet. In einem Sommer mit außergewöhnlichen Regenfällen in den Sudeten, die eine Niederschlagsmenge von 415 Millimeter in einem Zeitraum von vier Tagen brachten und die 250 Prozent des Gesamtdurchschnitts für den Monat Juli ausmachten, liefen die Rückhaltebecken über, und eine riesige Schlammflut bewegte sich langsam durch das Odertal. Sie überschwemmte große Landflächen in der Tschechischen Republik und in Oberschlesien, bevor sie sich am

12. Juli Wrocław näherte. In Oława (Ohlau) oberhalb von Wrocław war sie 10 Kilometer breit und circa 9 Meter hoch. Die einzige Möglichkeit, sie zu stoppen, war die Sprengung der Deiche und die Ableitung von so viel Wasser wie möglich auf Ackerland, bevor es sich in die Stadt ergießen konnte. Doch die entscheidenden Punkte auf den Deichen wurden von protestierenden Dorfbewohnern besetzt, und die postkommunistischen Behörden wussten nicht, wie sie mit ihnen fertig werden sollten. Also ging Wrocław acht Tage lang unter. Soldaten und Freiwillige füllten Sandsäcke. Im Ossolineum wurden die Wertgegenstände in die oberen Stockwerke geschafft. Der Rynek (Ring) und die unmittelbare Umgebung blieben trocken. Doch viele Straßen im Süden, auf den Inseln und in den Vorstädten wurden überschwemmt. Tausende von Häusern wurden bis zur ersten oder zweiten Etage überflutet. Abertausende von Autos wurden von den Wassermassen begraben. Die Wohnsiedlung Kozanowa, die in den sechziger Jahren törichterweise auf der zu deutschen Zeiten hergerichteten nördlichen Schwemmebene erbaut worden war, stand zehn Meter unter Wasser. Gas- und Stromversorgung waren unterbrochen. Der Verkehr in den nicht betroffenen Gebieten wurde durch Barrikaden aus Sandsäcken blockiert. Mancherorts konnte man sich nur noch per Boot oder Hubschrauber fortbewegen. Notstandsrationen wurden verteilt. Nach allgemeiner Einschätzung versagte die Zentralregierung kläglich, während die lokalen Behörden rasch und effizient handelten. Der Schaden war astronomisch hoch, nicht zuletzt weil private Hausratversicherungen noch nicht flächendeckend verbreitet waren. Viele Menschen in den ärmeren Vierteln mussten noch für Monate in Feuchtigkeit und Fäulnis leben, aber erstaunlicherweise kam niemand zu Tode. Doch die psychologischen Auswirkungen waren nicht nur negativ. Die Vratislavier erkannten nämlich, wie viel sie zu verlieren hatten.[133] Im Juli 1997 wurden die Reparaturkosten auf 709 486 000 Złoty geschätzt – eine Summe, die beinahe exakt dem jährlichen städtischen Haushalt entsprach.[134]

Der Historiker stellt andere Betrachtungen an. Warum war Wrocław so unvorbereitet? Schließlich hatte die Oder über die Jahrhunderte viele ähnliche Katastrophen ausgelöst, die jüngsten 1854 und 1903. Jedermann gab den Planern der kommunistischen Volksrepublik die Schuld, die tatsächlich nicht schuldlos waren. Aber es gab noch eine andere Erklärung. Leider konnte die polnische Bevölkerung Wrocławs sich auf keine kollektive Erinnerung vor 1945 stützen und sich folglich die Urgewalt der entfesselten Oder nicht richtig vorstellen.

Die Flut wurde zu einer Zäsur des heutigen Wrocław, doch die Erholung erfolgte glücklicherweise rasch, und ein von einem jungen amerikanischen Wissenschaftler im November 1998 zusammengestellter Bericht klang entschieden optimistisch.[135] Wirtschaftlich gesehen, war Wrocław bei der Anlockung ausländischen Kapitals erfolgreich. Mehr als 1000 Teilhaberschaften waren gegründet worden, zwei Drittel davon in der verarbeitenden Industrie. Deutsche Firmen waren für die größte Zahl von Unternehmen verantwortlich – 290. Doch was die Gesamtkapitalinvestitionen betrifft, stand das Vereinigte Königreich an erster Stelle, Deutschland an zweiter und Schweden an dritter. Wrocławs gewerbliche Landschaft war übersät mit ausländischen Namen – Cadbury, Siemens, Pilkington, Adtrans, Daimler-Benz, Ikea, Deutsche Bank, Tesco ...

Die niederschlesische Handelskammer hatte spezielle Verbindungen zu Wiesbaden und Dresden (Deutschland), Breda (Niederlande), Poitiers (Frankreich) und Charlotte (North Carolina) geknüpft. Diese Verbindungen spiegelten einen parallelen Kulturaustausch wider. Eine Konrad-Adenauer-Ausstellung 1997 im Ossolineum reflektierte neue Einstellungen gegenüber Deutschland. Das »Festival der Sachsenzeit in Breslau« (Juni 1998) wurde durch den Austausch zwischen Wrocław und Dresden angeregt, der, wenngleich bereits 1959 ins Leben gerufen, nun auf der Basis der Freiwilligkeit neuen Schwung entwickelt hatte. Das erklärte Ziel seiner Sponsoren bestand darin, »unseren Teil des gemeinsamen europäischen Hauses zu bauen«. Ähnliche Empfindungen lagen den umfassenderen Verbindungen zwischen Berlin-Brandenburg und Schlesien zugrunde, die sich in der gemeinsamen zweisprachigen Publikation *Wach auf, mein Herz und denke/Przebudź Się, Serce Moje, i Pomyśl* spiegelten. Angesichts der föderalen Struktur Deutschlands erwies sich der Austausch der Regionen als besonders fruchtbar. Hinsichtlich der lebenswichtigen Frage der Identität der Stadt war zu beobachten, dass Wrocław »eher eine europäische Stadt wurde, statt nur polnisch, [oder] nur polnisch mit deutschem Hintergrund zu sein«. Ein Befragter sprach von »Europolis – ein Zentrum, das die Entwicklung einer großen Region stimuliert«.[136] Wrocław hatte eine Position erreicht, die es erlaubte, nur zehn Jahre zuvor unvorstellbar, eine Bewerbung als Gastgeber der Weltausstellung, der Expo 2010, zu erwägen.[137]

*

Sonnabend, 24. Juni 2000, Tag Johannes des Täufers. Beim Fest des Schutzpatrons der Stadt beging Wrocław die Jahrtausendfeier »des Bistums und der Stadt«. Genauer gesagt bezeichneten die Feierlichkeiten den 1000. Jahrestag sowohl der Gründung eines Bistums (das 1929 Erzbistum geworden war) als auch des Beginns der schriftlichen Überlieferung einer Stadt, die in Wirklichkeit viel älter war. Die Feiern fanden unter der gemeinsamen Schirmherrschaft des Kardinal-Erzbischofs, Henryk Gułbinowicz, und des Stadtpräsidenten, Bogdan Zdrojewski, statt. Als Höhepunkt vieler anderer Festivitäten – Konzerte, Ausstellungen, Publikationen, Filmvorführungen, Feuerwerke, Diskussionen und historische Vorträge – wurde auf dem Rynek (Ring) ein Hochamt unter freiem Himmel abgehalten. Hauptzelebrant war der päpstliche Spezialgesandte, Kardinal Edmund Casimir Szoka, ein in Grand Rapids, Michigan, geborener amerikanischer Prälat. Über dem Platz hing an einem gigantischen Kran ein gigantisches Kreuz. Eine riesige Bühne trug den von berühmten Gästen flankierten Altar. Sieben führende Kirchenmänner besetzten sieben Throne neben dem Altar – unter ihnen der Gesandte, der Primas von Gniezno (Gnesen) und der Primas von Prag sowie der griechisch-orthodoxe Metropolit. Hinter ihnen saßen die Mitglieder des polnischen Episkopats. Zur Rechten versammelten sich die Würdenträger von Stadt und Staat, einschließlich Präsident und Premier der Republik, der Stadtverordnetenversammlung, der Ehrenbürger, des Bürgermeisters und hoher Beamter. Zur Linken nahmen die Vertreter nichtkatholischer Konfessionen – der orthodoxen, protestantischen und jüdischen – sowie Abordnungen von Schwesterstädten, aus Dresden, Poitiers, Breda und Charlotte, Platz. Vorn drängten sich die Vertreter der akademischen Berufe, der Universitäten, der Streitkräfte, der städtischen Behörden, Zünfte und Vereinigungen. Dem Meer der Farben kam allein das Fest der Klänge gleich. Goldumhänge und rote Scheitelkäppchen funkelten zwischen Bergen von Blumen, Scheinwerferwänden und Wäldern von Wappen. Eine Reihe von Köpfen mit blauem Kopfschmuck markierte eine Gesellschaft von Nonnen. Die Politiker in ihren anthrazitfarbenen Anzügen strahlten die ganze Würde ihrer Ämter aus. Schwarz markierte die eng geschlossenen Reihen der Weltgeistlichkeit. Ein blütenweißer Block wies auf die an der Zeremonie beteiligten Priester hin, von denen jeder einen weißen Schirm trug. Hermelinstolen und Goldketten bezeichneten eine Kompanie Rektoren. Massenchöre wetteiferten mit einem Orchester, einer Orgel und Solisten, elektronisch verstärkt über Lautsprechertürme. Sie begannen mit dem Kirchenlied *Gott ist Liebe*, gefolgt von *Gaude Mater Poloniae* und dem Lied Johannes des Täufers, *Herold der aufgehenden Sonne*:

> Tyś jest głos co woła w puszczy
> Przygotujcie drogę Panu.
>
> (Du bist die Stimme, die in der Wildnis ruft,
> Bereite Du den Weg des Herrn.)

Die nächsten drei Stunden waren erfüllt von Inbrunst und Emotion. Während der Vorbereitungen sang die Gemeinde die uralte Hymne *Bogurodzica Dziewica* (»O Heilige Jungfrau, Mutter Gottes«), einst gesungen vor der Schlacht von Grunwald im Jahr 1410. Die Liturgie wurde von der Musik der Krönungsmesse in C (KV 317) von Wolfgang Amadeus Mozart begleitet. Während der Predigt appellierte der Gesandte an das Erbe der Piasten. Während seiner eigenen Ansprache pries der Kardinal-Erzbischof den Beitrag nicht nur von Polen und Deutschen, sondern auch von Juden, Tschechen, Ungarn und Österreichern zur »vratislavischen Wirklichkeit«. Später an diesem Tag sollte er seinem Vorgänger die Ehre erweisen, dem ersten Bischof, »einem Mann unbekannter Nationalität«. Während des Glaubensbekenntnisses hielten Nichtgläubige von hohem Rang die Lippen verschlossen. Während der Kollekte döste ein Kardinal vor sich hin, und während der Vorrede brachte ein unberechenbares Mobiltelefon die bischöflichen Reihen in Verlegenheit. Das *Paternoster* sprachen fast alle mit. Beim Friedenssakrament sah man den Kardinal-Erzbischof herüberkommen, um seine orthodoxen und protestantischen Kollegen zu begrüßen sowie, rein zufällig, eine strahlende Reihe von Novizinnen und sogar einen auswärtigen Historiker. Ganz am Schluss, nach der Aufforderung »Gehet hin in Frieden«, leerte sich die Bühne zum Schmettern der Trompeten und zum Chor aus Händels *Josua:*

Trumpets sound the triumphal chord:
Sing the heart felt hymn of adoration.

Trąby grajcie triumfalny zew
z głębi serc śpiewajcie uwielbienia śpiew.

(Trompeten schmettern den Siegestusch:
Singt die innige Hymne grenzenloser Liebe.)

Stolz, Prunk und Frömmigkeit, alle hielten sie hier eine Parade ab – wie sie es zweifellos schon vor 1000 Jahren getan hatten, als der erste Bischof geweiht worden war. Man könnte sagen, dass manche Dinge sich wenig geändert haben, am allerwenigsten die menschliche Natur. Aber Wrocławs neu gefundenes Selbstvertrauen war vor aller Augen sichtbar. 55 Jahre nach dem Untergang Breslaus war die Hauptstadt Schlesiens wieder frei, dynamisch und offen für die Welt. Die »Blume Europas« war noch einmal erblüht.

Anmerkungen

Vorwort

1 Bericht der *Rzeczpospolita*, Warschau 40 (406) vom 7. Oktober 2000; C. Miłosz: »Aby duchy unmarłych zostawiły nas w spokoju«, in: Ebda., +Plus–Minus, D1–2.
2 Ebda., D1.
3 Günter Grass: »Przekleństwo i Łaska« (»Fluch und Gnade«), in: Ebda., D2.

Einleitung

1 Joseph Partsch: *Central Europe* London 1903, S. 333.
2 Ebda.
3 Ebda., S. 336.
4 Ebda., S. 340.
5 Siehe Jacques Le Rider: *Mitteleuropa. Auf den Spuren eines Begriffes.* Aus dem Franz. übers., Wien 1994, S. 123.
6 Theodor Heuss: *Friedrich Naumann* (1949); siehe auch P. Theiner: *Sozialer Liberalismus und deutsche Weltpolitik. Friedrich Naumann im Wilhelminischen Deutschland*, Baden-Baden 1983.
7 Siehe H. & C. Seton-Watson: *The Making of a New Europe: R. W. Seton-Watson and the Last Years of Austria-Hungary*, London 1981.
8 Siehe P. S. Wandycz: *The Price of Freedom: A History of East Central Europe From the Middle Ages to the Present*, London 1992; Alan Palmer: *The Lands Between: A History of East Central Europe Since the Congress of Vienna*, London 1970; Richard Crampton: *Eastern Europe in the Twentieth Century*, London 1994.
9 Odette Keun: *Continental States: Marches of Invasion, Valley of Conquest, Peninsular of Chaos*, London 1944.
10 Siehe Václav Havel: *Versuch, in der Wahrheit zu leben. Von der Macht der Ohnmächtigen*, Reinbek bei Hamburg 1980; György Konrad: *Antipolitics: an Essay*, New York 1984; Adam Michnik: *Letters from Prison and other Essays*, Berkeley 1985.
11 Josef Kroutvor: *Poliže s. dejinami*, (ca. 1978, tschechisch), ins Polnische übers. als Europa Srodkowa – anegdota i historia, Izabelin 1998.
12 Timothy Garton Ash: »Does Central Europe exist?«, in: *The Uses of Adversity: Essays on the Fate of Central Europe*, London 1999, S. 161–191.
13 Ebda.

Prolog

1 *Schlesische Tageszeitung,* 20. Januar 1945.
2 Horst Gleiss: *Breslauer Apokalypse 1945,* Wedel 1986, Bd. 1, S. 204.
3 Ebda.
4 Paul Peikert: *»Festung Breslau«* in den Berichten eines Pfarrers, hg. von K. Jońca und A. Konieczny, Wrocław 1974, S. 26.
5 Gleiss, a. a. O., Bd. 1, S. 211.
6 Sebastian Siebel-Achenbach: *Lower Silesia from Nazi-Germany to Communist Poland 1942–49,* New York 1994, S. 60.
7 Bundesarchiv Koblenz, Ost-Dok. 2, Nr. 171, S. 123 f.
8 Gleiss, a. a. O., Bd. 7, S. 357. Wahrscheinlich wurden die KZ-Insassen von Dyhernfurth wegen der heiklen Arbeit, die sie getan hatten, erschossen. Denn Dyhernfurth war eine Fabrik der I. G. Farben zur Herstellung des Nervengases »Tabun«.
9 David Irving: *Der Untergang Dresdens.* Aus dem Engl. übers., Gütersloh 1964, S. 102.
10 *Schlesische Tageszeitung,* 22. Januar 1945.
11 Paul Adair: *Hitler's Greatest Defeat,* London 1994, S. 181; Der Befehl »Feste-Plätze« zit. aus: Paul Carell: *Verbrannte Erde. Schlacht zwischen Wolga und Weichsel,* Frankfurt/M./Berlin 1966, S. 446.
12 I. C. B. Dear/M. R. D. Foot (Hg.): *The Oxford Companion to the Second World War,* Oxford 1995, S. 445.
13 John Erickson: *The Road to Berlin,* London 1983, S. 447.
14 Ebda., S. 429.
15 Ebda., S. 472.
16 Der als Verweis auf einen mythischen deutschen Kolonisten des 13. Jahrhunderts dienende Name der Operation stammte von Hanke.
17 Joachim Konrad: »Das Ende von Breslau«, in: *Vierteljahreshefte für Zeitgeschichte,* 4 (1954), S. 389.
18 Gleiss, a. a. O., Bd. 7, S. 1167 ff.
19 Albert Seaton: *The Russo-German War,* London 1971, S. 560 f.
20 Hugo Hartung: *Schlesien 1944/45,* München 1956, S. 280.
21 Siebel-Achenbach, a. a. O., S. 28.
22 Gleiss, a. a. O., S. 279.
23 Zum Beispiel die Schätzung der Wehrmacht von 143 000 vom 24. März 1945 (zit. aus Gleiss, a. a. O., Bd. 3, S. 787) oder die gewöhnlich angeführte Zahl von 180 000–200 000 (unter anderem: Marzena Smolak: *Breslau 1945 – Die Zerstörung einer Stadt,* Wrocław 1995). Joachim Rogall gibt die Zahl mit 200 000–300 000 an (in: Joachim Bahlcke: *Schlesien und die Schlesier,* München 1996, S. 164).
24 Erickson, a. a. O., S. 472.
25 Ivan Konev: *Year of Victory,* Moskau 1969, S. 56.
26 Ebda., S. 55.
27 Irving, a. a. O., S. 108. Auch zit. in: Alexander McKee: *Dresden 1945,* London 1983, S. 103.
28 Martin Gilbert: *Second World War,* London 1989, S. 639.
29 R. E. Dupuy/T. N. Dupuy: *The Collins Encyclopedia of Military History,* Glasgow ^{4}1993, S. 1225.
30 Einheiten der Roten Armee, die sich im Kampf hervorgetan hatten, wurden mit dem Titel »Garde« ausgezeichnet.
31 *Schlesische Tageszeitung,* 2. Februar 1945, S. 1 f.

32 Gleiss, a.a.O., Bd. 2, S. 100A.
33 Peikert, a.a.O., S. 39.
34 Alexander Solschenizyn: *Der Archipel Gulag*, Bern 1974, S. 32.
35 RGASPI 17/125/314. Zit. Anthony Beevor in seinem in Kürze erscheinenden Buch: *Berlin: The Downfall 1945*.
36 Oppelner Vorfall: KA-FU, E1; 18, Bd. 6, zit. aus: Beevor, a.a.O.
37 Solschenizyn, a.a.O., S. 231f.
38 Gleiss, a.a.O., Bd. 7, S. 1605.
39 Ebda.
40 Peikert, a.a.O., S. 168.
41 SS-Hauptsturmführer W. Scholz (SS-Regiment »Besslein«), zit. aus: Gleiss, a.a.O., Bd. IV, S. 651.
42 H. von Ahlfen/H. Niehoff: *So kämpfte Breslau*, Stuttgart 1978, S. 77f.
43 Es ist möglich, dass diese Chemikalie das Nervengas »Tabun« war. »Tabun« wurde in einem Werk der I. G. Farben in Dyhernfurth, etwa 25 Kilometer flussabwärts von Breslau, produziert. Es wird als »gelbe Flüssigkeit« beschrieben und wirkte durch Einatmen.
44 Gleiss, a.a.O., Bd. 3, S. 910.
45 Hugo Hartung: »Der Abschied«, in: *Merian* 3, 1 (Juli 1950), S. 69.
46 Gleiss, a.a.O., Bd. 4, S. 1113f.
47 Ebda., Bd. 3, S. 828.
48 Peikert, a.a.O., S. 147.
49 Die Me 109 dürfte vorwiegend als Jäger-Eskorte für die Transporte eingesetzt worden sein, obwohl sie auch ein Vorratsmagazin befördern konnte.
50 Fritz Morzik: *Die deutschen Transportflieger im Zweiten Weltkrieg*, Frankfurt/M. 1966, S. 223f. Obwohl die Unterlagen leider unvollständig sind, können aus den vorhandenen Daten sinnvolle Schlüsse gezogen werden.
51 Gleiss, a.a.O., Bd. 4, S. 935.
52 PRO London, Sign. HWI/3539 – Dokument-Sign. CX/MSS/T469/7.
53 Christopher Duffy: *Red Storm on the Reich*, London 2000, S. 260.
54 Gleiss, a.a.O., Bd. 3, S. 651.
55 K. Jońca/A. Konieczny: *Upadek Festung Breslau*, Wrocaw 1963, S. 28.
56 Ebda.
57 Hartung, *Schlesien*, S. 321.
58 Hugo Hartung: »Ostern 1945«, in: Herbert Hupka (Hg.): *Breslau – Geliebt und unvergessen*, Leer 1990, S. 73.
59 Dies würde die weit verbreitete Auffassung widerlegen, dass das einzige Flugzeug, das die Start- und Landebahn in der Kaiserstraße benutzte, die Maschine war, die bei der Flucht des Gauleiters Hanke aus der Stadt eingesetzt wurde.
60 Gleiss, a.a.O., Bd. 4, S 500.
61 Ebda., S. 644.
62 Zit. aus: *Hamburger Zeitung*. Sonderausgabe vom 2. Mai 1945.
63 Gleiss, a.a.O., Bd. 5, S. 35.
64 Ebda., Bd. 5, S. 130.
65 PRO London, Sign. WO 309/1294.
66 Peikert, a.a.O., S. 202.
67 Jeder Deutsche, der sich hinter den feindichen Linien wiederfand, galt automatisch als jemand, der seine Staatsangehörigkeit verwirkt hatte. Bis zum Spionagevorwurf war es in solchen Fällen nur ein kleiner Schritt.
68 Gleiss, a.a.O., Bd. 3, S. 797.
69 Ebda., Bd. 8, S. 730.

70 Stanisława Marcinak: »Dano mi było przeżyć«, in: *Niewolnicy w Breslau, Wolni we Wrocławiu,* Wrocław 1995, S.119–122.
71 Konrad, a.a.O., S. 390.
72 Johannes Kaps (Hg.): *Die Tragödie Schlesiens,* München 1962, S.125.
73 Gleiss, a.a.O., Bd. 5, S. 231.
74 Ebda., Bd. 8, S.1300.
75 Um Hankes Flug am 5. Mai 1945 ranken sich viele Gerüchte. Erstens war sein Flug, wie oben erwähnt, anscheinend nicht der einzige, der von der Start- und Landebahn in der Kaiserstraße ausging. Zweitens behauptete Albert Speer (Dan van der Vat: *The Good Nazi. The Life and Lies of Albert Speer,* London 1997, S. 218), dass Hanke Breslau in einem Hubschrauber-Prototyp verlassen habe, was indes von keiner anderen Quelle bestätigt wird. Drittens ist Hankes abschließendes Schicksal umstritten. Wie viele prominente Nationalsozialisten stand er im Verdacht, nach Südamerika geflüchtet zu sein, obwohl zahlreiche Berichte behaupten, sein Schicksal habe ihn in der Nähe von Komotau im Sudetenland in Person tschechischer Partisanen ereilt.
76 Gleiss, a.a.O., Bd. 5, S. 233.
77 Hartung, *Schlesien,* S. 335.
78 Zit. aus Duffy, a.a.O., S. 267.
79 Seaton, a.a.O., S. 561.
80 Gleiss, a.a.O., Bd. 5, S.1094.
81 Seaton, a.a.O., S. 561.

Kapitel 1: Die »Insel-Stadt« – bis 1000 n. Chr.

1 In der 1996 entdeckten modernen Vorstadt Krzyki, in der Skarbowców-Straße.
2 In Oswitz (Osobowice).
3 In Hartlieb (Partynice).
4 In Sacrau (Zakrzów).
5 M. Kaczmarek / M. Goliński / T. Kulak / W. Suleja: *Wrocław dziedickwo dziejów,* o. O. 1997, S.11: »Na ziemiach nadodrzańskich życie na moment jakby zupełnie zamarło.«
6 Im Tschechischen kennt man das Riesengebirge als Krkonoše, im Polnischen als Karkonosze.
7 Die Schneekoppe heißt auf Tschechisch Sněžka und auf Polnisch Śnieżka.
8 Das Bober-Katzbachgebirge ist im Polnischen als Kocie Góry bekannt.
9 Marianna Bocian: »Na Moście Tumskim we Wrocławiu«, in: *Lyrisches Breslau,* Wrocław 1996, S.126.
10 Siegfried Herbst: »Mittag am Fluss«, in: Ebda., S.140.
11 Jerzy Duma: »Zuflüsse zur unteren Oder und zur Ostsee bis zur Persante«, in: Wolfgang Schmid (Hg.): *Hydronomia Europaea,* Stuttgart 1988, Bd. 4, S. 68.
12 *Encyclopedia Britannica,* Cambridge [11]1910, Bd. 25, S. 90 unter »Silesia«.
13 J. MacKillop: *Dictionary of Celtic Mythology,* Oxford 1998, S. 309.
Siehe auch: I. Rozwadowski: *Studia nad nazwami wód słowiańskich,* Kraków 1948, S. 259ff.; H. Krahe: *Unsere ältesten Flussnamen,* Wiesbaden 1964, S. 41, 102; J. Udolph: *Die Stellung der Gewässernamen Polens innerhalb der alteuropäischen Hydronomie,* Heidelberg 1990, S. 204–211.

14 Publius Cornelius Tacitus: *Agricola – Germania – Dialogus de Oratoribus.* Die historischen Versuche, Stuttgart ³1985, S. 177.
15 Jordanów (Jordansmühl) und Wolfskirch.
16 Gräbschen (Grabiszyn), Klein Gandau (Gądów Mały) und Grüneiche (Dąbie).
17 Jordansmühl (Jordanów).
18 Tadeusz Wislanski (Hg.): *The Neolithic in Poland.* Aus dem Poln. übers., Wrocław 1970, S. 131.
19 Barry Cunliffe (Hg.): *Illustrierte Vorgeschichte und Frühgeschichte Europas.* Aus dem Engl., Frankfurt/M. 1996, passim.
20 Biskupin.
21 Siehe Martin Jahn: *Die Kelten in Schlesien*, Leipzig 1931; J. Filip: *Keltové ve střední Evropě*, Prag 1956; Zenon Woźniak: *Osadnictwo Celtyckie w Polsce*, Wrocław 1970; Janina Rosen-Przeworska: *Spadek po Celtach*, Wrocław 1979; J. Kostrzewski: *Pradziej Śląska*, Wrocław 1970.
22 Karńoza Góra: Woźniak, a.a.O., S. Tb. 1.
23 In Sobocisko, ebda., passim.
24 In Brzezińka-Środa, ebda., passim.
25 In Głownin und Radłowice, ebda., passim.
26 In Sobótka in der Nähe von Wrocław, ebda., S. 65f.
27 Woźniak, a.a.O., S. 65–75, Tb. XVI, XVII.
28 J. Rosen-Przeworska, a.a.O.
29 Die Stätten umfassen Tschansch (Księże), Oswitz (Osobowice) und Kosel (Kozanów).
30 Tacitus, a.a.O., S. 178.
31 Magdalena Maczyńska: *Die Völkerwanderung*, Zürich 1993, S. 71. Die Funde aus Sacrau (Zakrzów) gingen im Zweiten Weltkrieg verloren.
32 Fritz Geschwendt: *Breslau in der Urzeit*, Breslau 1922, S. 22.
33 Zum Beispiel Sacrau (Zakrzów).
34 Heinrich Bartsch: *Geschichte Schlesiens*, Würzburg 1985, S. 10.
35 Parczewski, a.a.O., S. 141.
36 Konrad Jażdżewski: *Poland*, London 1965, Abb. 21 Dobrodzień-(Guttentag-)Kultur.
37 Felix Dahn: »Gotentreue«, in: H. G. Fiedler (Hg.): *Das Oxforder Buch der deutschen Dichtung*, Oxford 1930, S. 472f.
38 J. Słowacki: *Dzieła wszystkie*, hg. J. Kleiner, Wrocław 1972, XVI, S. 358 (aus *Król-Duch*, Rhapsodie II, Lied I, Zeilen 9–12).
39 Ebda., XVI, S. 265 (*Król-Duch*, Rhapsodie II, Lied II, Zeilen 1–16).
40 Dimitri Obolensky: *The Byzantine Commonwealth*, London 1971, S. 86.
41 Francis Dvornik: *The Slavs: Their Early History and Civilisation*, Boston 1956, S. 26.
42 Norman Davies: *God's Playground*, Oxford 1981, Bd. 1, S. 45.
43 Jörg Hoensch: *Geschichte Böhmens*, München ³1997, S. 39.
44 Johannes Chrząszcz: »Die Einführung des Christentums in Schlesien und die Gründung des Bistums Breslau (1000)«, in: *Oberschlesien*, Bd. 13, Nr. 5, August 1914, S. 2.
45 Eine Ausstellung hierzu wurde im Jahr 2001 in der Vorhalle der Unierten Kirche (der ehemaligen Annakapelle) gezeigt.
46 A. P. Vlasto: *The Entry of the Slavs into Christendom*, Cambridge 1970, S. 115.
47 *The Annals of Jan Długosz. Annales seu cronicae incliti regni Poloniae.* Gekürzt und hg. von Maurice Michael mit einem Kommentar von Paul Smith, Chichester 1997, S. 2ff. (im folgenden »Długosz«). Siehe auch: Gerard Labuda: *Zaginiona Cronica w Roczniczach Jana Długosza*, Poznań 1983.

48 Pawel Jasienica: *Piast Poland*. Aus dem Poln. übers., Miami 1992, S. 29.
49 *Schlesisches Urkundenbuch*, Bd. 1, hg. von der Historischen Kommission für Schlesien. Bearb. von Heinrich Appelt, Köln 1963, S. 3.
50 Lutz E. von Padberg: *Die Christianisierung Europas im Mittelalter*, Stuttgart 1998, S. 256.
51 Jażdżewski, a. a. O., S. 126.
52 Bolko von Richthofen: *Die ältere Bronzezeit in Schlesien*, Berlin 1926, S. 127.
53 T. Sulimirski: *The Sarmatians*, London 1970, S. 166.
54 Kaczmarek, a. a. O., S. 12.
55 Ebda.
56 Tacitus, a. a. O., S. 178.
57 Norman Davies, a. a. O., S. 47.

Kapitel 2: Wrotizla – 1000–1335

1 Thietmar von Merseburg: *Chronik*, Darmstadt 1962, S. 163 (Ausgewählte Quellen zur deutschen Geschichte des Mittelalters, hg. von Rudolf Buchner, Bd. IX).
2 Długosz, a. a. O.
3 Ebda., S. 86.
4 Die Entwicklung der Stadt Hundsfeld scheint eng mit dem kaiserlichen Einfall des Jahres 1109 verknüpft zu sein. Angeblich rührt der Name der Stadt von den Nachwirkungen der Schlacht, als wilde Hunde sich an den Gefallenen gütlich taten. Nach einer anderen Version haben die kaiserlichen Truppen in Hundsfeld ihr Lager aufgeschlagen und sind gezwungen gewesen, die Beschimpfungen der Einheimischen zu ertragen. Eine weniger farbige Darstellung vermerkt, dass die Stadt sich an dem Ort entwickelt habe, wo die Hundeführer des Herzogs von Schlesien eine Siedlung angelegt hätten. Hugo Weczerka (Hg.): *Schlesien*, Stuttgart 1977, S. 201.
5 Długosz, a. a. O., S. 70.
6 Ebda., S. 71.
7 Ebda., S. 178.
8 R. E. Dupuy/T. N. Dupuy: *The Collins Enyclopedia of Military History*, Glasgow 1993, S. 379.
9 Siehe »Die Familie Strachwitz«, in: Arthur Graf Strachwitz: *Wie es wirklich war. Erinnerungen*, Dülmen 1991, S. 406–447.
10 Długosz, a. a. O., S. 180.
11 Siehe R. A. Skelton / Thomas E. Marston / George D. Palmer: *The Vinland Map and the Tartar Relation*, New Haven/London 1995. Karte nach S. 130.
12 In der Schlacht von Dürnkrut 1278, in der Otakar von Rudolf von Habsburg besiegt und getötet wurde, bestand ein volles Drittel der böhmischen Streitmacht aus Schlesiern. Bruce Boswell: »Territorial Division and the Mongol Invasions«, in: W. F. Reddaway (J. H. Penson/O. Halecki/R. Dybowski (Hg.): *The Cambridge History of Poland (to 1696)*, Cambridge 1950, S. 99.
13 Długosz, a. a. O., AD 1238, S. 175.
14 Ebda., AD 1290, S. 234.
15 Ebda., AD 1293, S. 238.
16 Joachim Bahlcke: *Schlesien und die Schlesier*, München 1996, S. 27.

17 Weczerka, a.a.O., S. 201.
18 K. Wutke: »Schlesiens Bergbau und Hüttenwesen, 1136–1528«, in: *Codex Diplomaticus Silesiae*, Bd. XX, Breslau 1900.
19 Długosz, a.a.O., S. 97.
20 Heinrich Bartsch: *Geschichte Schlesiens*, Würzburg 1985, S. 18.
21 Die Folgen der Aktivitäten Ceslaus' sind umstritten. Manche behaupten, ein großer Sturm habe die Eindringlinge vertrieben, andere, das Auftauchen einer Lichtsäule habe sie aufgeschreckt. Die herkömmliche Interpretation geht jedoch davon aus, dass Feuer die Mongolen aus Wrotizla vertrieb. Die moderne Forschung kann dieses »Wunder« zwei möglichen Quellen zuschreiben: Entweder sprangen die Brände rings um Wrotizla selbst auf das Lager der Mongolen über, oder es handelte sich um einen selbst verschuldeten Unfall aufgrund der Verwendung von »griechischem Feuer« oder gar Schießpulver.
22 Siehe den Eintrag zum hl. Ceslaus in: *The Catholic Encyclopedia*, New York 1913.
23 Fritz Enderwitz: *Breslauer Sagen und Legenden*, Breslau 1922, S. 17.
24 R. J. Loenertz: *Une Ancienne Chronique des Provinciaux Dominicains en Pologne*, Rom 1951, S. 5–50 (Archivum Fratrum Praedicatorum, Bd. XXI).
25 Siehe Paul Smith: *Crusade and Society in Eastern Europe: The Hospital and the Temple in Poland and Pomerania*, London 1994 (unveröffentl. Diss.).
26 Willy Lorenz: *Die Kreuzherren mit dem roten Stern*, Königstein/Ts. 1964, S. 134.
27 Walter Kuhn: *Beiträge zur schlesischen Siedlungsgeschichte*, Bad Windsheim 1971, S. 106–130.
28 Hartmut Boockmann: *Der Deutsche Orden*, München 1981, S. 78.
29 Eric Christiansen: *The Northern Crusades*, London 1997, S. 155.
30 Siehe P. Gorecki: *Parishes, Tithes and Society in Early Medieval Poland, 1100–1250*, Philadelphia 1993
31 Ferdinand Seibt: »The Religious Problems«, in: Geoffrey Barraclough (Hg.): *Eastern and Western Europe in the Middle Ages*, London 1970, S. 107.
32 Norbert Conrads (Hg.): *Schlesien*, Berlin 1994, S. 85.
33 Nach Długosz, a.a.O., S. 227.
34 Siehe Paul Smith, a.a.O. und *Schlesisches Urkundenbuch*, a.a.O.
35 Długosz, a.a.O., S. 210.
36 Gustav Bauch (Hg.): *Geschichte des Breslauer Schulwesens vor der Reformation*, Breslau 1909, S. 6 (Verein für Geschichte Schlesiens).
37 W. Irgang / W. Bein / H. Neubach: *Schlesien – Geschichte, Kultur und Wirtschaft*, Köln 1995, S. 65.
38 Bartsch, a.a.O., S: 40.
39 Für den modernen deutschen Text siehe Karl Pannier (Hg.): *Die Minnesänger*, Görlitz 1881, S. 291. Für den mittelhochdeutschen Text siehe Carl von Kraus (Hg.): *Deutsche Liederdichter des 13. Jahrhunderts*, Tübingen 1952, S. 160 f.
40 Benjamin Arnold: *Medieval Germany, 500–1300*, London 1997, S. 9.
41 Alexandra Ritchie: *Faust's Metropolis*, London 1998, S. 18.
42 Siehe Herbert Ludat: *Legenden um Jaxa von Köpenick*, Leipzig 1936.
43 Długosz, a.a.O., S. 110.
44 Siehe Zygmunt Świechowski: *Architektura na Śląsku do połowy XIII wieku*, Warschau 1955.
45 Adolf Weiß: *Geschichte der Stadt Breslau von der ältesten bis zur neuesten Zeit*, Breslau 1889, S. 33.

46 Charles Higounet: *Die deutsche Ostsiedlung im Mittelalter*, Berlin 1986, S. 175.
47 Klaus Zernack: »Polnische Bevölkerung und Neustammbildung in Schlesien«, in: Rainer Riemenschneider (Hg.): Die *Rolle Schlesiens und Pommerns in der Geschichte der deutsch-polnischen Beziehungen im Mittelalter*, Braunschweig 1980, S. 90 (XII. Deutsch-Polnische Schulbuchkonferenz der Historiker vom 5.–10. Juni 1979 in Allenstein/Olsztyn).
48 F. R. H. Du Boulay: *Germany in the Later Middle Ages*, London 1983, S. 120.
49 Reddaway u. a., a. a. O., S. 56 f.
50 Siehe zum Beispiel Bartsch, a. a. O., S. 21.
51 Benedykt Zientara: »Schlesien im Piastenstaat bis zur Wende des 13. Jahrhunderts«, in: Riemenschneider, a. a. O., S. 50.
52 Geoffrey Barraclough: *The Origins of Modern Germany*, New York 1984, S. 253.
53 Alexander Gieysztor: »The beginnings of Jewish settlement in Polish lands«, in: C. Abramsky / M. Jachimczyk / A. Polonsky (Hg.): *The Jews in Poland*, Oxford 1986.
54 Leszek Ziątkowski: *Die Geschichte der Juden in Breslau*, Wrocław 2000, S. 8.
55 Gerhard Scheuermann: *Das Breslau-Lexikon*, 2 Bde., Dülmen 1994, Bd. 1, S. 703, 709.
56 Nach M. Wodziński: *Hebrajskie inscripcje na Śląsku, XIII–XVIII wieku*, Wrocław 1996, S. 169.
57 L. Ziątkowski: *Dzieje żydów we Wrocławiu*, Wrocław 2000, S. 10.
58 Friedrich Heer: *The Medieval World – Europe 1100–1350*, London 1974, S. 312.
59 Hermann Uhtenwoldt: *Peter Wlast – Graf von Breslau. Ein Wikinger auf ostdeutschem Boden*, Breslau 1940.
60 »Rathslinie von 1287« im *Breslauer Stadtbuch*, in: *Codex Diplomaticus Silesiae*, Bd. XI, Breslau 1882.
61 Ebda.
62 Henricus Pauper: »Rechnung der Stadt Breslau von 1299–1355«, in: *Codex Diplomaticus Silesiae*, Bd. II, Breslau 1860, S. 1.
63 Ebda., S. 3.
64 O. Meinardus: *Das Neumarkter Rechtsbuch...*, Breslau 1906.
65 Siehe Günther Gieraths: *Breslau als Garnison und Festung, 1241–1941*, Hamburg 1961.
66 S. Wormell (Hg.): *Pallas – Poland*, London 1994, S. 594.
67 Ebda., S. 595.
68 Długosz, a. a. O., S. 271.

Kapitel 3: Wretslaw – 1335–1526

1 Norman Davies: *Europe: a History*, Oxford 1996, S. 428.
2 Die »Goldene Bulle« hatte ihren Namen von dem goldenen Siegel (lat. *bulla*), mit dem sie beglaubigt wurde.
3 Lord Bryce: *The Holy Roman Empire*, London 1875, S. 238.
4 Adolf Weiß: *Chronik der Stadt Breslau von der ältesten bis zur neuesten Zeit*, Breslau 1888, S. 147.
5 Długosz, a. a. O., S. 274.

Anmerkungen 621

6 C. Edmund Maurice: *Bohemia*, London 1922, S. 123.
7 J. M. D. Meiklejohn: *A New History of England and Great Britain*, London 1903, S. 184.
8 František Kavka: »Politics and culture under Charles IV«, in: Mikuláš Teich (Hg.): *Bohemia in History*, Cambridge 1998, S. 59; Kaiser Karl IV.: *Selbstbiographie: Vita Karoli Quarti Imperatoris ab Ipso Karolo Conscripta*, Berlin 1954, S. 51.
9 Gerhard Scheuermann: *Das Breslau-Lexikon*, 2 Bde., Dülmen 1994, Bd. 1, S. 727.
10 Nikolaus Pol: *Jahrbücher der Stadt Breslau*, hg. von J. G. Bürsching, Breslau 1813, Bd. 1, S. 125.
11 Norbert Conrads (Hg.): *Schlesien*, Berlin 1994, S. 144.
12 Günter Elze: *Breslau. Biographie einer deutschen Stadt*, Rautenberg 1993, S. 24. Die Kurfürsten von Mainz, Köln, Trier und der Pfalz sprachen von Wenceslas als dem »unnützen König«.
13 R. Heck / Maleczyńska (Hg.): *Ruch husycki w Polsce: wybór tekstów źródłowych*, Wrocław 1953, Nr. 40, S. 57.
14 Pol, a. a. O., Bd. 1, S. 174.
15 Peter Eschenloer: *Geschichte der Stadt Breslau 1440–1479*, Breslau 1827, Bd. 1, S. 38.
16 Robert Buckner / J. Stein: »Sitten und Unsitten im späten Mittelalter«, in: Diethard H. Klein (Hg.): *Breslau – Ein Lesebuch*, Husum 1988, S. 28.
17 Jörg Hoensch: *Geschichte Böhmens*, München ³1997, S. 160.
18 Siehe R. Koebner: *Der Widerstand Breslaus gegen Georg von Podiebrad*, Breslau 1913.
19 Frederick Heymann: *George of Bohemia – King of Heretics*, Princeton 1965, S. 232.
20 Elze, a. a. O., S. 32.
21 Friedrich August Wenzel: »Mathias Corvinus oder Die Belagerung von Breslau im Jahre 1474«, Schlussakt, in: *Deutsche Schaubühne*, Bd. II, Augsburg/Leipzig 1811, S. 247 f.
22 Pol, a. a. O., Bd. 2, S. 45.
23 Barthel Stein: »Beschreibung von Schlesien und seiner Hauptstadt Breslau – 1512–13«, in: Heinrich Trierenberg (Hg.): *Breslau in alten und neuen Reisebeschreibungen*, Düsseldorf 1991, S. 23.
24 Ebda., S. 24.
25 Hoensch, a. a. O., S. 134.
26 Kavka, a. a. O., S. 67.
27 Heinrich Wendt: »Breslauer Bier«, in: Klein, a. a. O., S. 137.
28 *Encyclopedia Britannica*, Cambridge ¹¹1910, Bd. XII, S. 930.
29 Barthel Stein: *Descriptio Vratislaviae*, zit. aus: Hugo Weczerka: »Breslaus Zentralität im ostmitteleuropäischen Raum um 1500«, in: E. Engel / K. Lambrecht / H. Nogossek (Hg.): *Metropolen im Wandel*, Berlin 1996, S. 249.
30 Bernhard Brilling: *Geschichte der Juden in Breslau von 1454 bis 1702*, Stuttgart 1960, S. 9 (Studia Delitzschiana, Bd. III, hg. von K. H. Rengstorf).
31 Długosz, a. a. O., S. 288.
32 Ebda., S. 290.
33 Ebda., S. 373.
34 Siehe T. A. Fudge: *The Magnificent Ride: the First Reformation in Hussite Bohemia*, Aldershot 1998.
35 Stenzel: »Ss rer Silesiae, t. I 1, 251–2«, in: Heck/Maleczyńska, a. a. O., Nr. 5, S. 8 f.

36 Fudge, a.a.O., S. 87f.
37 František Šmahel: »The Hussite Movement: an anomaly of European history?«, in: Teich, a.a.O., S. 87.
38 Fudge, a.a.O., S. 88.
39 Archiv Česky III, 213ff.; Heck, a.a.O., Nr. 43 (1420), S. 59f.
40 S. Belch: *Paulus Vladimiri*, Den Haag 1965, Bd. 1, S. 24f.
41 Heck, a.a.O., Nr. 41 (1420) »Inkwizicja w sprawie herezji w stosunku do Biedoty wrocławskij«.
42 Pol, a.a.O., Bd. 2, S. 3.
43 Jakub Kostowski: »Die Verehrung des hl. Johannes Capistrano in Schlesien«, in: Joachim Köhler (Hg.): *Heilige und Heiligenverehrung in Schlesien*, Sigmaringen 1997, S. 149.
44 »De Sermonibus Wratislaviensibus«, L. Łuszczki O. F. M.: *De Sermonibus S. Ioannis A Capistrano*, Rom 1961, S. 147–173.
45 W. Urban: *Studia nad dziejami Wrocławskiej diecji w pierwszej połowie XV wieku*, Wrocław 1959, S. 246–251.
46 Der Stadtschreiber von Wretslaw, Peter Eschenloer, zit. aus: Günter Elze: *Breslau gestern und heute. Ein Wegweiser*, Leer 1979, S. 27.
47 Fudge, a.a.O., passim.
48 Siehe Karen Lambrecht: »Breslau als Zentrum der gelehrten Kommunikation unter Bischof Johann V. Thurzó (1466–1520)«, in: *Archiv für schlesische Kirchengeschichte* 58 (2000).
49 Kavka, a.a.O., S. 70.
50 Joachim Bahlcke: *Schlesien und die Schlesier*, München 1996, S. 282.
51 Ebda., S. 304.
52 Joseph Neuwirth: *Peter Parler von Gmünd*, Prag 1891, S. 105.
53 Jakub Kostowski, in: *Rocznik Wrocławski* 4 (1997), S. 283–295.
54 J. A. Barth: *Geschichte der seit dreihundert Jahren in Breslau befindlichen Stadtbuchdruckerey*, Breslau 1804.
55 Siehe Peter Wörster: »Breslau und Olmütz als humanistische Zentren vor der Reformation«, in: W. Eberhard/A. A. Strnad (Hg.): *Humanismus und Renaissance in Ostmitteleuropa vor der Reformation*, Köln 1996.
56 Gustav Bauch: *Caspar Ursinus Velius*, Budapest 1886, S. 34.
57 L. Corvinus: *Hortulus Elegantarum*, Bodleian Library, 4B1 (8) Th. Seldon.
58 Zit. aus: Weczerka, *Zentralität*, a.a.O., S. 260.
59 Bahlcke, a.a.O., S. 38.
60 Conrads, a.a.O., S. 164.
61 Siehe Karen Lambrecht: »Aufstiegschancen und Handlungsräume in ostmitteleuropäischen Zentren um 1500. Das Beispiel der Unternehmerfamilie Thurzó«, in: *Zeitschrift für Ostforschung* 47 (1998), Bd. 3.
62 Pol, a.a.O., Bd. 1, S. 112.
63 Siehe Alfred Haverkamp (Hg.): *Zur Geschichte der Juden im Deutschland des späten Mittelalters und der frühen Neuzeit*, Stuttgart 1981, S. 24.
64 Die Ausgrabung der Fundamente des Rathauses förderte im 19. Jahrhundert einen der ältesten jüdischen Grabsteine Wretslaws zutage, den des Rabbi Chaim Ben Levi aus dem Jahr 1246.
65 Leszek Ziątkowski: *Die Geschichte der Juden in Breslau*, Wrocław 2000, S. 14.
66 Marcus Brann (1849–1920): *Geschichte der Juden in Schlesien*, Breslau 1896–1917 (Zeitschrift).
67 Ebda., S. 62.
68 Długosz, a.a.O., S. 310.

69 Susslin aus Erfurt, zit. aus: Brann, a.a.O., S. 63.
70 Hermann Markgraf: *Geschichte Breslaus*, Breslau 1913, S.18.
71 Eschenloer, a.a.O., S. 253.
72 Ebda., S. 253.
73 Karen Lambrecht: *Hexenverfolgung und Zaubereiprozesse in den schlesischen Territorien*, Köln/Weimar/Wien 1995, S.15.
74 Ebda., S. 321.
75 Scheuermann, a.a.O., Bd.1, S 594.
76 Pol, a.a.O., Bd. 2, S.161.
77 Dieter-Lienhard Döring: *Alt-Breslau in Sage und Bild*, Leer 1982, S.16f.
78 Lambrecht, *Hexenverfolgung*, a.a.O., S. 321.
79 Scheuermann, a.a.O., Bd.1, S. 460.
80 W. E. Peuckert: *Schlesische Sagen*, Jena 1924, S. 51.
81 Pol, a.a.O., Bd.1, S.159.
82 Weiß, a.a.O., S. 264f.
83 *Breslauer Stadtbuch*, in: *Codex Diplomaticus Silesiae*, Bd. XI, Nr. 41; auch: Heck, a.a.O., Nr. 39; Walter B. Goldstein: *1000 Jahre Breslau. Bilder aus Breslaus Vergangenheit*, Darmstadt 1974, S. 97.
84 Pol, a.a.O., Bd.1, S.125.
85 Siehe Jan Trzynadlowski: *The Wratislavian Town Hall*, Wrocław 1997.
86 Scheuermann, a.a.O., Bd.1, S. 831.
87 Dieser seltsame Name geht auf die düstere Legende der heiligen Ursula und ihrer Zofen zurück. Die heilige Ursula war anscheinend eine britische Prinzessin des 4. Jahrhunderts, die zusammen mit ihrem Gefolge in Köln von den Hunnen zu Tode gequält wurde. Wie die Zahl ihrer Gefährtinnen sich auf 11 000 summieren konnte, ist ungewiss. Siehe D. Attwater / C. R. John: *The Penguin Dictionary of Saints*, London [3]1995, S. 347f.

Kapitel 4: Presslaw – 1526–1741

1 Werner Marschall: *Geschichte des Bistums Breslau*, Stuttgart 1980, S. 67.
2 Gerhard Scheuermann: *Das Breslau-Lexikon*, 2 Bde., Dülmen 1994, Bd.1, S. 466.
3 Ebda.
4 Robert John Weston Evans: *Rudolf II.: Ohnmacht und Einsamkeit*. Aus dem Engl. übers., Graz 1980, S. 135.
5 Erich Fink: *Geschichte der landesherrlichen Besuche in Breslau*, Breslau 1897, S.75, 79f.
6 Jean Bérenger: A *History of the Habsburg Empire 1273–1700*, London 1994, S. 236.
7 Scheuermann, a.a.O., S. 469.
8 Sir Henry Ellis (Hg.): *Original Letters illustrative of English History*, London 1969, 1. Serie, Bd. III, S 112f.
9 Nikolaus Pol: *Jahrbücher der Stadt Breslau*, Breslau 1824, Bd. 5, S. 221.
10 Norbert Conrads (Hg.): *Schlesien*, Berlin 1994, S. 277.
11 C. V. Wedgewood: *The Thirty Years War*, London 1938, S. 448.
12 Gustavus III, König von Schweden: *Eulogy of Torstenson*, Stockholm 1892, S. 8.
13 Siehe Lars Tingsten: *Fältmarskalkarna Johan Baner och Lennart Torstensson*, Stockholm 1932.
14 G. Schulz (Hg.): *German Verse*, London 1961.

15 Nikolaus Pol, zit. aus: Scheuermann, a.a.O., Bd. 2, S. 1778.
16 Siehe Robert Chenciner: *Madder Red*, London 2000.
17 Johann Friedrich Zöllner: »Die türkische Garnfabrik«, in: Diethard H. Klein (Hg.): *Breslau – Ein Lesebuch*, Husum 1988, S. 140.
18 Zit. aus: Hugo Weczerka: »Breslaus Zentralität im ostmitteleuropäischen Raum um 1500«, in: E. Engel / K. Lambrecht / H. Nogossek (Hg.): *Metropolen im Wandel*, Berlin 1996.
19 Charles Ingrao: *The Habsburg Monarchy 1618–1815*, Cambridge 1994, S. 90.
20 Joachim Bahlcke: *Schlesien und die Schlesier*, München 1996, S. 228.
21 Ingrao, a.a.O., S. 128, Anm.
22 Paul Konrad: *Die Einführung der Reformation in Breslau und Schlesien*, Breslau 1917, S. 2.
23 H. Hillebrand (Hg.): *The Oxford Encyclopedia of the Reformation*, Oxford 1996, Bd. 2, S. 234.
24 Conrads, a.a.O., S. 209.
25 Ingrao, a.a.O., S. 29.
26 Robert John Weston Evans: *The Making of the Habsburg Monarchy 1550–1700*, Oxford 1979, S. 15.
27 Adolf Herthe: *Die Lutherkommentare des Johannes Cochlaeus*, Münster 1935, S. 219f.
28 Martin Spahn: *Johannes Cochlaeus – ein Lebensbild*, Berlin 1928, S. 321.
29 Scheuermann, a.a.O., Bd. 2, S. 1779.
30 Ingrao, a.a.O., S. 63.
31 Bahlcke, a.a.O., S. 62.
32 Evans, *Habsburg Monarchy*, a.a.O., S. 120.
33 H. Hoffmann: »Die Jesuitenmission in Breslau, 1581–95«, in: *Zeitschrift des Vereins für Geschichte Schlesiens* 69 (1935), S. 180.
34 Ks. Z. Lec: »Apostolstwo Słowo... we Wrocławiu, 1581–95, 1638–1776«, in: *Jezuicka Ars Educandi*, Kraków 1995, S. 131–140.
35 Zit. aus: Walter B. Goldstein: *1000 Jahre Breslau. Bilder aus Breslaus Vergangenheit*, Darmstadt 1974, S. 289.
36 Scheuermann, a.a.O., Bd. 2, S. 1469.
37 Bahlcke, a.a.O., S. 60.
38 Zit. aus: Ebda., S. 66.
39 Goldstein, a.a.O., S. 247.
40 Melanchthon zit. aus: Scheuermann, a.a.O., Bd. 2, S. 1040.
41 Günther Dippold: »Der Humanismus im städtischen Schulwesen Schlesiens«, in: W. Eberhard / A. A. Strnad (Hg.): *Humanismus und Reformation in Ostmitteleuropa vor der Reformation*, Köln 1996, S. 234.
42 Arthur Biber: »Thomas Rehdiger«, in: *Schlesische Lebensbilder*, Breslau 1931, Bd. IV, S. 113–124.
43 Wrocław, Biblioteka Universitecka, Sign. 550758. Die Sammlung Rehdiger wurde 1865 in die neue Stadtbibliothek und 1945 in die Universitätsbibliothek verlegt.
44 Hugo Weczerka (Hg.): *Schlesien*, Stuttgart 1977, S. 287.
45 Dippold, a.a.O., S. 242.
46 S. Kiedroń / P. Poniatowska: *Śląsk-Niderlandy: Złoty Wiek 1550–1650*, Wrocław 1998, S. 49.
47 Unser Dank gilt Prof. Ian Maclean vom All Souls College, Oxford.
48 Siehe Jacobus Horstius: *De aureo dente maxillari pueri silesii...*, Helmstedt 1595.

49 Martin Opitz: *Gesammelte Werke*, Bd. 1, hg. von Georg Schulz-Behrend, Stuttgart 1968, S. 132.
50 H. G. Fiedler (Hg.): *Das Oxforder Buch der deutschen Dichtung*, Oxford 1930, S. 35.
51 Andreas Gryphius: *Carolus Stuardus*, hg. von Hugh Powell, Leicester 1955, S. 83, Akt V.
52 Kiedroń/Poniatkowska, a. a. O., S. 53.
53 H. Watanabe-O'Kelly (Hg.): *The Cambridge History of German Literature*, Cambridge 1997, S. 134.
54 J. G. Robertson: *A History of German Literature*, hg. von Dorothy Reich, London [6]1970, S. 207.
55 Conrads, a. a. O., S. 51.
56 Ebda., S. 332.
57 W. Węgrzyn-Klisowska: »Działaność muzyczna teatru miejskiego we Wrocławiu...«, in: *Rocznik Wrocławski* 6 (1997), S. 225–242.
58 Ebda.
59 K. Matwijowski: *Uroczystości, obchody I widowiska w barokowym Wrocławiu*, Wrocław 1969.
60 W. Długoborski / J. Gierowski u. a.: *Dzieje Wrocławia do roku 1807*, Warschau 1958, S. 292.
61 Ebda., S. 504.
62 Leszek Ziątkowski: *Die Geschichte der Juden in Breslau*, Wrocław 2000, S. 19.
63 *Encyclopedia Judaica*, Bd. IV, S 1354.
64 Zit. aus: J. Bąkowa: *Schlachta województwa krakowskiego wobec opozycja Jerzego Lubomirskiego w latach 1661–67*, Kraków 1974, S. 177.
65 H. Gautier-Villars: *Le mariage de Louis XV*, Paris 1900, S. 192.
66 Charles Wogan: *Female Fortitude...*, London 1722, S. 4 (Bodleian Library, Oxford).
67 Zit. aus: Scheuermann, a. a. O., Bd. 2, S. 1224.
68 Fritz Enderwitz: *Breslauer Sagen und Legenden*, Breslau 1921, S. 49–51.
69 Karen Lambrecht: *Hexenverfolgung und Zaubereiprozesse in den schlesischen Territorien*, Köln/Weimar/Wien 1995, S. 319f.
70 Scheuermann, a. a. O., Bd. 1, S. 593.
71 Enderwitz, a. a. O., S. 86.
72 Lambrecht, a. a. O., S. 320.
73 David Pickering: *A Dictionary of Witchcraft*, London 1996, S. 108.
74 Christine van Eickels: *Schlesien im böhmischen Ständestaat*, Bonn 1994, S. 482.
75 Bahlcke, a. a. O., S. 51.
76 Siehe Karen Lambrecht: »Stadt und Geschichtskultur – Breslau und Krakau im 16. Jahrhundert«, in: Joachim Bahlcke / Arno Strohmeyer (Hg.): *Die Konstruktion der Vergangenheit. Geschichtsdenken, Traditionsbildung und Selbstdarstellung in den ostmitteleuropäischen Ständegesellschaften (1500–1800)*, Berlin 2001.
77 Siehe Gustav Türk: »Lateinische Gedichte zum Lobe Breslaus«, in: *Zeitschrift des Vereins für Geschichte und Alterthum Schlesiens* 36 (1901).
78 Nicolaus Henel von Hennenfeld: *Breslographia, hoc est: Vratislaviae Silesiorum metropoleos noblissimae brevissima*, Frankfurt 1613, S. 6f.
79 Scheuermann, a. a. O., Bd. 1, S. 464.
80 Zit. aus Herbert Hupka (Hg.): *Breslau – Geliebt und unvergessen*, Leer 1990, S. 54.

Kapitel 5: Bresslau – 1741–1871

1 R. N. Dupuy / T. N. Dupuy: *The Collins Encyclopedia of Military History*, Glasgow ⁴1993, S. 734.
2 Joachim Bahlcke: *Schlesien und die Schlesier*, München 1996, S. 75.
3 Friedrich der Große: *Gedanken und Erinnerungen*, hg. von Woldemar von Seidlitz, Essen o. J., S. 413.
4 *Encyclopedia Britannica*, Cambridge ¹¹1910, Bd. 11, S. 53.
5 Thomas Babington Macaulay: »Frederick the Great«, in: Ders.: *Critical and Historical Essays*, London 1907, Bd. 2, S. 131–133.
6 Ebda.
7 Ebda.
8 Adolf Weiß: *Chronik der Stadt Breslau von der ältesten bis zur neuesten Zeit*, Breslau 1888, S. 1015.
9 Döblin wurde später für seine Handlungsweise von Friedrich dem Großen mit 200 Louis d'Or belohnt, die er anscheinend in den Schenken Bresslaus verprasste. Siehe dazu: Scheuermann, *Breslau-Lexikon*, a.a.O., S. 215.
10 Macaulay, a.a.O.
11 Christopher Duffy: *Friedrich der Große. Ein Soldatenleben*. Aus dem Engl. übers., Zürich 1985, S. 47.
12 Friedrich der Große, a.a.O., S. 414.
13 Duffy, a.a.O., S. 49.
14 *Breslauer Tagebuch von Johann Georg Steinberger, 1740–42*, Breslau 1891, S. 291.
15 Macaulay, a.a.O., S. 133f.
16 E. J. Feuchtwanger, a.a.O., S. 63.
17 Zit. aus: Duffy, a.a.O., S. 103.
18 Ebda., S. 212.
19 Dupuy & Dupuy, a.a.O., S. 734.
20 Friedrich der Große, a.a.O., S. 539.
21 Günter Elze, *Breslau gestern und heute. Ein Wegweiser*, Leer 1979, S. 44.
22 Friedrich der Große, a.a.O., S. 550.
23 Feuchtwanger, a.a.O., S. 67; Friedrich der Große, a.a.O., S. 580.
24 Bahlcke, a.a.O., S. 86.
25 Scheuermann, a.a.O., Bd. 1, S. 358.
26 J. Stein: *Geschichte der Stadt Breslau im 19. Jahrhundert*, Breslau 1884, S. 7.
27 Elze, a.a.O., S. 47f.
28 Ebda., S. 51.
29 Ebda., S. 50.
30 Ebda., S. 49.
31 *Corpus Juris Confoederationis Germanicae. Staatsacten für Geschichte und öffentliches Recht des Deutschen Bundes*, Frankfurt/M. 1858, Bd. 1, S. 148ff.
32 *Allgemeine Deutsche Biographie*, Bd. 31, Leipzig 1890, S. 640.
33 Aus: *The Memoirs of General the Baron de Marbot*, London 1929, O. C. Colt (Übers.), Kapitel 23.
34 Elze, a.a.O., S. 51.
35 *Gazeta Warszawska* 52 (1813), in: Andrzej Zieliński (Hg.): *Wrocławskie Aktualności sprzed lat*... Wrocław 1979, S. 31.
36 Hannsjoachim W. Koch: *Geschichte Preußens*. Aus dem Engl. übers., München 1980, S. 250.

37 J.J. Sheehan: *German History 1770–1866*, Oxford 1989, S. 444.
38 *The Times*, 27. März 1848, S. 6.
39 *The Times*, 12. Mai 1849, S. 6
40 Siehe F. Eyck: *The Frankfurt Parliament 1848–49*, London 1968, und Bahlcke, a.a.O.
41 Friedrich Engels zit. aus: Wilhelm Wolff: *Die Schlesische Milliarde*. Abdruck aus der *Neuen Rheinischen Zeitung*, März-April 1849. Mit einer Einleitung von Friedrich Engels, Hottingen-Zürich 1887/88, S. 14 (Sozialdemokratische Bibliothek. Sammlung und Abhandlungen über Theorie und Geschichte des Sozialismus, Bd. I, F. I–XII).
42 Karl Marx: *Das Kapital. Kritik der politischen Ökonomie*. Bd. 1: *Der Produktionsprozess des Kapitals* (Karl Marx / Friedrich Engels: *Werke*, Bd. 23, Berlin 1975).
43 Geoffrey Wawro: *The Austro-Prussian War, 1866*, Cambridge 1996, S. 61.
44 Gustav Freytag: *Der Kronprinz und die Kaiserkrone. Erinnerungsblätter*, Leipzig ⁷1889, S. 24f.
45 Friedrich der Große, a.a.O., S. 420.
46 Francis L. Carsten: *Geschichte der preußischen Junker*. Aus dem Engl. übers., Frankfurt/M. 1988, S. 74.
47 Bahlcke, a.a.O., S. 230.
48 Olwen Hufton: *Europe: Privilege and Protest 1730–1789*, London 1980, S. 206.
49 Carsten, a.a.O., S. 72f.
50 Ebda., S. 86ff.
51 *Schlesier des 18. und 19. Jahrhunderts*. Namens der Historischen Kommission für Schlesien hg. von Friedrich Andreae, Max Hippe, Paul Knötel, Otfried Schwarzer, Sigmaringen ²1985, S. 232 (*Schlesische Lebensbilder II*).
52 Gerhart Hauptmann: *Die Weber*. 2. Akt, in: Ders: *Sämtliche Werke*, hg. von Hans-Egon Hass, Frankfurt/M./Berlin 1966, Bd. I: *Dramen*, S. 367ff.
53 Konrad Fuchs: »Die Auswirkungen der 1848er Revolution in Breslau«, in: *Schlesien*, Bd. 4, Nr 8, S. 217–220.
54 *The Times*, 13. März 1852, S. 8.
55 Conrads, a.a.O., S. 490.
56 W.E. Peuckert: *Schlesische Sagen*, Jena 1924, S. 58.
57 Weiß, a.a.O., S. 1046.
58 Friedrich der Große, a.a.O., S. 430.
59 Ebda., passim.
60 Siehe »Schiebel, Johann Gottfried«, in: *Biographisch-Bibliographisches Kirchenlexikon*. www.bautz.de/bbkl
61 Siehe »Ronge, Johannes«, in: Ebda.
62 Abraham Geiger: *Das Judentum und sein Geschichte. In 34 Vorlesungen*, Breslau 1864, S. 139, 143, 146, 149.
63 Andreas Brämer: »Zur Professionalisierung des Rabbinerberufs. Gründung und Anfangsjahre des Jüdisch-Theologischen Seminars in Breslau (1854–1862).« Unveröffentl. Tagungsvortrag. Mit freundlicher Genehmigung des Autors.
64 Aus: *Dziennik Poznański* 52 (1860), in: *Wrocławskie Aktualności*, a.a.O., S. 129.
65 Joseph von Eichendorff: »Das zerbrochene Ringlein« und »Abschied«, aus: *Das Oxforder Buch deutscher Dichtung*, Oxford 1930, S. 261f.
66 Siehe Lutz Tittel: *Philipp Hoyoll – Zerstörung eines Bäckerladens 1846*, Regensburg 1998.

67 Friedrich der Große, a.a.O., S. 516.
68 Friedrich von Sallet: »Echtes Deutschtum«, in: Ders.: Gedichte, Hamburg ³1845, S. 382.
69 Gedichte von Moritz Graf von Strachwitz, Breslau 1864, »Heimkehr«, S. 277f.
70 »Germania«, ebda., S. 249.
71 Gustav Freytag: Soll und Haben, Leipzig 1919, S. 39.
72 Siehe »Adolf Anderssen«, in: Schlesische Lebensbilder, Breslau 1922, Bd. 1, S. 92ff.
73 Maria Wirtemberska: Niektóre zdarzenia, myśli uczucia doznane za granicą, Warschau 1978, S. 91ff.
74 J. Słowacki: Listy, Warschau 1932, S. 234.
75 Zit. aus: Roland Gehrke: Der polnische Westgedanke bis zur Wiedererrichtung des polnischen Staates nach Ende des Ersten Weltkrieges, Marburg 2001, S. 54f.
76 Kurier Warszawski, Gazeta Wieliego Księstia Poznańskiego in: Wrocławskie Aktualności..., a.a.O., unter »1829«.
77 Politisches Testament Friedrichs des Großen, zit. aus: Koch, a.a.O., S. 170.
78 J. M. Cohen/M. J. Cohen: The Penguin Dictionary of Quotations, London 1960, S. 163.
79 Koch, a.a.O., S. 189.
80 Corpus Juris Confoederationis Germanicae, a.a.O., S. 148.
81 Mieczysław Pater: Historia Uniwersytetu Wrocławskiego do roku 1918, Wrocław 1997, S. 297.
82 Karl Herlossohn in: H. Trierenberg (Hg.): Breslau in alten und neuen Reisebeschreibungen, Düsseldorf 1991, S. 119.
83 Zit. aus: MacDonogh, a.a.O., S. 315.
84 Stanisław S...i: Ein Wort an die Breslauer Bürger, Universitätsbibliothek Wrocław, Kabinet Śląsko-Łużycki, 18620 III.
85 Brief Freytags an Hirzel vom 5. Mai 1857, Nr. 1070, zit. aus: Jürgen Matoni: »Die Juden in Gustav Freytags Werken«, in: Oberschlesisches Jahrbuch 8 (1992), S. 109.
86 Gustav Freytag: In Breslau, Breslau 1845, S. 1-4.
87 Otto Henne am Rhyn: Ritters Geographisch-Statistisches Lexicon, Leipzig 1874, S. 221.
88 J. I. Kraszewski: Listy z podróży (1860), zit. aus: Antoniak: Wrocław od A do Z, Wrocław 1997, S. 215.
89 Friedrich der Große, a.a.O., S. 633.
90 Carsten, a.a.O., S. 63.
91 Ebda., S. 58.
92 David Blackbourn: The Long Nineteenth Century 1780-1918, London 1997, S. 107 (The Fontana History of Germany).
93 Richard J. Evans: Rituale der Vergeltung. Die Todesstrafe in der deutschen Geschichte 1532-1987. Aus dem Engl. übers., Berlin 2001, S. 366.
94 Ebda.
95 Ebda., S. 318.
96 Zit. aus: Ebda., S. 274.
97 Colmar Grünhagen: Friedrich der Große und die Breslauer in den Jahren 1740 und 1741, Breslau 1864, S. 171f.
98 Koch, a.a.O., S. 170f.

99 Bahlcke, a.a.O., S. 83.
100 Nancy Mitford: *Frederick the Great*, London 1970, S. 192. Zit. aus: Friedrich der Große, a.a.O., S. 658.
101 Zit. aus: Conrads, a.a.O., S. 630.
102 H. O. Reichard: *Guide de l'Allemagne*, Bd. 7, Weimar 1793 Neudruck Paris 1971.
103 Ebda., Routen 44, 53, 54, 76.
104 Ebda.
105 Ebda.
106 Johann Wolfgang von Goethe: *Goethes Briefe*, Bd. 2, Hamburg 1962, S. 130 (Hamburger Ausgabe in 4 Bdn.).
107 Günther Elze: *Breslau. Biographie einer deutschen Stadt*, Leer 1993, S. 75.
108 John Quincy Adams: *Letters on Silesia*, London 1804, S. 219f.
109 Izabela Czartoryska: *Dyliżansem przez Śląsk: Dziennik podróży do Cieplic w roku 1816*, Wrocław 1968, S. 44–49.
110 Ebda., S. 115–131. Allerdings hat Frau Czartoryska, als sie *Die Beherrschung des Scipio* betrachtete, keinen Rembrandt angeschaut.
111 J. M. Fritz: »Tygodnik Ilustrowany«, (1867), Nr. 381, in: A. Zieliński (Hg.): *Wrocławskie Aktualności sprzed lat*, Wrocław 1979, S. 158.
112 Gustav Freytag: *Erinnerungen aus meinem Leben*, Leipzig 1928, S. 105f.
113 Herlossohn in: Trierenberg, a.a.O., S. 120f., 129.
114 *Tygodnik Ilustrowany* (Kraków) 303 (1865), in: *Wrocławskie Aktualności*, a.a.O., S. 151f.
115 *Journal of Parisian Fashions* 17 (1847), in: Ebda., S. 63.
116 John Quincy Adams, zit. aus: S. Wormell (Hg.): *Pallas – Poland*, London 1994, S. 596.

Kapitel 6: Breslau – 1871–1918

1 *Encyclopedia Britannica*, Cambridge [11]1910, Bd. 11, S. 808. 1871 hatte das Reich 41 058 792 und 1905 bereits 60 641 278 Einwohner, das bedeutet eine Zunahme um 47,6 Prozent.
2 William Carr: *A History of Germany 1815–1985*, London 1987, S. 121.
3 David Blackbourn: *The Long Nineteenth Century 1780–1918*, London 1997, S. 267 (The Fontana History of Germany).
4 Carr, a.a.O., S. 120.
5 Marion Gräfin Dönhoff: *Preußen – Maß und Maßlosigkeit*, Berlin 1998, S. 77.
6 Heinrich August Winkler: *Der lange Weg nach Westen*, München 2001, Bd. 1, S. 226.
7 Heinrich Bartsch: *Geschichte Schlesiens*, Würzburg 1985, S. 262f. Schlesien hatte 1895 44,7 Prozent Protestanten und 53,6 Prozent Katholiken. Diese Zahlen lassen sich mit dem protestantischen Anteil von 63 Prozent und dem katholischen Anteil von 35,1 Prozent für Preußen im Jahr 1900 vergleichen.
8 Statistik aus: Volker R. Berghahn: *Imperial Germany 1871–1914*, Oxford 1994, S. 335, Tb. 79.
9 Statistik aus: Joachim Bahlcke: *Schlesien und die Schlesier*, München 1996, S. 104f., Tb. 5, 6.
10 Obwohl keiner der beiden Attentäter Max Hödel und Karl Nobiling mit der Sozialdemokratischen Partei verbunden war, wurde ihre Tat ausgenutzt, um zum Schlag gegen die SPD auszuholen.

11 Ernst Moritz Arndt (1769–1860): *Was ist des Deutschen Vaterland?*, 1812.
12 Roger Chickering: *We Men Who Feel most German – A Cultural Study of the Pan-German League 1886–1914*, London 1984, S. 138.
13 Blackbourn, a.a.O., S. 430.
14 William Hagen: *Germans, Poles and Jews: The Nationality Conflict in the Prussian East, 1772–1914*, Chicago/London 1980, S. 266.
15 Statistik aus: Volker R. Berghahn: *Modern Germany*, Cambridge 1982, S. 260, Tb. 9.
16 Schulenburg an Churchill, in: Randolph Churchill: *Winston S. Churchill*, London 1967, Bd. 2, S. 195. Von 1934–41 sollte Schulenburg Deutscher Botschafter in Moskau und als solcher Zeuge des deutsch-sowjetischen Nichtangriffspaktes sein. Ebda., Begleitband zu Bd. 2, S. 557 f.
17 Ebda., S. 196.
18 Ebda, S. 196, Churchill an Lord Elgin.
19 Ebda., S. 225.
20 Ebda., S. 196.
21 R. Gelles: *Wrocław w latach wielkiej wojny, 1914–18*, Wrocław o. J., S. 36–41.
22 Krzysztof Popiński: »Ideowe i Polityczne postawy studentów Uwr we latach 1911–21«, in: *Studia Historica Slavo-Germanica* 21 (1996/97), S. 41–58.
23 M. Paleologue zit. aus: Martin Gilbert: *The First World War*, London 1994, S. 45.
24 Zit. aus: Peter Kilduff: *The Red Baron*, London 1994, S. 52.
25 Ebda., S. 198.
26 Martin Gilbert: *The Routledge Atlas of the First World War*, London 1994, S. 77.
27 *The Times*, 30. November 1918, S. 7.
28 Gelles, a.a.O., passim.
29 Popiński, a.a.O., S. 27.
30 Blackbourn, a.a.O., S. 313.
31 *Encyclopedia Britannica*, a.a.O., Bd. XI, S. 811.
32 Gordon A. Craig: *Deutsche Geschichte, 1866–1945. Vom Norddeutschen Bund bis zum Ende des Dritten Reiches*. Aus dem Engl. übers., München 1980, S. 81.
33 Blackbourn, a.a.O., S. 320.
34 Bahlcke, a.a.O., S. 234.
35 Ebda., S. 326.
36 Statistik aus: Blackbourn, a.a.O., S. 200.
37 Norbert Conrads (Hg.): *Schlesien*, Berlin 1994, S. 569.
38 Bahlcke, a.a.O., S. 237.
39 Werner Marschall: *Geschichte des Bistums Breslau*, Stuttgart 1980, S. 145.
40 Krzysztof Popiński: »Religyjno-swiatopoglądowe aspekty Kulturkampfu wśród studentów Uniwersytetu Wrocławskiego«, in: *Rocznik Wrocławski* 4 (1997), S. 272–281.
41 Siehe Maciej Łagiewski: *Der alte jüdische Friedhof in Wrocław*, Wrocław/Bonn 1988.
42 J. D. Steakly: »Iconography of a Scandal«, in: M. B. Dubermann u. a. (Hg.): *Hidden from History: Reclaiming the Gay and Lesbian Past*, London 1991, S. 233–263.
43 Beate Störkuhl: »Die Breslauer Moderne 1900–1933«, in: »*Wach auf, mein Herz, und denke.« Zur Geschichte der Beziehung zwischen Schlesien und Berlin-Brandenburg von 1740 bis heute*, Berlin/Oppeln 1995, S. 144.

44 Manfred Hettling: *Politische Bürgerlichkeit*, Göttingen 1999, S. 37.
45 Krzysztof Popiński: »Breslaus Musik- und Theaterleben an der Wende vom 19. zum 20. Jahrhundert«, in: *Rocznik Wrocławski* 3 (1996).
46 W. Meckauer (Hg.): *Das Theater in Breslau und Theodor Loewe, 1892-1917*, Breslau 1917.
47 Gerhard Scheuermann: *Das Breslau-Lexikon*, 2 Bde., Dülmen 1994, Bd. 2, S. 1865f.
48 Krzysztof Popiński: »Rekreacja Fizyczna Mieszkanców Wrocławia...«, in: *Śląski Lobirynt Krajoznawczy* 6 (1994), S. 113-120.
49 *Encyclopedia Britannica*, a.a.O., S. 823.
50 Krzysztof Popiński: »Pierwe kobiety na studiach na Uwr«, in: *Studia i materiały z dziejów Uwr*, Bd. 4, S. 187-201.
51 J. Kasprowicz: »Ruadko na mcich wargach«, in: S. Grochowiak / J. Maciejewski (Hg.): *Peozja polska: antologia*, Warschau 1973, Bd. 2, S. 7ff.
52 Nach Hutchinsons *Multimedia Encyclopedia* (1999).
53 Gerhart Hauptmann: *Festspiel in deutschen Reimen*, in: Ders: *Sämtliche Werke*, hg. von Hans-Egon Hass, Frankfurt/M./Berlin 1966, Bd. IX: Nachgelassene Werke, Fragmente, S. 1220f.
54 *The Times*, 19. Juni 1913, S. 7.
55 H. W. Arndt: »Occupation Rentier«, in: *Quadrant* (Canberra) 1-2 (1982), S. 90f.
56 Felix Dahn: *Ein Kampf um Rom*, München o. J., S. 702.
57 Sigmund Karski: *Albert (Wojciech) Korfanty*, Bonn 1990, S. 42.
58 Till van Rahden: »Mingling, marrying, and distancing. Jewish integration in Wilhelmine Breslau and its erosion in early Weimar Germany«, in: Wolfgang Benz (Hg.): *Jüdisches Leben in der Weimarer Republik / Jews in the Weimar Republic*, Tübingen 1998, S. 204.
59 Leszek Ziątkowski: *Die Geschichte der Juden in Breslau*, Warschau 2000, S. 85.
60 Jack Wertheimer: *Unwelcome Strangers. East European Jews in Imperial Germany*, Oxford 1987, S. 180.
61 Die Autoren danken Lisa Swartout von der University of Berkeley für Informationen über die »Viadrina«.
62 Wertheimer, a.a.O., S. 69.
63 Ebda., S. 155.
64 Ebda., S. 156.
65 Leszek Ziątkowski: *Ludność Żydowska we Wrocławiu w Latach 1812-1914*, Wrocław 1998.
66 Ebda., S. 181.
67 Siehe Dietz Bering: *Der Name als Stigma. Antisemitismus im deutschen Alltag*, Stuttgart 1987.
68 Siehe Rahden, a.a.O.
69 Blackbourn, a.a.O., S. 437.
70 Berghahn, *Modern Germany*, a.a.O., S. 243, Tb. 2.
71 Hettling, a.a.O., S. 39.
72 *The Times*, 21. August 1883, S. 3.
73 Richard J. Evans: *Tod in Hamburg. Stadt, Gesellschaft und Politik in den Cholera-Jahren 1830-1910*. Aus dem Engl. übers., Reinbek bei Hamburg 1990, S. 240.
74 Ebda., S. 113.
75 Richard J. Evans: *Rituale der Vergeltung. Die Todesstrafe in der deutschen Geschichte 1532-1987*. Aus dem Engl. übers., Berlin 2001, S. 476.

76 Siehe Kilduff, a.a.O.
77 Hettling, a.a.O., S.164.
78 Ebda., S.381, Tb. 39.
79 Blackbourn, a.a.O., S.368.
80 Zit. aus: Winkler, a.a.O., S.339.
81 Scheuermann, a.a.O., S.520.
82 Ebda., S.841f.
83 Siehe Peter Gay: *The Dilemma of Democratic Socialism*, New York 1952.
84 Zit. aus: Winkler, a.a.O., S.291.
85 Paul Löbe: *Erinnerungen eines Reichstagspräsidenten*, Berlin 1949, S.29f.
86 John Peter Nettl: *Rosa Luxemburg*. Aus dem Engl. übers., Köln/Berlin 1967, S.655.
87 *Rosa Luxemburg im Gefängnis. Briefe und Dokumente 1915–1918*, hg. und eingel. von Charlotte Beradt, Frankfurt/M. 1973, S.73.
88 Nettl, a.a.O., S.656.
89 Rosa Luxemburg: *Die russische Revolution*. Aus dem Nachlass herausgegeben und eingeleitet von Paul Levi, Berlin 1922, zit. aus: Susanne Miller / Heinrich Potthoff: *Kleine Geschichte der SPD. Darstellung und Dokumentation 1848–1980*, Bonn [4]1981, S.298.
90 Theodor Müller: *Die Geschichte der Breslauer Sozialdemokratie*, Breslau 1925, Erster Teil, S.5.
91 Giles MacDonogh: *The Last Kaiser*, London 2000, S.223.
92 *Bradshaw's August 1914 Continental Guide*. Neudruck mit einer Einleitung von J.H. Price, Newton Abbot 1972, Tb. 179A, 218 A, 180. Preußische Staatsbahnen. Mitteleuropäische Zeit.
93 Ebda., Abc-Routen, S.10.
94 Ebda., S.219.
95 Janusz Gołaszewski:»Stulekcie Kolejki Wrocławsko-Trzebnicko-Prusickiej«, in: *Rocznik Wrocławski* 5 (1998), S.133–167.
96 *Bradshaw's August 1914 Continental Guide*, a.a.O., S.468.

Kapitel 7: Breslau – 1918–1945

1 T. Hunt Tooley: *National Identity and Weimar Germany*, Lincoln/London 1997, S.54f.
2 Paul Löbe: *Erinnerungen eines Reichstagspräsidenten*, Berlin 1949, S.49.
3 Richard Bessel: *Germany After the First World War*, Oxford 1993, S.86.
4 Günther Doose: *Die separatistische Bewegung in Oberschlesien nach dem Ersten Weltkrieg (1918–1922)*, Wiesbaden 1987, S.13.
5 Siehe Hagen Schulze:»Der Oststaat-Plan 1919«, in: *Vierteljahreshefte für Zeitgeschichte* 18/2 (1970).
6 Dietrich Orlow: *Weimar Prussia 1918–25*, Pittsburgh 1986, S.102.
7 *The Times*, 15. Februar 1919, S.8.
8 *The Times*, 16. März 1920, S.15.
9 Edgar von Schmidt-Pauli: *Geschichte der Freikorps 1918–1924*, Stuttgart 1936, S.246–249.
10 Till van Rahden:»Mingling, marrying and distancing. Jewish integration in Wilhelmine Breslau and its erosion in early Weimar Germany«, in: Wolfgang Benz (Hg.): *Jüdisches Leben in der Weimarer Republik / Jews in the Weimar Republic*, Tübingen 1998, S.208.
11 Francis L. Carsten: *Reichswehr und Politik 1918–1933*. Aus dem Engl. übers., Köln [3]1966, S.85.

12 Francis L. Carsten: *Revolution in Mitteleuropa 1918–1919*. Aus dem Engl. übers., Köln 1973, S. 273.
13 *The Times*, 28. August 1920, S. 9.
14 Krzysztof Popiński: »Ideowe i postawy studentów uczelni wrocławskich w latach 1911–21«, in: *Studia Historica Slavo-Germanica*, 21 (1996/97), S. 41–58.
15 Zahlen aus: Detlev J. K. Peukert: *Die Weimarer Republik. Krisenjahre der klassischen Moderne*, Frankfurt/M. 1987, S. 62ff.
16 *The Times*, 23. Juli 1923, S. 12.
17 *The Times*, 12. Januar 1931, S. 11.
18 Conan Fischer: *Stormtroopers – a Social, Economic and Ideological Analysis*, London 1983, S. 46f.
19 Ebda., S. 47.
20 *The Times*, 1. Juni 1931, S. 13.
21 Richard J. Evans: *Rituale der Vergeltung. Die Todesstrafe in der deutschen Geschichte 1532–1987*. Aus dem Engl. übers. Berlin 2001, S. 744.
22 *The Times*, 18. August 1932, S. 9.
23 *The Times*, 24. Juni, 27. Juni, 4. August, 8. August 1932.
24 Adolf Hitler: *Reden, Schriften Anordnungen Februar 1925 – Januar 1933*, Bd. 5: *Von der Reichspräsidentenwahl bis zur Machtergreifung. April 1932 – Januar 1933*, hg. von Klaus A. Lankheit / Christian Hartmann, München 1996, S. 69–76.
25 Ulrich Frodien (München), Text erscheint in *Karta*, Nr. 31, Warschau 2000.
26 Ebda.
27 Rogall, in: Bahlcke, a.a.O., S. 138.
28 *The Times*, 10. März 1933, S. 13.
29 *The Times*, 15. März 1933, S. 14.
30 *The Times*, 6. Mai 1933, S. 11.
31 Volker R. Berghahn: *Modern Germany*, Cambridge 1982, S. 258.
32 Ebda., S. 266.
33 Rogall, in: Bahlcke, a.a.O., S. 140.
34 Fischer, a.a.O., S. 196.
35 Siehe Heinz Höhne: *Der Orden unter dem Totenkopf. Die Geschichte der SS*, München 1984.
36 K. Jońca: *Noc Kryształowa i Casus Gryszpana*, Warschau 1992, S. 178–192.
37 Ebda., S. 186.
38 Michael Burleigh: *Die Zeit des Nationalsozialismus. Eine Gesamtdarstellung*. Aus dem Engl. übers., Frankfurt/M. 2000, S. 441–466.
39 Alexander Henderson: *Eyewitness in Czechoslovakia*, London 1939, S. 179.
40 Zit. aus Joachim Fest: *Hitler. Eine Biografie*, Frankfurt/M. 1973, S. 265f.
41 Joachim Bahlcke: *Schlesien und die Schlesier*, München 1996, S. 240.
42 Bessel, a.a.O., S. 130, Anm.
43 Zahlen aus: *Die Not in Breslau*, hg. vom Statistischen Amt der Stadt Breslau, Breslau 1924, S. 11.
44 Siehe *Statistisches Jahrbuch für das Deutsche Reich*, Berlin 1926, 1930.
45 *Statistisches Jahrbuch für deutsche Städte*, Bd. 22, Leipzig 1926/27, S. 352.
46 Siehe *Statistisches Jahrbuch für das Deutsche Reich*, Berlin 1930.
47 Siehe *Die Wohnungsnot in Breslau*, Breslau 1927, S. 66.
48 Dietrich Bonhoeffer: *Widerstand und Ergebung*, zit. aus: René Marlé:

Dietrich Bonhoeffer: Zeuge Jesu Christi unter seinen Brüdern. Aus dem Franz. übers., Düsseldorf 1969, S. 13ff.
49 Richard Grunberger: *Das zwölfjährige Reich. Der deutsche Alltag unter Hitler.* Aus dem Engl. übers., Wien 1972, S. 558.
50 Sebastian Siebel-Achenbach: *Lower Silesia from Nazi Germany to Communist Poland, 1942–49*, London 1994, S. 20.
51 Hanna-Barbara Gerl-Falkowitz in: *Unerbittliches Licht. Edith Stein: Philosophie, Mystik, Leben,* Mainz 1998; siehe auch »Vatican Rushes to Canonise a Catholic Jew«, in: *The Sunday Times,* 11. Oktober 1998; Ewa Czaczkowska: »Pierwszy kanonizowany filzof XX wieku« (»Der erste heilig gesprochene Philosoph des 20. Jahrhunderts«), in: *Rzeczpospolita,* Nr. 238, 10. 10. 1998.
52 Walter Laqueur: *Wanderer wider Willen. Erinnerungen 1921–1951.* Aus dem Engl. übers., Berlin 1995, S. 24f.
53 Die von T. G. Masaryk 1915 gegründete »School of Slavonic and East European Studies« der Londoner Universität ist nur fünf Jahre älter als das Breslauer »Osteuropa-Institut«.
54 J. M. Richards (Hg.): *Who's Who in Architecture,* London 1977, S. 256.
55 Hans Wingler (Hg.): *Kunstschulreform 1900–1933, dargestellt vom Bauhaus-Archiv Berlin...,* Berlin 1977, S. 219.
56 *The Times,* Nachruf, 19. Februar 2001.
57 Morris Goran: *The Story of Fritz Haber,* Norman 1967, S. 91–98; Dietrich Stoltzenberg: *Fritz Haber. Chemiker, Nobelpreisträger, Deutscher, Jude,* Weinheim 1998, S. 487–500.
58 Grunberger, a.a.O. S. 536.
59 Ebda., S. 546.
60 Siehe Michael Burleigh: *Germany Turns Eastwards. A Study of* Ostforschung *in the Third Reich,* Cambridge 1988.
61 Max Weinreich: *Hitler's Professors,* New Haven/London 1999, S. 193.
62 Ebda., S. 128, Anm.
63 Thomas Mielke: Die *Breslauer Schule der Anthropologie. Eine ideologische Vererbungslehre.* http://www.verwaltung.unimainz.de/archiv/html/breslau.htm
64 Emil Ludwig: *How to Treat the Germans,* London/New York 1943, S. 17.
65 Emil Ludwig: *Geschenke des Lebens. Ein Rückblick,* Berlin 1931, S. 13f.
66 Ulrich Frodien, a.a.O.
67 Text siehe Tafel 8 in: Grunberger, a.a.O.
68 E. Achremowitz/T. Żabski: *Towarzystwo Słowianskie w Wrocławiu,* Wrocław 1973, S. 15.
69 W. Urban: »Ostatnie kazanie polskie w kościele św Marcina«, in: *Sobótka,* Wrocław, XVI, Nr. 1, S. 101ff.
70 H. W. Arndt: »Three Times 18. An essay in political autobiography«, in: *Quadrant* (Canberra) 6–7 (1969), S. 18f.
71 Walter Tausk: *Breslauer Tagebuch 1933–40,* Berlin (Ost) 1976, S. 127.
72 Sitzungsprotokolle der Breslauer Parteigenossen, 2. Juli 1936. Zit. aus Edwin Black: *IBM und der Holocaust. Die Verstrickung des Weltkonzerns in die Verbrechen der Nazis.* Aus dem Engl. übers., Berlin 2001, S. 222f.; nach Götz Aly / Karl Heinz Roth: *Die restlose Erfassung,* Berlin 1984.
73 Black, a.a.O., S. 238.
74 John Najmann: »The night our sorrow began...«, in: *The Evening Standard,* 7. November 1988.
75 Anita Lasker-Wallfisch: *Ihr sollt die Wahrheit erben. Breslau – Auschwitz – Bergen-Belsen,* Bonn 1997, S. 22.

76 Tausk, a.a.O., S. 194.
77 Ebda., S. 210.
78 P. Rosten (EW 1, 968–975) Sign. PIId Nr. 52, The Wiener Library, London.
79 Arndt, a.a.O., S. 19f.
80 Interview mit W. Dziedziuszycki, 25. Juni 2000.
81 Laqueur, a.a.O., S. 14f.
82 Hans Stargardter (geb. 1927) aus Bloomfield CT, USA »My Experiences in Hitler's Germany«, unveröffentliches Schreibmaschinenmanuskript, Oktober 1986, aktualisiert im März 1997.
83 Mit Dank an Hanna Nyman für die Informationen über Ella Feldmann.
84 *The Times*, 29. November 1930, S. 11.
85 Joachim Fest: *Das Gesicht des Dritten Reiches. Profile einer totalitären Herrschaft*, München 1964, S. 310.
86 Helmut Neubach, *Parteien und Politiker in Schlesien*, Dortmund 1988, S. 203.
87 Statistiken aus: Berghahn, a.a.O., S. 254.
88 Beate Störtkuhl: »Hochhäuser für Breslau vor dem Hintergrund des ›Hochhausfiebers‹ in Deutschland um 1920«, in: Jerzy Ilkosz / Beate Störtkuhl (Hg.): *Hochhäuser für Breslau 1919–1932*, Braunschweig 1997.
89 K. Baedeker: *Germany*, Leipzig 1936, S. 140–145.
90 T. Kruszewski: »Zmiany nazw ulic we Wrocławiu w latach Trzeciej Rzeszy«, in: *Acta Universitatis Wratislawiensis*, Nr. 1860, 1996, S. 243–255.
91 A. Kaminski: »Targi w Nazistowskim Wrocławiu«, in: *Rocznik Wrocławski*, Bd. IV 1997, S. 81–128.
92 Marian Długołęcki: *Ostatni Raport*, Wrocław 1995, S. 112–115.
93 Ebda., S. 118f.
94 Hitler am 22. August 1939 auf dem Obersalzberg, zit. aus: *Der Prozess gegen die Hauptkriegsverbrecher vor dem Internationalen Militärgerichtshof*, Nürnberg 1947, Bd. XXVI, Dok. 798-PS; Auszug in: *Chronik 1939*, Dortmund 1988, S. 138; Joachim Fest: *Hitler. Eine Biographie*, Frankfurt/M./Berlin/Wien 1973, S. 812f.
95 Frodien in *Karta*, Warschau, Nr. 31, a.a.O.
96 W. Stachiewitz: *Wierności Dochować Zolnierskiej*, Warschau 1998, S. 525.
97 J. Rómmel: *Za Honor I Ojczyzną*, Warschau 1958.
98 J. B. Cynk: *The Polish Air Force at War, 1939–45*, 2 Bde., Atglen PA 1998, Bd. 1: »The Lonely Fight with the Luftwaffe September 1939«, S. 58–93; auch Bd. 2, Anhang 3: »The Luftwaffe Order of Battle, 1939«, und Anhang 5: »Summary of the LW's War Effort and Losses, September 1939«.
99 Himmler zit. aus: Götz Aly: *Endlösung. Völkerverschiebung und der Mord an den europäischen Juden*, Frankfurt/M. 1995, S. 223f.
100 Helmut Krausnick / Hans-Heinrich Wilhelm: *Die Truppe des Weltanschauungskrieges. Die Einsatzgruppen der Sicherheitspolizei und des SD 1938–1942*, Stuttgart 1981, S. 51.
101 Ebda., S. 52.
102 Ebda., S. 55.
103 James Lucas: *German Army Handbook 1939–1945*, London 2000, S. 112, 200.
104 Antony Beevor: *Stalingrad – the Fateful Siege 1942–43*, London 1998, S. 107.
105 Ebda., S. 108.

106 Gereon Goldmann: *In the Shadow of His Wings*, London 2000.
107 Frodien, a.a.O.
108 Entnommen aus: *Verzeichnis der Haftstätten unter dem Reichsführer SS 1939-45*, Internationaler Suchdienst, Arolsen, Deutschland.
109 Stanisław Pigon: »*Sonderaktion Krakau*«. *Erinnerungen aus Sachsenhausen 1939-40*, Wien 1988.
110 Ciesława Ziembowa: »Zacisnąć zęby i prezetrwac«, in: *Niewolnicy w Breslau, Wolni w Wrocławiu*, Wrocław 1995, S. 55f.
111 Hans-Werner Wollenberg: *... und der Alptraum wird zum Alltag – Autobiographischer Bericht eines jüdischen Arztes über NS-Zwangsarbeiter in Schlesien (1942-45)*, hg. von Manfred Brusten, Pfaffenweiler 1992, S. 90f.
112 Ziembowa, a.a.O., S. 58f.
113 »Numer 31«, *Polityka* (Warschau) Nr. 25 (2250), 17. Juni 2000.
114 »Jüdisches Leben in der Provinz Schlesien und in Breslau 1940-41«, Sign. P III a Nr. 619, The Wiener Library, London.
115 Willy Cohn: *Als Jude in Breslau*, o. O. 1941, S. 45f.
116 Ebda., S. 51.
117 Maciej Łagiewski: *Breslauer Juden 1850-1941*, Wrocław 1996, S. 210, und Alfred Konieczny: *Tormersdorf, Grüssau, Riebnig. Obozy przejściowe dla żydów Śląska z lat 1941-1943*, Wrocław 1997.
118 Bericht des SS-Statistikers Dr. Richard Korherr über die »Endlösung der Judenfrage« vom 23. März 1943, in: Nuremberg Military Tribunals: *Trial of the War Criminals*, Washington D. C. 1947-49, 15 Bde., Dok. NO 5194 (»Korherr-Bericht«).
119 Połomski, a.a.O., S. 92f.
120 Anita Lasker-Wallfisch, a.a.O., S. 57.
121 Siehe Konieczny, a.a.O.
122 Edith Stein: *Life in a Jewish Familiy: an Autobiography*, Washington D. C. 1986, S. 434 (*Collected Works*, Bd. 1, hg. von L. Gelber).
123 Połomski, a.a.O., S. 16.
124 Clarissa Henry/Marc Hillel: *Lebensborn e.V. Im Namen der Rasse*. Aus dem Franz. übers., Wien 1975.
125 Ebda., S. 235.
126 Ebda., S. 340f.
127 Siehe J. Wnuk: *Losy dzieci polskich w okresie okupacji hitlerowskiej*, Lublin 1980.
128 Eric Williams: *The Wooden Horse* (1949), London 1979, S. 129-132.
129 M. Marcel Neveu, Aufnahme ca. 1981. Mit freundlicher Genehmigung von Mme. Hélène Neveu-Kringelberg.
130 J. Garliński: *Poland in the Second World War*, London 1985, S. 85. Siehe auch: *Le Saint-Siège et la situation religieuse en Pologne*, Rom 1967, Bd. 1, S. 392ff.
131 Brief über Schicksal von Juden aus Breslau, Deutschland, 24. August 1943. United States Holocaust Memorial Musuem, Sign. RG-14.012.
132 Paul Peikert: »*Festung Breslau*« *in den Berichten eines Pfarrers: 22. Januar bis 6. Mai 1945*, Wrocław 1974, S. 273.
133 Siehe Krupp Archive (Imperial War Museum, London), Sign. 128c. »Monatsberichte der Krupp Berthawerk AG – 08/43–06/44«.
134 William Manchester: *Arms of Krupp*, London 1969, S. 576-580.
135 »Bomber's Baedeker«, freundlicherweise zur Verfügung gestellt vom Air Historical Branch, Ministry of Defence, London.

136 Siebel-Achenbach, a.a.O., S. 22.
137 Siehe Melanie Jappy: *Danger UXB*, London 2001.
138 Statistiken aus *Oxford Companion to the Second World War,* hg. von I. C. B. Dear/M. R. D. Foot, Oxford 1995, S. 1071, 1074, und H. Kinder / W. Hilgemann: *Penguin Atlas of World History*, Bd. II, London 1978, S. 200.
139 »Bomber's Baedeker«, a.a.O.
140 Włodimierz Borodziej: *Terror und Politik. Die deutsche Polizei und die polnische Widerstandsbewegung im Generalgouvernement 1939–44*, Mainz 1999, S. 170, 181, 212.
141 Polish Institute und Sikorski Museum (London) AXII 83/137.
142 Public Record Office, London. Ordner HS 6/666, »Acts of Sabotage and Subversion in the region of Breslau«.
143 Frodien, a.a.O.

Kapitel 8: Wrocław – 1945–2000

1 Stanisława Marciniak: »Dane mi byto przezyc« (»Ich durfte überleben«), in: *Niewolnicy w Breslau, Wojni we Wrocławiu*, Wrocław 1995, S. 122.
2 Ebda., S. 123.
3 Jakub Tyskiewiecz: *Od Upadku Festung Breslau do Stalinowskiego Wrocławia: Kalendarium, 1945–50*, Wrocław 2000, S. 23.
4 So zu sehen auf zeitgenössischen Fotografien.
5 J. Konopinska, zit. aus: Tyskiewiecz, a.a.O., S. 17.
6 Irena Strauss, in: »To Byto Piękne Miasto« (»Es war eine schöne Stadt«), in: *Res Publica* 6 (1990), S. 8.
7 General Sikorskis Memorandum vom Dezember 1942 sprach sehr ungenau von »der Oder... und ihren Nebenflüssen flussabwärts zur tschechischen Grenze«. E. Wiskemann: *Germany's Eastern Neighbours*, Oxford 1956, A. S. 71.
8 K. Rosen-Zawadski: »Karta Buduszczej Europy« (Karte eines künftigen Europa), *Studia z dziejów ZSSR i Srodkowej Europy*, Wrocław 1972, VIII, S. 141–145.
9 W. Dzieduszycki, Privates Interview, 25. Juni 2000.
10 Siehe Anm. 1.
11 Siehe Nicholas Tolstoy: *The Victims of Yalta*, London 1976; *The Minister and the Massacres*, London 1986.
12 Wie in der TV-Dokumentarserie *Mała Ojczyzna: »Końca nie było«* gezeigt, Polnisches Fernsehen, 22. Januar 2001.
13 *Amtsblatt des Alliierten Kontrollrats in Deutschland*, Suppl. 1, Berlin 1946, passim.
14 Martin Gilbert: *Never Again: Winston Churchill, 1945–65*, London 1988, S. 88; ebda. S. 60–1174 für alle weiteren Verweise auf Churchill in Potsdam.
15 Wiskemann, a.a.O., S. 84.
16 Gilbert, a.a.O., S. 117.
17 Ebda., S. 115–116.
18 Peikert, zit. aus: Siebel-Achenbach, a.a.O., S. 127.
19 Z. Romanov, zit. aus: Tyskiewiecz, a.a.O., S. 20.
20 Friedhelm Mondwurf: »Als Bettelmann in Breslau«, in: Herbert Hupka (Hg.): *Letzte Tage in Schlesien*, München/Wien 1981, S. 179.
21 Andrzej Biernacki (Warschau): »Kartka ze Wspomnień Wrocławskich«, persönlicher Brief an Norman Davies, 13. März 2000.

22 J. Tyskiewicz: *Od Upadku Festung Breslau do Stalinowstaego Wrocław Kalendarum 1945–50*, Wrocław 2000, S. 29.
 Joachim Rogall: *Die Deutschen in Breslau von der Kapitulation bis Ende 1945*. Horst Gleiss: *Breslauer Apokalypse*, Wedel 1986. Alfred M. de Zayas: *Anmerkung zur Vertreibung der Deutschen aus dem Osten*, Stuttgart 1986.
23 Ekkehard Kuhn: *Schlesien: Brücke in Europa*, Berlin 1997, S. 54, 56f.
24 Johannes Kaps (Hg.): *Die Tragödie Schlesiens 1945/46*, München 1962, S. 361.
25 De Zayas, a.a.O., S. 182.
26 Kaps, a.a.O., S. 344f.
27 Ebda., S. 257f.
28 Siehe John Sack: *An Eye for an Eye: The Untold Story of Jewish Revenge against Germans in 1945*, New York 1993.
29 Kaps, a.a.O., S. 505.
30 Ebda., Nr. 191, S. 498.
31 Ebda., S. 499.
32 K. Szwagrzyk: *Golgota Wrocławska 1945–56*, Wrocław 1996.
33 Kaps, a.a.O., Nr. 120, S. 347.
34 Ebda., Nr. 121, S. 349f.
35 Nach M. Sobków: »Do Innego Kraju« (»In ein anderes Land«), in: *Karta* (Warschau) 14 (1994), S. 57–68. Koropiec war ein Dorf in der Südwestukraine im Bezirk Tarnopol. »Wiedergewonnene Gebiete« – die sowjetischen Behörden benutzten denselben Ausdruck für die von Polen abgetrennten Gebiete, den die polnischen Behörden für die Deutschland weggenommenen Gebiete verwendeten. Groß-Mochbern, heute Muchobór, lag 1945 außerhalb der Stadtgrenzen.
36 Privates Gespräch mit Dr. A. Juzwenko und Prof. K. Orzechowska-Juzwenko, Wrocław, 22. April 2001.
37 A. Rysyński: »Olga Ryzyńska«, in: *Pisana Miłością Losy Wdów Katyńskich*, Gydnia 1999, S. 369–376.
38 Sobków, a.a.O., S. 55.
39 Ebda.
40 Z. Żaba: »Wrocław Nasz« (»Unser Wrocław«), in: *Karta* (Warschau) 14 (1996), S. 69–78.
41 Dzieduszycki-Interview, Mai 2000.
42 Sobków, a.a.O., S. 60f.
43 Antoni Zięba: *Pamiątnik Pedagoga*, Wrocław 1988, S. 15f.
44 C. Priebe: »Szkoła z szabu« (»Eine Schule aus Beute«), in: *Karta* (Warschau) 14 (1994), S. 79–91.
45 Interview mit Dr. Adolf Juzwenko.
46 J. A. Gierowski, emeritierter Rektor der Jagiellonischen Universität, in: M. Lubienicka (Hg.): *Piędziesiąt lat duszpasterwa akademickiego we Wrocławiu*, Wrocław 1999, S. 33.
47 Ebda., S. 34f.
48 Brief von Frau Małgorzata Ziemilska-Dzieduszycka, 26. Juni 2000.
49 Eva Maria Jakubek: »Zwei Dimensionen«, in: *Schenkt mir keine Orchideen. Gedichte aus Schlesien 1990–99*, Wrocław 1999.
50 Interview mit Joanna Schmidt, Mai 2000. Siehe auch: Jerzy Korczak: *Teodor Müller – Das Schicksal eines deutschen Polen*, Köln 2000.
51 B. Szaynoch: »Żydowscy Sotnierze z Bolkowa«, in: *Odra* 9 (1999), S. 22–26.

Anmerkungen 639

52 Mały Przegląd, Warschau, Frühjahr 1939. Zit. aus: The Best of Midrasz, 1998, Warschau, S. 6–9.
53 Siehe Sack, a.a.O.
54 »Jakub Berman«, in: Teresa Torańska: ONI – Stalin's Polish Puppets, London 1987, S. 203–354.
55 Siehe Krzysztof Szwagrzyk: Golgota Wrocławska, 1945–56, Wrocław 1996.
56 Ebda.
57 Alina Cała / H. Danter-Śpiewak: Zieje Zydów w Polsce, 1944–68, Warschau 1997, (Jüdisches Historisches Institut).
58 Jarosław Lipszyk: »A failed rebirth: Stopover in Lower Silesia«, in: Midrasz 7–8 (15–16) (1998)
59 Ebda., S.10.
60 Ebda.
61 Ebda., S.11.
62 Zdisław Mach: Niechciane Miasta (»Ungewollte Städte«), Kraków 1998.
63 Siehe »Pierwszy rok powojennego Wrocławia«, in: Rocznik Wrocławski 2 (1995), S. 115.
64 Szwagrzyk, a.a.O.
65 J. Tyszkiewicz: Sto Wielkich Dni Wrocławia, Wrocław 1997, S. 36.
66 Ebda., S.76.
67 Ebda., S.100.
68 Ebda.
69 Egit, a.a.O., S. 98; Tyszkiewicz, a.a.O., S.112–117.
70 Dziennik, I, S. 275, zit. aus: J. Tyszkiewicz: Kalendarium, a.a.O., S.156
71 »Rede von Professor Taylor auf dem Intellektuellen-Kongress«, im Besitz von Eva Haraszti-Taylor; zit. aus: Kathleen Burk: Troublemaker: The Life and History of A. J. P. Taylor, London 2000, S.193f.
72 Burk, ebda., S.194f.
73 New Statesman (London), 4. September 1948.
74 Daily Herald, 27. August 1948; Manchester Guardian, 26., 27., 28., 31. August 1948; The Times, 27. August 1948; The Daily Worker, 1. September 1948.
75 Public Record Office (Nationalarchiv), London, FO1110/108, 271.
76 M. Urbanek: »Co rośnie na wierzbie«, in: Polityka 31 (2152), 1. August 1998.
77 Tyszkiewicz, Kalendarium, a.a.O., S.159.
78 Adam Ciolkosz: »Poland«, in: Social Democracy in post-war Europe, London 1950, S. 34–59.
79 Szwagrzyk, Golgota, a.a.O., S 707.
80 »Helena Wolińska, 1919–?«, in: K. Szwagrzyk: Zbrodnie w majestacie prawa, 1945–55, Warschau 2000, S. 181–183.
81 Ebda.
82 Siehe Denis Healey: The Curtain Falls. The Story of the Socialists in Eastern Europe, London 1951.
83 Feliks Mantel: Wachlerz Wspomnień, Paris 1972.
84 Teresa Suleja: Uniwersytet Wrocławski w okresie centralizmu stalinowskiego, 1950–55, Wrocław 1995, S. 214.
85 Adam Zagajewski: »My Kraków«, in: The New York Review of Books, 10. August 2000.
86 S.L. Kulczyński (1895–1975): Uczeni Polscy, Warschau 1995, BD.II.
87 Szwagrzyk, Golgota, a.a.O.

88 Ebda.
89 Archiv des Bezirksgerichts (»Sąd Okręgowy«) in Wrocław; unter IIK 1950, IVK 1952.
90 Michael Mońko: »Gulag Miedzanka«, in: *Odra* 3 (2000), S. 33–39.
91 Wanda Dybalska: »Jak powstała Wrocławska Piosenka«, in: *Gazeta Dolnośląska* 104 vom 5. Mai 2000.
92 Sir Eric Bethoud, 10.–12. April 1957, Public Record Office (London), FO371/128804 und NP1015/45.
93 Jerzy Grotowski: *Towards a Poor Theatre*, London 1975, S. 211–228.
94 Grotowski: »Statement of Principles«, I–X, ebda.
95 T. Różewicz: »Wiersz«, in: *Wrocław liryczny*, a.a.O., S. 99f.
96 Ebda., S. 104–108.
97 A. Hannova: *Miesiące Mojego Życia*, Wrocław 1999.
98 Mach, a.a.O., S. 112f.
99 »Wrocław w obiektywie Aloisa Drosta i Krzysztofa Cebrata«, in: *Rocznik Wrocławski* (4), Wrocław 1997, S. 157–171.
100 H. Kamm: »The Past Submerged«, in: *New York Times*, 19. Februar 1966.
101 H. Kamm: »Polish City, Once German, Retains Only Trace of Vibrant Jewish Life«, in: *New York Times*, 7. Dezember 1973.
102 K. Ruchniewicz: »Wrocław w relacjach Niemców z RFN«, in: *Rocznik Wrocławski* 4 (1997), S. 129–156.
103 Günther Anders: *Besuch im Hades. Auschwitz und Breslau 1966*, München 1979, S. 50f.
104 *Teatr* (Monatsschrift), Wrocław, Februar 1987.
105 R. Gelles (Hg.): *Historia Wrocławia w datach*, Wrocław 1996, S. 153ff.
106 Andreas Bornholt: *Solidarität von Gemeinde zu Gemeinde und Schule zu Schule. Breslau – Dortmund, 1981–89*, Dortmund 1990.
107 Edith Stein: *Life in a Jewish Family: An Autobiography*, übers. J. Koeppel, in: *Collected Works of Edith Stein*, hg. L. Gelbe, Washington D.C. 1986, Bd. I, S. 434; Eintrag vom 7. August 1942.
108 Lied von Heinz-Rudolf Kunze in: Albrecht Lehmann: *Im Fremden ungewollt zuhaus – Flüchtlinge und Vertriebene in Westdeutschland 1945–90*, München 1991.
109 Walter Becher zit. aus: Dietrich Strohmann: »›Schlesien bleibt unser‹. Vertriebenenpolitik und das Rad der Geschichte«, in: Wolfgang Benz (Hg.): *Die Vertreibung der Deutschen aus dem Osten. Ursachen – Ereignisse – Folgen*, Frankfurt/M. 1985, S. 274.
110 »Getanzt, getrunken und geweint«, in: *Der Spiegel* 46 (1999), S. 238–243.
111 Anita Lasker-Wallfisch: *Ihr sollt die Wahrheit erben. Breslau – Auschwitz – Bergen-Belsen*, Bonn 1997.
112 R. Aftanazy: *Dzieje rezydencji na dawnych kresach Rzeczpospolitej*, 11 Bde., Wrocław ²1991.
113 *The Norbert Elias Reader*, hg. von J. Goudsblom / S. Mennel, Oxford 1993, Frontispiz.
114 Fritz Stern: *Der Traum vom Frieden und die Versuchung der Macht. Deutsche Geschichte im 20. Jahrhundert*. Aus dem Engl. übers., Berlin 1988, S. 163.
115 Ewa Stachniak: *Necessary Lies*, Toronto 2000; auch: »Kanadyjski debiut«, in: *Gwiazda Polarna* 24 vom 18. November 2000.

Anmerkungen

116 Brief von Mark Burdajewicz an Norman Davies, 8. April 1999.
117 Prof. Karol Modzelewski zit. aus: H. Kamm: »Poland Reawakens to its History. As Communism's Mirror Shatters«, in: *New York Times*, 26. Januar 1995.
118 Siehe »Wratislavia – powrót sławy: Rozmowa z Maciejem Łagiewskim«, 1998. Siehe M. Łagiewski: *Macewy mowi*, Wrocław 1991, und: *Wrocławscy Żydzi*, Wrocław 1994 (*Breslauer Juden*, 1996).
119 Zur Geistesgeschichte siehe vor allem: W. Wrzesiński, T. Suleja; zum Stalinismus: K. Szwagrzyk, M. Ordyłowski; zur jüdischen Geschichte: S. Bronsztejn, Bożena Szajnek, E. Waszkiewicz; zu den Nachkriegsjahren: T. Kulak, J. Tyszkiewicz; zur Politik: W. Suleja, A. Grocholski. Die führenden Zeitschriften für die Geschichte Wrocławs sind: *Acta Universitatis Wratislaviensis, Prace Historyczne, Sobótka, Odra und Rocznik Wrocławski*.
120 *Rocznik Wrocławski* (Wrocław-Jahrbuch), Towarzystwo Przyjaciół Ossolineum, Wrocław 1994 ff
121 Janusz Czerwiński: *Wrocław*, Wrocław 1997.
122 T. Kulak: *Wrocław: przewodnik historyczny* (1997); J. Czerwiński: *Wrocław: przewodnik turystyczny* (1997); M. Kaczmarek / M. Goliński / T. Kulak / W. Suleja: *Wrocław: dziedictwo dziejów* (1997).
123 Ebda.
124 Zofia Tarajło-Lipowska: »Wrocław był bliżej Pragi«, in: *Odra* 3 (2000), S. 56–59.
125 Macura, in: *Odra*, ebda., S. 55.
126 J. Tyszkiewicz: »Kto kocha Wrocław, kocha Warszawę«, in: *Gazeta Dolnośląska* 140 vom 16. Juni 2000.
127 »Il Zyd w Skarzy Polskg«, in: *Gazeta Wyborcza*, 3. August 1999; »Holocaust Survivor sues Polish Government«, in: *The Independent*, 4. August 1999.
128 »Rachunek Krzywd« (»Schadensrechnung«), in: *Wprost*, 30. Juli 2000.
129 Fundacja »Krzyżowa« dla Porozumienia Europejskiego (Krzyżowa Stiftung für europäische Verständigung), c/o W. Ofiar Oświęcimskich, 7/13, 50-069 Wrocław. PL; auch: www.aede.org
130 Dr. Maciej Matwijów, Bibliothekar, Ossoliński-Stiftung, Wrocław. Bericht: *Der Fall einer verstreuten Bibliothek*, 1997.
131 Bożena Szajnok: »Żydzi we Wrocławiu po II wojnie światowej«, in: *Rocznik Wrocławski* 4 (1997), S. 173–190.
132 »Keeping Safe«, M. Maliński, in: *Gość w dom ... Jan Paweł II w Polsce 1997*, Kraków 1998, S. 32 ff.
133 »Wrocławskie Powodzie« (»Wrocławer Fluten«), in: *Rocznik Wrocławski* 5 (1997), S. 8–130, mit deutschen Zusammenfassungen.
134 W. Wrzesiński (Hg.): *Wrocławska Kronika Wielkiej Wody*, Wrocław 1997, S. 139.
135 Dr. Alison T. Millett (University of Virginia). Bericht, vorgelegt für das Wrocław-Projekt, November 1998.
136 Siehe *Wrocław Economic Review*, hg. vom Stadtrat, Wrocław 1998.
137 K. Bzowska: »Expo 2010 we Wrocławiu«, in: *Dziennik Polski* (London), 21. November 2000.

Bildnachweis

Schlesische Landschaft (1841) von Carl Friedrich Lessing: Kunstmuseum Düsseldorf im Ehrenhof / Landesbildstelle Rheinland
See im Riesengebirge (1839) von Ludwig Richter: Staatliche Museen zu Berlin – Preußischer Kulturbesitz, Nationalgalerie
Fürst Wratislaw I.: SUPP, Prag
Bolesław I. Chrobry: Narodowe Muzeum, Warschau
Herzog Heinrich VI. von Wrotizla: Jakub Kostowski
Der heilige Czesław: Muzeum Narodowe, Wrocław
Karl IV. von Luxemburg (unbekannter Künstler): AKG London
Jiři z Poděbrad (von J. C. Klupffel): AKG London
Mátyás I. Corvinus (unbekannter Künstler): Kunsthistorisches Museum, Wien / Bridgeman Art Library, London
Ludwig II. Jagiello: aus der Sammlung von Roger Moorhouse
Hochzeit der heiligen Jadwiga, Ausschnitt aus: Die Legende der Jadwiga (um 1430–40, unbekannter Künstler): Narodowe Muzeum, Warschau / Bridgeman Art Library, London
Schlacht von Liegnitz, Ausschnitt aus: Die Legende der Jadwiga (um 1430–40, unbekannter Künstler): Narodowe Muzeum, Warschau / Bridgeman Art Library, London
Herzog Heinrich IV. als Minnesänger: Handschriftenabteilung, Universität Heidelberg
Johann von Luxemburg in Crécy (unbekannter Künstler): Mary Evans Picture Library, London
Böhmische Hussiten gegen kaiserliche Kreuzfahrer, aus dem Jenaer Codex (unbekannter Künstler): Narodni Muzeum, Prag / AKG London
Capistrano: Scheiterhaufen der Eitelkeiten: Professor Norbert Conrads, Historisches Institut, Universität Stuttgart
Vinzenzkloster auf dem Elbing: Wiedergabe nach Gerhard Scheuermann: Das Breslau-Lexikon, Bd. 2, Dülmen 1994
Stadtplan von Matthäus Merian (1650): Bildarchiv Preußischer Kulturbesitz, Berlin
Johannes Cochlaeus: (von Jean Jacques Boissard [?]): AKG London
Johannes Hess: Professor Norbert Conrads, Historisches Institut, Universität Stuttgart
Crato von Crafftheim: Universitätsbibliothek, Wrocław
Rudolf II. von Habsburg: Mary Evans Picture Library, London
Elisabeth Stuart: aus der Sammlung von Roger Moorhouse
Lennart Torstenson: AKG London
Andreas Gryphius: Universitätsbibliothek, Wrocław
Angelus Silesius: Erzdiözesan-Museum, Wrocław
Der »Naschmarkt« am Ring (Stich von G. M. Probst nach einer Zeichnung von F. B. Werner): Bildarchiv Preußischer Kulturbesitz, Berlin
Stadtansicht Breslau, aus: Sebastian Münsters Cosmographica: Bildarchiv Preußischer Kulturbesitz, Berlin
Prager Fenstersturz, 1618 (Gemälde von Wenzel von Brozik): AKG London
Einzug des Kaisers Matthias in Presslau: Ossolineum, Wrocław
Christian Wolff (Stich von Johann Martin Bernigeroth, 1755): Archiv für Kunst und Geschichte, Berlin / AKG London
Maria Leszczyńska (Lithographie von François Seraphin Delpech nach einem Gemälde von Jean Marc Nattier): Archiv für Kunst und Geschichte, Berlin / AKG London

Bildnachweis

Friedrich II. der Große (Gemälde von J. G. Ziesenis): Staatliche Schlösser und Gärten, Potsdam / Bridgeman Art Library, London
Bischof von Schaffgotsch (aus: *Portret wrocławskich duchowuych):* Erzdiözesan-Museum, Wrocław
Carl von Clausewitz (Lithographie nach einem Gemälde von Wilhelm Wach, um 1820): AKG London
August Borsig (um 1850): Bildarchiv Preußischer Kulturbesitz, Berlin
Heinrich Graetz: Universitätsarchiv, Berlin
Ferdinand Lassalle: Bildarchiv Preußischer Kulturbesitz, Berlin
Nikolaitor, aus: F. G. Weiß: *Wie Breslau wurde*, Breslau 1906
Ohle-Elendsviertel, aus: F. G. Weiß: *Wie Breslau wurde*, Breslau 1906
Jesuitenkolleg, aus: F. G. Weiß: *Wie Breslau wurde*, Breslau 1906
Jüdisches Viertel (Stich von Steidlin, 18. Jh., nach einem Gemälde von F. B. Werner): Bildarchiv Preußischer Kulturbesitz, Berlin
Schlacht von Leuthen, 1757: Das 3. Wachbataillon erobert den Kirchhof in Leuthen (Aquarell von Carl Röchling, um 1900): AKG London
Belagerung Bresslaus, 1757 (aus: F. S. Ben Jochai: *Die Historie des Kriegs zwischen den Preußen... und den Österreichern...*, 1758): AKG London
Ferdinand von Schmettau spendet ihr Haar *(Vaterlandsliebe*, 1813, von Gustav Graef): Staatliche Museen zu Berlin – Preußischer Kulturbesitz, Nationalgalerie
Abmarsch der Freiwilligen aus Breslau (von Adolph von Menzel, 1813): Herder Institut, Marburg
Erstürmung der Bäckerei am Neumarkt in Breslau (von Philipp Hoyoll, 1846): Ostdeutsche Galerie, Regensburg
Verteidigung der Barrikaden in Breslau, 7. Mai 1849: Muzeum Narodowe, Wrocław; Foto: Edmund Witecki
Besuch Kaiser Wilhelms II., 1906: Universitätsbibliothek, Wrocław
Eröffnung der Jahrhunderthalle, 1913: AKG London
Neuer Markt mit Neptunsbrunnen: Universitätsbibliothek, Wrocław
Rathaus (Holzschnittt, um 1895, nach einem Gemälde von Grete Waldau): AKG London
Dom St. Johannis, um 1911 (Westansicht): Bildarchiv Preußischer Kulturbesitz, Berlin
Die Neue Synagoge: Muzeum Narodowe, Wrocław
Ring Nr. 1–3 und Turm der Elisabethkirche, um 1905: Staatliche Museen zu Berlin – Preußischer Kulturbesitz, Kunstbibliothek
Hauptbahnhof: Bildarchiv Preußischer Kulturbesitz, Berlin
Blücherplatz: Universitätsbibliothek, Wrocław
Schloßplatz: Universitätsbibliothek, Wrocław
Leni Riefenstahl (Porträt von Eugen Spiro, 1924): Leni Riefenstahl / Peter Spiro
Mädchen und Katze (von Balthus, 1937): Privatsammlung / Bridgeman Art Library, London
Zigeunerpaar (von Otto Müller, 1918–19): Sammlung Max Lutze, Hamburg / Bridgeman Art Library, London
Zwei Frauen am Tisch, Variante (von Oskar Schlemmer, 1930): Copyright © The Oskar Schlemmer Family Estate and Archive, I-28824 Oggebbio (VB); Foto: Fotoarchiv C. Raman Schlemmer, I-28824 Oggebbio, Italien
Wojciech Korfanty: PAP, Warschau
Rosa Luxemburg, um 1908: Mary Evans Picture Library, London
Fritz Haber (nach einer Lithographie von Emil Orlik): Bayerische Staatsbibliothek, München
Manfred von Richthofen (von Karl Bauer): Mary Evans Picture Library, London

Die Blume Europas

Edith Stein: Bayerische Staatsbibliothek, München
Helena Motykówna: Krzysztof Szwagrzyk
Tadeusz Różewicz: Grzegorz Radzki & Ewa Dessaignes / Polish Cultural Institute, London
Władysław Frasyniuk: PAP, Warschau
Rathaus mit Hakenkreuzen: Bayerische Staatsbibliothek, München
Hitler in Breslau, 1938: Bayerische Staatsbibliothek, München
Gauleiter Hanke nimmt den Volkssturm in Augenschein, der Barrikaden in Breslau errichtet, Februar 1945: AKG London
Sowjetische Soldaten kämpfen in Breslau, März 1945: AKG London
Ostrow Tumski, 1945: Jakub Kostowski / Muzeum Miejski, Wrocław
Straßenszene mit T-34, 1945: Jakub Kostowski / Muzeum Miejski, Wrocław
Polnische »Repatrianten«: Muzeum Narodowe, Wrocław; Foto: Arkadiusz Podstawka
Deutsche »Vertriebene«: PAP, Warschau
»Intellektuellenkongress«, 1948: Historisches Museum, Wrocław
Detail aus dem Panoramagemälde *Die Schlacht von Racławice* (von Jan Styka, Wojciech Kossak u. a., 1893–94): Muzeum Panoramy Racławickiej, Wrocław
Aufstand während des Kriegsrechts, 1982: Ossolineum
Die Flut von 1997: Ossolineum
Die Dombrücke heute: AKG London; Foto: Stefan Arczynski
Der jüdische Hauptfriedhof heute: Foto: Stefan Arczynski
Papstbesuch, 1997: Foto: Andrzej Luc

Anhang

Übersicht

1 Die Dynastie der Piasten 990–1370 647

2 Die piastischen Herzöge von Schlesien, 1138–1335 648
Karte: Zuzug deutscher Siedler nach Schlesien, 13. und 14. Jh. . 649

3 Die Dynastien der Jagiellonen und Luxemburger 1335–1526 . 650
Karte: Hussitenkriege, 1428–1433 651

4 Die Bischöfe von Wratislavia 652
Karte: Handelsrouten um 1500 654

5 Die Habsburger 1527–1740 655
Karte: Die Schlesischen Kriege, 1740–1763 656
Karte: Schlacht von Bresslau, 22. November 1757 657

6 Textauszug aus: Hans Ottokar Reichard:
Guide de l'Allemagne, 1793 658
Karte: Die französische Belagerung Bresslaus, 1806/07 659
Karte: Breslaus Eisenbahnnetz, 1850–1900 660

7 Die Hohenzollern 1740–1918 661

8 Die »Mitteleuropa«-Vision von Joseph Partsch (1903) 662

9 Textauszug aus: Baedeker's Handbook for Travellers, 1904 . . 663

10 Wratislavische Nobelpreisträger 665
Karte: Breslaus Hauptbahnverbindungen 667
Karte: Erzbistum Breslau 1930 668
Karte: Bevölkerungsaustausch 1945–47 669

11 Wratislavia – Verzeichnis der Ortsnamen
deutsch–polnisch / polnisch–deutsch 670

12 Register 677

Anhang 647

1 Die Dynastie der Piasten
990–1370

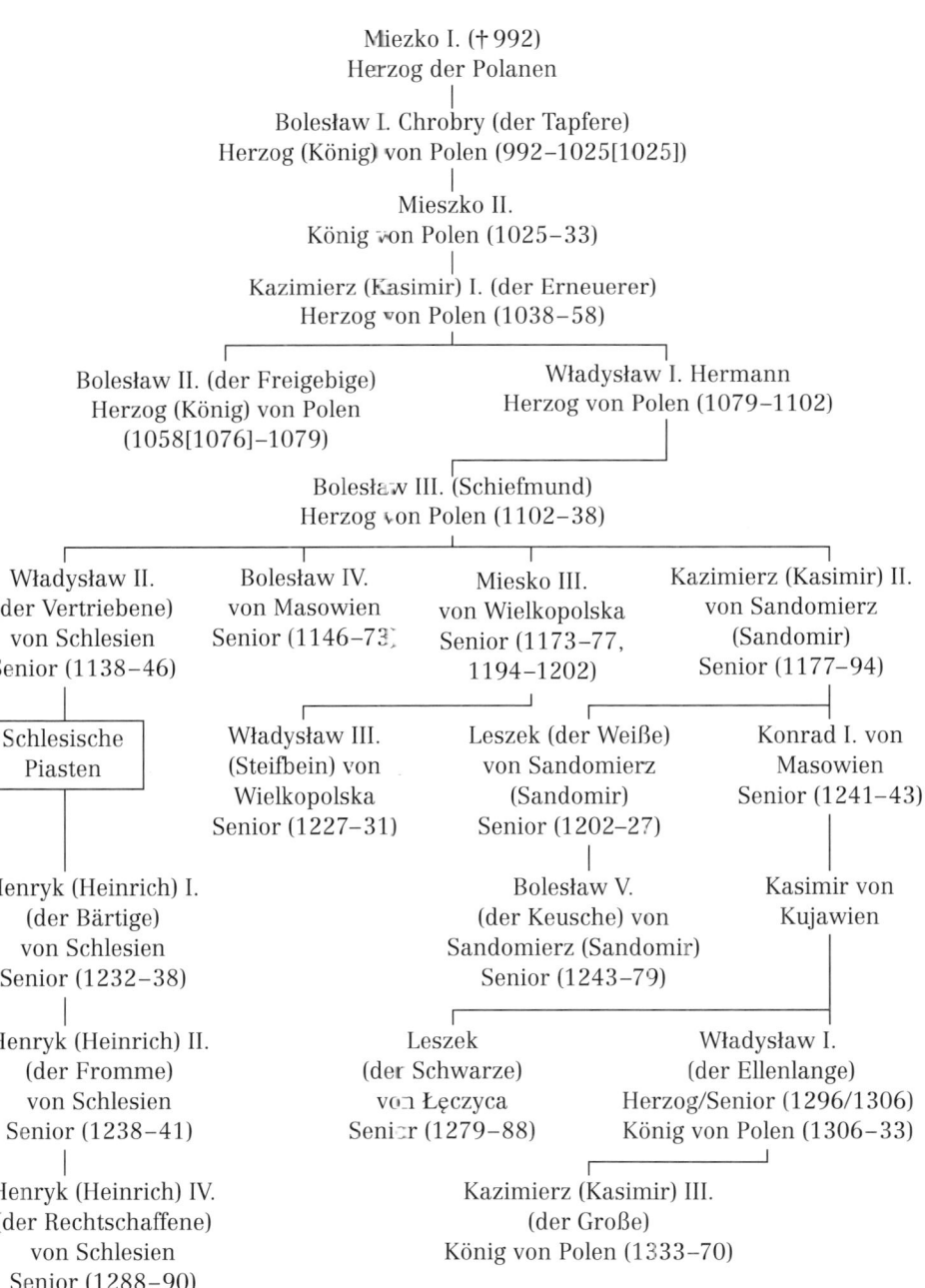

Miezko I. († 992)
Herzog der Polanen
|
Bolesław I. Chrobry (der Tapfere)
Herzog (König) von Polen (992–1025[1025])
|
Mieszko II.
König von Polen (1025–33)
|
Kazimierz (Kasimir) I. (der Erneuerer)
Herzog von Polen (1038–58)

Bolesław II. (der Freigebige)   Władysław I. Hermann
Herzog (König) von Polen   Herzog von Polen (1079–1102)
(1058[1076]–1079)
                                      Bolesław III. (Schiefmund)
                                      Herzog von Polen (1102–38)

Władysław II.   Bolesław IV.   Miesko III.   Kazimierz (Kasimir) II.
(der Vertriebene)   von Masowien   von Wielkopolska   von Sandomierz
von Schlesien   Senior (1146–73)   Senior (1173–77,   (Sandomir)
Senior (1138–46)   1194–1202)   Senior (1177–94)

Schlesische   Władysław III.   Leszek (der Weiße)   Konrad I. von
Piasten   (Steifbein) von   von Sandomierz   Masowien
                     Wielkopolska   (Sandomir)   Senior (1241–43)
                     Senior (1227–31)   Senior (1202–27)

Henryk (Heinrich) I.   Bolesław V.   Kasimir von
(der Bärtige)   (der Keusche) von   Kujawien
von Schlesien   Sandomierz (Sandomir)
Senior (1232–38)   Senior (1243–79)

Henryk (Heinrich) II.   Leszek   Władysław I.
(der Fromme)   (der Schwarze)   (der Ellenlange)
von Schlesien   von Łęczyca   Herzog/Senior (1296/1306)
Senior (1238–41)   Senior (1279–88)   König von Polen (1306–33)

Henryk (Heinrich) IV.   Kazimierz (Kasimir) III.
(der Rechtschaffene)   (der Große)
von Schlesien   König von Polen (1333–70)
Senior (1288–90)

2 Die piastischen Herzöge von Schlesien
1138–1335

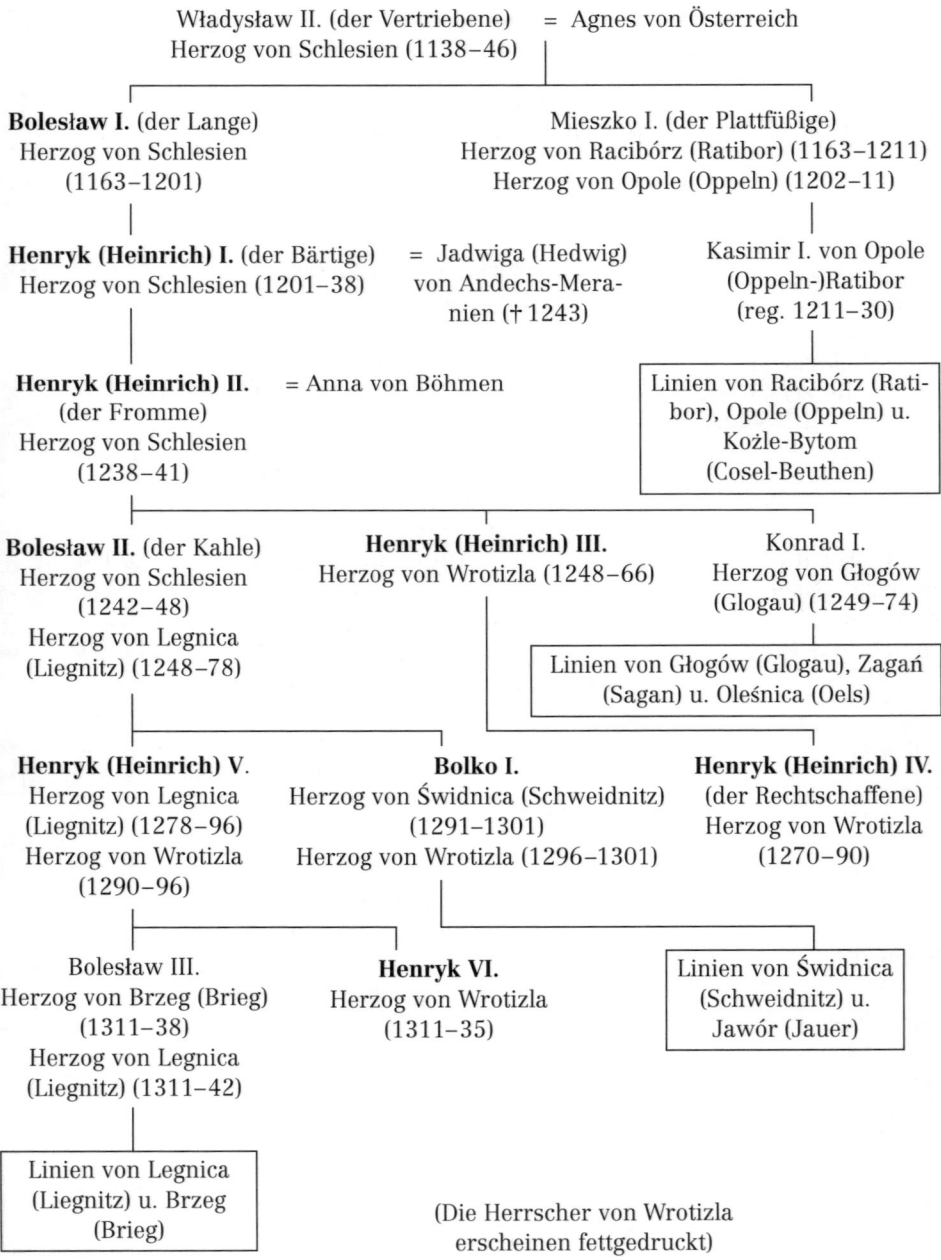

(Die Herrscher von Wrotizla erscheinen fettgedruckt)

Anhang 649

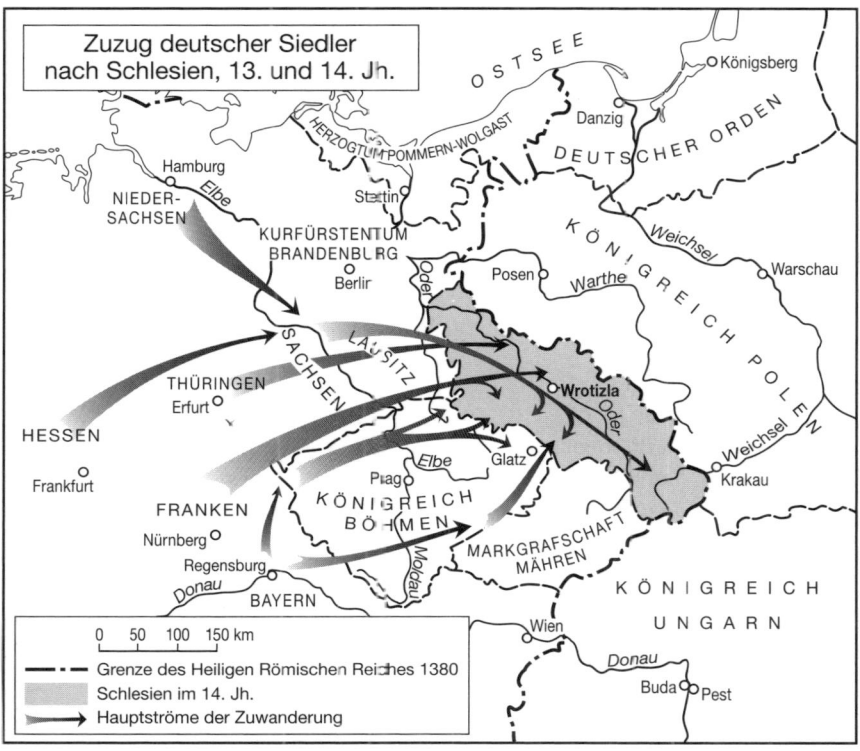

650 Die Blume Europas

3 Die Dynastien der Jagiellonen und Luxemburger 1335–1526

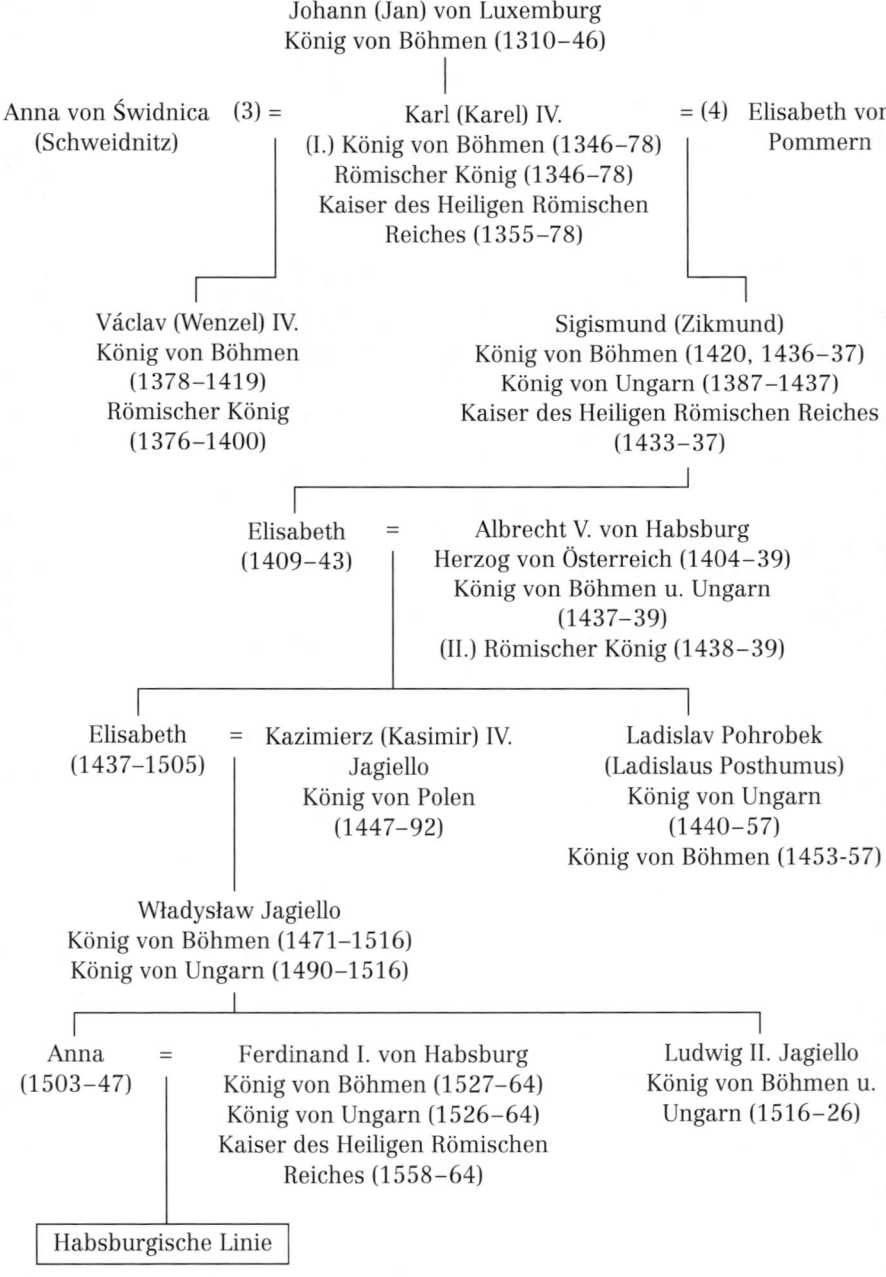

Johann (Jan) von Luxemburg
König von Böhmen (1310–46)
|
Anna von Świdnica (3) = Karl (Karel) IV. = (4) Elisabeth von
(Schweidnitz)   (I.) König von Böhmen (1346–78)   Pommern
                           Römischer König (1346–78)
                           Kaiser des Heiligen Römischen
                           Reiches (1355–78)

Václav (Wenzel) IV.   Sigismund (Zikmund)
König von Böhmen   König von Böhmen (1420, 1436–37)
(1378–1419)   König von Ungarn (1387–1437)
Römischer König   Kaiser des Heiligen Römischen Reiches
(1376–1400)   (1433–37)

Elisabeth   =   Albrecht V. von Habsburg
(1409–43)   Herzog von Österreich (1404–39)
                  König von Böhmen u. Ungarn
                  (1437–39)
                  (II.) Römischer König (1438–39)

Elisabeth   =   Kazimierz (Kasimir) IV.   Ladislav Pohrobek
(1437–1505)   Jagiello   (Ladislaus Posthumus)
                 König von Polen   König von Ungarn
                 (1447–92)   (1440–57)
                                               König von Böhmen (1453–57)

Władysław Jagiello
König von Böhmen (1471–1516)
König von Ungarn (1490–1516)

Anna   =   Ferdinand I. von Habsburg   Ludwig II. Jagiello
(1503–47)   König von Böhmen (1527–64)   König von Böhmen u.
              König von Ungarn (1526–64)   Ungarn (1516–26)
              Kaiser des Heiligen Römischen
              Reiches (1558–64)

Habsburgische Linie

Anhang

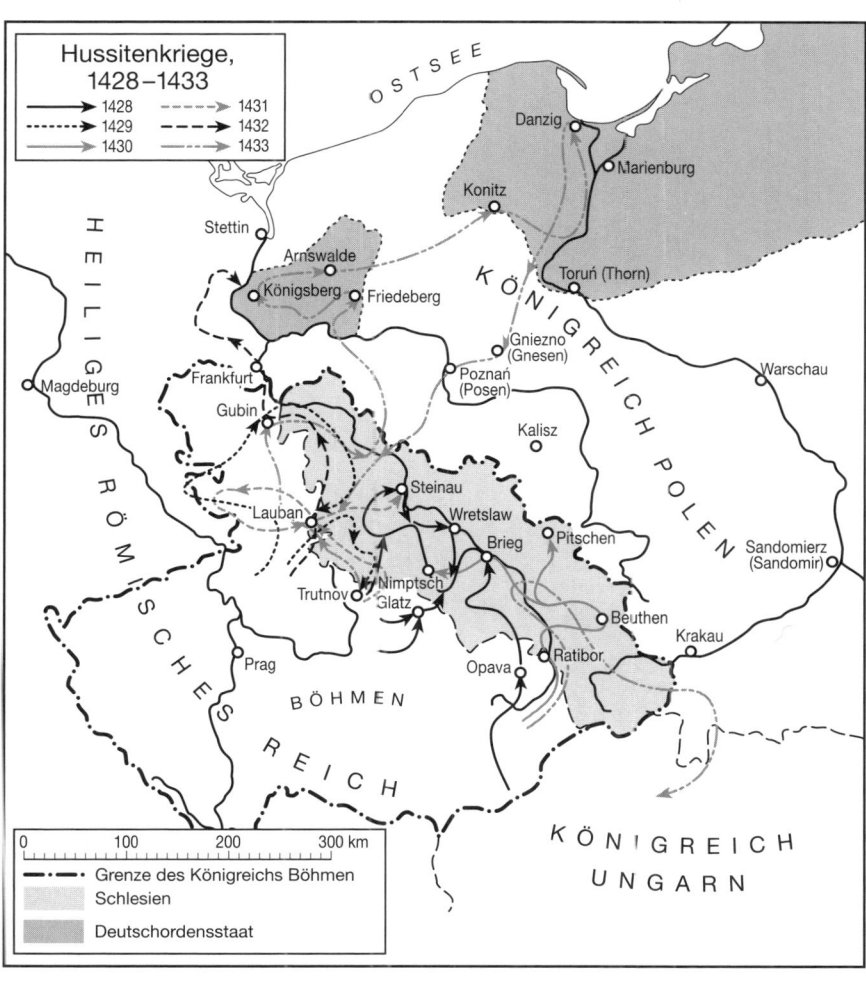

4 Die Bischöfe von Wratislavia

1.	Johannes	1000
2.	Hieronymus	1046–1062
3.	Johannes I.	1063–1072
4.	Petrus I.	1073–1111
5.	Siroslaus I.	1112–1120
6.	Heimo	1120–1126
7.	Robert I.	1127–1142
8.	Robert II.	1142–1146
9.	Johannes II.	1146–1149
10.	Walter	1149–1169
11.	Siroslaus II.	1170–1198
12.	Jaroslaus	1198–1201
13.	Cyprian	1201–1207
14.	Lorenz	1207–1232
15.	Thomas I.	1232–1268
16.	Thomas II.	1270–1292
17.	Johannes III. Romka	1292–1301
18.	Heinrich von Würben	1302–1319
19.	Oksa Nanker	1326–1341
20.	Przecław von Pogarell	1342–1376
21.	Wenzel von Liegnitz	1382–1417
22.	Konrad von Oels	1417–1447
23.	Peter II. Nowag	1447–1456
24.	Jodocus von Rosenberg	1456–1467
25.	Rudolf von Rüdesheim	1468–1482
26.	Johannes IV. Roth	1482–1506
27.	Johannes V. Thurzó	1506–1520
28.	Jakob Salza	1520–1539
29.	Balthasar von Promnitz	1540–1562
30.	Kaspar von Logau	1562–1574
31.	Martin Gerstmann	1574–1585
32.	Andreas Jerin	1585–1596
33.	Paul Albert	1599–1600
34.	Johannes VI. von Sitsch	1600–1608
35.	Karl von Habsburg	1608–1624
36.	Karol Ferdynand Waza	1625–1655
37.	Leopold Wilhelm von Habsburg	1656–1662
38.	Karl Joseph von Habsburg	1663–1664

Anhang

39.	Sebastian von Rostock	1665–1671
40.	Friedrich von Hessen	1671–1682
41.	Franz Ludwig zu Neuburg	1683–1732
42.	Philipp Ludwig Sinzendorf	1732–1747
43.	Philipp Gotthard Graf von Schaffgotsch	1747–1795
44.	Joseph Christian, Fürst zu Hohenlohe-Waldenburg-Bartenstein	1795–1817
45.	Emanuel Schimonski	1824–1832
46.	Leopold Sedlnitzky	1836–1840
47.	Josef Knauer	1843–1844
48.	Melchior Baron von Diepenbrock	1845–1853
49.	Heinrich Förster	1853–1881
50.	Robert Herzog	1882–1886
51.	Georg Kopp	1887–1914
52.	Adolf Bertram	1914–1945

(Karol Milik [apostolischer Administrator]   1945–1951)
(Kazimierz Lagosz [Kurat]   1951–1956)
(Bolesław Kominek [Kurat]   1956–1972)

(Ferdinand Piontek [Kurat]   1945–1963)
(Gerhard Schaffran [Kurat]   1963–1972)

53. Bolesław Kominek   1972–1974

(Wincenty Urban [Kurat]   1974–1976)

54. Henryk Gulbinowicz   1976–

Die Blume Europas

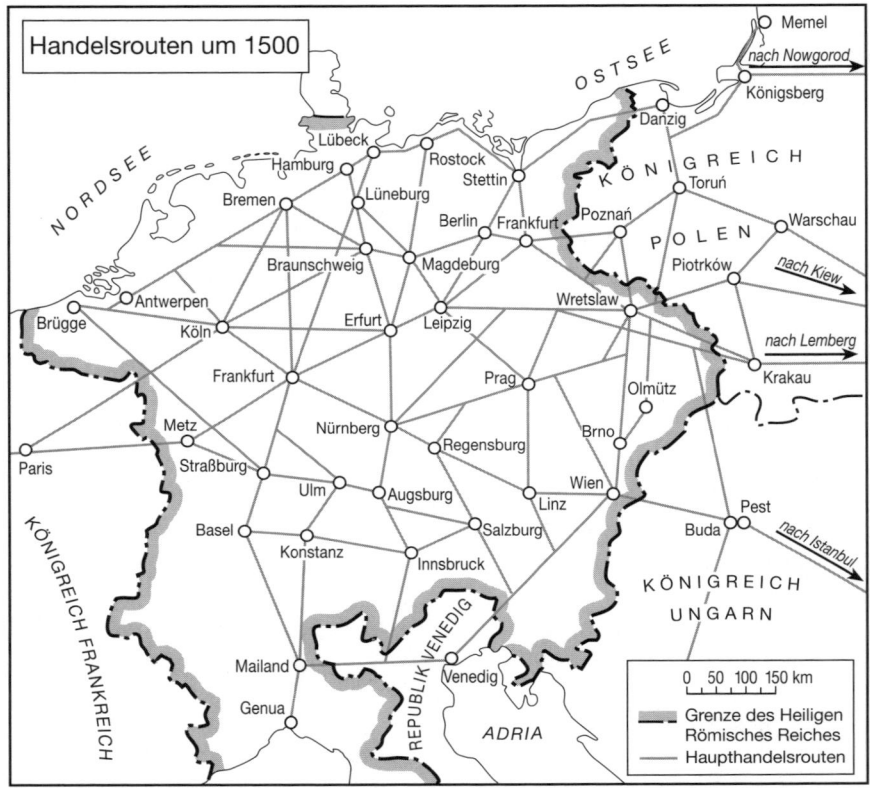

Anhang 655

5 Die Habsburger 1527-1740

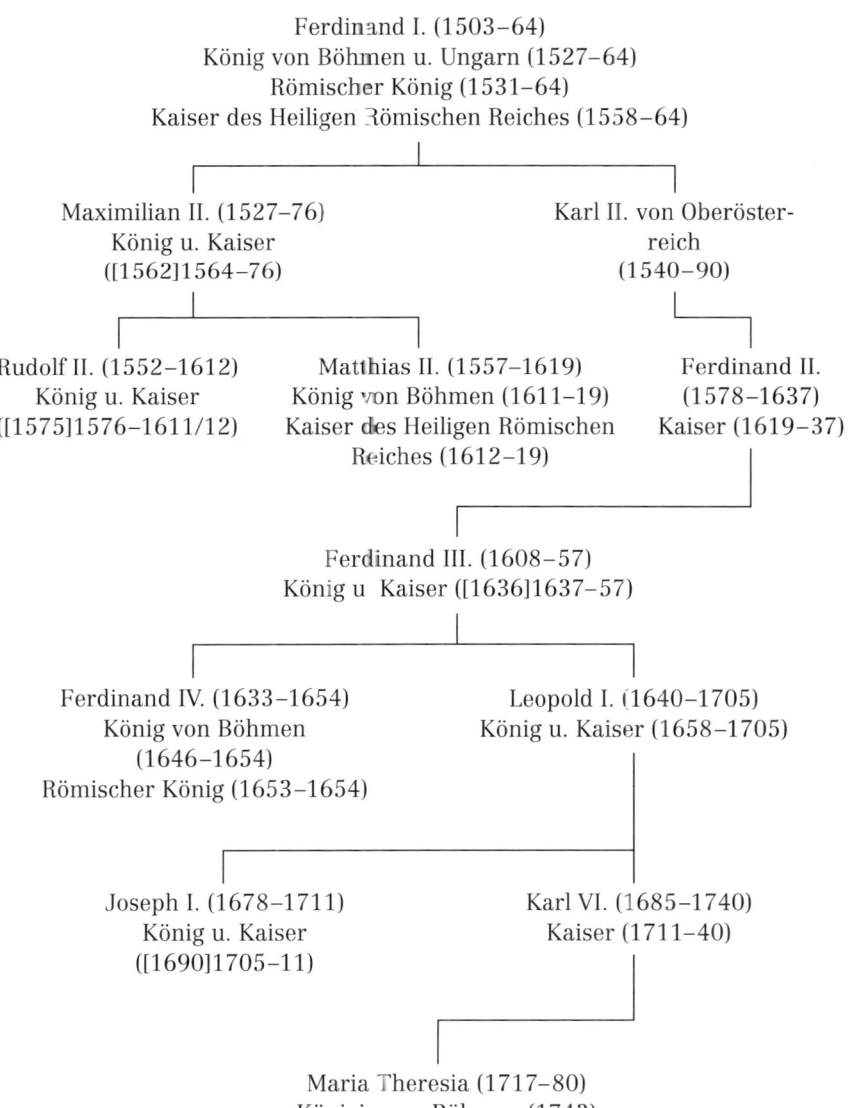

Ferdinand I. (1503-64)
König von Böhmen u. Ungarn (1527-64)
Römischer König (1531-64)
Kaiser des Heiligen Römischen Reiches (1558-64)

Maximilian II. (1527-76)
König u. Kaiser
([1562]1564-76)

Karl II. von Oberösterreich
(1540-90)

Rudolf II. (1552-1612)
König u. Kaiser
([1575]1576-1611/12)

Matthias II. (1557-1619)
König von Böhmen (1611-19)
Kaiser des Heiligen Römischen
Reiches (1612-19)

Ferdinand II.
(1578-1637)
Kaiser (1619-37)

Ferdinand III. (1608-57)
König u Kaiser ([1636]1637-57)

Ferdinand IV. (1633-1654)
König von Böhmen
(1646-1654)
Römischer König (1653-1654)

Leopold I. (1640-1705)
König u. Kaiser (1658-1705)

Joseph I. (1678-1711)
König u. Kaiser
([1690]1705-11)

Karl VI. (1685-1740)
Kaiser (1711-40)

Maria Theresia (1717-80)
Königin von Böhmen (1743)

Die Blume Europas

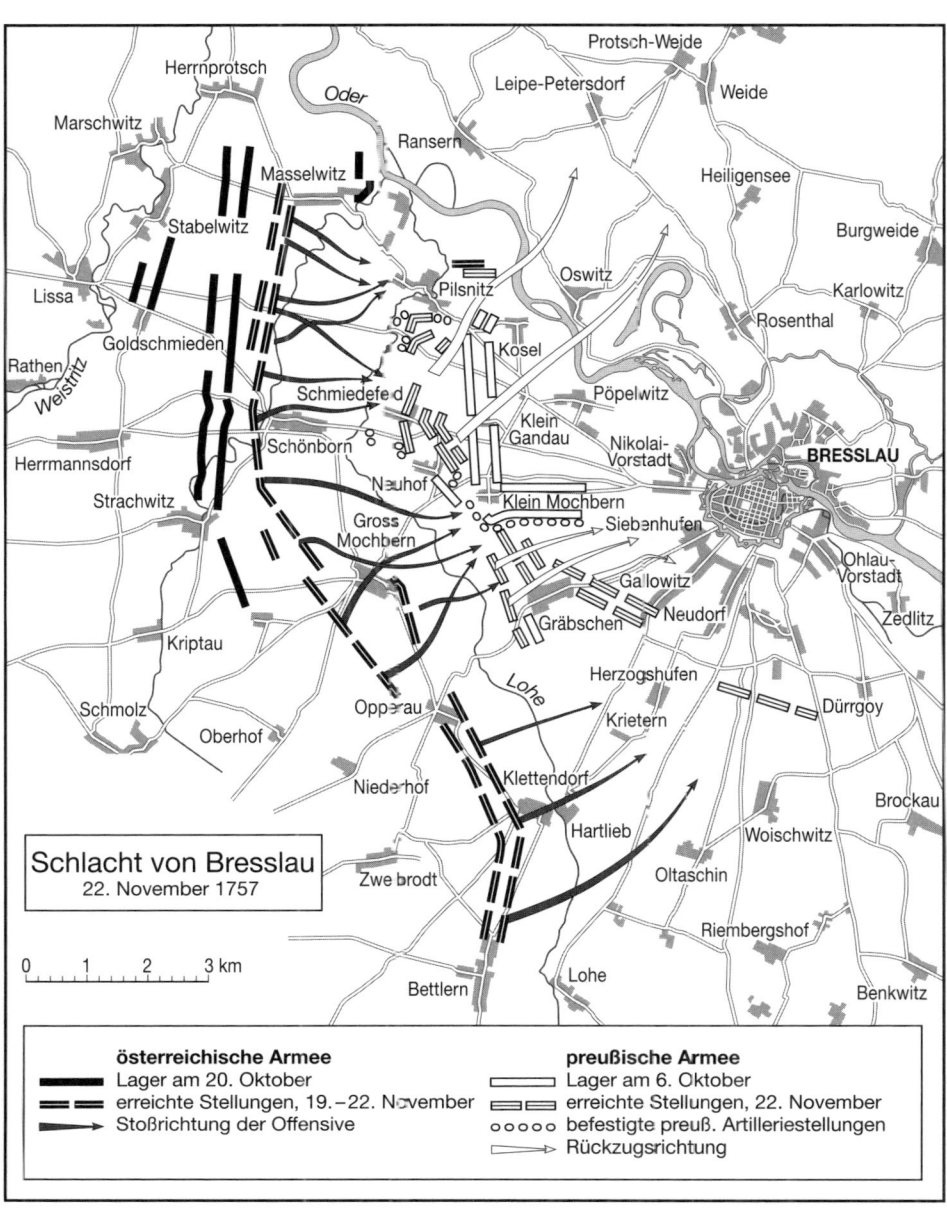

6 Textauszug aus: Hans Ottokar Reichard: *Guide de l'Allemagne, 1793*

»*Breslau*. Einwohner 60 191 (1787)

Bemerkenswerte Bauwerke. Sehenswürdigkeiten. Die Augustinerkirche (der Hauptaltar ist ein Meisterwerk) – die Prämonstratenser-Kapelle – der Klarissinnenkonvent – Matthias-Kapelle – die Heilig-Kreuz-Kirche – das bischöfliche Palais – die lutherische Kirche St. Elisabeth (die Glocke ist eine der größten, die es gibt) – die Kirche St. Maria Magdalena – die reformierte Kirche – das Rathaus – das Zeughaus – das Zollhaus – der Markt – die Ausstellungsräume – das Hatzfeld'sche Palais – das ehemalige Jesuitenkolleg – die Universitätsgebäude – die Insel, die Dominsel heißt – die hydraulische Maschine.

Bildungs- und andere Einrichtungen. Das Kolleg oder Gymnasium – die Realschule – das Magdalenengymnasium – das Anatomische Theater – der Botanische Garten – die patriotische und ökonomische Gesellschaft – Lesegesellschaften.

Unterhaltung. Öffentliche und private Konzerte; Bälle und Tanzabende; Picknicks; Spaziergänge oder Spazierfahrten mit der Kutsche in den Gärten von Fiebig und Fink, im Englischen Garten des Fürsten Hohenlohe in Scheitnig, in den Gärten in Kriechen; die Wachablösung; die große Militärparade im August; Vergnügungsfahrten zu Wasser in Skarfine.

Sammlungen. Die Bibliotheken der Augustiner, der Stiftsherren vom Heiligen Kreuz, des Bischofs, der Kirchen St. Elisabeth, St. Maria Magdalena und St. Bernhard, der Jesuiten und der »Kriegs- und Domänenkammer« (wo es ein Modell des Riesengebirges gibt). Münzkabinette, Sammlungen von Drucken und naturgeschichtliche Sammlungen in den Kirchen St. Matthias, St. Elisabeth und St. Maria Magdalena.

Freimaurerlogen. Die Provinzloge von Schlesien; die Drei Skelette, die Säule und die Glocke (System der Großloge von Deutschland).

Gasthäuser. Goldene Gans, Goldener Adler, Blauer Bock.

Fabriken. Erzeugnisse. Serge [ein Stoff], Nadeln, Bleistifte, feines Tuch, Leder. Zuckerraffinerien; Wachsbleichen, Färbereien für türkisches Garn; feine Liköre in der Destillerie Hensel etc.

Messen. Zwei bedeutende Messen.

Umgebung. Die Schlacht von 1757 zwischen dem Reich und den Preußen zugunsten des Erstgenannten. Das Schlachtfeld liegt drei Wegstunden von Breslau entfernt, zwischen Lissa und Leuthen, an der Straße nach Liegnitz. – Sibyllen-Ort und die Gärten des Herzogs von Brunswick-Oels.

Anhang 659

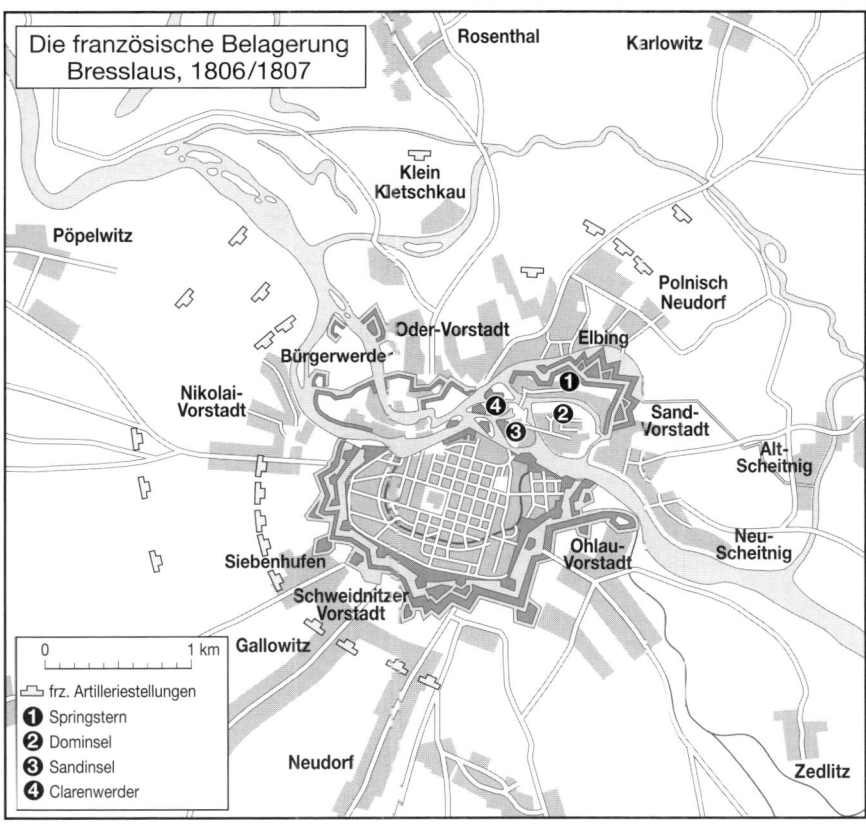

660   *Die Blume Europas*

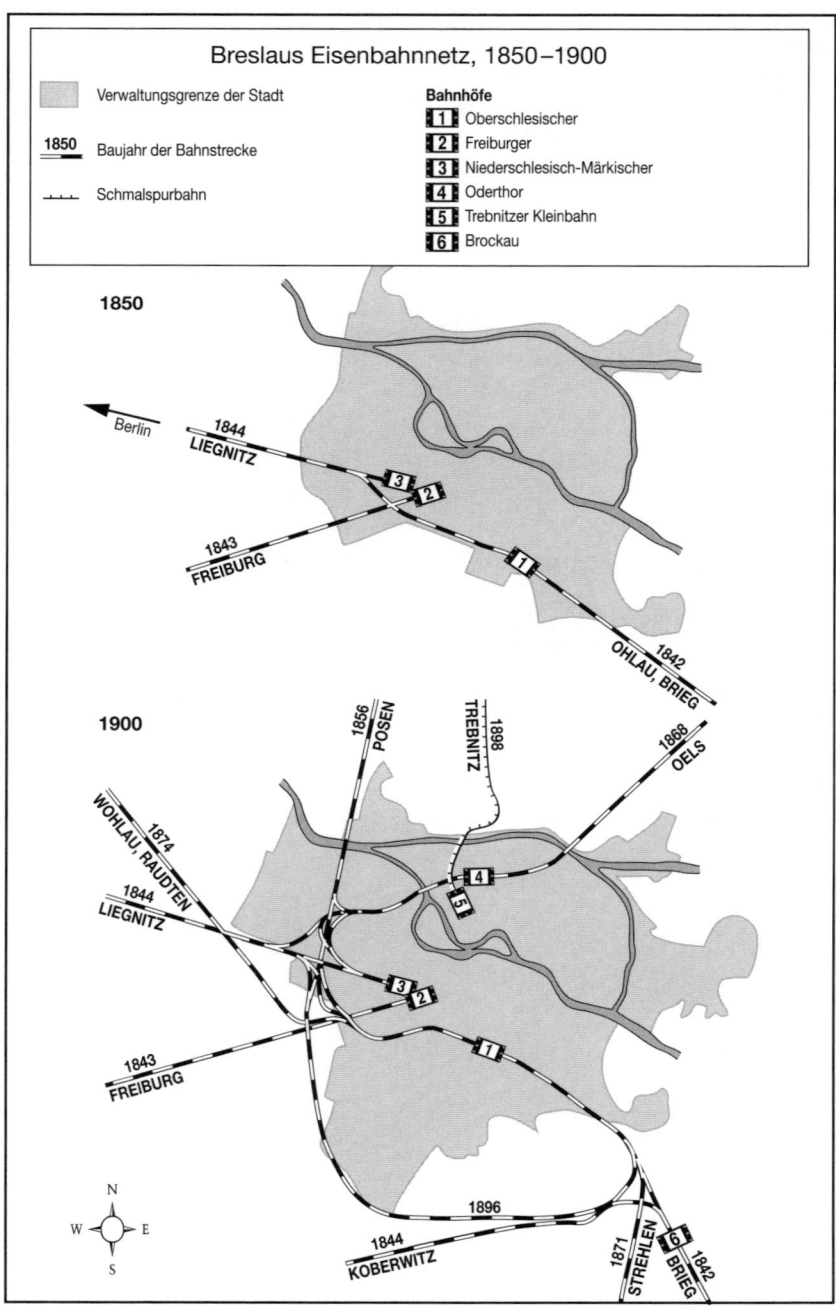

Anhang 661

7 Die Hohenzollern
1740–1918

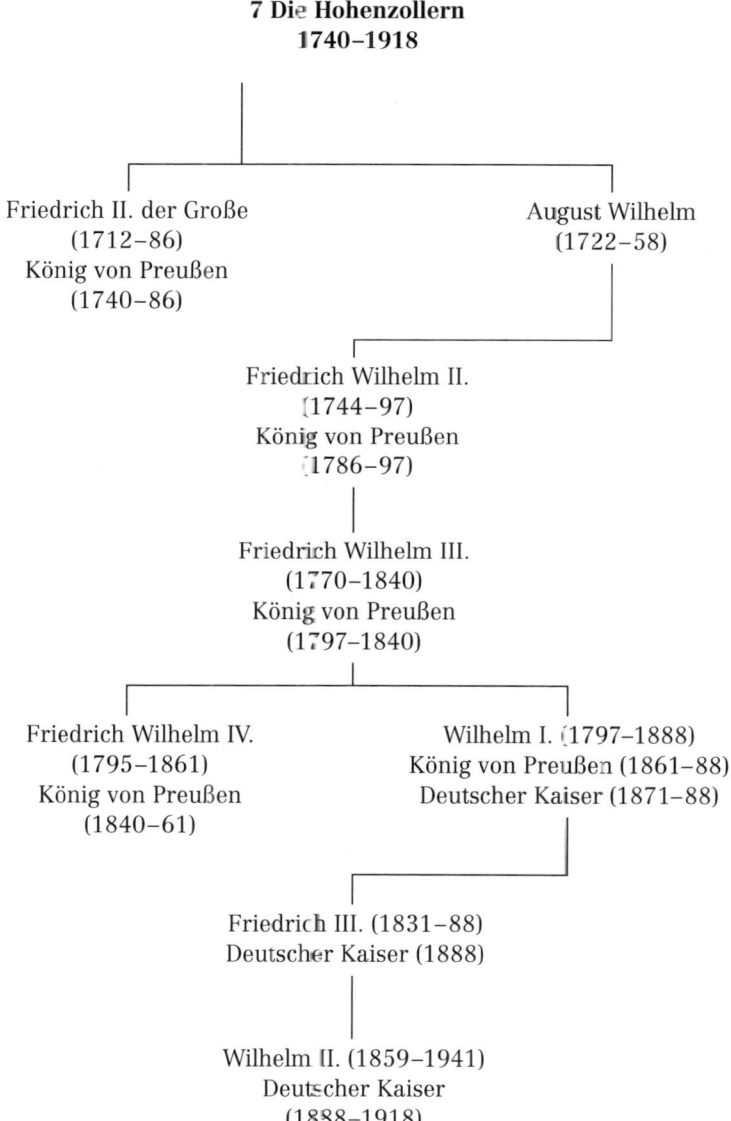

Friedrich II. der Große
(1712–86)
König von Preußen
(1740–86)

August Wilhelm
(1722–58)

Friedrich Wilhelm II.
(1744–97)
König von Preußen
(1786–97)

Friedrich Wilhelm III.
(1770–1840)
König von Preußen
(1797–1840)

Friedrich Wilhelm IV.
(1795–1861)
König von Preußen
(1840–61)

Wilhelm I. (1797–1888)
König von Preußen (1861–88)
Deutscher Kaiser (1871–88)

Friedrich III. (1831–88)
Deutscher Kaiser (1888)

Wilhelm II. (1859–1941)
Deutscher Kaiser
(1888–1918)

8 Die »Mitteleuropa«-Vision von Joseph Partsch (1903)

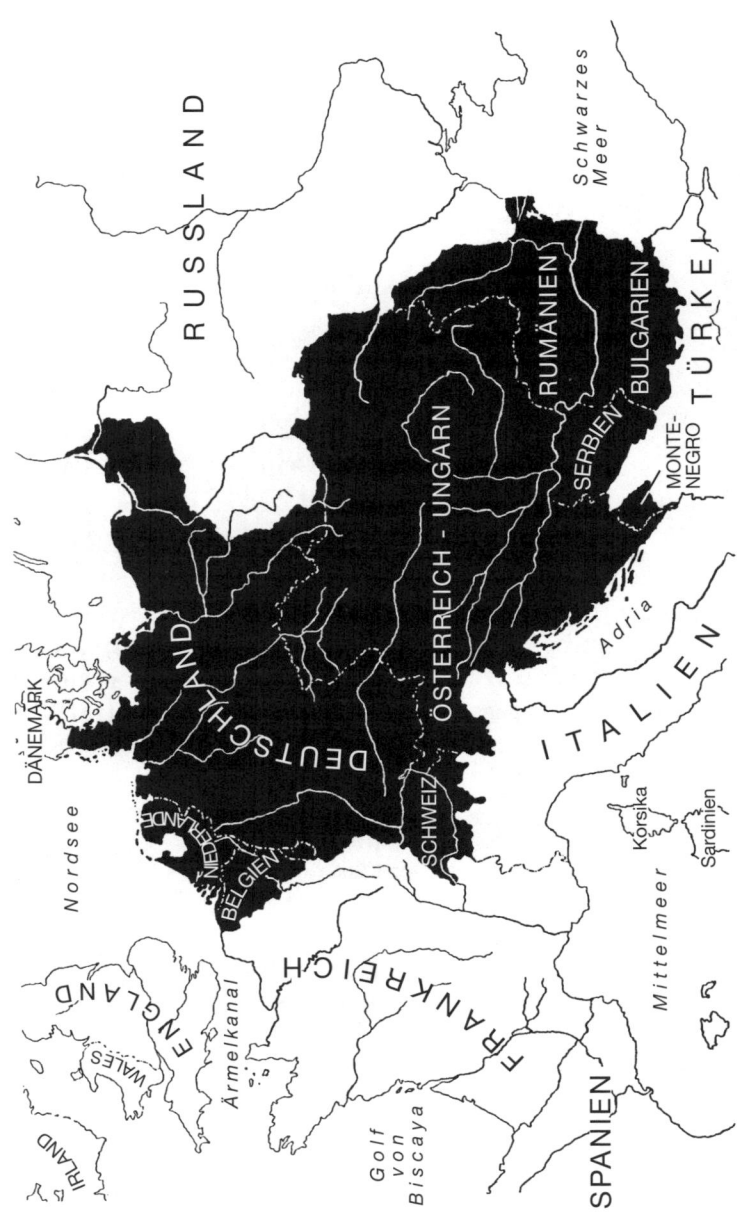

Anhang 663

9 Textauszug aus: Baedeker's *Handbook for Travellers*, 1904

»33. Breslau
Bahnhöfe. Breslau hat vier Bahnhöfe: 1. den Hauptbahnhof... für die Oberschlesische, Posener, Glatzer und Zobtener Eisenbahn und für ein paar Züge der Niederschlesisch-Märkischen Linie; 2. den Märkischen Bahnhof... für die übrigen Züge dieser Linie und für alle Züge der Rechte-Oderufer-Eisenbahn; 3. den Freiburger Bahnhof... für die Freiburger, Schweidnitzer und Reppener Linien; 4. den Oderthor-Bahnhof... im Norden der Stadt, für Trebnitz, Oels, Gnesen, Oberschlesien, Warschau usw.
Hotels. MONOPOL, Wallstraße 7, mit Fahrstuhl und Restaurant; WEISSER ADLER, Ohlauer Straße 10;... RESIDENZ, Tauentzien-Platz 16, kein Restaurant.
(...)
Hauptattraktionen (1 Tag). Am Vormittag: Ring, Rathaus, St. Elisabeth, Blücherplatz, Schweidnitzer Straße, Kunstgewerbemuseum, Museum der Schönen Künste. – Am Nachmittag: Spaziergänge (Liebichshöhe, Holteihöhe), Dom, Zoologischer Garten und Scheitnig (oder Wilhelmshafen oder Südpark).
Breslau... zweitgrößte Stadt in Preußen, Hauptstadt von Schlesien und Sitz der Provinzregierung, Hauptquartier des 6. Armeekorps und Residenz eines römisch-katholischen Fürstbischofs, mit 423 000 Einw. (157 000 röm.-kath., 20 000 Juden, 5900 Soldaten), liegt in einer fruchtbaren Ebene auf beiden Ufern der Oder, am Zufluß der Ohle. Die hier von der Oder gebildeten Inseln sind durch zahlreiche Brücken mit den Ufern verbunden. Die Stadt besteht aus der Altstadt und fünf ständig expandierenden Vorstädten.
Breslau, lat. Wratislavia, poln. Wrocław, Stadt und Bischofssitz schon seit dem Jahr 1000, ist slawischen Ursprungs, wobei Schlesien bis 1168 zu Polen gehörte, anschließend wurde Breslau Hauptstadt des unabhängigen Herzogtums Schlesien. 1261 führte Herzog Heinrich III. das Magdeburger Stadtrecht ein. Beim Aussterben der Herzöge im Jahr 1335 wurde die Stadt Böhmen einverleibt und Untertanin der Kaiser aus dem Hause Luxemburg, die die Stadt unter ihren besonderen Schutz nahmen, so daß ungeachtet der Stürme der Hussitenkriege und der nachfolgenden Jahrhunderte energisch ein unabhängiges deutsches Element entwickelt wurde.
In dieser Periode erhielt Breslau auch sein architektonisches Gesicht. Eifrig pflegte man hier Spätgotik und Frührenaissance. Die schönste go-

tische Kirche ist die elegante Kirche St. Elisabeth, und das ansehnlichste weltliche Bauwerk in diesem Stil ist das Rathaus. Wie in allen slawischen und halbslawischen Ländern faßte die Renaissance auch hier bemerkenswert früh Fuß. Der neue Stil scheint auf Portale und Denkmäler angewendet worden zu sein, aber leider wurden niemals Werke größerer Bedeutung in Angriff genommen. Dem Jesuitischen Stil verdankt die Stadt ihre eindrucksvolle Universität.

1523 nahmen die Einwohner die Reformation an, und 1527 fielen sie unter österreichische Oberhoheit. 1741 marschierte Friedrich der Große in Schlesien ein und nahm Breslau im Handstreich. 1757 wurde die Stadt erneut von den Österreichern in Besitz genommen, von Friedrich jedoch nach der Schlacht von Leuthen zurückerobert. 1760 schlug Tauentzien einen Angriff Loudons zurück. 1806–07 wurde die Stadt von Vandamme belagert, der sie einnahm und die Befestigungen schleifte. Im März 1813 war Breslau Schauplatz einer begeisterten Erhebung gegen die Franzosen. Bei dieser Gelegenheit erließ Friedrich Wilhelm III. seinen berühmten Aufruf »An mein Volk«. Seitdem ist die Stadt schnell gewachsen.

Heute ist Breslau einer der wichtigsten Handels- und Industriestandorte in Deutschland. Die Haupterzeugnisse sind Dampfmaschinen, Eisenbahnwaggons, Bier, Liköre und Branntwein. Die wichtigsten Gebrauchsartikel sind Leinen- und Baumwollwaren, Eisenartikel, Kohle, Glaswaren, Öl, Müllereiprodukte und Zucker.

(. . .)«

Anhang

10 Wratislavische Nobelpreisträger

1902 Literatur
Theodor Mommsen (1817–1903), für sein historisches Werk, mit besonderer Berücksichtigung seiner monumentalen *Römischen Geschichte*.

1905 Physik
Philipp Lenard (1862–1947) für seine Arbeit über Kathodenstrahlen.

1907 Chemie
Eduard Buchner (1860–1917) für seine biochemischen Forschungen und die Entdeckung der zellfreien Fermentierung.

1908 Medizin
Paul Ehrlich (1854–1915) in Anerkennung seiner Arbeit über das Immunsystem (zusammen mit Ilja Iljitsch Metschnikow).

1912 Literatur
Gerhart Hauptmann (1862–1946) in Anerkennung seines ergiebigen, mannigfaltigen und herausragenden Schaffens im Bereich dramatischer Kunst.

1918 Chemie
Fritz Haber (1868–1934) für die Ammoniaksynthese.

1931 Chemie
Friedrich Bergius (1884–1949) in Anerkennung seiner Beiträge zur Erfindung und Entwicklung chemischer Hochdruckverfahren (zusammen mit Carl Bosch).

1943 Physik
Otto Stern (1888–1969) für seinen Beitrag zur Entwicklung der Molekularstrahlmethode und seine Entdeckung des magnetischen Moments beim Proton.

1954 Physik
Max Born (1882–1970) für seine Grundlagenforschung in der Quantenmechanik, besonders für seine statistische Interpretation der Wellenfunktion.

1994 Wirtschaft
Reinhard Selten (1930-) für seine bahnbrechende Analyse des Gleichgewichts in nicht-kooperativer Spieltheorie (zusammen mit John C. Harsanyi und John F. Nash).

Anhang

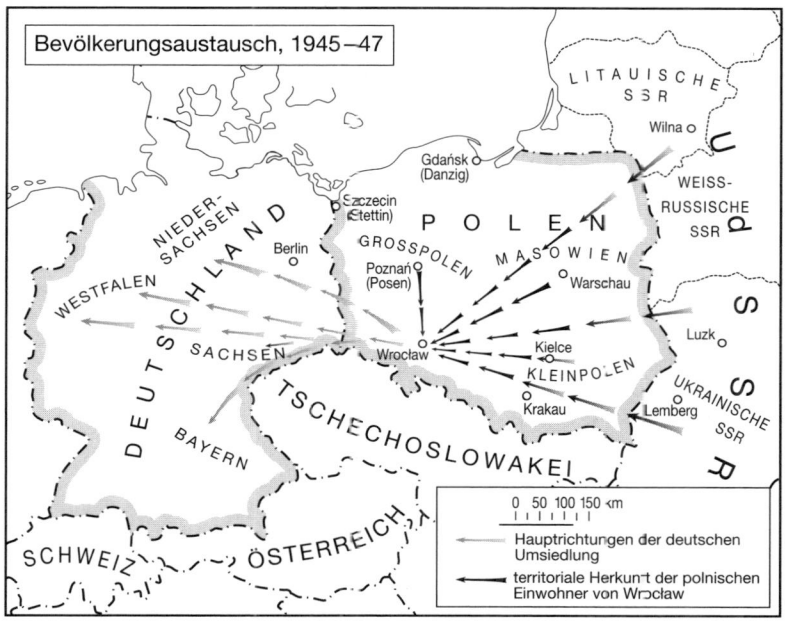

11 Wratislavia –
Verzeichnis der Ortsnamen

Deutsch – Polnisch

Deutsch	Polnisch
Agnetendorf	Jagniątów
Albendorf	Wambierzyce
Allenstein	Olsztyn
Auschwitz	Oświęcim
Bad Kudowa	Kudowa Zdrój
Bad Landeck	Lądek Zdrój
Bad Salzbrunn	Szczawno Zdrój
Bad Warmbrunn	Cieplice Zdrój
Bernstadt	Bierutów
Beuthen	Bytom
Bielitz	Bielsko
Boguslawitz	Bogusławice
Bolkenhain	Bołków
Breslau	Wrocław
– Bartheln	– Bartoszowice
– Benkwitz	– Bienkowice
– Bettlern	– Bielany
– Bischofswalde	– Biskupin
– Brockau	– Brochów
– Bürgerwerder	– Kępa Mieszczańska
– Burgweide	– Sołtysowice
– Dominsel	– Ostrów Tumski
– Dürrgoy	– Tarnogaj
– Elbing	– Ołbin
– Gabitz	– Gajowice
– Glockschütz	– Kłokoczyce
– Goldschmieden	– Złotniki
– Görlitz	– Zgorzelec
– Gräbschen	– Grabiszyn
– Groß-Ohlewiesen	– Księże Wielkie
– Grüneiche	– Dąbie
– Güntherbrücke	– Swojczyce
– Hartlieb	– Partynice
– Heiligensee	– Poświętne
– Herdain	– Gaj
– Herrmannsdorf	– Jerzmanowo
– Herrnprotsch	– Pracze Odrzańskie
– Herzogshufen	– Borek
– Huben	– Huby
– Kanth	– Kąty
– Karlowitz	– Karłowice
– Kawallen	– Kowale
– Klein-Gandau	– Gądów Mały
– Kleinburg	– Dworek
– Klein-Ohlewiesen	– Księże Małe
– Kletschkau	– Kleczkowska
– Klettendorf	– Klecina
– Kosel	– Kozanów
– Kraftborn	– Siechnica
– Krietern	– Krzyki
– Kriptau	– Krzeptów
– Leerbeutel	– Zalesie
– Lehmgruben	– Glinianki
– Leipe Petersdorf	– Lipa Piotrowska
– Lissa	– Leśnica
– Lohe	– Śleża
– Marschwitz	– Marszowice
– Masselwitz	– Maślice
– Mochbern	– Muchobór
– Morgenau	– Rakowiec

Verzeichnis der Ortsnamen 671

– Muckerau	– Mokra	Driesen	Drezdenko
– Neudorf	– Nowa Wieś	Dyhernfurth	Brzeg Dolny
– Neuhof	– Nowy Dwór	Erdmannsdorf	Mysłakowice
– Niederhof	– Mokronos Dln.	Falkenberg	Niemodlin
– Oberhof	– Mokronos Grn.	Frankenstein	Ząbkowice Śląskie
– Oltaschin	– Ołtaszyn	Freiburg	Świebodzice
– Oswitz	– Osobowice	Freiwaldau	Gozdnica
– Ottwitz	– Opatowice	Fünfteichen	Meleświce
– Pilsnitz	– Pilczyce	Fürstenstein	Książ
– Pirscham	– Bierdzany	Glatz	Kłodzko
– Pöpelwitz	– Popowice	Gleiwitz	Gliwice
– Protsch–Weide	– Pracze Widawskie	Glofenau	Głownin
		Glogau	Głogów
– Ransern	– Redzin	Gnesen	Gniezno
– Rathen	– Ratyn	Goldberg	Złotoryja
– Riembergshof	– Radomierzyce	Görlitz	Zgorzelec
– Rosenthal	– Różanka	Goschütz	Goszcz
– Sacrau	– Zakrzów	Gottesberg	Boguszów
– Sand-Insel	– Wyspa Piaskowa	Graudenz	Grudziądz
– Schebitz	– Świniary	Gröditzburg	Grodziec
– Scheitnig	– Szczytniki	Groß-Breesen	Brzeżno
– Schmiedefeld	– Kuźniki	Groß-Peterwitz	Piotrkowice
– Schmolz	– Smolec	Groß-Rosen	Rogoźnica
– Schönborn	– Zerniki	Groß-Strehlitz	Strzelce Opolskie
– Siebenhufen	– Siedem Łanów	Groß-Wartenberg	Syców
– Stabelwitz	– Stabłowice	Grottkau	Grodków
– Strachwitz	– Strachowice	Grünberg	Zielona Góra
– Tschepine	– Szczepin	Grüssau	Krzeszów
– Vorderbleiche	– Wyspa Słodowa	Habelschwerdt	Bystrzyca Kłodzka
– Weide	– Widawa	Haynau	Chojnów
– Wendelborn	– Pawłowice	Heinrichau	Henryków
– Wilhelmsruh	– Zacisze	Hirschberg	Zelenia Góra
– Woischwitz	– Wojszyce	Hohenfriedeberg	Dobromierz
– Zedlitz	– Siedlec	Hundsfeld	Psie Pole
– Zimpel	– Sępolno	Jägerndorf	Strzelniki
– Zweibrodt	– Zabrodzie	Jauer	Jawor
		Jordansmühl	Jordanów Śląski
Brieg	Brzeg	Kamenz	Kamieniec
Brückenberg	Bierutowice	Kammin	Kamien
Bunzlau	Boleslawiec	Kattowitz	Katowice
Bunzelwitz	Boleslawice	Kentschkau	Karńcza Góra
Cosel	Koźle	Klein-Bresa	Brzezińka Sredzka
Danzig	Gdańsk	Klein-Oels	Oleśnica Mała
Dramburg	Drawsko	Kohlfurt	Weglowice

Kolberg	Kołobrzeg	Oels	Oleśnica
Königsberg	Kaliningrad (Rus)	Ohlau	Oława
Königshütte	Chorzów	Oppeln	Opole
Konstadt	Wołczyn	Opperau	Oporów
Krakau	Kraków	Ottmachau	Otmuchów
Kreisau	Krzyżowa	Parchwitz	Prochowice
Kreuzburg	Kluczbork	Patschkau	Paczków
Krieblowitz	Krobielowice	Pawelwitz	Pawłowice
Krossen	Krosno	Peilau	Piława
Kuhnau	Kunow	Peterwitz	Stoszowice
Kunersdorf	Kunowice	Peterswaldau	Pieszyce
Kupferberg	Miedzanka	Pitschen	Byczyna
Küstrin	Kostrzyn	Plagwitz	Płakowice
Kuttenberg	Kutná Hora	Pless	Pszczyna
Lamsdorf	Lambinowice	Posen	Poznań
Landshut	Kamienna Góra	Prausnitz	Prusice
Langenau	Czernica	Radlowitz	Radłowice
Lauban	Lubań	Ratibor	Racibórz
Lebus	Lubusz	Rattwitz	Ratowice
Lemberg	L'wiv/Lwów	Reichau	Zarzyce
Leobschütz	Głubczyce	Reichenbach	Dzierżoniów
Leubus	Lubiąż	Reimswaldau	Rybnica Leśna
Leuthen	Lutynia	Riebnig	Rybnik
Liebenthal	Lubomierz	Ritschen	Ryczyn
Liegnitz	Legnica	Sagan	Żagań
Lissa (Pr. Posen)	Leszno	Sankt Annaberg	Góry Św. Anny
Löwenberg	Lwówek	Schmograu	Smogorzów
Lüben	Lubin	Schreiberhau	Szklarska Poręba
Lublinitz	Lubliniec	Schweidnitz	Świdnica
Lubowitz	Łubowice	Schwientoch-	Świętochłowice
Markstädt	Laskowice	lowitz	
Militsch	Milicz	Sokolniki	Sokolnice
Mittelwalde	Międzylesie	Sprottau	Szprotawa
Mollwitz	Małujowice	Strehlen	Strzelin
Münsterberg	Ziębice	Steinau	Ścinawa
Myslowitz	Mysłowice	Stettin	Szczecin
Namslau	Namysłów	Striegau	Strzegom
Neisse	Nysa	Tarnowitz	Tarnowskie Góry
Neukirch	Nowy Kościoł	Taus	Domaźlice
Neumarkt	Środa Śląska	Teschen	Cieszyn
Neustadt	Prudnik	Thorn	Toruń
Nimkau	Miękinia	Tormersdorf	Predocice
Nimptsch	Niemcza	Trachenberg	Żmigród
Oberglogau	Głogówek	Trebnitz	Trzebnica

Verzeichnis der Ortsnamen 673

Trentschin	Trenzin	Częstochowa	Tschenstochau
Troppau	Opava	Dobromierz	Hohenfriede-
Tschenstochau	Częstochowa		berg
Wahlstatt	Legnickie Pole	Domaźlice	Taus
Waldenburg	Wałbrzych	Drawsko	Dramburg
Weigelsdorf	Ostroszowice	Drezdenko	Driesen
Wilschkowitz	Wilczkowice	Dzierżoniów	Reichenbach
Wohlau	Wołów	Gdańsk	Danzig
Wohnwitz	Wojnowice	Gliwice	Gleiwitz
Wölfelsgrund	Międzygórze	Głogów	Glogau
Wollin	Wolin	Głogówek	Oberglogau
Würben	Wierzbna	Głownin	Glofenau
Ziegenhals	Głuchołazy	Głubczyce	Leobschütz
Zobten	Sobótka	Głuchołazy	Ziegenhals
Zobtenberg	Ślęża	Gniezno	Gnesen
Zottwitz	Sobocisko	Góry Św. Anny	Sankt Annaberg
Zülz	Biała	Goszcz	Goschütz
		Gozdnica	Freiwaldau
		Grodziec	Gröditzburg
Polnisch – Deutsch		Grodków	Grottkau
		Grudziądz	Graudenz
Biała	Zülz	Henryków	Heinrichau
Bielsko	Bielitz	Jagniątów	Agnetendorf
Bierutów	Bernstadt	Jawor	Jauer
Bierutowice	Brückenberg	Jelenia Góra	Hirschberg
Bogusławice	Boguslawitz	Jordanów Śląski	Jordansmühl
Boguszów	Gottesberg	Kaliningrad	Königsberg
Boleslawice	Bunzelwitz	(Rus)	
Boleslawiec	Bunzlau	Kamien	Kammin
Bołków	Bolkenhain	Kamieniec	Kamenz
Brzeg	Brieg	Kamienna Góra	Landshut
Brzeg Dolny	Dyhernfurth	Karńcza Góra	Kentschkau
Brzezińka	Klein-Bresa	Katowice	Kattowitz
Sredzka		Kłodzko	Glatz
Brzeżno	Groß-Breesen	Kluczbork	Kreuzburg
Byczyna	Pitschen	Kołobrzeg	Kolberg
Bystrzyca	Habelschwerdt	Koźle	Cosel
Kłodzka		Kostrzyn	Küstrin
Bytom	Beuthen	Kraków	Krakau
Chojnów	Haynau	Krobielowice	Krieblowitz
Chorzów	Königshütte	Krosno	Krossen
Cieplice Zdrój	Bad Warmbrunn	Krzeszów	Grüssau
Cieszyn	Teschen	Krzyżowa	Kreisau
Czernica	Langenau	Książ	Fürstenstein

Kudowa Zdrój	Bad Kudowa	Paczków	Patschkau
Kunow	Kuhnau	Pawłowice	Pawelwitz
Kunowice	Kunersdorf	Pieszyce	Peterswaldau
Kutná Hora	Kuttenberg	Piława	Peilau
Lądek Zdrój	Bad Landeck	Piotrkowice	Groß-Peterwitz
Lambinowice	Lamsdorf	Płakowice	Plagwitz
Laskowice	Markstädt	Poznań	Posen
Legnica	Liegnitz	Predocice	Tormersdorf
Legnickie Pole	Wahlstatt	Prudnik	Neustadt
Leszno	Lissa (Pr. Posen)	Prusice	Prausnitz
Lubań	Lauban	Psie Pole	Hundsfeld
Lubiąż	Leubus	Pszczyna	Pless
Lubin	Lüben	Racibórz	Ratibor
Lubliniec	Lublinitz	Radłowice	Radlowitz
Lubomierz	Liebenthal	Ratowice	Rattwitz
Łubowice	Lubowitz	Rogoźnica	Groß-Rosen
Lubusz	Lebus	Rybnica Leśna	Reimswaldau
Lutynia	Leuthen	Rybnik	Riebnig
L'wiv/Lwów	Lemberg	Ryczyn	Ritschen
Lwówek	Löwenberg	Śinawa	Steinau
Małujowice	Mollwitz	Śleża	Zobtenberg
Meleświce	Fünfteichen	Smogorzów	Schmograu
Miedzanka	Kupferberg	Sobocisko	Zottwitz
Międzygórze	Wölfelsgrund	Sobótka	Zobten
Międzylesie	Mittelwalde	Środa Śląska	Neumarkt
Miękinia	Nimkau	Stoszowice	Peterwitz
Milicz	Militsch	Strzegom	Striegau
Mysłakowice	Erdmannsdorf	Strzelce Opolskie	Groß-Strehlitz
Mysłowice	Myslowitz	Strzelin	Strehlen
Namysłów	Namslau	Strzelniki	Jägerndorf
Niemcza	Nimptsch	Świdnica	Schweidnitz
Niemodlin	Falkenberg	Świebodzice	Freiburg
Nowy Kościoł	Neukirch	Świentochłowice	Schwientochlowitz
Nysa	Neisse	Syców	Groß-Wartenberg
Oława	Ohlau	Szczawno Zdrój	Bad Salzbrunn
Oleśnica	Oels	Szczecin	Stettin
Oleśnica Mała	Klein-Oels	Szklarska Poręba	Schreiberhau
Olsztyn	Allenstein	Szprotawa	Sprottau
Opava	Troppau	Tarnowskie Góry	Tarnowitz
Opole	Oppeln	Toruń	Thorn
Oporów	Opperau	Trencin	Trentschin
Ostroszowice	Weigelsdorf	Trzebnica	Trebnitz
Oświęcim	Auschwitz	Wałbrzych	Waldenburg
Otmuchów	Ottmachau	Wambierzyce	Albendorf

Verzeichnis der Ortsnamen 675

Węglowice	Kohlfurt	– Maślice	– Masselwitz
Wierzbna	Würben	– Mokra	– Muckerau
Wilczkowice	Wilschkowitz	– Mokronos Grn.	– Oberhof
Wojnowice	Wohnwitz	– Mokronos Dln.	– Niederhof
Wołczyn	Konstadt	– Muchobór	– Mochbern
Wołiń	Wollin	– Nowa Wieś	– Neudorf
Wołów	Wohlau	– Nowy Dwór	– Neuhof
Wrocław	Breslau	– Ołbin	– Elbing
– Bartoszowice	– Bartheln	– Ołtaszyn	– Oltaschin
– Bielany	– Bettlern	– Opatowice	– Ottwitz
– Bienkowice	– Benkwitz	– Osobowice	– Oswitz
– Bierdzany	– Pirscham	– Ostrów Tumski	– Dominsel
– Biskupin	– Bischofswalde	– Partynice	– Hartlieb
– Borek	– Herzogshufen	– Pawłowice	– Wendelborn
– Brochów	– Brockau	– Pilczyce	– Pilsnitz
– Dąbie	– Grüneiche	– Popowice	– Pöpelwitz
– Dworek	– Kleinburg	– Poświętne	– Heiligensee
– Gądów Mały	– Klein-Gandau	– Pracze Odrzańskie	– Herrnprotsch
– Gaj	– Herdain		
– Gajowice	– Gabitz	– Pracze Widawskie	– Protsch-Weide
– Glinianki	– Lehmgruben		
– Grabiszyn	– Gräbschen	– Radomierzyce	– Riembergshof
– Huby	– Huben	– Rakowiec	– Morgenau
– Jerzmanowo	– Herrmannsdorf	– Ratyn	– Rathen
– Kąty	– Kanth	– Redzin	– Ransern
– Karłowice	– Karlowitz	– Różanka	– Rosenthal
– Kępa Mieszczańska	– Bürgerwerder	– Sępolno	– Zimpel
		– Siechnica	– Kraftborn
– Klecina	– Klettendorf	– Siedem Łanów	– Siebenhufen
– Kleczkówska	– Kletschkau	– Siedlec	– Zedlitz
– Kłokoczyce	– Glockschütz	– Śleża	– Lohe
– Kowale	– Kawallen	– Sołtysowice	– Burgweide
– Kozanów	– Kosel	– Smolec	– Schmolz
– Krzeptów	– Kriptau	– Stabłowice	– Stabelwitz
– Krzyki	– Krietern	– Strachowice	– Strachwitz
– Księże Małe	– Klein-Ohlewiesen	– Świniary	– Schebitz
		– Swojczyce	– Güntherbrücke
– Księże Wielkie	– Groß-Ohlewiesen	– Szczepin	– Tschepine
		– Szczytniki	– Scheitnig
– Kuźniki	– Schmiedefeld	– Tarnogaj	– Dürrgoy
– Leśnica	– Lissa	– Widawa	– Weide
– Lipa Piotrowska	– Lipe Petersdorf	– Wojszyce	– Woischwitz
		– Wyspa Piaskowa	– Sand-Insel
– Marszowice	– Marschwitz		

– Wyspa Słodowa	– Vorderbleiche	Ząbkowice Śląskie	Frankenstein
– Zabrodzie	– Zweibrodt	Żagań	Sagan
– Zacisze	– Wilhelmsruh	Zarzyce	Reichau
– Zakrzów	– Sacrau	Zgorzelec	Görlitz
– Zalesie	– Leerbeutel	Ziębice	Münsterberg
– Zerniki	– Schönborn	Zielona Góra	Grünberg
– Zgorzelisko	– Görlitz	Złotoryja	Goldberg
– Złotniki	– Goldschmieden	Żmigród	Trachenberg

12 Register

Abegg, Bruno 273
Achern 493
Acidalius, Valens 224f., 229, 244
Adalbert von Prag (Vojtěch, Wojciech), Heiliger 83f., 87, 89, 94, 108, 110, 116
Adamczewska, Helena 447
Adamiten 166
Adams, John Quincy 27, 322, 329f.
Adenauer, Konrad 593, 610
Aftanazy, Roman 595f.
Agnes von Babenberg 130
Agnetendorf *siehe* Jagniątów
Ahlfen, Hans von 41, 49
Ahron, Rabbi 127
Alanen 74
Albendorf *siehe* Wambierzyce
Albert von Habsburg 190
Albrecht der Bär 122
Albrecht V. von Habsburg, Kaiser d. Hl. Röm. Reiches 153, 193
Albrecht von Hohenzollern 196
Alesz 153
Alexis, Willibald 359
Alfred der Große, König von England 79
Alhazen 119
Alldeutscher Verband 339
Allgemeiner Deutscher Arbeiterverein (ADAV) 318
Alliierter Kontrollrat 517
Alpenverein 448
Altkatholiken 354f.
Altlutheraner 285, 356
Altranstädt, Vertrag von 218, 250

Alverni, Piero d' 106
Alzheimer, Alois 368, 370
Amado, Jorge 554
Anders, Günther 584
Anderssen, Adolf 298
Angelus Silesius (Johannes Scheffler) 217, 223, 228
Anjou, Haus 143
Anna von Böhmen 164
Anna von Świdnica (Schweidnitz) 179
Annaberg, Schlacht am (1921) 411
Antifaschistische Freiheitsbewegung (Antifa) 506
Antisemitismus 336, 379–383, 409, 460, 546, 583
– Kirche 429, 432
Arbeiterbewegung 318
Arbeitslosigkeit 419, 427ff., 447, 449
Archimedes AG 352, 429
Argens, Marquis d' 265f.
Arlt, Fritz 451
Arndt, Ernst Moritz 270
Arndt, Heinz Wolfgang 597
Arnim, Hans Georg von 205
Arnošt von Pardubice 179
Arpaden 143
Asam, Cosmas Damian 250
Aschkenasim 24
Asnyk, Adam 367
Aufklärung 311
Augsburger Religionsfrieden 214
Auguste Viktoria, Kaiserin von Deutschland 395
Augustiner 109, 111f., 137, 192
Aunjetitzer (Únětice-)Kultur 69, 75

Auschwitz siehe Oświęcim
Ausstellung der Wiedergewonnenen Gebiete (WZO) 553, 558f.
Bach, Johann Sebastian 215
Bach-Zelewski, Erich von dem 421, 461
Bad Kudowa siehe Kudowa Zdrój
Bad Landeck siehe Lądek Zdrój
Bad Salzbrunn siehe Szczawno Zdrój
Bad Warmbrunn siehe Cieplice Zdrój
Badura, Jerzy 366
Balthus (Balthasar Klossowski de Rola) 438
Baltzer, Johann Baptist 290
Banach, Stefan 580
Bandtkie, Jerzy 303f.
Bardo (Wartha) 152
Barmen 431
Barmherzige Brüder 218, 574
Baseler Kompaktaten 166
Batu-Khan 98
Bauernaufstände 277f.
Baumgarten von Rotenburg, Conrad 174
Bautzen, Schlacht von (1813) 270
Becker, Franz de 250
Becket, Thomas, Heiliger 117
Bednarz, Piotr 589
Befreiungskriege, deutsche 269, 271f.
Bekennende Kirche 431
Belgrad 479
Belisar 74
Bełżec 488, 497
Bender, Clara 363
Bender, Georg 386
Benediktiner 109, 111, 123, 137
Beneš, Edvard (Eduard Benesch) 426
Berdyczewski, Micha Josef 365
Berg, Max 359, 396, 406, 464, 466f.
Bergius, Friedrich 368, 370
Berlin 39, 57, 265, 320, 425
– Gründung 122
Berman, Adolf 544

Berman, Jakób 544f., 557, 566, 587, 605
Bernstein(straße) 61, 68f.
Bernstein, Eduard 349, 389f.
Berthound, Sir Eric 573
Bertram, Adolf 33, 358, 405, 424, 432, 496f., 582
Beuthen siehe Bytom
Bevölkerung
– 11.–13. Jh. 120–129
– 14.–16. Jh. 177–182, 193f.
– 16.–18. Jh. 229ff., 248
– 18.–20. Jh. 275–282, 289, 310–314, 351, 375ff., 383, 392f., 447
– nach 1945 519–548, 564, 572f
Biała (Zülz) 232
Bialy, Leszek 131
Bielsko (Bielitz) 502
Biener, Matthias 248
Bierkrieg 149, 187
Bierut, Boleslaw 516f., 553, 557f., 562
Bierutowice (Brückenberg) 421
Birk, Georg 485
Biskupin (Bischofswalde) 54
Bismarck, Otto von 18, 331, 334, 336ff., 341, 357, 383, 386, 388, 416
Blaskowitz, Johannes Albrecht 473f.
Blücher, Gebhard Leberecht 317
Bobruisk 34
Bochnia 133
Bodenschätze 211
Bogedain, Bernard 287
Bogusławice (Boguslawitz) 468
Boguszów (Gottesberg) 421
Böhmen
– Frühzeit 69f.
– 10.–14. Jh. 24, 80f., 83, 85f., 93ff., 101ff., 106, 108, 120, 144–148
– 15./16. Jh. 153ff., 160, 164, 173, 177ff.
Bohn, Emil 361

Boleslaw I. Chrobry 83f., 90ff., 136
Boleslaw I. Wysocki 96f
Boleslaw I., der Lange 123f.
Boleslaw I., Herzog von Böhmen 80ff.
Boleslaw II. Szczodry (Śmialy) 92
Boleslaw III. Krzywousty 92f., 95f.
Boleslaw IV. Kędzierzawy 96
Boleslaw Łysy (der Kahle) 98, 119, 131f.
Boleslaw von Legnica (Liegnitz) 103
Bolesławiec (Bunzlau) 43, 113, 321, 329
Bolków (Bolkenhain) 140, 183, 543
Bolschewiki 390ff., 410, 507
Bonaparte, Jérôme 268, 322
Bonczyk, Norbert 367
Bonhoeffer, Dietrich 431f.
Borejsza, Jerzy 553
Borek (Herzogshufen) 41
Borgieł (Milik), Karol 512, 518, 551, 565
Born, Max 368, 370f.
Borsig, August 278f.
Bosch, Carl 369
Brahe, Tycho 201, 221
Brahms, Johannes 360
Brandenburg 424
Brandt, Willy 390, 581, 594
Braukunst 161
Braun, Eva 32
Braun, Ilse 32
Brecht, Bertolt 554
Bregensis, Johannes 113
Brentano, Lujo 359
Breslau (Kreuzer) 342
Breslau, Sonderfriede von 261
Brest-Litowsk, Vertrag von 436
Břetislaw I. 94
Briand-Kellogg-Pakt 413
Brieg siehe Brzeg
Brochów (Brockau) 41, 492f., 522
Brockhoff, F. M. 248
Broniewski, Władysław 554
Bruch, Max 359ff.

Brückenberg siehe Bierutowice
Brückner, Helmuth 412ff., 418, 420, 462
Bruhns, Julius 390f.
Brünn 146
Bryce, James 145
Brzeg (Brieg) 36, 40, 105, 107, 113, 151, 194, 242, 254, 258f., 475, 608
Brzeg Dolny (Dyhernfurth) 33, 232
Brzeżno (Groß-Breesen) 421
Buchenwald, KZ 454, 457
Bücherverbrennung 464
Buchner, Eduard 370
Buda(pest) 56, 158
Bukowik (Oksia) 567
Bülow, Bernhard von 338
Buna-Werke 486
Bund Deutscher Osten 484
Bunsen, Robert Wilhelm 299
Bunzlau siehe Bolesławiec
Bürck, Herbert von 57
Burdajewicz, Franciszka Balbina 598f.
Burdajewicz, Marx 598
Burgunder 73
Burgweide siehe Sołtysowice
Burschenschaften 293f., 363, 381
Bussi, Santino 248
Byczyna (Pitschen) 141
Bylaner Kultur 69, 75
Bystrzyca Kłodzka (Habelschwerdt) 330, 421
Bytom (Beuthen) 132, 178
Bzowski, Stanisław 230

Calagius, Andreas 220
Calvinismus 199, 208, 213f., 220, 282, 353
Camaro, Alexander 437
Canaris, Wilhelm 432
Capistrano, Johannes 168ff., 182, 194
Caprivi, Leo von 338, 340
Carlone, Carlo 248
Carpzov, Benedikt 240
Cassirer, Ernst 596

Čelakovský, František Ladislav 296, 299
Chandra, Ramesh 588
Checzynski, Sylwester 575
Chełchowski, Hilary 573
Chesterton, Cecily 560
Chojnów (Haynau) 40, 321
Cholera 311, 313
Chopin, Frédéric 298, 304
Chorzów (Königshütte) 427
Christentum 80f., 83f., 111, 116
– Juden 382
–, orthodoxes 80, 116, 575
Christian IV., König von Dänemark 205
Chruschtschow, Nikita 561, 571ff.
Churchill, Winston 40, 342ff., 385, 516f.
Cieplice Zdrój (Bad Warmbrunn) 195
Cieszyn-Oświęcim (Teschen-Auschwitz) 98
Ciołek, Erazm 228
Ciolkosz, Adam 560
Cisek, Władysław 559
Claudius II. Gothicus 74
Clausewitz, Carl Philipp Gottfried von 292
Clusius, Carolus (Karl) 220
Cochläus, Johannes 213
Cohn, Ferdinand Julius 310, 368f., 382
Cohn, Hermann 442
Cohn, Wilhelm 450, 488
Cohnheim, Julius 368
Corvinus, Laurentius (Lorenz Rabe) 176ff.
Cosel *siehe* Koźle
Cosmas von Prag 140
Crankshaw, Edward 556
Crato von Krafftheim, Johann 200f., 219ff., 240, 244
Crécy, Schlacht von (1346) 147
Cybulski, Wojciech 299
Cyprian, Bischof 123

Cyrankiewicz, Józef 557, 560, 588
Czapliński, Władysław 580
Czartoryska, Maria, Gräfin von Württemberg-Montbéliard 301f.
Czernica (Langenau) 475
Czesław (Ceslaus), Heiliger 95, 99ff., 112f.
Częstochowa (Tschenstochau) 35, 471

Dąbrowska, Maria 367, 552, 554
Dąbrowski, Jan Henryk 301
Dachau 485
Dagome index 82, 84
Dahn, Felix 340, 364, 375, 379
Damovsky, Petro 567
Damrot, Konstanty 367
Dante Alighieri 171
Danzig *siehe* Gdańsk
Darf, Reinhold 391
Darwin, Charles 289
Daun, Leopold Josef 264f.
Dawes-Plan 412
Depression, große 336
Deutsche Arbeitsfront 419
Deutsche Demokratische Partei (DDP) 412, 414
Deutsche Fortschrittspartei 318, 387
Deutsche Kanzlei 241
Deutsche Konservative Partei 380
Deutsche Volkspartei (DVP) 412
Deutscher Bismarckbund 460
Deutscher Orden/Ritterorden 99, 102, 105, 113f., 166f., 196
Deutscher Ostmarkenverein (DOV) 340
Deutscher Reichstag 379, 387, 413f.
– Brand 419
Deutscher Zollverein 280
Deutschkatholizismus 285
Deutschland 16–20
Deutschlandlied 339
Deutschnationale Volkspartei (DNVP) 413
Diefenbach, Hans 391
Diemko, Mikolaj 586

Diepenbrock, Melchior von 273, 287
Dietzenhofer, Kilian Ignaz 250
Dingolfing 523
Dix, Otto 437
Długołęcki, Marian 469, 471
Długosz, Jan (Longinus) 82, 91 ff.,
   95, 100, 102, 122, 142, 146, 163.
   181
Döblin, Johann 257
Dobrodzień-Kultur 85
Dobromierz (Hohenfriedberg),
   Schlacht von (1745) 261, 265
Dohna, Karl Hannibal Graf von 222
Dohrn, Georg 439
Dolchstoßlegende 402, 411
Döllinger, Ignaz 354
Domažlice (Taus), Abkommen von
   147, 172
Dominikaner 112, 114 f., 126, 137,
   192, 574
Dominsel *siehe* Ostrów Tumski
Dompnig, Heinz 191
Domslau 40
Dönhoff, Marion Gräfin 335
Dönitz, Karl 342
Dornavius, Caspar 240
Dreiklassenwahlrecht 318, 335
Dreißigjähriger Krieg 203, 206, 208,
   210f., 222f., 225, 242, 247, 250
Dresden 33, 37, 40, 56, 320
   – Vertrag von 1745 261
Dresdner Akkord 215
Drezdenko (Driesen) 537
Drittes Reich 20
Drobner, Bolesław 50f., 509 ff., 515,
   551, 560, 575
Drost, Alois 583
Duda, Roman 592
Dudith, Andreas 220 f.
Dülfer, Martin 359
Duroc, Michel 270
Dürrgoy *siehe* Tarnogaj
Dydo, Stanisław 559
Dyhernfurth *siehe* Brzeg Dolny

Działoszyn 474
Dzieduszycki, Wojciech 485, 580
Dzierżoniów (Reichenbach) 113, 317,
   475, 542 f.
Dzierzyński, Feliks E. 550, 563

Ebert, Friedrich 392, 404 ff., 411
Eduard VII., König von England 342
Eduard, Prinz von Wales 147
Egit, Jakub 542 ff., 553 f.
Ehrenburg, Ilja 554
Ehrlich, Paul 368 ff.
Eichendorff, Joseph von 270, 293
Eichmann, Karl Adolf 451
Eickstedt, Egon von 441
Einstein, Albert 370, 554
Eisenbahn 278f., 281, 352, 397 ff.
Elbing *siehe* Ołbin
Elias, Norbert 596
Elisabeth von Luxemburg 190
Elisabeth von Thüringen, Heilige 103,
   112
Elisabeth, Zarin von Russland 265
Elsner, Józef 303 f.
Elyan, Caspar 174
Engels, Friedrich 274, 389
Engler, Adolf 368
Entgermanisierung 550, 596
Erasmus von Rotterdam 171, 176, 239
Erbverbrüderungsvertrag 254
Erdmannsdorf *siehe* Mysłakowice
Ermächtigungsgesetz 418
Erster Weltkrieg 17, 338, 341–350,
   369, 385, 390, 401 ff.
Erzberger, Matthias 404
Eschenloer, Peter 153, 175, 182f., 244
Eulenburg-Hertzfeld, Philipp Fürst zu
   358
Euthanasieprogramm 422 f.
Evangelische Kirche 285, 353, 356,
   358
   – nach 1945 574 f.
   – Nationalsozialismus 429 ff.
Exkommunikation 115, 125, 131

Fadejew, Alexandr 554f.
Falk, Adalbert 336f.
Falkenberg, Johann 167
Falkner, Michael 177
FAMO 485, 498f., 501, 508
Feigin, Anatol 566
Ferdinand I. von Habsburg 158, 197ff., 202, 246
Ferdinand II., Kaiser d. Hl. Röm. Reiches 202, 213, 221f., 241
Fischer von Erlach, Johann Bernhard 248
Fischerau 329
Flaška z Pardubic, Smil 172
Flossenbürg, KZ 432
Foerster, Otfrid 368, 370, 438
Forckenbeck, Max von 386
Förster, Heinrich 287, 336, 354f.
Fraenkel, Abraham 368
Fraenkel, Jonas 288
Franco Bahamonde, Francisco 422
Fränkel, Zacharias 288f.
Frankenstein *siehe* Ząbkowice Śląskie
Frankfurt an der Oder 34, 220, 515
Frankfurter Nationalversammlung (1848/49) 273f., 317
Franz Ferdinand, Erzherzog 341, 409
Franz, Adolf 355
Franz, Großherzog von Toskana 256
Franziskaner 115, 124, 192, 574
Franz-Joseph I., Kaiser von Österreich 274
Frasyniuk, Władysław 589f., 592, 600
Frederike, Königin der Niederlande 330
Fredro, Alexander 550
Freikorps 406, 408, 410f., 420, 447
Freimaurer 311f., 322
Freiwaldau *siehe* Gozdnica
Freund, Wilhelm 380, 386
Frey, Dagobert 440
Freytag, Gustav 275, 297, 308, 326f., 359
Fridrich, Hans 464

Friedhöfe 42, 128, 583f., 602
Friedrich I. Barbarossa 96, 124
Friedrich I., König von Preußen 253
Friedrich II., der Große, König von Preußen 23, 242, 249, 253f., 256–267, 277, 283, 295, 305, 309, 315, 319f., 322f., 353, 550
Friedrich III. von Liegnitz-Brieg-Wohlau 254
Friedrich V. von der Pfalz 203f.
Friedrich Wilhelm I., König von Preußen 253
Friedrich Wilhelm II., König von Preußen 267, 292, 305
Friedrich Wilhelm III., König von Preußen 269, 272, 285, 292, 306, 330, 550
Friedrich Wilhelm IV., König von Preußen 272, 274, 319
Friedrich Wilhelm, Kronprinz von Preußen 275
Friedrich, Caspar David 294
Frodien, Ulrich 503f.
Fugger 160, 170, 180, 247
Fünfteichen *siehe* Meleświce
Fürstenstein *siehe* Książ
Furtwängler, Wilhelm 360, 439
Fydrych, Waldemar 591

Gajowice (Gabitz) 329, 573
Galle, Johann 310, 368
Gallus Anonymus 91, 121, 132
Gandau, Flugplatz 46, 48f., 51f., 385, 467, 498, 502
Garve, Christian 266, 290
Gawlik, Radosław 592
Gdańsk (Danzig) 34, 105, 409, 426, 512, 529, 588f.
Gegenreformation 194, 202f., 215ff., 225, 227, 229, 248, 250
Geiger, Abraham 287f.
Geiser, Bruno 390
Geltungsjuden 491
Geografie 63ff.

Georg, Herzog von Sachsen 213
Gepiden 75
Gerard, Bruder 113
Gerhard, C. T. 353
Gerhard, D. G. 353
Gerichtsbarkeit 184ff., 384, 565ff.
Germanisierung 18, 123ff., 177, 229f., 272, 300, 307, 309, 341, 382, 476
Gersdorff, Rudolf-Christoph von 500
Gerstmann, Martin 213
Gertrude, Königin von Ungarn 103
Gesellschaft Evangelischer Schlesier (GES) 431
Gesellschaft Jesu 216f., 284
Gierek, Edward 571
Glatz *siehe* Kłodzko
Glaubensbewegung Deutsche Christen 431
Glinianki (Lehmgruben) 329
Gliwice (Gleiwitz) 426
Głogów (Glogau) 34, 51, 98, 102, 107, 132, 151, 205f., 216, 232, 256, 258, 315, 473, 502
Głogówek, Bolesław (Wołosko) 190
Głubczyce (Leobschütz) 277
Głuchołazy (Ziegenhals) 241
Gluzdowsky, General 40, 59, 507f.
Gneisenau 53
Gneisenau, August Wilhelm von 268
Gniezno (Gnesen) 82ff., 89, 91, 94, 102, 110, 164, 286
Goebbels, Magda 463
Goebbels, Paul Joseph 46, 445f., 463
Goethe, Johann Wolfgang von 292, 322
Gogh, Vincent van 440
Goldberg *siehe* Złotoryja
Goldene Horde 97
Goldschmidt, Laura 490
Goldstein, Eugen 368
Goldstein, Moshe 595
Gomperz, Benedix Reuben 309
Gomułka, Władysław 547, 551, 553, 557, 560f., 566, 571, 573, 588

Gorbatschow, Michail 571
Göring, Hermann 420, 425, 446, 461, 467, 475
Görlitz *siehe* Zgorzelec
Gosen, Theodor von 359
Goslaw de Breslau 113
Goszcz (Goschütz) 251
Goten 73ff.
Gothaer Programm 338
Gottesberg *siehe* Boguszów
Gozdnica (Freiwaldau) 241
Grabiszyn (Gräbschen) 42, 466
Graetz, Heinrich 310, 382
Graudenz *siehe* Grudziądz
Graupe, Paul 455
Greene, Graham 554
Grochow (Popławski), Sergej 573
Grodecki, Wacław 228
Grodziec (Gröditzburg) 194
Groener, Wilhelm 404
Gropius, Walter 437, 466
Gross, Friedrich 247
Groß-Breesen *siehe* Brzeźno
Grosseteste, Robert 119
Großmährisches Reich 80, 85f.
Groß-Masselwitz *siehe* Maślice
Groß-Peterwitz *siehe* Piotrkowice
Groß-Rosen *siehe* Rogoźnica
Grosz, Georg 437
Grotowski, Jerzy 576f.
Grudziądz (Graudenz) 34
Grünberg *siehe* Zielona Góra
Gründerzeit 335, 350
Grüssau *siehe* Krzeszów
Gryphius, Andreas 223f., 226, 229
Grys, Władysław 475
Grzeszewski, Stanisław 501
Guernica 479
Guido von Lucina 118
Gulag 422, 515, 528
Gułbinowicz, Henryk 582, 611
Gustav II. Adolf, König von Schweden 23
Gustav-Adolf-Verein 355

Guttmann, Beate 357
Guttmann, Jacob 356

Habelschwerdt *siehe* Bystrzyca Kłodzka
Haber, Fritz 368ff., 438f., 597
Habsburger-Dynastie 15, 24f., 143f., 147, 155, 158f., 171, 197–251, 254, 305
Hackner, Christoph 249
Hadrian IV., Papst 111
Hadrian, Kaiser von Rom 74
Halclaw, Mikolaj 152
Haldane, J. B. 554
Halle 133
Halley, Edmond 226
Hallmann, Johann Christian 224
Hamann, Alfred 461
Hamburg 57, 320
Hanft, Chaim 553
Hanke, Karl 29, 33, 36, 42, 49, 51f., 57, 59, 463, 488
Hanse 160f.
Harald, Jerzy 569
Haranyi, John C. 597
Harden, Maximilian 358
Hardenberg, Karl August Freiherr von 268
Häresiarchen 152
Häring, Georg (Willibald Alexis) 295
Harlestrap, Cyril 53
Harpe, Josef 35
Hartlieb *siehe* Partynice
Hartmann, Hermann 506
Hartung, Hugo 47, 51
Has, Wojciech 575
Hasenclever, Wilhelm 388f.
Hatzfeld-Trachtenberg, Franz Philipp 249
Haunold, Aloysius 71
Hauptmann, Carl 439
Hauptmann, Gerhart 280, 330, 359, 364, 367, 370f., 439, 521
Hausdorff, Felix 368

Hausen, Erich 461
Havel, Václav 21, 23
Haydn, Joseph 297
Haynau *siehe* Chojnów
Healey, Denis 560
Heidenaufstand 110, 130
Heidenreich, Gebrüder 443
Heiliges Römisches Reich 15, 80, 92, 94, 101, 105, 120f., 124, 143, 145, 305
Heim, Paul 466
Heimann, Paul 373ff.
Heimatarmee (Armia Krajowa; AK) 558ff.
Heines, Edmund 412, 415, 418, 420, 461
Heinrich IV., Kaiser d. Hl. Röm. Reiches 92
Heinrich V., Kaiser d. Hl. Röm. Reiches 92
Heinrich VII., Kaiser d. Hl. Röm. Reiches 147
Heinrich von Antwerpen 122
Heinrich von Jawor 179
Heinrich von Pressela 119f.
Heinrich von Werben 125
Heinrichau *siehe* Henryków
Helmstedt, Jakob Horst von 222
Henel von Hennenfeld, Nikolaus 244
Henlein, Konrad 424f.
Henricus Pauper (Armer Heinrich) 135
Henrizische Monarchie 97, 101
Henryk I. Brodaty (Heinrich I., der Bärtige) 97, 103, 109, 112, 114f., 123ff., 127, 131
Henryk II. Pobożny (Heinrich II., der Fromme) 97ff., 119, 124f., 130, 136f.
Henryk III. von Wrotizla 102ff., 118f., 125, 132
Henryk IV. Probus 97f., 102, 104, 115, 119f., 130f., 133, 141
Henryk V. von Legnica (Liegnitz) 104

Henryk VI. von Wrotizla 105, 141f. 248
Henryków (Heinrichau) 110, 112, 124, 126, 139f., 250, 330
Henschel, Isidor 360
Herakleios, Kaiser von Byzanz 79
Hermsdorf *siehe* Jelenia Góra
Heruler 74f.
Herzog, Otto 57
Herzog, Robert 355
Herzogshufen *siehe* Borek
Heß, Johannes 212f., 230, 243
Hessen-Darmstadt, Friedrich von 248
Heuss, Theodor 18
Hexenverfolgung 184, 239ff.
Heydebreck, Peter von 420
Heydrich, Reinhard 421
Heykamp von Deventer, Bischof 354
Heymo, Bischof 121
Hieronymus, Bischof 110f.
Himmler, Heinrich 38, 420, 430, 441, 476, 491
Hindenburg, Paul von 17, 417, 419, 449
Hindenburgkammern 411
Hinrichtungen 184ff., 189, 239f., 313f., 384, 565ff.
Hirschberg *siehe* Jelenia Góra
Hitler, Adolf 20, 23, 25, 32ff., 52, 55f., 58, 140, 396, 403, 412f., 415–422, 424ff., 430, 432, 440, 443ff., 450, 454, 462f., 468, 472, 477, 495, 497, 593
– Attentat 499f.
Hlond, Augustyn 518
Hobrecht, Arthur 318f.
Hochwasser 64f., 182f., 237, 608f.
Hoepner, Erich 473
Höfchen 329
Hoffmann von Fallersleben, August Heinrich 297, 317
Hoffmann, Heinrich 446
Hoffmann, Hermann 364

Hofmann von Hofmannswaldau, Christian 224
Hohenfriedberg *siehe* Dobromierz
Hohenlohe-Schillingsfürst, Chlodwig Fürst zu 357
Hohenlohe-Waldenburg-Bartenstein, Joseph Christian Fürst zu 287, 312
Hohenzollern-Dynastie 25, 241f., 253f., 275, 305
Holdheim, Samuel 288
Holocaust 487, 545
Holtei, Karl von 307
Hoover-Moratorium (1931) 414
Hornig, Anton 173
Hornig, Ernst 55, 431, 497
Hospitäler 118, 183f., 194
Hossbach-Protokoll 472
Hoym, Karl von 316, 319
Hoyoll, Philipp 294f.
Hübner, Marta 485
Huby (Huben) 329
Hugenotten 282
Hughes, Richard 556
Humanismus 171, 175f., 200f., 219ff., 239
Hundsfeld *siehe* Psie Pole
Hunnen 74f.
Hupka, Herbert 593ff.
Hus, Jan 150, 163, 165f., 170
Husserl, Edmund 434
Hussiten 164ff., 169ff., 179, 196, 200
– Kriege (1419–37) 149–155, 161, 166, 168, 173, 175, 190, 194, 203
Huxley, Julian 554

I. G. Farben 486
IBM 451
Ibrahim ibn Jakub 126
Ignatius von Loyola 216
Immerwahr, Clara 363, 369
Industrialisierung 281f., 287, 306, 314, 317
Inflation 210, 412, 427, 447, 449
Innozenz II., Papst 109

Inquisition 164, 168, 240f.
Interdikt 163, 187f.
Internationaler Kongress von Intellektuellen zur Verteidigung des Friedens 554ff., 559, 588
Iwanowna, Anna, Zarin 254
Izbica 488

Jacek (Hyacinth), Heiliger 95, 112f.
Jadwiga (Hedwig), Heilige 97, 103, 112, 116f., 123, 173
Jadwiga von Żagań (Sagan) 141
Jaeckel, Willi 437f.
Jägerndorf *siehe* Strzelniki
Jagiellonen 24, 143f., 196f., 229, 557
Jagniątów (Agnetendorf) 521
Jagow, Traugott von 407f.
Jahn, Friedrich 270
Jahn, Martin 440
Jakob I., König von England 240
Jakob VI., König von England 203
Jakobiten 235f.
Jaksa von Kopanica (Jaxa von Köpenick) 121ff.
Jaksa von Miechów 122
Jakubowski, Iwan 587
Jalta, Konferenz von 40, 56, 509, 512, 516
Jan (Johann) I. Albrecht 162
Jan (Johann) III. Sobieski, König von Polen 23, 207
Jan (Johann), König von Böhmen 146ff.
Jan (Johannes) I. Thurzó (Turzo) 170f., 175f., 178ff., 193, 200, 212, 219
Jan z Teplé (Johannes von Tepl) 172
Jaruzelski, Wojciech 571, 588, 590, 599
Jawor (Jauer) 98, 216, 250
Jean de Brzeg 113
Jelenia Góra (Hirschberg) 140, 194f., 281
Jerin, Andreas von 214, 221

Jessenius von Jessen, Johann 202, 221
Jesuiten 200f., 207, 213f., 216f., 226, 228, 248, 250, 283, 291, 293, 357, 574
Jiři z Poděbrad (Georg von Podiebrad) 153ff., 157, 160f., 170, 186, 190f.
Jodl, Alfred 503
Joël, Manuel 356
Johann II. Kasimir Vasa 233
Johann II. von Brandenburg 254
Johann von Luxemburg, König von Böhmen 107, 116, 142, 160, 163, 178, 180
Johann von Prag (Jan Krasá) 150, 179
Johann von Schwenkenfeld 163
Johannes de Plano Carpini 101
Johannes der Täufer 112
Johannes IV. Roth 174f.
Johannes Paul II., Papst 396, 591, 608
Johannes von Nepomuk 149, 168
Johannes von Neumarkt 172, 179
Johannes XIX., Papst 84
Johannes, Bischof 110
Johanniter 100, 113f., 118, 192
Johnson, Hewlett 554
Joliot-Curie, Irena 554
Jordanów Śląski (Jordansmühl) 75
Joseph I., Kaiser d. Hl. Röm. Reiches 208, 218
Juden 24
– 10.–13. Jh. 126ff., 133, 139
– 14./15. Jh. 169, 180ff.
– 16./17. Jh. 214, 229, 231f.
– 18.–20. Jh. 287ff., 309f., 353, 356ff., 365, 374, 378–383
– nach 1945 519, 529, 542–549, 575, 583, 586f., 592, 595, 602, 604 f
– Deportation 488ff.
– Emigration 452, 454ff.
– Endlösung 450f., 487, 497
– Friedhof 128, 583
– Germanisierung 382, 476

Register 687

- Nationalsozialismus 419, 429–435, 447–460, 483f., 486–491
- Pogrom (1349) 181
- Pogrom (1453) 154, 182
- Reichskristallnacht 420f., 435, 449, 452, 454, 456f., 462
- Vertreibung 129, 182

Jüdisches Komitee 546, 553
Jüdisches Theologisches Seminar 287ff., 382, 435
Junkers 498f.
Juzwenko, Adolf 589, 592, 605

Kaergel, Hans-Christoph 441
Kalenkiewicz-Kotowicz, Maciej 601
Kaliningrad (Königsberg) 34, 36, 39
Kamieniec (Kamenz) 33, 112, 124, 155, 330f.
Kamm, Henry 583
Kanoldt, Alexander 437
Kanth *siehe* Kąty
Kapp, Wolfgang 408f., 411, 413, 449
Kapuziner 218
Karl I., König von England 223
Karl IV., Kaiser 144ff., 148f., 160, 172f., 178f., 189, 191f., 194
Karl V., Kaiser d. Hl. Röm. Reiches 158, 196f., 601
Karl VI., Kaiser d. Hl. Röm. Reiches 208, 218, 254
Karl von Habsburg, Erzherzog 215
Karl XII., König von Schweden 23, 234, 259
Karłowice (Karlowitz) 54, 408, 468, 501
–, Frieden von 207
Karsch, Joachim 437
Karten
- Belagerung Breslaus 1945 30
- Böhmen (ca. 1378) 144
- Breslau (1261) 138
- Breslau (1808) 325
- Breslau (1911) 394
- Breslau (1928) 465
- Deutsches Reich (1871) 334
- Europa 62
- Großdeutschland (1943) 478
- Habsburgische Lande (ca. 1648) 198
- Habsburgische Lande (ca. 1730) 238
- Polen (ca. 990) 90
- Polen (1960) 507
- Preußen (1789) 155
- Ungarn (1485) 156
- Weimarer Republik (1925) 404
- Wrocław (1973) 606

Kasprowicz, Jan 365f.
Katastrophen 64f., 182ff., 192, 237, 608f.
Katholische Kirche
- 11.–13. Jh. 91, 106, 108–118, 121, 124f., 131
- 14.–16. Jh. 152, 162–171, 173, 178ff., 195
- 16.–18. Jh. 200, 207f., 240, 283–290
- 19. Jh. 353–358
- nach 1945 518, 565, 574
- Judentum 128f., 429, 592
- Kommunismus 519
- Nationalsozialismus 424, 429–435, 496f.

Katholizismus 80, 82, 116, 154, 165–171, 202, 212–216, 227ff., 243, 284f., 353, 357, 378, 574
Katowice (Kattowitz) 427, 501
Kąty (Kanth) 30f., 37, 40, 151
Katyń, Massenmorde 528, 532, 560
Katzmann, SS-Oberführer 421
Kaufmann, Georg 364
Kaufmann, R. 345
Kaufmann, Salomon 282
Kaul, Georg 391
Kaunas (Litauen) 488
Kautsky, Luise 391

Kazimierz (Kasimir) II. von Koźle-
 Bytom (Cosel-Beuthen) 102
Kazimierz (Kasimir) IV. Jagiello 154,
 157
Kazimierz III. Wielki (Kasimir III.,
 der Große) 105f., 141, 178
Kazimierz Odnowiciel (Kasimir I.,
 der Erneuerer) 94
Kazimierz Sprawiedliwy (Kasimir II.,
 der Gerechte) 96
Kedzia, B. 599
Keller, Paul 439
Kelten 67, 70f., 75f., 85, 87
Kepler, Johannes 201
Kielce 35, 544
Kiew 98, 105, 113, 410
Kinderentführung 491ff.
Kindertransporte 459
Kirchenbau
 – 12./13. Jh. 111ff., 136f.
 – 14.–16. Jh. 192ff.
 – 16.–18. Jh. 248ff.
 – 19./20. Jh. 358
Kirchhoff, Gustav Robert 299, 368
Kitzinger, Johannes 154
Klecina (Klettendorf) 41
Kleczkowska (Kletschkau), Gefängnis
 47, 391, 482, 550, 558, 566
Klein Oels *siehe* Oleśnica Mała
Kłodzko (Glatz) 84, 102, 104, 195,
 277, 321
–, Pfingstfrieden von 95
Klokow, Wassilj 508
Klossowski de Rola, Balthasar
 (Balthus) 438
Klöster
 – 11.–13. Jh. 109ff., 118, 124, 137
 – 19. Jh. 286
Kluczbork (Kreuzburg) 113, 141
Klühs, Franz 391
Knauer, Josef 287
Koch, Robert 359, 368f.
Köckritz, Franz von 244
Kohl, Helmut 604, 607

Kohlfurt *siehe* Węglowice
Kokoschka, Oskar 440
Kołobrzeg (Kolberg) 34, 84, 89, 111
Kolodziej, Jan 559
Kominek, Bolesław 565, 575, 581f.
Kommunismus 390, 432, 460f., 463f.,
 469, 511, 545, 602f
Kommunistische Jugendbewegung
 (ZMP) 572
Kommunistische Partei Deutschlands
 (KPD) 349, 389, 392, 414f., 418f.,
 428
Kommunistische Partei Polens (KPP)
 561f.
Kommunistisches Informationsbüro
 (Kominform) 552
Komorowski, Wiktor 567
Konew, Iwan 27, 35, 39f., 50, 57,
 509
Kongresspolen 279, 312
Königgrätz, Schlacht von (1866) 275
Königsberg *siehe* Kaliningrad
Königshütte *siehe* Chorzów
Konrad I. von Masowien 114
Konrad I., der Weiße, von Oleśnica
 (Oels) 190
Konrad II., Kaiser d. hl. Röm. Reiches
 92
Konrad von Głogów (Glogau) 103ff.
Konrad von Oleśnica (Oels), Bischof
 151, 153, 190
Konrad, György 21
Konrad, Joachim 430, 497
Konstadt *siehe* Wołczyn
Konstantin VII. Porphyrogennetos
 79
Konstanz, Konzil von 150, 163, 165f.
Konwiarz, Richard 466f.
Konzentrationslager (KZ) 33, 418,
 422, 452, 458, 482, 485, 492
Kopanica (Köpenick) 121
Kopernik, Mikołaj (Kopernikus,
 Nikolaus) 170
Kopp, Georg von 355

Koppenheim, Peter 604
Koppens, Leon 420
Korczak, Janusz 544
Korfanty, Wojciech 378f., 411, 473
Korherr, Richard 489
Korn, Johann Gottlieb 291
Körner, Karl 270
Korps für Innere Sicherheit (KBW) 509, 558
Korzeniewicz, Maria 544
Kościuszko, Tadeusz 303, 307, 591
Kospoth, August von 271
Kossak, Wojciech 591
Kostrzyn (Küstrin) 34, 39, 253
–, Putsch von (1923) 412
Kotarbiński, Tadeusz 554
Koterbska, Maria 569
Kowalczyk, Jan 379
Koźle (Cosel) 98
Kräcker, Julius 388
Kraftborn *siehe* Siechnica
Kraków (Krakau) 43, 56, 82, 84, 89, 94, 97f., 104, 112f., 120, 125, 132, 141, 232, 279, 475, 501
– Gründung 133
– Juden 440f., 497
– Universität 175, 220
– Zollkrieg 162
Krasá, Jan (Johann von Prag) 150, 179
Krasiński, Zygmunt 303
Kraszewski, J. L. 303, 309
Krause, Johannes 36, 41
Krebs, Maria 157f.
Kreisau *siehe* Krzyżowa
Kreisauer Kreis 432, 499
Kreuzburg *siehe* Kluczbork
Kreuzherren vom Roten Stern 113, 118, 217
Kreuzritter 100
Kriegsgefangene 44, 483, 486, 493f., 505, 514
Krietern *siehe* Krzyki
Krobielowice (Krieblowitz) 317

Kronecker, Leopold 368
Krotoschin 232
Krupp 498
Krzeszów (Grüssau) 487f.
–, Kloster 140, 225, 250
Krzyki (Krietern) 550
Krzyzanowski, Aleksander 601
Krzyżowa (Kreisau) 330, 499, 604, 607
Książ (Fürstenstein) 140, 329
Kube, Wilhelm 431, 460
Kuděřikova, Maria (Maruška) 482
Kudowa Zdrój (Bad Kudowa) 543
Kugler, Franz 294
Kuhn, Walter 440
Kuhnau *siehe* Kunow
Kühnel, Johann Gottfried 598f.
Kulczyński, Stanisław 562
Kultur
– 12./13. Jh. 116ff.
– 14.–16. Jh. 171–177
– 16./17. Jh. 219–229, 244f.
– 18.–20. Jh. 290–304, 310, 359–375, 436–447
– nach 1945 551f., 564f., 575–580, 591
Kulturkampf 336ff., 354ff.
Kummer, Ernest 368
Kundera, Milan 21
Kunow (Kuhnau) 502
Kunowice (Kunersdorf), Schlacht von (1759) 264
Kunze, Heinz-Rudolf 594
Kupferberg *siehe* Miedzianka
Kursk 477
Küster, F. A. 396
Küstrin *siehe* Kostrzyn
Kutná Hora (Kuttenberg) 146
Kutusow, Michail Illarionowitsch 329
Kuźniki (Schmiedefeld) 47
Kwashniewsky, General 508
Kyrillos 80
KZ *siehe* Konzentrationslager

Łabędź-Geschlecht 95, 130
Labuda, Barbara 592
Lądek Zdrój (Bad Landeck) 195
Ladislav Pohrobek (Ladislaus Postumus), König von Böhmen 153, 182
Łagiewski, Maciej 602
Lambinowice (Lamsdorf) 525
Landesnationalrat (Krajowa Rada Narodowa ; KRN) 517
Landi, Hieronymus 154, 170
Landwirtschaft
– Frühzeit 67
– 13./14. Jh. 109, 146
– 16./17. Jh. 209ff.
– 19. Jh. 351
Lang, Fritz 443
Langenau siehe Czernica
Langer, August 313
Langhans, Carl Ferdinand 291, 298
Langhans, Carl Gotthard 291, 323
Langiewicz, General 303
Laqueur, Walter 597
Lask 473
Lasker, Alfons 453
Lasker, Eduard 336
Lasker-Wallfisch, Anita 453, 595
Laskowice (Markstädt) 482, 498, 574
Lassalle, Ferdinand 318, 388
La-Tène-Kultur 70
Lauban siehe Lubań
Laudon, Gideon 264
Laurentius, Bischof 114
Lausitzen 145f., 205
Lausitzer Kultur 69, 72, 75, 8
Lauterbach, Heinrich 466
Lebus siehe Lubusz
Lechfeld, Schlacht auf dem (955) 80
Łęczyca, Synode von 115, 131
Legnica (Liegnitz) 33, 40, 97f., 104f., 107, 113, 132, 140, 174, 183, 209, 242, 250, 254, 317, 321, 418, 475, 518, 607f.
–, Schlacht von (1241) 99ff., 114

–, Schlacht von (1760) 264 f
– Universität 220
Lehmgruben siehe Glinianki
Lemberg siehe L'viv
Lenard, Philipp 368, 370
Lenartowicz, Teofil 303, 367
Lenin, Wladimir Iljitsch 370, 390, 392
Lenné, Peter Josef 298
Leo XIII., Papst 355
Leobschütz siehe Głubczyce
Leopold I., Kaiser d. Hl. Röm. Reiches 207f., 234
Leśnica (Lissa) 37, 182, 232, 482
Lessing, Carl Friedrich 292, 294f.
Lessing, Gotthold Ephraim 292
Lessing, Karl Gotthelf 292
Leszczyńska, Maria (Marynka) 234f.
Leubus siehe Lubiąż
Leuthen siehe Lutynia
Libavius, Andreas 222
Liber fundationis 126
Liebenthal siehe Lubomierz
Liebknecht, Karl 335, 406
Liebknecht, Wilhelm 388, 390
Liegnitz siehe Legnica
Liegnitz-Brieg, Georg Wilhelm von 234
Linke, Gottfried 278
Linke-Hofmann-Werke 52, 348, 352, 427ff., 485, 498f., 508
Lipsius, Justus 221
Lissa siehe Leśnica
List, Wilhelm 477
Litauen 105f.
Löbe, Paul 390f., 405f., 418, 460
Lobe, Theodor 361
Locarno, Vertrag von (1925) 413
Logau, Friedrich von 206, 223, 436
Lohbrück 41
Lohenstein, Daniel Casper von 224
Löhr, Alexander 475
Lollarden 164f.
Lothringen, Karl von 261
Löwe, Theodor 360f.
Löwenberg siehe Lwówek Śląski

Lubań (Lauban) 46
Lubiąż (Leubus), Kloster 109, 122ff.,
    139, 152, 225, 250
Lublin 492
Lubliner Komitee (PKWN) 50
Lubomierz (Liebenthal; Milosna)
    548f., 582f.
Lubomirski, Georg Sebastian (Jerzy)
    Fürst von 233
Lubomirski, Stanisław Herakliusz 233f.
Lubusz (Lebus) 98
Lüdemann, Hermann 418
Ludnowsky, Erich 491
Ludwig I. von Legnica (Liegnitz) 172
Ludwig I., der Große, von Anjou 141
Ludwig II. Jagiello 147, 158, 198f.
Ludwig II., König von Böhmen 24
Ludwig VI., der Bayer 142
Ludwig XV., König von Frankreich 235
Ludwig XVI., König von Frankreich
    235
Ludwig, Emil 442
Lukaschek, Hans 499
Lummer, Otto 368
Lutek 104
Luther, Martin 171, 177, 196, 200,
    212f., 215, 221
Lutynia (Leuthen), Schlacht von (1757)
    263ff., 322
Luxemburg, Haus 103, 108, 143f.,
    146f., 152, 159, 166, 172, 241
Luxemburg, Rosa 390ff., 406
L'viv (Lwów, Lemberg) 105f., 133,
    232, 512, 529, 532, 572
Lwówek Śląski (Löwenberg) 98, 109,
    113, 132, 195, 210

Mache, Karl 418, 464
Mackinder, Sir Halford John 15f.
Macura, Vladimír 603
Magdeburger Stadtrecht 119, 124,
    133, 136
Magnus 94f., 130
Magyaren 80

Mahler, Gustav 370, 439
Mähren 145f.
Majdanek 488
Małujowice (Mollwitz), Schlacht von
    (1741) 259, 265
Manduba 329
Mangoldt, Franz Joseph 225
Mann, Thomas 419
Mansfeld, Graf von 205
Mantel, Feliks 560f.
Marczak, Ignacy 559
Marczewski, Edward 587
Maria Theresia, Erzherzogin 208,
    245, 254, 256f., 260f., 265, 284
Markgraf, Hermann 359, 363
Markomannen 73, 75
Markstädt *siehe* Laskowice
Marlborough, John Churchill 343
Marneschlacht (1814) 345f., 348
Marr, Wilhelm 379f.
Marsh, Edward 343
Marshallplan 553
Marszałek, Ludwik 559
Martin, Kingsley 554
Martinitz, Jaroslaw 203
Marx, Karl 274, 318, 389f.
Masaryk, Tomáš Garrigue 18
Maślice (Groß-Masselwitz) 482
Masur, Kurt 608
Masurische Seen, Schlacht an den
    (1914) 17
Maszkowski, Rafał 359
Matecki, Teodor 300
Matthias, Kaiser d. Hl. Röm. Reiches
    202
Matting, Paul 405
Matuschka, Michael von 500
Matwin, Władysław 573
Mątwy, Schlacht bei (1666) 233
Mátyás (Matthias) I. Corvinus 27,
    155ff., 161, 191, 242
Mauritius, Heiliger 84
Maximilian I., Kaiser d. hl. Röm.
    Reiches 176

Maximilian II., Kaiser d. hl. Röm. Reiches 200f., 220f., 247
Mazowiecki, Tadeusz 588, 599, 604
Meckauer, Walter 439
Mehl, Antoni 564
Mehne, Walter 453
Meidner, Ludwig 437
Meisner, Joachim 597
Melanchthon, Philip 212, 219
Meleświce (Fünfteichen) 33, 59, 482, 498
Mendelssohn-Bartholdy, Felix 215
Mense, Carlo 437
Menzel, Adolph von 294f., 359
Merckel, Friedrich von 318
Merkantilismus 211
Merker, Paul 441
Merotonius (Merboto) 113
Methodios 80f.
Metternich, Klemens Wenzel Fürst von 15, 272, 294, 342
Meyer, Isaak 231
Michnik, Adam 21
Miechów, Orden von 118
Miedzanka (Kupferberg) 568f.
Mieszko I., Herzog der Polanen 81ff., 86f.
Mieszko II. Płatonogi 96
Mieszko II. Stary 96
Mieszko II., König von Polen 92, 94
Migration 23, 541f.
Mikolaj von Racibórz (Ratibor) 152
Mikora, Mikołaj 139
Mikulicz-Radecki, Jan 368, 370
Milicz (Militsch) 36, 132, 163f.
Milik (Borgieł), Karol 512, 518, 551, 565
Milosna *siehe* Lubomierz
Minc, Hilary 551
Ministerrat der Provisorischen Regierung in Warschau (RTR) 50
Minkowski, Rudolph 368
Minsk 105
Mitteleuropa 15–26

Moczar, Mieczysław 586f.
Modzelewski, Karol 589, 592
Mogiljow 34
Mohács, Schlacht von (1526) 159, 197, 206
Mohaupt, Gustav 385
Moibanus, Ambrosius 219
Mojmir I., Fürst von Böhmen 80
Mokra, Schlacht bei (1939) 474
Mölder, Werner 433
Molinari, Leo 388
Moll, Oskar 437
Mollwitz *siehe* Małujowice
Molotow, Wjatscheslaw Michailowitsch 472, 474
Moltke, Helmuth James von 330, 347, 499
Moltke, Kuno von 358
Molzahn, Johannes 437
Mommsen, Theodor 299, 359, 370
Monau, Peter 202
Monavius, Jakob 220f.
Monavius, Peter 221
Mondszajn-Affäre 564
Mongolen 97–101, 103, 108f., 113, 124, 127f., 132, 136
Mosbach, August (A. Podgórski) 363
Moszkowski, Moritz 360
Motykówna, Helena 550
Muche, Georg 437
Mueller, Otto 437, 440
Mühldorf, Schlacht von (1322) 147
Müller, Christoph 221f.
Müller, Konrad 430
Müller, Wilhelm 185
München 412f., 440
– Abkommen 424, 469
Münsterberg *siehe* Ziębice
Münzrecht 160f., 211, 231
Mussolini, Benito 422
Muszynski, Marek 589
Mysłakowice (Erdmannsdorf) 330
Mysłowice (Myslowitz) 25, 427

Register

Nabitin 108
Nacht der langen Messer 419, 422
Namysłow (Namslau) 36
– Vertrag von (1348) 141
Nanker, Oksa 106, 116, 163, 178
Napoleon I., Kaiser von Frankreich 23, 263, 267–271, 301, 305, 323, 371f.
Nash, John F. 597
Nationalismus, deutscher 305f., 338ff., 367, 375ff., 469
–, polnischer 340, 367, 378f.
Nationalsozialistische Deutsche Arbeiterpartei (NSDAP) 53, 413ff., 417f., 422, 428–433, 435, 448, 455, 459–463, 467f., 484, 496f., 501
Naturwissenschaft 367ff.
Naujocks, Alfred 426
Naumann, Friedrich 17ff.
Naumburg am Bober *siehe* Nowgród
Neipperg, Wilhelm von 259
Neisse *siehe* Nysa
Neisser, Albert 368f., 382
Neubert, Frank 475
Neuburg, Franz Ludwig von 248, 329
Neue Jüdische Vereinigung (NJV) 491
Neuheidentum 429f.
Neukirch, Emil 391
Neumann, Caspar 226, 228
Neumarkt *siehe* Środa Śląska
Neumarkter Recht 133, 136
Neustadt *siehe* Prudnik
Neveu, Marcel 495f.
Nichtangriffspakt, deutsch-sowjetischer 20, 426, 472, 474
Niehoff, Hermann 49, 51, 53, 55ff., 505
Niemcewicz, Julian Ursyn 303
Niemcza (Nimptsch) 73, 132, 321
Niemöller, Martin 431
NKWD 44, 505, 509, 517, 528, 531, 533, 568
Nobelpreisträger 370f.

Novemberrevolution (1918/19) 391, 405–409, 460
Nowa Wieś (Neudorf) 329
Nowak-Jeziorański, Jan 607
Nowgród (Naumburg am Bober) 112
Nürnberger Gesetze 420, 435, 449, 452, 455
Nürnberger Prozesse 430, 462
Nysa (Neisse) 106, 115, 163, 174, 194, 214, 241, 258, 475

Oberschlesien-Plebiszit 410f., 432
Ochab, Edward 510, 543
Oder-Neiße-Linie 516, 593f., 607
Odra (Oder) 64–68
Odrowąż 95
Odyński, Stanisław 558
Oels *siehe* Oleśnica
Ögädäi, Groß-Khan 99
Ohlau *siehe* Oława
Ohlewiesen 53
Oksia *siehe* Bukowik
Oława (Ohlau) 37, 40, 152, 209, 234, 236, 258, 475, 518, 609
Ołbin (Elbing) 53, 137, 139, 226
– Kloster 111, 116, 122f., 137
Oleśnica (Oels) 36, 50, 103, 107, 321, 475, 518
Oleśnica Mała (Klein Oels) 317
Ollendorff, Paula 357
Olomouc (Olmütz) 84, 146, 155
Ölsner, A. 460
Opava (Troppau) 151
Operation Bartold 37
Operation Donnerschlag 40
Operation Fleckney 502
Operation Swallow 523
Opitz, Martin 222f., 228
Opole (Oppeln) 34, 44, 98, 107, 214, 242, 317, 413, 475
Oporów (Opperau) 30, 41, 44
Opperau *siehe* Oporów
Oppler, Edwin 396
Osobowiecki-Friedhof 601f.

Ossolineum 532, 605, 609
Ossolinski, Josef Graf Maksimilian 532
Osterberg, Daniel Paschasius 250
Österreichischer Erbfolgekrieg 259f.
Österreichisch-preußischer Krieg (1866) 274f., 331
Osteuropa-Institut 436f.
Ostmitteleuropa 19f.
Ostrów Tumski (Dominsel) 591
Oświęcim (Auschwitz) 435, 485f., 488
Otakar (Ottokar) II. Přemysl 102, 104
Otaker II., König von Böhmen 118f.
Otmuchów (Ottmachau) 84, 115, 132, 151f.
Otto I., der Große 80, 82
Otto III., Kaiser d. hl. Röm. Reiches 83f., 89
Ould, Harold 554

Pack, Otto von 213
Paczków (Patschkau) 195
Paganini 304
Papst, G. W. 443
Papsttum 132, 162f., 195
– Unfehlbarkeitsdogma 336, 354
Paracelsus 221
Parléř Petr (Peter Parler) 173, 192
Partei der Arbeit (Stronnictwo Ludowe) 379
Partsch, Joseph 15ff., 19, 364
Partsch, K. F. M. 364
Partynice (Hartlieb) 591
Passchendaele 346
Patschkau *siehe* Paczków
Paul II., Papst 155
Paul VI., Papst 581
Pawłokowski, Włodzimierz 568
Pawłowice (Pawelwitz, Wendelborn) 468
Payne, Peter 164
Peikert, Paul 53, 497
Penczek, Paul 502
Pest 181, 183, 221, 237, 239, 248
Peter der Pole 152f.

Peter I., der Große, Zar/Kaiser von Russland 23
Petersen, Ernst 440
Peterspfennig 115, 163f.
Peterswalder, Henryk 152
Peukert, Will Erich 439
Pfeiffer, Richard 368
Pfeil, Adolf 405
Philipp II., Herzog von Orléans 235
Philipp, Felix 408
Piaskowski, Stanisław 510
Piasten, polnische 93f., 96, 106
–, schlesische 27, 77, 82, 85, 90ff., 96ff., 101f., 120f., 124f., 129f., 140f., 143, 234, 241f., 249, 254, 557
Picasso, Pablo 438, 440, 554
Pietzuch, Konrad 415
Pilsen 146
Piłsudski, Józef Klemens 20, 510
Pinior, Józef 589
Piorkowski, Jerzy 589
Piotrkowice (Groß-Peterwitz) 251
Piotrus de Chomiąża 113
Pipes, Richard 487
Pitschen *siehe* Byczyna
Pius II., Papst 155
Pius IX., Papst 354
Pius XI., Papst 432
Pius XII., Papst 496
PKWN *siehe* Lubliner Komitee
Plechanow, Georgi Walentinowitsch 390
Pless *siehe* Pszczyna
Pless, Daisy 395
Pleydenwurf, Hans 174
Plinius der Ältere 72
Plüddemann, Richard 359, 396
Poděbrad-Dynastie 241f.
Poelzig, Hans 359, 437, 443
Pohl, Gerhard 441
Pol, Nikolaus 149, 151, 168f., 180, 188, 191, 207
Pol, Wincenty 303

Polanen 81 ff.
Polen 82, 104 ff., 140 ff.
- 14.-16. Jh. 177 f., 230
- 19./20. Jh. 299 f., 305-309, 407, 446 ff.
- nach 1945 519
- Aufstände (1848/63) 306, 312
- Aufstände (1919-21) 410 f., 447
- Flüchtlinge 513
- Karte von 990 90
- Kinderentführung 491 ff.
- Krieg gegen Böhmen 141
- Krieg gegen die Sowjetunion 410
- Piastenreich 90-101
- Stalinismus 561-569, 573
- Vertreibung / Repatrianten 527-537, 541, 547, 562, 593
- Widerstandsbewegung (Hitler) 500 ff.
- Zweiter Weltkrieg 472-477, 482 ff., 486
Polenbund (Związek Polawków w Niemczech; ZPN) 448
Polnische Arbeiterpartei (Polska Partia Robotnicza; PPR) 511, 515, 549, 552, 557, 560 f.
Polnische Bauernpartei (PSL) 549, 552, 558
Polnische Sozialistische Partei (Polska Partia Socjalistyczena; PPS) 510, 549, 552, 557, 560 f.
Polnische Vereinigte Arbeiterpartei (PZPR) 558, 561, 563, 599 f.
Polonisierung 550
Popławski (Grochow), Sergej 573
Popowice (Pöpelwitz) 466, 468
Popowitz 329
Potempa-Prozess 415
Potsdam, Konferenz von 509, 512 f., 515 ff.
Poznań (Posen) 34 ff., 39, 44, 81 f., 37, 94, 132, 141, 232, 407, 409, 447, 496
- Aufstand (1956) 572 f.

Prag 81, 87, 91, 112 f., 146, 173, 232, 261, 320, 407
- Fenstersturz (1419) 149 f.
- Fenstersturz (1617) 203
- Frieden von 1635 215
- Universität 172, 179
- Vier Artikel 166
- Zweiter Weltkrieg 57, 426
Prager Frühling 587
Pragmatische Sanktion 245, 254, 256
Prämonstratenser 109, 111, 123, 137, 574
Predocice (Tormersdorf) 487 f.
Presslawer Disputation 212 f.
Preußen 237, 253-332, 334
- Revolution (1848) 272 f.
- Schlesische Kriege 254-261, 305
Priebe, Cyryl 537
Pringsheim, Ernst 368
Pringsheim, Nathan 368
Prokop Holy (Andreas Prokop) 151, 166
Prokop von Caesarea 74
Protestantismus
- 16.-18. Jh. 163, 171, 199 ff., 206 ff., 212-219, 227 ff., 239 f., 243
- 18.-20. Jh. 282 ff., 353 ff., 378
- nach 1945 574 f.
- Juden 382
- Nationalsozialismus 424, 429 ff., 496 f.
Prudnik (Neustadt) 277
Prußen (Preußen) 83, 114
Przeclaw von Pogarell 173
Přemyslide 78, 80, 108, 143, 146
Przeworsk-Kultur 72, 75, 85
Psie Pole (Hundsfeld) 42, 108, 211, 498, 508, 513
- Arbeitslager 59, 485
-, Schlacht von (1109) 93, 95
Pszczyna (Pless) 84, 277 f.
Ptolemaios 66
Purkinje, Johannes 299
Pylik, Bernard 549

Quasimodo, Salvatore 554
Quedlinburg, Frieden von 93

Rabe, Lorenz (Laurentius Corvinus) 176ff., 219
Racibórz (Ratibor) 34, 214, 242, 278, 594
Rading Adolf 466
Rapacki, Adam 588
Rapallo, Vertrag von (1922) 413, 438
Rassenlehre 451, 462, 482, 528
Rassismus 420, 422, 441, 491
Rastislaw 80
Ratowice (Rattwitz) 482
Rättel, Heinrich 244
Ravensbrück 431
Rawita 95
Reformation, protestantische 163, 171, 193, 196, 200, 212ff., 243
Rehdiger, Thomas 219f., 229
Reichard, Hans Ottokar 320ff.
Reichenau, Walther von 473
Reichenbach *siehe* Dzierżoniów
Reichenbach, Carl Heinrich von 277
Reichenbach, Edouard von 273
Reichenbach, Heinrich I. Leopold von 251, 277
Reichskristallnacht 420f., 435, 449, 452, 454, 456f., 462
Reichstag von Wretslaw (1419/20) 167f.
Reimswaldau *siehe* Rybnica Leśna
Reinders, Klaus Peter 388
Reiner, Wenzel 250
Reinhardt, Max 371
Reinkens, Joseph Hubert 354
Reiseführer 399ff.
Remberg, Ewa 363
Renz, Ernst Jakob 361f.
Repatrianten 527–537, 541, 547, 562
Rheinmetall-Borsig-Werke 485, 498f.
Ribbentrop, Joachim von 472, 474
Richard II., König von England 164

Richthofen, Manfred von 346f., 385, 478
Richthofen, Wolfram von 385, 478f.
Riebnig *siehe* Rybnik
Riefenstahl, Leni 438
Rocholl, Rudolf 356
Roepell, Richard 273, 299, 306
Rogoźnica (Groß-Rosen) 33, 48, 485f.
Roháč z Dube, Jan 166
Rohe, Mies van der 466
Röhm, Ernst 414, 462
Rokossowski, Konstantin 35
Rola-Żymierski, Michal 557
Romanow-Dynastie 25
Rommel, Erwin 473
Rómmel, Juliusz 473f.
Ronge, Johannes 285f.
Roosevelt, Franklin D. 55, 442
Rosenberg, Alfred 430
Rossi, Carlo 250
Rostislawowitsch, Wolodar 130
Rote Armee 19, 29f., 43ff., 410, 422, 474, 477, 502f., 505f., 520, 528, 531, 546, 568
Rottmayr, Johann Michael 248
Roux, Wilhelm 368
Rożański, Jacek 605
Różewicz, Tadeusz 577
Rożmberka, Jodok z (Jost von Rosenberg) 170, 179
RTR *siehe* Ministerrat der Provisorischen Regierung in Warschau
Rubinsztajn, Major 546
Rudolf I. von Habsburg 102
Rudolf II., Kaiser d. Hl. Röm. Reiches 201f., 206, 215, 220f., 225, 247
Rudolf von Rüdesheim 175
Ruffer, Gustav Heinrich von 278
Runciman, Lord Walter 425
Rundstedt, Gerd von 473
Russland 16f., 19ff., 391
Russlandfeldzug 477
Rutkiewicz (geb. Blaszkiewicz), Wanda 581

Rybalko, P. S. 41
Rybnica Leśna (Reimswaldau) 249
Rybnik (Riebnig) 410, 487f., 490
Ryniak, Stanisław 486
Rysyński, Aleksander 533

Sabais, Heinz Winfried 580
Säbisch, Valentin 247, 250
Sachs von Löwenheim, Philipp Jakob 226
Sachs, Julius von 368
Sachsen-Weimar, Karl August von 292
Sagan *siehe* Żagań
Salesianer 574
Sallet, Friedrich von 295
Salomo, Rabbi 182
Salzstraße 68f.
Sambucus, Johannes 220
San Francisco 57
Sandner, Augustin 461
Sandomierz (Sandomir) 35f., 113
Sarajewo 341, 345, 385, 409
Sarmaten 72f., 75, 79, 85
Schadow, General 40
Schadow, Johann Gottfried 323
Schaffgotsch, Philipp Gotthard Graf von 283f., 287, 312
Scharnhorst, Gerhard Johann von 268
Scharoun, Hans 466
Schebnitz, Nikolaus 195
Scheffler, Johannes (Angelus Silesius) 217, 223, 228
Scheibel, Johann Gottfried 285
Scheitnig *siehe* Szczytniki
Scheuermann, Richard 443
Schiller, Richard 391
Schimonski, Emanuel 287
Schinkel, Karl Friedrich 330
Schirach, Baldur von 461f.
Schlageter, Leo 412
Schleiermacher, Friedrich Daniel Ernst 284
Schlemmer, Oskar 437, 440
Schlesische Kammer 241

Schlesische Kriege 254-261
Schlieffen, Alfred von 17, 341, 347
Schlieffen-Plan 341, 345f., 348
Schmettau, Ferdinande von 270
Schmettow, General Graf
Schmiedefeld *siehe* Kuźniki
Schnaufer, Heinz-Wolfgang 49
Schneider von Lindau, Hans 247
Schnurkeramik-Kultur 75
Scholochow, Michail 554
Scholtis, August 584
Scholz, Laurentius 219, 221, 224, 229, 246
Schönlank, Bruno 389
Schörner, Ferdinand 49, 57
Schottländer, Bernhard 409
Schreiberhau *siehe* Szklarska Poręba
Schreyvogel, Christian von 249
Schukow, Georgii K. 35, 39, 56f.
Schulenburg, Friedrich von der 343
Schumann, Peter 585
Schwarz, Wolfgang 441
Schwarzaue 468
Schweden 205f., 215, 233, 247
Schweidnitz *siehe* Świdnica
Schwerin, Feldmarschall 259
Schwidetzky, Ilse 441
Schwientochlowitz *siehe* Świętochłowice
Schwietz, Lorenz 384
Scultetus, Andreas 223, 247
Sebastian von Rostock 218
Sedlnitzky, Leopold 287
Seldte, Franz 415
Selten, Reinhard 571, 597f.
Semper, Gottfried 291
Seniorat 95ff., 131, 141
Sępolno (Zimpel) 54, 57, 466
Seurat, Denis 56
Seydewitz, Otto von 388
Shakespeare, William 220
Sicherheitsamt (Urząd Bezpieczeństwa; UB) 509, 545f.

Siebenjähriger Krieg 153, 260, 262, 277, 323
Siebold, Karl 299
Siechnica (Kraftborn) 508
Sieciech von Krakau 94
Siedlec (Zedlitz) 468
Siedler, deutsche 110, 123, 146, 177 ff.
Siegwitz, Albrecht 225
Siemens 491
Sieradz 473
Sigismund III. Vasa 247
Silberberg, Max 455
Silbergleit, Arthur 442
Silkin, John 560
Simon, Franz Eugen 368
Simon, Heinrich 273 f., 317
Śinawa (Steinau) 33, 36, 40, 107, 151
Sinclair, Sir Archibald 40
Sinzendorf, Kardinal von 283
Sklavenarbeiter 483 f.
Skythen 72, 75
Slawata, Wilhelm 203
Slawen 75, 85 ff., 120
Slawische Literarische Gesellschaft 299 f., 306, 366
Śleża (Zobten, Berg) 64, 71, 78 f., 152
Slezak, Leo 360
Ślężanie (Slenzanen) 79, 132
Słonimski, Antoni 554
Słowacki, Juliusz 77, 79, 302 f.
Sobibór 488
Sobieska, Maria Clementina 235 f.
Sobieski, Jakob (Jakub) Ludwig 234
Sobków, Michal 529
Societas Jesu 216 f., 284
Söderbaum, Kristina 443
Sokolnice (Sokolniki) 108, 127, 139
Solidarność (Solidarität) 571, 588 ff., 592, 599 ff.
Solschenizyn, Alexander 43 f.
Sołtysowice (Burgweide) 41, 484
Sombart, Werner 378, 386
Sorben 146

Sozialdemokratische Arbeiterpartei Deutschlands (SDAP) 388
Sozialdemokratische Partei Deutschlands (SPD) 338, 388 ff., 405, 408, 414, 419 f., 463 f., 468, 506
Sozialismus 317, 337 f., 349, 357, 387–392, 461
Sozialistengesetz 337 f., 386, 388
Sozialistische Arbeiterpartei Deutschlands (SAP) 338
Spaetgen, Heinrich Gottfried von 249
Spartakusbund 391, 406 ff.
Special Operations Executive (SOE) 502
Speer, Albert 498
Spielhagen, Wolfgang 42
Spiro, Eugen 438
Sporck, Franz Anton von 227
Sprachen / Dialekte 86 f., 120 f., 126, 172, 178, 306, 366 f., 446
Sprottau siehe Szprotawa
Spychalski, Marian 566
Środa Śląska (Neumarkt) 40, 103, 133, 182, 322, 518
Staatssozialismus 337, 383
Stachniak, Ewa 598
Stadtentwicklung/-ausbau
– 11.–13. Jh. 136–140
– 14.–16. Jh. 191–195
– 16.–18. Jh. 246–251
– 18.–20. Jh. 319–331, 351, 392–401, 464–469
– nach 1945 563 f., 572 f., 605 ff.
– Namensänderungen 468 f., 550, 562, 601
Stadtrat (rada) 133, 186–191, 242 ff., 460 f., 463
Stalin, Josef 17, 20, 23, 25, 35, 39, 51, 422, 472, 474, 509, 511, 515 ff., 528, 548, 558 ff., 607
Stalingrad 477, 479
Stalinismus 561–569, 573
Stanisław (Stanislaus), Heiliger 95, 112
Stapelrecht 110, 133, 162
Stapledon, Olaf 556

Staritz, Katharina 431
Staszic, Stanisław 303
Stauffenberg, Claus Graf Schenk von 500
Staunton, Howard 298
Stawicki, Czesław 589
Steckrübenwinter (1916/17) 348, 385
Steffens, Henrik 269f., 272
Stein, Barthel 159, 162, 175, 178, 212, 219, 244, 309
Stein, Edith 433ff., 490, 592
Stein, Georg von 157, 191
Stein, Karl Reichsfreiherr vom und zum 268
Steinau siehe Ścinawa
Steinberg, Walter 442
Steindörfer, Cilli 53f.
Steinhaus, Hugo 554, 580
Stenzel, Gustav 273f., 299, 359
Stephan I., der Heilige 95
Sterblichkeit 384, 428
Stern, Fritz 597
Stern, Otto 368, 370f.
Sterne, Laurence 302
Stettin siehe Szczecin
Stock, Alfred 368
Stoß, Veit 194
Strabon 72
Strachowice (Strachwitz) 572
Strachwitz, Hyazinth Graf 479
Strachwitz, Johann Moritz von 284, 295f.
Strauss, Richard 370, 439
Streicher, Julius 450
Stresemann, Gustav 412f
Stronnictwo Ludowe (Partei der Arbeit) 379
Strużyna, Elina 491
Strzegom (Striegau) 46, 132, 140, 183, 194, 250, 278, 421
Strzelin (Strehlen) 209, 421, 457f.
Strzelniki (Jägerndorf) 242
Stuart, Elisabeth 27, 203
Stuart, Jakob (III.) Eduard 236

Stuart, Karl Eduard 236
Sturm, Jakob 283
Sudetendeutsche 424ff., 513
Surowiec, Tomasz 589
Svarez (Suarez, Schwartz), Karl Gottlieb 266
Swatopluk 80
Sweben 74
Świdnica (Schweidnitz) 113, 161, 164, 182, 194, 206, 210, 216, 250, 473
Swidrygiełło, Bolesław 190
Świerczewski, Karol 50, 550
Świętochłowice (Schwientochlowitz) 525
Świnka, Jakób 115
Swyatopolkowna, Maria 111
Syphilis 183f., 192
Szczawno Zdrój (Bad Salzbrunn) 330
Szczecin (Stettin) 512, 516
Szczepin (Tschepine) 139, 194
Szczytniki (Scheitnig) 329
Szklarska Poręba (Schreiberhau) 552
Szoka, Edmund Casimir 611
Szprotawa (Sprottau) 421

Taboriten 166
Tacitus 68, 72, 86
Tannenberg, Schlacht bei (1914) 17
Tarnogaj (Dürrgoy) 418, 464
Tarnowskie Góry (Tarnowitz) 427
Tauentzien, Friedrich Boguslaw von 249, 264, 292
Tauroggen, Konvention von 292
Taus siehe Domažlice
Tausk, Walter 450, 454
Taylor, A. J. P. 554, 556f.
Tempelfeld, Mikołaj 175
Templerorden 113
Terver, M. 410
Teschen-Auschwitz siehe Cieszyn-Oświęcim
Theresienstadt 483f., 491
Thietmar von Merseburg 71, 82, 89

Thorez, Maurice 560
Thorn siehe Toruń
Tiktin, Gedaliah 287, 356
Tiktin, Salomon 287
Tilsit, Frieden von (1807) 267
Tischbein, C. W. 329
Tökölys, Imre 207
Tolpa, Stanisław 580
Tomáš ze Štitného 172
Tomasz (Thomas) I., Bischof 114, 116f., 131
Tomasz (Thomas) II., Bischof 115, 131
Tomaszewski, Henry 576
Topolski, Felix 556
Torgau 57
Tormersdorf siehe Predocice
Torstenson, Lennert 27, 205f.
Toruń (Thorn) 34, 36, 529
Traller, Henryk 546f.
Traube, Ludwig 368
Trebnitz siehe Trzebnica
Trencin (Trentschin), Vertrag von 107, 141
Trienter Konzil 214
Troppau siehe Opava
Truman, Harry S. 516
Trzebnica (Trebnitz) 36, 50, 173, 473, 518
 – Abtei 110, 112, 132, 139, 152, 250, 286
 – Bauernrevolte 278
 – Juden 421
 –, Konvent von 117, 124
 – Vertreibung 525
Tschenjachowski, Iwan 35
Tschenstochau siehe Częstochowa
Türken (Osmanen) 159, 169, 196, 201f., 206f., 209, 214, 246
Twórz, Emanuel 379

Ultramontanismus 354
Umsturzvorlage 358
Unabhängige Sozialdemokratische Partei Deutschlands (USPD) 349, 389, 460
Ungarn 155–159
Unitarier 199
Universität 293, 298f., 362f., 380ff., 441, 447, 532, 562, 580
Unternehmen Barbarossa 477, 479
Urban II., Papst 168
Urbanski, Johann Georg 225
Ursulinen 574
Utraquisten 166, 175, 199

Václav (Wenzel) II. 102
Václav (Wenzel) IV. 149f., 160, 164, 187f.
Václav III. (Wazław II. von Polen) 103
Varna, Schlacht von (1444) 196
Vasa, Karol Ferdynand 231
Vatikan 496, 518, 565, 581
Velius, Caspar Ursinus 176
Veltheim, Johann 227
Veneti (Venethi, Wenden) 72f., 75, 85f.
Verdun, Schlacht von (1916) 346, 385
Verein des Deutschthums in den Ostmarken 340
Vereinte Nationen 57, 544
Versailles 275, 306, 333
 –, Vertrag von 349f., 409ff., 422, 424
Vertriebene, deutsche 24, 151, 513, 519–527, 541, 583ff., 593ff., 604
 –, polnische siehe Repatrianten
Verwaltung / Politik
 – 11.–13. Jh. 129–136
 – 14.–15. Jh. 186–191
 – 16.–18. Jh. 241ff.
 – 18.–20. Jh. 315–319, 385ff., 460–464
 – nach 1945 549, 552–563
Vier Prager Artikel 166
Vincentius, Petrus 219
Vincenz von Beauvais 101
Vinland-Karte 101
Vinzenz von Pogarell 113
Vischer, Peter 174

Vogelstein, Rabbi 435f.
Voigt, Fritz 406, 408, 500
Vojtěch siehe Adalbert von Prag
Völkerbund 413, 424
Volksrat 405f., 460
Voßberg, Fritz 340
Voßberg, Kurt 340

Wachniewski, Alexander 515
Wacker von Wackenfels, Johann 202, 221, 224, 229
Wagner, Josef 462f.
Wagner, Richard 360
Wahlich, Hermann 466
Wajda, Andrzej 575
Wałbrzych (Waldenburg) 33, 542
Waldenser 164
Wałęsa, Lech 589, 592
Walk, Alexander 419
Wallonen 109
Walther de Malonne 111, 121, 131
Wambierzyce (Albendorf) 250
Wandalen 73ff.
Wapowski, Bernard 228
Warschau 56, 501
– Aufstand 461
– Universität 175
Wartha siehe Bardo
Warthegau 492, 496
Wassermann, Charles 584
Watson, Robert Seton 19
Wazław I., König von Polen 102
Wazław III., König von Polen 103
Weber, Carl Maria von 304
Weber, Max 18
Weber, Theodor 355
Weberaufstand (1844) 272, 280f., 294, 314
Węglowice (Kohlfurt) 522
Weichsel-Oder-Offensive 35f., 39
Weidenfeld A. G. 556
Weihner, Barthel 246
Weimarer Republik 391, 403–417
– Novemberrevolution 405–409, 460

Weißer Berg, Schlacht am (1620) 203, 215
Weißkroaten 79
Weltwirtschaftskrise (1929) 428f.
Wendelborn siehe Pawłowice
Wenzel I., der Heilige 80ff., 112, 146
Wessel, Horst 430
Westend 466
Westfälischer Friede 203, 206, 208, 210, 215f., 248f.
Wettiner 237
Wickham-Steed, Henry 19
Widerstandsbewegung (Hitler) 499ff., 555
Wiedertäufer 199f., 214
Wielen, Max 495
Wieluń 473
Wien 56, 206f., 246, 320
Wieners, Johannes 490f.
Wigand, Arpand 486
Wilczkowoce (Wilschkowitz) 468
Wilhelm I., Kaiser von Deutschland 274, 337, 384, 395, 409, 550
Wilhelm II., Kaiser von Deutschland 305, 341–345, 349, 364, 384f., 395, 403
Wilhelmsruh siehe Zacisze
Wilkanowicz, Ilona Helene 492
Willmann, Michael 225, 228, 230, 250
Wilna 512, 529, 572
Wilson, Thomas Woodrow 407
Winkler, Andreas 219
Wirtschaft / Handel
– Frühzeit 68f.
– 12./13. Jh. 108ff.
– 14.–16. Jh. 159ff.
– 16.–18. Jh. 208ff., 231
– 19./20. Jh. 350ff., 375, 419, 427ff.
Wislicenus, Max 359
Witebsk 34
Witzleben, Erwin von 499
Władimiri, Paulus 166f.
Władysław I. Hermann 94
Władysław I. Łokietek 104ff., 131, 141f.

Władysław II., der Vertriebene 96f., 123f., 130
Władysław III. Jagiello 157f., 175, 193, 196
Władysław IV. Vasa 222, 247
Władysław, Erzbischof von Salzburg 102, 119, 133
Wlast, Peter (Piotr Włostowic, Peter von Dänemark) 95, 111, 121f., 130, 137, 139
Włodkowicz, Pawel 166f.
Wnukowska, Krystyna 569
Wogan, Charles 236
Wojcik, Tomasz 589
Wojnowice (Wohnwitz) 195
Wojtyla, Karol 581
Wołczyn (Konstadt) 141
Wolff, Christian Freiherr von 290
Wolff, Karla 491
Wolff, Wilhelm 272ff., 317
Wolfskirch 468
Wołiń (Wollin) 111
Wolińska (Brus), Helena 559
Wollenberg, Hans-Werner 484
Wollweber, Ernst 461
Wołów (Wohlau) 242, 254, 518
Woyrsch, Remus von 346
Woyrsch, Udo von 410, 477
Wratislaviensis, Michael 177
Wratislaw I., Fürst 81
Wrocławer Walzer 569ff.
Wronke 391
Wybicki, Józef 301
Wyclif, John 164f.
Wyszyński, Stefan 572, 581

Yorck von Wartenburg, Hans David Ludwig 317
Yorck von Wartenburg, Peter 499
Ypern, Schlacht von (1915) 369, 385

Ząbkowice Śląskie (Frankenstein) 37, 191
Zacharias, Lazarus 231
Zacisze (Wilhelmsruh) 550
Żagań (Sagan) 98, 107, 205, 494ff., 509
Zahn, Ernst 391
Zamość 492
Zänker, Otto 431
Zawadski, Aleksander 511
Zdrojewski, Bogdan 599f., 611
Zedlitz siehe Siedlec
Zentrumspartei 336f., 357, 387, 405, 412ff., 463
Zgorzelec (Görlitz) 542
Zięba, Antoni 536f.
Ziębice (Münsterberg) 107, 113, 155, 242
Ziegenhals siehe Głuchołazy
Zielona Góra (Grünberg) 322
-, Liga von 170
Zikmund (Sigismund), Kaiser d. Hl. Röm. Reiches 150ff., 160, 165, 168, 189f.
Zilliacus, Connie 560
Zimpel siehe Sępolno
Zinke, Othmar 250
Zionismus 545
Zisterzienser 109, 111f., 123, 126, 140
Žižka von Trocnov, Jan 151, 166
Złotoryja (Goldberg) 100, 109, 113, 132
Zobten (Berg) siehe Śleża
Zola, Emile 419
Zülz siehe Biała
Zünfte 133f., 210
- Aufstand 149f., 187ff.
Żurada 475
Zwangsarbeiter 43f., 482ff., 498
Zweig, Stefan 419
Zweiter Weltkrieg 29-59, 174, 390, 472-504
- Beginn 426
Związek Polawków w Niemczech (ZPN; Polenbund) 448
Zwischeneuropa 19, 21
Zygmunt Stary Jagiello 196